走向共同富裕：
浙江的实践与创新

第六届浙江省社会科学界学术年会论文集

浙江省社会科学界联合会　编

浙江工商大学出版社 ZHEJIANG GONGSHANG UNIVERSITY PRESS｜杭州

图书在版编目(CIP)数据

走向共同富裕 : 浙江的实践与创新 : 第六届浙江省
社会科学界学术年会论文集 / 浙江省社会科学界联合会
编. — 杭州 : 浙江工商大学出版社,2022.12
　　ISBN 978-7-5178-5268-1

　　Ⅰ . ①走… Ⅱ . ①浙… Ⅲ . ①共同富裕－研究－浙江
Ⅳ . ①F127.55

　　中国版本图书馆 CIP 数据核字(2022)第 238016 号

走向共同富裕:浙江的实践与创新

——第六届浙江省社会科学界学术年会论文集

ZOUXIANG GONGTONG FUYU: ZHEJIANG DE SHIJIAN YU CHUANGXIN

——DILIUJIE ZHEJIANGSHENG SHEHUI KEXUEJIE XUESHU NIANHUI LUNWENJI

浙江省社会科学界联合会　编

策划编辑	王黎明
责任编辑	张婷婷
责任校对	沈黎鹏
封面设计	周　灵
责任印制	包建辉
出版发行	浙江工商大学出版社
	(杭州市教工路 198 号　邮政编码 310012)
	(E-mail:zjgsupress@163.com)
	(网址:http://www.zjgsupress.com)
	电话:0571 - 88904980,88831806(传真)
排　　版	杭州朝曦图文设计有限公司
印　　刷	杭州宏雅印刷有限公司
开　　本	889mm×1194mm　1/16
印　　张	44
字　　数	1094 千
版 印 次	2022 年 12 月第 1 版　2022 年 12 月第 1 次印刷
书　　号	ISBN 978-7-5178-5268-1
定　　价	160.00 元

主办：浙江省社会科学界联合会
承办：浙江工商大学、浙江省公共管理学会
协办：浙江省浙商研究会、浙江省政治学会

序

浙江省社会科学界联合会党组书记、副主席　郭华巍

习近平总书记在中国人民大学考察时强调指出："加快构建中国特色哲学社会科学,归根到底是建构中国自主的知识体系。要以中国为关照、以时代为关照,立足中国实际,解决中国问题,不断推动中华优秀传统文化创造性转化、创新性发展,不断推进知识创新、理论创新、方法创新,使中国特色哲学社会科学真正屹立于世界学术之林。"我省社科界要深刻领会习近平总书记关于哲学社会科学重要论述精神,切实担负起高水平建设社科强省的职责使命,为建构中国自主的知识体系作出浙江贡献。

创新是哲学社会科学事业发展的永恒主题,是高水平建设社科强省的重要驱动力。学术创新需要思想火花的碰撞、需要学术论坛平台的支撑。一个具有品牌影响力的学术论坛,既应是原创思想交流碰撞的前沿阵地,也应是根植现实、服务发展的重要载体。洞悉时代变迁大势,放眼百年未有之大变局,以高水平学术论坛引导学术活动的焦点投向广阔的之江大地、生动的改革实践,去追踪在"两个先行"战略大局中具有代表性、综合性的前沿问题;去展示具有当下视野和现实关怀,以理论创新引领变革性实践的学术成果;去提炼以"浙江之窗"展示"中国之治"的高质量发展经验,其重要作用和意义不言而喻。

基于此,以"建设'重要窗口':高质量发展建设共同富裕示范区"为主题的第六届浙江省社会科学界学术年会于 2022 年 4 月启幕。锚定"共同富裕"主题,省社科联召开了"走向共同富裕:浙江的实践与创新"主论坛,组织了"共同富裕与三次分配协调配套的基础性制度建设""共同富裕与公共服务优质共享""共同富裕与数字化改革""共同富裕的地方创新实践"4 个平行论坛,开展了分论坛活动 60 余场,旨在以浙江为观照、以时代为观照,进一步加强"习近平新时代中国特色社会主义思想在浙江的萌发与实践"研究,加强对浙江在改革开放和社会主义现代化建设中实践经验的系统总结,加强对推进"两个先行"中"8 个高水平""10 个着力"等相关领域问题的分析研究,提炼出有学理性的新理论,概括出有规律性的新实践。

在以"两个先行"奋力谱写中国式现代化浙江新篇章的进程中,蕴含着极为丰富的学理命题群,展现了广阔的理论与实践论域。年会邀请省内外著名专家学者,共同围绕"两个先行"奋斗目标,按照"创新制胜"——"统筹推进理论创新、实践创新、制度创新、文化创新"的要求,深刻剖析了高质量发展话语体系与共同富裕、现代化话语体系的内在逻辑,创新构建了共富型和现代化理论框架,深化涵育了共同富裕相关的综合性、战略性、系统性基础理论根基。

呈现在读者面前的这本论文集,有的着力揭示共同富裕战略目标在经济发展、社会保障、精神文化等方面的多维度特征;有的重在进一步厘清中国特色社会主义共富型政策和现代化进程与西

方发达国家和福利社会的异同；还有的旨在深刻阐明高质量发展进程中，共享性和持续性的理论形态。这本论文集集中展现了浙江社科学人努力发挥哲学社会科学铸魂、塑形、赋能的强大力量和效用，为奋力推进"两个先行"提供强大思想保证、智力支持、精神动力的高度自觉和历史主动。

十年磨一剑，砺得梅花香。十年来，从科学发展、全面深化改革，到创新话语体系、建设"重要窗口"，再到本届的共同富裕，浙江省社科界学术年会不仅注重系统化动态设置研讨主题，紧扣变革实践开展综合性跨界对话，坚持从最新的改革实践中获得生动新鲜的教益，把实践和理论连通起来，不断开辟哲学社会科学新的发展境界，而且不断创新高端学术对话机制，丰富研讨策略和形式，着力提高学术交流质量和传播实效，充分发挥了研讨交流、互学互鉴的积极效应，全力彰显了围绕中心、服务大众、经世致用的学术情怀。年会受到了学界、政界与社会各界的广泛赞誉，品牌效应与社会影响力不断提升，已成为我省社科界制度化、品牌化的重要学术交流载体。

本届年会开幕前夕，省委书记袁家军对省社科联工作作出了"从大局着眼、实处着手，守正创新、培根铸魂，切实担负起为党和人民的事业述学立论、建言献策的职责使命"，"高水平推进哲学社会科学强省建设"的重要批示。这就要求全省社科界继续以争先竞位的奋发姿态和创新制胜的思路打法，把"读万卷书"与"行万里路"紧密结合起来，把论文写在浙江发展的大地上，写在人民群众的心坎里。

最后，真诚感谢在年会工作中给予悉心指导的省委宣传部，以及精心组织筹备的省级社科类社会组织、各高校及科研院所；真诚感谢所有关心、支持和参与学术年会工作的各位领导和专家学者；真诚感谢浙江工商大学出版社为论文集出版付出的辛勤劳动！

目　录

共同富裕与居民收入能力

北京大学国家发展研究院院长　　姚　洋

实现全体人民的共同富裕是中国共产党人的初心和使命。 建设一个平等繁荣富强的国家，是中华民族的伟大复兴的重要表现。 关于共同富裕，20 世纪 80 年代初，邓小平同志就已提出了"先富带动后富"的论断。 2020 年，我国已经全面建成了小康社会，完成了第一个百年奋斗目标，人均收入达 12000 美元，超过世界 75％国家的人均收入，社会主义商品经济高速发展，改革开放稳步推进，综合国力持续提升，开启全面建设社会主义现代化国家新征程。

当前，关于共同富裕的实现路径，社会各界争论不断。

第一种观点强调在第一次分配中重新实现民间资本、生产资料的国有化。 然而，过去 40 多年的改革开放实践证明，"一大二公"的做法不仅阻碍生产发展，而且可能会导致共同贫困。 历史经验表明，坚持走社会主义市场经济的发展道路，要素市场化配置是中国成功实现经济赶超、实现第一个百年奋斗目标的重要原因。

第二种观点强调增加第二次分配、第三次分配比重，即向高收入群体多征税，或通过高收入群体主动捐赠等方式拉平收入分配。 也许这种"削峰填谷"的方式能在短时期达到共同富裕，但是仅仅依靠物质分配，并不能够增加普通民众的收入，不能实现持续的共同富裕。 采取"削峰填谷"的方式，将会犯欧洲福利社会的错误，甚至出现"养懒人"的现象。 如果每个人都过度依赖政府福利，而不愿意从事劳动生产，那么，社会将患上严重的"福利病"。

第三种观点认为，共同富裕就是要壮大中产阶级的队伍。 壮大中产阶级队伍是一个长期的过程，本质上仍然依赖经济增长。 纯粹以壮大中产阶级为目标的共同富裕，仍然是强调经济高速增长的发展，并非公平惠及全体人民的共同发展。

本质上，共同富裕是平等的问题，"共同"就是让全体国民同等程度地享受经济成长的成果，促进整个社会的平等。 推进共同富裕要重点关注低收入群体。 中国的实际收入分配格局不容乐观。 我国的基尼系数在 0.47—0.48 之间，近年受新冠病毒感染的影响，这一系数仍在提高，全国收入最低 50％人口的总收入占全国的 17％，收入最低 10％人口的总收入占全国的 0.5％，构建合理有序的收入分配格局任重道远。

我国最大的不平等体现在城乡差距上。 我国城市居民人均可支配收入是农村的 2.5 倍，超过了世界上很多国家，越不发达的省份，差距也越大。 这个差距不仅仅体现在收入方面，而且体现在如基础设施、教育等公共服务上，特别是教育差距。 因此，推进共同富裕，首要目标就是缩小城乡差距，乡村振兴战略正当其时。 但是，目前乡村振兴有个政策误区，一提到乡村振兴，有些地方就认为是要发展农业。 从统计数据看，我国70％以上的农村居民收入来自非农产业。

推动乡村振兴，缩小城乡差距，要从两方面入手。 第一，为乡村提供高质量就业、非农就业。 江西革命老区依靠发展产业，在过去10年间逐渐发展起来，当地居民能够进城就业，这是依靠农业发展所不能实现的。 因此，乡村振兴首先是要发展非农产业，给当地居民提供更多的非农就业机会。 第二，提高所有居民，特别是低收入群体增收的能力，尤其是提高他们子女的教育水平。 "授人以鱼不如授人以渔"，接受教育是一个人提升收入必要的前提条件，增进居民的基本收入能力，共同富裕才能够持续。

把共同富裕的目标放在居民收入能力上，这与马克思的共产主义学说、我国深层次的文化心理相通。 共产主义社会是人的全面解放的社会，每个人的解放是全体人类解放的先决条件。 人解放的第一要义就是接受教育，接受教育能提高收入能力，能提升个人素质，使人更好地掌握自己命运。 同样，我国人民相信勤劳致富，反对不劳而获。 因此，在我国，"削峰填谷"的方式行不通，提高居民收入能力才是关键。

共同富裕的重心要放在增进所有居民的收入能力上，重点是发展教育。 应当普及高中阶段教育，将高中教育纳入义务教育范围。 同时，缩短小学教育、高中教育时间，实行10年一贯制的义务教育制。 北京大学的调研数据显示，农村地区的年轻人平均教育年限不足9年，意味着许多农村年轻人初中就辍学了。 增加对农村地区和不发达地区的教育投入，有助于拉平生均资源，促进教育公平。

总之，推动共同富裕要关注两点：第一，缩小城乡差距；第二，增加居民的收入能力，特别要缩小城乡地区、发达地区和不发达地区在基础教育方面的差距。

关于共同富裕的三个基本理论问题

中国财政科学研究院党委书记、院长　刘尚希

共同富裕是一个重大的时代命题，面临理论和实践的双重挑战。在理论上，共同富裕至少有三个基本问题有待深入探讨。

一是公平与效率的关系问题。不同时期不同条件下，公平与效率的关系不同。一般认为应效率优先，兼顾公平；当公平存在较大问题时，又有观点强调公平优先，兼顾效率。效率与公平的关系常在"兼顾"的语境下得以表达，若仅从"兼顾"的角度看，效率与公平的关系无疑暗含对立。因为存在内外冲突，各种表述中经常提到要正确处理好效率与公平的关系，然而，两者关系的理论难题依然尚未解决。若按照效率与公平对立的理论来指导实际政策的制定，政策无疑会摇摆不定，不利于社会预期和市场稳定。

需要从理论逻辑上理顺效率与公平的关系。效率与公平本身可融合，融合的逻辑基础在于人，从人的发展来讨论效率与公平的关系，效率与公平即可统一，从以物为基准转到以人自身的发展为基准，即从物质资源转到人力资源，公平与效率的内在冲突就不复存在。

从人的发展维度看，人的能力提升能提高效率，而人的能力普遍提升有利于缩小分配差距。无论从个体还是群体来看，收入的提高都是以个人或者群体能力的普遍提高，进而为社会创造更多财富或价值为前提。就此而言，能力差距的缩小是分配差距缩小的基础。国民经济的效率更高，分配差距也更小，公平与效率自然就统一了。实现效率与公平的融合，意味着发展模式要从以物为基准转向以人为基准，这一发展理论逻辑的重大变化，推动公平与效率的统一。

就经济学视角而言，不仅需要研究既定资源的优化配置，而且需要研究如何创造资源。过去经济学的研究局限于如何配置资源，从以物为基准转向以人为基准后，经济学的研究需要从配置资源转向创造资源。只有从配置资源转向创造资源，才能实现公平与效率的统一。

二是物质的发展与人的发展的关系问题。人的发展离不开物，物的发展为人的发展提供手段、工具和路径，物质发展的最终目的是人的发展。在市场经济体系中，在一定的条件下，物的发展和人的发展能够发生反转。物的发展本来是为人的发展服务的，但在现实的运行体系中，可能把人的自由、消费和发展变成了手段，把物的发展变成了目的。

在分析早期资本主义时，马克思从资本与劳动的关系角度对这种异化现象做了深刻的剖

析，发现在市场经济中资本作为物在支配人，而劳动者反而成了资本的附属物。 马克思不认可人的普遍异化的现象，并从政治经济学的角度全面分析了资本主义经济体系和制度体系，认为资本主义最终将走向灭亡。

社会主义市场经济和其他的市场经济有共同点——离不开资本和市场竞争。 但社会主义市场经济和资本主义市场经济应当区别开来。 社会主义市场经济是人民至上，而资本主义市场经济是资本至上。 在资本主义国家，资本不仅仅是一种财产权利，也成为一种社会权力，甚至可以渗透进政治权力。 因此，资本至上的资本主义市场经济和人民至上的社会主义市场经济是有本质区别的。

只有从理论上清醒地认识到物的发展和人的发展的关系，走向共同富裕才不会出现偏差。 在对共同富裕的认识上，如果我们把基准点放在物而非人上，共同富裕可能会出现盲区。 因此，从人的发展和物的发展的关系看，共同富裕的表象为物并以物来度量。 例如缩小财产的差距、收入的差距、消费的差距等，都体现为物的差距缩小，但是，共同富裕的实质是人的发展，是所有人能力的提升，表现为人的能力差距、群体间能力差距的缩小。

三是机会公平与结果公平的关系问题。 共同富裕无疑离不开结果公平，但更重要的是机会公平。 缩小分配差距更多指结果的平均性，是以平均主义作为一种基准来度量分配差距的大小，偏离平均值越远，意味着分配差距越大。 在价值判断上不由自主地也以这种结果的平等为基准，即易陷入越平均越好的认知误区。 尽管现实告诉我们不能搞平均主义，但是，在价值判断上，大众下意识地认为离平均越近越好。

中国处于社会主义初级阶段，生产力发展水平虽有提升但仍不发达，与发达资本主义国家相距甚远，市场经济尚未成熟，体制机制也不完善。 从处于社会主义初级阶段的历史方位来看，我国还需加快发展。 社会主义有两个本质特征，一是解放和发展生产力，二是共同富裕。 应把握社会主义初级阶段这个历史方位，从社会主义两个本质要求出发，解放、发展生产力，走向共同富裕。

从不发达的角度来看，按劳分配和按贡献分配的原则不可动摇，应当把机会公平摆在首位，而结果公平应当定位在底线公平，结果公平需由社会保障。 有了底线公平的保障，就可防止社会两极分化。 以此为基础，不断解放和发展生产力，赶上发达国家，就应当更加强调机会公平。 只有强调机会公平，才能充分调动每个人的主观能动性，促进人自身的发展，实现创新驱动发展，并防范福利主义陷阱。 在社会主义初级阶段，促进人的自由全面平等发展，要更多地在促进机会公平上做文章。 在我国进入发达国家行列和生产力高度发展阶段之前，要通过促进机会公平来做大蛋糕，通过促进底线公平来分好蛋糕。

构建收入分配的基础性制度，缩小"三大差距"

浙江大学文科资深教授、共享与发展研究院院长　李　实

实现共同富裕的着力点应该放在缩小"三大差距"上，刺激消费需求，提高民众认同感。构建收入分配的基础性制度，实现市场主导初次分配，政府主导二次分配，社会参与三次分配。把握缩小"三大差距"的主要政策方向，瞄准"三低人群"，提高低收入群体的发展能力，增加低收入群体发展机会，加大政策力度，促进财政支出向民生领域进一步倾斜，加快农民工市民化进程。

在我国，城乡差距、地区差距和收入差距问题（又称为"三大差距"）由来已久，这是社会经济发展不平衡的突出表现。我国收入差距在 2008 年达到历史新高，基尼系数接近 0.5，虽然在过去十几年中曾出现缩小的趋势，但是最近几年又有所反弹。"三大差距"成为阻碍社会经济发展的主要因素。"三大差距"给社会经济发展带来诸多负面影响，比如抑制消费需求，增加民众对收入分配的不满情绪。在过去十几年中，我国居民消费占整个国民收入的比重不断下滑，从 20 世纪 90 年代初期居民的消费需求占 GDP 的比重接近 50%，下降到现在的 35% 以下。消费需求始终是制约社会经济发展的重要因素。此外，相关的民意调查机构调查显示，民众很大程度上不认同现有的收入分配过程和结果。国家发改委体改所的调查显示，83% 的人群认为现在的收入差距过大或者非常大。

缩小"三大差距"是实现共同富裕的关键问题。2021 年 8 月 17 日，中央财经委员会第十次会议第一次提出"构建初次分配、再分配、三次分配协调配套的基础性制度安排"，缩小"三大差距"。2021 年 5 月，浙江省出台的《浙江高质量发展建设共同富裕示范区实施方案（2021—2025 年）》指出，要以改革创新为根本动力，以解决地区差距、城乡差距、收入差距问题为主攻方向，更加注重向农村、基层相对欠发达地区倾斜，向困难群众倾斜，扎实推动共同富裕。

缩小"三大差距"的关键是构建收入分配的基础性制度，实现市场主导初次分配，政府主导二次分配，社会参与三次分配。初次分配的改革重点是完善要素市场体系，让要素市场在资源配置和要素报酬上均起到决定性作用。尤其是我国要素市场缺乏土地市场，使得市场调节难以有效发挥作用，因此改革农村土地制度，激活农村的闲置土地资源，是建立土地市场从而完善要素市场体系的一个关键环节。二次分配的改革重点放在调整税收结构和转

移支付的调节力度上，具体内容包括但不限于提高直接税比重、降低间接税比重、适时出台房产税和遗产税、个人所得税覆盖所有的高收入人群、改革社会保障缴费制度，最终实现加大税收、社保、转移支付对调节收入分配的作用。三次分配改革重点是优化慈善事业发展的环境和制度，建立更加完善的政策体系，具体内容包括但不限于鼓励社会组织和慈善事业发展、政府提供更加便利的公共服务、颁布慈善捐赠税收优惠政策及政府资金配套政策。通过制度的创新、政策的完善，激发更多的人投入社会公益和慈善事业中，让三次分配发挥更大的作用。

缩小三大差距要把握好以下几个方面的政策方向。第一，瞄准"三低人群"。低收入、低财产、低保障人群是一个庞大的群体，他们的富裕程度决定了实现共同富裕的目标进展，"三低人群"的收入、财产和社保水平的提高有助于"扩中"。第二，提升低收入人群的发展能力。一方面推动更多低收入群体跨入中等收入行列，另一方面需要缓解相对贫困，使得相对贫困人口的福祉水平和发展能力不断提升。这需要借助政府的再分配政策措施，也需要进行在职培训。更重要的是给社会弱势人群的子女提供平等的受教育机会，分享优质的教育资源，增加其人力资本投资，阻断贫困的代际传递机制。第三，加大政策扶持力度。健全和完善低保政策、惠农政策及社会保障制度，实现公共服务均等化。第四，财政支出向民生领域进一步倾斜。增加对教育和医疗方面的投入，特别是对农村和落后地区的投入，增加一些社会福利项目，增加对社会保障的财政支持力度，增加低收入人群的人力资本，实现人力资本公共投资均等化。第五，加快农民工市民化进程。彻底取消附加在户口上的身份歧视，实现人口的自由流动，完善农民工的住房保障，保障农民工及其家人享有同等质量的公共服务。

缩小"三大差距"，推进共同富裕，将是一场攻坚战和持久战。习近平总书记强调，坚持以人民为中心的发展思想，在高质量发展中促进共同富裕，正确处理效率和公平的关系，构建初次分配、再分配、三次分配协调配套的基础性制度安排，加大税收、社保、转移支付等调节力度并提高精准性，扩大中等收入群体比重，增加低收入群体收入，合理调节高收入，取缔非法收入，形成中间大、两头小的橄榄型分配结构，促进社会公平正义，促进人的全面发展，使全体人民朝着共同富裕目标扎实迈进。未来我们应将解决城乡差距、地区差距和收入差距作为主攻方向，共同奋斗，扎实推动共同富裕。

加快推进共富型制度政策创新与理论创新步伐

浙江工商大学校长、长江学者特聘教授　郁建兴

　　扎实推动共同富裕已经成为国家战略，它的全面展开及取得成功，有望成为全球性新公共文化产品。 这意味着共同富裕建设必须超越发展型国家与福利国家模式，致力于构建共富型制度政策，推动形成以生态主义为导向，注重经济、社会与环境三边平衡的共同富裕治理体系。 这个目标超越了 20 世纪以来西方世界的福利国家和 20 世纪七八十年代的东亚发展型国家的愿景，正逐步形成一个可持续发展的绿色生态体系。 与此同时，这个过程也为提升中国哲学社会科学自主性、引领性带来重大机遇。 2022 年 4 月 25 日，习近平总书记在考察中国人民大学时明确提出，加快构建中国特色哲学社会科学，归根结底是建构中国自主的知识体系。

　　时代呼唤理论。 20 世纪 70 年代，哈佛大学罗尔斯教授对战后西方福利国家做出最重要的理论总结，他于 1971 年出版的《正义论》对国内外哲学社会科学学者产生深远影响。 在《正义论》的开篇，罗尔斯讲到，正义是一个社会制度的首要价值，在每个人都同等享有自由不受侵犯权利的情况下，社会和经济的不平等应该这样安排：第一，它们所从属的职位应该机会均等地对所有人开放；第二，它们应该有利于社会最弱势群体的最大利益。 罗尔斯的《正义论》虽产生了重大影响，但也招致巨大的争议。 一是自我所有权和激励问题，这里的最尖锐的批评来自罗伯特·诺齐克，诺齐克提出了基于自我所有权的正义；二是罗尔斯正义原则给予人们充分的自由、权利和机会，但并没有考虑将这些机会转化为结果的能力，即人们的可行能力；三是罗尔斯的理论非常激进，他试图通过社会基本结构的建构，一劳永逸地解决社会公平问题。 问题在于，是否存在一种超验的正义理论凌驾于政治制度和经济社会基础之上？ 如果将正义作为社会制度的首要价值，我们就无法回避具体社会基本制度、经济社会发展条件对实现正义产生的影响。

　　习近平总书记强调，共同富裕是全体人民共同富裕，是人民群众物质生活和精神生活都富裕，不是少数人的富裕，也不是整齐划一的平均主义。 习近平总书记 2021 年 8 月 17 日在中央财经委员会第十次会议上的讲话中提出了促进共同富裕的四项原则：鼓励勤劳创新致富、坚持基本经济制度、尽力而为量力而行、坚持循序渐进。 共同富裕需要同时具有三项重要特征：第一，坚持高质量发展的核心目标；第二，特别重视民生与社会保障，着力建设覆

盖全生命周期的社会保障与社会政策体系，消除社会流动的制度性障碍，建立权益平等的高流动性社会；第三，高度重视精神文化领域，注重精神富有。

在我国，推动发展型制度政策向共富型制度政策跃升转变，需要充分考虑社会基本制度、经济社会发展条件，着重探寻一个优于既有任何分配方案的共享性概念，既要在理论上兼顾自我所有权（个人主权）、起点过程结果公平、可行能力等问题，还要在体制机制和政策体系设计上考虑我国复杂的历史、代际和阶层问题，以及城乡、区域、群体差异和文化传统。 在我国推进共同富裕，首先必须在顶层设计上破除既有制度性因素对民众自由和权利的消极影响，保障民众享有平等的自由权利；同时，必须最大限度促使民众有能力并机会均等地参与经济社会的高质量发展，并在分配正义上共享高质量经济社会发展的成果；但是，我国的历史问题和制度性因素，事实上已经造成了大量城市与乡村、体制内与体制外、不同区域出生的人系统性的身份不平等。 为此，我们还要通过完善制度设计，最大限度补偿和克服"马太效应""阶层固化"对社会弱势群体行使自由权利和可行能力的影响。

综上所述，在我国构建共富型制度政策，首先需要着力开展三大创新领域。 第一，在城乡差别上，逐步打破以地域、户籍和身份为基础的藩篱，建立覆盖全民的普遍性公共服务体系，推动优质公共服务共同生产与共享使用，是制度创新要解决的重点，也是重要途径。 第二，在可行能力上，完善初次分配结构，构建合理的初次分配格局，逐步提高劳动者收入在初次分配中的比重，建立平衡的社会伙伴关系；通过税收体系的调节与设计，合理适度地加大再分配力度，提高对低收入人群的激励效应，要倡导人人勤劳奋斗才能共同富裕，防止再分配过程中出现"逆向分配"效应；千方百计提升民众的可行能力，不仅授人以鱼，更要授人以渔，建立更加平等的大众教育体系，完善全生命周期的就业培训制度体系，通过平等化的制度设计提升人力资本配置效率，充分发挥国民的才能与潜力，促进社会大规模向上流动，为形成以中等收入群体为主体的橄榄型社会结构打下良好的制度基础。 第三，在制度的匹配上，所有的制度和政策设计首先要嵌入在政治、经济、社会、文化等基础上，同时在目标和手段上与共同富裕兼容。

当前，全国人民都在共同富裕大道上快速奔跑，其中最迫切、最重要的议程，是补偿和矫正既有制度性因素对实现共同富裕的制约，使各种发展要素和发展制度与共同富裕的目标相匹配，使各发展主体有激情有能力朝着共同富裕目标迈进。 这需要加快制度创新与理论创新步伐，将党政国家体系的高动员度、市场体系的高竞争度和社会的高活跃度充分融合，形成扎实推动共同富裕的多元驱动力量，构建共富型制度政策，而制度创新与理论创新是通往共同富裕的同一进程。

浙江农村共同富裕建设的主要经验、问题和建议

史新杰　陈志钢　茅锐　金鑫

（浙江大学中国农村发展研究院　浙江大学公共管理学院）

一、引　言

共同富裕是社会主义的本质要求，是"以人民为中心"发展理念的重要体现。党的十八大以来，以习近平同志为核心的党中央不忘初心、牢记使命，团结带领全党全国各族人民，始终朝着实现共同富裕的目标不懈努力，全面建成小康社会取得伟大历史性成就，决战脱贫攻坚取得全面胜利，困扰中华民族几千年的绝对贫困问题得到历史性解决。随着我国全面建成小康社会，并开启全面建设社会主义现代化国家的新征程，实现共同富裕被摆在更加重要的位置，成为更加迫切的历史性任务。2020 年 10 月召开的党的十九届五中全会向着更远的目标谋划共同富裕，提出了"全体人民共同富裕取得更为明显的实质性进展"的目标。习近平总书记指出，共同富裕本身就是社会主义现代化的一个重要目标，我们要始终把满足人民对美好生活的新期待作为发展的出发点和落脚点，在实现现代化过程中不断地、逐步地解决好这个问题。2021 年 3 月，《国民经济和社会发展第十四个五年规划和 2035 年远景目标纲要》发布，其明确赋予浙江高质量发展建设共同富裕示范区的重大任务。同年 6 月，中共中央、国务院印发《关于支持浙江高质量发展建设共同富裕示范区的意见》，标志着浙江在实现共同富裕道路上迈出了坚实的第一步，同时也意味着浙江承担起了在共同富裕方面探索路径、积累经验、提供示范的重要使命。

要实现共同富裕，乡村振兴是必经之路，重点在农村，难点也在农村。农村发展不充分，进而加剧城乡发展不平衡，是共同富裕推进的主要障碍之一。社会主义的本质特征决定了乡村振兴是共同富裕的重要维度、主要载体和有效路径，城乡差距的弥合是检验共同富裕成效的重要标准。浙江在共同富裕示范区建设之初，已经针对缩小城乡收入差距做出了卓有成效的探索。在"山海协作""千村示范、万村整治"等工程基础上，进一步推进"三位一体"改革、"农户收入倍增计划"及"消除薄弱村"等举措，促使浙江城乡居民收入比在 2020 年降至 1.96∶1，整体人均可支配收入突破 5 万元。浙江在"做大蛋糕"的基础上，高度重视如何"分好蛋糕"，在住房与基础设施、医疗与社会保障、生态与环境建设、文化与数字治理等方面的"共享"也都走在全国前列。探索浙江农村如何践行"绿水青山就是金山银山"的理念，融合产业发展、技术发展、绿色发展等路径，以此开启共同富裕，具有重要的现实意义。

基于此背景，浙江大学中国农村发展研究院、浙大–IFPRI 国际发展联合研究中心联合中国农

业科学院农业经济与发展研究所共同发起中国农村微观经济数据调查（浙江）暨浙江农村共同富裕调查，建立翔实的浙江农村共同富裕数据资料库，致力于从微观视角分析总结浙江乡村振兴和共同富裕的经验，为全国乃至全球的共同富裕之路提供卓有价值的发展范式。本文基于2021年数据调查，分析浙江农村共同富裕基本情况，总结浙江相关经验，发现现存问题，提出相应对策建议。

二、浙江农村共同富裕基本情况

本报告所用数据来源于调研团队于2021年7—8月对浙江省桐乡市、开化县、温岭市3个县（县级市）进行的行政村及农户问卷调研。本次调研采用分层随机抽样。调研县（县级市）样本点的选取主要考虑了当地的自然地理状况和社会经济状况等因素，在浙北、浙中（西）、浙南分别选取一个县。在浙北选择嘉兴桐乡，浙中（西）选择衢州开化，浙南选择台州温岭。地处杭嘉湖平原腹地的桐乡区位优势优越，2020年全市地区生产总值1003亿元，城乡居民人均可支配收入分别为62379元和40358元。开化县位于浙江省西部，浙皖赣三省交界处。2020年开化县地区生产总值150.5亿元，城镇、农村常住居民人均可支配收入分别为39475元、20647元。温岭地处浙江东南沿海，2020年全年生产总值1136.87亿元，城镇常住居民人均可支配收入65277元，农村常住居民人均可支配收入36244元。

在确定了3个调研县（县级市）后，根据随机抽样原则，分别从桐乡、开化和温岭抽取3个乡镇，每个乡镇随机抽取3个行政村，共27个行政村样本。在此基础上，每个村随机抽取20户农户，共540个农户样本。本次调研主要收集浙江农村的农户数据和村级数据，共回收有效村问卷27份，有效农户问卷538份。农户数据除了农户家庭基本情况和农户家庭生产情况，另外包括就业与收支情况、住房与基础设施、医疗与社会保障、生态与绿色发展、治理与社会发展、文化与幸福指数等反映共同富裕的指标体系。行政村数据在行政村基本情况、经济发展、村庄治理、社会发展、生态建设等板块之外，还加入了农户人居环境、绿色发展与生态价值、农村科教文卫体公共服务及文化和精神文明等板块。

（一）家庭结构

调研地的家庭人口规模以3—5人为主，占比达到43%；其次为3人以下的小型户，占比为29%。受访农户家庭平均人口为4.52人，平均户口在册人数为3.99人。从年龄结构来看，农村人口老龄化问题严重（表1）。平均每村有570位61岁以上老年人口，而桐乡市的汇丰村和红星村老年人口高于1000人。从占比来看，所调查的27个村的61岁以上人口占比皆高于19%，其中温岭县的民益村和白璧村老龄人口占比高于30%。相比之下，15岁以下少年儿童人口占比普遍偏低。27个村有24个村的15岁以下人口占比小于18%，其中最低的占比只有8%。存在4人及以上劳动力人口的家庭占比不足21%。受访农户家庭中婚姻结构以已婚为主，家庭成员中有年龄超过法定结婚年龄但仍然未婚的户数比例达到27.19%，其中男性占比比女性占比高出2%。有到达晚婚年龄但仍未结婚的家庭成员的户数比例达到21.04%，男性占比比女性占比高出3%。离异发生率较低，受访户数中，只有16户（占比2.98%）的家庭有成员发生过离异。

表 1　受访村人口年龄分布统计

	均值	最小值	最大值
村总人口（人）	2254	703	4778
15 岁及以下（人）	321	95	800
16—40 岁（人）	620	216	1360
41—60 岁（人）	744	238	1613
61 岁及以上（人）	570	154	1249
15 岁及以下人口占总人口比例（%）	15	8	42
16—40 岁人口占总人口比例（%）	28	16	33
41—60 岁人口占总人口比例（%）	33	16	37
61 岁及以上人口占总人口比例（%）	25	20	35

（二）收入（就业）与资产

1. 收入状况

由于实地调研的诸多受限，在 27 个受访村中，8 个村的经济收入存在缺失情况，在未缺失的 19 个受访村中，村与村之间的集体经济收入差异较大。其中，有 4 个村的年收入在 50 万元以下，而有 9 个村的年收入在 2000 万元以上。从收入的来源来看，大部分村的收入来自农业的种植业收入和工业收入。集体经济收入较高的村与集体办厂、办企业等有关。受访村第三产业收入也是村集体收入的一大来源，在 19 个村中，有 5 个村的三产收入高于 200 万元。

农户收入差异较大。其中一半（274 户）农户年总收入超过 10 万元，但仍有 9 户（2%）农户没有家庭收入。农户家庭收入以工资性收入为主，26% 的农户家庭工资性收入超过 10 万元。转移性收入也是大部分农户家庭的主要收入来源，其中 26% 的农户转移性收入低于 5000 元，18% 的农户转移性收入在 1 万—3 万元。被访农户的财产性收入皆不高，超过一半的农户没有财产性收入，而 26% 的农户财产性收入低于 5000 元。但经营性收入在不同农户家庭中占比差异较大。虽然有超过一半的农户家庭没有经营性收入，但有 105 户（19%）农户家庭的经营性收入超过 10 万元。

2. 就业状况

农村劳动人口就业仍旧以非农就业为主（表 2）。其中外出务工仍然是农村劳动力人口的第一选择。其中，桐乡市的红旗漾村外出务工人口占比达到 82%。一产和二产的就业人口数较为一致，最大就业人口占比均为 60% 左右。外出务工返乡创业人口较少，总体上占比不足 2%。

从农户外出务工的收入状况来看，整体上县域内收入要高于县域外的务工收入。受访农户的非农就业收入的主要来源是工业、建筑业和采矿业，家庭平均年收入超过 2 万元。其次为社会服务业、文教卫生业，家庭平均年收入也接近 2 万元。

表 2　村人口就业状况统计表

	均值	最小值	最大值
外出务工人数(人)	301	0	1800
外出务工返乡创业人数(人)	39	0	811
第一产业就业人数(人)	274	0	1300
第二产业就业人数(人)	400	0	1953
第三产业就业人数(人)	188	0	600
外出务工人数占总人口比例(%)	17	0	82
外出务工返乡创业人数占总人口比例(%)	2	0	41
第一产业就业人数占总人口比例(%)	14	0	60
第二产业就业人数占总人口比例(%)	15	0	63
第三产业就业人数占总人口比例(%)	10	0	31
县域内非农就业家庭年收入(元)	53407	0	680000
县域外非农就业家庭年收入(元)	10486	0	720000

3. 住房资产

受访农户在本村拥有自住房的比例达到 100%,且多数的农户本村自住房(使用)面积在 300—500 平方米,农村自有住房面积较大。有四分之一的农户拥有城镇商品房,且多数人城镇住房面积在 100—150 平方米。在所有受访农户中,有 35 户农户在城镇没有住房,且其农村的自有住房面积小于 50 平方米。有 13 户农户在农村和城镇的自有住房面积均大于 200 平方米。受访农户的宅基地拥有量达到了 80% 左右,其中绝大多数的农户拥有至少一处宅基地。45% 左右的农户拥有宅基地的面积在 100—200 平方米。94% 的农户没有生产性用房。在受访农户中,有 32 户(占比 5%)农户没有城镇住房和宅基地,也没有生产性住房,且其农村自有住房面积小于 50 平方米。

4. 家庭耐用消费品

受访农户交通工具以电动车和小汽车为主,自行车和摩托车的拥有量较少。接近 45% 的农户家中拥有至少一台电脑,其中有 3 户农户家中拥有 5 台及以上的电脑。太阳能的普及率接近 50%。彩色电视机普及率较高,85% 以上的农户家中拥有至少一台彩色电视机,其中有 18 户农户家中拥有至少 5 台彩色电视机。

(三)土地与农业生产

1. 土地利用概况

浙江农村土地类型以林地与耕地为主,土地流转的主要形式为转包与出租。调研区域村均土地面积为 7114.87 亩,其中村均耕地面积为 2027.93 亩,村均园地面积为 651.12 亩,村均林地面积为 3947.02 亩,村均草地面积为 13.25 亩。2020 年调研区域村均土地流转面积为 1112.78 亩,流转的主要形式为转包与出租,69.37% 的受访家庭进行过土地流转交易,种植大户及本村其他村民是土地主要转出对象。

浙江农村耕地以水田为主要类型，以家庭经营为主要耕地经营方式。调研区域村均耕地面积为2027.93亩，占每村平均土地面积的29%。按照耕地类型划分，每村水田、水浇地、旱地平均面积分别为1162.50亩、364.83亩、612.85亩。按照耕地经营主体划分，每村家庭、集体、合作、企业及其他经营主体耕地平均面积分别为1535.77亩、198.47亩、245.63亩、216.95亩、502.64亩（表3）。

表3　耕地利用结构

划分标准	项目	占比（%）
耕地类型	水田	54.32
	水浇地	17.05
	旱地	28.64
	合计	100
经营主体	家庭经营	56.89
	集体经营	7.35
	合作经营	9.10
	企业经营	8.04
	其他形式	18.62
	合计	100

2. 农业生产情况

调研区域农业生产以种植业为主，以稻谷、瓜果、玉米为主要作物。中年及老年男性是浙江农村农业生产主体，农业村民相较于非农业村民受教育程度较低。以家庭为单位，2020年调研区域内平均每村641户，其中只务农农户村均310户，一兼业农户村均95户，二兼业农户村均195户，完全不务农农户村均138户。以村民个体为单位，仅从事农业生产村民为434人，其中男性占比65.44%，平均年龄60.26岁，平均受教育年限为4.60年。从事第一兼业村民为76人，男性占比59.21%，平均年龄58.5岁，平均受教育年限为5.54年。从事第二兼业村民197人，男性占比67.01%，平均年龄55.33岁，平均受教育年限为6.83年。非农业村民共计932人，其中男性占比49.36%，平均年龄为43.87岁，平均受教育年限为9.53年（表4）。2020年农户农业生产受灾情况普遍。调研过程中，70.83%的村落表示2020年种植业遭受了灾害，45%的村落表示畜牧业遭受了灾害。其中水灾与旱灾是种植业遭受的主要灾害。疫病为畜牧业遭受的主要灾害。

表4　从事农业生产人员概况

受访者类型	人数占比（%）	男性占比（%）	平均年龄（岁）	平均受教育年限（年）
仅从事农业生产的村民	19.5	65.44	60.26	4.60
一兼业村民	3.4	59.21	58.5	5.54
二兼业村民	8.9	67.01	55.33	6.83
非农业村民	41.9	49.36	43.87	9.53

(四)基础设施与社会保障

1.基础设施建设概况

浙江农村基础设施建设较为完善,道路、体育文化、医疗卫生、农田水利及农田道路等生产生活性基础设施建设仍需加强。2020年,调研区域村均公共设施投资70.28万元,主要资金来自村集体投资。日常生活方面,调研区域村均商店数量为10.04个,村均集贸市场0.22个。区域内自来水普及率村均99.92%;天然气、液化气普及率村均80.17%;互联网普及率村均87.32%;有线电视普及率村均95.80%;卫生厕所普及率村均98%;平均每村垃圾堆放点7.70个。道路交通方面,区域内道路硬化平均比例为94%,81.48%的调研区域开通了公交或货运班车,区域内均建有路灯。调研过程中,超过半数的受访村落表示,道路、医疗卫生、体育文化等基础设施亟须投资建设;42.86%、38.46%的受访村落分别表示污染处理、商业服务等基础设施建设仍需加强。针对农田水利、农田道路等农业生产基础设施,则有42.86%和28.57%的受访村落分别认为建设力度不够。

2.社会保障

浙江农村居民社会生活保障情况较好,居民参与率高;农业保险覆盖率广,但获赔比例不足;农村农业补贴体系较为健全。社会生活保障方面,34.25%的受访居民参加了农村社会养老保险,其中55岁以上居民参加农村社会养老保险的比例为51.65%,81.73%的受访居民参加了新型农村合作医疗。

农业生产保障方面,调研区域内83.3%的村落覆盖了农业保险,农户农业参保率平均为91%。纳入农业保险的农产品主要有水稻、小麦、玉米、油菜、生猪。值得注意的是,2020年仅有2%的农户获得了种植业保险赔偿,主要来自水稻保险,户均获得保险赔偿额度为19600元;不足1%的农户获得了畜牧业农业保险,户均获得保险赔偿额度为3390元,主要获赔种类为蜜蜂、生猪、蛋鸡。

2020年村均种粮补贴总额为189874.6元,补贴种类主要包括水稻、小麦、玉米、大豆、油菜等作物。调研过程中,42.86%的村落表示享受到了农机补贴,18.18%的村落表示享受到了农资综合补贴,10%的村落表示被纳入畜禽良种补贴政策。

(五)教育与健康

1.教育

村民整体受教育程度以小学和初中为主。其中,14个村具有10%以上的小学学历人口,20%以上初中学历人口。有12个村拥有5%—20%的大专及以上学历人口。一半的受访村没有文盲或半文盲人口。

从家庭层面来看,受访农户户主受教育水平以小学毕业居多,占比高达35%,其次为初中毕业。户主未受过义务教育的户数达到66户(占比12%),总体来看,受访农户户主的受教育水平普遍不高。受访农户中,家庭成员最高受教育程度为高中毕业的占比较高,达到22%,其次为大学本科毕业,占比达到21%。家庭成员中完全没有上过学的农户达到17户,而家庭成员中有本科以上学历的户数达到16户。

关于职业培训情况,受访者整体接受相关培训较少。在受访的 27 个村中,只有 3 个村接受过涉农职业教育培训的人数在 50 人及以上。有 11 个村并未开设农业技术推广培训,在剩余的开设农业技术推广培训的村中,只有 4 个村开展过超过 100 人每次的大规模培训,其中开化县的杨林村开展过至少一次 500 人的大型农业技术推广培训。农户接受非农和农业培训的状况亦不佳。整体来看,受访农户家庭成员中至少有一位接受过非农职业教育培训的户数约为 70 户,占比约为 13%。而家庭成员中至少有一位接受过农业技术教育相关培训的户数约为 38 户,占比约为 7%。

2. 健康

村卫生室普及状况良好(表 5)。在受访的 27 个村中,有 20 个村拥有至少一所村卫生室。但卫生室床位数不多,有 20 个村的卫生室没有床位,4 个村的卫生室只有一个床位。村卫生从业人员平均为 2 人,但有 7 个村没有具有从业资格的医务人员。从卫生医疗人员的培训情况来看,有 15 个村没有进行卫生室医疗人员的培训。

表 5　村卫生医疗情况

项目	均值	最小值	最大值
卫生室床位数(张)	0.41	0	3
卫生技术人员数(人)	1.67	0	6
有从业资格的医生人数(人)	1.30	0	3
卫生室医疗人员培训人次	17.96	0	200

农户受访者的平均身高为 165.5 厘米,平均体重为 65.7 公斤。67.4% 的受访者认为自己的身体处于较为健康的状态,而 9.4% 左右的受访者认为自己处于不健康的状态。而 23.4% 的农户认为自己的身体状况一般。

常见疾病中,高血压发生率较高,发生率为 29.7%,糖尿病发生率为 6.2%,心脏病发生率为 4.3%。家庭成员生病率达到了 23.3%,而住院率为 15.67%,约有 84 户有家庭成员在本年住过院。农户平均医疗费用支出为 4128 元,报销后的平均医疗费用支出为 2505 元。

农户整体健康状况良好,患病者多为年迈老人。平均每户有 3.67 个人处于健康的状态。11% 左右的农户家中有一位以上体弱多病的家人,其中 7% 的体弱多病者为 65 岁以上老人。7%(38 户)的农户家中有家人患有大病,其中 3% 为 65 岁以上老年人。只有 2 户农户家中有家人身患残疾,其中 1 户家中残疾人为老年人。

(六)精神文化

村庄精神文化公共服务普及率较高,除了网络和信息服务有较多村庄没有普及,大多数村庄都建设了文化活动室、图书室和体育健身场,以及定期举办文化节活动。受访的 27 个村中,有 23 个村有村内群众文化组织。其中发展较为普遍的为舞蹈队,其次为锣鼓队,村民精神文化需求可以得到一定的满足。另外,受访农户中,41.4% 的农户家庭有成员用过村里的公共健身设施,而 26.9% 的农户家庭有成员参加过村里的体育活动,64.1% 的农户家庭有成员去过村里的文化礼堂参加活动。

对受访农户的文化活动意愿的访问结果表明，多数的农户希望多在村内举办一些文化活动，其中放电影排名第一。42%的农户希望村里可以放映电影。27%的农户希望可以看戏，其次为打牌和下棋。一些农户也希望可以举办中秋晚会，唱歌跳舞，举办广场舞比赛等。这些活动一方面可以丰富村民的精神文化生活，另一方面也可以加强村里的精神文明建设，不断满足村民的精神文化需求。

从受访农户对村内乡风文明的评分（1—10分）来看，只有6%（30户）的农户对村乡风文明的评分低于5分，62%的农户认为乡风文明得分在5—9分之间，而有32%的农户认为村内的乡风文明应该为满分10分。另外，对农户的幸福感访问也表明，超过50%的受访农户认为自己生活非常幸福，37%的农户认为自己生活比较幸福。而只有3%（14户）左右的农户认为自己生活不太幸福。而超过85%的农户认为，拥有健康的身体是幸福的来源，其次为拥有幸福美满的家庭。

三、浙江农村共同富裕主要经验

基于本次调研，对浙江27个村的案例进行对比分析，总结浙江通过乡村振兴弥合城乡发展差距，进而推动共同富裕的实践经验。

（一）产业造富：突出主导产业，打响品牌特色

农业要发展，乡村要振兴，农民要富裕，首先需要培养壮大主导产业和特色产业。浙江在竞争日益激烈的农产品贸易环境中，坚持质量兴农、品质强农，通过农业产业品牌化实现产业的转型升级和生产结构的调整，实现品牌农业对农业供给侧结构性改革的高效推进，以农业品牌化助力乡村振兴。浙江省多地农村都形成了具有代表性的农产品品牌，良好的产业基础和产品知名度不仅扩大了销路，促进了村民增收，也形成了溢出效应，带动了周围村庄的共同发展。比如温岭市滨海镇民益村通过种植"滨珠"葡萄迈向共富之路。2004年，民益村成为浙江省大棚葡萄基地，并创建了滨海葡萄专业合作社，生产的葡萄曾荣获浙江省名牌产品。目前种植面积已达840亩，年产值在3500万—4000万元左右。大棚葡萄的种植不仅极大地助推了民益村的产业兴旺，其模式也被温岭市滨海镇各村庄广泛采用。以滨海镇的永康村、新二塘庙村为例，它们均与民益村毗邻，且最初都是依靠民益村的葡萄种植技术发展起来。20多年间，滨海镇葡萄种植面积从一开始的数百亩，发展到现在的2.5万亩。2018年，滨海镇实现了葡萄产量3.8万吨，年产值4.5亿元，占全镇农林牧渔总产值的66.2%。

桐乡市殷家漾村的蜜梨同样是产业致富的典型案例。殷家漾村自2003年开始种植蜜梨，2020年种植面积已达1500余亩，种植农户200余户，总产量约2500吨，产值1500余万元，注册有"殷家漾"商标，并通过"绿色食品""无公害"认证。殷家漾蜜梨获得2017年浙江精品果蔬展销会金奖、2019年浙江省知名品牌农产品展示展销会金奖，2018年被评为浙江省果蔬采摘旅游基地，获得了较高的知名度。殷家漾蜜梨产业的蓬勃发展，让当地农户的收入逐年提高，并彻底摆脱了贫困的帽子。

（二）抱团增富：壮大集体经济，助力强村富民

通过多元化模式壮大村级集体经济以此做大"蛋糕"并分好"蛋糕"是浙江农村共同富裕的另一

个典型特征。比如温岭市凤溪村在近几年顺利完成集体经济体制改革,推进村民持股工作,基本实现村民"一人一股"。村民收入构成除了经营收入和劳动报酬,还包括村集体每年的分红,资产性收入获得拓展,收入来源更加多样性。发达的集体经济和明晰的集体经济产权制度还进一步完善了社会保障体系,除了政府部门提供的社会保障,村集体还利用集体收入为村民提供额外的社会福利和保障。比如村集体为村民承担了"新农保"的费用,为村民承担了电费、水费和电视费等基本生活费用开支。此外,对于贫困户及 60 岁以上的老人,村集体还会在重要的节日以现金或实物形式向他们派发福利,对他们的生活提供支持。高水平的社会保障为实现共同富裕打下了坚实基础。

除了各个村发展自己的集体经济,还有一些村庄间展开了"抱团经济"。2017 年,浙江省委、省政府提出实施消除集体经济薄弱村三年行动计划,到 2019 年全面消除集体经济年收入低于 10 万元的经济薄弱村。桐乡市濮院镇依托羊毛衫市场,以永越村为首,镇上的 9 个村抱团投资 2.5 亿元,成立了濮院新越毛衫整烫股份有限公司,专注于羊毛衫生产的整烫环节,进行市场化运作。村庄抱团发展是桐乡市村级集体经济发展的新常态,"抱团"项目激活了资源,成为撬动乡村发展的新支点。各村紧跟濮院镇产业发展的特色,参与抱团项目,为村级集体经济发展注入了新鲜的血液。随着抱团投资的落实,新联村集体经济收入迎来了飞速的增长,2018 年首次突破 1000 万元,2020 年集体经济总收入突破 2000 万元,村级集体经济增长已连续 7 年保持在 8% 以上。永越村 2020 年实现村级集体经济收入 1591 万元,村民人均可支配收入达 4 万元。依托集体经济,永越村村民福利性支出达 180 万元,为全村农户实现家庭财产保险、农民人身意外保险全覆盖,对参加合作医疗的村民实行定额补贴 50%。各大新村均配备了农民茶室,进一步提升农民生活品质,实现产业兴旺带动农民生活富裕。

"飞地抱团"的模式也极大地促进了浙江山区 26 县的发展。2019 年开始,开化县与桐乡市成功签订了以土地指标换收益助"消薄"的山海协作"飞地"产业园项目,通过委托桐乡运营获取收益并用于全县 30 个村"消薄"。该项目共分二期,总投资 3000 万元,采取"县域统筹、股份经营、保底分红"的"飞地抱团"模式,引导开化县 30 个集体经济薄弱村以土地指标和资金入股,以跨市土地指标调剂等土地新政为"催化剂",变土地指标为经营收益,以空间置换激发村庄发展活力。开化县华联村就是从中受益的一个薄弱村,2019 年底获得"飞地抱团"的第一笔 5 万元收益,并将其用于清水鱼养殖,进一步实现产业特色化、效益最大化。

(三)能人带富:引领产业铺路,反哺乡村建设

农业产业的发展离不开能人带动,这点在浙江农村得到了很好的体现。在奔赴共同富裕的道路上,多个村庄都出现了开拓创新的"第一个吃螃蟹的人"。正是这部分人率先发现适合当地的农业产业并取得了较好的经济效益,才使得当地村民效仿,通过"传帮带"使更多农户的口袋鼓了起来。温岭市民益村是个典型的农业村,村内土地曾以粮食种植为主。20 世纪 80 年代,陈匡森等 12 位村民尝试在村内的零星地块上种植葡萄。为了提高葡萄产量,减少病虫害,陈匡森等人四处求学,在嘉兴学到了新的葡萄种植技术,并返回家乡,将先进的葡萄种植技术传授给民益村的村民。正是在陈匡森的带领下,民益村的村民们纷纷开始种植大棚葡萄。2000 年后葡萄销路成了问题,陈匡森又带领村民将一车车的葡萄运到玉环和松门的市场上卖,极大地开拓了当地的葡萄市场。葡萄种植业的迅速发展,带农惠农效果显著,也给民益村带来了新的机遇。

在各地农村的农业产业和农户日常起居的建设发展中,另一不可忽视的力量就是乡贤传承。村庄的众多乡贤以乡情为纽带,根植于乡村社会土壤,依附于家乡情感习惯之中,积极延续传统乡村文脉,教化乡民、反哺乡里。他们主动投身乡村公益事业,充分发挥了乡贤对新农村建设和发展的促进作用。桐嘉由石油有限公司的董事长姚金明是从红旗漾村走出去的乡贤之一,也是红旗漾村的乡贤会会长。2018年起,他持续五年定向捐赠红旗漾村村民农村合作医疗补助200元/人,共计208万元,由此可减轻村民合作医疗费用的自主缴纳额度。2020年,在新冠肺炎疫情冲击下,姚金明又主动担负起社会责任,继续接力,为红旗漾村抗击疫情出一份力量。他捐赠防疫资金20万元,捐款专款专用,大大减轻了乡村防疫经济负担,用实际行动支持抗疫工作。温岭市民益村部分在外经商的居民共同建立了慈善工作站,目前募集了10万多元,主要针对低收入农户予以资金帮扶,对患病村民提供每人3000元的生活补助。村里的党员们成立了党员基金会,为每位考上大学的本村大学生提供1500元的奖励,鼓励孩子们好好读书,接受教育,目前民益村已经有2名同学考上了清华大学。慈善工作站和党员基金会的持续注资为村里各项事业发展提供了保障。这些乡贤凝聚发展合力,共同传承乡村文明,充分发挥其在乡村振兴战略中的"参谋长"和"先锋队"作用,努力为建设美好新农村、缩小城乡差距、促进共同富裕奠定坚实基础。

(四)绿色优富:贯彻"绿水青山就是金山银山"理念,转化生态优势

为了践行"绿水青山就是金山银山"理念,让绿色环境和稳定经济协同发展,努力实现发展的平衡性、协调性和可持续性,浙江省多地农村已探索出了多条生态农业、绿色农业发展道路,以改变作物的生产方式、产业结构为目的,实施绿色生产方式,健全绿色循环经济体系,以达到经济效益和生态效益共赢的目的。

温岭市新二塘庙村主要种植滨海葡萄,在葡萄种植过程中,新二塘庙村始终坚持"绿水青山就是金山银山"理念,大力发展生态高效农业。种植区全部采用滴灌技术,同时使用测土配方肥等绿色生产技术,化肥使用以有机肥为主,保证农产品品质的同时也减少了对环境的污染。桐乡市红旗漾村以种植水稻作物为主,在生产上肥料用量大,肥料利用率低。农田尾水中氨氮、总磷浓度超标。农业污水未经处理就直接流入河道,加剧了周边河道的富营养化程度。村政府于2020年建设"生态拦截沟渠",在河道内种植"水下森林",利用高分子拦截网,对河道中的垃圾、河沙及大部分水下漂浮物进行拦截。在河道中建设景观浮岛和净化浮岛,并在拦截坝后方悬挂生物膜,建设微孔爆所系统,并投放适量生物菌及水生动物等。此举通过完善生态链,大幅增强水体自净能力,有效提高水体透明度,确保水质有明显改善。这项改造在省级(农田退水处理)项目中荣获第一名。

在现代农业产业发展中,数字化、智能化已经成为高质量发展的必经道路。桐乡市殷家漾村对蜜梨生产的全产业链进行数字化赋能。基于AI信息化技术手段,对梨园生产各项数据进行全程监控,制定并应用"梨园健康生产全程解决方案"。在生产资料供应方面,农产品投入统一供应,并建立种植生产全程追溯体系,做到食品品质与质量安全可溯源。在产品销售方面,品牌产品将在政府政策引导下统一进行打造推广,进行线上销售渠道的对接打通。通过信息化技术可以对蜜梨生产实现精准控制,有助于定额投入,控制生产成本,并且提升产品产量与质量。同时,对化肥农药等投入品的精确控制有助于促进绿色农业的建设;建立可溯源的食品生产体系有助于提升消费者的信赖度,更好地打造殷家漾蜜梨优质绿色的品牌形象。

（五）生态促富：擦亮生态底色，绘就美丽乡村

浙江各地以"美丽乡村"建设为总抓手，以农村土地综合整治为手段，加强规划引导和政策保障，充分发挥各地区位优势和产业优势，不断推动城乡协调发展，促进城乡共同富裕。

桐乡市濮院镇按照"田水林河村"系统治理，着力做好农村土地综合整治、高标准农田提升。在项目谋划阶段，濮院就注重从镇级层面把握项目规模，结合运河现代农业综合体——"新风濮韵"田野综合体规划建设，针对永越村等7个行政村开展濮院镇运河全域土地综合整治与生态修复工程。该项目总面积38606亩，计划投资5.01亿元。新增永久基本农田389.7亩，新建高标准农田1138.6亩，农村建设用地复垦968.2亩，保障农民建房用地557.4亩，保障新产业发展用地60亩，美丽田野建设面积2400亩，土壤污染综合防治1140亩，新增森林面积150亩。通过"田水林河村"综合系统治理，形成耕地集中连片、设施配套齐全、产业发展融合、农村生态宜居、土地集约高效，生产、生活、生态三生融合用地空间新格局。

濮院镇新联村是桐乡市首个"全国文明村"，新联村秉持"绿水青山就是金山银山"的绿色生态发展理念，一手抓旧村落的生态环境恢复，一手抓新建小区的人居环境治理。一方面，对已经拆除的旧村落、宅基地进行全面的复垦复绿，投资河道整治护岸工程，并加强村域生态修复和绿化建设，力求做到整村山清水秀，让新联村村民过上更加绿色、健康的新生活。另一方面，优化村民的人居环境，完善绿化配套，将新联集聚点打造为整洁、宜居、优美的现代化农民居住小区。

（六）乡风显富：着力文化建设，精神自信自强

乡村文化是乡村振兴的内生推动力，是共同富裕精神维度的重要体现。在产业兴旺的基础上，浙江各地村民的收入快速增长，生活水平逐渐提高，导致了村民对乡村文化的多样性、丰富性要求不断增加，对具有归属感的乡村文化活动如节庆、体育活动等的需求越来越多。这也为村干部建设乡村文化提供了内在动力。多个村集体积极结合风俗节日举办各类文化与体育活动，村民参与积极性高，增强了凝聚力与团结意识。

近年来，随着村里文化设施逐渐完善，村民的文化生活也越来越丰富多样，各个村庄每年要举办多场文化活动，例如春节打年糕、端午节包粽子、重阳节为老人提供文艺表演等。例如，桐乡市新联村已经形成"每月一台戏、每组一特色、每周一亮点"的群众文化活动品牌和制度化群众文化供给模式，村里定期组织不同类型的文化惠民演出，举办各类知识讲座，以文化熏陶村民，提升村民素质。濮院镇综合文化站也会定期开展"送电影下乡"主题活动，让群众在娱乐中感知文化魅力，享受现代文明成果，充分发挥文化凝聚人心的作用。另外，为进一步弘扬乡贤文化，发挥乡贤的影响力，濮院镇探索开展了"乡贤讲堂"，以乡风文明、家道家训为主题，由乡贤为村民上课，让群众学习政策、倾听心声、交流思想、共话发展。随着各项文化活动的深入开展，各村村民逐渐过上了精神富足、文化富有的新生活。

目前浙江多地村庄均建设有农村社区综合服务站、文化礼堂、广场、健身房等设施，供村民免费使用。每个村的文化礼堂都各具特色，依托于礼堂这个地点，可以开展各种文化活动，例如桐乡市红星村举办了"全力推进全域秀美美丽乡村建设"纳凉文艺晚会、国庆70周年阅兵典礼放映等。文化礼堂是一个村庄的特色文化名片，引导村民在参与文化娱乐的同时，更好地发挥村民自身优势，

共同参与到社会服务中来。

四、浙江农村共同富裕存在的主要问题

治国之道，富民为始。通过浙江省村级调研可以发现，在推动乡村振兴、实现共同富裕过程中，还面临一些问题和挑战。

（一）人力资本亟须积累深化

人力资本对经济发展至关重要。此次共同富裕调研显示，人力资本的缺失在很大程度上制约了乡村发展，是阻碍共同富裕的重要因素之一。

一方面，我国的农业劳动力老龄化问题日趋严重。第三次农业普查数据显示，农业生产经营人员中，35 岁以下的人员只有 19.2%，55 岁以上的为 33.6%；而且从事农业经营人员的学历都普遍偏低，其中初中及以下学历的比例超过了 90%，大专及以上比例只有 1.2%。本次调查也发现，除了留守村民，村干部也有老龄化趋势，调研的 27 个村村党委委员平均年龄为 46.5 岁，平均受教育年限 11.3 年。可见农村"劳力"和"脑力"存在明显不足，也成为"空心化"的表象。随着农村劳动力老龄化加剧，农业劳动力存在代际断层问题，难以适应现代化农业发展的要求。

另一方面，农村劳动力流失严重，乡村建设缺乏原动力。造成这种情况的原因有如下几点：一是种粮难以致富，打工收入远高于农业收入，农民不再将种地作为主要的收入来源，且浙江地处长三角，地理位置优越，更多年轻人选择去城区务工。二是随着现代人对于教育的重视程度提升，大部分农村没有幼儿园、小学和中学，为了孩子受到良好教育，村民更期望去城市定居。同时，长期在外打工或就学的青年人受城市文化价值观念影响，对于农村缺失认知、感情，回到乡村后也难以融入，离土离乡已成常态。由于农村的基础交通条件等方面的不足，缺少合适的就业机会，很多年轻人不愿意回到农村。在调研温岭市滨海镇葡萄产业的过程中，被访谈者最常提到的便是村里招工难的问题，劳动力年纪普遍在 50 岁以上而少有年轻人。老年从业者很难掌握操作信息化技术设备的方法，可能影响长期的可持续发展。

（二）土地资源亟求优化配置

农村土地制度关乎农村的根本稳定，也关乎中国的长远发展。2020 年 9 月 10 日和 2020 年 11 月 17 日，国务院办公厅先后下发了《关于坚决制止耕地"非农化"行为的通知》和《关于防止耕地"非粮化"稳定粮食生产的意见》两个重磅文件，强调保障粮食生产安全，为农村土地使用划定了红线，严禁压减粮食生产，违规在永久基本农田上种树挖塘，流转耕地改种其他作物。这些政策的出台强调了粮食生产的重要性，但也在一定程度上限制了农民通过种植经济作物增收。

调研发现，土地问题最大的瓶颈就是农村土地如何流转及流转后如何有效利用。例如桐乡市的荣星村土地流转率达 70%，建成了四大农业生产基地，极大地促进了农业生产的规模化、专业化。然而，在温岭市的新二塘庙村，葡萄种植户却因为缺乏土地资源的问题陷入了发展的困境。葡萄作为经济作物，种植需要大规模地使用土地，是当地村民的主要经济来源。当地在发展葡萄产业经济的同时，发展用地的需求矛盾日益加剧。这也导致家庭农场等农业经营主体不能再继续扩大种植

规模,难以获得发展所需要的土地资源。目前,调研的葡萄种植村仍遵循"已经种植的大棚葡萄继续经营,但不允许占用耕地新建葡萄大棚"的意见,但随着国家对粮食生产安全的日益重视,政策今后的走向仍不明朗。在农业现代化转型的过程中,面临农业发展和粮食安全两难取舍的困境。这也意味着乡村在实现共同富裕的过程中,要更加从长远的角度统一规划。

(三)产业结构亟待转型升级

2021年中央一号文件《关于全面推进乡村振兴加快农业农村现代化的意见》提到要"构建现代乡村产业体系,依托乡村特色优势资源,打造农业全产业链,让农民更多分享产业增值收益"。农业产业发展对于巩固农业基础、富裕农民、繁荣乡村发挥了重要作用,已成为我国经济体系的重要组成部分。但与高质量特色农业发展的要求相比,大部分地区特色农业产业还处在较低水平状态。

通过此次浙江省的调研,可以发现不少村庄在发展特色农业产业方面的共性问题,主要体现在经营主体规模小、生产经营方式落后、科技含量低、产业链条短、附加值低、市场风险较大、市场竞争力弱、农户尤其小农户收益少等问题。最为突出的是产业链不完整问题,例如桐乡市殷家漾村的翠冠梨,拥有具有地域特色的农产品品牌,但95%以上以鲜销的方式出售,出售方式相对单一,缺少加工环节,产品附加值较低,农户获得的市场溢价较低。其次,农业产业经营风险较大,例如开化县的建群村,大部分村民从事传统的种植业和养殖业,受自然灾害、市场行情、疫病等因素影响较大,虽然村集体每年为村民统一购买农业保险,但一旦遭遇自然风险或市场风险,获得的农业保险赔偿较低,农民的收入还是会受到较大影响。

乡村产业基础仍不牢固,还体现在农业经营主体单一和技术推广体系不健全等问题上。据农业农村部的农民专业合作社发展情况统计数据,浙江省的农民专业合作社数量较少,在调研过程中也发现一些村庄的新型经营主体培育不完善。专业合作社的带动能力和经营活力较弱,农户的参与积极性不高。在技术培训方面,大部分调研村每年会进行农业相关的培训。然而,一方面大部分村民学历偏低导致其观念陈旧,难以适应新的理念和技术,尤其是对现代农业信息技术的采纳和应用方面缺乏动力;另一方面,农业技术培训的次数少、受众范围较小,村民接受农业技术推广培训的比例依然较低。例如2020年建群村接受农业技术推广培训的总共只有10人次。

(四)乡村旅游亟望科学规划

在中央深入实施乡村振兴战略后,乡村旅游迎来了快速发展阶段。从实现共同富裕的目标出发,乡村旅游一方面促进三产融合,从而提高农民的收入;另一方面解决了部分农村人口的非农就业,这对于调整农业结构,推进城乡一体化建设起着重要作用。

目前,从浙江省乡村旅游发展总体来看,不少调研村缺乏对乡村旅游文化资源的总体思考和相关规划,集中体现在片面地追求形式化、乡村旅游形象大众化和相关旅游产品雷同化。在功能区类似的地区旅游产品同质化,导致了行业内竞争加剧,在一定程度上缩短了旅游区域的生命周期,发展的质量较低。从乡村基础设施来看,大部分村庄景点存在公共设施数量不足、环保设施不完善等问题。邻近的县(市/区)大酒店拥有先天的交通区位优势,且和企事业单位间有较为稳定的合作关系,对周边村庄的配套民宿影响较大,乡村民宿缺乏竞争力和吸引力,节假日外的入住率很低,导致乡村旅游整体经营状况不佳。以红星村"水乡锦鲤"养殖园为例,该养殖园主营锦鲤培育、特殊品种销售,已纳入"范蠡情缘乡村路"精品线路发展观光旅游,但实际上仍处于探索阶段,面临人流量不足、乡村旅游同质化等问题。

另外,一些农家乐为了提高档次,会在环境改善方面投入较大的精力和资金,对房屋硬件设施、周边配套设施等进行显著优化。但无序的改造会对农村原生态环境造成破坏,导致乡村辨识度显著降低,各个村庄的景点呈现同质化严重的现象。同时,改变乡村自然环境,会影响到乡村社会的关系、乡风和民俗。例如温岭市花溪村、开化县川南新村等发展乡村旅游的村庄,旅游产品和旅游体验同质化严重,后期宣传力度和品牌化效应不足,也面临着环境质量下降、乡村文化受损、旅游同质竞争、整体品质不高、产业培育不足、资金人才短缺、运营模式落后、土地利用错位等现实困境。

(五)公共服务亟盼共享深化

2018年中央一号文件对实施乡村振兴战略了做了系统阐述,并将"城乡基本公共服务均等化基本实现"作为2035年乡村振兴的目标任务。在城乡二元化公共服务体制下,无论是在医疗、教育,还是在社会保障等方面,农村与城市存在较大差距。从人的发展角度来说,教育、卫生等发展环境对人力资本的前期积累会产生重要影响,如果农村这些基本公共服务做不到和城市均等化,那么城乡之间将会长期形成"机会不平等"的现象,使城乡收入差距拉大,给共同富裕增加阻力。从目前来看,主要问题有两点:

一是生活性基础设施供给不足。近年来农村基本公共服务的供给数量不断提高,但是从某些指标来看,生活性基础设施的供给仍然存在不足。在浙江省调研的27个村中,仅有6个村内有幼儿园,仍有78％的村庄没有幼儿园、托儿所。大部分调研村(85％)不能为本村老人提供集中养老服务。部分村落公路质量较差、路窄难行,汽车难以通行,不仅造成村民生活的不便,也不利于村庄产业的持续发展。

二是社会保障安全网仍需完善。虽然"新农合"和"新农保"的实施为农村提供了一些基本的社会保障,但是给付水平太低,保障水平十分有限,社会保障功能存在缺位。由于负担能力相对较低,大多数农民在早期参加养老保险时普遍选择较低的缴费档次,到龄后每月只能领取300多元的养老金,与农村实际生活开支相比保障水平过低。由于给付水平太低,农村基本医疗和养老保障的力度难以达到构造"社会安全网"的级别。老龄人口的健康与幸福是精神文明建设的重要指标,但是目前大部分农村面临较大的老龄化压力。不少家庭年轻劳动力全都外出打工,难以照顾老人,农村社会化养老需求越来越多,城乡社会养老保障水平差距仍然存在。

五、对策建议

在总结浙江农村共同富裕发展经验、分析现存问题的基础上,对全国层面大力推进乡村振兴以缩小城乡差距、实现共同富裕,本文提出以下几点建议:

(一)大力发展主导产业,促进经济富裕

1.大力发展富民产业

只有在"做大蛋糕"的基础上"分好蛋糕"才能进一步实现共同富裕。仅靠农业第一产业增收不

仅容易受外界突发性事件影响,而且增收空间有限,同时也无法保障集体收入和个体收入,因此应该大力发展具有地方特色的农业产业,因地制宜选择主导产业,充分发挥地方产业的资源优势,调整农业产业结构,延长农业产业链,注重发展"互联网+产业"的形式,推进农业与二、三产业融合,拓宽农民的就业渠道,通过多种渠道促进农民增收。

2.培育新型农业经营主体

在农业生产经营过程中,注重培育龙头企业、农民合作社、家庭农场等新型经营主体,加大对新型农业经营主体的支持力度,尤其是在土地、培训和资金支持等方面,充分发挥新型农业经营主体的示范带动作用,积极探索新型经营主体与当地农民之间的利益联结机制,形成利益共同体,推动农业产业化发展,有效促进农业增产、农民增收,促进小农户与现代农业的有效衔接。

(二)提高个人发展能力,保障机会均等

1.促进人力资本提升

让每个人都能获得均等的发展机会是共同富裕追求的要点之一,而提高人力资本水平是提高个人发展能力的重要途径。因此,要加大对农村地区人力资本投入的倾斜力度,坚持扶志与扶智相结合。一方面,要加强农村义务教育等基础教育建设,增加教育投入力度,改善农村教学条件,增强农村地区师资力量,提高教学质量;另一方面,要加大对农村低收入群体的非农职业教育、相关就业技能培训和外出务工的扶持力度,加快提升当地劳动力素质,促进农村地区实现高质量充分就业创业。

2.健全利益分配机制

一方面,通过壮大村级集体经济、增加财政资金扶持等手段增强农村地区社会保障的投入力度,增强其覆盖范围,尤其是在提高农村养老、教育等方面,增强对农村弱势群体的扶持力度;另一方面,要健全利益分配机制,通过税收等手段调节高收入群体的收入,建立合理的收入分配机制,增加低收入群体收入。

(三)加强"硬件"设施建设,促进公共服务均等化

1.加强基础设施建设

一方面,要加强农村传统基础设施的建设和维护,持续加大对乡村交通、通信、能源、水利等基础设施方面的建设投入,最大限度地挖掘和整合各方面的资源和力量,尤其要注重农村地区公共服务基础设施建设,将涉及基础性民生的设施建设摆在首要位置;另一方面,要以"数字乡村"建设为契机,加强农村数字化基础设施建设,聚焦数字化、智能化的新型硬件设施建设,提高农村居民生活便利程度。

2.提升农村公共服务供给

通过利用"互联网+"、5G等技术,实现远程教育、远程医疗等服务,将城市优质的公共服务资源输送到农村,有效地将农村与城市联结在一起。提高农村公共服务的供给水平,实现城乡之间的公共服务均等化,进一步缩小城乡居民在养老、教育、医疗、文化等方面的差距,确保公共服务普惠

性，让城乡居民享有同质同量的公共服务资源。

（四）重视文化建设，促进精神"共富"

1. 重视农村文化基础设施建设

精神层面的"共富"是共同富裕更高层次的体现。一方面，要重视农村公共文化基础设施建设，提高优质文化供给，如加强文化礼堂建设、乡村图书馆建设等，定期组织村民举办一系列丰富的乡村文化活动，丰富村民的精神生活；另一方面，要注重传统文化资源挖掘和传承，如地方特色文化、乡贤文化、红色历史文化等资源，将特色文化与特色产业结合起来，促进二者协同发展。同时要注重对优质传统文化、传统工艺的弘扬与传承，守护住乡村文化底蕴。

2. 提高公共文化数字化供给水平

注重将数字化与乡村公共文化相结合，加强公共文化基础设施数字化建设，如推进数字图书馆、数字文化馆等，健全乡村公共文化数字化服务体系，提高公共文化服务水平，为村民提供优质高效便捷的线上文化服务，推动乡村文化高质量发展。

（五）改善村居环境，打造美丽乡村

1. 以"绿水青山就是金山银山"理念为思想指引

以"绿水青山就是金山银山"理念为指导，加强环保知识的宣传和普及，通过定期开展讲座、积分奖励等方式，提高农村居民的环境保护意识。加大农村人居环境整治力度和资金投入力度，持续深入开展"千万工程"，不断推进农村垃圾、污水和厕所"三大革命"，改善农村人居环境，不断增强农村居民的幸福感和获得感。

2. 以乡村治理为手段，加强农村环境监管

在农村人居环境整治的过程中，不仅需要加大前期环境的治理力度，同时也要注重后期环境的管理和维护。农村环境整治工程，本质上也是一个乡村治理问题，因此要构建"自治、法治、德治、智治"四治融合的乡村治理体系，充分发挥乡村基层组织的监管在环境治理过程中的监督管理作用。明晰环境责任主体，发挥乡村治理体系中的自治，调动农村居民环保积极性，让村民成为环境治理主体；通过环保立法手段，对破坏环境行为进行严厉惩罚；通过德治宣传，让居民自觉进行环境保护；最后，利用数字化手段，建立智能化监管体系，提高环境治理效率。

本报告获得浙江大学中国农村发展研究院（浙大卡特）、浙江大学国际食物政策研究所国际发展联合研究中心（浙大-IFPRI中心）、中国农业科学院农业经济与发展研究所、国家自然科学基金项目（72003170）、浙江省哲学社会科学规划"第六届浙江省社科界学术年会专项课题"资助。感谢崔柳、皇甫冰玉、刘晔虹、王鸽、王吟、曾培（姓氏按拼音排序）几位同学在数据分析和文字撰写过程中的研究助理工作，感谢调研团队所有成员的辛苦付出。

共同富裕背景下的对口支援任务型府际关系网络研究

郑春勇

（浙江工商大学公共管理学院）

摘　要：对口支援是实现共同富裕的重要途径。任务型府际关系网络是若干个政府组织为了完成特定任务而结成的特定关系网络，具有任务导向性、范围指定性、府际协作性和结构临时性等特点。由于对口支援实践而形成的府际关系网络是典型的任务型府际关系网络。考察我国对口支援的历史可以发现，对口支援任务型府际关系网络是在嵌套和重构这两种作用之下不断发展演变的。运用网络分析方法，可以发现对口支援任务型府际关系网络存在着结点设置不够科学、网络管理手段单一、结点互动缺乏规范等问题。提高对口支援任务型府际关系网络的治理绩效，需要从法律层面对对口支援进行制度设计，重新划分中央与地方各自的责任，进一步规范地方政府间的互动关系，同时还要在充分借鉴现代公共管理理论的基础上不断丰富管理手段。

关键词：对口支援　府际关系　任务型府际关系网络

对口支援，是一项具有中国特色的制度安排，也是实现共同富裕的重要途径之一。2016 年 7 月 20 日，习近平总书记在宁夏银川主持召开东西部扶贫协作座谈会时强调：对口支援，是推动区域协调发展、协同发展、共同发展的大战略，是加强区域合作、优化产业布局、拓展对内对外开放新空间的大布局，是实现先富帮后富、最终实现共同富裕目标的大举措。我国数十年的对口支援实践，丰富和拓展了府际关系的内容。本文从构建任务型府际关系网络理论入手，把对口支援纳入这一理论框架之下，论述了对口支援任务型府际关系网络及其治理问题，希望对相关研究有所裨益。

一、任务型府际关系网络的界定

府际关系即政府间关系。在 20 世纪 80 年代以前，西方学者关注的主要是中央与地方的关系，之后便从关注宪政规范转变为关注动态运作，并提出了横向府际关系的新议题（Paul R. Dommel，1991）。中国学术界类似的研究转向略晚于西方，经过近二十年的发展，涌现出了如"职责同构"（朱光磊、张志红，2004）、"压力型体制"（荣敬本，2009）、"地方政府竞争"（刘亚平，2007）、"地方政府合作"（杨龙，2008）、"区域公共管理"（陈瑞莲，2003）、"府际治理"（刘祖云，2007）、"整体性治理"（竺乾威，2008）等一系列新理论、新观点和新议题，大大丰富了我国的府际关系理论。与此同时，博弈论、交易成本理论等研究方法也相继被引入府际关系研究中。但是，目前已经在社会学、公共政策学等学科中普遍使用的网络分析方法却尚未引起府际关系研究者们的重视。笔者认为，从复杂系统理论和复杂网络理论的角度来看,各级各类政府实际上都是处于特定的组织网络之中的,而政府组织网络在本质上是一种关系网络,因此,我们完全可以探索建立府际关系网络理论。

运用网络视角对府际关系进行考察,要遵循"三步走"的技术路线:一是界定网络的范围,二是分析网络结点及其相互关系,三是研究网络治理机制(邢华,2011)。首先,从网络的范围来看,可以认为府际关系网络是由各级各类政府组织共同构成的一个网络整体,而那些由部分政府组织构成的网络则是这个网络整体的子集。显然,府际关系网络的研究重点应该是子网络,即由部分政府组织在某些具体领域结成的关系网络。然后,从网络结点及其相互关系来看,各级各类政府组织就是府际关系网络中的结点,这些不同的结点由各种复杂的权力关系、利益关系、行政关系和财政关系等连接起来,并形成若干种不同的互动机制。通过分析各个结点及其相互关系,我们可以建立府际关系网络结构图,进而确定某一特定政府组织在网络中的位置,以及与其他政府组织之间的联结关系,从而奠定分析网络治理机制的基础。最后,从网络治理机制来看,不同层次、不同类型的府际关系网络具有不同的功能和缺陷,根据善治的要求可以提出针对特定网络的治理方式。

任务型府际关系网络是府际关系网络整体的一个子集,其基本含义是:若干个政府组织为了完成特定任务而结成的特定关系网络。与常规府际关系网络相比,任务型府际关系网络具有以下几个特点:①任务导向性。任务型府际关系网络是根据一定的目标要求对常规府际关系网络中的部分主体或主体间关系进行适当调整而形成的一个新的关系网络,这个新的关系网络以明确的任务为存在前提。②范围指定性。很多时候,哪些政府组织能够作为结点参与进任务型府际关系网络往往是由上级政府或中央政府以政策文件形式明确指定的。③府际协作性。建立任务型网络的初衷是希望通过政府间协作来达到预期效果,而作为结点的各个成员也只有依靠密切合作才能顺利完成任务。④结构临时性。任务结束之后,任务型府际关系网络通常都会解散或者融合为常规府际关系网络的有机组成部分,随着任务的完成而消失。

二、对口支援任务型府际关系网络的产生和发展

任务型府际关系网络在我国的政府管理实践中普遍存在,如流域治理、扶贫开发等。其中,尤以对口支援形成的任务型府际关系网络最为典型。三十多年的对口支援实践,使得对口支援网络得到了长足发展,形成了一个覆盖面最广、涉及主体最多、成员关系最复杂的府际关系子网络。因此,有必要对我国的对口支援任务型府际关系网络进行系统的考察和研究。

(一)以受援方为中心的任务型府际关系网络

目前,我国享受对口支援政策的地区主要包括西藏自治区、三峡库区、贵州部分贫困地区、新疆维吾尔自治区、汶川大地震灾区、青海省内藏区及个别边疆民族省份。其中,以援藏为最早,持续的时间也最长。因此,我们选取西藏为受援方的典型代表,对由于援藏而形成的府际关系网络进行探析。对口援藏任务型府际关系网络的发展过程大致分为五个阶段:

第一阶段(1979—1982年):萌芽期。为加快民族地区经济社会发展,中共中央在1979年4月召开的全国边防工作会议上提出了"全国支援西藏"的要求。1980年3月,中共中央召开第一次西藏工作座谈会,决定加大对西藏的扶持力度,但并没有明确提出如何贯彻落实对口支援政策,以及

具体由哪些地区或部门来承担援助任务。

第二阶段(1983—1993年):探索期。1983年8月,国务院做出了"由四川、浙江、上海和天津四省(市)重点对口支援西藏"的决定。1984年召开第二次西藏工作座谈会之后,中央还决定由北京、上海、天津、江苏、浙江、福建、山东、四川、广东等省市和水电部、农牧渔业部、国家建材局等有关部门,分两批帮助建设43项西藏迫切需要的中小型工程项目。这些有益的探索,使援藏工作开始向纵深发展,同时也初步构建起了一个由四省(市)重点支援、部分省市和中央部委补充支援的任务型府际关系网络格局(图1)。

第三阶段(1994—2000年):发展期。1994年7月,中共中央、国务院在北京召开第三次西藏工作座谈会,安排14个省市(重庆1997年改为直辖市后增加到15个)与西藏7个地市建立了对口支援关系。另外,在中央主导下,13个部委、29个省(直辖市、自治区)和6个计划单列市还与个别中央企业一起参与建设西藏的"62项工程"。这一时期,由中央指定的援藏省市数量明显增多,地方政府间的关系网络开始丰富起来。同时,中央部委与西藏地方政府间的关系网络也因援建项目而得到进一步的发展和巩固,中央企业开始与西藏方面有了一定的互动关系(图2)。

第四阶段(2001—2009年):成熟期。2001年6月在北京召开的第四次西藏工作座谈会上决定新增3个省、17家中央直属企业对口支援西藏。对原未列入受援范围的西藏29个县,根据不同情况,以不同方式纳入对口支援范围。另外,中央还决定由国家投资建设包括青藏铁路西藏段的117个项目,由对口支援西藏的15个省市和未承担对口支援任务的12个省份及5个计划单列市对口援助西藏建设70个项目。显然,这一时期的援藏任务型府际关系网络在"查缺补漏"之后已经较为完善(图3)。

第五阶段(2010年至今):创新期。2010年1月召开的第五次西藏工作座谈会提出了西藏要"更加注重扩大同内地的交流合作"的新要求。2011年7月,习近平同志又提出,西藏要"坚持对口帮扶与互利合作相促进,积极挖掘合作潜力,拓展合作领域,提升合作水平,努力实现互利共赢、共同发展"。这一新的战略部署,极大地提高了支援方的积极性,使得援藏任务型府际关系网络中各主体间的双向互动成为新趋势。

从援藏任务型府际关系网络的演变规律来看,中央层面的战略部署和政治动员始终发挥着主导作用,支援方和受援方的互动基本上都是在中央的授意下进行的。该网络从一个阶段发展到另一个阶段,反映了中央对援藏工作认识的不断深化:萌芽期,援藏工作的主要出发点是建设边疆、巩固国防;探索期,援藏工作的重点是帮助西藏人民消除贫困;发展期,援藏工作的重点是加快发展和维护稳定;成熟期,援藏工作的重点是促进西藏实现跨越式发展和长治久安;创新期,援藏工作的重点是保障民族团结、改善民生和保护生态环境。这是一个自然的认识过程,是根据不同时期西藏经济社会发展状况所做的及时调整,同时也是用实际行动坚决反击民族分裂活动的体现。

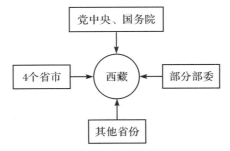

图1　20世纪80年代的援藏关系网络示意图

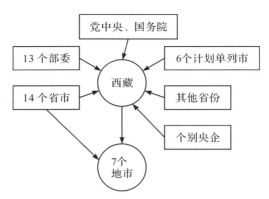

图 2　20 世纪 90 年代的援藏关系网络示意图

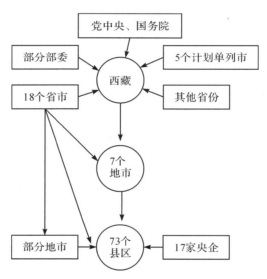

图 3　21 世纪初的援藏关系网络示意图

（二）以支援方为中心的任务型府际关系网络

在我国的对口支援实践中，承担过援助任务的省份为数众多。在此，我们选取较早并长期承担对口支援任务的浙江省为考察对象，分析其由对口支援所形成的任务型府际关系网络。浙江的对口支援网络大致经历了四个阶段的演化：

第一阶段（1983—1991 年）：萌芽期。1983 年 8 月，浙江与四川、上海、天津一起被中央指定"重点对口支援西藏"。同年 11 月，中央确定了对口支援西藏的具体内容后，浙江承担了 7 个援藏项目。之后，浙江又承担了"43 项工程"中的部分项目。这一时期，除了援藏，浙江没有承担其他对口支援任务。并且，对西藏的援助也仅限于建设工程项目，没有建立起地区间一对一的结对帮扶关系。

第二阶段（1992—1997 年）：勃发期。这一时期，浙江省的对口支援任务接踵而来：1992 年，浙江负责支援三峡库区内的重庆市涪陵区，宁波市单独支援重庆市万州区五桥开发区；1994 年，中央安排浙江支援西藏那曲地区；1996 年，浙江开始负责帮助四川省广元、南充两市 12 个贫困县（区），宁波单独帮扶贵州黔东南、黔西南两州12个贫困县;1997年,中央又安排浙江与新疆和田地区建立援助结对关系。在这短短的6年时间里,浙江共承担了4项重大对口支援任务,并且一一明确了结对关系。相应地,以浙江为中心的对口支援任务型府际关系网络也迅速发展起来。

第三阶段(1998—2007年):转型期。在这10年里,浙江没有接到新的任务,对口支援关系网络基本保持稳定。但值得注意的是,2005年出台的《浙江省2005—2007年对口支援和对口帮扶工作指导纲要》明确提出,要"继续坚持输血与造血相结合,帮扶和合作并举的方针",打造"政府引导、市场运作、各方参与"的援助模式。这就意味着,在浙江的对口支援任务型府际关系网络中,连接支援方和受援方的已经不仅仅是权力关系,还有明显的利益关系,维持该关系网络的动力机制正在转型。

第四阶段(2008年至今):二次勃发期。2008年"5·12"汶川大地震发生后,中央安排浙江省支援四川省青川县。这一任务尚未完成,中央又于2010年安排浙江援助南疆腹地阿克苏地区和兵团农一师(阿拉尔市)。同年,中央又安排浙江支援青海省海西州。2013年初,国务院发布对口帮扶贵州的指导意见,安排浙江的杭州市帮扶贵州的黔东南州、宁波市帮扶黔西南州。浙江省的对口支援任务进一步加重,对口支援任务型府际关系网络也再次得以蓬勃发展(图4)。

从浙江省对口支援任务型府际关系网络的演变规律来看,中央层面的战略部署和政治动员依然发挥着主要作用,但支援方和受援方之间的互动已经具备了一定自主性。改革开放初期,浙江的民营经济优势尚未得到充分体现,中央在首次提出对口支援时并没有提及浙江。1992年之后,任何一次对口支援工作浙江都没有"缺席",并且作为计划单列市的宁波市和副省级城市杭州市还要独立承担一些援助任务。不过,浙江也并没有墨守成规地长期坚持无偿援助,而是率先以正式文件的形式表明自己的利益诉求。这种变化,虽然没有改变任务型府际关系网络的基本结构,却深刻影响了网络中各个结点之间的互动关系,并且引发了兄弟省份的纷纷效仿。

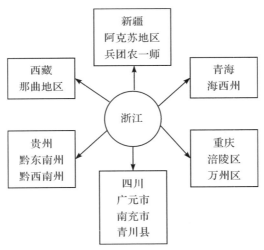

图4 浙江省对口支援关系网络示意图

(三)对口支援任务型府际关系网络的嵌套与重构

伴随着对口支援政策的实施和不断调整,由其形成的任务型府际关系网络在这三十多年的时间里也不断发展变化着。在此过程中，有两种作用非常关键，即网络的嵌套与重构。

第一，对口支援任务型府际关系网络的嵌套。具体有两层含义：首先，从演化的角度来看，宏观层面的任务型府际关系网络实际上就是由一个一个中观层面的任务型府际关系网络叠加而成的。这些中观层面的任务型府际关系网络包括援藏府际关系网络、援疆府际关系网络、援青府际关系网络、援助三峡库区府际关系网络、援助汶川大地震灾区府际关系网络和扶贫府际关系网络等六大关系网络。其次，从领导人对任务的重视程度来看，"轻任务"是嵌入在"重任务"之中的。例如，在援藏、援疆、援助汶川大地震灾区等问题上，中央明确规定了援助目标、援助任务和援助力度，有相对健全的监督、激励和约束机制，这对支援方来说就是一种"重任务"，那么由此形成的任务型府际关系网络就会特别紧密；相反，在扶贫等问题上，由于难以实施绩效评估，支援方积极性往往不高，就把它当作是一种"轻任务"，那么由此形成的任务型府际关系网络就会显得相对松散。

第二，对口支援任务型府际关系网络的重构。所谓重构，其实是对原有关系网络的调整，特别是对支援方与受援方的结对关系进行变更。重构任务型府际关系网络，主要出于三种考虑：一是支援方不能很好地完成援助任务或者援助效果长期不佳，需要重新指定支援方；二是援助重点和援助对象发生变化，需要对有限的资源做出更加科学的部署；三是国家发展战略出现重大调整，需要在宏观层面上做出新的安排。重构任务型府际关系网络的一个典型案例是援疆。仅以南疆四地州为例：1997 年时，阿克苏地区的支援方为上海、河南，克孜勒苏柯尔克孜自治州的支援方为江西，喀什地区的支援方为天津和山东，和田地区的支援方是北京和浙江；到 2010 年，阿克苏地区的支援方调整为浙江，克孜勒苏柯尔克孜自治州的支援方调整为江西和江苏，喀什地区的支援方调整为广东、深圳、上海、山东，和田地区的支援方调整为北京、安徽和天津。如此大的变化，实际上就是任务型府际关系网络重构的结果。

时间维度上的重构和空间维度上的嵌套，使得对口支援任务型府际关系网络日益多样化和复杂化，并最终形成了全国性对口支援任务型府际关系网络。

三、对口支援任务型府际关系网络存在的问题

对口支援政策的成效有目共睹。但我们运用网络分析方法对对口支援任务型府际关系网络的结点及其相互关系进行剖析后发现，该网络实际上还不够完善，存在较大的改进空间。

（一）结点设置不够科学

就对口支援任务型府际关系网络而言，所谓结点设置问题，其实就是确定支援方和受援方的问题。毋庸置疑，中央在制定相关方案时都会经过统筹考虑，但其结果却未必总是科学合理的。

首先，受援方和支援方的确定缺乏明晰标准。从受援方看，哪些地区的哪些人在何时应该得到怎样的援助，主要取决于当时的具体决策环境，而不是完全出于"身份"和地域考虑。例如，同为落后地区的藏族群众，青海藏民享受对口支援政策却比西藏同胞晚了大约 30 年，而四川藏民至今尚不能享受这一优惠政策。从支援方看，哪些省份应该承担援助任务也没有统一规定。仅就援藏而言，承担过援助任务的省份就达 29 个之多。显然，在区域发展不平衡的情况下，让西部、中部省份与东部省份承担同样的援助任务是有失公平的。

其次，支援方和受援方结对关系的安排不尽合理。中央在制定对口支援方案时，一般都会结合地区间的历史联系、经济状况等予以综合考虑，但人为的安排不可能总是毫无瑕疵。尤其是在中央规定援助力度与支援方的地方财政收入挂钩时，一些新问题就凸显出来了。比如，按照汶川大地震灾后恢复重建方案，从三年人均分配对口支援资金来看，受广东援助的汶川县为 77257 元，而受黑龙江援助的剑阁县仅为 2490 元。类似这样的结对关系还有待改进。

（二）网络管理手段单一

我国的对口支援任务型府际关系网络虽然比较庞杂，但对其进行管理的手段却一直都比较简单。主要表现为：

第一，网络的建立主要依靠政治动员。综观对口支援任务型府际关系网络建立的过程，一般都伴随着两种现象：党政系统逐级开会下达通知和各种媒体铺天盖地的宣传动员。这种构建任务型府际关系网络的方式有着明显的局限性，因为它只有在特定的政治环境里才能够彰显出强大的力量。但如今我国的政治生态已经悄然改变，地方政府利益逐渐凸显，公民个体意识普遍觉醒，以后的政治动员还能不能达到跟以前同等的效果，是一个值得思考的问题。

第二，网络的维持主要依靠权力控制。在受援方中，有不少地区自然条件非常恶劣，在这些地区搞经济社会建设，投入多、见效慢，因此一些支援方不愿意加大投资力度，只求完成中央规定的任务。相反，有一些受援地区自然资源丰富，投资少、见效快，深受支援方欢迎。对于支援方"嫌贫爱富"的行为，中央只能强行压制，硬性规定资金投入比例。但很明显，权力控制只能抑制支援方的"不作为"，并不能鼓励支援方"积极作为"。

（三）结点互动缺乏规范

在现有的对口支援任务型府际关系网络中，各个结点之间的互动关系存在明显的失范现象。

首先，支援方与受援方的互动过于随意。这种随意性表现在三个方面：①援助行为缺乏科学合理的计划。"支援方给什么受援方就要什么"，既没有长远规划也没有统筹方案。②支援方政府与受援方政府之间存在"合谋"行为。例如，出于政绩需要，双方都倾向于把有限的资金投入城市建设中去，而对于亟须改善生活条件的农村和牧区则相对投入较少。③援助方式创新存在"跟风"现象。例如，在汶川大地震灾后重建过程中各地都宣称要"变对口支援为长效合作"，而在援疆工作中又都"一窝蜂"地鼓吹"产业援疆"。

其次，支援方之间的互动中竞争多于合作。援助同一对象的两个或多个支援方往往会因为不甘落后而在人、财、物等的投入上展开竞争。事实上，即使援助的不是同一对象，支援方之间也会自觉地进行竞争。比如，在汶川大地震灾后恢复重建时，18 个省市争相抢购高标号建材，结果导致四川建材市场上高标号建材的价格一路飙升。再比如，在当前的援疆工作中，由于支援方都急于出成绩，结果导致新疆出现了县县建园区、产业同质化、产能过剩等问题。

上述种种问题，必然会严重制约对口支援任务型府际关系网络的实际功效，使得对口支援的政策效果出现偏差。

四、治理对口支援任务型府际关系网络的基本思路

对口支援工作事关全局、影响深远，必须及时予以系统性完善。根据前面的分析，笔者认为，应当本着"坚持、调整、规范、提升"的原则来加强对对口支援任务型府际关系网络的治理。

（一）要从法律层面对对口支援任务型府际关系网络进行制度设计

1984年实施的《中华人民共和国民族区域自治法》、1993年发布的《长江三峡工程建设移民条例》和2008年颁布的《汶川地震灾后恢复重建条例》都曾提到对口支援问题，但这些原则性规定都过于模糊。整体来讲，对口支援仍然只是一种"政治任务"。倘若能够把"政治任务"转变成"法律义务"，不仅能够提高这一工作的法律地位，调动多方面参与的积极性，而且能够减轻中央面临的舆论压力和来自地方的阻力，可谓一举多得。况且，对于这种延续时间长、涉及范围广、动用经费多的重大公共事务，完全有必要进行专门立法（朱光磊、张传彬，2011）。

对口支援法律至少应当包括这些内容：①什么条件下可以启动对口支援，哪些层级的政府和部门有权启动对口支援；②符合哪些条件的地区可以作为受援对象，达到什么标准的地区应当承担援助任务；③支援方和受援方各自的权利和义务是什么；④对口支援的实施程序、标准和范围；⑤对口支援的终止条件和程序；等等。明确了这些内容之后，各地方政府在参与对口支援时就不仅仅是在完成政治任务，也是在履行法律义务，保证了今后的工作有章可循。

（二）要重新划分中央与地方在对口支援任务型府际关系网络中的责任

放眼世界，大多数国家对落后地区的援助和开发都是由中央政府完成的。我国作为一个社会主义国家，中央政府是否应该把扶贫援助这样的责任转移给地方政府其实是一个需要重新思考的问题。因为在法理上，中央政府确实应该承担更多的责任。特别是在对口支援出现了公平性问题的时候，中央更应该主动作为对口支援府际关系网络中的一个重要结点，及时发挥平衡和调节作用。

在不同类型的对口支援中，中央政府和地方政府分别应该承担不同的责任。就对口支援边疆民族地区来说，中央政府应该主动援助一批自然条件最恶劣、投入产出比最低、经济发展水平最落后的地区，并且在指定地方间的结对关系时要坚决贯彻公平性原则；在灾害损失对口支援中，应由中央政府和地方政府共同出资设立专项灾害应对和重建基金，纳入政府预算，并建立专门的基金管理机构，或者可以尝试在灾后重建时采用"中央出钱，地方出人和技术"的央地合作模式；对于重大工程对口支援，则要尽可能地运用中央的资源来解决问题，地方只起到辅助作用即可。总体而言，划分中央与地方责任的关键在于改革现行的财政制度，特别是要在合理规定央地税收分成比例的基础上建立完善的纵向财政转移支付制度和横向财政转移支付制度。

（三）要规范地方政府在对口支援任务型府际关系网络中的互动关系

这里，最为重要的是要顺应地方政府合作潮流，推动支援方和受援方的合作关系从无偿援助型逐步转变为平等互惠型。当然，由于这两种合作模式在主体、动力、运行机制等方面存在许多差异，

要完成这个转变绝非易事。当务之急是要促进国内各地区间的经济社会一体化,使支援方和受援方尽快走到同一个发展平台上来。对于支援方之间的"援助竞赛",则要确保将其控制在一个合理的范围内,以期收到既能够激发援助热情又尽可能减少资源浪费的效果。另外,还要注意引导在受援方之间开展多种形式的区域合作,如消除行政壁垒、加强经济技术协作、共建产业园区等,为区域经济一体化奠定必要的基础。

在看到任务型府际关系网络对府际关系生长具有积极作用的同时,我们也要及时遏制一些不良倾向。譬如,随着对口支援的不断深化,不论是支援方还是受援方都会把这种制度安排转化为各自发展的战略平台,由于这种网络是基于结对关系而形成的,很可能会具有排他性,从而造成隐性的区域分割或地方分割(林尚立,2011)。对此,应早做防范,定期重构对口支援任务型府际关系网络,或者鼓励地方政府在更广阔的地域范围内开展更高层级的资源整合。

(四)要与时俱进地不断丰富对口支援任务型府际关系网络的管理手段

在现代政府管理实践中,管理主义和绩效主义是两大重要发展趋势,而治理绩效的提高又往往依赖于管理手段的精细化和多元化。因此,有必要在充分吸收和运用现代公共管理理论的基础上,结合实践需要不断丰富对口支援任务型府际关系网络的管理手段。譬如,应当在对口支援中实行战略管理,根据国家长远发展目标制定新的资源配置方案,而不能被一些所谓的"特殊问题""重大事件"牵着鼻子走;要建立更为严格和完整的绩效考核制度,确保各支援方高标准地完成对口支援任务,同时保证各受援方有能力让援建项目产生持续良好的经济效益和社会效益;等等。

另外,结合国内外典型经验,还要不断拓展和深化对口支援任务型府际关系网络,加快推动发展型制度政策向共富型制度政策跃升转变(郁建兴、刘涛,2022),特别是要注意引入社会组织、民营企业和志愿者等新兴力量,引导他们在今后的对口支援工作中发挥更大的作用。而当前亟待我们去做的是,为社会组织、民营企业和志愿者等提供参与对口支援的平等机会,用合理的行动方案来引导他们进行有序参与,逐步建立他们与政府之间的良好合作机制,进而构建一个真正的"政府引导、企业协作、社会力量积极参与"的新型对口支援模式。

参考文献:

[1] 陈瑞莲.论区域公共管理研究的缘起与发展[J].政治学研究,2003(4):75-84.

[2] 林尚立.重构府际关系与国家治理[J].探索与争鸣,2011(1):34-37.

[3] 刘亚平.当代中国地方政府间竞争[M].北京:社会科学文献出版社,2007.

[4] 刘祖云.政府间关系:合作博弈与府际治理[J].学海,2007(1):79-87.

[5] 荣敬本.变"零和博弈"为"双赢机制":如何改变压力型体制[J].人民论坛,2009(2):28-29.

[6] 邢华.水资源管理协作机制观察:流域与行政区域分工[J].改革,2011(5):68-73.

[7] 杨龙.地方政府合作的动力、过程与机制[J].中国行政管理,2008(7):96-99.

[8] 郁建兴,刘涛.加快推动发展型制度政策向共富型制度政策跃升转变[N].浙江日报,2022-02-22.

[9] 朱光磊,张传彬.系统性完善与培育府际伙伴关系:关于"对口支援"制度的初步研究[J].江苏行政学院学报,2011(2):85-90.

［10］朱光磊，张志红."职责同构"批判［J］.北京大学学报（哲学社会科学版），2005(1)：101-112.

［11］竺乾威.从新公共管理到整体性治理［J］.中国行政管理，2008(10)：52-58.

［12］PAUL DOMMEL R. Intergovernmental Relations in Managing Local Government［M］. Los Angeles SAGE Publication，Inc，1991.

艺术催化乡村共同富裕的逻辑

张丙宣　王怡宁

（浙江工商大学公共管理学院）

摘要： 如何将外部资源转化为内生能力，促进乡村与外部的良性循环，是实现乡村共同富裕的关键问题。本文将共同富裕置于国家战略和乡村治理的情境中，构建外部介入、内生能力与回馈机制的分析框架，基于近年来我国各地艺术振兴乡村的实践，研究艺术催化乡村共同富裕的逻辑与路径，发现艺术催化共同富裕是转化和回馈两个相互依存的过程：一方面，艺术以微改造方式介入乡村，诱导村民共同参与村庄的规划、改造和发展，吸引乡贤回归，推动乡村创新发展，推动外部资源转化为内生能力；另一方面，发展起来的乡村持续回馈政府、市场、艺术家与乡贤，实现乡村与外部的对等交换和良性循环。

关键词： 艺术　催化　共同富裕

一、问题的提出

党的十九届五中全会明确提出"全体人民共同富裕取得更为明显的实质性进展"的远景目标。2021 年 6 月，中共中央、国务院支持浙江高质量发展建设共同富裕示范区，随后，我国各地纷纷探索共同富裕的实现路径，破解不平衡不均衡发展的矛盾。然而，共同富裕最大的难点在农村，农村产业空心化、老龄化严重，内生动力不足，这些问题对乡村高质量发展实现共同富裕带来巨大挑战。近年来，地方不断创新乡村共同富裕的实现路径，譬如浙江宁海县的葛家村、桐庐县的梅蓉村、绍兴市的坡塘村等，因具有明显的区位优势、深厚的历史文化、优美的自然景观，依靠艺术实践推动了乡村振兴和共同富裕。那么，艺术是如何推动乡村振兴实现共同富裕的？

目前，乡村振兴和共同富裕的既有研究主要分为三种路径：一是行政化。这种观点主张从发展战略上将乡村纳入国家和区域发展规划体系之中，[1] 政府强有力的介入是推动乡村振兴和共同富裕的必要条件，尤其是推进收入分配制度、基本公共服务均等化的改革，[2] 是矫正和补偿制度性因素导致的不平等，[3] 推进农村农业现代化的关键[4]。二是市场化。这种观点认为市场机制推动资本下乡，在产业发展中起决定性作用，在生态转化、环境治理及乡村集体经济发展中起重要作用，[5] 带动创业和就业，优化乡村人力资本结构；[6] 壮大中等收入群体、提高中等收入群体富裕程度。[7] 三是社会化。这种观点认为乡村共同富裕需要先富带后富，[8] 构建新型慈善体系，建立健全第三次分配回报社会的激励机制，[9] 以及重建治理共同体[10] 等。

需要指出，新时代的乡村共同富裕的研究不仅应该立足于上述三种思路的基础上，而且每条路径已经或正在运用于共同富裕的实践中。然而，从高速发展到高质量发展，乡村振兴和共同富裕的约束条件已经发生改变，尤其是严格的生态环境保护、耕地保护制度、用地指标的限制，基层治理要求的提高等，使乡村告别了大拆大建的模式；产业的空心化，让乡村市场化难以奏效；人口外流、老龄化严峻、参与不足造成乡村发展内生动力不足。约束条件的变化似乎让上述三种路径无法有效推动乡村振兴和共同富裕。实际上，并非行政化、市场化和社会化不重要，而是传统的直接干预方式无法适应乡村新的约束条件，乡村需要政府从直接干预转向间接干预，发挥间接干预的催化作用。与直接干预相比，间接干预强调政府充当促进者的角色，找准关键行动者，发挥关键行动者的催化作用，促进利益相关者开展有效的跨界合作，创新解决问题的方法。[11]关键行动者又被称为催化式领导者，它既可以是个人，也可以是团体或组织。在乡村振兴和共同富裕中，除了企业家、政府官员，艺术家也在扮演着催化式领导者的角色，成为有为政府、有效市场和有机社会的结合点和黏合剂，激活乡村活力，将外部资源转化为乡村内生动力。在艺术家的催化作用下，具有内生发展动力的乡村不断回馈外部，实现乡村与政府、市场和艺术家的良性循环。

基于此，本文以近年来我国多地艺术振兴乡村实践为例，从艺术催化的视角，构建外部介入、内生能力与反馈机制的框架，研究艺术催化乡村共同富裕的内在逻辑。

二、外部介入、内生能力与反馈机制：一个分析框架

乡村发展是内外因素共同作用的结果，并形成不同的发展模式，其中，外生发展和内生发展是两种基本模式。[12]外生发展强调外部介入和要素驱动，内生发展则侧重于创新驱动，提升内生能力，促进可持续发展。实际上，在乡村，两种发展模式并非截然分开的，往往相互依存。是采取被动的外生发展，还是采取主动的内生发展，在很大程度上取决于乡村具有的社会支撑条件和受到的约束情况。在高速发展阶段，乡村发展更侧重于外生发展。进入高质量发展阶段，受到更多约束的乡村，正在从高速发展阶段的外生发展向高质量发展阶段的内生发展转变。

艺术是驱动乡村从外生发展转向内生发展的重要因素。与政府直接干预，或采取乡村工业化相比，艺术催化是乡村发展的间接形式，促进跨界合作，为利益相关者创造合作机会，加快消化外部资源并转化为乡村发展能力，加速乡村变革，推动乡村与政府、市场的良性互动。[13]需要指出，艺术催化作用并不是取代政府与市场的作用，而是通过艺术实践的链接、转化作用，补充和更好发挥政府和市场机制的作用，推动乡村发展和乡村内生能力的持续再生。

在艺术催化作用下，乡村振兴与共同富裕依然离不开政府、市场与社会机制的作用，尤其是政府的项目、资本及乡贤等社会力量的支持。长期以来，乡村的发展都离不开政府提供的基础设施、公共服务等；作为配置资源的决定性力量，市场高效配置和利用农村的生成要素，乡贤等社会力量越来越成为乡村发展的一支重要力量。实际上，艺术家往往是政府引入乡村的，对乡村而言，艺术催化也是外部介入的形式之一。这种外部介入不是直接为乡村注入发展资金、提供具体的产业项目，以及带来就业等，而是通过艺术的创新形式，再造乡村的社会生态、产业业态和治理生态，促进乡村变革。

内生能力是乡村振兴和共同富裕的关键，这个能力并不是稳定的，而是动态变化的。林毅夫将这种能力界定为一个企业在没有政府或其他外力扶持或保护的情况下，预期能够在自由、开放、竞

争的市场中赚取社会可接受的正常利润的能力。[14]乡村内生能力是乡村在与外部环境的互动中获得的乡村系统的自适应能力和学习能力,有人认为这是一种获取能力的过程,而不是结果,[15][16][17]也有人认为它是适应而不是稳定。[18]这种能力由乡村资源容量、资源多样性及分配情况等经济发展,乡村社会应对外部冲击的韧性等社会资本,信息沟通及集体行动能力等构成。[19]

在艺术催化下,外部资源与内生能力之间的关系并非总是单向的,发展到一定程度后能够实现双向转化。具体而言,双向转化有两种可能的路径:一是艺术催化将外部资源转化为乡村发展的内生能力,这是乡村振兴和共同富裕的第一个关键步骤;二是艺术催化具有内生能力的乡村,在持续发展中能够持续回馈政府、市场、艺术家、乡贤等利益相关者,实现乡村与都市、乡村与政府、乡村与市场的对等交换,实现乡村可持续发展,这是共同富裕的第二个关键步骤。每个乡村的特点与优势不尽相同,能够振兴的乡村在区位、资源禀赋、人力资本、内生能力和包容性制度等方面有独特优势,且得到创造性组合。[20]需要指出,将外部资源转化为内生能力,以及具有内生能力的乡村持续回馈外部利益相关者,实现乡村与外部的良性互动,是艺术催化乡村共同富裕的两个不可或缺的环节。

基于此,下文分别从艺术催化外部资源转化为内生能力,以及乡村回馈外部利益相关者两个层面,分析艺术催化乡村振兴和共同富裕的发生机制和逻辑。共同富裕是乡村振兴的升级版,也是乡村振兴的目的。与乡村振兴相比,共同富裕对生活富裕富足、精神自信自强、环境宜居宜业、社会和谐和睦、公共服务普及普惠方面都提出了更高要求,本文涉及的共同富裕不仅包括物质生活的富裕,而且包括构建富有生机与活力的乡村共同体等精神富裕。

三、将外部资源转化为内生动力

对乡村而言,艺术催化外部资源转化为内生能力,主要通过三种方式:一是政府的规划与诱导,即借助空间规划、产业规划及引入艺术家推动乡村共同富裕;二是艺术家、乡贤催化激发村民艺术创新创业;三是党员带头示范和村民参与,重构村民的集体身份,再造乡村共同体。

(一)规划与诱导

规划是推动乡村共同富裕的重要方式。在实践中,地方政府往往采取保留历史文化风貌村、发展农文旅产业、引入艺术家等方式。与以往不同,政府采取的这些方式突出以"人"为核心、满足人的更高层次的需求,实现乡村资源优势转化为发展优势。

1.推动乡村空间功能的转化

列斐伏尔指出,生产关系的生产与空间的生产紧密联系,生产关系本身就是一种社会空间,"空间"本身即是生产关系的现实载体,[21]保护历史风貌,留得住乡愁是历史文化村的首要任务,微改造则是在乡土文化基础上促进传统乡土文化的现代转型。在艺术实践驱动乡村共同富裕的实践中,村集体给予主动实行艺术改造的村民适当补助,用以开发装饰住宅客厅等私人闲置空间、农耕用具等生产工具,打造文化展示馆、研学教育基地等公共空间,通过游客参观展览的方式,增加当地的旅游人气。同时,村集体收储翻修村中闲置房屋,将其改造成村内议事、产业发展经营空间,如党员活动室、农文旅商铺等场所,盘活利用闲置资源,实现了原有功能的转化。

2.推动农文旅产业的发展

将静态的文化资源转化为新业态的过程,就是乡村文化资源的产业化过程。[22]艺术融合乡土文化赋予了乡村独有的优势,避免了同质化建设,乡村旅游、乡村酒吧、民宿、新时代劳动教育研学实践等业态迅速发展,实现乡村产业的转型升级。另外,为保护家庭财产,村民愿意主动承担起运营、修缮艺术空间的责任,从乡村改造的参与者变成了建设者、维护者,在增加了家庭收益的同时大大减少了政府、村集体后期维护的投入,减轻了基层财政负担。

3.积极引入艺术家

传统的新农村建设依赖于政府的资金投入,村民参与不强,被动接受政府统一改造方案,政府的短期"输血"没有转化为乡村长期发展的"造血"的目标。由政府发起并主导的"艺术家驻村"行动引进、吸引了众多优秀艺术家投身田园创作,以融合设计的创新模式,在充分考虑自然环境、建筑特点、文化资源的基础上,与村民深度合作,给予村民充分的自主权,使村民共同建设乡村艺术,从最初的"看着干"变为"主动干",盘活了乡村闲置资源,创造出众多独具特色的乡村盆景。

(二)艺术实践的催化作用

"艺术家驻村"行动创新了乡村共同富裕路径,有效利用乡村土地资源,提升环境价值。艺术赋能创新发展了乡村文化,在参与创建中强化了村民的主体意识,同时吸引了乡村精英返乡创业,乡村精英作为乡村复兴的核心主体[23]积极发挥引领示范作用,带动更多的村民实现艺术共富。

1.以艺术实践调动村民的参与

与传统运动式治理不同,艺术动员借以乡村人情关系为导向的动员性治理方式,以契合村民生活诉求为抓手,以生活化的方式亲近群众,减少距离感和身份感,鼓励村民在劳动技能基础之上创新,比如鼓励厨艺精湛的村民尝试一些精致的菜式,针织灵活的村民尝试大众喜闻乐见的样式等,不仅增加了村民的收益,而且拉近了村民与艺术的距离。同时,党员与艺术家通过合作示范,创作出与乡村生活息息相关的艺术作品,唤醒群众的艺术创作信心。

2.打造微景观节点

自然环境和乡村文化吸引力是乡村性的本质。[24]在乡村农文旅发展中,微景观是乡村魅力的重要组成部分。不同于大拆大建的传统改造方式,艺术改造通过就地取材,在与村民达成创作共识后最大限度利用公共空间,比如农家庭院、古井老墙、荒废场地等,以竹木、石子、稻草、老瓦片等为原材料,进行艺术装点和设计改造,卫生死角成了艺术节点,杂乱无章的小巷子成了风景线,大幅度减少了装修成本,又打造了一步一景,简易材料的更新补充有效提升了乡土资源利用效率,提高了环境价值。

3.艺术吸引乡村精英回归

新乡贤群体既熟悉乡村又熟悉城市,既具备一定的传统性又具备一定的现代性,[25]在延续乡村社会情感联系中发展乡村经济。乡贤将闲置老屋改造成小酒吧、手工艺馆等,打造融艺术性、趣味性、实用性于一体的共享空间,村民在共享空间中进行乡村交往活动,在观光体验中认可艺术实践,强化艺术认同。同时,乡贤们通过农文旅产业的增收吸引了观望村民主动加入艺术创新创业。

(三)党员示范、村民参与和共同体的身份认同

艺术的催化作用发生在乡村特定的政治和社会环境中,调动党员带头示范作用、促进村民参与及增强集体身份认同,是艺术催化乡村的重要方式。村民从尝试到达成协作共识,继而共同参与乡村发展是一个乡村集体身份构建的过程,既关注了物的"创造",又重视了人的"塑造"。

1. 党员带头示范

基层党组织和党员在微改造中发挥着引领作用,促进党以人民为中心的价值观、理想体系转化为群众对党的信任、认同和支持。为消除村民对艺术改造乡村的疑虑,宁海县葛家村党员干部带头改造自家庭院、小巷节点;村书记主动提出将自己闲置的老屋让出,作为艺术团队的实践基地;65岁的艺术馆主人在参与艺术实践后,向镇党委书记递交了入党申请书,强烈表达了自己向党组织靠拢的愿望。基层党员群体用实际行动保障政策推行,承担起宣传群众、服务群众、凝聚群众的责任,推动先富带动后富取得实质性的进展,强化了党在基层的号召力、凝聚力、向心力。

2. 村民参与

农民创业精神是乡村振兴的一个关键,[26]艺术改造中最主要的改变集中于村中私人空间向公共空间的转变,以及生产空间向市场空间的转化。比如葛家村充分挖掘和利用村庄资源、动员村民参与共建,形成了"乡村客厅""时光场域""仙绒美术馆"等独特的乡村盆景,打造出 50 多个艺术共享空间、300 多个文创品,村集体经营性收入从 12 万元增加到 35 万元,2020 年旅游收入超过 500 万元,村民从乡村建设的旁观者变为建设者,最后成为合作生产者。

3. 达成共识,强化集体身份认同

在共同建设过程中,乡村社会的韧性不断增强,这种外部刺激可以是一次巡逻、一次捡垃圾或者垃圾分类活动等,这些日常的集体活动把人们吸引到一起,实现集体身份的构建,[27]有效巩固和维护了乡村社会共同体。比如葛家村在艺术家的指导下成立了一支由 138 名本土乡建艺术家组成的"乡村艺术团",由党员干部带头,水泥匠、木匠等技能重启,从图纸设计、施工造景到长效管理,都由村民自发设计、自行建设、自觉维护,赋予了乡村农民新的集体身份,成员在合作中进一步强化了本土的文化认同。

四、回馈与交换:艺术催化乡村可持续发展

艺术实践推动外部资源转化为乡村发展动力,那么,具有内生能力的乡村如何实现可持续发展?在地方创新实践中,乡村通过创新发展业态、创新体验方式来回馈市场;以做典型示范、主动承担政府的政治任务、减少政府治理成本等方式回馈政府;扩大艺术家与乡贤的社会影响力,回馈艺术家和乡贤;村民们在微改造过程中学习生产技能,获得文化自信,在共建中提升集体意识,实现乡村微治理,加速乡村内循环。

(一)发展农旅产业回馈市场

乡村旅游实质上是乡村田园景观、乡土文化资源的产品与资产演变过程,[28]在市场推动下,资

本、人才、信息、技术、管理等要素更多地向乡村流动。与此同时，艺术乡村也通过创新创业产业业态回馈了市场需求，在产品、服务、技术等方面满足了新的消费需求，在发展过程中不断地与市场进行着资源交换，而要激发乡村发展活力就要实现城乡双向的要素流动。[29]

1. 发展地方独具特色的农文旅产业

市场供给随着发展着的消费需要日益多元化、精细化，艺术家在将乡村本地资源融合艺术视野的过程中催生出独特的乡村品牌，农文旅产业、文化创意产业、研学实践活动基地等成为乡村经济新增长点，满足了市场对多样化文娱、观光、教育的需求，村民在艺术乡建与经济的双重感染下，认识自然、了解文化，增添了再生产再参与再创作的动力。葛家村村民"粉小仙"为孩子设计、自己缝制的布玩具深受游客喜爱，其丈夫因擅长竹编也一起加入艺术设计行列。同时，通过与文旅企业开展商业合作，为新驻村企发展提供了劳动力、文化资源和市场空间，实现产业融合与协同发展。

2. 创新游客体验

乡村旅游深度挖掘了农业的多种功能，是实现农业多功能性价值与游客体验需求多元性精准对接的重要平台。[30]乡村中有着丰富的"乡、土、农"资源，村民利用农产品、农作物、废弃的农具等，并通过创造性转化，让人们体验农耕文化，比如将乡村盛产的五谷杂粮作为绘画工具，克服了传统绘画材料的不可再生性，帮助游客在感受乡村文化的同时满足自身多样化的文娱需求。比如乡村中独有的牛车是农耕时代的重要的生产工具，乡村高质量发展阶段，牛车已经失去了生产的功能，但是，在农文旅产业中，村民将牛车改造为村里的旅游巴士，创造性转化为乡村旅游中热门的体验项目，给都市市民提供了难得的体验，拉近了游客与自然生态、农业文化的距离。

（二）回馈政府

在艺术家驻村项目中，政府发挥政策牵引作用，引导艺术家进驻乡村、留在乡村，鼓励其在充分保留乡土性与尊重乡民意愿的基础上进行艺术创作，同时也在资金、土地、宣传等方面给予支持，将乡村要素资源转化为经济产出。与此同时，乡村也主动肩负起一系列政府部署的政治任务，通过将乡村打造成典型，主动承担起乡村运营的部分成本，破解乡村长期存在的治理难题，回馈政府。

1. 打造乡村振兴示范村

乡村典型是国家乡村振兴和共同富裕的重要环节，客观上起到了将抽象的乡村振兴和共同富裕的政策目标具象化的作用。树典型是国家权力下沉的表现，是中央、地方政府和村庄三个层面共同努力的结果，中央较关注政治导向，地方侧重政绩追求，村庄更侧重切实的收益。[31]树立乡村典型本身具有较强的社会影响力、政治动员力与群众号召力，对基层干部的管理创新能力也是一个挑战，但同时也是治村能人发挥才干的关键时期。

2. 承担示范带动的政治任务

乡村振兴是实现共同富裕的必经之路，只有乡村振兴成功了，才能够起到示范引领的作用，才能够将其先进经验、资源、人才、理念嫁接到其他地域、资源相近的乡村，实现先富带动后富。对于艺术村来说，需要从每个村特有的资源出发，因地制宜建设艺术化、个性化的乡村主题，避免同质化。同时，通过政府主导，乡村团体与社会群体共同参与开展东西协作，以艺术经验指导打造西部乡村独特艺术景观,以传授技术的方式帮助村民动手致富,搭建长效的政策指导、人才培养、人才输送、技术支持、业务培训的合作机制,[32]社会共享创新发展成果,全面推进艺术催化共同富裕实践。

3.减少基层治理成本

艺术改造通过空间的整合变换,在美化了乡村环境的同时增加了村民之间沟通的渠道,实现在沟通中、在合作中增进理解,消解矛盾。比如,在参与艺术乡建中,有村民把原本归属不明的地块让出,作为公共艺术空间,在协同打造中增进理解,消解恩怨。艺术作为精神文化发展的衍生产物,在潜移默化中提升群众的文明意识、大局意识,许多村民为了维护村中的公共艺术作品,开始主动关心村中事宜,群众重新成为村庄建设的主要参与者,减少了政府的公共设施维护支出和基层治理成本。

(三)回馈艺术家和乡贤

在规划引领下,艺术家们驻村传授技艺,引导村民参与艺术村的创建,用艺术创作美化乡村环境,提供就业岗位,发展村民的自信心和创造力,乡村重新鲜活了起来。乡贤们通过资金投入、引领示范的方式响应政府号召,带头改造其乡村自有房屋,打消了观望村民的犹豫。村民对艺术改造的参与、成果的认可等同于对艺术家与乡贤的肯定,扩大了其在乡村社会中的地位、影响力。

艺术作品是艺术家思想、个性、才能的具象化,村民的艺术认可不仅是从物质层面,更是在精神鼓励中给予艺术家肯定与再创作的动力。艺术村的经验宣传扩大了艺术家、艺术团队的社会影响力。而当艺术与政治联动时,表现出更强的示范性,促使艺术家承担更多的政治任务,开展跨领域多主体合作的艺术共富实践,个人的思想深度、专业技能也将在实践中得到持续提升。

乡贤率先参与艺术振兴乡村,在增收获益基础上为其他村民提供了致富榜样,运用自身的人脉和资源带动当地村民共同发展,为其他村民提供了参与创建的动力。在这一过程中,他们能够收获来自共同体成员的认可、尊敬及乡村社会的话语权,通过乡村内外的推广试验,当观望村民在乡贤们提供的实践经验中收获良好效益,这又进一步增强了经验价值,强化了乡村精英等带动者们在乡村社会中的影响力和号召力。

(四)加速乡村内循环

在党建引领、政府驱动下,乡村通过微改造以本土资源融合艺术创意,艺术家深入人民群众的方式,尊重人民的首创精神,从能做的、最简单的设计做起,增进了群众对艺术的理解,重拾乡土文化的自信。同时根据不同的村庄特质,植入特色产业项目,实现村庄资源转化,丰富村庄产业布局,打造乡村"迪士尼"。自下而上的创新发展唤起群众的自信心、主人翁意识,实现村民共建共治共维的新局面,提高了乡村适应能力。适应能力是一组具有动态属性的资源集,包括连接个人、草根组织、社区、都市,以及人类共同体等跨层次的资源(适应能力)和结果(适应)的过程,[19]实现乡村微治理,加速乡村内循环。

村干部和党员主动响应号召,带动、扶助困难群体,加速乡村振兴进程。群众的参与行为的发生首先建立在其对行动的价值判断上,通过价值的引领做出选择行为,因此响应艺术改造的过程同时也是一个在思想和行动上向政府号召靠拢的过程,党的领导力和威望在引领、共建、共识中进一步强化。随着艺术项目不断深入开展,村民的支持和理解程度提高,在认同和参与的过程中乡村共同体的威信和号召力得到进一步强化,乡村治理中依法办事、按章办事等要求逐渐深入村民自觉,乡村微治理得到发展。

当外部介入激发了乡村内生能力,那么之后该如何激活乡村内生动力?外部介入带着特定时期的使命进驻乡村,是短暂的发展,因此要实现外部介入的乡村本土化发展。外部力量通过改变村民陈旧思想,培育、组建村民队伍,传授专业技艺,开发乡村能人的独特技能,使得村民成为乡村建设的主力军,持续激发乡村经济资源,逐步形成具有本地特色的专业资源、团队优势,在协同共赢的专业化改造中汇聚本土智慧,提供丰富的精神文化产品,提升个人自信,激发本土文化自信,凝聚基层向心力。

五、讨论：艺术催化、内生动力与共同富裕

艺术作为一种促进共同富裕的方式,其作用不是替代政府和市场,而是补充和更好地发挥政府和市场机制的作用。为此,这部分着重从艺术催化乡村内生发展、促进新业态发展、重塑乡土自信,以及艺术催化的限度等方面,讨论艺术催化乡村共同富裕的逻辑及其限度。

（一）艺术实践激发村民的参与活力

在行政导向的乡村建设视角中,村民通常是被动接受的,主动参与并不多。本文研究的艺术共富实践鼓励、动员、指导各年龄段村民主动参与艺术改造,促成新旧艺术思想的碰撞交融,传统技艺的代际传承,特别是留守在乡村中的老手工艺者,不仅能够运用传统技艺在家门口赚钱,丰富物质和精神生活,而且能够吸引年轻群体传承工匠技艺,发扬传统文化,从而实现政府、能人、乡村与企业的最佳结合,探索出一条独具特色的乡村共同富裕路径。

在传统的资源赋能中,传统的乡村建设主要依靠行政强制手段与市场资本入驻,用一种激进猛烈的方式达到快速致富的效果,而艺术改造是一种缓慢渐进的发展模式,通过就地取材乡土资源,将艺术与田园乡村自然融为一体,在充分听取村民意见的基础上,与村民共同进行微改造。同时,艺术家通过共建参与渠道,实现农民艺术思想启蒙,村民不仅找回了乡土文化自信,自信心也显著增强。但是,艺术催化共同富裕的发生机制同样存在着一些前提条件,即只有当村民物质生活水平相对较高时,才会催生精神文化需求,继而投身乡村艺术实践。

（二）艺术赋能乡村农旅产业

在乡村发展中,政府与市场发挥着不可替代的作用。行政指导的产业布局倾向于发展市场中的优势产业,相较于上述两种传统的被动发展方式,艺术实践通过立足于乡村所有资源催生出乡村产业新业态,带动更多村民加入现代产业实践,达到共同致富的目标。通过与文旅企业进行合作,不但能为本地村民提供就业岗位,而且能够吸引青年人群返乡创业,为企业发展提供丰富的劳动力、文化资源和市场空间。同时,借助传统生产用品、农业生产用具的创造性转化,创新了游客的农旅体验形式,丰富了乡村农旅文化,增加了当地农旅产业消费吸引力。

艺术赋能的乡村摆脱了行政规划中千村一律的同质化困境,因地制宜发展乡村旅游,以旅游经

济效应,推动乡村资源优势和生态优势转化为乡村产业发展的经济优势。[33]酒吧、美术馆、手工艺馆、游学馆、美食街等标志性的城市娱乐场所同样能够出现在乡村。与城市中工业化量产的场景不同的是,艺术村在打造这些场景的过程中保留老建筑原始韵味,融入本地风土人情,打造别具风格的"乡村迪士尼",带给游客具有乡村特色的纯真、自然、和谐的梦幻感受。

(三)艺术实践重塑乡土自信

行政建设中的农村空间规划是城市功能分区的缩影,艺术实践中的乡村重点保留、高效利用乡村本土性,赋予乡土空间资源新的形态、新的内涵,乡土文化得到创造性转化、创新性发展,提升了整体村容村貌,改变了乡村的精气神,让农民重拾建设家园的自信。在艺术村的创建过程中,不仅村容村貌发生质变,而且村民在响应号召、共同参与下成立本土艺术团,吸收借鉴乡村内外优秀文化资源,重塑了集体意识、创业意识,增强了对乡村的归属感,重拾乡土文化自信。艺术实践激发的不只是村庄活力,更是内生动力,艺术设计为村庄带来了人气,带动了农家乐、民宿等的发展,带动了土特产、文创产品等的销售,丰富了乡村产业规模。

需要指出,艺术实践创造性转换了乡村空间形态,村民重拾建设家园的自信;村民在响应号召、共同参与过程中,推动实现基层治理现代化,重拾对乡土文化的自信;艺术助力农旅产业发展,实现农民致富增收。因此,只有找准乡土文化和艺术的结合支点,才能够有力撬动整个乡村实现共同富裕。

(四)艺术振兴的限度

诚然,艺术与乡村文化的结合能够有效激活乡村内生能力,然而,成功具有一定的偶然性,并不是所有乡村都能够实现艺术振兴,艺术振兴的限度,突出表现为两个方面。

一是乡村自身条件的约束。对于区位优势明显、历史文化深厚、村民生活相对富足的乡村来说,艺术振兴才具有实现可能性。不论是城市还是乡村,当物质生活得到较高水平的满足后,精神文化的需求逐渐成为民生需求的重要组成部分。另外,只有丰富且具有特质的乡土资源,才能使乡村文化得到创新发展。

二是优秀艺术家的稀缺性。并不是所有的艺术家都有能力指导艺术实践,艺术创作受到艺术家的三观、艺术洞察力及个人实践操作能力的影响,而人际交往技能在达成创作主体和客体的调和中作用更为关键。艺术与乡村的结合方式难把握,这也向艺术家提出了挑战:艺术家的改造方式是否适合乡村?艺术家是否有耐心不断与农民进行沟通,打消他们的顾虑,动员他们参与?艺术家能否接受艺术作品以农民意愿为主?

需要指出,乡村与艺术家是两个基础性条件,共同富裕对二者都提出了不同程度的要求,只有立足乡村本土资源优势,找到优质艺术家,找准适合艺术家与乡村的结合方式,艺术共富才有可能实现。

六、结论与展望

以国内多地艺术振兴乡村推动共同富裕的实践为例,本文构建外部介入、内生能力与回馈机制的分析框架，研究艺术催化共同富裕的内在逻辑，发现艺术催化通过两个过程来实现乡村共同富裕：一是转化机制，将外部资源转化为内生能力，在政府的规划诱导下，艺术家在充分尊重历史风貌，保留村庄特质的基础上，通过艺术微改造改善乡村环境，动员村民共同建设和维护，重建乡村社会共同体，创新新业态，激发乡村内生能力；二是回馈机制，推动具有内生发展能力的乡村回馈外部，艺术微改造减少了基层治理成本，打造艺术振兴乡村的示范样本，主动承担政府的政治任务，艺术催化再造新业态回馈市场需求，在产品、服务、技术等方面满足了新的消费诉求，同时提升艺术家与乡贤在乡村的影响力、动员力、号召力，实现内外资源的对等交换。转化过程和回馈过程是两个不可或缺的过程，二者共同推动乡村与外部的良性循环。

当然，艺术催化乡村振兴和共同富裕也有其限度，并非所有乡村都能够以艺术催化实现共同富裕，受到乡村的基础条件、艺术家与乡村的结合方式等方面的限制，如何突破限制，寻找更加符合乡村高质量发展要求的实现路径，是推进乡村振兴、实现共同富裕有待继续深入研究的问题。

参考文献：

[1] 景跃进.中国农村基层治理的逻辑转换：国家与乡村社会关系的再思考[J].治理研究,2018,34(1):48-57.

[2] 李实,朱梦冰.推进收入分配制度改革　促进共同富裕实现[J].管理世界,2022,38(1):52-61.

[3] 郁建兴,任杰.共同富裕的理论内涵与政策议程[J].政治学研究,2021(3):13-25,159-160.

[4] 王春光.迈向共同富裕：农业农村现代化实践行动和路径的社会学思考[J].社会学研究,2021,36(2):29-45,226.

[5] 黄祖辉,李懿芸,马彦丽.论市场在乡村振兴中的地位与作用[J].农业经济问题,2021(10):4-10.

[6] 肖怡然,李治兵,董法尧.乡村振兴背景下民族地区农村剩余劳动力就业问题研究[J].农业经济,2019(9):69-71.

[7] 刘培林,钱滔,黄先海,等.共同富裕的内涵、实现路径与测度方法[J].管理世界,2021,37(8):117-129.

[8] 薛宝贵,何炼成.先富带动后富实现共同富裕的挑战与路径探索[J].马克思主义与现实,2018(2):176-181.

[9] 江亚洲,郁建兴.第三次分配推动共同富裕的作用与机制[J].浙江社会科学,2021(9):76-83,157-158.

[10] 丁元竹.在乡村振兴中重建社区治理共同体[J].行政管理改革,2022(2):26-35.

[11] MORSE R S. Integrative public leadership: Catalyzing collaboration to create public value[J]. Leadership Quarterly,2010(21):231-245.

[12] TERLUIN I J, POST J H. Differences in economic development in rural regions of advanced countries: An overview and critical analysis of theories[J]. Journal of Rural Studies,2003,19(3):327-344.

[13] TSUCHIYA K,et al. Catalytic Leadership in Food&Fitness Community Partnerships[J]. Health promotion practice,2018,19(1s):45S-54S.

[14] 林毅夫.新结构经济学：反思经济发展与政策的理论框架[M].苏剑,译.北京:北京大学出版社,2014.

[15] PFEFFERBAUM B, REISSMAN D, PFEFFERBAUM R,et al. Building Resilience to Mass Trauma Events[M]//DOLL S B, MERCY J, SLEET D. Handbook on Injury and Violence Prevention Interventions. New York: Kluwer Academic Publishers,2005.

[16] DAELLENBACH K,DALGLIESH-WAUGH C,SMITH K A. Community resilience and the multiple levels of social change[J]. Journal of Social Marketing,2016,6(3):240-257.

[17] PETRESCU D, PETCOU C,BAIBARA C. Co-producing commons-based resilience:lessons from R-Urban[J].

Building Research & Information,2016,44(7):717-736.

［18］WALLER M A. Resilience in ecosystemic context：Evolution of the concept［J］. American Journal of Orthopsychiatry,2001,71(3):290-297.

［19］NORRIS F H,STEVENS S P,PFEFFERBAUM B,et al. Community resilience as a metaphor,theory,set of capacities,and strategy for disaster readiness［J］. American Journal of Community Psychology,2008,41(1-2)：127-150.

［20］张丙宣,华逸婕.激励结构、内生能力与乡村振兴［J］.浙江社会科学,2018(5):56-63,157-158.

［21］LEFEBVRE H. The Production of Space［M］. Malden：Blackwell Publishing,1991.

［22］李佳.从资源到产业：乡村文化的现代性重构［J］.学术论坛,2012,35(1):77-81.

［23］贺雪峰.农村精英与中国乡村治理：评田原史起著《日本视野中的中国农村精英：关系、团结、三农政治》［J］.人民论坛·学术前沿,2012(12):90-94.

［24］LANE B. What is rural tourism［J］. Journal of Sustainable Tourism,1994,2(1-2):7-21.

［25］李金哲.困境与路径：以新乡贤推进当代乡村治理［J］.求实,2017(6):87-96.

［26］GLADWIN C H,LONG B F,BABB E M,et al. Rural entrepreneurship：One key to rural revitalization［J］. American Journal of Agricultural Economics,1989,71(5):1305-1314.

［27］威廉·怀特 H.小城市空间的社会生活［M］.叶齐茂,倪晓晖,译.上海：上海译文出版社,2016:114.

［28］宁志中,张琦,何琼峰,等.乡村旅游发展中的城乡要素流动过程与机制［J］.中国生态旅游,2021,11(3)：386-397.

［29］蔡秀玲,陈贵珍.乡村振兴与城镇化进程中城乡要素双向配置［J］.社会科学研究,2018(6):51-58.

［30］蔡克信,杨红,马作珍莫.乡村旅游：实现乡村振兴战略的一种路径选择［J］.农村经济,2018(9):22-27.

［31］董颖鑫.树立乡村集体典型的三重逻辑：基于新中国成立以来乡村集体典型历史演替的分析［J］.华中科技大学学报(社会科学版),2014,28(4):63-69.

［32］贾未寰,符刚.乡村旅游助推新时代乡村振兴：机理、模式及对策［J］.农村经济,2020(3):19-25.

［33］陈文胜.论乡村振兴与产业扶贫［J］.农村经济,2019(9):1-8.

共同富裕背景下城市基本单元营建的行动逻辑与路径探析

——以杭州市老旧社区 M 为例

高燕　盖艺伟

（浙江工商大学公共管理学院）

摘　要：本文深入贯彻《中共中央　国务院关于支持浙江高质量发展建设共同富裕示范区的意见》，回顾与梳理共同富裕基本单元建设的历史逻辑与理论基础。以杭州市老旧社区 M 的基本单元改造为例，分析其改造与运营的行动路径，把握其在基本单元建设中的有待提升之处，并从公共空间与服务、多元主体、数字治理等方面提出基本单元营建建议，以期为未来社区的建设与运营提供新的行动逻辑与路径思路。

关键词：基本单元　公共空间　数字治理

一、共同富裕基本单元的历史演变与问题提出

共同富裕，是社会主义的本质要求，也是中国共产党人始终如一的根本价值取向。[1] 1979 年，邓小平提出的"小康社会"成为改革开放 40 多年以来中国发展的关键词，全面建成小康社会成为第一个百年的奋斗目标，而消除绝对贫困则是全面建成小康社会的关键。[2] 目前，中国社会已进入第二个百年奋斗目标新阶段。党的十八大特别是十九届五中全会以来，习近平总书记就扎实推动共同富裕作出一系列重要论述、重大部署，开创性地回答了为什么要共同富裕、什么是共同富裕、怎样扎实推动共同富裕等一系列重大理论和实践问题，为新的赶考之路上扎实推动共同富裕提供了根本遵循和行动指南。[3] 特别是习近平总书记在中央财经委员会第十次会议上的重要讲话，系统阐述了共同富裕问题，标志着共同富裕理论的新发展新境界。

2021 年 5 月，党中央、国务院印发《中共中央　国务院关于支持浙江高质量发展建设共同富裕示范区的意见》，紧扣推动共同富裕和促进人的全面发展，围绕构建有利于共同富裕的体制机制和政策体系，将经济高质量发展、深化收入分配制度改革、公共服务优质共享、丰富人民精神文化生活、打造美丽宜居的生活环境、构建舒心安心放心的社会环境等作为推动共同富裕的核心议程。浙江省委十四届九次全会通过的《浙江高质量发展建设共同富裕示范区实施方案（2021—2025 年）》中，将基本形成更富活力创新力竞争力的高质量发展模式、形成以中等收入群体为主体的橄榄型社会结构、实现人的全生命周期公共服务优质共享、推进城乡区域协调发展、健全党组织领导的"四治融合"城乡基层治理体系、构建推动共同富裕的评价考核体系等，作为浙江建设共同富裕示范区的

核心内容。

根据 2021 年 5 月,浙江省委书记袁家军在高质量建设共同富裕示范区省委专题学习会上的讲话和 2021 年 6 月省委十四届九次全体(扩大)会议精神,浙江将未来社区作为共同富裕现代化基本单元,着力打造多功能、复合型、亲民化的人民群众共建共享现代化生活的美好家园。浙江省域推进城镇未来社区建设,深入实施未来社区"三化九场景"推进行动,以未来社区理念实施城市更新改造行动,打造绿色低碳智慧的"有机生命体"、宜居宜业宜游的"生活共同体"、共建共治共享的"社会综合体"。社区作为居民生活的基本单元,是承载人民美好生活向往的基本载体,也是城市现代化发展水平的重要标志。浙江省正处于开启高水平推进社会主义现代化新征程的关键时期,现代化基本单元建设具有强烈的时代紧迫性,体现了习近平新时代中国特色社会主义思想,特别是以人民为中心发展思想的重要举措,是"美好家园"的浙江探索。

浙江作为高质量发展建设共同富裕示范区,承担着重要示范改革任务,即先行先试、做出示范,为全国推动共同富裕提供省域范例。浙江努力探索推动共同富裕的路径举措,其中之一就是通过建设共同富裕现代化基本单元,探索共同富裕场景集成落地路径;努力将示范区建设目标任务转化为群众生活家园的功能场景,推动共同富裕从宏观到微观落地。

二、共同富裕现代化基本单元建设的理论基础

(一)共同富裕与现代化基本单元的理论内涵

作为中国现代化的重要目标,共同富裕战略是马克思主义经典财富观与中国实际结合的产物,深刻根源于马克思主义中国化的价值逻辑、理论逻辑和实践逻辑。共同富裕是马克思主义的一个基本目标。马克思、恩格斯指出,"无产阶级的运动是绝大多数人的、为绝大多数人谋利益的独立的运动",在未来社会"生产将以所有的人富裕为目的"。可见,共同富裕是马克思、恩格斯所设想的未来社会的重要特征。共同富裕也是自古以来我国人民的一个基本理想。消除贫困、改善民生、逐步实现共同富裕,是社会主义的本质要求,是我们党的重要使命。党带领人民推翻三座大山,建立社会主义制度,推进改革开放,就是为了解放和发展生产力,就是为了逐步实现全体人民共同富裕。在西方语境中,很少出现"共同富裕"的学术词汇,仅有一些接近"共同富裕"的概念,例如"福利国家""共享繁荣"等。但是,从西方看东方,从寰宇全球看中国的发展,今日提出的"共同富裕"既继承了人类社会的一些具有普遍意义的价值观,也合理吸收了西方公共治理及社会保障的精髓,但无疑具有鲜明的中国特色和内涵指向。

(二)共同富裕基本单元建设的理论梳理

1. 共同富裕背景下基本单元的建设方向

共同富裕作为社会主义的本质规定与奋斗目标,在新时代发展的各个阶段都有着新的目标与要求。党的十九大报告提出的 2035 年目标和 2050 年目标中,都鲜明地体现了改善人民生活、缩小差距、实现共同富裕的要求。党的十九届六中全会强调,立足新发展阶段、贯彻新发展理念、构建新发展格局、推动高质量发展,全面深化改革开放,促进共同富裕。共同富裕的本质内涵是,在高质量

发展的同时共享改革发展成果，让全体人民享有幸福美好生活。因此，共同富裕的关键是把握好发展与共享之间的关系，让人民群众真真切切感受到共同富裕。这些基层组织和人民群众的创造经验，不仅对浙江高质量发展建设共同富裕示范区具有重要参考价值，而且对全国共同富裕理论和实践的开拓也具有积极的启示意义。[4] 同时，社区作为党和政府联系与服务群众的"最后一公里"，作为人们日常生活的主要载体，也具备新的发展需求。共同富裕背景下，社区生活圈的发展要求包括全域均等、以人为本、共建共享三点。第一，共同富裕是全域富裕，社区生活圈建设需要将重点向建设缺失、发展滞后、品质较低的地区倾斜，向相对弱势群体倾斜。第二，共同富裕是人的富裕，社区生活圈的建设目标不仅是物质环境的提升和设施数量的增长，更应该是人人需求满足的富裕和实际使用体验的满意。第三，共同富裕是共建共富，需要人人参与、共建共享，才能有效实现社会事业共同进步、人民生活共同富裕。[5] 因此，在共同富裕背景下的社区建设过程中，应积极营造人人参与的氛围，由实际需求出发，向制度完善、社会机制、文化环境、弱势群体、智慧提升等重点方向倾斜。

2. 共同富裕背景下的现代社区治理与未来社区发展

现代社区作为城市治理的基本单元，是基层治理体系和治理能力现代化建设的重要场域。习近平总书记高度重视城乡社区治理，倡导进行城乡社区治理改革创新，不断完善治理体系，提高治理能力，更好地服务与造福城乡居民。[6] 在 2017 年 6 月中共中央、国务院颁布的《关于加强和完善城乡社区治理的意见》中，将城乡社区治理能力概括为"六大能力"，即增强社区居民参与能力、提高社区服务供给能力、强化社区文化引领能力、增强社区依法办事能力、提升社区矛盾预防化解能力、增强社区信息化应用能力。从根本上来说，这六大能力以"参与"和"服务"为核心，辅之以社区文化、依法办事、矛盾化解、信息应用，构成了新时代城乡社区治理的"实践能力体系"。[7] 而未来社区建设的基本使命，就是通过营造社区的各种物质环境、自然环境和制度环境来满足广大人民对未来美好生活的向往。[8] 在未来社区的建设中，完整机制是有序运营的前提，社区文化是其归属感来源，数字治理是社区历久弥新的发动机，而多主体参与是其可持续发展的必要因素。例如，世界卫生组织在 2007 年发布了《全球老年友好城市指南》，指南中提出，老年友好社区的建设涉及八个核心领域：户外空间和建筑、交通、住房、社会参与、尊重和社会包容、市民参与和就业、沟通和信息、社区支持和健康服务。而积极老龄化文化理念下的未来社区，除了需要包含提供支持老年人尽可能维持身体机能、认知功能和现有生活状态所必需的基础设施和照料服务，必然也应包括促进个人发展性的社会交往和社会参与的机会。[9] 而互联网有助于解决信息不对称问题，借助大数据、云计算、区块链等技术，充分调查并获取社区事务或社区问题的相关信息，通过清单制以条目的方式将所有的社区治理事项列举出来。同时，互联网的普及和应用颠覆了人们以往面对面的沟通和交流方式，穿越了社区中各家各户相对封闭的障碍，为居民之间的交流互动提供了便捷的沟通平台。并且，构建跨域、集成、开放的社区网络平台，将所有职能部门中与社区相关的数据整合到社区的信息系统中，进行统一管理，也可以在避免社区数据重复调查的同时，提升社区事务管理的效率。[10] 因此，数字治理也必将是今后未来社区建设的趋势之一。

新时代背景下，未来社区的建设面临不同程度的挑战，如缺乏统一规划，建设难以贯彻落实；社区资源有限，运营能力有所欠缺；主体定位模糊；现有机制仍需改革；城乡差异明显，整体质量难以保证等。在这样的现有环境下，要不断完善顶层设计，加快技术标准的制定；加大资源投入，提升社区运营能力；调整政社关系，激活多元主体角色[11]，以及根据实际情况，补齐社区发展短板，推动城乡社区互动，以实现全国各地基本单元的共建、共治、共享。

三、基本单元建设背景下的 M 社区改造路径

M 社区地理位置优越，拥有悠久的历史文化和较为完善的服务体系，作为老旧社区改造的典型，入选浙江省第四批未来社区建设名单。探索 M 社区作为城市旧改典型的方式与策略，分析其基本单元建设过程中的有效经验，有利于为浙江城市基本单元建设，尤其为老旧社区的改造与营建提供示范。

（一）M 社区背景概况

M 社区位于杭州市中心地带，占地 0.3 平方千米，社区内总人口 1.03 万人。社区文史底蕴丰厚，辐射多个文化纪念馆。M 社区始终坚持以人为本、服务居民的理念，依据特点建立"五位一体"的共建共治共享机制，为全体社区居民提供多方位优质服务，不断提升可持续发展能力。

社区内建筑基本建于 20 世纪八九十年代。旧改项目实施之前，房屋破损严重，绿化养护缺失，停车问题突出，公共设施设备等维修滞后。因此，社区积极响应杭州市老旧小区改造精神和浙江省共同富裕现代化基本单元建设，通过公共楼道弱电改造、绿化升级、外立面改造、"四小件"改造，以及联排加装电梯等工程实施，为社区营造出了新的场景与气象。

同时，M 社区拥有悠久的红色文化，根据文献记载、名人故居、历史建筑等深挖社区文化，最早追溯到隋唐时代，社区文化氛围浓厚。另外，M 社区致力于打造便捷、安全、智慧的数字化社区，发展社区智慧服务，让数字化转型为社区精细化治理赋能聚力。

（二）社区的改造与运营实践

基于上述背景，M 社区发挥各方力量，结合外部资源与内部优势，在挖掘公共空间、升级社区设备、多元主体共建、数字化应用等方面进行老旧改与未来社区建设。

1. 社区设备升级与空间打造

（1）挖掘居民需求空间

M 社区停车难问题较为突出，没有统一行车线路且没有安装车行道闸系统，非本小区车辆进入较多。对此，M 社区经过科学测量后在两出入口设置自动识别车牌的道闸系统，深挖停车空间，让专职停车管理的物业工作人员有序开展工作。

（2）构架社区旧改安全网

针对社区安全问题，M 社区重新安装区内监控，基本达到全域覆盖，并通过组建智慧化安防联动数字化平台，构架"老旧改全域安全网"，以智能化技术替代铁栏铁杆达到安全防范效果。

（3）加速公共服务空间提升

"以邻而居"是 M 社区垃圾房改造的主题，社区通过走访和征集居民意见，结合物业力量，将垃圾房移至西侧，并使用智能语音系统指导垃圾分类。垃圾房内提供桌椅，让居民可以在投放垃圾时，与其他居民休憩聊天，改变社区居民日常的生活习惯。

2.多元主体促进社区智治

（1）党建引领社区服务

M社区将推动基层党组织生活的规范化、制度化、常态化作为基层组织建设的重要内容,通过组织生活"示范式、轮值式、开放式"三式齐推,为社区建设增添新活力：由社区党委统筹抓总,支部轮流承办,辖区单位参与协办,以社区党支部为单位,结合党的重大节日和省市区中心工作,轮值主持、策划和组织每月主题党日,强化制度常态性、流程规范性和活动政治性。聚焦议事协商,M社区依托社区议事平台,建立实时联络碰头会、每月通报联络会、季度主题工作会、年度总结推进会制度等。聚焦基层治理,M社区以"问题直播"的形式,将居民生活中遇到的问题摆出来,发挥党员在小区治理中自我监督、自我管理的先锋模范作用。

（2）居民协同助推共建共享

M社区响应杭州市老旧小区改造精神和城市基本单元建设,积极进行老旧社区的改造,通过前期与各方协商、中期实施与结果评估,以及过程中的实时民情监督,在居民协作之下构架起社区旧改安全网,打造了社区宜居环境和公共服务空间。

针对社区居民自治能力较弱现状,M社区注重发挥社区能人作用,通过推行"红巷老舅妈"工作法,支持社区矛盾调解。对待简易纠纷、专业纠纷、公共纠纷类事件,动员不同的调解层面积极解决居民当下问题。

作为老旧小区居民较为关注的社区加梯工作,在动员党员、小区业主、红巷老舅妈开展多次民情收集、立项评议、矛盾调处之后,社区确定了建设单位、监理单位等,并逐步完善设计方案。面对老旧小区无物业无业委会的管理困境,M社区引入一体化准物业管理,创新"社区党委＋准物业公司＋民情监督队"三位一体的运行机制,构建了党委引领、居民自治、市场运营、精细监管的一体化物业管理模式。

3.数字化助力社区智慧运营

基于周边街区治理应用场景、街道智慧消防平台等数据支持,聚焦街区治理、景区治理和小区治理工作的精细化总目标,M社区探索打造社区级"红色驾驶舱",将社区内的人、事、地、物、组织、服务相关数据导入数字驾驶舱,建立社区级居民底册中枢,将居民底册跟地图地理信息进行统一整合,实现资源与需求的智能匹配、数据和信息的全面共享,让数字化转型为社区治理赋能聚力。

（三）现存问题

目前,M社区在社区空间翻新与开拓、多方主体参与治理、数字化建设等方面有了一定的探索,但依然存在着公共空间运用、社区文化品牌、数字化治理等有待优化的方面。

首先,对于老旧社区来说,因原有的设计理念问题,楼宇间距较窄,房屋布局较为紧凑,公共空间本就不足。而社区居民群体占比较大的老年人对于看病配药、休闲活动、卫生清洁服务需求较大,同时,中青年对于小区治安、停车管理、快递收取、房屋中介信息等问题也比较关注。因此,如何在现有的空间基础上开拓出更多的公共资源,解决社区居民日益增长的美好社区需求,是M社区亟待解决的问题之一。

其次,M社区文史底蕴丰厚,如何精准打造社区文化品牌,提升社区居民文化归属,使社区文化具备更好的推广模式,是不断深化社区文化建设,促使文化历久弥新的行动难题。

最后,在数字化应用方面,M社区在未来社区的智慧建设方面仍有待提升。如面对居民医养康养、休闲、清洁等需求,如何顺应数字化时代快速迭代趋势,落实实体和应用建设,开拓社区智慧服务平台,服务居民更加便捷地选择社区配套服务,是其在未来数字化建设中需要努力的方向。

四、城市基本单元营建的行动逻辑与路径

本文通过借鉴M社区旧改成果与建设方向,从中汲取相关经验,总结出共同富裕城市基本单元建设可复制、可推广的经验模式,从而为浙江共同富裕示范区建设、为全国共同富裕做出积极贡献。

(一)以社区需求为基,促进公共空间与服务优质共享

聚焦社区集中需求,优化人居环境,打造优质公共空间服务共享,给予居民便捷安全的社区环境。聚焦群体,根据老年群体医养康养、适老化环境等需求,构建完善社区居家养老服务体系,发展普惠性养老与社区互助性养老。根据托幼、青少年教育等需求,打造好社区教育空间,有效弥补社区居民上下班之间的教育空缺。引进志愿服务和社会组织等社会力量服务社区,加快推进公共服务优质共享。

(二)以社区文化为辅,推动物质精神协同发展

加强党建引领,领导居民自治。开辟物业管理区域内的文化空间,设置文化宣传栏。结合社区物业或者自行开展党建活动及各类文化活动,建立红色文化品牌。通过各类活动形式,与不同居民群体沟通交流,增进居民对社区的认同感与归属感,推动社区物质精神系统发展。

(三)发挥多元主体作用,助力基本单元智治

改变传统社区由政府主导、物业服务、社区管理的单一治理模式,转向融合政府各部门、社会组织、慈善团体、社区、居民自治的集成化治理。发挥多元主体在治理中的协同力量,提升社区综合服务能力和智慧治理现代化水平。

(四)加快应用数字治理,赋能社区治理创新

顺应智慧场景迭代趋势,加快社区数字空间打造,依托数字化的综合服务集成供给,以居民需求为核心,落实数字实体建设和应用建设,建设社区综合智慧服务平台。加强平台管理建设,强化智能服务和动态监督,会同多元主体形成高效的工作机制,优化社区内部管理流程,提升基层智慧治理能力,推进基层治理创新。

参考文献：

［1］中共中央马克思恩格斯列宁斯大林著作编译局.马克思恩格斯选集(1-4卷)［M］.北京：人民出版社,2012.

［2］胡鞍钢,周绍杰.2035中国：迈向共同富裕［J］.北京工业大学学报(社会科学版),2022,22(1)：1-22.

［3］袁家军,李中文,江南.扎实推动高质量发展建设共同富裕示范区［N］.人民日报,2021-07-09(5).

［4］李实,马高明,詹鹏.共同富裕的基层模式［N］.社会科学报,2021-10-14(2).

［5］王蔚炫.共同富裕背景下宁波社区生活圈发展对策研究：以三江片为例［J］.宁波经济(三江论坛),2021(10)：
25-27.

［6］唐明凤,吴亚芳.基于创新生态系统视角的韧性社区建设与治理研究［J］.湖南社会科学,2021(1)：96-103.

［7］原珂.推进社区治理能力现代化的系统思路［J］.理论探索,2021(3)：16-22.

［8］邹永华,陈紫微.未来社区建设的理论探索［J］.治理研究,2021,37(3)：95-103.

［9］张佳安.社区能力建设视角下老年友好社区建设的路径［J］.西北师大学报(社会科学版),2021,58(6)：107-119.

［10］周红云.社区治理共同体：互联网支撑下建设机理与治理模式创新［J］.西南民族大学学报(人文社会科学版),
2021,42(9)：199-205.

［11］曹海军,侯甜甜.新时代背景下智慧社区建设：价值、逻辑与路径［J］.广西社会科学,2021(2)：1-7.

高质量发展视域下数字经济助力共同富裕的机理研究

傅利福[1]　厉佳妮[2]　马丹[1]

（1. 浙江工商大学　2. 华东师范大学）

摘　要：共同富裕是中国特色社会主义现代化建设的根本奋斗目标，发展数字经济与共同富裕目标高度契合。在构建数字产业化、产业数字化度量指标的基础上，探究二者对全要素生产率的影响。利用条件 β 收敛模型对全要素生产率的空间收敛规律进行检验，在此基础上引入数字基础设施建设水平，探究其是否影响全要素生产率空间外溢条件，从而加速共同富裕进程。研究结果表明：首先，数字产业化和产业数字化分别对全要素生产率提升产生积极作用，二者通过相互促进，形成双螺旋特征，进而提高全要素生产率。其次，全要素生产率具有时空收敛特征，并且全要素生产率领先地区能够带动其他地区提升，而数字基础设施建设能够加快这种空间外溢性，从而加速先富地区带动其他地区共同富裕。政策含义是：加快推动乡村数字基础设施建设，发展数据要素市场，提高共同富裕政策效力。加快形成推动共同富裕的政策框架，并以数字赋能推动政策集成化、全程化和精准化。

关键词：数字产业化　产业数字化　共同富裕

一、引言和文献综述

习近平总书记在 2021 年 8 月中央财经委员会第十次会议上强调，"要在高质量发展中促进共同富裕"；在 2021 年 10 月中共中央政治局第三十四次集体学习时强调，"把握数字经济发展趋势和规律，推动构建新发展格局"。这些重要论述指明了在高质量发展中促进共同富裕是实现中国式现代化的根本之策，而在高质量发展中推进共同富裕需要嵌入和依托于数字经济发展。从本质上来看，发展数字经济和推动共同富裕目标高度契合。实现共同富裕需要解决普遍增长和发展不均衡的问题，而数字经济的高技术特征和分享性特征，既为经济增长提供了动力，也为均衡发展提供了共享机制，可以助力在高质量发展中促进共同富裕（刘诚、夏杰长，2021）。因此，研究数字经济如何助力共同富裕显得尤为迫切，是进入新发展阶段需要正确认识和把握的重要理论和实践问题之一。

随着新一轮科技革命和产业变革孕育发展，数字经济将成为未来经济发展主流形态，大力发展数字经济已成为国际社会的战略共识（张森等，2020）。自 20 世纪末期，人类社会从 IT 时代迈入 DT 时代，数据成为驱动经济运行的关键性生产要素，数字经济的概念也应运而生（Don Tapscott，1996）。此后，大量学者对数字经济展开研究，研究领域主要集中在以下几个方面：一是信息与通信技术（ICT）。ICT 的出现和集中利用催生了数字经济的蓬勃发展，并极大地改变了企业生产、提供商品和服务的机会和效率（Cardona、Kretschmer，2013）。二是数字技术。一方面，数字技术的发展提高了数字产品的流动性，并通过经济、法律和用户不断地重塑世界；另一方面，也使得人们从最初的娱乐目的转向真实的经济利益驱动。三是平台经济。数字经济基于供应链和物流链的融合，将世界各地的零售商进行整合，深刻地改变了传统的商业模式，并诞生了众多基于平台的新兴经济模式。例如，共享经济（Richardson，2015；Kathan et al.，2016）、零工经济（Minter，2017）和创新经济等。四是新兴热点融合。尤其体现在数字经济与智慧城市等新兴热点融合的讨论上。数字基础设施建设为经济社会提供了更多以客户需求为中心的服务，对于互联网的便捷访问和海量数据的处理能力逐渐成为城市核心竞争力的重要体现（Wang et al.，2016）。

伴随着数字使能技术的不断发展及数字应用平台的不断拓展，数字经济赋能已成为目前数字经济研究的热点话题。其中，数字经济赋能共同富裕是其中非常重要的一个方面。相关文献主要从以下三个方面展开：第一，收入分配视角。数字经济在促进包容性增长（张勋等，2019）、跨越中等收入陷阱（戚聿东、褚席，2021）、缩小城乡居民收入差距（陈文、吴赢，2021）、增加农民农业收入（李怡、柯杰升，2021）中扮演重要角色，而数字鸿沟引致家庭财富缩水（尹志超等，2021）。第二，经济增长视角。经济增长是实现共同富裕的物质基础（范从来、谢超峰，2018）。数字经济通过提高生产效率（Acemoglu、Restrepo，2019）、鼓励创业（张勋等，2019）、推动区域及城乡协调发展（宇超逸等，2020；杨文溥，2022）、促进产业分散化（王梦菲、张昕蔚，2020）和缓解市场分割（马述忠、房超，2020）拉动经济增长。第三，公共服务视角。数字经济发展促进政府治理变革（徐梦周，2022），拉近政民距离（夏杰长、刘诚，2021），弥补公共服务缺口（邱泽奇等，2016）。

现有文献大多基于共同富裕视角，以共同富裕的多维目标为基础，考察数字经济对共同富裕多维目标的影响。但尚缺乏基于数字经济的分解范式，探究数字经济助力共同富裕的机制。故本文基于数字经济的分解范式，考察数字产业化和产业数字化的双螺旋如何影响全要素生产率，在此基础上，进一步探究数字基础设施建设对全要素生产率的空间收敛的影响。

二、分析框架和理论假设

（一）数字经济的动力机制——数字产业化和产业数字化对全要素生产率提升的影响

产业数字化和数字产业化是数字经济发展的核心内容，两者通过重塑生产力，改变了人类经济生产和生活形态，在推动全要素生产率提升方面发挥着重要的作用。首先，数字产业化代表了新一代信息技术的发展方向和最新成果，以人工智能、大数据、区块链为代表的数字产业已逐渐成为国民经济的重要组成部分，成为现阶段催生经济增长的新动能。其次，产业数字化通过数字技术和实体经济的深度融合对传统产业进行全链条改造，进而催生出数字办公、数字医疗、数字政务、数字教育、数字娱乐等新业态，推动实体经济发生深刻变革。

更进一步的，数字产业化和产业数字化通过相互促进、协同发展，形成双螺旋特征，加快推进产业转型升级：一方面，数字产业化为产业数字化提供数据要素的各类数字产品和服务，推动各行各业数字化转型；另一方面，产业数字化为数字产业化提供各行业生产经营销售所需的海量数据，推动数字产业化做大做强。

假设一:数字产业化和产业数字化通过相互促进,形成双螺旋特征,进而提高全要素生产率。

(二)数字经济的共享机制——数字基础设施建设对全要素生产率空间收敛的影响

大量研究表明,我国全要素生产率表现出明显的条件收敛趋势(余泳泽,2015),数字基建作为数字经济的底层基石,已广泛融入生产生活,对公共服务和社会治理产生明显的影响,进而对全要素生产率的空间收敛产生明显影响。

一方面,数字基础设施的快速发展提升了公共服务的服务效率和公平程度,改善了全要素生产率空间外溢的条件。首先,数字基建的快速发展通过对数据的结构化改造和关联性挖掘,揭示了社会群体的轨迹特征,从而对基本公共服务进行精准识别,提高决策的前瞻性。其次,数字基建的快速发展通过提高匹配精度和拓展服务边界等方式有效提升公共服务的匹配和服务效率,提高了基本公共服务均等化水平。最后,数字基建的快速发展通过计算机算法整合海量数据和分散资源,有利于扩大非基本公共服务产品供给模式,满足多层次群体需求,进而提高非基本公共服务优质化。

另一方面,数字基建赋能,推动政府治理能力提升,扩大了全要素生产率空间外溢的范围。首先,数字政府治理通过现代信息技术赋能监管治理,实现了决策科学化、治理精准化和服务高效化。其次,数字政府治理通过强化统筹力度,提供集业务融合、技术融合、数据融合于一体,跨层级、跨地域、跨系统、跨部门、跨业务的协同服务,打通了不同部门、不同区域之间的数据壁垒,决定了数字经济外溢效应的空间范围。

假设二:数字基础设施建设有助于推动全要素生产率的空间收敛。

三、变量说明与数据来源

(一)变量说明

1.被解释变量

一般的效率测度模型主要有传统 DEA 测算的距离函数、基于角度和径向的方向性距离函数,以及基于松弛变量的非角度和非径向的方向性距离函数。现有文献大多采用基于松弛变量(SBM)的非角度和非径向的方向性距离函数。在这些模型中,Malmquist-Luenberger 指数由于其非参数的形式构建、无量纲的数据要求和有效的分解形式,被广泛用于测算全要素生产率及其分解。而后续的一些研究大多是对于方向性距离函数和生产过程的改良,但尚不具有一般性(尹向飞、欧阳峣,2019;杨万平、李冬,2020)。故本文采用 SBM-ML 指数测算我国省级层面及浙江省城市层面的全要素生产率(TFP),其中投入和产出变量度量如下:

(1)投入变量

资本投入:用历年各省(市)资本存量表示。具体计算方式采用 Goldsmith 提出的永续盘存法:$K_t = I_t + (1-\delta)K_{t-1}$,其中 I_t 为 t 年的投资额,δ 为折旧率,K_t 为 t 年的资本存量。根据大部分文献的做法对初始资本存量和资本存量折旧率进行设定。初始资本存量借鉴 Young(2000)的研究:将固定资本投资总额除以 10% 作为初始资本存量,基期为 2000 年;资本存量折旧率借鉴单豪杰(2008)的研究,设定为 10.96%。

劳动投入：用历年各省（市）就业总人口表示。

（2）产出变量

期望产出（经济产出）：选取各省（市）地区生产总值及生产总值指数计算各省（市）实际 GDP，以此表示期望产出，基期为 2000 年。

2. 核心解释变量

（1）数字产业化和产业数字化

蔡跃洲（2016）和中国信息通信研究院（2017）均将数字经济划分为数字产业化和产业数字化两部分。国家统计局发布（2021）的《数字经济及其核心产业统计分类（2021）》，也将数字经济界定为两部分：数字经济核心产业即数字产业化部分，以及数字技术融合于实体经济，即产业数字化部分。参考以上针对数字经济产业的统计分类，采用以下指标衡量数字产业化（DI）和产业数字化（DT）程度。同时，参考主流分配权重的方法，采用客观赋权法中的熵权法确定指标权重，更加客观地评价数字产业化和产业数字化。

表1　数字产业化、产业数字化度量指标

数字产业化		产业数字化	
指标	单位	指标	单位
信息传输、计算及服务和软件业城镇从业人员	万人	企业每百名员工拥有计算机数	台/百人
互联网普及率	%	每百家企业拥有网站数	个/百家
移动电话普及率	%	R&D 经费占 GDP 比重	%
人均软件产品收入	元/人	农业信息化覆盖率	%
人均电信业务总量	元/人	有电子商务交易活动企业占比	%

（2）数字基础设施建设

近些年以 5G、工业互联网、人工智能及数据中心为代表的新型数字基础设施不断涌现，但由于出现时间较短，各地统计数据存在较为严重的缺失和误差，尚不适合纳入数字基础设施建设指标构建中。

3. 控制变量

全要素生产率主要与经济增长、技术进步关系密切，故选取以下控制变量：①地区经济对外开放程度（Open）：利用对外贸易依存度（进出口贸易总额与地区 GDP 之比）进行衡量。②产业结构（Struc）：利用二、三产业的总产值占 GDP 的比值衡量。③劳动者教育（Edu）：利用各省从业人员平均受教育年限衡量。④城镇化率（City）：利用城市人口占总人口的比例衡量。⑤技术水平（Tech）：以每万人中科研技术就业人员取对数为代理变量。⑥失业率（Unem）：用失业人口占劳动人口比值衡量。⑦人均可支配收入（Inc）：采用地区人均可支配收入的对数衡量人均可支配收入。

（二）数据来源

计算全要素生产率的投入产出数据主要来源于国家统计局，计算数字产业化及产业数字化各指标数据选取自各省、市统计年鉴,国家统计局、工业和信息化部及中国电子信息产业统计年鉴等。

四、实证检验

(一)数字经济发展对全要素生产率的影响研究

本部分探讨数字经济发展对共同富裕的直接效应,分别讨论数字产业化与产业数字化对全要素生产率产生的直接影响,并进行分样本异质性检验。

本部分考察数字产业化、产业数字化是否对全要素生产率产生影响。根据理论分析,设定如下基准回归模型:

$$TFP_{it} = \alpha_1 + \beta_1 DT_{it} + \gamma Controls_{it} + \eta_i + \upsilon_t + \mu_{it} \tag{1}$$

$$TFP_{it} = \alpha_1 + \beta_2 DI_{it} + \gamma Controls_{it} + \eta_i + \upsilon_t + \mu_{it} \tag{2}$$

$$TFP_{it} = \alpha_1 + \beta_1 DT_{it} + \beta_2 DI_{it} + \beta_3 DT_{it} \times DI_{it} + \gamma Controls_{it} + \eta_i + \upsilon_t + \mu_{it} \tag{3}$$

其中,TFP_{it} 代表 t 时期 i 地区的全要素生产率,DT_{it}、DI_{it} 分别代表 t 时期 i 地区的产业数字化、数字产业化程度。$Controls$ 为控制变量集合,η_i 和 υ_t 分别表示地区固定效应和年份固定效应。μ_{it} 表示独立分布的随机误差,代表不可观测因素的汇总,其服从标准正态分布。式(1)和式(2)分别考察产业数字化和数字产业化对全要素生产率的影响,式(3)中考察二者的交互效应是否进一步对全要素生产率产生影响。在基准回归的同时进行了分样本异质性检验,将样本分别分为浙江省、三大城市群(长三角、京津冀、粤港澳)、成渝和中原城市群,以及东北和其他地区四类,其中浙江省使用地级市数据,其余样本采用省级面板数据,回归结果如表2所示。

表 2　数字产业化对全要素生产率的直接效应

解释变量	全样本	浙江省	三大城市群	成渝和中原城市群	东北和其他地区
DI	0.0775 ***	0.1833 ***	0.0985 ***	0.0747 ***	0.0594 **
	(0.0184)	(0.0295)	(0.0189)	(0.0199)	(0.0264)
Open	0.0707 **	0.6385 **	0.0398 ***	0.0047	0.4987 ***
	(0.0293)	(0.2916)	(0.0124)	(0.0118)	(0.1595)
Stru	0.0021 *	2.1012 **	2.9303 **	−0.0251	−0.0527
	(0.0011)	(1.1100)	(1.2102)	(0.0573)	(0.0489)
Edu	0.5045 **	1.0545 **	0.9748 ***	0.8142 **	0.8124 ***
	(0.1298)	(0.2880)	(0.1997)	(0.5110)	(0.2174)
City	2.3388 **	2.0404 ***	0.4810 ***	−0.2854 ***	−0.2392 ***
	(1.0572)	(0.4154)	(0.1499)	(0.0876)	(0.0783)
Tech	−0.3232 **	0.0955	0.1398 *	−0.0539	0.0052
	(0.1543)	(0.0584)	(0.0808)	(0.0574)	(0.0123)
Unem	0.3852 ***	0.4491 ***	−0.1705 ***	−0.1113 **	0.1432 ***
	(0.1022)	(0.0164)	(0.0248)	(0.0489)	(0.0283)

解释变量	全样本	浙江省	三大城市群	成渝和中原 城市群	东北和其他地区
Inc	0.0582 *** (0.0135)	0.0649 *** (0.0203)	−0.0032 (0.0055)	0.0345 *** (0.107)	0.1352 ** (0.0540)
$Fixed\ Effects$	Yes	Yes	Yes	Yes	Yes
R^2	0.4124	0.3997	0.3875	0.4512	0.3775

注:***、**、* 分别表示在 1%、5%、10% 的显著性水平上通过显著性检验,括号内为 t 值。后同。

回归结果显示,数字化对全要素生产率的影响显著为正,其中,浙江省产业数字化水平对 TFP 的影响程度最大,余下样本依次为三大城市群、成渝和中原城市群、东北和其他地区,基本符合现实情况。浙江省数字经济发展水平较高,行业数字化渗透率高,是使得产业数字化水平影响全要素生产率程度领先于其他省市的重要原因。

与数字产业化相比,产业数字化对全要素生产率的影响更加明显。可能原因在于,数字技术对于产业更新迭代的影响十分深厚,各个行业都得益于数字化转型而不断地提高生产效率和生产质量,而数字产业化诞生的新行业到目前为止仍旧不够成熟(表 3)。

表 3　产业数字化对全要素生产率的直接效应

解释变量	全样本	浙江省	三大城市群	成渝和中原 城市群	东北和其他地区
DT	0.4014 *** (0.1512)	0.4931 *** (0.1021)	0.4730 *** (0.1400)	0.3416 ** (0.1101)	0.1249 * (0.0821)
$Open$	0.0421 (0.0393)	0.0481 (0.0312)	−0.0225 (0.0332)	0.0129 (0.0349)	0.0245 (0.0411)
$Stru$	0.1092 * (0.0601)	0.1070 ** (0.0425)	0.1245 ** (0.0500)	0.1234 *** (0.0414)	0.1875 *** (0.0477)
Edu	−0.0307 (0.0685)	−0.0055 (0.0049)	0.0003 (0.0014)	−0.1650 (0.2398)	0.0342 (0.0785)
$City$	0.2245 (1.1004)	−0.1745 (0.5224)	0.3004 (0.4175)	0.4750 (0.5578)	−0.2144 (0.4350)
$Tech$	0.2443 *** (0.0761)	0.5578 ** (0.2113)	0.4702 * (0.2602)	0.0788 *** (0.0261)	0.0275 * (0.0145)
$Unem$	0.3201 *** (0.1045)	0.2228 *** (0.0775)	0.1275 (0.1576)	0.4123 *** (0.1100)	0.1157 (0.2104)
Inc	0.2818 *** (0.0196)	0.5175 *** (0.1074)	0.1032 *** (0.0551)	−0.0432 (0.0608)	0.2144 *** (0.1004)
$Fixed\ Effects$	Yes	Yes	Yes	Yes	Yes
R^2	0.5110	0.3775	0.4753	0.3879	0.4123

当加入了数字产业化与产业数字化交互项后,交互项系数均显著为正,表明二者确实存在互相影响的双螺旋作用,并且这种作用在浙江省及成渝和中原城市群表现得更加明显。从上述结果可以看出,浙江省在数字产业化和产业数字化发展方面遥遥领先于全国其他省市,在国家提出在浙江高质量建设共同富裕示范区后,数字经济应当成为重点发展对象。因此,"假设一"得到证实,数字产业化和产业数字化通过相互促进,形成双螺旋特征,进而提高全要素生产率(表4)。

表 4 产业数字化和数字产业化对全要素生产率双螺旋影响的实证结果

解释变量	全样本	浙江省	三大城市群	成渝和中原城市群	东北和其他地区
$DT \times DI$	0.2818*** (0.0196)	0.4123*** (0.1100)	0.0788*** (0.0261)	0.2144*** (0.1004)	0.0275* (0.0145)
$Controls$	Yes	Yes	Yes	Yes	Yes
$Fixed\ Effects$	Yes	Yes	Yes	Yes	Yes
R^2	0.2279	0.3987	0.4021	0.3442	0.3728

为避免某些不可观测变量带来影响,参考 Bartik(2009)、易行健和周利(2018)针对数字金融指数的内生性问题处理方法,将滞后一期的产业数字化指标 $DT_{it,t-1}$ 与在时间上的一阶差分处理后的数字产业化指标 $\Delta DT_{it,t-1}$ 相乘,作为工具变量,采用两阶段最小二乘法进行估计,数字产业化指标采取同样方法处理,回归结果如表5所示。

表 5 2SLS 回归结果(以 DI 为例)

第一阶段回归 被解释变量:DI		第二阶段回归 被解释变量:TFP	
工具变量	0.0676*** (0.0254)	DI	0.0594** (0.0264)
$Controls$	Yes	$Controls$	Yes
$Fixed\ Effects$	Yes	$Fixed\ Effects$	Yes
R-sq	0.4412	R-sq	0.3975

工具变量估计结果显示,考虑了可能存在的内生性问题后,产业数字化依旧显著地促进全要素生产率提升。核心解释变量为数字产业化时依旧显著,限于篇幅,结果不再列示。

(二)数字基础设施建设促进共同富裕的机制检验

本部分采用空间面板杜宾模型探讨数字基础设施建设促进共同富裕的机制。首先对全要素生产率进行空间自相关检验,进一步地,在讨论 TFP 在浙江省内的空间收敛状况的同时,将数字基础设施建设调节变量引入空间杜宾模型,以考察数字基础设施建设对全要素生产率空间外溢条件产生的影响。

1.全要素生产率的空间自相关检验

根据覃成林和杨霞(2017)的研究,进行绝对 β 收敛检验时,我国 285 个地级市经济增长不存在收敛趋势，而忽视空间相关性可能是导致结果有偏差的重要原因之一（Anselin，1988；Elhorst，2003；朱国忠等，2014）。因此，本文首先直接运用全局 Moran's I 指数法进行浙江省 11 个地级市在样本期内的全要素生产率空间相关性检验，以期为后续使用条件 β 收敛的空间杜宾模型做铺垫。

测算结果如表 6 所示。计算结果表明，浙江省各地级市的经济增长呈现显著的空间相关性，存在空间溢出效应，在样本期内，11 个地级市的经济增长基本呈空间正相关分布，且至少通过 P 值为 10% 的显著性检验，总体呈现空间集聚状态。

表 6　Moran's I 检验结果

年份	Moran's I	标准误	Z 值	年份	Moran's I	标准误	Z 值
2001	0.189***	0.122	1.210	2011	0.341***	0.125	2.986
2002	0.199**	0.121	1.139	2012	0.223***	0.122	2.257
2003	0.211***	0.118	1.191	2013	0.179**	0.125	1.669
2004	0.232***	0.131	2.325	2014	0.171**	0.124	1.650
2005	0.195*	0.125	1.539	2015	0.241**	0.121	2.310
2006	0.165**	0.125	1.697	2016	0.345*	0.123	2.975
2007	0.144*	0.135	1.608	2017	0.356*	0.125	2.588
2008	0.192**	0.130	1.621	2018	0.185**	0.122	1.789
2009	0.227**	0.125	1.538	2019	0.326***	0.129	2.911
2010	0.341***	0.125	3.010	平均	0.223***	0.120	2.128

2. 全要素生产率的收敛性检验

上述步骤证实了浙江省各地级市的全要素生产率在样本期内存在显著的空间相关性。β 收敛是人们考察不同地区间经济趋同的一个重要手段。从现象上看，先富地区如果带动了其他地区共同富裕，最直接的表现就是二者全要素生产率均保持持续增长的同时，相互之间的差异趋于缩小，而全要素生产率收敛正是高质量发展实现共同富裕的重要表现。因此，本文拟根据区域经济增长收敛假说（Barro et al.，1991；Barro、Sala-I-Martin，1992），选择全要素生产率的 β 收敛模型作为本部分实证分析的基本模型。

为了检验浙江省先富地区是否通过空间外溢带动了其他地区共同富裕，本文在全要素生产率收敛模型中引入空间外溢变量。具体地，本文参考有关学者的做法（López-Bazo et al.，2004；Fingleton、López-Bazo，2006；Ertur、Koch，2007；覃成林等，2012），将空间外溢变量引入区域经济增长收敛模型，构建包含空间外溢的全要素生产率收敛检验模型，检验在浙江省内先富地区是否带动了其他地区共同富裕。该模型的具体形式如下：

$$g_{it} = C + \beta \ln TFP_{i0} + \varphi W g_{jt} + \rho W \ln TFP_{j0} + \mu_{i(j)t} \tag{4}$$

其中，g_{it} 和 TFP_{i0} 分别表示区域 i 的全要素生产率变化率和全要素生产率期初值，g_{jt} 和 TFP_{j0} 分别表示区域 j 的全要素生产率变化率和全要素生产率期初值，用于测度相邻区域对本区域全要素生产率的影响；W 为描述区域空间关系的 $n \times n$ 阶权重矩阵，n 为区域数量；C 表示常数项；$\mu_{i(j)t}$ 表示独立分布的随机误差。回归系数方面，β 为收敛系数，φ 为空间外溢系数，ρ 为相邻区域期初全要素生产率估计系数。在式(4)中,若 β 显著为负,说明区域全要素生产率是收敛的;若 φ 显著为正,说明全要素生产率的增长具有显著的正向空间外溢,空间外溢是影响全要素生产率的重要因素;若 ρ 显著为正,说明相邻区域期初全要素生产率对目标区域具有正向的影响。

为保证估计结果的稳健性,将地理距离矩阵 W 取倒数记为 $W1$,以及倒数的平方记为 $W2$,分别再次进行回归。表 7 列示了具体实证结果。

表 7　浙江省全要素生产率条件 β 收敛检验结果

变量	W	W1	W2
β	-0.1224^{***} (-17.3285)	-0.1113^{***} (-16.1808)	-0.1085^{***} (-16.3536)
φ	0.0062^{***} (6.3196)	0.0070^{***} (10.0122)	0.0060^{***} (18.4260)
ρ	0.0745^{***} (6.2882)	0.0798^{***} (8.0214)	0.0914^{***} (11.0293)
$Controls$	YES	YES	YES
R^2	0.4143	0.3981	0.4009
Log-likelihood	5590.1143	5411.3849	5309.2897
LR-test	653.3786^{***}	653.3786^{***}	653.3786^{***}

3.数字基础设施建设对全要素生产率空间外溢条件的影响研究

上述部分已经证实先富地区的全要素生产率会在自身增长的同时带动其他地区全要素生产率提升,而本部分将要验证数字基础设施建设的快速发展是否进一步放宽空间外溢的条件和范围,从而加快共同富裕总体进程。

为验证数字基础设施建设通过促进全要素生产率增长空间外溢,从而加快共同富裕进程的作用机理,在模型中分别加入数字基础设施建设与区域 j 的全要素生产率变化率,以及前者与期初全要素生产率的交乘项,探究数字基础设施建设是否具有调节效应。模型中还加入了控制变量,以期真实地反映样本期内浙江省各地级市全要素生产率变化的影响因素,确保得到稳健的模型估计结果。在式(4)的基础上引入区域 i 和其相邻区域 j 的控制变量,以及前述定义的交乘项,构建空间面板杜宾模型,如下式所示:

$$g_{it} = C + \varphi_1 Wg_{jt} + \rho_1 W\ln TFP_{j0} + \varphi_2 Wg_{jt} \times CDI_{jt} + \rho_2 W\ln TFP_{j0} \times CDI_{j0} + \gamma Controls_{it} + \mu_{i(j)t}$$
$$(5)$$

其中,CDI_{jt} 代表邻居区域 j 在 t 时期内的数字基础设施建设水平,$Controls_{it}$ 表示控制变量集合,其余变量定义同上文。若交乘项系数 φ_2 显著为正,说明数字基础设施建设在一定程度上促进了全要素生产率的空间外溢。回归结果如表 8 所示。

表 8　数字基础设施建设促进全要素生产率空间外溢的调节效应检验结果

变量	W	$W1$	$W2$
ρ	0.0069*** (11.4433)	0.0068*** (12.7593)	0.0062*** (14.3908)
φ_1	0.3470*** (8.3326)	0.3450*** (7.9731)	0.3200*** (7.7458)
ρ_1	0.1047*** (9.3101)	0.1058*** (9.3365)	0.1081*** (8.2157)
φ_2	0.0057* (1.7976)	0.0048 (1.4918)	0.0063* (1.9424)
$Controls$	YES	YES	YES
R^2	0.3890	0.3718	0.4073
Log-likelihood	3371.9928	3211.1276	3461.7812
LR-test	432.1133***	412.8712***	448.1763***

空间面板杜宾模型显示,引入考虑空间因素后 TFP 变化率与数字基础设施建设水平交乘项后,空间外溢系数 φ_1 和交乘项系数 φ_2 均大于 0,且在 1% 显著性水平下显著,表明数字基础设施建设水平对先富地区 TFP 的空间外溢效应具有正向调节作用,并且在 W、$W1$、$W2$ 三种权重矩阵下均表现出相似的结果,证明了估计结果的稳健性。尽管地区初始 TFP 也表现出一定的空间关联性,但地区初始 TFP 与初始数字基础设施建设水平交乘项的系数显著性较弱,甚至在 $W2$ 权重矩阵下并不显著,可能原因是,21 世纪初期,我国整体数字基础设施建设尚处于起步阶段,浙江省亦如此,数字基础设施建设水平尚不能满足先富地区的经济发展,也就难以进一步促进空间外溢,甚至其他部分地区还难以窥见数字基础设施建设的影响。

因此,为进一步探究数字经济促进空间外溢的主要发展高峰期,将样本期缩短至 2010—2019 年,重复模型(5)的回归,结果如表 9 所示。

表 9　数字基础设施建设促进全要素生产率空间外溢的调节效应检验结果(2010—2019 年)

变量	W	$W1$	$W2$
ρ	0.0231*** (7.1143)	0.0156*** (6.4356)	0.0262*** (8.4575)
φ_1	0.4312*** (8.2232)	0.4112*** (8.6850)	0.3920*** (7.7908)
ρ_1	0.3091*** (8.1132)	0.2912*** (8.1120)	0.2817*** (7.9046)
φ_2	0.0114*** (3.1242)	0.0148* (1.7986)	0.0201*** (2.9909)
$Controls$	YES	YES	YES

变量	W	$W1$	$W2$
R^2	0.5612	0.4911	0.4765
Log-likelihood	3005.9213	2977.8971	3289.8865
LR-test	401.2389***	390.8743***	433.8761***

回归结果显示,将样本初始期推迟至 2010 年后,空间外溢系数 φ_1、初始经济发展水平 ρ_1、两项交乘项的系数 ρ_2 和 φ_2,均较全样本回归结果有所增大。考虑空间因素后 TFP 与数字基础设施建设水平交乘项系数增大,且依旧在 1% 的水平下显著,表明随着数字经济在浙江省进一步发展,其对经济增长空间外溢的促进作用有所加深;而原先并不显著的地区初始 TFP 与初始数字基础设施建设水平交乘项系数,现也至少在 5% 的水平下显著为正,可能原因在于,2010 年,浙江省数字基础设施建设已经进入快速发展时期,初始 TFP 较高的地级市也对应了较为领先的数字基础设施建设水平,而数字基础设施建设的发展使得先富地区更容易对其他地区产生 TFP 增长的带动作用。

4.空间衰减规律研究

根据前文的实证分析,浙江省率先富裕起来的地级市通过其 TFP 的空间外溢效应带动周边相邻地区 TFP 提升,而数字基础设施建设水平对先富地区 TFP 的空间外溢具有促进作用。那么,数字基础设施建设水平的促进作用是足以对全样本产生影响,还是局限于周边相邻区域呢?为了探究此问题的答案,本文进行了如下研究。在公式(5)的基础上,通过设定不同距离阈值的方式,逐渐将距离 d 以内的地区剔除出权重,从而进一步探究数字基础设施建设水平的促进作用究竟是全局性的还是局域性的。

因浙江省各地级市地理距离最远不超过 400 公里,因此在设置距离阈值时,本文以 10 公里为起点,每 10 公里进行一次回归。根据回归结果,空间外溢在不同距离阈值下呈现出波浪式的递减过程。空间外溢系数 φ 在三种空间权重矩阵下的变化轨迹高度一致,在 30 公里、100 公里和 150 公里左右相继出现一定幅度的抬升。因此将其划分为三个区间:第一个区间为 30 公里范围内,该区间内具有最强的空间外溢效应;第二个区间为 30 公里至 100 公里,在该区间内空间外溢效应大幅减弱;第三个区间为 100 公里至 150 公里,在该区间内空间外溢效应缓慢下降。此外,当地理距离超过 280 公里后,虽然空间外溢系数 ρ 依然为正,但数值变得很小,显著性水平也大大降低。由此可以看出,数字基础设施建设水平虽然对先富地区的空间外溢效应具有促进作用,但这种促进作用受到地理距离的制约,对于空间界线之外的地区的 TFP 难以产生实质性的影响。

因此,本文将 280 公里范围内的样本进行公式(5)的回归,以验证数字经济对空间外溢传导效应的促进作用是否强于全样本。结果如表 10 所示。

表 10　280 公里范围内的 SDM 回归结果

变量	W	$W1$	$W2$
ρ	0.0214*** (7.1441)	0.0178*** (6.9732)	0.0213*** (7.4479)

续　表

变量	W	$W1$	$W2$
φ_1	0.3512*** (7.2213)	0.3190*** (7.3326)	0.2922*** (6.8893)
ρ_1	0.2009*** (7.1109)	0.2887*** (8.3421)	0.2143*** (8.0072)
φ_2	0.0099*** (2.9990)	0.0101*** (3.2123)	0.0127*** (3.0091)
$Controls$	YES	YES	YES
R^2	0.3909	0.4012	0.4117
Log-likelihood	2988.8812	2832.1109	2467.3421
LR-test	339.3321***	307.2313***	387.8746***

　　根据表 10 的回归结果，280 公里范围内的样本数据在引入控制变量后也依然服从该模型。此外，在控制这些因素的影响之后，解释变量和交乘项系数也仍然大于 0，且在 1% 的水平下显著。这表明，数字基础设施建设的调节效应与区域之间的距离有关，在 280 公里范围内，数字基础设施建设的正向调节效应强于全样本，说明距离先富地区（或数字基础设施建设高水平地区）越近，其受到的促进作用越大。同样地，推迟样本初始期至 2010 年后，发现这种调节效应更加明显。这说明数字基础设施建设的促进作用呈现出明显的时间动态演化过程，地区经济实力提升，其促进作用也会随之增强。

五、结论和政策建议

　　本文在构建数字产业化、产业数字化度量指标的基础上，探究二者对全要素生产率的影响。利用条件 β 收敛模型对全要素生产率的空间收敛规律进行检验，在此基础上引入数字基础设施建设水平，探究其是否影响全要素生产率空间外溢条件，从而影响共同富裕进程。首先，数字产业化和产业数字化分别对全要素生产率提升产生积极作用，二者通过相互促进，形成双螺旋特征，进而提高全要素生产率。其次，全要素生产率具有时空收敛特征，并且全要素生产率领先地区能够带动其他地区提升，而数字基础设施建设能够加快这种空间外溢性，从而加速共同富裕进程。第一，加快推动乡村数字基础设施建设，消除"数字鸿沟"。对老年、乡村人口等数字程度较低的人群采用定向财政扶持，提高数字经济的普惠性和共享性。第二，加快发展数据要素市场。建立数据资源产权、交易流通、跨境传输和安全保护等基础制度和标准规范，完善竞争政策体系和市场监管体系，促进大数据交易市场的形成和发展。第三，提高共同富裕政策效力。加快形成推动共同富裕的政策框架，并以数字赋能推动政策集成化、全程化和精准化。

参考文献：

[1] 陈文,吴赢.数字经济发展、数字鸿沟与城乡居民收入差距[J].南方经济,2021(11):1-17.

[2] 范从来,谢超峰.益贫式经济增长与中国特色社会主义共同富裕的实现[J].中国经济问题,2018(2):3-12.

[3] 李怡,柯杰升.三级数字鸿沟:农村数字经济的收入增长和收入分配效应[J].农业技术经济,2021(8):119-132.

[4] 马述忠,房超.线下市场分割是否促进了企业线上销售:对中国电子商务扩张的一种解释[J].经济研究,2020,55(7):123-139.

[5] 戚聿东,褚席.数字经济发展、经济结构转型与跨越中等收入陷阱[J].财经研究,2021,47(7):18-32,168.

[6] 邱泽奇,张樹沁,刘世定,等.从数字鸿沟到红利差异:互联网资本的视角[J].中国社会科学,2016(10):93-115,203-204.

[7] 徐梦周.数字赋能:内在逻辑、支撑条件与实践取向[J].浙江社会科学,2022(1):48-49.

[8] 夏杰长,刘诚.数字经济赋能共同富裕:作用路径与政策设计[J].经济与管理研究,2021,42(9):3-13.

[9] 王梦菲,张昕蔚.数字经济时代技术变革对生产过程的影响机制研究[J].经济学家,2020(1):52-58.

[10] 宇超逸,王雪标,孙光林.数字金融与中国经济增长质量:内在机制与经验证据[J].经济问题探索,2020(7):1-14.

[11] 尹志超,蒋佳伶,严雨.数字鸿沟影响家庭收入吗[J].财贸经济,2021,42(9):66-82.

[12] 杨文溥.数字经济促进高质量发展:生产效率提升与消费扩容[J].上海财经大学学报,2022,24(1):48-60.

[13] 张勋,万广华,张佳佳,等.数字经济、普惠金融与包容性增长[J].经济研究,2019,54(8):71-86.

[14] 张森,温军,刘红.数字经济创新探究:一个综合视角[J].经济学家,2020(2):80-87.

[15] CARDONA M, KRETSCHMER T. ICT and Productivity: Conclusions from Empirical Literature[J]. Information Economics and Polity,2013,25(3):109-125.

[16] RICHARDSON L. Performing the Sharing Economy[J]. Geoforum,2015(67):121-129.

[17] KATHAN W, MATZLER K, VEIDER V. The Sharing Economy: Your Business Model's Friend or Foe?[J]. Business Horizons,2016,59(6):663-672.

[18] MINTER K. egotiating Labor Standards in the Gig Economy: Airtasker and Unions New South Wales[J]. The Economic and Labour Relations Review,2017,28(3):438-454.

[19] WANG M, LIAO F H, LIN J. The Making of a Sustainable Wireless City? Mapping Public Wi-fi Access in Shanghai[J]. Sustainability,2016,8(2):111-132.

[20] TAPSCOTT D. The Digital Economy: Promise and Peril in the Age of Networked Intelligence[M]. New York: GrawHill,1996.

本文受浙江省哲学社会科学规划年度课题"中国数字经济发展不平衡性测度及其对经济高质量发展的效应研究"(22NDQN248YB)资助

基层政协协商的结构生成及其优化路径

——以温州"民生议事堂"为例

谢安民

（温州大学法学院）

摘　要:近年来,基层政协协商的实践日益多样,治理效能明显,值得对其进行理论解释。吸收"联动式协商""内向型协商""介入式协商"等已有研究的有益成分,构建基层政协协商主体的结构类型,即合作式协商、参与式协商、象征式协商、代表式协商。对于它们,分别根据乡镇行动策略的四种类型,即引导型行动、鼓励型行动、开放型行动、超脱型行动,进行解释。从政府治理的有效性与稳定性看,合作式协商与象征式协商是较好选择;从社会参与有效性与稳定性看,参与式协商与代表式协商为更优选择。

关键词:行政吸纳　条块关系　政协协商　基层治理

一、引言

基层政协协商是指设于乡镇（街道）的政协联络（委员履职）组织所牵头举办的政协协商。近年来,从浙江"请你来协商·民生议事堂"到上海"基层协商联络室"再到江苏"有事好商量"协商议事室等,基层政协协商已经成为发展社会主义协商民主,推进基层治理现代化进程中的新现象。它们在实践中,或谓政协协商向基层延伸,或称政协协商同基层协商相衔接,或曰政协协商同基层治理相结合。诸种名义形式之下的关键问题,乃是怎样理解基层政协协商的实质结构。

国内学术界已经发表不少基层政协协商相关研究。从现有文献来看,大部分研究都强调政协协商之于基层治理的重要意义（曹帅,2018;张祝平,2021）,另有少部分研究梳理基层政协协商的实践经验,提出"联动式协商"（郎友兴,2021）、"内向型协商"（刘艳云,2015）和"精准介入式协商"（张丙宣,2017）等。总的来说,已有文献关于基层政协协商的实践形式的经验分析还不够丰富,关于其形成机制的分析也尚未集中深入。然而,已有研究也不无敏锐地发现基层党政部门之于基层政协协商的各种主体的重要影响,正是此一方面具有很大的研究拓展余地。

本文尝试依据乡镇行为策略差异,构建一个基层政协协商的结构生成的解释框架。结合温州

L、W、X、P 等四个镇街"民生议事堂"的案例研究。[①]本文认为,基层政协协商结构的四种类型,即合作式协商、参与式协商、象征式协商、代表式协商,分别取决于乡镇(街道)党委行为策略的四种类型,即引导型策略、鼓励型策略、开放型策略、超脱型策略。此一研究发现可为评估和改进基层政协协商的实践提供一定借鉴。

二、基层政协协商的结构类型

基层政协协商结构即协商主体在协商过程中的互动关系。协商过程可以分为:协商选题、协商调研、协商会议。协商主体包括四种:县乡职能部门及基层站所、乡镇(街道)党委、基层政协(组织)委员、村社群众。其中,基层政协(组织)委员、村社群众与县乡职能部门及基层站所之间,对话和回应的协商关系总是给定的。但是,其他各种主体之间的关系比较复杂。

较易变化的有三个维度。第一,乡镇(街道)党委与基层政协(组织)委员之间的协同关系;第二,基层政协(组织)委员与村社群众之间的代表关系;第三,村社群众与乡镇(街道)党委之间的参与关系。它们包括三种描述指标,其一,乡镇(街道)党委与基层政协(组织)委员的协商立场(X)一致与否(1,0);其二,基层政协(组织)委员与村社群众的动员关系(Y)存在与否(1,0);其三,村社群众参与发言(Z)自主与否(1,0)。

如图 1 所示,根据各个维度的不同取值,可以描述出基层政协协商结构的四种类型:(Ⅰ)合作式、(Ⅱ)参与式、(Ⅲ)象征式、(Ⅳ)代表式。[②]

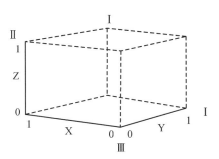

图1　基层政协协商的结构类型

① 本文案例中的人名、地名均为化名。L镇案例资料取自笔者 2021 年 7 月 6 日上午于 Q 市政协召开的由部分县政协机关领导、干部,L 镇党委统战办干部,政协委员等参加的座谈会调研记录,以及 2021 年 7 月 16 日对 Q 市政协办公室副主任 Chen 和 L 镇党委统战办主任 Zhang 的微信访谈记录。H 街道案例资料来自笔者于 2021 年 8 月 6 日上午对温州市 W 区政协办公室主任 Jiang 及联系 H 街道的政协联络员 Zhu 的访谈记录,以及 2021 年 8 月 8 日上午对 Zhu 的微信补充访谈记录。X 街道案例资料来自笔者于 2021 年 7 月 21 日上午与 H 区政协办公室主任 Hu、委员工委主任 Wang、提案委主任 Chen 的座谈记录,以及 2021 年 7 月 23 日上午与 H 区 X 街道党工委统战委员 Su 的访谈记录。P 街道案例资料来自笔者 2021 年 8 月 5 日下午在该街道对 A 市政协秘书长 Tu、办公室主任 Huang、提案委主任 Ji、秘书科科长 Cai、P 街道统战委员 Qing 的访谈记录,以及 10 月 26 日在该街道的实地观察。

② 另外四种,即Ⅴ(X1,Y0,Z0)、Ⅵ(X1,Y1,Z0)、Ⅶ(X0,Y0,Z1)、Ⅷ(X0,Y1,Z1),原则上都会被基层党政部门和基层政协认为没有必要存在。这是因为,既然存在 X1,那么无论是面对 Y0 还是 Y1,Z0 都是不明智的,它有损公民有序参与名义。另外,如果存在 X0,那么无论是面对 Y0 还是 Y1,Z1 都容易造成公民过度参与,不利于政治稳定。

（一）合作式协商

它指乡镇（街道）、政协（组织）委员与村社群众三方紧密互动的协商结构。其维度组合为 I 型（X1，Y1，Z1），即在协商选题中，乡镇（街道）与政协（组织）委员先取得一致立场，并且后者在协商调研中对村社群众有所动员；再在协商会议上，由政协委员、村社群众与县乡职能部门及其基层站所积极对话协商。

合作式协商的案例为 Q 市 L 镇"湿地公园建设协商"。它自 2020 年底确定协商选题，至 2021 年 4 月成功召开协商会议。首先，L 镇党委与政协联络组具有共同协商立场（X1）。2020 年底，湿地公园建设被作为该镇首场"民生议事堂"活动的选题。它由市政协主要领导 Pan 亲自提出，该领导曾任 L 镇主要领导。该选题对于 L 镇现任领导并不意外。其次，L 镇政协联络组对村社群众进行成功动员（Y1）。L 镇"共话湿地公园建设"协商调研持续近半年，在同 L 镇湿地公园建设指挥部对接之外，调研组更注重掌握反映村社群众的意见。后者主要体现在对村民的政策宣传动员，以及参加协商会议会的 10 名群众代表的排摸上。最后，L 镇村社群众参与较为自主（Z1）。在协商会议上，发言的村社群众代表有 2 名。他们自主提出两个建议：一是在公园里建设村庄历史文化展厅，二是公园周边道路交通安全隐患整改。

（二）参与式协商

它指村社群众参与较为突出，未受乡镇（街道）和政协（组织）委员两方较大影响的协商结构。其维度组合为 II 型（X1，Y0，Z1），即在协商选题中，乡镇（街道）与政协（组织）委员先取得一致立场，但后者并未在协商调研中对村社群众进行动员；再在协商会议上，由政协委员、村社群众与县乡职能部门及其基层站所积极对话协商。

参与式协商的案例为 W 区 H 街道"环镇路海滨段建设协商"。它始于 2020 年 7 月，至 10 月顺利举行协商会议。首先，H 街道党工委与政协联络组协商立场完全一致（X1）。2020 年 5 月，在 H 街道政协联络组授牌成立时，街道党工委主要领导 Lin 提出了环镇路海滨段建设协商选题建议，并获得 W 区政协的支持。不过，H 街道政协联络组并未对村社群众进行动员（Y0）。它邀请了沙北、沙中两个村庄干部群众 10 余人参与调研。后者有什么问题，都可以反映。自然，H 街道村社群众在协商会议上的参与也较为自主（Z1）。除了在会议总时长 2 个小时前提下，发言时间限定为每人 3 分钟左右，H 街道并没有对政协委员、村民代表提出关于会议发言问题性质、数量的要求。

（三）象征式协商

它指乡镇（街道）、政协（组织）委员与村社群众等三方浅层互动的协商结构。其维度组合为 III 型（X0，Y0，Z0），即在协商选题中，乡镇（街道）与政协（组织）委员并不先求相同立场，后者也未在协商调研中对村社群众进行动员；而在协商会议上，由政协委员、村社群众与县乡职能部门及其基层站所有限对话协商。

象征式协商的案例为 H 区 X 街道"未来乡村建设协商"。它自 2021 年 4 月启动，至 6 月协商会议举行完毕。首先，X 街道党工委与政协联络组并未刻意协调协商立场（X0）。虽然该场协商由 H 街道党工委书记 Jin 争取而来，但是协商选题基本上由 H 街道党工委副书记、政协联络工委主任

Shi,统战委员、政协联络工委副主任 Su 及政协委员共同研究确定。其次,X 街道政协委员和村社干部的互动比较宽松(Y0)。政协委员是最主要的调研人员,同时在 X 街道看来,举办"屋里人来协商"是比较接近基层的,可以让老百姓参与进去。然而,X 街道的村社群众在协商会议上的自主性较低(Z0)。街道对他们提出的问题建议有一个指导性的意见。他们提出的本村停车难和流浪犬处理等,显然都属治理技术层面的问题。

(四)代表式协商

它指政协(组织)委员主导较为明显,较大影响乡镇(街道)与村社群众两方的协商结构。其维度组合为Ⅳ型(X0,Y1,Z0),即在协商选题中,乡镇(街道)与政协(组织)委员并不先求相同立场,但后者在协商调研中对村社群众仍有所动员;而在协商会议上,由政协委员、村社群众与县乡职能部门及其基层站所有限对话协商。

代表式协商的案例为 A 市 P 街道"桃花村建设协商"。它自 2021 年 4 月被选为"榕树下"议题,因当地新冠疫情,原定 6 月的协商会议改期进行。首先,P 街道党工委与政协民情联络站的协商立场联系相当偶然(X0)。协商议题源于 2021 年 4 月初 P 街道政协民情联络站摄影采风活动。街道党工委书记 Lin 介绍工作情况时,顺便提及桃花村建设难题。事后,主要在市政协提案委的指导下,此问题纳入该街道"榕树下"活动。但是,P 街道政协民情联络站颇为积极地动员村社群众(Y1)。政协委员调研组起初曾劝说 W 村干部慎重规划整村拆建,而考虑改造为艺术村,而后来在 X 村和 C 村调研的建议细化到村边河岸种几株桃树的程度。最后,P 街道村社群众在协商会议现场方案中并非自主角色(Z)。在"榕树下"确定举行前一周左右,政协委员、群众代表如何发言、市级部门如何回应,均有充分准备。总时长计划约 20 分钟,各个环节均有严格把关。

三、基层政协协商的运行机制

为什么在基层政协协商的实践中,形成了上述协商主体互动关系的Ⅰ、Ⅱ、Ⅲ、Ⅳ的四种类型?虽然基层政协协商结构在表面上具有较大的变动性,但是基层政协协商的组织主体是设于乡镇(街道)的政协联络(委员履职)组织,乡镇(街道)党委实际上可以确定谁成为重要协商主体。因此,决定性的因素是乡镇(街道)党委的行为策略,而它取决于另两个条件,一是对基层政协组织的行政吸纳力度(G)大小(1,0),二是与县乡条条部门的行政协调难度(H)大小(1,0)。

一方面,人民政协可以视为行政决策咨询结构的重要组成部分。乡镇(街道)的行政吸纳力度(G)可以用两个指标描述。其一,就吸纳对象而言,是兼任基层政协组织负责人的乡镇(街道)领导职位特定与否(A)、村社群众参与规模(B)。吸纳力度与它们成正比关系。其二,就吸纳途径而言,则是共治和咨询的强弱途径运用(C)。共治的吸纳力度大于咨询。另一方面,基层政协协商常常涉及基层政府条块协调难题。乡镇(街道)的行政协调难度(H)可以用两个指标衡量。其一,与协调对象相关,是条条部门的级别(D),即属于县级部门还是乡级站所。后者一般比前者容易协调。其二,同协调机制相连,是政协领导是否有协商区域的乡镇(街道)任职经历或工作联系(E),以及正式和非正式协调机制交互形式难度(F)。前者中,若有任职经历或工作联系,有助于推动协调。后者中,互促式的难度小于润滑式。

如表 1 所示,行政吸纳力度大小与条块协调难度大小的组合,决定乡镇(街道)行为策略的四种类型:(甲)引导型、(乙)鼓励型、(丙)开放型、(丁)超脱型。它们分别是基层政协协商结构的四种类型的形成机制。

表 1　乡镇行动的策略类型

		乡镇协调条条部门难度	
		小	大
乡镇吸纳基层政协力度	大	(乙)鼓励型	(甲)引导型
	小	(丙)开放型	(丁)超脱型

(一)引导型策略

它指乡镇(街道)依靠基层政协润滑机制协调县乡部门的行为策略。其维度组合为甲型(G1,H1)。条件一是乡镇(街道)吸纳基层政协力度大(G1)。从 A 到 C 的三个指标中两个或两个以上取高值,即下列两者以上组合,由副书记或统战委员兼任政协联络组负责人,或者村社群众参与规模较大,或者以共治途径为主。条件二是乡镇(街道)协调条条部门难度大(H1)。在从 D 到 F 的三个指标中两个或两个以上取高值,即下列两者以上组合,协调对象是县级部门,或者县级政协领导没有当地任职经历或工作联系,或者协商机制是县乡政府内部的润滑式协调。当乡镇(街道)行为策略属于引导型,它既有较强能力又有较大压力去争取政协委员对其的支持,并且推动村社群众同县乡条条部门积极协商。这样就促成合作式协商结构。

Q 市 L 镇"湿地公园建设协商"案例中,合作式协商结构即由党委的引导型行为策略推动。一方面,以共治主导为特点,L 镇党委政府对政协(组长)委员和村社群众的高度行政吸纳;另一方面,以润滑协调为特点,L 镇党委政府面临的市乡两级条条所带来的高度协调阻力。就前者来说,在指标 C 上,该场协商的主题,虽不是来自 L 镇党委政府的主动点选,但 Q 市政协领导的选题无疑与其工作焦点有诸多契合;而加上指标 A、B 均取高值,L 镇党委政府的行政吸纳力度较大。就后者来说,在指标 E 上,县政协主要领导有协商区域乡镇街道任职经历,似乎比较偶然,它降低了 L 镇党委政府与县乡条条部门的协调难度,但指标 D、F 取高值,依然使得协调难度较高。

(二)鼓励型策略

它指乡镇(街道)借由基层政协互促机制协调县乡部门的行为策略。其维度组合为乙型(G1,H0)。条件一与引导型行为相同(G1)。但是,条件二不同,即乡镇(街道)协调本级条条部门难度小(H0)。在从 D 到 F 的三个指标中的两个或两个以上取低值,即下列两者以上组合,协调对象是本级站所,或者县级政协领导具有当地任职经历或工作联系,或者协调机制是县乡政府内部的互促式协调。当乡镇(街道)行为策略属于鼓励型,它有较强能力而无较大压力争取政协委员对其一致支持,并且推动村社群众同县乡条条部门积极协商。如此乃构建了参与式协商结构。

W 区 H 街道"环镇路海滨段建设协商"案例中,参与式协商结构就受到了街道党工委的鼓励型行为策略的影响。一方面,以共治主导为特征,H 街道党工委对于政协(组长)委员和村社群众的高度行政吸纳；另一方面，以互促协调为特征，H 街道党工委面临的区级条条所引发的低度协调困难。就前者来说，指标 A、B、C 均取高值。其中，在协商会议发言的村民代表虽然只有 2 名，但是在前期调研中，村社群众参与人数较多，因而并未拉低指标 B 的取值。就后者来说，虽然指标 D 取高值，但是由于协商会议主持人乃是联系 H 街道工作的区政协领导，降低了与区级部门协调的难度，且区级部门对问题的回应具有现场办公的务实特性，总体上，条块协调难度并不大。

（三）开放型策略

它指乡镇（街道）借力基层政协增强民主协商名义的行为策略。其维度组合为丙型（G0，H0）。条件一是乡镇（街道）吸纳基层政协力度小（G0）。从 A 到 D 的四个指标中两个或以上取低值，即下列两者以上组合，由非特定领导干部兼任政协联络组负责人，或村社群众参与规模较小，或者以咨询途径为主，特别是协商议题由政协委员征选。条件二则与鼓励型行为相同（H0）。当乡镇（街道）行为策略属于开放型时，它谋求政协委员对其支持的能力较弱且压力较小，仅会引导村社群众同县乡两级条条部门有限协商。这样就产生象征式协商结构。

H 区 X 街道"未来乡村建设协商"案例中，象征式协商结构即被街道工委的开放型行为策略制约。一方面，以咨询主导为特点，X 街道党工委对于基层政协委员和村社群众的低度吸纳；另一方面，以润滑协调为特点，X 街道党工委办事处与本级站所之间的协调难度很低。以前一条件而言，在指标 A 上，X 街道建有 H 区统一强化的"党工委＋政协"架构。但是，指标 B、C 均取低值，即存在村社群众少量参与、咨询弱途径运用（街道党工委点定议题）的特点。就后一条件来说，指标 D、F 均取低值，即"红色阵地＋未来乡村建设"虽已上升到街道层面，但还不是严格意义上的中心工作，且没有明确涉及区级职能部门的协调，而于本级站所而言，存在某些互促式协调机制。单单指标 E 取高值，亦无妨于大势。

（四）超脱型策略

它指乡镇（街道）利用基层政协获社会民意认同的行为策略。其维度组合为丁型（G0，H1）。条件一与开放型行为相同（G0），条件二与引导型行为相同（H1）。当乡镇（街道）行为策略属于超脱型，它谋求政协委员对其支持的能力较弱而压力较大，仅会引导村社群众同县乡两级条条部门有限协商。如此乃导致代表式协商结构。

A 市 P 街道"桃花村建设协商"案例中，代表式协商结构就受街道党工委的超脱型行为策略的限制。一方面，以咨询主导为特征，P 街道党工委对于基层政协委员和村社群众的低度吸纳，另一方面，以润滑协调为特征，P 街道党工委面临的市街两级条块协调的高度阻力。以前者而言，在指标 A 上，P 街道建成了 A 市统一由统战委员兼任负责人的政协民情联络站，在指标 B 上，村社群众几乎没有加入调研组，而在指标 C 上，选题看似政协委员较为主动，实际破题的却是 P 街道党工委书记 Lin。因此，整个行政吸纳程度不高。以后者而言，在指标 E 上，尽管联系 P 街道的市政协副主席曾在当地任职，有利于条块协调，但是在最终的协商会议上，这种非正式协调机制没有空间。指标 D、F 取高值，是由于桃花村建设项目本身很难引起市领导重视，使得 P 街道在与市级职能部门协调时难度不小。

四、基层政协协商的优化路径

基层治理现代化要求包括两个基本方面：政府治理和社会参与的有效性与稳定性。一般而言，从政府治理的有效性与稳定性看，合作式协商与象征式协商分别是较好选择；从社会参与的有效性与稳定性看，参与式协商与代表式协商分别为更佳选择。它们背后是乡镇行为策略的引导型、开放型、鼓励型、超脱型的不同。因此，建议在各地基层政协协商实践中，为丰富有事好商量、众人的事情由众人商量的制度化实践，更好地释放政协专门协商机构的功能潜能效能，应当完善如下四个方面的制度。

（一）把握基层政协组织性质

对于乡镇一级能不能、设不设政协机构这个问题，政协《章程》明确了县级以上才可设立政协机构；浙江省编委《关于停止在乡镇（街道）设立政协工委的通知》（浙编〔2010〕8 号）更是明确规定："乡、镇一级不设政协机构。"然而，目前各地镇街层面的政协工作区域性、联络性活动小组，已经较为普遍，有的叫镇街政协联络组、活动组，县级政协发文任命相关负责人，有利于增强身份认同、更好开展活动，但具体运作中应明确定位与边界。基层一线认识还比较混乱，一些镇街干部希望能够像人大一样，明确政协此类组织的机构职级，保证工作力量。

（二）打造基层政协协商品牌

在浙江省政协指导下，基层协商平台开始走向规范，但还存在一些认识和品牌较为混乱的现象，特别是县级统一"请你来协商·民生议事堂"规范后，当地群众已经熟悉、接受的地方协商品牌要不要保留、如何保留的问题突出。建议省级层面进一步明确不同政协协商平台的标准范围，比如省市县政协层是"请你来协商"，界别、委员层面是"委员会客厅"，镇街层面是"民生议事堂"，统分结合，错位发展；上述全省统一品牌下，可设立地方子品牌。比如在温州，"民生议事堂"作为省级"集体商标"，下面冠以龙湾区"村头巷尾商商量"，推动各地标准动作到位，自选动作出彩。

（三）强化政协协商激励保障

基层委员多有反映，多头参与县级政协、委员会客厅、界别工作站、镇街联络站各类政协活动，占用工作时间较多，精力负担较重，希望能够有所"减负"。建议加强工作保障机制，镇街主要负责人一届任期内至少接受一次政协工作培训，提高对政协协商的认识，并把重视和支持政协基层协商，纳入镇街领导班子和领导干部综合绩效考核评价，并完善基层政府及部门转化落实政协基层协商成果的反馈评价、民主监督机制。对政协委员参与政协基层协商，不仅要纳入政协内部履职评价体系，也要争取与教育、卫生等系统形成制度化激励，在职称评定、干部提拔等方面给予照顾。

（四）促进公众有序参与协商

各地经济社会水平和人口基数不同，委员人数和能力也相差较大，一些山区、海岛乡镇，往往政协委员人数少、能力弱、外出多，难以组成活动小组，也难以胜任基层协商的主持工作，仅依靠当地政协委员,活动的频率和效果都难以得到保障。要发动群众,真正下沉一线,真正嵌入当地,找准群众关心的问题、培养群众协商文化。要更加结合镇街经济社会实际和社会热点,更好地发动村社干部、群众,参与协商选题、协商调研、协商会议和协商成果评价的全部过程,完善群众代表的充分发言协商机制,畅通各类社会组织尤其是社区社会组织参与政协基层协商的渠道。从本研究经验看,注重发挥乡贤力量,特别是政协委员中的乡贤,能更好地"影响有影响力的人",带动各界群众凝聚共识、凝聚智慧、凝聚力量。

五、总结

基层政协协商是我国社会主义协商民主研究的一个新主题。它的实践形式日益多样,亟须对其内在的结构逻辑做出梳理。构建一个合适的解释理论,是本文研究主要目标。不过,这并不是所有目的。如果理论不能被恰当运用,它并无多少意义,理论还需要被应用给出政策建议,才可能有实践价值。

本文尝试构建了一个以乡镇行为策略为中心的新解释框架。它依据乡镇(街道)的行政吸纳和条块协调行为组合策略的甲、乙、丙、丁类型,即引导型行为、鼓励型行为、开放型行为、超脱型行为,分别解释基层政协协商的结构Ⅰ、Ⅱ、Ⅲ、Ⅳ类型,即合作式协商、表意式协商、参与式协商、代表式协商的生成。浙江温州的四个案例分析表明,四种协商类型,均为基层政协所采用,成效也较为明显。这初步表明了本文分析框架具有较强的现实解释力。

本文以乡镇行为为中心的解释框架,受已有研究(郎友兴,2021;刘艳云,2016;张丙宣,2017)的启发。不过,本文比它们更为集中而深入地论述了乡镇(街道)党政部门的行为这一更为重要的决定性因素。一方面,"统战/党委+政协"的行政等级体制下,基层政协组织的独立性唯有通过吸纳途径才可以获得某种转化保留。因此,基层政协(组织)委员及村社干部群众在共治和咨询过程中能够增强多少程度的良性多元互动,便成为基层政治协商的结构生成的重要方面。另一方面,乡镇(街道)对各种条块协调机制的运用,根本上取决于其治理目标。以治理效率而言,乡镇(街道)自然倾向于其中容易协调的议题。以治理效应而言,则未必如此,甚至有时不计协调难度和成本。

从实践意义来看,根据本文理论框架,各地(特别是江浙沪等先行地区)基层政协协商实践中,为丰富有事好商量、众人的事情由众人商量的制度化实践,更好地释放政协专门协商机构的功能潜能效能,应当完善党委领导、政府回应、公民参与等方面的制度。

参考文献:

[1] 曹帅,许开轶.新时代基层政协协商民主的发展逻辑与实践旨趣[J].广西社会科学,2018(5):140-144.

[2] 柴宝勇.简论人民政协协商民主的概念、原则与制度建设[J].中国政协理论研究,2013(4):50-54.

[3] 黄莉新."有事好商量"激发基层治理新效能[J].江苏政协,2020(10):18-20.

[4] 康晓光.90年代中国大陆政治稳定性研究[J].二十一世纪,2002(8).

[5] 郎友兴,谢安民.行政吸纳与农民工政治参与的制度化建设:以浙江省乐清市L镇"以外调外"实践为例[J].理论与改革,2017(4):40-50.

[6] 郎友兴,韩福国.联动式协商:促进政协协商与基层协商有效衔接之杭州实践[M]//政协杭州市委员会.政协理

论与实践·第十二辑.北京:中国书籍出版社,2021.

[7] 刘艳云.基层协商式治理的运行机制及其制度绩效研究:基于安吉县"政协委员工作室"的案例分析[J].云南社会主义学院学报,2015(4):61-67.

[8] 罗振建,林华山.基层政协协商问题研究[J].湖南省社会主义学院学报,2017,18(4):14-19.

[9] 马力宏.条块关系:从结构角度看政府管理[J].中国国情国力,1999(8):8-9.

[10] 莫岳云,陈婷.人民政协在社会协商中的角色与担当[J].长白学刊,2020(6):30-35.

[11] 孙明,吕鹏.政治吸纳与民营企业家阶层的改革信心:基于中介效应和工具变量的实证研究[J].经济社会体制比较,2019(4):92-106.

[12] 陶振.基层治理中的条块冲突及其优化路径[J].理论月刊,2015(1):100-106.

[13] 王安平.人民政协:实现社会治理的重要形式[J].西华师范大学学报(哲学社会科学版),2019(6):68-71.

[14] 肖存良.政治吸纳·政治参与·政治稳定:对中国政治稳定的一种解释[J].江苏社会科学,2014(4):72-79.

[15] 徐光明.探索政协协商同社会治理相结合的江苏实践[J].中国政协理论研究,2020(3):62-65.

[16] 杨卫敏.治理共同体视阈下政协协商与基层协商的有效衔接:基于浙江省实践探索的研究[J].江苏省社会主义学院学报,2019(6):4-11.

[17] 叶敏.城市基层治理的条块协调:正式政治与非正式政治——来自上海的城市管理经验[J].公共管理学报,2016,13(2):128-140,159.

[18] 张丙宣.人民政协精准介入基层协商的机制研究[J].河南社会科学,2017,25(8):16-23.

[19] 张丽琴.政协协商:概念、特性与价值[J].经济社会体制比较,2018(4):66-71.

[20] 张祝平,郑晓丽.论人民政协在国家治理中的作用机理和机制创新[J].上海市社会主义学院学报,2021(3):43-49.

"物质生活和精神生活都富裕"的理念溯源

张宏敏

（浙江省社会科学院哲学所）

摘　要：本文从中华传统文化的历史维度，马克思列宁主义、毛泽东思想、中国特色社会主义理论体系、习近平新时代中国特色社会主义思想的理论和实践维度，对"物质生活和精神生活都富裕"的理念予以溯源，进而论证物质富裕、精神富有是马克思主义的一个基本目标，也是自古以来我国人民的一个基本理想。进而指出，"共同富裕是人民群众物质生活和精神生活都富裕"，是习近平新时代中国特色社会主义思想的一个重要命题；"在共同富裕中实现精神富有"，是浙江高质量发展建设共同富裕示范区的题中应有之义。

关键词：富而好礼　富而好德　物质文明　精神文明　物质富裕　精神富裕　精神富有

2014年3月，习近平主席在联合国教科文组织总部的演讲中指出："中华民族的先人们早就向往人们的物质生活充实无忧、道德境界充分升华的大同世界。中华文明历来把人的精神生活纳入人生和社会理想之中。所以，实现中国梦，是物质文明和精神文明比翼双飞的发展过程。"[①]2021年8月，习近平总书记在中央财经委员会第十次会议上的讲话中强调："我们说的共同富裕是全体人民共同富裕，是人民群众物质生活和精神生活都富裕。"[②]

本文拟从中华传统文化的历史维度，马克思列宁主义、毛泽东思想、中国特色社会主义理论体系、习近平新时代中国特色社会主义思想的理论和实践维度，对"物质生活和精神生活都富裕"的理念予以全方位溯源，进而论证物质富裕、精神富有是马克思主义的一个基本目标，也是自古以来我国人民的一个基本理想。进而指出，"共同富裕是人民群众物质生活和精神生活都富裕"是习近平新时代中国特色社会主义思想的一个重要命题，"在共同富裕中实现精神富有"是浙江高质量发展建设共同富裕示范区的题中应有之义。

一、"物质生活和精神生活都富裕"是自古以来我国人民的一个基本理想

传统中国的富民、裕民思想源远流长。《论语》中有"足食、足兵，民信之矣"的记载[③]，《荀子》中

---

① 习近平：《在联合国教科文组织总部的演讲》，《人民日报》2014年3月28日。

② 习近平：《扎实推动共同富裕》，《求是》2021年第20期。

③ 杨伯峻译注：《论语译注》，中华书局1980年版，第126页。

有"聚敛者仁，故王者富民"的言论①，《国语·齐语》载管仲之语："无夺民时，则百姓富。牺牲不略，则牛羊遂。"②它们都把重视民众的利益视为统治者的德政，把充裕民众的物质财富视为实现治国安民的基本原则。

（一）先秦儒家："富而不骄""富而后教""富而好礼""富而好德"

儒家提倡最大限度、最广泛地满足人们物质生活、精神生活的需要，但是更为追求物质富裕之后，道德精神生活的富有，这集中体现为"富而不骄""富而后教""富而好礼""富而好德"。

《论语·学而》载："子贡曰：'贫而无谄，富而无骄，何如？'子曰：'可也；未若贫而乐，富而好礼者也。'"③这里，孔子弟子子贡所倡言的"富而无骄"，即富有但不趾高气扬的谦虚态度固然重要，然而"富而好礼"即富庶而讲礼教，在孔子看来，则更为重要。当然，子贡作为孔门弟子中最为富裕者，"好废举，与时转货资……家累千金"④，其自身精神世界也是富足的。

《礼记·曲礼》对"富而好礼"也有论述："富贵而知好礼，则不骄不淫。"⑤只要做到了"富而好礼"，自然也就"富而不骄"。儒家所倡导的"富而好礼"，对于当代浙江实施全域文明创建工程，深化"最美浙江人"行动，培育"浙江有礼"省域品牌也有现实启迪。

如何做到"富而不骄""富而好礼"，这就需要"富而后教"，即在物质生活富足的基础上进行后天的仁义、礼乐教化。"富而后教"的命题出自《论语·子路》中孔子与冉有师徒之间的一段对话："子适卫，冉有仆。子曰：'庶矣哉！'冉有曰：'既庶矣，又何加焉？'曰：'富之。'曰：'既富矣，又何加焉？'曰：'教之'。"⑥大约与孔子同时期、帮助越王勾践灭吴以后的范蠡，去往齐国的陶隐居经商："十九年之中，三致千金，再分散与贫交疏昆弟，此所谓富好行其德者也。"⑦

总之，"富"与"礼""德"之间的关系，就是物质利益、物质生活和道德教化、道德规范、道德养成之间的关系，而儒家将有德性的生活视为最高的理想与追求。《论语·述而》中有"饭疏食饮水，曲肱而枕之，乐亦在其中矣"的描述⑧，此处之"乐"为"安贫乐道"之"乐"；孔子还有"发愤忘食，乐以忘忧，不知老之将至"的自况⑨。同时，孔子称颂弟子颜回："贤哉，回也！一箪食，一瓢饮，在陋巷，人不堪其忧，回也不改其乐。贤哉，回也！"⑩是为"孔颜之乐"的学术命题，是对"乐道"的精神富有状态的一种描述。

《论语·先进》记载：孔子弟子子路、曾皙、冉有、公西华"侍坐"，孔子让他们"各言其志"。子路率先作答，表示自己能够治理好一个处于内忧外患中的国家，孔子"哂之"；冉有谈到自己能使一个国家百姓富足，公西华说自己能帮助国君做好宗庙祭祀、外交会盟，孔子对他们的回答没有随即表

---

① （清）王先谦撰，沈啸寰、王星贤点校：《荀子集解》，中华书局 1988 年版，第 153 页。
② 李维琦标点：《国语·战国策》，岳麓书社 1988 年版，第 60 页。
③ 杨伯峻译注：《论语译注》，中华书局 1980 年版，第 9 页。
④ （西汉）司马迁著：《史记》，岳麓书社 2016 年版，第 484 页。
⑤ 杨天宇撰：《礼记译注》，上海古籍出版社 2004 年版，第 3 页。
⑥ 杨伯峻译注：《论语译注》，中华书局 1980 年版，第 136—137 页。
⑦ （西汉）司马迁著：《史记》，岳麓书社 2016 年版，第 883 页。
⑧ 杨伯峻译注：《论语译注》，中华书局 1980 年版，第 70—71 页。
⑨ 杨伯峻译注：《论语译注》，中华书局 1980 年版，第 71 页。
⑩ 杨伯峻译注：《论语译注》，中华书局 1980 年版，第 59 页。

态。曾皙所说与子路等三人完全不同。他既不讲从政,也不讲出使会盟,而是刻画出一个富有诗意的场面:"莫春者,春服既成,冠者五六人,童子六七人,浴乎沂,风乎舞雩,咏而归。"①这是一个从容不迫、逍遥自在,甚至有点狂放不羁的场景与理想追求。对此,孔子赞叹不已,曰"吾与点也",这也是对一种道德精神生活境界的描述。

与孔子一样,孟子的仁政理想中也有"富而后教"的主张:"仁言不如仁声之入人深也,善政不如善教之得民也。善政,民畏之;善教,民爱之。善政得民财,善教得民心。"②《孟子》:"后稷教民稼穑,树艺五谷;五谷熟而民人育。人之有道也,饱食、煖衣、逸居而无教,则近于禽兽。圣人有忧之,使契为司徒,教以人伦——父子有亲,君臣有义,夫妇有别,长幼有序,朋友有信。"③《孟子》云:"谨庠序之教,申之以孝悌之养,颁白者不负戴于道路矣。"④朱熹《孟子集注》的解读是:"夫民衣食不足,则不暇治礼义;而饱暖无教,则又近于禽兽。故既富而教以孝悌,则人知爱亲敬长而代其劳,不使之负戴于道路矣。"⑤这是对"富而后教""富而好礼"理念的具体阐述。

《孟子》又云:"君子有三乐,而王天下不与存焉。父母俱存,兄弟无故,一乐也;仰不愧于天,俯不怍于人,二乐也;得天下英才而教育之,三乐也。"⑥孟子的"三乐"云云也是一种精神富足的表征。当然,孟子作为儒家先贤追求的是精神生活的富足尤其是德性成就的圆满,表现在其"富贵不能淫,贫贱不能移,威武不能屈"的"大丈夫"精神⑦。

《荀子》说:"不富无以养民情,不教无以理民性。故家五亩宅,百亩田,务其业而勿夺其时,所以富之也。立大学,设庠序,修六礼,明十教,所以道之也。《诗》曰:'饮之食之,教之诲之。'王事具矣。"⑧这是说,富民教民,是王事不可缺少的工作。

《礼记·大学》主张德性的圆满俱足比物质富裕更为根本:"君子先慎乎德,有德此有人,有人此有土,有土此有财,有财此有用。德者本也,财者末也。"⑨这里提出了"德本财末"的观念。《礼记·大学》中也有"富润屋,德润身,心广体胖"的论述⑩,大意是说,富有的人,其家里必然辉煌夺目;品德高尚的人,可使他的行为更加美好。这也是物质富裕、精神富有的另一种表述。

(二)《管子》:"仓廪实而知礼节,衣食足而知荣辱"

《管子·牧民》云:"仓廪实而知礼节,衣食足而知荣辱。"⑪意思是百姓的粮仓充足,丰衣足食,才能顾及礼仪,重视荣誉和耻辱。这一主张自《管子》提出后,历代思想家皆有申述。比如,浙江历史上第一位思想家王充在《论衡·治期》一文中就认为,国家的治乱首先取决于民众衣食问题的解

---

① 杨伯峻译注:《论语译注》,中华书局1980年版,第118—119页。
② 杨伯峻译注:《孟子译注》,中华书局1960年版,第306页。
③ 杨伯峻译注:《孟子译注》,中华书局1960年版,第125页。
④ 杨伯峻译注:《孟子译注》,中华书局1960年版,第17页。
⑤ (宋)朱熹撰:《四书章句集注》,中华书局1983年版,第204页。
⑥ 杨伯峻译注:《孟子译注》,中华书局1960年版,第309页。
⑦ 杨伯峻译注:《孟子译注》,中华书局1960年版,第141页。
⑧ (清)王先谦撰,沈啸寰、王星贤点校:《荀子集解》,中华书局1988年版,第498—499页。
⑨ 杨天宇撰:《礼记译注》,上海古籍出版社2004年版,第807页。
⑩ 杨天宇撰:《礼记译注》,上海古籍出版社2004年版,第802页。
⑪ 姚晓娟、汪银峰注译:《管子》,中州古籍出版社2010年版,第9页。

决，"世之所以为乱者"是因为"谷食乏绝，不能忍饥寒"，进而重申《管子》的"仓廪实，民知礼节；衣食足，民治荣辱"的言论[①]；同时，王充还指出，"饥寒并至而能无为非者寡，然则温饱并至而能不为善者希"，这是因为"为善恶之行，不在人之质性，在于岁之饥穰。由此言之，礼义之行，在谷足也"[②]。

稍早于王充的西汉思想家董仲舒尽管提倡"正其谊不谋其利，明其道不计其功"的言论[③]，但是在其所著的《春秋繁露》一书中，则以"利"指"物质富裕"、以"义"称"精神富有"，进而追求二者的合一："天之生人也，使人生义与利。利以养其体，义以养其心。心不得义不能乐，体不得利不能安。"[④]

"宋初三先生"之一的胡瑗，所著《洪范口义》中对《管子》的"食货"解读为"夫圣人治天下，未有不以足食为本"，"所谓仓廪实然后语荣辱之分，衣食足然后议廉耻之事"。稍晚于胡瑗的北宋学者李觏，于《富国策》中在引述孔子"足食、足兵，民信之矣"的言论后，接着说"是则治国之实，必本于财用"[⑤]。

明清之际的思想家王夫之则不同意《管子》"仓廪实而知礼节，衣食足而知荣辱"的观点，在《诗广传·小雅》中提出了"裕民之衣食，必以廉耻之心裕之；以调国之财用，必以礼乐之情调之"的论断[⑥]，不承认先有物质生活的富裕而后才会有道德水平的提高、精神生活的富足，而是应以道德文化、精神生活去调节物质生活和社会财富的增长。这是对"物质"与"精神"两者之间关系辩证统一的理解，应予认可。

总之，增加社会财富进而解决百姓的衣食问题，是社会存在的基础和发展的前提；只有百姓的基本生存需要得到满足，才能有效地进行礼乐教化，进而满足百姓的精神需求。

（三）宋明理学："此心安处即是乐"

传统儒学发展至宋明时期，"孔颜之乐"受到理学家的关注。周敦颐说："颜子'一箪食，一瓢饮，在陋巷，人不堪其忧，而不改其乐'。夫富贵，人所爱者也。颜子不爱不求而乐乎贫者，独何心哉？天地间有至贵至爱可求而异乎彼者，见其大而忘其小焉尔。见其大则心泰，心泰则无不足，无不足则富贵贫贱处之一也。处之一则能化而齐，故颜子亚圣。"[⑦]

二程曾回忆说："昔受学于周茂叔，每令寻颜子、仲尼乐处，所乐何事。"[⑧]这里讲颜回、孔子之乐，合称"孔颜之乐"。二程对"孔颜之乐"做出"颜子陋巷自乐"的解读[⑨]，在二程看来，颜子之乐不仅是"乐道"，还有"自乐"、以"仁"为"乐"的意蕴："若颜子箪瓢，在他人则忧，而颜子独乐者，仁而已。"[⑩]朱熹接续二程对"孔颜之乐"的解读，认为："颜子私欲克尽，故乐，却不是专乐个贫。须知他

① （东汉）王充撰，陈蒲清点校：《论衡》，岳麓书社2015年版，第222页。
② 姚晓娟、汪银峰注译：《管子》，中州古籍出版社2010年版，第154页。
③ 袁长江主编：《董仲舒集》，学苑出版社2003年版，第441页。
④ 袁长江主编：《董仲舒集》，学苑出版社2003年版，第207页。
⑤ （宋）李觏著，王国轩点校：《李觏集》，中华书局1981年版，第138页。
⑥ （清）王夫之著，王孝鱼点校：《诗广传》，中华书局1964年版，第77页。
⑦ 谭松林、尹红整理：《周敦颐集》，岳麓书社2002年版，第42—43页。
⑧ （宋）程颢、程颐著：《二程集》，中华书局2004年版，第16页。
⑨ （宋）程颢、程颐著：《二程集》，中华书局2004年版，第15页。
⑩ （宋）程颢、程颐著：《二程集》，中华书局2004年版，第352页。

不干贫事,元自有个乐,始得。"①在认同二程关于颜子之"乐"系"自乐"的解释的同时,朱熹又指出:"颜子之乐,非是自家有个道,至富至贵,只管把来弄后乐。见得这道理后,自然乐。"②是为理学家的悟"道"之"乐"。

明代心学宗师王阳明也讲究"乐",他在贵州被贬之地龙场有"忽中夜大悟'格物致知'之旨,寤寐中若有人语之者,不觉呼跃,从者皆惊。始知圣人之道,吾性自足,向之求理于事物者误也"③的"龙场悟道"之"乐",阳明本人亦言:"吾'良知'二字,自龙场以后,便已不出此意。只是点此二字不出。于学者言,费却多少辞说。今幸见出此意。一语之下,洞见全体,真是痛快,不觉手舞足蹈。"④借此,王阳明对孔颜之"乐"也多有阐发,《传习录·答陆原静书》载王阳明与弟子陆澄之间的书信问答。陆澄发问:"昔周茂叔每令伯淳寻仲尼、颜子乐处。敢问是乐也,与七情之乐,同乎?否乎?……澄平生多闷,未尝见真乐之趣,今切愿寻之。"王阳明的答复是:"乐是心之本体,虽不同于七情之乐,而亦不外于七情之乐。虽则圣贤别有真乐,而亦常人之所同有。但常人有之而不自知,反自求许多忧苦,自加迷弃。虽在忧苦迷弃之中,而此乐又未尝不存。但一念开明,反身而诚,则即此而在矣。每与原静论,无非此意。而原静尚有'何道可得'之问,是犹未免于'骑驴觅驴'之蔽也。"⑤这里,王阳明提出了"乐是心之本体"的命题。《传习录》载弟子问:"乐是心之本体,不知遇大故于哀哭时,此乐还在否?"阳明答曰:"须是大哭一番方乐,不哭便不乐矣。虽哭,此心安处即是乐也,本体未尝有动。"⑥"此心安处即是乐"讲的是"心性之体"的"自乐"。

王阳明在《与黄勉之二》的书信中结合孔子"学而时习之,不亦乐乎""乐亦在其中",颜回"不改其乐"的"孔颜之乐"重申"乐是心之本体":"乐是心之本体。仁人之心,以天地万物为一体,欣合和畅,原无间隔。来书谓'人之生理,本自和畅,本无不乐,但为客气物欲搅此和畅之气,始有间断不乐'是也。时习者,求复此心之本体也。悦则本体渐复矣。朋来则本体之欣合和畅,充周无间。本体之欣合和畅,本来如是,初未尝有所增也。就使无朋来而天下莫我知焉,亦未尝有所减也。来书云'无间断'意思亦是。圣人亦只是至诚无息而已,其工夫只是时习。时习之要,只是谨独。谨独即是致良知。良知即是乐之本体。"⑦在王阳明看来,经过事上磨炼、知行合一、诚意、谨独等道德工夫实践之后而体悟自得的"致良知"之"乐",方是"良知"之"体",也是"天地万物一体之仁"的境界描述。此外,王阳明与弟子一同游山玩水歌咏,就是精神富有的状态。王阳明《答聂文蔚书》云:"会稽素号山水之区,深林长谷,信步皆是,寒暑晦明,无时不宜,安居饱食,尘嚣无扰,良朋四集,道义日新,优哉游哉,天地之间宁复有乐于是者!"⑧对于传统儒家士大夫而言,王阳明的"尘嚣无扰,良朋四集,道义日新,优哉游哉"之"乐"与孔颜之"乐"、孟子的人生三"乐"可谓是一脉相承,相较于物质富足而言,更强调一种人文精神的富足、道德生活的圆满。

---

① (宋)黎靖德编:《朱子语类》,中华书局1986年版,第794—795页。
② (宋)黎靖德编:《朱子语类》,中华书局1986年版,第801页。
③ (明)王守仁撰,吴光等编校:《王阳明全集》(简体字本),上海古籍出版社2015年版,第1007页。
④ (明)王守仁撰,吴光等编校:《王阳明全集》(简体字本),上海古籍出版社2015年版,第1307页。
⑤ (明)王守仁撰,吴光等编校:《王阳明全集》(简体字本),上海古籍出版社2015年版,第61页。
⑥ (明)王守仁撰,吴光等编校:《王阳明全集》(简体字本),上海古籍出版社2015年版,第98页。
⑦ (明)王守仁撰,吴光等编校:《王阳明全集》(简体字本),上海古籍出版社2015年版,第165页。
⑧ (明)王守仁撰,吴光等编校:《王阳明全集》(简体字本),上海古籍出版社2015年版,第71页。

阳明弟子、泰州学派创始人王艮接着阳明"乐是心之本体"的讲法，编有脍炙人口的《乐学歌》："人心本是乐，自将私欲缚。私欲一萌时，良知还自觉。一觉便消除，人心依旧乐。乐是乐此学，学是学此乐。不乐不是学，不学不是乐。乐便然后学，学便然后乐。乐是学，学是乐。于乎！天下之乐，何知此学；天下之学，何如此乐。"①应该指出，王艮所言之"乐"不仅是儒家学者自我修身养性悟道而得的"吾性本体之乐"，也有百姓大众日常生活之"乐"。

稍晚于王阳明的明代思想家王廷相从国家治理的角度，对"民富""民乐"予以关注，其《慎言·御民篇》言："天下顺治在民富，天下和静在民乐。"②意思是说，国家要治理得太平，关键在于人民生活富裕；国家能够和平安定，关键在于人民心情愉悦。

此外，近代民主革命先驱孙中山对"物质文明"与"心性文明"之间的内在关联也有相当深刻的论述。他认为："在物质文明方面所以使人类安适繁华，而文字之用，则以助人类心性文明之发达。实际则物质文明与心性文明亦相待，而后能进步。中国近代物质文明不进步，因之心性文明之进步亦为之稽迟。"③孙中山坚信，物质文明程度越高，科学技术越进步，人类的道德文明的水平也越高，一个国家的长治久安、繁荣昌盛，需要"文化的发扬"和拥有"很好的道德"。

总之，从孔夫子到孙中山，极为重视物质生活的富足和精神生活的富裕。易言之，"物质生活和精神生活都富裕"是自古以来我国人民的一个基本理想与不懈追求。

二、"物质的和精神的富有"是马克思主义的一个基本追求

依据马克思主义哲学基本原理的理解，"物质富裕"与"精神富有"的辩证关系就是"物质"与"意识"、"经济基础"与"上层建筑"、"客观世界"与"主观世界"之间的辩证统一。只有认真改造主观世界（意识、精神），才能更好地改造客观世界（物质、自然界）；只有在改造客观世界的实践中，才能深入地改造主观世界，促进人的自由全面发展。

在马克思看来，美好生活不仅包括物质上的体验，也包括精神上的丰盈。按照马克思、恩格斯的构想，共产主义社会将彻底消除阶级之间、城乡之间、脑力劳动和体力劳动之间的对立和差别，实行各尽所能、按需分配，真正实现社会共享、实现每个人自由而全面的发展。马克思在提出实现社会主义的共同富裕时，就明确提出了"精神富有"的基本要求，其《1844年经济学哲学手稿》指出："通过私有财产及其富有和贫困——或物质的和精神的富有和贫困——的运动，正在生成的社会发现这种形成所需的全部材料。"④这是马克思在经典著作中第一次明确提出"精神富有"一词。马克思、恩格斯在对资本主义制度的批判、对未来共产主义社会的描绘中，包含着丰富的"精神富有"的思想。

恩格斯在《社会主义从空想到科学的发展》中指出："通过社会生产，不仅可能保证一切社会成员有富足的和一天比一天充实的物质生活，而且还可能保证他们的体力和智力获得充分的自由的

---

① （明）王艮：《王心斋全集》，江苏教育出版社2001年版，第54页。
② （明）王廷相著，王孝鱼点校：《王廷相集》，中华书局1989年版，第786页。
③ 孙中山著，黄彦编：《建国方略》，广东人民出版社2007年版，第27—28页。
④ 马克思：《1844年经济学哲学手稿》，人民出版社2000年版，第88页。

发展和运用。"①按照马克思主义经典作家的设想,未来的社会物质财富将极为丰富、人们的精神境界将大大提高,进而实现每个人自由而全面的发展。恩格斯还认为,马克思创立唯物史观的意义在于"历史破天荒被置于它的真正基础之上;一个很明显的而以前完全被人忽略的事实,即人们首先必须吃、喝、住、穿,就是说首先必须劳动,然后才能争取统治,从事政治、宗教和哲学等,这一很明显的事实在历史上的应有之义此时终于获得了承认"②。与此同时,恩格斯对社会主义、共产主义作为"一个新的社会主义制度"的生产生活场景有这样的描述:"一个新的社会制度是可能实现的,在这个制度之下,当代的阶级差别将消失;而且在这个制度之下……通过有计划地利用和进一步发展现有的巨大生产力,在人人都必须劳动的条件下,人人也都将同等地、愈益丰富地得到生活资料、享受资料、发展和表现一切体力和智力所需的资料。"③这里所说的"同等地、愈益丰富地得到生活资料、享受资料、发展和表现一切体力和智力所需的资料"就是物质富裕、精神富有的最好注脚。

人的全面发展学说是马克思主义理论的重要组成部分。按照马克思、恩格斯的设想,未来的社会物质财富将极为丰富,人们的精神境界将大大提高,实现每个人自由而全面的发展。马克思通过论述与建立在一定经济基础上的社会形态相适应的人类社会发展的三大历史形态,指出,社会主义、共产主义是社会财富与自由个性的结合:"人的依赖关系(起初完全是自然发生的),是最初的社会形态,在这种形态下,人的生产能力只是在狭窄的范围内和孤立的地点上发展着。以物的依赖性为基础的人的独立性,是第二大形态,在这种形态下,才形成普遍的社会物质变换,全面的关系,多方面的需求以及全面的能力的体系。建立在个人全面发展和他们共同的社会生产能力成为的社会财富这一基础上的自由个性,是第三阶段。"④进而言之,人的全面发展理念就是社会主义、共产主义的终极价值,恩格斯晚年说过这样一段话:"我打算从马克思的著作中给您寻找一行您所要求的题词。……但是,除了从《共产党宣言》中摘出下面一段话外,我再也找不出合适的了:'代替那存在着阶级和阶级对立的资产阶级旧社会的,将是这样一个联合体,在那里,每个人的自由发展是一切人的自由发展的条件。'"⑤

总之,社会主义作为一种理想社会,它所追求的基本价值,就是消除资本主义社会的种种不平等和不公正的现象,挣脱自然界和社会的种种束缚和压迫,人人劳动,共同享受不断涌现的物质财富,互助友爱,最终每个人获得全面而自由的发展。⑥

三、"物质文明和精神文明全面发展的社会主义现代化"是中国共产党人的不懈追求

建设社会主义现代化是中国共产党肩负的重大历史使命,一代又一代的中国共产党人围绕如何建构物质生活与文化生活、物质文明与精神文明之间的辩证关系,进行了长期的艰辛探索和不懈

---

① 恩格斯:《社会主义从空想到科学的发展》,人民出版社 2014 年版,第 78 页。
② 《马克思恩格斯全集(第 25 卷)》,人民出版社 2001 年版,第 136 页。
③ 《马克思恩格斯选集(第 1 卷)》,人民出版社 1972 年版,第 349 页。
④ 《马克思恩格斯全集(第 46 卷上册)》,人民出版社 1979 年版,第 104 页。
⑤ 《马克思恩格斯全集(第 39 卷)》,人民出版社 1974 年版,第 189 页。
⑥ 陈卫平:《人的全面发展与社会主义初级阶段的体制创新》,《上海社会科学院学术季刊》2002 年第 3 期。

实践。

（一）毛泽东："改善人民的物质生活和提高人民的文化生活"

改善人民的物质生活和提高人民的文化生活与人民利益关系最为直接，是人民群众最为关切的事情。中国共产党为中国人民谋幸福，就是在人民当家做主的基础上，不断提高人民的物质、文化生活水平。1940 年，毛泽东在《新民主主义论》中提出："我们不但要把一个政治上受压迫、经济上受剥削的中国，变为一个政治上自由和经济上繁荣的中国，而且要把一个被旧文化统治因而愚昧落后的中国，变为一个被新文化统治因而文明先进的中国。"[①]1949 年以后，毛泽东指出："中国人民业已有了自己的中央政府。……它将领导全国人民克服一切困难，进行大规模的经济建设和文化建设，扫除旧中国所留下来的贫困和愚昧，逐步地改善人民的物质生活和提高人民的文化生活。"[②]在社会主义建设时期，毛泽东同志又指出："将我国建设成为一个具有现代工业、现代农业和现代科学文化的社会主义国家。"[③]

在改善人民的文化生活尤其是精神生活层面，毛泽东提倡革命的英雄主义精神、共产主义精神。比如，在 1939 年 12 月撰写的《纪念白求恩》一文中，毛泽东就高度赞扬了白求恩的国际主义精神、毫不利己专门利人的精神和对技术精益求精的精神，"我们大家要学习他毫无自私自利之心的精神。从这点出发，就可以变为大有利于人民的人。一个人能力有大小，但只要有这点精神，就是一个高尚的人，一个纯粹的人，一个有道德的人，一个脱离了低级趣味的人，一个有益于人民的人"[④]。也应该指出，基于为人民服务的道德理想，毛泽东从革命的功利主义出发，主张要兼顾人民的长远利益和当前利益、集体利益和个人利益，"提倡以集体利益和个人利益相结合的原则为一切行动言论的社会主义精神"[⑤]。

（二）邓小平："建设社会主义的精神文明"

改革开放之初，我们党创造性地提出建设社会主义精神文明的战略任务。1980 年 12 月，邓小平在中共中央工作会议上所做的题为《贯彻调整方针，保证安定团结》的讲话指出："我们要建设的社会主义国家，不但要有高度的物质文明，而且要有高度的精神文明。所谓精神文明，不但是指教育、科学、文化（这是完全必要的），而且是指共产主义的思想、理想、信念、道德、纪律，革命的立场和原则，人与人的同志式关系，等等。……没有这种精神文明，没有共产主义思想，没有共产主义道德，怎么能建设社会主义？"[⑥]

1981 年 6 月，中国共产党十一届六中全会通过的《关于建国以来党的若干历史问题的决议》对十一届三中全会以来逐步确立的、适合我国情况的社会主义现代化建设的正确道路的主要点，做了

---

① 《毛泽东选集（第 2 卷）》，人民出版社 1991 年版，第 663 页。
② 《毛泽东文集（第 5 卷）》，人民出版社 1996 年版，第 348 页。
③ 《毛泽东文集（第 7 卷）》，人民出版社 1999 年版，第 207 页。
④ 《毛泽东选集（第 2 卷）》，人民出版社 1991 年版，第 660 页。
⑤ 《毛泽东文集（第 6 卷）》，人民出版社 1999 年版，第 450 页。
⑥ 《邓小平文选（第 2 卷）》，人民出版社 1994 年版，第 367 页。

10 个方面的概括和总结,其中一个方面就是"社会主义必须有高度的精神文明"①。1982 年 12 月,五届全国人大五次会议审议通过的《中华人民共和国宪法》("八二宪法")在"社会主义精神建设"等方面也做出了新规定。② 1982 年 9 月,党的十二大提出"建设有中国特色的社会主义"的重大命题,其中在提出经济建设目标的同时,也明确提出要努力建设高度的社会主义精神文明,社会主义精神文明是社会主义社会的重要特征,是社会主义制度优越性的重要表现。③

1983 年 4 月,邓小平在会见印度共产党(马克思主义)中央代表团时指出:"在社会主义国家,一个真正的马克思主义政党在执政以后,一定要致力于发展生产力,并在这个基础上逐步提高人民的生活水平。这就是建设物质文明。过去很长一段时间,我们忽视了发展生产力,所以现在我们要特别注意建设物质文明。与此同时,还要建设社会主义的精神文明,最根本的是要使广大人民有共产主义的理想,有道德,有文化,守纪律。国际主义、爱国主义都属于精神文明的范畴。"④

随着改革开放的全面推进,社会主义精神文明建设逐步成为建设有中国特色社会主义整个事业中的一个有机组成部分。1986 年 9 月,党的十二届六中全会通过《中共中央关于社会主义精神文明建设指导方针的决议》(以下简称《决议》),从社会主义现代化建设总体布局的高度,规定了社会主义精神文明建设的战略地位、指导方针和根本任务。《决议》指出,我国还处在社会主义的初级阶段,不但必须实行按劳分配,发展社会主义的商品经济和竞争,而且在相当长历史时期内,还要在公有制为主体的前提下发展多种经济成分,在共同富裕的目标下鼓励一部分人先富裕起来。在这样的历史条件下,全民范围的道德建设,就应当肯定由此而来的人们在分配方面的合理差别,同时鼓励人们发扬国家利益、集体利益、个人利益相结合的社会主义集体主义精神,发扬顾全大局、诚实守信、互助友爱和扶贫济困的精神。⑤《决议》是关于社会主义精神文明建设的第一份纲领性文件,为我国精神文明建设的健康发展提供了基本指导方针。

总之,在邓小平看来,我们要建设的社会主义国家,不但要有高度的物质文明,而且要有高度的精神文明,两个文明都搞好,才是有中国特色的社会主义。社会主义社会的优越性不仅体现在物质文明上,而且体现在精神文明上,由此确定了"两手抓、两手都要硬"的战略方针。2014 年 8 月,习近平在纪念邓小平同志诞辰 110 周年的座谈会上的讲话中,也指出:"邓小平同志反复强调'两手抓、两手都要硬',必须抓好社会主义精神文明建设和民主法制建设,实现社会全面进步。"⑥

"物质文明与精神文明协调发展"中的"物质文明"对应"物质富裕","精神文明"对应"精神富有",基于共同富裕是全体人民的富裕的理论前提,"物质文明与精神文明协调发展"则意味着"人民群众物质生活和精神生活都富裕"。

---

① 《关于若干历史问题的决议》《关于建国以来党的若干历史问题的决议》,中共党史出版社 2010 年版(2021 年 11 月重印),第 116 页。

② 《改革开放简史》,人民出版社、中国社会科学出版社 2021 年版,第 60 页。

③ 《中国共产党简史》,人民出版社、中共党史出版社 2021 年版,第 241—242 页。

④ 《邓小平文选(第 3 卷)》,人民出版社 1993 年版,第 28 页。

⑤ 中共中央文献研究室:《十二大以来的重要资料选编》(下),人民出版社 1988 年版,第 1173—1190 页。

⑥ 习近平:《论中国共产党历史》,中央文献出版社 2021 年版,第 77 页。

（三）江泽民："促进人的全面发展"

社会主义现代化事业是物质文明和精神文明相辅相成、协调发展的事业。作为上层建筑的精神文明建设，决定了人民的精神状态和国家建设的形象面貌。20世纪90年代，党和国家采取一系列重大措施，动员全党全社会的力量，继续推进社会主义精神文明建设。

1992年10月，江泽民在党的十四大报告中指出："精神文明重在建设，物质文明和精神文明都搞好，才是有中国特色的社会主义。"[①]江泽民还指出："建设有中国特色社会主义，包括发展物质文明和精神文明两个方面，必须实现经济、社会的协调发展和全面进步。"而人的全面发展则是共产主义社会的一个基本特征，江泽民指出："共产主义社会，将是物质财富极大丰富，人民精神境界极大提高，每个人自由而全面发展的社会。"[②]

1994年1月，江泽民在全国宣传思想工作会议上强调，社会主义精神文明建设是一个系统工程，要制订总体规划、阶段性目标和具体措施。1995年9月，江泽民在党的十四届五中全会的讲话中指出，我们进行现代化建设，无疑要致力于发展生产力，把物质文明建设好。同时，必须把社会主义精神文明建设提高到更加突出的地位。[③] 1996年3月，八届全国人大四次会议把精神文明建设列入国民经济和社会发展的总体规划，推动物质文明建设和精神文明建设相互促进、协调发展。[④] 1996年10月，党的十四届六中全会做出《中共中央关于加强社会主义精神文明建设若干重要问题的决议》，指出建设有中国特色社会主义的伟大事业是一场新的伟大革命。在这场革命中，中国共产党人和中国人民有信心、有能力在改造客观世界的同时改造主观世界，在建设高度物质文明的同时建设高度的社会主义精神文明。

江泽民发展和深化了社会主义现代化建设的理论，突出强调了"人的全面发展"。2001年7月，在庆祝中国共产党成立80周年大会上的讲话中，江泽民指出："我们建设有中国特色社会主义的各项事业，我们进行的一切工作，既要着眼于人民现实的物质文化生活需要，同时又要着眼于促进人民素质的提高，也就是要努力促进人的全面发展。这是马克思主义关于建设社会主义新社会的本质要求。我们要在发展社会主义物质文明和精神文明建设的基础上，不断推进人的全面发展。"[⑤]进而指出："推进人的全面发展，同推进经济、文化的发展和改善人民物质文化生活，是互为前提和基础的。人越全面发展，社会的物质文化财富就会创造得越多，人民的生活就越能得到改善，而物质文化条件越充分，又越能推进人的全面发展。"[⑥]而人的全面发展也成为当代中国马克思主义的基本原理，是马克思主义中国化的一个理论成果。

（四）胡锦涛："推动物质文明和精神文明协调发展"

党的十六大以后，党中央顺应形势变化和人民群众精神文化需求，正确认识和准确把握我国文

---

① 《江泽民文选（第1卷）》，人民出版社2006年版，第238页。
② 江泽民：《论"三个代表"》，中央文献出版社2001年版，第177页。
③ 《江泽民文选（第1卷）》，人民出版社2006年版，第473—474页。
④ 《中国共产党简史》，人民出版社、中共党史出版社2021年版，第310页。
⑤ 江泽民：《论"三个代表"》，中央文献出版社2001年版，第179页。
⑥ 江泽民：《论"三个代表"》，中央文献出版社2001年版，第180页。

化改革发展的特点和规律,做出建设社会主义文化强国的重大战略决策,建设社会主义核心价值体系,开展文化体制改革试点,共建公共文化服务体系,推动了中国特色社会主义文化建设不断向前迈进。

党的十六大提出了文化建设和文化体制改革的战略任务。2006 年 10 月,党的十六届六中全会审议通过《中共中央关于构建社会主义和谐社会若干重大问题的决定》,明确提出建设社会主义核心价值体系的战略任务。

2007 年 10 月,胡锦涛在党的十七大报告中提出了"建设社会主义文化强国"的重大战略决策,对推动社会主义文化大发展大繁荣做出全面部署。① 同时,党的十七大报告指出,社会主义核心价值体系是社会主义意识形态的本质体现,马克思主义指导思想和中国特色社会主义共同理想,以爱国主义为核心的民族精神和以改革创新为核心的时代精神,以及社会主义荣辱观,构成了社会主义核心价值体系的基本内容。②

2011 年 10 月,党的十七届六中全会通过《中共中央关于深化文化体制改革推动社会主义文化大发展大繁荣若干重大问题的决定》,指出,没有文化的积极引领,没有人民精神世界的极大丰富,没有全民族精神力量的充分发挥,一个国家、一个民族不可能屹立于世界民族之林。物质贫乏不是社会主义,精神空虚也不是社会主义。没有社会主义文化繁荣发展,就没有社会主义现代化。

在胡锦涛看来,建设社会主义文化强国,就是要着力推动社会主义先进文化更加深入人心,推动社会主义精神文明和物质文明全面发展,不断开创全民族文化创造活力持续迸发、社会文化生活更加丰富多彩、人民基本文化权益得到更好保障、人民思想道德素质和科学文化素质全面提高的新局面,建设中华民族共有精神家园,为人类文明进步做出更大贡献。

四、"共同富裕是人民群众物质生活和精神生活都富裕"是习近平新时代中国特色社会主义思想的一个重要命题

党的十八大以来,习近平总书记提出"中国梦",开启了中国人民接续奋斗、实现伟大梦想的新征程。2012 年 11 月,习近平在参观《复兴之路》展览时提出:"实现中华民族伟大复兴,就是中华民族近代以来最伟大的梦想。这个梦想,凝聚了几代中国人的夙愿,体现了中华民族和中国人民的整体利益,是每一个中华儿女的共同期盼。"③进而言之,实现中国梦,是物质文明和精神文明均衡发展、相互促进的结果,是物质文明和精神文明比翼双飞的发展过程。

(一)以社会主义核心价值观引领新时代的社会主义精神文明建设

习近平总书记高度重视物质文明和精神文明的协调发展,强调以辩证的、全面的、平衡的观点正确处理物质文明和精神文明的关系。2013 年 8 月,习近平在全国宣传思想工作会议上指出,只有物质文明和精神文明建设都搞好,国家物质力量和精神力量都增强,全国各族人民物质生活和精神

---

① 《社会主义发展简史》,人民出版社、学习出版社 2021 年版,第 236 页。
② 《改革开放简史》,人民出版社、中国社会科学出版社 2021 年版,第 180 页。
③ 《习近平谈治国理政(第一卷)》,外文出版社 2018 年版,第 78 页。

生活都改善，中国特色社会主义事业才能顺利向前推进。① 这就要求我们在为实现中华民族伟大复兴不懈奋斗的每个阶段、每个环节，都要推动物质文明与精神文明协调发展。

以社会主义核心价值观引领社会主义精神文明建设是习近平总书记关于推动物质文明与精神文明协调发展的一个崭新论述。2013 年 12 月，中共中央办公厅印发《关于培育与践行社会主义核心价值观的意见》；2015 年 4 月，中宣部、中央文明办印发《培育和践行社会主义核心价值观行动方案》。2014 年 2 月，十八届中央政治局第十三次集体学习专门将培育和弘扬社会主义核心价值观、弘扬中华传统美德确定为学习主题。2016 年 7 月，习近平总书记在庆祝中国共产党成立 95 周年大会上的讲话中指出："我们要弘扬社会主义核心价值观，弘扬以爱国主义为核心的民族精神和以改革创新为核心的时代精神，不断增强全党全国各族人民的精神力量。"②2019 年 10 月召开的党的十九届四中全会强调，坚持以社会主义核心价值观引领文化建设制度，推动理想信念教育常态化、制度化，弘扬民族精神和时代价值。2021 年 3 月发布的《中华人民共和国国民经济和社会发展第十四个五年规划和 2035 年远景目标纲要》提出："加强社会主义精神文明建设，培育和践行社会主义核心价值观，推动形成适应新时代要求的思想观念、精神面貌、文明风尚、行为规范。"③这就为新时代的社会主义精神文明建设指明了道路和发展方向，即要求我们自觉以社会主义核心价值观引领社会主义精神文明建设。

（二）"物质生活和精神生活都富裕"是扎实推动共同富裕的题中应有之义

以人民为中心，扎实推动共同富裕，不仅包括人民物质生活共同富裕，也包括人民精神生活共同富裕。扎实推动共同富裕，解决发展不平衡不充分的问题，满足人民日益增长的美好生活需要，其中一个重要方面就是统筹推进物质文明和精神文明协调发展，既要实现物质生活水平提高、家家仓廪实衣食足，又要实现精神文化生活丰富、人人知礼节明荣辱。

2021 年 8 月，中共中央宣传部发布的《中国共产党的历史使命与行动价值》指出："中国共产党干革命、搞建设、谋发展，都是为了让人民过上幸福生活。今天的中国，人民过上了几千年来梦寐以求的好日子，向着共同富裕的目标不断迈进。中国人民不仅在物质上富了起来，也在精神上强了起来，意气风发地迈向更加美好的未来。中国人民天下一家的情怀更加彰显，希望世界更加和平，各国人民生活更加美好。"④

"物质生活和精神生活都富裕"，是扎实推动共同富裕的题中应有之义。2021 年 8 月，习近平总书记在中央财经委员会第十次会议上的讲话中指出："我们说的共同富裕是全体人民共同富裕，是人民群众物质生活和精神生活都富裕。"⑤并对"促进人民精神生活共同富裕"的具体措施予以阐述："促进共同富裕与促进人的全面发展是高度统一的。要强化社会主义核心价值观引领，加强爱国主义、集体主义、社会主义教育，发展公共文化事业，完善公共文化服务体系，不断满足人民群众

---

① 习近平：《胸怀大局把握大势着眼大事，努力把宣传思想工作做得更好》，《人民日报》2013 年 8 月 21 日。

② 习近平：《在庆祝中国共产党成立 95 周年大会上的讲话》，《人民日报》2016 年 7 月 2 日。

③ 《中华人民共和国国民经济和社会发展第十四个五年规划和 2035 年远景目标纲要》，新华网，2021 年 3 月 13 日。

④ 中共中央宣传部：《中国共产党的历史使命与行动价值》，人民出版社，2021 年版，第 20—21 页。

⑤ 习近平：《扎实推动共同富裕》，《求是》2021 年第 20 期。

多样化、多层次、多方面的精神文化需求。要加强促进共同富裕舆论引导,澄清各种模糊认识,防止急于求成和畏难情绪,为促进共同富裕提供良好舆论环境。"①总之,共同富裕是人民群众物质生活和精神生活都富裕,以人民为中心,促进共同富裕既要"富口袋",也要"富脑袋"。

五、"在共同富裕中实现精神富有"是浙江高质量发展建设共同富裕示范区的题中应有之义

2021 年 3 月发布的《中华人民共和国国民经济和社会发展第十四个五年规划和 2035 年远景目标纲要》,支持"浙江高质量发展建设共同富裕示范区"②。2021 年 6 月,中共中央、国务院发布《关于支持浙江高质量发展建设共同富裕示范区的意见》(以下简称《意见》),明确到 2025 年,浙江省推动高质量发展建设共同富裕示范区取得明显实质性进展;到 2035 年,浙江高质量发展取得更大成就,基本实现共同富裕。③

《意见》要求浙江:加强精神文明建设,推动生态文明建设先行示范,打造以社会主义核心价值观为引领、传承中华优秀文化、体现时代精神、具有江南特色的文化强省,实现国民素质和社会文明程度明显提高、团结互助友爱蔚然成风、经济社会发展全面绿色转型,成为人民精神生活丰富、社会文明进步、人与自然和谐共生的幸福美好家园。《意见》明确要求浙江"打造新时代文化高地,丰富人民精神文化生活":(1)提高社会文明程度。推动学习贯彻习近平新时代中国特色社会主义思想走深走心走实,实现理想信念教育常态化制度化。坚持以社会主义核心价值观为引领,加强爱国主义、集体主义、社会主义教育,厚植勤劳致富、共同富裕的文化氛围。推进公民道德建设,支持培育"最美浙江人"等品牌。扎实推进新时代文明实践中心建设,深入实施文明创建工程,打造精神文明高地。完善覆盖全省的现代公共文化服务体系,提高城乡基本公共文化服务均等化水平,深入创新实施文化惠民工程,优化基层公共文化服务网络。弘扬诚信文化,推进诚信建设,营造人与人之间互帮互助、和睦友好的社会风尚。加强家庭家教家风建设,健全志愿服务体系,广泛开展志愿服务关爱行动。(2)传承弘扬中华优秀传统文化、革命文化、社会主义先进文化。传承弘扬中华优秀传统文化,充分挖掘浙江文化优势,深入推进大运河国家文化公园、大运河文化带建设,振兴非遗记忆。传承红色基因,大力弘扬革命文化,提升爱国主义教育基地建设水平。实施重大文化设施建设工程,打造具有国际影响力的影视文化创新中心和数字文化产业集群,提供更多优秀文艺作品、优秀文化产品和优质旅游产品,更好满足人民群众文化需求。

精神文明是社会进步的显著标志,是共同富裕示范区建设成效的重要衡量标准,共同富裕的美好社会是文明全面提升的社会形态。2021 年 6 月出台的《浙江高质量发展建设共同富裕示范区实施方案(2021—2025 年)》,也旨在通过精神文明建设实现人民群众精神生活富足,使得浙江的"人文之美更加彰显,努力成为精神普遍富足的省域范例"④。

---

① 习近平:《扎实推动共同富裕》,《求是》2021 年第 20 期。

② 《中华人民共和国国民经济和社会发展第十四个五年规划和 2035 年远景目标纲要》,新华网,2021 年 3 月 13 日。

③ 《中共中央、国务院关于支持浙江高质量发展建设共同富裕示范区的意见》,新华网,2021 年 6 月 10 日。

④ 《浙江高质量发展建设共同富裕示范区实施方案(2021—2025 年)》,《浙江日报》2021 年 7 月 20 日。

共同富裕既要物质富裕也要精神富有，在示范区建设过程中，浙江将如何打造精神文明高地？对此，浙江省委书记袁家军这样作答：浙江将坚持物质文明和精神文明相协调，加强社会主义核心价值观引领，深入实施新时代文化浙江工程，以文化创新推动思想进步、文明提升推动社会进步。一是守好红色根脉，深入挖掘浙江红色资源。二是健全高品质精神文化服务体系，推进公共文化服务现代化试点，大力实施百城万村文化惠民工程。三是打造江南特色的文化创新高地，深化文化研究工程，打造具有代表性的浙江文化符号和文化标识。四是构建以文化力量推动社会全面进步新格局，大力弘扬新时代浙江精神，提升文化软实力、塑造社会新风尚。[①]

共同富裕不仅要物质富裕，更要精神富有。浙江高质量发展建设共同富裕示范区，离不开文化建设。2021 年 8 月，浙江省委书记袁家军在省委文化工作会议上指出，"推动建设共同富裕示范区跑在高质量发展、竞争力提升、现代化先行的跑道上，需要注入文化这个更基本、更深沉、更持久的动力"；"共同富裕既是人民群众物质生活共同富裕、也是精神生活共同富裕，需要坚持以文化人、以文培元，大力推进以人为核心的现代化"[②]。2021 年 11 月，袁家军在省委十四届十次全体（扩大）会议上关于学习贯彻党的十九届六中全会精神的报告中也指出要"以新时代文化浙江工程为抓手推动在共同富裕中实现精神富有"[③]。2021 年 12 月，袁家军在省委经济工作会议上又提出，浙江要"在精神生活共同富裕上探索突破"[④]。借此，我们完全可以判定："在共同富裕中实现精神富有"是浙江高质量发展建设共同富裕示范区的题中应有之义。

---

① 《高质量发展建设共同富裕示范区：访浙江省委书记袁家军》，新华社，2021 年 6 月 10 日。2021 年 8 月 4 日，《人民日报》头版刊发文章《浙江着力打造精神文明高地：既要物质富裕，也要精神富有》，聚焦浙江如何把文化文明摆在示范区建设的突出位置，着力打造精神文明高地。2021 年 10 月 22 日，《人民日报》刊发袁家军文章《在共同富裕中实现精神富有》（浙江省委书记袁家军日前在省委文化工作会议上说）。

② 袁家军：《加快打造新时代文化高地　为高质量发展建设共同富裕示范区注入强大文化力量》，浙江在线，2021 年 8 月 31 日。

③ 《袁家军书记在浙江省委十四届十次全会上的报告》，"今日浙江"微信公众号，2021 年 12 月 22 日。

④ 袁家军：《扎实推动党中央决策部署在浙江落地见效　以改革发展新成绩为全国大局作出更大贡献》，《今日浙江》2022 年第 1 期。

普惠金融促进山区共同富裕的路径研究

费　洁

（浙江金融职业学院）

摘　要：党的十九届五中全会对扎实推动共同富裕做出重大战略部署，2021 年中共中央、国务院出台《关于支持浙江高质量发展建设共同富裕示范区的意见》，如何推动浙江省山区 26 县实现高质量跨越式发展成为重中之重。在此背景下，本文旨在研究、提出普惠金融促进山区共同富裕的实施路径。本文先剖析金融助力实现共同富裕的难点和关键点，再结合各地对支持共同富裕已经进行的一些探索，最后提出金融促进共同富裕要在普惠金融、保险保障、普惠财富管理等关键业务方向发力，要着力推动服务和风控体系下沉，重视"三表三品"、乡土人情等传统方式，借数字化转型的红利进行产品创新，助力山区经济发展。

关键词：共同富裕　普惠金融　山区

党的十九届五中全会对扎实推动共同富裕做出重大战略部署。共同富裕是践行国家战略、支持经济高质量发展的必然要求。当前，我国高质量发展的主题是加快构建以国内大循环为主体、国内国际双循环相互促进的新发展格局。共同富裕战略既在供给侧推动科技创新、绿色发展、要素合理布局，以实现夯实总体发展基础，达到区域、城乡协调发展；也在需求侧着力提升居民整体收入水平和消费能力，有利于畅通经济循环，提升可持续发展动能。可以说，共同富裕战略汇集了高质量发展的方方面面要求，是一项落实高质量发展的系统工程。中共中央、国务院出台《关于支持浙江高质量发展建设共同富裕示范区的意见》，支持浙江在高质量发展中实现共同富裕，为浙江带来新的发展红利，也为金融机构提供了业务边界外拓的机会。"七山一水二分田"是对浙江的简略描述，凸显出了浙江山区为主的地貌特征，浙江山区 26 县面积约占浙江省土地总面积的 45％，人口约占 24％，是浙江省内实现共同富裕需要重点支持的地区。《关于支持浙江高质量发展建设共同富裕示范区的意见》为促进浙江的共同富裕指明了大方向，指出要以解决地区差距、城乡差距、收入差距问题为主攻方向，更加注重向农村、基层、相对欠发达地区倾斜，向困难群众倾斜。在当前的时代背景下，金融系统助推共同富裕责无旁贷，也刻不容缓。无论是从社会责任出发，还是着眼于自身的可持续发展，金融机构均应把握住全社会凝心聚力、整合资源推动共同富裕的有利时机，积极投身浙江高质量发展建设共同富裕示范区工程，为共同富裕贡献金融力量。本文着重研究如何发挥金融促进共同富裕的作用，指出了金融支持共同富裕的难点和关键点，并提出了金融促进共同富裕的实现路径。

关于共同富裕的本质和实现路径方面，黄奇帆（2022）[1]在《共同富裕：内涵与实现路径》一书中深刻论述了共同富裕的本质特征，强调共同富裕是要形成多数人群收入达到中等富裕水平，呈现纺锤型收入分配结构,畅通代际社会流通渠道,促进生产、分配、流通和消费的内循环,在做大蛋糕的同时兼顾好分蛋糕,进而实现国民经济更高质量的发展。厉以宁(2022)[1]提出社会主义经济发展的目的就是要实现全体劳动者的共同富裕,共同富裕是社会主义的根本原则,只有在社会主义制度下才能实现全体中国人民的共同富裕。蔡昉(2022)[1]提出,实现全体人民共同富裕,是中国特色社会主义现代化的一个基本要求,通过做大蛋糕和分好蛋糕、促进和扩大社会性流动以及社会福利全覆盖均等化三方面途径,加快推进共同富裕的进程。关于商业银行在助推实现共同富裕中发挥的作用,陆岷峰(2021)[2]提出在实现共同富裕的过程中,商业银行发挥金融资源配置作用,优化资金流向和结构,将社会资源在不同群体之间实现再分配,促进社会财富配置结构合理化,进而向共同富裕目标迈进。关于普惠金融与共同富裕的作用机制方面,邹克和倪青山(2021)[3]基于中国2010—2019年的省级数据分析了普惠金融影响共同富裕的作用机制与数量关系,发现普惠金融可以通过包容增长、创新效应和创业效应等方式缩小收入差距,改善收入分配状况,推动实现共同富裕。

本文旨在研究金融促进共同富裕的具体实施路径。本文先分析指出了金融促进共同富裕的难点和关键点,从"资产荒"与"融资难"并存、息差收窄与融资贵共存等矛盾现象,到金融机构大客户集中度过高带来的风控挑战等现实问题,直指金融促进共同富裕的难点在于摆脱原有对大行业、大客户、大单品的路径依赖,转而扎扎实实练就服务小客户的内功;随后总结分析了各地在促进共同富裕方面已经展开的一些探索;结合上述内容,最后提出了金融机构应将助力实现共同富裕的实施路径重点落在发展普惠金融、支持产业升级和特色产业发展、开展普惠型财富管理和提供有针对性的保险保障等方面,并提高政策研究能力、加强服务能力建设、推动服务和风控下沉,以实际行动助力共同富裕并拓展自身的发展边界。

一、金融促进共同富裕的难点和关键点

金融助力共同富裕的难点和关键点,究其本质是要摆脱对原有大行业、大客户、大单品的路径依赖,俯下身段练就做小客户、做小而新的行业、做个性化小单品的扎实"内功"。

(一)金融解决共同富裕面临的难点和关键点

1. 要打破金融机构资产荒与中小企业融资难并存的怪圈

当前金融机构在房地产、城投平台等领域保持了较高的配置比例。经测算,A股上市银行房地产贷款占全部贷款的比例在30%左右,城投债存量占全部信用债存量的比例也超过30%;由此推测房地产和城投平台两类融资主体在金融机构的融资存量中占据较高比重。

表1 A股35家上市银行房地产贷款(个人+对公)占全部贷款的比重

年份	2016年	2017年	2018年	2019年	2020年
占比	29%	31%	32%	33%	33%

数据来源:作者根据wind数据自行计算。部分新上市银行因数据不全,于计算中剔除。

近年来,为防范化解重大风险,国家奠定了"房住不炒"、严控地方政府隐性债务的政策基调。2020年8月起,部分重点房地产企业"三线四档"管理开启;2020年末,《关于建立银行业金融机构房地产贷款集中度管理制度的通知》印发,房地产行业的融资增速显著放缓。地方政府的融资行为也不断得到规范。随着上述两大类加杠杆主体的融资意愿得到了有效抑制,金融机构渐入"资产荒"的境地。特别是贷款需求不足成为各家商业银行面临的现实问题,只能通过票据贴现弥补贷款投放的不足,导致票据利率屡创新低。但另一方面,仍有大量小微企业、民营企业、涉农客户等饱受融资难的困扰。剖开来看,在高质量发展背景下,行业更替加速,商业银行原有依赖于重资产抵押的放贷模式亟须升级换代,要尽快在审批模式、风险控制、产品流程等各方面进行创新,真正与不断涌现的新行业、新模式、新业态相适配。

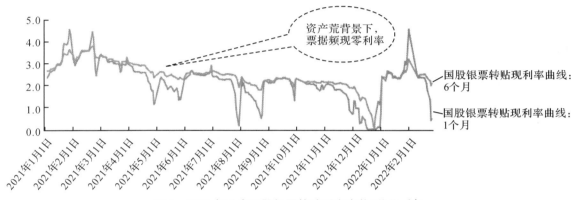

图1 2021年以来国股银票转贴利率走势(单位:%)

数据来源:wind,作者自行绘制。

2.要突破息差收窄与部分企业融资贵共存的悖论

在趋同的风险偏好驱使下,金融机构对大客户、高端个人客户趋之若鹜,导致上述客户在资产、负债两端的议价能力不断提升,金融机构息差不断收窄、盈利指标承压。以商业银行为例,银保监会披露的数据显示,我国商业银行的净息差已由2014年末的2.7%下降至2021年末的2.08%,已经低于美国和东欧国家的银行的净息差水平。

与此同时,部分中小客户依然受到融资贵问题的困扰,表现为民企债信用利差依然远高于国企,以温州地区民间融资综合利率为代表的民间借贷利率长期高于12%。

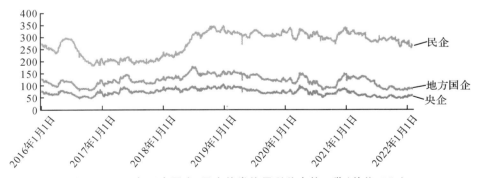

图2 2016年至今国企、民企债券信用利差走势一览(单位:BPs)

数据来源:wind,作者自行绘制。

3.要解决大客户集中度过高对风险控制带来的挑战

尤其是部分房地产企业、部分区域弱实力国有企业、部分大型企业集团等因过度融资、投资效率下降、流动性安排失衡等因素陷入债务危机，并呈现金额大、波及面广（金融机构多、产业链影响面广）等特点，对防范金融风险造成新挑战。

针对上述难点和关键点问题，金融机构需要主动求变，积极跟随国家战略和全社会要素资源流向，拓展新的蓝海，降低对传统领域的依赖度。实现共同富裕的目标以及与之相关的区域协同发展、新型城镇化、乡村振兴、扩大中等收入群体等战略性安排，既是增量市场，又有存量市场的再布局与再配置，是需要金融机构高度重视、主动研究的重大机遇。

（二）坚定信心解决难点和关键点，充分认识共同富裕实现的基础与必然性

1.党和国家的战略引领与系统组织有力

习近平总书记2021年10月于《求是》杂志发表署名文章《扎实推动共同富裕》，全面、深刻阐述了共同富裕的意义、原则和工作思路。在全球遭遇百年未有之大变局的关键时刻，国家提出了构建"双循环"的重大战略，共同富裕正是促进实现双循环的关键一步。共同富裕与区域协调战略的内嵌、与乡村振兴战略的配合、与新型城镇化战略的融合必将焕发新的活力，这是我国的体制优势所决定的。

2.方针策略清晰务实

着眼现阶段，党和国家坚持循序渐进，把解决地区差距、城乡差距、收入差距问题作为主攻方向，向农村、基层、相对欠发达地区倾斜，向困难群众倾斜。理清"做大蛋糕"与"分好蛋糕"、坚持循序渐进、不搞平均主义、鼓励劳动致富等认识。沈轩（2021）[4]题为《共同富裕"是什么""不是什么"》的文章引发社会热议，其总结的十个"是什么"与"不是什么"生动体现了共同富裕的内涵。

特别是国家提出建设浙江共同富裕示范区以来，财政部、发改委、民政部等20个国家部委与单位迅速出台相关支持政策。浙江省先后梳理形成重大改革清单1.0版和2.0版，并正在研究起草包含"8＋9"在内的《浙江省"扩中""提低"行动方案》：包括促就业、激活力、拓渠道、优分配、强能力、重帮扶、减负担、扬新风8大实施路径和9类重点人群。可见，共同富裕是立足新发展阶段，充分尊重经济规律，以可持续为要求的重大战略安排，国家出台的一系列方针、政策都体现了思路明晰、节奏和措施务实的特点。

3.先富区域和群体具备带动后富的条件和基础

2020年，我国GDP突破一百万亿元，东部发达省市中心城市主要经济指标已接近或达到中等发达国家，自2019年起浙江人均GDP已超过10万元。以此为基础，我国有条件基于区域间、城乡间、群体间客观的比较优势，完善的交通、物流、数字化基础设施等，组织实施更加合理有序的产业分工、要素流动，发挥先富区域和群体的辐射带动作用，辅以必要的分配改革等举措，推动实现共同富裕。

表 2　各省 2020 年人均 GDP(单位:元)

东部地区	人均 GDP	中部地区	人均 GDP	西部地区	人均 GDP
北京	164,889	湖北	74,440	重庆	78,170
上海	155,768	安徽	63,426	内蒙古	72,062
江苏	121,231	湖南	62,900	陕西	66,292
福建	105,818	江西	56,871	四川	58,126
天津	101,614	河南	55,435	宁夏	54,528
浙江	100,620	山西	50,528	新疆	53,593
广东	88,210	东北地区	人均 GDP	西藏	52,345
山东	72,151	辽宁	58,872	云南	51,975
海南	55,131	吉林	50,800	青海	50,819
河北	48,564	黑龙江	42,635	贵州	46,267
				广西	44,309
				甘肃	35,995

数据来源:wind,作者自行整理。

4.先富带动后富的路径丰富多元

金融机构可结合自身条件,聚焦重点,把握机遇。区域协同发展战略下,中心城市对周边区域的"外溢带动",制造业、劳动密集型、资源型产业等向中西部、中心城市周边转移等;高收入群体消费升级,对于服务业、青山绿水、医疗健康等的需求增加,加强对中低收入群体、乡村青山绿水、现代农业等的拉动;以人为中心的新型城镇化加速推进,为农村要素改革、农业产业化发展、乡村基础设施建设等创造了条件;扩大中等收入群体,增加居民财产性收入等需要金融机构财富管理业务积极作为等。可以说在共同富裕的道路上,金融系统大有可为,责任与机遇并存。

二、实现共同富裕的地方探索

山区虽坐拥绿水青山,有一定的农业基础和地方特色,但经济具有散、乱、杂的内生特点,也面临着较难形成规模化和产业化的困扰,在传统的授信审批模式中,因缺乏征信数据和抵押品,获取金融资源更为困难。但近年来地方已做出了一些有益的探索,特别是浙江地区在农业产业化、促进"两山"转换、"飞地"模式带动区域经济发展、资源统筹管理增值等方面都涌现了成功案例,金融机构也进行了相应的产品创新,结合山区业务特点提供了适配的金融支持。

(一)依托农业产业化辐射支持农业与农户

农业始终是农村的基本产业,浙江有大量具有品牌效应的特色农副产品,截至 2020 年末农产品地理标志累计达到 138 个(浙江省统计公报)。但传统个体经营模式下产品附加值低、规模效应低、技术创新不足、抗风险能力弱,金融大规模、高效率导入的难度极大。随着浙江新型城镇化建设有力推进,农村人口占比下降到 27.8%(第七次全国人口普查数据公报),且农村人口老龄化更为突出（浙江省第三次农业普查公报：2016 年末农业生产经营人员中 55 岁及以上人员占比 54%），农业产业化发展既有突出的必要性，又有土地经营权流转改革等基础条件支撑。

浙江各地已经做了大量卓有成效的探索。余丽生等（2021）[5]收集编纂了缙云烧饼、嵊州小吃、磐安中草药、松阳茶叶、仙居杨梅、常山胡柚、诸暨同山烧、建德草莓、浦江葡萄、庆元甜橘柚等农业和农副产品加工产业带动区域经济发展和农户增收的案例。总结归纳起来，相关产业化项目具有类似的成功经验。第一，龙头骨干企业牵头，投入资源充当产业化运作的火车头；第二，横向、纵向产业链拓展延伸，一、二、三产业融合发展，形成农业＋农产品深加工＋加工配套设备与服务业＋特色文化旅游等产业集群；第三，借助科技创新和数字化手段推动产业现代化，提高质量，丰富品类，延伸产业链，增加附加值，并通过电子商务等数字化方式拓宽销售渠道，提升美誉度等；第四，部分区域积极探索村民土地入股等方式，使村民获取"薪金＋租金＋股金"的综合收入。

根据浙江省统计公报数据，截至 2020 年末全省已累计创建省级现代农业园区 69 个、特色农业强镇 113 个，建成单条产值 10 亿元以上的示范性农业全产业链 80 条。农业的产业化增强了产业链的可持续发展能力和抗风险能力，拉长了产业链纵深，为现代金融更大规模、更加高效的对接创造了条件。第一，依托农业产业化集团与上下游商户、农户的依存关系，通过系统对接、数据交换、资金管理为整个产业链提供批量信贷服务。第二，积极与农村电商平台、骨干流通企业、物流企业合作，探索通过数据融资支持重点商户、农户。第三，支持现代农业产业园、农业深加工、农业旅游等产业化项目建设。第四，积极探索保单质押、大型农机具、大棚设施抵押及农村承包土地经营权、集体经营性建设用地使用权和林权抵押贷款业务。第五，依托政府与监管部门对新型农业经营主体开展信用评级等基础条件开展金融服务对接。

金融机构也结合山区经济特点，开发出相应的金融产品。据相关报道[6]，浙江武义农商银行创新推出"茶叶贷""超市贷"等特色金融产品，积极做强"一县一业"，并探索林权质押贷款等创新产品，提高农户、农企融资可得性。据朱华等（2022）[7]，工行丽水分行制订了"云和木制玩具产业集群融资方案"，为木玩产业集群客户和产业配套上下游企业提供融资超亿元；并创新推出"雪梨贷"，采用线上评级模型对借款人进行评级，大大提升业务审批效率；此外，推出的"兴农贷"系列产品以"产品＋场景"进一步满足农户和新型农业主体的信贷需求。

（二）把握消费升级主线，促进"两山"加快转换

绿水青山就是金山银山，欠发达区域的乡村资源禀赋往往在绿水青山，如何推动两山转换成为共同富裕的一项课题。除政府间生态补偿转移支付机制外，应重点关注消费升级背景下，居民对于生态、健康、环保等的需求增长趋势，积极支持定位准确、投资合理、具备发展潜力的休闲农业、古村落保护和旅游、红色旅游、乡村旅游等全域旅游开发、配套基础设施补短板等类项目。2021 年，浙江省全体居民人均可支配收入达到 57541 元，其中城镇居民达到 68487 元（浙江省统计公报数据）。以城镇居民为代表的中高收入群体更加注重品质消费，形成了城市反哺乡村的重要路径。浙江安吉余村已经成为依靠绿水青山致富的典型案例，根据余丽生等（2021）[8]《共同富裕——浙江实践的典型案例》，德清县背靠莫干山整体规划发展休闲旅游和民宿产业，2020 年实现乡村旅游收入 39.4 亿元，农民人均可支配收入达 3.83 万元，高于同期全省平均水平 6427 元（相当于高出 20.1%）；天台县后岸村通过发展旅游业，2020 年农民人均纯收入达到 5.4 万元；多个地区伴随现代农业发展开

发了农业休闲旅游等项目,也达到了很好的增收效果。

为加快省内山区 26 县的发展,浙江省 2022 年启动"造月工程",要求山区 26 县每县都要力争拥有或纳入培育 1 家 5A 级旅游景区或国家级旅游度假区,26 县文旅项目总投资力争突破 3918 亿元,年度计划完成投资超 629 亿元,为带动山区经济发展又打入了一针强心剂。

(三)利用"飞地"模式带动山区经济发展

飞地经济是浙江在实践中探索的,发达与欠发达区域之间产业资源与土地资源跨区域匹配的模式,欠发达区域通过提供土地指标、资金、人员等分享经济发达区域产业资源和收益。余丽生等(2021)[9]介绍了浙江省平湖市的案例,该市通过镇域联建、县域合作,在 2018 年全面消化经济相对薄弱村,后续与省内青田县开展山海协作飞地合作,与四川九寨沟开展省外飞地合作。当前,浙江省已将飞地模式作为带动省内山区 26 县共同富裕的重要举措。特别是由政府主导的"飞地抱团"模式下,可发挥财政支农资金的撬动作用,综合统筹,将财政资金、土地资源等抱团联建、市场化高效运营,变"输血"为"造血",探索出一条可持续发展、可共同致富之路。

金融机构可支持与飞地挂钩的建设用地复垦、高标准农田建设、园区开发建设等项目。例如,浙江武义农商银行[10]积极对接政府找项目,2021 年向 46 个村集体发放"强村贷"8807 万元。特别值得注意的是,武义农商银行充分利用数字化赋能,研发出"后陈经验"村级事务数字化工作平台,已处理村级事务 1.7 万余条,并审核村集体资金超 7200 万元。朱华(2022)等[11]报道,工行丽水分行已为 6 个"飞地"项目授信 8.41 亿元,投放贷款金额 3.05 亿元。

(四)通过统筹管理实现区域价值增值

余丽生等(2021)[12]介绍浙江省东阳市花园村的发展经验显示,"农村量大面广,各类生产要素很多,但往往存在散、杂、乱现象",要坚持科学统筹、合理利用的思路,统一规划发展才能实现高质量发展。杭州西湖区推行村集体留用地合作开发"三统一"(统一规划、统一开发、统一管理)模式,由区属国企牵头,抓好整合优化布局,提升产业"协同度"等统筹推进产业发展,解决散乱开发存在的品质不高、管理不到位、抗风险能力差、经济效益不可观等问题。事实证明,统筹开发是农村土地增值的重要途径。金融机构可以全域土地整治、存量经营性资产盘活等项目为载体提供融资支持。

三、以金融创新促进共同富裕的实现路径

金融助力国家实现共同富裕目标,应重点在做大蛋糕上发力,这不仅是政策导向,更是金融机构实现自身可持续发展的必由之路。从上述地方实现共同富裕的探索和做法看,金融机构助力共同富裕要在助力农业产业化实现、促进实现"两山"转换、盘活各类生产要素、为农户和个体经营者提供相应金融资源等方面提供相应的产品和服务。为实现上述目标,金融机构要扎实落实国家战略,充分利用金融科技优势,妥善利用数据资源,在普惠金融、财富管理、保险保障业务等方面开展创新,精准发力,助力缩小区域差距、城乡差距、行业差距,进而惠及重点人群,最终助力实现共同富裕。

(一)把握"普惠"主线,借助数字化转型机遇持续开展普惠金融

近年来普惠金融领域贷款增速呈现趋势性向上的态势,由 2018 年的 13.8% 上升至 2021 年的

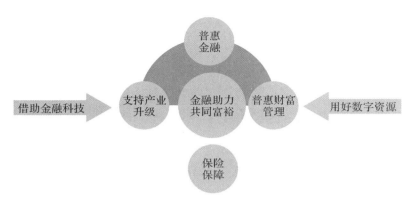

图3　金融创新助力共同富裕的实施路径示意图

图表来源:作者自行绘制。

23.2%。小微普惠领域的贷款占比并不"小",也不"微",虽单户金额不高,但未来如果持续保持高速增长,该领域的贷款年增量将成为金融机构贷款投放的"重头戏",也是其进行经营结构转型、形成可持续发展能力的重中之重。特别是金融科技不断强大的当今,场景化、线上化产品体系不断丰富,更为普惠金融的加快发展提供了有利的环境。

共同富裕推动工作点多面广,下沉基层,往往要求一地一策、一产(业)一策,集中式管理体系难以适应。金融机构在紧守风险防控、合规经营等底线的基础上,要着力推动服务和风控体系下沉。要充分依托政府和监管部门数字化综合服务平台,利用数据,减少中小微企业、个体工商户、农户等认知信息上的不对称,精准实施客户画像,辅助授信审批和风险控制;要整合银行、保险、证券、产业链龙头企业、政策性担保等多方力量,重视"三表三品"、乡土人情等传统方式,为共同富裕保驾护航。省级和地市机构要分层发挥政策研究、资源配置、市场研究、产品创新、方案设计等区域营销中心和风控中心功能,配套适度授权,靠前、靠下接地气。要适度集中资源,支持县域机构发挥乡村振兴和共同富裕前沿阵地功能。

(二)把握多支柱保障的主线,发挥保险功能提升抗风险能力

欠发达区域、中低收入人群整体抗风险能力弱,防范因灾、因意外、因病、因市场波动等因素导致致贫、返贫仍是底线任务,同时人口老龄化形势下,养老也需要建立多支柱的保障体系。罗熹[13](2021)在《保险业助力共同富裕》中指出,保险在某种程度上是助力和保障社会共同富裕的"底座",我国在针对农民群体开展的农业保险、价格指数保险、防贫保险等产品,以及针对区域特色农业开展产品创新等方面已经做出了一些有益尝试。围绕共同富裕,保险机构应重点针对灾害、意外、伤病、市场波动、养老等常见的风险缓释和保障性需求,聚焦重点领域、重点人群积极开展业务。第一,积极开展政策性农业保险。重点针对灾害和市场波动等风险,推广价格、气象等保险产品,并深入乡村田间地头,结合各特色农业特点开发特色产品。在缓释农业风险的同时,也为银保合作推出农业生产信贷提供了条件。第二,推广普惠型的医疗、意外保险。充分考虑中低收入人群承受能力和最核心需求,突出风险缓释功能,开发普惠型相关产品,防止弱势人群因意外和伤病致贫、返贫。第三,持续推动年金、商业养老保险等产品,强化养老多支柱保障。欧美等主要发达国家已基本实现由政府、企业和个人共同承担养老支出,特别是第三支柱个人养老金成为国民养老体系中最重要的力量。我国当前养老金体系中,第一支柱占比过高,资金隐性缺口问题突出;第二支柱覆盖面偏狭窄，也无法实现普惠性。在此情况下，第三支柱的重要性日益提升，空间广阔。

（三）把握产业转型升级主线，支持区域特色产业发展

产业发展是带动共同富裕的主路径。中共中央、国务院《关于支持浙江高质量发展建设共同富裕示范区的意见》提出要加快推进产业转型升级，大力推动企业设备更新和技术改造，推动传统产业高端化、智能化、绿色化发展；支持企业通过提质增效拓展从业人员增收空间，合理提高劳动报酬及其在初次分配中的比重。

从2021年工信部等六部委联合发布的《关于加快培育发展制造业优质企业的指导意见》来看，宏观层面要引导构建"专精特新'小巨人'企业—制造业'单项冠军'企业—产业链领航企业"的梯次创新型企业发展体系，并力争到2025年，基本形成梯度培育格局，发展形成万家"小巨人"企业千家单项冠军企业和一批产业链领航企业，加快实现国内经济的高质量发展。浙江省拥有的"专精特新"小巨人企业数量位居全国首位。浙江区域经济基本都有一个或多个具有突出优势的特色产业，一乡一品，一县一品，一市一品，并基于特定资源、先发优势等建立全国性甚至全球性竞争优势，成为单项冠军。近年来，经过供给侧改革和市场优胜劣汰，优势企业加速转型升级，不断提高竞争力和产业附加值，产业集群效应不断突出，成为金融机构发展产业链金融、普惠金融，提升制造业信贷，以及获取基本客户的重要阵地。《浙江省高质量发展建设共同富裕示范区实施方案（2021—2025年）》提出要促进中小微企业"专精特新"发展，大力培育隐形冠军、专精特新小巨人、单项冠军、雄鹰企业和"链主"企业，打造"单项冠军之省"。

金融机构要把握市场机遇，第一，要提高政策研究能力，快速响应政府和各职能部门推出的改革举措、项目清单、企业名单等，创新产品和服务；并要提高行业研究能力，强化对细分行业的研究，设计有针对性的产品、服务和风控方案。第二，要具备"单项冠军"思维，在把握大类行业的基础上，要"俯下身子"，逐个区域、逐个产业评估其可持续发展能力和市场竞争力，通过产业链金融、集群式授信以及产业园区开发建设等多种方式提供支持。第三，要适应"专精特新"化发展要求，以"商行＋投行"的视野和服务，全方位、多维度评价并提供金融服务。第四，要背靠资本市场促进共同富裕，通过资产管理等业务，支持企业通过员工持股计划、股权激励等惠及员工，同时借助股权投资等惠及理财客户群体等。第五，对于传统企业，要重点支持企业转型升级，加大技改信贷投入，培育企业可持续竞争力。

（四）抓牢"扩中"主线，大力开展普惠财富管理业务

持续推进共同富裕的过程中，产业发展所带动的工资性收入、经营性收入是源头活水，但不能忽视金融通过资产管理、代客理财产生的财产性收入。

我国财富市场规模当前已超100万亿，银行理财、信托、公募基金位列前三位。根据中国银行业协会秘书长刘峰（2021）[14]通报，至2021年三季度末，银行理财产品个人投资者首次超过7000万人，较年初增长71.1％，银行理财存续余额28万亿元（折算户均40万元），前三季度理财产品累计兑付客户收益6400亿元（年化折算户均1.22万元）。根据中国社科院金融研究所（2021）[15]发布的《共同富裕视角下的中国普惠型财富管理市场研究报告》，截至2020年末，面向普通大众的公募银行理财与公募基金两类普惠财富管理产品对应居民财富的占比仅为4.36％和2.88％，与发达国家有较大的差距。理财产品的普惠性和单户渗透率都有很大的提升空间。

以当前市场中的产品报价为例，1万元存款存1年活期，获取利息收入约30元。同样1万元资金，若2021年全年购买微信理财通，至少可获得170元的投资收益；如果客户的风险偏好足够高，或者可以拿出部分资金进行中高风险的投资，来购买混合基金，那收益有望再翻几倍。

从更长期和普适的视角来看，我们分四档对个人投资者未来不同时间段的投资收益进行了测算。可以看出，随投资时间不断拉长，投资的复利效应更为明显。如果投资期限拉长至10年，最低收益与高档收益差别可达50多倍，充分显示了投资理财对于增加居民财产性收入的重要性。当然理财类产品都伴随有不同等级的投资风险，不对本金和收益做任何承诺保证。但以历史数据来看，在专业投资顾问的指导下，进行足够分散化的投资，并根据自身的风险偏好控制好组合的整体风险，长期投资于以债券、股票为主的理财类产品确实有望实现比储蓄存款可观的投资收益。

近几年，财富管理线上化＋智能化趋势明显。以独立第三方平台为代表的非金融机构凭借流量渠道和场景设计大量引客，在服务长尾客户和大众客户方面做出了一些尝试，但其售后服务还有待提升，投资者教育工作也有一定缺失。

围绕共同富裕目标，金融机构财富管理业务应突出抓好三方面工作。第一，做好投资者普及教育，尤其是关注低收入人群、老年人群、农村留守"一老一少"（赵永红，2021）[16]等金融教育不充分的弱势群体。根据浙江省第三次农村普查公报，2016年末农村经营者中小学文化占比47.9%，初中文化占比36.1%，今后扩大的中等收入群体中"农民进城"人员又将占相当比重。因此，金融机构必须高度重视财富管理业务的销售合规性、投资者评估等，并持续开展投资者教育工作，帮助投资者提升金融理财意识、树立正确的投资观、认清自身风险偏好水平和产品特性，以达到财富长期稳健增值的目的。第二，要服务好长尾客户，产品进一步向普惠化迈进。坚持以普惠和差异化的产品体系来服务更多的客户，尤其是银行理财产品先天具有收益稳健、低波动、销售起点低、期限灵活、申赎方便、产品类型丰富、销售渠道便捷等普惠性特征。在此基础上，要区分中低收入人群、老年客群等，量身定制与群体风险承受意愿和能力相匹配的产品，加大低费率、标准化、普惠性理财产品供给，拓展销售渠道，扩大客户服务面。第三，投资端要通过多元化投资体系助力乡村振兴及新型城镇化、"双碳"战略、重大区域战略、科技创新战略等落地推进，进而进一步惠及重点区域和重点人群。

共同富裕是一项复杂的系统工程，具有长期性、持续性、广覆盖等特点，需要金融机构配套建立起组织实施体系，形成长效推动机制，久久为功。

参考文献：

［1］厉以宁，黄奇帆，刘世锦，等.共同富裕：科学内涵与实现路径［M］.北京：中信出版集团，2022：1-30.

［2］陆岷峰.共同富裕政策背景下金融的历史使命与着力点选择：基于商业银行的视角［J］.金融理论与实践，2022（1）：1-8.

［3］邹克，倪青山.普惠金融促进共同富裕：理论、测度与实证［J］.金融经济学研究，2021（5）：48-62.

［4］沈轩.共同富裕"是什么""不是什么"［N］.浙江日报，2021-11-05.

［5］［8］［9］［12］余丽生，等.共同富裕：浙江实践的典型案例［M］.北京：经济科学出版社，2021.

［6］［10］"金融＋"助推山区县高质量发展［N］.经济日报，2021-12-24.

[7] [11]朱华,孟文.工行丽水分行:金融赋能推动山区县加速发展[N].浙江日报,2022-02-28.

[13]罗熹.保险业助力共同富裕[N].新华社,2021-11-16.

[14]刘峰.理财产品可以在促进共同富裕中发挥更大作用[Z].第十届领航中国年度盛典暨 2021 金融界未来银行年会发言.

[15]李惠敏.共同富裕视角下的中国普惠型财富管理市场研究报告出炉[N].中国证券报,2021-10-22.

[16]赵永红.共同富裕下的"负责任金融"理念[J].中国金融,2021(20):53-54.

[17]陆发桃.共同富裕看浙江[M].杭州:浙江人民出版社,2021.

本文已发表在《金融与经济》2022 年第 7 期

社会组织党建赋能共同富裕示范区建设的探索与思考

李芬芬

（浙江经济职业技术学院）

摘　要：新时期，社会组织作为支持浙江高质量发展建设共同富裕示范区的重要主体，应在我省"红色根脉强基工程"的重大部署下，大力推动基层党建工作质量整体跃升、打造新时代党建高地，聚焦聚力解决我省部分社会组织存在的党组织覆盖、党员主动能力、党建资源、创新举措及平台载体等方面的问题，从而引领社会组织参与浙江高质量发展建设共同富裕示范区战略目标，更好地发挥社会组织党组保证政治方向、参与社会治理、统筹整合资源及丰富思想内涵的多重功能，这也是党建引领社会组织参与浙江共同富裕示范区建设的实现路径。

关键词：社会组织　党建　共同富裕

习近平总书记指出："共同富裕是社会主义的本质要求，是中国式现代化的重要特征。"可以说，能否实现共同富裕，是区分社会主义制度和资本主义制度、中国式现代化和西方资本主义现代化的"试金石"。与此同时，以社会团体、基金会和社会服务机构为主体组成的社会组织，作为我们治理体系和治理能力现代化的重要内容，作为国家治理多元主体之一，是推动国家经济社会发展的重要力量，更是实现共同富裕的重要资源。2021年，党中央、国务院赋予浙江高质量发展建设共同富裕示范区的光荣使命，浙江迅速制定《浙江高质量发展建设共同富裕示范区实施方案（2021—2025）》，在推进公共服务社会化改革和推进社会治理先行示范方面对浙江社会组织提出了更高的要求，也提出了更为宽广的实践渠道。

截至2021年底，浙江省共有登记注册的社会组织72807家，其中省本级社会组织2330家，这些社会组织大都拥有独特的专业优势、完善的组织体系、丰富的智力资源及巨大的社会价值，而且社会组织不同于传统式政府管理模式，是以一种柔性灵活有张力的架构方式，一头关联着庞大的行业主体与社会力量，一头传达着基于自身发展和社会进步的诉求与引力，是连接政府与社会、上层与基层、行业与群体、专家与大众之间的天然纽带与桥梁。2021年10月12日，浙江省委书记袁家军在全省基层党建工作会议上强调，要以实施"红色根脉强基工程"为总抓手，大力推动基层党建工作质量整体跃升、打造新时代党建高地。这对我们以党建引领建设变革型社会组织提出了明确要求——全省社会组织要在党建引领下聚焦聚力高质量发展、竞争力提升、现代化先行和共同富裕示范，充分利用专业、资源优势，有序引导公益资源下沉，为我省的行业发展、文化先行、治理体系、社会架构做出趋势性安排与前瞻性设计，从而为高质量发展建设共同富裕示范区贡献社会组织独特的力量与优势。

一、社会组织党建赋能浙江共同富裕示范区建设的主要功能

社会组织是我国社会主义现代化建设的重要力量，也是支持浙江高质量发展建设共同富裕示范区的重要主体。社会组织党建引领社会组织参与浙江共同富裕示范区建设，发挥着保证政治方向、参与社会治理、统筹整合资源及丰富思想内涵的多重功能。

（一）保证政治方向、聚焦战略目标

新发展阶段，社会组织党组织要发挥好党把方向、管大局、促发展、保落实的重要作用，就要牢牢把握政治建设首位要求，始终坚持正确政治方向，从而确保社会组织的各项工作与党中央同心同向，围绕我省高质量发展建设共同富裕示范区的战略目标，引导社会组织主要开展打造共同富裕示范区所倡导和需要的公益服务来促进组织成长，使社会组织间形成共同的价值取向，共同的目标导向，共同的战略方向，以主体动能的合力，积极策应党委政府决策部署的落地生根。

（二）参与社会治理、形成有效合力

社会组织是社会治理的重要部分，通过自由灵活的社会组织，整个社会能够更好地实现自我建构和自我协调，是我省率先推进省域治理现代化的重要资源和重要体现。党的十九届四中全会强调，要发挥群团组织、社会组织作用，发挥行业协会商会自律功能。社会组织汇集着大量人才、信息和资源，可以发挥"智囊团""助推器"和"黏合剂"等作用，既是社会治理的重要参与者和实践者，也是治理能力现代化的重要力量和载体。加强党的建设，让社会组织唱响主旋律，弘扬正能量，更好地强化服务功能，提升参与社会治理的能力，实现政府治理和社会调节、社会自治的良性互动，对于我们党更大范围地凝心聚力，更好地促进社会和谐稳定起到积极作用。

（三）统筹整合资源、发挥攻坚作用

通过构建执政党领导社会、覆盖和渗透社会民众的组织网络体系，搭建执政党和外部社会环境的资源交换与交流互动的中介机制，一方面向群众了解所需，对相关问题进行梳理、归纳、反馈，促使党组织根据问题条目分析解决问题，推动党务工作与实际工作相结合；另一方面，开展党建工作对于社会组织自身而言，不仅创造了良好的外部支持环境，也实现了党内外资源的集聚，为社会组织的发展提供人才和智力方面的支撑。通过党建工作建立的沟通平台具有天然的权威性，当党建工作嵌入社会服务的网络系统中时，组织间的长期联系更能使彼此获得信任感，从而形成相对稳定的合作结构，能够更有效地整合资源、凝聚力量。

（四）丰富思想内涵、实现价值引领

浙江多年来一以贯之践行"八八战略"，持续深化改革，共同富裕不仅是经济问题，而且是关系党的执政基础的重大政治问题。在共同富裕示范区建设中，我们把党的领导贯穿推动浙江高质量发展建设共同富裕示范区的全过程、各领域、各环节。将红色创建活动与社会组织特色活动相结合更能强化组织公益的效果，提升民众对社会服务机构的信任与认同，扩大社会服务机构的社会影响

力。建设共同富裕示范区，是贯彻落实习近平新时代中国特色社会主义思想的具体实践，将为党的创新理论特别是共同富裕的思想内涵提供丰富理论素材和生动实践案例，也是实现社会主义核心价值与理念的生动指引。

二、社会组织党建赋能浙江共同富裕示范区建设的不足之处

共同富裕不仅是经济层面的富裕富足，还对社会治理、公共服务、人居环境等诸多方面提出了更高要求，部分社会组织在围绕这一战略任务的发展进程中，以党建引领社会组织开展各项工作的深入程度、覆盖范围和参与水平在一定程度上还存在明显不足，在共同富裕示范区建设中发挥重要作用的载体、方式、功能还不够多，特别是在有效策应党委政府的战略策略上还不够深入有效。

（一）社会组织的党组织嵌入共同富裕示范区的各类组织不够

社会组织涵盖了政治建设、经济建设、文化建设、社会建设及生态文明建设等多个领域。近年来，我省社会组织无论是规模数量、业务范围还是整体实力均有了较大的发展，逐渐成长为一股重要的社会力量。然而，社会组织由于本身机构设置较为松散、成员流动性相对较大、活动比较分散、自主性能动性不强，组织覆盖较为薄弱，与推进治理现代化、实现共同富裕示范区的要求还有不小的距离。近年来，虽然我省民政部门注册的基金会、民办非企业单位与社会团体等社会组织党组织建设取得了一些突破，但社会组织党组织还存在着设置不合理、建设不均衡、有形有效覆盖不够等短板，特别是社区社会组织、自治组织等类型的社会组织未实现党组织的全覆盖。

（二）社会组织党员队伍助推共同富裕示范区的主动能力不够

当前，社会组织在教育、文化、养老、生态保护等领域有着广泛的影响力，在共同富裕建设中具有重要作用，社会治理的复杂化、专业化及共同富裕的共富性对社会组织的服务能力提出了更高要求。社会组织中的党员大部分是兼职工作人员，社会组织党员队伍专业性、服务性、主动性等能力不足阻碍社会组织党建工作的有效开展。有的社会组织党组织没有从党建角度抓牢抓实"七张问题清单"，存在着党建与业务"两张皮""两条线"情况，领导力、管控力、执行力不够强；有的法治观念淡薄，全凭经验办事，有的现代化治理能力不足，面对新变化新挑战手忙脚乱、力不从心。

（三）社会组织党建资源服务共同富裕示范区的多样需求不够

社会组织党建资源管理工作对于社会组织赋能共同富裕示范区建设具有重要影响，当前我省的社会组织正在以较猛的态势增加，这就要求社会组织党建资源的需求量进一步加大。但是由于社会组织党建起步晚、资源不足，再加上我国近年来社会体制改革正处于重要的转型期，社会组织党建资源管理工作也存在诸多的问题。有的党建人才资源储备不足，阻碍了社会组织党建队伍建设，党建工作存在着"就党建讲党建"等情况；有的党建经费不足，资金来源渠道不畅，自身筹资能力不足，制约着社会组织参与共同富裕建设的作用发挥；有的党建活动场所不够，影响了党建工作的有效覆盖与社会组织的高质量发展。

（四）社会组织党建工作参与共同富裕示范区的创新举措不够

共同富裕示范区是高质量发展高品质生活先行区、城乡区域协调发展引领区、收入分配制度改革试验区及文明和谐美丽家园展示区，无论是聚焦未来社区、未来乡村，还是生产生活全服务链，以及三次分配的各个阶段，社会组织的服务对象和服务方式都具有多样化的特征。现有的社会组织党建工作在方式手段创制上存在"单一""固化"的问题，一方面，受"体制内党建"思维的影响，社会组织党建存在沿用体制内单位党建的行政化手段的现象，党建活动与社会组织活动难以互嵌的问题。社会组织党建是相对较新的领域，在组织架构、功能形态方面都需要进行开创性的探索。

（五）社会组织数字党建引领共同富裕示范区的平台载体不够

随着现代化信息技术的发展，社会组织的生存、交流、活动方式发生了深刻变化。不同的领域、不同的行业、不同地区的社会组织缺乏共同开展共同富裕建设工作的资源和共同的交流平台，社会组织缺乏信息共享所必要的信息共享平台、数据储备设备和专业技术人才等。社会组织一些党务工作者缺乏创新意识和管理能力，习惯使用传统的党建手段，效果不尽如人意，目前社会组织党建线上平台建设比较薄弱，内容建设乏力，影响力和吸引力不足，导致线上平台建成后陷入"空转""停摆"，缺少与线下平台的深度融合。

三、党建引领社会组织参与浙江共同富裕示范区建设的实现路径

提高社会组织的专业化和内部管理水平是社会组织积极参与共同富裕建设的根本要求和前提。推进社会组织党的建设，有利于促进社会组织规范发展，提高社会组织的整体发展。我们应发挥社会组织党建的赋能效应，提高推进社会组织党建的自觉性，使其引领和促进社会组织高质量发展。

（一）以嵌入型党组织为基础，扩大组织规模，丰富共同富裕参与体系

要统筹推进各领域基层党组织建设，完备社会组织党建的工作机构，优化社会组织党建的管理体制机制，充分发挥基层党组织战斗堡垒作用和党员先锋模范作用，让党组织成为政治上的核心、行动上的引领、思想上的保障，成为社会组织及其团结的群众参与共同富裕建设的重要渠道。领导班子及常设办事机构专职人员中正式党员合计3名及以上应成立党支部，新申请成立的社会组织须同步设立党建工作机构；对尚不具备组建党组织条件的社会组织，党建联络员做好联系和指导工作，协助做好社会组织中已有党员的教育和管理工作；社会组织在人员变动或换届的时候，及时掌握党员数量情况，一旦具备组建党组织条件应及时建立党组织，实现组织嵌入。

各级政府要重视社会组织党组织发展，加强研究、分类施策，改善基层社会组织建设薄弱现状，建立风险预警提示机制，在公益岗位、项目经费等方面向末梢型社会服务组织党组织倾斜。社会组织党组织将党建主题活动与共同富裕建设及社会组织发展活动相结合，以党建推动社会组织实现其宗旨与目标，以全面推进全域党建联盟为牵引，推广"大下姜"乡村联合体共富模式，推进乡村片区化、组团式发展，探索党建统领先富带后富实现共同富裕的机制和路径，实现活动嵌入。

探索省域层面抓城市基层党建新机制，推进两新党建"三年创优、整体跃升"，完善选人用人"一体系三机制"，推进干部队伍和干部工作系统性重塑，打造忠诚干净有担当的高素质专业化干部队伍，提升领导干部统领推进现代化建设和共同富裕的能力，扎实推动共同富裕先行先试。动员吸收党政机关及事业单位退休人员加入社会组织党组织、组建片组人才智库，增强党组织的战斗堡垒作用，丰富推动共同富裕建设的参与体系，为共同富裕建设提供智力支撑，实现人才嵌入。

（二）以学习型党组织建设为依托，抓组织生活质量，提高共同富裕建设的参与热情

社会组织参与共同富裕的热情包括情感层面、使命层面、职责层面、政治层面，这些都要与党建引领结合，更要与共同富裕结合。通过党内渠道及时获得政策信息；学习各级党代会讲话精神，领会国家战略意图，了解共同富裕最新政策动向，并将其融入自身组织发展的战略。通过党建工作培育社会组织关注政治的意识，提高其政治敏感度，以明确组织发展方向，提高社会组织的政治性。做好社会组织党员的日常教育管理，将共同富裕的基本内涵、实现路径、重要意义作为党员思想教育、主题党日活动及社会组织核心业务的重要内容。切实引导党员和党员干部增强党章意识和党员意识，在强化党性修养和行为养成中，推动共同富裕理念深入人心，激发党员带会员及社会成员参与共同富裕的热情与信心。

（三）以服务型党组织建设为载体，抓党建业务融合，满足共同富裕建设多样性需求

党建引领社会组织党组织参与共同富裕示范区建设的要求就是在实现自身的高质量发展的同时，有力破解实现共同富裕进程中存在的诸多问题，逐一整改，逐个销号，从而以点带面实现共同富裕战略目标的整体推进。在具体发展与实践过程中，把党建工作纳入社会组织高质量发展整体工作中通盘考虑，统筹安排，引领社会组织将党建工作与服务中心大局相结合、与学术研究相结合、与理论宣传相结合、与履行社会责任相结合。特别是要在党建业务融合中，有效满足并不断实现不同地区、行业、群体在共同富裕进程中，对精神文化需求、产业发展需求、社会保障需求、制度机制需求的不同诉求与重点关切。如省社科联以社会组织力量着力推动社科赋能我省山区 26 县的高质量发展，就是其中的有效方式。此外，我省作为民营经济大省，还要发动更多相关专业与类别的社会组织，重点关注我省大量中小微企业及科技创新类企业主体的现实困境，发动各级妇联、工会及相关社会组织，重点关注妇女儿童和老年群体的个性化需求。唯有如此，各社会组织才能把党的政治优势、组织优势和走群众路线的工作优势转化成社会组织自身发展的优势和竞争优势。

1. 社会组织党组织引导社会组织参与三次分配的相关领域，寻找可作为的空间

第一次分配在市场原则主导的领域，各行业协会、商会积极参与相关法律法规、产业政策、行业标准、发展规划、行业准入条件的研究制定工作，通过举办交易会、展览会，搭建经贸和技术的交流平台，促进行业自律、规范行业发展，成为企业和政府的"连心桥"，助力浙江经济高质量发展，提高劳动力的第一次分配。第二次分配是在政府主导的公共领域里，国家与政府通过税收和转移支付，提供公共产品，例如教育、医疗、交通等。浙江在建设共同富裕示范区的过程中，着力打造"浙有善育""浙里优学""浙派工匠""浙里健康""浙里长寿""浙里安居""浙有众扶"的民生事业"七优享"金名片。一方面通过党建平台搭建政社互动格局，实现社会组织协商。党组织通过背书帮助资源注

入,在政府与社会组织之间发挥桥梁功能,链接社会资源,培育品牌项目。另一方面以党建为抓手引导专业化的社会组织重点服务养老、托育、文化、体育等民政民生事业。明确不同类型的社会组织的功能定位,成立社会组织党建服务中心,为各类社会组织提供党建工作咨询、日常业务指导、活动场地支持、宣传展示平台等功能服务,为各类项目精准整合资源和技术,牵线搭桥。第三次分配则主要出现在社会领域。弘扬公益慈善文化,在全社会营造浓郁的人文关怀氛围,从道德层面加强对践行社会责任优良传统的传承发扬。发现社会问题,通过策划实施公益项目,引起政府、社会的关注,动员社会资源协同政府形成合力,推动社会问题的解决。

2.各社会组织党组织结合实际、找准定位,放大优势、做强特色

结合社会组织特点,充分利用本组织、本机构召开的年会、理事会、会员代表大会等会员理事和工作班子党员骨干聚拢的时间,用专业、科学的思路和方法开展党建活动,以实现共富的方式,加强与行业、地区和人群的有效对接,在共富实践中完成党建活动的有效拓展,在党建活动中丰富共富理论的生动实践。从而以党建引领加快推进共同富裕理论创新、实践创新、制度创新和文化创新。

社科类社会组织党组织要引导专家学者积极参与共同富裕的话语体系构建、重要宣讲活动,精准把握融媒体时代舆情舆论的供需关系与结构特征,杜绝将共同富裕片面理解为狭隘的"杀富济贫""平均主义"。采取交互式、融合式媒介形式,以互动互通的平等身份,加强对普通人性与社会心理生发机制的深入洞察与合力引导;同时着力拓展深化共同富裕的思想内涵,在正确的方向上推进学术研究交流的深化,更好地把中青年社科研究人才凝聚在党的周围,实现团结凝聚社会各界的功能和高质量发展建设共同富裕示范区的目标。例如,省之江青年社科学者协会功能型党支部引领"之江青年说共同富裕",从学者的视角,探讨高质量发展建设共同富裕示范区的重大意义、具体举措与对策建议等。

基金会党组织发挥其社会公益功能,积极参与基金会的管理与治理事务,激发公益基金会慈善工作的活力,将基金会党建工作与基金会监事制度有机结合,充分整合基金会的内部监督资源,发挥监督合力,抑制基金会在慈善工作中的潜在逐利行为,让慈善事业真正惠及最需要帮助的群体,为构建更为公平均等的共同富裕制度保驾护航。例如,余杭径山成立"共富发展基金会",撬动商会等社会组织力量,用公益的心态去做商业,用商业的工具做公益,实现商业和公益的结合,探索具有示范区特色的共同富裕路径。

此外,社区社会组织通过党组织的孵化和统筹,盘活基层治理中现有的社会组织、精英群体等人力资源和公共服务设施资源,更好地实现社区服务人员的聚合,为社区可提供的事项和服务时间等进行统筹和规划,保证需求与服务的精准性,创造社区生动活泼、开放有序的治理格局。如乡村振兴中的"两进两回",就是要着力以新乡贤新群体的力量,实现乡村地域单元资源的盘活、生产的发展,为实现共同富裕提供更加灵活有效的治理方式与实现路径。例如,金华市把融合型社区党建作为重要抓手。当地出台红色物业、红色楼道长等10条管理规范;按照"1+X+Y"模式(1即社区党委,X即驻区单位、群团组织,Y即驻区非公企业和社会组织)建立社区大党委,完成小区党支部全覆盖;建立市级社会组织孵化中心,为居民量身定制流动人口管理、创业指导、为老服务等20余项服务内容。

（四）以数智化党组织为介质，抓平台建设，赋能社会组织推动共同富裕实现

以数字化驱动制度重塑，在共同富裕场景下重塑政府、社会、企业和个人的关系，率先形成与数字变革时代相适应的生产方式、生活方式、治理方式。建设一体化、智能化社会组织数据平台，推进党政机关整体智治综合应用建设，构建全局一屏掌控、政令一键智达、执行一贯到底、服务一网通办、监督一览无余的数字化协同工作场景，建设整体智治、高效协同的现代化党政机关。同时，借助社会组织的力量，可实现政府意志与社会力量的有效对接；深化双方合作互动，以高效协同整合资源力量，放大各自优势，也是为实现共同富裕构建更加顺畅的体制机制及发展动能的题中之义。

1. 以数字赋能党建活动

各社会组织党组织借助融媒体平台，拓展和创新党建活动形式内容。同时，要充分利用好各社会组织自身网站、公众号、微博等，努力破解当前思想教育和政治学习中，一定程度存在的不深入、不系统、不生动等问题，引导广大党员会员在各类数字党建活动中，坚定共产主义特别是共同富裕的理想信念，强化防止贫富差距过大引起社会撕裂的底线思维，增强对共同富裕限制条件与不利因素的斗争意识，为共同富裕提供更加有效的支持体系。此外，在党建活动的宣传报道与深化拓展中，要精准把握融媒体时代舆情舆论的传播特征，采取交互式、融合式媒介形式，引领共同富裕鲜明的价值和舆论导向，不断引导会员增强"四个意识"，坚定"四个自信"，做到"两个维护"，为我们高质量发展建设共同富裕示范区提供最根本的政治引领与思想遵循。

2. 以数字赋能融合党建管理服务工作

在以云计算、大数据、互联网为载体，丰富党建活动内容与形式的同时，着力以数字化强化对党员会员和党建工作的高效管理与服务。有效整合管理信息系统的数据存储，搭建数字党建服务平台，精准把握各社会团体党组织结合共同富裕开展融合党建活动和党务信息，特别是总结推广发挥模范与示范带头作用的党建融合模式，在具体学习教育等活动管理与安排中，做到根据不同群体、年龄、文化程度的党员需求和习惯，突出党员个性化选择和订单式风格，突出共同富裕主题的应用与拓展，也利用数字党建有效破解功能型党支部党建工作中存在的不生动、不深入及与共同富裕指向不明显等问题。

3. 以数字赋能推进共同富裕的整体智治体系

打造数字化协同运营平台，用数据管理、数据决策、数据服务等方式提升社会组织在推进共同富裕事业方面的治理体系和治理能力现代化水平，构建与现代化发展水平相适应的整体智治体系，既是社会组织自身发展的时代所向，也是以建设变革型社会组织推进共同富裕事业的重要目标。近年来，浙江已实现社会组织年检与评估、设立与变更全程上线，课题项目管理全程上网。下一步，通过数字化协同运营平台，实现政府、企业与各社会组织之间的数据共享、业务协同，推进管理服务的科学化、精准化、协同化、高效化。下一步，要通过数字手段深化共同富裕"三服务"、共同富裕指标体系及评价机制等工作，持续优化社会组织发展路径。根据省委关于打造数智群团的目标要求，在各项党建工作中，把中央和省委关于网络强国、数字中国及共同富裕决策部署的各项要求落实落细，努力在围绕共同富裕战略这一关键要素与核心指向中，实现我省社会组织的全方位、系统性重塑，真正做到高站位谋划、高效能治理、高质量发展。

参考文献：

［1］刘蕾,邱鑫波.社会组织党建:嵌入式发展与组织力提升[J].北京行政学院学报,2019(6):31-38.

［2］卢艳齐.新时代社会组织党建的目标梯次、进阶阻碍与突破思路[J].西南大学学报(社会科学版),2020,46(6):13-21.

［3］沈永东.社会组织推动城乡区域协调的体制机制与政策支撑:基于浙江共同富裕示范区建设经验[J].探索与争鸣,2021(11):27-29.

政银企社跨领域协同共进:角色定位与制度建构

——以浙江共同富裕示范区建设首批试点县新昌"协同创新探路共富"为例

丁 丁

（中共新昌县委党校）

摘 要:完善治理机制,提升治理能力与公共服务供给水平,是推动共同富裕过程中必不可缺的一环。浙江省在"整体智治"发展背景下提出的"政银企社"跨领域协同,作为治理体系与治理能力现代化的重要抓手,因而一定程度亦是推进共同富裕示范区建设的保障机制之一。本文先对政银企社协同理念的提出进行理论溯源,再以浙江共同富裕示范区建设首批试点县新昌为研究区域,将新昌全面创新改革中的"政银企社协同创新探路共富"治理实践作为典型案例加以剖析。进而深入探讨治理层面政银企社跨领域协同过程中,作为政策供给者与重要监管者的政府、作为信贷提供者与项目支持者的银行、作为效率担当者与反哺社会者的企业、作为专业补位者与广泛参与者的社会等各自承担的重要角色。基于此,探讨政银企社四者之间协同共进的制度建构,进一步明确协同前提、基础、内核和保障。

关键词:政银企社 协同 制度建构 共同富裕

正确处理政府、市场与社会的关系,是国家治理体系和治理能力现代化过程中,必须面对的一个核心和基本问题。我们可以看到,政府一方面还权于市场,有效发挥市场在资源配置中的决定性作用;另一方面又放权于社会,充分调动社会在更宽广领域的服务职能。诚然,当前制度转型问题、资源污染与资源约束的矛盾、既得利益主体结构调整等问题困难重重[1],建立在法治基础上的多元主体协同治理成为深化国家治理改革的必然。在"整体智治"的发展要求下,浙江省提出的政银企社跨领域协同理念,更是深化政府、市场与社会关系的进一步精准落地。关注政银企社跨领域协同的制度构建,由此进一步提升治理体系与能力现代化,伴随着综合公共服务的提升,一定程度也将成为推进浙江省共同富裕示范区建设的机制保障。

---

[1] 王名、蔡志鸿、王春婷:《社会共治:多元主体共同治理的实践探索与制度创新》,《中国行政管理》2014年第12期,第16页。

一、理论溯源与发展方向：政银企社跨领域协同理念的提出

(一)政府、市场、社会领域结构性分化的出现

改革开放四十多年以来，在经济生活层面，伴随社会主义市场经济的确立，多种所有制经济成分的共同发展，政府集中垄断资源配置的格局被打破，市场成为资源配置的主要方式，这大大降低了社会各领域对政府的依赖性。在政治、文化层面，伴随行政体制改革的推进，政治、文化体制一元化的格局随之瓦解，社会发展空间也因政府控制范围的缩小和力度的削弱而逐渐拓展，各领域社会主体的自主权逐步扩大。[①] 再到公民权利层面，随着公民的权利意识被唤醒，参与意识和能力也逐步提升，相对独立的社会力量开始形成。随着政府简政放权等自身改革不断向纵深发展，制度环境进一步得以优化，市场的发展独立性和作用优势发挥日益凸显，而社会组织的数量结构、管理体系、运行能力也在此过程中不断完善。随之而来的，是市场和社会参与治理需求和动力的与日俱增。

(二)治理理论指引国家治理多元主体共治改革方向

"治理是各种公共部门、私人机构、社会组织和公民个人在管理其共同事务过程中采取的诸多方式的总和。"[②]"少一些统治，多一些治理"，是 21 世纪指引着世界上主要国家治道变革的重要理念之一。治理理论引入国家治理领域，是从政府本位、自由主义的静态视角到政府、市场、社会可能或必要互动合作的动态视角的跨越。这一崭新的视角，意味着在国家治理中，为了实现经济社会和谐、可持续发展的绩效目标，多元化的社会行为独立主体，可以基于一定的集体行动规则、制度，通过沟通交流、协商谈判、参与合作、博弈调适等多方式互动，形成合作治理来有效管理社会公共事务，以促进公共利益最大化。[③] 而到中国特色社会主义语境下的国家治理，可追溯至党的十八届三中全会首提"国家治理体系和治理能力现代化"，强调要由多元社会主体共同进行国家治理。国外学界普遍将多元治理主体视为公共部门、私人机构和非营利组织，而到我国话语体系，主要为政府（中央和地方各级）、企业等市场主体、社会组织。毋庸置疑，"多元主体共同治理"，是我国长期以来实践的经验总结，同时也是今后很长一段时间国家治理改革的发展要求。

(三)实践中的多元主体跨领域协同与浙江省政银企社协同的提出

不确定性和复杂性上升是后工业化、信息化时代的基本特征[④]，导致治理风险增加，治理难度加大。多元主体跨领域协同，是我国诸多治理实践中形成的现实要求与制度创新。在危机治理方面，始于汶川地震救灾，再到新冠肺炎疫情防控，建立分级负责、相互协同的抗灾救灾应急机制，形

---

① 周伟、邹巧丽：《国家治理体系现代化中政府与社会关系的定位与重塑》，《观察与思考》2018 年第 3 期，第 73 页。

② 俞可平：《治理与善治》，社会科学文献出版社 2000 年版，第 4 页。

③ ［美］迈克尔·麦金尼斯：《多中心治理与地方公共经济》，毛寿龙、李梅译，上海三联书店 2000 年版，第 65—79 页。

④ 张康之：《合作治理是社会治理变革的归宿》，《社会科学研究》2012 年第 3 期。

成政府主导、企业等市场主体支援、社会组织参与的应急救灾格局有条不紊开展治理。在经济治理方面，新冠肺炎疫情防控期间，诸多银行勇担社会责任，做好防疫专项贷款及金融服务，与政府一起助推企业复工复产，助力经济复苏。在环境治理方面，由政府、企业和公众共同参与区域性联防联控雾霾等防治。在安全治理方面，联合多元力量对食品药品实施全过程、覆盖广的严格监管制度，细化溯源地制度。在社会服务方面，支持社会力量兴办各类服务机构，明确社会成为慈善事业的主体，政府由主导角色转为支持角色，并积极引导、广泛发动企业等社会力量参与扶贫事业。经济社会等各方面的具体实践，无一不体现共同的本质特征——多元主体跨领域协同。浙江省走在前列，干在实处，早有科学应变、化危为机的先手准备，省委书记袁家军在 2020 年两会期间提出"政银企社携手共克时艰、逆势奋进"，在之后的省委全面深化改革委员会第十一次会议上，又进一步强调构建"政银企社联动的协同高效运转机制"，更是深化了多元主体跨领域协同的具体落地。

二、研究区域与典型案例：新昌政银企社协同创新探路共富的治理实践

新冠肺炎疫情防控期间，新昌县逆势而为，2020 年 2 月 1 日就开始研商企业复工复产，2 月 10 日第一批 73 家企业复工，复工率达 25％，5 天内规上企业全部复工，力促经济"V 型"回升，是全省规上工业复工复产指数率先超过 80％的三个县（市、区）之一①。在这个过程中，我们发现新昌在经济社会层面治理中，政银企社协同共进得到了生动实践。本文捕捉这一现象，选取新昌县为研究区域，以新昌一直坚持的政银企社协同创新探路共富实践为典型案例，进一步拓展剖析。

（一）研究区域概况：深化"小县大科技"创新发展的新昌成为浙江共同富裕示范区建设首批试点县

新昌县地处浙江省东部，隶属绍兴市。作为一个"八山半水分半田"地貌的山区县，新昌拥有陆域面积 1212.7 平方千米，下辖 4 个街道、6 个镇、2 个乡，人口 43 万。20 世纪 90 年代初，新昌县经济社会发展总体水平仍相对滞后。为克服先天的发展劣势，新昌实施"创新强县"战略，培育创新主体，聚焦产业创新，注重制度供给，谋划创新空间，用 11 年时间（1991—2002 年），实现了从全省次贫县到全国百强县的跨越，用 7 年时间（2007—2014 年），实现了从省重点污染县到国家级生态县的跨越，走出一条"小县大科技"的可持续发展之路。2014 年，浙江省政府在新昌开展科技体制改革试点。2016 年，新昌被列为浙江省全面创新改革试验区"两市两县"之一，并作为唯一的县域代表在全国科技创新大会上作典型发言。2017 年，新昌成为浙江省首家国家科技成果转化服务示范基地，也是全国首家设立在县一级的国家科技成果转化服务示范基地。2020 年，新昌位居中国创新百强县第 7 位，全国县域经济综合竞争力百强县第 58 位。

2021 年 7 月，新昌成为浙江省缩小收入差距领域共同富裕示范区建设首批试点。高质量发展建设共同富裕示范区，是党中央赋予浙江的一项十分重大的综合集成改革，新昌作为其中一员，正不断深化"小县大科技"模式，全面推动高水平就业、多渠道增收，力争率先打造以科技创新为特征

---

① 数据资料来源：2021 年 1 月 13 日，新昌县人民政府县长黄旭荣同志在新昌县第十六届人民代表大会第五次会议上所作的《政府工作报告》。

的高质量发展省域样板，力争率先基本形成以中等收入群体为主体的橄榄型社会结构。

（二）新昌政银企社协同创新探路共富的治理实践探讨

骐骥千里，并非一日之功。新昌入选浙江省共同富裕示范区建设首批试点县，离不开长期厚积全面创新改革的能量。新昌在全面创新改革中有诸多行之有效的治理举措，而政银企社跨领域协同共进方面的制度建构，更是其中较为值得研究借鉴的，一定程度或可理解为共同富裕实现机制的一种探索。新昌在全面创新改革试验区实践中主要涉及十一个项目（详见表1）①，政银企社跨领域协同贯穿各项目过程，其中在以下四方面探索中，协同破解问题与协同具体举措体现得更为淋漓尽致。

表1　新昌全面创新改革主要实践项目汇总及政银企社协同主要涉及主体

序号	实践项目	子任务	政银企社协同主要涉及主体
1	开展产学研合作创新体制综合改革	（1）建立"企业出题、高校研究生团队答题、政府助题"的产学研合作机制。完善高校研究生团队的培养模式，选题方向从学校和实验室转向企业和基层。	政府、企业、社会
		（2）在省级层面建立科技型中小企业联姻培育机制，指定院校与地方企业结对。	政府、企业、社会
2	设立浙商跨国并购回归产业园，培育战略性新兴产业机制	（1）依托义甬舟大通道，围绕甬金铁路新昌站场，设立20平方公里的浙商跨国并购回归产业园，引进国际先进水平的高新技术项目，培育战略性新兴产业。	政府、企业、银行
		（2）争取设立综合保税区，编制综保区可行性研究报告，制定申报方案。	政府、企业
3	建立面向软投资达一定规模的高新技术企业等项目用地优先保障机制	对软投资达一定额度以上的高新技术企业、企业新增研发机构，设立有别于传统产业的投资分类标准，优先列入省重大产业项目。	政府、企业
4	探索开展投贷联动试点、高新技术企业信用贷款试点等科技金融创新	（1）鼓励新昌银行业金融机构设立科技金融专营机构，探索开展外部投贷联动试点。	政府、银行、企业
		（2）鼓励商业银行在风险可控前提下，探索开展科技型中小企业信用贷款试点。	政府、银行、企业
5	探索知识产权综合执法试点	深化知识产权管理体制改革，推进专利、商标、版权等知识产权综合高效管理。	政府、企业
6	健全知识产权保护机制	（1）试点建立知识产权多元化社会保护机制，条件成熟时向最高法院申请一般知识产权案件管辖权，争取设立县人民法院知识产权审判庭。	政府、企业、社会
		（2）建立省级知识产权侵权行为认定专家团，指导做好专利行政执法工作。	政府、企业、社会

---

① 数字资料来源：新昌县改革办提供的《新昌全面创新改革试验区评估报告》。

续　表

序号	实践项目	子任务	政银企社协同主要涉及主体
7	探索建立"飞地型"研发基地创新机制	省市联动支持新昌在杭州城西科创大走廊建设研发基地。	政府、银行、企业、社会
8	简化高新技术企业认定流程	建立高新技术企业认定简易流程，简化形式审查内容。加强高新苗子企业培育库建设，改"定期受理申报"为"全年常态培育"。	政府、企业
9	开展落实科技税收优惠政策的方式创新试点	推进科技类税收优惠政策的落实方式创新，加大企业研发费用加计扣除等税收优惠政策落实力度。	政府、企业
10	建立项目审批申报"直通车"制度	(1)将省级相关部门下放或委托下放到市级部门的审批权限下放到新昌，如林转用审批事项(防护林林地、特用林林地除外)审批权限委托给新昌。	政府、企业
10	建立项目审批申报"直通车"制度	(2)取消市级审核转报环节，建立省级项目(试点)申报直报通道。	政府、企业
11	建立体现创新发展要求的统计监测评价体系试点	建立以人力资本投入、研发投入等包含软投入的统计体系，体现创新要素软投入为导向的工业投入考核评价机制。	政府、企业

1. 协同探索之一："产学研"深度融合，协同长效创新

（1）协同破解问题

新昌建立健全"企业出题、高校解题、政府助题"的产学研合作长效机制，以"有效利用高校研究生团队"为突破口，发挥行业协会、中介服务机构等社会力量作用，由此充分调动政府、企业与社会的跨领域联动，加快构建产学研深度融合的技术创新体系。一方面，主要致力于破解企业开发产品难、产业升级难、培养人才难、企业转型难"四难"问题。另一方面，协同高校进行专业学位（工程类）研究生培养模式与体制改革，主要致力于破解高校缺研究课题、缺工程实验室、缺研发经费、缺小试条件"四缺"难题。

（2）协同具体举措

一是建立企业出题机制。①建立企业需求内部挖掘机制，通过技术需求有奖征集、技术人员工作例会等形式，发动企业员工参与技术创新、工艺升级、流程改造等创新课题的研究。②由行业协会牵头组织召开研讨会，定期会商关系行业发展的重大技术需求难题，并转化成技术创新课题。③邀请高校院所专家实地与企业技术人员面对面交流，帮助企业凝练技术课题。④通过政府购买服务的形式，鼓励科技中介服务机构参与企业技术需求的挖掘。

二是建立高校解题机制。①建立企业"出课题、出研发经费、提供研发活动服务保障的新体制"，以课题为基本单位组织科研管理。建立产学研协同创新合同制管理机制，实行企业产学研合同备案和跟踪督查制度，对经过科技部门备案的产学研合作研发项目给予专项资金补助，将失信行为列入黑名单，三年内取消申请产学研补助经费的资格。建立企业研发投入增长激励机制，对企业研发投入比前一年度增长部分，按照企业研发投入占主营业务收入的比重，分档给予奖励。②深化科技大市场建设，实施线上线下相结合的运行模式，建立与国家科技成果网、省科技大市场、高校技术转移中心互联互通、信息共享的科技成果资源数据库，提供技术成果和专家信息推送、科技检索导航等服务，促进科技成果端和技术需求端的精准对接。③建立双层双向的校企对接机制，每年举办科技人才对接活动，带企业到高校找专家，请高校专家到企业对接，促进企业精准找到高校院所研发团队接题解题。④推行"成果转化""项目牵引""筑巢引凤""长期合作"等四种模式，引导企业因地制宜与高校创新团队建立长期战略合作关系。

三是建立政府助题机制。①建立县级产学研合作专项，在省科技厅支持下，县级重点产学研合作项目由省科技厅列为省级公益性项目，打通"横向课题"与"纵向课题"通道。②设立产学研专门奖项，评选产学研合作好专家、好团队、好企业，在全县科技创新大会上表彰奖励。③对来新昌开展产学研合作的本科以上在读学生给予生活补助，对长期在新昌高校研究院工作的老师和学生安排人才公租房。对来高校院所新昌研究生培养基地学习的在读研究生给予专项奖学金。④建立县领导联系高校研究生及导师团队制度，每月联系对接，每季上门走访；成立高层次人才联谊会和人才服务活动中心，深化人才领域"最多跑一次"改革，人才事项全流程网上办理、网上反馈。

2. 协同探索之二：建设"飞地型"基地，借智研发登高

（1）协同破解问题

新昌地处山区，企业引才难、留才更难，严重制约着高新技术企业和后备力量的培育发展。新昌探索借智高校院所，设立企业主导的海外研发中心和异地研发机构，设立政府主导的企业研发基地，政府建设异地科创基地，在过程中深化银行金融支持，政府、银行、企业、社会跨领域协同下，有效破解区位条件不足，难以有效集聚高端创新资源的难题。就企业层面来讲，主要是破解引进人才难、留住人才难的问题，提升企业自主创新能力；就县域发展层面来讲，主要是破解招引科技含量高的好产业项目落户难的问题，增强县域发展后劲。

（2）协同具体举措

一是设立企业主导的海外研发中心和异地研发机构。①大力实施企业家素质提升工程，政府出资与清华、北大等著名高校联合举办企业家高级研修班，提升企业家的创新意识，打开他们的视野格局。②出台政策鼓励引导企业加快走出去步伐，支持有条件的企业围绕主业，采取并购或自建等形式，在全球智力富集地区设立研发机构。

二是设立政府主导的企业研发基地。①新昌县政府事先征集企业设立异地研发机构的需求，汇总分析选择合适地域，由政府出面租赁用房，统一设立新昌企业研发基地。②由企业提出入驻申请，经相关部门审核后，企业研发机构正式入驻运行，同时政府在租金方面给予补助。

三是政府建设异地科创基地。①在浙大紫金众创小镇专门建设新昌杭州紫金科创港，定位于"离岸"科技创新基地，打造招商引智、项目孵化、产学研对接、科技金融、技术研发五大平台。②新昌杭州紫金科创港实施"政府＋专业运营机构＋专业股权投资基金"的运行模式。由专业运营机构会同投资基金进行项目的筛选和孵化，对入孵项目给予金融支持，同时明确一旦项目孵化成功后，优先在新昌设立生产基地进行科技成果的产业化。③在新昌建设两个科技型中小微企业集聚园，有效承接新昌杭州紫金科创港孵化成功的项目。

3. 协同探索之三：专门设立"科技支行"，推进投贷联动业务

（1）协同破解问题

就处于发展上升期的科技型中小企业而言,其往往固定资产有限,资金需求量大但抵押物不足。就银行而言,信用贷款、投贷联动等属于高风险的金融产品,一旦产生坏账,会给银行带来较大损失,与追求效益为主的现有考评机制相冲突,银行开展先行先试的积极性普遍不高。由此,科技金融体制不完善一度成为全面创新发展的瓶颈问题。为求破题,新昌县政府出台支持性政策,通过探索开展方式灵活的投贷联动业务,完善措施提高银行对科技型中小企业提供信用贷款的积极性,解决科技型中小企业发展资金需求问题。由此,进一步促进科技与金融良性互动,政府、银行、企业跨领域协同下,提升新昌企业的自主创新能力,加快科技成果转化,培育一批新型科技型企业。

(2)协同具体举措

一是出台政策鼓励设立科技金融专营机构,探索开展外部投贷联动试点。①积极引导银行机构探索开展投贷联动业务,出台银行业支持高新技术企业发展的专项政策《关于印发新昌县银行业支持高新技术企业和科技型中小企业发展的若干意见(试行)》(新政办发〔2017〕97号)。②2017年12月成功设立新昌农商银行科技支行,开展投贷联动业务及高新技术信用贷款等业务。

二是政府确认企业分类,鼓励探索开展科技型中小企业信用贷款试点。①通过银行业支持高新技术企业与中小型科技企业办法,主要是对企业进行认定,将成长性好的高新技术企业和科技型中小企业以销售额3000万元为线,将其分为二类企业和一类企业,要求银行机构在风险可控前提下,建立快速审批机制,对政府明确认定过的一类企业,由"科技支行"直接给予信用贷款,对二类企业经认定后由辖内银行机构自行选择企业对接。万一发生贷款风险,对一类企业按政府70%、银行30%的比例承担风险,对二类扶持企业按政府50%、银行50%的比例承担风险。②督促银行机构加大对科创企业信贷投放力度,推进高新技术企业和科技型中小企业名单库建设,由辖内银行机构对名单企业逐户对接摸排掌握信贷需求情况,切实提供信贷支持。③推进开展企业贴息工作,根据《关于印发新昌县银行业支持高新技术企业和科技型中小企业发展的若干意见(试行)》相关要求,监管组联合相关部门,推进一类扶持企业贴息资金返还工作。

4.协同探索之四:知识产权"多元化"保护,创新者无后顾之忧

(1)协同破解问题

企业在创新过程中经常面临知识产权侵权的困扰。知识产权受到侵犯时存在取证难、界定难、县级认定难的情况,制约了其对知识产权的保护和对侵权行为的有力打击。新昌积极探索知识产权综合执法试点,通过知识产权管理体制改革,进一步理顺体制,整合部门职能,有效解决知识产权管理分散、部门职能交叉、知识产权管理效率较低等问题。同时,建立知识产权多元化的保护机制,积极成立并调动知识产权调解组织等社会保护力量,建立省级知识产权侵权行为认定等专家团队进行针对性辅导,政府、企业、社会跨领域协同下,推动破解县级由于缺乏专业人员对侵权行为认定难的问题,为激发市场主体创新活力创造良好环境。

(2)协同具体举措

一是建立知识产权多元化社会保护机制。①设立新昌县知识产权司法保护服务中心,成立知识产权调解组织,吸纳14名各界调解员;开展宁波市中院微法院网上调解平台试点,对涉及新昌知识产权案件优先解决。②设立宁波知识产权法庭新昌巡回审判庭,开展宁波知产庭涉绍兴范围内的知产案件调解、审判工作,并通过到宁波中院挂职等方式提升队伍业务能力。③为企业提供多种知识产权司法服务，如建立"知产服务"企业微信群；加大宣传培训力度，如定期开展走访企业、座谈会等活动，邀请重点企业旁听宁波知产庭开庭案件等。

二是成立省级知识产权侵权行为认定专家团。①与省知识产权研究与服务中心共建中国（浙江）知识产权维权援助中心新昌分中心，根据新昌产业特点和企业需求，牵头成立由15名专家组成的知识产权侵权行为认定专家团。②积极邀请省专家团牵头在新昌开展专利行政执法指导工作，并赴企业举办多场次知识产权宣传、培训活动。

三是探索知识产权综合执法试点。①第一阶段，2018年出台《新昌县知识产权综合管理改革试点实施方案》，将县文广局承担的著作权相关职能划入县科技局。同时，成立知识产权综合管理改革试点工作联席会议制度，加强对知识产权综合管理改革试点工作的指导和协调。②第二阶段，在新一轮机构改革中，将县科技局（县知识产权局）的著作权相关职责划入宣传部，将县科技局（县知识产权局）的专利权相关职责划入县市场监督管理局，实现知识产权专利、商标的统一管理。

三、协同共进与高效运转：政银企社跨领域联动的角色剖析

对政府、银行、企业、社会之间如何跨领域协同，浙江共同富裕示范区建设首批试点县新昌的"协同创新探路共富"探索，给予了一个较好的经济社会层面治理典型。基于新昌实践，再结合文献综述更进一步思考剖析，由点到面，从构建相对普适性的"政银企社联动的协同高效运转机制"价值意义上来讲，政府、银行、企业、社会之间并不是功能的简单相加，而是各自承担着既分工又协同的重要角色。

（一）政府：政策供给者与重要监管者

根据凯恩斯的观点，政府作为"看得见的手"，可用行政、法律、财政、货币等多手段，以调控者、购买者、仲裁者、担保者、监管者和道德劝说者的角色，参与资源配置。一方面在微观层面，政府减少对微观经济活动与资源配置的直接干预，提高对市场经济规律的认识，引导企业等分散市场主体在资源配置中发挥决定性作用，使其共同致力于党和政府制定的长远目标和发展战略的实现。另一方面在宏观层面，政府在市场失灵领域，克服外部性和信息不完全性，优化公共服务满足公共需求①；加强对市场、社会活动监管，保障公平有序竞争，在市场为解决微观经济效率而决定初次资源配置的前提下，针对经济增长中产生的通货膨胀、失业等问题查漏补缺，推动社会公平正义和可持续发展。

国家治理现代化中的政府角色，应以实现公共利益与公平正义为根本价值取向，通过转变政府职能，一方面实现自身治理能力的整体性提升，另一方面更要给企业、银行等市场主体及社会组织、公民等社会主体参与国家治理让渡空间，促进市场优化与社会成长。具体来看，政府职能转变，包括以行政审批制度改革为突破口，优化政府组织机构，加强公共服务职能，健全决策系统等系列举措。比如新昌实践中，与省市政府联动，建立项目审批申报"直通车"制度及理顺体制规范知识产权

---

① 李春根、王雯：《当代中国财政理念的演变——基于政府、市场和社会多元关系的视角》，《河北大学学报（哲学社会科学版）》2018年第1期，第81—82页。

综合执法。作为政策供给者，政府当以较为开放的姿态，在公共政策制定中吸纳企业、银行等市场主体和社会组织、公民个体等社会主体参与，使其有充分的合法渠道表达诉求、协商讨论、建言献策，比如新昌探索比较完善的企业需求内部挖掘机制，从而使公共政策更趋科学性、民主性，且向着实现公共利益最大化发展。作为重要的监督管理者，政府积极吸引社会资本融入经济社会建设，积极吸纳社会组织参与公共事务、公共服务，既以制度保护社会资本、社会组织不受权力侵犯，又以制度规范社会资本、社会组织合法顺畅运行，比如新昌实践中建立创新发展要求的统计监测评价体系试点等。

（二）银行：信贷提供者与项目支持者

对地方经济、社会发展而言，基础设施保障建设至关重要。而自 1994 年分税制财政体制实施以来，单靠地方财政资金显然已无力解决所有建设项目资金所需，政府投资需求出现较大缺口，但同时上级政府对地方政府的政绩考核并未减少，发展举步维艰。2009 年 3 月，中国人民银行和中国银监会联合发布《关于进一步加强信贷结构调整，促进国民经济平稳较快发展的指导意见》（银发〔2009〕92 号），指出"鼓励地方政府通过增加地方财政贴息、完善信贷奖补机制、设立合规的政府投融资平台等多种方式，吸引和激励银行业金融机构加大对中央投资项目的信贷支持力度"[1]。由此，银行作为信贷提供者与项目支持者的角色逐步明朗。中央政策鼓励地方政府设立融资平台，于是城市建设融资平台、交通投资集团、税务投资集团等各类综合或专项平台公司相继组建，并逐步开始在政府投资中起主导作用。政府通过融资平台向银行贷款是较为高效的融资方式，政府将资金投入基础设施建设和投资环境改善，通过招商引资促使经济社会发展提速，由此带来的财政收入增加与土地价格提高，用以偿还银行贷款。而在这个过程中，银行既是借助政府力量促进其在当地的经营以提升绩效，同时也是响应中央政府号召，履行一定的助力经济社会发展的责任。以融资平台为媒介，支持基础设施建设项目，银行与政府在理性选择中协同共进。

国家治理现代化中银行的信贷提供者角色，还体现在促进本地经济发展中的扶持中小企业、民营企业发展上。新昌出台的银行业支持高新技术企业发展的专项政策，使银行较好地发挥这一作用。政府强调推进国有银行改革，消除其提供企业融资时的所有制偏见与规模歧视[2]，鼓励银行等金融机构向中小企业、民营企业提供融资服务。而银行在其中的角色，就是进一步规范、创新内部信贷机制，丰富抵押贷款形式，从而在确保自身利益与发展情况下拓宽企业的融资渠道。

（三）企业：效率担当者与反哺社会者

在社会主义市场经济发展中，市场这只"看不见的手"有着资源配置的效率优势，其重要性日渐显现，突出体现于中央对市场在资源配置过程中所发挥作用的表述，由党的十四大的"基础性作用"转变为十八届三中全会的"决定性作用"。具体来说，市场主体可以自主选择生产什么、为谁生产及如何生产，遵循自由竞争、等价交换原则，在维护产权的基础上，通过供求机制、竞争机制和价格机

---

① 段振文：《地方政府融资平台贷款的风险及其影响因素研究》，中国农业大学博士论文 2014 年。
② 刘洪昌、朱元通、王晓亮：《政府在中小企业拓宽融资渠道过程中的管理对策研究》，《河北企业》2019 年第 11 期，第 51 页。

制最有效率地配置资源。但由于信息不对称、外部性和垄断性等的存在，市场也会失灵，需要政府宏观调控。显而易见，在社会主义市场经济体制下，市场虽然在资源配置中起决定性作用，但"并不是起全部作用"①。

企业是社会主义市场经济体系中的重要主体，其充分发挥市场机制的效率优势，实现内部管理的精细化、最优化，提高生产效率。虽其根本动因或是在于以期获得更大的经济资本，但其在活跃市场经济、促进技术创新、保障社会就业、促进社会发展等方面一直发挥着十分重要的作用。国家治理现代化中的企业角色，不仅体现于作为效率担当者，在各个生产生活领域有针对性地提供服务产品，满足公众个性化产品需求，保持经济高质量发展和技术创新，正如新昌的科技创新一定程度因企业集聚而兴；还在于作为反哺社会者，通过参与扶贫、捐赠等来回馈社会，或配合国家实施养老服务等政策计划。政府、社会需要企业协同，企业生产的专业化、精细化要求，同样也呼吁其与其他金融机构、政府等之间的协同，从而更有助于各种创新资源、生产要素的聚合，如人才问题培养上便很需要政府协同以政策解决人才住房等保障难题，新昌探索中就关注到这一层面并建立专项人才表彰奖励与住房保障制度。

（四）社会：专业补位者与广泛参与者

在国家治理中，市场因自身逐利特点，而衍生出自发性、滞后性和盲目性等问题，导致治理失灵；政府也因官僚制的低效性，可能造成公共资源浪费、决策失误、内部性和寻租活动等问题，导致治理失灵。而社会具有权力流动的双向性，且灵活性较强②，可以"承担一些政府部门做不好或不应做，企业做却未必有效的社会事务"③。国家治理中的社会，已逐渐成为资源配置中政府失灵与市场失灵的有效替代与重要补充。在我国构建社会主义和谐社会进程中，社会体系及其重要载体——社会组织的治理主体角色也日渐凸显。党的十六届六中全会提出"健全社会组织，增强服务社会功能"，属首次使用"社会组织"概念。再到党的十八大，再次强调"引导社会组织健康有序发展"。随着党的十八届三中全会以"推进国家治理体系和治理能力现代化"为目标，进一步强调"创新社会治理体制，增强社会发展活力，提高社会治理水平"，社会组织在国家治理现代化中的角色被提升至前所未有的重要位置。

国家治理现代化中的社会角色，一方面，集中体现于社会组织的兴起与发展，社会组织兼具志愿性、公益性、灵活性和多样性，且交易成本较低，能对社会中特定对象或领域提供更加具体、专业的服务，提高资源配置的社会化效益，更好地满足多元化、多层次的社会需求，从而有效弥补并衔接政府、市场等其他治理主体需要补充的治理空间，成为专业的服务补位者。新昌探索中科技中介服务机构很好地参与企业技术需求的挖掘，行业协会也在牵头组织技术创新研讨上作用显著。当然，

---

① 习近平：《关于〈中共中央关于全面深化改革若干重大问题的决定〉的说明》，《人民日报》2013 年 11 月 16 日。

② 周伟、邹巧丽：《国家治理体系现代化中政府与社会关系的定位与重塑》，《观察与思考》2018 年第 3 期，第 75 页。

③ ［美］戴维·奥斯本、特勒·盖布勒：《改革政府——企业家精神如何改革着公营部门》，周敦仁等译，上海译文出版社 1996 年版，第 56 页。

社会组织的"志愿失灵"无法完全避免，独立性不足、偏离公益价值、内部管理失范、运行效率低迷等①现象依然存在，因而社会组织的专业补位者作用发挥，需要政府、市场等的协同。另一方面，国家治理现代化中的社会角色，还体现于社会成员作为广泛参与者的角色，公民主体意识不断培育，终端参与个体被唤醒，对政治、经济、社会等活动参与能力有序提升。

四、制度建构与体制保障：政银企社协同共进的路径探索

新昌的"协同创新探路共富"探索，优化治理机制，全面推动高水平就业、多渠道增收，一定程度上为其成为浙江共同富裕示范区建设首批试点，奠定了稳固的前期基础，且进一步印证了政银企社跨领域协同机制构建的价值之所在。在治理体系与治理能力现代化发展过程中，政府、银行、企业、社会各自承担着重要角色，深入探讨四者之间协同共进的制度建构（详见图1），需重点考虑协同前提、基础、内核和保障。

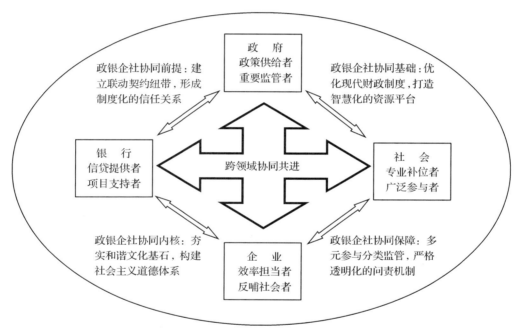

图1　政银企社跨领域协同角色定位与制度架构图

（一）协同前提：建立联动契约纽带，形成制度化的信任关系

制度化的联动纽带是政银企社协同共进的前提。必须建立政府与其他治理主体联动的端口、纽带，打通社会各领域沟通的渠道，从而能在日常公共事务处理中形成多元化的沟通协调机制与紧密强韧的深度合作机制。而信任是其中的关键因素。在困境博弈中，因信任缺乏，"囚徒困境"现象、集体行动中的"搭便车"现象时而发生。② 经营制度化的信任是较好出路。其一，以契约纽带优

---

① 倪永贵：《社会治理创新中的政府与社会组织合作路径探析》，《北京交通大学学报（社会科学版）》2016年第4期，第44—45页。
② 奥斯特罗姆：《公共事物的治理之道》，上海译文出版社2012年版，第2—8页。

势互补，并各取所需。寻求政银企社之间的利益共容点，增进与整体性社会利益的密切相关性，由此使各主体能在追求自身利益时综合考虑社会整体利益。[①] 基于利益共容，探索授权治理、委托代理、契约外包、服务购买等多元契约运作形式。契约设计从行政导向、行政选择、行政原则，转向需求导向、社会选择、法治原则[②]，进一步明确规划决策、对象内容、权责分工、资源运作、效果评定等细节流程，并尝试在不同公共事务领域将其上升到国家法律与地方法规层面，避免形式化和契约流失。其二，发挥党建纽带核心引领，并夯实根基。执政党的党员嵌入政府、银行、企业、社会等各领域网络中，以各种组织形式开展无处不在的服务。这既不是基于行政命令，也不是单独行动[③]，却能夯实国家治理的基层基础，成为一种天然信任的政治纽带。

（二）协同基础：优化现代财政制度，打造智慧化的资源平台

在互联网和信息技术高速发展的新形势下，大数据、社会化媒体、云计算等技术，都正助力着政府主动发现治理问题和民众公共服务诉求。更畅通的点对点反馈和服务的时效性在线需求，也倒逼着治理整体绩效的高质量提升，即能从前端着手，在投诉前便为居民提供更为高效、公平和全面的公共服务。这就势必对政银企社协同的治理平台技术提出更高的效率要求，而智慧化的公共资源平台是基础，需致力于将有效资源的效能发挥到最大。如何打造？在政府内部，梳理条块间的各项管理工作的具体内容，通过网络技术将不同部门的信息平台加以整合，实现相关工作的跨部门合作与资源的无缝衔接；银行、企业、社会组织等相关信息资源形成数据库融入平台，打造集成式、综合性的服务信息平台，并进一步规范办事流程与服务制度；在这一公共平台，各主体能在权限范围内获取资源与信息。由此，实现政府与银行、企业、社会之间的精准对接，提升协同治理的精准度和敏捷度。而贯穿其中的，财政作为"国家治理的基础和支柱"[④]，目前来说现代公共财政制度尚未真正建立[⑤]，财政资金大多通过部门预算形式支出的现状有待优化。应从国家治理现代化的目标出发，优化财政在政府、银行、企业、社会配置资源过程中的调节功效，使得公共资源平台乃至后续公共服务协同项目能够有效运转。

（三）协同内核：夯实和谐文化基石，构建社会主义道德体系

社会主义道德体系的构建，是政银企社协同的协同内核。处于变革时期的社会，新的社会关系尚未成型，"传统的、现代的、后现代的诸多政治理念、经济形态、生活方式、文化模式等，成为共时态存在的多元参照系，其对理性判断的遮蔽在所难免"[⑥]。尤其是企业等市场主体，因其工具理性，一

---

① 张雪：《生态文明多元共治的利益悖论及共容路径探析》，《云南社会科学》2018 年第 3 期，第 80—84 页。

② 彭少峰、张昱：《迈向"契约化"的政社合作——中国政府向社会力量购买服务之研究》，《内蒙古社会科学（汉文版）》2014 年第 1 期，第 165 页。

③ 汪锦军：《嵌入与自治：社会治理中的政社关系再平衡》，《中国行政管理》2016 年第 2 期，第 74—75 页。

④ 李春根、王雯：《当代中国财政理念的演变——基于政府、市场和社会多元关系的视角》，《河北大学学报（哲学社会科学版）》2018 年第 1 期，第 86 页。

⑤ 方国平：《新型政社关系的重构——上海市的探索与实践》，《中国行政管理》2010 年第 4 期，第 45 页。

⑥ 金民卿：《当代中国的社会转型与人的现代化》，《哲学动态》1998 年第 6 期。

定程度天然不触及某些人文关怀与人道精神领域[①]，因而更应通过美德弘扬中外部作用的持续发挥、不断叠加，最终在全社会营造美德洋溢、参与奉献的和谐文化，从而促成协同共进。当然，在制度建构中，要区别于西方逻辑中的过度强调德化教育的个体性，需结合优秀传统文化探索适用于中国语境的道德教育体系，并常态推进责任意识的潜移默化，而不是将道德建设仅停留于宣传口号中。有了道德文化夯实根基，政府目标、企业银行等市场主体责任、公民社会期许在某些治理、服务领域将逐步趋向一致，治理良性循环可以预见。

（四）协同保障：多元参与分类监管，严格透明化的问责机制

监管问责是政银企社协同中必不可少的保障环节。一方面，构建多元参与、分类监评估管机制。政府既是重要监管主体，又是被监管主体。政府需在法律框架内制定科学的监管计划与标准，或成立专门委员会，日常监管其他治理主体的合规合法性；同时作为公权力行使者，政府有义务公开项目经费使用等信息。公共服务项目最直接的监督者是公众，可通过民情恳谈会、微博公众号等线上线下方式建立信息反馈制度，也可将公众代表纳入正式监管团队。此外，引入并深化会计师事务所等独立的第三方评估机构，分类明确机构、项目的评估指标体系，以现场勘察、问卷调查等多途径审核评估，这也是监管制度专业化、科学化发展的方向。[②] 另一方面，基于科学评估监管体系，建立严格的问责机制。既需要关注对政府公共决策和监督职责的问责，又需要关注对企业、银行、社会组织参与公共事务绩效的问责。评估结果可与政府内部绩效考核挂钩，也作为其他治理主体参与公共事务和接受项目委托资格的重要参考，由此加强政银企社协同的主体责任意识，同时对公共服务质量与治理绩效提升起到正向激励作用。需要指出的是，信息的公开透明是严格问责机制的前提。正如科尔曼所说，"持续进行的、广泛信息交流的行动，其相互信任度较高，且有组织的人们也较易获取信任，问责也较易得到推行"[③]。

① 赖佩媛：《政府、市场、社会三方的制约与平衡》，《长江论坛》2016 年第 1 期，第 76—77 页。

② 张青：《培育与规制：基层政府购买社会组织公共服务的制度建构》，华东政法大学硕士学位论文 2014 年，第 47—50 页。

③ 科尔曼：《社会理论的基础（上）》，社会科学文献出版社 2000 年版，第 54 页。

党建引领:中国特色共同富裕道路的重要特征

肖剑忠　　雷舒怡

（浙江工业大学）

摘　要:在中国共产党执政和党的组织体系深入基层地区的背景下,抓好党建促脱贫攻坚是群众脱贫致富的重要经验,党建引领是中国特色共同富裕道路的重要特征。党建引领共同富裕的实践逻辑主要有思想引领、组织引领、资源引领、服务引领四方面,主要的实践模式包括开展"双培养"、推行"先富能人治村"、派遣农村工作指导员和科技特派员、开展党组织结对、建立党建联盟、派遣"第一书记"等。

关键词:中国共产党　党建引领　共同富裕

众所周知,共同富裕被马克思、恩格斯确立为马克思主义的一个基本目标,被邓小平同志确定为社会主义的一个本质特征,被中国人民视为一个基本理想。党的十八大后,以习近平同志为核心的党中央不忘初心,坚持全心全意为人民服务的根本宗旨,坚持以人民为中心的发展思想,坚持精准扶贫理念,带领全党和全国人民组织开展了声势浩大的脱贫攻坚人民战争,并取得了重大历史性成就。在此基础上,以习近平同志为核心的党中央又带领全党和全国人民乘势而上、接续奋斗,提出了实现共同富裕这一标准更高、涉及范围更广、内涵更丰富的目标,并对此进行了战略部署,其突出标志就是将"全体人民共同富裕取得更为明显的实质性进展"列为我国2035年远景目标之一,以及制定印发《中共中央、国务院关于支持浙江高质量发展建设共同富裕示范区的意见》。这也就意味着共同富裕已经从美好愿景进入了中长期战略目标,并从战略目标进入了战略实施阶段。在此背景之下,学界关于共同富裕的研究成果大量出现、竞相刊发。概括地说,这些成果主要集中于对马克思主义经典作家共同富裕思想进行梳理和阐释,对中国近代以来特别是中国共产党成立以来推动富裕的历程进行回顾和总结,对包括罗尔斯和阿马蒂亚·森等在内的外国思想家有关共同富裕的理论资源进行阐发和借鉴,对国家和地方推动共同富裕的政策议程进行评估和建议,对教育、社会保障、慈善等关涉共同富裕的重要民生问题进行探讨和建议等方面。然而,正如习近平总书记所反复强调的,"中国特色社会主义最本质的特征是中国共产党领导,中国特色社会主义制度的最大优势是中国共产党领导",我们研究中国的共同富裕课题,同样必须有党的视角。而且这种党的视角,不仅是宏观性的党的领导视角,而且是微观性的地方和基层党组织的领导的视角,也就是党建引领的视角。比较而言,后面这种研究视角恰恰是已有研究成果十分缺乏的。有鉴于此,笔者有意从党建何以能引领及如何引领中国贫困地区的共同富裕实践等角度,对中国特色的共同富裕道路进行研究和分析。正如习近平总书记在中央扶贫开发工作会议上所指出的,"抓好党建促脱贫攻坚,是群众脱贫致富的重要经验"[1],以及他在全国脱贫攻坚总结表彰大会上所指出的,中国特色反贫困理论的第一条就是"坚持党的领导,为脱贫攻坚提供坚强政治和组织保证"[2],笔者也相信,党建引领正是中国特色共同富裕道路的重要特征。

一、党建引领共同富裕的实践逻辑

党建引领共同富裕并非一个想当然的或自然而然的简易过程,而是一个充分发掘和利用党在执政资源、组织体系、人才资源等方面的优势,充分发挥和展示党员队伍和基层人民群众的主观能动性,充分借助党的思想建设、组织建设、基层服务型党组织建设,以及党内监督等的推力和支撑力的具体而复杂的过程。在这一过程中,党建引领共同富裕的实践逻辑主要包括四个方面。

(一)思想引领:引导贫困地区人民群众解放思想观念、提高思想觉悟,增强脱贫致富的思想自觉

中国共产党属于因为有崇高使命和科学的指导思想所以历来重视党的思想建设、具有浓厚意识形态色彩的马克思主义执政党,有专家将这类政党称为"使命型政党"[3]。自中国共产党成立以来,在列宁建党思想的指引下,为了确保马克思主义作为党的指导思想的地位,以及党的思想统一、党员队伍思想的纯洁,中国共产党一直致力于入党前和入党后各环节的党员干部教育培训、集体学习、党内思想教育和党内谈心谈话乃至党内思想斗争等各种形式的思想建设,其结果就是确立了思想建党的优良传统,保持了党的指导思想乃至整个意识形态的始终先进,实现了党员队伍思想观念和文化理论相较于普通民众的整体高位态。当然,还必须承认,在党内,党员队伍的思想观念和文化理论事实上还受区域、层级等因素的影响,亦即发达地区和高层级党组织的党员队伍的思想观念和文化理论水平整体上要高于和优于欠发达地区和低层级党组织的党员队伍的思想观念和文化理论水平。总之,思想观念和文化理论方面党内高于和优于党外、发达地区高于和优于欠发达地区、高层级党组织高于和优于低层级党组织的总体状况,也就使得党员队伍引导和带动贫困地区人民群众解放思想观念、提高思想觉悟成为可能,使得发达地区的党员干部引导和带动贫困地区的党员干部解放思想观念、提高思想觉悟成为可能,使得高层级党组织的党员干部引导和带动贫困地区的基层党员干部解放思想观念、提高思想觉悟成为可能。当然,这种可能要变成现实,还需借助一些工作机制和工作手段,具体如:贫困地区基层党组织及其党员队伍通过宣传党的基本理论及党中央的重大决策部署和上级党委政府的重要政策举措,并通过党员干部为人民群众解疑释惑、对人民群众鼓舞动员,从而使民众形成对党的基本理论及党中央的重大决策部署和上级党委政府的重要政策举措的理解和认同,对党员干部言论和行动的支持和追随;上级党组织通过下派干部到贫困地区挂职,发达地区党组织通过结对欠发达地区党组织,从而给欠发达地区党员队伍带来新思想新观念新思路;等等。一旦欠发达地区的党员干部及人民群众的思想观念得到转变、思想觉悟得到提高,其谋划脱贫富裕的思路也会实现改变,投身脱贫致富的内在动力也会显著增强,这就是被无数经验所证明的、人们用俗语概括的"要想富,换思路","改变穷脑袋,才能填满穷口袋"。

(二)组织引领:构筑贫困地区的战斗堡垒,动员广大民众积极参与脱贫致富的实践

为把无产阶级及其他劳苦大众组织起来以进行革命进而夺取政权、为实现共产主义这一崇高

使命而奋斗的需要，马克思主义政党历来有重视党的组织建设的优良传统，组织体系严密也历来是马克思主义政党的突出优势。列宁指出，"无产阶级在夺取政权的斗争中，除了组织而外，没有别的武器"[4]，作为在列宁建党思想指导下成立并作为历经 28 年艰苦革命斗争最终取得胜利的马克思主义执政党，中国共产党更有其组织优势。这种组织优势不仅体现在夺取政权的革命时期，同样体现在中国共产党已成为执政党的社会主义建设时期及如今的中国特色社会主义新时代，体现在我国社会主义建设的方方面面。习近平总书记指出："我们党已经形成了包括党的中央组织、地方组织、基层组织在内、拥有九千多万党员的严密组织体系。这是世界上任何其他政党都不具有的强大优势。"[5]特别值得指出的是，党的基层组织体系作为党的组织体系的重要组成部分，其不仅深深地嵌入于掌握公权力的党政机关之中，而且深深地浸入民众聚集的城乡基层社会之中。著名政治学者托克维尔在分析美国市民生活中的结社现象时指出："社团成立之后，他们就不再是孤立的个人，而是一个远处的人也可以知道和行动将被人们效仿的力量。这个力量能够发表意见，人们也会倾听它的意见。"[6]虽然国情有异、各不相同，但组织对基层民众的引领作用和内在机理是相似的。特别是中国共产党，作为一个在建党初期就有在城市工厂和农村革命根据地建立基层组织和引领基层群众的成功实践，并形成党的独特基因和优良传统，如今又有组织网络健全的优势的执政党，其组织力、动员力，以及其在基层社会组织的渗透性、与基层民众的连接性恐怕比一般的社团和其他政治组织都更强，如此，也就使得它不仅具有一股强大的势能，而且具有强大的动能，进而也就不仅自然地对周围民众生发出强大的影响力，而且有效地对周围民众产生出强大的驱动力，成为贫困地区基层民众真心认同、真正拥护、一直听从、始终跟随的基层社会的坚强领导核心，成为贫困地区脱贫致富的坚强战斗堡垒。由此，贫困地区广大民众在基层党组织的组织和动员下，团结一心，群策群力，奋发有为，心往一块想，劲往一块使，进而形成贫困地区脱贫致富的强大战斗力，创造贫困地区脱贫致富的伟大奇迹。改革开放之前的山西大寨取得治山治水的巨大成就、河南林县人民创造"红旗渠"这一"人工天河"的奇迹，改革开放之后的安徽省小岗村农民探索联产承包责任制、贵州省遵义市原草王坝村党员和群众克服恶劣的自然条件创造"引水、修路、通电"的奇迹，等等。这些都堪称贫困地区脱贫致富伟大实践的背后，都有地方和基层党组织的巨大功劳，都离不开地方和基层党组织的组织和动员。

（三）资源引领：将多方面和多形式的资源引入贫困地区，加强贫困地区脱贫致富的资源保障

由于中国共产党的执政党地位及其所掌握的多方面多形式的执政资源、所享有的崇高权威、所具有的纵横贯通的组织体系等，贫困地区的基层党组织也就有了从外部引入、获取广泛和丰富的资源的优势与可能，进而为这些贫困地区的脱贫致富提供了宝贵的资源支持和保障。这些资源包括上级党委政府的政策资源和物质资源、基层党委政府直接掌握的行政权力资源和物质资源、上级党委和其他地区党组织及本辖区其他企事业单位的人才资源、智力资源、物质资源、信息资源等。这些来自各个方面且形式多样的资源，都是贫困地区脱贫致富所需要的，都能在贫困地区脱贫致富的实践中发挥独特作用。资金和其他物质资源对于贫困地区脱贫致富的意义人人尽知、无须多论。拿干部这种特殊的人才资源来说，基层党员和群众"给钱给物，不如给个好干部"的说法就表明了优秀干部这种特殊资源对贫困地区脱贫致富的巨大且独特的作用。总之，有了这些丰富的外部资源，

贫困地区才能解决脱贫致富事业中遇到的各种难题。进一步探析,我们会发现,无论是哪种资源的引入和供给,都离不开党中央的统筹领导,离不开各层级各地区党组织的具体实施,离不开党员干部的亲自参与。具体言之,就是都必须有赖于党的资源引领。以政策资源的引领而言,正是由于掌握政策制定权的上级党委政府及其部门将某些贫困地区某些贫困群体纳入某项政策实施范围或单独面向这些贫困地区和贫困群体出台某项政策,这些地区和群体才广泛受益于这些政策,而摆脱贫困奔向富裕;以干部资源的引领而言,正是由于上级党委乃至党中央的统一部署和具体组织,大量的优秀党员干部才被派到贫困地区,带领当地党员干部和广大群众组织实施大规模的脱贫攻坚战,用他们的智慧、力量、汗水为贫困地区脱贫致富做出重大贡献。对比世界许多国家和地区的反贫困实践,我们可以发现,中国的反贫困实践之所以在很短时间内取得举世公认的巨大成就,一个相当重要的原因就在于中国共产党作为唯一的执政党具有巨量资源,且能灵活调配这些涉及方方面面、形式多样的资源,而这些恰恰是其他国家的政府和执政党所无法做到的。

(四)服务引领:以丰富且贴心的服务满足困难地区人民群众的多种美好生活需要,提升困难地区人民群众的生活品质

全心全意为人民服务是党的根本宗旨。从革命时期毛泽东同志振聋发聩地提出"要得到群众的拥护吗?要群众拿出他们的全力放到战线上去吗?那么,就得和群众在一起,就得去发动群众的积极性,就得关心群众的痛痒,就得真心实意地为群众谋利益,解决群众的生产生活问题,盐的问题,米的问题,房子的问题,衣的问题,生小孩子的问题,解决群众的一切问题"[7],到习近平总书记提出"人民对美好生活的向往,就是我们的奋斗目标"[8]和"我们要坚持党的群众路线,坚持人民主体地位,时刻把群众安危冷暖放在心上,及时准确了解群众所思、所盼、所忧、所急,把群众工作做实、做深、做细、做透。要正确处理最广大人民利益、现阶段群众共同利益、不同群众特殊利益的关系,切实把人民利益维护好、实现好、发展好"[9],可以说,中国共产党成立以来的一百多年历史,就是其始终为人民服务、不断地解决人民群众所需所盼、维护和保障人民群众根本利益、不断提升人民群众幸福感和不断促进人民群众的自由全面发展的历史。由于长期革命、建设过程中的淬炼,由于我们党始终如一地宣贯和践行,服务群众成了我们党的优良传统,也成了全体党员共有的红色基因。2014年5月,中共中央办公厅印发了《关于加强基层服务型党组织建设的意见》,提出:"面对新形势新任务,基层党组织要转变工作方式、改进工作作风,把服务作为自觉追求和基本职责,寓领导和管理于服务之中,通过服务贴近群众、团结群众、引导群众、赢得群众。"[10]2018年10月中共中央印发的《中国共产党支部工作条例(试行)》更是具体地将"组织带领农民群众发展集体经济,走共同富裕道路"确定为农村地区党支部的重点任务。在贫困地区,人民群众的物质生活和精神文化生活水平相对较低,生产生活条件相对较差,其获得感和幸福感相对较低,他们尤其需要获得更多由党组织和党员提供的各种贴心的服务。因此,可以说,各级党组织尤其是困难地区基层党组织践行使命、履行职责、落实工作任务的过程,也就是建设服务型党组织的过程,是为广大民众提供丰富且贴心的服务的过程,进而也是通过服务团结群众、赢得群众、巩固党的执政基础和群众基础的过程。可以想见,如果各级党组织尤其是贫困地区基层党组织始终重视并认真做好为人民服务工作,因人而异地提供多种多样、及时、贴心的物质服务、信息服务、劳动服务,为困难地区人民群众做好力所能及的给资金、出主意、纠纷调解、信息提供、知识传播、技术传授乃至做饭送饭、买药、陪伴等各项服务工作，困难地区人民群众的物质生活和精神生活的满意度和幸福感自然会得到显著提升，换言之，他们在实现共同富裕的道路上取得了实实在在的成就，在共同富裕方面有着实实在在的获得感。

二、党建引领共同富裕的实践模式

在改革开放至今的四十多年中，在以经济建设为中心和以发展为第一要务的时代背景下，因为各级党委的重视、党委组织部门的推动、基层党员和群众的创造，多种党建引领共同富裕的实践模式涌现出来。概括地说，这些实践模式可主要分为三大类：一是着力于纯粹从外部输入资源以引领共同富裕的，可简称为"外部支持型"；二是着力于加强基层党组织自身建设以更好地引领共同富裕的，可简称为"内部建设型"；三是综合型的，即同时兼有外部资源输入和内部的党组织自身建设。具体来说，这些实践模式，主要有以下六种。

（一）开展"双培养"

所谓"双培养"，指的是把党员培养成致富带头人，把致富带头人中的先进分子发展成党员，党员带领群众共同发展，党组织带领致富能人不断进步。很显然，这种实践模式是把基层党员队伍建设作为杠杆的支点，进而推动农民群众共同致富。这种实践模式始于 20 世纪 80 年代，且延续至今。其产生的时代背景是在改革开放时期，全国各地掀起了一心一意谋发展、大力抓经济建设的热潮，为了实现农村地区的快速发展和农民群众的迅速致富，许多农村开始聚焦于激活农村内部最宝贵最活跃的人才资源——党员队伍，把党员队伍作为农民群众共同致富的最大变量和最具动力的引擎。这一实践模式的主要理论依据是邓小平同志提出的"先富带后富最终实现共同富裕"思想和党的先进性理论。在农村地区，将邓小平的"先富带后富最终实现共同富裕"思想付诸实践和具体化，也就成了致富能人（其中部分是党员）带领其他群众共奔富裕；同时，依据党的先进性理论，农村党员只有带头致富且带领群众致富，才能体现"三个代表"的性质，才能体现其相对于一般群众的先进性，才能体现其对党的根本宗旨的践行、对群众的引领。总之，开展"双培养"，既服务了中心工作（即经济建设），又契合了主流意识形态（即共同富裕的理想目标），既有党的高层领导人的倡导和支持，又有基层党员和群众的响应和拥护，既有理论依据，又有实践路径，因而得到广泛认可，被广泛推广。从实践效果看，许多农村地区因为开展"双培养"，使得当地成功走出了从少数先进精英到众多普通群众、从局部范围到更大范围的和谐发展共同富裕之路。也正因为这一实践模式具有显著效果，故而延续至今。当然，时至今日，"双培养"的实践模式也遇到一些挑战，主要是部分欠发达地区，因为长期的人口外流，因为许多年纪较轻、素质较高的党员外出务工创业，留在当地的党员队伍年龄结构老化，思想观念较为落后保守，带头致富和带领群众致富能力较差，换言之，在很大程度上导致了致富能人和农村党员队伍的空间分离，进而导致农村党员和致富能人两种身份的难以合一，即欠发达地区的农村党员很难培养成致富能人，出生于欠发达地区但后来外出务工创业的致富能人也不愿意或者不容易被发展为党员。

（二）推行"先富能人治村"

从 20 世纪 90 年代开始，江浙等沿海发达地区农村越来越多的先富能人经由组织选任、村民选举或党内选举，而当上了村委会主任或村党组织书记，有的是两个职务"一肩挑"。学界把这种现象概括为"先富能人治村"。后来，内陆地区也纷纷仿而效之，于是，"先富能人治村"遍及全国，直至今日。值得注意的是，这些当选为村两委主要领导的先富能人中，党员占有相当比例。早在2005年，从党建视角对"先富能人治村"进行研究的胡序杭教授就撰文指出："特别是江浙等经济发达地区，'先富能人'当选村党支部书记不仅已经出现，而且越来越多，有的地方比例已经高达50%以上。"[11]笔者基于多年对部分农村地区的调查也判断，如今担任村党组织书记（根据新的有关制度规定，他们一般兼任村委会主任）大多数是先富能人。具有党员身份的先富能人大量进入村两委、当选为村党组织书记和村委会主任，无疑因应了各地农村大力发展经济的时代要求、契合了农民群众脱贫致富的普遍心理。上级党委政府也会因为这一模式有助于发展农村集体经济、发展农村公益事业、体现党的先进性、巩固党的执政基础甚至增强农村党组织权威、维护农村社会稳定等经济、政治、社会多方面的比较显著的积极效应，而乐见其出现，甚至高度重视、主动作为，实现这一模式的普遍化和制度化。从这些当选为村党组织书记和村委会主任的党员先富能人自身来说，虽然无法否认其中有些存在"保护固有利益，确保利益的可持续性；当选人大代表或政协委员，提升政治地位；结交地方党委政府和有关部门的领导干部，使自己以后办事方便；提高知名度，从而'光宗耀祖''出人头地'，成为地方名人"[12]等动机，但普遍具有为村民办事、为乡亲谋福利、为家乡共同富裕作贡献的动机。综合这些方面，我们可以判断，"先富能人治村"、经济能人型村干部代替道德权威型村干部走上村庄政治舞台具有一定的历史必然性，也确实对农村共同富裕具有显著的作用。因为"先富能人治村"是一种着力于加强村党组织书记（俗谓"领头人"，甚或将其形象地比喻为"领头雁"）队伍建设从而促进农民脱贫致富的路径，无疑也属党建引领共同富裕的实践模式。这一实践模式与"双培养"实践模式有同有异，同在前者和后者都是做农村党组织内部的文章，都是着眼于"人"这一最具活力和创造性的生产要素；有所不同的是，前者聚焦于和着力于农村党组织的领头人即党组织书记和村委会主任，后者聚焦于和着力于农村党组织中的党员队伍。相比而言，由于村党组织书记和村委会主任这一群体代表村党组织和村委会，主要行使着农村重大事务的决策权和集体资源的分配权，加上这一群体普遍自身拥有更多的资源和能量，因此，"先富能人治村"这一实践模式在引领农民走向共同富裕的过程中所起的作用往往大于"双培养"的实践模式。当然，我们也必须看到这一实践模式存在的困境和面临的挑战，其中主要是少数党员先富能人由于自身道德修养和政治素养较低、外部监督力量较弱，蜕变为"为富不仁"的村干部，或者打集体资产的主意，谋个人之私利，甚或蜕变为鱼肉乡亲的"土皇帝"，成为"扫黑除恶"的重点对象，从而与寄希望于他们带领群众共同富裕的初衷背道而驰了。

（三）派遣农村工作指导员和科技特派员

2003年，来自浙江省农业科学院、浙江大学、中国水稻研究所等高校、科研院所的首批101名特派员奔赴浙江省最不发达的100个乡镇，深入农村开展科技服务，带着农民创新创业。以此为起点，浙江形成了坚持至今的科技特派员制度。2004年，浙江又推出了农村工作指导员制度，当年3月31日开始，浙江省选派了3.8万多名省、市、县（区、市）和乡镇（街道）的党员干部自带生活、办公用品进村驻户，担任农村工作指导员。应该说，向农村地区尤其是农村贫困地区派遣科技特派员和农村工作指导员，并非只有浙江才有这样的实践，国内其他一些省（区、市）也有类似做法，有的甚至很早就已开展。但是,开展较早且坚持很久的,以浙江最为典型。顾名思义,农村工作指导员和科技特派员这两种制度各有不同:农村工作指导员主要来自省、市、县(区、市)、乡镇(街道)四级机关,科技特派员则主要来自高校和科研单位及省、市、县(区、市)的科技部门;农村工作指导员工作的牵头和负责部门是党委组织部和党委农办,科技特派员工作的牵头和负责部门则是党委组织部和科技厅(局);农村工作指导员的职责具有综合性,涵盖范围较广,像浙江的农村工作指导员就被明确重点履行好村情民意调研员、政策法规宣传员、群众信访调解员、富民强村服务员、民主制度监督员、组织建设督导员"六大员"职责,科技特派员则主要从事科技成果转化、优势特色产业开发、农业科技园区和产业化基地建设,以及医疗卫生服务等。笔者之所以将派遣农村工作指导员和科技特派员合在一起作为同一种实践模式加以论述,不仅是因为它们同时施行于浙江省,更主要是因为它们都是由党委组织部牵头负责,都是以党员为主体或骨干力量,都是在党委的统一领导下、借助党的组织体系和政权体系从外部向农村地区输入人才资源及由此连带的资金资源和项目资源等,都是以促进农民致富为基本工作目标(这从农村工作指导员和科技特派员的职责就可以看出),因而也都是党建引领共同富裕的实践模式。多年的实践证明,向农村派遣农村工作指导员和科技特派员的做法,有力地促进了农村的发展和农民的致富。据权威媒体报道,从 2004 年 3 月底到 2014 年底,浙江共选派农村工作指导员近 28 万名,"10 年来,共帮助落实经济发展项目 20.19 万个,争取各类扶持资金 91.62 亿元,调处各类矛盾纠纷 89.75 万起"[13]。从 2003 年到 2018 年,"浙江已累计派遣 1.56 万人次服务乡村,推广 14000 多项次新品种新技术,举办技术培训超过 12 万场"[14]。

(四)开展党组织结对

开展党组织结对是我国党建工作早已有之的普遍做法,特别是改革开放以来,几乎每个重要历史阶段、每次重要的党内活动、每遇重要的党建工作,都有各种各样的党组织结对。从目标角度来说,这些党组织结对有着眼于整顿软弱涣散基层党组织的,有着眼于帮助基层党组织提升党建工作水平的,也有相当多的是以帮扶贫困基层党组织、助力贫困地区农民致富为主要目标或重要目标的;从主体之间的关系角度来说,党组织结对普遍存在一方是主导方、另一方是被主导方的情形;从居主导地位的主体的数量的角度,有"1+1"结对的,即一家单位与一个基层单位开展党组织结对,也有"N+1"结对的,即多家单位与一个基层单位开展党组织结对,且多家单位有时不限于机关事业单位,还包括国有企业和建立了党组织的大型民营企业。由于在党组织结对中,存在着结对一方是贫困地区基层党组织且以助力贫困地区农民致富为主要目标或重要目标的情形,因此开展党组织结对也是一种重要的外部支持型的党建引领共同富裕的实践模式。从实践来看,由于这些党组织结对一般都包括了资金帮扶和项目帮扶的内容,因此其对贫困地区民众脱贫致富的带动作用是毋庸置疑的。当然,具体效果如何往往取决于三方面因素:其一是居于主导地位的结对主体的行政层级、主要职责及所掌握的行政资源情况。这也就意味着,结对一方越是中央和省市一级握有大量资金和项目的重要部门,越受基层欢迎,带动贫困地区脱贫致富的力度就越大。其二是贫困地区基层党组织的组织力和群众的觉悟情况。一般而言,虽然都是贫困地区,但同样的项目、同样的思路往往在基层党组织有强大组织力、凝聚力和战斗力,能够有效动员群众参与和支持的贫困地区更容易落地和实施,这也是许多领导和部门在选择基层单位结对时,往往会有意避开那些基层党组织软弱涣散、领导班子不得力、党群矛盾尖锐的贫困地区的主要原因。其三是居主导地位的结对部门的主要领导和具体负责人的主观意识和工作能力情况。一般而言，如果结对部门主要领导和具体负责人都很重视结对工作，且经常过问、经常下基层、经常亲自协调工作，则结对工作效果往往要好；否则容易导致结对帮扶效果达不到工作预期，甚至产生形式主义问题，出现有结对之名无帮扶之实的情况。比较而言，第一种因素是难以主动选择和无法改变的，第二种因素和第三种因素正是需要各级党委尤其是贫困地区基层党组织正视的，其中的基层党组织软弱涣散、党群矛盾严重，以及结对部门主要领导和具体负责人漠不关心、敷衍塞责问题，正是这一实践模式需要解决的难题和需要克服的挑战。

（五）建立党建联盟

党建联盟是指两个或两个以上的党组织在不改变它们各自的直接党组织隶属关系的前提下，为了某些党建工作目标和某些共同利益的实现，而建立起来的地位平等、自愿协商、互动密切的组织形态。总体而言，党建联盟是我国近年来多见的基层党建重要制度创新，"它有助于信息分享、资源共享、经验互学、活动共办并最终实现党建工作同进步、各自事业齐发展"[15]。其具体包括同行业的党建联盟、同区域的党建联盟、跨区域的党建联盟甚至同一产业链的党建联盟等。浙江为了更好地贯彻党中央重大决策部署，实现高质量发展、建设共同富裕示范区，同样将党建联盟应用于全省建设共同富裕示范区的伟大实践中，并提出了建立全域党建联盟的思路和目标。实际上，这一做法也是党的领导和党建引领在建设共同富裕示范区这一新的伟大实践中的具体应用，是对前些年全国东部沿海发达地区帮扶中西部欠发达地区脱贫攻坚、习近平总书记任职浙江期间实施的山海协作及许多地区的城乡结对等成功经验的借鉴和统合。由于如今浙江多地兴起的党建联盟以共同富裕为重要目标，因此，建立党建联盟也是一种党建引领共同富裕新的实践模式；并且，由于党建联盟主要着力于凭借党的组织体系的纽带从外部为贫困落后地区输入各种党组织所能掌握和调配的资源，因此它属于外部支持型的党建引领共同富裕的实践模式。从已有的党建联盟的实践来看，由于这些党建联盟都很重视联盟成员单位的强项弱项互补、共同利益实现，因此，其对促进共同富裕的作用还是比较显著的，甚至在促进共同富裕方面发挥着乘法效应，而非一般的加法效应。例如，浙江省永康市"组建了 40 个区域党建联盟，覆盖 281 个村，带动 17 个落后村整转提升，帮助 25 个集体经济薄弱村'脱贫摘帽'"[16]。又如，浙江省杭州市余杭区的百丈镇组建了"1＋X"的乡村振兴党建联盟，"1"是属地党组织，"X"指区域内单位党组织及联乡结村、结对高校等关联党组织。党建联盟整合各方资源举办了杜鹃花节，开发杜鹃花海自然景观，发展特色文旅产业。2021 年杜鹃花节期间，百丈镇累计接待游客 3 万余人次，实现农产品销售和旅游收入 200 余万元，带动村集体增收 20 余万元。[17]当然，不可否认，也有些基层党组织为了赶时髦，成立形形色色的党建联盟，但没有具体且科学的运行机制，也没有经过深入调查、做到知彼知己，其实际效果不尽如人意，行稳致远面临挑战。

（六）派遣"第一书记"

直接向贫困农村地区派遣"第一书记"是党的十八大后我国脱贫攻坚的普遍做法和重要制度创新。"第一书记"制度固然有新中国成立后一直实行的干部驻村制度的历史基因，但更多的是缘于党的十八大后以习近平同志为核心的党中央全力打赢脱贫攻坚战的现实背景。在全党开展脱贫攻坚战、党中央总书记和各级党委一把手亲自挂帅，各级党政机关事业单位及国有企业和民营企业等各方面力量共同参与，大量的资金、项目、人才等资源向贫困地区倾注的特定背景下，需要各级党政机关事业单位和国有企业的优秀党员干部这么一批人直接到贫困农村地区承上引下，以更好地贯彻党中央和各级党委的意志、落实党中央和各级党委政府有关政策、接引上面的各种资源、确保脱贫攻坚项目落地、实现脱贫攻坚目标任务，由此，"第一书记"制度在脱贫攻坚中应运而生和普遍实行。由于"第一书记"作为重要的一种人才资源来自省市县（区、市）和乡镇（街道）党政机关，且"第一书记"作为一种媒介裹带着大量的外部资金、项目资源和人才资源来到贫困地区助力当地群众脱贫致富，因此，有学者称之为"高度动员的外源型发展模式"[18]。不过，考虑到这些担任贫困地区基层党组织"第一书记"的是名副其实的基层领导班子的主要成员，既掌握着较大权力又肩负着较大责任，因而其实也属于贫困地区基层党组织加强自身建设的范畴。据此，笔者将派遣"第一书记"视为综合型的党建引领共同富裕的实践模式。虽说派遣"第一书记"的做法在党的十八大之前就有，且这一做法与派遣农村工作指导员及与农村党组织结对等做法有些某方面的相同相似之处，但实际上还是有很大不同。例如，党的十八大之前部分地区的"第一书记"主要被派往一些具有广泛社会影响力、上级领导高度关注的先进典型村，以及领导班子软弱涣散、班子内部矛盾和党群矛盾比较突出的后进村，而党的十八后的"第一书记"则主要被派往全国各地的贫困农村；又如，"第一书记"普遍要求任职 2 年（一般是省市两级派的）或 2 年以上（一般是县乡两级派的），时间长于农村工作指导员 1 年或 2 年的任职时间（2012 年前，浙江农村工作指导员的任职期限是 1 年；此后，改为 2年）；再如，多数"第一书记"所在单位也被要求与基层党组织结对，就某种意义而言，他们是代表他们所在单位去贫困地区履行特殊使命的；还如，由于"第一书记"履职关系到对其所在单位脱贫攻坚的考核，党的十八大后所派的"第一书记"普遍是所在单位的优秀干部和业务骨干，而以前所派的"第一书记"、农村工作指导员或其他驻村干部则良莠不齐，许多优秀的干部因为所在单位惜才而被留在单位，没有派下去。总之，由于这些方面的特征及相比以往的制度改进，党的十八大后的派遣"第一书记"以引领共同富裕的经验模式具有更多的优势，取得了更显著的效果。习近平总书记为此在中央扶贫开发工作会议和扶贫工作座谈会等场合，多次充分肯定和高度评价派遣"第一书记"的做法和作用。例如，他曾明确指出："全面向贫困村、软弱涣散村、集体经济薄弱村党组织派出第一书记，是实施乡村振兴战略和培养锻炼干部的重要举措，要建立长效工作机制，切实发挥作用。"[19] 当然，我们也必须看到，"第一书记"作为一种特殊且重要的外部力量，无论他们如何能干，无论他们所在单位如何大力支持，也无论贫困地区基层党组织领导班子如何拥护和支持他们的工作，他们所能团结、动员的村庄外部力量和内部力量还是有限的，如何进一步深入做好当地群众的工作尤其是常年离家外出的乡贤的工作，将广大村民群众和众多乡贤精英的力量充分调动起来、将他们的作用充分发挥出来，正是派遣"第一书记"这一经验模式的进一步努力方向。

　　总之，上述六种党建引领共同富裕的实践模式形成于不同时期，属于不同类型，有着不同的着力重点及特征和优势（六种实践模式比较见表1）。当然，随着时代的发展和党员、群众的创造，将来还会有更多好的实践模式出现。

表 1   六种党建引领共同富裕的实践模式比较

实践模式	类型	主要存在时期	着力重点
开展"双培养"	内部建设型	改革开放至今	农村党员队伍
推行"先富能人治村"	内部建设型	改革开放至今	农村党员干部
派遣农村工作指导员和科技特派员	外部支持型	21 世纪初至今	外部人才资源和资金资源等
开展党组织结对	外部支持型	改革开放至今	外部物质、资金、项目等资源
建立党建联盟	外部支持型	党的十八大后	外部物质、项目、智力、信息等资源
派遣"第一书记"	综合型	党的十八大后	外部人才资源、资金、物质、项目等资源

三、党建引领共同富裕的实践改进

上述实践模式所表明的是在改革开放以来 40 多年特别是党的十八大以来 10 年中，具有中国特色的党建引领共同富裕的实践取得了显著成就，积累了成功经验。着眼未来，特别是对照党中央和习近平总书记的期待和要求，以及中央和浙江省委有关文件所设定的目标和所作出的部署，党建引领共同富裕仍然需要在实践中继续改进、不断完善。具体而言，以下四个方面值得重视和探索。

（一）集结更多乡贤参与贫困地区脱贫致富

对于一直生活于乡村的老党员老干部老教师，以及离开乡村外出创业、求学和工作并有所成就的企业家、知识分子和领导干部等现代乡贤在乡村治理中的重要且独特的作用，各界已有共识，普遍持肯定态度。对我国"三农"问题有着广泛调研和深入思考的贺雪峰教授认为，"乡贤返乡对乡村治理最显著的影响体现在公共品供给上。笔者在农村调研时发现，凡是有热心公益事业返乡乡贤参与治理的村庄，它的公共品供给状况一般都很好。乡贤的人际关系广，可以向上级政府为本村庄争取资源。在村庄内部，他们也发挥着组织者的作用，引导农民积极进行公共建设"[20]。笔者发现，特别是在南方地区，乡贤对乡村治理的参与是广泛的，他们的作用是得到当地党委政府肯定的。像笔者所了解的浙江省杭州市萧山区，每个乡镇（街道）和村都成立了乡贤理事会或乡贤联谊会，都建立了固定工作阵地和日常性工作机制，乡贤也经常受邀参加家乡的各种活动、积极参与家乡的各项事业。笔者认为，在党建引领共同富裕的实践中，同样需要乡贤这支重要的力量，需要发挥他们多方面的独特作用。集结更多乡贤参与贫困地区脱贫致富有多种路径，也有多方面收获：不仅可以吸收其中的优秀成员为党员，从而改善农村党员队伍的老化状况，提高农村党员队伍的带头致富和带领群众致富能力，增强农村"双培养"的可持续性；也可以通过他们，凭借他们的威望和嵌入于乡村的人际网络，做好村民群众的思想工作，为组织和动员广大村民群众参与和支持脱贫致富扫除障碍；当然，也可以发动他们捐资捐物，出谋划策，直接为家乡脱贫致富做出贡献。因此，笔者建议，贫困地区每个乡镇党委和村党组织都应牵头成立相应层级的乡贤理事会或乡贤联谊会，将本地乡贤尽量全部囊括其中，且通过建立工作交流平台、听取意见建议、经常上门走访、确定工作项目等工作举措，以更好地引领他们为家乡脱贫致富贡献力量。特别是对于"第一书记"来说，他们作为"空降"

的外部力量尤其需要和本地的乡贤交朋友，如此不仅可以巩固其在派驻地的群众基础，使得他们更好地扎根于当地开展各项工作，而且可以团结更多力量、调动更多资源助力贫困地区脱贫致富。

（二）加强贫困地区党员干部的培训

习近平总书记在 2018 年 2 月 12 日于四川成都召开的打赢精准脱贫攻坚战座谈会上曾讲话指出："近年来，我们向贫困地区选派了大批干部和人才，但从长远看，无论怎么加强外部人才支持，派去的人总是有限的，关键还是要靠本地干部队伍和人才。"[21]据此，他提出了组织干部轮训的工作要求。沿着习近平总书记的思路，笔者认为，不仅要加强对贫困地区农村干部队伍的培训，还要加强对当地党员队伍（包括不属村干部之列的众多无职党员）的培训，而且这些培训要涵盖致富实用技能、网络销售等比较"实"的内容，以及习近平新时代中国特色社会主义思想、党务知识、群众工作等比较"虚"的内容。这些覆盖对象更广、涵盖内容更广的培训，除了有助于增强农村党员带头致富和带领群众致富的本领，还有助于开拓贫困地区党员致富的思路、树立新的理念和观念，如前所述，思想观念的保守落后狭隘恰是贫困地区党员和群众长期难以脱贫的重要根源。此外，学习党务知识和群众工作等，使得农村党员干部知道如何去做党务工作和群众工作，也有助于提高党内组织生活的质量和党员干部的群众工作水平，进而增强党组织的吸引力和影响力。笔者调查发现，包括乡贤在内的部分村民群众，正是认为农村党组织生活单调枯燥且耽误时间，党组织与自己关系疏离，从而不愿入党，不愿亲近党组织，而这自然不利于发挥农村党组织在脱贫致富中的战斗堡垒作用和党员在脱贫致富中的先锋模范作用。

（三）健全部分实践模式的运行机制

比较而言，上述所列的六种党建引领共同富裕的实践模式中，派遣"第一书记"的运行机制最为完善，这体现在将"第一书记"履职目标细化、把"第一书记"履职情况纳入对其所在单位的脱贫攻坚考核指标并与对其个人考核和升迁直接关联起来、所在单位主要领导是脱贫攻坚第一责任人、邀请专业性的社会力量对"第一书记"履职情况和派驻农村脱贫情况进行独立评估、各级纪委和监察委开展了对脱贫攻坚的专项监督等方面。至于"双培养"、党组织结对、党建联盟之类实践模式都没有达到这样的制度化水平和规范化水平，运行机制多有不全面不完善甚至不合理之处，因而，它们都必须补齐短板，提高工作机制的科学化和规范化水平，以确保行稳致远，取得更大成效。从大的方面讲，必须做到把这些工作纳入对其单位主要领导的考核，并赋予一定的权重；必须建立有足够力度的考核机制和激励机制；必须有相应的监督机制；必须尽可能地将有关工作事项变成一个个有时间要求、有具体目标、有专人负责的项目。党组织结对和党建联盟还必须建立定期性的交流机制和科学的决策机制。

（四）加强对基层党员干部的监督

贫困地区农村基层党组织虽然属于党的组织体系之中的最末端，但在被赋予全面领导职责的体制保障下，特别是在因为脱贫致富大量资源流入贫困农村的特定背景下，同样拥有较多的权力和资源。有鉴于此，包括党内监督在内的各方面监督无疑必须跟上，做到权力行使到哪里，党内监督和其他监督就跟进到哪里。特别是农村基层党组织直面广大居民群众，其履职情况、干部作风、工作效能直接关系到广大民众利益和福祉，因而加强对农村党员干部的监督更显其必要性。从自上而下党内监督角度而言,源于地方探索和实践、最后经 2017 年《中国共产党巡视工作条例》制度确认的巡察制度,解决了党内巡视监督在乡镇这一层次的断层问题,但并没有实现在村社层面的全覆盖和经常化。笔者认为,可以探索县委巡察组直接深入行政村每五年一届任期内开展一次巡察的做法。相比乡镇纪委,县委巡察组可谓更有权威、力量更强、经验更丰富。相比前些年脱贫攻坚的专项巡视巡察,五年一次的常规巡察不仅有助于发现和解决资金被挪用、脱贫工作中的形式主义等问题,还有助于发现和解决农村党员干部不称职、决策程序不合理、对党员的教育管理监督不严格等问题,从而有助于农村基层党组织更有力地加强自身建设、练好内功,更好地引领广大党员和群众脱贫致富。

参考文献：

[1] 中共中央党史和文献研究院.习近平总书记重要讲话文章选编[M].北京:中央文献出版社,党建读物出版社,2016:298.

[2] 习近平.在全国脱贫攻坚总结表彰大会上的讲话[N].人民日报,2021-02-26.

[3] 陈井安,赵小波.使命型政党[J].中国特色社会主义研究,2019(1).

[4] 列宁.列宁选集:第一卷[M].北京:人民出版社 2012:526.

[5] 习近平.在全国组织工作会议上的讲话[J].党建研究,2018(9).

[6] 托克维尔.论美国的民主:下卷[M].北京:商务印书馆,1997:639.

[7] 毛泽东.毛泽东选集:第一卷[M].北京:人民出版社,1991:138-139.

[8] 习近平.在十八届中央政治局常委同中外记者见面时的讲话[N].人民日报,2012-11-16.

[9] 习近平.全面贯彻落实党的十八大精神要突出抓好六个方面工作[J].求是,2013(1):6.

[10] 中共中央办公厅关于加强基层党组织建设的意见[N].人民日报,2014-05-29.

[11] 胡序杭."先富能人治村":农村基层党组织面临的新问题及其对策[J].中共杭州市委党校学报,2005(3).

[12] 肖剑忠.农村党建工作创新[M].南昌:江西人民出版社,2011:172.

[13] 史海根.浙江十年选派近 28 万名农村工作指导员[N].中国组织人事报,2015-01-12.

[14] 陆健,方曲韵.浙江科技特派员制度实施十五年纪实[N].光明日报,2018-12-27.

[15] 肖剑忠.坚持"三化"联动推进全域党建联盟高质量运行[J].浙江共产党员,2021(11):35.

[16] 金华市委党校 2021 年中青班课题组.全域党建联盟的金华实践与探索[J].政策瞭望,2021(5).

[17] 顾仲阳,于建林.杭州市余杭区组建党建联盟　实时对接资源助力乡村振兴[N].人民日报,2020-12-16.

[18] 严国方,肖唐镖.运动式的乡村建设:理解与反思——以"部门包村"工作为案例[J].中国农村观察,2004(5).

[19] 中共中央党史和文献研究院.习近平关于"三农"工作论述摘编[M].北京:中央文献出版社,2019:189-190.

[20] 贺雪峰,夏静,张晶.华中科技大学贺雪峰:保护养育乡村精英的土壤[N].光明日报,2015-09-18.

[21] 习近平.习近平谈治国理政:第三卷[M].北京:外文出版社,2020:157.

党建引领共同富裕的理论逻辑与实践探索

于兰华[1]　高夕然[2]

（1.浙江科技学院　2.杭州电子科技大学）

摘　要：党建引领共同富裕是实现农业农村农民全面发展的时代命题。党建能够引领共同富裕根植于中国共产党以人民为中心发展思想的内在要求、党群众路线的实践转化、党先进性事实表达的理论逻辑。长期以来，各地党建引领共同富裕的实践积累了许多可供借鉴的典型案例，但同时也暴露了党建引领共同富裕的认知程度有待提高、资源要素配置不够科学、激励机制不健全等问题。未来，应通过整合乡村人才资源、优化资源配置、完善基层党组织激励机制等方面探索党建引领共同富裕的优化路径。

关键词：党建引领　共同富裕　理论逻辑　实践探索

共同富裕是中华民族千百年来矢志不渝的追求。我们党自1921年成立伊始，就把马克思主义确立为指导思想，并把实现全体人民共同富裕作为奋斗目标与使命担当。习近平同志强调："中国要强，农业必须强；中国要美，农村必须美；中国要富，农民必须富。"[1]这表明党和国家扎实推动共同富裕的决心与信心，彰显出党建引领农村共同富裕的魄力与重大意义。

一、党建引领共同富裕的理论逻辑

政党政治是现代民主政治的主要表征，执政党往往在国家治理和社会发展中扮演着举足轻重的角色。"一切政治权力的演变都是建立在某种经济的、社会的职能基础上的。"[2]推进共同富裕既彰显执政党的经济职能，也体现执政党的社会职能，这就决定着党在共同富裕建设中的核心地位和引领作用。

（一）以人民为中心发展思想的内在要求

党的十八届五中全会首次提出"以人民为中心"的执政理念，这不仅是习近平新时代中国特色社会主义思想的核心内容，更是立足我国国情提出的执政理念和基本方略。它继承和接续了马克思主义的人民观，是历史唯物主义群众史观的理论彰显与中国共产党为人民谋幸福初心的实践表达。党的十九届四中全会指出"坚持以人民为中心的发展思想，不断保障和改善民生、增进人民福祉，走共同富裕道路"，这不仅凸显了我国国家制度的独特优势，也明确了共同富裕的指导思想与努力方向。

共同富裕建设以人民为中心的立场主要体现在三方面：一是共同富裕为了人民。共同富裕事关民生，人民群众是共同富裕的"剧中人"。共同富裕旨在积极回应人民群众全方面、多领域发展的需求，满足全体人民群众对幸福、美好生活的追求与向往。二是共同富裕依靠人民。人民群众是历史的创造者，是共同富裕的"剧作者"。共同富裕不是"躺平""搭车"，需要人人参与、人人尽力、共同奋斗。同时，共同富裕也不是同等富裕，不是同步富裕，不是同时富裕。个体的自然禀赋、发展起点、所处阶段各不相同，决定了共同富裕是需要在发展中分阶段实现的内在特质。三是共同富裕建设成果由人民检验。实践的唯物主义要求实践主体对实践结果进行评价与检验，共同富裕这一由人民群众起主导作用的历史实践活动，必然需要人民群众对其进行检验与评价，检验标准就是人民的满意度与认可度，人民群众的满意和认可程度反映着共同富裕建设的实现程度。

好队伍需要好的带头人，中国共产党的先锋队性质为党领导中国人民实现共同富裕的伟业提供了坚实保障。人民是中国共产党奋斗的逻辑起点和价值归宿，中国共产党始终践行为人民谋幸福的初心使命，将党的自身建设与引领人民追求美好幸福生活紧密联系在一起，在革命、建设、改革实践中发展了既一脉相承又与时俱进的以人民为中心思想，"中国共产党的百年史就是一部团结带领人民追求美好生活的奋斗史"[3]。共同富裕这一发展中的重大民生工程，必然需要党发挥领导和引领作用，这既是党的初心与使命的体现，也是中国共产党作为执政党的法理呈现。

（二）党的群众路线的实践转化

人民群众汇聚的历史合力决定了历史发展的进程。恩格斯指出："虽然历史是由人创造的，但它们所呈现出的最终结果却不总是以个人的意志愿望为转移，而这种结果总是由诸多单个人的意志、愿望、动机的互相冲突、彼此斗争表现出来。"[4]共同富裕建设作为推动历史进程的实践活动，需要历史主体的主动实践去推动。实践是解放人、发展人的唯一载体。实践中，人不仅获得物质财富和精神财富，并能在过程中不断增长智慧，促进物质、精神财富的持续增长，从而实现人的解放和发展的初衷。群众路线是党的根本路线，党建引领共同富裕，事实就是党与人民群众群策群力、齐心协力推进共同富裕建设，是党的群众路线的实践转化。

1.党建引领农民群策群力，发挥集体智慧

农民是共同富裕的主体，也是实现共同富裕最关键最活跃的因素，农村基层党组织是发掘与引领这些活跃因素的主心骨。面对乡村空巢化、空心化的现状，农村基层党组织一方面发掘乡村内部既有的力量，并将其吸收到党组织之中，另一方面积极创造开放包容的良好氛围，以便国家力量和外来力量得到最大限度的发挥。总的来说，就是夯实内部力量，团结外部力量，从而壮大建设共同富裕的整体组织力量。

2.深化鱼水之情，激发共同富裕目标的斗志

与人民群众的鱼水之情是中国共产党践行初心使命的精神支撑，实现共同富裕作为党和人民的共同追求，既是党坚守初心使命的现实表现，也是党深化与人民群众鱼水之情的时代彰显。实现共同富裕不仅需要"鱼"的灵动，更需要"水"的流动，这就意味着农民作为乡村共同富裕的主体，必须激活自身求富、创富的主体意识。构建人人行动、人人努力、人人贡献的共建格局，是推进共同富裕进程、激活主体意识的实践方式。在这个过程中，农民会意识到，其不是建设共同富裕过程中被

动的受助人,而是实现共同富裕过程中的一个主动的行动主体与建设者。个体在加入集体建设共同富裕过程中不仅会收获物质财富,更会因升华自我而实现精神富足。只有认识到了这一点,农民主体才有可能厘定共同富裕的目标并积极主动地参与到共建格局中来。

(三)党的先进性的事实表达

党的先进性是我们党在实践中所展现出来的适应生产力发展要求、先进文化发展方向,以及人类社会进步方向的自觉特质。党的先进性不仅是理论与思维的先进,还表现在中国特色社会主义伟大事业的实践之中。

新时代的共同富裕作为彰显人民群众根本利益的实践活动,集中彰显着党的先进性。一是党组织的先进性。基层党组织是党在农村基层中的坚强堡垒,有严明的纪律、崇高威望和组织智慧,能给共同富裕带来方向和组织保障,是共同富裕不可或缺的组织因素。二是关键少数的带头作用。每位共产党员都经过入党过程的洗礼,政治素质必然过硬,其中还有致富能手,有敏锐的市场洞察力和充足的致富经验,能给共同富裕带来实质性的帮助。三是农村基层党组织在推进共同富裕的实践中,基层党组织"头雁效应"激发了农民群众参与共同富裕的主动性积极性,这为保障农民共同富裕的主体地位,实现政党、国家与社会关系良性互动,进而全方位推进共同富裕打下坚实基础。四是党对共同富裕的引领体现着党代表先进生产力的发展要求。中国共产党人的一切实践活动都是在努力推动和促进生产力发展要求这一前提下进行的,共同富裕的推进归根结底是对生产力水平提出的更高要求。基于此,党对共同富裕的领导既是自身先进性发展要求,更是先进生产力发展的必然。

二、党建引领共同富裕的实践探索——以海宁市博儒桥村为例

推动高质量发展,实现共同富裕目标,党建引领是重要内源动力。当前,全国上下对扎实建设社会主义现代化、实现共同富裕这一目标已展开丰富探索,以党建引领共同富裕是多地实践中的一种突出做法和普遍经验。

博儒桥村位于海宁市周王庙镇西北部,村域面积 5.01 平方公里,下辖 28 个村民小组,总户数951 户,总人口 3766 人。村党委下设芳田村、夏家埭、马家门、徐家木桥四个网格党支部,现有党员118 人。博儒桥村在"党建+乡贤"模式下,由所辖各个农村基层党组织、党员干部参办、创办、创设或组织动员党建共富联盟,围绕推动项目发展、统筹各类资源要素、丰富乡村多元业态、赋能乡村人才振兴、重塑乡村治理秩序等方面,以点带片,发挥联盟实效;同时通过盘活存量资产、借助资本运营、充分调动村民积极性等方式,千方百计发展壮大村级集体经济,10 余年间翻了近 62 倍,实现了一个落后村到强村的飞跃。

(一)党建引领共商筹智,谋划共同富裕发展蓝图

共商筹智,是指在村党组织、党员干部带领下,村内大小事务开展均通过村干部、普通党员、普通村民等多元主体协商的方式,尽最大可能吸收农民群众的意见和建议,为全村共同富裕出谋划策。在其中,为更好地推动共商筹智的开展,村党组织组织农民群众在村内成立乡贤工作小队,把

村内各种人才吸收进来，发挥他们民主协商"润滑剂"的作用。基于此，博儒桥村也形成了"共商筹智"独特现象——"开在家门口的户长会"。优势方面，这一举措通过"户长会"传达村镇的重点工作，收集老百姓的意见和建议，能够最大限度地吸收群众智慧，保障村民自治的真实有效，成为博儒桥村发展和共同富裕孕育金点子的摇篮。如该村在建设第 11 组的精品园时，却绕不过一块 10 组的飞地，双方之间争执不下，随后通过户长会上协商，最终 10 组的村民同意无偿提供土地。精品园建好之后，为了纪念这个意义重大的户长会，该精品园也被称为"乡村和谐园"。

（二）党建引领共建筹资，铸成共同富裕美丽家园

资金是乡村建设的基础，也是乡村建设的最大短板之一。博儒桥村在村党组织带领下，创设了"共建筹资"模式，即村庄内有关公共服务和公共设施等方面的建设资金，短缺部分通过农民群众共同筹备破解资金难题。在"共建筹资"过程中，该村一些先富乡贤发挥了重要示范力量和宣传力量。一方面，一些先富乡贤自身率先捐款支持村集体建设，起着表率作用。另一方面，他们也进行宣传动员，调动其他群众参与筹资的自主性和积极性。调查表明，"众筹"建设精品乡村家园是村民们的共同愿望，他们都特别希望劳作之余有个更好的地方放松心情，所以大家以资金捐赠、无偿提供土地、青苗费无偿不补、实物捐赠等多种形式助力美丽乡村精品点建设。截至 2020 年，全村共筹资300 多万元，150 多户农户参与捐资，更有 600 多户农户拿出土地不要补偿。通过大家的参与，19 个不同主题的精品园全部完成建设。

（三）党建引领共管筹治，守护共同富裕和谐秩序

共管筹治，是指博儒桥村在村党组织带领下，响应党十九届四中全会强调的"完善党委领导、政府负责、民主协商、社会协同、公众参与、法治保障、科技支撑"的社会治理体系，建设人人有责、人人尽责和人人共享的社会治理共同体的创新之举。走进博儒桥村，你会发现这里村中道路似乎更宽一些，村容村貌也更美丽一些。为了持续抓好美丽乡村长效建设，全村四个网格片区化为 110 个微网格，由 110 名"三小组长"、党员中心户、最美博儒桥人等担任微网格长，以网格为单位，开展卫生整治。同时，深化党员联户机制，党员、骨干按"就近、就亲、就熟"原则主动联系结对农户 5—10 户，109 名党员和骨干参与联系农户 802 户。此外，将垃圾分类等工作充分结合进来，落实联户党员责任制，设立小组"红黑榜"，实现环境整体提升。在"共管筹治"模式下，博儒桥村党员干部、普通党员、农民群众齐心协力，相互之间和谐共处、相互帮助，共同维护了一个安定有序的美好家园秩序。

（四）党建引领共聚筹心，凝聚共同富裕民心政治

民心是最大的政治。博儒桥村在村党组织的组织下，开展"共聚筹心"工程，即村里各项公共事务工作都充分尊重农村群众的主体地位，让农民群众广泛而有效地参与到共同富裕建设之中，建构村民与村民、村民与干部、党员与群众之间信任稳定的和谐关系，做到真正的"筹心聚力，为民服务"。应该说，博儒桥村的"众筹"，不论是"筹智""筹资"还是"筹治"，最终目标是"筹心"，通过"党建引领，全民众筹"群众参与模式，解决了农民群众对精品园建设的需求，满足了农民群众生产生活的需要，拉近了村党委与村民之间的距离，并将全体老百姓的心紧紧凝聚在村党组织周围，齐心协力，共谋乡村共同富裕。

综上而言，博儒桥村党建引领的"四共四筹"治理模式，以党建为引领，以乡贤为引擎，激发农民群众自觉参与共同富裕建设的积极性和主动性，打造了自治、法治、德治、智治"四治融合"的乡村治理体系，构建了共建共治共享的共同富裕治理格局，进而高水平建成了共同富裕建设的海宁样板。经验方面，博儒桥村以"党建引领、乡贤共促、全民众筹"进行"众管微治"，开创了一条可学习、可借鉴、可复制的博儒桥村共同富裕建设新模式，形成了博儒桥经验、博儒桥现象、博儒桥样板，为打造生态宜居"高颜值"、乡风文明"高素质"、治理有效"高水准"、生活富裕"高水平"的乡村共同富裕建设注入了新活力，有效地提升了博儒桥村乡村振兴和共同富裕的质量和水平，也为其他农村地区提供了共同富裕的有益经验。

三、党建引领共同富裕的现实困境

实现共同富裕是党和人民群众的共同期待，党组织的领导是实现这一重要目标的前提。从现实角度来看，因各种主客观问题，党建引领共同富裕实践中也存在较多的现实困境，对党建引领共同富裕成效造成阻碍。

（一）党建引领共同富裕的认知程度有待提高

理念是行为的指引，也是行为的"天花板"。党建引领共同富裕实践的有效运作，取决于相关行为主体的认知程度。从党建与共同富裕的关系看，党建是实现共同富裕的政治保障和根本前提，能够保证共同富裕的发展方向，确保广大人民群众共建共享共同富裕成果；共同富裕是党建的落脚点和着力点，是党建推进成效的程度彰显。只有充分认识党建和共同富裕的内在关联，才能在实践中真正贯彻落实以达到全民全面富裕的目标。理论上，党建引领共同富裕的主体包括村干部、普通党员、普通群众、乡贤等，因各种主客观问题，各类不同主体对于党建引领共同富裕的认知程度不高，造成现实中不同地区不同主体在实践中的表现差异化，同时在总体上步伐较缓。具体说来，村干部作为共同富裕带头人，必然需要在政治上、素质上、技能上等方面更为突出，但现实中，一些地方村干部年龄偏大、文化层次不高等现象较为明显，影响了他们的现实责任与应然要求的距离。普通党员、普通群众皆为村庄居民，文化水平不高、能动性不强是他们共有的弱势。此外，在共同富裕认知方面也程度各异，持共同富裕是"个人事情""政府事情"观点的较为普遍，从而对共建共享的共同富裕实践造成障碍。乡贤群体相比以上群体，文化水平更高、见识更广，但乡贤在共同富裕建设中更需要扮演"出钱""出力""出智慧""出技术"等角色，必然需要在个人利益与村庄利益方面做出一些权衡，从而对乡贤在共同富裕建设中的效能发挥造成一定影响。

（二）党建引领共同富裕的资源配置科学性有待提高

对于自然资源、区位资源、政策资源等各种可支配资源的合理化开发与利用是一个地区经济发展的前提。农村基层党组织作为农村坚强有力的战斗堡垒，自然也担负着对乡村内外部资源的激活、整合、利用的职责，从而凝聚起领导农民建设共同富裕的物质基础。《中国共产党农村基层组织工作条例》规定"村党组织书记应当通过法定程序担任村民委员会主任和村级集体经济组织、合作经济组织负责人"，这赋予了农村基层党组织对村庄内部集体资源的统筹和调度的权力。从现实角度来看，一些村庄内部及村庄之间的资源配置有些偏颇，影响党建引领共同富裕的资源基础，主要表现为以下两个方面。

1. 乡村资源管理不合理

建设共同富裕必然要科学配置自然资源，这也是壮大产业发展，促进农村增收、生活富裕的根本保障。其一，部分地方政府呈现非规范性土地管理倾向，如耕地"红线"越界现象等；其二，就各地农户而言，有部分农户为获得个人利益，出现违规占地、农地非农化等现象；其三，在城市化进程中，农村人口外流造成农村许多宅基地闲置、使用效率低下的问题。

2. 乡村发展资源的天然不足与主观需求的张力

在党建引领共同富裕建设大背景下，许多农村地区出现开发建设的潮流，特别是一些资本引入和产业项目的建设，需要以丰富的发展资源为后盾，然而，基于乡村发展资源的天然不足，两者间的张力必然成为党建引领共同富裕的障碍因素。

（三）党建引领共同富裕的激励机制有待健全

党建激励，是对从事党务工作相关的党员或党建工作者所采取的一系列带有鼓励、激励性质的具体措施；农村基层党建的激励则主要是对于党建工作者和党员的激励。当前，在共同富裕建设潮流中，一些地方对于农村基层党建工作者的激励机制不够完善，主要表现为：在待遇方面，相比城市工作者，农村基层党组织成员的待遇相对偏低，较难满足家庭开支，这与村干部"专职化"的客观需求形成张力；在个人成长方面，多数村干部成长空间基本是其所在的行政村以内，对村干部上进的"拉动力"不强；在村干部精神层面，随着经济社会的不断发展，乡村人才的选择不断增多，当选村干部的精神满足感不断式微；在成就感方面，多数地方没有相应明确的业绩考核与表彰机制，容易造成村干部引领共同富裕的能动性不足，进而影响其引领的效果。

四、党建引领共同富裕的优化路径

综上而言，囿于多方面因素的影响，当前党建引领共同富裕依然存在上升空间。结合理论与现实，推进党建引领共同富裕上"新台阶"，需要从如下几个方面强化推进。

（一）整合乡村人才资源，凝聚党建引领发展合力

党建引领共同富裕需要依靠党员，党员数量的增多与总体素质的提升既是关键力量，也是重要保证。面对农村精英劳动群体的流失和基层党组织涣散的总体趋势，基层党组织如何重新聚合发展动力、吸纳外流精英群体、有效承接乡村发展所需的内外部资源、推动基层党组织振兴、提升农民农村自主发展的能动性是当前党建引领农民农村实现共同富裕亟待解决的课题。

一是优化村级领导班子的配置，强化基层党员干部队伍的构成。采取内培外引的方式将政治过硬、本领过强、德才兼备、想法丰富的新生代年轻力量，通过考察、试用、转正的流程吸纳到基层干部队伍之中，降低基层干部队伍的平均年龄、提升基层干部的文化水平。同时以村党组织换届和村书记选聘为抓手，摒弃选聘视野的单一化、程式化，将离土的致富达人、退役军人、营商能手、高学历群体等纳入选聘视野，把政治素质好、带富能力强、品行端正的优秀人才引入"人才储备库"，着力打

造一支文化水平高、工作能力强、懂得经营致富的基层党员干部队伍。并通过与其他支部的联建与交流,跟岗锻炼,"开小灶式"培训等措施,实现全域内人才资源的共享与再造。

二是写好"三农"人才文章,打造一支农业经验丰富、农业技能突出的高层次现代农民队伍,使其成为党建引领共同富裕的人才支撑。一方面,以适应农业产业链发展需要为主导,通过校企合作等方式,加强与高校、研究院之间的合作,为现代农业大发展注入技术活力;另一方面,利用柔性引才政策,打好"乡情牌"、念好"招才经",通过人才引进、人员选聘等方式多渠道吸引工商企业家、高校毕业生、技能卓越型乡贤等群体返乡入村,大力发展村集体经济,破解农村技术人才青黄不接的难题,着力培育出高素质、强技能型新农民,夯实党建引领农村实现共同富裕的乡村人才资源基础。

三是将支部建到产业链上,强化党建引领。凝聚"党管人才"的共识,树立"产业发展到哪、支部就设到哪"的原则,将党支部建立在农民专业合作社、龙头企业、家庭农场等各类经营主体中,探索"党支部＋经营主体＋村集体经济＋村民"的发展新模式,打造集体经济"一盘棋"布局,促进党建工作与产业发展深度融合,变组织资源为发展资源、组织优势为产业优势,推动"党建链"与"产业链"不断延伸,实现党建引领农村集体经济持续发展、农民不断富裕的共建共富目标。

(二)优化资源配置,彰显党建引领势能

党建势能是党组织在基层社会不断下沉、党建合力的情况下,通过对各类发展资源要素的合理化配置与整合、推动经济社会发展的强劲动能,党建势能是推动乡村发展资源整合的关键力量。[5]乡村发展资源整合的手段可以分为党组织内部整合、外部吸纳、跨村联建。

1.党组织内部整合

主要包括:第一,发挥乡村精英动员内部资源的作用。对于体制内精英而言,基层党组织应提升锻造其村内资源整合能力,不断夯实党组织在村集体资源中的整合作用。对体制外精英而言,要大力支持精英创业,带动村内农民进行资源重建,共建共富。第二,积极吸纳外流人才。人才是推进共同富裕的主力,人才回流可以为党建引领共同富裕注入外源性动力。基层党组织应该通过政策扶持、提升回流人才待遇等方式吸引人才,做好人才回流工作。

2.外部吸纳

资源的外部吸纳主要是指通过购买和吸引的方式,将政府、企业、个体等外部资源拥有者的资源为我所用。具体如下:第一,谋求政府政策扶持。通过政府政策性扶持,加大农民之间的合作,"培育新型职业农民"和"建设农村人才队伍"[6],让推进共同富裕的人才资源在农村充分涌流。第二,吸纳企业入驻。基层党组织整合资源的力量是有限的,需要利用外部力量来更好地调动共同富裕建设的主体积极性。企业进入乡村发展,不仅是利益的呼唤,也需要政策的吸引。基层党组织应该畅通企业下乡的渠道,优化企业投资环境,为企业的入驻提供更多优惠性政策支持,让企业的技术、资金、管理等更多的生产要素没有顾虑地进入乡村,激活共同富裕建设的主体性。

3.跨村联建

在联建党组织的有效统合下,以联建单位的资源共享为前提,构建以市场契约关系为纽带的利益共享机制,增进利益分配制度的合理化与认同感,让联建单位在联建过程中通过整合互补资源,实现有效优化配置。共同富裕是一项基层党组织引领、农民主体及其他力量联动的系统性行动,在

统筹联建资源的过程中，应该充分调动农民的主体意识，将内外部资源有机结合，推进共同富裕进程。

（三）完善基层党组织激励机制，激发党建引领共同富裕的活力

激励机制是农村基层党组织工作的动力来源与重要保障。完善的激励机制不仅可以增强农村基层党组织的凝聚力，也可以激发基层党员的工作的主动性与创造性。推进共同富裕建设，应该采取一系列激励措施，满足基层党员的合理正当需求。

1. 加强政治激励

一是加强对党建工作者的政治信任。农村党建工作者是完成农村工作的中坚力量，他们的存在与否直接影响到农村社会的正常运行，对其要给予充分的信任。正如习近平总书记强调的那样，"农村政策千万条，都得靠基层干部来落实"。[7]二是为基层党建工作者开辟一定晋升空间。将优秀的党建工作者编入乡镇干部队伍，提升他们在政治上的满足感。三是完善农村基层党建工作者容错纠错机制。激励基层党建工作者，要正确看待基层党建工作者在工作中犯下的"错误"，对于非主观性过错，非谋私利之错，难以避免之错，要给以容错改过机会。

2. 提高经济激励

随着工作任务的日渐繁重，村级党建工作者的主要收入来源就是工作报酬，其他收入越来越少，因此提高农村基层党建工作者的经济激励就愈发重要。可以通过提高劳动报酬、落实养老保险制度、设立关爱基金等形式提高对基层党建工作者的经济激励。同时还要注意，农村基层党建工作者报酬应与其工作量相匹配。农村基层党建工作者，为推进农村共同富裕、维护乡村社会稳定做出了重要贡献。其劳动成果如果没有得到相匹配的劳动报酬，会打击其工作积极性。对于在当下的共同富裕推进过程中表现积极、成果显著的基层党建工作者可以给予额外的经济奖励。

3. 重视精神激励

一是加强初心教育。激励农村基层党员担当作为，最根本的是要坚守党组织的初心，牢记党员的职责。二是重视对优秀农村基层党建工作者的评选表彰。定期对全国、省、市、县优秀农村基层党建工作者进行评选表彰，使其获得一定程度精神激励。三是对优秀农村基层党建工作者的事迹进行宣传报道，使全社会尤其是农民群体理解农村基层党建工作者的工作性质，并自觉支持、跟随其建设共同富裕的行为，为基层党建工作者营造和谐的工作氛围。由此，全面激发基层党员的工作热情，激活基层党员引领共同富裕的活力。

参考文献：

[1] 中共中央党史和文献研究院. 全面建成小康社会大事记[N]. 光明日报，2021-07-30(11).

[2] 马克思，恩格斯. 马克思恩格斯选集(第3卷)[M]. 北京：人民出版社，1995：526.

[3] 习近平回信勉励河北省平山县西柏坡镇北庄村全体党员：把乡亲们更好团结凝聚起来　让日子过得越来越红火[N]. 人民日报，2021-02-09.

[4] 李少霞，魏莉. 恩格斯历史合力论与铸牢中华民族共同体意识的路径探析[J]. 西北民族大学学报(哲学社会科

学版),2022(5):21-30.

[5] 何得桂,刘翀.党建势能:基层党建引领乡村产业发展的实践机制——以陕西 H 县党建"三联"促发展为例[J].中共天津市委党校学报,2022(2):12-23.

[6] 张俊,陈佩瑶.乡村振兴战略实施中内生主体力量培育的路径探析:基于韩国新村运动的启示[J].世界农业,2018(4):151-156.

[7] 中共中央党史和文献研究院.十九大以来重要文献选编:上[M].北京:中央文献出版社,2019:441.

本文系浙江省社会科学界联合会研究课题成果(课题编号:2023N061)

共富媒体指数:视听媒体服务精神文明
高地建设的评价指标体系构建

袁靖华　　陈宇辉

(浙江工业大学)

摘　　要:视听媒体作为精神文化的生产者、传播者与引领者,是精神文明建设中最直观、最普及、最富魅力、最具辨识度、最有吸引力的文化生产领域,在赋能共同富裕社会的精神文明建设中有着巨大潜力。本文围绕共同富裕社会的精神文明建设,构建"共富媒体指数",在借鉴现有指数模型基础上,构建包含5项一级指标、10项二级指标、50项三级指标的共富媒体指数模型,以期引导对视听媒体服务共富社会精神文明高地建设状态及成果的科学规划与评估,对探索视听媒体高质量服务精神文明高地的共同富裕文化先行示范建设具重要应用价值。

关键词:共同富裕　文化先行　文明高地　媒体指数

社会主义共同富裕是物质共同富裕和精神共同富裕的统一,[1]追求物质文明与精神文明协调发展。[2]国务院"十四五"规划支持浙江高质量发展建设共同富裕先行示范区,打造新时代文化高地,推进社会主义先进文化发展先行示范。

随着短视频等视听新媒体成为新的媒介和文化景观,[3]视觉性成为当代社会文化至关重要的构建特征,视听传播成为主流传播样态,[4]视听化的生产与表达成为主流的大众媒介生活方式和媒介化社会的主要信息通道。视听媒体作为精神文化生产者、传播者与引领者,是精神文明建设中最直观、最普及、最富魅力、最具辨识度、最有吸引力的文化生产领域,在赋能共同富裕社会的精神文明建设中有着巨大潜力,是建设共富浙江精神文明高地的主阵地。如何建设共富浙江的精神文明高地,让共同富裕精神文化可感可知、入心入脑?这需充分发挥视听媒体在文化生产与传播引领中的主导作用。

从共富社会精神文明建设的要求出发,本文提炼视听媒体助推精神文明高地建设的关键要素,构建一个用以引导、测量和评估视听媒体服务共富社会精神文明建设的指标体系,以期为科学规划和评估视听媒体在精神文明高地共富文化先行建设中的实践与成效提供重要研究基础。

一、问题的提出及文献梳理

(一)共同富裕与精神文明高地建设

立足中国特色社会主义建设,中国共产党对共同富裕进行了百年探索。从新民主主义革命时期以土地革命为出发点的共同富裕追求，到确立社会主义制度为共同富裕发展提供制度保障，党的历代领导人不断丰富中国特色社会主义的共富思想。1955年，毛泽东在《关于农业合作化问题》的报告中首次提出"共同富裕"一词，明确指出"实行合作化，使全体农村人民共同富裕起来"。[5]1992年，邓小平在南方谈话中提出"社会主义的本质是解放生产力，发展生产力，消灭剥削，消除两极分化，最终达到共同富裕"[6]。进入社会主义发展新时代，习近平提出"共同富裕是社会主义的本质要求，是中国式现代化的重要特征""促进人民精神生活共同富裕""人民群众物质生活和精神生活都富裕"[7]，进一步明确了共同富裕建设的原则与思路。基于共富思想，准确把握共富社会精神文明建设的本质要求，提升精神文化内容生产品质，是建设精神文明高地的重要前提。

"只有物质文明建设和精神文明建设都搞好，国家物质力量和精神力量都增强，全国各族人民物质生活和精神生活都改善，中国特色社会主义事业才能顺利向前推进。"[8]共同富裕是物质与精神双富裕，实现人的全面发展。"吃好用好"的物质富足是基准，"知书达理"的精神文化富足则需加快跟进，通过教育、文化、娱乐、艺术等精神消费，提升人的科学艺术素养、道德水平、精神境界，实现人的精神升华和心灵洗礼，[9]不断满足人民精神文化需求，是新时代中国特色社会主义的重要任务与本质要求。[10]

精神文明是文明的灵魂，社会文明发展的要义就在于精神的升华，精神文明的进步为社会文明的发展提供根本的价值指引与智识支持。[11][12]浙江的共同富裕先行示范区建设，强调"在共同富裕中实现精神富裕，在现代化先行中实现文化先行"，发挥精神文明在浙江共同富裕建设中的先行先导价值。[13]精神文明与文化先行建设是浙江建设共同富裕先行示范区的重要任务，以思想理论高地、精神力量高地、文明和谐高地与文化创新高地为建设重点，为高质量发展建设共同富裕示范区注入强大精神文化力量。[14]无论营造共富社会精神文化氛围，展现共同富裕美好社会图景，还是发挥社会主义共富文化铸魂塑形赋能的强大功能，凝练社会共同体精神意识以涵养塑造共富新时代新人，都要推行以精神富有为标志的文化先行发展模式，增强先进精神文化的凝聚力。[15]

因此，精神文明高地与文化先行的建设需要视听文化创作生产的高质量发展，由"高原"向"高峰"迈进，[16]大力发展开放共享的公共文化服务产品，不断满足人民群众多样化、多层次、多方面的精神文化需求；基于文化育人、文化铸魂推进可持续高质量的精神文化生产，并与人口、文化资源和社会环境的承载能力相协调，与社会进步相适应。[17]持续渐进的共富精神文明建设符合共同富裕发展的普遍规律，[18]只有可持续的精神文明发展方式，才能真正助力共富社会实现精神文化富足。

（二）精神富裕视角下的视听媒体

如何实现并测评共同富裕？有研究尝试构建共同富裕社会评价指标体系[19][20]，或针对农村居民物质与精神富裕的评价[21]，或从共同富裕的发展性、共享性和可持续性提出共同富裕指数模型[22]，测度2015—2020年浙江省共同富裕实现情况[23]；席恒、王睿等将"共同指数""富裕指数"作为共同富裕评价坐标[24]，孙豪、曹肖烨从富裕、共享两个维度构建共同富裕指标[25]，等等。现有关于共同富裕评价的探讨具有重要参考价值，但多数研究从社会整体发展、社会经济情况等宏观视角切入，侧重社会物质富裕的全范围综合研究，对社会精神文化富裕角度的研究不足，对精神文化的探讨过于笼统、单薄，未明确提出精神文化共同富裕的评价体系，更未将"精神富裕"与当下主流的视听媒体文化生产建立清晰联结。

从传媒视角研究共同富裕，涉及精神富裕与视听传播关系的直接相关研究更少，有关研究主要探讨传媒作为文化要素的作用，强调媒体传播在赋予文化新内涵、引导社会思想和精神文化建设中应发挥中流砥柱的作用。[26][27][28]或从宏观的发展传播学视角阐释媒体与社会发展的关系，从乡村传播视野研究传媒与城乡均衡发展的关系，从媒介可供性研究视角探讨媒介对人的作用，媒体平台、智媒技术与受众的信息可供关系、情感感知关系、信息供给与互动关系等；[29][30]从微观实践视角研究当下新媒体在农村精神文化发展中的意义与影响，提倡媒体应提供先进的公共文化产品，发挥其在精神文化建设、营造精神文化氛围中的主体性联结作用。[31][32][33]

建设共同富裕社会需高度发达的共同体精神意识作引导和保障，[34]需要文化先行、精神文明建设先导。2021年浙江提出"建设精神文明高地"，为实现服务共富社会的精神文化富裕先行，指明了路径方向并提供了实践落脚点。视听媒体的内容生产和传播体系都需基于共富示范区"精神文明高地"这一方向和目标进行升级迭代，提供优质、先行、先导的精神文化产品，引导并引领共富社会的核心价值观传播实践。视听媒体是打造共同富裕精神文明最直观、最普及、最富魅力、最具辨识度、最有吸引力的文化生产领域，在投身文化先行的生产实践过程中，要着力提供充分的符合人民日益增长的精神文化需求的视听节目与信息内容服务，全方位推进共同富裕先行示范的社会主义核心价值观的构建，成为具体践行共富社会精神文明高地建设的主阵地。

上述愿景需谋划布局、落地实践，让共富社会的精神文化生产在视听传播路径上占据先导、先发、先进、先行优势，增强共富精神文化的传播竞争力、引导力、吸引力、感染力。本研究针对现有研究缺位，围绕共富社会精神文明高地建设目标，探索视听媒体高质量服务共同富裕示范区精神文明高地建设的实践路径，提出具有针对性与可操作性的"共富媒体指数"（The Common Prosperity Media Index）模型并加以测算检验，以期为科学评估视听媒体在共同富裕精神文化生产中发挥的作用与效能，规划视听媒体在精神文明高地建设中的优化路径，提供应用性研究的学理基础。

二、视听传媒的共富媒体指数构建

媒体愿景对我国媒体转型具有重要的方向性意义和价值。[35]愿景是媒体的灵魂，指明了媒体未来前进的方向，明确了媒体必须承担的责任和义务，解决媒体"是什么"和"成为什么"的基本问题。[36]在实践应用层面，媒体愿景从媒体未来着眼，要求媒体具备"从未来到现在的回溯思维"，将所渴望的理想图景转变为当下的行动规划，[37]将媒体的理想目标嵌入媒体发展的过程中，发挥愿景对媒体未来发展的重要指导价值和引领意义。

以共富社会精神文明高地建设为目标，探析视听媒体的发展方向，视听媒体的愿景内涵可理解为：依据共富社会精神文明建设要求和自身媒介特性，以服务共富社会精神文明高地建设作为媒体愿景理念，以此指导媒体的愿景行动规划，思考视听媒体发展的目标与方向。落实视听媒体投身精神文明高地建设的媒体愿景，需梳理可测量的主要指标，研判形成共富媒体指数。

共富媒体指数的构建，以共富社会精神文明高地建设为目标，前瞻规划视听媒体产业发展方向。我们使用层次分析法（Analytic Hierarchy Process）分层确定影响视听媒体发展的主要测量指标，借鉴德尔斐专家调查法（Delphi Method），通过专家问卷调查打分，对指标重要性程度进行排序,确定权重,并进一步分析指标间的相关性,最终整合形成共富媒体指数。

(一)构建原则

1.科学性与综合性

规范指数遴选的方法实践,保证研究的科学性。精神文化共富内涵丰富,构建共富媒体指数体系是一项系统性的社会科学研究。我们结合共富思想、视听媒体行业发展特性及当下共富社会发展现实情况,以综合性和代表性结合的系统思维进行每一个指数遴选;从指数选取到权重计算、公式合成,一系列研究操作都建立在层次分析法、德尔斐专家调查法等社会研究方法基础上。

2.可行性与可信性

全面调查,摸清现实情况,保证研究的可行性与可信性。从指数的具体测算、评估应用,再到发现问题、给出方案,研究过程并非从理论到理论的纸上推演,而是结合全省实地调研的一手数据,了解视听媒体发展现实情况,充分考虑指数选取的清晰度、研究目标的针对性、指标数据获取的难度、量化计算的合理性等多方因素。构建并评测检验共富媒体指数,没有现成数据资源,需广泛深入搜罗政府部门公开数据、视听单位年度公报、专业数据库及实地调研的一手资料,确保数据的公信力。

3.时新性与创新性

结合业界最新的视听媒体发展动态、学界前沿研究,追求研究的创新性。指数构建要及时反映当下视听媒体发展中的技术创新、产制创新与传播创新。无论是视听媒体在技术与内容层面的自我革新需求,还是视听网络社会受众接纳程度的高速更新迭代,都要求指数的构建能与时俱进,匹配社会发展之需。

(二)维度划分

综合现有共同富裕的指数模型,涉及精神文明高地建设的理解主要集中在文化供给、公共服务、文化教育、幸福感等层次。《浙江高质量发展建设共同富裕示范区实施方案(2021—2025 年)》《浙江省广播电视和网络视听发展"十四五"规划》《国家广播电视与网络视听的"十四五"发展规划》等,从产业发展、教育研究、政策引领等宏观方面提出了对视听媒体建设的要求。本文对上述指导性文件与已有研究成果进行关联性聚类筛选,根据共富社会精神文明高地建设的目标指向,从中提炼出均等共享、精品内容、公共服务、产业生态、国际传播、舆论引导 6 个关键词。同时,结合本课题组前期关于浙江全省广播电视与网络视听媒体的全行业实地调研,全面梳理了视听媒体发展的现有实况、成果及不足。最终,总结出公共服务、文化引领、高原高峰、开放共享与发展可持续 5 个维度,全面考察视听媒体服务共富示范区精神文明高地建设的主要落脚点。

1.公共服务性

《"十四五"文化发展规划》提出要提高公共文化服务覆盖面和实效性,提升公共文化数字化水平。[38]公共性是媒体公共价值的重要体现,公共服务性是共富媒体指数的核心维度。媒体是社会公共文化机构,数字社会的媒体广泛连接社会资源,近些年市县融媒建设将媒体从单纯的新闻宣传向公共服务领域深度拓展,[39]成为基层社会资源配置与群众服务效能升级的必备。[40]公共服务性体现了视听媒体满足大众需要、实现全民精神富裕的重要职能。公共服务性指标设计注重"软硬结合"：软性因素突出公共文化服务供给，直观显示视听媒体文化服务的发展状况；硬性因素突出视听基础设施，反映视听媒体公共文化服务基础设施是否均衡、普及、普惠。

2. 文化引领性

该指标重点突出视听媒体的舆论引领与文化繁荣的职能。培育弘扬共富文化是共同富裕示范区建设的社会基础工程，以共富文化引领高质量发展是浙江共同富裕社会建设中的重要任务。[41]一方面坚持运用先进文化引领方向、鼓舞士气、凝聚力量，繁荣发展社会主义文艺，建设社会主义文化强国；另一方面构建新型主流传播体系，增强对社会舆论的引导力。视听媒体作为共富文化的生产者与传播者，为共富社会发展提供强大的价值引导力、文化凝聚力、精神推动力。实地调研发现，现有视听媒体服务共同富裕建设主要侧重经济报道与政策宣传，在文化内容供给的数量和质量、社会舆论与精神引导的参与度上都有较多提升空间。

3. 高原高峰性

以"高原高峰性"反映视听媒体所提供的精神文化产品的内容品质、传播效果、社会影响等，明确衡量其服务于精神文明高地建设的成效，并在二级指标中突出视听作品的社会美誉度与社会影响力。讲好浙江共富故事，实现浙江影视"走出去"，必须加强影视传播力建设，这既包含影视在本国本地区的对内传播能力，也包含影视跨国跨地区的对外传播能力。[42]高原高峰视听作品不仅是影视传播力的代表，也是地方精神文化繁荣的重要标志。从共富社会精神文明高地的建设目标看，大踏步迈向"高原""高峰"是亟待攻克的难关。

4. 开放共享性

该维度主要反映视听媒体提供的精神文化服务是否充分做到了公共、开放、可触、可供，并在二级指标中强调视听媒体文化共享与开放交互的程度。共同富裕是富裕的共享，也是共享的富裕，[43]精神文化共富则是精神文化富裕的共享，也是共享的精神文化富裕。实现"文化共享"，既要让人民有条件共享文化资源，又要让人民有兴趣共享文化创作，有意愿共享文化成果，这是文化共享理念的内在逻辑。[44]网络视听媒体是社会信息开放共享的主要平台，开放交互的传播环境给文化发展注入新的动能。文化上的交互开放是文化共富的重要实现形式，共富社会的精神文化富裕体现为全民共享的高品质文化，应不断探索视听文化生产、传播与服务的"无障碍""开放""共享"。

5. 发展可持续性

实现精神富裕不可能一蹴而就，也不能只追求短期效益，而应追求社会精神文化的长期可持续发展，促进社会精神风貌的整体改善和社会主义核心价值观持久深入的精神塑造。共富视听媒体是一个以文化共富为发展目标的良性媒介生态系统，系统的传播要素之间和资源要素之间能产生持久、连续、流动、有序的良性循环，[45]这需要从人才、产业市场、政策等方面综合提升视听媒体在共富社会精神文化服务中的可持续生产引领力。

（三）指数模型

共富媒体指数是分项指数逐级构建而成的总指数，本文提炼视听媒体影响共富精神文明高地建设的关键因素,运用 AHP 层次分析法,基于实践开发,构建了服务共富社会的视听媒体发展愿景指数模型,共包含 5 项一级指标、10 项二级指标、50 项三级指标,以及若干影响因子,如表 1 所示。

表 1　共富媒体指数模型

一级指标	二级指标	三级指标	影响因子
A—公共服务性(0.2889)	A1 公共文化供给指数	A11 视听媒体机构公共文化服务资金(万元)	广播电视部门年度公共文化服务决算
		A12 公共广播电视制作情况(小时)	公共广播制作时长、公共电视制作时长
		A13 公共广播电视节目供给情况(套)	公共广播套数、公共电视套数
		A14 视听媒体资源数据库建设情况(GB)	广播电视资源数据库容量、网络视听媒体数据库容量
		A15 电影放映情况(场)	线下影院放映、线上电影放映、农村电影放映场次
	A2 视听基础设施指数	A21 电影院设立情况(家)	城市院线电影院数量、乡镇电影服务站数量
		A22 智能视听媒体终端建设情况(万户)	IPTV 电视与 OTT 电视终端用户数
		A23 新媒体机构建设情况(个)	网络广播电视台、网络视听服务机构、IPTV、OTT、新媒体公司等新媒体服务单位数量
		A24 新媒体客户端服务情况(个)	新媒体客户端(不统计断更/停更超过一月的客户端)
		A25 新媒体账号开设情况(个)	微信(含公众号、视频号)、微博、抖音、百家号、小红书号、bilibili 与新媒体客户端内容号开设数量
B—文化引领性(0.2378)	B1 舆论引导指数	B11 视听公益广告引导情况(次)	电视公益广告、广播公益广告、新媒体公益短视频、新媒体 H5 互动广告播放次数
		B12 民生类视听节目服务情况(次)	电视民生节目、广播民生节目、新媒体民生节目播放量
		B13 主题主线广播电视节目数量(个)	历史文化、家国情怀、人物传记、重大主题、乡村发展、共同富裕、扶贫工作、全民抗疫、精神文明、时代奋斗等主题主线电视节目、影视剧(电影、电视剧)和新媒体专栏数量
		B14 主题主线影视剧作品数量(个)	
		B15 主题主线新媒体活动专栏数量(个)	
	B2 内容繁荣指数	B21 广播电视内容播出时长(小时)	广播新闻资讯内容、广播专题服务内容、电视新闻资讯节目、电视纪录片、电视动画片、电视剧、电视综艺播出时长
		B22 新媒体视听内容播出时长(小时)	网络综艺视频、网络影视剧、网络动画片、网络纪录片、短视频、网络音频播出时长
		B23 出品电影票房情况(万元)	作为出品方的电影票房情况、作为联合出品方的电影票房情况
		B24 新媒体内容发布数(万条)	客户端、微博、微信(公众号和视频号)、抖音、客户端媒体好中的总发布量
		B25 新媒体原创内容发布数(万条)	客户端、微博、微信(公众号和视频号)、抖音中的原创内容发布量

续　表

一级指标	二级指标	三级指标	影响因子
C—高原高峰性（0.1356）	C1 作品荣誉指数	C11 国际级荣誉数量（个）	各大国际电影节、电视节等视听媒体活动中的获奖情况
		C12 国家级荣誉数量（个）	各大国内电影节、电视节等视听媒体活动中的获奖情况
		C13 省级荣誉数量（个）	各大省级电影节、电视节等视听媒体活动中的获奖情况
		C14 影视剧用户口碑评分（分）	电影、电视剧、纪录片、动画片的猫眼专业版评分、豆瓣评分、微博评分情况
		C15 中央级主流平台播送次数（次）	广播素材播送次数、电视素材播送次数、新媒体素材引用转发次数
	C2 社会影响力指数	C21 新媒体矩阵关注/注册总量（人次）	微信（公众号、视频号）、微博、抖音等媒体平台以及媒体号的关注量；客户端注册用户数
		C22 新媒体矩阵总阅读量（次）	微信（公众号、视频号）、微博、抖音等媒体平台以及媒体号的阅读量；客户端总阅读量
		C23 新媒体热搜数量（次）	微博热搜数量、抖音热搜数量
		C24 境外社交媒体关注总量（人次）	Twitter、Instagram 关注总量
		C25 海外主流视听平台综合播放量（次）	YouTube、Vimeo、Netflix 总播放量
D—开放共享性（0.2000）	D1 文化共享指数	D11"三农"视听节目播出时长（小时）	"三农"电视新闻节目、"三农"广播新闻节目、"三农"综艺节目、"三农"纪录片播放时长
		D12"三农"新媒体内容数量（条）	微信（公众号、视频号）、微博、抖音、客户端中的"三农"内容条数
		D13 广播电视与互联网"村村通"工程覆盖情况（百分比）	广播、有线电视、互联网"村村通"工作覆盖率
		D14 新媒体客户端老年用户注册数（个）	新媒体客户端 60 岁以上老年用户注册数
		D15 民族类新媒体内容数量（条）	少数民族题材新媒体图文内容、短视频发布量
	D2 开放交互指数	D21 主办视听媒体活动数量（个）	电影节、电视节、动漫节、纪录片节、短视频等视听媒体节展论坛、视听媒体赛事、视听媒体线上/线下活动
		D22 主办视听媒体活动参与人数（人次）	视听媒体赛事、视听媒体线上/线下活动参与人次
		D23 新媒体内容评论数量（次）	微信（公众号、视频号）、微博、抖音、客户端内容评论数量
		D24 新媒体内容转发数量（次）	微信（公众号、视频号）、微博、抖音、客户端内容转发数量
		D25 新媒体 UGC 内容数量（个）	新媒体客户端用户分享、曝光与个人创作内容数量

续　表

一级指标	二级指标	三级指标	影响因子
E—发展可持续(0.1378)	E1 人才发展指数	E11 产学研对接合作项目数量(个)	高校—视听企业合作数量、高校—视听单位合作数量
		E12 省部级以上人才工程入选人数(人次)	"五个一批人才工程""全国广播电视和网络视听行业领军人才工程、青年创新人才工程"等省部级及以上人才工程入选人才数量
		E13 高级人才占比情况(百分比)	高级职称人才占总人数比重
		E14 科研人员占比情况(百分比)	视听工程科研人员占总人数比重、视听文化科研人员占总人数比重
		E15 青年人才占比情况(百分比)	毕业 5 年内大学生人才占总人数比重,毕业 5 年内研究生人才占总人数比重
	E2 产业发展指数	E21 视听传媒产业总体发展情况(万元)	广告收入总额、有线电视网络收入、新媒体业务收入、出口影视内容与服务总额
		E22 视听传媒产业政策支持情况(条)	国家级、省级、地市级视听媒体产业扶持政策的落地条数
		E23 视听传媒企业公司发展情况(家)	总视听传媒企业公司数量、规模以上视听传媒企业公司数量
		E24 视听传媒园区/基地发展情况(个)	国家级视听传媒园区/基地设立数量、省级视听产业园区/基地设立数量
		E25 视听文旅产业融合发展情况(个)	视听文旅合作项目落地数量

（四）权重评估

我们采用专家问卷调查法,主要测定一级指标的相对重要程度。设计了《"共富媒体指数"专家咨询问卷》,供学者专家判断评估指标的相对重要性程度。比较排序的衡量尺度划分为第 1 位(最重要)、第 2 位(比较重要)、第 3 位(一般重要)、第 4 位(次重要)、第 5 位(相对不重要)五个等级,分别对应 5 分、4 分、3 分、2 分、1 分的分值,问卷构造的对比排序见表 2:

表 2　一级指标重要比较矩阵示意图

受访者/指标	公共服务性	文化引领性	高原高峰性	开放共享性	发展可持续性
受访者 1					
受访者 2					
受访者 3					
……					
受访者 N					

根据重要性指标的比较,得到了等序数据专家排序矩阵,矩阵中 n(受访者)行 m(一级指标)列的元素 $amn(m=1,2,3,4,5;n=1,2,3……n)$ 表示受访者 N 对各一级指标的重要性排序赋分结果。

$$R = \begin{bmatrix} a11 & \cdots & a1m \\ \vdots & \ddots & \vdots \\ an1 & \cdots & amn \end{bmatrix}$$

计算矩阵 R 赋分总和为 R^*，矩阵中 m 列的指标赋分总和为 $Mi(i=1,2,3,4,5)$，即可得到五个一级指标的权重系数 ai 公式为：

$$ai = \frac{Mi}{R^*}$$

根据上述步骤得出一级指标的权重（见表3），考虑到工作量与现实因素，二级、三级指标采用等权重的计算方式。实际操作中，我们选取了来自全国各高校 34 位新闻传播学领域的正高级专家学者为咨询对象，通过微信发放咨询问卷，删除误填、错填及未完成的问卷后，最终回收有效咨询问卷 30 份，具体数据测算结果如表 3 所示：

表3　共富媒体一级指数权重测算结果

	M1 公共服务性	M2 文化引领性	M3 高原高峰性	M4 开放共享性	M5 发展可持续性
Mi（值）	130	107	61	90	62
ai（%）	28.89	23.78	13.56	20.00	13.78

（五）指数统一计算

由于具体指标的呈现形式、单位与作用方式彼此不同，不能直接进行对比，因此必须对其进行无量纲化处理，消除指标量纲影响。在共富媒体指数的实际计算中，首先采用功效系数法，对各个指标进行无量纲化处理，具体如下：

$$T_i^* = \frac{T_i - T_{min}}{T_{max} - T_{min}}$$

T_i^* H 表示经过标准化后的三级指标变量结果，T_i 表示具体三级指标变量数值，T_{min} 表示单一组变量的最小值，T_{max} 表示单一组变量的最大值。功效系数法得到的无量纲化结果均分部于区间 $(0,1)$ 内。进而，在对三级指标进行标准化处理的基础上，通过加权求和进行指数的合成。

三级指标最终结果 Ci 计算公式如下：

$$C_i = \sum_{i=1}^{n} T_i^* \cdot c_i$$

其中：C_i 表示具体三级指标的最终结果，T_i^* 为三级指标的数值，c_i 为相对应的三级指标的权重；n 为该方向三级指标的项数。同理，可以计算出二级指标（Bi）与一级指标（Ai）的具体数值。

$$Q_i = a_i \cdot b_i \cdot c_i$$

为后期计算的便利，进一步简化公式。Q_i 表示 T_i^* 所对应的三级指标叠加权重，ai、bi、ci 分别对应一级、二级、三级指标权重。

最终，共同富裕指数的最终合成公式为：

$$P = \sum_{i=1}^{n} Q_i \cdot T_i^*$$

三、共富媒体指数模型的应用

共富媒体指数有助于多维度、精准化评价各地视听媒体服务共同富裕精神文明高地建设的情况,引导视听媒体更好地发挥公共文化服务职能。进入测算和评估阶段后,共富媒体指数不仅能对视听媒体服务共同富裕精神文明高地建设的状况进行精确描绘,也能通过客观的评估数据来判断视听媒体服务精神文明高地建设的水平,并进一步开展纵向时间维度和横向空间维度的比较,明确视听媒体的优势与短板。具体来说,共富媒体指数模型可以应用于以下方面:

(一)提出"共富媒体指数"概念,引导视听媒体的生产实践

构建"共富媒体指数"概念,填补了现有共同富裕测度模型中精神文化生产传播研究层面的有关缺位。研究视听媒体在共富社会精神文明高地建设中的作用,开创性地将视听媒体与精神文化富裕加以研究勾连,构建共富媒体指数,可使各级媒体单位对精神文明高地建设所要达成的目标有清晰认识,通过目标愿景指导媒体产业发展实践,有力发挥视听媒体赋能整体共同富裕社会发展的潜力,促进视听媒体服务精神文明建设的生产成效。

(二)推动建立常态调研评估机制,完善视听产业政策规划

政策操作上要推动精神文化共富工作,实施结果上要检测精神文化共富进展,各级政府机构要评估精神文化共富的政策效果,都离不开一个直观科学的指数评价体系。以共富媒体指数为基础,推动建立常态调研评估机制,对浙江各地视听融媒机构服务精神文化共富建设的成果进行测量,方便常规化检测评估浙江各地视听媒体服务精神文明高地建设的情况,动态反映服务效益变化趋势。这对制定更加完善的、适用共富示范区精神文明高地建设的、能推动广电视听媒体全行业升级迭代的产业政策规划,均具重要参考价值。

(三)构建共富媒体指数模型,为全面搜集并实测行业数据提供工作基础

提出并构建共富媒体指数,有助于探索视听媒体在服务共富社会精神文明高地建设中的创新引领策略,也是开展相应量化实测研究、增进视听媒体服务精神文化共富实践成效的重要起点。浙江省是全国数字化改革的先锋,在广播电视报纸、网络视听等媒体行业亦已开启了全面数字化管理的改革进程。本研究基于科学的维度划分与指数遴选,尝试提出共富媒体指数模型,可以方便传媒行业在全面数字化管理改革过程中,全方位挖掘和整理相关数据信息,全面掌握并检测浙江省视听媒体服务共富精神文明建设的实际工作成效。具体可围绕指数模型中的各项测量指标及具体影响因子,进行全面深入的数据调研,解决现有的大面积数据缺失问题,获取全行业完备无缺的一手数据,进而对浙江视听媒体服务共富文化生产的现实情况进行指数应用实测,进一步提升该指数模型的科学性与代表性。

参考文献:

[1] 龚云,杨静.共同富裕是物质富裕和精神富裕的统一[N].光明日报,2022-01-10(6).

[2] 何显明.共同富裕:中国式现代化道路的本质规定[J].浙江学刊,2022(2):13.

[3] 潘祥辉."无名者"的出场:短视频媒介的历史社会学考察[J].国际新闻界,2020(6):42.

[4] 何天平.数字时代的视听传播:基于内涵与外延的本体论阐释[J].青年记者,2021(9):14.

[5] 毛泽东.毛泽东文集:第6卷[M].北京:人民出版社,1999:437.

[6] 邓小平.邓小平文选:第3卷[M].北京:人民出版社,1993:373.

[7] 习近平.扎实推进共同富裕[J].求是,2021(20):4.

[8] 习近平.习近平谈治国理政[M].北京:外文出版社,2014:153.

[9] 俞海山.消费正义:何以必要?[J].浙江社会科学,2020(11):66.

[10] 秦宣.用社会主义核心价值观引领人民精神生活共同富裕[N].光明日报,2021-11-10(6).

[11] 鲁明川.中国式现代化道路的逻辑生成与文明叙事[J].浙江社会科学,2022(4):11.

[12] 高力克,顾霞."文明"概念的流变[J].浙江社会科学,2021(4):12.

[13] 刘乐平,郑梦莹.袁家军:在共同富裕中实现精神富有,在现代化先行中实现文化先行[N].浙江日报,2021-08-26(1).

[14] 袁家军,李中文.在共同富裕中实现精神富有[N].人民日报,2021-10-22(5).

[15] 袁家军.忠实践行"八八战略"坚决做到"两个维护"在高质量发展中奋力推进中国特色社会主义共同富裕先行和省域现代化先行[N].浙江日报,2022-06-27(1).

[16] 刘奇葆.推动文艺创作由"高原"向"高峰"迈进[N].人民日报,2016-10-11(4).

[17] 郁建兴,任杰.共同富裕的理论内涵与政策议程[J].政治学研究,2021(3):16.

[18] 丁雪枫.论共同富裕的伦理精神[J].学习论坛,2022(2):119.

[19] 宋群.我国共同富裕的内涵、特征及评价指标初探[J].全球化,2014(1):35.

[20] 钞小静,任保平.新发展阶段"全体人民共同富裕"及其评价体系构建[J].财经问题研究,2022(4):1.

[21] 申云,李京蓉.我国农村居民生活富裕评价指标体系研究:基于全面建成小康社会的视角[J].调研世界,2020(1):42.

[22] 陈丽君,郁建兴,徐铱娜.共同富裕指标模型的建构[J].治理研究,2021(5):5.

[23] 李金昌,余卫.共同富裕统计监测评价探讨[J].统计研究,2022(2):3.

[24] 席恒,王睿,祝毅,等.共同富裕指数:中国现状与推进路径[J].海南大学学报(人文社会科学版),2022(2):1.

[25] 孙豪,曹肖烨.中国省域共同富裕的测度与评价[J].浙江社会科学,2022(6):4.

[26] 张轶楠,杜云飞.当前媒介社会文化责任的反思[J].现代传播(中国传媒大学学报),2015(6):159.

[27] 张硕勋,王晓红.论大众传播语境下甘南藏区社会流动与文化整合:以甘南藏区五村庄调查为例[J].新闻与传播研究,2012(1):43.

[28] 郭华春.当代社会文化语境下主流媒体提高影响力的途径[J].新闻大学,2015(1):151.

[29] 张志安,黄桔琳.传播学视角下互联网平台可供性研究及启示[J].新闻与写作,2020(10):87.

[30] 刘洋.群体焦虑的传播动因:媒介可供性视角下基于微信育儿群的研究[J].新闻界,2020(10):48.

[31] 艾美华,刘雅.大众媒介在农村文化建设中的传播现状与媒介分析[J].新闻爱好者,2016(2):55.

[32] 沙垚,张思宇.公共性视角下的媒介与乡村文化生活[J].新闻与写作,2019(9):21.

[33] 潘如龙,吴晔,等.以共富文化引领共同富裕示范区建设:访省农办原副主任、著名"三农"专家顾益康[N].浙江日报,2021-08-09(1).

［34］胡承槐，陈思宇.关于共同富裕的若干重大理论和实践问题的思考［J］.浙江学刊，2022(1)：48.

［35］袁靖华，邵培仁.媒体愿景理论的提出与建构［J］.杭州师范大学学报(社会科学版)，2009(2)：92.

［36］邵培仁.要确立和规划中国媒体的愿景［J］.中国传媒报告，2006(2)：1.

［37］袁靖华.媒介愿景：内涵与规划［J］.浙江传媒学院学报，2009(4)：10.

［38］中国政府网.中共中央办公厅国务院办公厅印发《"十四五"文化发展规划》［EB/OL］.［2022-08-16］http://www.gov.cn/zhengce/2022-08/16/content_5705612.htm.

［39］蒋锐，俞虹.作为公共服务平台的县级融媒体中心：一种基层治理的视角［J］.现代传播(中国传媒大学学报)，2021(2)：13.

［40］徐敬宏，袁宇航，张世文.连接与赋能：县级融媒体中心高质量发展服务探析［J］.中国出版，2022(10)：16.

［41］顾益康，潘美华.以共富文化引领共同富裕示范区建设的思考［J］.政策瞭望，2022(4)：24.

［42］胡智锋，杨宾.传播力：中国影视文化软实力提升的重要保障［J］.清华大学学报(哲学社会科学版)，2018(3)：140.

［43］李实，朱梦冰.推进收入分配制度改革　促进共同富裕实现［J］.管理世界，2022(1).

［44］王永友，史君."文化共享"理念的理论演进与实践逻辑［J］.南京社会科学，2016(1)：149.

［45］邵培仁.媒介生态学研究的新视野：媒介作为绿色生态的研究［J］.徐州师范大学学报(哲学社会科学版)，2008(1)：135.

本文系 2019 年度国家社科基金项目"基于人类命运共同体思想的国际传播话语体系研究"(19BXW050)、2020 年度浙江工业大学人文社科类基本科研业务费项目"智慧视听融媒体的内容创新与传播竞合：路径、机制与平台建设研究"(GB202002010)的阶段性成果

以第三次分配带动基层共同富裕

——德清县幸福阜溪公益基金会调研报告

黄红华　　刘希晨

（浙江工商大学公共管理学院）

摘　要：德清县幸福阜溪公益基金会是全国首家县域街道层面的非公募公益基金会，由主基金和 19 个单项基金组成，分别建立理事会制度和理事制度，成员主要来自街道办、事业单位和捐资企业。基金会形成了理事会和捐赠者两个层面的审核机制，规范了运行流程，整合了党政机关、枢纽型社会组织、社会组织和志愿者、村社幸福驿站等多方力量，为当地民众提供敬老助老、文化融合、创新创业、帮扶助残、奖优助学、文艺惠民、党员先锋七个领域的服务，通过设奖树立自强自立、良好家风、社会服务、好善乐施四个方面的社会标杆，帮扶了自强自立群体、弱势帮扶对象、特殊奉献人员、外省结对帮扶对象，以及广大普通民众五类群体，影响力覆盖 68% 左右的居民，以社会治理软实力助推了经济发展，形成了全员参与公益事业的良好生态，以基层治理机制促进了跨省结对帮扶和实现共同富裕，初步形成了以第三次分配带动共同富裕的机制。基金会的进一步发展，需要积极应对捐款的可持续性、人员的专业化、运行的规范化、活动的统筹安排和发展空间的拓展等问题。

关键词：第三次分配　共同富裕　社区基金会　基层治理　调研报告

在工业化和城镇化的大背景下，位于浙江省德清县城郊接合部的阜溪街道辖区集聚了大批企业，吸引了大量务工人员和新居民，促进了农村向城镇、农村向社区、平房向高楼的转变。当地居民就业结构和生活环境发生重大变化，征地拆迁积累大量财富的同时也带来一些家庭纠纷和社会问题。新老居民融合、困难群体帮扶、社会矛盾调解、生活品位提升等主题被提上议程，新的社会治理机制呼之欲出。

在此背景下，阜溪街道利用德清县作为第三批全国社区治理和服务创新实验区积累的经验，启动了以整合社会资源和推动民生服务供给侧改革为目标的公益项目"幸福阜溪"工程，充分激发阜溪街道的经济活力，利用德清县 20 多年来积淀下来的"民间设奖"经验，借力国家共同富裕、社会治理创新和慈善捐赠税收减免的东风，筹建了德清县幸福阜溪公益基金会，充分整合党政机关、企事业单位、社会组织和社会各界的力量，融合新老居民、帮扶困难群体、开展社会服务、激励社会标杆，努力探索出一条以第三次分配助力全员走向共同富裕的社会治理之路。

一、基金会的情况概述

德清县幸福阜溪公益基金会是德清县民生公益项目——"幸福阜溪"工程的重要组成部分，是全国首家县域范围内街道层面的非公募公益基金会,是旨在通过构建覆盖全域服务网络、培育专业社会服务力量、实施爱心公益服务项目,持续提升街道新老居民幸福指数的社会组织。

幸福阜溪公益基金会自 2017 年召开"幸福阜溪"工程研讨会时开始筹划,于当年 10 月 22 日筹备通过章程,10 月 26 日在德清县民政局正式登记注册,11 月 3 日理事会表决通过修订后的章程,正式开始运作。

由街道办事处捐资 200 万元,作为基金会的原始基金。基金会面向全镇范围内的企事业单位、社会团体和其他机构及个人筹集善款,认捐 50 万以上的企业、团体或个人可以冠名成立单项基金。2017 年 11 月 3 日,基金会举办单项基金冠名权拍卖暨爱心认捐仪式,吸引 50 多家企业认捐,命名七家企业冠名单项基金,共募集公益资金 565 万元。截至今日,数十家企业已经认捐 1163 万元,其中 2017—2018 年募集 565 万元,2019 年和 2020 年各募集 200 多万元。基金会历年实际到账捐资 778 万元,未到账捐资成为基金会的潜在"资金池"。这些公益资金主要来源于 56 家爱心企业和当地党政机关,分别占比为 56.39% 和 29.93%;另有 13.68% 的捐资来源于 200 多位爱心人士(包括外出人员、来德人员和当地乡贤),10 多个村和社区、1 家社会组织等(图 1)。

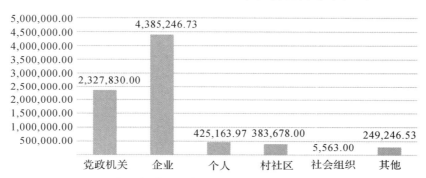

图 1　幸福阜溪公益基金会实际筹资来源(单位:元)

资料来源:基金会《经济科目明细》。

基金会下设单项基金,单项基金数量从 2017 年的 7 个增长到当前的 19 个。基金会采用单项基金企业冠名权拍卖机制,单个爱心企业只要认捐 50 万元以上,即可取得单项基金的冠名权。目前,19 个单项基金中,有 12 个获得了企业冠名和长期捐赠支持,1 个("和美"慈母单项基金)由在外创业的乡贤爱心人士匿名捐赠成立,6 个由村社和社会各界综合捐资成立(表 1)。

表 1　幸福阜溪公益基金会及其 19 个单项基金(额度单位:万元)

序号	基金会和单项基金名称	成立年份	认捐额度	支出额度
1	幸福阜溪公益基金会	2017	200	43.99
2	"融创·莫干溪谷"敬老爱老单项基金	2017	107.8	22.72
3	"民盟·求是"慈善单项基金	2017	105	27.95
4	"华盛达·文化惠民"单项基金	2017	60	10.06
5	"欧诗漫"青年创新创业单项基金	2017	58	/
6	"美高电气"定向资助单项基金	2017	50	35.44
7	"农商银行"成长计划单项基金	2018	50	11.64

续　表

序号	基金会和单项基金名称	成立年份	认捐额度	支出额度
8	"天堂伞"师生成长计划教育单项基金	2018	50	23.97
9	"一龙"福民单项基金	2019	50	/
10	美高"鸿志"教育单项基金（贵州董地乡）	2020	50	4.6
11	隆泰医疗青少年心理健康单项基金	2020	50	/
12	"水木"番茄红单项基金	2021	50	/
13	"青春宝"医路守护单项基金	2021	50	/
14	"和美"慈母单项基金	2019	30	0.6
15	垃圾分类单项基金	2019	50	0.37
16	及时雨单项基金	2019	50	2.6
17	党员先锋单项基金	2017	33.7	/
18	同心同行单项基金	2017	33.5	11.19
19	康乐人生单项基金	2017	30	5.82
20	社工关爱单项基金	2021	5	/

注：支出额度依据基金会《经济科目明细》和《2017—2019 年工作报告》《2020 年工作报告》计算得出，《明细》和《报告》中未注明支出数额的用"/"表示，《明细》中的"非限定性支出"，一律计入总基金会名下。

基金会的收入主要用于敬老助老、文化融合、创新创业、帮扶助残、奖优助学、文艺惠民、党员先锋、身心健康、生态环保、职业关爱 10 个领域的支出，通过引入和孵化社会服务组织和志愿者队伍，并与企业商户合作，开展公益慈善工作。2017 年至 2021 年间，共支出善款 233 万元，引入社工组织 9 家，孵化社工组织 11 家，组织、指导开展公益项目 261 个，每年培训 3 万人以上，树立经济发展和社会治理各领域先进标杆 1143 人次，项目活动受益群众覆盖度为 68% 左右。

二、基金会的治理结构

幸福阜溪公益基金会在德清县民政局注册，业务主管单位也是县民政局，住所设在幸福阜溪服务中心。基金会在县民政局和阜溪街道办事处的指导监督下，在县委县政府各相关部门及群团组织的支持下，依托幸福阜溪服务中心及其指导和孵化的各类社会组织与志愿者队伍，依托四个片区的幸福邻里和十二个村社区幸福驿站和幸福专员，与数量众多的合作服务单位（企事业单位和社会组织等）一道开展公益慈善工作（图 2）。

基金会实行理事会制度。《章程》规定基金会由 7 名理事组成理事会（图 3），第一届理事由阜溪街道办事处、主要捐赠人、发起人分别提名并共同协商确定。理事会换届改选时，由业务主管单位、阜溪街道办事处、理事会、主要捐赠人共同提名候选人并组织换届领导小组，组织全部候选人共同选举产生新一届理事。理事会是基金会的决策机构，有章程和制度制定修订权、选举和罢免权、机构设立权、重大业务活动计划决定权、年度收支预决算审定权、副秘书长和机构主要负责人的决定权、听取审议工作报告和检查秘书长工作、决定基金会的分立合并或终止等权力。理事会选举产生理事长、副理事长和秘书长。理事长召集和主持理事会,或者书面委托副理事长或其他理事召集和主持理事会。秘书长主持开展日常工作,组织实施理事会决议,决定各机构专职工作人员聘用。基金会设监事1名,监督基金会业务运行。

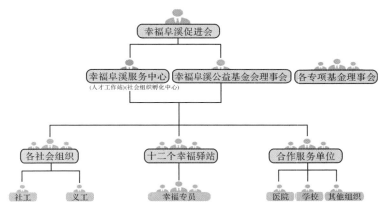

图 2　幸福阜溪公益基金会的外部治理结构示意图

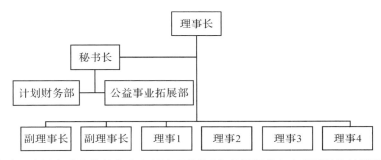

图 3　德清县幸福阜溪公益基金会内部治理结构(作者根据基金会《章程》和访谈记录自制)

　　基金会的理事主要来自街道办事处、事业单位和主要捐资企业。第一届理事会共7名理事、1名监事,其中理事长来自阜溪街道办事处,秘书长来自阜溪成校,副理事长分别来自街道办和企业,其余理事全部来自企业。来自企业的理事和监事占5/8的席位。第二届理事会共7名理事、1名监事,其中理事长来自阜溪街道办事处,秘书长来自阜溪成校,副理事长分别来自街道办编外人员和企业,其余理事全部来自企业,来自企业的理事占5/8的席位(表2)。目前所有理事和监事均不在基金会领取报酬。

表 2　德清县幸福阜溪公益基金会理事会组成人员(第一、二届)

职位	届别	姓名	单位及职务	政治面貌
理事长	第一届	陈××	阜溪街道财政所所长	中共党员
	第二届	谢××	阜溪街道办社管科	/
秘书长(理事)	第一、二届	罗××	阜溪街道成校校长	中共党员
副理事长	第一届	郑××	阜溪街道党政办副主任	中共党员
	第一、二届	黄××	莫干溪谷副总	/
	第二届	金××	阜溪街道办编外工作人员	中共党员

续　表

职位	届别	姓名	单位及职务	政治面貌
理事	第一、二届	王××	求是教育集团副董事长	/
		杨××	华盛达集团副总	/
		杨××	欧诗漫集团副总	/
监事	第一届	杨　×	美高电器财务总监	/
	第二届	方××	美高电器行政总监	/

资料来源：访谈记录。

德清县幸福阜溪公益基金会已有 19 个单项基金，同时各单项基金有各自独立的理事会，通常设置理事、监事、秘书长各 1 名。理事会成员以兼职为主，不在基金会获取报酬。目前，企业冠名的单项基金主要由冠名企业的人员组成。单项基金的理事会分别负责审定各自的资金募集、管理和使用计划，审定年度收支预决算。幸福阜溪公益基金会由此建立了一个统分结合的治理结构，既有利于各单项基金根据自身设想和要求策划、开展公益活动和项目，提升捐资人的参与感和监督力，也有利于提升各项目运行的针对性、效率和社会效应，还有利于基金会实行统一、规范的管理。

三、基金会的运行机制

基金会整合社会各界资源，建立了"全员参与"的运行机制。基金会在德清县民政局和阜溪街道的指导下，建立理事会和各专项基金理事会等治理结构，依托幸福阜溪促进会和幸福阜溪服务中心，引入和孵化 20 多支社会组织尤其是社工组织和志愿者队伍，有效整合与调动相关事业单位、人民团体、社会组织、企业商家的资源，回应十二个幸福驿站的幸福专员发现和认定的弱势群体需求，通过组织丰富的群众性公益活动、精准的慰问帮扶活动、隆重的庆典仪式和评选活动等方式，引导人们保护生态环境、关心新老居民生活、注重身心健康、帮扶弱势群体、树立各领域各群体中的标杆，增强社会凝聚力和认同感，引导和激励人们积极向善（图 4）。

基金会设置了较为规范的项目策划、审核与执行流程。大致流程如下：①由申请人（个人/社会组织）提交项目说明书/活动方案；②专项基金理事会受理该方案，召开理事会对项目进行表决；③通过专项基金理事会审议的项目，提交至幸福阜溪公益基金会理事会表决；④幸福阜溪公益基金会理事会审议通过的项目进行立项；⑤幸福阜溪公益基金会签署协议，确认项目实施；⑥项目完成后，经第三方评估合格后，上报专项基金理事会；⑦专项基金理事会审核通过的，上报德清县幸福阜溪公益基金会理事会复核；⑧德清县幸福阜溪公益基金会理事会复核通过的，拨款给项目申请人（图 5）。

为了加强公益项目的策划和实施，阜溪街道构建了"一中心四区域十二节点"的服务网络。构建服务网络的具体内容包括：成立幸福阜溪服务中心，规划建设四个区域性幸福邻里中心和十二个村社区幸福驿站，下设幸福专员，提供供需对接、资源整合、组织孵化、服务支撑等一体化服务。同时成立幸福阜溪促进会，加强面上政策研究和工作指导；以幸福阜溪服务中心和幸福阜溪公益基金会理事会为平台，具体打通需求方、服务方、捐助方三方互动通道，让幸福事业零障碍，并提升行善体验，提高服务效能。

基金会的项目活动覆盖领域在不断拓展。根据最初制定的《章程》，基金会的宗旨是"致力公益

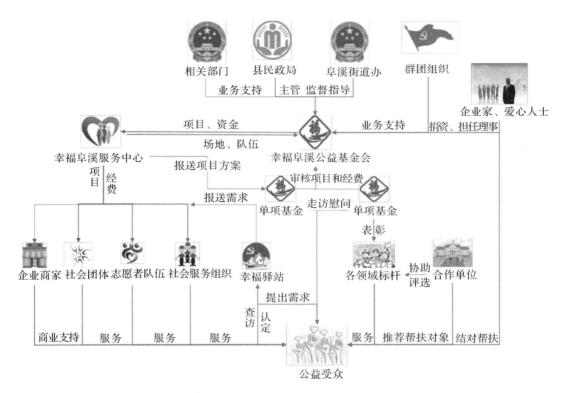

图 4　幸福阜溪公益基金会的运行机制示意图

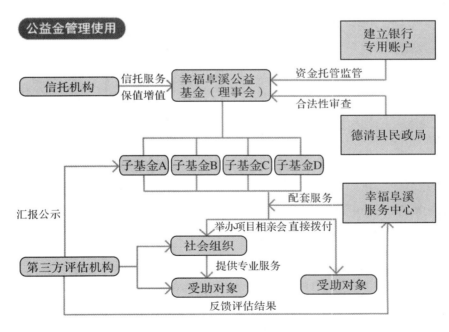

图 5　基金会项目资金管理使用流程

慈善事业，倡导企业公民责任，关爱阜溪居民生活，推动社会和谐进步"，业务范围主要包括：敬老助老、文化融合、创新创业、帮扶助残、奖优助学、文艺惠民、党员先锋等七个领域。在实际运行过程中，其业务范围已经涉及身心健康、生态环保、职业关爱等领域。这种拓展回应了不断调整的社会需求，说明基金会的社会性在不断增强。

　　基金会的活动形式主要包括大型群众性活动、精准度走访慰问活动、隆重的庆典仪式和评选活动。第一类，开展一定规模的群众性活动，如讲座、培训、演出、比赛、义诊、沙龙、夏令营等；第二类，组织小范围有针对性的走访、慰问、资助、服务等面对面活动，如探访独居老人、百岁老人，慰问贫困学生、贫困党员、困难新居民，扶持青年创业等；第三类，举办隆重的庆典、评选等仪式性活动，如每年召开汇集各单项基金表彰对象的年会，举办敬农节、中秋等传统节日的文艺演出等（表3）。

表3　幸福阜溪基金会和各单项基金历年活动频率一览表

基金会和单项基金名称	群众性活动	精准帮扶活动	仪式性活动
幸福阜溪公益基金会	√	√	√
"融创·莫干溪谷"敬老爱老单项基金	79	58	4
"民盟·求是"慈善单项基金	√	√	4
"华盛达·文化惠民"单项基金	205	/	2
"欧诗漫"青年创新创业单项基金	29	6	4
"美高电气"定向资助单项基金	/	20	4
"农商银行"成长计划单项基金	9	√	3
"天堂伞"师生成长计划教育单项基金	3	3	4
"一龙"福民单项基金	/	√	
美高"鸿志"教育单项基金（贵州董地乡）	1	√	1
隆泰医疗青少年心理健康单项基金	9	√	
"和美"慈母单项基金	/	6	
垃圾分类单项基金	70	2	4
及时雨单项基金	/	6	/
党员先锋单项基金	132	80	4
同心同行单项基金	59	43	4
康乐人生单项基金	15	76	4
"青春宝"医路守护单项基金	/	/	1
"水木"番茄红单项基金（新设）	/	/	/
社工关爱单项基金（新设）	/	/	/

　　资料来源：《幸福足迹·幸福阜溪公益基金会2017—2020工作情况》《德清县幸福阜溪公益基金会2018年度工作报告》。

　　注："√"表示开展了此类活动，数字表示活动次数。

四、基金会的建设经验

　　经过四年的探索，幸福阜溪公益基金会初步形成了一条基层公益慈善事业发展路径，即设立了一系列单项基金、形成了两个运行机制、孵化了三种公益队伍、树立了四支社会标杆、惠及了五类公益受众,影响力覆盖68%左右的居民,以社会治理软实力助推了经济发展,形成了全员参与公益事业的良好生态,以基层治理机制促进了跨省结对帮扶和实现共同富裕,初步形成以第三次分配带动共同富裕的机制。

设立了一系列单项基金是指幸福阜溪公益基金会内部先后设立19个单项基金。单项基金涉及敬老助老、文化融合、创新创业、帮扶助残、奖优助学、文艺惠民、党员先锋、身心健康、生态环保、职业关爱10个领域。承诺捐赠50万元以上的爱心企业、团体和个人可以冠名成立单项基金并主导基金用途。

形成两个机制是指基金会建立完善"统分结合"的内部管理机制,并在项目执行过程中形成了"全员参与"的外部运行机制。内部运行机制是指,在基金会内部,实行基金会和单项基金"统分结合"的管理体制:基金会成立理事会,由理事会进行决策、秘书长负责日常工作;单项基金成立理事会,负责各单项基金的项目和经费的审核监督。外部运行机制是指,在基金会项目运行过程中,整合县民政局、阜溪街道办、相关群团组织10多个部门的力量,依托幸福阜溪服务中心及其引入和孵化的20多支服务团队,策划和执行公益项目,回应来自12个村社"幸福驿站"幸福专员查访和认定的慈善帮扶对象的需求,通过开展群众性活动、组织面对面走访慰问帮扶、举办庆典仪式等形式服务广大受众。

孵化了三种公益队伍是指通过幸福阜溪社会组织服务中心,引入和孵化相关社会团体、社会服务机构、社区社会组织,承办基金会的项目、活动和服务。幸福阜溪社会组织服务中心作为枢纽型社会组织,负责项目策划和方案编制执行,并指导和监督公益队伍提供的专业服务。为公益基金提供项目服务和支持的社会团体包括阜溪街道乡贤参事联合会、我爱我家协会、德清电商协会等;社会服务机构包括清禾公益事业发展中心、康芯社会工作服务社、同心同行公益服务中心等;社区社会组织有精致小村志愿者服务队、新居民志愿服务队、仁心医疗志愿服务队等(表4)。专业队伍的引入和孵化,打造了"基金会-枢纽社会组织-社会组织-专业社工和志愿者团队"等多层级的慈善队伍,提高了当地慈善事业的专业化水平。

表4　幸福阜溪基金会引入和孵化的社会组织

	引入社会组织	孵化社会组织
幸福阜溪公益慈善基金	民安公益救援队 县清禾公益事业发展中心 县康芯社会工作服务社 阜溪街道乡贤参事联合会	幸福阜溪服务中心 德清嫂·阜溪好婆婆志愿者
"融创·莫干溪谷"敬老爱老单项基金	县康芯社会工作服务社 幸福阜溪服务中心	/
"民盟·求是"慈善单项基金	/	阜溪风尚学子志愿者
"欧诗漫"青年创新创业单项基金	县两山青年学院 德清电商协会	/

续　表

	引入社会组织	孵化社会组织
"华盛达·文化惠民"单项基金	我爱我家协会 幸福阜溪服务中心 文艺志愿服务队 新居民美丽艺术团 安泰桃花庄艺术团 中国狮子联会浙江吉祥服务队	精致小村志愿者服务队
同心同行单项基金	/	同心同行公益服务中心 善远社工组织 新居民志愿服务队 热心阿娘鱼服务队 同心同行学院(安徽)
康乐人生单项基金	清钰科技残疾人之家 街道残联(群团组织) 仁心医疗志愿服务队	/
"天堂伞"师生成长计划教育单项基金	/	天堂实业有限公司志愿者服务队
党员先锋单项基金	幸福阜溪服务中心	党群创业互助会
垃圾分类单项基金	德清嫂·阜溪好婆婆志愿者	/

资料来源:《幸福足迹·幸福阜溪公益基金会2017—2020工作情况》《德清县幸福阜溪公益基金会2018年度工作报告》。

树立了四支社会标杆是指基金会和专项基金设立奖项,奖励在自强自立、良好家风、社会服务、好善乐施等领域有卓越成绩和贡献的个人和团体。基金会先后设立了25个奖项,表彰个人和团体1143人次。对象包括学生、教师、医生、护士、社工、创业青年、爱心企业家等不同职业的人群,包括儿童、少年、青年、老人等不同年龄阶段的群体,包括党员、志愿者等不同社会身份的人群,包括母亲、儿女等家庭身份的人群,还包括企业、事业单位和社会组织等。除了给予优秀教师和学生奖金,其他各领域的标杆以授予荣誉为主,并为他们举办隆重的庆典(表5)。这批标杆要么正在公益领域贡献自身力量;要么创新创业成功,接下了慈善捐赠的接力棒;要么愿意为他人服务,如获得"阜溪风尚学子"奖的学生同时加入"阜溪风尚学子志愿者"队伍,准备为公益活动做出自己的努力。这种树立社会标杆的形式,既是对各领域优秀人员的激励和实实在在的帮助,也能够为社会治理树立起学习的榜样,还能够通过标杆带动其他社会成员,传递公益慈善的温暖。

表5　幸福阜溪公益基金会树立的标杆

	树立标杆的名称	标杆数量	标杆奖励形式
幸福阜溪公益基金会	大爱企业奖 志愿服务奖 百岁老人家庭奖	四届15名 四届20名	荣誉典礼 (有团队奖)

	树立标杆的名称	标杆数量	标杆奖励形式
"融创·莫干溪谷"敬老爱老单项基金	阜溪"十大孝子" 狮山孝子 狮山长寿	四届 40 名	荣誉典礼
"民盟·求是"慈善单项基金	阜溪风尚学子	四届 117 名	奖金奖杯典礼 27.95 万元
"农商银行"成长计划单项基金	阜溪风尚好少年 阜溪风尚好宝宝	三届 95 名	奖金奖杯典礼 11.6 万元
康乐人生单项基金	最美助残人	四届 19 名	荣誉典礼 (有机构奖)
"欧诗漫"青年创新创业单项基金	青年创业之星	四届 11 名	荣誉典礼
"华盛达·文化惠民"单项基金	美丽民居	两届 10 家	荣誉典礼
"美高电气"定向资助单项基金	品学兼优生 双十佳教师	四届 697 名 四届 65 名	奖金奖杯典礼 35.44 万元
美高"鸿志"教育单项基金	董地优秀学子	一届 20 名	奖金奖杯典礼 5 万元(人均 800 元)
"天堂伞"师生成长计划教育单项基金	教师奖	四届 165 名	总奖励金额 20.94 万元
党员先锋单项基金	党员带头奖	四届 15 名	荣誉典礼
同心同行单项基金	同心同行志愿服务奖	四届 17 名	荣誉典礼 (有团队奖)
垃圾分类单项基金	最美环卫工奖 最美宣讲员奖	四届 414 名	/
"青春宝"医路守护单项基金	抗疫英雄奖 最美医生(新设) 最美护士(新设)	一届 2 名	荣誉典礼
"和美"慈母单项基金	十佳慈母	/	/
社工关爱单项基金(新设)	优秀社工	/	/

资料来源:《幸福足迹·幸福阜溪公益基金会 2017—2020 工作情况》《德清县幸福阜溪公益基金会 2018 年度工作报告》。

　　惠及了五类公益受众是指基金会的项目和活动惠及了自强自立群体、弱势帮扶对象、特殊奉献人员、外省结对帮扶对象、广大普通民众等。其中自强自立群体包括优秀师生、创业青年等;弱势帮扶对象包括"小候鸟"、老人、残疾人、困难人群、重大伤病人员、心理障碍者等;特殊奉献人员包括新居民、保洁清运人员、军属、老党员、抗疫人员等;外省结对帮扶对象包括安徽、贵州、河北等地的种植户、加工户、困难户等;广大普通民众则主要通过基金会每年组织的数十场文艺培训、赛事表演、节庆活动、生态环保行动等获益。四年来,仅"融创·莫干溪谷"敬老爱老单项基金就服务老人 2000 多人次,康乐人生单项基金帮扶残疾人士 1075 人次,五项奖优助学基金资助优秀师生分别为 230

和 879 人次，资助贫困生 118 人次，慰问学生 4376 人次（表 6）。

表 6　历年直接受益师生数量

	奖励 优秀教师	奖励 优秀学生	资助 贫困学生	慰问 广大学生
"民盟·求是"慈善单项基金	/	117	42	/
"美高电气"定向资助单项基金	65	697	56	/
"农商银行"成长计划单项基金	/	65	/	4206
"天堂伞"师生成长计划教育单项基金	165	/	/	150
美高"鸿志"教育单项基金	/	/	20	20
小计	230	879	118	4376

资料来源：《基金会 2017—2019 工作报告》《基金会 2020 年工作报告》。

五、基金会的社会成效

（一）基层公益基金会的设立形成了全员参与公益事业的良好生态

幸福阜溪公益基金会整合了县乡层面的党政机关、事业单位、群团组织、爱心企业、社会团体、社会服务机构、志愿者队伍、基层自治组织、企业商户等多种社会力量，使他们在基层公益事业中找到了自身的定位。阜溪街道为基金会提供了 200 万元的原始资金并助力拓展公益事业，学校和医院等事业单位辅助基金会推荐困难学子、优秀师生和抗疫英雄，残联、妇联和团委等群团组织为基金会提供业务和志愿者队伍支持，爱心企业捐赠资金和商品并担任基金会理事，社会团体、社会服务机构、志愿者队伍执行基金会的项目、活动和服务，基层自治组织为基金会查访和认定帮扶对象并提供活动场地和人员支持，企业商户为基金会提供场地、设施和活动物资。

（二）基层公益基金会的运行建立了以社会治理软实力助推经济高质量发展的机制

阜溪街道地处城乡接合部，是经济开发区所在地，集聚了规上企业 118 家，吸引安徽、贵州、河北等地务工人员及家属 5.1 万人，比本地人口多 2.9 万人。为引导新居民加强自我管理、提升自治能力、促进社会融合，爱心企业设立同心同行单项基金，鼓励新居民参与矛盾纠纷调解、帮助困难家庭、开展培训和文艺活动，并设置"同心同行奖"表彰先进新居民。在新居民来源地设立美高"鸿志"教育单项基金，对贵州董地乡的困难学子进行奖励慰问。从新居民来源地和就业地两头入手，解决他们生产生活和孩子学习中遇到的困难，为开发区的经济发展提供了有力的保障。

（三）基层公益基金会以基层治理机制促进了跨省结对帮扶

基金会牵线德清的爱心人士与贵州、安徽等地的贫困学生进行长期结对帮扶，爱心企业还为当地留守人口进行就业创业培训、提供就业岗位、联系加工业务、指导药材种植、提供电商直播设备，带动 600 余人就业，在安徽宏潭乡设置"同心同行学院"，培养和牵线新居民返乡创业 391 人次，当地基层领导干部派往德清交流学习 96 人次,有力地促进了跨省结对帮扶工作和情感的交流。

(四)基层公益基金会初步形成以第三次分配带动共同富裕的机制

幸福阜溪公益基金会通过灵活的机制设计,在政府扶危济困财政资金、县慈善总会等公募基金会难以覆盖的领域,为弱势群体和普通民众建立了一道人性化的保障机制。基金会通过爱心企业家设立单项基金,助力青年创新创业、助力学子健康成长,为企业家培育了后备力量;各单项基金共设立 25 个奖项,奖励在社会治理各领域的先进个人和团体,建立起一支强大的帮扶志愿队伍;对五类公益受众的精准帮扶和普惠型服务,提升了弱势群体的社会福利和普通民众的幸福感。由此形成"成功人士—各领域先进个人—志愿服务队伍—广大民众"携手走向共同富裕的梯队。

六、基金会的未来发展

幸福阜溪公益基金会有效地整合了社会各界的资源和力量,改善了基层治理,并以社会治理软实力进一步推动了当地经济高质量发展,从多维度提升了新老居民的社会福利和幸福感。但阜溪街道深厚的慈善资源仍尚待开发,众多的爱心人士正在努力寻找表达渠道,广泛的公益信用亟须储备和运行,基层公益事业大有可为。在公益基金会发展的未来几年,需要应对以下几个方面的问题。

(一)慈善资金捐赠的可持续性问题

从基金会历年到账的捐赠资金来看,除了 2018 年,各年实际到账的企业捐赠数额呈现相对稳定增长的趋势(图 6)。从基金会资金来源主体来看,主要来自前期的党政机关捐赠和企业的持续性捐赠,来源于个人的捐赠比例不到 6%,捐赠来源相对单一,对企业的依赖性很强。企业捐资主要来自 56 个企业,其中有 49 个企业捐资 1 次,7 个企业捐资 2 次以上(包括 2 个连续 3 年捐资的企业)。考虑到阜溪街道地处原德清经济开发区和高新技术产业开发区,辖区集聚规模以上企业 118 家,其中高新技术企业 13 家;阜溪街道辖区有 2.1 万本地居民和 6 万来自全国各地的新居民,以及大量外出创业就业的乡贤,幸福阜溪公益基金会的公益资金仍有较大的潜力。为了吸引更多的企业更持久地投入到公益事业,基金会必须在规范管理、项目创新、信息公开等方面做得更出色。

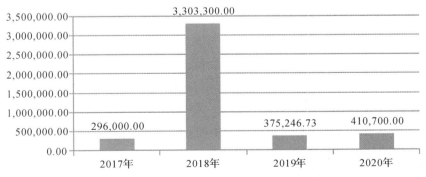

图 6　历年实际到账的企业捐资(2017—2020)(单位:元)

（二）项目管理策划人员专业化问题

基金会成立 3 年多来，共支出 233 万元，每年 78 万元左右。根据《基金会管理条例》第二十九条"基金会工作人员工资福利和行政办公支出不得超过当年总支出的 10％"的规定，基金会每年的管理支出不足 8 万元，尚不足以维持一位专职人员的支出。因此，目前的公益事业拓展职能主要由街道党工委书记承担，日常运作基本由阜溪成校校长承担，财务和会计基本由街道办财政所承担，没有聘用专职专业的工作人员。虽然《条例》第二十三条明文规定"基金会理事长、副理事长和秘书长不得由现任国家工作人员担任"，但由于街道办捐赠了 200 万元原始资金，而且基金会又难以承担专职专业工作人员的支出，因此第一、二届的理事长仍然由街道工作人员承担。作为权宜之计无可厚非，但长久以往，不仅会影响到基金会的依法依规管理，还会影响到基金会业务发展的专业化水平，不利于基金会建立社会信誉、扩大业务效能，从而对基金会的可持续发展带来不利影响。

（三）项目管理规范化和信息公开问题

由于专职专业人员缺乏，基金会项目的财务收支、过程管理和档案管理仍然有待进一步加强和规范化。目前，除了"美高电气"定向资助单项资金、康乐人生单项基金、同心同行单项基金、垃圾分类单项基金、党员先锋单项基金、隆泰医疗青少年心理健康单项基金六支单项基金的收入单独入账，其他收入项目都尚未按单项基金分别入账；除"融创·莫干溪谷"敬老爱老单项基金、康乐人生单项基金、"美高电气"定向资助单项资金、"民盟·求是"慈善单项基金、"农商银行"成长计划单项基金、"华盛达·文体惠民"单项基金、及时雨单项基金、同心同行单项基金、垃圾分类单项基金、"和美"慈母单项基金、"天堂伞"师生成长计划教育单项基金外，其他支出项目都尚未按照单项基金分别入账；总基金和单项基金的支出并未分开做账。官网更新停滞，尚未主动积极向社会公开捐赠信息明细、财务报告、审计报告、年检报告、项目年报等信息。这一情况一方面与基金会的捐赠范围主要限于街道辖区的企业有关，另一方面与基金会缺乏专职专业人员有关。随着基金会收支的扩大，内部管理的规范化和信息公开等事关基金会社会声誉和发展前景的议题应尽快被提上议程。

（四）统筹安排基金会活动的问题

如前所述，基金会主要通过开展群众性活动、组织面对面走访慰问帮扶、举办庆典仪式等形式服务广大民众。活动开支有直接给帮扶对象的开支、用于开展群众性活动和庆典仪式的开支，以及管理开支等。当前，各单项基金之间开展活动的频率、形式及覆盖面有较大差异，有个别单项基金缺乏常态化运作（如"一龙"福民单项基金）；基金会和各单项基金在三类活动的开展频率、类别结构和活动开支的结构方面仍然有改善空间。未来几年，基金会需要进一步加强统筹安排、科学设计基金会和每个单项基金的活动项目，使群众性活动月月有，面对面活动重要节点有，仪式性活动年年有；使基金会和每个单项基金都能够广泛参与和不间断出现在群众性活动、面对面活动和仪式性活动中，适当提升直接使帮扶对象受益的开支比例。

（五）基金会拓展空间的问题

幸福阜溪公益基金会目前对外仍然缺少与其他基金会、公益组织、信托机构间的业务联系；对内仍未形成政府扶贫帮困资金、群团组织业务资金、公募慈善基金、私募公益基金之间定位和互补关系的制度化。这种态势不利于基层私募基金找准自身的定位,并获得来自辖区内各种资源的有效支持,不利于基金会突破现有的区域空间和业务空间,不利于其成长为实力更雄厚、运行更规范、影响更深远的基金会。

　　未来五年,幸福阜溪公益基金会需要继续规范内部管理、改善治理结构、健全监管体系、优化支出结构、加大信息公开,提升公信力、知名度和美誉度;需要继续提升专业化职业化程度,适时培养和聘请专职专业人员,引导服务机构聚力优势专业领域,提高公益项目活动的频率,改善品类和形式等,大力发展"有德幸福集"公益超市,拓宽公益义卖的渠道与形式,提升帮扶精准度和主动性,进一步扩大受益面;需要进一步理顺与民政部门、街道办事处和慈善总会的关系,加大与信托机构、金融机构的合作,加强与国际国内和区域性基金会的交流合作,增强与其他基层公益基金会的交流,借力数字公益平台建立完善志愿积分流转兑换机制、争取更多资源、积累更多信用、服务更多民众,推动基层公益基金会可持续发展,为社会治理和共同富裕做出更大的贡献。

基于三阶段 DEA 模型的共同富裕建设效率测度

——以浙江省为例

周广澜

（浙江工商大学现代商贸研究中心　浙江省文化产业创新发展研究院）

摘　要： 高质量发展建设共同富裕示范区是中央交给浙江的神圣使命。浙江经济发展和社会治理成效明显，具备开展共同富裕示范区建设的基础和优势。如何对照共同富裕建设方案，克服建设工作过程中的不足，推动建设进程是摆在各地政府面前的一个重要课题。因此评估当前共同富裕的建设效率，补齐共同富裕建设中的局部短板，促进共同富裕示范区发展已成为新趋势。文章基于浙江省 83 个县市共同富裕建设的数据，采用三阶段 DEA 模型对其投入产出效率进行评价。

关键词： 共同富裕　建设效率　三阶段 DEA 模型　测度

一、引言

党的十九届五中全会通过的《中共中央关于制定国民经济和社会发展第十四个五年规划和二〇三五年远景目标的建议》（以下简称《建议》）首次提出把"全体人民共同富裕取得更为明显的实质性进展"作为远景目标，强调要"扎实推动共同富裕"，并提出一系列重要要求和举措。根据浙江省统计局、国家统计局浙江调查总队 2020 年度统计调查结果：浙江省全体居民人均可支配收入 52397 元，人均生活消费支出 31295 元；城镇常住居民人均可支配收入 62699 元，人均生活消费支出 36197 元；农村常住居民人均可支配收入 31930 元，人均生活消费支出 21555 元。通过数据对比可知，尽管近年来浙江省城乡共同富裕的总体情况良好，居民收入差距比较小，但共同富裕的短板弱项仍然出现在城乡的发展不平衡之中。因此各区县在共同富裕的示范过程中也存在广阔的优化空间和发展潜力。

二、相关研究回顾

（一）共同富裕相关研究

共同富裕是全面建设社会主义现代化国家的重要内容（赖德胜、石丹淅，2021）。[1]杨宜勇、王明姬（2021）从富裕共享性、富裕差异性两方面考察"共同"程度，采取定性与定量相结合的方式分解 2035 年、2050 年共同富裕的阶段目标。[2]基于当前中国各地推进共同富裕实践，在总结认知分歧和借鉴现有指标体系的基础上，确定以发展性、共享性、可持续性作为共同富裕指数模型的三大评价维度（陈丽君、郁建兴、徐铱娜，2021）。[3]

高帆(2021)结合新发展阶段的特征对政府—市场关系进行适应性调整,在夯实增长内生动力和提高成果分享程度的过程中促使共同富裕取得新成就。[4]郭丹丹、苏昕(2021)从组织机制、内在动力机制、法律机制、协同共治机制、监测机制、示范引领机制六个方面提出包含绿色发展理念、就业、培训和增收机制构建在内的共同富裕长效治理机制的基本框架,并根据各地区治理不同的侧重点尝试为全国推动共同富裕提供理论指引。[5]

在高水平社会主义市场经济体制建设中,有效市场和有为政府的结合将在更高起点、更高层次、更高目标引领下以加快构建新发展格局为时代命题,服务于经济高质量发展,完善实现的经济体制基础形成了共同富裕的中国经验、中国理论和中国智慧(任晓伟、赵娜,2021)。[6]刘占虎(2020)认为实现社会财富从"社会化共建"到"制度化共享"的生成逻辑需要尊重和肯定劳动者在财富创造和结果享有上的主体地位。[7]通过采用 2018 年家庭追踪调查数据(CFPS),检验了互联网使用与农户增收之间的关系,杨舒然(2021)发现互联网使用能够提高农户收入水平,而且能够为乡村振兴战略和共同富裕的实施提供启示。[8]

合理与效率的双赢促进中国区域经济协调发展达到共同富裕目标(王娟娟,2021)。[9]陈新(2021)认为需要以高质量经济发展进一步夯实共同富裕的物质基础,以高效能治理体系构建共同富裕的发展格局。[10]夏杰长、刘诚(2021)发现数字经济可以推动宏观经济一般性增长,加快基本公共服务均等化。[11]

通过相关文献的梳理,发现具体发展实施路径如何寻找切入点,指标体系如何测度验证是进一步落实的关键。因此,本文运用三阶段 DEA 模型对浙江省各地区共同富裕前期建设效率进行测算。

三、研究方法和指标体系

(一)三阶段 DEA 研究方法

目前对于相关行业效率评价方法的主流代表是随机前沿分析法和数据包络分析法。数据包络分析法最初由 Chames(1978)提出,以此评价多投入、多产出的决策单元效率情况。[12]在这之后,许多学者也不断对模型进行改进,如 Simar(2000)等提出的 Boot-Strap-DEA 方法。[13]经历了一系列演变之后,Fried(2002)在传统的 DEA 方法的基础上修正得到三阶段 DEA 模型,模型的构建过程中大多结合随机前沿方法,考虑到外部环境、随机误差等对于效率值的影响,使得测算出的效率值仅受管理无效率的影响,测算数据更为准确直观。[14]此外,在三阶段 DEA 模型的基础上,也出现了三阶段 DEA-Malmquist 模型、三阶段 DEA-Widows 等拓展方法的运用。

三阶段 DEA 模型在传统 DEA 模型的基础上,剔除了环境因素、随机因素等要素的影响,通过随机前沿方法对数据进行调整,减少了函数形式设定带来的偏差,更直观地反映决策单元的实际效率情况。[15]

1.第一阶段:传统 DEA 的效率分析

在这一阶段,采用规模报酬可变的 BCC 模型来衡量和分析决策单元的效率值。基于 CCR 模型,将 CCR 模型中的技术效率(TE)分解为规模效率(SE)和纯技术效率(PTE)的乘积。

$$TE = SE \times PTE \tag{1}$$

2. 第二阶段：SFA 数据调整

为了进一步使所选指标中的数据直观准确，在此阶段去除环境因素和随机因素对计算结果的影响。将第一阶段的决策单元作为因变量，环境因素和随机因素作为解释变量，运用随机前沿分析（SFA）模型进行数据的调整，去除外部环境因素和随机因素对效率测度的影响。构建松弛变量与环境解释变量的回归方程：

$$S_{ij} = f_i(z_j; \beta_i) + v_{ij} + w_{ij}, i=1, \cdots, m; j=1, \cdots, n \tag{2}$$

其中 S_{ij} 为决策单元中输入数据的第 j 个松弛值，$z_j = (z_{1j}, z_{2j}, \cdots, z_{pj})$ 是可观测的 p 维宏观环境变量，β_i 对应环境解释变量的参数向量。联合项 $v_{ij} + w_{ij}$ 为混合误差项，其中 v_{ij} 表示随机误差，$v_{ij} \sim N(0, \sigma_{vi}^2)$，而 w_{ij} 表示管理的无效率，$w_{ij} \sim N^+(w_i, \sigma_{wi}^2)$，$v_{ij}$ 与 w_{ij} 相互独立，互不相关。

3. 第三阶段：调整后的 DEA 效率分析

将修正后的输入值和原始输出值再次代入 BCC 模型中，用于计算各决策单元的效率。此时的计算结果剔除了外部环境因素的影响，将呈现更加客观的结论。

（二）评价指标体系构建

借鉴现有研究理论和实证方法，共同富裕建设效率的测算从投入和产出两个层面出发构建效率评价模型。通过相关文献的研究，运用三阶段 DEA 模型评价共同富裕建设效率时，投入指标参照道格拉斯生产函数，倾向于资本、物力、人力方面，而产出指标则倾向于经济效益和社会效益。

郁建兴、任杰（2021）认为推动共同富裕的核心政策议程是：在高质量发展中推动共同富裕，优化资源和机会分配格局，保障和改善民生，加强和创新社会治理等。[16]蒋永穆、谢强（2021）认为在新发展阶段扎实推动共同富裕，必须有扎实的实现路径，强化就业优先政策，多层次、多渠道促进就业；构建高质量教育体系，促进教育高质量均衡发展；健全社会保障体系，不断提升保障水平和能力；坚持基本分配制度，不断提升人民的收入水平；推进健康中国建设，加强医疗卫生发展环境建设。这些共同富裕的举措对于"十四五"开好局、起好步具有重要的理论价值与实践意义。[17]刘培林、钱滔、黄先海等（2021）认为实现共同富裕，必须让全体人民公平获得积累人力资本和参与共创共建的机会、公平地共享发展成果为主要思路，以壮大中等收入群体、提高中等收入群体富裕程度为主要入手点，构建科学的指标体系加以测度和引领，在高质量发展进程中持续提高人均收入水平，缩小人群、地区和城乡差距。[18]

乡村振兴是共同富裕的重要内容，其推进路径包括政策保障、党建文化引领、农民主体力量支撑、物相附着涵养和产业带动（周柏春，2021）。[19]实施乡村振兴共同富裕要着力做好巩固拓展脱贫攻坚成果与乡村振兴有效衔接，构建城乡融合发展的体制机制，探索共同富裕新型现代化路径（吕方，2021）。[20]基本公共服务均等化水平也是共同富裕的重要内涵。彭迪云、王玉洁、陶艳萍（2021）在构建基本公共服务水平评价指标体系、运用熵值法测算全国 282 个地级市基本公共服务水平的基础上，采用基尼系数法和泰尔指数法测度南部沿海、西南地区和大西北地区等我国八大综合经济区基本公共服务均等化程度。[21]

基于此，本文结合投入产出指标数据的可得性与可操作性来选取测度项。投入指标包含地区公共服务(I1);基本条件(I2);乡村建设(I3)情况。同时产出指标包含生活水平(O1);地区社会福利(O2)程度;富裕水平(O3)情况。

投入指标以一般公共预算支出(亿元)反映地区公共服务(I1);以人均生产总值(元)反映基本条件(I2);以农、林、牧、渔业总产值(元)反映乡村建设(I3)。同时产出指标以社会消费品零售总额(亿元)反映生活水平(O1);以养老服务机构床位数(张)反映地区社会福利(O2)程度;以所有居民人均可支配收入(元)反映富裕水平(O3)情况。

生态文明建设驱动共同富裕是一项系统工程,实现共同富裕是包括生态环境在内的公共产品和公共服务的共同富裕。创新推进生态文明体制改革,必然促进绿色共富的治理制度、社会福利增加,从而实现更高层次的共同富裕(沈满洪,2021)。[22]选取地区绿色发展(E1)程度;地区人居环境(E2);地区高质量发展(E3)程度;将这三个指标作为环境变量。考虑到"绿水青山就是金山银山"这一理念对共同富裕有显著影响的因素,选取一般工业固体废物综合利用率(%)反映地区绿色发展(E1)程度;空气质量优良天数比例(%)反映地区人居环境(E2);发明专利数量(项)反映地区高质量发展(E3)程度。见表1。

表 1　共同富裕货运业运行效率指标

一级指标	二级指标	测度指标具体内容
投入指标	公共服务(I1)	一般公共预算支出(亿元)
	基本条件(I2)	人均生产总值(元)
	乡村建设(I3)	农、林、牧、渔业总产值(元)
产出指标	生活水平(O1)	社会消费品零售总额(亿元)
	社会福利(O2)	养老服务机构床位数(张)
	富裕水平(O3)	所有居民人均可支配收入(元)
环境指标	绿色发展(E1)	一般工业固体废物综合利用率(%)
	人居环境(E2)	空气质量优良天数比例(%)
	高质量发展(E3)	发明专利数量(项)

(三)数据来源

本文以浙江省 83 个县区作为研究对象,选取了 2021 年的截面数据,研究该时期全省各市共同富裕建设效率的变化特点。数据主要来源于《浙江统计年鉴》及统计局网站。本研究选用的数据观测样本,借助 Frontier4.1 和 DEAP2.1 软件进行测算。

表 2　描述性分析

	mean	SD	min	max
O1(亿元)	276.017	219.190	34.460	946.250
O2(张)	4212.867	2232.816	509.000	10367.000
O3(元)	50196.166	11225.559	30180.993	72367.456

	mean	SD	min	max
I1（亿元）	86.868	59.345	30.610	413.640
I2（元）	90492.880	35097.276	39262.000	247609.000
I3（元）	406676.410	298145.721	38122.000	1488517.000
E1（%）	97.374	7.363	41.730	100.000
E2（%）	95.388	3.788	86.000	100.000
E3（项）	437.988	440.037	6.000	2274.000

注：Mean 表示均值；SD 表示标准差，Min 表示最小值，MAX 表示最大值。

四、模型效率测算

表 3　共同富裕建设效率前后变化值

	地区	综合技术效率 crste	纯技术效率 vrste	规模效率 scale
1	萧山区	0.08	0	0.08
2	余杭区	0.063	0	0.068
3	富阳区	0.04	−0.009	0.059
4	临安区	0.045	0.005	0.058
5	桐庐县	−0.003	−0.032	0.033
6	淳安县	0.014	−0.023	0.062
7	建德市	−0.02	−0.027	0.007
8	海曙区	0	0	0
9	江北区	0.052	0.018	0.034
10	北仑区	0.089	0.001	0.096
11	镇海区	0	0	0
12	鄞州区	0.033	0	0.033
13	奉化区	−0.02	−0.01	−0.015
14	象山县	−0.033	−0.004	−0.032
15	宁海县	−0.019	−0.007	−0.014
16	余姚市	0.089	0	0.089
17	慈溪市	0.066	0	0.077
18	鹿城区	0	0	0
19	龙湾区	0.007	−0.005	0.012
20	瓯海区	0	0	0
21	洞头区	−0.086	0	−0.086

	地区	综合技术效率 crste	纯技术效率 vrste	规模效率 scale
22	永嘉县	−0.131	−0.08	−0.068
23	平阳县	−0.04	−0.032	−0.011
24	苍南县	−0.126	0	−0.126
25	文成县	−0.182	0	−0.182
26	泰顺县	−0.136	−0.101	−0.06
27	瑞安市	−0.05	−0.044	−0.007
28	乐清市	−0.022	−0.003	−0.024
29	南湖区	0.063	0.062	0.001
30	秀洲区	0.143	0.143	0
31	嘉善县	0.085	0.015	0.083
32	海盐县	0.004	0.006	−0.001
33	海宁市	0.003	−0.008	0.012
34	平湖市	0.024	0.003	0.026
35	桐乡市	0.069	0.014	0.069
36	吴兴区	0	0	0
37	南浔区	0.051	0.021	0.035
38	德清县	0.023	−0.006	0.033
39	长兴县	0.021	0.009	0.014
40	安吉县	0.025	−0.03	0.068
41	越城区	0	0	0
42	柯桥区	0.093	0.012	0.091
43	上虞区	0.048	0.003	0.055
44	新昌县	−0.058	−0.025	−0.043
45	诸暨市	0.069	−0.002	0.08
46	嵊州市	−0.073	−0.035	−0.044
47	婺城区	−0.024	−0.011	−0.013
48	金东区	0	0	0
49	武义县	−0.012	−0.01	−0.005
50	浦江县	−0.083	0	−0.083
51	磐安县	−0.059	−0.023	−0.052
52	兰溪市	−0.037	−0.043	0.006
53	义乌市	0	0	0
54	东阳市	0	0	0

续　表

	地区	综合技术效率 crste	纯技术效率 vrste	规模效率 scale
55	永康市	0	0	0
56	柯城区	−0.094	0	−0.094
57	衢江区	−0.037	−0.001	−0.049
58	常山县	−0.161	−0.176	−0.01
59	开化县	−0.073	−0.068	−0.008
60	龙游县	−0.045	−0.061	0.022
61	江山市	−0.058	−0.048	−0.012
62	定海区	−0.043	−0.014	−0.029
63	普陀区	0.009	−0.005	0.015
64	岱山县	−0.062	0.001	−0.079
65	嵊泗县	−0.211	−0.16	−0.06
66	椒江区	0.059	0	0.059
67	黄岩区	−0.047	−0.042	−0.005
68	路桥区	−0.025	0	−0.025
69	玉环市	0.028	−0.011	0.038
70	三门县	−0.016	−0.068	0.07
71	天台县	−0.121	−0.119	−0.004
72	仙居县	−0.096	−0.097	−0.001
73	温岭市	0	0	0
74	临海市	−0.004	0	−0.004
75	莲都区	−0.04	−0.016	−0.034
76	青田县	−0.126	−0.064	−0.07
77	缙云县	−0.074	−0.085	0.013
78	遂昌县	−0.11	−0.113	0.004
79	松阳县	−0.002	0.124	−0.163
80	云和县	−0.143	0	−0.143
81	庆元县	−0.141	−0.202	0.034
82	景宁县	−0.099	−0.07	−0.047
83	龙泉市	−0.076	−0.078	0.003
	均值	−0.021	−0.02	−0.002

　　表 3 显示，在综合技术效率方面，剔除了环境因素和随机因素之后，得到的数据普遍低于调整前的值。浙西南部地区变化明显，受到环境因素的影响较大，是因为其拥有相对较好的自然环境或者外部随机影响因素，而其自身综合发展水平并未达到其表现出来的水平。同时，观察表格内容，

可看到浙江省内各区域的综合技术效率发展趋势为平稳的状态,调整前后波动方向大体一致。环都市地区效率较高,西南部地区水平较低,但近年来乡村振兴及"绿水青山就是金山银山"理念的战略为这些区县的综合发展带来巨大的发展空间。

四、结论与启示

(一)结论

本研究综合运用三阶段 DEA 模型对浙江省 83 个县、市的共同富裕建设发展情况开展了实证研究,得出如下结论:

(1)实证结果显示,绿色发展、人居环境、高质量发展等环境因素,以及随机因素对共同富裕建设效率具有显著的影响。

(2)浙江省各区域共同富裕发展效率差异不大,多数地区发展效率较高,共同富裕建设效率呈现出由公共服务高投入地区向公共服务低投入地区递减的趋势。

(二)对策建议

1. 合理扩建公共服务规模

通过加大对现代技术应用的扶持力度,促进数字经济发展,加快推进现代先进技术在各行业的应用,提高投入产出效率。

2. 重视外部环境的作用

外部环境的存在对当地共同富裕的建设发展水平有着相当的影响,对整体效率有显著效果。

3. 加强区域协作

践行"十四五"规划新要求,鼓励对山区等发展落后的区域加强资源的补给,有利于整合有限的资源,提高资源利用效率。

参考文献:

[1] 赖德胜,石丹淅.扎实推动共同富裕[J].中国高校社会科学,2021(2):23-31.

[2] 杨宜勇,王明姬.共同富裕:演进历程、阶段目标与评价体系[J].江海学刊,2021(5):84-89.

[3] 陈丽君,郁建兴,徐铱娜.共同富裕指数模型的构建[J].治理研究,2021,37(4):5-16,2.

[4] 高帆.新型政府−市场关系与中国共同富裕目标的实现机制[J].西北大学学报(哲学社会科学版),2021,51(6):5-17.

[5] 郭丹丹,苏昕.共同富裕目标下相对贫困治理的逻辑与机制[J].浙江工商大学学报,2021(5):93-106.

[6] 任晓伟,赵娜.推动有效市场和有为政府更好结合研究[J].中国高校社会科学,2021(3):91-98,159.

[7] 刘占虎.从共同劳动到共享劳动:共享发展的劳动正义基础[J].浙江社会科学,2020(9):96-104,159-160.

[8] 杨舒然.乡村振兴背景下互联网使用对农户增收的影响及机制分析[J].统计与信息论坛,2021,36(9):119-128.

[9] 王娟娟.中国区域经济发展百年历程:基于合理和效率关系的梳理[J].当代经济管理,2021,43(8):64-75.

［10］陈新.马克思主义财富观下的共同富裕：现实图景及实践路径——兼论对福利政治的超越［J］.浙江社会科学，
　　　 2021(8)：4-10,156.

［11］夏杰长,刘诚.数字经济赋能共同富裕：作用路径与政策设计［J］.经济与管理研究,2021,42(9)：3-13.

［12］CHARNES A,COOPER W W,RHODES E. Measuring the efficiency of decision making units［J］. North-
　　　 Holland,1978,2(6)：429-444.

［13］SIMAR L，WILSON P W. A General Methodology for Boot-strapping in Non-parametric Frontier Model［J］.
　　　 Journal of Applied Statistics,2000,27(6)：779-802.

［14］FRIED H O,LOVELL C A K,SCHMIDT S S, YAISAWARNG S. Accounting for Environmental Effects and
　　　 Statistical Noise in Data Envelopment Analysis［J］. Journal of Productivity Analysis, 2002,17(1-2)：157-174.

［15］易继承,张璐.基于三阶段DEA模型的创新型国家创新效率测度［J］.统计与决策,2021,37(8)：81-85.

［16］郁建兴,任杰.共同富裕的理论内涵与政策议程［J］.政治学研究,2021(3)：13-25,159-160.

［17］蒋永穆,谢强.扎实推动共同富裕：逻辑理路与实现路径［J］.经济纵横,2021(4)：15-24,2.

［18］刘培林,钱滔,黄先海.共同富裕的内涵、实现路径与测度方法［J］.管理世界,2021,37(8)：117-129.

［19］周柏春.中国特色乡村文化振兴道路的内在机理与推进策略［J］.学术交流,2021(7)：141-150,192.

［20］吕方.乡村振兴与中国式现代化道路：内涵、特征、挑战及关键议题［J］.杭州师范大学学报（社会科学版），
　　　 2021,43(5)：98-105.

［21］彭迪云,王玉洁,陶艳萍.中国地区基本公共服务均等化的测度与对策建议［J］.南昌大学学报（人文社会科学
　　　 版),2021,52(4)：51-61.

［22］沈满洪.生态文明视角下的共同富裕观［J］.治理研究,2021,37(5)：5-13,2.

数字乡村赋能共同富裕的影响因素研究

——以浙江义乌"淘宝村"农村电商为例

王润　钱梦倩　汪佳雨　张玮悦

（浙江传媒学院）

摘　要："淘宝村"作为数字乡村建设和数字中国建设的重要抓手,数字化技术赋能乡村网商成长已成为弥合乡镇壁垒、迈向共同富裕的重要探索方式。本研究以浙江省义乌市青岩刘村、江北下朱、国际商贸城为调研地,通过对当地电商行业相关人员进行问卷调查与深度访谈,并关注其特色的产业结构模式,从经济效益和社会效益考察义乌数字乡村建设赋能共同富裕的影响因素。研究发现,社会资本与经营条件的完备程度是"淘宝村"电商发展的直接原因,"社区共同体"协作能够推进商户与政府之间形成良性的互动,推动产业结构的升级。同时,提升地区美誉度对吸引高质量人才和扩大模式优势推广具有较大的潜力,通过因地制宜、抓大放活,稳扎稳打落实政策也是助力数字乡村和共同富裕的重要保证。

关键词：淘宝村　数字乡村　产业模式　共同富裕

近年来,我国数字经济的腾飞和发展加速了农村和城市之间的资源交换、要素流动,并且为农村的电商发展提供了有力支持。相比之下,城市地区的电商产业已经面临竞争的白热化,乡村地区被公认为是未来数字经济下的一片蓝海。改革开放以来,义乌逐步从农村欠发达地区摸索出符合当地经济社会发展特点的"义乌模式",直至今天形成了各种阶段的"淘宝村"模式[1],开创了一条农村欠发达地区发展社会主义市场经济、实现脱贫致富的新路子[2],已经成为数字乡村经济发展的典型案例。

党的十九届五中全会对扎实推进共同富裕做出重大战略部署,并支持浙江高质量发展建设共同富裕示范区。在高质量发展中扎实推动共同富裕已经成为当前重大的理论和实践议程。[3]在工业基础薄弱、农业比重大、资源匮乏等不利条件下,由小商品、手工艺活动开始,积跬步而至千里[4],将义乌放置在中国经济发展的大环境中看,这种经验既具有独特性又具有普遍性[5]。因此,本研究以当前浙江义乌"淘宝村"发展为例,考察数字乡村赋能共同富裕发展的状况,对影响"淘宝村"和数字乡村发展的影响因素做调研和实证分析,为农村电商建设和共同富裕发展提供有效的实践思路。

一、中国城镇化发展与数字乡村建设探索

随着中国城镇化在 20 世纪末的高速推进,对于乡村产业多样化的讨论就开始出现了。以费孝

通为代表的学者于近代就展开了相关研究，将乡村经济尤其是乡村工业作为推动中国乡村现代化的重要路径。[6]惠锡清（1999）提出，必须发展第三产业以接替乡村工业，其认为工业化实际上是实现乡村城镇化的第一波动力，目标是助力城镇的"量态扩张"；而只有继续发展第三产业，才能提升乡村区域对人流、物流、信息流、资金流等资源的吸引力，从而推动小城镇向现代化发展。[7]在此类观点引领下，学者纷纷开始探索第三产业等多种产业形态对乡村现代化的作用，但目前针对产业形式的调查比较少，大多集中在电子商务运营、技术下乡、困境探析的角度上。

由于我国农村大多以发展农业为主干，学界对"互联网＋农业"的实践有广泛的讨论。该领域学者的研究角度主要集中于相关技术、政策的应用优势层面。学者袁野（2014）等在此领域有较高的敏锐度和前瞻性，较早关注到数字技术对于乡村的影响，发现了云南省的农村信息化与经济发展具有一定的空间差异，农村信息化的建设速度远远超过了信息化应用的速度，农村的信息化需求还比较低，农民对信息化技术的使用具有较高的感知风险。提出以农户为服务中心，企业、政府和涉农机构协同分工的农村信息服务模式，对西部偏远欠发达地区的信息化发展具有重要的意义。[8]学者付吉才（2017）也是基于云南省农村的数字乡村的建设现状提出建议，提出要满足农民对国内外市场信息、价格信息的需求，做好小农户和大市场的衔接等等。[9]

学者郭承龙早在2015年"阿里巴巴活水计划"的支持下对中国淘宝村进行了深度调查，分析农村电商模式。通过识别农村电商的共生系统结构，提出了寄生模式、非对称模式、偏利模式、对称模式和一体化模式五种农村电商模式，而且提到当下存在着集群能力、经营效力低下，以及同地同村同业恶性竞争的问题。[10]但是该模型仅仅从宏观上进行了描述，没有探讨农村电商各个主体之间的逻辑关系。学者董坤祥等人（2016）以浙江遂昌和沙集两个典型农村电商集群发展模式为分析对象，用系统动力学方法构建了以产品与生产创新、金融模式创新和商业模式创新为导向的农村电商集群发展模型，并且基于此提出了对策建议。[11]学者梁强等人以广东揭阳军埔农村电商集群为例，主要分析了政府政策与农村电商之间的关系，提出了政府对包容性创业的支持主要体现在创造创业条件、提高创业能力、激发创业动机、扶持创业活动四个方面。[12]

除农业经济外，很多学者对农业经济的思考主要集中在农村电商上，交通、物流、网络条件的改善为农村电商带来了发展契机。魏延安（2018）从农业供给侧改革、改善农业产业链和价值链、农村创新创业、农村金融、农村公共服务水平这几个方面来探讨农村电商是如何发挥振兴乡村的重要作用的。[13]夏显力（2019）等人也是在这样的思考模式下总结了数字技术助推农业高质量发展的经验。[14]学者刘美平和孙玉瑶（2020）指出了要通过城市数字经济多方面的优势补足农村信息短缺的问题，开拓农村数字经济溢出空间，形成信息要素全面渗透的数字经济红利。[15]这也为本次对浙江义乌"淘宝村"的调研提供了思路方向，起家于"鸡毛换糖"的义乌在遇到互联网和电商的机遇下是如何利用新技术实现"数字红利"，成为推动制度创新和经济进步的新兴商业力量[16]，以及考察当前模式下存在的问题。

与此同时，数字乡村公共服务体系建设也受到各界重视。学者方堃等（2010）着重探讨了数字乡村战略背景下探究如何重构健全农村公共服务体系，对消弭城乡"数字鸿沟"，对长期以来我国农村公共服务所面临的碎片化、区隔化和分散化瓶颈制约进行反思并提供对策建议。[17]学者牛耀红（2018）则从微观角度出发探讨公共服务，基于一个西部乡村的移动互联网公共平台，维系乡村秩序，建构共同体意识，并逐步实现村民自治制度要求的"自我管理、自我教育、自我服务"目标，给当下我国很多农村共同体建设提供了案例支持。[18]学者师曾志等（2019）中关注乡村振兴的第一步"数字乡村"建设,以媒介赋权背景关注个体意识和能力的被激发和被释放,在动态博弈中参与乡村振兴,在重新部落化层次分析了数字乡村建设中的社会内部秩序变化的理论机理[19],为此次的调研提供了相关社会层面的理论分析视角。

本次调研将结合数据分析与实地深度调查,从经济效益和社会效益两个层面展开,分析总结义乌地区以发展电商相关经济的村落/区域的产业模式特色,发掘其中具有推广性的经验,并从个体需求与满足程度检验建设成效,对我国数字乡村的电商产业推广与共同富裕发展具有较大的启示意义与现实价值。

二、义乌"淘宝村"数字乡村与共同富裕的实证设计

本研究将义乌"淘宝村"界定为从事电商业务的集中村/区。综合分析大量文献资料后发现,现应用于"淘宝村"调研的经济社会效益的评价指标的参考较少,共同富裕的探索还处于政策解读阶段,但对"淘宝村"形成的影响因素指标体系较为成熟。本调研组认为,"淘宝村"形成的影响因素一定程度上是影响其发展的初级阶段,故在指标选取上将形成因素作为主要参考对象[20][21],并结合当地集群特色和发展服务情况设计以下指标。主要围绕市场环节、社会资本、经营条件及生活环境四个视角展开,设计了共 17 个指标,在此基础上设计问卷。

表 1 问卷指标设计

影响因素	指标要素	指标内容
市场环节 A1	基础设施 S1	本村完善的网络、交通等基础设施
	电商平台 S2	电商平台管理规范、服务全面
社会资本 A2	政策支持 S3	政府对农村电商的宣传与政策导向
	产业基础 S4	地区拥有产品生产与经营的基础
	先锋示范 S5	村内带头人的经验示范带动作用
	邻里交流 S6	村内外电商经营户之间的交流学习
	协会/支部 S7	电商协会/党支部对电商的推动与管理
	道德约束 S8	群体组织对电商的推动与管理
经营条件 A3	资金条件 S9	店铺经营所需初始资金水平
	劳动条件 S10	村内或附近劳动力数量充足、能力合格
	操作技术 S11	能快速掌握电商经营基本操作技术
	管理能力 S12	能较好对网店进行运营管理
生活环境 A4	收入水平 S13	收入满意程度
	生活幸福感 S14	生活幸福感
	职业身份认同 S15	培养自己孩子从事同样职业或在同样领域发展的意愿
	文化多样性 S16	文化特色、多样性感知
	生态环境 S17	生态环境满意度

义乌市分为 14 个街道(镇),共有 13 个淘宝镇、162 个淘宝村,本研究从近几年较为热门的青岩刘村入手,并以其作为预调研地,结合访谈和发展报告数据确定需要调研的具体"淘宝村"。实际确定问卷调研区域为青岩刘、江北下朱和国际商贸城,问卷发放对象为区域内相关从业人员。实际参与深度访谈共 7 人,包括商家 3 人、区域建设管理负责人 3 人,行业商会管理者 1 人(访谈对象信息见表 2),了解不同主体的认识与意见,对数据资料范围外的内容进行补充,并在后期与部分受访者保持联系,增加回访。

问卷发放采用 PPS 抽样,每个区域随机抽取相等数量的人进行调查,样本分层因素为男女各半,允许对年龄较大受访者采用提问—口述的方式帮助填写问卷。第一次实地调查时间为 2021 年4 月下旬,第二次实地调查时间为 2021 年 8 月中下旬,共计两次。实际回收问卷 297 份,剔除无效问卷 39 份,实际有效问卷共 258 份,国际商贸城 59 份,江北下朱 114 份,青岩刘 85 份。

表 2　访谈对象信息

受访者代码	性别	出生年代	所属类别	所在地	经营业务	从业时长
M	男	60 年代	区域建设管理者	青岩刘	党群服务	18 年
G	女	90 年代	区域建设服务者	青岩刘	商户管理	1 年
Z	男	80 年代	商会管理者、经营者	青岩刘	商会、玩具	7 年
W	女	90 年代	经营者	江北下朱	日用品	1 年
K	男	70 年代	经营者	江北下朱	日用品	2 年
Y	女	80 年代	经营者	国际商贸城	电子设备	7 年
D	男	00 年代	区域建设服务者	江北下朱	商户管理	1 年

三、数据信息搜集整理

(一)人口学特征与职业情况(N＝258)

由于经过较为规范的 PPS 抽样,问卷 Cronbach's α 信度检测系数为 0.927,问卷具有较好的信度。其中有效参与问卷调查的对象中男女占比实际为 41.1％和 58.9％,以外地人群为主,占比高达 91.9％。其中 90 年代出生的人群占比最大(48.8％),00 年代人群(25.2％)占比略高于 80 年代人群(21.7％),70 年代占比 4.3％;调查对象学历水平以高中/中专(43.4％)和专科/本科为主(38.8％),初中学历水平占 15.5％,小学及以下与研究生学历均占 1.2％。

调查对象的职业分布情况主要为电商运营(36.4％)与销售(27.5％),此外职业相关为物流的占比为 2.7％,仓储 2.7％,培训教育 1.9％,消费服务 1.9％,部门管理 1.6％,党政管理 1.6％,协会运作 0.4％,其他 23.3％。88 位调查对象从业市场在 1—3 年(34.1％),此外以从业 1—6 个月较多(22.5％),从业 6 个月—1 年的占比为 14.7％,3—5 年的占比 11.2％,更有从业五年以上占比为11.2％,1 个月以内的 4.7％。

（二）影响因素基础统计分析

被调查者对当地网络、交通水电等基础设施和电商平台建设与服务评价较好，单项均值分别为4.04和3.99；社会资本环节的评价均值为3.86，其中政策支持（3.93）、产业基础（4.06）、道德约束（3.9）要素评价得分高于环节均值。

在经营条件（3.67）和生活环境（3.53）两个自我评价环节，因素均值都低于前两个环节，经营条件因素内，被调查者认为个人资金条件方面仍处于普通水平，3.45的打分低于均值水平，但认为劳动条件、操作技术与管理能力已有所积累，均高于经营条件环节的均值；在生活环境评价中，被调查者对个人收入水平表现出较不满意的情况，打出3.16的均值分，且在"是否愿意培养自己孩子未来从事电商行业或在同领域发展"问题下展现的职业身份认同较低（3.32），但在生活幸福感、文化多样性、生态环境上依然给出了出高于均值的评价。

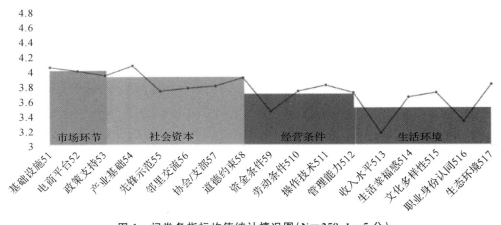

图 1　问卷各指标均值统计情况图（N＝258，1－5 分）

表 3　区域间指标差异

指标内容	青岩刘村	江北下朱	国际商贸城
S1 本村完善的网络、交通等基础设施	4.37	3.81	4.00
S2 电商平台管理规范、服务全面	4.57	3.58	4.00
均值	4.47	3.70	4.00
S3 政府对农村电商的宣传与政策导向	4.55	3.51	3.72
S4 地区拥有产品生产与经营的基础	4.50	3.88	3.72
S5 村内带头人的经验示范带动作用	4.50	3.38	3.14
S6 村内外电商经营户之间的交流学习	4.37	3.61	3.07
S7 电商协会/党支部对电商的推动与管理	4.55	3.49	3.19
S8 群体组织对电商的推动与管理	4.60	3.71	3.23
均值	4.51	3.60	3.35
S9 店铺经营所需初始资金水平	4.16	3.21	2.91
S10 村内或附近劳动力数量充足、能力合格	4.26	3.74	2.86

续　表

指标内容	青岩刘村	江北下朱	国际商贸城
S11 能快速掌握电商经营基本操作技术	4.45	3.65	3.40
S12 能较好对网店进行运营管理	4.08	3.68	3.16
均值	4.24	3.57	3.08
S13 收入满意程度	3.52	3.06	2.84
S14 生活幸福感	3.90	3.54	3.51
S15 培养自己孩子从事同样职业或在同样领域发展的意愿	3.66	3.03	3.47
S16 文化特色、多样性感知	4.32	3.51	3.16
S17 生态环境满意度	4.35	3.54	3.53
均值	3.95	3.34	3.30

(三)地区间差异分析

"淘宝村"的兴起,代表了"互联网+农村"时代新兴生产力的发展方向,也代表了新的生产关系在农村的成功实践。[22]结合调研组实地走访发现,虽同处义乌商圈内,经营条件都绕不开电子商务,但在所抽样的三个区域也存在着较明显的差异。

1. 青岩刘——政府扶持下的模范电商小镇

结合问卷调查数据和调研组实地走访发现,青岩刘村商户规模化发展明显较为成熟,门店规模大,经营区块划分明晰,且政府对商户发展所提供的创业条件包括在基础设施、资金扶持、生活补助、创业帮扶以及就业培训等方面更为全面完善。

三个区域的问卷统计数据中,调查对象在有关"政府对农村电商的政策导向"评价问题上有较为明显的差异,青岩刘村(4.55)>国际商贸城(3.72)>江北下朱(3.51)。青岩刘村党群服务中心负责人表示,青岩刘村在政府的扶持下在各方面创造了良好的电商产业发展基础。"电商集聚的时候,我们率先在全国实际上最早引进了光纤入户的工程。当时光纤在互联网刚刚兴起的时候是很强大的通信光缆……2020年,我们也是全国第一个打造5G光宽带云的电商,跟移动公司合作,达到5G全覆盖。(受访者M)"除此之外,在创业帮扶上,对于在青岩刘创业经营的商户,政府会根据商户提出的问题通过数字化的渠道进行全方位解决,为商户经营提供便利,"我们这边是全国最早成立的网商服务机构,现在成立了公司,有专门的运营、管理团队,也有专门的公众号发送……比如以前通过线下召集政务下午茶,现在通过平台,在产业联盟群等等反映问题,然后解决。再就是他们有什么需求,像年前组织通过'党建+单元'作战单元塔群,组织志愿者开展三服务。(受访者M)"这些政府的扶持政策在对经营商户的访谈中也得到了证实,如经营者Z表示青岩刘为电商经营者提供了相应的就业培训以及经营补贴,"……这租房有补贴,另外比如像每个月还有(培训)群,一些比如电商小二啊,阿里巴巴的小二呀,会免费给你培训……另外还有快递呀,价格也要比别的城市优惠。(受访者Z)"这也是青岩刘村用工关系更为稳定的主要原因,完善农村电商公共服务体系,才能为当地电商发展创造更为适宜的条件。[23]

　　总体而言,在青岩刘村的被调研者对当地"生活环境的满意度评价"高于其他两个地区(3.95),这与社区生态环境建设、社区基础配套设施建设有着比较大的关系。"其实青岩刘比较适合年轻人来这边居住上班的,因为我们可以看到就是那边街上全部都是卖吃的什么的,水果呀,然后这边离商场也比较近,菜市场等都有,特别方便,年轻人来这边的话,如果不会做饭,我们就外边吃一点,而且还有房子可以租,然后就配套设施比较好。(受访者 G)"此外,受访者表示青岩刘村作为政府点名的电商示范小镇为创业者提供了浓厚的电商和创业氛围,"(这里的)电商的氛围,我觉得是任何城市无法比拟的……我们发现整个义乌的氛围真的很棒的。(受访者 Z)"对于"义乌商圈"这一跨区域分工协作网络而言来说,区域内和区际的集群经济交流与合作是至关重要的[24],在"村内带头人的经验示范"和"电商经营户之间的交流学习"两个问题上,青岩刘村(4.44)＞江北下朱(3.49)＞国际商贸城(3.10),在走访过程中我们观察到青岩刘村内经常安排优秀商户经验交流与宣讲活动,而且由于区域内商户主要展开品牌导向的规模化经营,彼此间竞争为良性关系;相较而言,江北下朱和国际商贸城商品本身区域内更高的产品同质化程度导致彼此间存在更大的竞争压力,群体间的交流上就更为谨慎。

2.江北下朱——野蛮生长的"创业天堂"

　　江北下朱是一个由 99 栋住宅楼组成的小型社区,每栋楼下均匀分布着 3—8 家商户。该区域经营者大多为散户,商铺换手率高,门店规模较小,仓铺合一,区域内除一个幼儿园外和几家小超市外基本无配套生活设施。问卷中有关"村内完善的基础设施"的一项得分中,江北下朱(3.87)位于三区最末。在走访调研中发现,各区域对江北下朱的整体评价都更偏向负面,野蛮生长的市场下存在着店铺租赁市场失序和销售产品的质量等问题。

　　与青岩刘村发展初始条件类似,江北下朱能成为义乌三大贸易中心之一的根本原因是其得天独厚的地理位置优势,临近的江东下朱货运市场成为其发展有力的物流支撑。此外,很多创业者往往因江北下朱"网红直播第一村"的名号从全国各地赶来寻找商机。但即便如此,不断水涨船高的房租成为经营者们在到来不久后便纷纷离场的直接原因,在"店铺经营所需初始资金水平"一项中得分(3.21)远低于青岩刘村(4.16)。在针对江北下朱经营者的后续回访中,我们发现经营者 W 在第一次受访后的一个星期便已关闭其店铺并离开义乌。"租不起啊,一年涨了 10 万元房租……这边的房租,不管是住还是商用,真的有很大的问题,你可以去抖音上搜一下江北下朱就知道,所以现在这边,我觉得商户流失比较严重吧。"另一位受访者 K 同样对房租奇高但仍有市场的问题表示无奈,"房东看你赚钱他就要上涨了……你要签嘛一般就是每年10%递增对不对,不能超过这个线,但他一年跟你签一次那就不贵了,但他说不定会涨你 60%,你爱住就住,不住就算了。"不断涌入的新"探险者"们接续为其高价买单。

　　江北下朱的小商品品类丰富,涵盖服装、首饰、化妆品、日用品、玩具等多个类目,然而其经营产品的品质则视其品类而参差不齐。比如受访者 K 所经营的产品为口罩,属医疗器械类产品,因此其产品质量受到了严格要求,有一定的质量保证。"国家对这个管控很严,虽然是民用口罩,但现在不是疫情吗,那国家肯定是要管控的。(受访者 K)"同样针对江北下朱的产品质量问题,受访者 Z 表示"这两年包括市政府对江北下朱也在严查,为啥? 他们可能涉及一些仿冒品。贴牌还有些假货……到那调研了一段时间,我就问这个东西是网红产品还是品牌的? 我说我们直播间可以上吗,他说可以啊，他说我们很多人都在拿货的。我说你们这是正品还是啥，她说正品，我说可以把授权拿过来看一下吗，他就没有拿。（受访者 Z）"

3. 国际商贸城——疫情冲击下的"小商品仓库"

在市场区域规划上，不同于青岩刘和江北下朱为村镇式的商贸集群，国际商贸城自 2002 年投入使用以来即严格按照商品类别细分经营区域，各楼层的商户为毗邻相接的格子间，一间一户。总体来看，国际商贸城系国有控股企业，市场基础建设完善，政策扶持完备，其商品 70% 为出口外销。

就经营模式来看，据受访者 Y 所述，目前国际商贸城主要存在着三种经营模式：第一种为中间商模式，即做自己的牌子，产品则找工厂帮忙代加工"整个义乌都是中间商，没有几家是工厂。因为工厂他自己来（小商品市场）做的话，其他人不会帮他卖的"；第二种则为代理模式，"现在义乌第二种模式就属于代理形式……就是说他作为一个代理帮别人送送货呀，收收款，然后推广一下。"第三种与受访者 Y 的经营模式相同，即没有固定的经营模式，完全依靠自己寻找货源和客户的经营模式。"这种是最多的，现在也是做得最难。然后市场，就像你说的大部分都是这样子，所以大家都在寻求转变。"

但即便受疫情影响，在海外销路中断、资金无法回流等问题频出的情况下，受访者 Y 依然表示国际商贸城的商户转向电商平台或线上直播带货打开销路的尝试存在较大风险和投机性，"现在拼多多也都是给平台打打工嘛，包括淘宝呀，他们现在都是给平台打工。所以现在你看那么多人在做网络，其实他们竞争也很激烈，也很难做……然后还要有你流量、专业的团队，如果说你单个人做直播之类的啊，相对来说很难，虽然说也有做好的，不否认。"在"能快速掌握电商经营基本操作技术"的问题上，国际商贸城 3.4 的均分位于三区最末，相比青岩刘和江北下朱两个村，较晚入场的国际商贸城缺乏电商行业的经验积累和技术配备，处于一个转型的尴尬境地。

在疫情的影响下各地区商户都多多少少遇到了用工难、招工难的问题，但这一问题在国际商贸城最为严峻，在"村内或附近劳动力是否充足、是否合格"的问题上，青岩刘村（4.26）＞江北下朱（3.74）＞国际商贸城（2.86）。外贸生意受疫情冲击大，来义乌就业创业的人才更倾向于选择江北下朱，造成了一定程度上的人才分流。这在门店租金价格趋势上即可看出，"摊位费降得很厉害，我前年的摊位费是 32.5 万元，然后去年摊位费是 21 万元。今年我打算跟他谈 17 万元一年……氛围也是大不如从前"（受访者 Y）。

五、数字农村电商产业发展要素模型分析

（一）产业经济发展要素相关性分析

相关系数分析是通过对系统中各因素之间的关系有无，进行判断，并对其强弱程度进行评价，分析各因素之间的逻辑关系和直接影响关系，计算出各要素之间的相互系数。

在置信区间为 95% 时，各影响因素间的皮尔逊相关性如表 4 所示。

表 4　宏观环境因素与个体感知间的皮尔逊相关表系数

相关性	经营条件 A3				生活环境 A4				
	资金条件 S9	劳动条件 S10	操作技术 S11	管理能力 S12	收入水平 S13	生活幸福感 S14	职业身份认同 S15	文化多样性 S16	生态环境 S17
基础设施 S1	0.351**	0.242**	0.309**	0.307**	0.157*	0.191**	0.256**	0.277**	0.269**
电商平台 S2	0.298**	0.247**	0.338**	0.37**	0.252**	0.224**	0.378**	0.397**	0.398**
政策支持 S3	0.367**	0.373**	0.365**	0.286**	0.322**	0.336**	0.326**	0.472**	0.450**
产业基础 S4	0.436**	0.357**	0.319**	0.276**	0.302**	0.309**	0.252**	0.457**	0.429**
先锋示范 S5	0.333**	0.478**	0.38**	0.346**	0.353**	0.326**	0.267**	0.444**	0.450**
邻里交流 S6	0.355**	0.505**	0.363**	0.417**	0.391**	0.371**	0.269**	0.554**	0.511**
协会/支部 S7	0.362**	0.498**	0.431**	0.397**	0.364**	0.371**	0.274**	0.558**	0.483**
道德约束 S8	0.305**	0.474**	0.42**	0.422**	0.368**	0.373**	0.306**	0.544**	0.482**

**:在 0.01 级别(双尾),相关性显著。*:在 0.05 级别(双尾),相关性显著。

由于相关系数在 0.7 以上表示关系非常紧密,0.4—0.7 表示关系紧密,0.2—0.4 表示关系一般,因此,社会资本环节各指标与经营条件各指标、生活环境因素内文化多样性和生态环节二指标具有较强相关性。市场环节二指标与经营条件、生活环节内的指标相关性不强,同时收入水平、生活幸福感评价、职业身份认同的评价与外部因素关联较弱。

其中,产业基础与资金条件的相关系数为 0.436,相较于基础设施和电商平台建设,存在更为直接的关联性;劳动条件的创造更加取决于群体之间的实际交往与管理,体现在先锋示范、邻里交流、协会/支部,道德约束的相关系数上;管理技能尤其与邻里交流和道德约束关系密切。

(二)基于数字乡村电商产业的 ISM 模型搭建

ISM,解释结构模型是美国 J. 华费尔特教授为了分析和调查负责的社会经济系统有关问题进而开发的一种方法。它是一种分析系统结构的有效工具,是目前应用最广泛的结构化模型技术之一。

它把复杂的系统分解成若干子要素(子系统),结合人们的实践经验和知识,借助计算机的帮助,最终将系统构造成一个多级阶梯的模型结构。在对各因素的定性分析中发现各指标相互影响、相互制约,但难以准确地判定影响之间但层级关系,故建立基于 ISM 模型,本研究系统地将所有影响因素置于一个整体中,通过多阶梯模型解构整体中各影响因素的层级关系。

调研组在与专家和当地数字乡村发展建设负责人访谈过程中分析系统各要素关系,并结合相关性分析结果后确定影响因素间的存在矢量强度关系的邻接矩阵 A,其中矩阵元素 aij＝0,表示 Si 对 Sj 没有关系;矩阵元素 aij＝1,表示 Si 对 Sj 有直接影响,并通过运用 MAMLAB 计算可达矩阵 M,进一步对可达矩阵 M 进行层级分解,以更清晰了解系统中各要素之间的层级关系。

可达集合 R(Si)表示可达矩阵 M 中要素 Si 对应对行中,包含有 1 对矩阵元素所对应对列要素的集合;先行集合 Q(Si)表示可达矩阵中要素 Si 对应的列中,包含有 1 的矩阵元素所对应的行要素的集合。根据 R(Si)∩Q(Si)＝R(Si)的层级抽取条件,若有 i 满足此条件则将其抽取,且为系统最终目标。可将其从可达矩阵中相应的行和列将其划去，继续进行下一级最高要素的查找，直到无法再分集。本研究数据最终共可分成 4 级别，一级最高要素为 S2 与 S17，二级最高要素为 S1 和 S16，三级最高要素为 S15，其余因素为四阶要素，且 S1 是 S2 的原因，S16 是 S17 的原因，S15 又是 S16 的原因。

由此印证，社会资本和经营条件确为直接影响着义乌"淘宝村"的发展，同时个体对收入的满意度和生活幸福度感知也成为去留的直接因素，这些因素进一步影响着对从事职业的认同感，深层次影响着当地的市场环境与生活环境。（见图 2）

表 5　第四级可达因素先行因素整合表

	R(Si)	Q(Si)	R(Si)∩Q(Si)
S3	3,4,5,6,7,9,10	3,5,7	3,5,7
S4	4,6,7,9,10	3,4,5,8,10	4,10
S5	3,4,5,6,7,8,10	3,5,7,8	3,5,7,8
S6	6,7,11,12	3,4,5,6,7,8,10,14	6,7
S7	3,5,6,7,8,10,11	3,4,5,6,7	3,5,6,7
S8	4,5,6,8,10,12	5,7,8	5,8
S9	9,10,11,12,13,14	3,4,9,11,13	9,11,13
S10	4,6,10,11,12,13	3,4,5,7,8,9,10,12,13	10,12,13
S11	9,11,12,13	6,7,9,10,11,12	9,11,12
S12	10,11,12,13	6,8,9,10,11,12	10,11,12
S13	9,10,13,14	9,10,11,12,13	9,10,13
S14	6,14	9,13,14	14

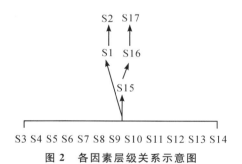

图 2　各因素层级关系示意图

六、研究结论与对策建议

（一）研究结论

本文以义乌为例，选取青岩刘、江北下朱以及国际商贸城三个小商品市场，围绕市场环节、社会资本、经营条件和生活条件角度考察义乌数字乡村电商产业发展和共同富裕建设的状况，得出以下结论：

（1）市场环境、政府政策，以及经商地的名声会影响创业者对创业地的选择。政府的统一规划和监管一方面为经营者的创新提供了良好的、有秩序的环境，但另一方面会因其管理程序过于严格和烦琐而影响经营者的自组织性。

（2）商户的创业需求由个人追求、对地方的认可而产生，其经营条件受到内、外部环境的影响。内部包括个人的人脉、资金、能力以及客源和货源，外部包括经商地的生态环境、营商氛围、政府的扶持政策以及国际大环境等。经营者自身的资金和人脉越充沛，其创业成功的可能性越大；经营者所感知到的利润空间越大，创业的意愿越强。

（3）从某种程度上说，本研究也从经济效益的硬指标和社会效益的软指标两方面，通过实证数据检验了推动当地共同富裕发展的产业和人文要求，对浙江数字乡村和电商产业的发展提供了重要启示。

（二）对策建议

1.优化补贴申请程序，提升电商小镇品牌声量

对于青岩刘村一类营商环境在各方面发展较优的电商小镇而言，通常设有为创业者提供补贴等扶助政策，但申请条件在实际操作中往往存在条款不灵活、手续烦琐等问题。通过简化补贴的门槛，能够解决初始创业资金这一创业人的痛点，真正将扶持政策落实，吸引更多的年轻人投入电商行业的创业队伍中来。除了继续电商人才的合作培养和行业规范化操作外，在人才补助的申请过程中，可以针对不同类型的创业者提供不同的阶段性补贴发放政策以提高人才的存留率。此外，各地较为成熟的电商小镇应关注自身品牌声誉的打造，充分利用商会交流的形式在外提升自己的品牌形象，宣传创业优惠政策，破除对他地人才引进的隐形门槛；并且在规范市场准入标准的前提下，给市场留有一些自主的余地，不断提升竞争力，做好以"点"带"面"的标杆角色提升地区总体富裕水平。充分发挥好共同富裕探索时期"先富带动后富"的建设经验[25]，推动逐步实现全体人民共同富裕同时进入新阶段[26]。

2.建设产业"共同体"，政府促进规范市场准则

多数"淘宝村"初期都以市场主导、由农户自发形成的，政府在此过程中的角色较为被动。以江北下朱为例，其"创业天堂"的名声远大于其为商户所创造的实际效益，且因缺乏管控存在各种恶性竞争循环，无益于经济文化的可持续发展。因此，应正确处理"等不得"与"急不得"的关系，在科学可行的行动纲领指导下，循序渐进地推进共同富裕进程[27]，政府为商户营造良好的经营条件，打造"社区共同体"，实现区域共治，集中解决商铺租金调幅空间合理化、基础服务设施共建共享等直接问题，提升对自然环境和文化环境建设的重要性。同时进一步规范市场准入机制，设置良好的阶段性发展激励机制以降低店铺换手率和创业者流失率，对于改善市场中"赚快钱""一夜暴富"等不良营商风气具有实效。已组建起的电子商务协会应进一步发挥好商户间的沟通协作，调整创业心态，加强风险防范教育和营商环境引导，化解商户之间因产品同质化带来的博弈与恶性竞争关系。其次，协同政府引进各平台优秀电商教师"手把手"开展规范化经营教学，解决"同行即对手"简单判定的误区，系统布局市场，推动区域经济稳定发展。

3.降低销售路径依赖，探索国内外新发展空间

随着乡村产业技术和管理技术的提升，乡村网商成长初期面临的生产规模扩大受限、仓储能力受限等问题已得到阶段性解决，但同时长期依赖的看似稳定销路往往成为产业升级的舒适区，不断饱和的市场与难以预测的外部因素已成为新阶段各地数字乡村建设的难题。对于国际商贸城的经营者而言，长期以来其客户和市场大多在海外，且客户数量不多，供货体量较大，极易受国际市场环境的影响。对此问题，实际更多依赖政府引领创新求变大势。各相关管理机构可以对国际商贸城一类老牌电子商贸中心的商户进行专业的创新培训与系统的风险评估，增强经营者对自身风险承受能力与对国内外市场的进一步了解。其次，政府可通过成立专项资金，着重对部分优质商户进行产业升级的扶持，试验性探索地区未来数字化新发展模式与新发展空间。同时充分利用自身特色，协同他地优势条件，互通有无，形成裂变式效应，实现更大范围的成果共享。

参考文献：

[1]魏延安.农村电商：互联网＋三农案例与模式[M].北京：电子工业出版社，2015.

[2]陆立军.中国小商品城的崛起与农村市场经济发展的义乌模式[J].经济社会体制比较，1999(1)：71-79.

[3]郁建兴，任杰.共同富裕的理论内涵与政策议程[J].政治学研究，2021(3)：13-25.

[4]陈立旭.从传统到现代：浙江现象的文化社会学阐释[M].杭州：浙江大学出版社，2018.

[5]包伟民，王一胜.义乌模式：从市镇经济到市场经济的历史考察[J].浙江社会科学，2002(5)：147-151.

[6]费孝通.《中国乡村考察报告》总序[J].社会，2005(1)：3-6.

[7]惠锡清.探索独特的中国乡村城市化之路[J].农业经济问题，1999(9)：12-14.

[8]袁野，曾剑秋，赵鸿运，等.农村信息化服务模式研究：以云南省"数字乡村"为例[J].北京邮电大学学报(社会科学版)，2014，16(1)：73-78.

[9]付吉才.云南省农业和农村信息化的实践与探索[J].中国农村经济，2007(S1)：83-86.

[10]郭承龙.农村电子商务模式探析：基于淘宝村的调研[J].经济体制改革，2015(5)：110-115.

[11]董坤祥，侯文华，丁慧平，等.创新导向的农村电商集群发展研究：基于遂昌模式和沙集模式的分析[J].农业经济问题，2016，37(10)：60-69，111.

[12]梁强，邹立凯，杨学儒，等.政府支持对包容性创业的影响机制研究：基于揭阳军埔农村电商创业集群的案例分析[J].南方经济，2016(1)：42-56.

[13]魏延安.农村电商助推乡村振兴探析[J].农业展望，2018，14(7)：94-96，108.

[14]夏显力，陈哲，张慧利，等.农业高质量发展：数字赋能与实现路径[J].中国农村经济，2019(12)：2-15.

[15]刘美平，孙玉瑶.深入推进我国农村数字经济发展的新路径[J].生产力研究，2020(1)：44-49.

[16]白小虎.文化内生制度与经济发展的文化解释：鸡毛换糖、义乌兵与板凳龙[J].浙江社会科学，2006(2)：116-122.

[17]方堃.当代中国新型农村公共服务体系研究[D].武汉：华中师范大学，2010.

[18]牛耀红.建构乡村内生秩序的数字"社区公共领域"：一个西部乡村的移动互联网实践[J].新闻与传播研究，2018，25(4)：39-56，126-127.

[19]师曾志，李堃，仁增卓玛."重新部落化"：新媒介赋权下的数字乡村建设[J].新闻与写作，2019(9)：5-11.

[20]崔丽丽，王骊静，王井泉.社会创新因素促进"淘宝村"电子商务发展的实证分析：以浙江丽水为例[J].中国农

村经济,2014(12):50-60.

[21] 李琪,唐跃桓,任小静.电子商务发展、空间溢出与农民收入增长[J].农业技术经济,2019(4):119-131.

[22] 刘亚军,储新民.中国"淘宝村"的产业演化研究[J].中国软科学,2017(2):29-36.

[23] 洪勇.我国农村电商发展的制约因素与促进政策[J].商业经济研究,2016(4):169-171.

[24] 陆立军."义乌商圈":形成机理与发展趋势——三论"义乌模式"[J].商业经济与管理,2006(6):14-19.

[25] 史清华,韦伟,魏霄云.共同富裕:浙江农家的努力与行动——来自浙江观察点的报告[J].农业经济问题,2022(3):29-43.

[26] 何畏.社会主义共同富裕道路的中国智慧[J].南京社会科学,2022(3):8-14.

[27] 习近平.扎实推动共同富裕[J].求是,2021(20).

本文为浙江省高校人文社科重大攻关计划规划基金项目《当代中国农村改革历程的集体记忆建构与共识凝聚研究》(2021GH021)的阶段性成果

共同富裕视野中农村数字化贫困及治理的法制对策

马存利

（嘉兴学院）

摘　要：共同富裕离不开农村数字化。然而由于农民数字化能力不足，体现为农民数字知识、素养和技能的匮乏，导致其对社会经济参与权利不充分，难以获得优质数字化资源和享受均等化的数字公共服务，难以深入参与数字经济活动，更难以在网络化的公共参与中表达自身的意见和诉求。因此，消除农村数字化贫困，须以提升农民的数字化能力和保障农民的数字化权利为核心，首先从立法入手，构建多层次数字法律体系；同时推进农村数字公共服务均等化，发展数字化下的现代农业，从而让广大农村人口共享数字化经济的发展成果，最终实现美好生活。

关键词：共同富裕　农村　数字化贫困　法制

一、共同富裕的提出及对农村数字化发展的客观要求

（一）共同富裕的提出

实现共同富裕是中华民族的崇高理想，是中国人民的孜孜追求。党带领人民开创中国式现代化新道路的历史进程，便深深印刻上了共同富裕的鲜明底色。习近平总书记指出："共同富裕是社会主义的本质要求，是人民群众的共同期盼。"从时间上看，中国努力进入共同富裕的时代正好与数字经济快速发展的时期相吻合，推进共同富裕需要嵌入和依托数字经济发展。近年来，中国农业生产信息化水平大幅提升，数字化技术开始落地见效，农业逐步转型升级，实现高质量发展，乡村数字治理扎实推进，乡村信息服务加快普及，数字乡村促共同富裕大有可为。[1]党的十九届五中全会把促进全体人民共同富裕摆在更加重要的位置，强调"扎实推动共同富裕，不断增强人民群众获得感、幸福感、安全感，促进人的全面发展和社会全面进步"。这为我们在"十四五"时期乃至更长一个时期扎实推动共同富裕指明了方向，提供了遵循。[2]

毋庸置疑，发展的不平衡不充分是制约共同富裕的关键所在，持续解决我国社会主要矛盾的过程，就是逐步实现共同富裕的过程。当前，由于我国发展最大的不平衡是城乡发展不平衡，最大的不充分是农村发展不充分，因此，解决农业农村农民问题就是解决社会主要矛盾中的主要方面，也是促进共同富裕的最艰巨最繁重任务。共同富裕是社会主义的本质要求。促进共同富裕，最艰巨最繁重的任务仍然在农村。在全面推进乡村振兴的进程中，抓住机遇、顺势而为，以数字经济驱动农业农村现代化，加快破解制约"三农"发展的基础性、全局性难题。

(二)数字化发展对共同富裕的积极作用

数字经济发展速度之快、辐射范围之广、影响程度之深前所未有,正在深刻影响和塑造农民农村的生产生活方式。更好把握数字经济发展趋势和规律、推动我国数字经济健康发展,将对促进农民农村共同富裕提供重要助力。

1.数字经济的高技术性和分享性为均衡发展提供了共享机制

共同富裕客观上要求实现均衡共享发展。数字经济的高技术特征和分享性特征,既为传统乡村经济增长提供了新的动力,也为城乡均衡发展提供了共享机制,可以助力在高质量发展中促进共同富裕。实现共同富裕是推进"重要窗口"建设、展现浙江发展成就的内在要求。高质量发展建设共同富裕示范区,就要补齐农业农村发展短板,促进农业产业发展,实现农民增收致富,满足乡村美好生活需求,尤其要让小农户在高质量发展建设共同富裕示范区中受益。在数字化和农业农村现代化的历史交汇期,用数字化赋能农业农村发展,即以推进数字乡村建设助推浙江共同富裕,既有必要,更有可能,而且正实实在在发生着。

2.数字经济有利于实现产业升级和一、二、三产业融合发展

共同富裕离不开农村产业兴旺,农业数字化带来了产业升级和一、二、三产业的融合发展。随着数字技术的普及和下沉,数字经济日渐繁荣,越来越多的新就业应运而生,在共同富裕的主旋律下,带动乡村产业的振兴。数字化农业基地建设和农产品电商基地直采为农业产业发展注入了新动能。一方面,以"数字车间""植物工厂""智慧养殖"为代表的全智能化的数字化农业基地逐步扩展,电商企业逐渐直接投身数字化农业基地建设中,如盒马鲜生直采数字基地、网易智慧养猪等;[3]另一方面,农产品电商正从农产品网络零售走向电商基地直采,使得农业发展进入了农产品"电商基地直采"的新阶段。农产品电商能有效助推农产品销售和农民增收,由此产生的农村互联网创新创业也在不断激发乡村经济活力。而在这一过程中,如何让小农户充分享受数字化红利,实现收入水平提升,是当前实现共同富裕的一个难点,也是实现共同富裕必须直面的问题。

二、农村数字化贫困对共同富裕带来的负面影响

(一)数字化贫困通过"马太效应"拉大城乡差距和加剧社会不平等

经济学家认为,由于累积和机会,有钱的会更有钱,穷的会更穷,这个效应就叫"马太效应"(Matthew Effect)。① 一方面,城乡之间在数字化技术和设备"物理接入"上的传统"数字鸿沟"依然较大;另一方面,长远来看,随着农村互联网高速发展,尤其是移动网络和智能手机普及,传统"数字鸿沟"总体有缩小趋势。但是,传统数字鸿沟的缩小和新兴经济"数字红利"的出现,并不能掩盖城乡之间在数字化技术与设备使用方面的"新数字鸿沟"的扩大及其所加剧的农村数字化贫困问题。农村数字化贫困与经济贫困可以相互强化,使得经济富人成为数字强者,经济穷人成为数字弱者,强化"贫者愈贫,富者愈富"的马太效应,从而引发新的社会分化和新一轮城乡经济分化,形成新的

---

① 1968 年,美国科学史学者罗伯特·莫顿提出这个术语用以概括一种社会心理现象。

城乡二元结构，使得数字化贫困问题成为当代社会不平等的主要来源。

农民对数字化信息辨别能力不足，容易落入隐私泄露、网络诈骗、网络传销陷阱，造成财产损失和人身威胁，或者沉迷于网络娱乐，耽误生产、学习和生活，成为数字化技术的受害者。尽管农村居民使用数字化资源的普及率和参与度低于城镇居民，但其遭受的网络安全问题依然严重。据报道，农村网民频繁遭遇电脑或手机中病毒、木马、账号或者密码被盗、电信诈骗等问题。另外，农民难以在网络世界中表达情绪、意见、诉求和偏好，成为数字化公共参与的缺席者，难以完全以利益表达主体的身份进入大数据时代的经济和扶贫决策视野。

（二）数字化贫困限制了农村人力资本开发不利于乡村振兴

我国经济处于结构调整和转型升级关键期，依托数字化技术的新兴产业不断涌现，同时数字化技术与传统产业逐渐深度融合。无论数字化技术革新的传统产业，还是知识和技术密集型新兴产业，都对员工数字知识技能的要求越来越高。然而，庞大的农民工群体正被数字化贫困所累，缺乏足够的数字化教育，不具备数字化能力，无法满足产业升级对数字化知识和技能的要求。同时，"乡村振兴"战略实施的关键在于推进农业现代化，而构建现代农业必须用现代科学技术服务农业生产，需要依托数字化技术打造智慧化农业生产、经营和服务体系。因此，现代农业需要具备数字化知识和技能的新型职业农民和新型农业经营者。但是广大农民面临着数字化贫困问题，缺乏职业化的数字教育，难以提供现代农业要求的人力资本。

（三）数字化贫困导致数字贫困群体社会无法实现公共参与

社会学上有一个概念叫"社会排斥"，数字贫困导致数字贫困人群缺乏改变生活的机会，从而造成新的社会排斥，使其难以彻底脱离贫困状态。[4]一方面，农村数字贫困人口难以融入数字经济和分享数字红利，难以在数字经济浪潮中利用数字化能力进入新的生产部门，适应新的就业结构，实现充分就业和提高收入，被"边缘化"为数字化经济中的弱势群体，进一步加大了内生式脱贫的难度，加剧了返贫的风险，甚至长期陷入经济贫困与数字化贫困的恶性循环。另一方面，数字化贫困剥夺农村信息弱势群体公共参与的权利。农村数字贫困人口由于无法使用数字化公共服务，如数字政府、网络教育等不断兴起的在互联网上运营的公共活动和公共服务，容易丧失为自己争取权利和谋取利益的机会。农村数字化贫困问题既是城乡"数字鸿沟"和经济贫困的社会结果，又是数字社会中农村贫困人口抓住"数字机遇"、跨越"数字鸿沟"、摆脱贫困状态的重要障碍。因此，农村数字化贫困应该成为精准扶贫的重要对象和精准脱贫的重要内容。

三、对农村数字化贫困的成因进行深度剖析

农民个体的数字化贫困受到多维度、多层面的因素影响，包括结构性因素、政策性因素和市场性因素。不同层次和维度的影响因素相互作用，造成了农村数字化贫困。

（一）城乡二元经济结构因素的限制作用

农村数字化贫困形成的结构性因素是那种相对稳定的、宏观的，以及仅凭个人行为和个人努力

无法改变的社会资源、财产和权力的分配状况。农村的数字化贫困不仅是农民的个人特征、意识、思维和行为导致的结果,在一定程度上也是一种结构性贫困。

中国互联网络信息中心(CNNIC)《中国互联网络发展状况统计报告》显示,截至 2021 年 12 月,全国范围内互联网普及率达 73.0%,但同时指出农村地区互联网普及率为 59.2%。① 在互联网普及率上尚未实现城乡无差异。无疑,经济发展水平、社会阶层结构、教育资源分配等诸多结构性因素共同限制着农民个体的数字化可行能力。经济发展水平和社会阶层结构分化影响着农民的收入水平和权益保障,特别是城乡二元经济结构一定程度上阻碍了农民收入水平提高,使得农村家庭在通信、文化、教育等领域的支出低于城镇家庭的同类支出。经济发展水平和社会阶层分化对农民收入和教育投资水平的影响会限制农民的数字化工具获取能力和数字化服务的学习能力。

西部地区村庄处于数字化贫困状态的居民占比总体高于中部和东部,农村经济收入低的家庭居民个人成为数字化贫困人口的概率明显高于经济收入高的群体。另外,农村数字化贫困与受教育水平有着密切关系,受教育水平高的农村居民,陷入数字化贫困的可能性要比受教育水平低的居民低。然而,目前城乡之间教育资源配置不均衡,农村优质教育资源仍处于短缺状态,特别是数字化教学设施、数字化教学软件和数字化教学人才等数字教育资源严重不足,进而制约了农村人口的数字化能力培养。

(二)农村数字化公共服务政策支持不足

农村数字化贫困形成的政策性因素是影响农民的数字化可行能力的政府行为,主要包括数字化基础设施建设、农村数字教育体系建设、数字公共服务提供等。近些年来,我国数字化基础设施建设取得巨大进步,已建成全球先进水平的信息基础设施,成为名副其实的全球网络大国,但是城乡数字鸿沟问题仍然突出,农村数字化基础设施建设任重道远。

以农村人口的数字化教育为例。农村人口的整体数字化知识、素养和技能较低,无法正确运用数字化产品和服务,成为数字化时代的新文盲。随着义务教育普及,在传统文盲逐渐减少的同时,"数字文盲"问题日益凸显。特别是农村的经济贫困人口、失业人员、留守儿童和老年人等更容易成为数字贫困群体。图 1 所示的调研数据表明,在被调研的农村人口中,失业人口获取互联网知识的能力较强,占比达到 22%,有的甚至没有连接互联网;老年人获取互联网知识的能力最弱,占比只有8%,然而与经济贫困不同,数字化贫困者常常意识不到自身处于数字化贫困状态。

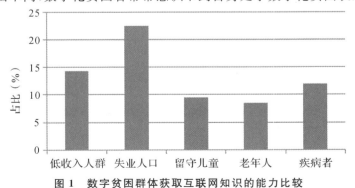

图 1　数字贫困群体获取互联网知识的能力比较

---

① 2022 年 2 月 25 日,中国互联网络信息中心(CNNIC)在京发布第 49 次《中国互联网络发展状况统计报告》。

　　尽管在农村公共服务的数字化技术接入上取得了很大进展，"智慧农村"数字化管理平台和便民中心方便了农民的数字化活动，但是针对农民数字化能力提升的教育与培训项目仍然太少。此外，农村信息化服务人才严重匮乏，整体素质不高，难以适应农业信息服务业和现代农业发展的要求。大量农村青壮年劳动力外出务工，留在农村的大多是留守老人（获取比例为 8％）和留守儿童（获取比例为 9％），他们很难成为信息技术和互联网应用的主体。而乡（镇）、村中，也很少设置专业的信息化服务人员。[5]

（三）农村数字化市场化供给不足

　　农村数字化贫困形成的市场性因素是对农民个体的数字化能力产生影响的市场主体行为。首先，农村的数字资源（工具、服务和技术）分配存在的供需失衡问题限制了农民数字化需求的满足。一方面，数字化设施和商业服务更多出现在具有人口聚集性和经济规模性的城市空间之中，数字化资源已经深深嵌入城市的吃、穿、住、行等基本需求和教育、旅行、娱乐等高级需求之中。与城市相比，农村的情况存在差异。按照图 2 调研数据，农村数字化商业服务还仅限于网络购物（占比为 23％）、网络娱乐（占比为 64％）等少数领域。另一方面，针对农民需求和农业生产的数字化资源有效供给不足。例如，农村的数字化信息供给貌似呈现爆炸之势，但是真正能够帮助农业生产和致富的有效信息十分稀缺，到处充斥着医药广告、虚假宣传等无效和干扰信息。[6]数字下乡，不仅需要保证数字的"可计算性"，还必须确保数字的信度与效度。如果数字技术缺乏必要的信度与效度，那么，数字技术越发达，就越有可能陷入"内卷化"陷阱。大多数农民的数字化应用水平较低，仅停留在新闻浏览、娱乐等层面，将数字化技术、设备和服务用于促进农业生产和改善生活方面严重不足。例如，2020 年城乡网民在即时通信使用率方面差距仅有 2％，但电子支付（占比仅为 34％）、理财（占比仅为 5％）等应用使用率方面差距较大。广大农民缺少足够能力将数字化设备、技术和服务转化为实际生产力，增加自身就业机会和提高家庭收入，反而成为数字化经济浪潮中的相对受损者。

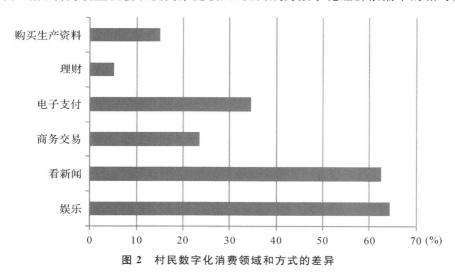

图 2　村民数字化消费领域和方式的差异

　　其次，农村数字化工具的购买价格、数字化服务的资费和数字化技术的服务价格影响着农民的数字化资源获取能力。再次，在农村数字化经济中，网络诈骗、网络传销、虚假信息等活动层出不穷,加剧了许多农民对数字化活动的不信任感和排斥心理。

四、共同富裕背景下农村数字化贫困治理的法制对策

(一)消除数字立法的城乡差异,构建完善的数字立法体系

一要有法可依。作为数字经济大省,浙江数字经济规模多年居全国第一。2020 年 12 月 24 日《浙江省数字经济促进条例》(以下简称《条例》)经浙江省第十三届人民代表大会常务委员会第二十六次会议通过,于 2021 年 3 月 1 日起施行,它是全国第一部以促进数字经济发展为主题的地方性法规,也是浙江推进数字领域依法治理的里程碑事件。该条例划定了浙江省各级人民政府在推动数字经济方面的职责和任务,从多个角度细化扶持数字经济发展的政策,将为浙江全面建设数字经济强省提供有力的法治保障,促进数字经济在法治轨道上行稳致远。

二是出台指导意见。中央发布《数字乡村发展战略纲要》,指出力争到 2025 年,数字乡村建设取得重要进展,乡村 4G 深化普及、5G 创新应用,城乡"数字鸿沟"明显缩小,农民数字化素养不断提升。浙江省出台《浙江省数字乡村建设实施方案》,各地市应尽快出台《数字乡村发展指导意见》,以规划引领加强数字乡村顶层设计,明确发展目标和重点。

三是推进开放合作、充分发挥市场主体和社会力量作用。《条例》明确规定,数字经济促进工作主要由政府主导、部门推动,同时规范了政务服务、财税、金融、人才、知识产权,以及土地供应、电力接引、设施保护、政府采购等方面的配套措施,优化市场环境,实行包容审慎监管。在明确数字经济的发展原则和重点、政府及部门职责等,强调推进开放合作、充分发挥市场主体和社会力量作用的同时,《条例》充分凸显浙江发展数字经济的地方特色,聚焦"数字产业化"和"产业数字化"两大核心,明确了浙江农村数字化发展重点和法治保障手段。

(二)推动农村数字化资源发展,实现数字公共服务均等化

在《浙江省数字经济促进条例》基础上,首先,推动农村互联网数字基础设施和公共服务建设。公共产品的特征日益凸显,就如同基本医疗、义务教育、公共交通等一样,需要政府承担数字公共服务供给的主体责任,并引导市场和社会的力量共同参与和合作治理。在数字基础设施建设上引入政府和社会资本合作模式(PPP),按照"公益性项目、市场化运作"理念,如嘉兴桃园数字小镇建设成绩斐然。[7]鼓励地方政府和社会资本设立农村数字基础设施建设投资基金,将农村数字基础设施项目整体打包,提高其收益能力,并建立运营补偿机制,保障社会资本获得合理投资回报。[8]

其次,政府应加强与企业、高校和研究机构的合作,建立农业大数据共享平台。对农产品的生产、流通、销售等环节进行动态监测,整合农业科技信息、农资供求信息、农产品需求信息、涉农普惠金融信息、保险信息、补贴信息等,推动农业数据信息共享,帮助农户通过数字化渠道完成农产品交易。同时,引导互联网企业提供更深层更多元的农村互联网应用和服务,激发农民多元化的数字化需求。浙江省建立了一批"应用场景"——东阳花园村的"智慧花园"、萧山瓜沥镇的"沥·家园",余姚梁弄镇的"五彩梁弄",[9]引进数字乡村建设团队,选取绍兴经济社会发展基础好、产业发展有前景的富村、名村先行推进,使绍兴数字乡村建设走得更快、更好。

最后，政府可以与非政府组织（NGOs）合作，结合"智慧社区"建设，在农村中小学、社区中心、乡村图书馆等公共场所普及数字技术设备，并配备数字化技术辅导人员。另外，政府向社会公益组织购买数字化技术和知识的普及服务，包括电脑、智能手机、平板电脑等硬件使用和软件下载、使用等能力，例如微信、支付宝等基本数字生活软件和关于农业生产的相关软件的使用。

（三）法律制度上引导数字化技术与现代农业对接，创造数字红利

第一，推进农村电商与农业生产的对接。依据《浙江省数字经济促进条例》《电子商务法》相关规定，依托阿里巴巴、腾讯、京东等大型电商企业，加强农村电商网点建设，提高农村电商网点覆盖率，发挥基层政府、社会组织和电商企业的积极性，开展电商进入农村的综合示范项目，为广大农民参与电子商务提供便利条件，为提升农民参与数字化经济活动的能力创造机会，进而提高农民的就业机会、收入水平，降低农业生产的市场风险。

第二，推进数字化技术基础上的智慧农业发展，为农民创造农业生产的"数字红利"。首先，引入数字化技术，打造数字化时代的现代农业。发挥好信息技术和互联网的载体和引擎作用，打破农村时空局限，消弭城乡数字鸿沟，促进农业生产、流通、消费方式智慧化转型升级。[10]其次，运用移动互联网、物联网、大数据、云计算技术，打造标准化农业种植管理模式，降低农业生产成本，提高农产品品质。最后，运用大数据宏观调控农业生产经营，有效指导农产业经营活动，避免盲目生产和非理性决策。

（四）义务教育法中增加数字教育内容，提升农民数字能力

第一，提升农村青少的数字知识水平和生存技能，增强改变自身命运的能力，从而阻断数字贫困和经济贫困的代际传递。首先，进一步健全农村义务教育政府投入保障机制，加大农村义务教育投入，依托《义务教育法》《民办教育促进法》，充分发挥社会化办学的优势，聚集全社会资源优势，为农村青少年的数字教育提供足够的支持。其次，将数字化知识和技术纳入农村基础教育体系，建立完善的数字化知识课程体系，并加快推进农村中小学校课堂的数字化建设，实现数字化技术与教学过程、文化教育与数字教育的有机结合，从而培养农村青少年的数字化意识和素养。

第二，政府应加大对农村职业教育的投入力度，新增数字化公共资源应向边远、贫困农村地区的职业教育倾斜。针对农业生产经营的要求，发展针对数字化知识和技术的农民职业教育，提升农民在现代农业生产、经营、流通和服务中应用数字化技术的能力，培养适合现代农业生产体系的新型职业农民。[8]

（五）政府建立数字援助制度赋能农民数字权利

在数字化社会，数字化权利应当成为公民的一项基本权利。当个人缺乏数字资源的获取能力和使用能力而导致生产和生活被社会排斥时，政府应对其实施援助，保障公民参与数字化活动的机会平等，以实现数字平等。首先，地方政府要建立完善的数字援助体系，要完善相关法律法规，要设立专门的援助机构或组织，建立完善的援助程序，构建结对帮扶、定向援助等形式，还要完善配套的数字化设备捐赠、数字化技术援助、数字化服务援助以及数字化教育援助等政策。其次，地方各级政府要善于引导市场和社会力量，帮助提升数字弱势群体尤其是残疾人、"留守老人"的数字运用能

力,帮助他们进行基本的数字知识学习的网络教育和公益培训。利用互联网重新配置教育资源,针对农业生产经营的技术要求和农民群体的生活需求,引导市场化的教育机构发展适合农民接受的数字化知识和技术的网络教育。政府还可以引导社会公益组织和志愿者深入广大农村地区开展多种形式的数字化知识和技术培训。

五、结语

农村数字化贫困的本质是能力贫困,表现为在数字化社会和数字化经济中自我生存和自我发展能力的贫困。乡村振兴的根本在于"人的振兴",需要提升人自身的数字化能力,才能在新经济浪潮中占得先机甚至弯道超车,实现脱贫致富。一味地进行经济"输血"或者设备的物理接入,只能暂时缓解贫困状态,却无法实现可持续发展。因此在政策理念和目标上,应改变既有以普及数字化设备为主要目标的技术中心论和以数字设备购买能力为核心的经济决定论,转向注重以人为中心、提升应用能力和保障数字化权利为导向的扶贫政策理念。政府及公共管理部门需充分调动市场和社会的力量,激发数字化贫困主体的内生力量,形成政府主导、市场与社会广泛参与的合作治理格局,并在此基础上创新农村数字化贫困治理的具体路径。

参考文献:

[1] 孙琳.数字化驱动助力实现乡村振兴[EB/OL].[2021-03-12].http://www.rmzxb.com.cn/c/2021-03-12/2807968.shtml.

[2] 郝迎灿.扎实推进共同富裕:建设美丽乡村　共享美好生活[N].人民日报,2021-11-29.

[3] 丁砥.数字赋能农业农村高质量发展浙江省数字乡村工作启示[J].安徽农学通报,2021,27(18):5-6.

[4] 吕普生.数字乡村与信息赋能:弥合城乡数字鸿沟的可行能力框架[J].中国高校社会科学,2020(2):69-72.

[5] 冯华.人民日报话说新农村:"数字"好看,还要用着方便[J].农业工程技术,2015(21):48.

[6] 王雨磊.数字下乡:农村精准扶贫中的技术治理[J].社会学研究,2016,31(6):119-142,244.

[7] 竺军伟,马燕琴.桃园数字小镇助力嘉兴新型智慧城市建设[N].嘉兴日报,2019-09-05.

[8] 胡春艳.公共服务如何跨越"数字鸿沟"[J].人民论坛,2020(23):62-64.

[9] 袁海平.打造数字乡村,助推乡村振兴与共同富裕[N].绍兴日报,2021-09-09.

[10] 陈振娇,邹士年.数字化转型促农民农村共同富裕[N].经济日报,2021-12-29.

共同富裕示范区建设背景下浙江山区
26县数字乡村建设的问题与对策

吕宏芬　　贺华丽

（浙江外国语学院　　浙江省妇女干部学校）

摘　要:"十四五"规划明确提出,浙江要率先高质量发展建设共同富裕示范区,以探索解决经济发展的不平衡、不充分问题,乡村建设是实现共同富裕的重要抓手,中央一号文件已连续五年提出要"大力推进数字乡村建设"。本文以浙江高质量发展建设共同富裕示范区为导向,以数字乡村建设为切入点,聚焦浙西南26个山区县,通过线下田野调查和线上问卷调查相结合的方式,深入了解浙江山区26县数字经济的发展现状;通过与国内外、省内外数字乡村建设成功案例的对比,分析浙江山区26县以数字乡村建设为抓手实现共同富裕的问题或短板,挖掘26县在数字乡村建设中的优势与潜力,探索在共同富裕示范区建设背景下浙江山区26县数字乡村建设的对策建议和具体举措。

关键词:共同富裕　高质量发展　数字乡村　山区26县

一、课题调研的现实背景

数字经济已成为我国经济社会发展的重要推动力,数字乡村建设是数字经济在农村的重要实践,是驱动农村经济高质量发展实现共同富裕的重要路径。在这一时代大背景下,2019年中央一号文件提出了数字乡村建设的意义并要求全面实施数字乡村战略,2020年中央网信办、农业农村部、国家发改委、工业和信息化部联合印发《2020年数字乡村发展工作要点》,2021年更是提出了全面实施数字乡村建设战略工程。建设数字乡村是农村加速发展的必然选择,是实现乡村振兴的关键举措,更是建设数字强国的重要内容之一。而在当前迈入"十四五"规划这一关键时期,如何做到数字乡村的全面"布局"和重点"破局",以促进数字乡村的建设和发展,将成为今后五年至关重要的新课题、新挑战。

2021年,国家在"十四五"规划纲要中明确提出,支持浙江高质量发展建设共同富裕示范区。《浙江省国民经济和社会发展第十四个五年规划和二〇三五年远景目标纲要》也提出:推进共同富裕新举措,促进高水平均衡,创造高品质生活,不断增强人民群众的获得感、幸福感、安全感,促进人的全面发展和社会全面进步。在新的发展阶段推动共同富裕,固然要惠及全体人民,但从全省发展不平衡、不充分的分布状况来看,省内需要重点关注一些特殊区域,如浙江山区的26个加快发展县。作为省内经济发展相对落后的区域,山区26县能否实现跨越式高质量发展,能否取得标志性成果,事关现代化先行和共同富裕示范区建设的全局。

自"绿水青山就是金山银山"理念提出以来,浙江便一直走在乡村振兴的前列。而在数字经济"一号工程"和乡村振兴战略的共同引领下,浙江全省各地着力推进数字乡村建设,整合各种资源,充分挖掘数字经济潜力,数字乡村总体发展水平领跑全国,涌现了德清、平湖、慈溪、临安等信息技术的集聚区、数字乡村建设的先行者。但地处浙西南山区的 26 县,由于基础设施落后、人才队伍匮乏、产业结构单一,数字乡村建设的推进还面临诸多的问题与挑战。在共同富裕示范区建设过程中,如何沿着"十四五"规划的指引,如何推动山区县的数字乡村建设,探索以数字技术赋能山区乡村振兴的新发展路径,亟须共同关注与探讨。

因此,本课题以高质量发展共同富裕示范区为导向,以数字乡村建设为切入点,聚焦浙西南 26 个山区县,通过线下田野调查和线上问卷调查相结合的方式,深入了解浙江山区 26 县数字经济的发展现状;通过与国内外、省内外数字乡村建设成功案例的对比,分析浙江山区 26 县以数字乡村建设为抓手实现共同富裕的问题或短板,挖掘 26 县在数字乡村建设中的优势与潜力,探索在共同富裕示范区建设背景下浙江山区 26 县数字乡村建设的对策建议和具体举措。

二、浙江山区 26 县数字乡村建设的现状调研

(一)调研工作概述

纵观目前国内外关于数字乡村建设的研究文献,围绕数字乡村建设中"数字基建、数字经济、信息服务、数字治理"四个方面,课题组设计了调查问卷与访谈提纲,并于线上线下两条线同时进行调研。课题组前往淳安、泰顺、磐安、开化、遂昌五县进行了为期四天的实地走访调研与考察,同时在问卷星、微信等平台,通过省工商联、省妇联渠道,向山区 26 县定向发布了相关问卷。截至 2021 年11 月底,线上线下共收到有效问卷 1541 份,调研对象的基本情况包括年龄、政治面貌、学历、近半年主要居住地区、工作岗位、主要收入来源、收入水平等。

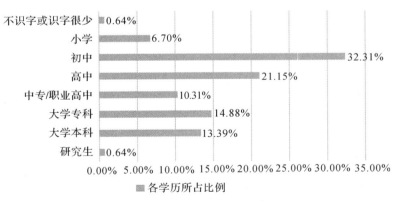

图 1 被调查对象学历构成

值得注意的是,在此次对山区 26 县的调研对象中,被调查对象学历层次总体偏低,初中毕业人数占调查总数的三分之一,但同时本科以上学历占比近 14%,也说明大学毕业生返乡创业比例正逐年升高。

同时，课题组还重点调研了山区 26 县数字基础设施建设、数字生活在日常生活中的渗透情况、是否熟悉数字生活用来改善日常学习与生活的相关应用等。在被调查对象中，拥有手机人数的占比超过 97%，每天使用电子产品时数达 6 小时及以上的占比为 44.2%，超过半数的被调查对象认为网上操作很容易学会。图 2 是被调查对象上网的主要目的，因工作需要而使用手机的占比高达70.24%，这也说明数字经济在 26 县乡村的渗透程度和应用情况。

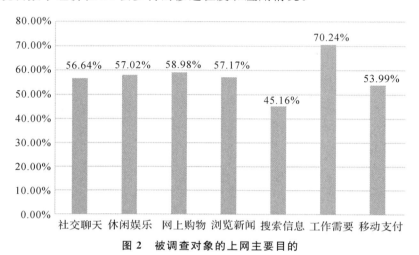

图 2　被调查对象的上网主要目的

在走访调研中，课题组深入群众具体了解浙江山区 26 县数字经济发展实际，切身感受山区 26 县推进乡村建设的实践与成效，但同时也发现尚存不少问题需要继续改进。

（二）山区 26 县数字乡村的建设现状

通过线上线下的调研，并结合参阅课题组搜集的山区 26 县有关数字乡村建设的相关资料，课题组发现，浙江山区 26 县乡村都积极响应国家号召，在数字经济建设方面正在以前所未有的速度发展，充分利用政策红利，努力推动跨越式高质量发展。通过"山海协作"，逐渐加大山区补短板、强弱项的支持力度，加快乡村数字化建设、推动高质量发展，实现与全省乃至全国的共同富裕。

山区 26 县结合各自的资源优势和发展基础，在数字基础设施建设、数字服务平台发展、农村电商扶贫发展方面，呈现出精彩纷呈的创新措施。例如，金华的"田间一件事"智慧服务系统，围绕"种、管、收、销"田间种植全周期主要环节，为农户提供"一站式的办理、一体化的服务"。山区 26 县积极融入全省数字基础设施，"浙农码"在畜牧养殖、捕捞渔业、农产品追溯、精准扶贫等领域运行良好，效果显著。基于"绿水青山"蓬勃发展起来的山区民宿产业，通过民宿二维码、家庭户二维码等数字手段，给客户体验、日常管理、社会治理等都带来了极大的便利。还有像淳安电力、仙居杨梅、遂昌生态、苍南农资等，都积极通过数字化改造加强监管服务系统的改进与升级，积极探索山区产业的转型升级之路。

此外，数字经济产业布局也正在山区 26 县各地加快推进，例如磐安中药、庆元菌菇等特色产业，都已形成颇具规模的农村电商产业园，经济效益和社会影响力显著。衢州市政府和阿里巴巴旗下的"盒马鲜生"达成战略合作，合作双方在衢州市共建数字农业示范区，一期面积就达 1 万多亩，此示范区是目前国内最大的"盒马村"。而像浙江首创的"最多跑一次"改革也逐渐由城市向乡村延

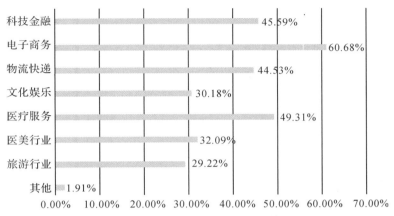

图 3　数字经济促进的产业发展情况

伸,乡村数字服务体系正在加速形成,农村不出门办事、不出村办事已基本实现。

但在此次调查中,我们也发现山区 26 县在数字乡村建设中呈现出短板与不足,主要体现在以下四个方面:

1. 数字基础设施亟待完善,数字鸿沟现象显著

尽管浙江省把数字经济作为"一号工程",浙江也是全国乡村建设的排头兵。但浙江的山区 26 县,经济基础相对较为薄弱,被特列为加快发展县。山区 26 县中的部分乡镇地理位置偏远,信号基站、宽带网络、数字电视、移动网络等作为数字乡村建设物质基础和技术保障的信息基础设施建设起步较晚,互联网普及率尽管提升较快,目前全域覆盖率已达 90%,但仍有提升的空间。而信息传播路径的不通畅,也让当地经济更倾向于传统的小规模生产方式,再加上政府相关文件出台较晚,数字乡村建设实践经验缺乏,各村之间因经济发展水平、财政资金投入力度不同而逐渐出现"数字鸿沟"现象,与省内东部沿海地区乡村的数字化水平差距更大。

2. 数字产品潜在价值仍需挖掘,农村市场不活跃

在山区 26 县中,大部分县的生产要素、产品信息、产业环境等仍处于分散、未整合状态,数字技术对产业生产的影响力度较弱,小规模、粗放式的生产方式仍占主导,农民依靠"打工"获得的收入占比高达 72.1%。对比浙江省杭州市临安区的乡村建设,其抓住国家数字乡村建设试点这一契机,大力推动数字技术在农村农业的全链条、全方位应用,强调农村农业方面的"互联网+"生产模式,以这样的数字化转型,实现了为乡村产业新赋能,为乡村振兴创新动力。对山区 26 县而言,在现有资源和条件下,如何利用互联网、大数据等数字技术促进产业生产,盘活现有资源,催生新兴资源,创新商品交换与管理,是目前需要重点解决的问题之一。

3. 数据资源尚需整合,信息服务能力较弱

数据信息传播不及时、流通不顺畅是山区 26 县数字乡村建设的又一突出问题。市场供求反应不及时,生产环境与政策资源对接渠道难衔接,政府对乡村建设的统筹布局能力还有待提高。同时,因为山区 26 县数字乡村建设初步启动,仍然处于探索阶段,支持政策、扶持范围和力度都相对有限,亟须通过"山海协作"通道向省内外先进地区学习。例如,湖州市德清县在数字乡村的发展中,便十分注重将数字技术应用于生产,着力推动"数字革命",对体制机制进行创新,对数据强化共享；不仅发布了我国国内首个乡村治理的数字化地方标准规范，同时构建了多类专题数据库，如数字乡村、地名地址等。在现阶段，如何利用数字平台加强整体发展规划、整理和共享各类信息资源、联动各个相关部门以统筹推进数字乡村建设，也是需要突破的难题。

4.数字素养有待提高，技术和人才缺口大

数字化转型对数字乡村建设有着举足轻重的作用，而推动数字化转型的数字技术和数字人才则是关键。尽管近几年来对山区26县的政策推动力度很大，但不可否认，山区26县目前仍是浙江实现共同富裕示范区的短板。26县中人口结构性流失现象严重，村民文化水平和综合素质普遍不高，农村留守人口中的老人、儿童占比较高，对智能手机、电脑的使用率总体不高，居民对信息的接受和反应能力也较弱。既懂乡村治理又懂数字技术的专业技术和人才缺口很大，这是山区26县面临的又一现实难题。一方面，数字化的新型主体经营需要高技术、高智力的支撑；另一方面，乡村居民对数字网络的不敏感性也不利于产品的高质化发展。人才"流失"加之人口"空心"，乡村建设任重而道远。

三、浙江山区 26 县数字乡村建设的机遇

通过对浙江山区26县建设数字乡村建设现状的分析，我们发现了其在数字基础设施建设、数据要素融合、数字素养提高等方面存在的明显短板。尽管浙江的数字经济发展基础良好，但数字乡村建设普遍尚处于萌芽期、探索期，对于山区26县来说，这是一次基层治理上"弯道超车"的大好机会。随着乡村振兴战略的深化、"十四五"规划纲要的实施、浙江建设共同富裕示范区的逐步推进，对山区26县的政策扶持力度也将进一步提升，山区26县的数字乡村建设迎来前所未有的重要红利窗口期。

（一）外部有利环境

1.国家层面的政策支持

乡村振兴战略是新时代"三农"工作的总抓手，建设数字乡村是乡村振兴的战略方向，也是建设数字中国的重要内容。近两年我国陆续出台重要文件，对于数字乡村建设予以支持，2022年中央一号文件也重点提到了乡村振兴问题。新型基础设施是数字乡村建设的硬件准备，到2020年底全国行政村通光纤和4G比例超过98％，为数字化改革奠定了物质基础，有效解决了农村数字基础设施欠缺的短板。2021年的中央一号文件和"十四五"规划中，都强调以数字化手段实施乡村建设发展工程，为数字乡村建设举旗定向。对于山区26县，这无疑是巨大的机遇。

2.浙江对于数字化改革的重视

浙江将数字经济作为"一号工程"推进，2021年6月，浙江省政府出台《浙江省数字经济发展"十四五"规划》强调要"推动农文旅数字融合发展，培育数字新农人、农创客，发展体验农业、众筹农业、定制（订单）农业、共享农业等新业态新模式。推动美丽休闲乡村（渔村）、农家乐、乡村康养和文创基地等开展在线宣传与经营，加强乡村传统文化资源数字化保护和开发利用"，"完善老年人等运用智能技术困难群体服务保障，推动公共服务流程再造、直达乡村，形成共同富裕的公共服务供给机

制"。这能有效补齐部分群体特别是老年群体缺乏数字素养的短板,能够整合数据资源,为山区县农文旅一体化发展提供数字化支持。

3.浙江对于山区 26 县的政策倾斜

早在 2002 年 4 月,浙江就创新性地提出了全面实施"山海协作"工程,推动了全省区域协调发展,在浙江建设共同富裕示范区的过程中,实现山区 26 县共同富裕是重要组成部分。浙江陆续出台了《支持山区 26 县跨越式高质量发展意见》《关于支持山区 26 县特色生态产业平台提升发展的指导意见》等文件,在重大项目、用地指标、土地政策、人才落户等方面给予山区 26 县重大扶持。截至目前,山区 26 县中已设立文成、泰顺、遂昌等 23 家省级经济开发区,为开放推动山区 26 县跨越式高质量发展奠定平台基础。

(二)内部有利条件

1.美丽的山水资源和独特的人文环境

截至 2020 年末,山区 26 县地域面积为 46382 平方公里,约占浙江全省面积的 44.5%,"九山半水半分田"是山区县普遍存在的特点,在山区 26 县,农林业和旅游业是共同的特色产业,也是其跨越式发展的优势所在。这也为数字乡村建设提供了现实场景,通过数字化赋能,智慧农业、智慧旅游、智慧物流等场景在山区 26 县正徐徐展开。

2."一县一品"的特色产业优势

推动山区 26 县建立"美丽＋智慧"的特色经济体系是浙江解决区域发展不平衡的一项任务。在美丽的山水中,孕育出了山区 26 县各具特色的产业。文成着重发展汽车零部件和设备制造两大主导产业,积极发展精制食品、新型建材、绿色能源等特色工业,形成"2＋1"的标志性产业体系;松阳大力发展康养产业,龙游打造全球领先的特种纸产业基地,磐安则将中医药与文化、旅游、康养集合起来,建成"共享加工车间""共享仓库""共享冷链"等深化分工合作,打通中医药产业链。这些独具特色的产业是数字乡村建设的落脚点,数字乡村建设也将打破传统的产业格局,通过互联网、大数据优化产业链为传统产业带来新业态、新模式。

四、山区 26 县数字乡村建设的建议与举措

基于山区 26 县数字乡村建设的现状,借鉴日本、美国等发达国家及省内外县区的成功经验,课题组认为数字乡村建设是一项系统工程,应以乡村农户为中心,政府和数智企业为农户赋能,还需政府、电商平台、金融机构、数智企业等多部门的协同与联动。从中央一号文件的指导思想来看,数字乡村建设的推进路径主要在于以下几个方面。

(一)完善数字基础设施,加强数字技能学习

实地调研结果表明,当前浙江山区县市数字基础设施建设处于中等偏下游水平,具体表现在数字基础设施缺乏和设备老旧两个方面,数字基础设施缺乏导致发展县市农村的入网规模远远小于城市居民入网规模,设备老旧导致农村数字化改革受到巨大阻力。因此,为了解决这两个问题,就

需要从两个方面入手：一是增加农村地区宽带建设规模，提高农村地区宽带普及率，并在此基础上大规模投资建设 4G 网络信号基站，增加 5G 基站、区块链和物联网等设备的数量；二是淘汰农村地区落后的数字设备，更新一批崭新的基础工具，还要积极推动农村传统基础设施的数字化转型，使得传统的水利电力、农业生产和交通运输等项目朝着智能化和便捷化的方向发展。

在完善数字基础设施的前提下，多渠道全方位提升农民数字素养水平，持续增强农民数字生活参与的内在动力。以推进微信、支付宝等数字交易工具，淘宝、天猫、京东等电商平台，在线教育平台、在线医疗平台等的使用技能培训为重点，全面巩固提高农民数字化通用素养。加强微信、抖音等社交软件使用及网站平台维护的针对性培训和动态指导，持续改进农民数字化社交素养。通过对短视频创作、直播带货等数字技术应用的新形式进行激发式培训，不断改善农民数字化创意素养，并通过加强数字平台使用中的信息安全、数据管理、权益保障。

（二）完善体制机制建设，探索乡村数字治理新模式

借鉴"临安模式"和"发达国家模式"，山区县市在建设数字乡村时应该要重视政府在发展中所起到的主导作用，让政府充分发挥自己的能力，干预农村的数字化建设，具体表现在：一是组织农村数字建设专班，合理布局农村数字化改革，出台相关法律法规，保障数字化建设的开展，监督数字化进程的方方面面，使得改革可以有序进行；二是要明确各个部门的责任，统筹协调具体任务需求，强化平行和垂直部门之间的协同联动；三是通过政府协调，利用高校、省级实验室和研究院，提供全方位技术支持；四是强化农村数字化人才保障，开展数字化定向人才培养计划，为农村地区数字化建设提供充足的人才需求；五是提供充足的资金保障，为农村地区的数字化建设提供充足的物资支持。

数字乡村治理包括乡村党务、政务、村务、综治、环保及应急管理等诸多方面，主要围绕市场监管、综合执法、安全监管和便民服务四个方面开展，具体为：积极发展互联网平台，使得政务、互联网合二为一；通过互联网平台积极开展基层党员建设活动和举办网上村民议事会议，基层政务活动更加公开透明；积极落实"最多跑一次改革"，让村民通过互联网就可以满足日常缴费和业务办理的需求；搭建快速便捷的网络桥梁，及时预报和传达气象和地质等灾害，保障村民的生命安全，减少村民的经济损失。

（三）探索乡村数字新业态，完善数据共享新机制

"三农"问题与互联网的结合需要关注两个方面的问题：一是农业生产问题，解决这个问题，关键就是要加大农业和物联网的结合，积极推进智慧农业发展，推动农业生产朝着精细化和专业化的方向发展，例如可以安装监控设备全天监控农作物的生长，依靠专业的无人机对农田进行精细化灌溉和施肥；二是农业交易问题，解决这个问题就需要积极地发展电子商务，实施"数商兴农"工程，依靠新兴的"直播带货"方式宣传本地的农产品，依靠虚拟的网络市场交易本地的农产品，最后通过便捷的物流渠道运送本地的农产品。这种新兴的交易模式可以把小农户和大市场连接起来，可以把经营者和生产者相互融合在一起，而且还可以降低生产和经营成本。

借鉴日本、美国、英国、法国等发达国家的成功经验，推进数字乡村建设，需要政府牵头、电商平台和农户共同对市场进行数字化改造。政府联合农户和电商平台建立区域农业市场数据库，保证

从数据收集到推广应用,都能及时准确地对外发布信息,借助农户与政府、电商平台与政府两条路径建立数据库服务市场。在这样由政府、电商平台和农户共同构建的完整生态系统中,农户为平台提供特色产品,电商平台为农户提供线上发展机会,通过数据共享新机制,实现互惠互利。

(四)数字技术赋能公共服务,提升乡村数字生活

得益于数字技术和电子商务的良好发展基础,浙江山区县的乡村数字消费因农村电商的普遍发展而得到快速发展。但除了互联网数字消费,乡村数字生活还包括乡村教育、卫生健康、养老保健、文化娱乐等公共服务的数字化。山区县的乡村要着眼未来乡村的发展愿景和目标,努力融合数字化、生态化和集成化的新技术元素,以数字技术赋能乡村建设的公共服务领域,通过数字技术、数字平台、数字网络等数字化功能的发挥,逐步提高村民对数字化的适应能力,为村民打造良好的数字生态环境,带动群众对数字化公共事务的管控和适应能力,实现农业农村数据的互联互通,提升乡村的数字化生活,最终建成共同富裕的美丽乡村和幸福乡村。

参考文献:

[1] 陈一明.数字经济与农业农村经济融合发展:实践模式、现实障碍与突破路径[J].农业经济问题,2020(7):118-129.

[2] 杜平,吴瑶,陈静静.推动山区跨越式高质量发展实现共同富裕:以丽水市遂昌县为例[J].浙江经济,2020(5):4.

[3] 金海燕,罗煦钦,刘波.临安数字乡村建设的实践与思考[J].新农村,2021(4):5-7.

[4] 罗煦钦,吴丽娟,顾晓波,等.数字经济赋能临安山核桃特色产业发展[J].安徽农学通报,2020(26):73-75.

[5] 梅燕,鹿雨慧,毛丹灵.典型发达国家数字乡村发展模式总结与比较分析[J].经济社会体制比较,2021(3):58-68.

[6] 张婧.日本一村一品运动走向世界对中国乡村振兴的启示[J].日本问题研究,2019(5):57-66.

[7] 周维宏.日本农村振兴道路的转型实践:"一村一品"产业运动的发展逻辑考察[J].日本研究,2019(4):11-22.

[8] 查志强.打造浙江数字经济升级版[J].政策瞭望,2020(6):6.

[9] 郑军南,刘亚辉.数字技术赋能乡村产业振兴:基于临安区山核桃产业数字化转型案例的研究[J].上海商学院学报,2021(22):100-109.

基本养老服务供给视角下公办养老机构
深化改革调研报告

董红亚

（浙江外国语学院）

建立基本养老服务保障制度，是共同富裕的基本制度安排；公办养老机构是基本养老服务供给和保障的重要平台。本调研报告基于 3 次较大范围调查（表 1），包括浙江省 2019 年 376 家、2014年 34 家公办养老机构统计问卷调查和大量的个案访谈，全面、深入剖析改革中存在的问题，提炼典型地区创新做法，站位新时代构建中国特色养老服务体系使命要求，立足我国经济社会基础和社会福利事业发展路径，从基本养老服务供给视角，积极探索适合我国国情的公办养老机构改革路径。

表 1　课题组有关公办养老机构改革 3 次系统调研①

序号	数据截止时间	个案区域	个案数	调研方法
第一次	2013 年底	全国	37 家	政府网项目公开招标获取初步信息，部分再联系当地民政部门了解详情
第二次	2014 年 10 月	浙江省	34 家	全样本个案问卷调查，辅助个别访谈
第三次	2019 年 8 月	浙江省	376 家	全样本统计问卷调查，辅助个别访谈

一、公办养老机构改革现状

回应我国以经济建设为中心，促进市场经济发展的要求，公办养老机构自 1979 年开始启动改革。2013 年底，为贯彻国务院《关于加快发展养老服务业的若干意见》（国发〔2013〕35 号）有关要求加快公办养老机构改革的要求，民政部制发《关于开展公办养老机构改革试点的通知》（民函〔2013〕369 号），围绕强化服务，明确公办养老机构改革的两种办法，即公建民营和转制为企业，并择定 124家公办养老机构开展试点，其间共有 1100 多家公办养老机构实施了公建民营。改革取得一定成效，为进一步扩大试点工作成果，推动在更大范围内开展公办养老机构改革，2016 年 8 月，民政部、发展改革委决定以公建民营为重点，继续开展第二批公办养老机构改革试点工作（116 家）。自此，以公建民营为主体，公办养老机构改革计划性和引导性加强，步伐明显加快，改革全面推进。

浙江省市场经济发达，市场意识强，公办养老机构改革起步早，发展快，改革中基层自我反思自

---

① 没有特殊说明的，均为第三次调研数据；其他二次调研数据作为补充数据使用。

我调整也早。本调研报告选择公办养老机构改革的主体形式——公建民营作为调研和分析对象，对下一步深化改革，提出建议。

从调研看，公办养老机构改革现状如下：

（一）时间分布和结构

据搜集到的资料，全国最早探索公建民营的是湖北省枝江市社会福利院，2002 年 4 月启动实施"一院两制"[①]改革；浙江最早也是 2002 年，为杭州江干区的松岭苑老人公寓。全国 2010 年之后，个案开始增多，2013 年之后明显增长。早期，以敬老院个案为主，2013 年之后转为社会福利机构逐渐增多，占据一半以上。近年，改革步伐明显加快，以浙江省为例，2014 年 10 月调研统计时实行公建民营的只有 34 家，到 2019 年 8 月，已有 376 家[②]；其中，城市社会福利机构 85 家，乡镇敬老院 291 家（图 1）。

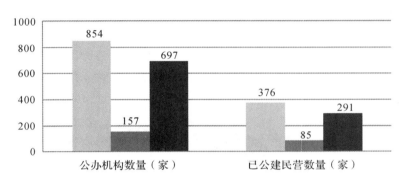

图 1 浙江省现有公办机构实施公建民营情况

（二）参与主体和方式

参与主体背景多为从事养老服务和医疗的，占到 80%（第一次调研数据）；从参与主体性质来看，非营利组织占到 46%；营利性的企业占了 35%（2013 年后增加）（第一次数据）。遴选方式，早期以定向委托为主（第二次数据，占到 61%），目前大多为公开招标，接管方式以整体委托经营为主。具体看，遴选方式为公开招标的 230 家，占比 61%；竞争性谈判的 27 家，占比 7%；直接委托的 98 家，占比 26%；未填的 4 家。

（三）合作委托方式

呈现多种方式，但以整体委托经营为主。其中，采用整体委托经营的 266 家，占比 71%；委托管理的 47 家，占比 13%；购买服务的 28 家，占比 7%，此类大多为五保集中供养人员委托管理；合作经营的 1 家；其他方式的 34 家，占比 9%（图 2）。

---

① 即将院内新公寓楼（即一部分公寓楼）对外租赁经营，一部分由社会福利院经营。

② 376 家是本次统计调研获得数据。据省民政厅年度统计数据，截至 2018 年底，实施公建民营的有 450 家，占公办养老机构数的 46.39%。

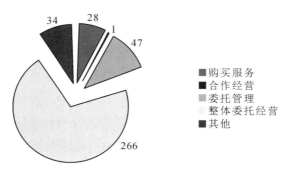

图 2　浙江省公建民营机构实施方式机构数分布

(四)机构登记和合同期

整体委托经营的,基本采取财权事权分列,要求民营方重新做项目登记。公建民营后机构民非登记的有 214 家,占总数的 57%;工商登记的 65 家,占比 17%;其他 97 家,占比 26%。公建民营合同期限,5 年及以下的 133 家,占比 36%;6—10 年的 117 家,占比 31.1%;11—15 年的 84 家,占比 22.3%;16—20 年的 42 家,占比 11.2%;没填的有 5 家,占比 1.4%(图 3)。

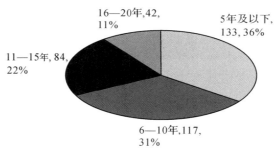

图 3　浙江省公建民营机构合同期限分布图

(五)民营方前期投入

对公建民营承接主体前期投入资金有要求的 140 家,占比 37%。其中,50 万元以下的 74 家,占比 20%;50 万—99 万元的 53 家,占比 14%;100 万—499 万元 65 家,占比 17%;500 万—999 万元的 19 家,占比 5%;1000 万元及以上的 25 家,占比 7%。最多的有 5000 万元(第二次数据)。投入大的,大多为医疗机构配置投入。

(六)设施使用费收取及处理

公建民营后设施使用费核算方式,采用综合核定的有 195 家,占比 52%;按项目总投入核定的 15 家,占比 4%;按床位费百分比核定的 27 家,占比 7%,其他 74 家,占比 20%;且做了租金递增约定。年设施使用费折合到每床,最低 29 元/床·年,最高 5532 元/床·年,主流分布在 2000—3000 元/床·年(第二次数据)。设施使用费处理方式,上缴财政的 212 家,占比 56%;建立设施使用费专项基金的 109 家,占比 29%;没填的 55 家,占比 15%。

（七）机构定位及约定

机构档次约定，约定为高档机构的 17 家，占比 5％；要求中档机构定位的 133 家，占比 35％；要求是低档机构的 25 家，占比 7％；无约定的 201 家，占比 53％。收住对象约定，约定优先收住政府保障对象的 142 家，占比 38％；要求给政府保障对象预留一定数量或比例床位数的 149 家，占比 39％；要求优先保障本地户籍老人的 48 家，占比 13％；无约定的 37 家，占比 10％。收费约定，综合收费价格有限高的 13 家，占比 3.5％；床位费实行政府指导价的 18 家，占比 5％；床位费和护理费实行政府指导价的 79 家，占比 21％；政府保障对象实行协议优惠价的 100 家，占比 26.6％；无约定的 164 家，占比 43.6％；没填的 2 家。其他约定，约定为护理型机构的 140 家，占比 37％；无约定的 236 家，占比 63％。要求必须设置医疗机构的 90 家，占比 24％；无约定的 286 家，占比 76％。

（八）政策指导和规制

2016 年 2 月，浙江省继福建、北京之后，第三个制发了《关于推进养老机构公建民营规范化的指导意见》（浙民福〔2016〕26 号），对公建民营机构定位、运营主体遴选、运营管理、推出机制和政策保障等做了指导和规制。

二、公建民营改革成效、问题和隐含风险

（一）改革成效

毫无疑问，二十几年的公办养老机构改革成效显。

一是自主性增强，运营能力提升；二是总床位和护理床位增加，床位利用率提升；三是从业人员增加，专业人员配置提高；四是收住对象结构变化，服务对象走向社会化；五是定价核算成本，价格失真现象适度缓解；六是多元社会力量参与，资源配置得到扩展和优化。

（二）存在问题

但公建民营作为新生事物，在探索改革中呈现出诸多问题。

1.各自探索缺乏统一规制

无论是早期的自下而上的自发探索，还是当前新形势下的自上而下系统推进，养老机构公建民营一直来都由各地自行探索实践，至今缺乏基本的规范和规制。国家层面，对养老机构公建民营主要是提倡和原则要求；省级层面，尽管不少身份出台指导意见或实施办法，也较为原则。因此，各地在实践中大多摸着石头过河，公建民营后机构登记性质，收住对象是否要约定，收费是否要管制，设施使用费名称、是否收取，以及核算方式各异且个案间相差甚大。

2.改革目的性不明

公建民营，是招商还是引资？从实际情况看，不管是新建项目还是改建项目，要求社会运营方不等的投入是普遍现象，从几十万元到几千万元。不菲的资金投入，强化了社会运营主体的经营压力和营利动机；高投入，拉长了投资回收周期，合约期动辄 10 年、15 年、20 年，增加了后期运营的不

可控性。从运营方式看,名称叫法各异,但实质上以租赁、承包为主,政府收取设施使用费,由其自主经营、自负盈亏,地方政府甩盘、追求效益倾向明显。

3.改革后机构定位不清

公建民营后机构定性?依然是公办机构?是随运营登记机构性质变成了民办机构,还是亦公亦民的混合机构?尽管相关指导性政策明确"国有资产不流失、养老用途不改变、公益性不改变"三不变指导思想,但在实际中缺乏实际操作性规制,从合同约定的机构档次、功能定位、收住对象、价格管理等方面看,实际是不清楚的。把"民营"变为"民办",把政府变成"房东",公建民营机构定位和职能不明,公办养老机构改革变相为政府甩盘,公办养老机构社会化市场化改革发展中职责、定位模糊,兜底保基本固化和窄化,公益性弱化。

4.存在形式主义倾向

一味追求公建民营率,在公建民营认知不清、规制不健全的情况,过于强调公建民营达标考核指标,60%、80%,部分省市甚至提出到2022年要100%实施公建民营。为市场化而市场化,不顾及地方和项目实际工作基础,无视原有事业单位改革探索的基础和优势。比如浙江的嘉善,基于这些年政府几轮设施新建、改建投入,公办养老机构普遍运营较好,尤其是农村敬老院入住率高,甚至需要排队等候,机构基本都运营盈利有余。2017年以前,嘉善一家公建民营机构也没有,但地方面对各级考核,压力很大。

5.形成城乡冰火两重格局

单一的公建民营改革路径,致使城市福利机构现有编制人员多,复杂的机构积极性不够高,且存在为难情绪,政府有关部门和福利机构在编制、工资、待遇等各种利益相关保障及处置上,很难统一思想。改革的经济效益导向,致使城市和农村改革冰火两重天,城市社会福利机构设施基础好,方位好,老年人相对集中,入住养老机构传统观念制约相对弱,经济消费能力强,人员招聘容易,成为各路资本追逐的香馍馍;农村五保集中供养机构地处僻远,设施简陋,消费能力弱加上传统观念制约,收费上不去的,入住率低,运营困难,社会资本积极性不高。

(三)隐患和风险

尽管民政部门、浙江省均出台了公办养老机构改革的指导性意见或实施办法,但主要是提倡和原则要求,缺乏指导和操作性,规制弱,作为舶来品的"公建民营",对这种新型的委托—代理关系缺乏研究,对这一新型改革方式,政策工具不熟,在快速推进中,存在各种隐患和风险。

1.形成新的市场发展不公

在缺失对公建民营机构职能定位的情况下,公建民营具有轻资产、低成本优势,又享受收费、收住对象自主权,成为公办、民办之外的第三种机构,形成新的市场发展不公。

2.国有资产流失风险

设施使用费核算是公建民营的核心,实践中各地各项目核算方式不一,缺乏科学依据;即便是同一方式核算方式,比例也完全不同,存在国有资产流失风险。

3.项目运营和后期管控风险

风险主要来自三个方面:一是要求运营方前期的高投入,带来经营风险;高投入进一步强化运营方逐利的倾向;二是动辄 15、20 年长合约,带来项目未来不可预期的管控风险;三是养老服务资本市场对公建民营运营主体的并购扩张,带来项目综合性风险。

公办养老机构改革实践中出现的问题,究其核心来讲:

一是公办养老机构要不要办? 要办,其作用是什么? 在老龄化先行的欧洲国家,都有为数不少的公办养老机构,以公益性质而存在。 即便是美国,公办养老机构也占到了机构总数的 7%,并占据了低端养老服务市场的 80%。 问题是如何办,才能保证其公益性的实现,并保持其活力和效率,促进社会公平,成为养老服务健康市场一部分。二是新时代背景下公办养老机构职能和作用没有形成共识。"保基本兜底线"职责,是兜底对象的保基本,还是在兜底对象保障基础上,面向社会老人提供普惠性基本服务,是普惠性还是补缺性? 在市场化进程中公办养老机构定位和作用是什么? 我们的认知还固守在公办养老机构传统的救助性福利上,没有根据老龄化社会和普惠型基本养老服务保障制度建设新国情、新要求,做适时转变。三是体现我国特色的改革路径是什么? 目前改革认知和实践存在"公建民营化"的倾向,一概简单否认我国传统的传统公共事业和福利供给模式。事业单位模式往何处去? 适合国情的路径是什么? 同时,对公建民营的政策工具和社会基础又缺乏认知、研究和规制。

三、公办养老机构改革新趋向和新背景

(一)改革新趋向

公建民营,是当前公办养老机构改革的主流,但其他形式的改革一直存在。 只是伴随公建民营实践问题的日益暴露,各地更加积极主动探索创新多元改革方式,除加强公建民营规制外,涌现出体现我国经济社会、公共事业发展基础和优势的改革方式。 主要表现为 2 个行进路径:

1.沿着深化事业单位改革的路径

概况:核心管理人员事业编制或采用事补专职人员①+放权和绩效考核。 养老机构具有较强的经营性,除一次性建设投资,主要有一定的入住率,机构完全能经营平衡且有一定的盈利能力。这种改革方式,通过事业编制和事补专职人员,确保养老机构作为少数的核心管理和专业人员可控性,由此来保障机构管理和经营的专业性,以及公办养老机构的公益属性;因为经营权在原公办养老机构手里,也不存在国有资产流失等问题,老百姓获得感很强。 优点是机构控制性较强,制约方面是受制于事业单位属性,在人财务管理及对外经营拓展等方面有诸多限制和局限,需要进一步研究创新新时代经营性事业单位改革,放权做事。

---

① 事补专职人员,即向社会公开招聘有社会工作、护士专业和从业背景的人员,作为公办养老机构的管理、护理骨干,待遇参照事业人员,视机构规模大小,一般培训 2—3 名,其余人员皆为社会招聘。 同时配套机构和个人工资薪酬绩效考核办法。

案例：宁波类事业单位改革①。

背景：现有的公建民营方式市领导不放心、老百姓不满意，不放心的核心是国有资产流失，不满意的社会问题是收费。

目的：解决公办养老机构改革中可控、放心问题。

方式：民非登记＋专业团队委派＋自主经营。

改革对象：海曙区广安养怡院、宁波市老年疗养院②。

具体做法：

（1）新建公办养老机构登记为民非

以广安养怡院为例，因为政府不能成立民办非企业单位，先组建了养老服务指导中心，在中心下组建广安养怡院民办非企业单位③。民办非企业单位只是一个管理团队，养怡院产权归区民政局，民政局把使用权委托给区养老服务指导中心，指导中心再把经营权委托给广安养怡院。

（2）委派核心管理人员，组建（打造）专业团队

核心管理团队，由分管民政局委派，为公务员或事业编制人员；管理团队再组建经营团队，实行企业化管理。其中，广安养怡院核心管理团队4人，均为原福利机构核心人员，本身都是行业资深专业人士；其中院长为2000年即进入养老行业的老院长，专业背景为医生。宁波老年疗养院院长，是原儿童福利院院长，公务员编制，以市民政局副处长身份下派到疗养院挂职3年；管理团队为均为行业新人，为尽快实现专业化管理，和上海红日养老签署合作（1年），为其提供人员培训及管理和服务规范、制度化建设等管理输出。

（3）实行自主经营自负盈亏

核心管理团队中的公务员或事业编制人员，工资和奖金参照公务员或事业单位标准由养老机构发放，其余合同员工实行绩效工资，运营团队享受在人员招聘、日常财务使用及项目实施等均拥有自主权；养老机构实行自主经营自负盈亏。目前，2家养老机构均实现年百万元以上运营盈利，盈利归养老机构，主要用于机构修缮、改建及项目发展等。

（4）综合价格核定，考虑实际运营成本又兼顾社会可接受性

试点改革机构，价格管理归入公建公营机构类别，市（区）物价局在核定价格时，综合考虑了过去5年机构财务报表、水电煤费、人工工资、社会平均工资等因素（表2）。

表2 收费价格比较

养老机构	综合收费
海曙区广安养怡院	护理老人：2725—3325元/月
宁波市老年疗养院	护理型特二级（6人间）：4400元/月
备注：宁波市平均退休金为3200元/月	

① 宁波市民政局养老服务处原处长调研采访时说，这是新的探索，也不知道怎么总结提炼好，就叫"类事业单位改革"。

② 海曙区广安养怡院是宁波海曙区区级公办养老机构，宁波老年疗养院为宁波市级新建公办养老机构。

③ 宁波海曙广安养怡院，由原海曙区闻裕顺养老院和三市养老院2家区级公办养老机构合并，新址重建。

2.国企参与基本养老的改革路径

概况:有公办养老机构直接转制为国企、委托其运营,以及城投等国企直接投资新建地方基本养老服务机构等不同方式参与基本养老供给。国有企业是我国经济发展的最大特色,引导和鼓励国企参与普惠性养老服务供给,承担社会责任,同时,积极整合企业自身产业资源,发展养老服务新产业新业态新模式,实现国企转型发展,能够实现经济、社会多赢。国企作为企业,有专业经营和人力资源优势,又具有经营拓展、做强做大的条件。可全面总结实践经验,有针对性地解决改革实践过程碰到的问题,比如公办养老机构转制为国企的产权问题,国企作为企业投资基本养老服务设施,如何享受政府项目享有的政策等等,形成创新政策。

案例:杭州萧山区公办养老机构转制为国企。

背景:支持国企参与养老服务业发展,做大大健康产业,实现转型发展;探索创新公办养老机构改革。

目的:解决公建民营中国有资产隐形流失问题,确保公办机构公益属性;带动全区公办机构提升发展。

方式:萧山区老年颐乐院和区域敬老院打包一并转制为国企。

具体做法:

(1)改制公司及设立方式

萧山老年颐乐院改制为杭州萧山颐乐养老服务有限公司,出资人为杭州萧山国有资产投资有限公司,老年颐乐院以经评估后的净资产入资。业务受区民政局指导。

(2)成立改制工作领导小组

工作领导小组由区国投公司党委委员、副总经理任组长,原老年颐乐院院长任副组长,以及区国投公司其他5位相关人员组成。领导小组根据有关文件精神,做好改革方案制定、职工安置、清产核资、注册登记等事宜。

(3)资产、负债处理

按照事业单位改制要求,委托第三方专业机构对原颐乐院资产做清查、审计和评估,约定老年颐乐院全部资产、负债(账面无债务,但需后期改建投入)由改制后的颐乐公司享有和承担。

(4)以区颐乐院为龙头带动区域敬老院发展

把全区敬老院一并打包转制给杭州萧山国有资产投资有限公司,实行集团社会化运作。以颐乐院为龙头,辐射敬老院,通过养联体建设,促进城乡联动发展(表3)。

表3 萧山老年颐乐院基本情况

建设和投入	占地50亩,建筑面积2.9万多平方米,总投资4760多万元,2001年正式运行。
原机构规模和投入	160套居养型老年公寓,244张养老机构床位,以及外部引入的医疗中心。
原产权和运营	由区人民政府投资,产权归区政府,原区老龄委负责运营。
入住人员	无政府兜底特困对象;基本住满。
原工作人员	共有员工84人,其中在职72人,退休人员中有1名事业编制退休,在职无事业编制人员。
运营情况	省四星级养老机构、省敬老文明号;日常运营良好;居养型的公寓和养老机构收费价格长期偏低,调整困难。

（二）改革新背景

党的十九届五中全会开启了全面建设社会主义现代化国家新征程，党和国家对扎实推动共同富裕做出重大战略部署，提出建立基本养老服务体系，构建中国特色养老服务制度新要求、新目标。包含老年福利在内的社会保障是保障和改善民生、维护社会公平、增进人民福祉的基本制度保障。公办养老机构改革，要站位新的历史方位，锚定新目标，担当新使命，全面总结过去几十年改革经验，积极探索适合我国国情的改革路径。

1. 构建中国特色养老服务体系的使命要求

未富先老国情，快速发展的老龄化发展进程，叠加经济社会转型对传统照顾保障体系的冲击，我国养老服务形成了特有的"事件—反应"机制，多为借鉴老龄化先发国家经验，具有很强的追赶型特性，包括其中的公建民营。任何一种做法、政策有效发挥，需要一定经济社会和文化支撑。公建民营的实施，需要民非机构等健全的第三部门为基础，相比较我国目前登记的民非，绝大部分使用的是自有甚至借贷资金，基于营生或营利进入这一行业，初始动机就具有很强的逐利性，加上公建民营项目要求不菲的前期投入，加剧了运营主体的逐利性。在未富先老的国家，要解决 2.62 亿老年人养老服务问题，除了借鉴先发国家经验，需要扎根自身的文化和经济社会基础，积极探索养老服务中国路径，提供中国方案，积极构建中国特色的养老服务体系和制度。

2. 推进基本养老服务体系建设的职责担当

《国民经济和社会发展第十四个五年规划和 2035 年远景目标纲要》明确提出，建立基本养老服务体系，大力发展普惠型养老服务。从发展目标讲，要建立与老龄化社会相适应、人人享受的普惠型基本养老服务保障制度。毫无疑问，公办养老机构是基本养老服务供给的重要载体，要从特困、经济困难老人的救助性兜底保障，转向面向普通失能失智老人提供普惠性养老服务。要站位新的发展目标高度，重新定位公办养老机构职能，从兜底保障转向普惠。

四、公办养老机构改革目标及定位

公办养老机构改革的目的是什么？公建民营机构是什么机构？在养老服务社会化市场化发展进程中，公办养老机构的职责、使命和作用是什么？这些是公办养老机构改革的核心问题，关涉改革的方向和成效。

（一）公建民营概念界定和实质

养老机构公建民营，是指由政府作为投资主体建设（含购置、租赁）、运营的养老机构[①]，按照政府采购程序，委托给具有一定资质的社会力量运营和管理。

养老机构公建民营的实质是政府通过委托代理，实行养老机构所有权和经营权的分离。通过层层授权，实现养老机构举办权、所有权、使用权等分离；在提供公共服务产品中，政府和社会合作

[①] 由社会捐赠、捐建归政府所有的养老机构，也属于公办机构。

协力,发挥各自的优势。养老机构公建民营,强调政府承担设施建设、规划,对服务对象和服务内容等进行约定;强调运用社会力量的市场运营能力及专业优势,承接经营公建机构,提高设施管理和运营效率,提升服务品质。

(二)公办民营机构是什么机构

这是养老机构公建民营改革中最基本和核心问题,也是实践中模糊混乱的问题。

实施公办养老机构公建民营后,从所有权和经营两个维度看,市场上出现了三种机构,即公办公营机构、公建民营机构和民办民营机构。那么,从职能定位看,公建民营机构属于公办机构还是民办机构?抑或是第三种性质机构?从当前公建民营机构的入住对象、价格收费和档次类型三个维度分析,这三种形态情况都有。一是保持公办机构本色。例如单一集中收住特困对象的公办民营机构,还有上海把公建民营机构列入保基本养老机构等。二是变第三种机构:半公半民。表现为对特困对象,实行政府购买服务;社会老人自主定价,实行备案。这种实质都是把政府保障对象固化和窄化,把基本养老服务保障制度定位在兜底救助型。三是变纯民营机构。原则性规定优先收住政府保障对象,收费自主定价,实行备案;此种类型,不在少数,公建民营机构的公办机构属性弱化甚至消失,和民办机构趋同。

公建民营机构是什么机构?毫无疑问是公办机构。养老机构的属性是由其投资主体及其职能决定的,不是由运营主体决定的。公建民营是典型的委托代理关系,是对公办养老机构产权制度的改革创新,实行所有权和经营权分离,本质上是公有民营,并未改变公办养老机构的职能。就如民政部公办养老机构改革及公建民营试点相关文件中强调,公建民营试点改革的原则是保障基本,强化对特殊困难老年人的服务和保障,履行政府在养老服务业发展中保基本、兜底线的职能;其任务是要明确公办养老机构职能定位,在此基础上增强公办养老机构的服务功能。

(三)新形势下公办养老机构职能是什么

有观点认为,市场经济就是放开价格,自主经营,如此才能保障市场公平竞争,政府只要对困难老人实行补贴,让其自主选择服务就行。却不知市场经济也会失灵,尤其在公共服务方面。纵观世界,一个健全的市场一定是由多种性质的机构组成,福利、公益和营利性,满足不同群体需要,相互制衡和补充。

当前,养老服务行业已实现快速发展,养老机构从单一供给不足,进入了供给结构性矛盾为主导的发展格局。新背景下公办机构的职责是什么?民政部对公办机构改革试点的通知中强调,要坚持以人为本、保障基本,强化对特殊困难老年人的服务和保障,履行政府在养老服务业发展中保基本、兜底线的职能。综合之前相关政策表述,主要为保基本兜底线、示范引领和防范市场失灵等职能。

五、深化推进公办养老机构改革的建议

(一)确立与新时代相适应的公办养老机构新定位

公办养老机构,要适应老龄化社会发展新国情,以及市场和社会风险等新情况,确立新定位。

一是兜底保障;二是普惠型机构,公办养老机构作为基本养老服务供给的重要平台,要确保中低收入老年人及家庭"住得起"养老机构;三是风险防控,现代社会是一个风险社会,公办养老机构重点承担社会办养老机构倒闭关门老人转移安置保障,以及诸如新型冠状病毒等引发的社会风险保障功能。相比,在实力资本介入养老服务领域的发展格局下,公办养老机构的示范功能日益弱化。

(二)完善公办养老机构职能发挥的配套政策

1.编制公办养老机构建设标准

以安全、适老、经济为基本标准,以普惠性、保障性和实用适用为原则,以护理型机构为功能定位,编制公办养老机构建设(改造)和设施设备配置标准。杜绝政绩工程,杜绝把公建民营机构变成高端养老机构,规避高端公办养老机构可能出现的现实悖论:给特困和经济困难老人住,会出现福利过剩,引发社会道德风险;给有经济能力人住,又有悖于公办养老机构保基本职能。

2.实行公办养老机构价格指导管理

为确保公办营利机构普惠、公益属性,对公办机构实行价格管理,即执行成本核算,床位费和基本护理费实行指导价管理,这一点相关文件已有规定。重点是:一是把公建民营机构纳入公办机构价格管理范围,不因公建民营项目登记为民非或营利性机构,政策依据就往民非、营利性机构靠。二是除特困对象外,其他老人实行同等价格标准,不建议实行分类收费。否则在养老服务补贴做得好的浙江,经济困难老人既享受养老服务补贴抵扣,又享有低价隐含的福利,易形成新的社会不公。

3.建立养老机构入住补贴政策配套

为经济困难高龄、失能老人提供入住机构补贴,重点解决低保、低边失能老人"住得起"机构问题。如果没有入住机构补贴,优先保障经济困难老人入住,以确保其享受就基本养老服务,就只是一个口号,没有现实意义。机构和居家,在养老服务体系中有不同的定位,在养老服务补贴制度日益成熟的地区,要分类细化补贴项目,精准施策,体现政策的引导性。

4.实施公办养老机构入院评估轮候制度

有一定入住率的地区,逐步引入入院评估机制,设置门槛,实行轮候制,确保公共资源有公平、有效、有序配置。

(三)加强对公建民营机构规制和指导

1.明确公建民营机构公办养老机构属性和职能不变

公建民营机构是公办机构。养老机构的属性是由其投资主体及其职能决定的,不是由运营主体决定的。公建民营是典型的委托代理关系,不是简单的租赁关系;公建民营是对公办养老机构产权制度的改革创新,实行所有权和经营权分离,本质上是公有民营,并未改变公办养老机构的职能。这是基本的前提。

2.尽快出台《公建民营养老机构管理办法》

一是明确运营方净收益率。设施使用费具体用什么标准来核算不是重点,无论是采用项目总资产百分比、床位收入百分比,还是净收入百分比,都缺乏科学依据。应该倒算回来,先确定运营方应该享有的项目净收益率,然后根据不同项目前期投入、收费、入住率,不同合同期投入回收等综合因素测算,来确定是否该缴纳设施使用费、什么时候开始缴纳及缴纳多少。这样既确保不同项目的公平性,确保国有资产不流失,也确保运营方不亏损、可持续发展。

二是对合同期做限高。养老服务行业尚部成熟,制度尚未定型,要规避长合约带来的未来诸多不确定性。鼓励轻资产运营,合同期不超过 10 年;对无偿使用的项目,建议合同期不超过 5 年。

三是提供公建民营机构监督考核指导意见。目前,大多依据现有有关养老机构建设、运营标准和等级评定标准等,作为公建民营机构考核依据,这种做法缺乏针对性和实际规制力。公建民营机构监督考核,应以合同为依据,重点考核机构职能发挥、入住对象、价格收费、国有资产管理及特殊约定等方面履约和执行情况。

3. 尽快对资本市场收购/并购公建民营机构做出规制

自 2015 年后,养老服务市场资本运作日盛,很多公建民营项目被资本方收购或并购;资本是逐利和疯狂的,具有极大的不确定和风险。先要从源头上规制公建民营项目中标方和项目出资人、举办人关系,严审项目举办人和法人变更;加强政府对公建民营机构治理的管控权;要确保公建民营机构项目及经营性资产的独立性,集团或公司不得打包做资产或资本运作。

(四)积极探索中国特色的多元改革路径

1. 深化福利机构事业单位改革

核心是从权利分置入手确立独立自主的事业法人。独立的事业法人地位是公办养老机构履行职责,发挥市场调节作用的基础。按照国家有关要求,继续推进政事分开,使公办养老机构成为自主决策、自我管理的独立法人,享有财产所有权、经营管理权等,建立起事业单位法人治理结构,以灵活应对市场需求,满足具有公共性质且差异性明显的社会养老服务需求。以实现事业单位宗旨为目标,实行举办权与经营管理权分离,以决策层及其领导下的管理层为主要架构,由一系列激励和约束机制组成的制度安排;核心是建立不以举办权为基础的决策机制,实现决策权、执行权和监督权科学运行、相互协调;目的是确保事业单位公益属性,有效解决公益服务的公平和效率问题。事业单位法人治理结构是独立的事业法人的基础和核心,建立法人治理结构,是从内在机制上真正激活了事业单位。

2. 积极探索国企参与基本养老服务模式

一是探索公办养老机构转制为国企。鼓励将公办养老机构改制为国企,承担区域公办养老机构职能,同等享受公办养老机构补贴政策,建立灵活的薪酬体系和用人机制,吸引人才,做专做强。鼓励其利用企业身份,接管运营辖区其他公办养老机构和社区居家设施,实行连锁化运营,发挥区域骨干和支撑作用。二是探索组建公共服务功能型国企。鼓励国企承担社会责任,参与普惠型养老服务供给,搭建公共服务型国企平台。通过公办养老机构转制为国企,公办养老机构委托经营,以及结合党政机关和国有企事业单位培训疗养机构改革,将所属的培训疗养机构转型为养老服务设施等多种方式,参与普惠型基本养老服务供给。

(五)强化公办养老机构改革项目的监督管理

无论是公办养老机构原有体制内的改革,还是公建民营,加强监管、如何监管,关涉改革的成效。伴随全面放开市场,养老服务行业监管和标准化制度建设越来越健全。近年,国家及各部委出台了一系列有关养老服务标准化、监管、信用体系、等级评定等规章和标准。在监管中要将养老机构日常监管手和项目监管区分开来,桥归桥路归路,把基本制度、设施环境、管理和服务、安全等涉及一般性养老机构的内容,划归养老机构等级评定和常规监管。编制公建民营机构监督考核办法(指导意见),监管要以合同为依据,突出公办养老机构改革目标要求、职能履行及国有公有资产的保障等,并建立与监管挂钩的退出机制,切实增强政府对项目的引导和规制力。

区域公共品牌推进农民共同富裕：一个分析框架

——基于缙云烧饼的实证研究

王心良[1]　王敏如[2]

（1.浙江水利水电学院　2.中共缙云县委党校）

摘　要：作为全国共同富裕示范区，浙江省内仍然存在发展不平衡不充分，城乡差距明显，地区差距较大，发展质量有待提高等问题。如何提高山区县市缺乏技能缺乏资本农民的收入水平，拓宽低收入村集体经济增收渠道，是实现共同富裕的关键。以品牌价值理论为基础，通过深入访谈法，本文验证了区域公共品牌推进农民共同富裕的机理。研究发现，区域公共品牌的品牌溢价与品牌延伸能促进农民经营性收入和工资性收入的增加，区域公共品牌价值促进农民财产性收入增加，区域公共品牌管理促进农民转移性收入增加。据此，提出采用系统科学的方法，政府与市场主体各司其职各尽所长，发挥品牌领袖的引领示范作用，因地制宜打造地方特色的区域公共品牌。

关键词：区域公共品牌　共同富裕　农民　收入增长　缙云烧饼

一、引言

我国已经实现全面脱贫，为实现全面小康而努力奋斗。作为全国富裕程度较高城乡贫富差距较小的浙江省，2021年成为我国高质量实现共同富裕示范区，为全国探索共同富裕的目标体系、工作体系、政策体系和国家体系，为全国其他地方探索路径、积累经验、提供示范。2021年，浙江省城市化水平已经达到70％，城乡居民收入比例压缩到1.94，然而，还存在发展不平衡不充分，城乡差距明显，地区差距较大，居民生活品质尚待改善等问题。浙江省实现共同富裕依然是一项长期而艰巨的任务。

浙江省部分山区县市生态环境良好，经济条件相对落后，是实现共同富裕示范区建设的最薄弱，也是最为关键环节。在双循环、低碳背景下，如何能够保护当地良好的自然生态环境，推进当地农民走出当地走向全国各地，实现GEP持续性增长，成为实现共同富裕的重要一环。

根植于地方特色的区域公共品牌，是带领当地居民发家致富的重要抓手，保证了当地生态发展，又保障农民收入。缙云烧饼这一区域公共品牌，对于推进当地农民收入大幅度提升，助推缙云农民致富，成为本研究缘起。期望通过本研究，挖掘区域公共品牌价值推动农民收入增加的步骤和过程，总结其规律，明确共性价值，能够为浙江省内乃至全国众多区域公共品牌促进农民增收提供样板，同时为政府出台相应支持政策提供建议。

二、相关文献述评

以品牌、区域品牌和公共品牌为基础，区域公共品牌的相关研究已经较多。

(一)区域公共品牌内涵特征等研究内容丰富，成果众多

品牌是市场经济的总体趋势，是保障区域经济的重要力量，能够提高企业核心竞争力，也能够反映一个国家或者地区的综合经济实力(何铁，2005)。对于区域公共品牌的研究，各位学者研究范围广泛，研究题材多样，研究方法新颖，研究成果丰硕，主要有以下三类：第一，对区域公共品牌包含的内涵与特征等的研究，涉及物质载体、经济特性、外在表现及要求条件等；第二，对区域公共品牌的生成机理与影响因素的研究，涉及品牌价值成长、品牌生命周期、品牌运作过程，以及影响因素等方面；第三，对区域公共品牌建设实践与实施策略的研究，采用了定性研究、定量研究、案例研究等方法，题材内容不断得以拓展。对于区域公共品牌，学界已经形成明确结论，通过大力发展农产品区域公共品牌，促进农业区域经济持续、健康、快速发展(李佛关，2013)。

(二)区域公共品牌推动经济发展的研究不断深入

以品牌价值理论为基础，国内外学者对区域公共品牌推动经济发展的研究逐年增加，主要从宏观视角探讨区域公共品牌推动经济发展的过程和作用，主要从以下四个方面展开：第一，区域公共品牌具有浓烈的地方精神和地方文化，能够推进地方经济与社会发展。创造发展该品牌产业的软硬环境，提高服务质量，能使投资者了解该地域的投资环境、服务功能；作为区域公共品牌，使外界了解该品牌的核心构成及其所要发展的重点，便于消费者识别并做出反应。区域公共品牌能够比单个企业品牌具有更为强势的品牌效应，更强大的吸引力，更好地吸引国内外资本，在对外宣传和区域经济发展中能发挥更积极作用，可以促进区域经济的持续发展(武跃丽，2005)。第二，区域公共品牌的发展与繁荣对整个区域经济的发展产生乘数效应。区域公共品牌促进当地政府不断完善该项产业发展的规划，形成地域分工与产业分工的有效结合(吴程或、张光宇，2005)。从而提高企业的专业化程度和协作水平，能有效实现农业生产要素及生产关系的内生性重组增强企业能力，降低企业的交易成本(王卫卫、张应良，2021)。能够帮助消费者有更多机会，从生产厂家选择适合自己的产品，享受自己最满意的商品和服务(黄冰毅，2015)。第三，区域公共品牌能够内部组织品牌联盟，形成不亚于全国或国际行业巨头的区域整体规模效应。区域公共品牌有识别、搭载、聚集、刺激的经济效应(陈方方、丛凤侠，2005)。受到集群效应和品牌效应的综合作用，区域公共品牌具有资源、资金、人才等生产要素集聚和产品销售促销的功能(胡大立、湛飞龙、吴群，2006)。并且能够吸引相关产业的配套经营者，也就是供应商、中介服务机构、专业技术人才在区域内的聚集，能够通过技术溢出、资源整合等方式促进其他地区经济发展(李德辉、揭筱纹，2022)。第四，区域公共品牌产生的地方经济效果的测算。从农产品区域公共品牌建设的投入、维护和产出三个方面，对农业经济增长、农业经济结构、农业现代化及农业生态环境四个方面构建农业经济发展质量评价指标体系，以此来测算农业经济发展质量的作用显著(刘洵、苏美玲，2016)。

（三）区域公共品牌推动企业发展的研究日渐增加

区域公共品牌与其相对应区域的企业存在很强的因果联系，对区域内企业发展起到重要的推动作用，主要研究从以下四个方面展开：第一，区域公共品牌提升企业销售价格。区域公共品牌作为公共品牌，在区域公共品牌战略实施水平、区域公共品牌创新能力、区域公共品牌市场能力方面给区域内企业注入能量高，企业共同分享品牌利益，其光环效应能提升农产品附加值，提高农产品卖出价格，有助于区域内企业品牌的成长（池仁勇、何明明，2017）。第二，区域公共品牌降低企业生产成本。区域公共品牌能吸引区域内同行业企业，共享当地的配套性生产、公共基础设施与服务、劳动力供给和培训等公共服务，并且降低单个企业成本，提高单个企业的影响力和竞争力（李建丽，2007）。第三，区域公共品牌促进产品销售。区域公共品牌有帮助区域内企业产品促销的功能，依托较高的知名度和广泛的市场认可度，区域公共品牌能够有效解决企业产品入市时的推广难题，为消费者选用商品起导向作用（焦翔、甄华杨，2019）。第四，区域经济发展与企业发展互为作用。品牌竞争力的提高，能够提升政府的税收收入，从而对当地经济的发展产生促进作用，并且增加政府税收来源（蔡洁，2019）。推动专业化市场的形成，提升企业乃至集群整体的创新能力，最终会促进区域经济发展，提升区域竞争力（孙俊花，2006）。

（四）区域公共品牌促进个人收入增长的研究相对较少

区域公共品牌促进个人收入，增加收入方面。通过品牌效应带动农工旅融合发展，品牌规模持续扩大，产品产量不断增加，产品类别更加丰富；销售企业增多和销售方式的多样化，能够有效解决销售中出现的各种难题；地理标志产品保护推动产业发展，有效促进当地经济发展和农民增收（徐大佑、郭亚慧，2018）。铁观音品牌的大力发展，保证铁观音茶叶生产的稳定，帮助生产经营者农民占有市场的优势，使农民收入增加（吴志福、郁玉环，2021）。农产品区域公共品牌作为提高农产品溢价，加速农业现代化和推进乡村振兴的一种手段发挥着重要的作用（李耀东，2021）。政府支持增加，培育区域公共品牌应以资源禀赋为基础，大力推进产业集群化发展，在强化政府投入和支持的同时，促进小农户集体行动。

以上可以看到，学界对于区域公共品牌概念、特征、构建、影响因素等研究已经非常全面。学者分析探讨品牌与经济发展之间的关联性，从区域公共品牌对经济发展的研究，以及区域公共品牌对企业发展影响的研究并不少，从区域公共品牌对于个人经济增长的研究相对较少。主要采用定性分析的研究方法，从企业单个品牌视角分析，并没有从理论层面上较为深入系统地剖析品牌与区域经济发展的内在机理，而且缺乏对品牌与农民收入增长的量化研究，缺乏深入剖析区域公共品牌如何促进农民收入增长的机理的研究。

三、理论基础与分析框架

（一）理论基础

区域公共品牌的概念，是基于特定区域范畴，由相应管理机构控制和主导的品牌，此品牌由区域内多个主体共同拥有，共同创造和共同使用，并且享受品牌带来的利益，在政府主导下实现共同的品牌建设（胡晓云，2011）。区域公共品牌涵盖品牌价值、品牌溢价、品牌延伸和品牌管理等内容。

（二）分析框架

区域公共品牌培养促进农民收入的增长，本研究假设为，主要通过不同的融合模式和相应的利益机制，增加农民主体的经营收入、工资性收入、转移性收入或财产性收入，从而推进农民收入增长，其内在逻辑关系，如图1所示：

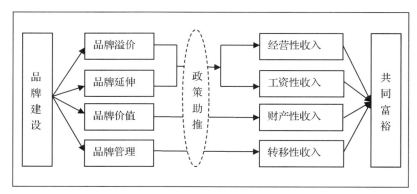

图1 本文分析框架

1. 区域公共品牌的外部性溢价，增加参与者盈利水平

区域公共品牌具有"外部性效应"，能够使所有该品牌参与者通过经营获利，实现区域公共品牌的正外部效应作用。区域公共品牌通过传递积极的信号，强化消费者对企业产品的信任度，强化消费者的认知。聚集相关品牌企业，使企业间的专业技能，通过供应链渠道影响到其他企业，并从品牌外溢过程中受益，从而形成正外部性效应。会使消费者对区域公共品牌的好感扩展到该地区的其他农产品。区域公共品牌的参与者出现了如制假贩假等某些不良的经济行为时，区域公共品牌的形象将受到破坏，造成负外部效应，造成连锁式的区域公共品牌危机，使着所有共享该区域公共品牌的参与者直接或者间接地受到牵连。

2. 区域公共品牌的产品延伸，扩大参与者的数量

区域公共品牌建设，促进融合发展，拉长产业链，创造就业机会，增加百姓收入。区域内更多生产者经营该产品的企业所共同拥有的品牌，开设、建立自己的企业或工厂开展种养加一条龙的生产经营服务，加大农民专业合作社对劳动力的需求，从而吸纳更多的农民社员从事相关工作，实现农业劳动力就地就近往第二产业或其他新型产业转移，帮助农民得到更高的工资性收入。

3. 区域公共品牌的资产价值，辅助居民获得资产支持

品牌效应，往往代表着一个地方产业的外部形象，对本地区经济发展起到至关重要作用。品牌资产价值的利用，可以解决具有品牌优势的企业贷款难、担保难等问题，还能够帮助相应企业突破生产经营中出现的资金困难。品牌资产价值，能够吸引金融支持。农业企业可以通过品牌资产抵押，经由农业合作社的提供担保，获得银行贷款。贷款方式不局限于农业产业股权投资、供应链金融、产权抵押、融资贴息等金融服务类型。该模式适用于优势行业中具有相当的生产经营规模和较

大发展潜力的优质民营企业或具有品牌优势的企业，其拥有的品牌，为该行业的顶尖品牌，具有较高的价值，且法律手续齐全。

4.区域公共品牌管理助推村集体资产累积

区域公共品牌通过农产品市场监管、扶贫项目资金、集体土地监管等方面，为发展壮大集体经济提供坚实的物质基础。在此基础上，整合各类闲置的集体资产，发展品牌经济，或以投资入股形式参与企业经营，提高乡村存量资产的利用率。充分保障了村民对集体资产的所有权、管理权、监督权和收益权，使村民真正成为集体资产的主人，激发了农村、农业发展的活力。

四、实证分析

（一）数据收集

在查阅文献基础上，笔者在浙江省缙云县，分别对"缙云烧饼办"办公室相关人员、梅干菜生产农业合作社负责人、烧饼店经营者和务工者，进行调研。通过对收集到的资料进行分类统计汇总，全面分析缙云烧饼推进农民增收的内在过程，根据区域公共品牌建设的关键性因素，将缙云烧饼品牌与国内同类区域公共品牌建设地区进行对比分析，找出共同点与差异，为本研究提供支撑依据与参考。

（二）案例品牌

缙云烧饼历史悠久，距今有700多年历史，以前，大多数以"路边摊""夫妻店"形式存在，依靠"师带徒""父传子"传承技艺，没有统一的制作标准、专门师资和规范教材。

2014年2月，为促进农民增收，缙云县委、县政府为做大做强烧饼产业、推进农民创业就业增收，提高烧饼区域公共品牌知名度，继承发扬缙云县传统小吃文化，出台《缙云烧饼品牌建设实施意见》。采取统一注册商标、统一标准门店、统一产品种类、统一产品标准、统一经营标准、统一培训工作的六统一模式和集中宣传营销、集中挖掘文化的两集中方式，创新缙云烧饼的传承机制，有效提升作为非遗文化品牌的力度。缙云烧饼成为百姓餐桌上津津乐道的传统美食，先后获得"浙江名小吃""中华名小吃""中国首届金牌旅游小吃"等荣誉。2016年，缙云烧饼被列入第五批浙江省非物质文化遗产名录（麻锦霞，2020）。缙云县农民年均收入增加位居全省前列，2021年，缙云县农民的工资性、经营性、财产性、转移收入分别占比53.3%，28.2%，3.2%，15.2%，同比分别增长9.6%，8.1%，11.8%，13.3%。

（三）案例分析

1.区域公共品牌溢价促进农民经营性收入增长路径

在提升农民收入途径上，通过提高产品价格，降低运营成本，加快交易速度，提高品牌黏性增加销量，提升经营者收入。第一，提高产品销售价格。区域公共品牌附加价值越高，区域品牌越响亮，产品卖价越高。缙云烧饼的价格，比周边县市的永康肉麦饼、永嘉麦饼的价格更高，价格更加稳定。第二，降低企业运营成本。区域公共品牌大大降低企业经营成本。缙云烧饼统一进行品牌宣传推广，集中提供面粉、梅干菜等原材料，降低了运营成本。第三，加快产品交易速度。丰富品牌联想度，减少交易时间，提交交易成功率，加快交易速度。消费者在购买缙云烧饼过程中，更加快速下单购买。第四，提高品牌顾客忠诚度。具体为提高产品知名度，提升消费者对产品的品质认可程度，形成稳定客源，增加销售量。

在提升农民收入人群上，一方面提升了农民工资性收入。外出从事烧饼产业的打工农民数量增加，工资提升。目前已经培训缙云烧饼师傅8800多人，向获得中、高级职称的师傅颁发国家认定中式面点师资格证书，提高他们的工资性收入能力。例如，"烧饼一哥"李秀广年薪35万元，老板三顾茅庐请他到缙云黄龙景区做饼，老伴周瑞贞则以月薪5000元与他一起受聘做馄饨。另一方面，提高了门店经营者的经营性收入。缙云烧饼门店扩宽经营者视野，提高经营能力，提高管理水平，开出示范店586家，经营网点达6000多个，缙云烧饼产值达18亿元，农村富余劳动力转移1.7万人（施力维、朱映归，2018）。

2. 区域公共品牌延伸促进农民工资性收入增长路径

区域公共品牌拉长了产品的生产和销售产业链，发展壮大产前、产中、产后环节，实现一、二、三产有机融合，发展产品的品牌化、市场化经营，提升农产品附加值，提高产业利润，吸引社会投资不断投入，带动当地农民增收。主要体现在以下三方面：第一，横向延伸。经营方式逐渐由外出经营之初的以流动摊位为主转向开门店经营，经营品种也从单一的烧饼向经营缙云烧饼和缙云传统小吃结合。除了烧饼、索面、馄饨、敲肉羹等缙云小吃，组成缙云小吃店，能吸引更多顾客，产生更多价值和利润。第二，向上游延伸。随着缙云烧饼产业的不断发展壮大，涉及梅干菜种植、烧饼师傅培训、烧饼炉、面粉制造等行业，地方政府着力打造缙云菜干加工和无公害种植基地、无公害养猪基地、特质烧饼桶制作基地和物流配送中心，真正把缙云烧饼做成"一业兴百业"的大产业，吸收了大量劳动力。全县种植九头芥4500多亩，产量预计300多万斤，产值3000多万元。套种芥菜的农民，每年每亩增收7000—8000元。目前有3家企业专做菜干，3家企业专做陶土内胆，7家企业专做烧饼桶。东山烧饼炉芯经久耐用、传热均匀，用它烤制的烧饼特别香脆，深受人们喜爱（朱淑霞、李祥南、李博荣，2020）。第三，向下游延伸。下游终端实体店，缙云烧饼产业链条的拓展和延伸，探索缙云烧饼标准化规范化包装，尝试通过电子商务销售，拓展销售末端，挖掘潜在的观光旅游、教育文化和休闲养老等社会功能。缙云菜干荣获"无公害产品认证"和"无公害产地认证"，成功获得注册地理标志证明商标。在仙都国家级风景名胜区内，建有缙云烧饼博物馆和缙云烧饼总部，来自全国各地的游客，可以看到缙云烧饼的传说故事、发展历史、老物件、烧饼歌、荣誉等内容（朱继坤，2015）。

3. 区域公共品牌价值促进农民财产性收入增长路径

区域公共品牌，不仅推动了当地农业劳动力就地就近往第三产业或其他新型产业转移，为农民提供更多的就业岗位和兼职机会，同时促进农民财产性收入的增长，主要体现在以下两点：第一，让农民更加容易通过贷款得到资金。区域公共品牌具有生产经营规模大、经济实力强的优势，便于争取到各级政府的财政投资和各类金融机构的资金供应，从而帮助小农户克服资金短缺、融资困难的问题，扩大再生产。金融机构根据农民创业不同阶段的不同需求，开设绿色通道，制定利率低、流程短、放款快的小额信贷产品。缙云县源发蔬菜专业合作社为减轻菜农的劳动强度，通过贷款筹集资金用于种菜农户购买切菜机、洗菜机等设备,激发菜农的积极性(周亚君,2019)。第二,产权安排对农民财产性收入的影响。农民有了充足的资金可以使用货币资产,农民专业合作社向社员募集资金的开发项目,新开设的门店,募集资金,在产权安排方面,由于现阶段农民入股农民专业合作社的方式,让农民通过所持有的股份获得分红,实现财产性收入的增长。缙云县源发蔬菜专业合作社,由当地集资,带动广大农户生产的缙云菜干已成为缙云烧饼产业的主要原材料,也是缙云烧饼用的缙云菜干的指定生产基地(周亚君,2019)。

4.区域公共品牌管理促进农民转移性收入增长路径

区域公共品牌拓宽了农民增收的渠道,增加了就业人数,促进农民工资性收入水平的提高,增加了村集体收入,使部分农民得到转移性收入。在政策扶持上要聚焦,鼓励一部分优秀农户,在品牌大道上先跑起来,通过示范引领,实现先进带动后进,进而全面提升区域低收入农民的收入。村集体经济壮大,合作社收入提升之后,部分资金以慈善、补贴等方式转变成农民转移性收入。尤其是残疾人、老年人等特殊群体贫困户,长久以来都是政府精准脱贫的重点对象,获得政府补贴。

五、研究结论及启示

(一)因地制宜,打造地方特色的区域公共品牌

品牌终究要靠生产者创造,靠消费者选择,靠市场来决定。富民产业对一个地方的发展举足轻重。一般地说,人们都习惯以其对 GDP 的贡献为标准,重视大块头的强县产业,因此轻视不起眼的富民产业,以为小的成不了气候。"缙云烧饼"现象说明,这种标准至少是不完善的。必须充分挖掘各地的自然特征、资源禀赋、历史文化基因,找到能够打造成具有地方特色的区域公共品牌。结合地方特点和产业实际,加快品牌农产品地方标准的制定,建立有效的激励和约束机制,政府要依法依规打击违法行为,维护市场秩序。

(二)政府与市场主体各司其职、各尽所长

区域公共品牌的培育,需要多元主体的共同参与,行政和市场手段并用。缙云县政府给自己很明确的定位,做好区域公共品牌的服务工作。县委、县政府坚持具体抓、抓具体,先后成立"烧饼办"、开办"烧饼班"、举办"烧饼节",制定了管理规定,落实了资金补助,以"一笔写到底"的精神,推动缙云烧饼产业品牌化建设,如今以"小烧饼"为代表的缙云小吃产业大有向全国辐射之势。品牌生产经营活动和品牌运营工作是经营主体的主要职责,政府无须也不应该直接进行干预。品牌运营机构,主要承担区域公共品牌运营与维护。

(三)区域公用品牌需要品牌领袖的引领示范

缙云县的富民增收举措,注重提高农民技术,稳步推进创业就业技能培训,着力提升农民科技文化综合素质,培养造就一批有觉悟、懂科技、善创业、留得住、用得上的农村实用人才和新型职业农民。任何一个区域的公共品牌都是一个品牌族群,其中一定会有一个或两个示范性质的领头人,通过吸引农民工、工商企业家等参与创业活动,带领区域公共品牌发扬壮大,引领共同富裕。

(四)区域公共品牌打造需要系统、科学的方法

区域公共品牌建设不能仅凭经营者的感觉,更需要有科学方法论的支持。不能无知无畏、盲目瞎干,而是应当获取科学和专业的支持。对资源合理规划,统筹协调,集聚提升,避免品牌资源的浪费,实现品牌资源效用的最大化,使更多的人群收益,获得更加广泛的经济效益。

总之,在充分挖掘地方资源、实现品牌开发、推进品牌赋能等方面,充分发挥人民群众主动性和创造性,增强农民专业合作社,帮助农民突破收入增长的瓶颈,拓宽农民增收的渠道,有助于进一步提高农民的生活水平,减小城乡收入差距,实现全体人民的共同富裕。

参考文献:

[1] 蔡洁.品牌竞争力对区域经济发展的促进作用及其优化建议[J].商业经济研究,2019(24):56-58.

[2] 陈方方,丛凤侠.地域品牌与区域经济发展研究[J].山东社会科学,2005(3):124-126.

[3] 池仁勇,何明明.区域品牌对企业绩效的影响机理:以"浙江制造"为例[J].技术经济,2017(8):40-47.

[4] 何铁.实施品牌带动战略 加快永州经济发展[J].北方经贸,2005(6):14-16.

[5] 胡大立,谌飞龙,吴群.企业品牌与区域品牌的互动[J].经济管理,2006(5):44-48.

[6] 胡晓云,余耀锋,许雪斌,等.以构建强势农产品区域公用品牌为主体目标的中国农事节庆影响力评价模型研究[J].广告大观(理论版),2011(2):18-28.

[7] 黄冰毅.团购网站消费者服务型商品选择决策过程中的知识支持分析[J].知识经济,2015(24):72,74.

[8] 焦翔,甄华杨.农产品公共品牌消费者认知水平研究[J].农村经济与科技,2019,30(5):136-138.

[9] 李佛关.农产品区域品牌对农业区域经济发展的推进:基于国家三部委地理标志截面数据的实证研究[J].广东农业科学,2013,40(24):209-213.

[10] 李德辉,揭筱纹.企业跨区域整合与县域经济发展的空间效应[J].广西财经学院学报,2022,35(1):77-90.

[11] 李建丽.论区域品牌对地方经济的促进作用:以"顺德家电"产业发展为例[J].企业经济,2007(6):146-148.

[12] 李耀东.农产品区域品牌助推乡村振兴的作用机理和实施路径研究[J].经济问题,2021(9):97-103.

[13] 刘洵,苏美玲.农业现代化评价指标体系的构建及其应用[J].中国市场,2016(20):84-85.

[14] 麻锦霞.基于非遗传人培养的缙云特色小吃制作课程改革与实践[J].职业,2020(23):37-39.

[15] 孙俊花.依托产业集群全面提升邢台区域经济整体竞争力[J].商业研究,2006(19):99-101.

[16] 施力维,朱映归,刘思佳.缙云烧饼:从中国乡村走向世界[J].文化交流,2018(8):13-17.

[17] 徐大佑,郭亚慧.农产品品牌打造与脱贫攻坚效果:对贵州省9个地州市的调研分析[J].西部论坛,2018,28(3):100-106.

[18] 王卫卫,张应良.区域品牌赋能:小农户衔接现代农业的有效路径——基于四川省眉山市广济乡的案例调查[J].中州学刊,2021(5):36-43.

[19] 武跃丽.塑造区域品牌 促进区域发展[J].科技情报开发与经济,2005(13):104-105.

[20] 吴程彧,张光宇.区域品牌的作用及发展策略[J].江苏商论,2005(8):49-50.

[21] 吴志福,郁玉环.安溪铁观音品牌对增加当地农民收入的影响[J].中国商贸,2010(26):226-227.

[22] 周亚君.缙云烧饼海外推广困境及策略研究[J].农村经济与科技,2019,30(4):128-129.

[23] 朱继坤."缙云烧饼"现象及其思考[J].学习与研究,2015(8):70-71.

[24] 朱淑霞,李祥南,李博荣.缙云烧饼的乡村产业振兴传奇[J].基层农技推广,2020,8(2):116-117.

生态富裕视域下农村生态文明建设路径研究

徐廉欣

（嘉兴南湖学院）

摘　要：党的十八大对生态文明建设做了顶层设计和总体部署，历史经验表明，发挥好广大人民群众的主体作用是建设生态文明的关键。党的十八大以来，中国特色社会主义进入新时代，共同富裕的内涵进一步深化发展，生态优良构成共同富裕的重要内容，生态文明是实现共同富裕的内在要求。本文基于江苏省建华村创建国家级生态村的实践，运用深入访谈、参与观察和文本分析等方法，对建华村动员村民参与生态文明建设的过程进行了深入、动态的研究，总结出由能人探路、村官跟进、精英整合和村民驱动四大部分组成的生态文明建设路径。重点分析了生态文明建设路径的形成过程、表现形式和运作效果，发掘出建华村生态建设的内在逻辑和张力。与此同时深入剖析了生态文明建设路径在实践中存在的不足及原因，并提出了政策建议，从而为我国农村生态文明和浙江省创建共同富裕示范区建设提供有益的借鉴。

关键词：共同富裕　生态富裕　生态文明建设

"中国要美，农村必须美！"①党的十八大以来，在以习近平同志为核心的党中央领导下，全国各地积极落实"大力推进生态文明建设"的战略部署，开展了丰富多样的生态文明建设实践，积累了重要的经验。与此同时，学术界也开始关注生态文明建设，但截至目前，对生态文明建设的研究多聚焦在政策解读、技术研发与推广、环保工程建设及立法、执法等方面，缺乏对生态文明建设中的村民动员问题的研究，且研究方法多采用理论推演、统计数据分析，缺乏相应的经验研究及动态的过程研究。而广大人民群众是生态文明建设的主体，村民对生态村建设有着重要的推动和监督作用。鉴于此，本文以江苏省国家级生态村——建华村为典型案例，在实地调研和文献资料分析的基础上，从社会治理的视角，发现和提炼出建华村在生态村建设过程中逐渐形成的充满智慧、具有创新意义和时代精神的生态文明建设路径，分析其形成过程、表现形式、运作效果、不足及原因，进而提出完善动员机制以更广泛发动群众参与生态文明建设的政策建议，为推动浙江共同富裕示范区创建、中国农村生态文明建设提供重要的借鉴。

建华村在 20 多年前是有名的贫困村，村里没有一条石子路，环境脏乱差，"晴天一身灰，雨天一身泥，垃圾随风飘，污水靠蒸发"。然而该村却在 2006 年和 2012 年分别获得"全国文明村"和"国家

---

① 2013 年 12 月《习近平总书记在中央农村工作会议上的讲话》。

级生态村"的荣誉称号。优美的农民公园和现代化的居住区比肩而处，宽广的"建华路"和精致的景观树相映成趣。

历史证明，人民群众的广泛参与是全面建设生态文明的关键，党的十八大坚持以人为本的科学发展理念，国家生态工程指导文件[①]也明确提出了"坚持以人为本"和"积极引导公众参与"的要求。基于此，笔者在调研初期将生态村建设中的村民参与作为研究内容，但随着调研的深入，笔者发现：村中鲜有村民的主动参与，而村委的动员却进行得有声有色，富有创新和智慧。因此笔者转而研究村民动员，并总结出"生态文明建设路径"的系统化建设经验。

在调研过程中，笔者主要采用深入访谈和参与观察的研究方法，广泛接触村民，在户院门庭、田间地头、河边路旁、办公室车间等地与村委会成员、生产小组信息员、企业主、学校教师和普通村民进行面对面的交流。其间，笔者参观了建华村荣誉陈列室，以及农民公园、污水处理池等生态村建设工程；阅读了村档案室丰富的资料，听取了该村"村官工作培训会议"和"2014 年冬训班会议"；参与秸秆禁烧行动，与垃圾清运队和河道日常管护的人员一起执勤。课题组共收集整理出 30 万余字的访谈资料和 130 万余字的文献资料，为全面描述生态村建设历程、深入剖析其建设的内在逻辑、总结出其动员机制，提供了丰富的第一手资料。

建华村成功创建生态村，笔者在看到生态文明建设路径取得巨大成效的同时，也发现了存在的问题：在长期高度集中的计划经济体制之下，农村社会的动员形成了自上而下的惯性，缺少村民自下而上的主动性。同时，家庭联产承包责任制实行以后，村集体财政开始衰弱，公共领域主体缺失，于是产生了"谁来动员？""动员谁？""怎样动员？"及"动员的基础在哪？"等问题。党的十八届三中全会提出要通过深化改革，创新社会治理，这给现实问题的解决指明了方向，即在生态文明建设中要求主体多元化。本文将从社会治理的视角对生态村建设中的生态文明建设路径进行细致、动态的分析。

在建华村创建"国家级生态村"的过程中，其独特的生态文明建设路径是如何形成的？这种动员机制在村庄生态建设中如何运行？为什么村民态度被动而生态村建设工作却卓有成效？对于生态村建设的实际成效，为什么老百姓不是都很"买账"？村委动员与村民响应之间是否存在落差，其中又发生了哪些令人哭笑不得的故事？怎样才能缩小落差，完善生态文明建设路径，广泛动员群众以推进生态文明建设？

围绕上述几个问题，笔者尝试做出自己的回答。

一、建华村创建国家级生态村的过程

（一）村况

建华村坐落在"长三角"经济区内，隶属扬州市邗江区，东傍扬（州）溧（阳）高速公路，南临渡口瓜洲，距扬州、镇江火车站仅 15 分钟车程，交通便利。优越的地理位置为该村经济建设提供了良好

---

① 2012 年 12 月《关于开展第六批全国生态文明建设试点工作的通知》。

的条件。发展起来的建华村自 1997 年到 2006 年先后合并了 7 个周边经济落后的村庄和村民小组①，到 2011 年 3 月正式更名为扬州市邗江区汉河街道建华村，拥有 37 个村民小组，共 1055 户，总人口 4000 余人，面积约 8.2 平方公里，其中耕地面积 3042.9 亩（约占总面积的 25%）。截至 2014 年底，村内社会总产值达 20 亿元，村集体房屋固定资产（以标准厂房为主）超 7000 万元，集体经济收入达 680 万元，人均纯年收入达 26100 元，村民享有领先于当地平均水平的各项福利和保障。村内目前入驻 38 家企业，70 户个体户，10 家左右的流动摊点，有近 1200 人在村中工业园区就业。村民收入水平普遍较高，住房条件优越，有 500 多户入住高档公寓或 300—500 平方米的联体别墅，其他村民也大都住在翻新的三层小楼房。

在经济基础改善的同时，身处生态文明建设大背景下的村民的环保意识也在逐渐提高。一方面扬州市获得过"联合国人居奖"，同时也是全国文明城市，生态文明建设卓有成效；另一方面，扬州市在与建华村紧邻的古运河"世界申遗"工作中实施了一系列环保工程，其宣传工作形式多样，声势浩大。村民的环保意识受到激发，其中以村党委书记朱快乐为代表，就提出了"既要经济 GDP，也要绿色 GDP"的理念，建华村开始向生态村转型。

（二）生态村建设过程

1. 起步阶段（1983—1994）

20 世纪 80 年代，建华村贫穷落后，处在洼地和荒坡地带，非涝即旱，人称"南大荒"。村民收入来源单一，人均纯年收入不足 1500 元。村中流传一句顺口溜："种田打不到粮，家家住的是草房，小伙子娶不到大姑娘。"村中只有土路，村民常调侃："即使上面再大的官，也得走（着）进来。"村部也被村民戏称为"一座空壳子、一张破桌子、一个红戳子"。为改变村子贫穷落后的状况，提振村内经济活力，建华村从 1983 年起创办乡镇企业，到 1994 年，相继创办了服装厂、劳动服务公司等 10 家公司。此举增加了就业机会，提高了村民工资性收入。

2. 爬坡阶段（1995—2006）

1995 年起，建华村铲荒坡、填洼地，平整了 100 多亩柴田（荒地），通过"时间换空间"②的办法动员了 200 多户村民来此建房。建华村还初步修建道路，新建浴室、农贸市场等服务性场所。2003 年，主干道"建华路"修造完毕，学校、商场等设施一应俱全，村子完全摆脱了落后、破败的旧貌，连续两年获得"江苏省文明村"称号，2006 年获得"江苏省文明村标兵"称号。

3. 提升阶段（2006—2012）

2006 年初，社会主义新农村建设要求③传达到建华村，在当地政府的大力支持下，全村开始调整产业结构，发展生态经济和循环经济。2006 年 5 月，环保部发布了《国家级生态村创建标准（试

---

① 1997 年 6 月运西乡郭汉村并入，2000 年 7 月韩桥村并入，2000 年 10 月戴桥组并入，2001 年 5 月更名为扬州市邗江区瓜洲镇建华村，2006 年 5 月瓜洲镇军桥村及汤桥、刘茂、姚庄、郭汉 4 个组并入。

② "时间换空间"指：村民拆掉旧房，搬进新房，而原来的宅基地交给村集体使用，并以享受村集体提供的长期补贴作为回报，补贴丰厚。

③ 该要求在 2005 年 10 月中共十六届五中全会上提出，包括：生产发展，生活富裕，乡风文明，村容整洁，管理民主。

行》文件。随后，地方各级环保部门将更加具体的建设标准下达到基层，并配给大量建设资金。建华村抓住这一机遇，因地制宜地落实各项指标，打造生态村。首先，成立"富民土地股份合作社"①置换出建设用地，并在 2007 年初进行区域环境规划，逐渐形成"四大板块"，即工业集中区、农民集中居住区、三产商贸服务区和现代农业示范区；开启"四大生态工程"建设，包括道路整治、河道疏浚、垃圾清运和秸秆禁烧；与此同时，村委制定了一系列规章制度，包括村规民约、垃圾管理制度、"门前四包"②责任制管理办法、道路及河道（绿化）管护制度、环境长效管理制度等。在村委主导下，村内成立了"红马甲"环保服务队、"夕阳红"生态文明宣传队、"红领巾"少儿护绿队等群众环保组织。2012 年初，当验收部门检查"生态村"的建设状况时，建华村全面达标，多项指标超额完成，并于 12 月荣获"国家级生态村"称号。

4. 腾飞阶段（2012 年至今）

2012 年 11 月，党的十八大报告将"生态文明建设"上升为国家战略，全社会纷纷开启建设的新进程。这为建华村城镇化和现代化建设指明了新的方向，满足了村民对良好的生活环境和生态文明精神文化的需求。2013 年，村委制定了《建华村规划》，提出"既要金山银山，又要绿水青山"的发展口号，一方面继续发展村内经济，确立打造"生态旅游村"的目标，建造农民公园、民俗博物馆、蔬果采摘园等生态项目，大力发展村内服务性产业；另一方面扩大生态村建设成效，加强环保知识的宣传与教育，以此提升村民的生态意识，建设高水平有内涵的乡村生态文明。

二、生态文明建设路径的形成、表现形式及效果

通过调研，笔者发现：生态村建设是自上而下持续推进的过程，其中离不开国家层面的战略部署和基层党组织带头人发展理念的指导，离不开村委干部的积极执行及村中起"桥梁作用"的精英群体的配合，更离不开对生态建设"主力军"村民的动员。本文的生态文明建设路径是指：在建华村创建国家级生态村的过程中，为了有效发动各方力量参与建设而逐渐形成的群众动员机构和功能及相互关系，具体表现为由能人探路、村官跟进、精英整合和村民驱动四个部分组成的机构、作用及其相互关系。这里，笔者着重分析这种动员机制的形成过程、表现形式及运作效果。

（一）能人探路：村党委书记是"第一个吃螃蟹的人"

朱快乐担任村党委书记以来，将自身雄厚的经济实力和丰富的人脉资源引入生态村建设中，提升了党组织的领导力，并依托其作为党员干部的奉献精神和前瞻的发展眼光，采用利益导控手段动员广大群众，推进创新性动员措施的落实，促进生态村建设跨越式发展。

1. 能人探路的形成过程

（1）"谢谢老领导看中了我！"

1992 年，朱快乐创办的运河石化设备有限公司已经成为全乡工业经济的排头兵。超群的经济

---

① "富民土地股份合作社"是一个以土地股份合作为主体的农村新型经济组织，农民把承包田流转给集体经营。股民可享受每年 200 斤大米的补助，每年 500 元/亩的保底分红（近年来已达 1100 元/亩）。

② "门前四包"是指：包环境卫生、包绿化、包公共秩序、包公共设施。

实力使朱快乐自觉关心村民的福祉,主动思考村庄的发展问题。一次偶然的机会,朱快乐的治村想法得到镇政府干部的赏识,他于 1993 年成为村子的负责人,而后正式加入党组织并成为"村支书"。而此前,他由于"富农"的出身连共青团都未能加入,这一度使他深受打击,乡镇领导对他的肯定及提拔使他获得了极大自信,他激动地说:"谢谢老领导看中了我!"在工作中,朱快乐激情高昂,一方面,他创新村治办法;另一方面,他捐出公司赢利的一部分用于村庄建设。截至 2014 年,有记录的捐款金额达到 1.08 亿元。

(2)"希望像镇上人一样能天天吃到油条!"

1995 年之前,建华村村民只有赶集时才吃得上油条,很羡慕集镇上的生活。朱快乐上任后,着力发展经济,推行"农民集中居住"办法,办早点摊、建大澡堂。村民生活条件改善,建设的活力在全村蔓延,能人书记和村党委组织的威信显著加强。2005 年,朱快乐参加了扬州市组织的"浙江先进农村考察"活动。这不仅让他肯定了自己的前期规划,更让他拥有了勇于创新的胆识。在他主导下村委会与村民通过协商达成共识,于 2006 年元月正式成立"富民土地股份合作社"。农民搬出"老房子",住进统一规划的联体别墅或者安置小区。同年,村委规划出一块 800 多亩的"工业园区"进行招商引资。当时村内尚无完善的道路网,朱快乐亲自找来施工队建"豆腐渣道路"——用造一条路的钱修了几条低质量道路。在上级领导视察时,"两纵两横"的道路网为村子加分不少,争取到了政策和资金支持。至此,村貌发生了天翻地覆的变化,村庄经济建设进入高潮,建华村成为远近闻名的"模范村",朱快乐的个人魅力也达到新高度。

(3)"一个人如果穿了一条新裤子,那他还会坐脏板凳吗?"

"新裤子就是好的经济(物质)生活,而板凳就是环境!城乡差距主要还体现在环境上"。全实经济基础后,朱快乐把目光转向村庄环境治理,提出"经济 GDP 和绿色 GDP 两位一体"的理念。他带领村委干部展开一系列环境整治工作,建造农民公园、百花园等休闲场所。"想吃油条""新裤子不坐脏板凳"的朴素理念是村党委书记朱快乐重视生态村建设的源动力。

2. 能人探路的表现形式:带头示范的好书记

在生态村建设中,村党委书记朱快乐几乎处处亲力亲为。2004 年,他带动大家开发柴田(荒地)搞水产养殖,实现致富。2005 年,朱快乐从自己公司拿出 500 万元修建建华村第一条柏油马路,掀起村民主动捐资修路的热潮。同时,村庄集中规划在这年正式启动。为规划用地打造休闲广场,朱快乐带头将自己经营了 10 多年的工厂推倒,另在工业区以市场价租了村集体所有的厂房继续生产,之前"消极抵抗"不愿搬迁的工厂主也陆续撤离。生态文明建设并非总是依靠强制力量的推进,领头人高尚的作风能够引导村民围绕着共同的生态目标自觉参与合作。2012 年起,建华村致力于打造一条 150 亩的沿河风光带,并以"小西湖"为建设目标。朱快乐倾尽全力,捐资 1000 万元修建其中一景——农民公园,多次带着村中能工巧匠到当地 5A 级景区瘦西湖"偷艺",量尺寸,选材料,最终将景区标志性建筑"五亭桥"一比一"复制"到村中。同时,朱快乐时刻保持低调作风,在建华村捐资筑路中他捐款最多,然而功德碑上按他要求只落款为"建华村委会"。

朱快乐时常骑着自行车在村里"闲逛",他认为这样可以贴近村民的日常生活,了解大家所需。他能随口说出村中绝大部分村民的名字及邻里之间的关系,动员过程中如遇到矛盾,朱快乐能凭借对村民性格的了解而采用不同办法化解,对有些村民会"抓衣领、拍桌子",而对待有些村民则"哄着，搂着"。在土地规划拆迁房屋时，朱快乐考虑到老人"恋旧宅"的心情而顶着项目进度压力延缓了部分拆迁工作。他自称是"建华大家长"，以高度的责任感和敏锐的观察力把握村民心理，从而实现动员村民的目的。

3. 能人探路的作用与效果

家庭联产承包责任制实施以来，集体经济被削弱，村民更加较真个人利益，乡村公共领域陷入主体缺失的困境。建华村富民土地股份合作制度变村民为股民，将村民利益与村集体利益捆绑在一起，激发了村民参与建设的热情。在生态村建设主体参与乏力的状况下，"能人"书记的强力推动带动了村中工业园区的崛起，优质平台吸引了各类企业项目纷纷落户，建华村产业不断壮大，后发优势突显，村集体经济和农民收入实现双丰收。在调研过程中，村民们纷纷赞扬："我们的书记了不起！"当地剧团曾演过一出扬剧《心碑》来颂扬朱快乐的事迹。"能人"探路引发了系列后续效应：村党组织威信增强，村委干部身先士卒跟进，精英资源被优化利用，村民集体荣誉感增强。

（二）村官跟进：村委干部是政策落实的"第一执行者"

"村官跟进"表现为包括村委主任在内的 11 名村委干部团结在村党委书记周围，严格按照生态村的建设规划落实各项具体工作，奔赴环境治理的第一线，运用多样化的手段广泛发动群众。

1. 村官跟进的形成过程

村中"泥腿子"干部深谙村民的生活习性和心理，动员村民得心应手，但由于文化水平普遍较低，对一些技术性工作难以胜任。2005 年，生态村建设进入快速发展阶段，为实现办公自动化，村委开始引进计算机人才。现任村委副主任樊芳入选，主要负责文字工作。2008 年，大学生村官制度在江苏省率先试点实施。现任村委主任蔡刘彪是第一批大学生村官，在打造村庄"四大生态工程"中表现突出，于 2010 年担任村委主任全面负责工作。

在多种因素作用下，村委干部纷纷跟进"能人"朱书记的工作。大学生村官作为"外来客"，在生态村建设初期村民对他们并不买账，因而他们只能跟着老干部做工作，难挑大梁。村里"泥腿子"干部也由于自身知识文化较低等局限性只能配合朱书记工作。在"双带型"①政策指导下，财富多寡影响着村民的社会地位和政治地位。村委干部大多是村中富裕群体，但比起朱书记还都是"小虾米"，因此"一切向书记看齐"就成了这些村委干部的工作原则。受朱书记领导风范和个人魅力的影响，村官在组织上坚决拥护"能人"朱书记。另外，建华村党员队伍建设实行"党委制"，朱快乐是党委书记，村委其余 11 名干部都是党员，其中 4 人是党委委员。建华村"两个组织一套班子"的制度坚持和巩固了党的领导，避免了党领导下的村委会与村民自治委员会之间由于权力来源"二元"而可能造成的矛盾，使得村委工作和谐有序。

2. 村官跟进的表现形式

村委干部跟着朱快乐的步伐推进各项工作，运用多样化的动员手段，广泛发动群众。

（1）以退为进

村委干部认真实施环境绿化项目，在村民集中居住区修建花圃并铺上草皮。但没过多久，草皮

---

① 这是江苏省提出的基层干部选拔指导办法，"双带"意指自身带头致富和带领群众致富。

就被村民扒光,种上了菜。"看到这个草他就作不得①,一定要把它搞死",因为在村民看来,草就是天敌,除草种庄稼是天经地义的事。村委只能再次种上草皮,但不出几天,草地又变菜田。在种草拔草的拉锯战中,村委干部最终采用折中的办法,为村民提供泡沫箱②来让他们在里面种菜,这样既满足了村民种菜的需求,又使居住区的草皮"安然无恙"。

村委为了防止村民烧秸秆,采取了"煤气换草堆"的办法——村民清理掉屋前的草堆,就可以换得一瓶煤气。有一户村民玩小把戏,清理完草堆领了煤气后又把草给运回来,用同样一堆草先后换了7瓶煤气。村委干部心里有数,但是采取容忍的态度,"只要他不烧,贪点小便宜就算了"。最后邻里知道了这个情况,村民自己也不好意思再换煤气了,同时还感谢村委干部没有公开揭穿他。

（2）步步为营

为了让村民养成定点投放垃圾的习惯,村委在各个生产组放置了垃圾桶。没几天,一些垃圾桶就不翼而飞,原来是被村民拖回家装了稻谷。无奈的村委又统一规划建了水泥垃圾池,"这下就拖不走了",但村民仍不情愿多走几步扔垃圾。于是,村委干部就守在垃圾池旁,只要村民前来扔垃圾就奖励其1元钱。几天下来,村民开始按规定地点投放垃圾,但仍有人习惯把垃圾扔在屋子周围,不听劝阻。村委副主任徐健便让工人在他屋子周围造了一圈花圃,种上鲜花,改正了村民的旧习惯。"种上鲜花他就不好意思倒了,况且他自家多了个小花园,自然会维护的。"徐健认为:扔垃圾这事就是跟村民打心理战,得步步为营。

（3）多管齐下

禁烧秸秆是环境治理的一项重大工程,每到烧秸秆的时节,村委干部就化身成"消防员",奔赴各个起火点灭火、劝阻村民。村委副主任樊芳调侃道:"刚开始,我熏得很黑,我妈都不认得我了!"有时,村民被村委干部的多次阻挠和反复说教惹怒,甚至会舀起大粪往他们身上泼。万般无奈下,村委只好寻求外援,先给当地公安局捐了一辆警车,当村里出现火情时就立马联系对方,让警察对村民进行处罚。从此,大家便不敢再烧了。

（4）给足面子

在一次河道疏浚工程的实施中,一户村民因淤泥堆放得离自家较近,就对施工人员大打出手,也不理会年轻村官的协调工作,导致工程进度受到严重影响。最后,村委老干部杨副书记在当晚向其塞了两条烟,说了几句好话,这事就此解决。"老干部都出马了,肯定要买账啊!"为了有效向全村村民进行集中宣传和教育,村委每年都举办冬训会和表彰大会,评选出在建设中做出贡献的"身边好人"和"优秀村民"。起初,村委对获奖村民的奖励就是金钱,但这样的表彰形式并没有调动起更多村民的积极性,村民拿着这笔钱直接打麻将娱乐掉了。其后,村委改为奖励热水瓶、日历等生活用品,并在奖品上印上"无上荣光"等字样,毕竟"日历挂在那儿人人都看得到,多有面子啊"。评比过后,村委还会把村民的先进事迹在村中公告栏上宣传,以此来激发村民相互"挣面子",从而积极地参与到建设中。

---

① 扬州方言:过不去。
② 泡沫箱:由泡沫材料制成的无盖箱子,比普通鞋盒稍大,可填上土种植香葱、大蒜等体积较小的蔬菜。
村民可在居住区空地并排三四个箱子,组成小菜园。

3.村官跟进的作用与效果

村委干部是"各项工作的第一执行者"，他们充分发挥了党员模范带头作用，积极跟进能人书记，带领村民推进生态村建设，推动"四大生态工程"有条不紊地实施，使得村庄环境大为改善。2014年暑期，笔者看到该村潘庄生产组的河流水花生①泛滥，恶臭阵阵。而2015年1月笔者再次走访时，该条河流已经被疏通完毕，包括不属于建华村管辖的河流也"顺道"被清理了。在村委干部多样化的教育引导之下，村民学习了相关政策精神，转变了生活方式，养成了环保习惯，生态村建设顺利推进。

（三）精英整合：村中精英是生态村建设的"助力器"

在建华村，精英主要指：村中的富裕阶层、退休干部、党员、生产组信息员。精英整合体现为：村委通过授予精英荣誉职务和宣传其先进形象的办法，让他们起到村委和村民间"桥梁"和"润滑剂"的作用，动员村民响应村委号召，助力生态村建设。

1.精英整合的形成过程

精英整合贯穿于生态村建设的全过程。在20世纪末，许多有手艺的村民外出打工致富。2006年富民土地股份合作制实施后，村中大量劳动力从土地中解放出来，更多村民在村委"跳出田头跑码头"的口号下出村闯荡。随后，建华劳动服务公司成立，在"人带人"的模式下，村中在外务工人员一度多达1200人，年收入近4000万元，产生了许多行业佼佼者。其后村中工业园区开辟，在外村民纷纷回流，凭借已有资本在村内投资办厂，成为村中商界精英。他们对朱书记高度认同，积极响应号召，为生态村建设出力。

2009年，村委一批干部退休，但生态村各项工程正全面推进，需要更大程度地发动村民。乡土社会的认同基础在于"熟"，于是，村委陆续返聘了7名退休老干部担任荣誉顾问，他们丰富的管理经验为开展动员工作带来便利。其中，有些是村内的老干部，像老村长、老会计；还有从市、镇政府系统退休的本村村民，如纪委委员、人大代表等。

建华村现有140名党员和其他从事教师、医生等职业而具有影响力的村民，他们是邻里间的"隐形家长"，辅助村委开展生态文明建设的动员工作。具体表现为他们被村民推选为生产组信息员，负责信息联络、上传下达，每年享有2000元工资和其他经济补贴。村民中还有极少部分刺头，他们中有些对房屋拆迁的补偿不满；有些因日常琐事与邻里不和；有些"并村"后认为不被集体所接纳；还包括不守乡规民约的外地人。这些刺头是影响生态村建设动员不可忽视的部分，村委干部将顺他们逆行的"刺"，对难以被动员的村民起到杀鸡儆猴的警示良效。

2.精英整合的表现形式

精英群体通过各种方式，助力村委动员村民。

（1）以身作则感化法

村民周传斌，80岁，唱扬剧出名，是村内德高望重的老人，凡事不计利益得失，经常协助村委发动群众清理河道，每次都能号召到近百人。潘庄生产组信息员朱金良，踏实肯干，总能带领村民率

---

① 空心莲子草，别名水花生，会大量繁殖，覆盖水面，影响鱼类生长和捕捞作业。

先完成本生产组的垃圾清理工作,他经常在公开场合号召:"我们农民不能在飞机上吹喇叭——唱高调,要做实事!"精英以身作则的行为具有感化作用,能够唤起村民生态参与的主体意识,助力村民动员。

（2）小恩小惠软化法

村中度假酒店经理王荣是建华村商业精英的典型代表,她十分乐意做村民的"思想工作",且办法巧妙。有位老大爷在农民公园里绑绳晒被子,影响美观。王荣看到后自己买了两包烟递给老人,笑嘻嘻地把人劝走。两包烟让老大爷得到实惠,他也碍于王荣的面子主动解下晾衣绳。这种小恩小惠的软化法巧妙地化解了村民不文明的生活习惯与生态村建设要求之间的矛盾,使村民转被动为主动,积极参与生态村建设。

（3）上传下达传声法

信息员是村委和村民间的"传声筒",下达生态村建设的各项要求,上传村民的需求与意见。各个生产组信息员的工作方式因人而异,有的让每个家庭派出代表召开"代表会议";有的按姓氏门族,派出"家长"参加"领导小组会议";有的利用和村民搓麻将、串门闲聊的时机传达村委通知。信息员制度主要依托人情网络,将原子化的村民联系到生态村建设的组织网络中,使离散的村民力量聚拢起来。

（4）以柔克刚擒刺头

降服刺头,使其积极地参与生态村建设,这对普通村民而言有着极强的正面刺激作用。一方面村委与村中企业联手,给刺头提供就业岗位,依靠经济手段团结他们。另一方面还建立情感联系,"建华一景"酒店有位服务员是并村后的新村民,认为村中福利的分配对自己不公,多次在路旁堵村委干部。于是,酒店经理王荣就带着水果和营养品看望她生病卧床的婆婆,借机开导,该村民最终接受了村委安排。部分外地人屡次偷烧秸秆,不服村委管教,为此,村中党员主动协助村委干部在田地里巡逻、监督,严控火情。退休老干部也纷纷出动,以面子和经验对这些人进行思想教育,不厌其烦。最后,失去耐心的外地人只能无奈"投降"。

3.精英整合的作用与效果

精英整合集聚了村中有益力量,为生态村发展注入活力,缩短了动员时间,减少了动员的物资消耗。退休老干部返聘制度消除了村委会人员紧张和年轻村官经验不足的困扰,但乡土社会正式权力的非正式运用使得法治难接地气。信息员制度使村民较快地获悉生态村建设的各项要求,但信息员一职只是精英的副业,工作具有临时性和片面性,村民的反馈意见往往被忽视,故信息员制度很难真正解决生态村建设中主体乏力的问题。刺头由闹事转变为响应动员,刺激了普通村民的生态参与行为,这有效地加深了村民参与建设的程度。在精英的"桥梁"作用下,村民的生态意识有了极大提高,参与行动有了积极的转向。

（四）村民驱动:村民是生态文明建设的"主力军"

村民驱动是指:普通村民在村党委书记、村委干部、村中精英的动员和自我教育的共同作用下,不断提高环保意识和建设积极性,调动自己、发动他人投身生态村建设的实践活动。村民驱动发挥了村内基层民众的动员作用,是生态文明建设路径不可或缺的一个环节。

1.村民驱动的形成过程

生态村建设初期,根据村民自我驱动的程度,笔者将普通村民大致分为三类:一是顾全大局的"驱动者",二是独善其身的"半驱动者",三是安于现状的"局外人"。

从 2005 年启动生态村建设以来,建华村出现了少数"驱动者",主要指那些关心国家大事、关注村庄发展、具有朴素环保意识的村民。"驱动者"包括三种人:一是对党充满信任、通过看新闻听广播及时了解国家政策动态的老年人;二是与村委联系较多、较为知晓村庄发展规划的一部分村民;三是受过教育、掌握较多环保知识的年轻人。这些"驱动者"的共性是能立足全局,进行自我教育,主动投身生态村建设。而"半驱动者"则是指那些"洁身自好"只愿做好分内事的村民。这些人在村民中占绝大多数,构成了普通村民的主体。小农文化使他们养成"各扫自家门前雪"的生活习惯。村中还有少数"局外人",主要指那些满足于眼前生活环境、不愿与时俱进的村民。面对全面开展的生态村建设,他们表现出短视的特点,拒绝参与建设,甚至对参与村民冷嘲热讽。

"驱动者"生态意识较强,虽然为数不多,却构成生态村建设动员力量坚实的群众基础。他们除主动配合村委工作外,还发动周围村民参与生态村建设的各大工程,发挥了重要的带头作用。"半驱动者"在生态村建设规划的具体要求指导下参与建设,在做好分内事的基础上逐步向"驱动者"看齐。"局外人"在建设初期更多的是被动参与或者旁观,随着生态村建设的推进,享受到建设成果的他们正逐渐从自在向自为转变。

2.村民驱动的表现形式

在生态村建设过程中,村民驱动的表现形式呈现出强度和方向性上的差异。

(1)兼济村庄

在村委实施生态项目时,具有大局意识的"驱动者"会主动投身力所能及的工作中,带头示范。2002 年筹划建造村内主干道"建华路"时,这部分村民自发捐款 6 万多元,在他们带动下,其他村民陆续响应。他们不仅慷慨解囊,还乐于出力。每当村委组织开展河道疏浚、道路整洁等工程时,"驱动者"不计报酬、投身建设,一定程度上触动了袖手旁观的村民,同时"驱动者"还起到一定的监督作用。村委按要求在各个生产组都放置了垃圾桶,一开始这些垃圾桶常被部分村民拖回去装稻谷,他们就自发地组成了护桶小组,这不仅有效防止了垃圾桶再被偷拿,还"迫使"之前偷拿的人把桶放回原处,维护了垃圾处理的秩序。

(2)独善其身

"半驱动者"只求做好分内事,确实让村委干部在开展生态工程建设工作时省心不少,但他们的建设积极性仍有较大的提高空间。河道清淤时,有些村民报名参与到工程建设中,"拿一分钱出一分力",看到偷懒的村民却无动于衷。道路整治工作开展时,这些村民觉得"只要我自家门前干净就行,别人家我管不着,也管不了"。随着建华村生态建设的推进,"半驱动者"也受到极大的鼓舞,态度和行为悄然发生改变,再看到其他村民有与生态村建设相背离的行为时,就会上前劝阻,使他们都逐渐融入监督者的队伍中。

(3)安于现状

"局外人"在生态村建设初期是被动参与者和旁观者,是需要下大力气动员的群众。他们觉得村委耗资巨大的生态工程与自己无关,存在"搞生态建设倒不如提高分红""生态村(建设)不划算,是在挥霍集体的钱"等声音。垃圾桶、垃圾池配置到位后,他们仍会随手丢垃圾。这时,其他村民就会说他:"有垃圾池你不倒,大家都住在一起,你倒在其他地方影响别人家的环境。"被邻里乡亲说得不好意思,这些"局外人"就慢慢改掉了旧习惯。每年芒种秋收时节,他们作为父母会顾及孩子的面子,在由孩子从学校带回的《秸秆禁烧告家长书》上面签字承诺,听孩子讲环保知识。邻里面子影响、反哺教育、亲情游说让"局外人"难以招架,只好被动配合。在参与生态村建设过程中,这部分村民对生态文明建设的认同感不断提高,并开始调整自己的生活习惯。

3.村民驱动的作用与效果

在目前的村治模式下,村民驱动的动员力量有限,但星星之火,可以燎原,普通村民客观上构成生态村建设的主力军。他们在村党委书记、村委干部、村中精英的动员和自我教育的基础上,"先进带后进,后进变先进",不断扩大参与面,提高参与度;并借助自身的亲属关系网络强化了村民动员的效果,构建起村民动员的心理基础,以点带面、以柔克刚,感染、带动更多村民投身生态村建设。普通村民的广泛参与体现了党领导下的农村生态建设始终坚持以人为本的理念,促进人人、事事、时时崇尚生态文明的社会新风尚的形成,在广大建华人的共同努力下,建华村的环境问题得到根本改善,最终建设成"国家级生态村"。

三、生态文明建设路径存在的不足

建华村的生态建设成绩斐然,但生态文明建设路径在实际运行中还存在不足,主要体现在:第一,生态文明建设对基层民众广泛动员的要求与"能人治村"模式下的动员机制之间存在"天然"的张力。第二,生态村的建设目标与以小农心理为主导的村民生态意识之间存在着"后天"的矛盾。笔者将发现的不足归纳为四个方面:

(一)决策模式有待改进

村党委书记朱快乐的市场敏锐感带动了建华村实现跨越式发展,从而确立了其"能人"权威,但这也形成了"一人拍板—村委干部实施—普通村民被动参与"的决策模式。"能人"书记、村委干部和村民之间难以实现平等对话、共谋发展。村委副主任樊芳曾在2012年建立过"建华村在线"网站,借助信息化手段宣传生态村,但朱快乐认为网站"没什么用,没人看,还浪费钱",要求终止,樊芳未做坚持,直接撤销了网站。在"民俗博物馆"施工现场,有村民甚至不知道建造的是什么,只是说"这是朱书记要造的"。建华度假酒店的经理王荣称:"我们是不懂他(朱快乐)想法的,他也很少告诉我们。"

生态文明建设追求"以人为本",建华村的生态建设模式与国家倡导主体多元的参与理念存在一定出入。村委干部难以发挥决策作用,普通村民更难体现群众的创造智慧,或被动参与,或保持沉默,一定程度上影响了建华村生态建设水平的提高。

(二)动员手段有待法治化

生态村建设是在法治的框架下一步步实施的,村委干部们注重践行法治精神,如在引进企业时严格遵守相应的环保法规要求,在动员村民时遵循一系列的村规民约。但是在农村社会,村民更看重面子和钱这些"实际"的东西,对村委干部的普遍认同机制除了"干实事"就是人情和面子。因此,村委更加倾向于"人情面子""利益诱导"等贴近村民的动员手段。这种乡土化动员也有乏力的时候,其在实际操作中出现了村民不讲人情、村中利益协调失衡等问题。生态村建设需要认识到这种动员的客观弊端,积极探寻向法治化动员转变的实现路径,促成群众动员的长效性和可持续性。

(三)精英资源仍需发掘

中国传统乡绅近似于官又异于官,相近于民又高于民。乡绅们一方面扮演着领头贯彻、下达政令的角色,另一方面又是地方百姓的权威领袖和政治代言人。现在,随着村民自治制度在农村的不断完善,乡绅的影响力正逐渐弱化。

在精英群体中,并非所有人都能明白生态建设的意义和要求,部分人出于村委请求而答应去动员,还有人是为了体现社会价值而主动作为。他们在工作中存在随意性,其作为媒介角色传递给村民的信息不全面,加之渠道不畅通、形式不规范,精英的自我认识与所承担的角色责任时常不对称,这一定程度上造成了村民在生态建设中的实际需求与村委进行生态建设的目标相脱轨。

(四)村民驱动有待强化

建华村已经建成了国家级生态村,但建华村村民的动员力量并没有得到最好的发挥。这主要因为:一是村民的主体地位缺失,在当前的村治模式之下,村民在生态文明建设中的民主决策、民主参与、民主监督程度不够。二是村民对生态文明建设认同度不高,对生态文明建设的理念普遍理解不足,有少数村民甚至对生态村建设持怀疑抵制态度。这都直接降低了动员程度,限制了动员面。三是基层党组织对村民引导宣传力度不够,并且村民自我教育有待加强。四是几千年的小农文化深深地影响了农民的心理和行为,村民时常看不到生态文明建设的长远意义,以获得"好处"作为参与生态村建设的交换条件,客观上阻碍了生态文明的建设。

生态文明建设是在不断发展变化的社会经济文化背景下进行的,是一个长期的过程。尽管生态村已经建成,但在日后的建设中仍需要加强村民的主体地位,提高他们对生态文明建设的认同度,加强对村民的教育,进一步转变小农心理和行为。

四、完善生态文明建设路径的政策建议

为了完善生态文明建设路径,推广建华村动员村民参与生态建设的可行性经验,笔者尝试提出如下建议:

(一)加快农业产业转型升级,夯实农村生态建设的物质基础

深化乡村经济体制改革,落实中共中央关于深化农村土地改革的若干指示,允许农民以土地承包经营权入股发展农业产业化经营和多种形式规模经营。运用科技手段,发展生态农业和循环经济;发展优质环保产业;充分运用生态优势,合理规划农村旅游产业;加快农村城市化步伐,为经济发展寻求新的增长空间。通过进一步壮大村集体经济,为乡村生态文明建设打下可持续发展的坚实物质基础。

(二)完善农村能人选拔机制,提升基层党组织生态建设领导力

建华村面临着"能人"卸任后村庄发展难以维系的问题,这也是很多村庄能人治村模式下存在的问题。为此,需要继续探索农村基层政权机构改革,扫除村级自治真正落实的障碍。扩大村民参与乡村治理可从两方面入手,一是构建大学生村官选拔、培养和考核的长效机制,鼓励大学生投身扎根农村,为引领农村生态建设的基层党组织提供源源不断的后备军。二是发掘农村传统资源,将思想品德过硬的村中"能人"吸收到基层党组织中,增强基层党组织的凝聚力和领导力,将传统"能人"资源转化为生态建设的能量,助力乡村生态建设。

(三)创新多元利益整合机制,构建生态建设的集体行动逻辑

建设生态村,既需要运用各种教育宣传手段动员利益分化的村民参与,也需要探索村民动员的利益协调新机制,通过建立科学的土地流转制度、规模经营等,把农民利益"捆绑"在一起,实现合作共赢。通过均衡配置公共资源,完善村中信息公开制度,建立健全党和政府主导的群众权益维护机制,畅通和规范村民表达诉求、协调利益、保障权益渠道。消除农村文化与经济发展堕距,健全农民参与生态建设的深层文化心理结构,构建生态建设的集体行动逻辑。

(四)重建乡村伦理道德体系,推进生态建设思维和方式法治化

传统的以亲情和乡土观念为基础的道德伦理已难以适应"全面推进依法治国"的战略要求,因此,既要建立一种能在精神层面自律又能靠制度他律的、适应社会变化和乡民生活现状的新型伦理道德,更要求在动员群众参与生态文明建设过程中,提高运用法治思维和方式解决问题的能力,坚守宪法和法律规定底线,规范运行公权力,保护公民权利,为生态文明建设提供可靠保障。

(五)确立人民群众主体地位,引导村民广泛参与生态文明建设

村民是生态文明建设的主体,生态村建设成效受到群众参与面和参与程度的制约。因此,在生态村建设过程中,需要真正落实民主参与、民主决策、民主监督等村级自治规范。在此过程中,除了基层党组织的引导和教育,村民还可以通过民间自组织强化自我教育与教化的功能,树立生态文明主流价值观,形成参与生态建设和保护的自觉意识,逐步转变小农心理和短视行为,提高生态建设参与能力,充分发挥在生态文明建设实践中人民群众的主体性作用。

五、结语

人民群众是历史的创造者,村民是生态文明建设的主体,因此,笔者忠实地记录了建华村动员村民参与国家级生态村建设的过程,并在此基础上总结提炼出建华村生态文明建设路径的创举、经验和智慧,旨在为全国范围内贯彻落实党的十八大对生态文明建设的总体部署,广泛动员群众参与生态文明建设的实践提供有益的借鉴。

参考文献:

[1] 孙立平.动员与参与[M].杭州:浙江人民出版社,1999.

[2] 齐美胜.乡村社会动员机制研究:以皖南 G 村为个案[D].上海:华东师范大学,2010.

[3] 黄树民.林村的故事[M].北京:生活・读书・新知三联书店,2002.

[4] 梁漱溟.中国文化要义[M].上海:学林出版社,1987.

[5] 费孝通.乡土中国[M].北京:中华书局,2013.

[6] 林语堂.吾国与吾民[M].长沙:湖南文艺出版社,2012.

[7] 贺雪峰.村治模式:若干案例研究[M].济南:山东人民出版社,2009.

[8] 贺雪峰.地权的逻辑:中国农村土地制度向何处去[M].北京:中国政法大学出版社,2010.

[9] 贺雪峰.乡村社会关键词:进入 21 世纪的中国乡村素描[M].济南:山东人民出版社,2010.

[10] 贺雪峰.新乡土中国[M].修订版.北京:北京大学出版社,2013.

[11] 黄光国.人情与面子:中国人的权力游戏[M].北京:中国人民大学出版社,2010.

[12] 张仲礼.中国绅士研究[M].上海:上海人民出版社,2008.

[13] 翟学伟.中国人的脸面观:社会心理学的一项本土研究[M].台北:桂冠图书有限公司,1995.

[14] 翟学伟.中国人行动的逻辑[M].北京:社会科学文献出版社,2001.

[15] 翟学伟.面子、人情与权力的再生产[M].北京:北京大学出版社,2005.

[16] 周瑛.社区建设社会动员机制研究[J].中国民政,2013(7):48.

[17] 侯小伏.英国环境管理的公众参与及其对中国的启示[J].中国人口・资源与环境,2004(5):125-129.

[18] 姜帆,徐机玲."规划、环保、以人为本":值得借鉴的国外大城市发展理念[J].科技信息,2004(10):38-40.

[19] 林梅.环境可持续发展中的公众参与:以加拿大为例[J].马克思主义与现实,2010(1):180-186.

[20] 宋言奇.江苏省环保事业公众参与的状况与思考[J].苏州大学学报(哲学社会科学版),2010,31(5):47-50.

共富视角下县域文化资源禀赋的创新性转化

——以缙云县为例

朱　颖

（浙江经贸职业技术学院）

摘　要：县域发展是浙江高质量发展建设共同富裕示范区的关键节点，而文化资源禀赋则是供县域实现跨越式高质量发展的要素之一。本文通过援引文化资源禀赋成分多元的浙江缙云为例，阐明了将缙云打造为浙江道德高地的现实意义及必要条件，经由进一步分析提出了构建以"五脉归一"为总框架的浙江道德高地，以科研驱动道德文化基因解码工程，深入探索共同富裕的耕读路径，真抓实干推动仙都国家级旅游风景区建设等政策建议，以期实现缙云文化资源禀赋的创新性转化。

关键词：共同富裕　浙江　县域文化资源禀赋　创新性转化

党的十九届五中全会首次提出"扎实推动共同富裕"的重大历史课题。国家"十四五"规划、《中共中央关于党的百年奋斗重大成就和历史经验的决议》都把"全体人民共同富裕取得更为明显的实质性进展"作为战略目标之一。共同富裕是社会主义的本质要求，是人民群众的共同期盼。共同富裕包括物质富裕与精神富有，精神富有是共同富裕的应有之义，要满足人民群众日益增长的美好生活需要，文化是重要因素。浙江在新发展阶段承担了在共同富裕方面探索路径、积累经验、提供示范的重要使命。《浙江高质量发展建设共同富裕示范区实施方案（2021—2025年）》中提到"人文之美更加彰显，努力成为精神普遍富足的省域范例"。推动精神文化富裕，基层是关键，难点也在基层。如何通过创新性转化的方式把握运用好各县域的文化资源，打造新时代文化高地，这构成了本文的目标。

一、研究背景

（一）共同富裕的理论与浙江实践

"国之称富者，在乎丰民。"共同富裕是社会主义的本质要求，是中国式现代化的重要特征。共同富裕具有鲜明的时代特征和中国特色，是全体人民通过辛勤劳动和相互帮助，普遍达到生活富裕富足、精神自信自强、环境宜居宜业、社会和谐和睦、公共服务普及普惠，实现人的全面发展和社会全面进步，共享改革发展成果和幸福美好生活。

浙江承担了高质量建设共同富裕示范区的重要区域发展任务，将为全国范围内普遍推动共同富裕提供省域范例与打造新时代全面展示中国特色社会主义制度优越性的重要窗口进行有机结合。2022年浙江省《政府工作报告》中指出，要推进以县城为重要载体的城镇化建设，鼓励各地因地制宜探索有效路径，总结经验，逐步推开。路径其一便是攻破山区26县的发展难点，难点的突出表现在于事关共同富裕示范区建设全局的山区26县跨越式高质量发展，不仅是要看GDP指标，更要看重人民群众文化素质与生活品质的总体水平提升。

（二）浙江精神富裕的基本现状

创造性劳动是实现精神富裕的动力，习近平总书记在《求是》上发表的重要文章《扎实推动共同富裕》中写道："鼓励勤劳创新致富。幸福生活都是奋斗出来的，共同富裕要靠勤劳智慧来创造。"美好生活、美丽劳动是习近平在马克思劳动学说基础上的创新，揭示了新时代劳动者精神层面的主体地位。创造性的劳动是人的本质力量的外化。全面实现现代化要实现人的全面发展，让每一个个体在劳动过程中渐进式地确立以真善美为引领的人生意义，建构起以公共价值、公共精神为引导的公民意识，以人的尊严、人的解放为导向的精神富有。

1.深厚的文化底蕴是实现精神富裕的基础

浙江有良渚文化、吴越文化、宋韵文化、江南文化、浙商文化等浙江精神高地建设的思想资源，具有鲜明的南宋以来形成的浙学传统地域精神特质。除传统文化积淀外，抗日战争和解放战争时期党的革命武装在浙江地区的活动在党引领中国社会的政治变革、经济发展和文化复兴的过程中发挥了突出作用，也使得以"浙西南革命文化"为代表的浙江红色文化成为当代最具有活力的红色基因传承之一。进入新时代，浙江"干在实处、走在前列"的独特精神为浙江精神文明高地建设和浙江人精神富有提供了思想资源和文化支撑。

2.高质量的文化设计是实现精神富裕的保障

浙江省重视乡村文化和历史传承，强化对古村落、文化礼堂、传统建筑、民族特色村、非遗文化等保护开发利用，在保护中开发，在开发中保护，既完善历史文化设施，也以此为载体丰富了人民群众的精神生活。"15分钟品质文化生活圈""15分钟文明实践服务圈"覆盖率100%，市、县、乡三级文化设施覆盖达标率100%等措施是浙江通过不断推进丰富全域高品质现代文化供给，城乡一体的现代文化服务体系全面覆盖的突出成就。

（三）浙江的县域文化发展现状

1.县域文化是省域文化的组成部分

县域文化是地域文化中最大的个体类型，是连接乡村文化、民族文化和省域文化之间的纽带。浙江省作为我国经济最发达的省份之一，党的十八大以来，重视下辖各县域经济发展，鼓励因地制宜，2021年全省GDP总量完成73515.76亿元，同比增长8.5%，以缙云县所在的丽水市为例，虽然GDP总量1710.03亿元排在浙江11个地市的第10位，但第三产业占比56.4%却仅次于杭州排在全省第二位。其中，浙江省县域文化产业犹如充满活力的江南春水，不但成为县域经济转型发展、可持续发展的动力，而且成为浙江省全面提升文化软实力的重要基础。

浙江省县域文化蓬勃发展的一个主要原因是注重地域文化的再造与人才培育的结合，比如发掘文化名人、培育浙商企业从而发挥品牌效应,推动县域形成有利于社会转型发展的社会共识、价值取向和文化风范。

浙江的县域文化,百花齐放,千帆竞发。有中国茶文化发源地、打造"中华茶文化"湖州长兴,有茅盾故居、"千年水乡古镇"嘉兴乌镇,有绍兴公祭大禹陵活动,有海宁盐官古镇打造的"中国唯一的大潮之乡"等这样的一批具有浙江特色和辨识度的标志性文化成果,使浙江的人文之美更加彰显,向着以宋韵文化为核心的传承中华优秀文化、具有江南特色的文化强省推进。

2. 浙江县域文化的发展脉络

县域文化的内涵丰富,它包括人民群众的价值观念、人文精神、地域文化遗产、群众文化活动和基础建设等。在《浙江高质量发展建设共同富裕示范区实施方案(2021—2025 年)》中提到"解码浙江文化基因,推进浙东学派、永嘉学派、阳明心学、南孔儒学、和合文化等创新转化"。浙江省县域文化产业的发展大致经历了三个阶段,呈现出从数量到质量转变的趋势。第一阶段是立足本地特色,培育产业项目。20 世纪 90 年代后期以来,浙江一些县域依托本地的资源禀赋,开创了新型文化创意产业项目。如东阳横店从外景拍摄基地发展为全产业链的影视生产基地,杭州宋城依托宋文化的"千古情"产业项目成为中国最大的宋文化主题公园,都为县域文化产业提供了重要经验。第二阶段是做产业集群,壮大产业规模。2005 年以后,一大批文化企业,结合县域经济特色,围绕创意农业、影视制作、工艺美术等重点领域,逐渐形成了文化产业集群。第三阶段是新型城镇化发展,推动融合创新。新型城镇化不仅要求重视经济规模,更要求人的生活品质的提升,大力开发知识型、智慧型、创意型的资源。

二、"五脉归一"——缙云县创新性转化文化资源禀赋的案例研究

本研究选取浙江省缙云县作为研究案例。取样理由首先是,其黄帝文化品牌已成为打造新时代文化高地的实际行动。2021 年 10 月在缙云举办的中国仙都祭祀轩辕黄帝大典是我国保留的八个节庆项目之一,也是目前为止浙江省唯一由省政府主办的祭祀类活动,标志着我国形成了缙云与陕西黄陵、河南新郑"三地公祭"的黄帝祭祀格局。我们认为将缙云打造成为浙江道德高地无疑能够使黄帝文化牵引其他区域文化的融合发展。其次,缙云县所在的丽水市在浙江 26 个山区县高质量发展中占有重要地位,要建设全国生物多样性保护引领区、国家公园县,高质量打造"诗画浙江"名片;要建设全国生态产品价值实现示范区、争创普惠金融服务乡村振兴改革试验区、跨山统筹试验区等,而缙云则担当了丽水市跨越式高质量发展的排头兵的角色。最后,丽水因其"九山半水半分田"的地貌特征,物质资源禀赋有限,经济发展水平在浙江各县市区中表现并不突出,发展潜能亟待发掘,因此,在浙江创建共同富裕示范区的征程中丽水是关键点,而丽水的缙云是突破点。

本案例所用的研究资料取自笔者所在研究团队于 2021—2022 年通过多次实地走访、调研所得的数据,以及由部分受访单位提供的数据,结合网络公开的新闻素材和相关文献。

将缙云打造成为浙江道德高地的现实意义:

(一)对于缙云打造道德高地将有助于其增强经济发展的软实力

"黄帝缙云,人间仙都",人文和自然资源使得缙云发展文旅产业具有先天优势,因此应对资源

进行充分的开发和合理利用。由此提出的将缙云打造成为道德高地的设想，便是将以道德为核心价值的文化内涵作为牵引国家 5A 级景区——仙都风景名胜区、黄帝祭祀活动及其他缙云当地的旅游资源统合的纽带，以此达到文旅产业整体实现高质量发展的目的。

（二）对于山区 26 县将提供文化支撑经济振兴从而实现跨越式高质量发展的模板

山区 26 县在发展过程中与其他地区形成的显著差异的原因之一就是缺乏可以迅速转化为经济价值的资源禀赋，因此将缙云打造成为道德高地能够起到路径探索的作用，希望能够通过此项工程展示山区集优势定位、资源创新性转化、价值转化于一体的厚积薄发发展方式，以及这一模式的独到之处和成功之处，为其他地区尝试实施文化资源禀赋的创新性转化提供参考。

（三）对于浙江将极大地有助于共同富裕示范区建设

《关于支持浙江高质量发展建设共同富裕示范区的意见》中指出应"传承弘扬中华优秀传统文化"，于缙云而言，如能够将黄帝文化、耕读文化、范蠡文化、计然文化、阳冰文化以道德高地的形式作为优秀文化产品来呈现，无疑符合共同富裕示范区的发展要求，让缙云和浙江的发展轨迹结合得更加紧密。

三、共富驱动下缙云县域文化创新性转化的可行性分析

（一）缙云可以打造以"人文始祖"黄帝文化为背景的、以中华民族传统美德传承为主干的品德高地

黄帝文化中蕴含的传统美德是黄老学派思想理论的实践准则，所以与公序良俗有所不同。这种美德既包括私德，也包括公德，如在典籍《黄帝四经》中具有代表性的包括以下四种：

1. 身德

好的个人修养如黄帝之所以能够趋利避害，在于明晰"雄雌节"之辨，雄节"宪傲骄倨"，指的是自矜自傲、桀骜不逊，雌节"宛湿恭俭"，指的是婉顺谦恭，经常操"雄节"是积累祸端的过程，相反操"雌节"是积累福德的过程。

2. 政德

施行德政是黄帝的执政理念，黄帝在就职演说中称，之所以他能够"吾位不失"，是因为他能够做到"畏天爱地亲民，立无命，执虚信"，即崇敬天地、亲近人民，有信念，守诚信。同时黄帝为了贯彻德治将其与法治相结合，他派遣正直的力墨巡视四方，"以观无恒，善则法之"，通过奖惩措施制定行为准则。此外还通过黄帝与阉冉的对话反映出政德和身德之间的辩证关系，黄帝问怎样才能实施政策，阉冉回答道"始在于身，中有正度，后及外人"，即应先自我约束，再以这样的标准要求他人。

3. 刑德

谨慎是黄老学派对于实施法治的态度，这是由于"环私伤威，驰欲伤法，无随伤道"，滥用法律就会损害法律的威严，使法律失去效力，令法治偏离客观规律。

4.商德

《黄帝四经》中的一些文字与反映浙商始祖范蠡言行的《国语·越语下》相似,这表明了黄老思想与范蠡思想、范蠡的哲学思想和商业思想之间存在着逻辑关系,例如"然则五谷流熟,民乃蕃滋"既是德治的结果,也是经济与人口之间关系的一般规律。

不难发现黄帝文化的中华民族传统美德传承具有高度的时代价值,首先是有利于在马克思主义中国化的过程中与传统文化之间进行有机融合,其次是有利于将黄帝文化的内涵从单纯的历史叙事提升到哲学思辨的层次,最后是有利于对缙云的黄帝祭祀活动文化赋能,因此建设以黄帝文化为背景的中华民族传统美德传承为主干的品德高地,借由缙云的黄帝祭祀活动来推动研究和宣传黄帝文化之"德"具有充分的可行性。

(二)缙云可以打造以浙江地区商业发展沿流为背景的、以浙商商道传承为枝干的商道高地

仙都名胜风景区初阳山上有一处山洞,洞口刻有唐缙云县令李阳冰所书"倪翁洞",倪翁被认为应是"陶朱公"范蠡的老师计然(倪)隐居的处所。我们认为,应通过倪翁洞来展现浙商商道传承的悠久历史,一方面可以反映出我国在春秋时期便已形成商业理论,有助于提升民族自信心,另一方面可作为浙商商道代表人物的纪念地,以此来提升浙商的精神凝聚力。

不可忽视的是,倪翁洞的历史文化背景主要来自"故老相传",在部分细节上有一定的争议,只能从侧面获得佐证。

第一是计然是否历史存在的真实人物。古今均有观点认为《史记》中所指"计然"并非人名,而是范蠡书作的名称,理由是他的人物事迹缺乏汉代以前的典籍记载。但是综合现有文史资料来看计然人物形象丰满,同时多有强调范蠡曾向他求教的共同描述,因此不能片面地断言计然这一人物是后人的牵强附会。

第二是计然隐居之地是否为缙云。较有可能为计然隐居所在有两处,除缙云外的另一处位于德清的计筹山,以赵孟頫的《计筹山子昂碑文》为证:"吴兴武康计筹山,越大夫计然隐此成道。"然而山名计筹,结合地方志和地理位置来看应更倾向于认为此地是吴越战争期间计然作战略筹划的地点,所以不能完全排除缙云为其隐居之地的可能性。

第三是对计然经济和商业思想的评价是否客观。计然之策主要是服务于吴越战争的实际需求,所以其论述商业规律的内在目的还是解决越国政府的财政问题。他的理论与很多现代的经济学观点可以相互印证,如"穰旱饥论"是以农业为核心的经济周期理论,"平粜论"是政府市场调控的作用机制,等等。因此对计然经济和商业思想的客观评价应是先进而绝非陈旧的。

综上所述,承认计然是与范蠡享有同等高度的最有代表性的浙商历史人物地位,以及将缙云倪翁洞作为浙商商道传承的标志性古迹是可取的。

四、"五脉归一"创新性转化实施方案的具体设计

(一)构建以"五脉归一"为总框架的浙江道德高地

将黄帝文化、计然文化、范蠡文化、阳冰文化及耕读文化进行有机融合,以黄帝祭祀活动为前

驱,倪翁洞为侧翼,历史人物黄帝、计然、范蠡、李阳冰为核心,耕读风俗为特色构建"五脉归一"的道德高地,从黄老学派之黄帝出发,经道家范蠡、计然作为古典哲学思想的发展传承,由李阳冰展示文化底蕴,最终抵达缙云人好耕读的优秀传统,形成荟萃道、儒、浙学传统、浙商精神、缙云风情于一身的道德文化完整闭环。

(二)以科研驱动道德文化基因解码工程

与高校共建"缙云道德文化研究促进中心",省内外高校学者和缙云当地民俗、方志学者会同有关部门,集三者之力加大对道德文化的研究力度,对文史资料和实物依据进行充分的整理和分析。组织召开缙云道德文化研讨会,探讨道德文化的时代价值和促进文旅产业发展的具体路径。与省内外加强文化研究交流合作,建立不同地区之间同源文化的系统逻辑。科学阐述道德文化,通过扬弃的手段,使道德文化转化成为提供给青少年的通识教育。

(三)深入探索共同富裕的耕读路径

提高缙云当地各类教育的办学质量,加大教育经费投入,提升学前教育的普及程度,兴办一批小微民办学前教育机构,将学前教育政策与人口政策相关联,通过教育扶贫缩小代际收入差距。振兴农业,重点扶持缙云烧饼上游农品的生产加工,已获得区域品牌如地理标志产品的农副产品,以及其他经济价值高、市场前景好的农产品。重视解决农村地区"三留守"人员的生活困难,关注留守人员的心理健康问题。

(四)真抓实干推动仙都国家级旅游风景区建设

加大对仙都景区的宣传力度,树立道德文化的品牌形象,建立起"仙都"之名与道德文化之间的逻辑关联,丰富仙都品牌蕴含的文化意象。加强道德文化脉络轴点古迹的开发,关注倪翁洞摩崖石刻的保护工作,以道德文化设计观光路线,围绕道德文化对现有景观的局部细节进行调整,筹划开发道德文化相关的旅游产品。办好黄帝祭祀活动,扩大活动影响力,发出"寰宇华人,共祭黄帝"的邀请宣告。加快景区周边商业体的发展,提高十分钟车程圈餐饮住宿等服务配套的密集程度。

参考文献:

[1] 陈鼓应.黄帝四经今注今译:沙马王堆汉墓出土帛书[M].北京:商务印书馆,2007.

[2] 花建.以文化产业的融合创新推动县域可持续发展:以浙江代表性县域为重点的研究[J].文化艺术研究,2015,8(1):1-9.

[3] 王诗宗,胡冲.社会治理共同体建设路径:多重网络的再组织——基于舟山市"东海渔嫂"案例的研究[J].治理研究,2021,37(6):33-42.

[4] 许建良.《黄帝四经》"物曲成"的道德实践论[J].徐州工程学院学报(社会科学版),2012,27(2):16-22.

[5] 马静.《黄帝四经》的刑德体系探究[J].文化学刊,2018(7):234-236.

[6] 唐广.范蠡的"计然之术"及其商业经营价值[J].江苏商论,2004(6):163-164.

[7] 王文清.计然其人姓名及其思想考订[J].绍兴文理学院学报(哲学社会科学版),2003(1):34-40,33.

[8] 赵九洲.计然其人其事考[J].石家庄学院学报,2020,22(2):85-93.

[9] 沈松琴.《计筹山子昂碑文》考释[J].文物天地,2021(1):70-73.

构建拥江产业协同生态，
建设共同富裕示范城市的杭州路径

葛彩虹

（中共杭州市委党校）

摘　要:杭州处在"沿江开发、跨江发展"至"拥江发展"的新时代,综观上游千岛湖,中游新安江、富春江到下游钱塘江段,各流域段的产业发展基础、资源要素禀赋、发展诉求各不相同,协调好产业与生态、整体与局部关系,推动钱塘江上、中、下游产业联动,南北两岸产业互动发展的产业协同生态,建设共同富裕杭州迫在眉睫。通过和各区、县(市)、部门座谈讨论、实地走访、个别访谈、查阅文献等方式,分析杭州市域产业发展的现状、趋势特点和存在的问题、原因,建议强化全域产业"一盘棋"统筹,差异化阶梯化布局、关键区域两岸融合、上中下游科技协同和全流域文化生态协同,推进市域产业创新发展、上下游错位发展、南北岸互联发展、全市域科技产业创新发展和绿色低碳产业加快发展等拥江产业协同生态,以期为杭州乃至长三角一体化产业协调和高质量发展提供思路,为杭州建设共同富裕示范城市提供参考。

关键词:钱塘江两岸　产业　协同　共同富裕

钱塘江发源于安徽境内,横贯杭州市域,自西南向东北流经淳安、建德、桐庐、富阳、西湖、萧山、滨江、上城、钱塘等区县(市),经杭州湾入东海,全长 235 公里。钱塘江是杭州的"母亲河",也是杭州城市建设、发展和生态文明建设的轴心带。从上游千岛湖和新安江、中游富春江到下游钱塘江段,各流域段产业发展基础不同、资源要素禀赋不同、发展诉求不同,因此协调好产业发展与生态保护的关系、市域整体与区县(市)的关系,从杭州城市中长期发展和全市产业发展的角度,推动钱塘江两岸产业转型升级和协同发展,建立钱塘江流域产业联动、两岸产业互动的产业生态链、供应链等拥江产业协同生态,是杭州拥抱新时代,贯彻新发展理念,建设共同富裕示范城市,展示杭州重要对外开放窗口的中国气派、中国方案、中国经验亟待破解和研究的课题。

一、钱塘江两岸产业发展现状和趋势特点

随着杭州加快经济转型升级,钱塘江两岸已成为产业发展的主要集聚区,特别是信息、金融、旅游、会展、商务商贸等业态加快向沿江地区集聚,带动了全市产业结构的调整优化。由于资源禀赋和生态地位不同,钱塘江两岸产业发展形成了明显的阶段区分,从上游到下游产业成熟度递增,上游产业处于生态保护的重建期,中游产业处于转型升级的提升期,下游产业处于结构较优、高度发

达的成长期。

（一）以淳安、建德为代表的钱塘江上游处于主导产业重建期

淳安和建德位居钱塘江上游，山水资源丰富，但可开发土地有限、产业集聚度较低，是杭州发展相对落后的两个人口外流县（市）。随着杭州贯彻新发展理念、生态保护力度越来越大，淳安和建德正在加快主导产业重建。

1. 淳安身处特别生态功能区，主导产业期待省市级统筹之心强烈

淳安在特别生态功能区定位和千岛湖配供水工程建成通水之后，需要重新审视生态战略地位和经济发展相对滞后的矛盾，在改变产业大而全且不集中的同时，更加注重发挥自身独特的生态环境优势，探索走生态经济高质量发展道路。实现生态产品价值高效转化的主导产业至关重要，淳安期待省、市级统筹之心强烈。

2. 建德传统产业占比较高、贡献较大、提升较难，主导产业重建方向明确

建德产业结构以化工、水泥、建材、家纺等传统产业为主，其中新安化工、建业化工等化工企业以及海螺水泥、红狮水泥、南方水泥等建材企业占据主导地位。由于传统产业受水资源保护以及生态环境要求，这些传统产业转型升级压力较大，建德结合自身优势正在重建产业层次，着力培育通用航空、新材料、数字经济、休闲旅游、健康养老、文化创意等新兴产业，并发展草莓、茶叶、柑橘、板栗、竹笋、畜禽、水产等生态农业和水产业。

（二）以桐庐、富阳为代表的钱塘江中游处于主导产业转型期

富阳和桐庐位于钱塘江中游，具有较好的产业基础，目前正处在加快转型升级期。

1. 探索和确定有一定传统产业基础的多元化主导产业发展方向

富阳在金属冶炼、计算机通信、通用设备、造纸等产业转型的基础上，"十四五"时期探索形成以通信、生物医药、高新制造为方向的主导产业格局。桐庐主导产业发展已脉络清晰，提出以大制造（智慧安防、电子信息和先进装备方面的智能制造等）、大健康（细胞检测、医疗器械制造、中医药生产、健康食品、康养服务等）、大旅游（生态观光、休闲度假、乡村旅游、康养生态游、山水游）等三大主导产业，同时培育"一核（未来城快递总部）两翼（江南和富春江镇快递装备）多点"的生产性现代服务产业、"蜂茶果药"现代农业产业和文化创意产业。

2. 探索"腾笼换鸟"模式，产业平台整合提升推动产业转型升级

富阳加快造纸等高能耗、高污染产业全面腾退，目前已完全腾退造纸及关联企业1000多家，腾出土地2.6万亩、收储1.4万亩。同时加大土壤治理、土地平整、征地拆迁、基础设施配套等前期准备工作，聚力构建高能级产业发展、高成长企业培育、高层次创新生态、高效率要素配置、高效能服务保障等五大体系。

3. 产业整合提升平台核心区块的东洲新区，急需市级层面统筹考虑，应在规控、土地指标等方面给予明确

东洲新区作为富阳融杭发展的桥头堡，目标是打造信息经济、高端制造、现代服务三大千亿级

产业集群，目前有大华智联、富生电器、中泰深冷等 107 家规上工业企业，但交通、高端餐饮、住宿、商贸、教育、医疗等生产、生活服务配套缺乏，导致工作在新区、生活和消费在区外，人才留不住和产业外移等现象。

（三）以主城区为代表的钱塘江下游处于主导产业成长期

相对于中上游产业转型和重建，下游地区形成了以信息、金融、旅游、会展、商务商贸等较为成熟的都市业态，部分产业的集聚发展走在全省乃至全国的前列。

第一，钱塘江下游各区产业优势突出，渐显优势产业溢出和主导产业逐渐集聚发展态势。下游形成了以信息、金融、旅游、会展、商务商贸等较为成熟的都市业态，部分产业走在全省乃至全国的前列，滨江、西湖的数字经济，上城①的金融科技和金融服务，钱塘区的生命健康、新材料和萧山传统制造业等产业比较优势明显。

第二，不同产业结构和基础的区县（市）为应对上级无差别工业"打造"、考核，频发"一刀切"和"互挖墙脚"现象，对市级甚至省级层面的产业统筹规划呼声较高。各区县（市）为应对产业发展和招商引资考核，不管适不适合、有没有基础、可不可以都"一窝蜂"地打造雷同的产业园区，造成闲置性或者不可再生性的资源浪费，甚至相互挖角等不正当竞争。上城唯一飞地工业园区——上城区电子机械功能区，以高标准服务引进高精尖企业培育壮大后，由于园区没有土地可以支持其发展，陆续被其他城区挖走，如奥普到下沙，恒达电子到富阳，绿盛、思创医慧、亿邦通讯到余杭，甚至有些企业到杭州以外的湖州、嘉兴、绍兴等地，其中亿邦在余杭区上市，相当于该园区变成了上市企业的孵化器。

（四）钱塘江流域上中下游和南北岸产业协同处于探索期

随着杭州传统企业外迁、"杭州制造"影响力不足、信息经济结构"偏软"、工业投资地位徘徊等工业隐忧逐渐显露，以及区县（市）呼吁市级层面统筹产业布局、梯度承接，杜绝杭州优质企业区域外流之声不绝于耳，杭州也开启了产业承接与梯度转移机制探索和实践。

1. 资金和项目支持的区县（市）单向定点协作机制的产业转移

杭州市在 2002 年启动老市区工业企业有序转移的序幕，于 2010 年、2016 年再次启动两轮区县（市）协作，共实施产业转移项目 380 余个，完成投资 230 多亿元。拱墅区桐庐循环经济产业园、高新区桐庐分园等推进了海康威视、英飞特、施强药业等落户；建德千亩萧山产业园完成两个项目签约。网通云数据中心、先芯科技等落户千岛湖—西湖生态科技园。

2. 共建共享机制的跨区合作和产业协同发展的产业平台

2019 年 8 月 28 日，杭州高新区（滨江）富阳特别合作示范区挂牌成立，大胆开展管理体制机制、行政审批改革等方面改革创新，形成了为工业企业和"双创"成果转化提供空间支撑的独具特色的"产业用地净地合作"模式。

---

① 指原上城区和江干区。

3. 以服务业为主的钱塘江下游，优化产业体系先行先试杭州市域外产业战略合作

上城区依托商贸旅游优势，积极与香港知名企业洽谈合作入驻，建立杭港高端服务业示范区。上城区玉皇山南基金小镇管理委员会与合肥经济技术开发区管理委员会签订合作框架协议书，建立长期性、多层次、宽领域的战略合作关系。

4. 以更加开放发展的理念与长三角、国际城市产能合作互动

聚焦长三角一体化和高质量产业发展，深化与湖州、嘉兴、绍兴签署"1＋4"合作协议；与黄山共建杭黄国际黄金旅游线，谋求旅游产业共发展；发挥杭州数字经济优势，成立长三角特色小镇产业联盟、合杭梦想小镇、梦想小镇沪杭创新中心等产业发展助力模式。

二、钱塘江两岸产业发展存在的问题和原因分析

自实施"沿江开发、跨江发展和拥江发展"战略以来，钱塘江两岸面貌发生了日新月异的变化，但无论与知名江河城市相比，还是与世界名城建设目标相比，钱塘江核心功能纽带作用都尚未有效发挥，两岸产业发展促进共同富裕的战略支撑作用仍显不足，亟待对钱塘江两岸产业空间和功能进行整合和优化。

(一)钱塘江两岸产业空间布局分散，产业结构不够合理

钱塘江两岸园区开发主体不同，并受行政区划制约，导致沿江上下游产业布局分散，产业结构也不够合理，同质化严重，低、小、散依然存在。

1. 钱塘江两岸产业空间布局分散、土地利用不集约，特别是中上游多为高耗能和中低端产业

以开发区、产业园区、产业功能区为形式的产业空间布局，造成每个区县、每个乡镇都有产业集聚区，土地利用不够紧凑、发展不集约，产业定位重合度高，产业结构层次同质化严重。生态隔离、规划留白未能有效实行，一些高耗能和中低端产业仍然分布于沿江区域，钱塘江上游化工、造纸、印染等重污染企业沿江分布明显。

2. 传统产业在沿江区域仍居主导地位

2019 年杭州市十大传统制造业规模以上工业增加值(1530 亿元)占全部规模以上工业增加值(3531 亿元)的 43%，这些传统制造业主要分布在钱塘江沿线区域，且在沿江区(县、市)经济中仍占主导地位。

3. 新兴产业钱塘江上下游发展不平衡

杭州新兴产业近年来增长速度较快，占比逐年提高，但新兴产业在钱塘江流域的发展非常不平衡。据 2021 年浙江省数字经济发展综合评价报告，杭州钱塘江下游数字经济综合水平位列全省第一和第二层级，滨江区依旧排名全省第 1，西湖、余杭、江干、上城、萧山全省排名依次为第 2、3、4、6、8；中游数字经济综合水平处于全省的第三层级，富阳较上年下降 2 位，列第 31，桐庐从上年第 37 上升至第 30；上游数字经济综合水平在中下游的带动下虽较上年大有提升，但仍处于全省的第四和第五层级，建德从上年的第 46 升至第 40，淳安则从第 74 位升至第 65。

(二)钱塘江两岸产业规划有待优化,产业发展整体统筹不够

《杭州市拥江发展战略规划》中"一规六带"的整体工作框架和工作脉络虽已比较清晰,但钱塘江全流域视角的产业规划尚未形成,各区段的产业发展定位、产业空间布局、产业发展要素等仍然缺乏系统性的设计。

1. 产业规划的顶层设计有待加强,一盘棋意识不够

产业发展涉及众多主管部门,但缺乏强力部门牵头统筹,同时各个部门都有对应的规划设计与制度设定,但不同规划的边界并不清晰。产业布局全市"一盘棋"的顶层设计由谁来牵头,在体制和机制上都有待健全,在要素保障上需要有刚性的制度规定。

2. 产业规划同质化较为严重,上下游区域统筹不够

《杭州市拥江发展战略规划》对钱塘江流域各区段的产业定位进行了初步的设定,但作为一个宏观性的整体规划,对具体产业发展指导性不强。上下游各区域的产业定位差异化并不明显,难以形成合理的产业梯度和紧密的产业链关系。以生物医药产业为例,在桐庐县、西湖区、高新区、钱塘区都被确立为重点产业链,未考虑本地区产业定位特色化。

3. 产业用地结构和功能组织缺乏系统、整体的统筹规划

两岸前期开发缺乏统筹规划和精细控制手段,处于多主体、片段式的开发,导致沿江用地结构和功能组织缺少系统性和整体性,已开发岸线中70%左右为居住用地,商业、文化旅游、娱乐休闲和公共服务设施用地比重严重不足。

4. 钱塘江两岸跨江交通单一,产业互动和统筹不足

过江连接通道数量偏少、密度偏低,沿江景观道、绿道虽然得以贯通,但主干道通过性太强,沿岸自然生态空间未能向城市内部有效渗透。两岸交通不畅使得产业要素流动滞缓,产业互动和统筹不足,南北相互带动辐射较弱。

(三)产业平台建设、统筹不够,产业集聚作用不够突出

杭州市、区两级各类产业平台产业能级均不高,大部分产业平台不同程度地存在"散""弱"的问题。

1. 平台的产业层次和发展能级亟待提升

杭州战略性主平台、主要平台、特色产业园区三个梯度共有35个产业平台,但市级产业主平台重大产业项目相对偏少,在2018年上报的152工程项目中信息与实体经济项目28个,占项目总数只有40%,且属于"工业制造2025"和战略性新兴产业的项目更少。

2. 平台的产业集聚作用不够突出

部分产业平台的产业集聚程度不高,产业定位不够清晰,"一区一主业"特征不够明显,产业同质化现象较为突出,支撑性大项目不多,缺乏高能级产业承接平台。

3. 产业新城尚未形成合力

相邻近的新城在功能和空间上的相互联系较少,一体化程度偏低,尤其是钱塘新区、萧山科技

城、空港新城等沿江板块的联系有待加强。各大新城尚未形成发展合力，竞争大于合作，如钱江新城、钱江世纪城与滨江区中心在高端商务服务上存在竞争，钱塘新区和萧山科技城在高技术产业培育方面竞争较为激烈。

（四）全流域产业协同能力较弱，产业转移合作机制有待健全

目前各区县（市）产业发展还基本处于"各自为政"状态，全市域统筹协同力度还有待加强。

1. 市域内产业转移与合作的协调对接机制不健全

杭州市对重点工业企业产能外移的监测、统计体系尚未建立，主城区产业外迁、区（县）市产业引进的信息共享机制不畅，存在在杭企业探寻发展空间和招商人员频繁"跑项目"并存现象。在产业梯度转移过程中缺乏牵头主体，中心城区与区（县）市产业协作水平较低，尚未形成合理的产业梯度和紧密的产业链关系。

2. 中上游区县（市）产业承接能力较周边外市县（市）弱

除了"省管县"财税政策以及土地和生态制约外，富阳、临安、建德、桐庐、淳安在人才资源、商务服务、产业配套、城市配套等难以满足主城区转移产业需求，而杭州都市圈内德清、安吉、海宁、桐乡、诸暨等节点县市发挥空间资源、区位交通等优势，积极承接杭州产业外溢。

3. 中上游战略新兴产业、传统产业升级中关键人才普遍留不住

产业化人才团队不足，不管战略新兴产业还是传统产业的关键技术对人才、技术要求较高，虽然中游和杭州主城区很近，但财力薄弱，人才政策欠缺，留住人才特别是高层次人才还是很困难。

（五）发展诉求和生态治理认识不同，全流域合作性联动性不强

上中下游产业发展基础不同、资源要素禀赋不同、发展诉求不同，需要加强全流域产业发展的联动和协同。

1. 区域经济发展的巨大差异催生中上游区域强烈的产业发展动能

从市域范围来看，城乡区域统筹发展水平还不够高，中上游区县（市）生产总值、人均可支配收入与下游主城区差距较大。这些区县（市）有强烈的产业发展动能，由于新兴产业引进困难，希望继续发展现有的优势产业，但现有产业仍然以传统产业为主，且处于产业转型升级阵痛期与生态保护压力叠加期，进一步限制了区域经济发展的步伐。

2. 上下游对产业发展和生态保护的认识与诉求不一

杭州市域范围内，缺乏上下游有效合作和到位的生态补偿机制，导致上下游区县（市）在生态保护、基础设施、发展诉求等方面存在差异。比如千岛湖配供水工程，下游主城区渴望优质水源，希望上游加强水源地的生态保护，而上游区（县、市）认为没有产业保障就没有经济发展，区域经济发展的差距会更大。再以中游富春江段的富阳区为例，扎实地"蹲下去"淘汰落后产能，倒逼产业全面转型，但由于还没有完全摆脱原有的县域经济发展模式，加快布局和推进高新产业发展还面临许多现实困难，因此富阳希望在产业转型政策引导、公建配套扶持共享、交通规划布局等方面得到更多的市一级政策的倾斜。

三、构建拥江产业协同生态,建设共同富裕示范城市的建议

钱塘江两岸目前是杭州智能制造、创业创新、金融贸易、电子商务等高端经济要素的集聚高地,未来充分挖掘沿江生态景观、历史文化资源价值与未来新经济高度结合,扛起浙江"三地一窗口"和长三角一体化发展的战略使命担当,以生态、科技和产业创新的开路先锋姿态率先形成生态、产业创新策源地的拥江新发展格局和"改革开放的新高地"。积极塑造钱塘江"世界名江"的品牌效应,打造一条世界级的高端智慧经济带,把钱塘江沿线建设成为独特韵味、别样精彩的世界级滨水区域,把钱塘江流域建设成为践行"绿水青山就是金山银山"理念的生态文明建设示范区、创新驱动发展的经济转型升级示范区、宜业宜居宜游的区域协调发展示范区、拥江产业协同生态的共同富裕示范区。

(一)强化全域"一盘棋"统筹,协同推进全流域产业创新发展

杭州"拥江发展"必须解决全流域协调平衡发展,通过全域产业"一盘棋"和"补短板"、做加法,来进一步发挥和释放杭州产业"长板"优势,建立健全全域产业协调机制和组织机构,统筹布局和引导区县(市)根据地理区位、资源禀赋、产业基础等因素确定产业发展方向,统筹创新杭州市域产业平台合作机制或者利益共享机制,避免同质竞争下的相互"挖墙脚"之弊端,推进钱塘江上中下游的全域产业发展优势互补、协作配套、协同发展的产业生态链。

1. 强化"一盘棋",构建全流域产业一体化协同发展机制

深入贯彻五大新发展理念,以钱塘江为杭州全域"一盘棋"的主轴,以新制造、高新技术和生产服务为主要产业,以各类开发区、特色小镇、高新园区、科技园区、工业园区等为载体,市政府主要领导和分管领导负责,发改、经信、投促等主管部门牵头,成立全域产业协调发展领导小组,负责统筹全市产业协同以及参与长三角、浙江省的产业一体化发展。

(1)从长三角一体化来看

杭州要主动参与构建长三角产业创新发展体系,借鉴学习上海创新制度并承接上海科技创新溢出,推进创新平台向高精尖和纵深化发展,带动整个长三角产业创新发展的相互融合、相互借鉴、相互促进。

(2)从浙江省域协同来看

杭州作为综合实力最强的省会城市,要协同大湾区内的嘉兴、绍兴、宁波以及钱塘江上下游的黄山、兰溪、海宁等地区,牵头建立大湾区、全流域产业系统发展机制,提升大湾区和钱塘江全流域产业竞争力。

(3)从杭州整个市域协同来看

就是要全面统筹规划、体制机制、政策制度、土地、人才、教育、医院、交通、科技等资源要素,构建全市域主导产业明确、梯度合理的产业平台体系和"一张蓝图绘到底"的发展定力机制,打造绿色高效的现代产业带,推进产业高端化、低碳化、集约化发展,推动经济高质量发展。

2. 统筹"点线面",推进优势产业全产业链协同发展布局

现代区域经济的竞争不仅是单个企业的竞争,更是产业链、生态圈的竞争。杭州可以借鉴上

海、合肥、南京、苏州、青岛等城市，打破招商、产业、要素保障部门的界限构建统筹机制，以"全产业链"维度进行包括存量和增量的产业整体打造的做法，围绕人工智能、集成电路、安防视频、生物医药、智能制造、文化创意等优势产业，统筹构建跨区域多个重点产业平台分工协作、优势互补的产业链，在全市打造若干个"点、线、面"协同发展的全产业链生态圈。在钱塘江下游江干区、钱塘新区、萧山区，以原有的城东"智造大走廊"上的多个产业平台为点，延伸到以数字经济为优势的高新（滨江）区、西湖区和传统制造业亟待转型升级的富阳区，通过"制造＋数字"产业融合提升智能制造产业能级，形成一个集制造、智能、创新的"全产业链"的面。在杭州西北面城西科创的"一廊四城"①协同西湖区、富阳区（银湖开发区、东洲开发区）和南岸高新（滨江）区、萧山临空经济开发等科创、制造业集聚区和便捷的空港枢纽区等多个平台点，链接成集"数字＋科创＋制造＋服务"的产业线，实现"数字转化、科创转化"基础上的二产和三产的深度融合，促进传统制造业数字化、智能化、高端化的"全产业链"的面。

3. 聚焦"三高地"，加快重大战略产业全生态协同创新发展

紧抓浙江省打造三大科创高地的契机，围绕科技、人才、资本和平台的集聚，通过全生态协同推动战略产业的发展。

（1）在"互联网＋"领域

围绕杭州打造具有全球影响力的"互联网＋"创新创业中心，依托国家自主创新示范区和跨境电商综合试验区两大战略平台，以城西科创"一廊四城"、滨江"互联网＋"创新创业中心、中科国家技术转移中心（滨江）为核心，加快集聚一批高端创新资源，实现整体创新协同效应，打造融合互补的"互联网＋"产业集群。

（2）在生命健康领域

注重生命健康产业研发、孵化与产业化全链条生态系统的打造，推动产业链、创新链、资金链和政策链的深度融合，以钱塘新区杭州医药港为核心，高新区、余杭区为重点，并加强与萧山（智慧健康谷）、富阳药谷小镇的协同互动，以核心、重点带动多个集聚点共同构建医药科技研发与医药产业协同发展的健康医药产业空间格局。

（3）在新材料领域

依托杭州钱塘新区、萧山经济技术开发区、富阳经济技术开发区、桐庐经济开发区、建德经济开发区，以发展新能源材料、半导体材料、化工新材料为主，以上市公司为引领带头、上下游面向新材料产业链协同，构建"1＋3"先进制造和现代生产性服务协同发展的多元化新材料产业体系。

（二）强化差异化阶梯化布局，实现上下游错位发展协同发展

1. 分区域分类型统筹钱塘江中下游产业布局和协同发展

钱塘江全域的每个区县市的所处区域、资源禀赋、产业基础、功能定位不同，需要从市级层面顶层设计主导产业发展方向、产业规划空间、产业物理空间的统一协调，解决区县市难以抉择和落地的产业布局问题。

---

① "一廊四城"指城西科创大走廊和紫金港科技城、未来科技城、青山湖科技城、杭州云城。

（1）以淳安、建德为代表的钱塘江上游，发展生态山水经济和高科技无污染产业

充分发挥上游地区空气、土地、水质、温度等优势，大力发展优质矿泉水、种植观光、旅游休闲、健康养老等自然资源型产业、生态环境型产业、生态友好型产业。比如水产业，让"农夫山泉一点甜"做到一产、二产、三产的联动，以水产业的生态化和科技化带动整个淳安、建德两县市的经济发展。

（2）以富阳、桐庐为代表的钱塘江中游，发展无污染的中高端制造业与生产性服务业

钱塘江中游是承接上下的关键区位，在承接上游钱塘江优质水源的同时，富阳、桐庐要充分利用滨江制造业溢出效应，大力发展智慧安防、电子信息、先进装备、光通信、生物医药等先进制造业，以及物流快递、生态观光、康养生态等生产性服务业和旅游服务业。比如，桐庐可以基于"三通一达"物流总部辐射功能，发展物流上下游产业的产业链。

（3）以西湖、滨江、萧山、上城、江干、钱塘新区等为代表的钱塘江下游，发展数字经济为引领的高端制造业和生产性服务产业集群

围绕信息、金融、旅游、会展、商务商贸等业态为重点的都市经济，大力发展研发检测、电子商务、科技金融、软件信息、文化旅游等现代服务业。同时聚焦人工智能、集成电路、生命健康、智能装备、航空航天、新材料等先进制造业，着力打造世界级智能制造产业集群、长三角地区数字经济与高端制造融合创新发展引领区。

2. 推动科技型产业向上游布局延伸，带动中上游产业高端化生态化发展

最吸引国际高端人才、海外归国人才的，不是高度现代化的高楼大厦，而是富有原生态自然气息、山水资源丰富、空气清新的生态环境。人口只有 7 万多的美国加利福尼亚州旧金山湾区圣马刁县的县府红木城（Redwood City），就是著名电脑与电视游乐器游戏软件设计公司——美国艺电公司（Electronic Arts）和全球第二大数据库软件公司——甲骨文公司（Oracle）的总部。可见，钱塘江上游淳安和建德可以成为第二个红木城。在具有独特的生态环境优势下，着力完善便捷交通、优质医疗、国际教育、文化娱乐等基础设施的前提下，完全可以打造成若干个风景优美、生态卓越、智力密集的高科技产业小镇，吸引和留住高技术产业总部、研发设计、影视游戏等项目落户和人才落户，达成钱塘江上游的产业生态化和生态产业化融合的绿色发展道路。

推进产业孵化和扩张向钱塘江中游的富阳、桐庐转移，同时协同西湖云栖小镇、萧山科技城、钱塘智慧城乃至钱塘新区智能制造产业和基地，以数字产业化为基点，对萧山、富阳、桐庐、建德的传统制造业进行产业数字化的改造提升，推动上下游资源优势互补、产业联动的产业链细分领域链接、协作和集群发展。例如，上游建德三高产业结构明显，社保和转型压力巨大，一方面要给予一定的时间、资金和技术，按照生态环保要求实行转型升级为高科技产业，另一方面要引导萧山区、钱塘新区的新材料企业与建德化工企业积极互动，依托下游化工新材料产业链拓展机遇，通过对口扶持和适度转移，优化建德乃至富阳的化工与新材料产业布局，提升中上游产业层次和技术含量。

3. 上中下游优势产业有机梯度转移和承接的产业生态化发展

（1）建立全市域产业"一张图""一盘棋"统筹协调机制

建立全市域产业转移工作联席制度，建立各成员单位工作任务清单，借鉴"上海产业结构调整资源要素盘活推进联盟"模式，构建专业机构服务产业转移合作机制。

（2）建立杭州"全市域"产业"一张图""一盘棋"的利益共享机制

在顶层设计的前提下，建立健全利益共享机制，构建利益共享的政策保障体系，完善产业的利益分享机制，包括划分税收分成、留成、返还和能耗指标等设立。

（3）建立杭州、长三角一体化和国家民族产业共兴机制

以长三角一体化的视角推进杭州都市圈内产业梯度转移，明确市域产业转移和承接的重点领域和对口帮扶（支援）产业合作重点领域。从参与国际竞争、传统优势产业整合全球产业链和"抱团出海"等国际视角，支持企业优势产能境外转移，以深度融入全球价值链高端，增强杭州产业国际竞争力。

（4）建立杭州产业土地要素保障机制

加强产业承接的空间保障，包括划定产业用地底线、用地监测、动态预警和调剂机制。创新工业用地供给方式，对中上游高科技产业给予一定倾斜。进一步强化对原有老旧城镇工业功能区和村级工业集聚点的优化整合，对区位相邻、产业相近的乡镇、街道所属各类小而散的园区进行清理、整合、撤销、托管。

4. 以"滨富特别合作区"为样本加快推进主城区与西部县市的产业合作发展

按照市委要求的构建"合作发展示范区、自主创新拓展区、新制造业先行区"基本要求，进一步理顺两区合作体制机制，依托滨江高新技术和智能制造产业链，强化"延链、补链、强链"内涵，形成在产业协同、体制机制协同方面的成功模式。各区县（市）结合各自优势，在重点平台和产业有效支撑的基础上，从产业链拓展角度，结合各区县（市）区位和资源要素特点，围绕产业链的上下游有效延伸，在杭州全域复制"杭州高新区（滨江）富阳特别合作示范区"模式，推动"全市域""一张图""一盘棋"的产业上下联动、有效互动、整体协同的产业发展格局。

（三）强化关键区域两岸融合，促进南北岸互动发展联动发展

1. 推动钱江新城与钱江世纪城两大CBD南北产业互动发展

钱江南岸的"荷花碗"和北岸的"日月同辉"是杭州跨入"拥江发展"时代的标志之一，两大CBD在产业链上有很多类似的重点布局，比如总部经济、金融、会展、音乐等高端服务业，以及人工智能为核心的数字经济和不同系列的国内顶尖科创中心等，可以错位发展、协同发展。钱江新城作为杭州金融核心区，重点发展银证保金融机构总部、大型财富管理机构总部、大型金融机构的财富管理总部、各类场外金融交易市场、高端财富管理服务机构，钱江世纪城作为金融核心功能区，以服务民营企业金融创业、金融资产交易服务区、互联网金融试点等为重点。在加快建设钱塘江金融港湾过程中，南北两岸既可以加强金融产业链和人工智能产业链强强合作，又可以发挥会展、音乐、总部经济各自优势错位发展，还可以随着两岸产业集聚和链条的加密发展、跨江隧道、地铁、大桥的进一步筑基和城市能级的不断提升，人才、资金、技术等资源加速集聚促进产业动态市场化调整发展。在市场招引过程中，吸引市场主体主动适配南北两岸优势互补、强强联合的产业互动与联动发展新高地，真正把钱江新城与钱江世纪城打造成杭城核心区。

2. 促进钱塘新区的大江东与下沙南北产学研互动融合发展

钱塘新区横跨钱塘江南北，江南的大江东产业集聚区以集成电路、医药、新材料、汽车等高端制

造产业集聚，产业发展核心需要的蓝领、白领、金领等人才和技术，江北的下沙经济技术开发区聚集了杭州电子科技大学、浙江工商大学、中国计量大学等本科院校和众多职业技术学校，人才、技术完全可以做到近水楼台先得月，即大江东产业集聚区积极利用北岸高教园区的人才规模优势，同时加深跨江交通连接程度，形成产业与人才、教育与科研、科研与技术多方协同互为促进的产学研融合发展格局。同时江北的下沙经济技术开发区有先发优势的医药产业，也是江南大江东产业集聚区重点发展的产业，两者在项目孵化、新药研发、产业扩张等方面积极互动合作，以致形成整个医药产业的集聚。

3. 依托重大平台，以产业为纽带促进南北两岸产业协同发展

沿江的江干、滨江、萧山、钱塘新区、富阳等区县（市）应以杭州"拥江发展"行动、"新制造业计划"等战略部署和城西科创大走廊建设的契机，依托杭州经济技术开发区、杭州高新开发区（滨江）、余杭经济技术开发区（钱江经济开发区）、萧山经济技术开发区（萧山科技城）、杭州临空经济示范区、大江东产业集聚区（临江国家高新区）、城西科创产业集聚区、富阳经济开发区、杭州钱塘智慧城、桐庐富春未来城等重大平台，加速融合数字经济和制造业的"双引擎"，驱动新兴产业集中集聚人才、关键和共性技术、科研院所、高校、资金、政策、保障等产业要素资源的互认、互动、共享、支持、配置和引导，促使两岸产业深度协同、细分差异、错位竞争发展，助力杭州打造"中国制造2025"示范区。

4. 借势"三江汇"重点开发建设，开启钱塘江两岸绿色产业互动发展

钱塘江两岸具有丰富的生态资源和文化资源，要进一步突出"生态＋""文化＋"，大力发展文化创意、休闲运动、乡村民宿、健康养生等绿色产业。应借"三江汇"未来城市实践区和之江文化产业带之战略契机，依托省之江文化中心项目、之江文化产业带建设领导小组和"三江汇"管委会，加快推进市区两级以及滨江区、萧山区与上城区、西湖区、富阳区等钱塘江南北辖区之间联动发展的文创产业互动合作，以南宋皇城小镇、望江新城、之江新城、东洲、白马湖生态创意城、钱江世纪城（湘湖）等为核心推动重大产业项目落地和国内外高端专业人才和行业领军企业集聚。以玉皇山南基金小镇、象山艺术公社、龙坞茶镇、艺创小镇等文化特色小镇为主要节点，与白马湖生态创意城等文创园区和基地建设在数字文化、影视、艺创设计、动漫游戏、现代演艺等优势产业协同发展，同时依托黄公望等历史文化资源，塑造文化创意、生态人居等特色功能，打造黄公望隐逸文化、中国山水画圣地品牌，推动全市文化产业提质增效。

5. 打造便捷顺畅跨江交通，为南北两岸产业密切互动提供强力支撑

加强钱塘江两岸交通立体化提升，加大沿江跨江通道、沿江休闲慢行交通、钱塘江水上交通的建设力度，形成"多元复合、多向通达、快慢结合、绿色便捷"的跨江沿江综合交通体系，支撑产业要素流、城市消费流和城市高端资源向沿江地区汇聚。

（1）优化跨江沿江交通

加密过江通道，在望江路隧道、博奥隧道的基础上，加快推进艮山东路隧道、杭甬高速抬升、铁路西站—铁路东站—萧山机场轨道交通快线建设，推进文泽路—新城路、南复路—火炬大道、湘滨路—军师路等过江通道规划研究，进一步加强钱塘江两岸对接联系。优化沿江机动车路网，采用机动车下穿、半下穿或者上跨等立体化的组织形式，实现沿江绿地与江堤之间的慢行无缝对接，在提升沿江活力的同时保证沿江交通的效率与可达性。

（2）打造体验型慢行交通

优化沿江水上交通、旅游码头的布局和功能，构建完善钱塘江水上巴士交通系统，打造钱塘江水上黄金旅游线路。依托沿江堤塘、滨江绿地和公共空间，加强与周边服务设施、体育设施、公园绿地紧密联系，打造具有休闲、观光、健身等服务功能的沿江绿道系统。

（3）完善公共交通服务

加快沿江快速路网建设，优化沿江城市公交线网，消除近江交通"断点"和"盲点"，提升公共交通服务能力。加强钱塘江两岸地铁、公交、自行车等多种交通功能的集成与复合，形成综合功能交通枢纽网络体系，实现各种交通设施之间"零换乘"。

（四）强化上中下游科技协同，带动全市域科技产业创新发展

产业的发展需要科技创新，而创新驱动实质上是人才的驱动。当人才和产业配套达成并形成集聚之后，区域内的人才协调成为关键。如果都各自为主、各为中心、各设壁垒，那么将直接导致人才摩擦增加、人才使用效率下降和产业集中优势最终难以有效发挥，科技创新成为空谈。因此，加快建立和参与长三角一体化高格局的人才协调和科技协同机制是杭州高科技产业参与国际竞争的关键。

1. 加快高校、科研院所、科创园、科技城等科创协同机构布局

近年江干、滨江、萧山、钱塘新区等与顶尖科研院所有深度合作，打造了一批产业聚合力高的产业园区。比如江干有与中科院资本、一一五材料所等央企、院所合作，打造了中科院资本数字经济创新中心的中科院系；有与清华大学、启迪协信合作，打造了浙江清华长三角研究院杭州分院、启迪协信杭州科技城的清华系；有与浙江加州国际纳米技术研究院国际技术转移中心、国际精准医学中心合作，打造了江干国际医疗创新中心等专注于生命健康领域的孵化平台的浙大系；以及联合清华长三角研究院、总参、中建投等机构合作，打造了"军转民、民参军"的军民融合产业园、军合产业园等一批重要产业园区的军民融合系等。但科技创新原始点的基础性研究人才储备和培育还需加强，且杭州和南京、上海、武汉等城市相比高等院校较少，浙江大学和浙江工业大学等高校近几年有市场扩张的需求但均未在杭州市域办分校，中上游的建德、淳安、桐庐、富阳等地非常渴望高校入驻，以此带动人气、才气的聚集和产业的创新。因此，全域布局高校、科研院所、科创园、科技城等载体聚集人才、发现人才、培育人才，及时赋能制造业的信息化、技术改造、工业设计和提升原有产业的创新型产业落地生根。

2. 集聚多元科创力量和方式，推动行业重大关键技术的研发攻关和产业升级

目前钱塘江下游的滨江、江干、萧山等区积极引入美国、清华、北大等行业科研精英团队，但力量分散。杭州应从更高一级层面大力支持和推动产业平台构建富有活力和竞争力的双创生态系统，形成主体多元、开放协同创新体系。围绕产业平台主导产业需求，建设一批国家、省、市重点实验室，制造业创新中心，企业技术（研究/交流）中心，工程技术（研究）中心，双创示范基地，"互联网＋"双创平台和产业创新服务综合体，加快推动行业重大关键技术研发和产业化。提升产业平台的研发投入强度，针对不同主导产业类型的产业平台的R&D经费支出占主营业务收入比重、平台内高新技术企业数量、企业有效发明专利授权数量等关键研发指标提出明确的指导性要求。建议

以科学技术为抓手，着重将产业结构调整作为产业平台高质量发展的主攻方向，组织实施促进传统制造业改造提升专项行动和科研攻关项目，组织推荐钱塘江流域地区的关键技术对接和攻关。比如，解决钱塘江中上游科研力量薄弱和传统产业升级难问题，与钱塘江下游区域人才、技术资源对接，桐庐可以和西湖区艺创小镇、余杭的艺尚小镇以及萧山、上城、江干等文创强区对接，并为其提供研发设计储备力量。搭建产业创新服务综合体。浙江省在 2018 年就推出搭建集聚创新要素省级重点平台，从资金和服务上进行产业关键技术攻关、营销网络和品牌的创建等。比如，搭建分水笔业综合体，通过综合体运行引进专业设计机构，破解笔业严重缺乏专业研发设计的困境；通过高校科研院所搭建单个企业无法解决的行业共性问题，比如攻关笔业的油墨球珠等关键技术。

3. 创新"飞地"模式，建立省、市统筹适宜特别生态功能区生态产业发展的产业导向机制

随着云计算、人工智能、大数据的深入发展和杭州打造数字经济第一城，数据中心①成为朝阳产业；同时由于其只用电，排放少量的废水和非常微量的气体，因此数据中心又是绿色产业；数据是国与国之间未来竞争的潜力和综合国力的体现，从竞争力的角度看，数据中心还是战略产业。一方面数据中心市场很大很重要，另一方面存在维护和运行能耗成本高的问题。专业人士预计：到2025年，数据中心将占到全球能耗的最大份额（33％）。为此，2015 年华通千岛湖云计算数据中心采用了国内首创的湖水直接供冷方式，在未满负荷的情况下一年节约 1000 万元电费。虽然对于淳安而言增加了相应的能耗和碳排放，但对于数据中心、杭州、浙江甚至中国而言相当于节约了大量的电和碳排放。且数据中心的产业转移只需移机即可，所以转移成本较低，而原土地成本较高。市级、省级统筹全市以及全省的数据中心"产业飞地"模式布局到淳安，进行集中统一维护运行管理，节约人力、电力和土地，不但能为淳安的水生态创造价值，促进高科技产业生根发芽，而且为整个杭州、浙江乃至中国减少了巨大的碳排放成本，真正实现了优势互补、劣势互助。对于上城、滨江等土地要素比较紧缺的城区，可以在淳安、建德通过建立高新技术产业合作园"产业飞地"模式。比如，建立"交互研发飞地"模式，鼓励中上游企业到下游城区设立研发中心，研究解决自己解决不了的难题；同时也鼓励下游企业到中上游设立研发中心，带动中上游相关产业的发展。建立"教育飞地"，上游淳安、建德高科技企业或园区，可在拱墅、西湖开设"教育飞地"，开设高层次人才子女整班制就读。浙江大学、浙江工业大学等可以到上游开办分校或者开设班次，还可以建立"科技飞地""土地飞地"等有助于产业协同发展的飞地模式。

（五）强化全流域文化生态协同，促进绿色低碳产业加快发展

钱塘江两岸文化灿烂、人文荟萃，汇聚了跨湖桥文化、南宋文化、吴越文化、江潮文化、海塘文化、围垦文化、商埠文化等多元文化，但目前钱塘江文化品牌仍然有待提高，知名度、美誉度尚比不上西湖。无论是对市民还是对游客而言，钱塘江都还代表不了杭州这座城市。要坚持纵深历史观，以"比肩西湖"为标准，深入挖掘钱塘江丰富的历史文化，加强钱塘江文化保护利用与传承创新，优化钱塘江文化设施规划建设，努力打造一条历史与现代交汇的文化名江。

1. 全面盘点钱塘江两岸历史文化资源，全线协同开发旅游资源

加强钱塘江历史文化资源的挖掘保护和传承创新，是推动文化旅游产业协同发展、联动发展的

---

① 数据中心可以简单地理解为机房，可分为互联网数据中心（IDC）、企业数据中心（EDC）和超算中心（HPC）。

基础。

（1）加强历史文化传承与利用

与西湖、大运河、南宋皇城等文化相比，钱塘江流域文化缺乏系统性梳理，需要对钱塘江沿岸各类历史、人文资源，特别是非物质文化遗产进行摸底、调查。在此基础上，深入开展钱塘江历史文化资源的挖掘、梳理和研究。加强钱塘江板盐技艺、钱塘江传说等非遗项目传承和保护，推进非物质文化遗产普查、传承、研究、展示体系的构建与完善。

（2）加强历史遗存保护与修缮

根据钱塘江流域区位特点，加强文物、历史建筑、遗址、工业遗产等历史遗存的保护、修缮利用和功能再植，实现历史文化遗存综合价值提升。重点是编制钱塘江下沙围垦遗址及明清古海塘遗址保护规划，做好三堡船闸、跨湖桥遗址、四季青碑亭、明清古海塘以及渡口、船埠等历史遗存的修缮与保护。

（3）加强公共文化设施规划建设

编制钱塘江两岸文化设施专项规划，加强公共环境整体策划与设计，推进文化馆、图书馆、体育中心、青少年活动中心等一批大型公共文化设施建设，注入历史文化元素，实现城市与文化衔接、历史与现代交融。加快推进之江文化产业带、白马湖生态创意城建设，推进 G20 杭州峰会史料展示厅、中国动漫博物馆、浙江博物馆（新馆）、浙江省非物质文化遗产馆、杭州钱塘江博物馆、南宋皇城遗址公园、严州文化展示区等文化展示载体建设。

2. 联动钱塘江两岸三大 5A 级景区，协同构筑钱塘江生态历史文化旅游品牌

杭州拥有钱塘江下游的西湖风景名胜区、西溪湿地旅游区和上游的千岛湖风景名胜区三个 5A 级景区，三者各具风格、各成风韵，在国内乃至国际都具有较强的影响力。西湖风景名胜区最负盛名，一直以来是杭州的代表。随着开放力度的加大，西溪湿地旅游区和千岛湖风景名胜区声名鹊起，成为后起之秀。如果三者联动，且用心做好各具特色的景区生态、历史、文化、生活等特色服务，通过相应的宣传引导，那么不管游客先到哪个景区，自然能勾起其向往到另两个景区欣赏的欲望，从而得以充分展示三者各具历史、文化、生活、生态的魅力，实现 5A 级景区生态历史文化价值和社会、经济、文化的联动效应，筑牢钱塘江生态历史文化的旅游品牌。

3. 钱塘江两岸古镇、古城、古村落、传统经典产业串珠成链，协同构筑钱塘江生态历史文化旅游品牌

钱塘江是杭州的母亲河，流域分布着深厚历史底蕴、浓郁民俗风情的古镇和古村落，"串珠成链"联动发展是构筑钱塘江品牌和实现生态历史文化价值的较好方式。挖掘淳安千岛湖水下的千年古镇、建德梅城古镇和寿昌古镇、桐庐分水镇、富阳龙门古镇、滨江西兴街道、萧山临浦古镇、余杭塘栖古镇和余杭街道、临安於潜镇、昌化古镇和河桥古镇历史文化，串联西湖龙井村，富阳东梓关村，建德乌石村，桐庐芦茨、深澳、徐畈、环溪、荻浦、青源等拥有深厚历史底蕴、比较完整保留的庞大古建筑群和深厚宗氏文化构成的物质文化遗产与非物质文化遗产综合体，逐步形成具有多样化民俗风情和丰富历史底蕴的古镇、古村落特色旅游文化集群。实施"串珠成链"策略的过程中，在有条件的区域，要借助杭州全域特色慢旅——绿道带，为历史人文景观点和古镇、古城、古村落连接观赏、停靠、度假、参观、消费等相辅相成的价值纽带。

4.钱塘江两岸小微产业园、历史经典传统产业串珠成链,深化工业＋N 的产业融合协同发展

钱塘江中上游传统产业处于百家争鸣的旺盛期向产业升级的转型期发展,这些传统产业对本地的就业、纳税和社会稳定起到非常重要的作用,而且均具有自己的区域特色,形成本地的特色产业,比如桐庐的横村针织产业、桐庐分水制笔产业。为了集约土地、生态环保和规范管理,这些特色产业均纳入小微企业产业园区。另外,杭州还不乏像富阳的古法造纸、张小泉的剪刀等带有工艺传承、生态教育、历史文化、消费收藏等附加价值的历史经典传统产业。因此,加快梳理和统计钱塘江两岸各具特色的小微企业产业园、历史经典传统产业,出具和宣传这些独有特色的产业菜单,促进产业＋旅游、文化、教育、消费、收藏等 N 种产业融合的协同发展,发挥历史经典产业曾经的光芒,充分展示其历史、生态和文化价值的魅力。除了小微产业园、历史经典传统产业串珠成链以外,还可以开发特色小镇、历史工业遗存园区等产业融合协同发展的模式。

5.加强和落实钱塘江流域的生态联防联控和生态补偿机制,护航产业绿色化高质量发展

(1)落实条例,护航产业高质量发展

《杭州钱塘江综合保护与发展条例》自 2020 年 10 月 1 日正式施行,是钱塘江流域首部关于保护和发展的地方性法规,更是杭州城市拥江发展的"指南针",以"把生态修复放在压倒性位置"为指引,确立"生态优先、绿色发展"的基本原则,将"保障流域水安全、保障流域水资源公平配置、促进流域可持续发展"作为立法目的,实现从传统的"后果控制型立法"向"风险预防型立法"升级。

(2)完善制度保护体系

根据钱塘江流域特殊性需要,建立全流域防洪减灾、水资源配置和调度、水能资源开发利用、水资源保护、水污染防治和生态保护等制度。针对钱塘江流域开发利用的重点领域,建立跨杭州区域水资源和生态环境保护与修复制度以及生态补偿制度,切实履行,并制定不落实的考核和奖惩制度。

(3)强化规划刚性管控

制定《杭州钱塘江综合保护与发展导则》《钱塘江两岸规划管理办法》等规范性或指导性文件,严守城镇、农业、生态空间及生态保护红线、永久基本农田和城镇开发边界,确定沿江 2—4 公里范围内的城市设计及风貌管理要求,为高品质绿色产业的发展提供保障。

治理容限：基层治理创新的微观机制分析

——基于乡村治理变迁的视角

李传喜

（中共台州市委党校）

摘　要：基层治理创新何以产生？基层治理制度、规则、结构为何在不断变化？要回答这些问题，除了要考量环境因素之外，也要考量"治理创新"的技术本体。本文基于乡村治理变迁，以"治理技术"的微观视角，提出"治理容限"这一概念，并从时空向度和效用向度构建起一个分析框架。从乡村治理变迁历程来看，任何治理技术在内生性因素、外部性因素与行动者因素影响下都会面临治理超限困境，而治理技术的自我优化与重新建构将是化解治理超限困境的有效方式。理解"治理容限"能够为一些地方过热的治理创新冲动提供"冷"思考，在基层治理改革与创新过程中，追求"良好匹配"比追求"最佳实践"更重要，也只有形成与当下的基层社会"良好匹配"的治理技术，才能使基层治理现代化更加可行。

关键词：治理容限　基层治理创新　微观机制　乡村治理变迁

一、问题缘起：一个反向思考

治理创新是近年来的一个热词，是对社会治理体制、机制、方法的结构性改革、调整与适配。然而回顾历史，我们发现，其实治理"创新"一直存在，人们总是在对社会治理模式不断做出调整。尤其近代以来，我国面临着"千年未有之大变局"，社会结构面临激烈的震荡和转型，所呈现出的基层治理图景比以往任何时候都更加复杂，国家和社会一直在努力地寻找能够适应社会发展变迁的基层治理模式，各种"创新"也不断涌现。"基础不牢，地动山摇"，基层治理是国家治理的基石，因而深入研究巨变时代基层治理创新的逻辑及机制是当代学者不可推卸的责任，也构成了我们认识基层治理、国家治理及其转型的理想路径。[①]

在基层治理这一宏大叙事中，我们不得不关注一个基本的议题：基层治理如何变迁及基层治理创新何以产生。徐勇在讨论村民自治实践创设及发展变迁时，提出了"价值—制度"范式和"形式—条件"范式的形成及转换命题[②]，这一范式转换也概括了当前基层治理尤其是乡村治理研究重心的转向，即由研究国家制度安排转变为研究农村社会内部需求和条件，以及"国家—社会"的互动与调

---

①　贺雪峰、吴理财：《巨变时代的中国乡村治理》，《云南行政学院学报》2016 年第 3 期。
②　徐勇：《实践创设并转换范式：村民自治研究回顾与反思——写在第一个村委会诞生 35 周年之际》，《中国社会科学评价》2015 年第 3 期。

适。换言之，农村社会的复杂性决定了"任何治理创新都是地方性的"①，这也是当前基层治理现代化研究必须面对的问题，脱离了这一基础就容易导致学理上的不自洽以及顶层设计与基层实践的脱离。因此，在乡村基层治理创新研究中，隐含了这样一个基本前提，即我们要面对乡村社会治理的现实基础。也正是在这一基础上，众多学者从不同视角对乡村治理进行了多样性的理论分析和实证研究，学界也普遍意识到了社会变迁与治理创新之间的关系：面对政治、经济、社会、文化的快速转型，"现有的乡村社会治理的制度安排及体制对提高乡村社会治理效率和促进乡村社会发展存在着局限或制约作用，因此，需要变革或创新乡村社会治理的制度与体制"②，即一种治理创新必须要接受当下社会的结构与环境，如果已有的创新不能适应客观的变动，就需要出现新的东西。但这些研究大多关注的是外部现实环境对治理实践的影响路径、机制以及如何变革与创新这一治理模式，而很少从创新"本体"出发考察这一创新实践为何不能适应环境变化或一项创新实践对环境具有怎样的不耐受性。

当然，也有一些学者从"本体"出发对众多治理实践、技术进行了反思，认为其都是有"限度"的，如乡镇规模扩大化的限度（项继权，2005）、草根民主的限度（蒋永甫、谢舜，2007）、民间商会参与地方治理的限度（陈剩勇、马斌，2007）、实名制作为网络治理术的限度（姜方炳，2014）、参与式治理的限度（赵光勇，2015）、道德治理的限度（叶方兴，2015）、村民小组自治的限度（项继权、王明为，2019），还有最近几年讨论颇为热烈的基于大数据、人工智能等信息技术的技术治理的限度（吕德文，2019；沈费伟，2019；彭勃，2020；张帆，2021）等等。"限度"一词对本文具有较大启发，《现代汉语词典》将其解释为"一定的范围；规定的最高或最低的数量或程度"。但是从其定义来看，其更侧重于对某一事物两极的界定或衡量，而从上述文章中也可以发现，众多学者在讨论"限度"的时候，几乎都是对某项实践的负面性或缺陷、不足的界定，只涉及其中的一端而无"空间""范围"之意。另外，这些文章均从某一特定的治理技术出发讨论其具体的"限度"，分析这些技术在实践中所呈现出的不耐受性，并没有针对治理实践或治理技术的作用空间提出一个一般性的解释框架。

有学者曾针对乡村治理存在的诸多问题提出整体性治理范式，认为"有助于推动乡村治理观与治理体制机制的整体性创新与变革"③，但这一整体性治理范式也仅是基于乡村治理的理想类型而提出的方法论探索，无法有效回应中国乡村社会的复杂现实和巨大差异，也引起了其他学者的批评④。也有学者指出"概念上的或理想型的治理现代化，具有引领实践的作用，但任何所谓的顶层设计都不能罔顾基层社会的经验现实，与生活当中的社会事实离得太远"⑤。因此，本文尝试反向思考，将基层治理创新研究拉回到"治理创新"技术本体，以乡村治理变迁为视角，提出一个基于事实的分析框架，即"治理容限"，以此来解释基层治理创新的微观机制，以期为基层治理创新及基层社会秩序维系提供参考和指引。

---

① 周庆智：《基层治理创新模式的质疑与辨析——基于东西部基层治理实践的比较分析》，《华中师范大学学报（人文社会科学版）》2015 年第 2 期。

② 陆益龙：《乡村社会治理创新：现实基础、主要问题与实现路径》，《中共中央党校学报》2015 年第 5 期。

③ 廖业扬、李丽萍：《整体性治理视域下的乡村治理变革》，《吉首大学学报（社会科学版）》2015 年第 1 期。

④ 贺雪峰：《乡村治理现代化：村庄与体制》，《求索》2017 年第 10 期。

⑤ 周庆智：《基层治理创新模式的质疑与辨析——基于东西部基层治理实践的比较分析》，《华中师范大学学报（人文社会科学版）》2015 年第 2 期。

二、乡村治理变迁：社会复杂性与对秩序的追寻

乡村是国家治理的基础。中国的乡村因政治、经济、文化等因素影响，在历史变迁中更显示其独特性和多样性特征。当然，学界对社会治理模式的调整也有基本共识，"通常是迫于外部环境而发生的演化，如果社会形态保持稳定，治理系统并没有自我赓续迭代的冲动"[①]。而近代以来，随着我国社会的剧烈变革，乡村治理模式也不断调整，呈现出丰富多彩的治理图景。尤其是我国迅速从农业社会向工业社会、信息社会转型，并呈现出"三级两跳"[②]的特征，每一次转型都伴随着复杂性的激增，而每一次转型也都伴随着乡村治理模式的调整和突破，但是都体现出试图通过治理模式转换在复杂性社会实践中找到维持乡村社会秩序的钥匙。从我国乡村治理模式的变迁历程来看，社会复杂性的增加也导致乡村治理在形式、内容及结构上呈现出"更迭"及"叠加"的复杂性态势。而在这种愈加复杂的乡村治理变迁中，在讨论外部环境的同时，对乡村治理模式本身加以审视就显得重要起来。在深入讨论这个问题之前，我们要从历史和现实两个维度对乡村治理模式变迁历程加以梳理，从而为我们的研究提供宏观及微观背景。

（一）历史维度：乡村治理模式的"更迭"

自隋唐以降，中国几千年封建社会中，社会结构相对稳定，乡村治理也体现出一种结构稳定性。马克斯·韦伯将中国传统乡村社会称为"没有官员的自治地区，皇权的官方行政只施行于都市地区和次都市地区"[③]，而在皇权与乡村社会之间就形成了一个权力真空，并被地方绅士们所填补，即所谓"皇权不下县，县下唯宗族，宗族造伦理，伦理靠乡绅"[④]，形成了一个具有自治性质的"士绅社会"[⑤]。当然，对此学界也有质疑，认为"绅士从来没有称为主体主宰乡村社会"[⑥]，其"甚至不是一个独立的、固定的阶层"[⑦]，所以，其治理作用的发挥具有一定局限性，毕竟传统封建社会中还有乡里制度、保甲制度等，二者与士绅之间充满了张力。虽然保甲制度因其有利于专制国家控制乡村社会而断断续续延续下来，但从乡村治理中实际发挥的作用来看，以道德伦理为依托的宗族、乡绅治理更为突出，这种儒法合一的实用主义治理理念，使这一非正式制度安排成为"官民两便的'实体治理'"[⑧]。而在清末内忧外患的背景下，晚清政府推行的新政开启了国家权力进一步深入乡村的序幕，甚至在20世纪前半期，"国家竭尽全力，企图加深并加强其对乡村社会的控制"[⑨]，或者说，走上了"现代化"的"国家政权建设"道路。这一时期，乡村治理的特征表现为"乡村社会为反抗政权侵入

① 柳亦博：《由"化繁为简"到"与繁共生"：复杂性社会治理的逻辑转向》，《北京行政学院学报》2016年第6期。
② 费孝通：《经济全球化和中国"三级两跳"中的文化思考》，《光明日报》2000年11月7日第B03版。
③ 马克斯·韦伯：《中国的宗教：儒教与道教》，康乐、简美惠译，广西师范大学出版社2010年版，第141页。
④ 秦晖：《传统中华帝国的乡村基层控制：汉唐间的乡村组织》，《中国乡村研究》2003年第1期。
⑤ 费正清：《费正清论中国》，正中书局1995年版，第104页。
⑥ 张健：《中国社会历史变迁中的乡村治理研究》，中国农业出版社2012年版，第52页。
⑦ 何怀宏：《选举社会及其终结——秦汉至晚清历史的一种社会学解释》，生活·读书·新知三联书店1998年版，第142页。
⑧ 李怀印：《华北村治：晚清和民国时期的国家与乡村》，中华书局2008年版，第1—4页。
⑨ 杜赞奇：《文化、权力与国家：1900—1942年的华北农村》，王福明译，江苏人民出版社2003年版，第1页。

和财政榨取而不断斗争以及国家为巩固其权力与新的'精英'结为联盟"①。在多种因素影响下，传统的士绅阶层消亡了，"土豪劣绅"取代了传统士绅在乡村治理中的地位，开始与政府"合谋"谋利，压榨百姓。

民国时期，为加快整合乡村社会，汲取稳定政权所需资源，不论是南京临时政府、北洋军阀政权还是蒋介石的南京政权，都尝试在基层社会推行地方自治。孙中山认为"地方自治者，国之础石也"②，他也设计了一套地方自治的操作内容，但并未有效实施，而且其过于追求政体的"形式民主"而忽略了国体的"实质民主"，必然无法贯彻于实践中。军阀割据时期，各地军阀为维护地区统治，也进行了各种各样的"地方自治"实验。其中，阎锡山的"山西村治"最为典型，颁布了《各县村治章程》《村编制现行条例》《县地方设区暂行条例》等制度，并获得国民政府的肯定，但是其本质依然是在封建制度下披上"村政"的外衣，并未脱离其封建专制本质。南京国民政府初期也遵奉孙中山遗训，以县为单位进行地方自治，但也仅是国家专制下的"附属品"，随着1934年国民党颁布的《修正县自治法及其实行法要点》，"地方自治"结束，而重新将"保甲制度"在全国推行。南京政府实施保甲制的目的在于加强对乡村社会的政治控制，但"在保甲职务者……非借恶霸势力，鱼肉乡民，即持巨族力量，垄断一切。于是优秀者皆退避三舍，而不与为伍。有劣迹之主任保长，虽欲去之而不能"③。因此，南京国民政府治下的基于专制与剥削的保甲制不可避免地走向了失败。杜赞奇对这一时期中国乡村治理的研究表明，"国家政权建设并没有有效地改造传统中国的基层治理体制，却破坏了权力的文化网络，并最终使得国家政权建设成为国家经济体制内卷化"④。

新中国成立以后，为了巩固新生政权，党和国家也开始加强对乡村治理的探索与实践，尤其是经历了土地改革和一系列政治运动，彻底改变了我国乡村社会的经济和政治基础，乡村治理呈现出另一番面貌。虽然在新中国成立初期曾短暂实行过农会及"乡—村"政权组织，但整体而言，我国在这一时期的乡村治理最具代表性的是两个阶段，即人民公社和乡政村治。人民公社通过"政社合一"的模式加强了对农村生产和生活资料的控制，实现了对乡村社会的强有力控制，也打破了乡村社会原有的权力文化网络和制度网络，使广大农民走上了集体化道路，并重新塑造了新型国家与农民之间的关系，国家对乡村的行政性整合取代了传统社会以家族血缘关系为纽带的整合，总体性乡村社会开始形成。但经过几十年实践后，人们发现集体化的人民公社越来越不能适应社会生产力发展的需要，违背了经济和社会发展的客观规律。1978年，安徽小岗村的分田到户开启了家庭联产承包责任制的进程，人民公社名存实亡，乡村地区治理出现了一定程度的真空。为了解决人民公社取消后的无序、混乱状态，1980年，广西合寨村村民首创了全国第一个群众自治性组织"村民委员会"，1982年《宪法》对这一组织地位的合法性予以明确，随即在全国推广开来。1983年10月，中央发出《关于实行政社分开建立乡政府的通知》，撤销原来作为国家政权在农村的基层单位人民公社，建立乡、镇政府，作为基层政权。1987年颁布实施了《中华人民共和国村民委员会组织法（试行）》，广大农村实行村民自治。自此，"乡政村治"模式正式确立，并一直延续至今。

① 杜赞奇：《文化、权力与国家：1900—1942年的华北农村》，王福明译，江苏人民出版社2003年版，第2页。
② 《孙中山全集（第五卷）》，中华书局1981年版，第173页。
③ 闻钧天：《中国保甲制度》，商务印书馆1935年版，第366页。
④ 杜赞奇：《文化、权力与国家：1900—1942年的华北农村》，王福明译，江苏人民出版社2003年版，第50—52页。

（二）现实维度：乡村治理创新的"叠加"

"乡政村治"建构了当代中国乡村治理的基本格局，其适应了社会生产力发展的需要，并具有极大的经济、政治意义。尤其是村民自治制度的建立，在中国民主政治实践中具有划时代意义，有学者将其称为"一场静悄悄的革命"①。与人民公社体制相比，村民自治的一个重要内涵是农民自主性参与村务管理，而非单纯的政治动员，而且其也可以作为"参与更大范围公共治理的基础和条件，由自治通向民主"②。总体而言，村民自治制度被赋予厚望。但是在实践中，人们发现，村民自治制度并非完美，其实际运行状态与制度设计之间存在相当大的偏差，日益明显的乡村社会复杂性和多样性使村民自治制度无法发挥其应有的效能，尤其是随着农村空心化、老龄化、村两委矛盾，村庄微腐败、宗族、村两委行政化等诸多问题复杂交织，再加上 20 世纪 90 年代末和 21 世纪初"三农"问题凸显，村民自治并没有真正成为决定乡村治理状况的决定性力量，"在某些乡村，及一些乡村的某些时候，村民自治制度不过是浮在乡村治理水面上的一层油：看似热热闹闹，实则没有作用"③，也有学者认为"村民自治已经走进死胡同"④。但是放眼全国，可以发现村民自治并非一无是处，在很多地方的村庄运行得很好，徐勇、邓大才等学者指出，村民自治不能有效实现，"关键在于没有考虑村民自治的条件，没有根据具体条件来选择自治形式"⑤，邓大才也从村民自治的社会基础视角提出了利益相关、地域相近、规模适度、文化相近、群众自愿等村民自治有效实现的条件⑥。

同时，村民自治作为一种群众实践活动，也符合现代社会民主价值取向，具有较强的内在价值和生命力。而由于社会复杂性和多样性，各地也积极在村民自治的制度框架下探索新的实践形式，一大批学者开始以"乡村治理"的视角开展相关研究，丰富和拓展了乡村治理的研究领域。但从其性质来看，如今的各种各样的乡村治理创新其实是在村民自治基本制度架构基础上的创新"叠加"。一方面，地方政府在考核指挥棒的引导下，产生了强烈的创新冲动以谋求"政绩"，甚至产生了众多不切实际的"拍脑袋"创新或为"创新"而创新，碎片化、形式化、孤岛化特征明显，这些"创新"也往往如昙花一现，主要领导注意力转移或调走后，自然"人走政息"。另一方面，不可否认的是，面对乡村社会出现的新情况、新问题，很多地方也在探索有效解决方式，并产生了许多卓有成效的创新实践，如浙江温岭的民主恳谈、海宁的小微权力清单、桐乡的三治融合、武义的村务监督委员会等等，这些创新实践都为村民自治制度提供了有效的补充和完善。另外，诸如积分制、社区议事厅、四议两公开、村民议事会等等各式各样的创新层出不穷。政府各个部门也都热衷于推进各自部门、条线的创新"下乡"，表面上使乡村治理呈现出一片"欣欣向荣"的景象，但其背后也充满了各种"隐忧"。

那么乡村治理创新何以产生？何时产生？又该如何分辨真创新与伪创新？对这些问题的回答

---

① 米有录、王爱平：《静悄悄的革命——中国村民自治的历程》，中国社会出版社 1999 年版。
② 徐勇、赵德健：《找回自治：对村民自治有效实现形式的探索》，《华中师范大学学报（人文社会科学版）》2014 年第 4 期。
③ 贺雪峰、董磊明：《中国乡村治理：结构与类型》，《经济社会体制比较》2005 年第 3 期。
④ 冯仁：《村民自治已经走进死胡同》，《理论与改革》2011 年第 1 期。
⑤ 邓大才：《规则型自治：迈向 2.0 版本的中国农村村民自治》，《社会科学研究》2019 年第 3 期。
⑥ 邓大才：《村民自治有效实现的条件研究——从村民自治的社会基础视角来考察》，《政治学研究》2014 年第 6 期。

除了要关注治理创新的"条件"之外，也需要我们回归到治理创新"技术"本身来考察，尤其是社会复杂性愈加提升的前提下，乡村治理将面临更大的挑战。因此，详细考察治理创新"技术"的"治理容限"就更显必要，能够为推动乡村有效治理提供有益的指导。

三、治理容限：基层治理创新的微观机制

马克思在《政治经济学批判》序言中对社会形态变革做了精辟概括，即"无论哪一个社会形态，在它们所能容纳的全部生产力发挥出来以前，是决不会灭亡的；而新的更高的生产关系，在它存在的物质条件在旧社会的胞胎里成熟以前，是决不会出现的"①。即每种社会形态都有其"容纳的限度"，这一概括也适用于基层治理模式的创新。当然，这一"容限"也需要以特定的物质条件为转移，当社会实践的发展超出了原有治理模式所能处理的"容限"时，就需要新的规则、模式出现。因此，明确治理创新的"治理容限"对于基层乡村治理创新具有一定的指导意义，本文即以静态视角尝试对"治理容限"进行界定，以期对乡村治理创新的理性化和适用性提供有益参考，并为一些地方过热的治理创新冲动提供"冷"思考。

（一）何为"治理容限"

本文将"治理容限"概括为"一种治理创新在技术上可以容纳的限度"。我们如果把上述乡村治理中的各种实践创设化简为治理技术，就可以发现在单一的治理技术与多元化治理场景之间、在技术的规范性与事实的复杂性之间存在着匹配性矛盾，这也是治理技术与治理场景之间存在的固有矛盾。在理想状态下，在特定治理场景中，治理技术都会经历创设、适应、匹配、偏误、消失等多环节生命历程，这一生命历程也显示出了治理技术的一种属性空间——治理容限。如果用动态的逻辑来分析，治理创新"总是在解决老问题而又形成新问题、转变旧机制而又构成新矛盾的曲折运动中展开的"②。也就是说，基层治理制度、规则、结构之所以不断变化，一个重要原因是原有治理模式存在治理容限，新形势、新实践的出现使基层社会治理不得不突破原有的治理容限而进行"创新"。因此，"治理容限"体现的是一种实践理性或技术理性而非价值理性，同时，"治理容限"还强调空间性，不是仅限于对治理技术两级的界定，在一定的容限之内，蕴含着无数的可能。如果我们能够对"治理容限"有更加清晰的认识，就能够为基层治理创新提供一种评判标准，进而极大地提高基层治理创新的环境匹配性与有效性而避免过多的无效创新。

"容限"本身就是一个衡量和判断的标准，因此，"治理容限"也必然具有某种衡量的尺度。本文从时空向度和效用向度对治理容限的内涵进行划分，并构建了一个分析框架（见表1）。首先，从时空向度上，可以将治理容限划分为横向容限与纵向容限，横向容限指的是治理技术在现时段空间上的效能边界，而纵向容限指的是治理技术在历时段时间上的实践边界。其次，从效用向度上，可以将治理容限划分为上限和下限，上限指的是治理技术的理想化状态和价值取向，即能够实现最佳效能的发挥并使社会维持良好秩序，下限指的是治理技术的最差效能状态，必须要调整或革新，否则

① 马克思：《政治经济学批判》，人民出版社1976年版，第5页。
② 渠敬东、周飞舟、应星：《从总体支配到技术治理——基于中国30年改革经验的社会学分析》，《中国社会科学》2009年第6期。

会导致社会失序。

表 1　治理容限分析框架

效用向度 ＼ 时空向度	横向容限	纵向容限	
上限	扩散性 协调性 系统性 稳定性	有效性 适配性	持续性 发展性 迭代性
下限	不可扩散性 不协调性 碎片化 不稳定性	无效性 相斥性	阶段性 内卷性 固定性

具体而言，治理容限可以从以下维度加以界定：

1. 横向容限的上限和下限

横向容限的上限即治理技术在现时段空间上的最佳效能状态，可以用扩散性、协调性、系统性和稳定性作为衡量标准。扩散性是指一项治理技术能否被有效推广和扩散，能够被覆盖地区所接受并具有同等效力，这是基层社会治理创新生命力的具体体现，即"创新的核心内容、主要原则和精神实质在空间上的辐射性和扩展性"[①]，能够被其他地区或兄弟单位有效地学习、复制，但并非照搬照抄；协调性是指一项治理技术能够与其他治理诸要素协调共存，在各治理领域、各环节之间彼此协调，并且能够有机耦合，实现整体功能最大化，这是治理技术有效发挥作用的基础；系统性是指一项治理技术的主体、对象、内容、目的、手段或方法等能够自成体系，同时也指该治理技术能够对现有治理模式的短板和漏洞进行针对性创新，增强治理结构的整体性和系统性；稳定性是指一项治理技术在一定时间内或者在扩散后的不同地域空间内，其效能发挥能保持稳定状态。横向容限的下限，即治理技术在现时段空间上的最差效能状态，与上限对应，可以用不可扩散性、不协调性、碎片化和不稳定性作为衡量标准，具体内涵可对应上限的相关表述。

2. 纵向容限的上限和下限

纵向容限的上限是指治理技术在历时段时间上的最佳实践边界，可以用持续性、发展性和迭代性作为衡量标准。持续性指的是一项治理技术的核心技术或思想"从时间维度上表达的创新存续性、持久性问题"[②]，这是衡量社会治理技术生命力的重要指标，也是目前基层治理创新遇到的最大难题；对基层政府而言，创造出一项治理技术固然重要，但如何使这项创新能够持续下去更加重要，而目前呈现出的情况是"那些曾经获得了中国地方政府创新奖的项目，也有差不多三分之一名存实

---

① 卢福营：《可延扩性：基层社会治理创新的生命力——写在后陈村村务监督委员会诞生十周年之际》，《社会科学》2014 年第 5 期。

② 卢福营：《论农村基层社会治理创新的扩散》，《学习与探索》2014 年第 1 期。

亡了"[①],更有学者断言"地方创新百分之九十以上都没有了"[②]。发展性指的是一项治理技术在存续过程中并不拘泥于具体形式,而是根据实践及形势条件的变化而不断调整自身形态,使自身能够始终适应环境变化的需要。治理技术并非在某一形态下持续时间越长越好,固守既有形式的持续存在很有可能妨碍创新的再生产。迭代性指的是一项治理技术在持续过程中要与时俱进,要根据实践变化的需要产生出新的治理模式,这种新的治理模式不仅要寻求发展和创新,也可以选择一些既往的治理模式,如现代社会治理中对优秀传统文化中的治理智慧的发掘和利用,因此迭代性不仅是进步和创新,也可以是一种潮流的轮回。纵向容限的下限即治理技术在历时段时间上的最差实践边界,可以用阶段性、内卷性、固定性作为衡量标准,具体内涵亦对应上限的相关表述。

3. 横向容限和纵向容限的共同属性

前述横向容限和纵向容限的上限和下限均为其各自的基本属性,两者之间也存在某些共同属性,即有效性与匹配性。有效性是指一项治理技术以其特有属性,能够在特定的治理环境中发挥最佳效能并维系良好的社会秩序,实现多元治理主体的共同利益最大化,一项治理技术的价值就在于其效益的显著性,因此,这也是治理创新的终极追求。匹配性是指一项治理技术能够与地方政府的治理需求、特定场域的治理环境、治理规模以及能够承担的创新成本之间达成良好的匹配与耦合状态,这也是治理技术在"结构—功能"主义视角下的最佳状态。而横向容限和纵向容限共同属性的下限即为无效性和相斥性(或错配性)。由此可见,横向容限和纵向容限的基本属性与共同属性之间具有相依相存的关系,其有效性和匹配性要依托于各自的基本属性,因此其共同属性要比基本属性更加抽象。

(二)治理超限及其诱因

治理容限是一个客观的状态。基层治理中必然会出现社会实践的变化超出了某种治理技术所能处理的容限、现有治理技术无法有效解决新问题的情况,我们将这种情况称为"治理超限",即超出了治理技术的"下限"。当然,治理超限并非绝对状态,而是一个在多重因素影响下的相对状态。从前文对乡村治理变迁历程的描述可以看出,无论是空间维度的横向容限还是时间维度的纵向容限,都会面临治理超限困境,尤其是近年来,在乡村治理领域涌现出了大量的低效创新、无效创新甚至"伪创新"。这些治理创新从技术角度来看,"超限"诱因有以下三个方面:

1. 内生性因素

一项治理技术的创设、应用总是在一定的历史条件下进行的,因而难免具有设计的时效性及历史的局限性,在某一时段、某一治理场域中适用、有效的治理技术在另一个时段、另一个治理场域中就不一定适用和有效。在乡村治理创新中,治理技术的地域性特征明显,对"社会土壤"要求特别高,只有在一定的"社会土壤"中,乡村治理的实现形式才是有效的[③],因此就出现一项治理技术在原创地能够起到有效治理作用,而一旦扩散出去,其治理效果就大打折扣。在自下而上的治理技术

① 高新军:《地方政府创新缘何难持续——以重庆市开县麻柳乡为例》,《中国改革》2008年第5期。
② 芦垚:《地方政府创新陷入尴尬境地》,《瞭望东方周刊》2010年12月,第36—38页。
③ 徐勇:《中国农村村民自治有效实现形式研究》,中国社会科学出版社2015年版,第18页。

"创新"中，主导者经常会受到自身视野的局限，只看到本地区、本部门的利益和需求，无法做到统筹协调。另外，自上而下地推行创新虽经历了地方试点，但往往因土壤不同、资源有限、关注度差异等流于形式与应付，无法发挥其应有成效。

2. 外部性因素

外部条件的变化是治理技术超限的助推剂，是导致治理技术超限的直接原因。首先是经济社会结构的变迁，工业化、城镇化、市场化大潮给乡村社会带来巨大的冲击，"'大流动'形成的乡村空巢社会、后税费时代的新农村建设、后乡土中国的'法礼秩序'"[①]以及信息技术的突飞猛进等现实基础使当前乡村治理面临前所未有的复杂性挑战，对乡村治理的要求越来越高。而乡村治理模式作为上层建筑，往往是滞后于经济社会变迁的，而且变迁的快速性经常使既有的治理技术捉襟见肘。其次是制度因素。当前社会建设在国家治理语境中具有越来越重要的地位，在一定程度上，地方政府也面临着竞争赛道由经济竞争向治理竞争的转换。但在压力型体制与锦标赛体制下，治理创新成为获取政绩的有效途径，治理创新被当作政绩竞争的工具，并陷入对创新"数量""声誉""工程"的竞争中[②]，导致治理创新重形式而不重成效，衍生出"概念性""标签式""符号式"等创新偏差[③]，很多创新仅停留在文本层面，在推动落实过程中也多是"以文本应付文本"，治理创新变成了政府政绩宣传的话语工具。

3. 行动者因素

行动者的参与意愿对治理创新能否有效发挥作用具有重要作用。从地方政府来看，行政官僚往往具有一定程度的经济人自利倾向[④]，并追求各自部门及个人利益的最大化，尤其是在愈加严格的问责制及政治晋升压力的影响下，地方政府及乡村往往出于这种"理性化"的自利倾向，更加侧重于选择政治风险较小且见效较快的技术创新，而不会轻易触碰政治风险大且见效慢的制度性创新，更加侧重于蜻蜓点水式的形式创新，而不会选择真刀真枪的实质创新。而"在有效性不足的情况下动员公众参与社会治理则会削弱公众的效能感，从而进一步损害治理创新的合法性"[⑤]。另外，行动者的技术惯性与改革惰性也会导致治理技术超限，这也与行动者对社会实践变迁的敏感度有关。沃克（1969）在研究创新扩散时指出，"人口（社会经济）和政治因素是创新的更重要的先决条件，更富有和更有竞争力的州更具创新性"[⑥]。同理，经济越发达的地区，治理主体对治理技术超限更敏感，而且突破治理超限的意愿更强烈；而经济越不发达的地区，治理主体的技术惯性与改革惰性越强，变革的意愿更低。

---

① 陆益龙：《乡村社会治理创新：现实基础、主要问题与实现路径》，《中共中央党校学报》2015年第5期。

② 李妮：《模糊性政治任务的科层运作——A县政府是如何建构"创新"政绩的？》，《公共管理学报》2018年第1期。

③ 姜晓萍、吴家宝：《警惕伪创新：基层治理能力现代化进程中的偏差行为研究》，《中国行政管理》2021年第10期。

④ 金太军、张劲松：《政府的自利性及其控制》，《江海学刊》2002年第2期。

⑤ 王滢淇、嗡鸣：《协商治理：当代中国社会治理创新的方向与路径》，《社会主义研究》2016年第1期。

⑥ Jack Walker L. *The Diffusion of Innovations Among the American States*. American Political Science Review, 1969, 63(4), pp. 880－899. 转引自杨正喜：《中国乡村治理政策创新扩散：地方试验与中央指导》，《广东社会科学》2019年第2期。

四、走出治理容限：治理超限的化解方式

治理超限的化解是基层治理不断创新的前提，在基层治理中，始终存在着"超限—创新—超限"的内在逻辑，也正是现代社会日益复杂的治理需求与现有治理体制、模式之间的固有矛盾为社会治理创新提供了源动力。有学者将地方政府创新分为危机型和发展型两种[①]，与之相应，治理超限的化解也存在两种动力：外在压力的驱动和内在变革的推动。外在压力的驱动指的是在如"自上而下的政绩考核、自下而上的公民诉求、来自横向的府际竞争"[②]等压力下不得不"求变创新"；内在变革的推动指的是基层治理主体在地方治理过程中，以基于前瞻性的内在动力驱动其主动变革。但不管来自哪种动力，都包含对现有治理技术的审视与效益评估，从而对即将或已经"超限"的治理技术及时进行调整，以化解治理技术与治理需求之间的"异步困境"[③]。以乡村治理为例，本文认为乡村治理超限的化解方式有以下几种：

（一）治理技术的自我优化

治理技术的自我优化指的是针对不同的治理环境和时代背景，及时对治理技术的某些属性加以调整和优化，使其能够适应不断变化的外部条件，持续发挥有效作用，从而提升其生命力并延长其生命周期。这种自我优化往往是在治理创新扩散或边际效应下降的过程中进行的，并且是在创新的核心内容、主要原则和精神实质不变的前提下，对具体形式及内容进行的调整和优化。

1. 治理形式的优化，如基层协商民主的形式优化

基层协商民主是"在县级以下的乡镇、行政村和城市社区等范围内，不同的行为主体，包括基层党组织、基层政权组织、自治组织、社会组织、农村经济组织以及公民个体等，围绕涉及各方面利益的公共问题，通过广泛参与、协商对话形成共识的民主形式"[④]。在基层协商民主创新的过程中，各地根据自身情况发展出了许多新的形式：民情恳谈会、民主恳谈会、民主理财会、民情直通车、便民服务窗、居民论坛、乡村论坛和民主听（议）证会等等[⑤]。并且在同一个地区，基层协商民主的形式也在不断变化，如温岭市"民主恳谈"，从最初的"农业农村现代化教育论坛"到"民主恳谈会"，从思想政治宣传到决策型民主恳谈再到参与式民主恳谈（行业工资集体协商、参与式预算恳谈），充分体现了协商民主这一治理技术的自我优化。

2. 治理内容的优化，如村民自治制度的内容优化

村民自治是"一种民主化的乡村整合方式"[⑥]，其最初的载体村民委员会，是为了解决人民公社取消后乡村治理真空及失序的问题而产生的，因其具有显著的社会民主的特点，国家将其在全国推

① 杨雪冬：《简论中国地方政府创新的十个问题》，《公共管理学报》2008 年第 1 期。

② 陈科霖、谷志军：《论中国地方政府创新的十大关系》，《深圳大学学报（人文社会科学版）》2018 年第 6 期。

③ 邱泽奇：《技术化社会治理的异步困境》，《社会发展研究》2018 年第 4 期。

④ 陈家刚：《基层协商民主的实践路径与前景》，《河南社会科学》2017 年第 8 期。

⑤ 何包钢、陈承新：《中国协商民主制度》，《浙江大学学报（人文社会科学版）》2005 年第 3 期。

⑥ 黄辉祥：《"民主下乡"：国家对乡村社会的再整合——村民自治生成的历史与制度背景》，《华中师范大学学报（人文社会科学版）》2007 年第 5 期。

行，以重建乡村治理机制。虽然 1987 年颁布的《中华人民共和国村民委员会组织法（试行）》提出了"三个自我"，即村民自我管理、自我教育、自我服务；1998 年《中共中央关于农业和农村若干重大问题的决定》又进一步提出了"四个民主"：民主选举、民主决策、民主管理和民主监督。但是在实践之初，很多地方依然把村民自治简化为选举，认为"选举即民主"，结果导致农村出现"一言堂"、"一支笔"、腐败及农民权益受损等现象，并导致"村民自治在农村治理中一度'失落'"①。所以"村民自治还不是一种完整或完善的民主。应让村民真正拥有基本权利，加大对'民主决策、民主管理和民主监督'等民主措施的落实力度，至少与落实'民主选举'的做法具有同等的重要性"②。在"后选举时代"③，随着对农民参与的重视，民主决策、民主管理、民主监督等方面得到充实和完善，涌现出诸如"民主决策五步法""四议两公开""村务监督委员会"等自治实践。同时，在乡村社会复杂性及对法治社会建设的背景下，嘉兴桐乡发展出了"自治、德治、法治""三治结合"的治理模式。另外，随着信息技术的发展，有些地方提出了"自治、德治、法治、智治"的"四治结合"模式，这些都是在既有的村民自治制度框架下对治理技术的调整和创新，并使村民自治制度更加完善。

（二）治理技术的重新建构

治理技术的重新建构指的是治理环境及治理实践的变化超出了特定治理技术的"容限"，或者在现存制度安排结构内无法获取"主体期望的最大潜在利润"④或成本大于收益时，治理主体"另起炉灶"，重新建构一个全新的治理技术。正如熊彼特所言，创新就是一种"创造性破坏"，意指创新不断地从内部破坏旧的结构而代之以一种新的结构。⑤ 当然，在基层治理实践中，也不乏"为创新而竞争"⑥，出现"绕开存量，走增量"⑦的治理创新逻辑。当前，我国基层治理逻辑已经从"总体支配型"转变为"技术治理型"⑧，大量原有的治理模式已无法满足新的治理需求，地方政府和乡村也在不断重新建构起新的有效的治理技术以替代原有治理技术。

1. 新技术的建构，如基层规则治理、项目制、清单制等

张静通过对两个互不信任群体达成合作的分析，指出"情况的变化超出了 XW 村宗堂决策所能处理的容限"⑨，她指出，在公共事务的处理中，以"村民议事厅"为代表的正式规则取代了传统的"宗堂决策"，通用社会资本取代了特殊社会资本，用制度规则的突破进行了治理技术的再造。另外，如项目制突破了以单位制为代表的原有科层体制的束缚，在行政体制内再造了一种增量，并通

---

① 徐勇、赵德健：《找回自治：对村民自治有效实现形式的探索》，《华中师范大学学报（人文社会科学版）》2014年第 4 期。

② 何包钢、王春光：《中国乡村协商民主：个案研究》，《社会学研究》2007 年第 3 期。

③ 仝志辉："后选举时代"的乡村政治和乡村政治研究》，《学习与实践》2006 年第 5 期。

④ 唐丽萍：《地方政府竞争中的制度创新及异化分析》，《上海行政学院学报》2011 年第 1 期。

⑤ 陈科霖、谷志军：《论中国地方政府创新的十大关系》，《深圳大学学报（人文社会科学版）》2018 年第 6 期。

⑥ 何艳玲、李妮：《为创新而竞争：一种新的地方政府竞争机制》，《武汉大学学报》2017 年第 1 期。

⑦ 黄晓春、嵇欣：《技术治理的极限及其超越》，《社会科学》2016 年第 11 期。

⑧ 黄毅、文军：《从"总体—支配型"到"技术—治理型"：地方政府社会治理创新的逻辑》，《新疆师范大学学报（哲学社会科学版）》2014 年第 2 期。

⑨ 张静：《互不信任的群体何能产生合作——对 XW 案例的事件史分析》，《社会》2020 年第 5 期。

过分级治理机制使从中央到地方的多种体制都积极运转起来，其也被称为"一种新的国家治理体制"①。而"项目下乡"带去的不仅是资源，还有为确保资源利用的合理性而附加的各项规则，"在当前自上而下的规范要求下面，村干部的工作或村级治理变得越来越规范化、标准化、专门化、程序化，与之相适应的是村部的正规化，村干部的坐班化、脱产业、职业化"②。再如，清单制作为一种治理技术，"能够通过清晰界定治理主体的权责边界和行动空间，促进政府职能的转变"③。

2."传统"的回归，如村规民约、新乡贤等

传统并非某个固定的"过去"，它也参与建构"当下"，并可以作为积极有意义的组成部分。④ 党的十八大以来，习近平总书记对中华民族优秀传统文化高度重视，他指出："博大精深的中华优秀传统文化是中华民族最深厚的文化软实力，是我们民族的'根'和'魂'，如果抛弃传统、丢掉根本，就等于割断了自己的精神命脉。"⑤中华民族在几千年历史中积累了丰富的治国理政的智慧和经验，习近平也曾强调，"要治理好今天的中国，需要对我国历史和传统文化有深入了解，也需要对我国古代治国理政的探索和智慧进行积极总结"⑥，并要进行"创造性转化"和"创新性发展"。由于一些历史性原因，我国一些优秀的传统治理技术被湮没了，但随着社会复杂性的提升和乡村社会治理的困境，传统社会中的"简约治理"⑦越来越显示出其当代价值。党的十八届四中全会提出"发挥市民公约、乡规民约等社会规范在社会治理中的积极作用"，2014 年至 2018 年的中央一号文件都提出要"要创新、培育新乡贤文化""积极发挥新乡贤作用"。各地也纷纷开展乡规民约制定、新乡贤回归等实践，这些传统治理技术重新返回了乡村治理场域，并发挥着积极的"辅治"功能。

五、小结：以良好匹配取代最佳实践

当前，中国正处于激烈的社会转型期，广大乡村社会更面临着前所未有的挑战，要治理好快速转型的乡村社会，维护好乡村社会发展和社会秩序，就需要不断地创新乡村社会治理。因此，2014 年中央一号文件提出要"探索不同情况下村民自治有效实现形式"，2017 年《中共中央、国务院关于加强和完善城乡社区治理的意见》指出要"强化问题导向和底线思维，积极推进城乡社区治理理论创新、实践创新、制度创新……破解城乡社区治理难题"，2019 年《中国共产党农村工作条例》指出要"加快推进乡村治理体系和治理能力现代化"，这些文件都为探索乡村治理有效实现形式提供了政策依据，更是强调以问题为导向，给基层乡村提供了治理技术创新的极大空间。但在治理创新过程中，我们也要关注治理技术本身的"治理容限"，从而为创新主体提供理性的"冷思考"，不至于使其陷入盲目而狂热的"创新"冲动中。本文对"治理容限"的关注并非要让治理创新主体消极应对，

---

① 渠敬东：《项目制：一种新的国家治理体制》，《中国社会科学》2012 年第 5 期。
② 贺雪峰：《规则下乡与治理内卷化：农村基层治理的辩证法》，《社会科学》2019 年第 4 期。
③ 石亚军、王琴：《完善清单制：科学规范中的技术治理》，《上海行政学院学报》2018 年第 6 期。
④ 杨善华、孙飞宇：《"社会底蕴"：田野经验与思考》，《社会》2015 年第 1 期。
⑤ 《习近平在中央政治局第十三次集体学习时的讲话》（2014 年 2 月 24 日），共产党员网，https://news.12371.cn/2013/12/31/ARTI1388504955461547.shtml。
⑥ 《习近平主持中共中央政治局第十八次集体学习》（2014 年 10 月 13 日），共产党员网，https://news.12371.cn/2014/10/13/VIDE1413203409194521.shtml。
⑦ 黄宗智：《集权的简约治理：中国以准官员和纠纷解决为主的半正式基层行政》，《开放时代》2008 年第 2 期。

而是要利用对"治理容限"的理解，对不适应治理场景的技术及时做出调整甚至革新，以达到治理技术与治理场景的"良好匹配"。

当前，一些地方政府在治理改革与创新中呈现出过于追求"最佳实践"的倾向，其出于政绩或压力，往往一项创新技术创设以后，便集中、大量地向其投入资源和注意力，以使该项创新能尽快展示出最佳效果。但这种做法忽略了治理环境、体系与技术相互之间的协调性与系统性，所以其生命力往往不强。随着社会复杂性的增加，基层治理的场景越来越多元化，不同的治理场景需要不同的治理技术。我们要认识到，"治理目标、内容和技术之间是一个复杂的匹配关系"①，而匹配程度能够决定治理技术的成功与否。这也在一定程度上决定了治理技术是存在"治理容限"的，在治理过程中，治理技术与环境的偏差不能超过某一个"阈值"，否则就会导致治理失效。所以，在基层治理改革与创新过程中，不可能同时追求所有最好的状态，要实现"善治"，追求"良好匹配"比追求"最佳实践"更重要。也只有形成与当下的基层社会"良好匹配"的治理技术，才能使基层治理现代化更加可行，这也是理解"治理容限"的意义所在。

---

① 吕德文：《技术治理如何适配国家机器——技术治理的运用场景及其限度》，《探索与争鸣》2019 年第 6 期。

赋权·增能·共享:社会组织参与社区共同体构建的实现机制探索研究

朱露露

(中共台州市委党校)

摘　要:基层社区作为实现共同富裕的重要场域,如何实现基层社区治理创新,为基本实现全体人民共同富裕提供实践根基成为学界重点关注的问题。本文以浙江省台州市椒江区 TY 社工机构介入"村改居"C 社区融合的案例展开分析,认为"村改居"社区融合中农民身份转换困难的重要原因之一就是"共同体困境",如何破解"共同体困境",实现居民自治,促进社区融合发展,对"村改居"居民进行制度和结构上的"赋权与增能"显得尤为必要。社会组织参与社区共同体构建过程存在外力介入、内力自生两种行动范式和合力共生的互动策略,同时,参与社区共同体构建中社会组织赋权与增能过程中存在社区骨干赋权与增能不足、党建核心引领体现较弱和双向嵌入中社会组织自主性发展困境等问题。

关键词:赋权与增能　社会组织　社区共同体构建　社工机构

一、问题提出

实现共同富裕是社会主义的本质要求,是满足人民对美好生活向往需求的重要途径。党的十九大明确提出到 2035 年"人民生活更加美好,人的全面发展、全体人民共同富裕取得更为明显的实质性进展"。建议"完善共建共治共享的社会治理制度,扎实推动共同富裕,不断增强人民群众获得感、幸福感、安全感,促进人的全面发展和社会全面进步"[①]。在社会发展过程中,完善共建共治共享的社会治理制度,在扎实推动共同富裕中扮演重要的战略地位,基层社区是提升人民获得感、幸福感、安全感,促进共建共治共享的重要场域,而社区共同体构建则是整个基层社会长治久安的关键抓手之一。中共中央选择支持浙江省作为共同富裕示范区,使其与深圳、上海浦东成为社会主义建设的三大领跑者,正是基于对浙江省在共建共治共享社会治理制度完善过程中助推基层治理机制创新的肯定。浙江省基层社会治理助推实现共同富裕的创新探索为其他地区提供了参考和借鉴。

社区共同体构建中如何实现政社、党社良性互动,社会组织特别是专业性社会组织的有效参与

[①]　《中共中央关于制定国民经济和社会发展第十四个五年规划和二〇三五年远景目标的建议》(2020 年 10 月 29 日中国共产党第十九届中央委员会第五次全体会议通过),http://www.gov.cn/zhengce/2020-11/03/content_5556991.htm。

是关键。社会组织作为政府与社会的桥梁,在基层社区治理中起到了润滑剂、传声筒的作用,以"非行政化"角色和身份,中立的价值取向,面对面的服务模式更容易畅通社区居民和居委会、街道以及政府之间的诉求渠道。社会工作作为我国发达城市地区较为成熟的协助个人、群体、社区强化或恢复能力,以发挥其社会功能,并创造有助于达成其目标的社会条件的专业活动①,已在沿海发达地区发展较为成熟。但在基层社会治理中专业社会工作组织参与社区共同体构建还处于探索阶段,浙江省台州市椒江区作为东部沿海主城区,民营经济发达,城市化进程较快。第七次人口普查统计显示,2020年,台州市椒江区城镇化人口62.72万人,城镇化率上升14.1%,占75.9%。在急速增长的城市化进程中,为了进一步促进城乡协调发展,推行了"村改居"社区建设方针,大量农民转为城市居民,实现社区化管理,但是现实调研发现,基层民众城乡融合发展获得感较低,特别是"村改居"社区出现"共同体困境"。为此,台州市椒江区创新治理机制,引入专业性社会组织,为社会组织参与社区共同体构建提供了实践路径。

二、赋权与增能:社区共同体构建的一个分析框架

(一)赋权与增能的理论背景

作为福利经济学家,阿马蒂亚·森对传统的 GDP 式发展进行了批判,提出了以个人自由为基础的新发展观,并认为发展能促进个人可行能力的拓展。阿马蒂亚·森在《以自由看待发展》中指出:"一个人的可行能力指的是此人有可能实现的、各种可能的功能性活动的组合。"②阿马蒂亚·森关于可行能力的观点吸取了亚里士多德关于功能性活动的论述,表明一种个人实际能够做到的行为或状态,包括获取足够食物、保持基本健康等初级的需求,也包括拥有自尊、参与社区活动等复杂状态。阿马蒂亚·森的可行能力理论得到了广泛的应用,玛莎·努斯鲍姆将其阐释延伸为基本可行能力、内在可行能力和混合可行能力。

源于阿马蒂亚·森的理论,联合国开发计划署(The United Nations Development Programme,简称 UND)认为最基本的收入不是衡量福利的总和,所谓的贫困不仅仅是收入不足,而是对人们最基本发展(长寿、健康、体面的生活和自由、尊严及他人的尊重)机会的选择和否定。③ 因此,追求发展的目标应该是提升个人的可行能力而不是片面的收入的提高。

社区作为基层自治组织,实现居民自治是推动基层社会治理的重要内容。而"村改居"社区建设中农民身份转换困难的重要原因之一就是"共同体困境",如何破解"共同体困境",实现居民自治,促进社区共同体构建,对"村改居"居民进行制度和结构上的"赋权与增能"显得尤为必要。

有学者将"赋权"和"增能"区分开,认为"赋权"是从社会外部结构和制度上为个人提供良好的生存与发展环境,"增能"则是从个体内部实现可行能力的提升,二者相互补充,促进整体社会的发展(陈俊俊,2012)。但是就赋权与增能理论的发展历程而言,二者应该并未形成泾渭分明的界定,

---

① 美国社会工作者协会(National Association of Social Workers,NASW)释义。
② 阿马蒂亚·森:《以自由看待发展》,于真等译,中国人民大学出版社 2006 年版。
③ 马永华:《论阿马蒂亚·森的可行能力理论及其现实意义》,《南京航空航天大学学报(社会科学版)》2011年第 1 期,第 58—63 页。

社会外部结构和个人内部自我提升都是赋权与增能的具体表现。

赋权与增能理论一般被认为开始于 20 世纪 70 年代，1976 年巴巴拉·所罗门在关于少数族裔研究著作——《黑人赋权：受压迫社区中的社会工作》中首次论述了赋权理念，认为社会弱势群体最突出的问题是无权，并认为帮助他们的主要途径是让他们争取更多的权利。巴巴拉·所罗门和阿马蒂亚·森的观点在理论逻辑上殊途同归，都强调了通过外部赋权发展个体或群体的可行能力。赋权与增能的理论存在三个假设：一是个人或群体处于无权或失权状态；二是无权或失权状态并非个人或群体自身导致的，而是外部环境影响、排挤和压迫造成的；三是个人或群体内在具有改变的能力，外部的协助加上自身的努力则能促进无权或失权状态的改变，最终实现个人福利和社会公正（张时飞，2001；王思林、郭玥，2016）。

（二）赋权与增能的理论应用

赋权与增能理论在国外关于农民城市化进程研究较多，国内关于赋权与增能理论的运用主要集中于两个方面：一是问题应对类，主要针对贫困问题、农民工等弱势群体展开的研究。如李俊俊（2012）对农民工弱势地位的表现与成因进行分析，并提出赋权与增能是改变其弱势地位的重要途径。二是基层治理类，主要针对社会治理特别是社区居民参与现象进行的探索。如谭祖雪、张江龙（2014）认为城市社区参与不足的重要原因是社区与社区居民失权，赋权与增能是促进社区参与的重要选择。

社区治理的过程，也是社区居民参与社区事务不断提升维护自身权益、实现社区自治的过程。但是这一过程需要外力的推动和引导，特别是"村改居"社区居民，在城市化进程中角色适应和调试就存在诸多困境，对城市社区发展模式更是存在着"地缘"障碍。使用赋权与增能理论，专业社会组织加以介入，以协助者的身份助推农民融入并参与社区治理。

（三）赋权与增能的两种行动范式："外力介入"和"内力自生"

从赋权与增能三个假设出发，个人或群体无权或失权的状态主要是受外部环境影响，而个人或群体自身仍具有可行能力，个人或群体自身具备潜在的优势和能力。因此，赋权与增能相关研究支持不同群体可以采用不同赋权与增能的行动范式，这些模式大致可分为"外力介入"和"内力自生"两种类型。

所谓的"外力介入"行动范式，旨在改变外部环境，通过赋权的主体和客体不断进行社会建构，进而激发个人或群体内在的可行能力（陈树强，2003）。而外力则包括政府和社会组织等多方力量合作，政府主要在社会政策、社会制度、社会保障等方面建构更加合理的社会体系，而社会工作机构等专业社会组织则起到"润滑剂""桥梁纽带"的作用，为个人或群体改善生活环境、消除获得可行能力的障碍。

所谓"内力自生"行动范式，则是将可行能力存在个人或群体自身作为重要的前提假设，关注个人或群体内在能力的觉醒和提升而非外部社会体系的建构（张时飞，2001）。该模式重点关注个人或群体自身改变的欲望和强烈程度，通过赋权与增能，让个人或群体获得更好的自治能力。但要注意的是，一旦个人或群体缺乏自我改变的可行能力意识，任何介入都将无法收到良好的效果。

三、台州市椒江区的案例分析

(一)主动赋权与增能：基层治理主体的创新路径

"村改社区"是推动城市化进程的一项重要举措。台州市椒江区作为主城区，将"村改社区"作为行政村规模调整的重点，希望以高品质的城市建设和管理对农村传统的生产生活方式进行改造、提升。通过"村改社区"，椒江区社区的空间布局得到优化，干部队伍得到加强，治理水平得到提升，进一步夯实了其主城区长远发展的基础。2018 年椒江区行政村规模调整中，共撤销行政村 89 个，其中以"村改社区"形式撤销 54 个，形成新社区 16 个。[①] 而 C 社区则是其中"村改社区"的新社区之一。C 社区于 2018 年 10 月成立，社区范围北至枫南东路，南至一条河，西至安康路，东至太和路，社区总人口数 10794 人，总户数 3552 户。社区属于拆迁户、商品房住户混合型小区，包含之前的朝晖村、群辉村和新建的金泰华庭、碧辉人家小区。现有党支部 2 个，党员 59 人。社区内配套设施齐全，居住生活环境优美，社区居委会共有工作人员 6 名，总面积 1050 平方米，党群服务中心 350 平方米，文化礼堂 700 平方米。

但是混合型住户社区在居民融合中存在较大的"共同体困境"，作为失地农民主体，离开原先习惯的依附土地的生活，在对社区生活的认识、理念和价值上仍存在着过去的烙印，回迁农民对社区居民的身份和角色较难适应，混合型人口类型的居住环境加大了"社区认同"的形成难度，农民情结导致"村改居"社区的整体文化氛围和居民素养亟待改善。如何做好促进村社融合，成为椒江区社会治理的重难点问题。

为此，C 社区所在的 H 街道创新治理机制，采用政府购买服务的方式，主动联系沟通，将专业社会组织——TY 社会工作服务中心。2017 年 TY 社会工作服务中心在当地基层政府的大力支持下落地 J 区，TY 社会工作服务中心秉承"扶助弱者、服务居民、重建社区、和美社会"，为促进城市生活质量提升、建设高水平小康社会提供专业化、科学化、人性化的服务，以服务治理的理念促进基层治理方式的创新和治理水平的提升。早在 2013 年，TY 社会工作服务社就扎根浙东地区，与浙东多个基层政府形成合作项目，实现政社良性合作。

2019 年，TY 社会工作服务中心基于前期的入户调研和现场考察，为 C 社区的村社融合发展量身打造了配套方案，以第三方身份介入社区治理中。TY 社会工作服务中心在介入 C 社区期间开展"馨活动"和"馨课堂"主题活动 54 场，服务覆盖 2064 人次，服务对象包括青少年、亲子、长者、节庆活动和课程培训等。

(二)专业社会组织的社区融合行动策略

1. 赋权社区：外力介入优化共同体营造

居民主体性意识的觉醒是促进社区自治的第一步，只有居民自身参与到实际的工作中，才能真正体会到各方利益所在。为此，TY 社会工作服务中心对居民充分赋权，相信每位居民都是具有社

---

① 根据椒江区调研资料整理所得。

区参与能力的个体，积极组建朝晖社区居民微信群、朝晖社区义工微信群，为其创造社区参与的载体。同时，在参与平台运营前期，做好及时的信息通知、反馈工作、加强与居民之间的情感维系，协助居民逐步实现增能。TY 社会工作服务中心在居民中开展志愿队伍公益"1＋3"活动，由党员先锋义工这个"1"加以带动，实现街道及社区公众、社会组织志愿团体和企业商家公益伙伴"3"类志愿服务群体的志愿队伍培育，在社区活动中挖掘居民骨干力量。（见图 1）

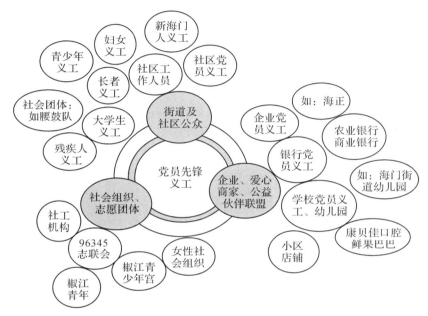

图 1　C 社区志愿者队伍培育及建设公益"1＋3"活动

2.居民增能：促进社区主体可行能力提升

结合社工专业优势、采用"个案跟进＋小组互助＋社区氛围营造"的工作手法，以专项的形式实现对社区居民的专业服务，开展"朝晖少年"外来家庭未成年子女成长支持项目，以朝晖小区内的外来家庭未成年子女为服务对象，针对他们在新环境融入困难、日常文娱方式单一、亲子关系不融洽等方面的问题，运用社会工作三大工作手法——个案工作、小组工作和社区工作，开展丰富多彩的活动，并对具有特殊需求的青少年或家庭提供一对一服务，以帮助他们熟悉居住环境，适应社区生活；增进亲子交流，缓和亲子关系；丰富日常生活，收获朋辈伙伴。

3.合力共享：外力推动和内力互生双向赋权

由于 C 社区居住人口类型较为复杂，TY 社会工作服务中心采用"双向赋权"，实现多元主体互动，并针对社区不同群体开展针对性服务，搭建居民之间互动交流的平台，增加居民之间认识交流的机会，打破陌生感；提升居民的幸福感和归属感，建立彼此之间的信任关系；提高居民自治与服务意识，促进多方融合，营造和美社区氛围。为促进社区居民更好地融入社区，TY 社会工作服务中心发挥自身"第三方"优势，采用外力推动的方式，并结合"馨活动、馨课堂和新义工"大融合模式，推动居民参与社区管理，逐步发展自身可行能力，达成社区"反哺"（见图 2）。

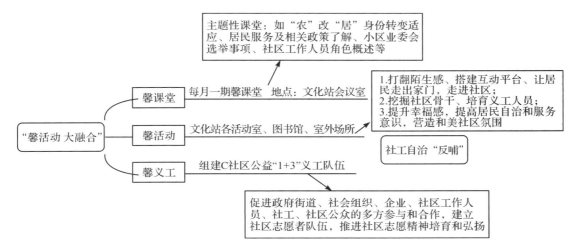

图 2　TY 社区工作服务中心社区融合服务内容

四、社会组织参与社区共同体构建的行动范式转化

结合我国国家的基层实践情况,笔者更加认同操家齐(2012)关于合力赋权概念的论述,赋权是各个主体共同发挥作用的过程,包括宪政、外力、行政、市场、社会和自力等。TY 社会工作服务中心作为专业的赋权主体,在参与基层社会治理中有着较大的优势,政府通过购买服务引入社会工作专业社会组织,社会工作则以第三方角色代替政府提供专业的服务,协助解决基层社会治理中部分政府完成不好或者无暇顾及的问题,并在过程中以沟通者的角色表达基层群众的诉求,通过赋权与增能实现个人或群体可行能力的提升,达到基层社会自治,架构连通党政社协作的桥梁,最终促进社会善治。

传统社会组织参与基层社区治理更多的是"为参与而参与",注重的是参与的人数、形式和宣传,而忽视社区居民自身可行能力的提升,因此参与效果上只能达到"一阵子",不能实现社区自身"供血",形成长效机制。正如罗伯特·A.戴尔所言,只有当人们真正参与具体的决策,才称得上拥有了权力。[①] 赋权与增能理论视角下,社会工作服务中心作为专业社会组织,在参与基层社会治理中,会更加关注个人和群体自治能力的成长,最终实现个人和群体对社会治理的反哺。人们只有参与到城市化运动中,在社会互动中寻找到彼此利益所在,在博弈中分享各自的价值和理念,才能产生新的社会变化过程。社会工作服务中心以专业社会组织角色,能够在基层社会治理特别是社区治理中有所作为。

(一)外力介入行动范式的实践转化

社会组织在参与社区治理中,不仅要关注各类居民形式上的社区活动参与,更要注重实现社区居民的"能促性"和"发展性",这就包括外部干预和内源发展两种行动范式。

所谓的外力介入,是指赋权与增能过程中通过外部力量的介入和支持,促进个人或群体参与社

---

① 潘泽泉:《参与与赋权:基于草根行动与权力基础的社区发展》,《理论与改革》2009 年第 4 期,第 69—72 页。

区治理。外部干预也是专业型社会组织参与社区治理过程中，实现自身角色认可，促进社区居民可行能力意识萌发的重要范式。如 TY 社会工作服务中心介入 C 社区期间，共举办 4 场节庆活动，服务人次达到 1028 人次（见表1），占到服务总人次的 49.81％。[①] TY 社会工作服务中心将节庆活动作为外部干预的媒介，居民通过参加各类文艺晚会、端午、中秋等社区活动，实现了居民和社区之间的联系，促进居民"社区认同"，特别是针对回迁农民，能够促进其"社区共同体"意识的萌芽。

表 1　TY 社会工作服务中心介入 C 社区开展的节庆活动汇总

活动时间	活动地点	活动名称	服务人次
20190509	C 社区	政策宣传与游戏互动 & 庆祝新中国成立 70 周年文艺晚会	200
20190606	C 社区	端午活动	200
20190908	C 社区	中秋节冰皮月饼制作活动	128
20190923	C 社区	"浓浓邻里情　融合一家亲"C 社区迎国庆文艺晚会	500

（二）内力自生行动范式的实践转化

所谓内源发展，则是指通过赋权与增能，提升个人自身的主体性，释放自身潜能，进而实现可行能力的提升。内源发展不仅能促进个人自身主动性，更能促进其与他人、社区和社会的互动关系，拥有更好的社会环境。TY 社会工作服务中心在 C 社区针对不同群体深入开展服务，如开展针对青少年活动 24 场，长者服务 4 场，促进亲子服务 18 场，累计服务人次 780 人次。具有群体特征的活动，一般参与人数在 15—30 人，活动内容多以居民感兴趣的手工制作、健康讲座、创意大赛等为载体，区别于一般社会组织参与社区治理形式，赋权主体——专业社工会在活动过程或结束期间引导参与者关注个体自身的内在感知，并通过观察、交流和沟通发展潜在的案主，开展深入、持续的专业服务。截至目前，社会工作服务中心坚信每一个个体内源发展成长的实现，是促进整体社区居民自治能力提升的关键所在。

（三）合力共生互动策略的实践转化

资源依赖理论认为资源关系依赖对组织和环境的相互关系有较强影响，社会组织参与社会治理中对资源动员的程度直接影响着治理效度。[②] 所谓的资源包括人力、物力和财力等社会支持性资源。C 社区作为"村改居"混合场域，社区居民成员复杂，包括回迁农民、商品房住户和外来人口等，如何实现多种身份居民的"社区认同"，促进社区融合成为重要工作内容。为此，TY 社会工作服务中心以动员支持型资源为突破口，建立社区居民活动微信群，截至 2019 年 10 月份，社区居民活动微信群总计人数 166 人（包括社区工作人员、社工人员在内）。线上微信群从最初的无人响应到各类服务活动的踊跃报名。现在，社工只要在群内发布活动招募信息，居民朋友们就会积极响应。有些不知如何报名参与活动的社区居民会自发地询问社工如何参与，社工们的耐心解答和细致回复也得到了家长们的肯定。社区居民活动微信群这一线上交流平台，促进着彼此关系的建立

---

① 根据 TY 社会工作服务社调研资料整理所得。

② 王杨：《社会工作参与社区治理的行动策略——以全国首个城市"慈善社区"试点创建项目为例》，《中州学刊》2016 年第 7 期，第 77—81 页。

和加深。目前,社区群内气氛活跃,居民们对活动反应良好,初步实现了潜在社区支持资源的动员。

作为枢纽型社会组织,TY 社会工作服务中心还有一项重要的使命——培育社区自生社会组织,建立社区志愿者队伍,推进社区志愿精神培育和弘扬,壮大社区公益力量,促进多方参与与合作,做好志愿者管理,践行志愿者力量。每万人社会组织拥有量成为现代社会治理水平的一项重要指标,C 社区由于之前复杂的居住人口构成,虽有零散的志愿者组织,但是并未发挥大的作用,TY 社会工作服务中心参与社区共同体构建过程中,以此前各项服务活动为基础,积累了不少潜在的义工对象,部分居民希望利用闲余时间,参与一些有意义的服务,帮助困难人群,奉献自己的爱心。现已组建社区"微笑"义工群,社区志愿者队伍的建立,并完成志愿者队伍的规章制度建设,实现了 C 社区志愿服务组织科学化、规范化。

五、延伸的几点思考

在社会组织运用赋权与增能参与基层社会治理过程中,因外部机制和自身发展所限,仍存在一些阻碍和困惑。

(一)社区骨干赋权与增能不足

社会组织作为第三方,对社区治理更多体现的是外部力量的干预。而社区党支部和居委会作为社区骨干成员自治能力的提升才是社区发展的重要长效机制,但是社区骨干的成长不是自然发展而来的,需要外部力量的引导和动员。C 社区目前有党支部 2 个,党员 59 人,但是 TY 社会工作服务中心在参与社区共同体构建中并未充分发挥这些骨干成员的主体性,主要建立的是社会组织—社区居民之间的联系,忽视了社会组织—社区骨干之间关系的建立。一方面是由于社区书记自身对于社会组织参与社区共同体构建存在抵触情绪;另一方面,TY 社会工作服务中心担心嵌入性治理"内卷化",刻意维持第三方"中立"身份。如何赋权社区骨干成员,成为社会组织参与社区治理研究需要关注的问题之一。

(二)党建核心引领体现较弱

社会工作作为专业社会组织参与到社区共同体构建过程中,但是由于社会工作的指导范式均来自西方社会的国家——社会理论体系,缺少我国本土国情的适切性。党建核心引领已经成为全面建成小康社会、全面深化改革、全面依法治国的重要维度,是基层社会治理中不可回避的研究视角,C 社区所在街道为实现基层治理创新引进 TY 社会工作服务中心,而 TY 社会工作服务中心立足做本土化社会工作,一直在尝试对接街道中的基层党建工作,以其进行本土化的社区治理道路探索。但这一设想仍停留在前期研究和尝试阶段,还未做出较好的实践成果,是社区共同体构建研究需重点关注的研究视角。

(三)双向嵌入[①]中社会组织自主性发展困境

与一般的社会组织相似,TY 社会工作服务中心也面临着一方面受到政府资金支持、政策扶

---

① 王名、张雪:《双向嵌入:社会组织参与社区治理自主性的一个分析框架》,《南通大学学报(社会科学版)》2019 年第 35 卷第 2 期,第 49—57 页。

持,另一方面则面临着社区居民参与中的赋权与增能,这种"双向嵌入"的境地对其自主性发展产生较大影响。社会自主性意味着社会组织可以按照自己的社会行动策略执行,实现自我的行动目标,但是,TY社会工作服务中心在开始介入社区共同体构建过程中,一方面受到C社区所在街道资金的制衡,面临着服务购买方的需求与自身行动目标不一致的两难局面;另一方面,则受到C社区居民的不理解、不认可和不接受,难以实现赋权与增能的适切路径。这也是众多专业社会组织参与社区治理中面临的发展困境。社会组织在社区共同体构建中,在"政府—社会组织"和"社会组织—社区"双向嵌入中找到自主性发展的路径,才能真正实现社会组织本土化发展,培育适合我们国情,推进基层社会治理创新,满足现代化高水平小康社会建设需求的社会组织。

参考文献:

[1] 习近平.决胜全面建成小康社会　夺取新时代中国特色社会主义伟大胜利:在中国共产党第十九次全国代表大会上的报告[M].北京:人民出版社,2017.

[2] 阿马蒂亚·森.以自由看待发展[M].于真,等译.北京:中国人民大学出版社,2006.

[3] 宋希仁.西方伦理思想史[M].北京:中国人民大学出版社,2003.

[4] 马永华.论阿马蒂亚·森的可行能力理论及其现实意义[J].南京航空航天大学学报(社会科学版),2011(1):58-63.

[5] 操家齐.合力赋权:富士康后危机时代农民工权益保障动力来源的一个解释框架[J].青年研究,2012(3):40-52.

[6] 王晓东.赋权增能视角下农民工社会救助模式转型:呼和浩特市个案研究[J].人口与发展,2013(6):52-57.

[7] 李俊俊.赋权与增能:农民工弱势地位改变的根本途径[J].重庆文理学院学报(社会科学版),2013(1):74-77.

[8] 谭祖雪,张江龙.赋权与增能:推进城市社区参与的重要路径——以成都市社区建设为例[J].西南民族大学学报(人文社科版),2014,35(6):57-61.

[9] 王思林,郭玥.双向赋权:新社会组织党建工作的一项发展思路——以宁波市北仑区为例观察与思考[J].2016(3):81-88.

[10] 唐有财,王天夫.社区认同、骨干动员和组织赋权:社区参与式治理的实现路径[J].中国行政管理,2017(2):73-78.

片区组团发展：乡村共同富裕的实践创新

——以浙江省C市党建引领乡村片区组团发展模式为例

骆　庆

（中共慈溪市委党校）

摘　要：新时代乡村发展走片区化、组团式道路，既是践行以人民为中心发展思想的内在要求，也是破解当下乡村发展瓶颈的迫切需要。浙江省C市党建引领乡村片区组团发展模式以"片区"概念打造乡村共同富裕的基本单元，通过实施"党建联盟、规划联体、产业联动、社会联治"四大工程，推动实现片村基层组织融合共进、基础设施统筹共建、产业发展合作共赢、基层治理协同共治，切实走出了一条推动乡村高质量发展、实现乡村振兴的新路子。

关键词：共同富裕　乡村振兴　片区组团发展

治国之道，富民为始。实现共同富裕是社会主义的本质要求，是人民群众的共同期盼。习近平总书记强调，促进共同富裕，最艰巨最繁重的任务仍然在农村，农村共同富裕工作要抓紧。[①] 2021年7月19日，《浙江高质量发展建设共同富裕示范区实施方案（2021—2025年）》正式发布，该方案明确提出："推进乡村片区化、组团式发展，探索党建统领先富带后富实现共同富裕的机制和路径。"[②]这不仅为推动乡村共同富裕指明了方向，更对党建引领乡村共富提出了更高的要求。本文以乡村片区组团发展为切入点，基于对浙江省C市乡村片区组团发展模式的调研，探讨其内在逻辑和实践进路，进而提出乡村片区组团发展的未来趋向，旨在为共同富裕大场景下推进乡村走片区化、组团式发展道路提供参考。

一、乡村片区组团发展的内在逻辑

新时代乡村发展走片区化、组团式道路有其内在逻辑，对此可以从理论和现实两个维度来把握和理解。

（一）理论逻辑：坚持以人民为中心发展思想的内在要求

以人民为中心的发展思想，是党的十八大以来以习近平同志为核心的党中央关于发展问题的

---

① 习近平：《扎实推动共同富裕》，《求是》2021年第20期，http://www.qstheory.cn/dukan/qs/2021-10/15/c_1127959365.htm。最后访问时间2022年1月27日。

② 《浙江高质量发展建设共同富裕示范区实施方案（2021—2025年）》，《浙江日报》2021年7月20日。

重要创新性理论成果。[1] 在"发展为了谁"的问题上，强调把增进人民福祉、提高人民生活水平和质量、促进人的全面发展作为根本出发点和落脚点，就是把实现好、维护好、发展好最广大人民根本利益作为发展的根本目的。在"发展依靠谁"的问题上，主张把人民作为发展的力量源泉，充分尊重人民主体地位，充分尊重人民所表达的意愿、所创造的经验、所拥有的权利、所发挥的作用，充分尊重人民群众首创精神。在"发展成果由谁享有"的问题上，坚持发展成果由人民共享，朝着实现全体人民共同富裕的目标稳步迈进。以人民为中心的发展思想科学回答了中国特色社会主义建设过程中经济社会发展的根本目的、动力、价值等问题，是新时代解决"三农"问题，实现乡村振兴的重要思想指引。

实施乡村振兴战略，广大农民是这一战略依靠的主体。[2] 因此，在推进乡村振兴战略的进程中，既要充分挖掘乡村独有的产业、人口、文化等资源禀赋，又要有效激发农民群众的积极性和创造性，最终实现乡村共同富裕。追溯乡村片区组团发展模式的早期形成，酝酿于村民治村协商、起源于村级党组织协作尝试、发展于乡镇党委规划协调、成熟于区县（市）党委统筹推广，这是"自下而上"和"自上而下"相结合的探索过程，更是乡村主体性和环境客体性相合一的良性循环。在乡村片区组团发展推进过程中，始终贯彻"开放、务实、灵活"思路，例如对于成团村庄、组团意愿、项目合作、股份组成、利益分成等都不做固化要求；已成团片区在发展过程中，可通过共同决策增加组团成员，甚至当某一片区完成所有组团项目后还可另行组团。如此构建以片村为主体的乡村共富模式，农民作为乡村发展的参与者和最终受益者，有效夯实了片区发展的群众基础。

（二）现实逻辑：破解当下乡村发展瓶颈的迫切需要

改革开放以来，伴随着社会主义市场经济体制的建立，农村劳动力、土地、资本三大生产要素长期净流出，村庄各类资源要素大幅"缩水"，成为加剧城乡差距的重要诱因。在此背景下，基于行政边界的、各自为政的乡村发展模式已难以为继，即在乡村生产要素大量流失，生产力发生变化的情况下，过去单打独斗的生产关系已不适应。这是当前乡村发展的共性问题，也是缩小城乡差距面临的重要瓶颈问题。21世纪以来的行政村合并，一定程度上缓解了村级要素资源制约等问题，但行政村合并难度大、要求高、矛盾隐患多，有自身的局限，无法有效回应快速发展变化的乡村发展现实的需要。如何在不做行政村区划调整的背景下突破乡村发展各自为政的难题？乡村片区组团发展便是破题之道。

乡村片区组团发展的核心在于先"统"后"联"。所谓"统"，是指镇级层面自上而下对镇域范围进行统筹布局、规划和资源配置。具体而言，各镇在摸清家底后，对镇域范围进行功能划分和空间规划，形成片区，片区形成后，政府为各片区量身定制规划，同时将符合片区定位的资源、政策集中投入。所谓"联"，是指片区内各村在保持一定独立性的基础上因地制宜地联合。其一，独立性，即片区组团发展坚持各行政村组织、资产属性和财务核算"三不变"原则；其二，因地制度，即"联"的模式、内容非标化，根据各村的实际情况差异化联合。可见，乡村片区组团发展模式打破单个村封闭

---

[1]　姜淑萍：《"以人民为中心的发展思想"的深刻内涵和重大意义》，《党的文献》2016年第6期，第20页。

[2]　廖彩荣、陈美球：《乡村振兴战略的理论逻辑、科学内涵与实现路径》，《农林经济管理学报》2017年第6期，第797页。

的发展模式,将村联合起来,以乡村高质量发展共同体破解当下乡村发展瓶颈。

二、乡村片区组团发展的实践进路——以 C 市为例

2021 年 7 月 27 日,C 市被列为浙江高质量发展建设共同富裕示范区首批缩小城乡差距领域试点,正在全域推广的党建引领乡村片区组团发展模式,已然是 C 市推进乡村共同富裕的特色性抓手。乡村片区组团发展模式,是通过实施"党建联盟、规划联体、产业联动、社会联治"四大工程,以片区为单位打造乡村高质量发展共同体,推动实现基层组织融合共进、基础设施统筹共建、产业发展合作共赢、基层治理协同共治。

(一)"党建联盟"实现基层党组织由"封闭运行"向"融合共进"转变

基层是党的执政之基、力量之源。只有基层党组织坚强有力、党员发挥应有作用,党的根基才能牢固,党才能有战斗力。[1] 在推进乡村片区组团发展中,C 市打破行政村地域边界组建片区党建联盟,以组织共建、发展共谋、事务共商来激发基层党组织对农村经济社会发展的引领力、组织力、执行力,实现基层党组织由"封闭运行"向"融合共进"转变。

"党建联盟"工程聚焦"三一并举"。一是培育一个好的片区带头人。片区带头人是片区发展的"火车头",发挥着关键作用。C 市注重将政治素质过硬、发展思路清晰、善于攻坚克难的优秀人才选拔到片区带头人岗位上,为推动片区组团发展提供强大动力。以 C 镇 F 片区为例,F 村党委书记是省"千名好支书"、省兴村名师、省乡村振兴"金牛奖"书记,担任 F 片区联合党委书记后,带动片区内另外两个弱村联动发展,第一年片区集体经济收入就提升 30%。二是建设一支好队伍。通过建立"区域党建联合体",突破村界束缚,统筹党建阵地建设和支部联建工作,全面推进片区党建融合,以党组织和党员的率先融合带动片区行政村村民的融合。同时深化"导师带徒制",着力培育片区书记后备人才,为片区党组织建设持续注入新鲜血液。三是形成一个好机制。建立片区联合党委会议、村务联席会议制度,确保每个片区至少每月召开一次联合党委会议,构建重点工作协同、干部队伍统配、党建资源共享、工作成效互促等机制,定期就片区党员共管、思路共谋、问题共商、难题共解、服务共推等具体工作开展讨论决策,确保工作提前谋划、问题及时发现、矛盾有效解决,将基层党组织的领导力贯彻于具体的运行机制之中,不断夯实片区发展的组织基础。

(二)"规划联体"实现片村发展由"一花独放"向"百花竞放"转变

乡村振兴要科学把握乡村的差异性和发展走势分化特征,做到规划先行。[2] 只有编制一个立足全局、切合实际、科学合理的片区全域发展规划,才能增强片区发展的系统性、整体性和协同性。在推进乡村片区组团发展中,C 市抓住片区规划引领这一关键环节,从发挥片区整体功能的角度出发,全面统筹片区空间结构,优化片区发展布局,激发片区内生动力,实现片村发展由"一花独放"向"百花竞放"转变。

---

[1] 《习近平对开展"两学一做"学习教育作出重要指示》,共产党员网,2016 年 4 月 6 日。
[2] 韩俊:《关于实施乡村振兴战略的八个关键性问题》,《中国党政干部论坛》2018 年第 4 期,第 26 页。

"规划联体"工程围绕"共同发展"和"可持续发展"两个关键词。一方面，通盘考虑产业发展和土地利用、公共服务与基础设施等内容，确保片区全域发展规划的合理性和科学性。由于地域相近，不少村之间资源禀赋的互补性并不明显，为此，C 市镇两级及时组建片区专家智库，在规划编制、项目招引、区域党建、财政补助等方面给予专业指导。同时加强制度性供给，积极协调市镇各级部门，在相关的村级土地规划、道路布局、建设用地指标、建设项目选址、财政资金扶持等方面及时做出政策调整，加大激励措施，确保在资源分配、土地利用等方面形成长期稳定的详细规划，加速片区全域融合发展。另一方面，C 市将片区组团发展的实施主体定位于参与组团的行政村，市镇两级则在片区发展的不同阶段给予精准帮扶，避免过度干预影响村集体主动性。在启动阶段，强化思想发动，市、镇、村各级主体共同协商，形成鼓励合作、推动共赢的良好氛围；在组团初始阶段，市镇两级注重把好方向，支持片区党建联盟组建、运行模式梳理、带头人确定、发展方向谋划、资源要素统筹，引导各村明确方向、形成合力；在发展阶段，充分发挥村级组织主动性，市镇两级则重点针对片区组团遇到的难题，在落实建设用地指标、建设项目选址、公共设施布局等方面帮助破难，确保片区组团持续发展。

以 K 镇 N 片区为例，组团的三个村沿山依次分布，C 村位于山脚，有丰富的农家乐、青瓷产业园等体验经济产业；B 村位于山腰，是高品质富硒杨梅的主要产地；G 村位于山顶，拥有茶叶、民宿等文旅资源。片区三个村共同参股组建忆山文旅公司，整合串联旅游潜力点位 20 余处，打造出一条"春品新茶、夏尝杨梅、秋可登高、冬能赏雪"的全域精品乡村旅游带，成为远近闻名的网红景点。

（三）"产业联动"实现片村产业由"单打独斗"向"合作共赢"转变

乡村振兴，关键是产业要振兴。产业是推进农业农村现代化的主抓手，产业兴旺是乡村振兴的重点，也是实现农民增收、农业发展和农村繁荣的基础。[1] 针对乡村产业长期面临资源不足、水平不高、量小力弱等发展瓶颈问题，C 市片区组团发展着力于壮大农业发展内生动力，既注重吸引人财物等各类资源充实到乡村发展中，又有效盘活乡村内部资源，走出了一条做优做强农村产业的新路子。

"产业联动"工程写好"片区内部"和"片区之间"两篇文章。就片区内部而言，明晰权责利边界，破解片区发展的产业融合难题。由于村级发展实力和区位条件等的不同，不同村在参与片区组团的动力上明显存在差异。C 市推动各村签订片区合作协议，在坚持各行政村组织、资产属性和财务核算"三不变"原则基础上，建立片区股份经济合作联社或市场化经营股份公司，按照各村出资比例确定股份比例，明确各村在片区集体资产统配、农业综合开发、产业改造提升、土地产权改革中应承担的任务及所能享受的利益分成，形成明晰的权责利体系，为产业协同搭建起公平有序的制度支撑。就片区之间而言，推进"一片一品"建设，减少片区同质化竞争现象。C 市重点通过盘活集体资产、统筹特色产业开发、推进土地产权改革的方式，激发乡村资源要素潜力。各片区根据自身地理位置和产业基础，结合发展路径打造绿色、生态、富民的特色产业，如物业经济、特色农业、生态旅游等，为发展新型集体经济探路。同时，把资金、技术、管理、人才优势与各行政村的土地、劳动力、能

---

[1] 《中共中央　国务院关于实施乡村振兴战略的意见》，《人民日报》2018 年 1 月 2 日。

源、自然禀赋等资源优势有效结合起来，利用投资乘数效应和技术扩散效应形成生产要素的互动互补。

以 X 镇 X 片区为例，该镇棉拖鞋销量占全国市场份额 80％，镇党委成立镇、村两级鞋行业发展指导小组和鞋行业协会，推动 F 村、Z 村、P 村、Q 村和 X 村 5 个制鞋产业集中村组团发展，由镇政府出资 10％、各村分别出资 18％组建鞋产业片区发展有限公司，对片区内小微鞋企业进行产品质量统一把关、专业技能统一培训、安全生产统一监督，对外以片区名义签订合作意向，进一步集聚产业资源、提升产业层次，切实提升片区产业整体附加值。

（四）"社会联治"实现片村治理由"离散运行"向"协同联动"转变

推进乡村治理事关农村社会和谐稳定，事关乡村振兴战略大局。习近平总书记强调："保证人民广泛参加国家治理和社会治理。"[①]推进乡村治理，要确保多元主体以多种形式、不同渠道共同参与乡村治理实践，着力建设人人有责、人人尽责、人人享有的乡村治理共同体。[②] C 市片区组团发展以"一盘棋"统筹片村治理，畅通治理主体间的交流渠道，充分调动一切积极因素，有效解决了乡村治理中各村"自扫门前雪"的碎片化治理问题。

社会联治工程打好"民主协商"和"文化融合"两张牌。其一，以共商促共建，打造治理共同体。在片区发展过程中，C 市充分尊重群众意愿，各片区普遍实行党组织领导下的民主协商"五位一体"工作法，通过片区村民代表联席会议、村民说事、乡贤参事、民情恳谈等形式，多层面开展片区事项协商活动，形成多元主体参与的片区治理格局，确保广大村民在片区组团发展中的知情权、参与权、表达权和监督权。其二，以交往促认同，打造文化共同体。乡村邻里守望的传统，决定了片区发展能够充分利用村与村之间地理相邻、文化相同、情感相近的特点，挖掘利用当地的历史古迹、传统习俗、风土人情，打造片区化的美好家园。C 市以片区邻里文化节等活动为载体，推动区域内文化阵地资源共建共享，常态化开展"文化走亲"活动，潜移默化地增强区域文化认同感。同时，织密片区联治网，通过社会治安联防、矛盾纠纷联调，打造"村融民和"的片区善治新样板。

以 C 镇 F 片区为例，片区涵盖 3 个村和绿色农产品加工基地等若干园区，覆盖近 2 万常住人口和大量小微企业。镇党委将"最多跑一次"改革下沉到片区，组织三村共同建设片区党群服务中心，统筹入驻人社、民政、计生、城建等超 100 项审批代办事项，并配齐医院挂号预约机、人社自助办理一体机等便民自助设备和片区综合治理信息台、招工信息发布中心等数字平台，落实一站式代办服务，让片区村民和小微企业主构建足不出户就能享受到齐全的便民服务。同时将片区内"两网融合""水环境监测""排污检测"等功能模块融合，大大提升村庄治理效率。

三、乡村片区组团发展的未来深化

习近平总书记强调，要抓好浙江共同富裕示范区建设，鼓励各地因地制宜探索有效路径，总结

① 习近平：《决胜全面建成小康社会　夺取新时代中国特色社会主义伟大胜利——在中国共产党第十九次全国代表大会上的报告》，《人民日报》2017 年 10 月 28 日。
② 穆松林：《以咬定青山不放松的执着奋力推进乡村治理》，《光明日报》2022 年 1 月 24 日。

经验，逐步推开。① 目前，C 全市 273 个行政村"抱团"组成 79 个片区，2020 年 C 市村均经营性收入高达 168 万元，超出全省平均数 70％以上。片区组团村经营性收入增幅更加明显，首批培育的 8 个市级片区所辖村集体经济收入平均增加近 40 万元。2020 年 C 市城乡居民收入倍差为 1.64，2021 年再次缩小至 1.61。实践表明，C 市党建引领乡村片区组团发展模式，切实走出了一条推动乡村高质量发展、实现乡村振兴的新路子，以片区为单位打造乡村共同富裕的基本单元，为浙江打造高质量发展共同富裕示范区提供了有益的地方经验。

当然，从 2018 年试点推行，到 2020 年全域推广，现阶段 C 市乡村片区组团发展才刚步入正轨，未来在不少方面还需继续深化改革。

（一）因村制宜，探索最适合的片区组团模式

乡村片区组团发展绝不是"拉郎配"，更不能"一刀切"。在推进乡村片区发展过程中，C 市注重分类施策，坚持市场导向，探索多样化的片区组团发展模式。目前，C 市因村制宜探索出能人带动型、产业集聚型、补链配套型、资源互补型、服务统筹型、治理联动型、飞地抱团型、项目牵引型共八种组团模式，这些组团模式旨在建立一种平等参与、互惠互信的组团合作关系，使片区发展具有针对性和生命力。未来伴随数字乡村、信息互联等工作推进，组团模式还会有更多的有益探索，其重点在于找到不同村之间的共同利益点，制订切实可行的片区建设方案，从而达成组团共识，有效避免村民之间、干群之间因组团而产生新的矛盾。

（二）数字赋能，探索片区改革发展新机遇

让数字赋能乡村发展，让数字造福乡村生活，是新时代推进乡村振兴的必然选择。C 市乡村片区组团发展，较好地利用了现代信息技术推进跨村的高效协同，在借力数字平台助推乡村产业升级，优化数字服务打造乡村数字生活，利用数字技术提高乡村智治效能等多维度都有所创新，但仍需继续推进，实现数字技术与片区发展和农民需求进一步融合。比如，就片区概念而言，尽管目前有些片区不是相邻村组合，而是相隔较远的"飞地"组团，而且有个别片村还在谋划跨镇域的组团，但归根结底，片区概念未能摆脱地理实体层面的束缚。在数字化时代，片区其实可以是虚拟空间网络概念，这种虚拟片区像是一个资源整合体，通过互联网这一工具来整合同一主题下不同村落的品牌、生产能力、历史文化等资源，来推进乡村共同富裕。

（三）深化共赢，创造新的收益分享机制

"强村怕利益吃亏""弱村怕失去话语权"等心理，容易导致村际"利益矛盾"与"心理隔阂"。片区组团要防止"貌合神离"，就必须通过不断创造新的可分享价值来突破利益协调难与心理融合难的问题，这是合作关系形成与持久的基本前提。C 市片区组团发展以构建利益联结机制为抓手，通过补链配套，做大做强片区优势产业，推动片区各村优势互补、合作共赢。但目前各村按入股比例分享片区平台、公司的利润，仅靠这一做法不能完全解决问题。如上文提及的 K 镇 N 片区在保护

---

① 习近平：《扎实推动共同富裕》，《求是》2021 年第 20 期，http://www.qstheory.cn/dukan/qs/2021-10/15/c_1127959365.htm。最后访问时间 2022 年 1 月 27 日。

生态资源的前提下打造文旅产业，为此片区内不允许有污染的企业落地，甚至原来的一些工业企业也需搬离，该片区中 C 村的工业企业最多，为此，在这一过程中 C 村的利益受损最大，出现了一些不满情绪。如何通过创建新的收益分享机制对其进行补偿，这既是片区组团可持续发展的一大考验，也是通往共同富裕的必经之路。

共同富裕发展程度的指标体系与测度：来自浙江的证据

苏文喆

（中共慈溪市委党校）

摘　要：凡治国之道，必先富民。本文在梳理大量相关文献的基础之上，首先从经济基础、社会结构、公共服务、人文素养、绿色生态和民主法治 6 个维度，构建出由 6 个一级指标及 50 多个二级指标组成的"共同富裕发展程度"评价指标体系。其次，运用主成分分析法，提取到支撑性、共享性和可持续性 3 个主成分进行评价，基于杭州、宁波、温州、绍兴等 11 市的相关数据，对浙江省各区域共同富裕的发展程度进行实证分析。最后，提出高质量建设共同富裕示范区的若干对策建议。

关键词：共同富裕　区域经济　指标体系构建　主成分分析法

共同富裕是中国传统社会的理想目标，也是新时代中国经济社会发展的重要标志，更是社会主义的本质要求和人民群众的共同期望。党的十九届五中全会提出 2035 年"全体人民共同富裕取得更为明显的实质性进展"。促进全体人民共同富裕是一个庞大的系统工程，其中区域共同富裕发展程度是推动我国整体共同富裕的重要、有机组成部分。2021 年 5 月党中央、国务院印发《关于支持浙江高质量发展建设共同富裕示范区的意见》，提出到 2025 年"浙江省推动高质量发展建设共同富裕示范区取得明显实质性进展"，这是国家赋予浙江的光荣使命与担当。

浙江既不是全国经济总量最大的省份，但作为改革开放的先行地，藏富于民的典范地区，省委、省政府一直高度重视区域的均衡发展和城乡的融合发展，共同富裕走在全国前列。2021 年浙江省城镇和农村居民人均可支配收入分别达到 68487 元和 35247 元，城乡居民收入倍差继续缩小为 1.94，城乡居民收入水平已经分别连续第 21 年和第 37 年位列全国省（区）首位。浙江敢谈高质量发展建设共同富裕示范区，这不是纸上谈兵，是现实基础的反映，也是开拓进取的需要，更是民生福祉所系。2022 年作为浙江共同富裕示范区建设机制创新年、改革探索年、成果展示年，如何科学评价、度量、判断各地区共同富裕发展程度，对于不同区域识别自身共同富裕发展对标长处和短项，针对施策，乃至推进全省高质量发展建设共同富裕示范区都具有重要意义。

一、关于共同富裕评价体系研究的文献综述

构建科学的评价体系对共同富裕发展程度展开评价，有助于及时洞悉发展过程中的不足和潜在问题，对推动实现共同富裕发展具有很强的理论意义和实践价值，目前已有不少学者对此领域展开研究且切入口主要集中在以下几个方面。

一是从发展目标的承接视角来看，共同富裕是消除绝对贫困、打赢脱贫攻坚战之后我们更高层面的目标追求。因此，从某种意义上来讲共同富裕与解决相对贫困在战略上具有较高相似度。基于此，学者们从相对贫困的治理实践中来探寻共同富裕指标体系的构建。檀学文（2020）基于共同富裕的现代化框架，构建了一套涵盖"兜底型、数值型、比例型、多维标准、共同繁荣"的阶梯式相对贫困标准体系。樊增增和邹薇（2021）使用包括"增长成分、分配成分、识别成分"在内的三成分分解法，对中国2010年到2018年间的相对贫困变化进行量化分解，实证检验结果显示，如果全国使用相同的相对贫困线将会出现过度识别的问题。

二是围绕共同富裕的理论内涵与政策导向，学者们分别从"共同"和"富裕"两个维度来构建共同富裕指标体系，这也是相对主流的指标构建方法。刘培林等（2021）从总体富裕程度和发展成果共享状况两方面入手来构建指标体系，其中发展成果共享程度维度进一步细化为"人群差距、区域差距、城乡差距"三个子维度。陈丽君等（2021）构建的共同富裕指数模型其一级指标包含"发展性、共享性、可持续性"，其中的发展性指标涵盖了富裕度、群体共同度和区域共同度。万海远和陈基平（2021）基于"总体富裕"和"共享富裕"视角，构建了包括过程指标、结构性指标和分配性指标在内的共享发展评价指标，并运用162个国家的数据进行实证检验与国际比较。中共浙江省委党校课题组（2021）基于比较性、合理性、可行性、发展性和综合性五大原则，构建了基于基础条件（体现"富裕"、体现"共同"）、主观评价、支撑性三大维度的浙江共同富裕评价指标体系。

三是基于五大发展理念的要求，依据一定的逻辑关系来构建共同富裕指标体系。洪兴建（2020）从经济发展的水平、速度、效益以及创新能力、结构优化、民生发展、绿色发展七大维度设计了综合测度指标体系。胡鞍钢和周绍杰（2022）把促进我国共同富裕进程的指标体系归纳为五大类，分别是生产力、发展机会、收入分配、发展保障和人民福利，并对中国2025年、2030年、2035年的上述指标进行前瞻性预测。解安和侯启缘（2022）从微观层面构建起衡量居民共同富裕的指标体系，具体包括就业与收入、社会福利、生活质量、健康状况、人力资本和精神生活在内的六维指标，并分别对我国2035年和2050年的居民共同富裕标准进行预测和细化。

通过梳理相关文献我们发现，目前大部分关于共同富裕评价体系的研究主要基于全国整体规模视角，对于指标构建后省际层面的实证研究并不多，而对于地级和县级的研究更是少之又少。同时，现有研究设计的评价体系系统性、全面程度、长远性有待加强。基于此，想要更好地了解浙江省的共同富裕发展程度，基于市域层面的实证分析具有重要意义。本文研究也期望对于各个城市深入实施"八八战略"，奋力打造"重要窗口"，洞察自身高质量发展建设共同富裕示范区的优势及不足，有针对性地加以完善、提升，夯实高质量发展的地方基础，提升高质量发展建设共同富裕的能力及层次提供一些可参考的依据。

二、"共同富裕发展程度"评价指标体系的构建

（一）评价维度

依据共同富裕的内涵要求，遵循全面性、科学性、实际性、可操作性、可比性等基本原则，本文将以《浙江省高质量发展建设共同富裕示范区实施方案（2021—2025年）》为指导，并参考借鉴以往学

者构建的共同富裕评价指标体系，选取经济基础、社会结构、公共服务、人文素养、绿色生态、民主法治6个维度，构建出由6个一级指标及50多个二级指标组成的"共同富裕发展程度"评价指标体系。在此基础之上，下文将以浙江省为例，基于杭州、宁波、温州、嘉兴等11市的数据，运用主成分分析法，测度各城市的综合得分，对浙江省各地区的共同富裕发展程度进行实证分析。

表1 "共同富裕发展程度"的六大评价维度

评价目标	评价维度	评价指标
共同富裕 发展程度	经济基础	人均GDP、人均财政收入、在岗职工劳动生产率、固定资产投资额同比增速、第三产业占GDP比重、研发经费占GDP比重、进出口占GDP比重、实际利用外资占GDP比重、社会消费品零售总额、通货膨胀率
	社会结构	基尼系数、住户存款年末余额、城镇化率、城乡居民收入比、城乡居民人均消费支出比、恩格尔系数、居民最低生活保障线以下人数占比、财产性收入占比
	公共服务	城镇登记失业率、就业人员平均工资、教育支出占一般公共预算支出比重、千人拥有3岁以下婴幼儿托位数、普通高等学校数、万人高等学校在校生数、千人拥有医院床位数、千人拥有医生数、万人养老服务机构床位数、每万老人拥有持证养老护理员数、基本养老保险覆盖率、人均寿命、人均公路里程
	人文素养	万人拥有公共图书馆藏书量、体育场馆数、剧场影剧院数、博物馆数、劳动年龄人口平均受教育年限、万人拥有专利申请授权数、科学技术支出占公共财政支出比重、农村文化礼堂覆盖率、美丽庭院创建数、文明家庭数
	绿色生态	森林覆盖率、人均公园绿地面积、一般固体废弃物综合利用率、建成区绿化覆盖率、人均水资源量、污水处理率、PM2.5年均浓度、万元GDP电耗
	民主法治	城市认可度（官方与非官方）、亿元GDP生产安全事故死亡率、十万人交通事故死亡数、年末实有社团机构数、基层工会数、国际互联网用户数、万人刑事案件立案数、青少年刑事犯罪占比、万人拥有律师数

其中，经济基础发展程度主要是指经济发展的方向不能再是单纯地扩张规模或者增加投资，而应该是在经济结构调整的基础上，更加包容地利用国内外资源，通过促进科技进步、提升产业层次来全面提高创新能力，实现经济更高效率、更加协调、更加平稳的发展，这反映了经济发展的投入与产出、经济结构以及经济运行的稳定状况，是实现共同富裕的基础。社会结构发展程度主要是指通过缩小地区差距、城乡差距、人群差距，以及初次、再次、三次分配的调节，达到"限高、扩中、托底"的目标，形成以中等收入群体为主的橄榄型社会格局。公共服务发展程度主要是指要在发展中保障和改善民生，在发展中补齐民生短板，满足婴幼儿教护、高等教育、充分就业、医疗卫生、社会保障、养老服务等全生命周期民生需求，这也是实现共同富裕的重要标志。人文素养发展程度主要是指一个地方的共同富裕有文化软实力和社会人文土壤做支撑，这样的土壤宜居、宜商，对各类资源有很强的吸引力，代表着更高层次的共同富裕发展水平。绿色生态发展程度主要是指在共同富裕建设过程当中要坚持绿色发展理念，历史表明以牺牲环境为代价来实现的经济增长不会长久且得不偿失，重视生态环境保护，持续推进生态保护修复，加强环境污染防治和治理，加快建立绿色发展方式，实现可持续发展。民主法治发展程度主要是指通过改善社会安全环境，进一步完善社团发展、工会建设、法律服务等来提升城市认可度，减少社会冲突与矛盾，从而提升城市的社会治理能力和人民群众获得感。

（二）评价指标及数据选取

基于数据的可得性与样本的完整性，本文的样本期确定为 2020 年，并最终选取了 26 个核心量化指标，作为构建"共同富裕发展程度"评价指标体系的基础数据。数据主要从浙江省及其各市的统计年鉴和统计公报中获取，具体指标说明与构造方法见表 2。需要特别说明的是，城市认可度是指每个城市被政府官方授予的荣誉、某种特殊的地位或机遇以及在民间公认度排行榜上榜的相对程度。关于城市认可度的测算，本文甄选了反映官方或非官方对某个城市授予荣誉或其他肯定的 13 个指标，转换折算后得出一个城市的政府认可度和社会认可度，具体过程不再赘述。

表 2　"共同富裕发展程度"评价指标体系

序号	指标	指标说明或构造方法	指标性质
X1	人均 GDP	统计数据	正向指标
X2	人均财政收入	财政总收入/常住人口	正向指标
X3	在岗职工劳动生产率	GDP/在岗职工平均从业人员	正向指标
X4	研发经费占 GDP 比重	统计数据	正向指标
X5	实际利用外资占 GDP 比重	实际利用外资总额/GDP×100％	正向指标
X6	社会消费品零售总额	统计数据	正向指标
X7	住户存款年末余额	统计数据	正向指标
X8	城镇化率	统计数据	正向指标
X9	城乡居民收入比	城镇/农村的居民人均可支配收入	负向指标
X10	城乡居民人均消费支出比	城镇/农村的居民人均消费支出	负向指标
X11	财产性收入占比	财产净收入/居民人均可支配收入	正向指标
X12	就业人员平均工资	统计数据	正向指标
X13	普通高等学校数	统计数据	正向指标
X14	万人高校在校生数	高校在校生数/常住人口	正向指标
X15	万人拥有医生数	医生数/常住人口	正向指标
X16	万人拥有公共图书馆藏书量	公共图书馆藏书量/常住人口	正向指标
X17	博物馆数	统计数据	正向指标
X18	万人拥有专利申请授权数	专利申请授权数/常住人口	正向指标
X19	科技支出占公共财政支出比	科学技术支出/公共财政支出×100％	正向指标
X20	人均公园绿地面积	统计数据	正向指标
X21	污水处理率	统计数据	正向指标
X22	万元 GDP 电耗	全年用电量/GDP	负向指标
X23	政府城市认可度	根据统计指标转换折算	正向指标
X24	社会城市认可度	根据统计指标转换折算	正向指标
X25	十万人交通事故死亡数	交通事故死亡人数/常住人口	负向指标
X26	国际互联网用户数	统计数据	正向指标

（三）采用主成分分析法进行评价的具体过程

1.评价模型的构建

多指标综合评价的方法有很多，例如层次分析法、模糊综合评判法、TOPSIS评价法、灰色关联度评价法和主成分分析法等，这些评价方法适用范围有所不同且各有千秋。其中，主成分分析法作为多指标综合评价方法的重要成员之一，能够有效解决指标之间信息重叠及相关性较强等问题，在实际运用中最为有效和广泛。具体来说，主成分分析法就是通过一定步骤的数学变换，来获得重新组合以后的综合指标。这些综合指标可谓之主成分，是原有指标的线性组合，而且互相之间没有相关性。通过对提取出来的综合指标进行分析，能够更加综合有效地反映原来众多指标的核心信息。考虑到本文中所使用指标的实际特点，我们构建的"共同富裕发展程度"评价指标体系将采用主成分分析的方法。

假设有 n 个研究样本，每个样本有 p 个变量，这就构成了一个 $n \times p$ 阶的样本矩阵：

$$X = \begin{bmatrix} x_{11} & x_{12} & \cdots & x_{1p} \\ x_{21} & x_{22} & \cdots & x_{2p} \\ \cdots & \cdots & & \cdots \\ x_{n1} & x_{n2} & \cdots & x_{np} \end{bmatrix}$$

其中，令 X 的第 i 个列向量为 $X_i(i=1,2,\cdots,p)$，即原指标向量为 $X_1,X_2,\cdots,X_p$。另设新综合指标向量为 $F_1,F_2,\cdots,F_m(m \leqslant p)$。则新综合指标向量表达式为 $F_i=a_{1i}X_1+a_{2i}X_2+\cdots+a_{pi}X_p$，其中 $i=1,2,\cdots,p$，即对样本矩阵 X 的 p 个原指标向量 $X_1,X_2,\cdots,X_p$ 作线性组合。这里的 F_i 与 F_j（$i \neq j; i,j=1,2,\cdots,m$）相互无关，其中，$F_m$ 是与 $F_1,F_2,\cdots,F_{m-1}$ 都不相关的 $X_1,X_2,\cdots,X_p$ 的一切线性组合中方差最大者。由此可知新指标变量 $F_1,F_2,\cdots,F_m$ 分别为旧指标变量 $X_1,X_2,\cdots,X_p$ 的第一主成分，第二主成分，$\cdots$，第 m 主成分。

另外，原指标向量相关系数的特征方程为 $|\lambda_i-R|=0$，特征值为 λ_i，将其按大小顺序排列为 $\lambda_1 \geqslant \lambda_2 \geqslant \cdots \geqslant \lambda_p \geqslant 0$。主成分的贡献率 q_i 和累计贡献率 Q_i 分别为：

$$q_i = \lambda_i/(\lambda_1+\lambda_2+\cdots+\lambda_p)(i=1,2,\cdots,p)$$

$$Q_i = (\lambda_1+\lambda_2+\cdots+\lambda_i)/(\lambda_1+\lambda_2+\cdots+\lambda_p)(i=1,2,\cdots,p)$$

综合主成分得分：

$$F = F_1 * \lambda_1/(\lambda_1+\lambda_2+\cdots+\lambda_m) + F_2 * \lambda_2/(\lambda_1+\lambda_2+\cdots+\lambda_m) + \cdots + F_m * \lambda_m/(\lambda_1+\lambda_2+\cdots+\lambda_m)$$

2.数据标准化

本文利用软件SPSS20对"共同富裕发展程度"评价指标进行主成分分析，该软件会自动对原有指标进行标准化处理。

3.公因子的提取

观察主成因分析碎石图（见图1）我们发现，前3个公因子的特征值明显大于后面几个公因子的特征值，从第4个公因子开始，其特征值逐渐趋于平稳。通过解释总方差表（见表3）中的数据也可知，前面3个公因子方差的贡献率累计达到84.091%。因此，提取3个公因子较为合适。

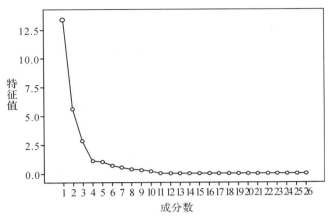

图 1　主成因分析碎石图

表 3　解释总方差

成分	初始特征值			提取平方和载入			旋转平方和载入		
	合计	方差的%	累积%	合计	方差的%	累积%	合计	方差的%	累积%
1	13.445	51.710	51.710	13.445	51.710	51.710	9.648	37.109	37.109
2	5.607	21.566	73.276	5.607	21.566	73.276	6.659	25.612	62.721
3	2.812	10.815	84.091	2.812	10.815	84.091	5.556	21.370	84.091
4	1.084	4.171	88.262						
5	1.024	3.940	92.202						
6	0.693	2.665	94.867						
7	0.510	1.962	96.829						
8	0.326	1.254	98.083						
9	0.312	1.202	99.285						
10	0.186	0.715	100.000						
11—26	0.000	0.000	100.000						

从表 4 的旋转成分矩阵可以看出,研发经费占 GDP 比重(X4)、社会消费品零售总额(X6)、住户存款年末余额(X7)、城镇化率(X8)、财产性收入占比(X11)、博物馆数(X17)、万人拥有专利申请授权数(X18)、科技支出占公共财政支出比(X19)、污水处理率(X21)、政府城市认可度(X23)、社会城市认可度(X24)、国际互联网用户数(X26)等 12 个指标在第一个公因子上具有较高载荷。实现共同富裕要靠发展,经济实力强劲是共同富裕的必要条件,以上指标反映了一个城市发展建设共同富裕的基础所在,可以称之为"共同富裕支撑性发展程度"。

人均财政收入(X2)、城乡居民收入比(X9)、城乡居民人均消费支出比(X10)、就业人员平均工资(X12)、普通高等学校数(X13)、万人高校在校生数(X14)、万人拥有医生数(X15)、万人拥有公共图书馆藏书量(X16)、十万人交通事故死亡数(X25)等 9 个指标在第二个公因子上具有较高载荷。改革发展成果是否满足人民群众对美好生活的向往,能否共惠共享全体人民群众,这是检验共同富裕发展成效的试金石,以上指标反映了一个城市高质量发展建设共同富裕的底色,可以称之为"共同富裕共享性发展程度"。

人均GDP(X1)、在岗职工劳动生产率(X3)、实际利用外资占GDP比重(X5)、人均公园绿地面积(X20)、万元GDP电耗(X22)等5个指标在第三个公因子上具有较高载荷。发展的可持续性意味着发展要与人口、资源和环境的承载能力相协调,这是高质量发展和高水平共同富裕的内在要求,以上指标反映了一个城市共同富裕的可持续性发展所在,可以称之为"共同富裕可持续性发展程度"。

表 4 旋转成分矩阵

序号	成分		
	1	2	3
Zscore(X1)	0.312	0.626	0.658
Zscore(X2)	0.465	0.622	0.550
Zscore(X3)	0.288	0.625	0.670
Zscore(X4)	0.738	0.158	0.500
Zscore(X5)	0.290	0.304	0.772
Zscore(X6)	0.868	0.434	−0.138
Zscore(X7)	0.848	0.447	−0.209
Zscore(X8)	0.691	0.576	0.247
Zscore(X9)	−0.004	0.797	0.455
Zscore(X10)	0.512	0.691	−0.188
Zscore(X11)	0.516	0.033	−0.816
Zscore(X12)	0.657	0.681	−0.048
Zscore(X13)	0.658	0.696	−0.039
Zscore(X14)	0.425	0.793	0.213
Zscore(X15)	0.168	0.915	−0.113
Zscore(X16)	−0.152	0.750	0.312
Zscore(X17)	0.899	0.298	0.025
Zscore(X18)	0.939	−0.009	0.072
Zscore(X19)	0.694	0.384	0.416
Zscore(X20)	0.004	0.213	0.925
Zscore(X21)	0.716	−0.265	0.259
Zscore(X22)	−0.012	0.049	0.901
Zscore(X23)	0.821	0.295	−0.038
Zscore(X24)	0.943	−0.007	0.064
Zscore(X25)	0.053	0.132	−0.612
Zscore(X26)	0.892	0.314	−0.203

4.公因子的计算

表 5　成分得分系数矩阵

序号	成分		
	1	2	3
Zscore(X1)	−0.011	0.072	0.093
Zscore(X2)	0.012	0.062	0.073
Zscore(X3)	−0.014	0.073	0.095
Zscore(X4)	0.104	−0.079	0.102
Zscore(X5)	0.023	−0.015	0.140
Zscore(X6)	0.084	0.023	−0.048
Zscore(X7)	0.078	0.034	−0.064
Zscore(X8)	0.047	0.049	0.018
Zscore(X9)	−0.081	0.164	0.033
Zscore(X10)	0.000	0.130	−0.083
Zscore(X11)	0.063	0.013	−0.163
Zscore(X12)	0.026	0.101	−0.051
Zscore(X13)	0.024	0.104	−0.051
Zscore(X14)	−0.018	0.135	−0.009
Zscore(X15)	−0.076	0.218	−0.090
Zscore(X16)	−0.101	0.180	0.005
Zscore(X17)	0.106	−0.026	−0.004
Zscore(X18)	0.146	−0.111	0.030
Zscore(X19)	0.071	−0.012	0.067
Zscore(X20)	−0.008	−0.017	0.175
Zscore(X21)	0.143	−0.164	0.084
Zscore(X22)	0.007	−0.055	0.182
Zscore(X23)	0.093	−0.014	−0.017
Zscore(X24)	0.147	−0.110	0.028
Zscore(X25)	−0.016	0.073	−0.135
Zscore(X26)	0.099	−0.004	−0.052

根据表 5 的成分得分系数矩阵，我们可以计算出各因子得分的表达式，如下所示：

$$F_1 = -0.011X_1 + 0.012X_2 - 0.014X_3 + 0.104X_4 + 0.023X_5 + 0.084X_6 + 0.078X_7 + 0.047X_8$$
$$- 0.081X_9 + 0.000X_{10} + 0.063X_{11} + 0.026X_{12} + 0.024X_{13} - 0.018X_{14} - 0.076X_{15} -$$
$$0.101X_{16} + 0.106X_{17} + 0.146X_{18} + 0.071X_{19} - 0.008X_{20} + 0.143X_{21} + 0.007X_{22} +$$

$$0.093X_{23} + 0.147X_{24} - 0.016X_{25} + 0.099X_{26}$$

$$F_2 = 0.072X_1 + 0.062X_2 + 0.073X_3 - 0.079X_4 - 0.015X_5 + 0.023X_6 + 0.034X_7 + 0.049X_8$$
$$+ 0.164X_9 + 0.130X_{10} + 0.013X_{11} + 0.101X_{12} + 0.104X_{13} + 0.135X_{14} + 0.218X_{15} +$$
$$0.180X_{16} - 0.026X_{17} - 0.111X_{18} - 0.012X_{19} - 0.017X_{20} - 0.164X_{21} - 0.055X_{22} -$$
$$0.014X_{23} - 0.110X_{24} + 0.073X_{25} - 0.004X_{26}$$

$$F_3 = 0.093X_1 + 0.073X_2 + 0.095X_3 + 0.102X_4 + 0.140X_5 - 0.048X_6 - 0.064X_7 + 0.018X_8$$
$$+ 0.033X_9 - 0.083X_{10} - 0.163X_{11} - 0.051X_{12} - 0.051X_{13} - 0.009X_{14} - 0.090X_{15} +$$
$$0.005X_{16} - 0.004X_{17} + 0.030X_{18} + 0.067X_{19} + 0.175X_{20} + 0.084X_{21} + 0.182X_{22} -$$
$$0.017X_{23} + 0.028X_{24} - 0.135X_{25} - 0.052X_{26}$$

将各个地市的指标值代入上述三个方程中,可计算得出各个因子得分。结合上文表3,即解释总方差表中3个公因子方差的贡献率,可以构建出综合评价指标模型,如下所示:

$$F = 0.37109F_1 + 0.25612F_2 + 0.21370F_3$$

把各因子得分表达式代入综合评价指标模型,可以得到浙江省各市的共同富裕发展程度得分,结果如表6所示。

表6　浙江省各市共同富裕发展程度的比较

城市	支撑性	共享性	可持续性	综合得分	排名
杭州	0.47317	0.57830	0.36641	1.41788	1
宁波	0.47110	0.02243	0.31197	0.80549	2
温州	0.20260	0.00608	−0.01447	0.19421	3
绍兴	0.09772	−0.00446	0.09290	0.18616	4
金华	0.10582	−0.25432	0.20475	0.05625	5
嘉兴	0.12938	−0.20544	0.12278	0.04672	6
湖州	−0.00502	−0.24943	0.25262	−0.00183	7
台州	0.01219	−0.14806	−0.09040	−0.22626	8
丽水	−0.21849	−0.13144	−0.17407	−0.52400	9
衢州	−0.64662	−0.07025	−0.13022	−0.84709	10
舟山	−0.62185	−0.32825	−0.20004	−1.15014	11

（四）评价结果分析

通过对浙江省内各市共同富裕发展程度的量化分析可以看出,杭州综合得分排名第一且遥遥领先于其他各市,宁波和温州分别居于第二、三位,紧随其后的是绍兴、金华和嘉兴。相较于以上六市,湖州、台州、丽水、衢州和舟山的"共同富裕发展程度"综合得分排名相对靠后,还有一定差距。此外,各城市在共同富裕发展程度的支撑性、共享性和可持续性方面各有优势。在三个分项中,杭州和宁波的得分都是稳居第一、第二位且显著高于其他城市,两大副省级城市作为带动浙江高质量发展发展建设共同富裕示范区的"双子星"当之无愧。但值得注意的是,相较于支撑性和可持续性,宁波的共同富裕共享性发展程度得分与杭州有较大差距，还有一定的提升空间，因此这也是宁波高质量发展建设共同富裕先行市的重点难点所在。温州和绍兴紧随其后，特别是共同富裕的支撑性和共享性较强，但是在可持续性方面都有待提高。金华、嘉兴和湖州的可持续性发展程度得分排名都要好于各自的综合得分排名，特别是嘉兴的共同富裕支撑性发展程度得分排名表现亮眼，在一定程度上这也得益于嘉兴近年来积极接轨大上海融入长三角的成效显著，但三地的短板也都主要集中在共同富裕的共享性发展程度上。台州、衢州和丽水的综合得分排名虽然不高，但在共同富裕共享性发展程度上都可圈可点，而舟山在综合得分及各个分项得分中的排名都落后于全省其他地区。

三、高质量发展建设共同富裕示范区的对策建议

（一）加强统筹协调，优化提升要素和制度供给

一是牢固树立五大发展理念，按照全省"一盘棋"的要求，积极打破行政区概念，树立经济区思维，构建跨行政区域协调机制，推动全省共同富裕区域统筹协调发展。以地方机构改革为契机，加大跨区域跨部门合作力度，各地区间的政策协调机制要循序渐进有条不紊地推进。二是各市要强化市级统筹力度，完善公共服务设施建设，及时解决资源开发与保护中出现的问题。浙江各区域间制度差异很大，不可能一蹴而就地消除资源自由流动的所有障碍。应当从比较成熟的问题入手，如公共服务共享、执业资格互认、环保行动联动、基础设施互联互通等，逐步提升浙江高质量发展建设共同富裕示范区水平。

（二）实施创新驱动，加快形成经济发展新动能

一是积极搭建产业创新服务平台，提升企业研发能力。依托浙江省的优势产业，建成以技术转化中心、科技孵化中心、科创服务中心为重点支撑的产业创新服务平台，积极推动企业与高校、科研院所建立以项目为依托的利益共同体，使科技人才更好地服务于企业的技术创新。此外，借助国家"长三角一体化""一带一路"建设等东风，推动企业扩展国内国际市场，助力新发展格局。二是不断优化人才生态环境对共同富裕的支撑作用。浙江的高层次人才特别是企业迫切需求的高技能人才引进和培育严重不足。要按照"政府主导、企业主体、市场配置"的要求来部署，建立健全浙江的企业人才优先开发机制，将应用型人才的认定职能下放给企业，破除唯学历论的观念。同时，进一步完善人才生活配套服务保障。加大人才公寓建设，完善人才公寓布点，并将人才公寓由卖变租，或租卖相结合，解决人才住房难问题。此外，着重解决好人才子女上学难、家属就业难等问题。要充分做好引进人才的工作，并能留住人才和用好人才，争取让更多有创新意识的人才爱上浙江、融入浙江、服务浙江。

（三）坚持共建共享，建设高质量的需求体系

一方面，扩大居民消费是促进共同富裕高质量发展的关键。想要不断增强居民的消费能力，提高居民收入水平是必然，特别是通过提高农民和低收入群体的收入水平，来有效降低城乡居民收入比。同时，完善社会保障体系，从而提高人们的消费预期；提升服务品质、增加服务供给，从而激发

人们的潜在消费需求。另一方面,通过提升新型城镇化发展质量促进共同富裕,这就需要政府不断深化户籍制度改革,提高城镇化率,并加强精细化服务意识和人性化管理水平,使人人都有公平发展、共享改革成果的机会。

(四)发展绿色经济,持续释放环境红利

生态环境系统是一个社会—经济—自然复合的生态系统,一方面,缓解生态环境压力,需要有效遏制落后产业、中低端产业对生态环境造成的污染压力,坚持全民共治、源头防治,推动价值链向中高端进步,促进产业价值链绿色化,提高绿色产品附加值。另一方面,大力发展节能环保产业,培育和发展绿色服务业,推动形成低物耗、低能耗、低污染的绿色生产生活方式,实现共同富裕与生态环境质量改善双轨前进。

参考文献:

[1] 檀学文.走向共同富裕的解决相对贫困思路研究[J].中国农村经济,2020(6):21-36.

[2] 樊增增,邹薇.从脱贫攻坚走向共同富裕:中国相对贫困的动态识别与贫困变化的量化分解[J].中国工业经济,2021(10):59-77.

[3] 刘培林,钱滔,黄先海,等.共同富裕的内涵、实现路径与测度方法[J].管理世界,2021,37(8):117-129.

[4] 陈丽君,郁建兴,徐铱娜.共同富裕指数模型的构建[J].治理研究,2021,37(4):5-16,2.

[5] 万海远,陈基平.共享发展的全球比较与共同富裕的中国路径[J].财政研究,2021(9):14-29.

[6] 中共浙江省委党校课题组.共同富裕看浙江[M].杭州:浙江人民出版社,2021.

[7] 洪兴建.中国居民收入增长与经济发展同步的测度方法及其应用[J].数量经济技术经济研究,2020,37(11):157-173.

[8] 胡鞍钢,周绍杰.2035中国:迈向共同富裕[J].北京工业大学学报(社会科学版),2022,22(1):1-22.

[9] 解安,侯启缘.新发展阶段下的共同富裕探析:理论内涵、指标测度及三大逻辑关系[J].河北学刊,2022,42(1):131-139.

共同富裕背景下山区乡村跨越式发展的路径探寻

——基于柯桥区南部三镇"党建共富联盟"的个案研究

费　婷

（中共绍兴柯桥区委党校）

摘　要：在后脱贫时代，研究作为经济后发地的山区乡村的发展问题对于缩小地区差距、城乡差距、收入差距具有现实意义。本文基于马克思"跨越"理论在当代的创新与实践，对共同富裕背景下山区乡村的发展进行审视，发现精神贫困、区位差异、产业掣肘和人才流失是制约其实现发展的主要原因，解决问题的根本在于统筹整合资源，发挥生态优势，同时建立起党建为媒、制度支撑、社会支持与价值引领相互协同的发展架构，本文致力于从平台共建、资源共享、产业共兴、品牌共塑四个层面真正为山区乡村跨越式发展寻求可行路径。

关键词：共同富裕　山区乡村　跨越式发展　党建联盟

一、问题提出

新中国成立初期，由于国家计划经济体制的主导与推动，特别是城乡户籍制度的推行，我国农村与城市被人为割裂开来，农村逐步演变为城市的附属，城乡二元结构不断成型。在此后数十年间，尤其是改革开放以来，城乡二元结构一直伴随着中国经济社会的发展和变迁，且这种二元结构的差异越来越突破空间的范畴，进而拓展至产业和经济结构的差异，城乡要素配置效率、城乡居民收入水平、消费能力和福利状态等方面的不均衡是其衍生品和外在表现。尽管当下随着人口和要素流动性增强，城乡两部门呈现不断相融的趋势，但是我国"到目前为止的基本社会结构仍然是城乡二元结构"。城乡二元的经济、社会、产业结构是多数发展中国家在现代化进程中，尤其是在社会转型期无法回避的历史阶段，"破解城乡二元结构、缩小城乡差距以促进城乡融合成为当前中国高质量发展的重要议题"。随着户籍制度、土地制度以及相关改革的不断深入，我们可以发现国家在很长一段时期以前即正视了城乡二元割裂对社会经济发展的侵蚀，并且为此采取了大量应对举措。党的十九大报告中明确提出乡村振兴战略，强调"农业农村优先发展""没有农村的现代化就没有国家的现代化"，其根本指向便是通过各类体制机制的完善来促进城乡融合新发展格局的形成。

在《中共中央关于制定国民经济和社会发展第十四个五年规划和二〇三五年远景目标的建议》中，"扎实推动共同富裕"被放到了一个十分突出的位置。共同富裕是中国共产党的百年现实实践，也是习近平总书记共享发展理念的题中之义。共同富裕作为共享发展理念的价值目标，是以人民为中心的"全民共享"，这种共享不是平均共享，不是不劳而获，也不是同步富裕，而是差异化的、共建化的、渐进式的全民富裕。从这个角度来看，城乡二元结构下的不平衡、不充分发展问题背离了城乡融合的大趋势，亦与共同富裕的内涵相悖。在中国的现代化进程中，人民日益增长的美好生活需要和不平衡不充分的发展之间这一主要矛盾成为社会经济发展的主要瓶颈，只有达到更高程度的城乡融合，才有可能从现实意义上解决这些矛盾。亦即是说，"只有在城乡融合发展的前提下整体的共同富裕目标才可能持续达成"，而在达成这一目标的征途中，"难点在农村，关键在于农民的富裕"，这意味着必须做好脱贫成果与乡村振兴的有效衔接。近年来，国家在促进农村增收、发展农村经济新业态方面给予了大量投入，然而政策主导型的推动往往会让乡村发展陷入另一种分化，区位及资源的优劣让村庄在政策与资本的权衡中极度被动，不同地区、不同群体的农民将呈现"强者愈强、弱者愈弱"的境况，其中自然禀赋相对薄弱的山区农民注定只能徘徊在致富链的底端，如何帮助山区乡村实现发展，进而带动山区农民致富增收是在新的历史背景下亟待解决的问题。2020年，我国的脱贫攻坚战取得的决定性胜利不是终点，而是新征程的起点。实践证明，以财政转移支付为主的贫困救济对于减贫的可持续性提出挑战，在后脱贫时代，以山区为代表的相对贫困农村地区只有因地制宜，精准制定发展策略，才能切实帮助农民脱贫致富，而其中的关键，是通过增加公共服务的供给和商品要素的流动帮助"农民进入市场中"，以实现跨越式发展。中央赋予浙江高质量发展建设共同富裕示范区的历史使命，袁家军书记继而提出"推进山区县实现跨越式高质量发展"，即意味着要打通山区地带这一关键节点，解决山区乡村的发展问题将成为共同富裕道路上的重要任务。

二、后脱贫时代山区乡村发展的现实梗阻

继脱贫攻坚战取得决定性胜利后，相对贫困的治理仍任重而道远。厘清主客观方面的制约因素有助于我们更好地审视后脱贫时代山区乡村发展的现实梗阻。经年累月形成的文化困境剥夺了山区农民"求上""求新"的发展意识，远离城区的地理位置让大量山区资源持续沉睡缄默，骇人的政策红线使外来投资望而却步，产业骤减后由于生计空间被压缩，包括乡村人才在内的农民被迫离开山区。

（一）文化困境与精神贫困

中国作为一个农业大国，几千年农耕文明的发展历史让"顺天时、量地利、取用有度"成了刻在中国农民心上的根源性印记。农耕文明的传承滋养了朴素的世代农民勤恳踏实的品格，也形成了安分守己、安于天命的潜在文化困境。随着时代变迁和城市化的推进，发达地区的城乡融合赋予农民逐步开放的心态与眼界，但在远离城市的山区，安土重迁、安于现状的思想仍绑架着大部分农民。如果说囿于贫困或偏远而无法接受良好的教育，导致眼界受限、思维方式陈旧和知识能力难以拓展属于绝对的精神贫困，那么在社会急剧发展的今天，因自身观念保守而无法跟上外部世界发展节奏，以致难以有效适应时代变化则属于相对精神贫困。我们难以评判何种贫困危害更甚，但因循守旧、不思变通的小农思想必然将成为新时代乡村振兴的首要桎梏。"不求上""不求新"的陈旧思维，阻断了山区农民积极探索与融入外部世界的通道，为山区乡村发展常年原地踏步甚至日渐萧条埋下了隐患。

（二）区位差异与资源冗余

城乡二元结构下中国的城市与农村因为经济发展、人口流动、户籍制度等因素逐步差异化，这种差异伴随着经济发展水平、人口规模以及土地资源价值的不断变化。城市因为优渥的区位成为经济先发地、投资集聚地和人口流入地，同时由于土地的"不可移动性"，城区以及城郊范围内的土地资源价值不断上升，城市建设用地上的资源价值也相应攀升，在相似条件下，沿海地区的发达农村也呈现类似状况。相反地，包括广大山区乡村在内的中西部及偏远地区农村，则囿于地理位置而在土地资源及价值上失去了优势。不同于城市建设用地可以创造不菲的价值，山区乡村的土地在当下仍以农用为主，不具备经济集聚的条件及相应的显性价值。城乡的经济发展差距越大，山区乡村的土地资源便越显廉价。山区乡村的自然风光、人文历史及其他附着在土地上的资源都因此沉寂下来，造成一定的资源冗余。由于区位因素的限制，山区农民在缺少对外联结的同时，也失去了将本土资源转化为财富的机会。

（三）政策约束与产业掣肘

乡村振兴是资源要素不断整合优化的过程，政策资源作为特殊的资源要素，在乡村发展中常常扮演相互对立的两个角色。一方面，当乡村面临要素壁垒，政策往往能起到打通关键节点，实现要素共通的功能，甚至在一定条件下，政策能发挥引领投资方向，实现"无中生有"的作用，这是政策要素帮扶性质的主要表现形式。另一方面，囿于国家层面的发展规划和要求，有时政策会成为限制某一范围乡村发展的红线，比如退苗还粮、水源地保护政策等，这是政策对乡村整体发展保护性的体现，是红线区域必须遵守的准则。山区乡村是政策红线落地的重点区域之一，在业态丰富、流量为王的当下，不少规划与设计都必须让位于政策，被禁锢在政策藩篱中的山区乡村成了许多产业与项目的禁地，面对效益与流量高度挂钩的现实，山区乡村只能偏安一隅。区位的天然劣势与政策的双重约束极大限制了当地产业的选择范畴，在另一层面更为严重地影响了集体经济的发展和农民增收。

（四）生计压缩与人才流失

山区乡村的产业限制往往伴随着去工业化的发展状态，尽管全域旅游已成为乡村振兴的重要着力点，但在第三产业发展尚不充分的山区乡村，大部分农民只能以务农为主。谋生空间的压缩不仅让山区农民面临经济收入与生活水平的持续低迷，更充满对代际贫穷的焦虑和对未来的不确定性。出于对困窘生活的逃离和代际发展的期待，不少农民选择离开故土，该群体往往具有向外拓展的先决意识和不畏未知的执行能力，改变现状的决心与勇气较为强烈，原本应是振兴乡村的中坚力量，他们的外流在加剧村庄空心化的同时也让农村失去了更多发展的可能。值得注意的是，向外流动的山区农民"是没有乡愁的"，他们"只有城愁"，他们的目标是在城市扎根落户，过上体面的生活，农村只是在城市安家无望后的退路，所以外出农民的返乡意愿与概率均较为有限。当然，凭借山区乡村的禀赋与条件，吸引外部人才进村的可能更为渺茫。

三、个案审视:山区乡村实现跨越式发展的可能空间

作为国家治理神经末梢的乡村,是一个利益主体多元、矛盾冲突复杂的综合体,新时代乡村振兴面临的许多问题,最终都更深切地指向如何通过调动各方主体力量的广泛参与和互动协作来实现乡村社会的善治目标,在实现乡村社会的公共利益最大化的过程中需要一个强有力的领导核心。党的十八大以来,党建对乡村治理的引领作用多次被强调。在乡村社会发展中,党建的引领作用不仅体现在促进多元治理主体之间的融合方面,而且也体现在对乡村发展所需多元资源要素之间的统筹上。新时代山区乡村要实现发展所遭遇的阻碍远大于发达农村地区,自然地,其在发展中对于资源链接与组织整合的需求更为迫切。基于优渥的天然禀赋及时代赋予的机遇,山区乡村发展的现实诉求成为激活党建持续创新发展的不竭动力。在明确乡村社会发展中党建的引领统筹作用的基础上,本文以绍兴市柯桥区南部三镇抓党建促共同富裕大会暨党建共富联盟(以下简称"党建共富联盟")为例,深入探究后脱贫时代山区乡村在党建引领下实现跨越式发展的可能空间。柯桥区党建共富联盟以党建为媒,以乡村振兴、共同富裕为目标,加速平水、王坛、稽东三镇的资源整合、优化配置及联动发展,积极探索山区乡村促进集体经济发展与农民增收的新路径,实现真正的跨越式发展。

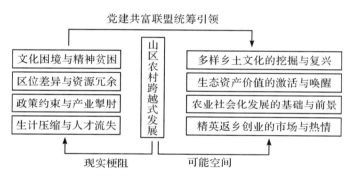

图1　山区乡村作为后发地区的资源整合空间

(一)多样乡土文化的挖掘与复兴

传统的乡村是一种并没有具体目的,只是因为在一起生长而发生的社会,是一种"有机的团结",是礼俗社会。礼俗社会的生成必然蕴含着丰富的乡土文化,这种乡土文化是在地的、持久的,它有可能随着时代发展暂时被掩埋。当下,党建共富联盟为深入挖掘与复兴乡土文化提供强大的力量引领和保障支撑,这也将成为激活山区乡村巨大发展潜力的文化密码。

首先,修复文化载体有助于乡土文化传承。山区乡村相较于普通农村地区,在地处偏远的同时也拥有别具一格的乡土文化,经年累月时光的消磨与农民谋生的艰难让世世代代流传的乡土文化蒙上尘埃,尤其是承载着先人足迹与礼俗文化的建筑、标识逐渐陈旧,乡土文化的传承遭遇挑战。党建共富联盟着眼于对乡土文化的拯救与保护,对具有深厚历史积淀的村落实行文化强村战略。如对中国历史文化名村——稽东镇Z村,深入挖掘历代名人及其精神风范,从大禹遗风到唐代书法家虞世南,再到明代状元余煌,Z村在生生不息的代际传承中,逐步形成了以"十二德"为内核的谆

谆家训。近年来,Z村先后挖掘整理了以"耕读传家,光宗耀祖,淑德懿行"为内核的家训辑录,修缮了村内的余氏宗祠,新建了Z村村史陈列馆。2011年起,村两委组织人员开始进行古屋修缮,守护了弘扬和传承Z村的古村家风文化的载体。此外,平水镇C村因李斯峄山刻石闻名的刻石山居与王坛镇L村内的舜王庙,皆因其背后的历史文化而受到妥善的保护。

其次,活化文化呈现有助于乡土文化新生。乡土文化的失落是时代变迁与人为关注式微双重作用的结果,其复兴与新生需要在新的历史条件下顺应时代发展趋势,以当代人喜闻乐见的方式重新呈现出来。党建联盟致力于促进乡土文化呈现方式多元化,在稽东镇Z村每年的古村文化旅游节,"正衣冠""行拜师礼""朱砂启智""启蒙描红"成为在余氏宗祠的启蒙仪式上必备的开智明礼环节。孩子们身穿汉服走进千年古村,追寻先贤足迹,实地感受家风文化。在王坛镇,"孝感动天、德泽天下"的孝德文化在一年一度的舜王庙会上生动展现,祭舜大典、舜王巡游带人穿梭时空,非遗展示及四处汇集而来的善男信女又在现实中将庙会推向高潮。多样的呈现及丰富的体验带动传统乡土文化迎来新生。

(二)生态资产价值的激活与唤醒

山区乡村不应成为贫困与落后的代名词,从现实来看,山区乡村承载着不可估量的空间生态价值资源。正如习近平总书记所强调的,乡村环境和资源具有"生产、生活和生态"三生功能和属性。活化"山林田湖草"等生态空间资源,促进其开发使用从低附加值产业向高附加值产业转换,是新时代下山区乡村实现跨越式发展的有力助推器。

首先,整合国土空间资源有助于打通各方壁垒。囿于地理上的天然分割及历史上的行政区划等因素,山区乡村不同区块之间常常存在人、财、物的壁垒,直接或间接影响村庄发展。党建共富联盟通过运转,实现联盟内村与村之间的资源优化配置、合作共赢。在土地利用开发上,山区村与村之间打破传统观念束缚,将资源重组后实现效用最大化,有效化解一批交界村的历史争议,同时,将原先闲置荒废的边角土地进行打包开发,实现双赢。其中王坛镇还率先进行了宅基地农户资格权镇域跨村有偿选位实现形式的探索,2021年7月成功公开竞拍了位于镇内Y村口原圆珠笔厂地块宅基地使用权,这一形式的突破在保障农户宅基地资格权的前提下有效发展了村集体经济。观念壁垒的消除还带动了公共基础设施的共享,在党建共富联盟的牵头引导下,不仅实现了山区乡村如家宴中心、文化礼堂、休闲运动广场等基础设施的统筹调配,还打通了村与村之间被遗忘的断头路、机耕路,有效解决了村民日益增长的生活需求与配套设施建设滞后的矛盾。

其次,激活空间生态资源有助于创新产业布局。乡村空间生态资源的激活有助于拓宽村庄发展及农民增收的路径选择。土地作为山区农民的最大财富,其基本用途是农用,这极大限制了产业附加值的增长,直接影响当地农民收入水平的提升。党建共富联盟引导村集体组织土地流转,整合山区乡村闲置土地及房屋资源,同时引进文旅公司授权经营,创新入驻产业类型。在平水镇M村,由村集体收取的集体土地所有权租赁费及集体房屋租赁费每年可为村集体增收约10万元;村级配套休闲项目由村集体收取门票提成费,每年为村集体增收约15万元;村集体再按公司民宿营业额2.5%—3%进行分红,预计年增效6万元,综合来看,村集体每年可增收约40万元。同时,"闲置农房"的有效激活,也让M村的百姓增收成为现实,已租赁的第一期34处闲置农房,租期为20年,个人房屋使用权租赁费5年一付,仅这笔费用即可每年为M村村民增收约16万元;一期流转约200

亩闲置农地,每年可另增加农户收入 6 万元。此外,项目带动本村农户就业 35 人(聘用技术工人 20 人、管理人员 15 人),为村民增收约 120 万元。不少农户受文旅项目带动,纷纷开起饭店、民宿,并销售蜂蜜、地瓜等当地农产品,生动演绎了新时代下帮带引领的共同富裕景象。

(三)精英创新创业的市场与热情

无论在何种历史阶段,农村经济发展的实现,都离不开各个群体的共同努力,村民参与是发展的基础,能人带领更是关键。乡村精英在重构基层的道德教化机制,增强乡村治理主体间的协调性方面的作用是不可替代的,因而在村庄空心化普遍加剧的当下,精英回乡创业为山区乡村农民增收提供了现实可能。通常情况下,精英回乡能带领当地农民规避挫折,激发动力,实现产出效益最大化。

1.精英返乡为乡村发展注入源头活水

乡村振兴,人才先行。在人才外流严重,村庄发展中坚力量缺失的当下,精英返乡无疑是实现乡村振兴的一股新鲜血液。党建共富联盟着眼于山区乡村重点发展领域,刚柔并济引育人才。如稽东镇积极寻找与产业关联度高、协同性强的农业科技型人才,着力促成与相应科研机构的合作签约;2020 年 5 月,稽东镇成立全区首个青年创业者联盟,致力于集聚一批高素质乡村人才,以"抱团取暖"的机制、合作共赢的平台带动实现效益最大化,目前已吸纳会员企业 17 家;稽东镇还通过创设"榧 e 所思"公益课堂品牌、举办"小候鸟"公益夏令营、与高校签订校地合作协议等方式为青少年素质提升提供服务。此外,稽东镇团委开展"家燕归巢"大学生暑期实习活动,推出实习岗位以鼓励引导优秀大学生反哺家乡。高层次人才引进、高素质人才培育和青少年素质提升共同为山区乡村发展带来新希望。

2.精英创业为乡村发展提供强劲支撑

山区乡村人才外流致使产业凋敝,人才与产业的双重缺失让村庄发展失去活力,精英返乡创业正弥合了这一乡村发展之痛。在人力资源互通互补上,党建共富联盟充分利用乡贤会、乡创联盟等组织,在联盟内挖掘共享乡贤资源,解决乡村发展振兴的人才瓶颈,特别是在项目引进、信息互通、矛盾化解等方面进行有效突破;同时,打通劳动力输出渠道,统筹使用各类民间人才,助力乡村振兴。如稽东镇 D 村依托乡创联盟引入乡创人才 38 名,乡村创业项目 20 个,社会资本 5000 余万元。在 D 村内由村党支部副书记创办的"三心"生态有限公司以"农民良心种菜、公司诚心经营、顾客爱心购买"为原则,在公司诚信经营的基础上将农民的劳动成果转化为财富,同时提供村内留守人员就业岗位,有效促进了村民增收。

(四)农业社会化的基础与前景

农村发展集体经济,不是依靠每家每户农民的单打独斗就可以完成的。发展村集体经济的本质是凸显规模优势,以产业带动就业,拓宽为农民增收的渠道,因此形成产业优势对乡村发展至关重要,其中如何因势利导挖掘适合当地发展的产业则是重中之重。在人口规模优势不显著的山区乡村,积极探寻优势产业,实现农业社会化发展是突破限制条件,实现跨越式发展的有效途径。

1.农业社会化有助于优化产业发展模式

山区农民普遍拥有安土重迁、小富即安的小农思想,要依托原本有限的客观条件实现跨越式发展,唯有创新产业发展模式。党建共富联盟秉持因地制宜原则,引导山区乡村根据自身实际情况,引进相应产业。如平水镇 J 村以浙江海丰花卉有限公司为依托,以周边家庭农场、农民合作社等农业经营主体为基础创建花卉产业化联合体。通过以市场为导向,以利益联结为纽带,以统一生产、统一营销、信息互通、技术共享、品牌共创等方式,与小农户构建稳定紧密的利益联结,引导吸纳分散的农户融入农业现代化进程中来,项目实施以来,共辐射农户约 800 户,促农增收达 4000 余万元。

2.农业社会化有助于形成产业集聚优势

农业社会化在推进乡村产业细分的过程中也不断彰显产业集聚后"1+1＞2"的效应。党建共富联盟着力以产业集聚为抓手,积极推进南部省级茶叶产业集聚区项目,致力于推动茶产业一二三产融合发展,建成平水日铸茶业园、王坛大越山农风情茶园等五大核心美丽茶园,茶企新增自动化流水线 15 条。推行"公司＋合作社＋基地＋茶农"模式,推进"平水日铸"区域品牌建设,新增茶产业创业创新主体 15 个,吸引工商资本开办"平水日铸"专卖店(茶楼)50 家。"平水日铸"成为近年来打造较为成功的区域公共品牌,创造了农产品区域公共品牌"六统一"管理模式,探索出"政府引导、协会主导、企业(合作社)主体、茶农参与"的品牌振兴路子。2021 年春茶期间,茶企向区内联结基地收购茶青 9 万余公斤,金额达 1100 多万元,为茶农增加了 3000 多个就业岗位,努力向真正意义上的"共富"迈进。

四、后脱贫时代山区乡村跨越式发展的路径指向

党建引领在山区乡村资源无序的发展疲态中显示出强大的资源重组与统筹共享作用,党建引领山区乡村实现跨越式发展是后脱贫时代发挥生态优势,实现振兴乡村和共同富裕的必由之路。基于党建—制度—社会—价值四维视角,从平台共建、资源共享、产业共兴、品牌共塑四个层面提出后脱贫时代山区乡村实现跨越式发展的可为路径。

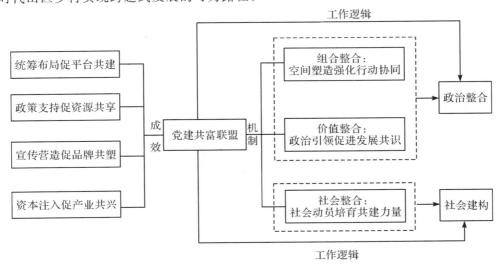

图 2 党建共富联盟引领山区乡村跨越式发展的内在机理与路径指向

(一)党建为媒:统筹布局促平台共建

党建是应对山区乡村资源无序、发展乏力的重要引擎和坚强保障,它在平台搭建、破除壁垒和统筹协调方面有着不可替代的优势。

1.资源调度平台

被闲置的资源都是尚未被利用的宝藏,建立统一的资源调度平台是优化整合资源配置、提升资源使用效度的有效途径,以党建为统领,打破人、财、物的壁垒,促进共通共融的平台搭建与孵化势在必行。首先,统筹开发利用自然资源。以突破村与村之间的观念区间为切入点,实现土地、房屋等生态空间资源的整合,寻求资源价值最大化。其次,统筹建设使用阵地资源。协调道路与其他公共基础设施的建设与使用,最大程度降低地区差异带来的不平衡不充分发展与生产生活体验,实现"众乐乐"。最后,统筹挖掘培养人才资源。创建各类人才联合会等民间组织,实现乡贤、创业人才的互通共用,破解乡村发展人才瓶颈。通过缩小资源鸿沟,帮助山区乡村跳出单打独斗的困境,实现资源按需统筹的抱团式发展。

2.金融扶持平台

如果把乡村振兴比作登山的过程,金融扶持便是登顶过程中必不可少的力量支撑,山区乡村的发展离不开金融工具的扶持。要积极搭建针对山区乡村产业发展的金融扶持平台,着力避免农村产业发展陷入金融困境。首先,要解决金融供需不匹配的矛盾。针对山区乡村发展的现实,金融平台要有意识地向薄弱地区和薄弱产业增加授信额度,进行金融扶持倾斜。其次,要拓宽金融扶持范畴。山区乡村实际情况各异,决定了产业类型、发展模式及相关需求皆不尽相同,金融扶持平台可以整合各金融机构贷款项目,由党建共富联盟统一授信,定向支持农村产业发展,将资金用到真正需要的产业及发展项目上。

(二)制度支撑:政策支持促资源共享

山区乡村发展难以避免涉及现有的科层组织,缺乏必要的制度和政策支撑,高质量的跨越式发展将难以实现。因此,后脱贫时代的乡村发展需要一定的政策支持作为保障。

1.政策偏见的消除

在社会发展中,政策的执行往往伴有"热炉效应",在受政策红线约束较多的山区乡村,政策偏见常常作为一种隐性限制禁锢其发展。要实现山区乡村跨越式发展,就有必要消除其中的政策偏见。首先,要严守政策红线。粮供区及水源保护地等区域的划分是国家层面的战略,作为地方,切不可局限于自身发展格局而枉顾全国范围的政策意图。其次,要据实消除政策偏见。在政策执行过程中,由于各地实际情况不同,某些政策的不切实性便逐步凸显出来,如山区乡村的粮供区大额指标以及水源地保护区对配套产业的一刀切等。如何避免政策理想化导致山区乡村发展受限是值得我们关注的问题。

2.宅基地试点改革

随着农村建房审批日趋严格,部分山区农民对于解决住房的渴望远在对发展的期待之前,为尽可能解决"少批多建、未批先建、批东建西"问题,消除农民后顾之忧,应在许可范围内大胆探索农村宅基地制度改革,全面激活农村经营性土地、宅基地和存量农房。首先,应积极探索宅基地农户资格权实现形式。在做好资格筛查清晰、流程规范的基础上,可从地域范畴上逐步适度放宽农户获得资格权的实现。其次,各项探索以保障农民住房权为底线。随着宅基地制度改革的不断深入,宅基地资格权间接实现的地域范围和群体均逐渐扩大,但改革不能突破农民拥有住房的底线,否则改革将陷入本末倒置的境地。

(三)社会支持:资本注入促产业共兴

山区乡村发展并不是依靠单枪匹马作战就能成功,它是一个需要各方协调的系统工程,它的实现需要各个参与对象的协同配合。社会支持作为一股重要力量,对山区乡村实现跨越式发展而言必不可少。

1.梯度化注入社会资本

社会资本是乡村发展的金钥匙,在业态发展逐步多样的当下,社会资本在山区乡村不同程度的倾注也会导致市场化程度的区别,催生出不同的发展模式。首先,国企全额出资为村庄发展注入强心剂。国企凭借其突出的经营理念优势和市场优势,可为山区乡村发展提供所需硬件及软件设施,建议研究出台《关于引导省属国有企业助力共同富裕的指导意见》以充分带动乡村资源高效盘活。其次,社会资本与村集体按比例出资增强双向约束力。村集体部分出资赋予其自身更深层次的使命感,同时对于村级发展的各项事务具有更高的追踪力和监督力。最后,民营企业全额出资提高村民参与度。村集体以零出资的方式与社会资本合作,意味着要在项目生根过程中做好相应的配套服务工作,村民要以最大程度参与业态发展,形成产业对农民增收的带动效应。总体而言,应积极构建以国资为主体、其他社会资本联动的多元投资机制。

2.筑梦式公益慈善托举

第三次分配在共同富裕道路上具有关键性作用,在山区乡村发展中,要发挥好公益慈善在产业振兴、农民增收中的积极促进作用。首先,要完善慈善对社会救助的补充作用。要积极发动社会力量,尤其是企业、商会对于山区乡村产业发展的帮扶作用,对于产业发展中的突发性、临时性、紧迫性困难问题,要切实发挥慈善的兜底保障作用。其次,要建立持久的慈善帮扶机制。可组织跨越地域的善行义举和爱心结对帮扶活动,加大对生活困难农民、学生的帮扶力度,帮助其托起生活、求学的希望,从源头上构筑起对乡村发展的憧憬与期待。

(四)价值引领:宣传营造促品牌共塑

品牌是无形的资产,乡村发展需要品牌加持。文旅厅发布意见强调,5 年内要打造 300 个有辨识度的景区,其中以乡村为主。辨识度为乡村发展提供内在驱动,同时也对品牌塑造提出要求。

1.拓宽人才振兴通道

山区乡村发展过程中的"人"是折射发展质量的"活招牌",约束好、规范好、打造好队伍形象,提升队伍素质,对实现山区乡村发展具有事半功倍的作用。第一,积极培育新型致富带头人。引导中坚农民树立起"村庄发展舍我其谁"的担当,争取通过校地合作、委托培养等方式,积极利用高校和职教资源，为现代农业产业发展输送人才。第二，着力筛选村庄治理能人。加强"一肩挑"村级后备干部人才的培养与储备，注重从乡贤、退伍军人、教师、医生等群体中筛选和培养村级治理人才。第三，加强对旅游从业人员培训。旅游从业人员是联结山区乡村与外部世界的重要媒介，加大对旅游从业人员的培训力度，一方面需向其讲好山区故事，让其成为向外输送山区吸引力的通道；另一方面，加强职业道德培训，规范从业言行，力争让他们不仅"想做好"，并且"能做好"。

2.深化村企结对共建

面对广阔的消费市场，着力争取外援，寻找属于自己的"秀"场是山区乡村从幕后走向台前的有效途径。山区乡村要以山区特色优势资源为媒介，与企业结对共建，形成村企互惠，同频共振的良好态势。第一，山区乡村要把好"选品"关。在以农特产品为媒介的村企合作中，选好产品是山区乡村的职责所在，也是产品打造品牌、打开市场和双方合作可持续化的重要保证。第二，企业创新"销售"关。如何把握商机，迎合消费者需求，保持企业营销的活力状态是企业生存与发展的关键，也是村企合作中必须直面的问题。企业要充分了解山区农产品特点属性，为创新销售模式，打开产品销路想好应对之策。第三，村企双方共同把好"运营"关。山区农产品品牌的运营需要村企双方共同处理，要切实针对产品特点与市场需求设计运营方案，争取利益最大化，最终实现双赢。

五、结语

在后脱贫时代，持续减少相对贫困必然是一个艰辛、漫长的过程，乡村的振兴需要全社会协同，山区乡村要实现跨越式发展，更离不开全社会勠力同心给予支持。如前所述，共同富裕背景下，山区乡村的发展还面临不少阻碍，党建引领为山区乡村发展在消除壁垒、整合资源等方面提供支持，但我们应理性地认识到，这并不是乡村发展，尤其是山区乡村发展的终点。如何更高程度提升内在驱动，为实现山区乡村跨越式发展注入强劲动力是我们今后需要持续思考的问题。

参考文献：

[1] 费孝通.乡土中国[M].北京:北京大学出版社,2012.

[2] 冯道杰,程恩富.从"塘约经验"看乡村振兴战略的内生实施路径[J].中国社会科学院研究生院学报,2018(1):22-32.

[3] 冯景源.跨越发展理论在马克思主义中的地位及其再研究的重要意义:纪念中国共产党成立100周年[J].观察与思考,2021(2):5-12,2.

[4] 高帆.中国新阶段城乡融合发展的内涵及其政策含义[J].广西财经学院学报,2019,32(1):1-12,35.

[5] 贺雪峰.关于"十四五"期间推进乡村振兴的若干问题探讨:学习《"十四五"规划建议》的体会[J].广西大学学报(哲学社会科学版),2021,43(1):89-96.

[6] 贺雪峰.论土地资源与土地价值:当前土地制度改革的几个重大问题[J].国家行政学院学报,2015(3):31-38.

[7] 贺雪峰.谁的乡村建设:乡村振兴战略的实施前提[J].探索与争鸣,2017(12):71-76.

[8] 兰建平.推动山区26县跨越式高质量发展[J].浙江经济,2022(2):11-12.

[9] 李亮,谢梦蕾.精神贫困的理论内涵与生成逻辑分析[J].云南农业大学学报(社会科学版),2021,15(6):1-6.

[10] 刘震.城乡统筹视角下的乡村振兴路径分析:基于日本乡村建设的实践及其经验[J].人民论坛·学术前沿,2018(12):76-79.

[11] 陆霓,殷朝武.破解城乡二元结构模式创新及其对中国城乡融合发展的启示:以广东清远市为例[J].改革与战略,2021,37(6):82-90.

[12] 卢祥波,邓燕华.乡村振兴背景下集体与个体的互惠共生关系探讨:基于四川省宝村的个案研究[J].中国农业大学学报(社会科学版),2021,38(3):30-42.

[13] 檀学文.贫困村的内生发展研究:皖北辛村精准扶贫考察[J].中国农村经济,2018(11):48-63.

[14] 王春光.迈向共同富裕:农业农村现代化实践行动和路径的社会学思考[J].社会学研究,2021,36(2):29-45,226.

[15] 王一涵,陈江.金融支持现代种业发展现实困境与政策建议研究[J].西南金融,2021(10):67-77.

[16] 温铁军,逯浩.国土空间治理创新与空间生态资源深度价值化[J].西安财经大学学报,2021,34(2):5-14.

[17] 吴正海,范建刚.资源整合与利益共享的乡村旅游发展路径:以陕西袁家村为例[J].西北农林科技大学学报(社会科学版),2021,21(2):70-79.

[18] 夏澍耘.论中华农耕文明的生态智慧[J].中国地质大学学报(社会科学版),2018,18(6):91-99.

[19] 徐凤增,林亚楠,王晨光.社会创业对乡村旅游利益分配模式的影响机理研究:以山东省中郝峪村为例[J].民俗研究,2019(5):122-135,159-160.

[20] 张陈一轩,任宗哲.精英回乡、体系重构与乡村振兴[J].人文杂志,2021(7):113-121.

[21] 张群.习近平对马克思"跨越"理论的继承与创新[J].怀化学院学报,2020,39(1):1-5.

[22] 周云冉.新时代基层党建引领乡村治理创新的逻辑理路[J].西南民族大学学报(人文社会科学版),2021,42(7):59-65.

"好社会"与共同富裕：
基于绍兴社会发展的质量结构分析

吴晓灵

（中共绍兴柯桥区委党校）

摘　要：共同富裕作为社会主义的旗帜，是中国人民千百年来追求的理想。改革开放四十余年，中国社会在巨变中崛起，实现了经济腾飞。然而，高速发展的经济也产生了"丰裕悖论"。到底该如何打造能摆脱"丰裕悖论"，实现共同富裕的"好社会"？鉴于此，本文结合社会质量理论的本土化应用，用一种新的理论视角与分析框架，力争实现绍兴社会的高质量发展，助推绍兴共同富裕事业的进一步发展。

关键词：共同富裕　社会发展　社会质量理论

什么是"好社会"？改革开放四十余年，中国社会在巨变中崛起，实现了经济腾飞。作为"后发先至"的发展中国家，物质财富的高速度积累供给，让中国这个人口大国实现了全面脱贫，实现了具有里程碑意义的全面建成小康社会的目标。基于此，浙江以其"在探索解决发展不平衡不充分问题方面取得了明显成效"的基础优势，作为"共同富裕示范区"率先进行高质量建设。然而，高速发展的经济也产生了"丰裕悖论"①。这就是，当前的中国社会比过去任何时候都要富裕，但中国人民反馈的幸福指数却在持续走低。中国过去的 GDP 增长被简单地等同于经济发展指标并以此作为"好社会"的评判标准，而现在我们要反思的是：到底什么样的社会发展符合老百姓的发展需求？这个反思的背后体现的正是社会发展衡量指标由"数量"向"质量"的认知转换。

社会主义的本质是解放生产力、发展生产力、消灭剥削、消除两极分化，最终达到共同富裕。共同富裕作为社会主义的旗帜，是中国人民千百年来追求的理想。由此，人民对美好生活、生活质量的追求成了共同富裕实现的现实基础。发源于欧洲的"社会质量理论"，以消解社会发展和个体发展的矛盾作为出发点，旨在通过解决制度层面与个体层面的冲突来改善社会状况，继而提升个体的福利与潜能。近年来，国内有关社会质量理论的经验对策研究，以问题为导向丰富了社会质量理论的本土实践研究。譬如，林卡（2016）、韩莹莹（2016）从幸福感入手研究社会质量理论；徐琴等（2020）聚焦公众对基本公共服务供给水平的感知度来分析社会质量。从这个层面看，用"社会质量"作为切入口来破解桎梏绍兴社会发展的"丰裕悖论"，对绍兴"扎实推动共同富裕，不断增强人民

---

① 即虽然经济快速增长、民主化不断扩展，但是市民社会的幸福感不升反降，对制度与政党的信任度降低，社会冲突严重。

群众获得感、幸福感、安全感,促进人的全面发展和社会全面进步"①意义重大。然而,从当前学界有关社会质量理论的研究来看,对中国社会转型期出现的社会凝聚和信任水平下降、人民的发展需要得不到满足等现实问题研究还稍显不足。社会质量理论在破解"丰裕悖论"、化解社会矛盾、创新社会治理等方面的实践价值并未完全发挥出来。

一、美好生活需要:"好社会"的概念化和共同富裕的具现化

(一)从关注"好社会"到"好社会"概念化

人民的美好生活需要是什么?什么是可以满足人民不断发展的高质量需要的"充分""发展"的"好社会"?

西方经典"好社会"理论是对乌托邦社会理论反思、发展的产物。对于"好社会"的关注最早可以追溯到 1937 年,李普曼在其专著《好社会》一书中,首先提出了这一概念。20 世纪 80 年代,"好社会"作为一种思潮在"新理论运动"中广受关注。社会学领域有关"好社会"回应最强烈的是发展理论学派,他们把"以'好社会'为目标的社会变迁"定义为发展。很长一段时期,GDP 的数值高低成为判断社会是否"好"的重要指标。随着后工业化社会的发展,人们对生活质量的关注增强,认识到"多多"未必"益善"。1974 年,美国学者伊斯特林在其著作《经济增长可以在多大程度上提高人们的快乐》一书中就"二战"后经济持续增长的美国社会有幸福感的公民仅维持在 30% 左右的特殊情况,对传统的以经济为中心的思想进行了批判,提出了著名的"伊斯特林悖论"。人们开始反思仅凭经济增长能否打造"好社会"?以经济增长为主的国家政策、评价体系是否正确?基于此,联合国的"人类发展指数""社会指标体系"、经合组织(OECD)国家的"美好生活指数"应运而生。20 世纪 90 年代以后,英国、澳大利亚、加拿大、日本等国出于社会发展需要,开始开发生活质量或健康指标。2014 年,韩国开发"国民生活质量指标"。之后,不丹用"国民幸福总值"作为衡量国家的发展水平的重要标准。

2002 年,韩国学者金璟东针对现有的发展理论和韩国社会出现的"丰裕悖论"进行反思,首次提出可以将"好社会"概念加以具体化,用"生活质量的提高"和"生活机会的扩大"作为构成"好社会"的两种一般价值。从金璟东构建的发展核心价值体系来看,他研究的发展价值主要关注形成"好社会"的制度层面和结构层面。从这个角度看,所谓"好社会"指的是社会在宏观政策和人民生活方面都得以强化和改善的产物。

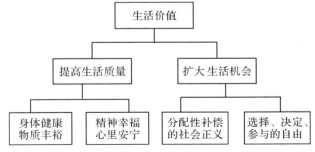

图1 发展的核心价值体系(金璟东,2002)

---

① 《中共中央关于制定国民经济和社会发展第十四个五年规划和二〇三五年远景目标的建议》,人民出版社 2020 年版,第 32 页。

(二)从马克思主义财富观到共同富裕的具现化

财富的创造与分配是国家社会形态的显态。共同富裕用中国特色的话语体系表现了社会发展和财富分配的普遍联系，反映着马克思主义经典财富观中国化的理论逻辑、价值逻辑和实践逻辑。作为社会主义的本质要求，共同富裕的制度逻辑前提是基于社会主义制度下的生产与分配。马克思用"生产将以所有的人富裕为目的"①来形容共产主义社会的显著特征。这一方面，体现出共同富裕的物质基础是生产力的高度发展。另一方面，他用"建立在个人全面发展和他们共同的、社会的生产能力成为从属于他们的社会财富这一基础上的自由个性"②来阐明作为财富生产的要素"人"，与作为财富生产"目的本身"的价值"人"的辩证统一关系。假使把马克思主义的财富观放到中国实现"共同富裕"的现实语境，不难发现"经济基础""制度保障"和"实现过程"是马克思主义共同富裕思想的核心要义。而我国社会主义初级阶段的现实国情要求这个时期共同富裕的建设重点在于"把生产发展到能够满足所有人的需要的规模……通过产业教育、变换工种、所有人共同享受大家创造出来的福利，通过城乡的融合，使社会全体成员的才能得到全面发展"③这个"实现过程"。

在2021年发布的《中共中央 国务院关于支持浙江高质量发展建设共同富裕示范区的意见》中把"共同富裕"界定为"全体人民通过辛勤劳动和相互帮助，普遍达到生活富裕富足、精神自信自强、环境宜居宜业、社会和谐和睦、公共服务普及普惠，实现人的全面发展和社会全面进步，共享改革发展成果和幸福美好生活"。不难发现，随着社会主义建设的不断发展拓深，对共同富裕的界定描绘在不断具体化，越来越趋于现实层面可以博取实现。这个"共同富裕"在目标层面不断"具现化"的过程表现在社会层面，就是在物质经济发展的基础上，通过具体的政策方针持续提升社会经济保障、社会公平保障，以不断完善社会质量结构。

(三)"好社会"与共同富裕的关系

1."好社会"是实现共同富裕的逻辑前提

金璟东用"生活质量的提高"和"生活机会的扩大"作为构成"好社会"的两种一般价值。一方面，他用身体健康、物质丰裕作为提高生活质量的客观条件；用心理、精神层面的幸福愉悦作为提高生活质量的主观条件。这个价值维度与共同富裕"生活富裕富足、精神自信自强"的指标不谋而合。另一方面，他基于分配正义、自由选择权利，从资源分配层面扩大生活机会。这又与共同富裕"公共服务普及普惠，实现人的全面发展"的要求殊途同归。仅从价值意涵来看，"好社会"是实现共同富裕的逻辑前提。

2.共同富裕是"好社会"发展的价值归宿

不同于西方架构在乌托邦理论基础上的"好社会"理论体系，从学理上看，我们的"好社会"建构于马克思主义所描绘的"理想社会"之上，最终要达成的是没有剥削、消除异化的"共产主义社会"；

---

① 《马克思恩格斯选集(第2卷)》，人民出版社2012年版，第787页。
② 《马克思恩格斯文集(第8卷)》，人民出版社2009年版，第52页。
③ 《马克思恩格斯文集(第1卷)》，人民出版社2009年版，第689页。

从实践层面看，我们的"好社会"立足于中国特色社会主义的现实实践，结合中国的具体实践朝着"共产主义"发展。而在学理和实践这两个层面，不论是马克思主义描绘的"共产主义社会"，还是当前中国特色社会主义建设的发展要求，都有着"共同富裕"这个共同发展诉求。可以说，共同富裕是"好社会"发展的价值归宿。

3.二者的实现都离不开人的发展解放

不论在马克思主义描绘的"生产者自由平等的联合体"①当中，把实现人的自由与解放作为最终目的；还是金璟东用"选择、决定、参与的自由"来作为实现"好社会"的价值基础，可以看到，"好社会"的实现离不开"人"的发展解放。而在《中共中央　国务院关于支持浙江高质量发展建设共同富裕示范区的意见》中有关共同富裕的界定用"全体人民通过辛勤劳动和相互帮助"作为主语，强调要"实现人的全面发展和社会全面进步"。不难看出，虽然对于共同富裕的具体要求还在不断探索完善之中，但"人"在其中的重要地位可见一斑。因而，不论是"好社会"的建设，还是共同富裕的实现，二者都离不开人的发展解放。

那么，到底究竟该如何打造能摆脱"丰裕悖论"，实现共同富裕的"好社会"？到底该用什么方式将人民关注的发展质量要点整合在一起，形成理论上缜密清晰、经验上可验证推广的分析框架呢？社会质量理论为我们提供了一种可借鉴应用的研究方法。

二、社会发展需要：社会质量理论分析框架的适用性

改革开放四十余年，出于回应与解决中国社会发展问题需要，社会质量理论被引入中国，应用于社会发展、社会政策、社会福利、社会治理等多领域的研究和实践当中。从理论本身来看，社会质量理论把社会正义、社会团结等理念作为社会发展的核心价值，认为社会质量是"人们能够在多大程度上参与其共同体的社会与经济生活，并且这种生活能够提升其福利和潜能"②。这一理论主要涉及 18 个领域，95 个指标，围绕社会经济保障、社会凝聚、社会包容与社会赋权四个条件性因素作为衡量社会发展质量高低的标准，从而为政府工作、政策制定提供可操作的量化指标。

表 1　欧洲社会质量指标体系框架③

	一级指标	二级指标
社会质量	社会经济保障	经济资源
		居住环境
		健康医疗
		工作
		教育

① 《马克思恩格斯文集（第 4 卷）》，人民出版社 2009 年版，第 193 页。

② Beck W，Maesen L，Walker A，et al. *The Social Quality of Europe*. *The Hague*，*Netherlands*：*Kluwer Law International*，1997：6-7.

③ Van Der Maesen L，Walke A，*Indicators of Social Quality*：*Outcomes of the European Scientific Network*，*European Journal of Social Quality* 5，2005.

一级指标		二级指标
社会质量	社会凝聚	信任
		整合的规范和价值观
		社会网络
		认同
	社会融入	公民权
		劳动力市场
		服务
		社会网络
	社会赋权	知识基础
		劳动力市场
		制度的开放性和支持性
		公共空间
		人际关系

那么,通过社会质量理论框架分析绍兴社会实现高质量发展的现实基础是否适合呢? 从价值尺度的现实分析意义看,社会质量研究的三个维度、十八个领域一定程度上具有观察操作性。但不难发现实际应用过程中理论指向和概念操作之间存在着重复叠加。多层次的实证分析和多元回归分析需要多层次的指标,而现有的社会质量理论大多把难以量化的个人特征转换为社会层面的宏观指标。出于对绍兴现实情况的实证分析需要,以下将主要从宏观制度性的过程方面来研究个人风险复原力。

第一,就社会经济保障而言,摆脱贫困、疾病、灾害、失业、养老等风险从而获得安全是实现"安全社会"的基础。就绍兴现实而言,截至 2020 年末,全市户籍人口 447.64 万人,职工养老医疗保险、农村养老医疗保险基本实现全覆盖。此外,截至 2022 年 1 月底,作为绍兴市专属定制的补充型医疗保险,"越惠保"累计参保人数超 321 万人,参保率高达 70%。与之对应的是,福利性保障之外的文化、教育、就业方面的风险冲击对个体影响越来越大。"内卷式"的过度竞争社会,让代际贫困、资源获取差距愈发明显。

表 2　截至 2020 年绍兴市保险参保情况①

序号	项目	参保人数(万人)	同比增长
1	基本医保	471.43	0.5%
2	基本养老保险	369.16	1.7%
3	企业职工养老保险	257.42	4.7%
4	城镇失业保险	131.49	3.7%

第二,社会凝聚所体现出的社会价值认同,与社会团结和连带感休戚相关。维持社会凝聚度高

---

①　数据来源:《2020 年绍兴市国民经济和社会发展统计公报》。

的社会通常被称作是"信任社会"。从绍兴地区的文化背景来看,表现出的乡土情结、地缘、血缘、学缘等"熟人"社会倾向明显。

第三,作为个体平等地获得机会、享受福利的权利与性别、学识相关明显。就绍兴地区而言,虽然男女间的不平等观念逐渐式微,然而觉醒的平等思想和绝对水平上的明显差距加剧了性别对立。此外,就业雇佣方面,正式与非正式职工的劳动所得差距表现为从传统的劳动时间扩大到劳动补偿,已成为妨碍社会包容的排斥因子。

第四,社会赋权能够影响个体能力发挥与政治参与,让社会呈现出"活力"和"无力"两种形态。典型表现就是,持续推进的制度建设不断保障个体的民主法治权利,而绍兴人民却对政治越来越冷漠。

图 2　社会质量领域形态发展

三、后期内生支撑:绍兴社会发展转型的迫切需要

(一)绍兴地区推进社会高质量发展的前期基础

1. 集体经济、富民产业发达

民营经济发达、市场化程度高是绍兴发展的突出特点。截至 2020 年末,绍兴全市登记在册的市场主体达 65.53 万户,其中个体工商户数量达 44.08 万户,占市场总体量的 67.3%。根据第七次人口普查数据,绍兴全市城镇化率为 71.02%,在浙江 11 个辖区中仅排第六。与之对应的是,截至 2020 年末,绍兴市城乡居民收入倍差仅为 1.72,低于全省 0.24 个百分点。作为省管县体制的实践先行地,绍兴的县域经济、乡镇经济十分发达。"村村点火,家家冒烟"的家庭作坊式富民产业蓬勃发展。农民自己办产业,村社集体兴办乡镇企业、租赁土地,加上城市化推进过程中征地拆迁过后的经营性收入等等,成了绍兴地区乡村富裕、城乡差距小的一个重要因素。

表 3　截至 2020 年浙江、绍兴城乡居民可支配收入情况

项目	浙江城镇居民人均可支配收入	浙江农村居民人均可支配收入	绍兴城镇居民人均可支配收入	绍兴农村居民人均可支配收入
绝对数(元)	62699	31930	66694	38696
城乡居民收入倍差	1.96		1.72	

2."强市场"与"强政府"协同作用明显

绍兴柯桥的中国轻纺城市场就是"强市场"集聚资源的典型。1992年，绍兴轻纺交易市场正式更名为中国轻纺城，从原来的综合性农贸市场分离出来，走专业市场集聚路子。发展近三十年，从"纺织之都"到"智慧新城"，柯桥用"强市场"做大产业，有力促进了资本、劳动要素从农村到城市转移。此外，"强政府"提供的公共服务促进了绍兴人民可支配收入提升。"在市场上建党支部"、驻村指导员制度的抓深做实、活用"枫桥经验"化解矛盾等，都是政府指引下的社会治理水平提升。正因如此，2020年绍兴人均可支配收入达5.66万元，不论是数值还是增速都位于全省平均线之上。

（二）绍兴社会高质量发展需要新的支撑点

绍兴地区为推进社会高质量发展所做的前期努力已经具有明显的示范意义，但影响后期持续发展的不利因素依然存在。

1.从自身发展看

虽然绍兴富民产业发达，但城乡工资性收入差距依然明显。经济富裕的同时，农民防范抵御风险的能力依然远不如城市居民。此外，绍兴早期县域经济在带来红利的同时，产生了相对独立布局体系，而这种"独立""散装"也带来不少"后遗症"。一方面，绍兴地区的诸暨、嵊州、新昌县市常常受制于区位、独立财政等因素，导致城乡一体的服务供给游离于主城区以外；另一方面，绍兴主城区大发展，尤其是地铁经济建设过程中，单个县市不同程度地面临发展要素外流、经济消费外移、人才人口外迁等危机。当然，在发展过程中，也有像嵊州、新昌这种以"嵊新组合城市"作为浙江首个区域协同发展改革试点进行探索的，但横隔在两地的交通制约始终悬而未决。

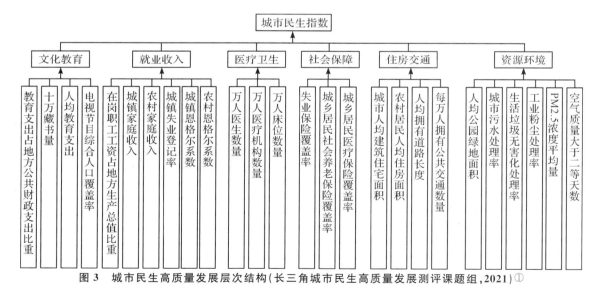

图3　城市民生高质量发展层次结构(长三角城市民生高质量发展测评课题组,2021)①

---

① 长三角城市民生高质量发展测评课题组：《长三角26个城市民生高质量发展的测评》，《经济界》2021年第2期，第85—91页。

2.从城市对比看

在相关民生质量评价中,与浙北地区发展较好的杭州、宁波、嘉兴、湖州等城市相比,绍兴地区虽然在文化教育、住房保障方面独占鳌头,但在社会保障、医疗卫生和就业收入等方面差距明显,尤其是社会保障位列五所城市最末。就数据对比而言,浙北五个城市间社会保障发展质量差异最大,尤其是发展滞后的绍兴和发展最好的杭州相差 2.67 分。从文化教育质量看,杭州作为省会城市虽然有教育文化资源聚集优势,绍兴仍以优质的文化基础领先。但从数值上看,0.46 分的优势不明显,后续需要进一步巩固。而医疗卫生领域的差异主要集中在居民养老保险、基本医疗保险覆盖率方面。绍兴这方面发展相对滞缓,与杭州差值达 1.96 分。此外,从全国范围看,绍兴的医疗资源也并不占优势。依据《中国城市年鉴》公布的数据,绍兴全市 2019 年,每万人医院床位数 49.1 张,在全国 293 个地级市中仅居第 118 位。

表 4　浙北五个城市的民生高质量发展得分

序号	地区	文化教育	住房交通	资源环境	社会保障	医疗卫生	就业收入	总分
1	杭州	14.35	10.46	17.02	16.16	13.66	13.16	84.81
2	宁波	13.62	10.46	16.11	15.46	12.06	12.33	80.03
3	绍兴	14.81	10.54	16.68	13.49	11.70	12.28	79.51
4	嘉兴	14.63	10.10	16.36	14.27	11.81	11.50	78.67
5	湖州	14.21	10.05	10.05	13.65	11.42	14.21	76.61

3.从产业周期看

绍兴经济活跃开放、富民产业发达,"村村点火,家家冒烟",在带来经济繁荣的同时,也意味着富民产业成为维系大部分绍兴家庭经济生活的手段。而这种家庭作坊式的个体经营方式并不是一成不变、一劳永逸的,它表现出家庭成员生命周期的变化风险。具体来说,产业经营户在面临抚育子女的现实需求时,可支配收入会减少;而在子女独立工作时,家庭总收入会增加;到了老年期,此类小微富民产业便会因子女的工作选择而慢慢消失。加上浙江是全国较早进入老龄化社会的省份。自 1987 进入老龄化社会以来,浙江的老龄化问题日趋明显,绍兴地区也不例外。甚至,受杭州、宁波的"虹吸"影响,大大压缩了绍兴地区人才吸引、人才留置空间。这导致的结果就是绍兴人口流入基数小,面临更严峻的老龄化挑战。截至 2020 年末,绍兴全市 60 岁及以上老龄人口已经达到 120.61 万人,占比 26.9%,同比增长 0.8%。富民产业的老年衰退周期遇上老龄化这个"催化剂",无疑大大压缩了绍兴地区小微富民产业的生存空间。

四、"丰裕悖论"破题:高质量发展助推共同富裕在绍兴

从逻辑架构来看,当前中国社会面临的"丰裕悖论",归根结底是经济(物质)与人(精神)之间的发展不平衡问题。为了解决这个问题,本文从"好社会"的价值意涵角度出发,借助社会质量理论的分析框架,旨在通过研究社会高质量发展来打造破解"丰裕悖论"的"好社会",最终实现共同富裕。而针对绍兴目前的发展现状可以看到,围绕"人"的自由全面发展是提升绍兴社会质量的重要途径。

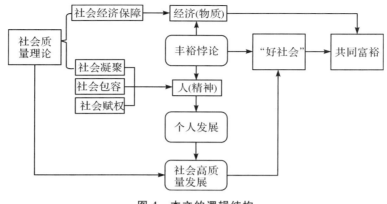

图 4　本文的逻辑结构

（一）协调信任关系，增强凝聚力

经济积累时期，中国长期存在经济增长"一边倒"的政策倾向，绍兴地区也不例外。这种"一边倒"，让绍兴前几十年富民产业、民营企业迅速发展，但也导致了区域、城乡不平衡问题突出。尤其是受绍兴富民产业的老年衰退周期影响，出于对系统治理发展需要，协调信任关系来增强社会凝聚水平显得愈发重要。那么，到底该如何提高社会凝聚水平呢？

1.用高水平的政治参与增强社会信任感

个体积极态势的政治参与水平越高，就越遵守规范，对其他人和政府的信任水平也越高。让公众自觉、自发、高质、高效地进行政治参与的关键是推进自治能力建设，通过居民、村民委员会赋权来活用资源、自治管理。就绍兴地区而言，机制的创造性应用有力激发了绍兴基层自治的活力、能力、潜力。不论是"五星达标、3A 争创"工作机制，还是涵盖"驻村指导员""民情日记""社区党建'契约化'共建"三方面内容开展的"三驻三服务"机制都为基层自治提供了政策性保障。此外，绍兴政府也在政策文件的实施应用上积极探索。譬如，嵊州、柯桥等地积极响应"中央三农一号"文件关于健全优秀村党组织书记提拔选拔的号召，把切实为民干实事、干好事的村干部引进体制内，这种示范探索无疑会大大激发村社书记干事激情、热情。然而，基层自治过程中仍有很多需要查漏补缺的地方，比如领导能力的开发、终身学习的贯彻、优势资源的整合、规划评估的纠偏等等，都是在今后需要继续巩固发展的。

2.以高标准的公平正义提升政府公信力

社会越公平，制度设计落实越合理，大众就越相信政府，相信国家。基于此，强调司法机关的公正性、关注公职腐败、打击违法犯罪等意义重大。此外，大众对社会经济保障的认识水平也与政府公信力有关。在这种情形下，提高社会经济的安全性就显得尤为重要。富民产业发达的绍兴地区，受新冠疫情影响，近两年小微企业关停率居高不下。与之对应的是，绍兴社会面临产业转型升级要求。污染企业、资质不符企业等与社会发展不适应的产业都在选择中面临被淘汰危机。在这种转型阵痛时期，政策推行的"度"与"效"就需要艺术与方法，去确保在社会微观领域和谐发展的基础之上，沿着经济宏观增长的主线去合理统筹政府工作的新目标、新方向。

(二)整合社会资源,提高包容度

在社会学领域,包容强调制度、政策方面的资源(如医疗、教育、养老、交通等)能否合理对社会成员进行分配。即社会成员可以占有的社会地位、社会资源越多,多个社会群体、社会成员之间越能和谐共处,就越接近包容社会。我国自 20 世纪 90 年代发展社会主义市场经济以来,很长一段时间以"竞争""效率""财富"为中心的"市场中心主义"势头猛烈。随之而来是的国有企业"民营化"、公共服务萎缩、大规模职工下岗等导致的失业、贫困、社会贫富差距拉大的社会风险。除却经济上的匮乏,越来越多的人面临文化、教育、医疗、卫生等多领域发展的基本权利、生活机会被剥夺。正因如此,整合各方资源来打破阶层固化藩篱、保障弱势群体的权益十分必要。

1.打破阶层固化藩篱

改革开放初期,代内流动、代际流动较为频繁,这种社会阶层之间畅通流动通道,让个人的努力肉眼可见地可以换得社会财富、社会地位。作为改革受惠地的绍兴,在这个时期也涌现出相当一批致富能手。20 世纪 90 年代以后,我国的社会结构开始趋于稳定,逐步形成了"纺锤形"的社会结构。利益固化的藩篱在很长一段时间成为阻碍经济流动、人才流动的"绊脚石"。机会公平遭受质疑,势必影响百姓的社会凝聚力,降低社会认同度。正如恩格斯在《反杜林论》中所言:"平等应当不仅是表面的,不仅在国家的领域中实行,它还应当是实际的,还应当在社会的、经济的领域中实行。"[①]社会高质量发展对在第三次分配过程中所秉持的公平正义有了更高的要求。尤其是绍兴发展过程中区域间、城乡间、性别间长期存在的教育、就业、诉求表达方面的桎梏需要在政策上、思想上进行引导。此外,绍兴仍需持续推进公共服务的标准化供给,让各县市之间、各镇街之间的价值目标、权责细化、服务供给进一步深度融合。

2.加强对弱势群体的"机会倾斜"

我们不能保证机会的绝对平等,但可以在承认差异存在的基础上最大限度地促进机会公平。不论是孤寡老人、残疾人这类的生理性弱势群体,还是像失土农民、低收入者这类社会性弱势群体,有必要用一定的社会救济政策加以帮扶。譬如,可以为弱势群体提供公益性岗位,通过培训加强其自力更生能力来提供"就业机会倾斜";可以通过畅通信访"绿色通道",开辟相关群体诉求专门表达窗口、平台,定期组织信访人员主动下访等方式,来加强对社会弱势群体的"诉求表达机会倾斜"。

3.做实法律援助服务

对于可以获取的社会资源相对较少的社会弱势群体来说,提供必要的法律援助服务可以说是确保其享受基本权利的重要保障。就我国当前社会现实来看,受限于文化水平、经济基础、法律知识而导致的弱势群体权利受侵害却无力维权、无处维权、无法维权的情况时有发生。正因如此,通过各种形式的普法教育,增强基层百姓的法律观念、维权意识,十分必要。尤其是针对深陷保险投资风险、权益受损却"维权无门"的社会弱势群体,需要建立健全相关法律援助法规、准则,在制度上为弱势群体提供兜底保障。此外,在提供法律援助服务同时,配套的监管工作、监管规范也要落实到位以确保"机会平等"。

---

① 《马克思恩格斯选集(第 3 卷)》,人民出版社 1995 年版,第 305 页。

4.鼓励乡贤"反哺"

就中国的社会结构演变来看，已经逐渐从原来的垂直分布的"金字塔"型转向蜂窝状的"同心圆"型。这意味着社会关系网在生产生活中的作用愈发明显。尤其是为了实现"共同富裕"这个奋斗目标，我们既要经历"做蛋糕""分蛋糕"这个高质量发展过程，也要达成"吃蛋糕"这个高品质生活要求。这就要求我们在初次分配和再分配过程中都要注重公平，并且在第三次分配过程中引导大家更关注公益事业。而在这个过程中，汇聚退休干部、企业家、知识分子、退役军人等精英群体的"乡贤"，无疑能给乡村建设提供巨大能量。一方面，乡贤群体可以充当村民自治的"智囊团"。可以通过成立乡贤参事会、乡贤矛盾化解工作室等，定期召开议事会激发乡贤"反哺"作用。另一方面，乡贤群体是民间资本和乡村产业进一步融合的润滑剂。在更进一步的共同富裕建设过程中，可以通过搭建乡贤信息交流平台，打通乡贤"人脉"资源来聚合乡村发展新态势。

（三）协同多元主体，迸发活力值

随着基层管理体制的持续改革、发展，基层治理逐渐由传统的镇街统"管"向村社自"治"转变。治理方式的转变势必引发居民的多元化需求。这样一来，充分激发社会各方力量的活力、发展其能力就愈发显得重要。绍兴现有的治理方式主要围绕政府、村社这两大治理主体展开，采用的是政府指导、帮扶，基层执行、贯彻的治理模式。产生的结果是，基层"等靠要"思想的滋生蔓延。一旦政府放手不管，发展过后的基层极大可能会被打回"原形"。因而，面对社会高质量发展、实现共同富裕的新要求，绍兴社会的发展必须克服这类传统治理模式的消极影响，做好对基层一线多元治理主体的角色定位。那么，面对政府、群社、社会组织和人民群众等多元主体，如何才能找到它们之间的平衡点，使其在良性循环中发挥合力呢？

1.政府要灵活做"加减"

作为"看得见的手"，政府在社会治理当中是毋庸置疑、不可或缺的示范主体。作为示范主体，如何张弛有度地实施工作，这就需要政府灵活做"加减"。一方面，要在职能权力转变上善于做"减法"。既要敢于放手发动群众积极参与社会治理，不断创新治理方式，又能善于在广泛的治理实践中发掘典型、推广典型。另一方面，要在责任机制运行中敢于做"加法"，即通过不断强化的制度、法律建设，来扎紧制度的笼子。

2.企业要积极做创新

绍兴身处改革开放前沿阵地的长三角地区，这里民营经济发达，同时也意味着市场活力的涌流。这些企业、商户、个体户也势不可挡地成为绍兴社会治理的重要主体之一。实现绍兴社会高质量发展，既离不开政府对企业的积极引介，在发展过程中企业也要灵活求变。譬如，原来的企业村社结对多以"帮扶"这种单方面输出的形式"输血"，而在今后的发展中应该转向"共建"这种双向互补"造血"方式。做到既能引入企业发展理念之"智"，又能盘活基层村社的物质资源之"质"，从而推进共同富裕高质量建设之"治"。

3.群众要主动做"主人"

不论基层群众自治，还是网络领域的舆情监督，抑或是志愿者活动的组织实行，人民群众在社会主义建设过程中始终是强大的中坚力量。如何让百姓乐于参与、善于参与、有序参与,离不开党和政府搭建制度、落实机制。此外,人民群众在社会参与中既是表达群体,又是理解群体,解决好这对关系势必可以促进社会认同;而在理解认同后产生的集体行动,又能推进群众之间的有机团结,提高社会凝聚力。这也是打造高质量发展社会助推共同富裕在绍兴的应有之义。

4.各类组织要踊跃做贡献

社会组织是盘活基层治理资源、推动治理主体多元的重要的一元。绍兴地区在改革开放四十余年的发展中培育形成了优质的市场环境、活跃的市场经济,与之对应的是社会协同治理方面明显滞后于其高速的经济发展。这一方面需要不断发展完善社会组织的配套机制体制。譬如,"宽进、严控"的社会组织登记制度、引育社会组织孵化项目、政府购买社会公共服务的相关章程规范,以及对已有的社会组织进行绩效评估的相关管理措施等等。另一方面,有必要将社会组织内的,尤其是原有的行业协会商会与行政机关的机构、职能、人员以及资产等方面进行分离脱钩。推进部分与社会发展不适应的行业协会注销工作有序开展,让这些曾经一度作为政府职能延伸的协会组织回归其作为社会组织应有的职能。

(四)补足文化短板,提振自信心

"物质贫乏不是社会主义,精神空虚也不是社会主义"[1],我们要实现的高质量发展,是物质与精神相统一的"好社会"。2020 年,我国实现全面建成小康社会。在这个物质基础上,解决精神贫困问题,实现精神富裕是这个时期绍兴社会高质量发展必须解决的问题。正如习近平同志所指出的:"没有高度的文化自信,没有文化的繁荣兴盛,就没有中华民族伟大复兴。"[2]作为历史文化名城的绍兴,具有得天独厚的历史资源、文化资源,从区域发展上看优势明显。但从城乡发展来看,绍兴农村在文化发展方面滞后于城区。主要表现为农村地区的公共文化事业发展落后、文化产品供给相对匮乏;农民总体文化水平不高,缺乏对其文化权益应有的机制保障。

因而,绍兴的共同富裕建设尤其要注意补足乡村这块文化短板:

一是推动重要机制优化升级。尤其要统筹好绍兴城乡发展的布局、结构,持续推动绍兴文化资源分配机制的优化升级。二是完善基层设施配比配套。通过加大乡村公共文化建设的经费投入,建设好绍兴的乡镇、村级文化礼堂、家宴中心、老年活动中心等文化活动场所建设。三是夯实文化资源传承守护。要深入挖掘绍兴当地的传统历史文化资源,把文化根脉传承发扬下去。譬如,当地特色小吃、民俗故事、山歌方言、老台门、老物件等等,都是保持绍兴文化多元性、推动文化繁荣的重要载体,背后都有其值得推敲的历史发展轨迹。而这种农村特有传统文化资源往往会随着代际更迭而逐渐被"削薄",甚至"消亡"。如何把口耳相传的历史文化资源记录传承,如何在不断推动城市化、城镇化的过程中把遗留在小乡村、小城镇的文化传统资源保护好,不仅需要硬件设施的配套,更需要思想文化的启蒙。也只有根植文化基因的"精神脱贫",才能深入陶冶绍兴农民的文化情操,实现精神"脱贫"。

---

① 江泽民:《江泽民文选(第 1 卷)》,人民出版社 2006 年版,第 621 页。
② 习近平:《决胜全面建成小康社会 夺取新时代中国特色社会主义伟大胜利——在中国共产党第十九次全国代表大会上的报告》,人民出版社 2017 年版,第 41 页。

　　总之,建设共同富裕示范区不仅是对浙江省域、国家治理的新要求,更是一场以缩小地区、城乡、收入差距为目标的社会变革。绍兴作为浙江建设共同富裕示范区的一个单元,拥有城乡发展均衡、群众生活富裕、市场经济活跃、社会秩序井然等先天优势。通过对绍兴社会的高质量发展研究,助推共同富裕示范建设,稳中求进地把可复制、可推广的有效经验做法推广到全国,是展示"浙江经验"和"重要窗口"的一项新任务。绍兴前期的社会质量发展基础已经具有明显的示范意义,但影响后期持续发展的不利因素依然存在。绍兴在优化支撑共同富裕建设的经济结构,推进城乡融合、区域协调的体制机制,实现高质量发展的有效路径等方面仍有较大的探索空间。

参考文献:

[1] 崔岩,黄永亮.中国社会质量研究:不同阶层社会质量评价分析[J].浙江大学学报(人文社会科学版),2019(2): 44-57.

[2] 范逢春.县级政府社会治理质量价值取向及其测评指标构建:基于社会质量理论的视角[J].云南财经大学学报,2014(3):109-119.

[3] 韩文龙,祝顺莲.新时代共同富裕的理论发展与实现路径[J].马克思主义与现实,2018(5):31-37.

[4] 韩莹莹.社会质量与居民幸福感:以广东四县(区)为考察对象[J].中国行政管理,2016(8):109-114.

[5] 霍海燕,魏婷婷.社会质量视域下"老漂族"生活现状探究:基于郑州市金水区H社区的实证分析[J].学习论坛,2016(10):71-75.

[6] 林卡,吕浩然.社会质量与幸福感:基于中国三个城市调查数据的比较研究[J].湖南师范大学社会科学学报,2016(1):69-78.

[7] 沈斐."美好生活"与"共同富裕"的新时代内涵:基于西方民主社会主义经验教训的分析[J].毛泽东邓小平理论研究,2018(1):28-35.

[8] 王沪宁.中国社会质量与新政治秩序[J].社会科学,1989(6):20-25.

[9] 王晓楠.社会质量理论视角下中国社会风险治理[J].吉首大学学报(社会科学版),2016(2):87-94.

[10] 吴忠民.论社会质量[J].社会学研究,1990(4):12-21.

[11] 徐琴,黄永亮.基本公共服务供给水平感知度与社会质量评价[J].江海学刊,2020(5):115-121.

[12] 徐延辉,陈磊.中国特色的社会质量指标体系研究[J].社会主义研究,2014(2):78-87.

[13] 詹国辉,张国磊.政府质量走向社会质量:社会治理的转型逻辑[J].哈尔滨工业大学学报(社会科学版),2019(5):53-62.

[14] 章程.社会质量视角下我国残疾人社会保障困境研究[D].长春:吉林大学,2015.

[15] 周小毛,何绍辉,杨畅.中国特色社会质量理论与评价指标体系初探[J].湖南师范大学社会科学学报,2011(6):83-87.

共同富裕视域中新型农村集体经济发展路径研究

——基于浙江省 P 市的调研分析

曾现锋

（中共浙江省平湖市委党校）

摘　要:发展新型农村集体经济已被中央提上重要工作日程,成为"十四五"时期扎实推进农民农村共同富裕的一个重要抓手。在界定新型农村集体经济概念及新在何处基础上,从发挥集体制度优势、缩小城乡收入差距、维护农民财产权益三方面分析其对促进农民农村共同富裕的时代价值。结合 P 市实践,从共同富裕视角将新型农村集体经济发展路径概括提炼为"飞地"抱团联富型、资产盘活带富型、乡村经营创富型、改革赋能促富型和服务输出奔富型五种类型,分析新型农村集体经济发展路径在党建引领、资源盘活、主体参与、收益分配四方面具有的共性特征。立足地方实践探索和实现共同富裕的目标任务,分析新型农村集体经济在集体经济可持续增收、经营风险有效防控,村民增收致富和低收入群体增收能力提升等方面存在的问题,并提出对策建议。

关键词:共同富裕　集体经济　市场逻辑　股份合作　收益分配

一、引言

党的十九大以来,《中共中央　国务院关于实施乡村振兴战略的意见》《乡村振兴战略规划(2018—2022 年)》《中共中央关于制定国民经济和社会发展第十四个五年规划和二〇三五年远景目标的建议》以及 2021 年、2022 年"中央一号文件"等中央政策文件反复强调发展新型农村集体经济,探索新型农村集体经济发展路径。习近平总书记多次围绕新型集体经济发展作出重要论述。2018 年 9 月 21 日,习近平总书记在主持中共中央政治局第八次集体学习时指出,"要把好乡村振兴战略的政治方向,坚持农村土地集体所有制性质,发展新型集体经济,走共同富裕道路"[1]。2019年,习近平总书记在参加十三届全国人大二次会议河南省代表团审议时强调道:"实施乡村振兴战略,必须用好深化改革这个法宝,通过完善农村集体产权权能,发展壮大新型集体经济,赋予双层经营体制新的内涵。"[2]中央政策文件和习近平总书记的重要论述表明,发展新型农村集体经济已被提上重要工作日程,成为"十四五"时期扎实推进农民农村共同富裕的一个重要抓手。

梳理文献发现,学术界关于新型农村集体经济的研究已形成一批高质量的成果,为本文的研究奠定良好基础。从特定案例和实践经验的研究看,主要侧重于乡村振兴、党建引领视角,作为最新时代课题的共同富裕视角的研究有所涉及,但成果不多,并且以工作总结、宣传性报道为主,整体质量有待提高。基于此,笔者借 2020 年 6 月至 2021 年 12 月被抽调至 P 市乡村振兴办工作的有利条件，通过访谈、座谈等方式深入农村调研，获取掌握大量一手资料，并从共同富裕的视角进行概括提炼、理论提升，力求能丰富和深化新型农村集体经济的研究。

二、共同富裕视域中新型农村集体经济的内涵及时代价值

在我国，农村集体经济产生于 20 世纪 50 年代初的农业合作化时期，此后，相继实行了互助合作、初级合作社、高级合作社、人民公社和以家庭承包经营为基础、统分结合的双层经营体制。当前，随着家庭经营局限性的呈现和市场经济的发展，以股份合作社为代表的新型农村集体经济涌现出来，顺应了农业农村现代化的发展趋势。所谓新型农村集体经济，是指在坚持家庭联产承包责任制的基础上，"按照归属清晰、权责明确、保护严格、流转顺畅的现代产权制度要求，以成员自愿合作与联合为原则，通过劳动者的劳动或资本联合实现共同发展的一种组织经济形态"[3]。它与传统农村集体经济相比，主要具有以下三个特征：一是资产投入实现"三清"，即集体资产清，人员资格清，产权关系清。二是运行机制实现"三新"，即股份合作经营方式新，现代企业管理制度新，按股分红利益联结机制新。三是经营效果实现"三个起来"，即农民被组织起来，资源被整合起来，产业被发展起来。新型农村集体经济把人民公社化的"统"和家庭联产承包责任制的"分"有机结合起来，实现了"合"，它既发挥集体制度优越性，又调动农户经营积极性，有效破解农村经营体系中"统""分"困局，对于推进农民农村共同富裕具有重要的时代价值。

（一）是发挥集体制度优势、促进农村共同富裕的有效路径

农村集体经济是社会主义公有制经济的重要组成部分，它对于防止贫富两极分化，实现共同富裕，具有显著优势。财富创造方面，新型农村集体经济以农民土地、资金等资源要素入股集体项目的方式成立合作社或股份有限公司，进行适度规模经营，发展现代产业，整合闲置低效资源，聚集要素，克服家庭承包经营导致土地资源碎片化、"抛荒"等现象，促进村集体资产激活增值，巩固和发展农村公有制经济；同时，改变过去一家一户单打独斗现象，分散的农民被组织起来，激发参与积极性，增强集体意识，克服农田灌溉等农民自身无法应对或解决的问题，将集体所有制经济的制度优势转化为促进农村共同富裕的强大动力。财富分配方面，新型村级集体经济，坚持社会主义属性，收益成果兼顾各方利益，采取保底收益方式，帮助农民降低经营风险，促进收入增加。实施低收入群体入股集体项目，共享股息红利，实现脱贫致富。新型村级集体经济避免集体项目被少数人控制，收益被少数人占有的局面，彰显了社会主义制度优势，有助于实现农村共同富裕。

（二）是缩小城乡收入差距、促进城乡共同富裕的重要内容

习近平总书记指出："实现城乡区域协调发展，不仅是国土空间均衡分布发展的需要，而且是走共同富裕道路的要求。"[4]从城乡关系层面看，城乡发展不平衡是最大的不平衡，农村发展不充分是最大的不充分，农村问题成为推进共同富裕的最大短板和解决的重点难点。经济基础决定上层建筑，农村问题集中表现为"穷、弱、散、乱"，即村集体经济薄弱、村党组织涣散、群众农业收入不高、集体意识淡化等，归结起来是村集体经济薄弱。村集体经济薄弱，村党组织无法提供公共服务，难以树立威信、动员群众，群众只能单打独斗，难以应对市场风险和自然灾害，农业增收不高，产生"搭便车"、占公家便宜等

自私自利思想,公共意识淡薄,村级治理滞后,循环往复,农村发展缓慢,城乡差距越来越大。新型农村集体经济以党建引领为前提,通过构建利益联结机制,不断提升自我发展能力,充分发挥经营体制中"统"的优势,推动村级集体经济不断发展壮大,逐步缩小城乡收入差距,走向共同富裕。

(三)是维护农民财产权益、促进农民共同富裕的关键环节

习近平总书记在《摆脱贫困》一书中指出:"集体经济是农民共同致富的根基,是农民走共同富裕道路的物质保障。"[5]农村集体资产,涉及农民的切身利益,是农民作为集体经济组织成员的主要财产。新型农村集体经济注重维护农民土地承包经营权、宅基地使用权,集体收益分配权等财产权,将集体资产更多权能赋予农民,并以集体经营性资产量化到组织成员,集体成员按股分红的方式,增加农民财产性收入。此外,新型农村集体经济的发展壮大,能够增强农村基础设施、公共服务配套建设、提供各种社会服务等硬件或物质层面的投入能力,为农民创造舒适优美的生活环境和创业的必要条件;还有助于发展科教文卫事业,开展各种文娱活动,活跃农村文化生活,为满足农民日益增长的精神文化需求,实现农民富裕富足提供物质基础。

三、共同富裕视域中新型农村集体经济发展路径的实践探索

(一)案例选取

浙北 P 市,属浙江省县级市,位于东海之滨,区位优势明显。境内地势平坦、河网密布,四季分明、气候宜人,是江南著名的鱼米之乡。但 21 世纪初,浙北 P 市三分之二以上的村集体经常性收入不足 15 万元,甚至存在集体经济"空壳村",村级组织日常运转难以保障,"无钱办事"现象普遍存在,迫切需要扶持发展村级集体经济。近年,浙北 P 市大力发展农村集体经济,积极探索集体经济有效实现形式,村级集体经济获得迅猛发展,乡村振兴建设走在浙江省乃至全国前列。据调研,2020 年,P 市率先在全市实现 100% 的村集体经济年经常性、经营性收入 150 万元、80 万元以上目标。2021 年,P 市村集体经济总收入 5.37 亿元,经营性收入 2.25 亿元,农村居民人均可支配收入43914 元,城乡居民收入比 1.64:1,低于浙江省的 1.94:1。① 由此可见,浙北 P 市已成为农村集体经济发展的一个缩影,既呈现出产权改革赋能、联合发展聚力、收益共享聚心的时代特征,又凸显了持续增收、经营风险防控、村民富裕等现实问题。选取 P 市作为研究对象,具有鲜明的典型性和重要的示范价值。

(二)发展路径

新型农村集体经济的发展路径,学界和地方政府已进行诸多概括提炼。如浙江省财政厅总结试点经验,梳理出十大模式:资源开发型、物业经营型、资产盘活型、资本运营型、基金运作型、村庄经营型、产业发展型、生产服务型、村落建设型和土地股份合作型。[6]南京市农村集体经济发展调研组将南京农村集体经济总结提炼为八大模式:资产租赁型、资源发包型、产业带动型、服务输出型、

---

① 数据为笔者根据调研整理所得。

扶贫开发型、公司发展型、抱团发展型、混改发展型。[7]上述概括虽然准确地把握了新型农村集体经济特色亮点，为本文撰写思路提供启发借鉴，但从性质上看，它是对集体经济发展的一般性概括，没有揭示集体经济与共同富裕的内在联系。本文结合浙北 P 市实践，基于共同富裕视角将新型农村集体经济发展路径，概括为以下五类（见表 1）。

1."飞地"抱团联富型

针对一些资源匮乏、发展空间有限的村，村集体在市（县）或镇（街道）的统筹下，以薄弱村组团或以强带弱的方式，将财政扶持基金、村自筹发展基金、存量建设用地等资源集中配置到园区等条件相对优越的区域，跨村、跨乡（镇）、跨县甚至跨省联合建设标准厂房、物业用房或投资购买门面、优质办公房等集体项目，实行资源互补、优势互补、多方共赢的集体经济抱团致富。该模式为 P 市首创，2018 年写入浙江省委、省政府出台的《关于推进村级集体经济"飞地"抱团发展的实施意见》，并在全省推广。自 2013 年第一个"飞地"抱团物业项目建成以来，P 市已建"飞地"抱团项目 6 个，正建项目 11 个。其中，已建项目行政村参与率 100%，村集体投资 48458 万元，参建村增收 4845.83 万元/年。正建项目总投资 6.5 亿元，建成后预期集体可增收 4300 多万元/年。①

2.资产盘活带富型

村集体对闲置的码头、厂房、农房和废弃学校等资产，通过公开招拍、承包经营、股份合作、租赁等方式进行盘活，带动村民获取资产增值收入。典型代表是堆场码头众筹项目和"新乡邻"公寓项目。堆场码头众筹项目采用"集体＋农户"模式，投资金额 641.8 万元，参与持股农户 574 户，采取"保底 10%分红＋二次分红"收益模式，村集体经营性收入可增加 240 万元，农户每年收益率达 20%，年均增收 2200 元以上。同时，发动经济条件相对优越的股东户自愿垫付低收入农户入股资金，33 户股东为全村 58 户低收入农户垫付 205 股，共计 41 万元，低收入家庭户均增收 620 元以上，实现资源共享，利益共赢。"新乡邻"公寓项目采用"集体＋农户"模式，村集体通过与农户签订出租合同，将闲置农房委托给村集体，统一改造提升后租赁给企业。这既有效盘活了闲置农房，又解决了企业人才公寓短缺问题，实现"工农互促，共帮共富"。房屋装修改造后，每年企业租金达到 4.5 万至 5 万元，农户租金收益达 2 万元以上。

3.乡村经营创富型

村集体依托特色旅游资源和良好生态环境，利用山林、果园、旧厂房、仓库等闲置资产，引进一批乡村旅游、文化产业及配套服务业项目，以市场化运作打造村域景区，发展农家乐、民宿经济等，实现村集体存量资产合理流动和优化组合。典型做法是莓莓甜园和"八大碗"项目。莓莓甜园项目依托本村草莓特色产业，通过"集体＋农户＋社会资本"模式，打造集观光、研学、餐饮、住宿、采摘、娱乐于一体的田园综合体。总投资 300 万元，其中新注册成立的 P 市三欣农业科技有限公司持股比重 40%，镇供销社 16%，8 个村股份经济合作社 44%（含 4%的低收入家庭股份）。收益由 P 市三欣农业科技有限公司每年以"保底收益 10%＋实际收益分红"相结合的分配模式向股东进行分配。每年低收入家庭可增收 20 万元以上，户均增收 800 多元。项目优先吸纳周边有劳动能力的低收入农民就业，预计每年提供 50 余个就业岗位。"八大碗"项目总投资 300 万元，采用"集体＋社会资本

---

① 本部分案例材料均为笔者实地调研整理所得。

＋农户"模式,其中,社会资本现金出资 240 万元,占股 80%,村集体资源入股,占股 10%,村低收入家庭 33 户投资 28.5 万元,占股近 10%。项目建设投入使用后,每年为村综合增收 30 万元以上,低收入家庭出资人托底每年可获出资金额 20% 的年收益,投资期限为 5 年,户均年增收 1800 元。

4.改革赋能促富型

村集体通过深化农村产权制度改革,增强集体资源转化为资本的途径和能力,积极探索形成股权流转、抵押和跨社参股等股份权能实现新形式。典型代表是"股权分红＋善治积分"收益分配模式。该模式由 2018 年在 P 市 X 村试点,后在全市推广,2020 年入选全国乡村治理积分制八个典型案例之一。具体指村集体通过深化农村集体资产收益制度改革,依法依规修订村经济股份合作社章程,明确在传统按股金分红基础上,结合村集体经济股东户每年度参与文明创建、垃圾分类等村中心工作表现情况,对其进行按积分分红。"股权分红＋善治积分"收益分配模式将集体分红与善治积分挂钩,既让农村集体组织成员获得股份收益分红和善治积分奖励,增加农民收入,又能调动村民参与积极性,更好地发展壮大村级集体经济。2021 年,P 市共发放股份分红 2664 万元、积分分红 594 万元。其中,X 村集体分红 57.26 万,按股份分红 46.8 万元,按积分分红 9.29 万元,较 2018 年首轮积分分红增长 47.46%。

5.服务创收奔富型

村集体组建强村公司或合作社,重点围绕农村环境长效管护和粮食规模化生产等开展社会化服务,具体承接农村道路养护、绿化保洁、物业保安、粮食烘干仓储等经营业务,实现集体节支增效,拓宽农民增收渠道。主要代表是新美劳务有限公司。新美劳务有限公司由 X 街道 10 个村经济合作社采用"集体＋集体＋农户"模式抱团成立村级劳务公司,以市场化运作模式,承接街道辖区内河道保洁、绿化养护、物业管理等社会化服务,吸纳区域内年龄较大、文化水平较低、就业不稳定和无法外出务工人员,重点吸纳低收入村民,帮助农村剩余劳动力就近就业、稳定就业、灵活就业。2021 年底公司共有员工 84 人,平均年龄 65 岁左右,月(工作 26 天)增收约 2500 元。

表 1　浙北 P 市新型农村集体经济发展类型

类型	典型代表	入股要素	合作形式	分配方案
"飞地"抱团联富型	"飞地"抱团项目	集体土地、集体资金、政府资金、低收入农户资金	"集体＋集体＋政府"或"集体＋集体＋政府＋低收入农户"	前 5 年,参股村每年获取投资额 10% 的固定收益,后 5 年获取厂房实际租金加园区企业税收所得部分 50% 的收益;入股低收入农户每年获取 10% 的固定收益
资产盘活带富型	码头众筹项目	集体码头、集体资金、村民资金、低收入农户资金	"集体＋农户(含低收入农户)"	保底 10% 分红＋二次分红
	"新乡邻"公寓项目	集体资金、农户闲置民房	"集体＋农户"	集体、农户共享房屋租金收益

续　表

类型	典型代表	入股要素	合作形式	分配方案
乡村经营创富型	莓莓甜园项目	集体资金、社会资金、低收入农户资金	"集体＋集体＋社会""资本＋低收入农户"	保底收益10%＋实际收益分红
	"八大碗"项目	集体资金、社会资金、低收入农户资金	"集体＋社会资本＋低收入农户"	由村集体收益托底农户盈亏，其中，低收入农户20%保底收益
改革赋能促富型	股权分红＋善治积分	集体土地、集体资金	"集体＋集体"	股权分红＋积分分红
服务输出奔富型	新美劳务有限公司	集体资金，村闲置劳动力	"集体＋集体＋农户"	村集体获取股金分红，农户获取劳务收入

四、共同富裕视域中新型农村集体经济发展路径的共性特征

新型农村集体经济，尽管发展路径各有不同，呈现多样化形式，但在动力机制、运行机制、经营机制和分配机制等方面具有显著的共性特征，彰显共同富裕目标下农村集体经济的时代内涵和发展特色。

（一）动力机制：坚持党建引领，注重头雁干事从"常规"走向"创新"

发展新型村级集体经济，离不开基层党组织的强力保障，离不开村"两委"班子的带领。习近平总书记指出："提衣提领子、牵牛牵鼻子。办好农村的事，要靠好的带头人，靠一个好的基层党组织。"[8]P市能够形成"飞地抱团""码头众筹"、"股权分红＋善治积分"等一批在浙江乃至全国有一定影响力的新型集体经济有效实现形式，在于P市通过深化村社干部立规创优行动，优化村党组织书记"领雁学堂"，全面推进村党组织书记"一肩挑"，培养了一批政治强、懂经营、善带富的农村基层组织带头人。头雁发展村级集体经济，不再按部就班、因循守旧，而是转变理念，大胆创新，敢于破难，积极注册成立合作社或股份有限公司，变村庄管理为村庄经营，自觉主动挖掘开发集体新项目。以大齐塘村码头众筹项目为例（该项目的立项是在深入调查，多方讨论，多种因素综合考虑基础上的主动选择），推进过程中，村委班子尤其是村党支部书记面临着诸多困难和挑战：为完成码头改造提升，需做到按时按规完成将施工范围内集体用房清租的任务；三天众筹期限内，调动村民参与完成预定众筹目标；实现每年10%保底收益的承诺等等。P市的实践表明，发挥基层党组织引领作用，建成强有力的村领导班子，激发领头雁的干事动力，是发展新型农村集体经济，实现共同富裕的根本保障。

（二）运行机制：坚持市场导向，注重资源利用从"低效"走向"高效"

市场机制是资源配置最有效的路径。秘鲁经济学家赫尔南多·德·索托在《资本的秘密》一书中指出，许多发展中国家长期陷于贫穷，没有获得繁荣发展，在于产权缺失，土地、房屋等大量资产被闲置，难以激活，成为"僵化"资本。[9]界定明晰产权，实现资源要素有序流动，是遵循市场逻辑外

在表现。P市新型农村集体经济的有效探索,坚持产权界定、股权量化、要素流通的市场导向,组织村集体和村民以资金、土地、劳动力等形式入股,把分散的资源集中起来,发展适度规模经营,实现了村庄环境、土地等资源的高效利用,优化配置:"飞地抱团"模式将偏僻村落多余的建设用地指标"飞"到用地紧缺的经济技术开发区、工业园区等发展潜力大、投资收益好的区域建设联建项目,土地资源获得优化利用升值。资产盘活、村庄经营等模式在统筹盘活村内现有存量建设用地基础上,依托村里区位优势、优美环境、优质产业、成熟物业等资源,通过建立集体项目,鼓励村民参与投资,或吸引社会资本进入,依靠政策建物业,盘活码头,组建服务公司等,资源得到整合利用。整个过程中,村级集体经济遵循的是市场逻辑,"抱团"或整合的是闲置或零碎的资金、土地等资源,建设的是高标准农业设施、粮食配套农机服务中心、冷藏中心、三产融合型物业、专业市场等项目,得到的是产业集聚发展,集体增收渠道拓展,村民幸福感增强。P市的实践表明,以市场为导向,盘活土地、房屋等闲置或低效资源,是发展新型农村集体经济、实现共同富裕的根本着力点。

(三)经营机制:坚持合作原则,注重群众参与从"少数"走向"多数"

村集体是村民的集体,探索新型村级集体经济,要尊重村民意愿,发挥村民主体地位,最大限度地把村民的积极性、能动性调动起来。实现上述目标,需要构建村民与集体相关联的利益合作机制,将涣散的村民组织起来。P市采取村民以土地、资金等资源入股村集体经济项目的形式,将村民变股民,并通过建立完善"共同经营、收益分红"机制,缔结利益联结机制,将村民利益与集资建设项目收益紧密捆绑,使村民成为"利益相关者",从而主动配合、参与集体项目建设经营,极大地减少征地、拆迁、筹资等项目推进中的阻力和困难。如码头众筹项目,没有选择向银行贷款或老板筹集资金,而是在村民身上做文章,向全体村民股东户开放认筹,依靠村民解决资金筹集之路,坚持的是村集体经济发展依靠村民的思想。"股权分红＋善治积分"收益分配模式,既对全体股东实行按股份分红,让全体股东共享集体发展成果,又根据本村股东参与社会治理的贡献度,实施积分激励,调动村民参与积极性,有效解决集体经济发展过程中主体缺位的问题,克服了"干部干、群众看""靠着墙根晒太阳,等着别人送小康"等消极现象。P市的实践表明,构建集体和村民利益合作机制,发挥村民主体地位,是发展新型农村集体经济,实现共同富裕的根本依靠力量。

(四)分配机制:坚持集体共享,注重受益群体从"部分"走向"整体"

发展成果集体共享。习近平总书记指出:"坚持共享发展,就是要坚持发展为了人民、发展依靠人民、发展成果由人民共享,使全体人民在共建共享发展中有更多获得感,朝着共同富裕方向稳步前进。"[10]P市从实现共同富裕出发,多渠道探索新型村级集体经济有效实现形式,推动资源变资产、资金变股金、农民变股东,正确处理村集体与村民之间的关系,实现以村集体经济发展壮大促进村民收入增加,以村民参与积极性调动促进村集体经济持续稳定增长。宏观项目统筹上,通过"飞地抱团"、资产盘活、乡村经营等形式,鼓励或扩大村民参与做大村级集体经济的"蛋糕",同时,创新"股权分红＋善治积分"收益分配模式,让村民分享"蛋糕"得实惠。微观项目收益分配上,兼顾各方利益。村集体提取纯收益的10％—20％作为发展基金(公积金)、风险防控资金,用于扩大生产经营或弥补亏损,剩余部分由集体股、个人股等占股比例进行分配,低收入家庭采取持股增收计划,多渠道筹集帮扶资金入股集体项目,享受股息红利。此外,村民还通过土地流转、集体项目就业的形式获取土地流转资金、农业产业工人薪金，形成"薪金＋租金＋股金"多渠道增收路径。P市的实践表明，坚持集体共享、扩大受益群体，是发展新型农村集体经济，实现共同富裕的根本出发点和落脚点。

五、共同富裕视域中新型农村集体经济发展的进一步思考

新型村级集体经济的有效探索，在实现村集体增收，增强村民获得感、幸福感，缩小地区、城乡和收入差距等方面成效显著，但结合P市的实践探索和实现共同富裕的目标任务看，仍存在有待进一步思考和解决的问题。

（一）村级集体经济可持续增收问题

纵观新型集体经济发展路径，主要是单个行政村通过集体项目的形式对本村优势资源或闲置资产进行盘活开发。实践证明，实施初期，集体经济增收成效明显，但若进一步扩大则将遇到项目收益瓶颈如何突破的难题。究其原因，其一，出于沿海地区二、三产业发达和规避风险的考虑，以农房、厂房、码头出租为主要内容的租赁经济成为新型农村集体经济重要路径选择和村级集体经济的主要收入来源。但近几年，随着国际贸易保护主义势力的抬头和国内产业转型升级的推进，特别是受新冠肺炎疫情的冲击，企业生产成本普遍上涨、出口受阻、利润下降，它必将对发展租赁经济产生重要影响。其二，在单个集体经济项目收益难以大幅提升的制约下，村级集体经济收入或者停留在原有水平，或者开发、盘活新的资源，扩大、增加新的集体项目，但对于一个行政村来说，空间的有限必然会制约资源要素；同时，新型农村集体经济主要立足本村区划范围内进行布局，视域的局限带来的是资源要素零星开发，难以实现更大范围的统筹和规划，无法最大限度发挥资源要素的效益。对此，笔者认为，片区组团式发展，即推行村庄经营从单个行政村到多个行政村联合经营的实践，将成为新型村级集体经济发展的新趋势。虽然目前它还处于摸索阶段，但优势非常明显：一方面能够强化已有村集体资源盘活和开发的优势，实现村集体经济持续发展；另一方面，通过产业集聚、资源共享、补链配套，能够推动片区各村优势互补、合作共赢，达到"1＋1＞2"的效果。此外，还可以通过招引合作企业或寻求合作支持单位，借助片区发展或引进合作企业，带动集体经济薄弱村发展，实现强村富民目标。

（二）经营风险有效防控问题

新型村级集体经济的显著特征是市场化经营，与传统集体经济相比，它能否实现投资收益回报，不是取决于村集体和政府的计划指令，而是取决于集体项目的成功运营，现实中将面临较大的市场风险。具体说，除租赁经济外，以休闲农业和乡村旅游为表现形式的新业态项目和产业发展项目是新型村级集体经济另外两种主要实现形式，它们都涉及产品的市场销售问题，用马克思的话说，面临着从产品到货币惊险一跃的问题。实践证明，多数集体项目难以跨越。特别是各地都在推动的休闲农业和乡村旅游，其中的亲子游、观光采摘、餐饮、民宿等项目都涉及如何有效吸引游客的问题。事实上，休闲农业和乡村旅游对区位条件和旅游资源有着苛刻的要求，只有极少数的乡村适合发展。若不考虑本地实际，过多地发展休闲农业和乡村旅游项目，必定会造成同质竞争，导致市

场分散,经营亏损。同时,项目发展前景预期的有效评估,项目资金的合理使用,后期运营的规范管理等等,也考验着集体经济组织的经营能力和管理水平。对此,笔者建议,首先要结合乡村实际、产业特点、区域特征、地理位置等因素,因地制宜地发展新型村级集体经济,切忌千篇一律、盲目照搬。如农业资源丰富的村庄,可以实施规模化经营,发展特色农业;旅游资源丰富的村庄,可以借助农业产业化相关政策,发展乡村旅游业;地理位置优越的村庄,可以通过招商形式,兴办中小型工业企业。其次,提升项目的管理水平和经营能力。项目立项阶段,集体经济组织要通过召开组员代表大会反复讨论,邀请专业机构评估收益,科学评估项目实施的可行性;项目运营阶段,应交由第三方管理服务,让专业的人做专业的事;建立完善监督机制,将业务事项纳入董事长任期和离任审计,防止侵占、挪用、截留集体资源资产等违纪违法行为。

(三)村民增收致富问题

让村民分享集体项目增值收益,实现收入增加,是新型村级集体经济的内在要求,也是实现共同富裕的重要内容。从村民股息收入占比看,新型村级集体经济项目中,村民股份占比较小,每个家庭的股息收入多者千元,少者百元甚至几十元,股份分红难以对居民收入和生活带来实质改善。此外,部分集体项目通过雇佣村民从事农业种植、环卫、绿化等工作,让村民获取一定的劳动收入。此渠道虽然能够解决部分中老年的就业问题,但整体上劳动报酬较低[1],并且工作缺乏稳定性,吸纳就业容量有限。村民收入依然主要依靠工资性收入,经营性收入、财产性收入以及转移性收入占比较少,一旦工资性收入增长乏力,将对村民可支配收入增长产生较大影响。从村集体收益支出方向看,受村集体经济可持续增收瓶颈的制约,再加上人居环境改善、美丽乡村建设日常维护、先锋站等阵地建设投入导致支出刚性增长,让多数村集体只能维持本村基本运转管理所需,没有能力反哺村民,如给村民缴纳社保、医保费用等方面的补助。对此,笔者认为,一方面在继续发展壮大新型集体经济的同时,大力推进城镇化建设。城镇化对发展新型村级集体经济具有重要意义,让更多农民进城,在城市落户安居,腾出更多土地资源进行大规模流转配置,新型村级集体经济才能发展壮大,给村民带来较大份额的收益。另一方面做好集体经济支出减法。对于村级基层组织创建类政策,加大整合涉农支农财政资金,统筹建设各类公共服务阵地建设,提高公共服务场所利用效率,减轻集体负担;对于农村道路管护、公共绿化养护、河道保洁等项目,加大财政转移力度,减轻集体压力;对于房前屋后环境整治、生活垃圾正确分类等事项,积极引导农户参与,转变集体包办思维。

(四)低收入群体增收能力提升问题

推动低收入群体持续较快增收,全面提升低收入群体增收能力、生活品质和社会福利水平是加快缩小居民收入差距的重要目标。在"十三五"期间的精准扶贫,打赢脱贫攻坚战和"十四五"期间扎实推进共同富裕的背景下,村集体经济组织促进低收入群体增收脱贫的意识显著增强,非常注重让低收入群体参与新型农村集体项目分享股份分红,将红利杠杆向低收入群体倾斜。但这个过程中,集体收益所需要的招商引资、经营管理等环节是由村集体经济组织操作,低收入群体凭股金分

---

① 据调研,P市的劳动务工报酬,前几年是6—8元/时,近两年,部分务工提高为10—12元/时。

享收益分红，并且采取保底方式，集体项目无论盈亏，低收入群体都可获取收入，它实质上是村集体组织以帮扶的形式替代低收入群体创造财富。这种帮扶模式，体现了社会主义制度的优越性，但从低收入群体增收能力提升这个更高要求和更高标准看，低收入群体更多的是在村集体带动下的被动入股，自身脱贫的主动性调动有限，既难以实现"扶贫更要扶志扶智"和"共建共富"的目标，也可能产生低收入群体"等""靠""要"等新问题。对此，笔者认为，低收入群体要"区别对待"。对于低保户，即由于缺少劳动力或主要劳动力生病无法参加劳动导致的低收入群体，他们需要政府的托底保障，在发展新型集体经济中上述的做法是可取的，这可以保障低收入家庭收入达到当地最低生活保障水平，维持基本的家庭再生产。对于贫困户，即由于惰性或资金、技术等要素的匮乏，无法有效参与市场竞争而导致低收入的群体，政府重在帮扶，不是替代，即为低收入群体创造能够参与市场竞争的条件和环境，如技能培训、信贷优惠等，引导他们树立自立意识，依靠勤劳双手增收致富。由此，新型集体经济项目则需遵循利益共享、风险共担的原则，入股项目可采取"多掏多得"的形式，让低收入家庭收益与出资额挂钩。同时，建立动态调整机制，根据低收入群体的变化动态更新情况，及时调入或退出。

参考文献：

[1] 把乡村振兴战略作为新时代"三农"工作总抓手　促进农业全面升级农村全面进步农民全面发展[N]. 人民日报，2018-09-23.

[2] 习近平李克强王沪宁韩正分别参加全国人大会议一些代表团审议[N]. 人民日报，2019-03-09.

[3] 苑鹏，刘同山. 发展农村新型集体经济的路径和政策建议：基于我国部分村庄的调查[J]. 毛泽东邓小平理论研究，2016(10)：24.

[4] 中共中央党史和文献研究院. 习近平关于"三农"工作论述摘编[M]. 北京：中央文献出版社，2019：29.

[5] 习近平. 摆脱贫困[M]. 福州：福建人民出版社，2014：193.

[6] 浙江村级集体经济发展10种模式[J]. 农村财务会计，2020(9)：22-28.

[7] 南京市农村集体经济发展调研组. 增强集体经济活力　发展新型集体经济[J]. 江苏农村集体经济，2020(04)：19-20.

[8] 中共中央党史和文献研究院. 习近平关于"三农"工作论述摘编[M]. 北京：中央文献出版社，2019：189.

[9] 赫尔南多·德·索托. 资本的秘密[M]. 北京：华夏出版社，2017.

[10] 习近平. 深化合作伙伴关系　共建亚洲美好家园：在新加坡国立大学的演讲[EB/OL]. http://china.chinadaily.com.cn/2015-11/07/content_22397624.htm.

未来预期与农户宅基地退出行为研究

——基于退出意愿的中介效应和制度认知的调节效应的分析

李圆圆

（中共嘉善县委党校）

摘　要：宅基地退出的议题已经成为土地政策改革的热点之一，通过建立有调节的中介模型，分析农户未来预期对宅基地退出行为的影响机理，重点考察宅基地退出意愿的中介效应和制度认知的调节效应。研究发现，农户对未来乐观的预期正向影响宅基地退出行为，这种影响作用通过农户的退出意愿这一中介实现，相比于低制度认知水平的农户，拥有较高制度认知水平的农户未来预期对宅基地退出行为的正向影响作用增强。研究结果表明，对未来的预期是农户参与宅基地退出的主要因素，更高的退出意愿和高水平的制度认知能更大程度地促进农户参与宅基地退出。因此，在完善相关制度、稳定农户预期的同时，还应加强宣传，提高农户整体制度认知水平。

关键词：未来预期　宅基地退出　中介效应　调节效应

一、引言

从 20 世纪 60 年代末以来，中国的宅基地制度逐步确立了"集体所有、无偿获得、一户一宅、长期使用、禁止交易"的管理和使用制度，在一定时期农民向城市流动不能依法平等落地的制度安排下，从政治考量来看，牺牲宅基地的财产性、保证政治稳定和社会公平就是宅基地制度的优先选择（刘守英，2015）。[1]改革开放以后，城乡关系逐渐松动，农民开始大量进城务工并买房定居，农村"空心村"等建设用地废弃、空置与低效利用问题逐渐凸显。根据第三次全国国土调查数据显示，2019 年全国村庄用地面积 2193.56 万公顷，占全国建设用地总量的 62.13%，是城镇建设用地面积的 4.2 倍，而同期农村人口规模仅为全国人口规模的 39.40%。根据中国社会科学院发布的《中国农村经济形势分析与预测（2018—2019）》报告，2018 年，农村宅基地空置率为 10.7%，样本村庄宅基地空置率最高达到 71.5%。在快速的城镇化过程中，城镇人口的快速增长导致对建设用地面积的需求不断加大，城市发展面临土地资源的硬性约束。城市化进程的加快和农村"人走地留、人地分离"的状况引发了关于对农村宅基地问题的关注。

近年来，宅基地退出的议题已经逐渐成为土地政策改革的热点之一。如 2015 年 11 月，中共中央办公厅、国务院办公厅印发《深化农村改革综合性实施方案》，明确提出"改革完善农村宅基地制度，探索宅基地有偿使用制度和自愿有偿退出机制"。2016 年 2 月，国务院印发《关于深入推进新型城镇化建设的若干意见》中进一步明确要"探索农户对土地承包权、宅基地使用权、集体收益分配权的自愿有偿退出机制，支持引导其依法自愿有偿转让上述权益"。2018年，中共中央、国务院印发的《乡村振兴战略规划（2018—2022年）》把宅基地制度作为乡村振兴战略的重要制度支撑，提出"建立健全依法公平取得、节约集约使用、自愿有偿退出的宅基地管理制度"。2015年，全国人大常委会授权国务院在全国33个试点地区进行宅基地制度改革，同时规定宅基地退出必须建立在农户"自愿"的基础上。

引导农户自愿退出宅基地对于农村建设用地节约集约利用、推动农民市民化具有重要意义，但归根结底，宅基地退出政策能否顺利推进最终由农户的个体决策决定。从农户角度来看，宅基地退出对于农户来说是新的、尚不明确的，带来的潜在结果是无法预测且不可逆的，宅基地一旦退出后农户可能面临生活成本提高、失去稳定住所、无法获得社会保障、邻里关系疏远等一系列问题。尼曼和特维斯基等人指出，影响个体决策的是主观概率，或者说是个体对客观概率的认知（Kahneman，Tversky，1992）[2]，农户在不确定性情境下，会对宅基地退出后面临的损失、不利的后果、未来的转变等进行综合的评估和预测，形成对未来的预期。那么，农户对于未来的预期是否会对农户宅基地退出行为产生影响？其作用机理是怎样的？正是基于对以上问题的回应，本文通过对四川省和浙江省宅基地退出试点地区农户的微观调查，提出了一个有调节的中介模型，深入探讨不确定情境下农户未来预期对宅基地退出行为的影响及作用机理，以期厘清影响农户行为的内在原因，为相关政策的深入推进提供现实参考。

二、文献回顾与研究假说

（一）农户宅基地退出意愿与行为

农村宅基地自20世纪90年代就已经引起了学者和政府部门的关注，从目前的研究来看，学者们对于农户宅基地退出意愿与行为进行了大量研究，关注的影响因素主要集中于个体特征因素、家庭特征因素以及政策（制度）因素等3个方面（杨玉珍，2013、2014；彭长生，2013；陈霄，2012；张婷，2016）。[3-7]有少数研究关注风险预期、非农收入预期、产权预期等对于农户宅基地退出与流转行为的影响，如孙鹏飞等（2016）[8]通过对宅基地试点地区的数据分析，认为风险预期对农户宅基地退出行为具有显著的负向影响，钱龙（2015）[9]从产权预期角度出发，认为预期宅基地持有时间越长，农户越不会参与流转；高欣等（2016）[10]基于发达地区的研究，认为农户在退出宅基地后可以获得稳定的社会保障和非农收入，退出意愿较高。这些研究验证了预期与个体行为的关系，但是对于如何影响、多大程度上影响农户行为还欠缺详细的分析和探讨。

农村土地之于农户具有经济与社会保障功能。在当前城乡社会保障体系未形成全面对接的前提下，处于信息劣势的农户一旦做出退地决策，其行为是不可逆的，农户未来的生计甚至社会稳定也可能会面临风险（王兆林，2013）。[11]为了对这种风险进行评估或为了规避风险，农户会依赖于直觉对未来生活的变化或宅基地退出后的后果做出一定的评估和心理预期。农户行为经济理论认为，预期是影响农户行为的主要因素，也有学者指出农户不确定性决策需要经历"外部不确定—内部影响—不确定性态度—行为"的作用机理（金影怡，2019）[12]，外部的不确定性会对农户的态度产生影响，从而影响农户的退出行为。

根据以上论述,本文认为农户会对参与宅基地退出行为的后果进行评估和预测。如果农户认为政策不可靠,或者退出宅基地后生活变得糟糕,会促使农户更倾向于采用可通过自身控制的手段,即保持现状选择不退出。反之,如果农户感受到宅基地退出后的生活质量、就业、社会保障、邻里关系等方面能得到比目前更好的改善,选择参与退出行为的概率更大。未来预期在多大程度上影响农户退出行为有待检验。为此,给出如下假说:

H1:农户对未来的预期直接影响农户宅基地退出行为。农户对于退出后的预期越乐观,发生宅基地退出行为的可能性越大,反之成立。

未来预期不仅会对农户退出行为产生影响,而且根据计划行为理论,个体的行为态度、主观规范、知觉行为控制会通过影响行为意向,进而影响个体的实际行为。如果农户对宅基地退出后的生活有积极的预期,则农户更可能对宅基地退出有更加积极的态度和意向,从而会选择积极参与退出以实现自己的预期;反之,如果农户预测到宅基地退出后其生活质量会下降,则首先通过影响农户的行为意向,进而阻碍农户参与宅基地退出。因此,农户的宅基地退出意愿对农户宅基地退出行为具有中介效应。综合以上,提出如下假说:

H2:农户对退出后的预期影响宅基地退出意愿,农户的宅基地退出意愿影响农户宅基地退出行为,即宅基地退出意愿具有中介效应。

(二)制度认知对农户宅基地退出行为的调节

不同农户退出宅基地的意愿及参与宅基地退出的行为均有个体差异,这提示从对未来预期到宅基地退出意愿、从宅基地退出意愿到退出行为的影响路径上可能有调节变量存在。在有限理性及认知模式的约束下,不同的认知层次会导致个体产生不同的行为模式(卢现祥、朱巧玲,2007)[13],由于人们的主观价值判断很大程度上受到认知能力的影响,因此即使处于相同情境下,人们的行为也可能存在异质性(金影怡,2019)。[12]因此,在宅基地退出背景下,我们主要关注农户的宅基地制度认知水平这一变量。

中国传统社会并没有现代意义上的产权制度,农户对于宅基地制度的认知通常以伦理、习俗、惯例等来进行界定。在农村,"地随房走"、房屋私有的观念较为普遍,也使得农户土地私有观念较强(彭长生,2013;晋洪涛、史清华,2011)。[5][14]加上中国法律对于集体土地所有权的制度表述是模糊的,农民所享受的土地产权是残缺与不完整的(于建嵘、陈志武,2008;杨小凯、江濡山,2002)[15][16],《土地管理法》对于产权所有权的模糊规定,导致了当前农村土地相关利益主体对于土地产权界定的认知不清和感到迷惑,甚至调研中发现许多村干部也不能准确说出宅基地的产权性质。

禀赋理论认为产权的拥有方倾向于把产权价值看得较重(赵伟华等,2010)[17],而农户宅基地"私有化"的产权认知会一定程度上强化农户对于宅基地的禀赋效应。根据以上,本文将农户对于宅基地制度的认知纳入未来预期对于农户宅基地退出行为决策研究框架中,认为农户对于宅基地正确的制度认知不仅能够使农户对于未来的预期更贴近真实水平,而且使农户对待宅基地退出的态度和意愿更加理性,从而对农户参与宅基地退出的行为有正向的影响,即制度认知调节了中介过程"未来预期—退出意愿—退出行为"的前后路径。我们提出假设 H3a 和 H3b:

H3a:对未来的预期对农户宅基地退出意愿的影响受到制度认知的正向调节,即制度认知调节了中介效应的前半路径。

H3b：农户宅基地退出意愿对退出行为的影响受到制度认知的正向调节，即制度认知调节了中介效应的后半路径。

结合假设 H3a、H3b，提出如下综合性假设：

H3：对未来的预期经过农户宅基地退出意愿对宅基地退出行为的中介效应受到制度认知的正向调节。

根据以上理论分析和研究假说，本文提出一个有调节的中介模型（图 1），主要目的包括三个方面：(1)考察农户未来预期对宅基地退出行为的影响；(2)考察农户宅基地退出意愿对未来预期与农户宅基地退出行为是否具有中介效应；(3)考察农户宅基地制度认知对该中介作用是否具有调节效应。该模型深化了农户未来预期与宅基地退出行为的直接关系，不仅可以回答农户的未来预期"怎样"影响宅基地退出行为，而且可以回答这种影响是如何表现得更强或更弱。

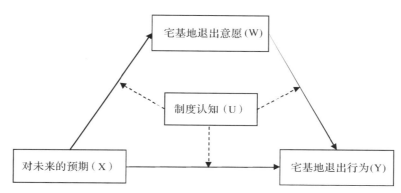

图 1　农户宅基地退出中介过程和调节效应理论框架

三、研究设计

（一）数据来源及样本基本情况

文章的数据主要来自对农户的调查，主要样本点包括浙江省义乌市、绍兴市上虞区、柯桥区以及四川省成都市温江区、郫都区共 5 个县（市、区）。浙江省义乌市和四川省郫都区均是宅基地制度改革试点地区，绍兴市上虞区、柯桥区以及成都市温江区根据本地特点在宅基地退出工作上进行了不同程度的尝试。为保证问卷质量及调查的科学性，课题组采取随机抽样调查的方式，在以上 5 个县（市、区）中，每个县（市、区）选取 2 个乡镇，每个乡镇选取 2—3 个村，每个村根据村委会提供的村民名单随机选取 20—25 户农户进行入户式"一对一"访问。调查中，户主为首选受访者，家庭的主要决策者为次选受访者。本次调查共收集样本 477 份，剔除有异常值的样本，得到有效问卷 463份，样本有效率 97.1%。

（二）变量选取

根据本文的理论框架，选择以下变量进行分析：

1.因变量(Y)

文章的因变量为农户的宅基地退出行为。通过问卷调查,确定农户是否已经参加了宅基地退出,如果农户已经参与并且退出宅基地,则 Y=1;若是没有退出宅基地,则 Y=0。

2.核心自变量:对未来的预期(X)

文章的核心自变量为农户对于未来生活的预期。现有宅基地退出主要关注农户生活成本变化、财产收入的直接变化等,而对于农户宅基地退出后面临的环境状况变化、邻里关系的变化并未多做考虑(孙鹏飞,2019)。[8]为了更客观地表达农户对未来生活改善情况的预期,我们选取宅基地退出后养老和医疗保障、经济、生活和居住环境、子女教育、邻里关系预期变化 5 个变量进行表示并进行因子分析。如表 2 所示,KMO 和 Alpha 表示适合做因子分析,依据特征值大于 1 的原则,保留一个因子,该因子表示未来预期指标,用未来预期变量进行表示。

表 2 未来预期因子分析

变量	平均值	方差	变量定义	
养老和医疗保障	1.41	0.65	0=会变差,1=没变化,2=会改善	KMO=0.8498;Bartlett,p=0.000;Alpha 信度=0.8797
经济方面	1.40	0.71	0=会变差,1=没变化,2=会改善	
生活和居住环境	1.52	0.76	0=会变差,1=没变化,2=会改善	
子女教育	1.43	0.61	0=会变差,1=没变化,2=会改善	
邻里关系	1.11	0.81	0=会变差,1=没变化,2=会改善	

3.中介变量(W)

设定农户宅基地退出意愿为未来预期影响农户宅基地退出行为的中介变量。如果农户有宅基地退出意愿或者是自愿参加宅基地退出,则 W=1;如果农户不愿意退出宅基地或是非自愿参加宅基地退出,则 W=0。

4.调节变量(U)

调节变量为农户对于宅基地制度的认知。宅基地制度有其特殊性,主要包括:一是宅基地的权利安排制度;二是宅基地获得与分配的独特性;三是宅基地的特殊功能(刘守英,2015)[1],根据调研地实际状况,我们选择农户对于宅基地权属、是否可以抵押贷款、是否可以自由买卖、户口转走宅基地是否会被收走、是否可以在宅基地上进行经营性活动 5 个问题来表达农户对于宅基地制度的认知程度。文章根据农户的回答对答案进行汇总计算,回答正确记作 1 分,最终用每个农户答案的得分作为农户对于宅基地制度认知的变量。

5.控制变量

家庭或个人的特征和资本状况是理解家庭或个人所拥有的选择机会、所采用的生计策略和应对所处环境风险的基础,文章主要选用年龄、性别、职业、是否拥有专业技能、就业类型反映户主的基本特征,家庭是否购买城市住房、家庭总收入、家庭非农劳动力比重、家庭大专以上学历人数比例、对宅基地的依赖程度反映被调研农户的家庭特征。另外,文章设置了省份变量以控制不同省份的情况,选取村宅基地制度执行状况控制不同村庄政策执行的影响。各变量的定义、赋值及描述性统计如表 3 所示。

表 3   变量定义、说明及描述性统计

		均值	标准差	最小值	最大值	变量定义
因变量	宅基地退出行为	0.38	0.49	0	1	0=没有退出，1=参与退出
自变量	对未来预期	−7.30e−09	1	−2.36	1.07	—
中介变量	宅基地退出意愿	0.51	0.50	0	1	0=不愿意，1=愿意
调节变量	农户制度认知	1.89	1.37	0	5	—
控制变量	年龄	56.22	11.58	22	85	岁
	性别	0.85	0.35	0	1	0=女，1=男
	受教育程度	1.59	1.33	0	4	0=文盲或识字很少，1=小学，2=初中，3=高中/中专，4=大专及以上
	是否有专业技能	0.75	0.44	0	1	0=否，1=是
	就业类型	2.11	0.78	1	3	1=纯农户，2=兼业农户，3=非农户
	家庭非农劳动力比重	0.46	0.30	0	1	%
	是否在城镇购买住房	1.28	0.52	1	3	1=否，2=有1套，3=2套及以上
	家庭总收入对数	2.30	0.86	−0.69	6.21	—
	家庭大专以上学历比重	0.14	0.18	0	0.80	%
	对宅基地的依赖程度	1.31	0.75	1	4	1=重度依存，2=部分依存，3=潜在依存，4=不依存
	四川省	0.51	0.50	0	1	1=四川省，0=否
	浙江省	0.49	0.50	0	1	1=浙江省，0=否
	村庄是否有宅基地退出政策	0.83	0.38	0	1	1=有宅基地退出政策，0=否

注：对于宅基地的依赖程度主要根据农户目前的使用程度进行评估：如果农户基本居住在宅基地上，则认为是重度依赖；如果农户主要在外地打工，偶尔回家，则认为是部分依赖；如果农户主要在城市生活，宅基地留作退路，则认为是潜在依赖；如果宅基地目前闲置或废弃，则认为是不依赖。

（三）样本情况

从样本统计情况来看，样本农户退出意愿均值为 0.51，但其退出行为均值为 0.38，说明存在农户有宅基地退出意愿，但是并没有发生退出行为的现象。对于未来生活的预期方面，总体来看农户对于退出后的生活和居住环境、经济状况有更乐观的预期，但是对于未来的养老和医疗保障、子女

教育、邻里关系方面不甚乐观,尤其是邻里关系方面,28.1%的农户预期宅基地退出后邻里关系会变差,调研中也发现很多农户表示担心宅基地退出后不能够互相"串门",农户之间的交流会变得不方便(表4)。

表4　农户对宅基地退出后生活的预期

	养老和医疗保障		经济状况		生活和居住环境		子女教育		邻里关系	
	样本数	比例	样本数	比例	样本数	比例	样本数	比例	样本数	比例
会变差	43	9.3%	64	13.8%	76	16.4%	31	6.7%	130	28.1%
没变化	194	41.9%	157	33.9%	76	16.4%	204	44.1%	157	33.9%
会改善	226	48.8%	242	52.3%	311	67.2%	228	49.2%	176	38.0%

农户的宅基地制度认知方面,认知水平总体均值为1.89,低于制度认知的平均线,还处于较低水平。从农户对于制度相关问题给出的正确答案得分来看,9%的农户得分为0,能够回答正确4题和4题以上的农户仅有13.6%。从农户给出的具体答案来看,在产权关系上,13%的农户认为宅基地是属于国家和乡(镇)政府的,35%的农户认为宅基地是属于村集体的,52%的农户认为宅基地是属于自己的,农户宅基地个人私有观念较强;在宅基地的变更上,30%的农户认为如果户口转走,自己的宅基地会被收走;在宅基地的交易和使用上,44%的农户认为宅基地可以自由买卖,62%的农户认为可以利用自己的宅基地进行抵押贷款,另外有78%的农户认为可以利用农村宅基地进行经营性活动。

初步数据分析结果也进一步验证了农户认知模糊往往与法律规定不一致的结论。

(四)模型设定

1.风险感知对农户宅基地退出行为的影响

由于农户的宅基地退出行为与退出意愿均是二分类变量,本文选择 Logit 模型分析未来预期对农户宅基地退出意愿及行为的影响,模型设定为:

$$Prob(Y=1) = p = \frac{e^{\alpha+\beta_i X_i}}{1+e^{\alpha+\beta_i X_i}} = \frac{1}{1+e^{-(\alpha+\beta_i X_i)}} \tag{1}$$

其中,Y 代表农户是否参与宅基地退出,$Y=1$ 表示农户已经参与宅基地退出,$Y=0$ 表示没有参与退出;P 代表农户参与宅基地退出的概率,X_i 代表影响农户参与宅基地退出行为的变量,即农户对未来的预期以及控制变量,α、β 是待估计参数。对式(1)进行整理,并对农户参与宅基地退出和未参与宅基地退出的概率之比取对数,可得出:

$$\ln\frac{p}{1-p} = \alpha + \beta_i X_i \tag{2}$$

式中,$\ln\frac{p}{1-p}$ 是 X_i 的线性函数。

2.调节效应的检验

如果自变量 X 与因变量 Y 的关系受到第三个变量 U 的作用,此时 U 是调节变量。在有调节的中介模型检验之前,我们首先对制度认知对未来预期影响农户退出行为的调节效应进行检验,以确定直接效应是否受到调节。根据温忠麟（2005）[18]调节效应的检验方法，假设 Y 与自变量 X 有如下关系：

$$Y = aX + bU + e_1 \tag{3}$$

$$Y = aX + bU + cXU + e_2 \tag{4}$$

式中，U 表示农户对宅基地的制度认知。由于自变量对未来的预期均为连续变量，调节变量制度认知虽然为多分类变量，但是文章假定农户制度认知越高调节效应越大，因此可作为连续变量处理。做以上模型的层次回归分析，若（4）式中的 R^2 明显高于（3）式中的 R^2，或交互项 XU 具有显著影响，则证明制度认知具有显著的调节效应。

3. 有调节的中介模型检验

文章借鉴温忠麟等（2014）[19]总结的对于有调节的中介模型检验方法，对宅基地制度认知在中介过程中的调节效应进行检验，即检验制度认知能否作为调节变量减弱农户的未来预期对宅基地退出意愿的影响，或者加强农户宅基地退出意愿对退出行为的影响。检验的步骤如下：

$$W = a_0 + a_1 X + a_2 U + a_3 UX + e_3 = a_0 + a_2 U + (a_1 + a_3 U)X + e_3 \tag{5}$$

$$Y = c'_0 + c'_1 X + c'_2 U + b_1 W + b_2 UW + e_4 \tag{6}$$

$$Y = c'_{0i} + c'_1 X + c'_2 U + c'_3 UX + b_1 W + b_2 UW + e_5 \tag{7}$$

其中，W 表示中介变量农户宅基地退出意愿；e_3、e_4、e_5 为回归残差，a_0、a_1、a_2、a_3、b_1、b_2 为待估计参数。公式（5）中，因变量 X 对 W 的效应为 $a_1 + a_3 U$。根据方程（3）和（4）检验结果，如果自变量 X 对 Y 的直接效应受到 U 的调节，则进一步建立方程（7）进行检验，如果直接效应没有受到调节，则根据方程（6）进行检验。将式（5）代入式（6）或式（7）进行计算，可得出 X 经过 W 对 Y 的中介效应为 $(a_1 + a_3 U)(b_1 + b_2 U) = a_1 b_1 + (a_1 b_2 + a_3 b_1)U + a_3 b_2 U^2$，我们可以通过对系数的检验判断中介效应是否受到调节，如果中介效应与 U 有关，或者随 U 变化，则认为中介效应是有调节的。例如，假设 $a_1 b_2 = 0$、$a_3 b_1 = 0$、$a_3 b_2 = 0$，只要其中有一个被拒绝，则认为中介效应是有调节的。进一步，我们把对系数乘积的检验变成对于两个系数的检验，例如，要检验 $a_3 b_1 = 0$，变成 $a_3 = 0$ 或 $b_1 = 0$。根据公式，我们先检验方程（5）中的 a_1、a_3 是否显著，再检验方程（6）或（7）中的 b_1、b_2 是否显著，如果 $a_1 \neq 0$ 且 $b_2 \neq 0$，或者 $a_3 \neq 0$ 且 $b_1 \neq 0$，或者 $a_3 \neq 0$ 且 $b_2 \neq 0$，至少有一组成立，则认为中介效应受到调节。进一步，如果 $a_3 b_1 \neq 0$，则认为制度认知（U）调节了前半路径，即制度认知（U）对风险感知影响宅基地退出意愿具有调节效应；如果 $a_1 b_2 \neq 0$，则认为制度认知（U）调节了后半路径，即制度认知（U）对宅基地退出意愿影响宅基地退出行为具有调节效应。

四、实证检验与结果分析

（一）实证检验

为了便于对回归结果进行解释，在做检验前，首先对自变量（X）、中介变量（W）、调节变量（U）以及控制变量进行中心化后再进行分析。参照温忠麟等（2006，2014）关于有调节的中介模型检验步骤，设定文章的检验程序为：首先，对未来预期（X）对农户宅基地退出行为（Y）进行回归，检验直接效应；第二，对有调节的中介效应进行检验，具体为：第一步，对制度认知（U）对未来预期（X）影响宅基地退出行为(Y)是否具有直接调节效应进行检验，以确定以 Y 为因变量的回归方程；第二步，做农户宅基地退出意愿(W)对未来的预期(X)、制度认知(U)以及两者的交叉项(XU)的回归，判断系数 a_1 和 a_3 的显著性；第三步，做农户宅基地退出行为对未来预期(X)、制度认知(U)、宅基地退出意愿(W)、未来的预期和制度认知交叉项(XU)、宅基地退出意愿和制度认知(WU)交叉项的回归，判断系数 b_1、b_2 的显著性。最后，将不显著的系数固定为 0，重新估计其他系数，并写出中介效应，报告其在 U 的均值以及均值上下一个标准差处的中介效应值，从而对未来预期影响宅基地退出行为中的中介过程受到调节的情况有完整和清晰的了解。

1. 未来预期对农户宅基地退出行为的影响

文章首先分析未来预期对农户宅基地退出行为的影响。表 5 的栏(1)中的结果表明，农户对未来乐观的预期对农户宅基地退出行为在 1% 的水平上有显著的正向影响，假说 H1 得到验证。当农户对未来的预期越乐观，如农户预期宅基地退出后养老和医疗保障、经济状况、生活和居住环境、邻里关系、子女教育等会得到改善，更有可能参与宅基地退出从而实现自己的预期。

2. 有调节过程的中介效应检验

首先检验直接效应是否受到制度认知的调节，建立宅基地退出行为与制度认知的简单调节模型。结果如表 5 的(2)(3)栏所示，交互项 XU 在 10% 的水平上显著，说明未来预期和农户退出行为的直接效应受到了制度认知的调节，进而选择回归方程(5)和(7)分别对有调节效应的中介过程进行检验。根据前文所述，我们先检验方程(5)中的系数 a_1、a_3 是否显著，再检验方程(7)中的 b_1、b_2 是否显著。结果如表 5(4)(5)栏所示。

从表 5(4)栏的结果看，a_1 系数显著，a_3 系数不显著，在表 5(5)栏中，b_1、b_2 系数均显著，证明存在中介效应且中介效应受到制度认知调节。农户对于宅基地退出后乐观的预期能够直接促进农户的宅基地退出意愿，从而正面影响农户的宅基地退出行为。另外，加入宅基地退出意愿后，农户对未来的预期对退出行为的直接影响不再显著($c'_1 = -0.213, P = 0.294$)，"未来预期—宅基地退出意愿—宅基地退出行为"的影响路径中宅基地退出意愿起到完全中介作用，验证了"态度—意向—行为"的农户行为决策过程，假说 H2 得到验证。

从表 5 中进一步得知，a_3 系数不显著，但 a_1 且 b_2 系数显著，制度认知(U)调节了中介过程的后半路径，即仅对农户宅基地退出意愿对宅基地退出行为的影响具有调节效应(图 2)，假说 H3a 不成立，H3b 得证。由于(4)栏结果中显示对未来的预期与农户制度认知的交叉项 XU 的系数不再显著($P = 0.759$)，说明加入中介变量后，制度认知通过正向影响农户的退出意愿进而正向作用于农户的宅基地退出行为，当农户的制度认知水平越高时，这种影响作用越大，即农户未来预期对宅基地退出行为的正向影响越强。

由于模型的前半部分没有受到调节，将系数 a_3 设置为 0，如表 5 的(6)栏，进行重新估计和检验模型。由于中介变量和因变量都是二分类变量，在做 Logit 分析时，会遇到异方差问题，使系数不具有可比性。为了解决这个问题，我们使用 Nathaniel R. Herr 总结的可比系数计算的方法。经过系数转换，计算的中介效应为 $a_1 b_1 + a_1 b_2 U = 0.379 + 0.173U$，计算出其在 U 的均值及上下一个标准差位置的值分别为 0.379、0.592、0.167。当农户的制度认知(U)处于平均水平时($U = 0$)，对未来生活的预期经过农户宅基地退出意愿对农户宅基地退出行为的中介效应为 0.379；当农户对于宅基

地的制度认知(U)高于平均水平时,中介效应为 0.592,当农户对于宅基地制度认知程度较低时,中介效应为 0.167。经系数转换后,$c'_1 = -0.084$,中介效应与直接效应的比值 $|a_1b_1 + a_1b_2U/c'_1|$ 在 U 的平均值、上下一个标准差的位置分别为 4.487、7.000、1.973,制度认知在平均水平和较高水平时,中介效应起主要作用,当制度认知处于较低水平时,中介效应的作用逐渐减弱,假说 H3 得证。

表 5　中介效应与调节效应检验

因变量	(1) 退出行为	(2) 退出行为	(3) 退出行为	(4) 退出意愿	(5) 退出行为	(6) 退出意愿
W	—	—	—	—	3.457*** (0.425)	—
X	0.532*** (0.147)	0.536*** (0.149)	0.585*** (0.152)	1.220*** (0.151)	−0.213 (0.203)	1.202*** (0.149)
U	—	0.145 (0.104)	0.134 (0.104)	0.041 (0.094)	−0.392 (0.219)	0.046 (0.094)
UW	—	—	—	—	0.922** (0.293)	—
XU	—	—	0.210* (0.107)	0.088 (0.100)	−0.020 (0.146)	—
_cons	−0.769*** (0.131)	−0.783*** (0.132)	−0.785*** (0.133)	0.000 (0.109)	−2.717*** (0.312)	−0.008 (0.109)
$LR\ chi2(15)$	201.46	203.41	207.22	134.94	313.74	134.17
$Prob > chi2$	0.0000	0.0000	0.0000	0.0000	0.0000	0.0000
$Pseudo\ R2$	0.3276	0.3308	0.3370	0.2103	0.5102	0.2091

注:***、**、* 分别代表在 1%、5% 及 10% 水平上显著;括号内为稳健标准误。

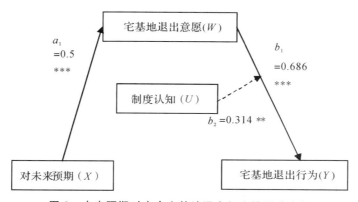

图 2　未来预期对农户宅基地退出行为的影响路径

(二)稳健性检验

为了更加深入了解制度认知发挥的调节作用并进行稳健性检验,本文利用制度认知的平均值和标准差将样本分为 3 组:小于平均值减去一个标准差的样本为低制度认知组,大于平均值加上一个标准差的样本为高制度认知组,中间的样本为中制度认知组,并利用非参数百分位 Bootstrap 法通过计算系数乘积的置信区间对中介效应进行检验,检验结果如表 6 所示。

表 6　全部样本和不同制度认知水平下的中介效应检验效果

调节变量	中介效应	标准误	P 值	95%的置信区间
全部样本	0.097	0.012	0.000	[0.073,0.121]
低制度认知	0.098	0.068	0.147	[−0.035,0.231]
中制度认知	0.085	0.013	0.000	[0.060,0.110]
高制度认知	0.155	0.065	0.016	[0.028,0.281]

由表 6 可知,在全部样本条件下,宅基地退出意愿的间接效应为 0.097,95%水平上的置信区间为[0.073,0.121],不包含 0,即农户未来预期通过宅基地退出意愿影响农户宅基地退出行为的作用是显著的。在低制度认知条件下时,系数乘积在 95%水平上的置信区间为[−0.035,0.231],包含 0,未来预期通过宅基地退出意愿影响农户宅基地退出行为的作用不显著;而在中制度认知水平和高制度认知水平下,系数乘积在 95%水平上的置信区间分别为[0.060,0.110]和[0.028,0.281],均不包含 0,证明中介效应显著。而且其宅基地退出意愿的间接效应分别为 0.085 和 0.155,随着制度认知水平的提高,中介效应增大,宅基地退出意愿在未来预期和宅基地退出行为之间的中介作用变强,验证了制度认知的正向调节效应。

(三)进一步讨论

为了考察在不同制度认知水平下农户不同的预期对于宅基地退出行为的影响,即农户不同的预期如何以农户宅基地退出意愿为依托,引导有意愿的农户参与宅基地退出行为,本文进一步将农户对于养老和医疗保障、经济状况、生活和居住环境、子女教育、邻里关系 5 个方面的预期分别进行非参数百分位 Bootstrap 法检验,以确定其中介效应是否显著及效应的大小,检验结果如表 7 所示。

表 7　不同制度认知水平和预期下的中介效应检验

	变量	中介效应	标准误	95%的置信区间
低制度认知	养老和医疗保障	0.131	0.096	[−0.056,0.319]
	经济方面	0.174	0.116	[−0.053,0.402]
	生活和居住环境	0.146	0.107	[−0.064,0.355]
	子女教育	0.108	0.069	[−0.027,0.242]
	邻里关系	0.110	0.074	[−0.035,0.256]
中制度认知	养老和医疗保障	0.099	0.020	[0.060,0.138]
	经济方面	0.098	0.018	[0.063,0.133]
	生活和居住环境	0.106	0.017	[0.074,0.139]
	子女教育	0.083	0.018	[0.047,0.118]
	邻里关系	0.062	0.013	[0.036,0.087]

续 表

变量		中介效应	标准误	95％的置信区间
高制度认知	养老和医疗保障	0.153	0.089	［－0.022,0.328］
	经济方面	0.132	0.069	［－0.004,0.268］
	生活和居住环境	0.190	0.078	［0.038,0.342］
	子女教育	－0.042	0.124	［－0.286,0.202］
	邻里关系	0.141	0.062	［0.021,0.262］

当农户的制度认知水平较低时,不管是养老和医疗保障,还是对于宅基地退出后其他方面的预期,其中介效应均不显著,即农户对未来的评估和预测并没有通过农户宅基地退出意愿的中介作用对宅基地退出行为进行影响;而当农户的制度认知水平提高时,其95％的置信区间均不包括0,农户对未来的预期对于宅基地退出行为通过退出意愿进行影响,并具有显著的正向作用;当农户的制度认知达到更高水平时,生活和居住环境、邻里关系两个方面的改善更有助于提高农户退出意愿,进而激励农户参与宅基地退出,而且此时宅基地退出意愿发挥的中介作用比中制度认知水平时更高。

五、研究结论与启示

通过对文献的梳理发现,目前对于农户宅基地退出行为的研究主要关注农户预期对于退出行为是否具有影响,忽略了影响路径及影响的程度。本文利用浙江省和四川省宅基地退出试点地区的调研数据,采用Logit模型,并结合中介效应和调节效应,建立了农户宅基地退出行为的影响机制模型,重点考察了农户宅基地退出意愿的中介效应以及制度认知对未来预期、农户宅基地退出意愿、退出行为相互关系的调节效应。结果发现:农户对于未来的预期能够通过宅基地退出意愿间接地影响退出行为,而制度认知调节了这一中介过程的后半段。根据以上结论,在宅基地退出政策推行过程中,政府应提倡以农户退出意愿为依托,从稳定农户预期入手,在提高农户制度认知水平的基础上激励有条件有意愿的农户退出农村宅基地。具体如下:

第一,注重农户宅基地退出后未来的预期对农户宅基地退出行为的影响,在信息不对称以及未来面临诸多不确定情形下,总结试点地区的成功案例和做法并进行宣传,使农户有案例可以参考,对宅基地退出后的经济状况、养老和医疗保障、生活和居住环境的改善等有客观的认识和预期,降低农户的不确定性。

第二,农户对于未来乐观的预期可以提高农户宅基地退出意愿,进而促进农户参与宅基地退出行为。在宅基地退出政策执行过程中,以农户参与宅基地退出意愿为依托,以政策的连续性和稳定性为前提,使农户对未来有稳定的预期,创造农户参与宅基地退出的条件。另外,政府部门尤其是地方政府在政策推进时,首先要尊重农户的意愿,对有退出意向的农户进行鼓励和适当引导。

第三,农户对于宅基地制度正确的认知可以提高农户参与意愿进而促进农户参与宅基地退出,制度认知水平越高,这种调节作用越强。因此,提高农户的政策认知是寻求解决政策失效、探索政策创新的最佳切入点,政府要运用各种方式和途径,加强农村宅基地制度的宣传力度。另外,要加快农村宅基地和住房的确权颁证工作,妥善处理权属不清、超标占用等历史遗留问题,强化农户对于宅基地制度的理解,减少未来宅基地退出中可能出现的矛盾和纠纷。

第四,要在不同的制度认知水平下,对农户采取不同的激励措施,对于制度认知水平较低的农户,加强农村宅基地制度与政策的宣传力度,纠正部分农户"宅基地私有"的错误认识;对于制度认知水平较高的农户,稳定农户对未来的预期;对于对宅基地制度有更高认知水平的农户,不仅要关注农户经济状况、养老和医疗保障的直接变化,还应重点关注农户宅基地退出后引起的生活居住环境、邻里关系等间接变化,多方位提高农户的福利水平。

参考文献:

[1] 刘守英. 农村宅基地制度的特殊性与出路[J]. 国家行政学院学报,2015(3):18-24,43.

[2] TVERSKY A, KAHNEMAN D. Advances in Prospect Theory: Cumulative Representation of Uncertainty[J]. Journal of Risk and Uncertainty1993,5(4):297-323.

[3] 杨玉珍. 城市内层边缘区农户宅基地腾退影响因素研究:基于河南省 6 地市 33 个自然村的调查[J]. 中国土地科学,2013,27(9):44-50.

[4] 杨玉珍. 宅基地腾退中农户行为决策的理论解析[J]. 农业技术经济,2014(4):53-62.

[5] 彭长生. 农民宅基地产权认知状况对其宅基地退出意愿的影响:基于安徽省 6 个县 1413 户农户问卷调查的实证分析[J]. 中国农村观察,2013(1):21-33,90-91.

[6] 陈霄. 农民宅基地退出意愿的影响因素:基于重庆市"两翼"地区 1012 户农户的实证分析[J]. 中国农村观察,2012(3):26-36,96.

[7] 张婷,张安录,邓松林. 期望收益、风险预期及农户宅基地退出行为:基于上海市松江区、金山区农户的实证分析[J]. 资源科学,2016,38(8):1503-1514.

[8] 孙鹏飞,赵凯,周升强. 风险预期、社会网络与农户宅基地退出:基于安徽省金寨县 626 户农户样本[J]. 中国土地科学,2019,33(4):42-50.

[9] 钱龙,钱文荣,陈方丽. 农户分化、产权预期与宅基地流转:温州试验区的调查与实证[J]. 中国土地科学,2015,29(9):19-26.

[10] 高欣,张安录,李超. 社会保障、非农收入预期与宅基地退出决策行为:基于上海市金山区、松江区等经济发达地区的实证分析[J]. 中国土地科学,2016,30(6):89-97.

[11] 王兆林. 户籍制度改革中农户土地退出行为研究:重庆的实证[D]. 重庆:西南大学,2013:45.

[12] 金影怡,许彬,张蔚文. 风险、模糊与个体决策行为研究综述:兼论其在农业技术扩散中的应用[J]. 农业技术经济,2019(7):15-27.

[13] 卢现祥,朱巧玲. 新制度经济学[M]. 北京:北京大学出版社,2007:154.

[14] 晋洪涛,史清华. 农村土地权属:农民的"非集体化"认知与根源——基于河南的调查[J]. 农业经济问题,2011,32(1):7-12,110.

[15] 于建嵘,陈志武. 把地权还给农民:于建嵘对话陈志武[J]. 东南学术,2008(2):12-18.

[16] 杨小凯. 中国改革面临的深层问题:关于土地制度改革——杨小凯、江濡山谈话录[J]. 战略与管理,2002(5):1-5.

[17] 赵伟华,索涛,冯廷勇,等. 禀赋效应的研究现状与展望[J]. 心理科学,2010,33(5):1180-1182.

[18] 温忠麟,侯杰泰,张雷. 调节效应与中介效应的比较和应用[J]. 心理学报,2005(2):268-274.

[19] 温忠麟,叶宝娟. 中介效应分析:方法和模型发展[J]. 心理科学进展,2014,22(5):731-745.

社会工作参与共同富裕:何以可能? 何以可为?

——基于三次分配理论视阈的分析

徐选国　秦莲

(华东理工大学)

摘　要:共同富裕是社会主义的本质要求和内在向度。过去几十年我国以初次分配与再分配制度作为实现共同富裕的主导逻辑,存在收入差距大、公平性弱、社会大众获得感不强等结构性限度,探究共同富裕实现的社会逻辑至关重要。跳脱以往分配理论的分立框架,将初次分配、再分配与第三次分配整合形成三次分配理论体系,为理解新时代共同富裕提供新的分析视角。三次分配理论视阈下的共同富裕要求整合市场、政府与社会三重力量,强调实现高效能治理、高水平服务、高发展质量与整体性富裕。社会工作在推动共同富裕目标实现进程中具有助推市场的社会属性回归、政府服务属性强化以及社会道德属性彰显等专业优势,并通过主体建构与多元协同、精准服务与生活实践、资源整合与优化配置、社会公平与深层生态正义等路径参与共同富裕。这种探索,既为共同富裕的实现找寻一条社会逻辑,也为社会工作有效参与国家治理和社会治理实践拓展了本土理论空间。

关键词:三次分配理论　社会工作　共同富裕　社会逻辑　专业策略

一、问题提出

2021 年,中央发布支持浙江省率先建设"共同富裕示范区"的重要部署,中央财经委员会第十次会议又进一步对"共同富裕"理念及政策方针进行了阐释,强调在高质量发展中促进共同富裕。由此,关于如何定义共同富裕以及如何实现共同富裕的大讨论掀起了浪潮。"共同富裕"的相关思想早在两千多年前便在孔子的"大同社会"中有所展现,龚自珍在对"平均"这一概念的定义中也表示:"不足"或"贫富不相齐"才导致天下不安、战争或灾难频发,认为应当采用渐进式的贫富差距调节方式。[1] 我国发展脉络中,"共同富裕"理念的核心内涵不断发展变化,从注重富裕,强调效率的提升,到效率与公平兼顾,再到"鼓励先进,促进效率,合理拉开差距,又要防止两极分化,逐步实现共同富裕"[2]。中国特色社会主义新时代背景下,习近平总书记对共同富裕内涵作出了新的解释,强调共同富裕不仅仅是经济问题,更是关系党执政基础的政治问题,"既是社会主义的本质要求,更是中国式现代化的重要特征"。[3] 可见,公平与效率、创新和可持续化发展成为实现共同富裕的前提条件,并将共同富裕纳入中国梦的实现进程中。2020 年党的十九届五中全会提出"扎实推动共同富裕"的号召,共同富裕成为中国式现代化的重要特征。但推动共同富裕的过程不只是一个经济发展议题,更是一个社会关系命题。[4]社会工作作为一种专业社会力量,既在参与脱贫攻坚、推动乡村振兴、提供公共服务、服务弱势群体等方面发挥着积极作用,同时在改善社会关系、促进社会团结中具有突出的专业效能,其专业实践过程在很大程度上可以视作参与共同富裕发展的范畴。但总体来看,当前我国社会工作的实践领域和发展取向在参与共同富裕实现的过程中仍存有兜底性、基础性服务偏多,发展性、创新性实践欠缺等问题。基于此,本文试图批判性回溯我国共同富裕实践演变的理论脉络,从三次分配理论视阈阐释共同富裕的核心意涵及其内在向度,进而从社会工作角度论述其参与共同富裕实现的专业逻辑和行动策略。换言之,本文旨在从社会工作视角探究共同富裕实现的社会逻辑及其专业行动。

二、从分立到整合:三次分配理论视阈对共同富裕的不同阐释

共同富裕作为中国特色社会主义的本质特征,在不同历史语境下展现出不同的内涵与愿景。过去对共同富裕进行解释的理论基石为初次分配、再分配和第三次分配理论。其中,初次分配理论以市场为主体,以"效率"为原则,强调根据市场提供生产要素的数量和质量进行分配;再分配视阈以政府为主体,通过征税和转移支付来进行收入调节,使得分配到每个人手中的收入都变为个人税后的可支配收入,同时为不同人群提供公共服务;第三次分配理论以社会为主体,通过社会成员自愿捐赠的方式进行社会收入分配的再调节,推动实现社会公正。对现有理论取向的回顾,既能帮助我们更清晰地认识和了解当下我国共同富裕内涵转变的内在动力,也能对当前我国共同富裕实现路径所存在的限制进行反思和创新。

(一)效率、公平与自愿的分立:不同分配理论下共同富裕的内涵限度

1. 效率为主与贫富悬殊:初次分配视阈下的共同富裕

在计划经济体制下,共同富裕的主要任务在于消灭剥削、确保绝对公平。但这对于以解决温饱为首要问题的中国来说,过分注重平均而忽略生产,最终可能通往"共同贫穷"。因此,我国由绝对平均的分配原则转变为以解放生产力、发展社会经济为主要目标的按劳分配原则转变,通过引入市场这只"看不见的手",进一步优化原有社会收入分配机制。改革开放初期,我国经济体制转变为社会主义市场经济,社会按照竞争结果进行分配,劳动的质量和效益成为最终衡量标准。初次分配视阈下共同富裕的关注点从"共同"转向"富裕",[5]在市场主导的财富分配过程中,生产系统的高商品性使得市场资本家的利益被优先满足和保障,资方获利属性下实现社会公平、合理地分配的可能性微乎其微。

初次分配理论下我国生产力和经济水平得到了提升,社会财富按照每个人贡献的大小进行分配,打破了计划经济时期的平均主义,个人物质生产能力及其相适应的社会关系获得充分发展,但个人物质功利的追求使个人发展陷入物化困境。[6]这种分配过程在市场机制下以效率和劳动质量为分配基础,对个体先天禀赋上所存在差距的忽略导致机遇多数情况下只被拥有资源的人获得,进一步加大贫富差距,[7]导致收入存在两极分化,进而使得社会逐渐偏离"共同富裕"的目标发展。

2. 强调公平与制度差异:再分配视阈下的共同富裕

再分配是以政府为主导,通过税收、社会保障、助贫助困等手段调节收入,强调效率与公平兼

顾、以缩小贫富差距为主要目的收入调节方式。由于在效益为主的市场分配机制下，个体间能力和熟悉程度的差异导致收入差距拉大，贫富悬殊加剧。这表明，要切实推进共同富裕的发展道路，仅靠市场这只"无形的手"是行不通的，还需要另一只能够推动分配公平、缩小收入差距的政府"有形"之手。因此，再分配理论被提出并加以实践。只有改革市场经济才能走向共同富裕。[8]因此，在再分配理论下，共同富裕的重心从"发展经济，实现先富"转为"兼顾公平与效益，实现相对共富"，强调不仅要效益优先，还要兼顾公平，促使全体人民共享发展成果。

受当前行政体系内部运行逻辑的影响，基层政府在鼓励发展的同时更注重对风险的控制。[9]在再分配过程中，政府以税收和提供社会保障的形式来缩小社会收入差距，但面对较大的贫富差距缓解压力、民众对美好生活的期望及其对高质量服务的诉求时，仅靠单一行政力量难以在短时间内得到有效改善和提升。同时，不健全的再分配制度、城乡二元分割式的税收调节方式，导致欠发达地区由于社保基金积累水平较低，总体保障水平不足，形成差异性制度保障水平，反而进一步加剧了收入差距。[10]因此，现有的再分配机制难以有效解决初次分配下所导致的社会发展问题，同时，社会工作当前主要被纳入以政府购买服务为主的再分配逻辑之中，没有较好地发挥其专业性和社会性优势，导致再分配效能存在限度。

3. 强自愿性与弱效能性：第三次分配视阈下的共同富裕

关于第三次分配理论的探讨，经济学家厉以宁指出，第三次分配是在道德力量作用下的一种个人纯粹出于情感、社会责任心而引起的收入转移、自愿缴纳以及自愿捐献的过程，[11]是超出市场机制与政府调节力量之外的一种以社会力量为主、影响收入分配的新方式。第三次分配理论强调以社会为主导，旨在通过强烈的道德属性与资源转移功能来弥补初次分配与再分配理论视阈下所产生的收入差距大、生态破坏以及公共服务去社会化等缺陷，以进一步缩小收入差距、促进社会公平分配目标的实现。

然而，对于一个发展中国家来说，财富调配仅能作为补充，无法成为最重要的手段。第三次分配这种倡议性或方向性指引的调配方式只能作为当前主导性政策的补充和市场初次分配的弥补，无法成为实现共同富裕的主导性机制。从现有数据来看，我国社会捐赠的额度虽然呈现出逐年递增的趋势，但增长速度缓慢，且资源主要流向医疗、教育和扶贫等领域。同时据相关数据统计，我国社会捐赠者以企业为主，占据总体捐赠量的61.7%，而其中个人捐赠仅占26.4%，远低于发达国家的个人捐赠比例，且当前社会并未营造出良好的慈善文化，民众也未形成捐赠习惯。这表明，第三次分配视阈下对于解决收入差距问题、实现共同富裕的深层目标来说仍然有内在限制。

（二）物质、精神与环境的整合：三次分配理论下共同富裕的内涵拓展

从上述分析中不难看出，以往初次分配、再分配以及第三次分配理论范式下，对实现共同富裕的整体性关注较少，或以市场为主，或以政府为主，或以社会为主，呈现出效率、公平与社会自愿分立的格局，未能体现共同富裕的整体性要求与全面性富裕特征。换言之，上述三种分配理论并未从深层需求与实际内涵出发对共同富裕进行阐释，也尚未针对如何有效提高共同富裕之根本内涵与核心要求作出解释，而是将不同主体与共同富裕的推进割裂和分立，未能实现真正意义上的分配正义。马克思的"分配正义"原则中将生产资料社会所有作为前提，强调以按劳分配和按需分配相结

合的方式促进个人全面发展和自我实现。[12] 中国社会正义的核心问题是社会基本资源的分配问题。市场逻辑下的交换尽管是通过交换正义的方式形成的,但其结果却伤害了平等的基本自由权利,这一局限性呼唤超市场的逻辑来弥补。[13] 由此出现了财富的第二次分配以及第三次分配制度。有学者认为,从初次分配到再分配再到第三次分配是一个不断发展、递进的过程,社会财富形态由低级向高级不断转型升级的过程中使得其具有市场性、公共性以及社会性等多重属性。[14] 这种观点似乎强调第三次分配是一种更高级的分配制度,然而,在现实情境中,初次分配与再分配并不具备递进关系,同时我国尚不完善的慈善捐赠体系也使得第三次分配并非对前两次分配制度的超越。因此,笔者尝试将三次不同的分配理论进行整合,建构出一种新的整合性理论分析框架(三次分配理论),以重新对共同富裕的内涵进行拓展性理解。

将初次分配、再分配与第三次分配理论进行整合,形成更具恰适性的三次分配理论体系,这种整合性理论取向具有社会道德性、包容整合性、平衡均等性、可持续发展等价值特性,为进一步分析共同富裕的深刻内涵提供了更为全面、有力的解释依据。三次分配理论将市场、政府与社会整合,体现出物质、精神与环境全面富裕的思想。强调社会道德属性回归的价值基础、注重服务的整体性与包容性,倡导均衡、平等的资源分配过程,同时还注重行动的可持续性发展。三次分配理论的特性与深层内涵,既为共同富裕的实现提供了更加适切的理论依据,也对我们思考社会工作参与共同富裕,推动实现美好生活的可能空间具有重要启示。

换言之,从三次分配理论体系出发理解共同富裕的内涵,包含以下几个方面:其一,在主体构成上,市场、政府和社会并非分立的不同主体,而是整合、凝聚形成一股能够更好地促进社会发展的合力。市场、政府与社会都是社会治理中不可或缺的主体,初次分配对要素配置的完善、再分配对税收制度的改革以及第三次分配对社会财富的转移,都是缩小贫富差距,实现社会公正的重要方式。其二,在本质结构上,无论是市场还是政府,都应当嵌入社会之中,服务于社会和人民。以人为本、以社会为本是三次分配理论的应有之义,也是其社会理性价值、社会属性的重要体现。其三,在实践方法上,强调以共享发展成果、优化分配制度来实现高效能分配正义,进而缩小贫富差距、促进社会的公平公正。其四,在目标成效上,三次分配理论以实现全体社会的共同富裕为目的,强调要在物质、精神与环境三个维度上实现整体、全面的富裕状态为目标。

三次分配整合性理论体系跳出了初次分配、再分配以及第三次分配理论单一理论视阈下实现共同富裕所存在的行动"单向"和主体"分离"限度,形成一种"整合性""多面向"以及"均衡性"的主体关系及行动逻辑。基于此,在三次分配整合性视阈下,共同富裕理念更强调一种多样性主体、整体性富裕与可持续性发展相结合的特征,这启示我们,共同富裕的实现要向更全面、更多元的介入主体及其关系格局构建,以及更有效的实践路径转换。

表 1 不同分配理论的理论维度比较

理论维度	初次分配	再分配	第三次分配	三次分配
分配逻辑	市场配置	公共资源配置	社会自愿配置	协调配置
运作机制	市场机制	公共政策与服务机制	社会机制	整合机制
核心属性	工具理性	公共理性	价值理性	社会理性

续　表

理论维度	初次分配	再分配	第三次分配	三次分配
治理功能	经济治理	国家治理	志愿治理	社会善治
最终目标	注重效率	强调兜底性公平	资源补充	共同富裕
文明状态	经济文明	政治文明	社会文明	整体文明

资料来源：作者自制。

（三）三次分配理论下共同富裕的核心概念及其实现条件

共同富裕的实现是社会主义的根本要求，也是我国实现社会主义现代化的重要特征。面对社会主要矛盾的转换，要实现美好生活的目标，需聚焦破解当前不平衡不充分的发展问题。当前实践发展的瓶颈在于：一方面，公益慈善事业发力不足，企业慈善捐赠居多而个体化慈善意识缺乏；另一方面，企业助力共同富裕的效能微弱，社会组织参与动力和行动空间有限。共同富裕的实现，总体上面临"蛋糕"很难迅速做大与"蛋糕"分配不公两方面的挑战。[15]共同富裕是物质与精神的双重富有，不仅需要高质量解放生产力，同时还需要较高程度的精神文明作为支撑。结合当前我国的现实国情与三次分配整合理论的多重特性，笔者尝试对当下我国共同富裕的核心概念及实现条件进行阐释。

1.共同富裕的核心意涵

当前学术界对共同富裕的内涵进行了探究，强调以人为本[16]、分配正义[17]、机会平等[18]、生态绿色发展[19]、共享发展成果[20]以及实现美好生活[21]六大核心要素。不难看出，学术界的相关论述基本上与当前中央的政策导向一致，在内涵的界定上更多是一种对宏观政策的解读。共同富裕目标的实现需依托于分配和发展，三次分配理论视阈下的共同富裕更强调分配公平与社会公正的核心导向，旨在将初次分配、再分配和第三次分配机制加以整合，形成一种社会治理高效能、社会服务高质量、社会分配均等化与社会共享发展的社会形态。

2.共同富裕实现的核心条件

结合上述有关共同富裕的内涵解说，笔者认为共同富裕的核心条件有四个方面。其一，高效能治理：加强体制改革与治理创新。在共同富裕目标追求下，社会治理要注重高质量、高水平的社会参与，不仅需要以科技创新促进生产力发展，同时在社会治理体系中也要融入新的社会主体，创新社会治理模式。在"富裕"的基础上进行再分配，以实现切实的共同富裕。其二，高水平服务：强调公共服务的均等化与高质量。消除贫困不仅需要收入的提高，更需要提升低收入人群福利水平、实现公共服务均等化。缩小城乡服务差距，提升对社会边缘群体的服务与保障水平既是共同富裕实现的基本条件，也是促进公平的内在要求。其三，高质量发展：注重均衡发展与成果共享。一方面，生产力的高度发展是共同富裕的实现前提，高质量发展是实现共同富裕的重要推动力；另一方面，党的十八大以来，"全面建成小康社会"的总体性发展目标旨在让人民群众都能共享社会发展红利，成为实现共同富裕的具体表现和切实条件。[22]其四，整体性富裕：注重个人发展的全面性与社会发展的可持续性。一方面，共同富裕的促进需着力于推进全方面、全周期的健康公平服务，以此促进人的全面发展；[23]另一方面，实现共同富裕不止追求物质，也强调丰富的精神文化，推动实现物质、精神和环境三者富裕状态的有机统一[24]正是共同富裕深刻内涵的展现。

三、三次分配理论视阈下社会工作参与共同富裕的行动框架及实践空间

2021年，习近平总书记在主持中央财经委员会第十次会议时指出，共同富裕是全体人民的富裕，不是少数人的富裕。在高质量发展中促进共同富裕，正确处理效率和公平的关系，构建初次分配、再分配、三次分配协调配套的基础性制度安排，促进社会公平正义，使全体人民朝着共同富裕目标扎实迈进。将初次分配与再分配同第三次分配加以整合，形成兼具道德性、发展性、公平性与可持续性的三次分配理论体系，推动社会工作在回归社会、寻求社会公正、高质量发展以及追求美好生活的行动框架下，以社会为核心，整合政府、市场和社会三方力量与资源，推动找回市场社会属性、形成服务型政府以及强化社会道德性，弥补初次分配、再分配、第三次分配单一理论视阈下共同富裕的实践限度。

（一）三次分配理论下社会工作参与共同富裕的内在向度

1. 社会团结的道德指向

基于道德信念所进行的收入第三次分配，是一种对初次分配和再分配结果再作用的方式，几乎不涉及政府调节行为，与政府的强制无关，而是一种纯粹出于个人信念、社会责任心或对某一事业的情感而引起的收入转移、自愿纳税和主动捐献行为。[25]这种强烈的以社会为基础、指向社会的行动取向与社会工作发展和实践过程中"人本性""社会性"理念深度契合。[26]在三次分配整合理论引导下，社会机制原则促使社会工作服务实践回归社会，重拾"为社会"的行动理念，以解决社会问题、回应社会需求、推动社会发展为服务指向，成为基础性公共服务的有机补充。

2. 社会公正的价值转向

社会工作自产生以来，人权和社会公正都成为其服务的核心准则。一方面，社会工作强烈的社会性与三次分配整合理论中蕴含的道德属性深层契合。三次分配整合理论引导下，社会工作将维护社会公平、促进社会正义作为价值取向，以专业实践推动社会公正的实现。另一方面，三次分配视阈下强调社会机制，注重以社会为主、以人为本；而社会工作具有社会公正、分配公平和尊重多样性的实务原则，[27]与三次分配理论具有的内在价值相契合。社会工作专业内涵的政治属性与三次分配整合理论下将公平公正分配原则作为共同富裕的关键目标高度契合，对实现共同富裕目标具有积极推动作用。

3. 高质量发展的行动取向

社会主要矛盾转变大背景下，高质量发展成为总体趋势与大格局。共同富裕所强调的美好生活具有较高水准的"生活品质"与"生活需求"，在这种需求驱动下，社会工作以技术创新强化资源整合、优化资源配置。其一，高效能技术发展。三次分配整合理论认为，作为促进社会资源转移、推动发展成果共享的重要行动主体，社会工作通过专业技术拓宽资源获取渠道、以专业视角挖掘多样社会资源，将促进社会发展成果高效共享作为行动目标。其二，高质量实践内容。社会工作能够为边缘群体、弱势群体提供个别化、精准性的社会服务，既能够满足民众日益增长的多样化服务需求，又

能推进社会公共服务的均等化与高质量发展，为共同富裕的实现奠定基础。

4.美好社会的目标导向

三次分配理论所形成的整合性理论体系中内嵌着强烈的社会主义核心价值观，既强调在发展经济的同时通过个人或团体的自愿捐赠行为拉近个体关系、促进社会团结，也注重缩小收入差距、促进社会分配公平、维护社会公正和强化社会保护。与此同时，社会工作对社会政策的目标落实、对促进共同富裕具有十分重要的作用。党建引领下专业社会工作积极参与和谐社会建设与社会治理创新进程之中，协助贯彻、落实共同富裕和全面发展的相关社会政策，以维护社会公正、强化公共服务、促进成果共享为发展目标，为推进美好社会贡献专业力量。

（二）三次分配理论下社会工作参与共同富裕的可能空间

1.促进初次分配回归社会属性

初次分配以市场为主导，效率与效益成为首要追求。随着新自由主义思潮的影响和形塑，市场经济逐渐脱嵌于社会的轨道，试图以自发调节的方式促使社会的市场化和商品化，导致一系列灾难性后果的发生。三次分配整合性理论内含的道德属性能够引导市场由"脱嵌"转向"嵌入"社会，形成"为社会"的市场分配机制。这一过程既强调市场社会属性的回归，同时也为社会工作在助推社会市场转向进程中发挥专业力量提供了可为空间。其一，推动慈善事业市场化发展，释放社会潜在消费需求。慈善组织作为捐赠者与被救助者间联系的纽带与桥梁，是慈善事业发展的有效载体。社会慈善大格局的形成与巩固需要不断吸收和整合资源，[28]在社会工作的专业助力下将公益慈善融入市场发展之中，运用经济手段帮助慈善事业累积更多资源，[29]进而促进社会经济发展服务于人民福祉和社会主义建设。其二，强化社会救助效能，实现个体"能力再分配"。当前存在着市场不断入侵着生活领域的风险，使得弱势群体因缺乏相关资源而处在脆弱性处境中。社会工作以提供资源支持、健康促进以及技能培训等专业服务内容，注重弱势优先为原则，可以促进各类群体处于更加公平正义的环境之中，通过激发服务对象主体性和潜在优势，不断促进他们的赋能和自我赋能。其三，加快市场社会化发展，推动福利性岗位设置。初次分配的核心问题来自劳动与资本的关系，在按劳分配原则下，劳动报酬远低于企业利润，导致职工工资低，企业资本家的利润却不断上涨，形成贫富两极化。[30]卡尔·波兰尼在其"嵌入性"思想中对市场（经济）与社会的关系进行了极为深刻的阐释，强调市场本质上应当嵌入社会，而不是相反的逻辑。[31]这种关于市场与社会关系思想的启发在于，社会工作专业作为一种社会保护机制，是抵制市场脱嵌、促进市场重新嵌入社会的保护性力量。在整合性分配视阈下，社会工作联合公益慈善力量，将社会道德、人文关怀等价值观念重新纳入市场发展的重要考量之中，促使初次分配跳脱原有单一效率为主的发展模式，通过参与健全社会救助体系、倡导福利性岗位设置，以及履行企业社会责任等社会行动，促进市场回归社会属性，为推进共同富裕奠定社会经济基础。

2.推动再分配服务属性强化

党的十八大以来，我国不断完善再分配制度，建成了世界上最大的社会保障体系，但政策覆盖范围、保障水平、实际效能等还亟待优化完善。传统公共服务的供给模式在结构上存在着较为严重的"中心—边缘"二元供给困境，难以实现民主与效率的兼具。[32]在三次分配理论下，整合社会资源、促进民众力量协同参与，为推进分配领域社会政策的建设、实现社会政策与经济政策的有机互构指明了方向。良好的公共服务至少包括高品质服务内容、高效的运行和管理模式以及公平性等要素，[33]公平与高效成为公共服务的重要指标。然而，市场经济的发展为政府公共服务提供了物质基础，但政府提供的基本公共服务难以在质量和数量上满足公民多样化、高质量的需求，并存在可持续性发展问题。[34]在三次分配整合理论指导下，提升公民自主性、强化政策承载度，促进形成高品质、高效能、更公平的服务型政府，为社会工作的参与提供了行动空间。一方面，社会工作以社区治理为导向，切实参与基层社区治理服务，推动社区治理体系和治理能力现代化建设。其社会属性和贴近生活的服务优势下能够获取更切合社区居民需求的信息，协助基层政府制定出更合理、更具社会承载度的税收和保障制度，进而推动形成更具公平性的社会资源分配与公共服务供给体系。另一方面，社会工作以提升社区服务、完善社区救助为目标，将实践内容深度嵌入社区生活场景之中，旨在协同党政主体公共服务体系更加有效地践行以人民为中心的宗旨。在当前以政府购买服务为主的运作模式下，作为社会政策、社会服务的递送者，社会工作以极具人民性的服务理念为根本原则，通过生活化视角和群众路线的实践智慧，拉近基层行政工作者与社区居民间的关系，以精准化实践完善社区服务体系迈向更高质量。

3. 助力第三次分配道德属性彰显

党的十九届五中全会强调："要发挥第三次分配作用，发展慈善事业，改善收入和财富分配格局。"初次分配、再分配与第三次分配整合形成兼具道德性、发展性、公平性与可持续性发展特性的理论体系，不仅促使市场转向嵌入社会、政府转向服务型发展模式，同时还能引导社会事务朝向社会化发展，提升社会整体道德感和慈善文化氛围。第三次分配在提升GDP规模上很难见成效，但是，其所倡导的内在向度在于提升社会自愿程度和社会公共性水平，社会工作在促进第三次分配实现上述目标方面具有多重优势。其一，企业责任感强化与社会企业发展取向下企业公益捐赠量与社会资源储备量的提升。在此过程中，社会工作不仅能够促进企业社会化发展转向，以企业责任感强化、企业文化营造以及企业捐赠意识提升等方式，推动企业经济发展和结构转型，进而缓解就业矛盾、提升就业质量。同时，在强烈的慈善意识引领下，社会工作还可以通过引导企业向善发展，进一步衍生出更多商业文明形态。在道德价值引领下推动企业经济效益与社会效益的合作共赢，促使商业成为兼具效益与公益的事业，[35]运用市场化方式推动慈善事业发展以实现共同富裕的社会目标。其二，强化个人捐赠、提升个人志愿服务意愿，通过促进慈善捐赠大众化和慈善项目社会化，有效缓解个人捐赠与企业捐赠比例悬殊问题。由于捐赠比例失衡、社会力量参与度弱等情况，慈善事业出现筹资途径少、范围窄等问题，三次分配理论视阈下社会工作将社会理性作为行动准则，在强烈社会道德责任感号召和引领下不断激发个人自愿捐赠行为。社会工作专业不仅能促进提升公民的志愿精神与服务意识，同时还能进一步推动构建具有志愿服务精神的民众队伍。其三，精准化服务与高效率实践，提升公共服务均等化、社会化水平。受新自由主义和新公共管理思潮的影响，当前社会组织或社会服务机构多以效率为本，强调收益和成效，却忽视了社会的真实需求和民众的真正需求诉求，朝着背离社会的方向发展，呈现"去社会化"或"弱社会化"的发展趋势。在三次分配理论视阈下，社会工作以促进"社会正义"为目标，从社会问题着手，基于社会需求和民众需要，在高度社会道德感的指引下朝着实现社会分配公平、促进社会公正、服务回归社会的方向发展，以实现更具均等性、精确性和社会化的公共服务水平。

四、三次分配视阈下社会工作参与共同富裕的本土路径

随着第三次分配被纳入国家治理体系和治理能力现代化议程之中，如何基于初次分配、再分配和三次分配协调配套的基础性制度安排促进共同富裕的实现在学术界引起热议。三次分配理论形塑了社会工作在功能、价值、服务和目标等多维内涵，其在推动多元治理、促进成果共享以及加强社会可持续发展等方面具有多重优势，与共同富裕的实现条件深度契合，笔者试图对三次分配视阈下社会工作参与共同富裕实现的本土路径进行建构，如图1所示。

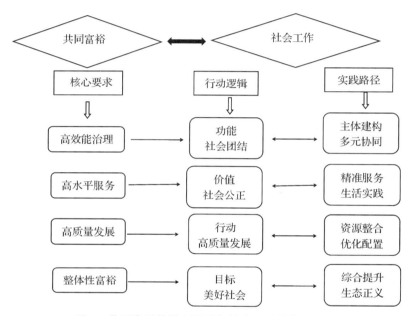

图1　共同富裕的核心要求与社会工作的专业空间

由图1可见，结合共同富裕实现的核心要求，笔者指出，社会工作可以从促进民主参与、强化多元治理，促进资源传递、推动多面向共享，服务弱势群体、推动社会公正，兼顾环境与文化、维护社会可持续发展等方面为促进共同富裕提供多重本土实践路径。

（一）主体建构与多元协同：推进社会治理共同体建设

习近平总书记在党的十九大报告中提出：提高保障和改善民生水平，加强和创新社会治理，打造共建共享的社会治理格局。共同富裕要发挥和依赖群众的力量，发动人民主动参与建设。高效能治理体系是实现共同富裕的现实基础，社会工作在促进实现高效能治理体系中具有独特的专业效能。其一，促进居民的参与意识与主体性建构。当前我国社会工作以"嵌入性"策略嵌入社区之中，通过场景化服务方式为社区居民提供针对性服务，基于能力为本或增能模式推动公众的参与意识和参与能力提升，进而提升基层社区治理活力。其二，提升社会组织参与能力和行动效能。近年来，"三社联动""五社联动"模式在我国社会工作发展过程中得到积极推进，依托社区平台，社工通过组织化途径强化居民议事能力、推动居民自组织产生，将服务内容从个人拓展至街道、居委会、业

委会以及楼组管理等各方各面，进而推动不同实践主体朝着建设"社区共同体"的理想目标而共同行动，[36]促使社会治理朝更精细化的目标前进。其三，协同乡村振兴助力乡村发展。乡村社工站的建立具有促进社会基础再生产、提升农村经济发展机会的功能，促进困弱群体参与，提升其经济生活能力，进而推动乡村实现参与性共同富裕，[37]为推进社会治理共同体的建设奠定基础。

（二）精准服务与生活实践：回应社会大众对美好生活的需求

高水平、均等化公共服务是实现共同富裕的核心要求。党的十九大明确指出，我国社会主要矛盾已经转化为人民日益增长的美好生活需要和不平衡不充分发展之间的矛盾。中国经济已经由高速增长阶段向高质量发展阶段转向。[38]三次分配整合视阈下，社会工作可以在社会理性的行动原则下参与乡村振兴，服务边缘群体，强化社会保护功能，为回应美好生活需求、推进实现共同富裕作出积极贡献。其一，以精准化专业服务促进公共服务的高质量发展。共同富裕的实现需要推动农村农业的现代化发展、推进农村公共服务的均等化建设[39]，社会工作专业恰能为有需要的困弱群体提供针对性社会服务，帮助（协助）解决其基本生活困难，协助社会政策的良好实施，多面向行动之下促进困弱群体走向共同富裕[40]，并推动社会慈善、道德文化氛围形成，进而促进社会公正、提升公共服务和社会服务质量。其二，需求导向与生活实践为本的社会工作行动。社会工作历来坚持服务对象需求为本的行动前提，在多年的服务实践中，已经逐步探索形成迈向生活实践为本的社会工作实践行动，[41]这种致力于关注民众生活需求为导向的专业实践，有助于积极回应社会大众对美好生活的需求。其三，多元化价值助推精神富裕。共同富裕是中国式现代化的显著特征，是人民在物质生活和精神生活上的双重富裕，[42]而社会工作具有多元化、包容性价值与服务理念，在推动中华民族传统文化和社会主义文化相结合的过程中，能够积极发挥文化整合优势，在文化层面提供更加丰富的精神文化产品，以此来丰富民众的精神生活。

（三）资源整合与优化配置：构建高质量的社会服务体系

高质量发展是实现共同富裕的关键支撑，如何实现高效、均衡的发展成为重要议题。十八大以来，习近平总书记多次强调，要随时随刻倾听人民呼声、回应人民期待，保证人民平等参与、平等发展的权利，维护社会公平正义。[43]共同富裕的正义价值强调以分配正义的方式来满足和突出人民的主体性。[44]在三次分配理论指导下，社会工作以专业行动整合社会资源、优化配置结构，在推动公共资源以更公正、高效的方式向边缘群体转移的过程中发挥着重要作用。其一，链接并整合资源。作为一项助人事业，社会工作一直担负着社会资源传递的重任，尤其是在社区为本、回归社会的发展导向下，社会工作成为链接社会资源并将其注入社区发展的重要力量，通过与社区党组织、居委会合作来促进整合社区共同体建设。[45]其二，精准传递与对接。在三次分配理论下发挥公益慈善事业的社会资源与优势成为推动实现共同富裕的有机补充。随着公益慈善体制不断创新，社会工作成为慈善资源的有效配置者和传递者，凭借专业优势最大限度实现"需求—资源—服务"的精准对接，将社会资源以更精准的方式向社会弱势群体转移、分配，并以一种柔性的调节方式协助减少贫困。其三，激发内生活力与公共精神培育。三次分配整合理论中强烈的社会慈善氛围激发了个人"利他性"和"道德性"，使得民众的志愿服务精神得到显著发展。社会工作在社会理性指导下，以公共精神氛围营造和志愿活动创建的方式推动个人以非营利形式参与社会活动，并在其中实现个人的价值追求、提升获得感，进而促进个体的全面发展。社会工作通过边缘群体服务实现促进成果共享的社会效能，整合传递社会资源与居民志愿队伍为不同人群、组织参与社会分配与服务提供了渠道与空间，进而推动构建多元主体参与共同富裕的高质量社会服务体系。

（四）社会公平与生态正义：实现人与自然的共生发展

整体性富裕是共同富裕的关键目标，不仅注重物质与精神的富足、强调环境保护与可持续发展，更重视发挥人的主观能动性和创造性，注重个体在身心健康以及能力获得等多个方面的综合发展。[46]习近平总书记在多次讲话中提到要"构建人类命运共同体""建设生态文明"，同时不断恶化的自然环境所带来的灾难性后果也驱使社会工作不断反思和修正"人在环境中"的深刻内涵，将生态环境带回实践之中。[47]一方面，三次分配理论强调将政府、市场和社会三方力量整合，社会工作在"全人发展观""整合性服务"与"多元化"等理念引导下借助三次分配理论中的整合性力量来促进个体多方面的综合提升。另一方面，笔者认为，共同富裕还应该具有环境向度或生态向度的内涵。社会工作不仅要关注人的问题与发展，同时也要重视对生态文明、环境保护等领域的重视，如何发挥社会工作力量促进生态保护与环境正义成为学术界的重要议题。因此，"绿色社会工作"的衍生推动着社会工作从关注社会正义向关注环境、生态正义、人与自然和谐共处发展。[48]Besthron 曾指出：深层生态正义必须成为社会工作本身和其实践工作的一部分，应当将社会与生态问题联结在一起。[49]多米内利也表示，绿色社会工作实践旨在解决个人或社会组织在公共环境中所存在的不平等分配问题。[50]由此可知，社会工作既能助推个体多面向地综合发展，同时又能以实践行动推进生态正义、强化环境分配公平性，将实现人与自然的和谐共生、共同发展作为最终目标，进一步推进整体性共同富裕目标的实现。

五、结语

纵观我国共同富裕理念的发展历程，其核心意涵随着国家综合国力与民众需求的变化而不断丰富。初次分配与再分配理论下依靠市场经济发展与国家宏观调控，为社会大众创造物质财富的同时，也在一定程度上为低收入人群提供了兜底性社会保障。但随着个人收入差距不断扩大、贫富悬殊愈加明显，初次分配与再分配理论视阈下的共同富裕实践都存在限度，忽略了共同富裕实现的社会逻辑。尽管近几年多次重要会议中强调要发挥第三次分配的作用，但在现实中，第三次分配的力量对于促进共同富裕而言是十分有限的。因此，本文基于对过去初次分配与再分配理论的反思，将初次分配、再分配与第三次分配理论进行整合，建构出一种更具整合性的三次分配理论视角，以整合性机制为行动逻辑，以社会理性为原则，在综合性治理与协调配置资源下探索总体文明与共同富裕的实现路径。基于这一新型理论框架，笔者试图从市场、政府和社会三个维度中对共同富裕的现实内涵与必要条件进行拓展分析，进而从市场的社会性、政府的服务性以及社会的道德性三个方面探寻社会工作参与共同富裕的可行空间，并在此基础上从参与主体、服务实践、资源配置以及社会公正四个维度中对社会工作参与共同富裕的实践路径进行初步探索，为社会工作高质量、专业化、本土化发展提供新的价值取向与本土理论基础。

需要指出的是，本文只是对社会工作回应共同富裕的社会逻辑进行初步探索，要进一步深化理论解释力度,需要结合目前中国共同富裕的现实经验,尤其应以当前中央以推动浙江省作为全国共同富裕先行示范区的实践和经验为蓝本进行深入研究,探究社会工作参与共同富裕的专业逻辑和微观行动机制。

参考文献:

[1] 于光远.经济大辞典:上、下册[M].上海:上海辞书出版社,1992:430.

[2] 江泽民.江泽民文选:第一卷[M].北京:人民出版社,2006:219.

[3] 习近平.扎实推进共同富裕[J].求是,2021(20).

[4] 王道勇.社会团结:推动共同富裕的社会基石[J].中国特色社会主义研究,2021(5):18-24.

[5] 徐现祥,王海港.我国初次分配中的两极分化及成因[J].经济研究,2008(2):106-118.

[6] 陈媛.论市场经济条件下人的发展价值问题[J].广西社会科学,2014(12):95-99.

[7] 余金成,李浩.社会主义市场经济对共同富裕实现模式的创新[J].学习论坛,2021(4):13-19.

[8] 厉以宁.股份制与现代市场经济[M].南京:江苏人民出版社,1993:73.

[9] 黄晓春,周黎安.政府治理机制转型与社会组织发展[J].社会科学文摘,2018(3):62-64.

[10] 刘佑铭.论中国特色社会主义收入分配制度[J].学术研究,2017(4):87-94,177-178.

[11] 厉以宁.股份制与现代市场经济[M].南京:江苏人民出版社,1993:79.

[12] 张晓萌.马克思主义分配正义的基本结构与原则[J].北京行政学院学报,2020(3):69-74.

[13] 高兆明.政治正义:中国问题意识[M].北京:人民出版社,2014:233-236.

[14] 王名,蓝煜昕,高皓,等.第三次分配:更高维度的财富及其分配机制[J].中国行政管理,2021(12):103-111.

[15] 陈友华,孙永健.共同富裕:现实问题与路径选择[J].东南大学学报(哲学社会科学版),2022,24(1):100-108,147,149.

[16] 张学森.共同富裕思想的理论意义[J].社会主义研究,2006(3):43-45.

[17] 马建兴,张霞.公平正义是法治与和谐社会建构中的关键问题[J].民主与科学,2007(3):15-16.

[18] 王春光.建构一个新的城乡一体化分析框架:机会平等视角[J].北京工业大学学报(社会科学版),2014,14(6):1-10.

[19] 韩文龙,祝顺莲.新时代共同富裕的理论发展与实现路径[J].马克思主义与现实,2018(5):31-37.

[20] 郁建兴,任杰.共同富裕的理论内涵与政策议程[J].政治学研究,2021(3):13-25,159-160.

[21] 刘培林,钱滔,黄先海,等.共同富裕的内涵、实现路径与测度方法[J].管理世界,2021,37(8):117-129.

[22] 李友梅.人民本位的中国实践及其内在逻辑[J].社会科学战线,2021(5):1-11.

[23] 张来明,李建伟.促进共同富裕的内涵、战略目标与政策措施[J].改革,2021(9):16-33.

[24] 燕连福,王亚丽.全体人民共同富裕的核心内涵、基本遵循与发展路径[J].西安交通大学学报(社会科学版),2022,42(1):1-9.

[25] 厉以宁.股份制与现代市场经济[M].南京:江苏人民出版社,1993:79.

[26] 徐选国,秦莲.迈向第三次分配:社会工作本土理论建构的一种新视角,2022,未刊稿.

[27] 葛道顺.社会工作转向:结构需求与国家策略[J].社会发展研究,2015,2(4):1-23,238.

[28] 赵文聘.精准扶贫战略下我国慈善事业发展格局突破与持续进路[J].福建论坛(人文社会科学版),2020(7):190-200.

[29] 杨方方.发展现代慈善事业应该认识的几个基础性问题[J].社会科学,2004(3):52-58.

[30] 彭定光.共同富裕是社会主义制度之经济正义的体现:学习邓小平共同富裕思想的体会[J].湖南师范大学社会科学学报,1999(5):19-24.

[31] 卡尔 o 波兰尼.大转型:我们时代的政治与经济起源[M].冯钢,刘阳,译.北京:当代世界出版社,2020:150-151.

[32] 夏玉珍,杨永伟.公共服务供给机制创新:基于网络化治理框架的解释[J].学习与实践,2014(4):61-68,2.

[33] 朱利安·勒·格兰德.另一只无形的手:通过选择与竞争提升公共服务[M].韩波,译.北京:新华出版社,2010:2.

[34] 竺乾威.服务型政府:从职能回归本质[J].行政论坛,2019,26(5):96-101.

[35] 陈友华,崇维祥.混合型组织:未来的方向[J].学习与探索,2017(12):27-33.

[36] 原珂.推进社区治理能力现代化的系统思路[J].理论探索,2021(3):16-22.

[37] 王思斌.乡村振兴中乡村社会基础再生产与乡镇社会工作站的促进功能[J].东岳论丛,2022,43(1):169-175,192.

[38] 王克.牢记绿色发展使命,推动经济高质量发展[EB/OL].人民论坛网,2021-09-20.

[39] 吕德文,雒珊.促进农民农村共同富裕的政策体系及其实现路径[J].中州学刊,2022(1):83-91.

[40] 王思斌.困弱群体的参与性共同富裕与社会工作的促进作用[J].社会工作,2022(1):1-8,100.

[41] 徐选国.从嵌入系统到嵌入生活:我国社会工作的范式转向与时代选择[J].社会工作与管理,2019,19(3):7-15.

[42] 孙大伟.中国共产党推进中国特色共同富裕的哲学方法论[J].中州学刊,2021(12):7-12.

[43] 中共中央文献研究室.十八大以来重要文献选编:上[M].北京:中央文献出版社,2014:236.

[44] 袁航.新发展阶段共同富裕的正义价值研究[J].东南学术,2022(1):57-65.

[45] 徐选国,黄景莲.从政社关系到党社关系:社会工作介入社区治理的情景变迁与理论转向[J].社会科学,2020(3):68-85.

[46] 张占斌.中国式现代化的共同富裕:内涵、理论与路径[J].当代世界与社会主义,2021(6):52-60.

[47] 严骏夫,徐选国.从社会正义迈向生态正义:社会工作的理论拓展与范式转移[J].学海,2019(3):87-93.

[48] 陈星星,徐选国.绿色社会工作:迈向生态环境关怀的社会工作新论述——兼论对我国社会工作介入生态文明建设的启示[J].华东理工大学学报(社会科学版),2018,33(3):1-10.

[49] BESTHORN F. Deep Ecology's Contributions to Social Work：A Ten-year Retrospective[J]. International Journal of Social Welfare,2012:248-259.

[50] LEAN DOMINELLI. Green Social Work[M]. Cambridge：Polity Press,2012:4-8.

基金项目:国家社科基金青年项目"城市社区社会工作理论创新及整合行动体系构建研究"(项目编号:17CSH051)

组织化与治理能力：共同富裕的社会机制研究

万　凤

（浙江工商大学）

摘　要：基于组织化与治理能力的分析框架，在全球化背景与乡村治理的情境中，本文分析了乡村实现共同富裕的社会机制。研究发现，通过组织化，村党组织推动村庄各类治理力量重组，能够形成治理合力，确保社会稳定；在社会稳定基础上，重组资源要素，全域经营乡村，推动乡村农文旅产业的发展，有利于在乡村领域实现共同富裕。然而，全球化 4.0 时代，政府对资源的控制、人才和科技的缺失、农业市场的不稳定性等对新时期以组织化实现共同富裕这一机制带来了挑战。

关键词：组织化　治理能力　乡村振兴　共同富裕

一、问题的提出

全球化 4.0 时代，以人工智能、物联网、大数据为代表的新科技革命正在席卷全球。与此同时，全球性疫情危机、战争危机加剧了社会的不稳定性与混乱。不论是在国际上还是在国内，这都激发了人们进一步探讨新的时代背景下我们的社会将如何演变、如何重塑。尤其是在中国，作为一个农业大国，其农民、农村、农业问题的解决始终是重中之重。在新的时代背景下，中国提出了共同富裕这一战略部署，并将乡村作为共同富裕的主要战场。那么，新时期中国乡村如何维持社会稳定并利用技术实现高质量发展？如何在精神与物质层面实现更大规模的现代化？如何在制度层面实现真正的共同富裕？这些问题是当前中国扎实推进共同富裕，实现经济社会发展必须回答的重要问题。

富裕，是个发展问题。与工业化时期不同，数字化时期的富裕追求在全球层面实现经济增长与环境保护的协调。[1]学界中，对于如何实现国家的繁荣发展已形成诸多研究与观点，但是，不同阶段，学者都会有所反思，近期的研究主要针对 20 世纪 70 年代弗里德曼所主张的新自由主义。多数学者认为，正是过去将企业家利润最大化视为发展的唯一目的，带来了发展的不均衡、气候问题以及反全球化。在此背景下，全球关注的问题是如何实现各国各地区的共同发展，财富创新[2]、技术创新[3]、利益共享[4]等理念被认为是行之有效的几个发展策略。创新使得经济的可持续增长不再仅是幻想，并且越来越多的学者注意到了政府作为创新管理者、分配者的重要性，其需要确保产品及其生产方式能够创造价值，并将技术变革导向绿色创新[5]的正确方向，实现经济结构的生态转型。

过去 30 年来，中国的高速发展伴随着新城市的建设、工厂的运营和基础设施的扩建，向世界展现了经济发展史上的"中国奇迹"。然而，这些"奇迹"多聚集在中国的城市，城市之外的农村地区却陷入了"空心化"。以市场化为导向的发展模式给中国带来了巨大的变化，却也带来了贫富分化、发展不平衡、分配不平等、环境恶化等问题。对此，国家的政策是实现共同富裕。这个思路与全球一致。2020年，中国率先从疫情危机中恢复，对危机后如何重塑社会、推进共同富裕问题进行解决，中国乡村作为城乡发展的短板，尤其影响着共同富裕的最终实现。

为此，本文以浙江省为例，因为浙江农村现代化建设工作开始较早、农村农民富裕程度较高，具备实现共同富裕的基础条件，能够为其他地区的农村发展提供参考。从浙江的个案出发，本文将以组织化与治理能力为分析框架，对浙江既有乡村实现共同富裕的社会机制展开研究。在结构安排上，首先，提出组织化与治理能力的分析框架，接着从组织与组织化的角度分析村庄如何形成治理合力，确保社会稳定；然后，从发展的角度探讨，如何通过综合治理能力重组资源要素，全域经营乡村，推动实现农村共同富裕；最后讨论了中国新的发展背景、政府资源限制、人才流失、技术引进等基础性问题。

二、组织化与治理能力：一个分析框架

社会稳定、经济发展依然是乡村面临的基本问题。与过去的高速发展时期不同，高质量发展阶段，乡村发展可用的资源要素以及发展模式均受到严格限制，令乡村传统工业化模式和政府行政介入的模式寸步难行。创新发展模式，是乡村面临的迫切问题。其中，保护生态环境资源、推动农文旅产业发展成为乡村发展的新模式。从传统乡村工业化向乡村新发展模式转型，对乡村提出更高要求——村社主体性、村社组织能力以及村社受益权利能否实现，将直接影响乡村建设能否有效和实现可持续发展。[6]因此，如何在政府支持兜底、市场激发活力的基础上，强化农民的主体性，通过组织化推进自下而上的乡村治理是实现乡村振兴的重要基础。

组织化，是一个动态的、自下而上的过程，主要指以村民利益为主导、以自愿参与为原则、以共同富裕为目标，将一定空间内的人或物组织起来、动员起来。组织化的对象分为两类：一是组织，也就是人。以党组织为核心，以村庄权力关系和社会关系为纽带，重组乡村正式组织和非正式组织、政治组织、经济组织和社会组织。二是资源要素。一个村庄的要素禀赋、资源优势在任意特定的时刻是给定的，但随着时间的推移是可以改变的。[7]一般而言，既有空间的要素禀赋由自然资源、劳动力和资本（包括物质资本和人力资本）构成，其中，土地要素等自然资源是固定要素，金钱、政府项目等物质资本，村内及村外劳动力，以及知识技术、企业家回馈精神等无形的人力资本，是可以随着时间改变的，乡村振兴中应该关注、促进和改造这些资源禀赋。

治理能力的强弱，直接关系到乡村的发展与繁荣。本文中的乡村治理能力，与组织化这一动态过程高度相关，主要是指多种力量按着某种组织方式产生的能力。该能力受到组织方式、组织间关系以及组织制度的约束，并不总能保持稳定，而是具有动态变动的性质。根据组织内外面临的不同问题、机遇，不同的组织方式能够带来不同的能力，从而实现可用资源的重组与有效利用。这些可用资源并不仅仅来源于政府，还有市场、乡村、乡贤等各类力量。在类型上，治理能力分为分散能力和综合能力，单个组织能力较强并不意味着多个组织综合能力的提升。分散能力也许能够通过某一组织促进某一领域的发展，但乡村振兴是全体村民全部领域的振兴，组织化所带来的综合能力的提升成为重中之重。

组织化与综合治理能力是思考共同富裕与乡村振兴的重要视角。以党组织为核心,村民委员会、村股份经济合作社、村务监督委员会构成了村庄治理的正式结构。核心组织和正式组织之外的外围组织,比如基金会、老龄会、合作社,不仅是正式组织的有效补充,还是乡村振兴和共同富裕不可或缺的力量。正式组织往往通过外围组织社会机制的中介作用,实现国家意图在乡村的落地。组织与组织化不仅将村中疏离的人际关系维系起来,将分散的资源聚集起来,为乡村的稳定夯实基础;更重要的是,在稳定的基础上,通过推进乡村各类资源要素的有效组织与利用,以转型后的治理能力打造乡村振兴图景,能够擘画出共同富裕的乡村新蓝图。

三、党建引领、乡村治理力量重组与社会稳定

中国的改革是从农村开始的,农村的改革是从农民家庭重新获得土地经营权开始的。[8]1978年后,家庭承包经营逐渐成为农业生产责任制的主要形式,农民的生产积极性得到极大提高。1990年,为应对小农经济有限性,习近平提出要走大农业发展之路,直至今天,浙江建成了农民专业合作、供销合作、信用合作"三位一体"的新型农村合作体系,有力促进了农民增收和农业现代化。然而,浙江农村的改革从经济开始,却不止于经济。经济领域内所实现的合作化、组织化促成的现代化成果,为村民自治、重建乡风文明等领域提供了有利参考:农民只有通过自愿合作组织起来,乡村社会才会有凝聚力,凝聚力才能转化为战斗力。若要凝心聚力,就要从具体的人抓起。因此,乡村建设需要以组织为依托,健全以村党组织为核心,正式组织如村民委员会、村务监督委员会、集体经济组织各司其职,外围组织如村妇联委、共青团、老龄会等广泛参与的圈层治理结构。

(一)巩固村级党组织的领导地位

如今,行政驱动的运动式治理依旧盛行于中国乡村。通过政党下乡等举措,国家将"一盘散沙"的乡土社会整合成一个高度组织化的政治社会。政党组织,是乡村治理的权力主体,是传统乡村社会精英治理体制的替代,在现代乡村治理中发挥着其他组织无法取代的作用[9],是农村全部工作和战斗力的基础。然而,在社会急剧转型的背景下,乡村不稳定因素激增、矛盾多发,致使许多乡村建设工作陷入瘫痪状态,乡村一级的政党组织威信大大受损,难以取信于民。此种情况下,亟须巩固村级党组织的领导地位。浙江桐庐的大市村之所以一改过去的混乱状态,正是通过乡政府派驻新的书记接管村庄,返聘有能力、有声望的退休乡级干部任村书记,实现了乡村党组织的更新换血,有力聚焦处置了发展时期怨声载道的遗留问题、突出问题。

做好党的内部建设,是同时期的另一项重要工作。好的村风民风,关键是要党员干部包括村民群众实现思想统一。通常情况下,乡村建设中的反对主体,多是村中有权势、有话语权的个体,新任组织干部需要以做实事等行为将部分老党员、老干部从反对者转为支持者,从而齐心推动党组织工作执行。与此同时,为后期村级党组织以大党建思维统领各方打下坚实基础。浙江海宁博儒桥村从贫穷落后转向五星级美丽乡村,便是得益于探索"党建+"模式,包括党建+经济、生态、服务、治理、文化、民生六大事业,实现了基层党组织建设与社会治理的协同发展。

与此同时,村党组织对健全和创新其领导下充满活力的村民自治机制负有责任,应当推动重组村级正式组织,整合集体力量。离开村级干部,国家很难直接与村民打交道。因此,要引导村级正

式组织有效管理社会。村庄社会是熟人社会，国家必须通过吸纳村民进入正式的基层组织，使得基层组织有力量深入乡村内部，从而实现国家意志的落地。并且，政策落地也应当讲求方法，充分重视对乡村空间、既有公共场所设施的再利用与改造，通过在特殊场所举办座谈、仪式等活动，将政策意见、发展思路等传达给村民的同时，也让村民基于特殊的仪式氛围感受到被尊重，并充分支持村庄工作。浙江湖州老虎洞村秉持"花小钱办好事"的理念，最大化发挥乡村基础设施作用，通过将"百姓是非地"变为民意集聚地，闲置民房变为"红色驿站"，空白地建起"初心馆"等举措有效凝聚了乡村共识，引导村民参与公共事务。

（二）凝聚村庄精英并将其转化为治理力量

费孝通曾在 20 世纪 40 年代对中国传统社会结构进行研究，得出了"皇权不下乡，而是由乡村士绅主导县以下的社会秩序"[10]这一结论，可以得知乡绅在传统乡村中发挥着重要作用。虽然，从今天看，乡绅群体已在 20 世纪漫长的革命中消失了，但受到中国乡村历史传统的影响，20 世纪 90 年代新的多元化的乡村精英再次登上舞台，他们通常是乡村生活领域中具有领导、管理、决策、整合功能的重要影响人物。[11]乡村精英可分为政治精英、经济精英和社会或文化精英，他们在农村工作方面有经验，群众工作方面有基础，行动方面有号召力。通过凝聚乡村旧政治精英，将曾经担任过村书记、村主任、村干部以及县乡人大代表等职的组织人员转化为农村新的治理力量，能够使乡村治理工作事半功倍、锦上添花。

一是组建老娘舅议事会。浙江桐庐大市村的党组织与村两委为引导旧政治精英参与乡村治理，通过组建老娘舅议事会的形式，与旧精英搭建联系机制，保持常规联系。在这期间，主要通过商讨农村发展问题这一方式统一老干部思想，使他们在农村的工作经验得到共识、得到价值认同，再经老干部将乡村发展理念传达给村民，极大方便了工作开展。在解决老百姓矛盾纠纷方面，旧政治精英基于对村庄的了解、过往史实的知悉以及常年工作累积的人情往来，较新任村委会更擅长处理矛盾调解工作，常常起到事半功倍的效果。

二是成立老龄会。伴随着大量青壮年外出务工，老年人成为留守乡村的主要群体，同时也是乡村治理工作中关注的重要群体。桐庐县大市村为了更好地服务老人，逐步引导有能力的老人参与社会治理，实现老有所养、老有所能，由两委人员、党员、老年人代表等人组成管理人员，成立老龄会。其工作职责包括对老年食堂的日常管理、对老年活动场所的管理以及逢年过节专门对老年人进行节日慰问等。其他村庄还会将有意愿从事志愿服务的老人组织起来，为村委分担村务工作、矛盾调解工作以及简单的绿化工作，将老年人这一群体充分动员起来。

（三）发挥乡贤和公益基金会力量

乡贤往往也是地方上的财富显赫者与德行高坚者[12]，他们不仅有事业、有经济头脑，还有政治观点。受到乡愁及回报乡梓传统的牵引，地方乡贤往往会自愿参与到社会主义新农村建设和乡村振兴的历史进程中：通过早年在外打拼积累大量财富，日后不仅为村里拉项目"造血"，更重要的是，通过向村内投入资金设立慈善基金会，以第三次分配的形式为村民强化兜底保障，在扶困、扶贫、助老、助学等方面发挥重要作用。

一是村企构建共富联盟。村企合作契合多元主体间利益均衡需求，是农村市场经济发展和城乡共同富裕的内在需要。[13]深受中国传统乡土文化影响，在外乡贤回馈奉献家乡的意识浓厚。通过党组织、村委努力，走访企业家乡贤，依据企业家群体优势，洽谈合作，推动村内农特产品走向市场，能够为农民解决销售的后顾之忧。如桐庐县大市村在现有多位"三通一达"快递企业家的条件下，村书记等干部"三顾"企业家上海总公司，与快递企业建立共富联盟，实施"强企带弱村"模式，在投资兴业、创业培训、人才支持、农特产品销售等方面，实现政企、村企、社企多向发力，助力村民共富。

二是成立企业家慈善基金会。在乡村建立企业家乡贤群或乡贤库的基础上，通过自愿参与等原则推动成立村级慈善基金会。通过引领企业家乡贤聚焦慈善，引入慈善本金与资产，以教育、医疗、养老、社会福利等为重点领域，搭建慈善平台，能够有效打通乡贤反哺家乡的微通道。例如钟山乡从2014年起就设立了"三通一达"百万教育公益金，不仅为家庭贫困、成绩优异的学生送去补助与支持，也留住了由于工资过低而生活不稳的部分乡村教师。钟山乡各村都自发成立了企业慈善基金会，主要是为因病致贫、意外致贫等村民提供政府救助政策之外的补充性帮助。

（四）壮大产业农合联

农村当地不乏经过多年打拼从而在农业经济领域占有市场份额的村民，这类对市场保持敏感、交易资源丰富，并对当地经济活动构成一定影响力的农户被称为新型经济精英。发展新型农业，推动农业产业高质量发展，壮大农村集体经济，迫切需要这类精英，通过将其吸纳入村级自治组织，以村委委员的身份主导村经济决策与活动，有利于为村集体经济能力的增强提供保障，引导村民走向正确的经济发展方向。

新经济精英推动成立产业农合联，是乡村稳固发展的另一组织形式。在浙江，集生产、供销、信用"三位一体"的农村新型合作体系几经发展，形成了以"产业农合联"命名的新型合作组织。该组织以产业为基础，通过将生产、加工、营销等领域的利益相关的村社、村民等主体联合起来，进行市场化、企业化运作，从而实现组织的经济功能。产业农合联有力克服了过去传统产业合作社区位有限、规模偏小、市场话语权不足等限制，能够每天公布农产品交易价，对外拓展市场，有效应对市场的不稳定性部分；与此同时，产业农合联将克服基层政府在当地产业发展上的无力。产业农合联由于具有专业性、包容性的特点，不仅能为村民提供较过去更专业、更丰富的服务，而且还是实现产业经济上"强村带弱村"的一个关键组织。产业农合联对落后农村的产业带动作用尤其明显及必要。

（五）发挥其他外围组织的补充性作用

村妇联委、共青团、民兵、网格员、文化员、基层联络员等组织和人员亦是乡村治理中的重要主体。农村是生产生活空间，处处需要人力，管好队伍用好人显得尤为重要，其中，以留守妇女为代表的人群在乡村发展中发挥着重要作用。以桐庐县的大市村为参考，村内妇女主要在两个方面发挥力量：一是以村内网格员的身份参与社会治理。大市村的网格员队伍多以妇女为主，她们以勤劳、热情等特质参与到乡村治理工作中，负责防汛宣传、入户调查、纠纷调解等工作。二是作为劳动力参与村内的生产活动。村内会为妇女提供一些"零碎活"，从而满足妇女们"在家门口就能增收"的愿望。一般而言，妇女会在家进行简单的手工工作，如编织帽子；到村内生产合作社成为劳动力补充，如在合作社包梨；或是在村内民宿做小时工，村内 3 家民宿共雇用 30 余人，其中 20 余人都是妇女。

也有村民在政府的引导下，合作成立民宿协会、雕塑协会等产业协会。一是将行业内能人、新人等群体聚集起来，成立一个组织，能够为当地的特色产业提供技术指导，实现有序规划；二是通过特色产业协会实现对当地特色文化、非遗文化的传承与发扬，利用"非遗＋旅游""非遗＋电商"等模式，将非遗文化转化为经济成果，助推乡村振兴。不仅如此，在文化层面上，乡村也设有文化员、基层联络员等。他们驻扎在农村基层，为村社群众联系安排文体活动、第一时间反馈群众文化诉求，经常出现在文化礼堂、道德讲堂、农家书屋等组成的综合性文化活动场所。这些文化阵地，平时是村庄文化展示、村民休闲聚会的基地，节庆里还可以作为演出会场。浙江农村很多村民都会预约在文化礼堂操办喜庆酒席，他们希望让村民共同见证家里的喜事，村庄氛围十分和谐。

基于此，以党组织为核心，紧紧团结老人组织、乡贤，将旧的政治精英和新的社会经济精英转化为党组织的支持者，吸纳、引导产业农合联和其他外围组织服务于党的某个功能，进而形成以党组织为核心的圈层治理结构（见图 1）。这不仅有效维持了社会稳定，也为后续乡村综合治理能力的发挥提供了坚实支撑。

党组织

正式组织

外围组织

图 1　圈层治理结构

四、资源重组、村庄经营与共同富裕

新一轮全球产业变革和科技革命、数字革命为城乡发展带来巨大潜力，引导地方逐渐步入保护生态和清洁生产的可持续发展队列中的同时，为当地带去更加自主、便捷、信息化、网络化的生命体验。[14]立足于全球化 4.0 的大背景，必须清醒地认识到创新经济、知识经济、互联网经济对政府工作的新要求：乡村需要在社会稳定的基础上，通过发挥各类治理力量合力，提升乡村内生能力，从而推动乡村的创新发展、绿色发展，使日后实现共同富裕成为可能。村庄发展的关键在于：在村级组织团结的基础上，建立清晰的发展思路，按照村庄的实际苦干实干。这包括四个方面：用好政策用足政策；做优做强农特产业；引导乡贤回归，推动项目落地；做好精神富有的后半篇文章。

（一）用好政策用足政策

经济发展进入新时代的基本特征是由高速增长阶段转向高质量发展阶段，与之对应的是，乡村产业发展也由过去简单的投资设厂增收转向规划式、项目式发展。政策、项目等作为可变动的外来资源禀赋，在村庄建设中成为重要的可控因素，村级党组织、自治组织"如何研究政策、用好政策、用足政策"成为村庄发展的重要命题。

既有下乡政策主要分为普惠性政策与特惠性政策。其中，以民生工程建设、基础设施建设等为主的普惠性服务政策是所有村庄皆能享有的，例如新型农村合作医疗、农村义务教育统筹等，并在农村公共服务和基础设施建设上起到"筑底"作用。[15]特惠性政策项目则具有特殊性，聚集了大量的资金、技术、发展指标等政策优势，是上级政府对有限资源的再分配，现有支农政策中特惠性政策占多数，主要发挥着"做事"的功用。因此，特惠性政策十分依赖于村级组织的向上争取、多跑部门，对村干部的眼界、统筹与行动能力皆提出高要求。来自钟山乡下辖村等地的实践表明，争取政策项目的重要前提之一在于"勤跑部门、多做工作、投入充分的配套资金"。特惠政策这一资源具有稀缺性，受到上级政府领导意志、村干部能力、村级资源等多项要素影响，村级组织应当尽可能尝试积极举措，如定期走访上级部门，向上级部门汇报工作、提诉求，争取项目，并投入充分的配套资金，做好项目之间的资金置换与多渠道资金筹集工作，重视做好项目带来更多资源的样板性意义。

与此同时，用好政策的关键在于村庄发展的思路要跟得上政策、跟得上时代。新时期农业依然是农村发展的重点，在高质量发展转型的背景下，需不断优化农业产业结构，大力发展高效生态现代农业，参照现有市场经济的管理思路、生态思路发展村庄，通过建立智能农业新模式助力现代农业精细化和高效化发展。面对近年来雇主、农工的传统农业发展受限等困境，各地逐渐兴起的数字水果智慧园等现代化生产基地在提高农产品品质、打响农产品品牌、提高农业效益、减轻劳动强度等方面发挥了重要作用。

（二）做优做强农特产业

在面对现有农村设施条件差、农业经商致富比例低、农民教育水平不高等多重发展难题的情况下，产业发展始终是因地制宜支持富裕的优越路径之一。乡村中发展产业应当将目光聚焦在当地的农特资源上，转变致富观念，主动适应市场经济需求，正确对接市场。然而，我国农民受教育程度较低、分辨信息能力有限，存在农产品分散交易、不了解行情等弱点，需要基层干部充分发挥带头作用，通过成立产业农合联等合作体系统一对接市场并建立稳定的交易关系，对恶意压价的经销商和非理性农户形成约束与指导，从而实现品牌营销和品质种植的结合，做优做强本地农特产业，做好致富增收的专业文章。

按产业分类成立农合联，能够凸显出共同的服务需求，为村民提供更精准、更专业的服务。钟山乡大市村的该类组织通过建设"五个统一"标准，能为农户提供从种植到销售全产业链的帮扶。包括统一采购化肥、农药等生产用品，有效降低成本、保证质量；统一培训，包括统一生产过程、施肥时间、施肥量等要素；统一收购，解决农产品的"最后一公里"销售渠道问题；统一包装，统一销售，从而实现农特产品质打造，打响当地农特产品的品牌效应。

产业发展不仅是农村一方的事，还需依托乡级政府的推动。乡级层面，根据不同乡域的资源禀赋和产业基础进行产业空间规划，通过设立特色产业发展片区，能够有效汇聚资源，破解村域、环境、资源、土地等要素制约，克服过去村与村之间互不相关、乡村之内企业不来等弊端。如钟山乡曾依据地方特色设立"四大功能片区"：快递回归示范区、农旅融合产业区、石材石雕集聚区、城镇综合服务区。其中，为进一步加强大市陇西农旅融合示范区农旅产业引资力度，设立 1000 万元专项创业资金，鼓励和支持当地人才、企业以多种形式投资发展；为提升当地农特产知名度，政府推动举办活动，比如蜜梨文化节、蜜梨甜度大赛、毅行等公开活动；同时，积极在自有微信公众号平台、官方媒体等渠道对农特产业、产品进行宣传，有效提高了当地产品的知名度。

乡贤企业，是助力当地农特产品做优做强的另一重要主体，主要通过承担购买角色解决农特产品的"最后一公里"。如桐庐县歌舞村的实践表明，通过与"三通一达"企业建立共富联盟，签订产品销售协议，鼓励企业包销包售，端午前后乡贤企业共收购20万个村内手工粽子，有效为农民减轻负担、增加收入。

（三）引导乡贤回归，推动项目落地

乡贤参与甚至主导乡村治理的局面在我国有着悠久的历史，并在稳定乡村社会秩序和协助国家治理方面发挥着独特的功效。[16]乡村振兴中，乡贤主体除了承担农特产品的收购者角色外，在推动农村产业转型与升级、建设文明乡风和实现治理有效等方面同样具有重要意义。[17]基于此，政府主体除了提供物质和社会基础设施，应当发挥更多的建设性与推动性作用——充分重视企业家精神这一无形人力资本，鼓励乡贤回归，支持技术与创新，投资产业发展。

新时期在农村发展土地受限的条件下，一个智慧的做法是，村集体主导村级产业发展，以"争取大项目落地"为主要思路，在农村发展土地指标有限的条件下，"大项目"不仅获益资金多而且辐射广，能打出农村品牌特色，推动全村整体开发与发展。如在桐庐县钟山乡农旅融合样板区，通过乡贤回归项目打造的熊猫主题乐园正将钟山的名声传播在外。贵阳龙里申通快递有限公司、杭州归谷生态旅游开发有限公司共同投资建设起"陇西生活"萌宠乐园，旨在打造一个集旅游体验、水果及农产品种植采摘、户外拓展、科普教育为一体的综合性农旅项目，为当地注入无限经济活力、吸引外来人员的同时，也为村内村民实现了"在家门口就能就业"的愿望。

与此同时，农村当地独特的山水资源、旅游资源与闲置房屋、空地，使得建立村域特色民宿成为可能。发展民宿经济，是拓宽村民增收致富途径、助推当地农业经济转型升级的另一有效路径。[18]但目前国内乡村民宿发展多是以村民自发建筑房屋、装修房屋为主，缺乏统一规划，难以形成区域特色，经济可持续性并不理想。新时期应当引导村民自治组织统筹管理、规划民宿产业，注重在建民宿质量的同时，更加重视宣传营销工作，增加既有民宿的曝光度，做优做大本地品牌。民宿发展的同时，也会带动村中蔬菜、水果、肉禽等相关产品产业的发展。例如，桐庐某乡村民自治组织专门推动组成有运营经验的民宿团队，负责民宿的整体运营，从而有序引进静林原舍、过云山居、大乐之野、云溪上等一批高端精品民宿，有效唤醒了沉睡的民宿经济。

（四）做好精神富有的后半篇文章

共同富裕不仅是物质上的富裕，而且是物质与精神生活统一的全面富裕。大体上看，乡贤文化、美丽文化、日常文化构成了乡村生活的"文化粮仓"。乡贤文化根植乡土，它贴近性强，蕴含着见贤思齐、崇德向善的力量。新时代传承和弘扬乡贤文化具有重要的伦理价值，对提升乡民们的文化自觉、文化自信和文化自强，提升乡村文化软实力，培育文明乡风，形成向善向上的精神氛围具有重要意义。如在桐庐歌舞村，"三通一达"企业家乡贤在乡贤基金会的基础上，通过依托歌舞中学旧址重建、设计快递人学院、快递研学基地、快递文化展示中心，打造"快递小镇"，其所营造的快递人勤劳致富、勤学致富的文化氛围深深影响着每一位村民。

美丽文化是新时代美丽乡村建设背景下产生的新兴文化，与乡村清洁、乡村整治、垃圾分类等村民的日常工作有关，美丽文化工程不仅能为民众提供良好的公共环境，也可以更广泛地转化为人民的共同财富和福祉，即所谓的"绿水青山就是金山银山"这一绿色生活方式的体现。外围组织如网格员队伍、妇女联合会等在这项工作中发挥了重要作用。以钟山乡各村为例，不仅每月下派网格员走访各村各户进行美丽文化宣传，还出动"钟山桶嫂"队伍专管垃圾分类，从而为乡村带来美丽环境。

日常文化与村民的日常生活、文娱活动息息相关。以文化礼堂、文化长廊、文化广场等为标志的文化阵地综合体，在丰富农民群众的精神家园这一核心需求方面发挥了重要作用。日常生活中，发动基层网格员队伍完成村史村情、乡风民俗、崇德尚贤、时事政策等内容的展览布置工作，通过设立展示良好乡风的文化长廊，营造起和谐有序的乡风文明与邻里氛围。老龄会则负责对老年人活动场所进行妥善管理，满足了老年人搓搓麻将、看看电影的朴素愿望；妇联引导下的广场舞队伍极大丰富了村内妇女与其他人群的精神需求，等等，这些举措皆对丰富百姓的精神文化生活，增强村内凝聚力具有正面意义。

五、讨论：组织化、治理能力与共同富裕

不同于之前的研究，现阶段下的乡村建设在诸多方面产生了变化。其中最为显著的是来自环境的变化。乡村过去是稳定的，现在面临着高质量发展转型背景，产业发展转型导致乡村出现了不稳定环境。政府治理理念也在发生变化，正如党的十九大报告所提出的"加强农村基层基础工作，健全自治、法治、德治相结合的乡村治理体系"所示，"自治"被置于首位，新时期农村发展主张依靠农民自己的力量实现自我发展。乡村发展方式上，相同的是依然要走经营的道路、发展的道路，但与过去乡村依靠蛮力搞资源开发不同，如今强调乡村绿色发展、创新发展的路径。市场化和行政化的有限性愈来愈凸显，等等。这些环境的变化都对新时期提出组织化、构建农村农民合作起来的社会机制提供了必要性背景。

21世纪以来，国家出台了福利型、公益型、保障型、保险型和培育型惠农政策共计120多项，推动了农业发展，改善了农村环境，提升了农民生活水平。[19] 来自政府的政策与资源作为外来物质资本，为村域发展带来了优势，但是既有政策中，政府对资源的控制，尤其是土地指标，成为乡村共同富裕的短板。具体表现为国家一方面提倡农村搞产业发展，另一方面对于涉及农村产业发展的土地批准制度却更严格了。大量农村劳动力的外出流动，致使村内土地抛荒问题严重，许多农田由于常年无人耕种已长满杂草，或用来堆积废弃石料，但尽管以此种形式造成土地资源的浪费，政策上也是不允许村集体动用这片土地搞产业发展的。因此，新的发展趋势下，如何在保障农户土地财产权、使用权等权益的基础上，解决产业发展与农村用地之间的矛盾是今后亟须解决的问题。

对人才、科技的需求更强，是今后以组织化形式实现乡村振兴的另一个重要趋势。然而，当下这一时期，制约乡村组织发展的关键因素就是缺乏专业的人才。[20] 因此需要通过选优配强农村基层组织班子[21]、建立健全职业农民教育和培训制度[22]、采取产学研培养模式和订单式培养模式[23]等手段加强对本土人才的培育；同时，以乡情纽带、政策优惠、改善乡村基础条件等方面引进外来人才；并完善相应的人才激励和保障制度，推动乡村人才建设制度化和规范化。[24] 科技方面，通过对

数字技术应用的持续加深，将能够在推进农村农业现代化发展、提升公共服务水平与效率、激发村民参与自治活力、加强村级组织监管等方面发挥重要作用。

并不是说形成了组织化的社会机制，乡村发展就一劳永逸了。事实上，如今的乡村，比以往任何一个时期都更敏感，更容易受市场波动、外部环境的冲击。当农业市场出现不稳定、全球突发公共卫生事件等时，企业家乡贤拒绝投资、企业退出合作等这些乡村发展的支持性力量退出组织舞台，借由组织化与治理能力形成的社会机制就会面临失效。还有许多其他因素，如小农自古以来的分散性使得组织化的实现较为困难。历史实践证明，在农村，做正规化的管理是不可能形成管理机构方面的优势的，反过来，在认同建设方面的潜力就比较大。[25]这就对村党组织、村集体再造村民信任和形成科学稳定的合作体系提出高要求；然而，这一过程中村集体的局限性——对乡村有形、无形资源的占有可能限制着组织化的公平与理想效益的实现。

六、结论

在现代化各项因素的侵袭下，一个愈加明显的趋势是：分散的小农户既无法有效对接市场，也无法有效承接政府资源，这种结构性困境使得亿万农民整体上成为"弱势群体"[26]。因此，新时代的乡村振兴、共同富裕，必须通过"组织化"将分散的村民组织起来、团结起来，形成以党组织为核心，正式组织、非正式组织共同参与的治理体系，建立稳定的乡村社会基础；进而在稳定的基础上，重组资源要素，全域经营乡村，推动乡村农文旅产业的发展，引导乡村逐步走向自谋生存的自主发展之路。只有将村民、村内外资源再次组织起来，才有实现新发展的可能性，确保农民安居乐业、农村生活安定有序。

当然，本文基于个案得出的结论还有待验证。未来，也需要对在组织与组织化运行过程中所产生的各项问题及解决措施做进一步研究。例如，对于我国乡级村级组织普遍存在的如功能性发挥不强、组织边界模糊、组织行为不规范等问题如何进行有效解决，如何保障组织化的公平及理想效益的实现等问题。

参考文献：

［1］菲利普·阿吉翁，赛利娜·安托南，西蒙·比内尔.创造性破坏的力量［M］.北京：中信出版社，2021.

［2］玛利亚娜·马祖卡托.增长的悖论［M］.北京：中信出版社，2020.

［3］威廉·伊斯特利.经济增长的迷雾［M］.北京：中信出版社，2016.

［4］克劳斯·施瓦布，彼得·万哈姆.利益相关者［M］.北京：中信出版社，2021.

［5］理查德·鲍德温.失序：机器人时代与全球大变革［M］.北京：中信出版社，2021.

［6］孙莹，张尚武.乡村建设的治理机制及其建设效应研究：基于浙江奉化四个乡村建设案例的比较［J］.城市规划学刊，2021(1)：44-51.

［7］林毅夫，苏剑.新结构经济学：反思经济发展和政策的框架［M］.北京：北京大学出版社，2012.

［8］李文.再论我国20世纪80年代的农村经济体制改革［J］.当代中国史研究，2009(16)：116-117.

［9］徐勇."政党下乡"：现代国家对乡土的整合［J］.学术月刊，2007(8)：13-20.

［10］费孝通.中国士绅［M］.北京：生活·读书·新知三联书店，2009.

［11］孙立平,王汉生,王思斌,等.改革以来中国社会结构的变迁［J］.中国社会科学,1994(2):47-62.

［12］米莉.乡村振兴应充分重视和发挥新乡贤的中坚力量［J］.农业与技术,2021(41):163-165.

［13］唐惠敏.村企合作的生成逻辑、政策需求与理想类型［J］.北京社会科学,2021(11):94-105.

［14］理查德·大卫·普雷希特.我们的未来:数字社会乌托邦［M］.北京:商务印书馆,2022.

［15］叶敏,李宽.资源下乡、项目制与村庄间分化［J］.甘肃行政学院学报,2014(2):14-21.

［16］白现军,张长立.乡贤群体参与现代乡村治理的政治逻辑与机制构建［J］.南京社会科学,2016(11):82-87.

［17］吴晓燕,赵普兵.回归与重塑:乡村振兴中的乡贤参与［J］.理论探讨,2019(4):158-164.

［18］冯林雪.特色乡村民宿助推农村经济发展:以城口亢谷为例［J］.农家参谋,2020(22):20-21.

［19］慕良泽,王晓琨.乡村发展:从"政策惠农"到"战略部署"［J］.中国行政管理,2019(2):86-91.

［20］徐顽强,于周旭,徐新盛.社会组织参与乡村文化振兴:价值、困境及对策［J］.行政管理改革,2019(1):51-57.

［21］张雅光.新时代乡村人力资本现状及开发对策研究［J］.中国职业技术教育,2018(36):61-66.

［22］蒲实,孙文营.实施乡村振兴战略背景下乡村人才建设政策研究［J］.中国行政管理,2018(11):90-93.

［23］张翠玲,李健.乡村振兴战略实施背景下河北省新型农业经营主体的人才培养模式研究［J］.乡村科技,2018(36):16-17.

［24］胡永万.为推进乡村振兴提供有力的人才支撑［J］.农村工作通讯,2017(24):27-30.

［25］王景新,彭海红,老田,等.集体经济村庄［J］.开放时代,2015(1):11-73.

［26］吴重庆,张慧鹏.以农民组织化重建乡村主体性:新时代乡村振兴的基础［J］.中国农业大学学报(社会科学版),2018(35):74-81.

共同富裕战略背景下年龄别社会分化的缩小机制研究

——以 G 县 F 村为例[1]

叶羽裳　　张品

（浙江师范大学）

摘　要：当前及今后很长一段时期，中国将逐步进入深度老龄化社会，在这一趋势下推动共同富裕，年龄别分层的缩小成为重中之重。城乡二元分化背景下，年龄别社会分化的缩小很大程度上依赖于农村养老公共服务的有效供给。本文以 G 县 F 村为例，通过实地考察与访谈，重点阐述年龄别生活质量社会分化的具体情形，在此基础上总结养老公共服务供给的有效方案，探索年龄别社会分化的缩小机制，有助于实现"脱贫"向"共富"的逆转。实践证明，以党的领导为依托、以政府为保障、以社会组织为重要载体的乡村协同治理格局的形成，一定程度上解决了农村养老公共服务的集体行动困境，并促进年龄别共同富裕的有效达成。

关键词：共同富裕　年龄别社会分化　缩小机制

一、问题的提出

党的十八大以来，我国脱贫攻坚取得了实质性进展，贫困地区群众的生活条件得到了显著改善。为进一步解决我国发展的阶段性问题，党的十九大提出到 21 世纪中叶"全体人民共同富裕基本实现"的奋斗目标，十九届五中全会则进一步将这一目标定性为到 2035 年"全体人民共同富裕取得更为明显的实质性进展"。共同富裕顺势成为社会各界关注的焦点议题。新形势下，共同富裕作为党中央智慧凝结而成的战略新目标，被摆在极其重要的位置。为深入贯彻落实党的十九大精神，我国坚持以人民为中心、消除贫困、改善民生，朝着全体人民共同富裕的目标迈进了一大步。然而，在城乡二元分化背景下，年龄别社会分层愈加明显，养老公共服务供给正面临着巨大的挑战。由于人民生活水平提高以及人均寿命的大幅延伸，老龄化形势日益严峻，之后我国将逐步进入深度老龄化社会，留守老人的数量也将继续达到一个新高度。同时，城市化与人口流动的加快使得农村青壮年劳动力大规模向沿海经济发达地区转移，扩展式的家庭关系纽带逐渐弱化，核心家庭成为独立的亲属单位，农村个体化趋势日益显著，空巢老人的日常生活也受到了巨大的冲击。由于受到经济、文化、教育等方面的限制，当前农村留守老人可获得的资源越来越少，其家庭归属感也越来越弱。随着"养儿防老"传统家庭养老模式的消失，留守老人将面临物质与精神生活的双重危机。在这种情况下，似乎很难看到农村社会中养老和养老服务等公共物品供给的希望，年龄别社会分化亦成为农村社会发展面临的主要难题，深深困扰着地方政府、社会及个人。这一背景下，如何妥善解决农村养老及养老服务方面的集体行动困境成为整个社会亟待解决的现实难题,也是缩小年龄别社会分化、实现共同富裕的必然要求。

二、年龄别分层的应用及其现实依据

共同富裕是我们矢志不渝的奋斗目标,从社会学视角来看,实现共同富裕必须解决社会分层导致的社会问题。19世纪末关于社会分层的研究主要有两种路径,一种为马克思的阶级分层方法,另一种为韦伯的多元社会分层理论。随后学界以此为基础分别对性别群体、经济资源、职业声望、社会权力、教育、健康、地位、身份等的阶级分化做了相关分析与探讨。但关于年龄别分化的研究相对较少。当前及今后很长一段时期,中国将逐步进入深度老龄化社会,在这一背景下推动共同富裕,年龄别分层的缩小不容忽视。

年龄分层的概念最早由美国学者马蒂尔达·怀特·赖利于20世纪60年代提出,其认为社会成员可以依据年龄大小被划分为不同的年龄组或同期群,如青少年、中年和老年群体。由于时代差异与经济结构的转型,同期群人口往往要面临与先期群人口不同的社会问题。这种按照生命历程将社会群体划分为不同年龄组的方法有助于观察与年龄相对应的社会资源特征。因此学界也常借助社会分层方法从经济、职业、权力、社会资源等方面对不同年龄组群体进行比较分析。如有学者从教育视角出发研究农村教育需求的年龄分层,发现农村儿童、青年、成年群体在学前教育、基础教育、初等教育及职业教育或继续教育等方面的多重需求基本得不到满足。年龄别的社会分层是社会学研究的重要领域,为我们观察人口年龄结构及其老龄化过程提供了独特的研究视角。关于经济转型过程中的年龄别社会分层问题,有些学者聚焦于儿童群体。如按照年龄将儿童划分为学龄前儿童和学龄期儿童,并对不同年龄段儿童进行分层施教以预防交通事故。有些学者聚焦于青少年群体。如对中小学人群进行年龄划分,并设置相应的急救培训课程,进而分析年龄分层培训方法的实际应用效果。有些学者聚焦于中年群体。如从性别视角出发专门探讨不同年龄层孕妇的早产发生率。还有些学者聚焦于老年群体。如探究不同年龄阶层老年人在人口规模构成、应对疾病能力以及劳动参与方面的差异。当然,学界对年龄别社会分层的研究更多还是倾向于综合研究中对不同年龄群体的比较。如从年龄分层视角出发研究青年、中年和老年群体关于就医行为的差异、不同年龄层群体的健身需求、不同年龄层劳动力主体的差异特征、中国科技精英的年龄分层状况等。

综上,关于年龄别分层问题,社会学界对少年、青年、老年群体及各年龄阶层间的比较分别做了相关研究和论述,但对于所描述的社会现状似乎还缺乏一种理论解释,或者没有为社会现实的解决方案提供一种更为明确的理论支撑。因此笔者将年龄分层作为一种理论方法,对农村留守老人这一群体展开了讨论。当前人口老龄化的加剧使社会资源分配与供给矛盾重重,进而引发新的老年相对贫困问题。随着经济结构的转型,人口老龄化甚至出现"城乡倒置"的现象。年龄分层理论为我们研究农村留守老人提供了极其有益的视角。关注农村留守老人并解决农村养老服务供给的集体行动困境,缩小年龄分化差距正成为当下一项紧迫的任务。

三、城乡分化与年龄别分层的典型特征

当前"未富先老"正成为中国社会在发展过程中的一个显著特征。统计数据显示,2020年我国

60 岁及以上人口达 2.7 亿人,占总人口的 18.9％,2021 年老年人口持续上升 5.44％。据预测,"十四五"期间我国 60 岁及以上老年人口即将突破 3 亿人,21 世纪中叶老年人口数量将接近总人口的三分之一。快速的人口老龄化使得社会资源分配与供给间的矛盾加深。同时,城市化与人口流动的加快极大改变了农村人口结构,打破了传统社会"四世同堂"的居住格局,并引发人口老龄化的"城乡倒置"现象,老年相对贫困问题尤其突出。在城乡二元分化的背景下,年龄分层具体表现为农村留守老人生活缺"助"、健康缺"管"、精神缺"慰",乡村老人的社会境遇总体堪忧。

（一）留守老人生活缺"助"

农村留守老人年轻时大多从事体力劳动,微薄的收入几乎没有剩余,属于典型的"未富先老"一代。青壮年劳动力的大量外流一方面导致子女对老人的经济帮助变少了,另一方面也造成老人生活缺助的现实状况。当前仍有许多村庄极其落后,与外界的互联互通还存在不少堵点,农村人口尤其是留守老人的衣食住行等问题十分突出。G 县 F 村离乡政府 16 公里,是距当地乡镇最远的一个村庄,至今仍需要通过流动摊贩购买生活用品。流动摊贩一路走一路卖,等到了该村,东西已被卖得所剩无几,老人的基本生活需求得不到满足。与此同时,留守老人普遍节俭过度,不舍得吃穿,日常饮食品种单一,造成严重的营养不良。调查发现,有的老人因长期吃隔夜菜和过期食品,导致身体受损;有的老人在寒冷的冬天仍衣着单薄;还有的老人因鞋子不合适导致脚部严重畸形。种种现象表明,解决留守老人的日常生活照料问题已迫在眉睫。

（二）留守老人健康缺"管"

在青壮年劳动力大规模外流的现实语境下,留守老人的健康问题日益凸显。据统计,我国有 3/4 的老年人患慢性疾病,其中农村老人占据大部分。农村大多留守老人一生从事繁重的农活,身体状况本就不佳,且随着年龄的增长,身体各项机能逐渐衰退,再加上其日常饮食习惯不科学、不卫生,年老时常被疾病缠身,个人生活难以自理。当前社会的快速发展导致家庭规模日益小型化,子女疲于事业,常年离家,留在老人身边的时间屈指可数,因而往往忽视了对农村留守老人的关爱,无心且无力承担起照顾老人的主体责任。在这种情况下,农村留守老人对疾病总是默默忍受,能拖则拖,致使"小病变大,大病不治"。在 60％以上青壮年外出的情形下,F 村甚至出现留守老人因生病无人照料而在家中去世的惨象。此外,大量留守老人居住于偏远山区,于他们而言,就医难如登天。一方面,农村卫生所或镇卫生院的治疗水平极其有限。另一方面,大部分留守老人没有积蓄,无力承担高昂的医疗费用。并且老人缺少文化,在没有子女的陪伴下,他们不会使用交通工具,进城看病极不方便,即使找到了医院,也难以应付烦琐的手续。总之,农村留守老人的健康状况堪忧。

（三）留守老人精神缺"慰"

在这个快节奏的时代,农村留守老人正逐渐成为被家庭甚至社会忽视的群体。留守老人一生清贫度日,尚且还能忍受物质生活的相对匮乏,但精神生活上的空虚却成为他们最大的苦痛。一方面,越来越多的农村青年劳动力离开家乡外出打拼,迫于巨大的生存压力,他们往往忽视了对留守老人的精神陪伴与沟通。大多时候留守老人得到的关怀都只停留在电话问候上,两代之间缺乏充分的沟通,致使老人的情感需求远远得不到满足,闲暇时光只能通过发呆来打发时间。另一方面,由于年龄、收入、文化及生活环境的限制，留守老人没有机会看书读报，更使用不到其他社交媒体与网络设施。除了下地干农活和照顾孙辈，与邻居聊聊天便成为留守老人的生活常态。有限的社交网络与贫乏的娱乐资源致使老人的感情生活乏味无趣。虽然他们非常渴望从与子女的交流中寻求精神慰藉，但作为父母，留守老人还是更希望子女能过上好的生活，因此对子女的离家往往表示理解和支持。然而他们内心的孤独、无助、痛苦等情绪却在循环往复的农村生活中不断积累，抑郁症的发生率也随之增加，甚至引发自杀现象。

四、年龄别分层缩小机制的构建逻辑

随着现代化的日益推进，养老服务逐渐成为一项公共事务，它通过集体行动的形式而非个人努力的方式来提供。从理性选择制度主义的经典理论来看，假设理性个体的出发点是个人效用最大化，那么提供公共物品的集体行动将陷入困境。哈丁将其概括为"公地悲剧"，奥尔森则提出"集体行动困境"这一概念。造成这种困境的最主要原因在于理性的个体都不愿意为非排他性公共物品出力。当前农村养老和养老服务问题日益突出，要解决农村留守老人的生活问题，有效化解养老供给服务的集体行动困境，首先需要构建一个相对合理且契合当地实际的养老服务体系。因此，基于F村年龄别生活质量社会分化的现实状况，本文构建了"政党—政府—社会"三元协同的整体分析框架。

政党、政府、社会作为现代政治体系和政治架构的三大主体力量，在全面推进国家治理体系与治理能力现代化的过程中各自发挥着不可替代的作用。政党、政府与社会三元协同机制的有效运营必须以政党为中心，这是历史与现实双重逻辑共同决定的结果。在中国共产党全面执政的政治条件下，政府与社会实现充分联动，在公共事务治理中发挥其最大效用。"政党—政府—社会"三元协同的理论框架为我们解释农村养老公共服务的有效供给提供了有益的视角。首先，政党发挥引领作用，凝聚多元共识，协调多方利益主体，不断巩固自身合法性的根基，为农村养老公共服务提供指导性方针；其次，地方政府发挥组织领导作用，为农村发展引资引智引技，并有效整合资源，为养老公共服务保驾护航；最后，社会组织全面动员，将上级政府的目标任务具体化并充分落实到基层社区。三方通过频繁的互动与对话，有效解决农村养老公共服务供给的集体行动困境，并缩小年龄别社会分化，进而实现共同富裕。

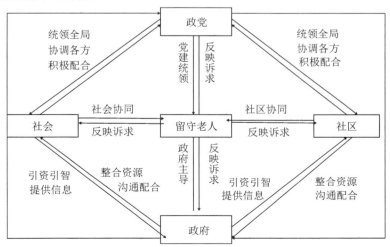

图1 "政党—政府—社会"三元协同的整体分析框架

五、年龄别共同富裕的实现机制

现代化进程中,政党、政府与社会之间需要相互适应,在三者良性互动的过程中实现国家治理体系与治理能力的现代化。只有坚持党对农村工作的领导,协同多元主体共同参与到推进乡村振兴的进程中来,政党、政府、社会才能形成有效的功能互补。在养老公共服务供给过程中,F 村积极响应号召,形成以党建为引领、村"两委"为带领、村民为主体、社会组织为重要载体的乡村协同治理格局。首先,基层党组织通过严密的组织体系将党的意志嵌入农村社会,为农村养老服务供给提供指导性方针与政策,统筹全局、协调各方。其次,在党组织的领导下,地方政府与社会组织充分联动,整合人力、物力、财力等相关资源,借助社会各方力量解决农村养老公共服务的集体行动困境,缩小年龄别社会分化。政党、政府、社会之间的互动与对话,在一定程度上化解了养老公共服务的集体行动困境,并促进年龄别共同富裕的有效达成。

(一)基于价值凝聚的政党领导

党的领导为农村养老服务供给提供了强大动力。中国共产党是中国的最高政治力量,在中国发展历程中始终处于领导地位。中国共产党的领导是中国特色社会主义最本质的特征,"横到边、竖到底、上下联动、左右协调的组织网络"及强大的组织优势成为其最高政治领导力量的源泉。中国共产党在国家与社会中居于引领地位,同时,国家与社会对党也存在价值凝聚的对应要求。政党不仅是连接国家与社会的桥梁,也是国家的缔造者和社会的组织者。一方面,党具备强大的动员、整合与控制能力,在农村发展工作中统领全局、协调各方,这是任何其他组织都无法比拟的。另一方面,国家与社会在村庄治理中拥有一定程度的自主性,在政党的坚强引领下进行有效互动与对话。政党领导与整合下的三方互动极大地促进了社会系统的完善,进而加快国家治理的现代化进程。

F 村建立了以公共服务为主的党组织网络体系,通过自上而下的组织网络在其与政府、社会之间建立组织联动,并将党的政策方针等向乡村社会渗透,在多元协同互动下全面展开养老公共服务供给事务。随着城市化、现代化和理性化的推进,农村青壮年劳动力的外流致使传统养老模式逐渐消失,农村养老和养老服务越来越成为一个需要多方协调的公共事务。F 村以党建统领基层治理为依托,积极组建网格敬老院,组织广大党员干部开展"党员分类联户"活动,为老人实行一对一帮扶。一方面,F 村两委根据该村留守老人的实际情况,将家庭条件困难的列为"帮扶户"、需要倾听诉求的列为"关爱户"、行动不便的列为"关注户",再建立党员干部联心服务、"以老助老"互助服务、"好邻居帮帮团"爱心服务等服务类型,按照"分类、按需"的原则实行"党员联户",为老人提供优质服务。另一方面,该村干部围绕公共服务目标开办"孝心超市",外出子女手机下单后由村干部、党员志愿者等带头清点物资并为老人送货上门。参与式党员的嵌入有效激活了基层党组织的政治功能,使农村养老服务事业取得了实质性成效。F 村坚持党组织对农村工作的全面领导,在不断加强党组织自身建设的同时,也不断增强党与政府、党与社会之间的联系,提升农村留守老人的日常生活质量,最终实现了农村养老公共服务的有效供给。

（二）基于共同理想的政府主导

地方政府在农村养老服务供给中充分发挥优势，为农村公共福利事业争取有利资源。政府在党组织的统领下主导乡村社会治理的一切事务，通过提供资金、引进项目、干部驻村等机制将具体任务落实到村级组织，促使乡镇与村治之间结成利益共同体，并联合社会组织共同协作，不断整合资源，充分保障农村公共事务的有效供给。在农村青壮年劳动力大量外流的现实语境下，F村留守老人可获得的家庭支持越来越少，一方面，老年人的日常生活遭受巨大的冲击，因饮食、作息等方面缺乏照料，留守老人疾病频发，生活难以自理。另一方面，由于年龄、收入及环境的限制，老人的情感需求得不到满足，其精神生活的空虚成为他们最大的苦痛。工业化以后，政府对留守老人这一群体一直予以关注，重视强调对农村留守老人的帮扶工作，并在农村养老公共服务供给事务中充分发挥主导作用，承担起一定的责任。一方面，当地政府积极调整财政支出，为F村养老公共服务供给提供专项资金支持，切实保障村民老有所养、病有所医、困有所帮、残有所助。当地政府联合社会组织对该村留守老人发放基础养老金，以提高医保参保率，同时对经济困难老人、生活缺"助"老人、残疾老人分别给予养老服务补贴、护理补贴、生活补贴及基本社会保险资助。在基层党组织的领导下，政府积极引资引智，不断强化公共财政，扶持公益性、福利性的养老服务项目。政府通过与社会组织的频繁互动，陆续构建"亲情联络站""一户一团队""党员分类联户"、乡贤认领"微心愿"等多种养老服务项目，为留守老人带来生活上的保障与精神上的慰藉。另一方面，政府与社会组织联动，充分利用乡村振兴契机，促进乡村产业融合发展，并通过税收等优惠鼓励社会资本下乡，吸引青壮年劳动力回归乡村，从空间上缩短子女与老年人之间的距离，进而促进两代人之间的沟通与交流。同时，政府出台相关政策引贤回归，并搭建平台为乡贤发力，借助乡贤力量为农村留守老人提供更优质的养老服务。此外，政府充分利用新闻媒体引导舆论，传承农村"孝文化"。社会及时提供相关信息，与相关政府人员做好协调与沟通，双方互动共同促进该村养老公共服务的有效供给。

（三）基于国家治理现代化的社会动员

在农村公共事务治理中，社会组织与基层党组织、基层政权组织有着紧密的联系，基层党组织统领全局、协调各方，政府组织领导、整合资源，而社会组织则在党组织的统领下协助政府、提供信息、配合相关工作。社会组织因其不以营利为目的，在老年人社会福利服务中具有重要地位。社会组织具备相对自主的空间，重视并发挥社会组织的作用，为我们实现乡村振兴与国家治理现代化提供了极其有益的方式。社会企业、社会工作者、志愿者组织等社会力量在F村养老公共服务的有效供给过程中发挥了独特优势，并产生了积极作用。由于社会转型加快，农村留守老人的弱势地位逐渐凸显，老年人普遍面临生活与精神的双重危机，留守老人这一特殊群体亦逐渐成为社会关注与救助的对象。在地方政府的支持下，社会组织通过衔接各类社会资源，构建了一种横向协作机制，积极建立志愿者队伍，动员各类人群，整合多方社会力量参与养老志愿服务，开展留守老人的一对一帮扶工作。一方面，F村妇联主席自发组织巾帼志愿者队伍，筹备"空巢老人"结对项目，通过开展上门走访、生活照料、心理抚慰、健康保健、法律援助、应急救助、文体活动等服务，帮助老人解决困难。另一方面，F村党员志愿者积极加入帮扶队伍，切实保障农村留守老人享受养老公共福利，并立足地方特色，不断创新服务措施，探索建立志愿服务互助循环机制，组织低龄老人、健康老人对高龄老人、病患老人开展服务，在提高老年人健康水平的同时，不断提升其晚年幸福指数。实践证明，农村养老公共服务供给集体困境的解决离不开社会力量的整合与助力。

六、总结

在以共同富裕为主旋律的时代背景下，人民日益增长的美好生活需要和不平衡不充分的发展之间的矛盾日益凸显，年龄别社会分化成为乡村振兴不可忽视的社会难题。随着工业化与城市化的不断推进，农村青壮年劳动力持续外流，不仅加剧了人口老龄化趋势，也使农村留守老人问题日益突出。当前留守老人作为一个数量庞大的特殊群体，已逐渐引起政府及社会的广泛关注。在老龄化城乡倒置日益加深的现实语境下，要实现共同富裕，必须致力于为城乡提供均等化养老服务，以缩小年龄别社会分化。农村养老公共服务供给事关乡村振兴与社会稳定，是一项重大且需要长期坚持的工作，更是一项需要多方协调的公共事务，因此离不开政党、政府、社会及个人的参与和努力。基于留守老人物质匮乏、疾病频发、精神慰藉缺乏的现实状况，党组织充分发挥引领作用，政府积极整合社区、协会、社会组织、慈善力量等主体参与养老供给，提升养老服务供给水平，真正实现留守老人老有所养、老有所依、老有所乐。乡村社会的成功案例证明，以党的领导为依托、以政府资助为保障、以村民为主体、以社会组织为重要载体的乡村协同治理格局的形成，有效解决了农村养老服务供给的集体行动困境，缩小年龄别社会分化，推动年龄别共同富裕的实现。

参考文献：

[1] 班涛，殷品晶.村庄社会中的边缘阶层：生成、嬗变与影响[J].华南农业大学学报（社会科学版），2019(3)：120-130.

[2] 陈显友.乡村振兴背景下农村养老服务供给问题研究[J].广西社会科学，2021(11)：8-16.

[3] 龚娥，刘骙遥，漆洪波，等.基于年龄分层的早产发生率及其高危因素回顾性分析[J].中华妇产科杂志，2020(8)：505-509.

[4] 黄俊辉.农村养老服务供给变迁：70年回顾与展望[J].中国农业大学学报（社会科学版），2019(5)：100-110.

[5] 黄育馥.美国社会老年学理论浅谈[J].国外社会科学，1984(11)：22-26.

[6] 李元洪.农村阶层分化状况、机制与重塑：以D镇村庄生活为观察视角[J].人民论坛·学术前沿，2016(17)：91-94.

[7] 刘国民.农村留守老人健康关爱的主体缺陷与改进策略[J].吉首大学学报（社会科学版），2021(3)：151-160.

[8] 刘磊."十四五"时期完善农村养老服务体系的挑战与任务[J].行政管理改革，2021(5)：79-87.

[9] 刘行.人口老龄化危机下社区居家养老服务研究[J].人民论坛·学术前沿，2017(16)：118-121.

[10] 罗淳，王一帆.年龄分层式中国人口老龄化辨识与应对[J].学术探索，2021(7)：54-62.

[11] 毛丹，任强.中国农村社会分层研究的几个问题[J].浙江社会科学，2003(3)：91-99.

[12] 石智雷，顾嘉欣，傅强.社会变迁与健康不平等：对第五次疾病转型的年龄—时期—队列分析[J].社会学研究，2020(6)：160-185.

[13] 王春光.迈向共同富裕：农业农村现代化实践行动和路径的社会学思考[J].社会学研究，2021(2)：29-45.

[14] 王浩林，程皎皎.人口"空心化"与农村养老服务多元供给困境研究[J].河海大学学报（哲学社会科学版），2018(1)：17-24.

[15] 王维,刘燕丽.农村养老服务体系的整合与多元建构[J].华南农业大学学报(社会科学版),2020(1):103-116.

[16] 杨豪.回顾与思考:中国近代乡村社会分层与社会流动研究述评[J].民国档案,2012(3):137-143.

[17] 于兆河,苑艺.老龄化背景下的农村养老模式探究[J].农业经济,2021(12):76-77.

[18] 虞满华,卜晓勇.马克思与韦伯:两种社会分层理论的比较[J].贵州社会科学,2017(4):1-36.

[19] 张世青,王文娟,陈岱云.农村养老服务供给中的政府责任再探:以山东省为例[J].山东社会科学,2015(3):93-98.

[20] 张文娟,李树茁.劳动力外流对农村家庭养老的影响分析[J].中国软科学,2004(8):34-39.

[21] 张志元.乡村振兴战略下农村养老服务高质量发展研究[J].广西社会科学,2021(11):1-7.

本文系国家社会科学基金项目"乡村振兴战略下村庄治理趋同化及治理优化研究"(20CSH051)阶段性成果

"中国钢琴之乡"富民产业升级之路

李青佩

（浙江工商大学）

摘　要：洛舍钢琴产业占全国市场比重高、产业链完整、从业人员多，是当地的富民产业。30多年来，洛舍钢琴坚持技术创新、努力满足个性化需求、注重与产业外合作、重视产业集聚，积累了大量经验。目前，该产业社会成效显著，不仅完成了产业链紧密衔接、形成了双重发展格局、改善了就业和分配，还实现了产业融合。但产业发展仍面临许多挑战和要求，包括企业结构、核心技术、专业人才、产品附加值、品牌意识和政策扶持等方面有待优化和提升。因此，加强技术改造创新、强化人才专业能力建设、推动产业链延伸、打造"品牌强镇"、加强产业整合力度是目前"中国钢琴之乡"富民产业升级的必经之路。

关键词：钢琴　富民产业　共同富裕

按照县域经济发展要求，德清县洛舍镇积极发展乡村富民产业。以钢琴为纽带，将农户引入利益共享的产业链中，努力解决乡村农民的致富问题，大力推动农民就业，充分发挥龙头企业的带动引领作用，将资源、技术、市场紧密地串联起来，已经形成集经济富民、精神富民、生态富民于一体的乡村产业。真正做到以钢琴实现文化产业振兴，用产业推动全镇共同富裕，凭实力演绎富民产业升级路径。

分析当前乡村富民产业的发展现状和存在的问题，探讨进一步发展对策，是实现共同富裕的必然要求，是不断推动我国现代化发展的应有之举。而洛舍钢琴目前仍处于产业的快速发展时期，为了更好地实现产业融合发展、实施乡村振兴战略，需进一步进行产业升级。

一、产业现状

(一)"钢琴之乡"的基本情况

洛舍镇位于德清县北部，全镇区域总面积 47.3 平方公里，常住人口 1.8 万人。近年来洛舍镇经济快速发展，逐步形成了以木材加工和钢琴生产为主的经济发展格局，两大产业占经济总量的 60% 以上，是中国木材流通协会授予的全国唯一一处"中国木皮之乡"，是中国轻工业联合会和中国乐器协会授予的唯一的"中国钢琴之乡"。洛舍钢琴基地被评为省级专业商标品牌基地，洛舍镇被誉为"木业重镇，钢琴之乡"。

1. 湖州钢琴厂的由来

20世纪80年代初期,在改革开放的大潮下洛舍镇的农民们也希望依靠兴办乡镇企业发家致富,生产利润较高的工业品就成为首选。1984年,时任湖州玻璃厂厂长的王惠林偶然在上海出差时敏锐地嗅到了钢琴行业的市场前景,于是王惠林把目光聚焦在钢琴生产上,从上海钢琴厂聘来4位技术人员,办起了钢琴厂。经过不懈的努力,从设计图纸到生产配件,在完成所有工序的同时也培养了一大批钢琴各道生产工序的技术人员。1985年10月湖州钢琴厂自行设计制造的"伯牙"牌立式钢琴经过浙江省有关部门鉴定,达到了国家标准,于是湖州钢琴厂成为全国继上海、北京、广州、营口之后第五家钢琴厂,也是其中唯一的一家乡镇企业。这家乡镇企业从此拉开了洛舍镇钢琴产业的发展序幕,此后洛舍镇逐步发展成为钢琴产业的主要集聚地。

2. 产业集群的形成过程

自湖州钢琴厂建立以来,洛舍镇特有的产业集群逐步形成。随着20世纪80年代末外资风靡全国,从中央政府到地方政府纷纷出台给予外资企业的优惠政策。正是在这样的背景下,为了湖州钢琴厂的进一步发展和引进外资,1991年镇政府将湖州钢琴厂的资产一分为三,一部分资产与香港一琴行老板合资成立了当时德清县第一家合资公司——恩德钢琴厂;一部分资产分离出去组建了一家木材加工厂——德华集团前身;剩余资产由镇政府出售。由于合资公司运行两年后效果没有达到双方预期,于是港方撤资,合资公司交给中方经营,鲍海尔任总经理。合资公司成立后,洛舍镇把所属的地板厂、玻璃厂、纺织厂、丝绸厂、钢琴厂等合并成立镇政府所属的德华集团公司,恩德钢琴厂成为德华集团公司的全资子公司。1995年10月,鲍海尔被免去职务,由姚小林担任恩德钢琴厂厂长,鲍海尔等人出走集资成立海尔乐器公司。由于人员的流失,恩德钢琴厂陷入危机。1997年4月镇政府决定对恩德钢琴厂实行转制并进行公开转让,姚小林出资买下了恩德钢琴厂的资产,而海尔乐器公司由于大家发展理念不同,通过招标的方式,最后由王惠忠获得该企业。鲍海尔和韩生华则又注册成立了杰士德钢琴制造公司。华谱、海尔、杰士德几家企业均是由湖州钢琴厂或恩德钢琴厂的技术、营销、管理骨干人员创建或者购买的。而与这几家企业所不同的是,浙江乐韵钢琴有限公司是由湖州钢琴厂的技术人员出管理、技术与出资金和场地的章顺龙合作成立的,洛舍镇的几家骨干钢琴企业便由此应运而生。随着洛舍镇钢琴产业集群的发展和市场地位的确立,配件的需求量随之增加,钢琴加工也需要通过大量的手工来完成,在这种情况下,以生产钢琴外壳及相关零部件为主的小型企业纷纷成立,它们主要为规模型钢琴制造企业提供零部件业务,另外一些非钢琴产业链上的企业也介入钢琴产业,从而形成了洛舍自己的配套企业群(图1)。目前,钢琴制造所需要的8000多个零部件都可以在洛舍及周边乡镇采购到,像钢琴的音板、码克、键盘、铁牌、外壳等都有专业化的工厂生产。

3. 产业规模

湖州钢琴厂从1984年成立到1990年就达到年产钢琴400余架,职工最多时达到200多人。2002年前后,洛舍镇已有25家大中小规模的钢琴生产企业,钢琴产量8700架,总产值为4420万元。2003年底,洛舍镇聚集了28家钢琴企业,全年实现产值4331万元,上缴国税收入300多万元。2004年,全国20万架的钢琴总产量中洛舍镇就占了1/10,达2万架。2009年,钢琴制造及配件企业30多家,钢琴产业总资产突破2亿元,钢琴产量超过3万架,产品出口欧洲、东南亚等10多个国

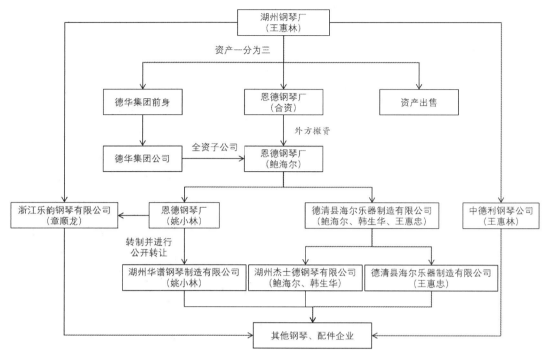

图 1　产业集群形成过程

资料来源：作者根据访谈记录自制。

家和地区，每年销售收入 3 亿多元。2014 年，钢琴生产企业 25 家，配件企业 21 家，共计 46 家，钢琴产业总资产突破 2.5 亿元，从业人员 2000 余人，年产钢琴超过 4 万架，占全国总产量的 1/8。截至 2015 年底，县内共有钢琴制造及配件企业 79 家，其中规上钢琴制造企业 6 家。2017 年，生产企业数量达到了 46 家，包括作坊式个体户则为 69 家，钢琴产业总资产突破 2.5 亿元，年产值 4 亿元左右，从业人员 2000 余人，其中专业技术人员 200 余人，钢琴行业从业人员人均月工资在 4500—5500 元之间，在当地属于较高收入群体。2019 年，钢琴生产企业 49 家，配件企业 44 家，共计 93 家。2020 年，钢琴销售及制造企业 65 家，配件企业 49 家，共计 114 家，在钢琴制造企业中，规上企业 9 家（整琴生产企业 8 家），钢琴产业年总产值突破 5 亿元，从业人员 4000 人左右，其中专业技术人员 200 余人（钢琴中高级职称人才 58 人，初级专业技术人员 200 余人），另外还有一大批职业技能人才和熟练工人，同时在钢琴领域有多项科研成果荣获县级以上科研成果奖，年产钢琴超过 5 万架，占全国总产量的 1/7，是长三角地区最大钢琴生产基地（表 1）。

表 1　洛舍镇钢琴产业规模

	企业数量（家）	钢琴制造（家）	配件企业（家）	产量（架）	产值	职工人数（人）
1990 年	/	/	/	400 多	/	200 多
2002 年	25	/	/	8700	4420 万元	/
2003 年	28	/	/	/	4331 万元	/
2004 年	/	/	/	20000	/	/
2009 年	30 多	/	/	30000	2 亿元	/

	企业数量（家）	钢琴制造（家）	配件企业（家）	产量（架）	产值	职工人数（人）
2014 年	46	25	21	40000	2.5 亿元	2000 多
2015 年	79（规上 6 家）	/	/	/	/	/
2017 年	86	49	37	40000	/	2000
2019 年	93	49	44	50000	4.7 亿元	3000
2020 年	114（规上 9 家）	65	49	50000	5 亿元	4000

数据来源：作者根据访谈记录自制。

　　洛舍钢琴产业经过 30 多年的发展，从简单的钢琴装配开始，以钢琴制造营销为依托，以创意设计、体验和传播钢琴文化为载体，逐步发展成为产业链衔接紧密、各种资源配置合理高效、制造技术成熟、生产工艺精湛、综合生产成本更具市场竞争力的集群产业。洛舍的钢琴企业不仅能够生产各种练习琴，也能够生产高等级的大型舞台演奏琴，形成了完整的产品系列，能够满足不同的消费需求。拥有"威腾""瓦格纳""海尔""克拉维克""洛德莱斯""拉奥特""施特劳斯"等一批省、市著名商标和企业（表 2），产品出口欧洲、东南亚等 20 多个国家和地区，并形成了独特的区域产业发展集群。

表 2　省市著名商标清单

企业名称	品牌	湖州市著名商标	浙江省著名商标
浙江珠江德华钢琴有限公司	WAYCOMM（威腾）	√	/
湖州华谱钢琴制造有限公司	LUODELAIS（洛德莱斯）	√	√
湖州杰士德钢琴有限公司	WAGNER（瓦格纳）	√	/
浙江乐韵钢琴有限公司	LOUDER（拉奥特）	√	√
	STRAUSS（施特劳斯）	√	/
湖州雷蒙钢琴有限公司（曾用名德清县海尔乐器制造有限公司）	BOERDUN（波尔顿）	√	/

资料来源：根据国家知识产权局商标局中国商标网，http://sbj.cnipa。

　　2010 年，"洛舍钢琴"集体商标通过国家工商总局商标局审核。2011 年，由湖州德清县工商局牵头、县钢琴制造行业协会主办的"中国洛舍钢琴网"上线，德清县 74 家钢琴整琴及配件企业通过该行业协会网站整合资源，发布企业信息，设立网上商铺，进一步增强企业的电子商务营销推广能力，从而巩固并提高德清钢琴产业的市场话语权。洛舍钢琴文化产业园在 2011 年被列入浙江省文化产业示范基地。2012 年全市首个钢琴文化馆顺利开馆。2014 年，洛舍镇被中国轻工业联合会、中国乐器协会授予"中国钢琴之乡"的荣誉称号。2015 年成功创建"浙江省商标品牌示范乡镇"。2016 年，洛舍镇钢琴被列入浙江省重点文化产业园，并建立德清县首个钢琴行业工建服务中心，服务中心辐射 70 家钢琴企业，近 3000 名职工，企业内部都建立了工会组织，以服务为宗旨，切实解决企业与企业之间互动交流少、单个企业维权难等问题，达到资源共享、工作共推、活动共促的目的。从第一家钢琴到产业集群，洛舍人凭着不懈的创业热情和高超的创新智慧，打响了洛舍钢琴这个区域品牌,弹奏出一张响亮的文化名片,也创造了中国钢琴制造业的一个村镇奇迹。

(二)产业发展经验

1.坚持技术创新

洛舍钢琴产业的科技创新步伐正在加速。木业加工方面,从原木加工到人造木、科技木生产;产品也更趋向于节能型和环保型;钢琴生产方面,从早期的实用型向艺术型、高科技型发展。洛舍全镇现有国家火炬计划重点高新技术企业2家、浙江省科技型企业10余家、专利67项、发明专利3项、县级研发中心2个。一些企业,如蓝海钢琴、乐韵钢琴等正通过技术合作的方式消化吸收国内外已有的先进技术;湖州华谱钢琴制造有限公司为解决挂漆问题,率先摸索出了用不干胶带贴面的方法,目前整个洛舍镇都在采用这种方法,而对于小颗粒,他们也摸索出了必须先干燥再刷制的方法。2012年,浙江乐韵钢琴有限公司重金聘请韩国钢琴调律、调整、静音方面首屈一指的专家李炳男担任该公司技术总监,此后,洛舍镇钢琴调音技术有了一定的提升。另外,企业家们通过让自己的子女学习音乐知识、专修音乐课程等途径,加强未来接班人在钢琴制造技术、音乐欣赏等方面的学习,提高对于钢琴的理解。再者,一些企业也开始加强对员工的培训,让他们有足够的技术与能力在各个环节上提出创新问题、实现创新等。

2.努力满足个性化需求

树立全链条思维,打造低—中—高全系列产品。如浙江乐韵钢琴有限公司1999年注册品牌LOUDER(拉奥特),将该系列定位为基础类产品,主要用于考级、练习。在发展过程中,为了满足各层次用户需求,2011年与奥地利品牌克拉维克合作,专门致力于打造高端系列产品。此后,为了填补产品类别空缺,又大力引进GELAIMEI(格莱美)作为中端系列产品,从而打造完整的钢琴系列,用户可以结合切身需求选择合适的产品。

3.注重强强联合

洛舍镇钢琴产业与集群外的合作在大企业之间特别明显,这种合作为洛舍镇钢琴产业的发展注入了新的活力。如2003年9月,钢琴产销规模居世界首位的广州珠江钢琴集团有限公司与胶合板、装饰面板产销规模居全国首位的德清县德华集团控股股份有限公司联手,合资成立"珠江德华钢琴有限公司",合作组建后成功开发了"罗宾自动演奏琴"。2005年,由美国一家公司投资20万美元的罗宾电子科技有限公司在当地成立;日本卡瓦依公司出资50万美元入股杰士德钢琴有限公司。2011年,国际知名品牌奥地利克拉维克钢琴公司来中国寻求志同道合的合作商,乐韵钢琴成为克拉维克品牌在中国地区唯一的制造商和销售商,双方合力共同打造了浙江省第一个"乡村音乐厅"。蓝海钢琴和奥地利约翰内梅赤克钢琴生产厂商也展开了合作;华谱钢琴制造有限公司不仅引进了"榔头"的数控生产线,还高薪聘请了一批专家常年驻厂指导生产和研究;洛舍镇和上海音乐学院、上海乐器监测中心以及德清县技术监督局等联合成立了一个钢琴检测研发中心。2019年,乐韵钢琴和上海钢琴厂(上海施特劳斯钢琴有限公司)成立首个跨省合资合营钢琴企业,在产业合作上实现长三角一体化发展深度融合。

4.重视产业集聚

其中产业集聚在东衡村体现得尤为明显(图2),东衡村是洛舍钢琴的发源地,也是洛舍"钢琴小镇"创建的重要组成部分。作为集体经营性建设用地入市改革试点之一,德清县为有效化解众多小微企业用地难题,在推进"用地入市"改革过程中,调整集中入市区块,打造"小微企业众创园"。东衡村通过废弃矿山回填平整出的土地,规划面积 680 亩作为钢琴众创园,目前已经吸引了 41 家钢琴制造及相关零配件生产企业入驻,其中整台钢琴制作企业 11 家,钢琴配件企业 30 家,全年钢琴总销售 1 万多架,产值 2.46 亿元。同时,借助"互联网＋"、人工智能东风,实现创新与创业、线上与线下、孵化与投资相结合,为众创园提供了低成本、便利化、全要素的开放式综合服务平台。

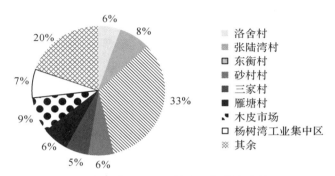

图 2 洛舍镇钢琴及配件企业数量分布情况

数据来源:根据国家企业信用信息公示系统(http://www.gsxt.gov.cn/index.html)查询获取。

(三)产业发展成效

1.产业链衔接日趋紧密

目前洛舍已完全形成了整套产业链,产业内部自然分工协作关系基本形成,原材料供应、运输销售、艺术加工、技术开发等产业配套服务体系日趋完善。从人才结构看,大量技术人才是不可复制的,钢琴生产的技术、营销、管理从业人员在湖州钢琴厂十几年的生产中(1984—1995 年)学会了制造钢琴的各种复杂工艺(背架、音板、配码、油漆、绕挂弦、组装、调律等),为钢琴企业的新生准备了条件,促进了洛舍产业集群的形成。从产业结构看,洛舍镇不仅有生产整琴的规模企业,而且有部分主要以生产钢琴外壳、击弦机系统等其他相关零部件为主的中小型企业,为规模型钢琴制造企业提供外壳等零部件业务,从而形成了较为完整的钢琴生产产业链,产业上下游物资供应网络日趋健全。

2.产业文化融合共生

钢琴产业与其他产业不同,其本身就富有文化属性,并且更多的是精神上的满足。钢琴销售固然重要,但更重要的是发展钢琴文化从而更好地拉动钢琴产业的发展。洛舍镇在钢琴生产制造和销售之余,充分发挥钢琴产业的文化优势,促进钢琴产业和钢琴文化融合共生。壮大起来的钢琴企业纷纷自发赠送钢琴给本地幼儿园和学校,对少年儿童的文化艺术教育给予帮助和支持;钢琴制造行业协会在发展上突出"教育普及型钢琴生产基地"的定位,在进一步推动钢琴艺术普及的同时,让越来越多的人感受钢琴文化;洛舍镇政府为了加快钢琴产业的发展,加强青少年的钢琴教学,推动钢琴艺术的普及,造钢琴、学钢琴、弹钢琴,钢琴文化依托钢琴产业的发展不断渗透。从 2001 年起创办"琴系钱塘江""琴系香江""琴系濠江"等一系列钢琴文化节,把品牌宣传与文化培育相结合,在提升钢琴文化品位基础之上推动当地钢琴制造和钢琴文化持续发展,目前已成功举办 13 届,营造出浓厚的钢琴文化氛围。洛舍钢琴不仅进入了上海、杭州市民的视野,更是在社会上产生了积极影响。2020 年启动"琴(情)满木里携手发展"计划,发动本地优质钢琴企业赠送 20 架琴到木里并开展调律师培训,积极参与木里钢琴产业建设,推动两地精神共富。现在,洛舍的钢琴已经成为各种专业展览会上的一个亮点,这一系列活动也对于提升"钢琴之乡"知名度以及加快洛舍镇钢琴产业发展起到了很好的促进作用。

3. 就业分配显著改善

结合各村产业结构,积极引导村民在现代农业企业、钢琴生产企业、物业管理公司、旅游文化公司就业。借助村域范围内优势资源推进新型农民、钢琴产业工人、现代服务人员就业培训,提高农民就业质量。经整理,2015 年洛舍镇财政总收入 2.1 亿元,增长 11.1%,全年实现工业总产值 98 亿元,增长 14.4%,规模工业产值 55 亿元,增长 3.4%,规模工业增加值 7.2 亿元,服务业增加值 5.2 亿元,农民人均纯收入 25038 元,增长 10.6%。2016 年财政总收入 2.73 亿元,同比增长 31.57%,全年工业总产值 105 亿元,同比增长 7.9%,规上工业增加值 8.1 亿元,同比增长 30%。2017 全年财政总收入 3.2 亿元,同比增长 19%。2018 年度,财政总收入 4 亿元,同比增长 24.73%,农村居民人均纯收入 35470 元,同比增长 15%,村均经常性收入突破 110 万元。2019 年财政收入 4.4 亿元,同比增长 10.3% 以上。2020 年,全年财政收入 4.55 亿元,规模产值 25.6 亿元,高新技术产业产值 18.5 亿元,战略性新兴产业产值 10 亿元,规模工业利税 3 亿元,利润 1.9 亿元,村集体经营总收入突破 1000 万元,农村居民人均纯收入 3.8 万元,增长 11.6%。2021 年,规模产值 35 亿,全镇农村集体总收入 4986 万元,年均增长率超 20%,村均集体经济收入达 935 万元,村均经营性收入达 189 万元(图 3)。其中东衡村尤为突出,2019 年,该村集体经济收入达 2576 万元,农村居民人均可支配收入达 3.6 万元,2020 年村集体经济总收入 2835 万元,已连续四年蝉联湖州市第一,农民人均可支配收入达到 4.3 万元,是全省平均水平的 1.34 倍,农民人均纯收入增长率达到 13%。

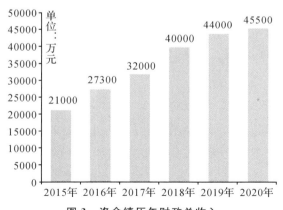

图 3　洛舍镇历年财政总收入

数据来源:作者根据访谈记录自制。

4. 双重发展格局逐渐形成

随着产业发展,钢琴产业和洛舍镇的另一支柱产业——木业之间也产生了良性的循环经济效应,这两大产业之和常年占据该镇经济总量的60%—80%,逐步形成了以钢琴生产和木材加工为主的经济发展格局。钢琴生产制造需要批量优质木材,洛舍镇作为木业重镇,其300多家木业企业在这方面给予了有力支持,一定程度上有助于降低钢琴生产企业的用料运输成本。同时,木业也随着钢琴业的发展而发展,由此"钢琴之乡"和"木业重镇"之间构成为一种互补关系,不少企业至今都还经营着这两种产业。例如,上市企业德华集团公司、凯诚木业有限公司(主营木业兼营钢琴)以及华谱钢琴制造有限公司(主营钢琴兼营木业)等。这种模式形成了以钢琴文化产业和木业经济共生为特色的双重经济发展格局,既推进了"钢琴之乡"的经济发展规模,也促进了"钢琴之乡"品牌效应的扩散,形成了洛舍镇鲜明独特、极具活力的特色发展道路。

二、产业发展趋势和要求

(一)企业结构有待优化、核心技术有待突破

洛舍镇钢琴企业数量多,但大部分规模较小,同时缺乏核心技术。目前,企业员工普遍为20—30人,有的只有5—6人,且只掌握最基本的加工制造程序,缺乏高端核心技术支持,产品生产效率和质量难保障,缺乏市场竞争力。各企业一味打价格战,只会降低产品附加值,导致企业竞争恶性循环。相比之下,全国每年生产近37万架钢琴,其中广州珠江钢琴集团生产17.72万架,另外10多万架由北京星海、宜昌金宝、宁波海伦等几家大企业生产,而洛舍镇100多家企业总产量是5万架。该镇龙头企业浙江珠江德华钢琴有限公司每年生产钢琴3万架,但它的品牌来自珠江集团。与此同时,虽然洛舍已成立了行业协会,但各企业间缺乏交流,往往碰到关于企业发展的敏感问题避而不谈,仅仅涉及业务上的往来,更加不利于产业的长期发展。

(二)专业人才队伍有待培育

洛舍镇拥有从事钢琴的各类技术人员,但专业性还有待提高。洛舍镇钢琴产业经过长期的发展孕育,现已拥有了一大批熟练的调音师、产业工人、技术开发、企业管理和市场营销等方面的人才。但从洛舍钢琴产业集群的人才结构来看,虽然已有3000多人从事钢琴行业,但大多属于中低层次,较高层次的技术研发人员和具有战略眼光、擅长运营的管理人才相对匮乏,从而缺乏自主创新能力,技术仍有较大的提升空间。从现代产业发展的需求看,尽管硬件配备比较先进,甚至拥有世界一流的先进设备,但与之配套的技术开发、应用、管理等"软件"却十分缺乏,固有思维已难以满足当前需求,需要具有创新理念的新力量加入。

(三)产品附加值有待提升

钢琴产品类别已然丰富,但产品延伸还稍显不足。目前,洛舍镇发展钢琴产业集群所产生的文化效应正在加强,如在产业集群内人们开始学习弹钢琴、举办钢琴文化节等,但是效果仍然很微弱。洛舍钢琴产业集群的发展对教育的推动也不明显,由于洛舍钢琴的附加值极低,创造的利润少,因此,其创造的税额和容纳的就业人数也较少。洛舍钢琴的产业链主要在制造环节,包括木业、钢琴组件和零配件、整琴组装三种业态,大多数企业前端缺乏研发环节,后端没有延伸到文化产业领域。

（四）品牌意识有待增强

品牌众多，但具有核心竞争力的品牌仍稍显不足。几乎每家生产钢琴的企业都拥有数个品牌，如湖州华谱钢琴有限公司拥有"罗兰特""爵士""洛德莱斯"等品牌，湖州海尔乐器制造有限公司有"海尔德利""波尔顿""何尔尼"等品牌。整个洛舍镇包括贴牌、自有品牌在内共有两三千个钢琴品牌，除了"威腾""瓦格纳""洛德莱斯""海尔""拉奥特"等在市场具有一定知名度，大部分企业在发展中缺乏对自身本地品牌的市、省级名牌申报和建设，还没有创出自己真正的品牌，缺乏品牌意识，大多依靠销售量来赚取微利，没有为长远发展而考虑，这就在市场上造成了一定品牌混乱，有些钢琴企业已经被外国公司俘获，专为国外公司代工。虽然大部分钢琴企业的品牌取的是"洋名字"，但是在市场上得到消费者认可的品牌极少。品牌众多的结果也导致了产品品质参差不齐，尽管在2010年"洛舍钢琴"商标出现在省工商局、省商标协会新认定的浙江省专业商标品牌基地的名单中，但目前该商标影响力并未达到预期。因此，品牌建设步伐需进一步加快。

（五）政策扶持力度有待加大

政府相应政策的指引与支持是产业发展突破瓶颈的关键。对于钢琴这类富民产业来说，由于税收较少，政府对这一方面的支持也显得较冷漠，除了提供平台，较少有其他方面的支持。同时，由于政府没有建构相应的制度规则来规范钢琴企业的运行，目前仍然有许多以小作坊形式进行生产的企业，导致同类产品质量相差很大，政府也较少采取有效措施进行整治。同时地方政府或行业协会没有提供相应的制度环境以保障集群企业的分工合作、品牌建设、技术创新等。

三、产业升级路径

（一）加强技术改造创新

引进吸收与消化创新相结合，推动钢琴产业核心技术发展。钢琴作为一种高雅的艺术品，300多道制作工序和8000多个零部件使得钢琴成为世界上除了管风琴之外制作最复杂、最精密的乐器。而过硬的技术是发展成功的首要环节，政府要制定政策措施鼓励企业加大投入，通过引进、自主研发等渠道提升钢琴企业的研发能力；通过加大投资等手段，推动关系产业发展的共性技术提升，增强钢琴企业整体研发水平。

企业要以工艺创新推动产品创新，将技术创新与改造相结合，硬件投入与软件改善相结合；积极与集群外科研机构和大学合作，增强产品研发技术；形成钢琴产业的核心技术，突破发展瓶颈，特别是在数控机床等核心技术领域实现重大突破；加大人工智能、大数据等技术在钢琴产业中的应用，提高产业智能化、数字化水平，提升产业竞争力。总之，技术是企业发展的根本，强硬的技术才能带来更好的发展。

（二）强化人才专业能力建设

转变观念，培养更多优秀人才。针对钢琴产业人力资源发展现状，制定产业人才培养战略和规划,注重人才的内部培养和外部引进,为洛舍钢琴产业发展提供全面智力支撑。不仅要有计划地培养技术开发类专业人才,还要有目标地培养企业管理和市场营销类人才。政府要支持鼓励企业大力引进国际优秀人才,聘用专业人才,缩短与国际知名企业的知识差距,带动人才梯队建设;根据钢琴产业发展实际需求制定人才优惠政策,吸引高等院校的高技能人才投身于钢琴产业发展中;重视钢琴"创二代"培养,实施新生代企业家培养计划,引导更多的年轻人回乡干事创业。企业要加大基础人才培养力度,通过职业教育、职业培训等方式培养大批企业急需的专业技术人才;有计划地组织员工向国内外专家学习,定期开展钢琴维修、调律培训班;提升福利待遇,留住自身需求的高级专业技术人才和管理人才,大力培育一批具有战略眼光和思维的复合型人才。总之,人才是企业发展的关键,通过一系列吸引、培养、留住人才的措施,为洛舍钢琴产业发展培养一批技术好、创新性高的强有力人才队伍。

(三)推动产业链延伸

充分开发和利用文化与旅游资源,加速钢琴产业延伸。做大产业不是简单地扩大产能,要保持钢琴行业持久的生命力,必须将其与文化旅游事业的发展融为一体。发展钢琴文化产业既是实体产业的延伸,也是实体产业的高级形态。通过钢琴制造带动洛舍镇音乐文化的发展;围绕钢琴小镇建设,加快推动钢琴企业转型升级,以洛舍漾为开发点,充分利用和挖掘洛舍漾独特的水资源优势,精心完善码头、游船、休闲、餐饮等配套设施建设,打造集视听于一体,凸显"音乐风情"的精致小镇,增强钢琴产业辐射力;邀请全国各地洛舍钢琴经销单位有关人员免费到洛舍镇集中培训,把洛舍建设成为教育型钢琴生产基地,成为培养专业人才、进行国内外技术和文化交流的场所;有计划地培养当地的音乐人口、营造本地区的音乐氛围,建立钢琴艺术培训中心,开办音乐兴趣班,培养琴童;邀约著名音乐家开展大型音乐会、演出会、交流会,举办国内甚至国际重大钢琴音乐节、文化节;推动钢琴文化馆、博物馆建设,推动钢琴主题旅游地建设,把村落文化、自然风光、文化产业等串联和结合起来,吸引各地音乐爱好者到洛舍镇参观学习;借助新媒体,推动钢琴资源数字化,采用数字化手段和渠道普及钢琴文化。总之,钢琴文化是钢琴产业发展的基础,应充分结合钢琴自身特色,为钢琴产业发展、社会文化与精神文明建设注入持久动力。

(四)打造"品牌强镇"

推动品牌建设,提升钢琴产业知名度。"钢琴之乡"与"木业重镇"已经成为洛舍镇的两张金名片,而品牌的提升更能推动钢琴产业甚至整个洛舍镇的经济增长。政府帮助中小企业解决融资难等问题,鼓励产业集聚发展,培育更多在中国甚至世界上具有较高知名度的钢琴企业。企业打造和推出高端产品体系,追求卓越品质,提升洛舍钢琴在高端钢琴市场上的竞争力;通过签约钢琴演奏家、文化名人作为品牌形象大使,借此扩大品牌影响力、知名度,以达到推销产品的目的;借助我国数字技术优势,差异化发展一批智能钢琴品牌,提升细分领域中的知名度。总之,品牌是钢琴产业发展生命线,在精不在多,洛舍镇钢琴企业必须进一步发挥自身特色,培育和创新有效品牌,加快实施名牌发展战略,创造经典洛舍名琴,打造"品牌强镇"。

（五）加强产业整合力度

政府充分发挥自身作用，构建"龙头企业带动、配套企业联动、产业集群整体提升"的发展模式。牵线洛舍钢琴与省内文化产业龙头企业，实现"产品生产—品牌运营—资本运作"互补共赢的战略合作，打响钢琴产业"浙江制造"品牌。把洛舍钢琴企业纳入小微企业培育项目，帮助钢琴企业开展"个转企、小升规、规改股、股上市"工作，指导配套企业向"专精特新"发展，提高钢琴制造企业的产品质量、专业化程度和融资能力。支持德清和洛舍依托行业协会与科研院所合作建立产学研基地，开展钢琴制造相关的材料分析、声学分析、产品研发试制等科学研究，提升钢琴衍生品开发能力。指导行业协会建立和执行严格的产品生产标准、企业质量管理标准、企业品牌形象规范和定价机制，依托行业协会和规上企业建立行业融资信用体系，拓宽文化产业融资渠道。引导优质文化企业融入电商平台，对接资本市场。将钢琴生产销售各环节纳入全省统一的商品溯源系统，建立产品信用和质量保障体系。

总之，洛舍镇发挥自身优势走出了一条富民产业发展路径，不过产业集群需要进一步进行产业链重组以使得集群内的政府、机构、企业的作用得以最大限度发挥，同时加强和产业集群外的企业、市场等方面的联系。相信有"钢琴之乡"美誉的洛舍镇能用出色的技艺为越来越多的家庭送去美妙的音符，用优质的特色产业推动经济高质量发展，助力乡村振兴，迈向共同富裕。

为数字技术赋予价值观:数字化改革的另一条路径

冯钰　罗琳　蔡雨蕾

（浙江工商大学公共管理学院）

摘　要:数字技术在生产生活中的应用愈广愈深,尤其在社会治理层面,数字技术发挥了举足轻重的作用,但随之而来的人文关怀缺失的情况层出不穷。本文是在数字技术与人文关怀融合的框架下,探索推动数字化改革的路径,主要以技术决定论与技术的构建社会论为理论依据,分析数字技术与人文关怀存在的两种关系,并以此为基础提出数字技术与人文关怀结合推动治理现代化的相关对策建议。

关键词:数字技术　人文关怀　社会治理　数字化改革

一、问题的提出

以数字技术为代表的新一轮产业革命和技术变革正全方位影响人们的生产生活方式,也深刻推动社会治理数字化转型。党的十九届五中全会指出应全面提升数字治理能力,为数字中国建设提质加速。杭州"城市大脑"应用场景拓展至各类民生事务,深圳打造"全场景智慧深圳",北京将区块链技术与数字政府建设紧密结合,上海建设城市运行"一网统管"系统等案例都表明了数字化应用向社会生活各个领域逐渐渗透,日趋智能化、数字化的新生活正向我们走来。但随之而来的一大问题就是重数字改革、轻人文关怀,因过度依赖数字技术而缺失温度的治理案例频频发生。那么,如何将数字技术与人文关怀融合？如何推动数字化改革？

在既有的研究观点中,技术决定论与技术的社会构建论占主导地位。技术决定论主张技术是社会与政治进步的主要驱动力,能够改造社会并且在社会治理改革领域中发挥不可替代的作用,而人与社会只是被动参与。同时,技术决定论认为技术产品所导致的某些社会后果,是独立于社会背景或用途的。[1]而持技术的社会构建论观点的学者则认为技术只是作为一种手段运行于社会治理中,仅仅是对制度的表达与巩固。技术通常以短期的工具价值为导向,其追求的是社会治理质量与能力的提升、治理理念与方式的创新。技术创新固然可以带来好处,也可以带来无法预计的有害后果,故建立负责任的人工智能与创新是极为必要的。[2]数字化在使社会受益的同时,也给社会带来了潜在可持续性挑战,包括经济差距与环境福祉的威胁。[3]

应该指出,既有观点基本认同数字技术在推进社会治理发展进程中不可或缺。在新一代信息技术蓬勃发展的势头下,必须抓住信息技术革命带来的机遇,提升不同场景需求下的社会治理能力。但技术决定论片面地将社会治理的发展归功于技术,而技术并不是包治百病的灵丹妙药,它必须融入特定的社会治理结构中才能发挥出价值。通常，技术的社会影响不仅取决于所使用的技术产品，还取决于它的用途和使用它的社会背景。技术的社会构建论则把握了技术是一种满足老百姓真实需求的有力工具，必须与其他形式的创新和社会变革互相配合才能产生利好效果这一事实。数字技术需要与人文关怀相融，社会治理需要吸收新技术的益处，但绝不能沦为技术至上主义的牺牲品。

诚然，社会治理对数字技术的需求日益迫切，但一味追求数字技术的发展并不可取。本文认为，社会治理始终离不开"人"，人文关怀作为一种社会机制也是创新社会治理的一条新思路。在思考数字技术如何更好地赋能于社会治理时，首先应考虑人文关怀机制。我们在加快数字技术应用的同时重视人文关怀，以数字化手段推进政府决策科学化、社会治理精准化、公共服务高效化，全面提升社会治理的数字化水平，切切实实增强人民群众的获得感与幸福感。为此，本文在既有研究的基础上，结合近年来各地发生的事实案例，在数字技术与人文关怀融合的框架下，探索推动数字化改革的路径。

二、为数字技术赋予价值观

在社会治理现代化的当下，数字技术毫无疑问是新发展进程中浓墨重彩的一笔，其作用不容忽视，但数字技术真的万能而无弊端吗？答案是否定的。数字技术应用于政府创新社会治理，其积极作用与影响固然不可置疑，但同时也应注意到，数字化转型还面临许多不可忽视的风险。[4]一件件缺失温度案例的出现，正是在警醒我们数字技术与人文关怀相斥非但不能提升社会治理的数字化水平，反而会产生一系列消极负面的影响。而只有基于价值的数字政府超越当前以技术为中心的导向，将数字技术的创新与社会价值相互融合，才能解决各种恶劣的社会问题。[5]数字技术与人文关怀存在相斥与相融两种关系。二者相斥即数字技术取代人文关怀是当下社会治理应谨慎防范的关系，二者相融则是当下社会治理理想状态下的关系。

技术决定论已经指出了数字技术取代人文关怀这层关系。传统的数字治理强调数字化技术的普及与完善发展，但数字化时代基层行政人员面临各种权力、角色与利益的冲突，导致基层信息孤岛、数字鸿沟、数据失真、数据不安全与数据垃圾等问题。[6]此外，传统的政府治理强调自上而下的治理方式，决策权、评价权和监督权都集中在上位政府，注重管治规制而弱化服务职能，追求结果导向而忽视治理过程的质量。[7]多地政府的数字化转型也只是纯粹注重"技术指标"来建设网上服务大厅，忽视以人为本的服务理念，导致广大群众在使用数字治理平台时屡屡遇阻，个人隐私、身份信息安全隐患也十分之大。

技术的构建社会论印证了数字技术与人文关怀存在融合共进的关系。在数字技术与政府、社会双向赋能的情况下，树立"以人民为中心"的数字服务理念，构建多元参与的数字服务网络，而不是将数字技术运用带来的服务便利与效率作为价值目标。[8]用"人民至上"的价值取向赋予数字化转型以"温度"，为民众提供更优质更高效的全生命周期服务，实现技术理性向制度理性的新跨越。[9]不是单纯地奉行"技术决定论"，而是要让人民群众成为社会治理创新的重要参与者。互联网思维下的协商民主更加接近于一种主客体互换的思维，更加倡行融合共生的协商理念，其社会治理的内在精髓是——"共商共建共享"。[10]

三、数字技术与人文价值的深度融合:地方政府数字化改革的探索

数字技术更新迭代,给各类社会治理难题提供了新思路、新方法、新手段。大力发展数字技术赋能社会治理,构建新型智慧城市新格局,是在新时代背景下实现社会治理现代化的必由之路,也是提升治理效能的必然要求与重要支撑。[11]但数字技术赋能本身并不是社会治理的最终目标,社会治理的归宿定是人民群众的获得感、安全感与幸福感。在数字技术与人文关怀相融中,依据技术的社会构建论,以人为本是出发点,共建是基础,共治是关键。数字治理须牢牢落脚于每个个体福祉,保证人人都能共享数字化改革的红利。[12]

(一)以人为本

数字技术与人文关怀相融的过程中,以人为本是出发点。围绕群众的实际需求创新社会治理,以增强老百姓的幸福感、安全感与获得感。无论是传统时代的社会治理还是数字时代的社会治理,"人"一直都居于核心地位。数字技术只是一种赋能工具,若所得非所需,社会治理只会是身陷囹圄。在整体目标上,围绕满足民众的需求与期盼,运用数字技术推动服务的个性化供给,为老百姓满意度的提高、高质量生活的保障做铺垫。只有人与人和谐相处、人与数字技术和谐相融,社会才能安定。

首先,以人为本的实质是顺应人心,不断探索"人心工程"。以人为本的数字治理,既提高暖人心的意识,又增强暖人心的本领。譬如浙江富阳的空巢老人守护系统,自动接收、整理、分析大数据信息,主动为老人量身定制安防感应场景。不仅如此,考虑到老人的隐私问题选用红外线感知而非监控设备,不接触独居老人、不破坏老人生活行为习惯,便可以在第一时间监测意外情况并报警,尽最大可能保护独居老人。在充分利用大数据、互联网、云计算等智能互联技术的同时坚持暖人心、聚民心、筑同心,不断提升人民群众的获得感、幸福感、安全感。

其次,以人为本的核心是保障人权,谱写人权文明新篇章。数字技术的发展固然势不可挡,而在享受着数字红利的同时不能使社会温度缺失,不能让人权受到侵害。从脱贫攻坚战到新冠肺炎疫情战再到脱贫攻坚成果巩固及乡村振兴有效衔接,无不体现了人权的最大保障。在疫情暴发期间,杭州市研发的"非羁码"App,不仅能实时接收被监管人的信息,零成本且隐蔽性强,并能在一定程度上舒缓非羁押人员的心理压力,确保其在非羁押期间工作生活如常。这一创新举措在一定程度上保障了被监管人在侦查、起诉、审判各阶段的合法权益。

(二)共建

数字技术与人文关怀相融的过程中,共建是基础,表明人人有责。共建,回答社会治理依靠谁的问题,即社会治理不仅仅是党或政府的责任,而且是社会各方的责任。[13]现代化数字治理全面地与人文关怀相融,需要明确不同社会治理主体的角色定位与职能分工。在新时代背景之下,社会发展日益多元化、复杂化,人的价值取向与利益诉求也随之日渐多样化、个性化。数字技术与人文关怀相融必然离不开社会多元主体力量的参与,各类观念、态度、动机交织汇集,充分尊重群众的意志,不断凝聚民心,不断创新、改革社会治理,不断提升治理效能,以使治理带着温度落地。

一是发挥党建引领作用，利用数字技术把准工作航向。党员"公转"带动群众"自转"模式迭代升级，将党的政治优势、组织优势及群众工作优势集成转化体现在数字平台，提升红色领头雁示范效应，疏通社会治理的藤蔓脉络。譬如全国首个预防青少年新型违法犯罪应用，以党委领导牵头创新少年新型违法犯罪预警感知模型，归集整合青少年的全量数据，通过大数据智能算法预警预测，实现及时干预阻断。党建赋能数字治理更好地发挥红色引擎作用，汇成高效联动聚合力，扎实推进数字与人文相融的社会治理。

二是联动协同跨层级、跨部门业务，高水平建设数据一体化共享模型。深挖合作潜力，盘活社会资源，统一汇聚各方力量，合情合理合法地借助数字技术，着力于共建机制，形成强大的社会治理共同体，在有效化解各类社会问题或矛盾时让人们充分感受到人文关怀。例如衢州智慧助残横向与公安、民政、人社等 15 个部门业务协同，纵向打通中残联、省残联、省级大数据平台等 9 套跨部门、跨层级业务系统。实现残疾人服务主动感知、政策兑现、服务保障、精准治理的全链条闭环管理。在数字技术赋能社会治理遍布各个角落时，不忘抒发社会治理的人情味，真正实现"处处有智慧，处处有温度"的美好愿景。

（三）共治

数字技术与人文关怀相融的过程中，共治是关键，力求人人尽责。共治，回答社会治理开展的路径问题，即社会多元主体如何实现社会治理的社会化、法治化、智能化与专业化。[14] 在数字技术深度嵌入社会治理时，探索与人文关怀相互融合、相互促进的着力点与结合点，厘清社会治理中情、理、法三者的关系及其融合路径。通过数字赋能，以大数据为支撑，对接相关部门，嫁接有效数据，让普通群众人人乐于参与自治，推动社会治理更加规范有序。共治不仅能提升治理效能，并且对于社会风气的建设也有正向作用。

一是搭建"线下＋线上"双治理平台，人工服务与数字服务齐头并进。构建"互联网＋"基层治理智能应用体系，诸如"互联网＋服务"打破各层级的数据壁垒，形成技术与服务联动协同的基层治理格局。比如浙江的"互联网＋院前医疗急救"基于 5G、物联网等新技术，集成一键呼救、急救现场定位、救护车路线导航、志愿者呼叫、AED 搜寻等功能，形成全省智能施救"一张网"、资源调度"一键达"、"上车即入院"的救治模式，推动传统"边走边查"模式向"边走边治"模式转变，全面提升救治的时效性、精准性和协同性。

二是增强群众自治意识，鼓励多元主体广泛参与。群众在社会治理中有双重身份，既是参与者也是受益者，故必须充分发挥群众在社会治理中的主体作用，不断激发其内生动力。嘉兴"浙里众治"系统集成 35 个部门 99 个场景，涵盖了心理、法律等多个领域，场景上线率 100％，实名注册用户超 232 万人，76 万居民在线参与议事协商，累计回应解决群众关心关注问题 81 万余个，群众满意度达 97.6％。鼓励全民参与，由政府单一主体向多元主体转变，推进自上而下与自下而上双向的协商民主，最大限度地激发社会创造活力，形成社会治理整体合力。

四、技术取代人文关怀及其后果：数字化改革的挑战

在推进政府数字化改革热潮中，陆陆续续出现了形式数字化、过度数字化、信息孤岛化、建设封

闭化等令人忧虑的问题。[15]数字技术确实在很大程度上使我们的生活更加便利，我们也确实尝到了数字技术赋能社会治理的甜头，但人工智能只是代替了"人工"，而没有代替"人"，数字赋能本身也只是社会治理的手段。在技术决定论的影响下，以部门为导向的管理、数字形式主义、过度使用技术以及技术与使用环境脱节等都导致了数字技术取代人文关怀，最终致使社会治理僵硬化、官僚化、冷漠化与机械化，影响社会安定。

（一）以部门为导向的管理：僵硬化

以部门为导向的管理之所以会导致数字技术取代人文关怀，主要是因为每个职能部门都仅仅站在本部门管控的视角下设计治理流程，基于自身的行政需要各自为政建立自己的数据库，以各自利益为中心相互"紧拽数据"，引发数据分割问题。因此导致在数字技术赋能社会治理过程中，最终无法给人民群众提供舒心的服务体验。

一是数据整合顶层设计不够，部门整体联动不强，各自为政。各部门分工过细、条块分割、重硬轻软，信息资源匮乏，数据难以打通而形成数据孤岛。通常，各个部门数据的标准字段不同，没有统一的信息资源标准，常常发生多部门对同一份数据信息多次搜集、重复录入的现象，不但增加了协调上的困难，在管理上也容易出现混乱。同时，各部门之间没有形成统一的应用平台和信息交换机制，加之出于部门利益的考虑，不愿主动共享数据，在有限的信息里归集数据更是难上加难。尤其在疫情防控期间，大数据精准定位人群后，由于信息搜集的手机端程序没有相应数据录入模块或是某信息需反复登记，造成信息反馈耗费大量时间，给群众与工作人员都载入了"信息化反而增加了一道信息录入的工作"的负面印象。

二是部门与数据条彼此独立，电子平台虚拟部门间的数据协同困难。数字赋能的关键问题就在于数据怎么赋能：放水才能养鱼。进行数字赋能就需要有数据原料，再进一步利用好数据，产生社会治理的积极效果。数字赋能是需要的，但社会治理应该以人为依托、以问题与需求为导向，而不是单纯以数字为主、以部门为导向。在现实情况中，由于一些高价值数据因风险控制难度大，部门之间信任度弱，此时数据协同往往需要通过上级层层授权，程序复杂，难以一次到位，导致数据调取不畅，时效性缺失。

（二）数字形式主义凸显：官僚化

当前数字化改革的正向成果颇丰确实显而易见，但在各个地区广泛推行政府数字化转型的过程中，技术"异化"日益显现，越来越成为深化数字政府改革的绊脚石。"指尖上的形式主义"在当下的数字治理中已是司空见惯，脱实向虚的工作作风在浪费行政资源的同时对政府形象也造成不良影响。数字形式主义的滋长不仅致使社会治理中的官僚主义更加猖獗、影响数字化改革的得失成败，且必然直接影响人民群众的获得感与满意度。

一是营造数字"面子工程"，政绩表达演变为"智能官僚"。现实中基层数字治理改革的一系列实践被讽刺为"把炸毛鸡打扮成开屏孔雀"，由服务公众变质为数字化的官场作秀。[16]过分追求电子化数字化噱头、各类"摆拍""跟风""追捧"现象屡见不鲜。有基层干部表示，一些数字政务服务开始时"一片火热"，随后"逐渐降温"，最后"凉凉收场"，先行先试没有考核，也不关心钱花得如何，只有领导靠这些花架子获取"泡沫政绩"。政务平台"僵尸化""鸡肋化"的案例比比皆是，开发后无人维护仍是一地鸡毛,效果雷声大雨点小。

二是过度强调数字留痕,增加基层人员工作负担。留痕的初衷是激发加强管理的动力,弥补绩效考核相对虚化的不足,使考核内容更为真实具象,也便于明晰责任主体。留痕是方式不是目的,但现实中存在不少"为了检查而留痕"的乱象。比如某地有关部门要求驻村扶贫干部每月驻村25天,并实施"双App"打卡制度,不但手机定位要在村里,且需刷脸打卡。不少驻村干部表示每天担忧的不是如何扶好贫,而是生怕早晚忘记打卡,整日困在村里,除了报表就是报表,更不用提帮村里跑致富项目。必要的"留痕"对于工作的开展能够起到一定的作用,但留痕过度则会给正常工作添加不必要的干扰。

(三)技术过度使用:冷漠化

过度使用数字技术,不站在群众的立场上深思熟虑,就不能正确把握人民对于技术的需求,不仅不利于数字治理效能的提升,也会降低百姓对数字治理的满意度,导致技术应用的效果与目标倒挂。不难想象,如果只追求数字技术的进步与发展,漠视数字治理服务对象的真实情况,不将服务意识融入治理中,那么这种所谓的数字治理带来的社会贡献定是微乎其微、极为有限的。

一是技术悬浮于治理之上,只见"机器"不见人。片面强调数字技术的使用以提高治理效率而忽略群众实际状况与内心感受,令群众在得不到舒心的服务体验的同时也加剧了数字弱势群体的被剥离感。湖北某地一位老人独自冒雨去缴纳医保却被工作人员告知"不收现金,要么告诉亲戚,要么你自己在手机上支付"。对于数字弱势群体而言,这道凸显的"数字鸿沟"增添了他们的不平衡与无力感。诚然,可以理解各地各场所工作人员提倡使用手机办理业务,但在面对特殊群体时仍采取相同工作方式实际上缺乏了服务意识。因为是否"面对面",每个个体都有其自己选择的权利。[17]

二是技术赋权超越治理边界,"数字空间"不受约束。当下通过数字技术赋能的社会治理在我们的现实生活中具有全覆盖性,使得我们的生活随时随地被大数据"掌握"。在这个处处有高新技术的"数字空间"下,人民群众的大多数行为都被各种智能载体以数据或信息的形式所记录。因此,一旦技术治理无法正常赋权给不同的治理主体,技术权力的使用不受控制,技术运用就会成为破坏公共治理的新风险。[18]如各类外卖、出行、酒店预订等App时常发生大数据"杀熟"现象,往往都是商家通过各种算法对消费者进行个人精准画像所致。人们在方便获取信息的同时自身信息也在不知情的状态下被泄露或利用。

(四)技术与使用环境脱节:机械化

数字技术在使用过程中不联系实际的客观环境背景易造成一刀切,难以将治理精细化。一刀切治理本质就是不实事求是,没有对具体情况进行具体分析,只是粗放、迫切地让治理改革落地,而缺乏对改革受用主体实际境遇的考虑。[19]数字赋能社会治理固然重要,但忽视技术使用的环境也必然导致治理效能的降低。每个地区的数字化水平有高有低,一旦数字技术与使用环境脱节不仅会阻碍数字化改革的进程,也会消耗大量资源与精力,给群众带来诸多负面影响。

一是数字技术很先进,使用环境的现实需求与问题却未厘清。地方政府在治理中常常出现急切想用技术做出点什么,拼命"憋大招",盲目"抄作业"。[20]不考虑数字技术使用的环境背景,照搬套用现成的治理方案，或是轻易出台治理方案，不仅给人民群众带去诸多不便，并且容易招致群众抵触、犹疑心理。比如 2021 年某市发布的春节返乡规定要求各涉农区需精准落实防疫要求，规范人员分类管理，返乡人员实施 14 日居家医学观察，健康码变为"橙码"。而按照该市返乡新规，只有不到 1/50 的面积算得上城区，许多人上下班便从"绿码"转为"橙码"。一刀切、层层加码的行径貌似雷厉风行，实际上往往企图在治理过程中上节省人力物力财力，给大多数群众造成一定程度上的生产生活阻碍，有矫枉过正之嫌。

二是现实环境发展滞后于数字技术创新。在数字技术赋能社会治理过程中，数字技术虽然发展到位，但客观现实环境发展尚未跟上，故导致实际的治理效能大打折扣，远不如使用原先的土办法更令老百姓满意。当前，随着 5G 落地、物联网设备数量的剧增，数字技术在社会治理中的用途也越来越广，但仍有许多地方的发展跟不上数字技术的应用。这些地区往往设施设备缺失或老化、干部与群众对于新知识的接受能力弱、信息弱势群体众多。若将新技术一股脑地应用，那么这种脱离实际与群众的机械式治理往往都无疾而终。

五、为数字技术赋予价值观：深化数字化改革的对策建议

数字治理时代的大幕已然开启，数字技术正加速融入社会治理之中。在数字化不可逆的现实背景下，数据如何应用、技术如何创新仍是社会治理需要审慎思考的问题。辩证地看待数字技术赋能社会治理，牢牢把握治理的尺度、效度与温度。在数字治理频频出现重技术轻温度的负面案例，需要整治再重新出发时，数字技术与人文关怀相结合是本文认为推动数字化改革的新路径，主要从理念、体制与措施三个角度提出具体的对策建议。

（一）围绕人文理念，治理温暖化

数字治理的力度和温度，二者是可兼顾的。如何在实践中提升治理的温度，实现数字技术与人文关怀相融、力度与温度协同，是当前数字治理的重要任务。大数据不纯粹只是技术运用，其核心价值与宗旨仍在于服务人民与社会。社会治理的对象不仅是社会整体，更是一个个鲜活而真实的个体，每一个个体都彰显其道德与治理上的主体性。[21] 在运用数字赋能社会治理的新时代下，更应重视人本身的感受，坚持利民为本，品质为先。从老百姓的需求与问题出发，理顺人民群众的各级社会关系，打造"让数据多跑路，让群众少跑腿"的格局，充分利用数据精准便捷的优势，提升社会治理效能。

以人民群众为中心再造办事流程，坚持人文与科技协同驱动，变被动管理为主动服务。将人民群众置于最高地位，正视其利益与需求，积极贯彻共建共治共享的治理理念，提供便民又舒心、个性又温暖的体验，优化公共服务供给的质量，让百姓感受到数字治理的温度与情怀。全方位展现"治理为群众"的用户思维，聚焦老百姓的问题所在，坚持数据取之于民用之于民，做深做透、创新开发各具特色、便民惠企、民生直达的应用模块与场景，让人民群众体验更便捷高效的公共服务，让数字治理带着温度落地。

在政府数字化转型与改革过程中，既要看到其亟须革新的方面，也要充分领会蕴含在其背后的文化习俗等具体情况。遵守以人为本的宗旨，审慎推进，而不能单靠数字赋能就为所欲为。人民群

众的根本利益是社会治理过程中必须始终毫不动摇坚持的原则。耐心开展群众工作，寓治理于服务之中，切实做好群众的服务保障工作。运用大数据构建系统或平台只是第一步，社会治理中的许多后续工作都需要相关的人员尽心尽责地完成。数字技术与人文关怀相结合，提高全社会文明水平的同时也应兼顾百姓冷暖。

（二）优化顶层设计，构建多跨协同机制

在数字化改革推进过程中，坚持技术创新与制度创新"双轮驱动"，顶层设计与基层探索"双向赋能"。有效的数字治理创新往往是多元主体互动、多源数据融合、跨层级多部门协同、各项制度集成的结果。[22]服务事项不全、精细化程度不高、线上线下不畅通、数据信息共享难、业务协同难等已成为普遍问题，归根到底是顶层设计没有做好规范与引导。尤其在疫情期间，更多地需要借助数字技术从顶层设计上推出高效灵活的信息化措施，跨区域、跨层级、跨部门联动协同，让大数据在战疫中跑出速度、力度和温度。

以数字化改革为指挥棒，完善体制机制，充分调动各方积极性，确保资源利用价值最大化、群众体验满意度最大化。统筹谋划优化顶层设计，做实做优数字场景应用，撬动多层级多部门多领域的改革。梳理跨部门业务协同流程，明确并优化协同关系，进而形成最佳协同机制；同时对跨部门业务协同机制进行数字赋能、综合集成，完善机关内部系统功能，构建跨层级、跨部门在线实时联动的协同办公体系。[23]在此基础上，将核心业务分级，细化任务颗粒度，并按照各级各类业务设立相应的指标体系，依据部门多跨协同的需求，归集部门单位、新建政策、研发应用场景，推动服务更加主动，政策落地更加精准、高效、便捷。

进一步推进体制机制、组织架构、方式流程、手段工具系统性重塑，全方位提供整体联动服务，让群众少跑路。根据任务流程需求、具体服务要求，打破区域、层级、部门的信息、数据、资源壁垒，精心设计互联互通平台。树立区域发展共同体意识，深挖各地潜力，盘活社会资源，优化资源配置，推进多跨协同机制的构建与完善。发挥相应地区的牵头抓总作用，与对接地区建立共商机制，打破行政区划界限，实现跨区域协同；平台直接与省、市（区、县）改革办、民政、卫健等部门并联，打破行政层级界限，实现跨层级协同；打通城管、公安、数据局等部门数据资源，形成治理合力，打破部门界限，实现跨部门协同；摸排、统筹协调资源分布，打破不同性质资源的壁垒，实现资源共享。

（三）加强群众参与，创新治理实践

推进数字技术与人文关怀相融应持续完善社会治理的基础建设与公共服务手段，增强群众自治意识，壮大社会治理的网格员队伍，利用数字技术创新群众参与治理渠道。群众在社会治理中有双重身份，既是参与者也是受益者，故必须充分发挥群众在社会治理中的主体作用，不断激发其内生动力。基层政府必须对群众的诉求及时回应与反馈，引导老百姓积极参与社会治理，牢牢把握群众参与基层社会治理的着力点，激发其主人翁意识，调动其参与社会治理的自觉性与主动性。

开发建设网上办公系统、专门应用程序等平台，形成微端融合、服务联动的智慧政务网，让群众通过手机、电脑等终端参与讨论、投票、监督等活动，不断提高基层社会治理效能。[24]畅通并拓宽群众参与渠道，有针对性地构建多元化参与平台，且按需将之固定沿用。利用大数据、人工智能、物联网等现代科技手段与社会治理深度融合，更迅速便利地促进各方交流沟通，有序改善公共服务供

给。鼓励全民参与,由政府单一主体向多元主体转变,推进自上而下与自下而上双向的协商民主,并加快建设令人满意的现代化服务型政府。

社会治理重在细节也难在细节。治理现代化的推进与发展既融在高楼大厦、车水马龙的繁华里,也内含于日常生活的细枝末节中。[25]在解决一切与人民群众相关的问题上下足绣花功夫,以切切实实的社会治理社会化成效,增强人民群众的福祉。在数字化改革中"智"绘老百姓的幸福画卷,与数字技术无缝对接,运用"自治+共治+数治"三治结合的方式,打造人人有责、人人共享的社会治理共同体。

参考文献:

[1] Philip Brey. The strategic role of technology in a good society[J]. Technology in Society,2018,52(2):39-45.

[2] Buhmann Alexander,Fieseler Christian. Towards a deliberative framework for responsible innovation in artificial intelligence[J]. Technology in Society,2021(64):101475.

[3] Igor Linkov,Benjamin D. Trump, Kelsey Poinsatte-Jones, Marie-Valentine Florin. Governance Strategies for a Sustainable Digital World[J]. Sustainability,2018,10(2):440.

[4] 张成福,谢侃侃.数字化时代的政府转型与数字政府[J].行政论坛,2020,27(6):34-41.

[5] Jungwoo Lee,Byoung Joon Kim,SeonJu Park,Sungbum Park,Ka-gtak Oh. Proposing a Value-Based Digital Government Model:Toward Broadening Sustainability and Public Participation[J]. Sustainability,2018,10(9):1-13.

[6] 黄建伟,陈玲玲.中国基层政府数字治理的伦理困境与优化路径[J].哈尔滨工业大学学报(社会科学版),2019,21(2):14-19.

[7] 孟天广.政府数字化转型的要素、机制与路径:兼论"技术赋能"与"技术赋权"的双向驱动[J].治理研究,2021,37(1):5-14,2.

[8] 李晓昀,邓崧,胡佳.数字技术赋能乡镇政务服务:逻辑、障碍与进路[J].电子政务,2021(8):29-39.

[9] 李建宁.基层社会治理数字化转型的审思与创新[J].领导科学,2021(14):40-42.

[10] 戴长征,鲍静.数字政府治理:基于社会形态演变进程的考察[J].中国行政理,2017(9):21-27.

[11] 陶秀丽.数字赋能,让城市更聪明更智慧[N].2020-11-25(12).

[12] 郁建兴.加速推进数字化改革　全面提高政府治理现代化水平[J].今日科技,2021(3):36-38.

[13][14] 姜晓萍.社会治理须坚持共建共治共享[N].人民日报,2020-09-16(9).

[15] 钟伟军.公民即用户:政府数字化转型的逻辑、路径与反思[J].中国行政管理,2019(10):51-55.

[16] 赵玉林,任莹,周悦.指尖上的形式主义:压力型体制下的基层数字治理——基于30个案例的经验分析[J].电子政务,2020(3):100-109.

[17] 郑磊.数字治理的效度、温度和尺度[J].治理研究,2021,37(2):5-16,2.

[18] 刘伟,翁俊芳.撕裂与重塑:社会治理共同体中技术治理的双重效应[J].探索与争鸣,2020(12):123-131,199-200.

[19] 楚波.摈弃"一刀切",彰显治理精度[J].决策探索(上),2019(1):11.

[20] 郑磊.数字治理的"填空"与"留白"[J].人民论坛·学术前沿,2021(23):106-112.

[21] 孔新峰.让治理体系"末梢"更有温度[N].光明日报.2020-03-17(2).

[22] 魏景容,刘祺.从"通办"到"好办":数字政府的迭代逻辑与改革趋向[J].中共天津市委党校学报,2021,23(5):

78-86.

[23] 张鸣.从行政主导到制度化协同推进:政府数字化转型推进机制构建的浙江实践与经验[J].治理研究,2020,36(3):26-32.

[24] 杜志章.充分调动群众参与基层社会治理[N].人民日报.2020-08-03(9).

[25] 盛玉雷.以治理精度提升社会温度[N].人民日报.2020-11-11(8).

浙江山区 26 县推进共同富裕路径研究

应永利

（中共台州市委党校）

摘　要：高质量发展建设共同富裕示范区，是党中央赋予浙江的新的光荣使命。推进山区 26 县跨越式高质量发展是浙江省实现共同富裕的重点、难点、关键点，事关浙江现代化先行和共同富裕示范区建设全局。浙江山区 26 县推进共同富裕面临掣肘，有其现实基础与目标定位，需聚焦山海协作升级，加快完善协作帮扶机制；聚焦内源优势转化，加快提升产业竞争力；聚焦"链主"企业培育，加快推进产业链式发展；聚焦细分领域深耕，加快融入产业链生态圈；聚焦营商环境优化，加快激发民营经济活力。

关键词：共同富裕　山区 26 县　路径　研究　浙江

自古以来，实现共同富裕是人类梦寐以求的基本理想，更是一个长期渐进的奋斗目标。伴随人类社会的进步发展，马克思主义理论第一次科学地揭示了共同富裕的发展规律。从一定意义来看，共同富裕是社会主义的本质特性，也是中国式现代化的应有特征。进入新时代，新的历史方位赋予共同富裕全新内涵，统筹推进区域协调发展是其题中之义。实现国土空间均衡布局发展，扎实推动区域社会共同富裕，这是国家层面应对的重大战略问题，也是省域层面思考的重大布局课题。2021年 6 月，党中央赋予浙江高质量发展建设共同富裕示范区的历史使命。2021 年 7 月 19 日，浙江省委书记袁家军在山区 26 县跨越式高质量发展暨山海协作工程推进会上强调，山区 26 县能否实现跨越式高质量发展、能否取得标志性成果，事关现代化先行和共同富裕示范区建设全局。在浙江全面开启跨山统筹发展的新征程中，山区 26 县是全省共同富裕示范区建设的重点与难题，如何高质量发展推动实现共同富裕，值得理论研究和现实关注。

一、浙江山区 26 县推进共同富裕面临的掣肘

浙江靠山临海，全省自北向南，平原、丘陵、山地一应俱全，独特的"七山一水二分田"省情具备了多样化的发展条件，也造成了区域之间发展的不平衡。因地理区位、公共资源、历史发展等情况，地处浙江欠发达地区的杭州市的淳安县，温州市的永嘉县、平阳县、苍南县、文成县、泰顺县，金华市的武义县、磐安县，衢州市的柯城区、衢江区、江山市、常山县、开化县、龙游县，台州市的天台县、仙居县、三门县，丽水市的莲都区、龙泉市、青田县、云和县、庆元县、缙云县、遂昌县、松阳县、景宁畲族自治县，约占浙江全省县域总数的 30%（全省 89 个县，包括县级市、区），土地面积约为全省 45%，

人口接近全省 24%，经济社会发展水平长期低于全省平均水平。这些山区 26 县仍与省内其他发达地区存在着一定差距，一直是浙江区域协调发展的短板和弱处，在实现跨越式发展、推动共同富裕进程中面临许多挑战和问题。

（一）产业层次较"低"

因难以在地缘上占优势、得实惠，产业转型慢，山区 26 县就很难引进、引入、引到高新人才、高精技术、高端项目。在工业上，产业层次普遍偏低，平台能级有待提升；在旅游产业中，尚未开发整合旅游体系，高能级景区匮乏；在农业上，农业龙头企业功能发挥不足，服务供给不充分。2020 年，规模以上工业增加值为 1249 亿元，仅占全省规模以上工业增加值的 7.3%，有 3 个县规上工业增加值低于 5 亿元；全省服务业百强企业中无一来自山区 26 县；2020 年山区 26 县 GDP 总量为 6238 亿元，仅占全省的 9.65%；人均 GDP 为 61363 元，仅为全省人均的 61.3%、全国人均的 85.2%，仍有 9 个县的城镇居民人均可支配收入未达到全国每人 43834 元水平，13 个县的城乡居民收入比未达到全省水平。

（二）交通出行较"慢"

受地形地势影响，山区 26 县交通设施建设远远落后于发达地区。无论是外界流动，还是县域出行，不够快捷便利的交通造成群众出行不便，也严重影响物流业、旅游业。在铁路方面，目前仍有 5 个县未开通铁路，有些县虽已开通高铁动车，但班次较少、时速不快。在公路方面，浙江虽已县县通高速，但县域内公路等级偏低、干线公路缺乏、交通设施滞后，甚至还有很多重要道路出现"断头"现象。在民航机场方面，仅有 1 家机场在运营、1 家机场在建。

（三）服务能力较"弱"

日益凸显的不平衡不充分的发展问题，使得山区 26 县的公共服务品质很难提升，城乡差距明显突出，与人民群众切身相关的教育、医疗、养老等民生福利事业依旧无法与发达地区相比，优质公共服务供给不足，数字经济产业受阻。在教育上，山区 26 县内高等院校仅有 2 所，普惠性公办幼儿园显然偏少，科研院所布局不多。在医卫上，每万人拥有的医生和床位数量均比全省水平低下。在文体上，文化和体育基础设施薄弱，建成后管理、使用、维护等经费投入不足。

（四）用地空间较"少"

山区 26 县高质量发展诉求十分强烈，但可供开发利用的土地空间严重受限，其中已建的 18 个开发区，受基础设施较差、招商经验欠缺、产业基础薄弱，叠加交通不便、资源匮乏等"先天不足"影响，在招商引资上缺乏竞争力、在产业培育上缺乏有效手段，使得先进制造业发展相对滞后、产业集聚相对缓慢、高端要素导入相对乏力。

二、浙江山区 26 县推进共同富裕的现实基础

改革开放以来特别是实施"八八战略"后，历届浙江党委政府坚持一张蓝图绘到底、一任接着一

任干,积极探索、大胆实践、努力促进共同富裕,提出推行区域协调发展的战略重心,大力推动发达地区在更高层次上加快发展,同时以提高自身发展能力为核心,推动欠发达地区实现跨越式发展,做长欠发达地区这块"短板"。为解决这一发展难题,浙江深入推进发达地区与欠发达地区开展多领域、多层次的合作与交流,实施"山海协作工程",把省内沿海发达地区的产业转移辐射到浙西南欠发达地区,把欠发达地区的剩余劳动力转移到发达地区,有力地促进了欠发达地区的跨越式发展。尽管在全省区域发展格局中还处于后列,山区 26 县发挥绿色、生态、文化、人文等独特资源作用,高站位推进、高水平统筹、高质量实施区域发展,人民群众的认同感与满意度显著增强,开启了由"富"到"强"高质量发展的新征程,取得明显成效。

(一)区域协调发展加速发力

山区 26 县奋力直追、加快发展,努力破解发展不平衡不充分问题。2015 年,浙江全部摘掉贫困县帽,已全面消除家庭人均年收入 4600 元以下的绝对贫困现象,成为全国第一个较高水平完成脱贫攻坚任务的省份。1997 年,浙江成为全国率先消灭贫困县的省份。2002 年,浙江率先实现贫困乡镇摘帽。2020 年,浙江实现"两不愁三保障"突出问题、年家庭人均收入 8000 元以下情况、集体经济薄弱村"三个清零",最低生活保障标准提高到 886 元,全省居民人均可支配收入首次突破 5 万元,其中城镇居民收入和农村居民收入分别连续 20 年和 36 年居各省(区)之首,城乡居民收入比降至 1.96∶1,这是自 1993 年以来首次低于 2,为浙江现代化先行和共同富裕示范区建设奠定了坚实基础。

(二)省内发展差距加速缩小

山区 26 县念好"山海经"、走好"特色棋",人均生产总值与全省差距加速缩小,居民收入增速跑赢全省。从山区 26 县人均生产总值看,2015 年为 36883 元/人、2019 年是 60932 元/人,年均增长 10.5%;与全省人均生产总值比,已由 2015 年的 47% 提高至 2019 年的 57%。从山区 26 县城镇和农村居民人均可支配收入看,2015 年增速为 8.8%、2019 年是 9.9%,均已分别高出全省 5 个百分点,其中所有县农村居民人均可支配收入高于全国每人 16021 元的平均水平。

(三)跨越发展优势加速形成

相对来说,与发达地区比较,山区 26 县生态环境是优势,工业经济是劣势。这些年,山区 26 县扬长避短,实现了天更蓝、山更绿、水更清。2015—2019 年,山区 26 县 PM2.5 平均浓度由 36.4 微克/立方米下降到 25.2 微克/立方米,Ⅲ类及以上水质断面占比提高到 97.8%,森林覆盖率为 74.1%,比全省的 61.1% 要高 13 个百分点,旅游总收入从 1316 亿元增加到 3075 亿元。集聚大花园核心区和诗路文化带耀眼明珠的山区 26 县,正在努力成长为长三角旅游金名片。

(四)经济质量结构加速优化

对于浙江而言,解决区域、城乡与收入差距的重中之重是山区 26 县。自 2015 年以来,山区 26 县省定考核标准由以往 GDP 总量改向农民创业收入、生态环境保护。山区 26 县通过精心筑巢、引凤来栖,加速优化经济质量与发展结构。2015—2019 年,山区 26 县第三产业占比由 48% 上升至

53%，其中 24 县形成"三二一"产业结构；上市公司也由 14 家增加到 46 家；高速公路实现了县县通；凭借良好的生态环境吸引越来越多的新经济企业前来落户安家。

三、浙江山区 26 县推进共同富裕的目标定位

在主要依靠市场机制驱动经济发展的历史进程中，浙江各地发展水平差距进一步拉大。党的十八大特别是十九届五中全会以来，习近平总书记就扎实推动共同富裕发表了一系列重要论述，形成了习近平新时代中国特色社会主义思想的重要篇章，开辟了中国特色社会主义共同富裕理论新境界，为扎实推动共同富裕提供了根本遵循和行动指南。2021 年 6 月，《中共中央　国务院关于支持浙江高质量发展建设共同富裕示范区的意见》正式发布，明确要以解决地区差距、城乡差距、收入差距问题为主攻方向，更加注重向农村、基层、相对欠发达地区倾斜，向困难群众倾斜，率先突破发展不平衡不充分问题。加强山区与沿海地区的统筹，升级山海协作工程，挖掘山区县潜力优势，增强内生发展能力和实力，带动山区群众增收致富。这标志着我国探索实践共同富裕开启了新篇章，浙江担负着在全国探索推进共同富裕的重任，将为全国推进共同富裕提供省域样本和范例参照。根据发展目标，浙江进一步明确山区 26 县在推动共同富裕中的历史定位。

（一）打造重要窗口、建设共同富裕示范区的重要阵地

习近平同志在浙江工作时就高度重视推动共同富裕，把坚持走共同富裕道路作为改革开放以来浙江发展的鲜明特色，把"加快推进城乡一体化""推动欠发达地区跨越式发展"等作为重要内容纳入"八八战略"，亲自部署实施山海协作、百亿帮扶致富、欠发达乡镇奔小康、农村"三改一化"等重大工程，为浙江推动共同富裕先行示范提供了思想指引和实践基础。当前，习近平总书记、党中央把建设示范区的历史重任交给浙江，这是浙江前所未有的重大发展机遇。

（二）纳入国内大循环、创建新发展格局的内在需要

浙江建设共同富裕示范区，是一项开创性的工作，也是中央交给浙江的任务，不可能一蹴而就。要实现共同富裕，一定要把发展放在更高位置，高质量的经济发展是第一前提。国内国际双循环不是有内无外，也不是有外无内，二者辩证统一。打造新发展格局，要牢牢把握国内大循环这个"主体"，但其中的"痛点"在于山区 26 县生产要素配置、商贸物流组织、消费市场开辟等如何能够畅通地纳入全国大循环，在优势互补中高效实现配置最优化，真正增强山区 26 县的内生发展动力。

（三）都市区联动建设、一小时经济圈打造的硬核支持

山区 26 县既是浙江高质量发展建设共同富裕示范区亟须补强之处，也是未来发展巨大的潜力所在。作为浙江大湾区的主引擎、大花园的主支撑、大通道的主枢纽，四大都市区建设如何因地制宜地发挥各个都市区的特色和特长？其背后统筹协调是关键，实现区域一体化发展、打造一小时经济圈需要强化省、市两级的统筹协调和上下联动，把山区 26 县纳入都市区建设，不断激发区域发展活力，加快形成具有山区魅力的现代化和共同富裕基本形态。

（四）数字化改革加速、一体化深入推进的难得契机

浙江尽管成为全国居民收入最高、城乡差距最小的省份之一，但不平衡不充分现象依然突出、仍旧存在，城乡发展、区域发展和收入分配差距难以彻底改变。在大力实施数字经济"一号工程""最多跑一次"改革的基础上，浙江进一步全面实施数字化改革，这为山区 26 县高质量发展带来新动力、新空间，奠定扎实的制度基础。走出科技创新、数字化和绿色低碳的融合聚变之路，这是新发展阶段山区跨越式高质量发展的根本出路和显著特征。

四、浙江山区 26 县推进共同富裕的任务迭代

推进共同富裕是浙江山区 26 县解决发展不充分不均衡问题的新探索，需在全面把握世势、加强思路突破和关注任务迭代，按照《浙江省山区 26 县跨越式高质量发展实施方案（2021—2025年）》，努力在我国广大山区县的高质量跨越式发展征程中探新路、供示范。

（一）聚焦山海协作升级，加快完善协作帮扶机制

打造山海协作工程升级版，强化陆海统筹、山海互济，推动山海协作结对双方聚焦平台共建、产业共兴、项目共引，实现山海资源要素精准对接、合作共赢。一是平台共建。加快推进山海协作"产业飞地"落地建设，推动"山""海"高效联动；培育壮大数字经济核心产业，增强山区县经济发展新动能。二是产业共兴。积极推动山海协作结对市县开展产需对接、产用结合和产业链上下游整合，健全以产业互联网为代表的新基建，引导技术、资本、市场等与山区生态资源有机结合。三是项目共引。探索"一企一县"，建立跨区域政企联系帮扶机制，帮助山区 26 县大力引进、共同培育优质项目，打造经济带动引擎，提升区域产业竞争力。

（二）聚焦内源优势转化，加快提升产业竞争力

聚焦特色发展，发挥生态资源优势，开辟"两山"转化新路径，从根本上提升山区 26 县的造血能力，打造山区县绿色崛起的战略引擎。一是做大产业扩大税源行动。围绕做强"一县一业"，推进山区传统制造业改造提升 2.0 版，加快数字经济、美丽经济等新经济的培育发展，实现数字化、智能化、绿色化转型。二是提升居民收入富民行动。做强农业，加快山区县特色农业、生态农业、精品农业发展，打造具有山区特色的生态循环农业产业集群。三是推进新兴产业布局行动。育强以生态创意经济为代表的新业态，支持山区 26 县发展生物科技、绿色能源、绿色食品、节能环保、运动休闲、工业设计、医疗康养等新兴产业，切实优化经济形态。

（三）聚焦"链主"企业培育，加快推进产业链式发展

找准山区 26 县发展新目标定位，围绕企业主体培育，全面激发山区县发展活力、创新力、竞争力。一是实施"链主"企业培育计划。支持"链主"企业开展行业并购，将资本优势转化为规模、技术、品牌和市场优势，以"链主"企业为核心加快打造标志性特色产业链。二是推进重大产业项目招引。支持山区县编制生态产业链全景图和产业招商地图，建设招商大数据平台，开展招商引资引智

活动,落地建设一批绿色生态工业项目。三是推动大中小企业融通发展。积极鼓励推动大中小企业创新协同、产能共享、供应链互通的新型产业生态,促进企业间横向联通互动,组建产业链上下游企业共同体,提升产业链主导能力和市场拓展能力。

(四)聚焦细分领域深耕,加快融入产业链生态圈

瞄准产业主攻方向和细分领域,深化产业上下游协同协作,强化区域发展增长极和动力源,加快融入全省标志性产业链生态圈。一是加强结对援助扶持。深化产业脱贫攻坚、主导产业培育,进一步加强产业链上下游的信息、技术、人才、资金等交流对接、联合攻关和推广应用,促进内外园区联动、企业联动、创新联动。二是组织产业对接洽谈。创新央企、省属企业与山区县合作机制,推动优质企业赴山区县开展产业项目合作,精准对接优质资源,引导建立合作共赢的供应链关系。三是保护好自然生态资源。科学、有序推进空心村落、空心乡镇的整合成片,及时设置更新自然保护区或森林公园、湿地公园、地质公园等,科学有效管理基层。

(五)聚焦营商环境优化,加快激发民营经济活力

以数字化改革为牵引,强化系统观念,坚持问题导向、需求导向、效果导向,健全山区 26 县高质量发展服务体系。一是精准制定"一县一策"。根据现有发展水平制定支持政策,量身定制发展方案和政策工具箱,加快推进用能权、碳排放权交易。二是聚焦协同发展。设立一批"两山银行"试点与"两山基金",支持金融机构开发特色金融产品,探索构建以绿色信贷、绿色债券、绿色保险等为主要内容的绿色金融服务体系。支持建设提升一批涉企服务平台,推动企业投资项目审批持续提速提质,构建项目承接全周期服务机制,增强服务企业能力。三是实施"三服务"2.0 版。深化数字经济系统建设,迭代升级企业码,提升数字化治理能力,做好企业、基层服务,提升群众满意度,以数字孪生空间重塑山区发展空间,推动重大改革落地见效。

参考文献:

[1]马克思恩格斯文集:第 8 卷[M].北京:人民出版社,2009.

[2]习近平.扎实推动共同富裕[J].求是,2021(20).

[3]中共中央国务院关于支持浙江高质量发展建设共同富裕示范区的意见[N].人民日报,2021-06-11(1).

[4]袁家军.忠实践行"八八战略" 奋力打造"重要窗口" 扎实推动高质量发展建设共同富裕示范区[J].政策瞭望,2021(6).

[5]浙江高质量发展建设共同富裕示范区实施方案(2021-2025 年)[N].浙江日报,2021-07-20(1).

[6]浙江省山区 26 县跨越式高质量发展实施方案(2021-2025 年)[N].浙江日报,2021-07-23.

浙江山海协作"科创飞地"转型升级的调研报告

——以衢州市 6 处"飞地"产业园的发展现状为例

中共衢州市委党校课题组[①]

"飞地经济"是一种通过打破区划限制,借由若干合作机制,把在原区域(飞出地)发展项目转移到承接区域(飞入地)的经济模式。自 2012 以来,浙江衢州先后在上海、杭州、北京、深圳等地创建了"科创飞地",取得了很多阶段性成效。但是,按照浙江省打造共同富裕示范区的目标和浙江省政府《关于进一步支持山海协作"飞地"高质量建设与发展的实施意见》的要求,仍有不少差距,亟待进一步转型提升。

本课题组对衢州市 6 处"飞地"产业园进行了系统调研,拟在梳理园区发展现状与成效的基础上,分析其发展过程中面临的问题,提出一些相应的政策性建议。

一、衢州市"科创飞地"的发展现状

(一)"科创飞地"的设置情况

以往飞地经济多以"单向飞地"为主,注重发达地区,在加快发展地区设立产业园。2012 年衢州市开始探索"反向飞地",于 2013 年赴上海张江谋划成立了"衢州生物医药孵化基地",即"上海孵化—衢州生产"模式。2016 年,在杭州市西部未来科技城建立了衢州海创园,形成了"选址杭州,服务衢州"的模式,成为省内第一个"反向飞地"。2017 年,在北京、深圳等地加快构建"科创飞地",如表 1 所示。

表 1　衢州市 6 处已运行飞地的设置情况(截至 2021 年 6 月 1 日)

飞地所在城市	飞地名称	建筑面积(万平方米)	投资金额(亿元)	管理方
杭州市	衢州海创园	6.76(一期) 13.09(二期)	3.2(一期) 11.97(二期)	市招商投资促进中心(原市协作中心)
	衢州绿海飞地	2.71	2.92	市智造新城管委会
	衢州柯城柯创园	1.51	2	柯城区招商投资促进中心(原区市协作中心)

---

①　课题组成员:成鸿静(执笔、通讯作者)、吕楠、朱汉清、张学华、胡俊青。课题组调研时间:2021 年 1 月—2022 年 2 月。

续　表

飞地所在城市	飞地名称	建筑面积(万平方米)	投资金额(亿元)	管理方
上海市	上海张江科技园	1.2	0.82	市智造新城管委会
北京市	北京中关村科技园	0.7	2.66	市智造新城管委会
深圳市	深圳前海飞地	0.39	3.44	市智造新城管委会

(二)"科创飞地"的主要成效

1.通过内外统筹兼顾,实现了一定程度的"抱团效应"

衢州坚持市外飞地与市内基地并进,实现了科创项目在飞地研发孵化、在衢州转化的基本目标,形成了以杭州、上海为核心长三角的衢州"飞地带"。杭州3个"科创飞地"以承接生物医药、电子信息、新材料等新兴产业为着力点,加快与"基金＋""互联网＋"等新经济、新业态的对接,打通杭衢、沪衢合作通道,实现产业链、资金链的有序流动。以衢州海创园为例,截至目前入驻企业达59家,产业项目延伸涵盖衢州市全部6个山区县。该园发挥了园地处杭州未来科技城核心区块的优势,大力引进国内外著名的风险投资、产业基金等,发挥资本引领产业转型提升的重要作用。上海张江生物医药孵化基地地处张江科创前沿阵地,吸引生物医药、医疗器械和人工智能项目高端人才团队,目前已有两支高端人才团队项目入驻,从事国家一类新药和医疗器械的研发。

以往,"科创飞地"的发展集中于市本级与其他城市的市级间协作,以及柯城区与杭州余杭区的区县间协作。随着时间发展,2021年以来,柯城区以外其他5个县市区的飞地建设也正在进行之中。截至2022年2月,衢州市已形成以下区县间的"产业飞地":衢江—宁波鄞州,龙游—杭州钱塘,江山—绍兴柯桥,常山—宁波慈溪,开化—绍兴滨海新区。不过当前正处于两地政策协议签订完成和开工建设之中,未来的发展前景很大。

2.通过科创项目引进,实现了产品研发扩展

到目前,杭州3个飞地已累计引进互联网＋、生物医药、人工智能、精密传感器等领域的高层次项目共237个,其中26项技术填补了国内空白。北京"科创飞地"入园产业以创新金融、高端制造产业为主,吸纳了一批高端项目,加快了生物医药、集成电路产业等产品项目的培育、研发。同时立足衢州市新材料发展基础,研发航空航天产业集群及军民融合项目,抢抓石墨烯产业正处产业爆发前夜的时机,促进石墨烯产业链补链、延链、强链,与中浙高铁合作研发石墨烯轴承钢项目。深圳飞地围绕主导产业补链、延链、强链,积极推进以商招商,招引的衢州孚威电池技术有限公司,填补了生产电池模组企业的空白,形成了全产业链。在产品研发方面,加大了产业培育。

3.通过人才有效招引,实现了产能持续提升

衢州飞地充分利用了北京、上海、深圳、杭州等城市的人才集聚效应,发挥"科创飞地"拥有的现代城市功能优势、科创基地优势。以"科创工作在飞地、服务贡献为衢州"为目标,创新招才引智、聚才用才机制,采用灵活的用才方式和引智模式,完善招才引智优惠政策,鼓励以才引才、以才引智,使"科创飞地"的人才享受当地"同城待遇"。北京中关村产业协作园以打造"国家级孵化器"为目标,构建融合技术链和产业链的"衢州—北京协同创新生态圈",以"衢州在京众创空间"和"衢州种

子孵化园"为基础,建立集"技术开发、公共服务、企业孵化、国际交流合作"功能的综合平台。

二、衢州市"科创飞地"的存在问题与政策机遇

(一)衢州市"科创飞地"的存在问题

1. 目标定位不精准,飞地在省内"引入效应"需要大幅度提升

衢州市"科创飞地"都以科创为主,兼具孵化器的功能。从现实情况看,将"科创飞地"打造成高新技术、高端产业新高地的定位不够明显,对国家大力推进区域协作、鼓励支持"飞地经济"转型发展的政策理解不够深刻。同时,衢州飞地的研发能力不够强,孵化转化机制不够健全,面临"久孵不出"和"孵"得出却"留"不住的巨大风险。从各飞地双招双引情况看,有效信息掌握不多,"双引"的数量不多、质量不高。以衢州海创园为例,现在引进的企业之中,对衢州产业协作、产业融合的效益需要进一步提高。

2. 发展动力不够足,"飞入地"和衢州的政策打通力度还不大

相较于原有设定的目标,个别飞地的资产管理经营未达到应有效益,典型例子是北京飞地在后期发展中遇到的闲置问题。究其原因,除了衢州与北京的地理距离远,"飞地"平台建设的"飞入地"和"飞出地"扶持政策不能全部打通,也是关键的因素。尤其是已入驻在"飞地"平台,但公司注册地在衢州的企业,其引进的人才不能在"飞地"平台属地享受同城同待遇,对于"飞地"平台的人才和项目招引形成很大制约。有些企业工商、税务、社保、银行、人才事项办理需要两地跑,特别是在大额发票申领等方面需要税务部门大力支持,打通"最多跑一次""最多跑一地"飞地模式。同时存在科技、基金、财政、统计、企业扶持、政务服务等方面,"飞入地"和"飞出地"没有上级依据进行配合支持共享问题。

3. 管理体制不健全,衢州对接"飞入地"政策的效果需要提高

2021年之前,衢州市"科创飞地"都委托市府办驻飞地所在城市的联络处管理。但由于联络处属市府办下属机构,管理职责不明确,委托管理授权不到位,存在多头管理等问题。遂于2021年开始,6处飞地改为由相应的招商投资促进中心(原协作中心)或者市智造新城管委会管理,这样在一定程度上优化了体制机制。但目前问题是,各飞地管理机构之间缺乏统筹协调,缺乏合力。

(二)衢州市"科创飞地"的政策机遇

由于飞地经济正是缩小省内地区之间差距、促进先富带后富的一种有效模式,因此浙江省在促进飞地发展方面有着许多重大决策部署。浙江已将深化山海协作作为超常规推动山区26个县跨越式、高质量发展,以及提升底板、促进浙江建设共同富裕示范区的重要举措。2021年2月,浙江省政府发布《关于进一步支持山海协作"飞地"高质量建设与发展的实施意见》,明确支持衢州市本级和所辖6个县(市、区)到沿海发达市县布局"科创飞地",这都为衢州市向上争取政策支持、改革试点、吸引高端要素,提供了前所未有的战略机遇。

就衢州本地政策而言,衢州正在以建设四省边际共同富裕示范区为战略目标。2021年7月,衢

州市委七届十次全会明确提出，以实施"产业为王、工业强市"为战略举措，全力打造四省边际共同富裕示范区，该战略举措为衢州市"科创飞地"转型提升指明了目标和方向。

三、促进衢州"科创飞地"转型提升的基本路径

推进"科创飞地"转型提升，总体上，要把握高质量导向，注重超前谋划，加强顶层设计，具体而言有以下基本路径。

（一）明晰"科创飞地"的目标定位，深化同原有举措的叠加效应

要将"科创飞地"打造成什么样的基地，达到什么样的目标定位，这都关乎飞地建设的长远发展。调研组认为，在目标定位上，一是要将"科创飞地"打造成高新技术、高端产业的新高地，正确把握国家有关区域协调和区域协作的重要战略，抓住浙江支持"飞地经济"转型发展的政策导向和重要契机；二是将"科创飞地"打造成产业转型、产业提升的新引擎，以及招才引智、招商引资的新平台。

其实，衢州在历年发展过程中，已有很多关于区域协调发展和增强经济新动力的大政方针。例如，2021年7月，衢州市委七届十次全会提出，进一步实施"产业为王、工业强市"的战略举措。因此，衢州飞地建设应在衢州工业高质量发展的举措上面进行叠加，聚焦聚力聚神抓工业，推动产业结构优化升级，发挥"科创飞地""信息窗口"作用，及时收集、梳理新兴产业发展的动态信息，立足本地产业基础，高效利用"飞地"高科技元素和衢州一流的营商环境，采取"飞地研发＋本地制造"模式，努力发展新业态、新产业。

（二）发展重点由"省内开花"转变到实现"内外兼修"上来

衢州应进一步对接完善"科创飞地"企业和人才享受"同城待遇"的政策体系，加大督促和促进落实的力度。入住"科创飞地"的企业，由于注册地址存在差异，享受的待遇也各不相同，这一问题在省外的飞地建设中更加突出。要继续处理好发达城市尤其是上海、北京、深圳的企业赋能衢州的文章，做好同山区县跨越发展的"协作"关系。此外，由于省外"飞地"园区建设目前主要由"飞出地"一方进行主导，因此要在"飞出地"和"飞入地"的重点产业的补链、强链、延链协作体系中进行深度打通，在项目培育、加速、产业化等方面提升成效。并且，充分学习借鉴其他地区成功案例的典型经验，继续加强大中型民营企业、市场化规模企业与山区县产业园之间的对口合作，找出更多的山区共富的新路子。

（三）发展动力由"自上而下"推动转变为"上下协同"推动

围绕制造业产业基础再造、产业链功能提升，以新材料、新能源等标志性产业链为重点，鼓励大企业和科技龙头企业以"科创飞地"为平台，加强与高校、科研院所和知名企业合作，共建研发中心，创办实验室，实现高端人才共育共享和关键核心技术联合开发。发挥龙头企业作用，借助"科创飞地"平台，强化科技合作。根据产业特征和需求，提高"科创飞地"研发与产业基地技术、人才的匹配度，力求"一产业一飞地"，实现科创项目和科技人才双招双赢。

四、促进衢州"科创飞地"转型提升的具体对策

(一)健全完善省内合作机制,扩大衢州飞地在省内的"引入效应"

1. 完善"飞地"产业园的管理体制

"飞地"产业园管理方面,园区管理机构应提升服务和管理的质效。为此,一是要理顺"科创飞地"管理运营的体制、机制。针对以往"科创飞地"多头管理、权责利不统一等问题,要按照资产所有权和运营管理权分离的原则,建议由第三方运营公司负责"科创飞地"的投资、建设、运营、维护、管理、政策兑现以及国有资产保值增值等工作。二是积极探索"科创飞地"与产业飞地统一管理的模式,进一步形成科创项目研发、孵化、转化、落地等一条龙、无缝隙的科创生态链。三是努力争取省级相关部门关于机构、编制等支持。建议设立统一的衢州飞地建设管委会,根据需要确定编制,明确管委会的主要职责,负责管理六大"科创飞地"。四是完善考评机制。完善政府对专业运营团队的绩效考评机制,完善专业运营团队对入驻园区企业的科学考评制度,对招商队伍的考核,应重业绩轻打卡,根据招商工作的特点,对相关人员进行考核。对于不适合一线招商工作的人员,进行及时轮换。

2. 强化飞地建设的资金保障和资金流动

为此,一是建立"科创飞地"财政结算体制。可在长三角的"科创飞地"先行先试,分步建立财政结算体制。对注册在飞地的企业和虚拟注册在衢州的企业,地方财政贡献部分全额归属管委会;对注册在衢州并入驻飞地的企业,地方财政贡献部分,衢州与飞地3∶7比例分成;二是设立"科创飞地"管理专项资金。可采用"先拨后结"机制,每年初预拨一笔资金作为园区运行经费,由管委会负责兑现相关政策补助资金,并将物业运营管理费用、专业团队运营费用等进行统一核算、专项保障。三是设立科技企业扶持资金。建议设立创业风险投资(基金)公司,加大资金投入,变无偿补贴为资金入股。

3. 着实创新"飞地"产业园自身的运营模式

为此,一是坚持市场主导作用,以市场化的理念推动科技创新工作,在科技投入、项目研发和成果转化等方面充分发挥企业的主体作用。二是充分发挥政府的引领作用,依靠改革,消除阻碍和影响科技创新的体制性机制问题。由政府出面,加强与"科创飞地"所在地政府的沟通协作,支持龙头企业和科研平台组建创新联合体,推动大中小企业融通创新。三是各园区管理机构要切实搞活园区招商机制,提升招商质量。重点提升入驻民营企业的质量数量、促进项目的有效落地,健全基础设施与综合配套服务,进一步加强产业协作力度;同时也可借助乡贤的回归,将乡贤人士的原有产业、管理经验带到相关产业园区中来。四是充分融入全省范围"飞地"产业园竞争之中。以浙江省杭州市为例,该市在城西建设了科创大走廊,典型的是浙江人才大厦、衢州海创园、杭州丽水数字大厦这三家,衢州海创园如何在其中脱颖而出并形成自身的竞争力成为重要课题,为此应想方设法提升园区管理机构的服务质量,提高衢州飞地的竞争力。

(二)重点加强"飞地"产业园与民营企业的互动发展

1.产业园要同与民营企业实现有效互动

山海协作"飞地经济"既要充分发挥市场的主导作用,也要充分调动民营企业参与山海协作的积极性,使企业成为山海协作的重要力量。为此,一是处理好民营企业致富和产业园招引的"协同"关系。园区管理干部和民营企业负责人都应深刻认识到两者在构建共同富裕过程中的重要地位,应继续借助飞地经济来衔接先富带动后富。二是处理好有效市场和有为政府的"协调"关系。要坚持专业的事由专业团队运营的导向,政府主要做好监督和服务工作,协调处理工作中出现的各种矛盾和问题。三是创新决策机制。改革现行的项目决策机制,减少不必要的干预,增强评估专业性,创新项目研判决策机制,改变现行项目由市级部门研判、评估的办法,由牵头部门制定项目准入、退出标准,试行飞地项目决策第三方评审,实行动态管理、优胜劣汰。

2.鼓励园区所驻民营企业进一步发挥自身社会功能

众所周知,浙江经济的发展得益于众多的中小民营企业及其背后的产业集群。由于民营企业在山海协作中可通过产业适配转移,促进城乡二元均衡发展。因此,一是要继续加大"飞地"产业园中民营企业的力量注入,民营企业也应提升内生发展动力,以更好地服务于产业园。在浙江打造共同富裕示范区的背景下,民营企业应通过"消费扶贫—投资"模式和"先富带后富机制"模式,更好地进行包括助推"飞地"产业园发展在内的社会参与。二是民营企业可适当对飞地产业园进行功能评价,提出自身的政策需求。园区要为入驻项目提供政策咨询、成果转化、资本运作、人才招引、财会法务、咨询培训、媒体宣传、行业交流等全方位、全流程、全生命周期的服务,构建有利于企业或项目健康成长的优质创新生态。

(三)扩宽加大跨省合作机制,创新飞地发展模式

1.争取省外相关政策的支持力度

相较于省内杭州飞地建设,省外上海、北京、深圳飞地是衢州的薄弱环节。为此,一是财政政策方面,借鉴杭州飞地的政策,争取省外"飞地"园区在"飞入地"的地方财政贡献部分,全额返还"飞出地"的政策予以制度化,努力争取"科创飞地"的地方财政贡献由省财政直接转移支付给"飞出地"政府,不断支持"飞地"园区创新创业。二是人才政策方面,借鉴杭州高层次人才分类标准,形成省外同衢州之间的人才同城化若干政策,帮助"飞地"人才对接落实购房资格、子女教育、医疗服务等人才政策,不断提升人才获得感,让人才安心创新创业。三是科技政策方面,争取设立专门扶持"飞地"园区企业和项目的科技专项经费,每年安排一定的"双创"经费支持"飞地"园区发展,进一步鼓励创新创业。

2.学习借鉴外地结对的先进做法

学习金华市与上海松江区、温州市与上海嘉定区、江阴市与深圳市深化战略合作的经验。加强与投行、基金、商会等沟通协调,合力支持"科创飞地"转型提升、健康发展,加快形成京津冀、粤港澳科技创新和"双招双引"新格局。通过商会、校友会、乡贤会等方式,了解提供科技研发和科技需求

的"双重"信息,组织引导本地有研发需求的企业"走出去""进圈子",走进一线城市设立的"科创飞地",主动融入科创生态圈,打造产业研发"驻京办""驻深办",组成科创联合体。

3.完善保障制度,促进飞地转型提升

研究完善政策体系,进一步争取省外相关政府支持,明确相关政策。根据"科创飞地"转型提升的需要,从招商、财政、科技等方面入手,加大政策扶助力度,出台优惠政策鼓励龙头企业进驻"科创飞地",建立研发中心,研发成果与场地租金、奖金相挂钩,并实行动态管理。

系统论视野下人民精神生活共同富裕的路径选择

——基于浙江精神文明高地建设的考察分析

刘燕珂

（中共衢州市委党校）

摘　要： 推进和实现人民精神生活共同富裕是一项宏观的复杂系统工程，要探寻人民精神生活共同富裕的具体实现路径，就必须建立起系统思维模式。浙江精神文明高地建设对于深刻理解和系统推进人民精神生活共同富裕有着重要的路径启发意义，即人民精神生活共同富裕的价值指向在于追求文明自信的精神状态，人民精神生活共同富裕的方法论支撑在于精神交往图式的联结转换，人民精神生活共同富裕的社会化基础在于精神文化服务体系构建，人民精神生活共同富裕的重要保障在于促进机制与制度供给等。

关键词： 系统论　人民精神生活共同富裕　浙江精神文明高地建设　实现路径

一、系统论视野下人民精神生活共同富裕的理论思考

（一）研究述评

马克思在《1844年经济学哲学手稿》中关于"物质的和精神的富有和贫困"命题的提出，表明了马克思主义共同富裕思想研究的全面性视角。美国学者柏忠言在其《西方社会病》书中也明确主张，强盛的国家往往具有物质和精神共同先进的特征。他还认为，物质富裕和精神富裕是并存发展的，而不是水火不容的关系。的确，精神生活共同富裕作为世界性难题，吸引了众多学者的关注，成为学界研究的重点热点话题。学界围绕精神生活共同富裕的相关研究主要聚焦于三大方面：一是精神生活共同富裕的价值意义分析。饶明奇（1999）、秦宣（2021）立足社会主义本质特征这一理论基点，认为精神生活共同富裕符合社会主义精神文明的本质要求；汪青松（2011）从个人、政党、民族、国家、人类社会的多维视角指出，精神富裕是为人基础、固党根本、兴族关键、强国支柱、立世依靠；王建亭（2018）将精神富裕的重要意义理解为文化自信的重要保证；邹广文（2021）从马克思主义基本价值诉求和中国共产党执政基础两个方面提出精神富裕的特殊价值。二是诠释精神生活共同富裕的内涵特征。汪青松（2011）认为精神富裕反映和衡量着主体对精神要素资源的把控能力和创造意愿，还包括其中所展现的精神满足及超越程度，实质上属于哲学阐释的范畴。在另一篇文章中，汪青松（2012）又从社会主义精神富裕的专门立场出发，分析了精神富裕所具有的特殊属性。朱力（2021）更多地是从精神活动的满足感的角度来理解精神富裕内涵，并有针对性地提出了人民精

神生活共同富裕的全面性、丰富性和共同性特征。三是精神生活共同富裕的实现路径研究。饶明奇(1999)从思想认识准备、发展规律掌握、先富后富关系辨析、党的领导加强等方面较为系统地提出了精神生活共同富裕的实现途径;汪昌平(2014)论述了现代化语境下"消费异化""理想信念淡薄""心理和精神危机""道德失范"等一系列人的精神贫乏问题,并提出了加强理想信念和休闲伦理教育、丰富改善文化生活、建立精神激励机制等提升民众精神追求的具体措施;濮扬(2018)利用批判性思维指出,新时代我国要从精神贫困走向精神富裕不能深陷拜物教泥潭,需要破除其影响,确立劳动光荣思想。

通过既往文献可知,学界对于精神生活共同富裕问题的研究已取得阶段性成果,且形成了一些方向性共识,这对丰富和完善人民精神生活共同富裕的理论研究无疑是必要的。但值得注意的是,随着新时代我国共同富裕实践的深层次推进,人民精神生活共同富裕的理念和实践还在不断生成之中。目前学界的理论研究成果还存在阐释不深入、研究不聚焦等问题,尤其是在内涵把握、先进经验总结和实现路径研究等方面仍有可供深化的学术空间。

(二)基于系统论的人民精神生活共同富裕概念及特征研究

在系统论看来,人民精神生活共同富裕是一个宏观性的系统命题。它主要包括两个内在关联的过程:一是精神追求的选择和精神资源的整合;二是占有、享受精神资源。事实上,人民精神生活共同富裕还包括一个重要阶段,即在追求、整合、占有和享受精神资源过程中精神秩序的形成。这集中凸显了人民精神生活共同富裕的系统性特征,具体在于整体性、开放性、层次性、有序性等多个方面。

第一,人民精神生活共同富裕的系统整体性。人民精神生活共同富裕的问题本质上属于人的精神现象范畴,世界物质统一性原理揭示出世界上的一切事物和现象都是物质和物质的表现,这就意味着精神现象问题也是物质世界的属性和表现。尽管人民对于精神生活的追求有其独特性,但绝不是抽离现实物质的,是物质和精神都富裕的共同富裕统一体的侧面表达。

第二,人民精神生活共同富裕的系统开放性。张彦、郑永廷认为,精神富裕与精神交往具有相关性,直接的、间接的或综合的精神交往都在促进着人的精神生活丰富与发展。[1] 与此相一致的是,人民精神生活共同富裕也受制于精神交往的开放水平及程度,涉及纵向间历史文化的资源整合及其时代拓展、横向间不同文明间的交流互鉴等诸多范畴。

第三,人民精神生活共同富裕的系统层次性。马克思指出,"在不同的占有形式上,在社会生存条件上,耸立着由各种不同的、表现独特的情感、幻想、思想方式和人生观构成的整个上层建筑"[2]。正是基于原有精神资源占有的差别,人的精神需求呈现层次差异性,尤其在精神满足、精神消费、精神愉悦等方面作用更为明显。也恰如学者饶明奇所言,精神生活也存在着先富后富问题,这种差别只有承认得越彻底,才能克服得越坚定。

第四,人民精神生活共同富裕的系统有序性。为提高社会文明程度,党的十九届五中全会明确提出"推动形成适应新时代要求的思想观念、精神面貌、文明风尚、行为规范"。从一定意义上来说,

---

① 张彦、郑永廷:《论精神交往的发展和精神生活的丰富》,《高校理论战线》2011年第12期。
② 《马克思恩格斯选集(第1卷)》,人民出版社1995年版,第611页。

人民精神生活共同富裕的终极追求就在于超越利益共同体之上的精神共同体构建。在这一精神共同体中，人的个体价值和社会价值相互交融，对个人精神诉求的满足、促进、维护和发展成为精神共同体的最大功能。[①] 人民精神生活作为系统性的展现，就必须趋向有序与稳态，精神共同体的形态构建充分彰显了这一特性。

通过特征剖析，可以尝试从两个维度来揭示人民精神生活共同富裕的深刻内涵：在内容维度上，人民精神生活共同富裕属于共同富裕的基本范畴，反映的是基于一定物质条件基础上，人民对于精神资源或产品的追求、整合、占有、创造以及享受的理想状况。在过程维度上，人民精神生活共同富裕是一个渐进长期性的过程，不断经历由低层次到高层次的动态发展及演替。

二、对浙江精神文明高地建设的系统分析

学者曾美海认为，精神高地是精神文明建设的重要范畴，展现了人们摆脱物质束缚且适应未来发展的良好精神面貌。[②] 关于精神文明问题的研究，钱学森先生曾明确指出："精神文明学要研究人的意识的社会形态的变化和整个社会发展变化的关系，研究精神文明建设发展规律，研究社会主义文化建设和社会主义思想建设的学问。这是一个非常复杂的社会系统工程，一定要用系统工程的观点，运用系统的理论。"[③]如此看来，对浙江精神文明高地建设的实践考察也应建立起系统思维模式，首先是厘清它与人民精神生活共同富裕的内在联系，并在此基础上对其有益实践经验进行系统性总结。

（一）浙江精神文明高地建设对人民精神生活共同富裕的作用探寻

浙江精神高地建设不是只表现为纯粹的工具理性，其价值理性在于精神高地建设所创造出的精神富裕价值认同以及实践经验。浙江省委书记袁家军在《求是》署名文章中指出，浙江要突出打造精神文明高地，探索精神生活共同富裕路径。习近平总书记也曾特别强调，"只有站在时代前沿，引领风气之先，精神文明建设才能发挥更大威力"[④]。基于此，浙江对于自身所处时代、所在方位有着清晰的认知。一方面，在"新时代"的时代语境下，浙江精神文明高地建设已经进入与中华民族伟大复兴中国梦相适应的历史方位，这一历史方位决定了"物质财富要极大丰富，精神财富也要极大丰富"[⑤]的时代要求。另一方面，从浙江来看，习近平总书记赋予浙江"努力成为新时代全面展示中国特色社会主义制度优越性的重要窗口"的新定位，这一崭新定位系统表达了对浙江经济社会发展的充分肯定及其所催生的更高要求，进而又为精神文明高地建设明晰了时代意义。这也意味着浙江精神文明高地建设要寓于"重要窗口"的历史使命之中，要为满足人民文化需求、增强人民精神力量贡献浙江经验，为人民精神生活共同富裕发挥更大作用。

在这里，人民精神生活共同富裕以精神文明高地建设的方式出场，精神文明高地建设不只是被

① 肖红军、秦在东：《精神共同体及其形成路径探析》，《学术论坛》2011年第6期。
② 曾美海：《毕节试验区"精神高地"的构建及其现实意义》，《毕节学院学报》2012年第10期。
③ 上海交通大学钱学森研究中心：《智慧的钥匙：钱学森论系统科学》，上海交通大学出版社2021年版，第293页。
④ 习近平：《人民有信仰　民族有希望　国家有力量》，《人民日报》2015年3月1日第1版。
⑤ 习近平：《人民有信仰　民族有希望　国家有力量》，《人民日报》2015年3月1日第1版。

理解为浙江人民精神生活的外在尺度,也可以被视为服务于人民精神生活共同富裕事业的重要构成内容,因为人民精神生活共同富裕事业不能绕过如精神文明高地等实践环节直接实现。由此看来,系统分析浙江精神文明高地建设的典型实践,对推进人民精神生活共同富裕无疑是有裨益的。

(二)浙江精神文明高地建设的系统性构成

1.浙江精神文明高地建设的系统性理念体现

对究竟如何把握好新时代精神文明高地建设这一宏大"时代命题",浙江省除了对于所处时代、所在方位进行清晰认知,更为关键的还在于对系统性理念的把握,并以此为原则来建构浙江精神文明高地的崭新实践模式。其系统性理念表达出整体、共享、开放、有序等时代性意识,这些时代性意识不仅对物质生活具有重要的引导价值,而且对整个精神生活的丰富开展具有极为深刻的时代价值。具体包括:全面推进理论、舆论、文化、文明和网络宣传等各领域工作;构建精神文明共建共治共享新格局,重塑人民精神生活共同体;拓展精神文明建设新认识,逐步推进文化创新和文明提升;平衡精神文化服务多数量和高质量的关系,打造高品质精神文化服务体系等。

2.浙江精神文明高地建设的系统性要素构成

精神文明高地建设是一个较为复杂的系统,其实质是利用符合时代需求的思想文化,实现人的精神塑造和发展,进而实现人民精神生活共同富裕。它不仅涉及价值维度,也包含人的思想系统与道德系统,涉及历史、时代、社会等多个方面。因此,对浙江精神文明高地建设进行多要素的系统化分析尤为关键。借鉴系统论关于要素的认知视角,我们不得不回答浙江精神文明高地建设具体有哪些要素构成及其价值体现如何。浙江省对此有比较系统的思考:一是通过理想信念教育为新时代浙江人民精神家园的培育提供方向支撑;二是弘扬社会主义核心价值观、中华优秀传统文化和社会主义先进文化,巩固团结奋斗的共同思想道德基础;三是致力于强化群众性精神文明创建活动,形成崇尚真善美的社会风尚。简言之,浙江省准确抓住了新时代精神文明建设的三个核心要素——理想信念、思想道德和文明风尚,以它们为支点现实演绎人民精神生活共同富裕目标在浙江精神文明高地建设中的具体化展开,从而逐步体现为制度性安排。譬如,《浙江省培育和践行社会主义核心价值观实施方案》《浙江省志愿服务事业发展纲要》《浙江省公共文化服务保障条例》《关于高质量建设公共文化服务现代化先行省的实施意见》《中共浙江省委贯彻〈中国共产党宣传工作条例〉实施办法》《浙江省文化改革发展"十四五"规划》《关于高质量打造新时代文化高地推进共同富裕示范区建设行动方案(2021—2025年)》等的出台与实施。

(三)注重发挥符号元素在浙江精神文明高地建设中的作用

人类精神系统的发生不断经历着从反应到反省的递进过程,魏宏森和曾国屏指出,这一人类精神进化的全过程"依靠符号进行思维,创造出来一个符号的世界"[①]。学者林克勤阐明了"精神交往实践中的关键要素在于符号使用"这一重要观点。学者邴正更是直言:"精神文化是用符号来表达的。"借鉴精神系统分析视角和文化象征理论的基本认知传统,符号元素的作用发挥已经成为浙江

---

① 魏宏森、曾国屏:《系统论:系统科学哲学》,清华大学出版社1995年版,第145页。

精神文明高地建设的重要方法论和策略选择。从此种意义上说，浙江精神文明高地建设可以理解为借助符号元素对人的精神世界进行价值塑造的实践范本。

浙江省不断在精神文化符号元素上下功夫，打造了宋韵文化、诗路文化带、农村文化礼堂、"最美浙江人""浙江有礼"等一系列具有浙江文化标识的精神文明品牌，为解决精神文明高地建设的现实性难题提供了关键突破口。以宋韵文化和诗路文化带为代表的历史文化符号，为浙江精神文明高地建设提供了既具中国气派、又具浙江辨识度的本土化精神地基，让浙江人民能够近距离接触历史资源，进而增进自身的历史身份认知和文化认同。与此同时，农村文化礼堂作为浙江精神文明高地建设向农村全方位、深层次推进的重要载体，成为实现精神富裕的特殊文化场景符号，不断推动着农民群众在传统价值观念、风俗习惯等方面的时代性转换。此外，以"最美浙江人""浙江有礼"为代表的道德文化符号强调公共精神的价值引领，进而为浙江精神文明高地建设勾勒出向上向善、自信自强的精神图景。

概言之，符号元素在浙江精神文明高地建设中的应用极大地促进了精神文化的影响效度。浙江省正是在充分挖掘地方精神文化元素基础上，实现了历史文化精神与时代精神的广泛融合，也正是通过特定的精神符号打造，浙江精神文明高地建设的形象塑造功能才得以充分发挥。

（四）浙江精神文明高地建设的机制创新

1. 精神文明的"全域化"进路

从实践基点而言，浙江精神文明高地建设是以普惠性为内在属性的实践形态，其目的是为人民精神生活共同富裕开辟具体路径，而这一路径最深层的价值取向就在于精神富裕的"共同"方面如何体现。其中，精神文明发展空间的拓展无疑具有基础性意义。浙江省提出精神文明高地建设从城市到乡村、从局部到全域、从风景到全景的发展思路，且有针对性地制定全域文明创建行动计划、实施百城万村文化惠民工程，并不断拓展新时代文明实践中心建设，目前已成为全国文明城市设区市全覆盖的省份。

2. 精神文明的"品质化"供给

精神文明高地建设固然需要通过整体性推进形成现实作用力，但也同样不能忽视个体意义截面对高质量精神文化产品或服务的需求。人的精神文化生活就其需求而言乃是个性化的，基于此，《浙江省文化改革发展"十四五"规划》特别提出要扩大高品质公共文化供给，实施新时代文艺精品创优工程，打造对外传播精品和城乡一体"15分钟品质文化生活圈"等。换言之，浙江省遵循着"质""量"并进的建构逻辑，即在保障人民精神文化服务普惠性发展的同时，突出公共文化服务供给侧结构性改革，探索构建高品质精神文化服务体系。

3. 精神文明的"数字化"融合

有学者指出，数字技术因其同质复制、及时传递、动态反馈等典型特征，具有促进城乡公共服务均等化的社会属性。[1] 同时，数字技术还不断地赋能精神文明高地建设，具有保障人民精神文化服务精准化的现实品格。浙江省积极推进精神文明的"数字化"融合，尤其是借助"志愿浙江"平台搭

---

[1]　殷浩栋、霍鹏、汪三贵：《农业农村数字化转型：现实表征、影响机理与推进策略》，《改革》2020年第12期。

建、数字文化发展等,率先构建出文化整体智治体系。

三、人民精神生活共同富裕的系统发展路径探讨

浙江精神文明高地建设的典型实践表明,人民精神生活共同富裕不是停留在理论层面的空泛之谈,而是可以通过能动实践到达的现实彼岸。但究竟人民精神生活共同富裕最终目标怎样实现,其具体实践路径有哪些,都需要进一步追问。基于系统论的要素耦合效应原理,笔者认为,明确的价值追求、关键的方法论支撑、广泛的社会化基础以及重要的制度保障,构成了人民精神生活共同富裕的主要发展路径。

(一)追求文明自信的精神状态——人民精神生活共同富裕之价值指向

一般系统论的代表人物贝塔朗菲认为,系统的存在必然表现为某种有序状态,且这一有序状态是朝着特定方向演进的。浙江精神文明高地建设和人民精神生活共同富裕的推进亦是如此,它们都将文明自信作为追求目标和价值指向。所谓文明自信,是指人民主体应具有的一种理性的、内在的时代意识或自我意识。对于文明自信的彰显,学者韩庆祥进行了阐释。在他看来,人民精神生活共同富裕必须实现精神的自信自强,具体体现为:高尚情感、完美德性、崇高审美、健康价值观等多个方面。① 浙江省在精神文明高地建设的丰富实践中,提炼浙江精神,打造"浙江有礼"品牌和浙江文化标识,这些"独特的精神文化形式"本质上是文明自信意识内在生发的结果,同时也基于对"精神文明特色发展"与"文明自信"关系的深刻认识,即文明自信精神状态的形成建立在精神文明特色化发展的基础上,与此同时,特色化的精神文明发展也需要文明自信精神理念的确立与坚守。

按照学者郑永廷的理解,当代精神文化发展应立足于民族、地域,甚至是行业、个人的实际,不是一种固定模式,而是发展出各具特色的精神文化内容,是具有特色性的。② 为达成文明自信这一追求,最为关键的是在文明创建、文化传承创新、舆论宣传等各领域以社会主义核心价值观为指引,逐渐建构出一套能够满足新时代人民美好精神生活需要的多样化、多维度、多层次的精神文化系统。

(二)精神交往图式的联结转换——人民精神生活共同富裕之方法论支撑

系统存在与演化具有开放性和层次性的基本特征,人的精神世界作为系统性存在,还需要与外界环境进行适应和互动。"精神现象本质上是一个信息过程,是一个信息接收、存储、加工处理、输出、反馈的过程。"③学者林克勤把精神现象中的信息作了一般性、肯定性、反向自我肯定性的区分,对照此种区分,他还将人的精神交往图式分为传递信息式、信息加工式和为了愉快式三大层次。④更进一步地说,第一层次的传递信息式精神交往属于事实判断范畴,中间层次的信息加工式精神交往属于价值判断范畴,而最高层次的为了愉快式精神交往则属于建立在事实判断和价值判断基础

---

① 张胜、王斯敏:《自信自强 走向精神生活共同富裕》,《光明日报》2021 年 11 月 18 日第 7 版。
② 郑永廷:《论精神文化的发展趋向与方式——兼谈精神生活的丰富与提高》,《思想教育研究》2009 年第 8 期。
③ 魏宏森、曾国屏:《系统论:系统科学哲学》,清华大学出版社 1995 年版,第 149 页。
④ 林克勤:《西方思想史视阈下的精神交往》,《外国语文》2016 年第 4 期。

上的精神愉悦体验范畴。

从系统论的观点看，精神交往是人民精神生活共同富裕的重要基础，随着人民主体间的情感共鸣或文化认同在精神交往中得到充分发展，精神生活共同富裕的应然状态就会呈现出来。的确，人民精神生活以真为基源，正如孟子所言："诚者，天之道也；诚之者，人之道也。"人民精神生活共同富裕首先就建立在不同主体或不同文明真诚对话、互学互鉴的基础之上，此所谓精神之真。同时，人民精神生活受到道德律的作用，以善为关切，尤其注重道德规范与精神建构的内在关联性，此所谓精神之善。与此相关，人民精神生活以美为追求，追求精神世界的美感体验，这更多体现为超功利性的真诚对话和道德关怀的完整结合，此所谓精神之美。总之，精神交往图式的三大层次之间并非孤立产生的，而是具有层次关联的，是人类精神生活真善美实践追求的真实性展现。正是在精神交往真善美图式的联结转换中，人民精神生活共同富裕才找到其方法论支撑。

（三）精神文化服务体系构建——人民精神生活共同富裕之社会化基础

人民精神生活共同富裕何以体现人民性和整体性？这是由精神生活的社会化过程决定的。因为人的精神世界塑造是和社会环境紧密联系在一起的，不论是学习和掌握社会运行规范，抑或创造性开展新的人类精神形态，归根结底还是由普遍的社会现实交往决定的。交流交往平台是精神交往得以普遍性发展的必要条件，而精神文化服务体系构建又深刻影响着交流交往平台的广度和效度。就三者关系来说，精神文化服务体系构建是最为关键的，因此它也成为人民精神生活共同富裕的社会化基础。

据此展开，精神文化服务体系又可以从两方面进行构建。一方面，作为系统外部的他组织围绕政府的引导力而展开，可以在精神文化公共事业上发挥统筹作用，如文化设施和文化交流平台搭建、文化产品和要素市场建设等。另一方面，人民主体自组织在内在需要的驱动下，自觉培育和建设共有精神家园或者组成精神共同体，乃至推出更多具有自主创造精神的精神文化成果，为精神文化服务体系提供丰富多样的精神资源。

从系统论的基本视角出发，在构建精神文化服务体系时，为避免单纯他组织和单纯自组织给人民精神生活系统带来的僵化性和盲目随机性，值得推崇的解决方法就是并行推进，即将外部社会的他组织力和人民主体的自组织力融合起来，使精神文化服务体系在人民精神塑造中产生最佳的整体涌现性。

（四）促进机制与制度供给——人民精神生活共同富裕之重要保障

从某种意义上来说，人民精神生活共同富裕的系统性建设与制度功能的发挥具有正相关性。运用系统思维推进人民精神生活共同富裕，显然离不开文化领域机制与制度建设这一关键问题的探索，如社会舆论引导机制、文化创作生产体制机制、文化权益保障制度、文化法律制度等。

一是正确导向的社会舆论引导机制建设。舆论引导具有强大而独特的整合功能，是促进人民精神生活共同富裕的重要保障。习近平总书记特别指出，"要加强促进共同富裕舆论引导，澄清各种模糊认识,防止急于求成和畏难情绪,为促进共同富裕提供良好舆论环境"①。在此前提下,还可以利用网上网下全媒体资源讲清楚物质共同富裕与精神共同富裕的辩证关系,宣传好精神共同富裕实践的典型案例、有益经验。

二是双效统一的文化创作生产体制机制建设。文化产品也被称为人民美好生活的精神食粮,文化产品创作生产由此也被视为人民精神生活共同富裕的重要源泉。关于精神文化产品创作与生产问题,要通过构建社会效益与经济效益相统一的文化创作生产体制机制,让高质量发展成为文化产品的鲜明导向,使高质量文化产品植根于人民精神意义世界中。

三是稳定可靠的文化权益保障制度建设。"文化权益的实现、精神文化的发展与人类解放、人的自由而全面发展具有内在的一致性。"②也就是说,在人民精神生活共同富裕的推进过程中,我们对人民的基本文化权益要给予更好保障。具体包括:提高公共文化服务的城乡覆盖率及服务效能,培养专业化并具有高度人文关怀的人才管理和服务队伍,使基本公共文化服务标准化等。

四是系统高效的文化法律制度建设。党的十八大以来,国家不断完善文化法律制度,出台了《博物馆条例》《电影产业促进法》《公共文化服务保障法》《关于实施中华优秀传统文化传承发展工程的意见》等一系列法规条例,但促进文化产业和文化市场发展等方面的法律法规仍然较为有限。除了完善立法,文化法律制度建设还必须协调好文化法律的实施、监督和保障等各环节,使这四个部分系统配合,为人民精神生活共同富裕创造良好法治环境。

---

① 习近平:《扎实推动共同富裕》,《求是》2021 年第 20 期。
② 杨建春:《马克思恩格斯文化权益思想研究》,苏州大学 2015 年博士学位论文。

推进山区村异地搬迁走共同富裕之路

祝　燕

（中共江山市委党校）

摘　要：浙江省高质量发展建设共同富裕示范区，要解决的重大难题是推进山区村走致富之路。当前我国的脱贫攻坚工作取得历史性成就，存在先天缺陷的山区村庄，要实现共同富裕仍有很大困难。而异地搬迁则是山区村实现共同富裕之路的一个有效途径，江山市清泉村、峡新村、凤凰村等村通过异地搬迁，实现了村民增收、村庄富裕的目标，为浙江省其他山区村实现共同富裕提供了参考样本。

关键词：山区　共同富裕　异地搬迁

2021 年 6 月 10 日，中共中央、国务院发布《关于支持浙江高质量发展建设共同富裕示范区的意见》，赋予浙江为全国扎实推动共同富裕提供省域范例的重要任务。6 月 10—11 日，浙江省委十四届九次全体会议审议原则通过《浙江高质量发展建设共同富裕示范区实施方案（2021—2025 年）》。推进山区村走共同富裕之路，是浙江省高质量发展建设共同富裕示范区要解决的重大难题。

一、现实维度：当前山区村走共同富裕之路存在的问题

自古以来，人们潜意识里就觉得中原地区富庶，山里就是穷乡僻壤，山区是穷土、落后、野蛮的代表，山里人的称呼可算得上是外面的人对他们的"蔑称"。商代就出现的户籍制度，除了方便封建君主对全国人口进行管理，并据以征调赋税、劳役和征集兵员，也是区分人户职业和等级的重要制度，更是困住山民的一个很重要的因素。"远离贫困"是山里人最初的梦想，而"走出大山"则是永恒的梦想。

（一）中国共产党的农村扶贫政策的递进史

一个世纪的征程中，中国共产党带领了亿万中国人民，创造了一个又一个经济社会发展奇迹，书写了感天动地的脱贫史诗。对于山区村，中国共产党实施了一系列的措施，就是想让山区富起来。山区反贫困，成为一项重要的社会工程，一种重要的制度安排。

1949 年，新中国成立之初，民生凋敝、百业待兴，贫困是当时中国整个社会最普遍的存在状态，农村更是一穷二白。在计划经济体制下，我国扶贫以直接的扶贫为主，首先确立农村经济制度促进经济恢复，以土地革命、农业合作化和人民公社帮助困难户摆脱贫困，用计划经济体制实现"财产公

有"和"平均分配",开展大规模建设基础设施,建立救济"五保户""特困户"等社会保障体系,开展中小学教育和扫盲班,发展医疗卫生事业。这些体制、政策和举措,都为农村的脱贫提供了重要基础。

1978年,党的十一届三中全会后,我国的经济体制发生了重大变革,农村家庭联产承包责任制开始实行,农村经济开始振兴,农民在粮食自用有剩余的前提下进行交换获取资金,并进行非农业生产活动。国家出台了各种专项扶贫举措,对贫困地区进行救济式扶贫,"先富带动后富"的政策让农村改革成果惠及全体农民。

1986年以后,国家开始有计划、有组织地实行大规模的开发式扶贫,改变过去单纯的"输血式"扶贫,明确了国家级贫困县等标准,实行瞄准到县的扶贫模式,合理安排使用专项扶贫资金,尽可能减轻贫困地区的负担。同时国家鼓励农村劳动力转移,扶持乡镇企业发展,促进农村经济增长,增加农民收入。

当温饱问题解决后,国家将反贫困工作转移到"人"的身上。2001年以来,我国以提高贫困人口的生活质量和综合素质为扶贫重点内容。以工业反哺农业,以城市支持乡村,大力发展社会主义新农村,放活农村经济。2006年1月1日起,中国取消了绵延了2600多年的农业税,成为中国农业史上具有里程碑意义的改革,不仅大大减轻农民负担,而且意味着农村发展要迈入新时代,农民生活步入新阶段。各种教育、医疗、养老、基础设施等政策的倾斜,也让农村贫困人口对脱贫更有信心。

党的十八大以来,"精准扶贫"成为农村反贫困中最丰富的实践。通过有效合规的程序,将贫困人员精准识别出来,以坚持方针、到村到户、因户施策、资金到户、干部帮扶为重点进行精准帮扶,通过扶贫信息的阳光操作、动态管理、数据分析等进行精准管理,在2020年打赢了脱贫攻坚战,稳定实现农村贫困人口不愁吃、不愁穿,义务教育、基本医疗和住房安全有保障。

(二)当前山区村走共同富裕之路存在的困难

党的十八大以来,我国的脱贫工作取得历史性成就。2021年2月25日上午,全国脱贫攻坚总结表彰大会在北京人民大会堂隆重举行。至此,我国脱贫攻坚战取得了全面胜利,现行标准下9899万农村贫困人口全部脱贫,832个贫困县全部摘帽,12.8万个贫困村全部出列,区域性整体贫困得到解决,完成了消除绝对贫困的艰巨任务,创造了又一个彪炳史册的人间奇迹!

但是脱贫致富我们仅仅是摆脱了贫困,存在先天缺陷的山区村庄,与过上富裕生活还存在一定的差距,存在不少的短板,要实现共同富裕仍有很大困难。

1.地理区位劣势明显

在我国山地、丘陵以及崎岖的高原都叫作山区,但就算在东部的丘陵地区,也是山多地少,地形崎岖不平,容易形成滑坡、泥石流等地质灾害,而连绵起伏的山脉也导致无法使用收割机、播种机等农耕机器设备,只能依靠人力耕种,不能进行机械化耕种。

2.交通不便长期制约

山区村大多地形复杂,山多地少,村庄沿着河流而建形成长条或者团块,户与户之间距离远,加之山路陡峭,修路存在难以想象的困难。交通不发达,导致农民出行不方便,金钱成本、时间成本远高于城郊农民或者中心镇区农民;交通的不便也导致村民运输农产品困难,收入增加受影响。

3.人才人员严重不足

城市的高速发展与山区的停滞形成鲜明对比,大量农村劳动力到城市发展,留下老人、儿童、体弱者或者病人,严重制约山区村的发展。田地无人耕种被浪费,山林只能种植多年生的松树、杉木等,难以形成经济效益。

4.资源转化资金困难

山区村有着丰富的山林、水等资源,有着优美的自然环境,虽说"绿水青山就是金山银山",生态环境是旅游业的天然优势,但山区村发展乡村生态旅游业也受到交通、区位、地势等制约,难以发展壮大形成产业,资源优势转化不成资本或资金优势。

5.精神贫乏限制眼界

山区长期的生活上的贫穷导致了农民思想上也贫乏,缺乏进行深层次思考的能力,对如何脱贫、致富、发展产业、营销农产品等缺乏有效思索,精神空虚,赌博、封建迷信甚至邪门歪道容易在山区盛行;村民的世界观、人生观、价值观容易发生扭曲,"等""靠""要"的思想严重,小农思想强烈,不愿意改变,习惯安于现状。

二、实践维度:江山市异地搬迁工程的成就

江山市是浙江省 26 个欠发达县之一,2005 年的农村居民可支配收入仅 5594 元,远低于全省 6660 元的水平。根据调查,江山市的贫困人口主要集中在偏僻边远的山区自然村。江山市实施异地搬迁以来,按照"搬得下、稳得住、富得起"的总体要求,坚持"政府引导、农民主体、市场运作"的原则,采取整体搬迁与零星搬迁相结合、集中安置与分散安置相结合的办法,累计搬迁农户 7911 户 26959 人,实现了 34 个山区村的整体搬迁,成立清泉村、峡新村、凤凰村、望江村、金檀村 5 个异地搬迁安置新村,还有一个整体搬迁的白沙村,极大解决了山区村村民的生产、发展等困难,有助于实现村民的共同富裕。

(一)清泉村:荒地上长出的"淘宝村"

江山市清湖街道清泉村是市级下山搬迁安置新村,2007 年 9 月设立村民委员会,2008 年 5 月建立村党支部,共安置塘源口、张村、双溪口等山区 13 个乡镇、78 个行政村共计 4500 多人口,有 113 个姓氏 5 个民族 9 种方言。十几年来,清泉村完成了"从零起步到党建五星村、从零收入到集体经济百万村、从零产业到破亿电商淘宝村"的三大美丽蝶变。

1."借鸡生蛋"发展电商,带动其他产业发展

2015 年 1 月,清泉村通过东拼西凑、四处公关攒到的第一桶金,建造了一幢 2500 平方米、层高五层的大楼落成并投入使用;邀请在义乌的电商达人王京伟回村发展,通过搭乘互联网经济的便车,成功将清泉村打造成村落周边农产品销售的"中转站";以电商带动村民回归创业,逐步形成零售、餐饮、文旅等服务产业,并发展了塑胶行业、新型农业和种植业。

2."腾笼换鸟"建设民宿,提高农民收入

移民新村,百姓都是"有房一族",借助电商发展的大潮,清泉村通过将"房产"变"资产"的方式,

实现了村民和村集体经济的"双赢"。把村民闲置的23套房子"盘"下,进行统一装修打造,通过与企业进行洽商谈判,建立长期合作关系,以"整租"的形式为企业员工提供宿舍,年租金达18万元,也为村民增收8万元;清泉村通过打造一批精品民宿,有效补充了集镇引进的中旭旅游度假酒店的产能不足的缺点,消化了其所不能承受的客流,推动村集体经济年增收18万元。

3."梧香凤来"经营物业,为发展赋能

清泉村因地制宜发展了几大物业经济:一是冷库经营,成功争取到省重点扶贫项目进行冷库建设,为清泉村电商的发展提供了后勤保障配套,又能满足城区农贸城商户的存货需求,每年可为村集体经济增收15万元。二是红色物业,与兄弟村庄建立了发展同盟(清泉村+浮桥头+花园岗),盘活土地资源,联建厂房出租,"红色物业"经济园项目,每年可为村集体经济带来15万元的增收。三是购置商铺,积极向上争取省扶贫项目资金,在江山新东方商厦购置商铺三间253平方米,每年可收租金8万元。

如今的清泉村村民的生活已发生了翻天覆地的变化:人均纯收入从2008年的1980元到2019年的28530元,村庄规划科学,基础设施完善,村容村貌整洁优美,社会治安秩序良好,民风和谐,村民团结,78个村的泥土共栽一棵桂花树一直屹立,寓意清泉村的"和为贵"。

(二)峡新村:背靠"大树"好乘凉

峡口镇峡新村是江山市级下山搬迁安置新村,于2010年完成整村搬迁,由一个原大峦口乡、周村、双溪口、廿八都、凤林、张村等异地搬迁户组成的村。作为一个在集镇内的安置村,峡新村充分诠释了什么叫"背靠大树好乘凉"。

1. 对接园区就近就业

峡新村地处峡口镇集镇范围,西临镇政府,南接生态工业功能区,离贺村工业园区也近。大山深处的农民搬迁到此,没有山场和田地,基本脱离了土地劳动,广大青壮年劳动力就成了峡口生态工业园区发展的主力军,部分劳动力则到稍远的贺村工业园区就业,男性壮年到门业木业工厂上班,妇女则到服装厂、雨具厂等处上班。

2. 来料加工增加收入

峡新村人口居住集中,大部分老年及妇女空闲在家,成为发展来料来样加工业的首选基地,当前峡新村很大一部分空闲在家的妇女和老年人都在家做来料加工手工活,既能照顾家里,又能增加家庭收入,实现"家庭事业双丰收"。

3. 闲置房屋发展服务业

峡新村在建设过程中坚持统一布局、统一规划、高品位建设,全村村容村貌整治,"三线"全部实现地埋,道路、排污、绿化、亮化、文体等公共基础设施配套齐全,加之周边有着保安、廿八都、浮盖山等丰富的旅游资源,发展民宿行业和乡村休闲旅游成为村民增加收入的另一个途径。

如今的峡新村虽然集体收入不高,但环境优美、乡风文明、服务配套齐全,村民各项生活便利而惬意,可谓前景甚好。

(三)凤凰村:"凤凰梦"里任尔翔

碗窑乡凤凰村是山区农民下山脱贫新建村,始建于 2008 年,村组织成立于 2010 年,来自全市 10 多个乡镇、200 多个自然村的山区农民居住在一起,光姓氏就有 103 个,是一个真正的百姓村。从一开始人口混杂、不被看好的下山脱贫新村,到如今成为吸引不少城乡居民前来定居的幸福"名村",凤凰村走了十几年的奋斗之路。

1. 巧借东风,发展光伏发电项目

作为无资源无收入的空壳村,凤凰村唯一的优势就是政策的扶持,对接扶贫政策和移民项目,向上级部门争取项目、争取资金、争取土地,在扶贫办和农业农村局的帮助下,获得两个光伏发电项目,每年可带来 13 万元收入。

2. 利用区位,大力发展物业经济

凤凰村的地理位置优越,距离江山市区 3 公里,江碗公路 46 省道临村边而过,处于江山碗窑乡的前沿入口处。从 2016 年起,凤凰村先后修建了红色物业经济用房、凤凰村来料加工经济物业房、凤凰村经济物业房二期等物业用房,每年可为村里带来集体收入 45 万元左右。

3. 因地制宜,多渠道解决就业

凤凰村在大力发展物业经济时,一并解决了村民就业问题。物业用房出租用于开办服装厂、绣花厂等工厂,为本村村民提供了 100 多个就业岗位;来料加工物业用房则带来了来料加工行业,让村里留守的妇女、老人有事干、有钱赚;利用新媒体,大力推进农副产品网络销售,山茶油、菜籽油、板栗、猕猴桃、蜂蜜等土特产畅销全国。

三、价值维度:异地搬迁是山区村实现共同富裕的有效途径之一

浙江省从 2003 年全面启动异地搬迁工程以来,取得了显著成绩。很多农民走出了大山,搬进了移民新居,享受起现代生活。从原来的贫困落后的状态一步步踏上致富的征程,改变了过去散居深山、行路难、商品缺、收入低、消费少等状态。

(一)居住环境有改善

搬迁前虽然也有些村民住着新楼房,但大部分都住在危房或者地质灾害频发的地方,对生命财产安全有着极大的隐患,而搬迁后的小区是统一设计、统一规划的,统一采用的是钢筋混凝土修筑,解决了安全问题;山区村大都地形陡峭,平地少,村民盖房子选址困难,房子之间的间距要么太近,要么距离太远,太近容易造成采光等困难形成邻里纠纷,太远就不利于形成友善的邻里关系,而搬迁后经过统一规划的房屋,各方面都比较均匀与合理。

(二)教育条件有提升

异地搬迁搬的不仅是这一代人,更是下一代人的未来,山区村大都上学不方便,以前有一个年级只有两三个学生,一个学校只有几十个学生的情况,随着教育资源的整合,村小并入中心小学后,

山区的孩子上学就极其不方便,上幼儿园更是困难重重。而搬迁出来后,孩子们可就近上学,还能接受更高水平的教育,让孩子的未来有了更多的可能。

(三)医疗卫生有保障

在山区看病比任何地方都难,村民有了小病,有村卫生室的就在卫生室配点药,村里没有卫生室的就需要坐车到乡镇卫生院看病,一来一回一天时间就过去了,极度不方便,如遇急病,可能送到医院就已经耽误了,医疗保障非常不稳定。而从山区村搬迁后,距离医院近了,交通方便了,就医成本少了,得到急救的机会大了,对于一些行动不便的残疾人、老年人来说,就医更方便了,可以说异地搬迁出来了,极大提高了村民的医疗卫生条件。

(四)就业增收有渠道

山区村民发展致富的机会比较少,一种是外出务工,一种是在家务农,务工的背井离乡、与亲人团聚少,务农的效益低收入低,而异地搬迁地一般都会选择在集镇中心附近或工业园区附近,村民可就近务工,可做生意,也可从事乡村旅游、特色产业等服务行业,在国家政策扶持以及就业培训等作用下,村民可以实现搬得出、稳得住、有事做、能致富。

(五)生态环境有保护

山区村由于生存环境、交通等存在问题,生产方式上仍然是粗放型的刀耕火种,对生态环境会产生破坏,尤其是对地质灾害频发的地方,人类不适合的生产方式会导致灾害破坏性更强,而通过移居搬迁离开当地,村民的生产生活方式发生了变化,自然资源就自然而然得到了保护,水土流失、滑坡等自然灾害的暴发也有可能会减少,其造成的人财物的损害更是会得到有效遏制。

四、未来设计:推进山区村异地搬迁走共同富裕之路

根据《浙江高质量发展建设共同富裕示范区实施方案(2021—2025年)》,到2025年要实现"居民人均可支配收入达到7.5万元,劳动报酬占GDP比重超过50%""中等收入群体规模不断扩大、结构持续优化、生活品质不断提升,家庭年可支配收入10万—50万元的群体比例达到80%、20万—60万元的群体比例力争达到45%。城乡区域发展差距、城乡居民收入和生活水平差距显著缩小,常住人口城镇化率达到75%,城乡居民收入倍差缩小到1.9以内,设区市人均可支配收入最高最低倍差缩小到1.55以内,城镇居民、农村居民内部高低收入人群收入差距持续缩小,低收入群体增收能力、生活品质和社会福利水平明显提升"。

浙江要高质量发展建设共同富裕示范区,需要让居民收入增长和经济增长基本同步、劳动报酬提高和劳动生产率提高基本同步,重点就在提高城乡居民收入。在具体措施方面则应该大力实施工资倍增计划、大力发展高等教育、大力推进城市化建设、切实加强社会保障等。

当前农业种植单产效益非常不高,稻谷种植平均每亩942斤,按照1.3元/斤收购价和1.8元/斤的市场价的平均值1.5元/斤计算,平均每亩收入仅1413元,而种子、育秧、农药、化肥、田间管理、收割等成本起码952元/亩,每亩毛收入仅461元。而浙江人多地少,素有"七山一水两分田"之

称,人均耕地面积 0.54 亩,仅为全国人均水平的 36%,而山区村的人均耕地面积只会更少。仅仅依靠发展农业,山区村永远无法致富。山区村走共同富裕之路是浙江高质量发展建设共同富裕示范区的短板和弱项。

树挪死,人挪活。要让山区人民实现共同富裕,享受共同富裕的成果,就要加快城镇化进程,推进城乡协调发展,改善人民群众居住条件,提高农村土地节约集约利用水平,进一步推进异地搬迁工作,实施"农民集聚"工程。

(一)强化领导抓责任

异地搬迁工作并不是短期的运动式的,而是需要长期坚持的。各地应该通过调研与分析,制定出台相关的政策措施办法,成立相应的组织部门和办公室,落实责任到人制度。

(二)分类指导抓实施

异地搬迁工作要在充分摸清底数的基础上,广泛开展宣传,把握方便群众生产生活的原则,又充分尊重群众意愿,让村民成为项目规划、项目实施和管理的主体。要根据不同的劳动力的实际情况,开展就业转移、技能培训,多渠道开拓就业岗位,为村民下山实现就业、创业提供实用技术和技能,为致富奠定基础。

(三)严格监管抓效益

异地搬迁需要解决的一个重点问题是安居工程,除了常规的采取安置小区宅基地安置、公寓房安置,还可以采取零星宅基地安置、公租房安置、免租房安置等,让村民真正实现"搬得出、稳得住、富得起",而无论是自建房还是公寓房,在工程质量上必须得到保证。异地搬迁还需要解决的另一个问题是钱,要管理好财政每年预算安排的专项资金和向上级争取的专项扶持资金,对于不同的安置方式采取差异化的补助标准,且必须做到公平、公开、公正。

离开自己熟悉的地方,对于祖辈生活在山区的人来说,确实很难受:远离土地,远离庄稼,自给自足的生活难以保证,每天都需要花钱,年老者就业困难等。但从长远来说,异地搬迁就是从贫困的地方搬迁到能够养活一方人的地方,从交通不便的山沟沟搬到交通便利的城郊或者乡镇,搬的是家,迁的是人。在建设共同富裕示范区里,增加收入需要更广阔的天地,发展高等教育需要更好的资源,城市化建设要让更多的村民成为市民,无论走哪条路,当务之急都是走出大山。

新时代中国共产党关于共同富裕：
生成逻辑、基本内涵及实践进路

孙万君　　姚娟娟

（新疆师范大学　　新疆工程学院）

摘　要：共同富裕是社会主义的内在要求，也是中国共产党人的历史使命。新时代中国共产党关于共同富裕系统地回答了我们党"为何要实现共同富裕、实现什么样的共同富裕以及如何实现共同富裕"等重大时代课题。在生成逻辑上，新时代中国共产党关于共同富裕有着严密的理论逻辑、深厚的历史逻辑和迫切的现实逻辑；在基本内涵上，从实现共同富裕的路上"一个也不能掉队"、有效地解决好"共同与富裕"的辩证关系、因地制宜破解发展不平衡不充分问题、实现共同富裕战略步骤安排四个维度展开论述；在实践进路上，从强调坚持党的集中统一领导、提升相对贫困的治理水平、健全社会保障体系、坚持基本分配制度、提高就业优先政策五个维度进行勾勒和探索。

关键词：共同富裕　生成逻辑　基本内涵　实践进路

党的十九届五中全会全面分析国际国内局势和我国发展条件，在全面建成小康社会这个百年奋斗目标实现之后，强调要将社会主义现代化建设的重点放置在实现共同富裕这个宏伟的目标上。至此，实现共同富裕成为党和全国人民新的奋斗目标。这在党领导全体中国人民不断开拓进取、顽强拼搏的光辉历史上具有划时代的重大意义。深入分析和探讨共同富裕的生成逻辑、基本内涵及实践进路具有的理论价值和现实指导作用。

一、新时代中国共产党关于共同富裕的生成逻辑

新时代中国共产党的共同富裕思想的产生，与时代的发展息息相关，蕴含着深刻的理论、历史和现实逻辑。从历史到现实、理论到实践、国内到国际，系统地回答了新时代实现共同富裕对于党和国家各项事业所具有的重大意义。

（一）理论逻辑

1.马克思、恩格斯关于共同富裕思想的理论探索

马克思、恩格斯在批判地吸收早期空想社会主义者关于共同富裕理论的基础上，结合人类社会发展的一般规律从而创造性地提出了共同富裕思想的科学内涵以及实践路径，由此共同富裕思想便从理论走向实践、空想走向科学，为全人类追求美好富裕的生活方式指明了努力的方向。马克

思、恩格斯就如何实现共同富裕思想主要从四个方面进行科学诠释。第一，科学分析实现共同富裕的首要前提。资本主义私有制本质上是为资本家更好地压榨和尽可能地剥削工人阶级而服务的制度体系。就生产资料私有制度本身的属性而言，它必然会在资本的积累上造成不可避免的两极分化，也就根本无法实现社会各阶级共同走向富裕的目标，只有在生产资料公有制的条件下，工人阶级才能通过按劳分配平等共享自己的全部劳动成果。为此，马克思、恩格斯在《共产党宣言中》将自己的理论概括为"消灭私有制"[1]。第二，深刻论述实现共同富裕的本质要求。马克思、恩格斯正是基于生产力不断提高的基础上论证了实现共同富裕的历史必然性，强调人类社会发展必然经历从贫富分化到共同富裕的历史过程。马克思在《德意志意识形态》中详细阐述了生产力的发展对人类社会进步所具有的历史意义，强调人的生产活动是人类最基本的实践活动，其目的就是提升所有人的物质福利和富裕水平。正如马克思所说，"社会生产力的发展将如此迅速，以致生产将以所有的人富裕为目的"[2]。第三，严密论证实现共同富裕的历史过程。马克思、恩格斯基于对不同社会形态生产力发展水平的衡量，强调实现共同富裕是一个渐进性和阶段性的发展过程，因为共产主义刚刚产生出来，"在经济、道德和精神方面还带着它脱胎出来的旧社会的痕迹"[3]，人们所获得的消费资料依然等同于在社会中所消耗的劳动量。概言之，只有真正进入共产主义高级阶段，才能彻底打破对消费资料按劳分配的模式，实现消费资料按需享有和分配，进而也就在形式与事实上都达到共同富裕。第四，指出实现共同富裕的实践路径。马克思、恩格斯在《资本论》中对工人阶级的贫困根源进行政治经济学的分析，认为在资本主义经济制度下资本家逐利的本质必使其压榨、剥削和霸占工人阶级的劳动成果，导致工人阶级在资本主义生产方式下越来越贫困。为此，要想实现所有人的共同富裕，就必须彻底地推翻资本主义私有制和资产阶级，建立人人财富平等的生产资料公有制社会。

2.列宁、斯大林在俄国社会建设时期推动共同富裕思想的实践探索

列宁、斯大林首次将马克思主义共同富裕思想付诸实践，并结合俄国社会主义建设的特殊国情创造性地提出了一系列关于如何实现共同富裕思想的真知灼见，极大地丰富了马克思主义共同富裕思想的理论内涵。第一，指明社会主义的本质特征就是实现共同富裕。列宁、斯大林从俄国社会主义建设的实际情况出发，强调社会主义制度是实现共同富裕的根本制度，"在社会主义制度下，人人都可以在不掠夺他人劳动的情况下完全达到富足的程度"[4]。第二，实现共同富裕必须建立在丰富的物质基础之上。列宁认为只有在社会主义条件下才能够大力发展生产力，从而为共同富裕奠定坚实的物质基础，"以便使所有的劳动者过最美好、最幸福的生活"[5]。斯大林在坚持列宁思想的基础上继续探索，并根据俄国社会主义建设的基本经验提出"社会主义只有在高度劳动生产率的基础上才能获得胜利"[6]。第三，实现共同富裕必须以公有制为制度保障。列宁继承了马克思主义关于消灭私有制和剥削阶级的思想，认为坚持生产资料公有制和无产阶级领导才能为共同富裕提供实现的可能，因为"工人阶级要解放，必须消灭生产资料私有制，建立公有制的社会革命"[7]。

可以说，如何实现共同富裕思想在早期马克思主义经典作家的重要论述中已经提供了全面系统的解答。同时，这些重要论述也表明，实现共同富裕既是建设社会主义的本质特征和价值取向，也是中国特色社会主义长期发展的基本目标。实现共同富裕是一个将思想转化为现实的漫长过程，需要长期努力和艰苦奋斗。

（二）历史逻辑

实现共同富裕是中国共产党坚定不移的奋斗目标。回眸党的百年发展历程，我们党对实现共同富裕的目标进行长期实践探索和艰苦奋斗，虽然在党的各个历史时期对共同富裕的思想内涵和目标导向各有不同，但随着实践的不断发展对共同富裕思想的理论认知却不断深化和升华，共同富裕是社会主义建设的时代课题，需要无数中国共产党人以矢志不渝的精神在实践中不断向前推进。

毛泽东时期对于共同富裕思想的实践探索主要集中在新中国成立前后两个历史阶段。新中国成立前主要集中在三个时期：一是土地革命时期在农村开展轰轰烈烈的打土豪、分田地运动，彻底消灭封建剥削阶级对农民的剥削和压迫，使农民有了自己的土地，解决了农民的生产生活问题。二是抗战时期，我们党发动广大人民群众积极开展自给自足的大生产运动，不仅解决了自身的生存问题，还极大保障了抗战物资供给，这一时期虽没有达到富裕，但穷困人民不再受到剥削阶级的压迫，实现了自身的解放，有力地推动了抗战事业的发展。三是解放战争时期，中国共产党在解放区给贫困农民分配土地，使农民的温饱问题得以解决，不仅激发了人民群众彻底推翻国民党反动派统治的热情，而且使人民群众对未来实现社会主义美好富裕的生活有了强烈的渴望。

新中国成立以后，毛泽东对于如何实现共同富裕的基本思路主要有三个方面：一是着重强调广大农民实现共同富裕有利于巩固工农联盟的基础，提出实行合作化，在农村改革中实行消灭富农和个体的经济制度，从而才能"使全体农村人民富裕起来"[8]；二是就共同富裕与社会主义制度的关系进行详细的辨析，毛泽东认为只有坚持社会主义制度才能真正实现所有人的共同富裕，反之没有社会主义制度作为其保障，所实现的富裕只能是少数人的富裕；三是共同富裕要以先进生产力为前提，毛泽东立足于我国国情和借鉴苏共社会建设的实践，阐述了共同富裕要建立在发达的工业国基础之上，提出要提升国家工业化发展水平。

改革开放时期，邓小平在总结以往的实践经验和审视风云变化的国际局势后，就如何更好地推进共同富裕提出了新的思考和实践方案。具体体现在：第一，从社会主义的目标论和目的论两个层面阐述实现共同富裕的重要意义：一是强调坚持和发展社会主义的目标指向就是实现共同富裕；二是特指这个目标的最终目的是实现全体人民的共同富裕而不是少数人的富裕。第二，从我国基本国情出发强调实现共同富裕的途径在于"先富带动后富"。由于我国各地的发展水平、地理位置、人才资源等各有不同，因此"富裕时间有先有后、程度有高有低"，但最终都是为共同富裕服务的。第三，从我国对外政策和国际环境的视角探索如何实现共同富裕。共同富裕的实现既需要坚实的物质基础，又离不开良好的国际环境，这就要求我们不断扩大对外开放，充分利用国际资源和市场推进本国经济。唯有如此，才能更好更快地实现共同富裕。

进入新时期，江泽民在改革开放的时代背景下接力前行，不断强化对共同富裕的理论与实践的探索。具体体现在：第一，在缩小地区发展差距中为实现共同富裕创造条件。针对东中西部地区存在经济发展不平衡、不协调的问题，江泽民提出，必须不失时机地加快中西部地区的发展，为全国共同走向富裕之路提供物质保障。第二，在经济体制改革中快速推进共同富裕的目标。构建社会主义市场经济体制，不断释放生产力，为增加居民收入和农民实现脱贫问题开辟道路。第三，在效率与公平的辩证关系中解决共同富裕的矛盾。社会主义制度下的效率与公平不同于西方资本主义，其优越性在于既可以快速发展生产力，提升人民的生活水平，又能够防止因贫富差距而产生的两极分化，从而逐步实现共同富裕。这是由于"高效率、社会公平和共同富裕是社会主义制度本质决定的"[9]。

跨入 21 世纪，胡锦涛在新时期继续推进共同富裕的目标。具体体现在：第一，在统筹社会各种利益关系中推进共同富裕。注重社会公平正义，构建社会保障体系和完善收入分配体制，强调消除由生产力发展而带来贫富分化等不公平的问题，让改革发展的成果由人民共享。第二，在统筹区域发展中维护共同富裕。努力缩小工农、城乡之间的发展差距，改善农村生活环境和生活水平，加快农村实现共同富裕的步伐。第三，坚持以人为本实现共同富裕。从满足人民对物质需求的层面拓展到人的精神领域，关注人的全面发展，使共同富裕的内涵不断丰富和深化。

（三）现实逻辑

1. 共同富裕是破解我国社会主要矛盾的重要抓手

进入新时代，社会主要的矛盾也愈加明显，人民群众对幸福生活美好愿景的主要内容就是实现共同富裕。但我国仍然处于社会主义初级阶段，我们党的核心任务依然是解决区域间发展不平衡、城乡居民收入分配不均衡、中等收入人群比重低、社会保障存在短板等问题。在如期完成全面建成小康社会的时代任务后，继续提出扎实推进共同富裕的历史使命，既有利于更充分地推动社会生产力的发展，也有利于更好地维护人民群众的利益以及满足人民对幸福生活的美好向往。在新时代的伟大征程中，紧紧围绕如何实现共同富裕的伟大目标全面系统地开展各项工作，有利于更好地破解社会不平衡不充分的发展问题，从而也就能够有效解决我国社会的主要矛盾。

2. 共同富裕是中国式现代化的重要特征

习近平指出，共同富裕是社会主义的本质，是人民群众共同的期盼。为人民追求美好生活的愿景而不懈奋斗是党的初心，实现共同富裕是我们党作为马克思主义执政党的政治使命，是中国特色社会主义制度优越于资本主义制度的本质特征。把全体人民实现共同富裕的目标放置在党治国理政中的关键位置，将充分地彰显我们所推进的伟大事业是全体人民共同富裕的伟大事业，将更好地凝聚全国人民的磅礴伟力。我国现代化的实现是以 14 亿中国人共同实现富裕为前提的，这必将会彻底改变世界现代化的分布版图，也将彰显出中国特色社会主义道路的正确性，在人类历史上将会留下浓墨重彩的一笔。

3. 共同富裕是筑牢党执政根基、提高执政水平，领导人民稳步推进现代化进程的必然选择

习近平强调，中华民族伟大复兴绝不是轻轻松松、敲锣打鼓就能实现的。党领导亿万中国人在长期不懈的奋斗中全面建成小康社会，并取得了决定性成就，但要在日趋复杂且多变的国际形势下实现民族伟大复兴，仍需面对新的挑战和机遇。世界各国经验证明，贫富两极分化不仅造成经济发展动力不足，而且会导致社会持续动荡。纵观国际社会，其中不乏一些发达国家由于贫富差距过大、社会阶层固化等因素引起的社会矛盾愈加尖锐，社会内部高度分裂对立，甚至导致治理危机，民粹主义、种族主义不断兴起。"二战"以后世界只有极少数国家能从低收入水平步入中等收入或高收入水平行列，其共性在于发展经济的同时都将贫富差距控制在相应范围内；与此相反，凡是贫富差距过大的国家都毫无例外地陷入了低收入和中等收入陷阱中。我国社会发展经验表明，"发展起来后的问题一点也不比发展起来少"[10]。因此，共同富裕能否实现，不仅是对党的执政水平的巨大

考验，而且更是衡量世界各国执政能力高低、制度优劣的根本标尺。对此，习近平指出，实现共同富裕是关系到党执政基础的重大政治问题。

二、新时代中国共产党关于共同富裕的基本内涵

马克思主义经典作家关于共同富裕思想的科学论述，形成了从前提条件、本质要求、发展阶段到实践路径四个逻辑严密理论体系，为我们党深入推进共同富裕的目标奠定了坚实的理论基础，指明了前进的方向。在革命、建设和改革的各个历史阶段，我们党以矢志不渝的奋斗精神不断推进共同富裕的目标。历经长期不懈的努力，我们党逐步探索出了一条先富带动后富，最终实现共同富裕的新路子，深化了对共同富裕思想的规律性认识。党的十八大以来，以习近平为代表的中国共产党人坚持人民至上的执政理念，不断提高人民生活水平，以史无前例的力度推动实现共同富裕的路上"一个也不能掉队"。新时代实现共同富裕是一项复杂的系统工程，需要各个方面统筹推进与协同配合，展现出新的目标性、关联性、差异性和动态性的基本内涵，同时需要引入系统哲学的基本原理，揭示其内在规律，精准把握共同富裕的思想意蕴，服务于实践发展。

（一）系统目标性：实现共同富裕的路上"一个也不能掉队"

任何系统都有其内在的特定目标，具体指在系统运行过程中不受或者很少受条件的变化以及外界因素的影响，坚定地呈现出某种趋向预先确定的状态的属性。在新中国成立初期，毛泽东就提出要实现民富国强的战略目标，强调"这个富，是共同的富；这个强，是共同的强"。改革开放新时期，邓小平在继承毛泽东思想基础上，将社会主义制度与共同富裕紧密联系起来，强调只有发挥社会主义制度的优越性才能实现全体人民共同富裕，否则只能是少数人的富裕。这是我们党首次从制度的优越性出发探索实现共同富裕的方法。进入新时代，习近平多次强调，"我们追求的富裕是全体人民共同的富裕"。纵观党探索实现共同富裕的发展历程，我们可以发现不同历史阶段，追求共同富裕的基本任务、衡量标准、实施方法是随着实践发展不断变化和调整的，但是共同富裕的基本目标和内涵却始终没有变。改革开放以来，通过先富带动后富，我们实现了从温饱不足到整体小康的伟大飞跃。进入新时代，我们党将以顽强拼搏的精神，努力开辟出一条由先富转向共富的成功之路。

习近平指出，实现共同富裕的路上一个也不能掉队，其目的是让全体人民共享改革发展的成果，并以一种更公平更合理的方式不断落实。党的十八大以来，以习近平为代表的中国共产党人将精准扶贫工作作为一项重大政治使命来抓，创造性地提出了一系列新决策新部署，全面开启了脱贫攻坚新征程。按现行农村贫困标准，截至 2020 年，9899 万农村贫困人口全部脱贫，832 个贫困县全部摘帽，12.8 万个贫困村全部出列，区域性整体贫困得到解决，完成了消除绝对贫困的艰巨任务，完成了脱贫攻坚最后一公里。[11]因此，一个也不能掉队的共同富裕，是破解我国当前社会主要矛盾的现实途径，通过全民参与、全民共建、全民共治、全民共享，逐步实现全体人民共同富裕。

（二）系统关联性：有效地解决好"共同与富裕"的辩证关系

系统的关联性指系统的各要素、系统与要素、系统与系统、系统与环境，以及系统的结构、功能、

行为之间的普遍联系的特征,这种联系主要表现为相互依存和制约关系。"系统哲学的结构功能律直接揭示了隐藏在系统内的结构具有规定系统本身的特性,也就是说系统内的不同结构所表现出来的功能及属性对于系统的发展方向、速度和结果等都会产生很大的影响,而不同要素间关系的处理方式可以使系统发挥出单一要素所不具备的优势。"[12]因此,在扎实推动共同富裕的目标中,我们不仅要高度重视"质与量"之间的辩证关系,而且要科学把握共同富裕系统内部"结构与要素"之间的辩证关系,这对现实具有深刻的指导意义。邓小平提出社会主义的本质是"解放生产力,发展生产力,消灭剥削,消除两极分化,最终达到共同富裕"[13]。共同富裕是"共同与富裕"的两个要素的结合体,"富裕"指国家对财富的占有,是对国家生产力水平的综合反映;"共同"则表现为全体人民对财富的拥有方式,是对社会生产关系的综合反映。由此得出,所谓的共同富裕绝不是仅仅表现为单一的"生产力或生产关系"的概念,不能理解为非此即彼,而是需要在生产力与生产关系的辩证中进行理解和把握。

如何有效地解决好"共同与富裕"的辩证关系,是我们党现阶段保持长期执政过程中亟须解决的时代命题。我国社会主义基本制度正式确立以后,我们党充分发挥制度优势的基础上,开启了初步探索社会主义现代化发展之路,经过党和全国人民长期不懈的奋斗,不仅使我国迅速摆脱了积贫积弱的国民形象,而且为进一步推进共同富裕奠定了坚实的物质基础。改革开放以后,我们党通过精准研判我国社会主义所处的发展阶段和历史方位,逐步调整阻碍生产力发展的原有生产关系以及改变过去平均主义的思维模式,明确提出要大力发展社会生产力,在提高效率的前提下兼顾公平,容许一部分人富起来,由先富带动后富。跨入新世纪,随着我国综合实力的不断提升,社会各阶层在贫富差距和分配方式等方面的问题不断显露,我们党及时总结改革发展的经验和教训,提出要在推进发展经济的同时,更加注重分配方式和社会公平,确保走共同富裕的道路不变。进入新时代,扎实推进共同富裕,中国共产党要从生产力与生产关系的辩证中协调好共同富裕的问题。可以说,共同富裕既涵盖了物质领域,也涵盖了精神领域;既表现在富裕数量上,也表现在富裕质量上;既要求城乡间的共同富裕,也要求行业间的共同富裕,这之间多种关联性也要得到有效解决。

（三）系统差异性：因地制宜破解发展不平衡不充分问题

差异性是系统内部各要素所固有的属性,正是源自系统内部各要素的差异性,才构成了系统的完整性以及推进系统不断向前发展。"差异是自然界人类社会的根本动力,系统是差异存在的依据,差异是系统存在的表征。"[14]新时代扎实推进共同富裕是一项复杂的系统工程,主要源自不同区域之间、城乡之间发展水平、速度各不相同,不同阶段的发展侧重点也各有不同,造成此类差异的原因既有自然因素、地理因素和人口分布因素,也有文化因素和教育因素。实现共同富裕绝不能眉毛胡子一把抓,需要具体问题具体分析,实事求是地认识到差异的存在。共同富裕作为一个不断运动、变化和发展的动态系统,要牢牢把握其中差异的变化并以此为根据。

新时代扎实推进共同富裕系统需要正视其中差异性。当前社会主要矛盾已转化为人民日益增长的美好生活需要和不平衡不充分发展之间的矛盾,这一科学论断从根本上抓住了我国现阶段的基本国情,也为进一步把握和制定如何推进共同富裕相关战略部署提供理论依据和现实指导。当前,我国社会存在发展不平衡不充分的现象表现在多个领域,区域城乡发展不平衡、产业发展不平衡、收入分配不平衡、经济与生态发展不平衡;市场竞争不充分、动力转换不充分、制度创新不充分等。上述相关问题不能得到妥善处理，实现共同富裕只能束之高阁，破解这些问题对于扎实推进共同富裕能够起到基础性的保障作用。

在逐步推进共同富裕目标中，要格外重视差异的特殊性，这是我们解决问题的根源之所在。使全体人民共享富裕，关键在于发展，要根治社会发展过程中出现的不平衡不充分现象。这就需要着重注意不同区域、不同人群、不同行业间的差异，在分析和解决问题的途径上需要多点开花、精准把脉、对症开方、因地制宜、因时制宜。党的十九届五中全会指出，要"推动西部大开发形成新格局，推动东北振兴取得新突破，促进中部地区加快崛起，鼓励东部地区加快推进现代化"。只有通过因地制宜的方式，针对不同区域差异性选择不同战略举措，才能破解区域间经济发展不平衡的问题。在精准扶贫的实践中，同样需要运用因地制宜方式方法。目前，针对不同贫困区域环境、不同贫困农户状况，国家采取多样化的扶贫措施，例如，易地扶贫主要针对因地理环境和气候问题而导致的贫困；产业扶贫强调发挥当地特色产业，形成规模经济帮助贫困人口的脱贫；行业扶贫帮助贫困人口多样化择业脱贫。要正确理解共同富裕系统中所存在的多种差异性，使用多样化方式，聚焦总目标不断推进。

（四）系统动态性：实现共同富裕战略步骤安排

系统是一个运动的有机体，其稳定状态是相对的，运动状态则是绝对的，系统内部的联系以及系统与外部环境的相互作用都是一种运动。扎实推进共同富裕本质上就是一个不断运动着的动态系统，社会经济形势的改变、主要矛盾的转化、共同富裕阶段性任务的转变，促使实现总目标的战略步骤安排随之发生一系列变化。

党的十九大在全面建成小康社会的时代背景下，科学制定了实现社会主义现代化强国的两步走的长远战略目标，这与层次转化规律高度耦合，"系统物质世界总是以层次转化的形式运动和发展，由低层次向高层次发展"[15]，这种长远战略目标的制定充分反映了对共同富裕系统所具有的动态性和层次性的规律性认识。"两步走"发展战略不仅是我们迈向现代化强国的战略举措，更是扎实推进共同富裕的基本保障：第一个阶段，从2020—2035年，基本实现社会主义现代化时，全体人民共同富裕必将迈出坚实步伐，人民生活更为宽裕，城乡区域发展差距和居民生活水平差距显著缩小；第二个阶段，从2035—2050年，我国建成富强民主文明和谐美丽的社会主义现代化强国时，全体人民共同富裕基本实现，我国人民将享有更加幸福安康的生活。从"两步走"战略目标实施的内在逻辑中可以得出：一方面，社会主义现代化建设的具体目标与推进共同富裕的实现程度在逻辑线、时间线上高度契合、同频共振，充分彰显了社会主义现代化建设的价值追求和目标导向；另一方面，共同富裕从迈开坚实的步伐到基本实现，其中既包含了不同历史阶段实现共同富裕的目标和任务，也包含了实现共同富裕的进军路线图和时间表，这一战略目标与中华民族伟大复兴的历史逻辑深度契合，深化了我们党进入新时代以来对"三大规律"的认识，体现了百年大党对实现共同富裕目标的赓续和拓新。

同时，我们要客观认识到，我国仍然处于社会主义初级阶段，这就决定了实现共同富裕绝不是一蹴而就的。要将实现共同富裕理解为一个循序渐进的动态过程，不仅要认识到过程的层次性和阶段性，而且要充分估计到长期性和复杂性，要有迎难而上的魄力和久久为功的毅力。同时，"两步走"战略作为一项历时30年的工作安排，在稳步落实各项任务过程中要时刻关注其动态性，及时调整,保证理论联系实际。

三、新时代中国共产党关于共同富裕的实践进路

新时代推进共同富裕,必须在坚持党领导的政治前提下,紧紧围绕社会突出矛盾、人民群众最关心的民生问题等,采取有针对性和实效性的战略举措。

(一)坚持党的集中统一领导,筑牢推进共同富裕过程中的政治保证

从本质上讲,实现共同富裕是全体人民共同的事业,而不是某一部分人的事业,实现共同富裕需要广大劳动人民以艰苦奋斗、勇于拼搏和开拓进取的精神才能彻底实现。实现全体人民的共同富裕不仅是一项艰巨的任务,而且是一项复杂性的系统工程,涉及党和国家各项建设事业的方方面面,这就需要坚持党的集中统一领导,并将其融入共同富裕这个系统工程的全过程、全领域,发挥出应有的统领地位。从理论溯源看,马克思、恩格斯对未来社会主义的科学构想最根本的就在于要坚持无产阶级政党的集中统一领导。马克思主义中国化所取得的百年辉煌历史成就生动地诠释了"办好中国的事关键在党"。从坚持党的领导百年发展历程看,一部建党史就是一部反映中国共产党领导全国人民不断实现共同富裕的艰苦奋斗史。从一穷二白、封闭落后到世界第二大经济体,从积贫积弱到消除绝对贫困,生动地诠释了坚持党的领导是做好党和国家各项工作的根本保证。从实践发展看,推进共同富裕绝不是轻轻松松、敲锣打鼓就能完成的,在这一过程中无疑要打破利益固化的藩篱、取缔非法收入,否则无法在实现共同富裕诉求上达成共识、凝聚力量。只有坚定不移地坚持党的集中统一领导,才能以披荆斩棘的魄力铲除利益藩篱,调动起全国人民实现共同富裕的积极性和主动性,凝聚起实现共同富裕的强大合力。历史与现实都已证明,中国共产党所具有的强大领导力、组织力、执行力和动员力,能够把人民对共同富裕的追求和向往转化为切实可行的重大举措并一以贯之地落实下去,变远景规划为现实成果。坚持党的集中统一领导是把亿万人民的力量凝聚起来实现民族复兴的根本保证,是人民群众战胜一切困难和风险的"定海神针",是共同富裕道路行稳致远的政治保证。

(二)提升相对贫困的治理水平,构建相对贫困的长效治理机制

新时代在推进共同富裕的过程中,要以逐步解决相对贫困问题为基本前提和具体目标,以确保共同富裕在实践中能够稳步推进。虽然我国在 2020 年如期完成了脱贫攻坚的任务,但相对贫困的问题不可能一劳永逸地彻底解决,这是由于相对贫困具有动态性、复杂性和隐蔽性等鲜明特征。相对贫困治理难点在于:一是识别难,导致相对贫困的因素复杂且多变,而衡量相对贫困的标准过于单一化、简单化;二是平衡难,由于我国属于赶超型经济发展模式,在社会经济高速发展过程中效率与公平难以保持绝对平衡,造成社会贫富差距拉大,从而形成了大量相对贫困人口;三是易再生,处于相对贫困边缘的脱贫户极易因社会经济因素、自然环境因素以及自身因素再次陷入相对贫困。因此,在彻底消灭绝对贫困的前提下,提升相对贫困的治理水平就是我国现阶段减贫的努力方向。为此,要针对相对贫困的动态性、复杂性和隐蔽性等特点对症下药,构建治理相对贫困的长效机制,持续不断地为解决我国相对贫问题提供制度支持。首先,建立动态识别机制。精准识别相对贫困

的主要群体和确定衡量标准是治理相对贫困的逻辑起点。相对贫困衡量标准既要坚持以马克思主义反贫困理论为指导，又要结合我国现阶段的具体国情，同时也要认识到区域、城乡在经济发展上的差距。相对贫困主要人群的识别要在原有的识别标准上进一步优化，充分利用网络大数据管理技术精准识别，同时还要加强动态管理，实时监测和调整相对贫困人口的数量。其次，建立制度保障机制。精准识别相对贫困的主要类别和确定治理内容是治理相对贫困的重要抓手。相对贫困的主要类型包括消费型、收入型和生活型贫困。相对贫困的治理内容主要是提高收入、完善基础设施、加强民生、增加就业渠道等方面的制度保障。最后，建立内生动力机制。精准识别相对贫困的多维诱因和确定脱贫方法是治理相对贫困的关键之举。相对贫困既有因物质资源匮乏造成贫困，也有因个人能力不强导致的贫困，还有因教育资源落后引发的贫困。治理相对贫困要在推进乡村振兴与脱贫攻坚有机衔接中增强内生动力、在深化改革中激发内生动力。

（三）健全社会保障体系，在发展中不断保障和改善民生问题

社会主义经济发展的最终目的是改善人民的生活水平，让人民过上好日子。习近平多次强调，人民对美好生活的向往就是我们的奋斗目标。强调在社会经济发展中保障和改善民生，让人民群众共享经济发展的成果就是从实践中践行新时代共同富裕的思想理念。为此，健全社会保障体系要在明确社会保障的实际内容、帮扶对象和实际效果中逐步构建。一是发展多层次、多支柱养老保险体系，实现老有所养。二是推动基本医疗、失业和工伤保险的省级统筹，健全重大疾病医疗保险和救助制度，不断减轻人民群众因看病问题而带来巨大经济负担，切实给人民群众带来生活上的实惠，从而防止部分脱贫人员由于因病返贫、致贫再次陷入相对贫困之中。三是积极推进社会救助制度改革创新，建立健全分类分层、城乡统筹的社会救助体系，坚决兜住兜牢基本民生保障底线。四是完善对弱势群体的帮扶制度，使弱势群众在生产生活得到基本保障，切实感受到党和政府在精神和物质上的关怀。五是促进商业补充医疗保险发展，进一步完善多层次医疗保障体系，以便减轻人民群众因重特大疾病而造成的经济负担，增强抵御突发风险的能力，从而满足人民群众多样化健康保障需求。此外，针对体制外的社会群体、自由职业人员也要配套相应的社会保障体系，从而更好地服务于此类新兴阶层的现实需求。

（四）坚持基本分配制度，逐步增加人民收入水平

实现共有富裕的关键之举就在于增加低收入者收入，扩大中等收入者比重。在具体实践环节既要充分认识到制约收入增长的主客观因素，也要明确收入增长的制度基础，更要全面落实收入增长的可行举措。一是推进经济高质量发展。经济只有保持高质量发展才能不断积累财富将蛋糕做大做优，为实现共同富裕奠定坚实的物质基础。在当前我国所处的发展阶段，要想持续推进经济高质量发展，首先，秉持新发展理念，这是持续保持经济高质量发展的客观选择。贯彻创新发展理念，加强创新引领发展，实现产业结构升级；贯彻协调发展理念，促进区域、城乡、产业和行业之间资源共享和协同共进；贯彻绿色发展理念，保护生态环境，提高资源利用率，走集约化发展道路；贯彻开放发展理念，扩大对外交往，积极拓展国际市场；贯彻共享发展理念，共享发展理念是共同富裕在实践环节的集中体现，通过共享发展理念使全体人民享受到经济高质量发展带来的成果，为不同区域、不同领域和不同行业间的协同发展、共享发展提供物质保障。其次，构建新发展格局，这是促进

我国经济高质量发展而采取的关键措施。要坚持扩大内需,全面促进消费对社会经济发展的驱动作用;要深化供给侧结构性改革,以创新驱动和高质量的供给引领和扩大社会新需求;要坚持科技创新,充分发挥科技作为第一生产力的作用,大力促进经济持续健康发展。最后,坚持对外开放,这是保持国际社会团结合作、开拓互利共赢新局面的必然要求,也是促进对外贸易、推进我国经济快速发展的有利渠道。实行高水平对外开放,关键在于要将自贸试验区建设不断向纵深推进,并在此基础上不断提高自身综合竞争力和影响力。二是坚持基本分配制度。我国基本分配制度建立在生产资料公有制的基础上,是最大限度地分好"蛋糕"的制度保障,是全体人民共同富裕的根本保证。在初次分配中,要提高劳动者的收入比重,按照劳动报酬作为基本收入分配标准,同时完善工资制度,健全工资合理增长机制;在再次分配中,既要充分发挥政府税收调节体系的作用,也要充分利用国有企业这个社会保障稳定器的功能,二者共同调节、相互配合,不断推进共同富裕;在第三次分配中,充分利用慈善事业在公共服务领域的辅助作用,改善收入和分配格局,进而不断实现效率和公平的统一、实现共同富裕。

(五)提高就业优先政策,多方位、多形式和多渠道促进灵活就业

就业是最大的民生,就业问题是民生之本,解决就业问题是保障民生的基础。只有妥善处理好就业问题,才能实现人民的安居乐业,缩小收入差距,从而实现共同富裕。提高就业优先政策关键在于做好以下三个层面的工作:一是从国家层面,要促进经济持续高质量发展,从而在经济发展中就能够扩大就业容量、提升就业质量。一方面要优化就业环境,健全就业公共服务体系,构建就业指导咨询机制,加强职业技能人才培训,着力改善劳动力要素质量,缓解结构性就业矛盾;另一方面要营造良好的创业环境,要完善支持自主创业、灵活就业的政策,通过鼓励劳动者自主创业实现自我就业以及带动更多人就业。例如政府应在税费征收、小额贷款、社会保险补贴、经营场地、工商管理方面给自主创业者更多的支持。同时,政府还需要针对例如残疾人员等特殊困难群体提供各类公益性岗位。二是从企业层面,鼓励企业做大做强,在不断提高经济效益的前提下,增加就业岗位、提高薪金待遇。同时,还要积极维护劳动者取得劳动报酬的合法权益不受侵害。三是从个人层面,劳动者要提高素质,提高技能,艰苦奋斗,在激烈的就业环境中把握主动权,赢得就业机会。此外,还要转变就业观念,树立正确的择业观,通过多种形式和渠道逐步解决就业难的问题。

参考文献:

[1] 马克思恩格斯选集:第 1 卷[M].北京:人民出版社,2012:414.

[2] 马克思恩格斯选集:第 2 卷[M].北京:人民出版社,2012:786-787.

[3] 马克思恩格斯选集:第 3 卷[M].北京:人民出版社,2012:364.

[4] 列宁全集:第 7 卷[M].北京:人民出版社,1986:112.

[5] 列宁全集:第 7 卷[M].北京:人民出版社,1986:546.

[6] 斯大林选集:上卷[M].北京:人民出版社,1979:375-376.

[7] 列宁全集:第 3 卷[M].北京:人民出版社,1986:193.

[8] 毛泽东文集:第 6 卷[M].北京:人民出版社,1999:437.

[9] 江泽民论社会主义市场经济[M].北京:中央文献出版社,2006:137.

[10] 邓小平年谱:下[M].北京:中央文献出版社,2004:1205.

[11] 在全国脱贫攻坚总结表彰大会上的讲话[DB/OL].[2021-02-26]人民网,http://politics.people.com.cn/n1/2021/0226/c1024-32037098.html.

[12] 乌杰.系统哲学基本原理[M].北京:人民出版社,2014:205-243.

[13] 邓小平文选:第3卷[M].北京:人民出版社,1993:373.

[14][15]乌杰.关于差异的哲学概念[J].系统科学学报,2008(2):1-3.

基金项目:国家社会科学基金项目:政党协商的特有优势及在新疆治理现代化中的实践(项目编号:17XDJ019);新疆工程学院"第三次中央新疆工作座谈会精神研究"专项课题:"铸牢中华民族共同体意识"融入思想政治理论课方法研究(2021xgy062203)

授人以鱼与授人以渔:共同富裕背景下
推动精准"消薄"的现实困境与路径选择
——以浙江省 A 区为例

鲁华君

(中共杭州市富阳区委党校)

摘　要:发展壮大村级集体经济是促进农村经济社会发展,增加农民收入,实现农民共同富裕和乡村振兴的重要基础。国家的"十四五"规划和 2035 年远景目标纲要提出,支持浙江高质量发展建设共同富裕示范区。如何在共同富裕的背景下巩固并持续深入地推进精准"消薄"工作,是必须面对和亟待解决的一个课题。本文以 A 区为例,分析了推动精准"消薄"的现实困境与路径选择。

关键词:消薄　困境　路径

习近平总书记指出:"共同富裕,是马克思主义的一个基本目标,也是自古以来我国人民的一个基本理想"[①],"实现共同富裕不仅是经济问题,而且是关系党的执政基础的重大政治问题。要统筹考虑需要和可能,按照经济社会发展规律循序渐进,自觉主动解决地区差距、城乡差距、收入差距等问题,不断增强人民群众获得感、幸福感、安全感"[②]。发展壮大村级集体经济是实现农民共同富裕和乡村振兴,推进社会主义新农村建设的重要基础。

如何更好更快做好"消薄"工作,是促进农村一二三产业融合发展,实现乡村振兴,解决"三农"问题的重中之重。

近年来,各地党委和政府高度重视农村集体经济发展,相继制定和出台了一系列关于农村"消薄"的重大举措,保持攻坚态势、强化攻坚责任,乘势而上、一鼓作气,在"消薄"中取得了较大实效。在接下来的工作中如何巩固并持续深入地推进精准"消薄"工作,是必须面对和亟待解决的一个课题。

一、县域农村"消薄"基本情况——以 A 区为例

2020 年 A 区 288 个村(社)集体经济年收入 10.42 亿元,增幅达 21.29%,经营性收入 7.66 亿元,增幅 21.99%,全面实现各村(社)集体经济年收入 60 万元以上和经营性收入 30 万元以上。

---

①　2016 年 1 月 18 日,习近平在省部级主要领导干部学习贯彻党的十八届五中全会精神专题研讨班上的讲话。

②　2021 年 1 月 11 日,习近平在省部级主要领导干部学习贯彻党的十九届五中全会精神专题研讨班开班式上的讲话。

（一）加强督查，压实镇村主体责任

A 区建立以党委、政府主要负责人为组长的集体经济巩固提升工作机制，全面加强重点薄弱村督查指导，累计完成业务指导 100 余次，区委区政府专题研究"消薄"工作达 10 余次，开展各类专题培训 10 余场，培训村级人员 1000 余人次。同时，区委区政府全面加大消薄化债考核力度，开展统计口径专项检查 3 次，坚决杜绝虚假消薄、数据消薄；实行"消薄"月度通报制度，2020 年下发通报 10 期，力求压实镇、村两级工作责任。开展三资大比武检查 2 期、大比武整改"回头看"1 期，共检查村（社）76 个，下发整改通知书 33 份。

（二）一村一法，激活消薄内生动力

2020 年，A 区各村全部实现经营性收入 30 万元。一是优势再发挥，实施山林、水库、石矿等优势资源开发，新建、改建或闲置房屋租赁，场地出租，农业开发流转山林、土地，大额存款利息收益等，收入来源较为稳定。如：L 镇 P 村投资 100 万元购入闲置房屋，公开出租给企业，可获得租金 24 万元/年。二是"废物"再利用，绝大多数村通过资产资源清理整顿，对应收未收、应交未交的承包款、租金、管理费进行了收缴或重新发包，积少成多、滴水成河，有效防止了集体资产流失。如：D 镇 W 村修复古建筑后，出租可获租金 10 万元/年。三是创新再探索，不少村也在积极探索产业发展、农旅结合等新业态新方式，在增加集体收益上起到了积极作用。如：D 镇 S 村成功引进青少年国防教育营地项目，采取"土地入股""固定资产入股"的可持续合作方式，2020 年已获得回报 65 万元。

（三）多管齐下，制定消薄组合方案

A 区在全面推进"一村一法"的基础上，搭建"1＋X"消薄方案，多管齐下，为破解消薄难题、补齐"集体经济"短板奠定基础。一是消薄项目、稳固造血。A 区 2020 年 30 个"消薄"项目全部完工，项目总投资 5700 多万元，累计拨付扶持资金 3352.4 万元，每村最高扶持 100 万元，现已签约项目 24 个，已产生 427.8 万元的年收益。如：X 镇 P 村、G 村、L 村联建的标准厂房项目，投资 380 余万元，建筑面积 3500 平方米，招商后每年租金达 58.6 万元。二是金融强村、战略帮扶。2018 年，A 区农业农村局、财政局与农商银行签订战略协议，设立乡村振兴专项资金 2.5 亿元，其中 5000 万元为免息转贷资金，现已累计办理免息转贷 2470 笔，金额 53.5 亿元，为贷款客户节省转贷费用 1600 万元；向薄弱村放贷 362 笔 230 村，金额 3.3 亿元。三是村企合作、补足短板。区农业农村局与税务局牵头与当地三家企业达成"村企合作"协议，119 个薄弱村共计投资 2.26 亿元，财政每村扶持 50 万元共计 5950 万元，村级自筹 150/100 万元，每村每年实现 10% 的回报收入，共收到 2820 万元。四是飞地抱团，谋划长远。2020 年，牵头实施"飞地"抱团项目，159 个相对薄弱村每村出资 100 万元与开发区集团联合建设"消薄大厦"，注册首家区级强村公司（富村公司）。项目投入运营后，由开发区管委会统一承租，原则上租赁合同一期为五年，年租金不低于项目总投资额 10%，全面保障各薄弱村长期收益。五是公开交易、增收显著。全年完成村级产权交易网上竞价 423 宗，交易金额 3.7 亿元，交易溢价 5740 万元，农村集体产权交易平台为村级创收带来显著成效。

二、授人以鱼：精准"消薄"存在的现实困境

怎么精准"消薄"，切入点在哪儿，突破口在哪儿，必须梳理政策，分析现状，查找现实原因及历史根源，坚持"输血"与"造血"并举，才能找寻和构建薄弱村精准"消薄"及防滑长效机制。

（一）造血功能不足，精准"消薄"待深入

从实际"消薄"工作看，相当部分项目只注重短期"输血"，精准"消薄"还不够到位。一是外部项目造血功能不足。大部分"消薄"项目属于"输血型"，缺乏"造血功能"，一旦缺乏"输血"来源，极有可能"返薄"，内生动力不足。许多地区通过"村企"合作、"金融强村"等项目帮助薄弱村取得了固定利息收入，但政策之下的财政兜底影子较重，虽短期内实现了经营性收入的增长，但治本作用不大，且有较多项目为村委楼、居家养老等公益类建设项目，造血功能先天不足。二是内部收入质量欠佳。增强村集体经济经营性收入是"消薄"的关键指标，可持续、高质量的村级集体经济经营性收入是实现村"消薄"的根本。根据省市"消薄"的统计口径，各地的行政村均已实现"脱贫"目标，但分析收入来源和结构后发现，薄弱村中依靠资产、资源出租等取得经营性收入占比较多，类似上述质量不高、可持续性差等问题依然存在，高质量发展任重道远。

（二）项目落地较难，主体责任待压实

"消薄"项目政策性强、建设周期短，项目推进需牵头部门、乡镇和村级组织有机统筹、通力协作。从调查情况看，以上三级组织对"消薄"项目的实施不同程度存在指导乏力、监督不够和能动性不足等情况。部门层面，一个"消薄"项目从立项选址到取得施工许可证，需要 6 个月以上，项目建设的绿色通道未完全打通，政策壁垒、信息障碍等因素仍然存在。镇级层面，少数乡镇对扶贫工作不重视，对村里提出的"消薄"项目前期审核把关不严、调研不足，导致较多项目无法落实。三年来，财政安排的 52 个"消薄"项目，因国家补助政策调整、土地规划指标制约等，有部分没有落实。村级层面，因长期以来经济底子薄，运转资金缺口较大，项目立项后村级配套难度大，加之部分村干部"等、靠、要"的消极心理和"要我消薄"的懈怠思想浓重，主动谋划、主动作为的意识不强，项目落地后天不良。

（三）发展基础较差，深度"消薄"有难处

消薄考核指标设置不够合理，存在为"消薄"而"消薄"，工作还不够扎实。一是收不抵支。"消薄"工作未能将经营性收益、债务负担等指标一体化考核，导致面上看似完成"消薄"任务，实际上相当部分村"资不抵债"，并未真正实现"消薄"。如高额的利息收入成了"消薄"的"绊脚石"。二是数据有"偏差"。因考核主要以经营性收入指标为主，部分村将本应计入"公积公益金"科目（包括土地整治有偿调剂收入、资源性收入）的收入来源计入"经营性收入"科目。

三、授人以渔：提升精准"消薄"的现实路径

习近平总书记指出："打好脱贫攻坚战，是全面建成小康社会的底线任务。做好这项工作，不能

眉毛胡子一把抓,而要下好'精准'这盘棋,做到扶贫对象精准、扶贫产业精准、扶贫方式精准、扶贫成效精准。要因地制宜探索精准脱贫的有效路子,多给贫困群众培育可持续发展的产业,多给贫困群众培育可持续脱贫的机制,多给贫困群众培育可持续致富的动力。"①本文认为,要主动摸清薄弱村集体经济发展的堵点,变被动"输血"为主动"造血"和"活血",多渠道、多形式算好、盘活集体经济再发展的"账",构建村级集体经济发展新路径,从而为新时代实现乡村全面振兴提供支撑。

(一)算好"产业"账,发展美丽新经济

培育美丽经济,除了要出台了一系列针对性强、可持续的政策,更应立足产业、项目,把发展产业经济作为"消薄"工作的主抓手,加大农村经济造血功能,实现经济可持续发展。

1.联村抱团,做强消薄共赢项目

针对各地村(社)集体经济发展不平衡、不充分的现象,应充分利用区域发展优势,探索以强带弱"消薄"路径。可从区县级层面确定一批集体经济较发达的村社,利用其资金、市场等优势,与需重点扶持的村在主城区、乡镇街道商业区和工业功能区等抱团发展创收项目,以强带弱稳定帮扶基础。可在推出的村级存量土地置换平台公司商铺的基础上,借鉴其他地区山海协作的成功经验,紧抓契机刺激薄弱村利用土地、山林等先天资源优势,加大腾出空间潜力,进一步扩大抱团消薄的实现途径和覆盖面。

2.连片抱团,迈大产业升级步伐

坚持创新驱动优势、转型升级,结合美丽乡村建设,整合单一优势,凝聚发展合力,通过联合周边乡村,连片连线发展产业园、乡村游、民宿和特色美食等新业态,在吃喝住行上做文章,在山清水秀中挖潜力。多渠道发展覆盖多个乡镇、村庄的旅游休闲和红色纪念地等连片连路式产业经济发展模式。同时,积极引导农民发挥创造性,利用生态、种养殖业等,在项目基础上添加"农民""农事""农具"等特色元素,充分迎合消费者的市场需求。

(二)算好"人才"账,激活治理新动力

振兴乡村经济,除了要依靠各级财政部门的政策扶持、项目建设等硬手段,还应积极创新并探索以人为本的"软治理"方式,算好人才优势账,助力美丽村庄治理和经济发展。

1.发挥党建引领,选好"消薄领头雁"

实现"消薄"任务,关键在于村级党组织。首先,要选优配强"领头雁",结合村级组织换届选举工作,充分应用"一肩挑"政策,引进优秀人才,为乡村振兴注入新鲜血液,调起乡村发展的积极性、主动性和创造性。其次,要厘清发展思路,加强教育培训,帮助薄弱村在"走什么样的路""怎么样走好路"等自身发展上厘清发展思路。最后,要落实工作责任,建强"消薄"队伍、落实村书记第一责任机制,探索"消薄"工作成效与书记竞选连任相挂钩的机制。

2.鼓励乡贤能人,争当"消薄合伙人"

"乡村振兴,人才是关键。"各乡镇街道、村社可搭建乡贤组织平台、成立议事机构,利用乡贤吸

---

① 《习近平春节前夕赴河北张家口看望慰问基层干部群众》,《人民日报》2017 年 1 月 25 日第 1 版。

引、调动和整合各方资源，采用投资入股、共同合作、技术服务等形式，探索富有成效又符合实际的美丽经济新路子。鼓励乡贤"合伙"消薄，通过以贤引贤、以贤荐贤和搭建乡贤驿站等方式，充分利用人才资源优势，将项目"引进来"、将农产品"送出去"，不仅可以增加当地剩余劳动力的就业机会，拉动产业经济发展，更可以通过零成本的"带货"模式达到高收益的农产品经济回报，实现强村富民双重功效。

（三）算好"媒介"账，开辟消薄新路径

各村形态万千，情况不一。"消薄"不能"一刀切"，更不能盲目上项目。一定要按照"一村一策"的要求，科学统筹，整合资源，借势借力，集中力量，有的放矢。

1.借力"互联网+"技术，搭建电商帮消薄

依托"互联网+农业"的战略背景，积极开展农村电商帮扶消薄，为农村经济发展另辟新路。一方面应鼓励、支持和引导区内的农业企业、家庭农场等经营主体和个人，转换思路、拓宽渠道，逐步尝试农产品网络销售；另一方面，发展电商产业项目，如打造"线下体验、线上购物"的特色、特有产品展销展示中心，将原先缺乏品牌和销售渠道的特色产品统一质量标准、统一品牌标识、统一外形包装，集聚区域内零散作业的农户，形成农户、电商和品牌产业协同发展的路子，做大做强本地特色农业，促进集体经济发展和农民增收。

2.借力"金融+"产品，盘活资金助发展

应进一步发挥农商银行作为本地"三农"服务的金融主力军作用。可参照丽水等其他农信社做法，依托当地农商银行等，通过金融存贷两端入手，实现"输血""造血"双管齐下。在负债端，在加大让利力度、定制转贷机制的基础上，配合政府做好控债消债工作；在资产端，加大对"三农"领域的金融供给，按需丰富产业链、生产端和扶贫类信贷产品，为薄弱村量身定制"强村贷""富村贷"等低利率金融产品，开展银村结对工作，为全力助力"三农"消薄提供资金支持。

（四）算好"考核"账，提升管理新水平

针对精准消薄出现的新情况、新问题，为确保精准消薄的顺利实施，打赢消薄攻坚战，必须创新精准消薄监督考核。

1.压实镇村责任，加强实绩考核

真正把"经济发展"指标纳入镇村干部考核体系，充分体现自主"增收"水平在村镇干部绩效考核、提拔任用和调整的重要指标，特别是把自主消薄、村级消债作为村主要领导届中主要任务。要求各乡镇（街道）建立起科学、合理的美丽经济考核体系，注重监督考核结果的使用，对做出显著成绩的部门、单位和干部给予表彰奖励，对未能保质保量按时完成任务的给予批评或约谈；要把消薄实绩作为选拔任用干部的重要依据，充分调动村干部发展壮大集体经济的积极性、主动性和迫切性。

2.健全监督体系，加强规范管理

坚持以精准消薄责任制为目标指向，建立健全精准消薄的监督考核体系。建立健全包括党委、

政府监督（含审计监督、扶贫主管部门及帮扶部门监督），人民政协和民主党派监督、舆论监督、群众监督在内的精准消薄的监督体系。健全党内监督与外部监督、自上而下的监督与自下而上的监督、专门机构监督与社会监督相结合，形成一个覆盖运行全过程及其各环节的、能够发挥整体效能的全方位的精准消薄监督机制。

参考文献：

［1］刘万振.完善精准扶贫监督考核机制的路径选择［J］.改革，2018（1）：47-53.

［2］沈芬.杭州村级集体经济消薄增收对策研究［J］.江南论坛，2021（4）：7-9.

［3］张芳.临安"消薄"工作的现状和对策［J］.新农村，2019（4）：14-15.

［4］吴金华，何小云，等.平湖青田坚持党建引领以"飞地抱团"消薄新模式打造山海协作升级版的经验启示［J］.农业农村部管理干部学院学报，2019（3）：94-96.

［5］梁建霞.浅析"消薄"工作存在的问题与建议：以丽水市莲都区为例［J］.农村经济与科技，2019，303（14）：203，205.

［6］叶嘉婕.消薄工作显成效　后续发展需关注：金华市消除集体经济薄弱村走访调研报告［J］.统计科学与实践，2019（8）：50-51.

以城乡一体化发展推进共同富裕的县域样本研究

陈　晨

（中共嘉善县委党校）

摘　要：面对当前城市高速发展、乡村相对衰落的现状，如何践行新发展理念，推动城乡发展一体化，是一个意义重大的命题。嘉善县作为习近平总书记在基层的联系点，2008 年以来，始终遵循习近平总书记提出的"在推进城乡一体化方面创造新经验"要求，聚焦"均衡性、一体化"，着力破解城乡发展不平衡、不充分问题，始终坚持统筹城乡发展。以嘉善为样本，研究多年来城乡一体化发展的做法和成果，总结嘉善经验给新时代县域城乡一体发展带来的启示，有助于为我省共同富裕示范区建设提供经验借鉴。

关键词：城乡一体化　县域　共同富裕

共同富裕是社会主义的本质要求，是人民群众的共同期盼。习近平同志指出："实现共同富裕不仅是经济问题，而且是关系党的执政基础的重大政治问题。要统筹考虑需要和可能，按照经济社会发展规律循序渐进，自觉主动解决地区差距、城乡差距、收入差距等问题，不断增强人民群众获得感、幸福感、安全感。"城乡一体化是中国现代化和城市化发展的新阶段，是实现共同富裕的有效抓手。面对当前城市越来越大、乡村越来越空的现实困境，如何坚持共同富裕理念，推动城乡一体化发展，是值得深入思考的重大命题。多年来，嘉善县自觉践行"八八战略"，探索以城乡一体化推进共同富裕的成功道路，是中国特色社会主义优越性在县域的集中体现，2021 年嘉善县城乡居民收入比为 1.59：1，农村居民可支配收入为 44324 元，城镇化率超过 64%，位居全国前列。以嘉善为样本，研究多年来城乡一体化发展的做法和成果，有利于为全国的统筹城乡发展提供借鉴。在实践层面上有利于为推进地方城乡一体化发展提供政策上的思路和建议、为共同富裕示范区建设提供县域经验。

一、以城乡一体化发展推动共同富裕的重要性和必要性

我们推动经济社会发展，归根结底是要实现全体人民共同富裕。推动城乡一体化发展，是缩小城乡差距、实现共同富裕的有效抓手。

（一）推动县域城乡一体化发展，是当前我国城乡发展的现实需要

"郡县治，天下安"，县级是国家治理的基础单元。推动城乡融合发展，基础在县域，活力在县

域,难点也在县域,县域范围城乡融合发展的水平最能体现城乡一体化发展的成果,必须充分发挥县域的基础作用,协调推进乡村振兴和新型城镇化双轮驱动,以县域为切入口解决城乡发展不平衡不协调的矛盾,为实现全国范围的城乡融合发展打好基础、扎稳根基。

(二)推动县域城乡一体化发展,是推进乡村振兴、补齐农业农村发展短板的有效抓手

长期以来的城乡二元结构,使得我国农村空心化、农业边缘化、农民老龄化的乡村衰退现象突出,农村公共事业发展滞后、公共服务短缺。国内外越来越多的实践经验表明,城市和乡村是联动的共同体,必须把二者视作一个有机整体,放在平等的发展位置上,破除城乡藩篱,发挥各自优势,进一步缩小城乡发展差距、减少城乡居民生活质量差异,推动城乡互促互进、共生共存。

(三)推动县域城乡一体化发展,是建设践行习近平新时代中国特色社会主义思想的示范点的题中之义

嘉善城乡统筹基础较好,早在 2008 年,习近平总书记就要求嘉善切实做好三个方面的文章,即转变发展方式、主动接轨上海和统筹城乡发展,后来又多次批示要求嘉善在城乡统筹方面为全国统筹城乡发展提供示范,2019 年嘉善和上海青浦、江苏吴江一同成为长三角生态绿色一体化发展示范区。形成示范型经验,助推县域城乡一体化发展,是示范区建设的固有责任和应有之义。

二、嘉善县以城乡一体化发展推动共同富裕的具体做法

浙江省嘉善县地处杭嘉湖平原,毗邻上海,位于长三角核心区域。2008 年习近平同志对嘉善提出"在推进城乡一体化方面创造新经验"的要求,近年来,嘉善遵循总书记嘱托,按照均衡发展、一体发展思路,聚焦城乡发展不协调、设施不完善、服务不均衡,坚持城乡规划布局、基础设施、公共服务三个一体化的发展路径,取得了明显成效。从时间轨迹上来讲,大致经历了三个阶段:①起步期,2004—2007 年,编制实施《嘉善县城乡一体化发展规划纲要》,优化城乡空间格局。②快速发展期,2008—2012 年,2008 年嘉善县成为习近平总书记联系点,不断完善统筹城乡功能布局,形成一个中心城区、两个城镇副中心和其他新市镇协调推进的城乡发展新格局。③融合发展期,2013 年经过国务院发文确定,国家层面批复实施嘉善示范点建设相关方案,嘉善进一步着眼于县域全局的整体性规划,打破城乡界限,真正做到全域优化布局,城乡整体谋划、整体推进,进入城乡发展全面融合阶段。

(一)坚持规划先导,科学谋划城乡发展布局

一体发展、规划先行,2004 年以来嘉善县深入开展"多规合一"、以"东重西优、生态两翼"的要求编制规划,完成一体化发展纲要和实施细则,东部是重点发展区域,西部是优化发展区域,南北两翼作为生态保护的屏障一同发展,规划包括了县城到城镇到乡村三个级别,促进城乡资源的合理流动和互联互通。按照新型城镇化发展要求,2009 年嘉善县把原有的 11 个镇进行了重新划分,变更为 6 镇 3 街道,形成了更加完善、协调推进的城镇发展新格局。2013 年、2017 年国家层面两次批复实施嘉善示范点建设相关方案。明确"四区一园"的定位以后,嘉善进一步着眼于县域全局的整体

性规划，打破城乡界限，全域优化布局，真正做到县域一本规划、一张蓝图，城乡整体谋划、整体推进。为更好破解农村发展短板，推动城镇化触角向农村延伸，嘉善持续优化县域村庄规划布点，将原先分散的1000多个自然村居民点，进行了重新调整（见表1），调整后共249个规划布点，并将在推动乡村振兴中进一步加以优化，在缩小城乡之差的同时，充分彰显城乡之别。

表 1　优化后的村庄规划布点

城镇新社区	农村新社区	农村自然村落	农村特色自然村落
21	66	144	18

（二）加快经济转型，持续缩小城乡收入差距

一是以产业兴旺促增收。抓住"浙江接轨上海第一站"的区位优势，按照"东重西优、生态两翼"的县域功能定位和空间布局，优农强工兴三产，实现全域发展，积极探索城乡产业融合发展，实施特色小镇梯度培育计划。二是以就业创业促增收。开展大众创业促进机制改革省级试点，设立人才创业服务中心，组织就业技能、新型职业农民等培训，引导农村电商等草根创业，直接增加了农民收入。2018年探索农业龙头企业培训职业农民等新形式，每年组织各类农民培训10000人次。嘉善还注册"银加善"集体商标，借助省市立体化宣传使嘉善农产品区域品牌在长三角区域打响知名度。三是以"强村计划"促增收。2008年以来，按照"提升富裕村、壮大一般村、转化薄弱村"的思路，连续实施三轮"强村计划"。

（三）全域整合资源，促进资源要素向农村流动

以农房改造集聚为突破口，探索建设农村新社区。2008年在姚庄镇开展试点并有序推开，因村制宜引导村民自愿相对集中居住，目前全县农房改造集聚率达40％。在实现交通、供水、供气、污水、垃圾处理等六个基础设施一体化的基础上，开展融沪接苏专题研究、老城客厅总体城市设计；投入11.2亿元实施老城区有机更新。实施城乡教师双向流动和农村义务教育学校名师全覆盖，实行县镇村卫生一体化管理，下沉县级医疗资源打造县镇医疗联合体，形成"20分钟医疗圈"，自2013年起三年时间完成省级养老服务示范区建设。

（四）积极践行"绿水青山就是金山银山"理念，打造精致江南水乡

加快旅游供给侧结构性改革，着力推动旅游业从门票经济向产业经济转变，从粗放低效方式向精细高效方式转变，依托西塘龙头景区，不断延伸产业链，美丽经济贡献越来越大。以古镇西塘、大云度假区为核心，2016年开始争创国家全域旅游示范区、国家级旅游度假区及省级旅游风情小镇，村级争创乡村A级景区及休闲旅游示范村的体系，把旅游打造成为县域的支柱产业，逐步打造江南水乡大花园。联动推进美丽县城、美丽城镇、美丽乡村、美丽通道"四美"建设，严把环境准入关、重污染行业退出关。

（五）强基固本，努力提升社会治理效能

嘉善牢牢抓住被确定为中央党建工作领导小组秘书组城乡统筹基层党建工作联系点的机遇，

通过抓阵地、抓队伍、抓机制,实施"整乡推进、整县提升"工作。在阵地上,村(社区)党群服务中心实现全覆盖,在队伍上,实施村党组织书记"领头雁"工程,落实好习近平总书记肯定的机关干部"三式"蹲点调研制度。结合基层治理"四个平台"建设,通过建立镇村便民服务中心"五统一"管理制度,全面梳理规范镇村办事事项,按照"应放尽放"的原则,推动办事事项下沉、服务人员下沉、系统权限下沉,不断推进镇村便民服务平台标准化、规范化建设。完善基层社会治理体系,编制城乡一体管理网络,搭建乡镇综治工作、市场监管、综合执法、便民服务"四个平台"。

三、嘉善以城乡一体发展推动共同富裕的成效

(一)生活富裕富足,城乡收入差距持续缩小

经过多年探索,嘉善农村常住户收入结构从农业收入为主向农业收入、务工收入、经营收入并举转变,2020 年农村居民人均可支配收入突破 4 万元。特色小镇进一步带动城乡居民收入持续增长,其中,巧克力甜蜜小镇既培育出工业旅游,又成为一二三产和生产、生态、生活融合发展的样板,吸纳 500 多名农民转移就业。2015 年,马家桥村甜瓜、三里桥村黄桃开始通过淘宝店铺销售,单价同比提高 20%,直接增加了农民收入。"银加善"品牌帮助 30 个子品牌、80 多个农产品在网上销售,让群众获得了实实在在的收益。"飞地抱团"模式打破镇村壁垒,强村和弱村联动,优化资源要素配置,引导经济薄弱村抱团发展,缓解了集体经济发展不平衡的状态,目前实施强村"飞地抱团"项目 21 个,村均集体经济经常性收入达到 425 万元。

(二)精神自信自强,农村文化品牌竞相涌现

嘉善深入培育县域人文品牌,打造了以"地嘉人善、敬业争先"为核心内涵的"善文化"。善文化已经成为嘉善独有的文化符号,得到了全体嘉善人普遍的价值认同,被中央文明办列为培育和践行社会主义核心价值观的重点工程。嘉善新建了图书馆、博物馆、吴镇书画院、城市规划馆等一批重点文化设施,文化礼堂、文化活动中心、书场书屋遍布城乡,实现了城乡公共文化阵地和服务网络全覆盖。入围市四星级文化礼堂 8 家,缪家村和魏中村文化礼堂入选"全省文化新地标"。2021 年"善文化"县域人文品牌列入全省共同富裕示范区典型案例清单。"辣妈宝贝"等一批民间文艺队伍相继涌现并走出国门,文化已融入了百姓日常生活。

(三)环境宜居宜业,美丽嘉善建设硕果累累

嘉善将全域旅游与城乡环境整治紧密结合,进一步凝聚了产业转型升级的共识,通过建筑安全整治、公共消防安全整治、旅游秩序整治,美化了城乡环境,提升了百姓幸福感,2019 年被浙江省政府命名为首批"浙江省全域旅游示范县"。环境整治三年累计投入 200 多亿元,建设近 400 个项目,持续打好治水拆违治气等组合拳,出入境交接断面水质考核连续三年保持优秀,空气质量优良率78%,近两年累计腾退低小散企业 2580 家。先后创建成为国家生态文明建设示范区、省森林城市,列入全省十个践行"绿水青山就是金山银山"样本。

（四）社会和谐和睦，县域善治格局逐步形成

每年实现 5000 多名在职党员到居住地和出生地认领服务岗位，基层战斗堡垒进一步筑牢。"党员楼道长"做法被评为第四届全国基层党建创新优秀案例。"互联网＋党建"，民情（企情）在线系统和部门、企业、农村、社区党组织"四方红色联盟"，三年来共办理民情民事 17.7 万余件。"最多跑一次"改革共梳理确定办事事项 1510 项（子项），其中 1484 项实现"最多跑一次"，实现率为 98.3％。嘉善县是浙江省唯一一个国家"重大市政工程领域 PPP 创新工作重点城市"，义务教育学校教师流动、养老服务等改革经验获省政府总结推广。"智安小区"获评全国社会治理创新最佳案例，重大村务决策公决被评为中国全面小康十大民生决策，持续深化"平安嘉善"建设，实现浙江省平安县创建十三连冠。

（五）公共服务普及普惠，资源要素流动更加通畅

1. 城乡基础设施方面

"网之城"体育南路、子胥南路、环西南路等路网框架向南延伸，开工建设白水塘滨河公园、中央公园、孙家桥港公园，建成绿道 8.5 公里。高铁新城主干道纬二路（科技大道）全线贯通，云湖公园、规划展示馆、新西塘越里正式启用，新开工社区商业中心等 17 个项目。姚庄镇已建成的桃源新邨，建有图书室、多功能厅、超市等设施的便民服务中心，新社区绿化率达 30％，并有镇上医院、体育馆等公共设施相配套，农民在家门口就享受到城市功能。

2. 基本公共服务方面

义务教育均衡发展成效显著，实现了城乡学校"零差异"、城乡师资"零差距"、城乡学生"零择校"。实现了区域养老机构、养老流动服务车、居家养老服务照料中心及社会化运营"四个全覆盖"，在浙江省率先实行长期护理保险制度，目前覆盖全部重度失能人员。

五、嘉善以城乡一体发展推动共同富裕的经验启示

嘉善县探索形成的城乡一体化发展模式，对全国县域统筹城乡发展提供了一定的借鉴，各地需要结合共同富裕的要求和自身实际，对城乡关系进行重塑，对过去的城乡政策进行反思和重构。

（一）把坚持党的领导与坚持以人民为中心统一起来，增强城乡一体化发展的政治保障

一是切实加强党的领导。各级党委要加强对推进城乡融合发展工作的领导，各级领导干部要认真落实中央制定的推进城乡一体化的政策措施，充分发挥"五级书记"作用，形成全社会齐抓共管的生动局面。二是提升基层党组织权威。一方面要加强村干部队伍建设，选优配强村级"带头人"和村班子队伍，加强村级后备干部培养，着力形成"村民信任选我当干部，我当干部为村民"的办事氛围；另一方面要壮大村级集体经济，通过实施"强村计划"等措施，提升村一级特别是薄弱村的造血功能和办事能力。三是突出群众的主体地位。尊重农民意愿和维护农民权益，深入基层做调研，切实了解农民的诉求和期盼，以及各地城乡一体化的痛点难点，采取有效方式解决问题。四是建设

公共服务型政府。现代政府强调从管理型政府向服务型政府转变,这也是城乡基本公共服务均等化持续推进的基础。首先,政府必须树立服务意识,在公共服务的供给上,摒弃一厢情愿的强制提供,更多地考虑城乡居民的实际需要,程序上更加公开透明,通过交流互动达成一致;其次,政府需要改变管理方式,服务型政府同时也是有限政府,政府只需要做权力范围内的事情,做市场和个人做不好的事情,集中财力提供城乡居民最需要的公共服务,对于市场和个人可以解决好的问题可以释放出来,留给市场和个人解决。最后,政府必须做好"领头羊","服务为先,管理并重",不断创新工作方法,在完善多元化公共服务供给体系,培养和规范社会组织等方面加强突破。

(二)整体推进城乡规划与建设,形成新型城镇化与乡村振兴双轮驱动新局面

一是实施全域规划。习近平总书记强调,"规划是建设的龙头",从规划开始强化特色。要以此为遵循,坚持一体设计、多规合一,通盘考虑城乡发展规划编制,既按照县域、小城镇和新农村多层次推进,使更多的人住在城镇以上的单位;又严格执行规划,避免建筑现代化、环境脏乱差。二是打造品质县城。树立系统思维,既要做好老城区"生态修补城市修复"工作,又要按照"低碳、生态、信息、人文、资源"的要求打造魅力新城,吸引本地人口和高端人才向新城集聚。三是培育节点型中心镇。要把节点型中心镇的打造作为实施乡村振兴、推动城乡一体化发展的重要切入点,以交通建设连接城市与乡村,以小城镇环境综合整治改善环境面貌,以特色小镇建设提升产业功能,以教育医疗文化等持续投入增强公共服务供给能力。四是建设美丽新农村。加快推进改路、改水和旧村改造等农村基础设施建设,大力实施"厕所革命""垃圾革命",并结合城乡卫生长效保洁、美丽乡村建设等,打造生态宜居、特色彰显的新农村。

(三)整体推进城乡产业结构调整,推动一、二、三产业融合发展

一是优化产业平台布局。依据城乡产业分布特点,深入调整和优化城乡一、二、三产业结构和产业布局,探索多种融合方式,依托特色小镇"两"中心等产业平台建设为城乡三产融合提供载体,深化城乡产业转型升级、分工协作,发展高端高质高效产业,推动县域产业集聚发展。二是大力发展特色产业。立足和突出区域特色优势,运用"互联网+""旅游+""文创+"等新模式,因地制宜因业制宜培育新业态,集中精力壮大特色主导产业、培植品牌产品,构建特点鲜明、集约高效的特色产业板块。三是强化引导人才互通。一方面通过政策和激励,大力推进科技进乡村、青年回农村、乡贤回农村,支持各类人才返乡下乡创业创新;另一方面以城市科技、信息、资金等资源优势反哺农村,加强农村本土人才培育力度,打造职业农民队伍,强化县域城乡融合发展的人才支撑。

(四)整体推进城乡体制机制改革,促进城乡资源要素双向流动

1.深入推进户籍制度改革

要逐步打破城乡二元户籍制度造成的不均衡现状,弱化附着在户籍上的各种不平等权利,加大农村户籍人口享有公共服务的范围,同时应当保障农民工享有基本公共服务的权利。建立户籍管理制度改革工作联动机制,完善与新型户籍管理制度相适应的管理体制和运行机制。实行农民经济身份与社会身份相分离,建立以合法、稳定就业或居住为户口迁移基本条件、常住地为户口登记

基本依据的城乡统一户籍管理制度,保障户口迁移人员在农村的土地承包经营权、宅基地使用权、集体资产收益权,并享受与当地居民同等的公共服务。分类推进劳动就业、社会保障、计划生育等一系列与户籍制度改革的配套衔接,着力消除农村人口向城镇转移的政策性、体制性障碍,促进人口合理布局和就近转移。

2.探索开展全域土地综合整治

以全局观念、全域理念、全要素内涵,整合力量,集中资金,解决村用地碎片化、无序化、低效化问题,必须明确划分县、乡政府在土地综合整治中的责任,避免责任不清造成的相互推诿、压力不均、成效不佳。

3.全面深化农村集体产权制度改革

建立土地使用权流转机制,健全基层农业公共服务平台建设和运行机制,通过农合联等新型经营主体流转,激发农村活力,让农民享受改革红利。

4.加快农村金融体制改革

要调整财政支出结构,逐步增加公共服务资金投入;要探索各项金融制度创新,优化财政奖励制度,构建更加合理公平的融资体系。深化农村金融制度改革。实施普惠金融工程,加快推进农村信用评价体系建设,丰富农村金融市场层次和产品,着力构建简单金融不出村、综合金融不出镇的服务体系。完善农业担保体系和风险补偿机制,推进农村信用评价体系建设试验区试点,开展对农户和专业大户、家庭农场、农民合作社授信服务。培育发展农村合作金融,允许有条件的村镇、农民合作社、供销合作社及联合社,按社员制、封闭性原则,组建农村资金互助社。完善"三农"信贷担保机制。探索建立农业巨灾保险机制。

(五)整体推进城乡社会保障和公共服务均等化,提高城乡居民生产生活水平

完善城乡社会保障体系。在整合城乡居民基本养老保险制度、基本医疗保险制度、城乡低保制度等基础社会保障的基础上,有效推进多重保障体制,促进城乡社会保障实现有序和共享,均衡城乡公共服务供给,逐步增加基本教育、医疗、养老等公共服务资金投入,形成与居民需求相配套、相互促进的布局。一是明确供给标准。公共产品的性质决定了公共服务的供给主体是政府,政府需要根据本地区的实际情况制定合理的发展规划和供给标准、评价机制和参与手段,设定定期调整机制,完善透明化管理机制。二是明确责任。必须明确划分县、乡政府在公共服务供给中的责任,避免责任不清造成的相互推诿、压力不均、成效不佳。三是形成合力。需要打破部门限制,要以县推进办为统一协调机构,负责协调供给制度政策安排,加强顶层设计,推进各部门的资源之间的联系和合作,形成推进城乡基本公共服务均等化的合力。四是健全基层农业公共服务平台建设和运行机制,有效提供"3+X"的多样化优质服务。完善农合联运行机制,增强综合服务能力,健全专业性合作服务组织培育机制,支持合作社兴办农产品加工和流通服务业。

参考文献：

[1] 高静,王志章.改革开放 40 年:中国乡村文化的变迁逻辑、振兴路径与制度构建[J].农业经济问题,2019(3):49-60.

[2] 全面铺开乡村振兴战略　促进城乡一体化发展[J].广东经济,2019(3):64-65.

[3] 李国鹏.以城乡融合发展推动乡村振兴的路径探析[J].农业经济,2019(3):33-34.

[4] 张惠强.激活乡村要素　推动城乡融合:近期乡村改革发展新动向[J].浙江经济,2019(5):8-11.

[5] 蔡继明,李蒙蒙.城乡融合发展的现状与对策[J].中国国情国力,2019(3):55-57.

[6] 李爱民.我国城乡融合发展的进程、问题与路径[J].宏观经济管理,2019(2):35-42.

[7] 姜飞轮.走城乡融合之路促乡村振兴[J].政策,2018(11):17-18.

[8] 张怀超.城乡一体化进程的阶段性研究[D].北京:首都经济贸易大学,2018.

行动者网络视角下"书记联合体"治村实践探究

——关于"行政"和"自治"问题的探讨

侯雅婷　葛迎春

（中共临海市委党校）

摘　要： 关于基层治理效能问题的研究一直是学术界关注的热点。从行动者网络理论看，浙江省 H 镇"书记联合体"基层治理实践遵循问题呈现、利益联盟、征召动员的行动逻辑。行动者网络理论为研究"书记联合体"的运行机理和实践发展提供了合适的分析视角和理论指导。基于"书记联合体"案例分析，在治理场域中探讨行政和自治的有效性问题，提出"自治主导＋行政指导＋社会参与"多元主体治理模式，建立共建共治共享的社会治理格局，为解决当下治理内卷问题提供良策。

关键词： 行动者网络理论　基层治理　行政和自治　书记联合体

一、问题提出

基层治理是社会治理的单元细胞。习近平总书记关于社会治理重要论述的关注重点也在基层。习近平认为，基层是一切工作的落脚点。作为基层治理的一个重要缩影，乡村是矛盾的源头，也是承接压力的末端，同时乡村还有其固有的内生属性，使得乡村治理具有复杂性和不规则性。做好乡村基层治理事关国家治理整体大局，也是"十四五"时期浙江共同富裕示范区建设的重要内容。改革开放以来，各地政府为提升乡村治理效能做了诸多尝试，如村委会、乡村基层党建、干部挂职、包片联系等。特别是取消农业税后，国家兴起了项目下乡治村模式。然而资源的下沉并没有被乡村有效吸收，出现了国家投入力度加大而治理效能边际递减的内卷困境。在"行政发包"模式下，基层政府是社会治理的末梢，也是责任的最后承接人。而村两委虽在法理上与行政机关保持着制度性距离，但在压力型体制下，为保证项目资金到位，村干部要依照国家规定的流程规范操作，这在给乡村带来运动式发展的同时也导致了村干部越来越行政化，村干部成为行政权力的代言人而非村民的当家人，导致资金和资本投入被稀释。国家权力强势在场的实践表明，专业化、规则化的治理方式并无法完全解决具有综合性、乡土性特点的乡村难题。乡村治理的行动者主体间出现了不协调现象。关于"行政"还是"自治"，学界展开了广泛讨论，贺雪峰（2019）[1]，邓大才（2014）[2]，侯麟科、刘明兴和陶郁（2020）[3]，范黎波、刘佳和尚铎（2021）[4]等学者认为依靠政府进行的基层治理往往疲于应对日常性事务，难以开展高效治理。乡土社会有其内在运行规则，熟人社会情感也注定了行政化手段无法解决村庄内部问题，自源性基层治理主体成为影响治理效能的一个重要因素。恩格斯也在《家庭、私有制和国家的起源》[5]一书中指出，只要存在土地公有，就必然存在自治。有一部分学者持相反观点,认为基层行政化治理通过标准化、科学化流程提升了常规性事务治理效能,规范了沉积于乡村的乱象,丰富了国家治理现代化的法治性、科学性内涵。教育、医疗、司法、民政等领域行政力量介入能有效缓解当下传统熟人社会治理出现的危机[6]。需要说明的是,学者并非完全否定一方而接受另一方,而是有所侧重。诚然,不管是行政吸纳自治,还是自治代替行政,都无法实现治理效能最优解。只有在行政和自治相互结合且实现均衡的状态下,乡村才能实现最优化基层治理。行政和自治均衡的外在体现就是行动者主体间的组合。因此,研究基层治理中"人的聚合"和关系网络就变得至关重要。党的十九大报告提出"建立共建共治共享的社会治理格局"就是针对当下基层治理困境的一剂良药。

虽然国内外学者都对基层治理效能展开了广泛的讨论,但主要从机制创新、制度设计、空间重构等角度展开,关于治理主体的讨论较少,且研究内容大多是现象描述和总结,理论性较弱,对行政和自治在治理场域中的组合方式研究更是一块空白。基层治理主体这一主题还存在较大研究空间。基层治理人员优化组合的目的在于克服现存体制弊端,充分发挥内生动力和行政力量两个优势,与行动者网络理论调和不同主体构建利益联盟的分析框架具有一致性。因此,本文借助行动者网络理论分析框架,从治理主体入手,以浙江省 L 市 H 镇为研究对象,遵循"事实验证原理",通过案例分析探讨行动者如何实现系统优化组合,如何发挥乘数效应,如何影响基层治理效能。

二、行动者网络理论核心概念

行动者网络理论(ANT)诞生于 20 世纪 80 年代,由巴黎学派创立者布鲁诺·拉图尔[7]提出,最开始主要应用于科学技术领域,之后向管理学、政治学、社会学等领域扩展。行动者、网络和转译组成 ANT 核心概念,也是本文治理主体治村效能探索的分析框架。

(一)行动者

ANT 基于广义对称性原则将行动者分为人类行动者和非人类行动者,凡是参与到基层治理中的所有因素都是行动者。拉图尔的这一设定赋予了物与人同等的地位,否定了笛卡儿关于"主体与客体之间无法跨越"的设定,为本文多主体参与基层治理研究提供了更广阔的分析思路。行动者具有异质性,不同的行动者有不同的利益取向和行为方式,行动者网络构建的过程也就是调节不同主体利益、建立利益共同体的过程,因而 ANT 也被称为异质建构论。

(二)网络

网络描述的是行动者关联的过程。行动者通过联结的网线将资源汇集到少数结点,并通过行动者利益调节而扩散到其他结点,实现资源的整合和再分配。网络会随着任务的改变而改变,体现的是一个动态的过程。正是在这一互动过程中,行动者获得了身份、地位、资源、权力,治理效能得以实现。换言之,治理效能的实现不是由"自然"或"社会"等先验因素决定的,而是在人类行动者和非人类行动者等异质性因素构成的网络中被建构的。因此我们需要将治理效能的提升置于行动者网络中进行考察,而不能孤立地谈"行政还是自治"主体选择问题。

（三）转译

行动者内部网络连接的基本方法，回答行动者之间是如何相互作用的这一关键问题。基于"我们想你们所想，你们就该参与我们的行动，这样你们就更能得到你们想要的东西"[8]这一思想，卡龙将转译分解成问题化、利益相关化、招募、动员和异议五个过程。首先核心行动者找到与某一问题相关的其他行动者，使问题成为其他行动者实现目标的"强制通行点"，再通过利益共享招募行动者成为联盟成员。最后通过动员实现网络联盟代言人对其他联盟者的组织领导，维护网络平稳高效运行。在转译过程中，核心行动者能否通过利益相关化设立强制通行点并构建利益联盟共同体是ANT成功与否的关键，也是本文基层治理效能提升的关键。在下面的部分，笔者将通过ANT框架再现书记联合体治村过程，分析治理主体如何优化组合，探讨在基层治理效能上"行政还是自治"问题。

三、"书记联合体"网络建构

（一）行动者构成

浙江省L市H镇于2018年首创"书记联合体"治村模式。这一模式以"地域相近、专业相似、产业相连、行业相通"为原则，打破行政村区域篱笆，采取村村联合、村企联合、企企联合等多种组合方式，按项目任务将农村、社区、机关、两新组织等相关领域党组织书记组成作战军团，通过以强带弱、强强联合、弱弱组团来完成组内共同目标。经过4年多的实践探索，"书记联合体"取得了较好的治理效果并不断向各基层镇街推广。截至2022年1月，L市有各类"书记联合体"106个，遍及19个镇街，解决重大基层跨区域问题285个，充分显示了基层治理的生命力和创造力。"书记联合体"的构建和实践都体现了ANT思想，"书记联合体"的实践过程是异质行动者建构网络的过程。本文选取"书记联合体"起源镇H镇为调研对象，于2021年3月对镇内各村开展为期15天的集中调研，涉及的基层治理行动者包括乡镇政府、以村书记为首的村干部、乡村精英、村庄外部精英、村民代表、驻村干部等人类行动者以及村庄自然资源、文化资源、土地要素等非人类行动者。非人类行动者依靠人类行动者代言。我国的国体和政体决定了基层党组织的领导作用，而乡村固有的内生属性决定了乡村基层治理的核心行动者必然源于这个内生群体，本文对各村"书记联合体"实践调研也发现，村书记在行动者网络中承担了征召、动员角色，因此将村书记界定为核心行动者，将乡镇政府、乡村精英、村庄外部精英、村民代表、驻村干部、自然资源、文化资源、土地要素等界定为其他行动者。

（二）行动者转译

1. 问题呈现与强制通行点

在乡村基层治理行动者网络中，各行动者有着"基层有效治理能促进区域良性发展，提升收入，实现共同富裕"的共同目标。各行动者在实现共同目标的过程中会面临不同的问题和挑战。村干部面临村庄利益错综复杂、资金短缺、专业知识能力不足、政策普及度低、内部联系减少等挑战。

60 岁左右的村书记：（在"书记联合体"建立之前）我们是想把事情办好，但是靠我们村干部自己的力量，太难了，我们村也没啥特别的资源，也没有国家项目下乡，还要处理一堆报表，我们是没钱没能力更没精力搞村庄事业啊。

村民面临土地资源转资本受限、农业收入低、就业困难、人情关系弱化、邻里纠纷多、项目制下利益分配不均等障碍。乡镇政府面临城乡收入差距大、乡村产业发展差、乡村空心化、干群关系疏离、资源下乡转化率低等问题。驻村干部面临沟通协调难、资源调度不足、本地知识不足等困难。乡村精英对村庄有熟人情感，期望在实现自身财富增长的同时带来村庄的发展，实现自我价值。村庄外部精英有一定的资本和资源，并期望通过投资获得高回报。自然资源、文化资源、土地要素等非人类行动者面临利用率低、污染严重、宣传面窄等障碍。在共同目标下，各行动者的不同问题汇聚到强制通行点（OPP），希望通过基层有效治理实现利益纠纷调解、资源高效利用、增加经济收入、重塑乡村情感共同体等分目标。因此，强制通行点是"基层治理"。强制通行点聚集了实现目标的资源和力量（图1）。

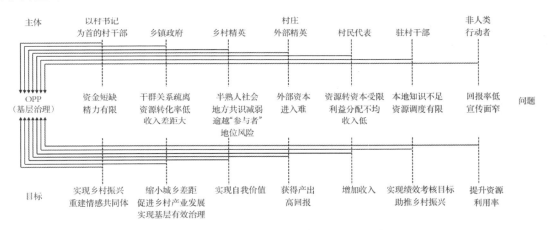

图 1　乡村基层治理的行动者与强制通行点

2. 利益联盟共同体构建

马克思主义和利益相关理论认为，驱使人类采取行动的根源在于利益，行动者是利益导向的。组织内利益相关度决定了组织的密切程度，各个行动者利益的有效转译成为网络稳定的关键。一旦出现某个行动者的利益无法满足，其他行动者就会遭遇困难，网络也会面临崩塌的风险。村书记作为核心行动者需要将自身利益转换成其他行动者的共同利益，通过利益联结增加行动者网络的黏合度。例如，在"山区旅游发展书记联合体"中，一是宁波沧海集团、旅游开发商等村庄外部精英获得了核心行动者授予的土地开发利用权，通过将 300 亩抛荒地打造成集观光、露营、摄影、场地出租、花卉销售等功能于一体花卉基地获得旅游和租借收入，实现了投入产出的高回报。二是村民群体获得了更多的经济来源。村书记号召村民参与番薯培育种植，给予村民就业机会，激发公共利益需求，培育优质番薯品牌，以小番薯撬动大产业，打造山区现代农业基地，增加了经济收入。在旅游项目中村民也获得了地租分成和参与经营的权利。三是乡镇政府通过权力、资源的下放和土地开发权的转让提升了治理效能，激发了乡村活力，促进了乡村产业发展。四是驻村干部依托原单位和自身的资源支持提升山区旅游品质，开拓山区旅游市场，推动了当地乡村振兴，实现了绩效考核目标。五是乡村精英通过自身的专业指导和人脉资源实现了自我价值。六是自然和人文资源在旅游发展过程中得到重视和推广，实现了换代升级，提升了价值内涵。村书记作为核心行动者汇聚村内外各行动者资源实现了乡村经济的快速增长，推动了乡村振兴和乡村治理的良性发展。可见，借助"山区旅游发展书记联合体"，各行动者实现了自身利益和价值的提升，强化了网络中的利益联结。

3.征召与动员

村书记作为网络中的核心行动者通过策略实现行动者最大化利益，谋求同盟的拓展。在征召环节中，行动者因为有利益和价值认同而主动执行而非应对任务。一是人员征召。乡村振兴对土地的需求促使政府对抛荒地采取措施，在村书记的征召下乡镇政府成为行动者。乡镇政府又征召驻村干部加入利益联盟共同建设乡村，通过权力和资源下沉弥补村干部资金和能力的不足。村书记通过参与经营、地租分成、参股参债等策略征召村民、乡村精英参与利益分成，激发村民参与基层治理的自主性和创造性。企业、开发商等村庄外部精英受利益驱使也加入了"书记联合体"。二是资源征召。完成人类行动者征召后，非人类行动者也经由村书记代言成为网络中的一员。抛荒地以地租方式被征召为旅游开发用地、现代农业用地，自然资源以股权和债权相结合的方式被征召为山区旅游景观资源，传统古建文化依托名人效应被征召为乡村文化品牌、乡村情感共同体载体。此外，政策资源、社会资本等也进入网络，通过征召转换成村庄内生动力，促进乡村经济发展，实现基层有效治理。在动员环节中，核心行动者对其他行动者行使权力完成组织目标。例如，"山区道路书记联合体"村书记为解决道路拓宽问题，通过目标动员将涉地村民和政府纳入网络，经由协商谈判为村民争取了"失土农民可享受失土养老保险30％折扣优惠""山区旅游开发优先经营选择权"等条件，取得了全部村民签字同意的成果。通过积极与群众沟通、动员，得到群众的理解和支持，重新将公共事务转化为私人事务。一旦公共事务变为与村民自身息息相关的事务，便会大大提升村民参与积极性。在全民参与下，"书记联合体"通过村民自筹、乡贤筹和政府补贴等方式筹得道路拓宽资金500余万元，完成了80％山区道路拓宽，以较低成本为山区发展奠定了良好的公共道路基础。

4.异议

H镇各"书记联合体"在基层治理过程中均出现了异议，主要有：①利益分配未达到预期需求。比如，在山区旅游开发过程中，村民年涨10％租金的要求让还未站稳脚跟的开发商瞻前顾后，踌躇不前；②其他行动者挑战核心行动者的冲突。在自上而下垂直领导体制下，行政力量试图按照城市的标准治理乡村，加强对乡村的管理，用行政代替自治，破坏了网络结构；③分目标挑战总目标的冲突。由于绩效考核压力，驻村干部为完成任务目标而采取短平快的项目未必适合村庄。

65岁左右的乡村精英：我们村之前也有上面派下来的优秀干部，但是人家毕竟是做业绩的，搞个两年升官就走了，留下一堆短平快项目。他走了，把人脉、部门资源、专业团队也都带走了，我们很难可持续发展。

异议可能会升级为冲突，破坏书记联合体，但也可能会成为促进基层治理效能提升的动力。行动者网络是一个动态网络。为了巩固行动者网络，一方面，行动者们需要不断更新联结对象，拓宽网络边界，达到力量的均衡。另一方面，核心行动者需要通过举办活动、协商策略、文化引导等增加成员间的黏合度，构建情感共同体。

四、基层治理效能优化:行政与自治的均衡状态

(一)以自治为主激发乡村内生动力

从"书记联合体"网络建构过程可看出,村书记作为网络中的核心行动者适应了乡村的差序格局和熟人情感治村特点,能充分发挥人情治村的优势,重建乡村情感共同体。

第一,村书记作为乡土社会的一分子与村民有着共同的乡村知识和需求感知。村书记以问题为导向,直面群众重难点问题,保证群众参与,打破了基层横纵向权力疏离状态,满足基层治理内生性需求,激发了群众参与治理的动力。

70岁左右的村民:我们村以前啊,出门骑个电动三轮车都困难,路窄还不平整,要是碰上下雨天,这路就更行不得了。还没路灯,经常有人摔倒,特别是老人,一摔倒就要卧床半年。但是修路又不是一个村的事情。"山区道路书记联合体"给我们解决了跨越多村的难题啊,"书记联合体"给我们搞的都是民生工程啊。

第二,村书记治村能充分发挥中国乡土社会面子观念的积极作用,促成各村你追我赶的良性竞争,形成村书记带头治村的示范效应。

55岁左右的村民:我们村书记、党员都带头种番薯了,都是搞我们村自己的事业,作为村民,我也理应出一份力。这番薯培育技术和加工技术是我们书记跑到外地学回来的,可不能辜负了书记。而且邻村发展旅游搞得有声有色的,我们可不能被比下去。

第三,村书记作为核心行动者能保持规划和政策的延续性。村书记作为村庄的一分子,相对行政力量治村多了一份责任感和使命感,村书记的长期任职能克服行政力量下沉的短暂性,有助于乡村的长远可持续发展。

(二)以行政为辅弥补自治内生不足

乡镇政府、市政府相关部门(如建设局、旅游局、农业局等)、驻村干部等行政力量的加入弥补村书记知识和经验不足的同时也为乡村建设和基层有效治理提供了项目、资金、技术、信息支持。第一,行政力量治村提升了规范性事务处理效率。驻村干部发挥部门技能优势,负责常规性行政事务,通过标准化、科学化流程提升了常规性事务治理效率,规范了沉积于乡村的乱象,丰富了国家治理现代化的法治性、科学性内涵。将行政性事务从乡村基层治理中剥离,让村书记能腾出更多的时间处理与村民息息相关的村庄事务,提升基层治理效能。第二,行政力量治村有助于化解村庄纠纷。驻村干部不受村内宗族血缘关系的影响,与村民没有利益关系,加之具有较高的政治素养和理论水平,因此处理村庄事务相对比较中立,能较好地解决日常矛盾纠纷。第三,行政力量治村为乡村带来了资源和资金支持。驻村干部特别是驻村第一书记拥有原单位和自身的社会资源,人际关系较广,且政策理解力强,能带来项目和资金下乡,改善所在村公共产品与公共服务供给现状,在产业规划、农特产品打造与营销方面也比村两委和村民有更高的站位和更开阔的思路。例如,在"山区旅游发展书记联合体"番薯培植项目中,驻村干部将市农业农村局征召进入行动者网络,充分利用农业农村局的信息资源为村书记培育番薯良种提供了方向指引和技术指导,大幅提升番薯利润,成功打造山区农特产品品牌。

（三）"自治主导＋行政指导＋社会参与"多元主体治理模式

于水和辛境怡（2020）[9]基于过程视角认为资源的社会性决定了它不可能被某一个主体独占，依托资源而进行的有效社会治理也必然是多元主体善治的结果。刘建生、涂琦瑶和施晨（2019）[10]通过第一书记与村两委双轨双层治村实践提出乡村治理既具有国家属性，也具有乡村属性，乡村基层有效治理受国家与乡村社会的双重影响。"书记联合体"的实践佐证了学者的观点，有效治理是行政在场和乡村自治的优化组合。"自治主导＋行政指导"的治理模式突破了正式权力下乡运行成本高、效率低的结构困境。在"书记联合体"中，村书记作为核心行动者拥有治理主导权，政府则以指导员的身份参与共治，为村书记提供业务指导和资金支持，充分尊重乡村知识和村民话语权。在这一模式下，村书记从行政代言人角色回归熟人社会，而行政力量也能充分将资金和项目资源转化为村庄发展的内生动力。除了村干部和行政力量，"书记联合体"把外部力量和村民群体纳入网络，形成了"自治主导＋行政指导＋社会参与"的多元主体治理模式。不同的行动者具有利益目标的异质性，村书记通过征召和动员、加强主体节点间的关系沟通整合成相互联结的网络共同体。网络中的利益相互联结改变了项目制下单一的资源输入模式[11]，杜绝了村干部和行政力量寻租的可能性。"书记联合体"采用动态网络将不同领域、不同部门的人和资源聚集在一起，跨越地理空间的局限形成联盟式协作伙伴关系，从网格化转变为网络化，实现基层多元化治理的张力。（图2）

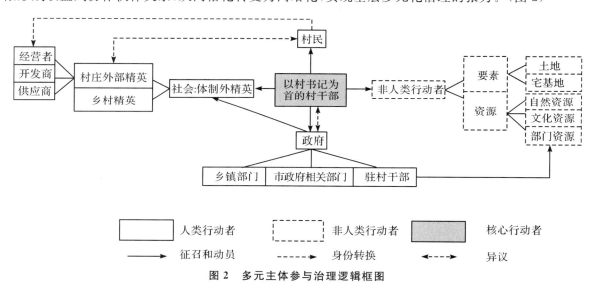

图2　多元主体参与治理逻辑框图

五、结论与讨论

"书记联合体"体现的是以党组织为核心的多主体治理模式，展现了作为核心行动者的村书记通过不断转译将利益相关者纳入行动网络并实现治理效能提升的行动逻辑。"书记联合体"的有效性可以借用奥尔森的集体行动理论来说明。当集体中的各主体在网络中获得的利益大于其所付出的成本时，该主体就有参与集体行动的动力。在增加人数并不会减少其他人利益反而有可能增加集体利益时，集体内各主体就有了征召的动力，结果是网络联盟不断扩大，行动主体越来越多样化，资源更加集聚。利益联盟也促使集体内各主体相互监督，防止"虚假承诺""搭便车"等机会主义行为。这也是"书记联合体"有效破解正式权力下乡低效运行的原因所在[12]。

"书记联合体"的运行模式与山东的基层党建示范区[13]、四川的"四位一体"[14]、福建的基层协商议事会[15]等存在诸多相似之处,但与之相比,"书记联合体"还具有两方面优势。一是组织运行更具灵活性。现有的基层实践模式大多是探索一种组织方式并通过体制机制完善创新将组织固定。"书记联合体"不局限于组织的完整性问题,而是随任务的出现而产生,随任务的终结而解散,根据问题的变化不断更新联结网络,保证了组织的灵活性。比如"重点项目书记联合体"因杭绍台铁路房屋拆迁问题而成立,经由两个月任务的完成而解散,无须考虑后续组织维护和机制建设等问题。二是治理主体更具多元化。"自治主导+行政指导+社会参与"多元主体治理模式发挥了村庄、行政和社会三方组合优势,且行政力量从领导者转变为指导者,村书记从行政力量代言人角色重新回归到村庄事务领导者身份,激发了乡村活力,重建了乡村情感共同体。这也是"走群众路线"社会治理的题中应有之义。

本文不足之处在于对非人类行动者的作用限度讨论不够深入,特别是政策这一要素未被纳入"书记联合体"框架。此外,本文将研究重点放在行动者上,对 ANT 中的"空间"这一概念探讨不足。未来需要进一步重视非人类行动者在网络中的作用,同时将重点放在治理空间上,界定"书记联合体"的适度规模,在治理中充分发挥规模效应。

参考文献:

[1] 贺雪峰.能人治村与基层治理现代化的方向:以苏州望亭镇调研为讨论起点[J].长白学刊,2018(3):57-61,2.

[2] 邓大才.村民自治有效实现的条件研究:从村民自治的社会基础视角来考察[J].政治学研究,2014(6):71-83.

[3] 侯麟科,刘明兴,陶郁.双重约束视角下的基层治理结构与效能:经验与反思[J].管理世界,2020,36(5):145-160,15.

[4] 范黎波,刘佳,尚铎.基层治理的困境及对策:基于内卷化的研究视角[J].行政管理改革,2021(11):55-64.

[5] 弗里德里希·恩格斯.家庭、私有制和国家的起源[M].北京:人民出版社,2018.

[6] 朱云.新时代村治逻辑探究:行政与自治关系的均衡[J].地方治理研究,2021(1):68-77,80.

[7] BRUNO LATOUR. On actor-network theory:A few clarifications,Plus more than a few Complications[J]. Philosophical Lite-rary Journal Logos,2017,27(1):173-197.

[8] MICHEL CALLON. Actor-Network Theory—The Market Test[J]. The Sociological Review,2010,46(S1):181-195.

[9] 于水,辛璟怡.农村基层治理能力的建构基础与生产机制[J].学习与实践,2020(12):21-30.

[10] 刘建生,涂琦瑶,施晨."双轨双层"治理:第一书记与村两委的基层贫困治理研究[J].中国行政管理,2019(11):138-144.

[11] 李祖佩."资源消解自治":项目下乡背景下的村治困境及其逻辑[J].学习与实践,2012(11):82-87.

[12] 曼瑟尔·奥尔森.集体行动的逻辑[M].上海:上海人民出版社,1995.

[13] 沈迁.基层服务困境及治理体系重构的路径分析:以山东省农村党建示范区为分析对象[J].农林经济管理学报,2021,20(3):411-419.

[14] 湛礼珠.制度贫困、实践创新与农村基层治理转型:基于国内几种主要乡村治理模式的对比分析[J].中共福建省委党校(福建行政学院)学报,2020(6):111-118.

[15] 林雪霏,邵梓捷.地方政府与基层实践:一个协商民主的理论分析框架[J].经济社会体制比较,2017(2):156-166.

生态功能区共同富裕的逻辑、现状与实践路径

——以绍兴市南部山区为例

张德政

（中共绍兴市柯桥区委党校）

摘　要：实现共同富裕是社会主义的本质要求。推进生态功能区跨越式高质量发展，是缩小地区差距、城乡差距、收入差距的重要举措，是迈向共同富裕的必然选择。作为较典型的生态功能区，绍兴市南部山区既具有区域社会总体先富、生态资源禀赋优越、乡村振兴成效扎实、乡贤力量广泛深厚等基础优势，也存在着土地资源矛盾突出、产业发展受限乏力、城乡要素流动不畅、空心化老龄化严重等困境短板。结合理论与实践，生态功能区高质量发展促进共同富裕需要多措并举：坚持绿色发展，守护绿水青山；立足内生发展，培育优势产业；城乡融合发展，推进城乡一体；全域共建共享，发展飞地经济；提升乡村治理，追求精神富足。

关键词：共同富裕　生态功能区　高质量发展　跨越式发展　精神富足

社会主义的本质指明了共同富裕的前进方向，时代的发展进步奠定了实现共同富裕的坚实基础。党的十九届五中全会明确 2035 年远景目标，提出"全体人民共同富裕取得明显实质性进展"[1]。党中央、国务院印发《关于支持浙江高质量发展建设共同富裕示范区的意见》指出，推动共同富裕和促进人的全面发展，"以解决地区差距、城乡差距、收入差距问题为主攻方向"[2]。通常而言，生态功能区是重保护、轻开发、欠发达的地区，是农业农村的承载区，人口主要散居在农村，居民收入也相对较低。推进生态功能区跨越式高质量发展，是缩小发展差距、实现共同富裕的必然选择，是时代面前的必答题。由此，本文选择浙江省较典型的生态功能区绍兴市南部山区为研究对象，探究生态功能区高质量发展实现共同富裕的实践路径。

一、研究背景与现状

（一）共同富裕的内涵解读

扎实推进共同富裕，首先要有明确的方向目标。而现实中，人们对于共同富裕的理解却不尽相同，其中也不乏一些误解。全面准确把握共同富裕的内涵，则是研究解决现实问题的第一步。

在改革开放之初，邓小平同志就系统阐述了共同富裕理论，指出社会主义的目标是共同富裕，既不是两极分化，也不是平均主义。"社会主义的目的就是要全国人民共同富裕，不是两极分

化。"[3]110 "我们坚持走社会主义道路,根本目标是实现共同富裕,然而平均发展是不可能的。"[3]155 同时也设计出实现共同富裕的宏伟蓝图:"一部分地区、一部分人可以先富起来,带动和帮助其他地区、其他的人,逐步达到共同富裕。"[3]149 "共同致富,我们从改革一开始就讲,将来总有一天要成为中心课题。"[3]364 历经长期发展奋斗,如今我国全面建成小康社会,经济实力和综合国力不断跃上新台阶,"扎实推进共同富裕"也成为当前的工作重点。习近平总书记指出:"共同富裕是全体人民的富裕,是人民群众物质生活和精神生活都富裕,不是少数人的富裕,也不是整齐划一的平均主义,要分阶段促进共同富裕。"[4] 鲜明阐述了共同富裕"是什么"和"不是什么"。"先行先试"的浙江省也提出,"共同富裕是普遍富裕基础上的差别富裕,不是同等富裕、同步富裕,更不是均贫富、杀富济贫"[5],"共同富裕是'五位一体'的全面跃升,既包括物质富裕,又涵盖人民对美好生活向往的方方面面"[5]。

由此可见,共同富裕的内涵既具有普遍性、一致性,也包含着差异性、多样性,呈现出辩证统一的关系。一方面,共同富裕具有普遍性、一致性。共同富裕是全体人民的共同富裕,全面覆盖各地区、各群体。"全面建成小康社会,一个也不能少;共同富裕路上,一个也不能掉队。"[6] 至 2020 年底,我国历史性地全面消除绝对贫困,稳定解决贫困人口的"两不愁三保障"问题。同时,坚持全覆盖、保基本、多层次、可持续的方针,不断推进社会保障体系建设。共同富裕所涉及的领域广泛,共同富裕包括物质富裕、精神富足、公共服务普惠、发展权利平等、社会公平正义等诸多方面。"在幼有所育、学有所教、劳有所得、病有所医、老有所养、住有所居、弱有所扶上不断取得新进展,让实现全体人民共同富裕在广大人民现实生活中更加充分地展示出来。"[7] 另一方面,共同富裕具有差异性、多样性。共同富裕的时间是有先后差别的,有条件的地区优先发展,然后先富带动后富,最终逐步实现共同富裕。共同富裕的程度是允许适度差距的,共同富裕既不是两极分化,也不是平均主义,而是把差距控制在合理范围内。富裕生活的呈现状态是多样化的,各地区之间的自然环境、资源物产、人文风俗等不尽相同,彼无此有、你多我少的差异向来存在,但并不影响人们都过上各自的富裕生活,或者说富裕的状态本就是多彩多样的。

综上而言,在实现共同富裕的道路上,既要谋大局、谋长远,把握共同富裕的普遍性、一致性,也要结合实际、因地制宜,把握共同富裕的差异性、多样性。

(二)相关研究综述

缩小发展差距、实现共同富裕,历来都是重大的理论课题和实践课题,尤其在当前"扎实推进共同富裕"的政策背景下,更是成为研究重点。梳理相关研究,主要有两类研究视角。一是基于城镇与农村的划分,研究农村地区的共同富裕,主题涉及城乡融合发展、农业农村现代化、乡村振兴等。例如,认为缩小"三个差距"、实现共同富裕是中国特色社会主义发展的逻辑必然,效率与公平是辩证统一的关系[8];认为推进农业农村现代化是迈向共同富裕的必然要求,缩小城乡差距需要促进乡村全面发展[9];认为我国收入差距较大的原因主要来自城乡差距,实施乡村振兴是缩小城乡差距、促进共同富裕的重大战略[10];等等。二是基于发达地区与落后地区的划分,研究落后地区的共同富裕,主题涉及先富带后富机制、东西部协作、山海协作、相对贫困治理等。例如,认为东西部扶贫协作是具有中国特色的区域协调发展和扶贫方式,是实现共享发展的重要方式,加快了欠发达地区的脱贫和发展进程[11];认为探索建立山海协作"飞地园区",是破解加快发展地区资源不足、空间狭小和生态保护现实掣肘的有效途径之一[12]；认为解决相对贫困需要结合国情采取经济增长、人力资本投资、社会保障"三支柱"战略，实行制度化、法制化的贫困治理[13]；等等。

在共同富裕相关研究中，对于地区类型可以有多种划分角度：一是依据行政建制的分类，划分为城镇和农村；二是依据经济发展水平，划分为发达地区和落后地区，或者是先富地区和后发地区；三是依据主体功能区类型，划分为城市化地区、农产品主产区和生态功能区。一般来说，生态功能区也是农业农村的承载区，是发展较落后的地区，兼具着生态功能区、农村地区、后发地区等多重属性。本文就侧重从主体功能区的视角，研究生态功能区的共同富裕。理论层面，梳理阐述生态功能区共同富裕的理论逻辑和理念遵循；实践层面，调研分析绍兴市南部山区发展的基础优势和困境短板，探究生态功能区高质量发展促进共同富裕的实践路径。

二、生态功能区共同富裕的理论逻辑与理念遵循

如上所言，生态功能区与农村地区、后发地区有着高度的区域重合。2021 年，我国城乡居民人均可支配收入比值为 2.5∶1，这也从侧面反映了生态功能区发展相对薄弱的状况。推进生态功能区跨越式高质量发展，是缩小地区差距、城乡差距、收入差距的重要举措，是迈向共同富裕的必然选择。

（一）生态功能区共同富裕的理论逻辑

第一，实现共同富裕是社会主义的本质追求，促进后发地区共同富裕是时代前进的必然选择。生态功能区往往属于后发地区，推进生态功能区高质量发展，能够加快缩小区域差距、城乡差距、收入差距，进一步彰显社会主义制度的优越性，保持社会的长期繁荣稳定。越来越多的事实证明，在"你中有我、我中有你"的命运共同体中，只有大家都过上好日子，才能真正实现国强民富。

第二，生态功能区是国土空间的重要组成，具有不可替代的功能价值，是社会发展的贡献者，也理应共享发展成果。山水林田湖草沙是生命共同体，自然生态系统是相互联系的有机整体。在生态功能区发挥生态调节功能、输出生态成果的同时，其他地区向生态功能区回馈发展成果，也就成为应有之义。比如说，水的命脉在山，河流通常发源于山地、高原。像"亚洲水塔"青藏高原，就孕育了多条大江大河，其中就造就了长江经济带，支持着东中部地区的发展繁荣。由此而言，实施东西部协作，支持西部发展，也正是共同富裕的理应选择。

第三，生态功能区高质量发展能够更好发挥区域比较优势，深化社会分工，增加社会福祉。通常来说，生态功能区都具有比较优越的生态资源禀赋，虽然不宜工业化、城市化的大开发，但是可以发展许多优势特色产业。特别是基于农、林、牧、渔的三产融合，可以让生态功能区向社会输送更多优质生态产品，在社会化大分工中发挥更多作用，为全社会增加福祉。

（二）生态功能区共同富裕的理念遵循

第一，全面准确贯彻创新、协调、绿色、开放、共享的新发展理念，推进生态功能区高质量发展。新发展理念是指导经济社会发展的重大原则，是在长期发展实践中得出的经验总结。推进生态功能区高质量发展，同样要以新发展理念为指挥棒、红绿灯，并要结合实际全面准确地贯彻。生态功

能区发挥着调节气候、涵养水土、平衡生态等重要作用,向社会提供各类基础性资源,关乎生态安全,关系国计民生。生态功能区的发展必然要贯彻绿色发展理念,坚持经济发展与环境保护相统一,坚持人口、经济与资源环境相适应的原则,严守三条红线,常保绿水青山。实现共同富裕要贯彻共享发展,让发展成果更多更公平地惠及全体人民。邓小平同志指出:"只要我国经济中公有制占主体地位,就可以避免两极分化。"可见,发展成果的共享,有赖于公有制的主体地位。推进共同富裕,要坚持公有制的主体地位不动摇,重视发展集体经济,并要防止私有资本无序扩张。

第二,契合把握中国式现代化的"并联式"发展特征,促进生态功能区实现跨越式发展。西方发达国家的现代化,是工业化、城镇化、农业现代化、信息化的"串联式"发展,历经了二百多年时间。而作为后发国家,我国的发展则呈现出"并联式"的特征,只用了几十年时间就大踏步地赶上了时代。作为农业农村的承载区,生态功能区的发展与农业农村现代化有着高度重叠。推进农业农村现代化要与城镇化相结合,坚持城乡融合发展,以城带乡,走城乡一体化的发展道路。同时,作为后发地区,生态功能区的发展需要紧抓工业化、信息化、数字化的时代机遇,实施机械强农、科技兴农、数字助农等举措,以"互联网＋"促进三产融合,加快推进跨越式发展。

第三,重视精神文明建设,追求精神富足,为高质量发展蓄积更为主动的精神力量。精神富足是共同富裕的重要方面,而拥有坚定的共产主义理想信念,则是精神富足的突出表现。邓小平同志指出:"不加强精神文明的建设,物质文明的建设也要受破坏,走弯路。光靠物质条件,我们的革命和建设都不能胜利。过去我们党无论怎样弱小,无论遇到什么困难,一直有强大的战斗力,因为我们有马克思主义和共产主义的信念。"事实证明,物质富裕与精神富足之间相互联系,但也并非简单的线性关系。一方面,在物质不太富裕的条件下也可以精神富足,像许多无产阶级革命者有着坚定的理想信念,始终清廉俭朴;另一方面,物质富裕并不必然导致精神富足,像一些腐败分子违法乱纪、大肆敛财,丧失理想信念,精神缺钙。现如今全面建成小康社会,推进共同富裕要更加注重精神富足,筑牢共产主义理想信念,弘扬以伟大建党精神为源头的精神谱系,更好地发挥精神力量的作用。

三、绍兴市南部山区高质量发展的基础优势和困境短板

浙江是"七山一水二分田",山区占据了浙江的大部分面积,也孕育了浙江的水和田。绍兴市南部山区位于会稽山脉北麓,地形以丘陵山地为主,具有丰富的农业、林业资源和水资源,是较典型的生态功能区。水的命脉在山,绍兴的多条河流都发源于南部山区,大小河流汇集流入虞绍平原,山与水相辉映,共同形成"稽山鉴水"的绍兴风貌。从行政区划看,绍兴市南部山区涉及柯桥区、上虞区、嵊州市、诸暨市等区县,其中以柯桥区所辖范围最大。本文就重点选取了柯桥区内较有代表性的乡镇、农村进行调研分析。

(一)南部山区高质量发展的基础优势

第一,区域社会总体先富,城乡收入差距较小。2021年,绍兴市柯桥区GDP为1748亿元,人均GDP达15.9万元,居民人均可支配收入7.1万元,常住人口城镇化率超过82%,连续十二年获评"中国全面小康十大示范县市"。如图1所示,从近年的居民人均可支配收入来看,浙江省的数值高

于全国，绍兴市、柯桥区的数值又高于浙江省。可见，绍兴市、柯桥区具有较高的富裕程度，南部山区处于总体先富的地区范围。

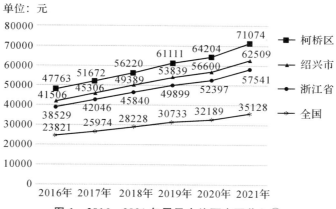

图1　2016—2021年居民人均可支配收入①

从城乡居民收入比来看，浙江省、绍兴市、柯桥区的城乡居民收入比都处于相对较低水平，城乡富裕程度更为均衡，如图2所示。一方面，在数据变化上，近年来全国、省、市、区的城乡居民收入比都呈现出下降趋势；另一方面，在数据比较上，浙江省的城乡居民收入比低于全国，绍兴市、柯桥区的数值又低于浙江省。可见，在富裕的均衡性上，南部山区共同富裕也具备良好基础。

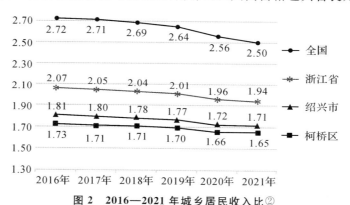

图2　2016—2021年城乡居民收入比②

第二，生态资源禀赋优越，三产融合潜力丰厚。南部山区具有优沃的生态资源，青山绿水相互交织，自然环境美丽宜居。农业、林业物产丰富，除基本粮食作物外，像毛竹、茶叶、青梅、香榧、菊花等产业，都已发展具备相当规模，成为山区的经济支柱。南部山区森林覆盖率高，空气质量优异，风景秀美，历史文化底蕴深厚，是理想的旅游目的地。优越的资源禀赋，是南部山区发展的内在基础，三产融合发展具备广阔空间。

第三，乡村振兴成效扎实，承前启后步步为营。随着多年建设发展，南部山区农村都有较完善的硬件设施，道路畅通、网络入户，村里建有文化礼堂、医疗卫生站、养老服务中心等。特别是近年来大力推进建设美丽乡村、创建"五星3A"，实施五水共治、垃圾分类、厕所革命、管线下地等举措，村容村貌大幅改善提升。伴随农村改革进程，基本公共服务体系也在不断完善。或者可以说，许多

---

①②　数据来源：国家统计局网站、浙江省统计局网站、《绍兴统计年鉴》、《柯桥区统计年鉴》。

"薄弱村"更多是一种位于先富地区的"相对薄弱"。在此基础上,推进山区共同富裕就能够与乡村振兴、农业农村现代化更好地衔接融合。

第四,乡贤力量广泛深厚,回报家乡正当其时。走出山村努力奋斗,很多人成为先富起来的群体,成为乡贤。"少小离家老大回",乡贤们与家乡有天然而深厚的联系,有回报家乡的深切愿望。乡贤们扎根各行各业,事业有成,能为家乡发展带来多方面资源优势。调研发现,许多乡贤也正在回报着家乡,捐资助学、扶贫济困、盘活闲置土地、协助调解矛盾等。当前,推进共同富裕,"鼓励高收入人群和企业更多回报社会",凝聚发挥乡贤力量正当其时。

(二)南部山区高质量发展的困境短板

第一,土地资源矛盾突出,退苗还粮收益降低。受地形限制,南部山区的土地资源呈现碎片化特征。建设用地空间分散、稀缺,可利用空间明显不足。耕地主要是丘陵山坡地,地块小而散,许多耕地因缺乏灌溉条件而成为旱田。耕地的耕作条件差、人工成本高、亩产效益低。为了提高收益、降低种植成本,很多土地都种上了苗木。但随着"退苗还粮"政策的推进,这些耕地就要改为种粮,不仅收益明显降低,而且需要更多人力投入。就有村干部算了笔账,目前靠人工种粮基本赚不到钱,并且由于村庄的空心化、老龄化,增加人力投入也变得捉襟见肘。面对"退苗还粮",很多村庄既缺乏热情,也力不从心,陷入了困境。

第二,产业发展受限乏力,文旅项目客流不足。位于南部山区的小舜江水库,是绍兴的主要饮用水源地,流域内有 460 平方公里划为水源地保护区,范围覆盖多个乡镇。2018 年绍兴实施水源地保护专项行动,水源地保护区内禁止规模化禽畜养殖,不再保留工业,工业企业全部关停迁出,不再新增农家乐、民宿、餐饮等行业。专项整治行动大幅改变了南部山区的产业结构。俗话说,"无农不稳、无工不富、无商不活",山区的一二三产业都受到不同程度影响。比如,随着食品加工企业的迁出,像青梅等农产品就只能作为初级农产品出售,产品附加值大幅降低。而在乡村旅游方面,由于农家乐、民宿、餐饮等配套行业不足,很多游客都是半日游、一日游,即来即走,并没有带动太多消费。此外,加上区位交通不便、景区开发同质化等因素,南部山区文旅项目普遍存在引客难、留客难的问题。

第三,城乡要素流动不畅,生态产品转化受困。南部山区距离绍兴城区三四十公里,城乡二元化特征显著,资源要素双向流动明显受限。相比较城郊村、平原村而言,山区村的位置更偏远、交通更不便,城市发展对于山区村的辐射带动作用也更弱。比如,目前柯桥区共有经济薄弱村 54 个,其中南部山区就占 48 个,占比接近 90%。与此同时,山区发展要融入城市也不容易。由于远离城区,南部山区很多景区、农家乐、餐饮等都是典型的假日经济,平时只有少量客流。在农产品进城方面,也面临着物流成本高、冷链保鲜难、销路不稳定等诸多困难。

第四,空心化老龄化严重,专业人才短缺难留。伴随着工业化、城镇化进程,农村人口外流成为当前的普遍现象。相比较城郊村、平原村而言,山区村的空心化、老龄化则更为严重。南部山区的水源地保护、村庄合并、产业迁出等因素,都加速了山区的人口流出。据村干部反映,目前村里留守人口约三分之一,主要是老年人,青壮年多数在外务工,青少年、儿童也较少。多数村庄都面临专业人才匮乏的状况,在引人才、留人才方面困难重重。村庄的空心化、老龄化带来诸多问题烦恼,就有村干部深感担忧,长期如此就可能面临着村庄的凋零。

综上所述，南部山区的发展既有多方面基础优势，也存在不少困境短板，两方面因素相互交织、相互影响。推进南部山区共同富裕，就需要充分发挥基础优势，并积极化解困境短板。

四、生态功能区高质量发展促进共同富裕的实践路径

推进生态功能区高质量发展实现共同富裕，需要坚持共同富裕的道路方向，全面贯彻新发展理念、把握时代机遇、结合地方实际，在生态筑基、产业固本、城乡融合、共建共享、精神富足等方面协同发力、一体推进。

（一）坚持绿色发展，守护绿水青山

绿水青山就是金山银山，良好的生态环境是经济发展的根本基础，是全社会最普惠的民生福祉。坚持"生态优先、绿色发展"，就是要为经济社会可持续发展谋根本、谋长远。

第一，坚持绿水青山就是金山银山，坚持经济发展和生态环境保护相统一，明确科学发展导向。高质量发展不能唯GDP论英雄，还需要综合考量资源消耗、环境损害、生态效益等方面的指标。立足于南部山区的生态功能区定位，经济社会发展综合评价体系要涵盖地区生产总值、人均生产总值、单位生产总值能耗、主要污染排放、出境水水质、森林质量、空气质量等指标，并科学确定各项指标权重，探索完善符合地方特点的"GDP＋GEP"双考核评价体系。

第二，秉持整体系统观开展区域综合治理，坚持保障生态安全、水安全。田的命脉在水，水的命脉在山，南部山区与虞绍平原是有机整体，南部山区的生态安全直接关系着绍兴的民生与发展。要严守资源利用上线、生态保护红线、环境污染底线，加强水源地保护，保证出境水质量。严密防控域内各类污染源，全面实行截污纳管和集中处理。规范化开展水库除险加固、地质灾害防范等工作。山的命脉在林和草，要加强保护森林资源，做好山林防火，更好地发挥森林的涵养水土、增加碳汇、净化空气等功能。

第三，严守耕地保护红线，落实推进"退苗还粮"，共同维护粮食安全。把中国人的饭碗牢牢端在自己手中，关乎着经济社会大局，也是全社会的共同责任。山区农村要稳步推进"退苗还粮"，防止非农化、非粮化，严格保护耕地特别是优质耕地。结合山坡地实际地形，宜耕则耕、宜林则林、宜草则草，科学确定种粮范围。坚持发展生态农业，推进"肥药双减"，扩大生产优质有机农产品。针对山区的旱田，开展"旱改水"提升，建设高标准农田，并因地制宜选种耐旱品种。比如，嵊州市选育的节水抗旱稻，就兼具节水抗旱和优质高产的特性，很适合在山区推广种植。

（二）立足内生发展，培育优势产业

区域经济的长期发展繁荣要立足于内生发展，要充分挖掘当地资源禀赋，培育壮大特色优势产业。立足于"内生造血"，才能更好地借力于"外部激活"，促成内外联动的良好局面。

第一，坚持"生态＋"发展第一产业，紧抓"互联网＋"推进三产融合。充分挖掘南部山区各类资源禀赋，把握信息化、数字化机遇，着力发展生态农业、林下经济、乡村旅游、健康养老、研学游等产业。继续保持茶、竹产业的良好发展势头，加快香榧、青梅、菊花等产业转型升级，扩大特色产业的比较优势。水源地保护区产业发展是当前的难点，其症结就在于许多现代产业并不"绿色"。由此，

水源地保护区的产业重构与发展,要力争率先全面绿色转型。推进落实绿色生产生活方式,健全资源回收利用机制,推进废弃物就地消纳、无害降解,促成无废循环的状态。

第二,坚持发展壮大村级集体经济,走共同富裕的乡村振兴之路。实践证明,发展壮大村级集体经济是强村富民的成功之路。要因地制宜,统筹谋划村级集体经济布局,实施"一村一策"发展特色经济。培育发展专业合作社、农业龙头企业、家庭农场等,完善产业链,将零散种植转化为规模优势。培育特色农产品的区域公共品牌,提升品牌影响力,比如"平水日铸茶""稽东香榧"等。充分利用节会活动、农产品馆、农产电商等平台,"线上+线下"协同拓展营销渠道。多渠道盘活农村土地资源和集体性资产,推进资源变资产、资金变股金、农民变股东,拓宽集体经济增收渠道。

第三,不断深化农村改革,激发农村发展的制度活力。高效推进农村综合改革集成建设,重点服务于竹、茶、青梅、香榧、菊花等特色产业提升,精准立项投资,确保项目成效。推进农村产权制度改革,深化"闲置农房激活"计划,探索宅基地有偿退出机制。推行农村"三资"管理去现金化改革,防控化解村级债务风险,促进村集体经济开源节流。深化驻村指导员制度,发挥村级组织负责人"一肩挑"的作用优势,增强集体凝聚力,提高办事效率。

(三)城乡融合发展,推进城乡一体

城乡发展不平衡、农村发展不充分,是当前不平衡不充分发展的最大短板,而山区村的发展更是薄弱环节。要加大对山区的资源倾斜,落实"两进两回"行动,畅通城乡要素双向流动。

第一,推进"科技进乡村、资金进乡村",为农村跨越发展赋能添翼。加大科技兴农的攻关创新,支持新品种、新技术、新装备的集成应用和示范推广。围绕香榧、青梅等特色产业,扩大深化产学研合作交流,完善农业科技服务体系,发挥科技特派员的下乡带动作用。加快农村数字化改革,推广"互联网+教育""互联网+医疗",共享城市优质资源。保障公共财政对"三农"的倾斜支持,完善相关税费优惠政策,重点扶持薄弱村的抱团发展项目。加大金融支持和信贷投放力度,鼓励工商资本参与乡村振兴。

第二,推进"青年回农村、乡贤回农村",为农村长期发展夯实后劲。鼓励青年返乡创业,建设健全具有当地特色的"青创农场"培养体系,激发"青年农创联盟"活力。加强职业化培训,不断培养有文化、懂技术、会运营的农村专业人才。设立乡贤人才库,以乡情、亲情、友情为纽带,吸引乡贤回归创业创新,助力家乡发展。推政策、搭平台,让乡贤充分参与招商引资、招才引智、基层治理、慈善公益等活动,凝聚发挥乡贤力量。

第三,加强农村基础设施和公共服务体系建设,促进城乡基本公共服务普惠均等。深入推进美丽乡村建设,立足"一村一品",进行"微改造、精提升"。完善交通路网,实施低等路、等外路提升,建设"四好农村路"。推动农村物流站点全覆盖,健全山区电商物流体系,畅通农产品的进城路。深化"最多跑一次改革",提升便民服务中心的服务能力和办事效率。加大对低保户、因病致贫户、就学困难户的救助力度,对救助对象实行信息化动态管理。规范化运营镇村两级居家养老中心,建设健全多元化养老体系。

(四)全域共建共享,发展飞地经济

实行先富带后富,是共同富裕蓝图上的重要一步,突出体现了社会主义制度的优越性。促进后

发地区的跨越式发展,更需要凝聚全社会力量,全方面推进协作共建、成果共享。

第一,充分发挥结对帮扶的机制优势,全方位、多领域深化协作共建。深化部门结对帮扶制度,统筹部门优势资源,选派优秀干部下沉到薄弱村开展帮扶。推进村企结对全覆盖,发挥国有企业结对帮扶的带头作用,通过项目带动、资金帮扶、消费增收等方式,助推村级集体经济发展。加强与超市、餐饮、酒店等企业的结对共建,拓宽农产品的进城路。依托重点项目搭建资源共享平台,聘请乡村运营师开展整体规划和运营,不断推进农业特色产业、农产品加工流通、文旅项目、劳务输出等方面的互利共赢。探索推广"党建共富联盟"模式,在资源禀赋相似的片区内组织村与村结对共建,大村帮小村、强村扶弱村,推动产业叠加、项目共建、联合运营、人才共享等,促进片区各村共同发展。

第二,跳出山区发展山区,凝聚各方面资源力量,探索发展飞地经济。继续深化南部山区抱团发展,统筹各方资源,实施"飞地抱团"项目。聚焦生态补偿,参与"产业飞地"相关项目,通过"以水换地""以山换地"等资源互换方式,突破自身局限,在绍兴滨海新区等生态受益区发展先进制造业、数字经济等产业,推进生态价值异地转化。聚焦消薄增收,参与"消薄飞地"相关项目,重点发展物业和楼宇经济,促进稳定增收。比如,柯桥区就对经济薄弱村异地购置物业给予资金补贴和贷款贴息。聚焦科创孵化,参与"科创飞地"相关项目,围绕农业良种培育、农产品精深加工、农业机械装备、中草药产业等领域,扩大与企业、高校、科研院所的产学研合作,促进成果孵化和产业落地,引进培育专业人才。

(五)提升乡村治理,追求精神富足

实现经济社会长期繁荣稳定,要继续谱写发展和稳定"两大奇迹"的新篇章。不断提升社会治理能力和水平,促进社会和谐。加强精神文明建设,推进人的全面发展和社会全面进步。

第一,健全完善乡村治理体系,提升乡村治理效能,共筑文明乡风。坚持"自治、法治、德治、智治"相融合,规范基层治理"四平台"运行管理,推进社会治理下沉。坚持和发展新时代"枫桥经验",健全镇村两级矛盾纠纷调处化解机制,实现矛盾纠纷化解"最多跑一地"。规范"闭环式"处置机制,重视初信初访和苗头问题,排查化解信访积案,推动信访积案动态清零。加大普法力度,促进法治理念扎根乡土社会。深入开展防范电信诈骗、网络诈骗行动,增强居民防诈意识。注重家庭家教家风建设,传承优良家风,促进文明乡风。

第二,追求精神富足,筑牢共产主义理想信念,推进人的全面发展和社会全面进步。坚定的理想信念是精神富足的重要体现,是推动社会主义事业行稳致远的不竭力量。推动习近平新时代中国特色社会主义思想入脑入心,学习马克思主义中国化的最新理论成果,真学、真懂、真信、真用,增强共产主义的真理信仰。弘扬社会主义核心价值观,建设学习型社会,传播社会主义先进文化。传承弘扬中华优秀传统文化,扎根乡土,绵延文化自信的根脉。充分发挥文化惠民的作用,推进农村文化礼堂的数字化建设,增加优质内容供给。发挥党员干部的先锋模范作用,身体力行、干在实处,为实现共同富裕增添更主动的精神力量。

综上所述,推进生态功能区高质量发展实现共同富裕,要在生态筑基、产业固本、城乡融合、共建共享、精神富足等方面多措并举,在实践中不断探索。踏上全面建设社会主义现代化国家新征程,秉持着社会主义的本质追求,一张蓝图绘到底,最终实现全体人民共同富裕。

参考文献：

[1] 中共中央关于制定国民经济和社会发展第十四个五年规划和二〇三五年远景目标的建议[N].人民日报,2020-11-04(1).

[2] 中共中央国务院关于支持浙江高质量发展建设共同富裕示范区的意见[N].人民日报,2021-06-11(1).

[3] 邓小平文选:第3卷[M].北京:人民出版社,1993.

[4] 习近平主持召开中央财经委员会第十次会议强调 在高质量发展中促进共同富裕 统筹做好重大金融风险防范化解工作[N].人民日报,2021-08-18(1).

[5] 袁家军.忠实践行"八八战略" 奋力打造"重要窗口" 扎实推动高质量发展建设共同富裕示范区[N].浙江日报,2021-07-19(1).

[6] 习近平在十九届中共中央政治局常委同中外记者见面时强调 新时代要有新气象更要有新作为 中国人民生活一定会一年更比一年好[N].人民日报,2017-10-26(2).

[7] 习近平.在第十三届全国人民代表大会第一次会议上的讲话[N].人民日报,2018-03-21(2).

[8] 苏伟,王骏,陈剑,等.论缩小"三个差距"、促进共同富裕的几个理论问题[J].马克思主义研究,2011(12):42-48,157-158.

[9] 王春光.迈向共同富裕:农业农村现代化实践行动和路径的社会学思考[J].社会学研究,2021(2):29-45,226.

[10] 李实,陈基平,滕阳川.共同富裕路上的乡村振兴:问题、挑战与建议[J].兰州大学学报(社会科学版),2021(3):37-46.

[11] 吴国宝.东西部扶贫协作困境及其破解[J].改革,2017(8):57-61.

[12] 苏伟.深化山海协作"飞地经济"发展[J].浙江经济,2019(2):8-10.

[13] 檀学文.走向共同富裕的解决相对贫困思路研究[J].中国农村经济,2020(6):21-36.

关于共同富裕的量化评价和实证研究

——以温州市为例

高顺岳

（温州市统计局）

摘　要：共同富裕是社会主义的本质要求，党的十九届五中全会对共同富裕作出重要部署。浙江作为全国建设高质量发展的共同富裕示范区，要率先在推动共同富裕方面实现理论创新、实践创新、制度创新、文化创新。本文收集大量的文献，在梳理和探索共同富裕的思想演变、内涵和统计范畴的基础上，从统计学的视角，确定共同富裕的基本统计评价方法，并进行实证分析。温州积极创建共同富裕示范区的市域样板，本文以温州市为例，开展实证研究。研究表明，温州在经济活力、藏富于民、民生福祉、社会建设等方面具备打造共同富裕市域样板的基础和优势，但也存在经济发展质效相对滞后、区域发展不平衡、城乡差距依然明显、优质公共服务供应不足等短板弱项，对此提出对策建议。该研究理论与实践相结合，具有现实的应用价值。

关键词：共同富裕　量化评价　温州

共同富裕体现了以人民为中心的执政理念，是中国特色社会主义的根本原则和本质要求。在我国已经取得脱贫攻坚历史性胜利、全面建成小康社会的关键历史节点，如何进一步促进共同富裕成为我们党需要更加深入思考的重大课题。为此，党的十九届五中全会对共同富裕作出重要部署，要"扎实推动共同富裕"，2035年"全体人民共同富裕取得更为明显的实质性进展"。2021年5月，中共中央、国务院公布了《关于支持浙江高质量发展建设共同富裕示范区的意见》，浙江省被确立为高质量发展建设共同富裕示范区，率先在推动共同富裕方面要实现理论创新、实践创新、制度创新、文化创新，表明我国朝着共同富裕目标迈出了坚实的一步。本文从统计学的视角，在深入研究共同富裕的相关论述的基础上，分析共同富裕的影响因素，通过基本统计方法，量化评价共同富裕进程和实现程度。温州市是建设高质量发展的共同富裕示范区市域样板，本文以温州市为例，进行实证分析研究。

一、共同富裕的相关论述

（一）共同富裕的思想演变

我国由最初的共同富裕的理想愿望到如今付诸实践，经历了一条从无到有、从片面理解到深化认识、从低级向高级演进的艰难探索之路。我国的诸子百家中，儒家的"社会大同"、道家的"小国寡民"、墨家的"兼爱天下"、法家的"富国强兵"等,对共同富裕进行了不同程度的探索。从历代王朝农民起义的诉求看,"等贵贱,均贫富"的生活状态是普遍诉求。唐朝末年,王仙芝首提"平均"要求后,历次农民起义均受此影响;北宋初期,王小波和李顺明确强调"吾疾贫富不均,今为汝均之";南宋钟相提出"法分贵贱贫富,非善法也。我行法,当等贵贱,均贫富";元朝末年的"摧富益贫";明朝末年的"均田免赋";清朝太平天国颁布《天朝田亩制度》,提出"无处不均匀,无人不保暖"……以上这些观念,重点在平均或共同上,而不是在富裕上。正如孔子在《论语·季氏》中所指出的,不患寡而患不均,不患贫而患不安。

新中国成立,社会主义制度的建立,为实现共同富裕奠定了根本政治前提和制度基础。1953年12月,毛泽东主持制定的《中共中央关于发展农业生产合作社的决议》首次提出共同富裕概念:"……使农民能够逐步完全摆脱贫困的状况而取得共同富裕和普遍繁荣的生活。"邓小平明确指出:"社会主义的本质,是解放生产力,发展生产力,消灭剥削,消除两极分化,最终达到共同富裕。"1992年初在"南方谈话"中,他进一步明确地把共同富裕与社会主义本质联系在一起,并且强调:"走社会主义道路,就是要逐步实现共同富裕。"江泽民指出:"实现共同富裕是社会主义的根本原则和本质特征,绝不能动摇。"胡锦涛强调:"使全体人民共享改革发展的成果,使全体人民朝着共同富裕的方向稳步前进。"

以习近平同志为核心的党中央高度重视我国发展不平衡不充分问题,将推动全体人民共同富裕放在更加重要的位置;通过实施精准扶贫,解决了困扰中华民族数千年的绝对贫困问题,为共同富裕奠定了坚实物质基础。习近平总书记在党的十八届中央政治局第一次集体学习时说,"共同富裕是中国特色社会主义的根本原则,所以必须使发展成果更多更公平惠及全体人民"。2021年他再次强调"实现共同富裕不仅是经济问题,而且是关系党的执政基础的重大政治问题"。

毫无疑问,共同富裕思想在中国有着悠久的历史积淀和坚实的群众基础,尤其是在中国共产党的正确领导下,我们比历史上任何时候都要更加接近实现共同富裕。改革开放以来涌现出来的以集体经济为特征的苏南模式和以民营经济为特征的温州模式,都为我国探索共同富裕之路提供了宝贵的经验。

(二)共同富裕的内涵

理解共同富裕概念可从理解"富裕"和"共同"词汇入手,《现代汉语词典》对"共同"的解释是:属于大家的,公有的,有天下为公的政治意蕴;对"富裕"的解释是:(财物)充裕。因此,共同富裕的传统解释主要是指物质财富的分配与生产关系问题。回顾我国共同富裕思想的演变,它具有两个非常鲜明的特点:一是强调"共同",即我们追求的富裕社会不是少数人的富足,而是全体人民的共富;二是强调"富裕",即国家实力显著增强,社会财富不断增加,人民生活质量不断提升,人民群众享有更高级别的获得感、幸福感和安全感。因此,只有深刻把握"共同"和"富裕"的内涵,特别是其在新时代的要义,才能够真正领会共同富裕的内涵和本质,才能够真正推动共同富裕落地生根。在国内理论界,对共同富裕的内涵方面,有不同的理解。厉以宁认为共同富裕是社会主义的根本原则,只有社会主义体制才能实现共同富裕。卫兴华认为:"离开了公有制为基础或为主体,搞私有化,就必然是两极分化,不可能实现共同富裕。""会经历一个由初级共同富裕到中级共同富裕再到高级共同富裕的历史。"严文波和祝黄河认为,我国实现的社会主义共同富裕并不是单一的物质方面的富足,而是物质与精神两个层面都要实现富裕。于成文、王敏认为,共同富裕首先是社会成员普遍摆脱了绝对贫困,物质文化生活丰富;其次共同富裕并不否定居民收入上的差距,认为适度的收入差距有利于更好地实现共同富裕。《中共中央　国务院关于支持浙江高质量发展建设共同富裕示范区的意见》中指出什么是"共同富裕"，这是目前最权威的解释。"共同富裕具有鲜明的时代特征和中国特色，是全体人民通过辛勤劳动和相互帮助，普遍达到生活富裕富足、精神自信自强、环境宜居宜业、社会和谐和睦、公共服务普及普惠，实现人的全面发展和社会全面进步，共享改革发展成果和幸福美好生活。"

国外没有共同富裕这一直接的提法，但有反贫困、缩小收入差距、提升经济福利等类似的概念。最早关注贫困问题的学者是英国经济学家马尔萨斯，他在《人口原理》一书中提出如果不限制人口增长，那么物质资料的发展速度将远不能满足人口生存的需要，认为贫困的根源在于人口的不断增长。马克思主义政治经济学认为私有制是导致贫困的根源，要想解决贫富差距问题必须消灭私有制；后凯恩斯主义经济学认为减少贫困的主要动力在于促进经济发展和提高资本流动性。英国学者克罗斯兰认为，在人们的收入水平不断提高的情况下，他们的生活水平也将会渐渐趋于相同，唯有对财富进行更为平等的分配，才可以使人们的生活水平产生一定程度的平等。同时他还指出了机会公平和教育平等的重要性。美国学者兰克认为，合理的制度对消除贫富差距至关重要，尤其是关于就业、教育、医疗和社会保障制度的建设。2008年金融危机之后，西方国家贫富差距问题更加显露无遗，社会矛盾有激化的趋势，不少学者将收入分配问题和社会公平正义联系在一起。2014年出版的《21世纪资本论》和2015年再版的著名经济学著作《不平等经济学》，都深刻揭示了资本主义国家不平等加剧的现实，认为必须对资本进行管控、征收资本税用于收入再分配，以此来缩小收入之间的差距，促进社会公平。庇古是福利经济学的开创者，他认为，收入分配越趋向于均等化则社会福利水平越高，缩小贫富差距的方法是将富人的财富转移一部分给穷人。

综上所述，贫富问题是全人类共同关注的问题，尽管很多西方学者对此进行了不同角度的研究，一些资本主义国家也采取了一系列方法手段去缩小贫富差距，但是生产资料私有制注定不能解决财富两极分化问题，更不可能实现全体人民的共同富裕。

（三）共同富裕的统计范畴

基于共同富裕的内涵特征，关键是要普遍达到生活富裕富足、精神自信自强、环境宜居宜业、社会和谐和睦、公共服务普及普惠，实现人的全面发展和社会全面进步。因此，共同富裕的统计范畴方面，应理解为以下四个方面：

第一，共同富裕必须是覆盖全方位的富裕，具有普遍性。从统计方面来理解，就是在巩固全面实现全面小康社会成果的基础上，社会公民实现共享改革发展成果和幸福美好生活，逐步消除发展的不平衡和不充分，以及缩小发展的差距，现阶段要促进中等收入群体规模不断扩大，基尼系数显著改善，基本实现公共服务人人平等共享。

第二，共同富裕必须是社会和人民财富明显增强，具有富裕特性。从统计方面来理解，国家经济实力雄厚，人民生活殷实富足，全要素生产率较高，人均GDP和人均可支配收入达到比较高的水平，人均受教育年限、人均期望寿命等显著提升并达到相应水平。

第三，共同富裕必须与经济高质量发展相统一，不损害后续发展，具有可持续性。从统计方面来理解，国民经济运行质效明显提升，经济结构合理协调，经济发展稳定性好，资源利用效率高，实现低碳发展，自然资源资产不断增值。

第四，共同富裕必须是人的全面发展和社会的全面进步相统一，具有和谐特性。从统计方面来理解,就是国民素质持续向好,体现精神面貌的文明习惯逐步养成,个人爱好特长得到自我发展,人民幸福指数高,法治意识普及,社会秩序优良,社会诚信度好。

以上四个方面的统计范畴,构成了一个定量理解共同富裕的有机整体,也形成了监测共同富裕进程、实证分析共同富裕实现程度的统计基础。

二、共同富裕量化评价基本方法

共同富裕是具体的,不是抽象的,是能够对其进行量化反映的,这种量化反映基于统计的基本方法,包括统计测度和统计实证分析方法。统计测度就是用统计指标去客观反映所研究对象的真实数量状况;统计实证分析则是基于统计测度对所研究对象综合特征所做的定性与定量相结合的阐释。

可以说,自从共同富裕概念提出以来,还没有一套比较成熟的共同富裕评价指标体系,但相似的评价指标体系已有全面建成小康社会统计监测指标体系、高质量发展评价指标体系、可持续发展评价指标体系、"五位一体"发展评价指标体系等。毫无疑问,共同富裕评价指标体系与以往这些评价指标体系之间既具有共性和传承性,但更具有广泛性和综合性,设计的要求更高,难度更大,涉及的维度和指标也更多,因为共同富裕是我国在两个大局历史交汇期、根据两个百年奋斗目标提出来的战略目标,意义深远。

(一)共同富裕的评价维度

为了科学评价共同富裕的实现程度和阶段性目标,掌握共同富裕的影响因素,我们必须构建一套科学合理的共同富裕评价指标体系,首先要明确共同富裕的评价维度。按照共同富裕的统计范畴的理解,必须充分考虑体现共同富裕的两个基本要素:一是要抓住"共同"和"富裕"两大关键词,深刻把握影响共同富裕的各个维度因素;二是要认识到共同富裕是一个从低级到高级、从局部到全面、从先富到后富再到共富的过程,因此评价指标体系要能够反映这种动态过程。

基于上述考虑,我们力图构建一个以人民为中心,紧扣富裕、共享和可持续三个基本点,过程指标、结果指标和结构指标相互结合的共同富裕评价指标体系。通过共同富裕的内涵和外延特征,结合各方面的研究成果,深入分析研究相关维度的关联因素,反复论证,这套评价指标体系将由经济质效提升、区域协调发展、分配格局优化、公共服务优享、精神文明建设、全域美丽建设、社会和谐和睦等七个维度组成。

图1　共同富裕评价维度示意图

（二）共同富裕的评价指标

确定评价指标要紧紧围绕共同富裕的评价维度。评价指标的设计原则，包括科学性、系统性、权威性、可操作性、典型代表性和区域特色等原则。

在评价指标的选取方面，本文遵循评价指标构建的原则，紧扣共同富裕基本内涵及其七大维度，综合运用文献资料查阅、专家评价、归纳演绎等定性分析法和相关定量分析法，经过定性设计、初步筛选、定量筛选、检验反馈（包括试算）四个阶段，从 132 项指标全集中，最终筛选确定 60 项指标，全面科学衡量共同富裕水平和进程。其中，经济质效提升、区域协调发展、分配格局优化、公共服务优享、精神生活丰富、全域美丽建设、社会和谐和睦七个维度，分别设计了 13 个、8 个、7 个、15 个、7 个、4 个和 6 个指标。一是经济质效提升维度，主要从人均经济总量、人均居民收入和消费、要素产出效率、做大做强做优、转型升级等方面，反映经济发展的质量、效益的提升。二是区域协调发展维度，主要从地区经济差距、城乡居民收入差距、区域交通差距等方面，反映经济发展和居民收入不平衡程度及改善情况。三是分配格局优化维度，主要从人均居民收入与人均 GDP 比较、居民失业情况、慈善捐款等方面，反映财富分配格局的新变化。四是公共服务优享维度，主要从住房、医疗、教育、就业、保险、食品安全等方面，反映社会资源配置优化程度。五是精神生活丰富维度，主要从居民的健康、文化、体育、娱乐等方面，反映社会精神文明建设和居民的享有程度情况。六是全域美丽建设维度，主要从环境卫生、空气质量、饮用水改善、公园建设等方面，反映区域内美丽城市建设情况。七是社会和谐和睦维度，主要从正风肃纪、安全生产、法律诉讼、居民满意度、整体智治等方面，反映社会治理和和谐共处情况。

（三）共同富裕的评价方法

本文综合运用了专家调查法（Delphi 法）、相邻指标比较法等主观赋权法确定评价指标权数。运用综合指数法，通过建立数学计算模型来合成综合指数。具体方法是指数采用直接对目标标准化后的指标，进行加权算术平均得出各维度指数及综合指数。指数计算公式如下：

1. 个体指标得分

$$Y_i = \frac{P_i}{T_i} \times W_i$$

式中：

Y_i——第 i 个指标的得分；

P_i——第 i 个指标的实际值；

T_i——第 i 个指标的目标值；

W_i——第 i 个指标的权数。

2. 各维度指数

$$F_j = \frac{\sum_{i=m_j} \sim Y_i}{\sum_{i=m_j} W_i} \times 100 (j = 1, 2, \cdots\cdots 7)$$

式中：

F_j——第 j 个一级指标的指数；

m_j——第 j 个一级指标的指标数量；

Y_i——第 i 个指标的得分；

W_i——第 i 个指标的权数。

3. 共同富裕总指数

$$H = \sum_{i=1}^{60} Y_i$$

式中：

H——共同富裕总指数；

Y_i——第 i 个指标的得分。

三、温州共同富裕的实证分析

(一)温州共同富裕指数评价结果

按照 2022 年的目标值，经测算 2020 年温州市共同富裕指数为 85.6 分，比上年提高 4.28 分，实现在 80 分以上的档次持续改善。其中，经济质效提升指数 87.03 分，比上年提高 3.35 分。由于受新冠肺炎疫情等因素影响，2020 年温州市经济仅增长 3.4%，经济质效提升指数低于预期，是七个维度中提升最慢的维度。区域协调发展指数 82.21 分，比上年提高 4.13 分。区域协调发展指数居七大指数末位，改善情况居第六位。温州是省内区域发展差距最大的城市，2020 年 GDP 最高的乐清市与最低值洞头区差距为 13.4 倍。从 GDP 分类看，1000 亿元县域有 3 个，100 亿元左右的县域也有 3 个。分配格局优化指数 86.27 分，比上年提高 4.21 分。改革开放以来，温州城乡居民财富明显提高，但也出现过局部金融风波的年份等严重影响。总体上看，温州素有"藏富于民"的传统，这项指数居第三位。但是去年受经济影响，改善程度低于平均水平。公共服务优享指数 89.40分，比上年提高 4.67 分。近年来，我市加大教育、医疗、住房、社保等各项社会投入，民生支出在财政支出中比重达到 75% 左右，在指数中得到充分反映。精神文明建设指数 82.43 分，比上年提高5.12 分。这项指标相对偏后，低于全市平均水平，反映出居民的体育健身、文化娱乐等方面有待进一步改善。全域美丽建设指数 84.56 分，比上年提高 6.23 分。该项指数居中游位次，但是通过近年来持之以恒的环境治理，城市面貌明显好转，指标改善程度居首位。社会和谐和睦指数 85.08分，比上年提高 5.21 分。温州素有社情民意比较复杂，社会管理难度大，满意度评价提分困难，这项指标居中游水平。但是提高幅度比较明显，居第 2 位。

表 1　温州市共同富裕指数及比上年变化情况

项目	2020 年	2019 年	增减变化
经济质效提升	87.03	83.68	3.35
区域协调发展	82.21	78.08	4.13
分配格局优化	86.27	82.06	4.21

续　表

项目	2020 年	2019 年	增减变化
公共服务优享	89.40	84.73	4.67
精神文明建设	82.43	77.31	5.12
全域美丽建设	84.56	78.33	6.23
社会和谐和睦	85.08	79.87	5.21
总分	85.60	81.32	4.28

（二）基本结论

从评价结果看，2020 年温州市共同富裕指数 85.60 分。从七个维度看，公共服务优享指数居高，然后按照排序分别为经济质效提升、分配格局优化、社会和谐和睦、全域美丽建设、精神文明建设、区域协调发展等指数。与上年比较看，均有不同程度的提高，表明温州市在实现全面小康建设的基础上，稳步地向共同富裕迈进。在 2020 年出现前所未有的新冠疫情的影响下，经济质效虽然受到较大的影响，但是社会建设等领域改善还是比较明显的。

温州作为改革开放的先行地、民营经济"两个健康"先行区，在经济活力、藏富于民、民生福祉、社会建设等方面具备打造共同富裕市域样板的基础和优势，但也存在经济发展质效相对滞后、区域发展不平衡、城乡差距依然明显、优质公共服务供应不足等短板弱项。作为先富起来的地区，温州必须抢抓机遇、厚植优势，率先建立先富带后富、推动共同富裕的体制机制；率先解决发展不平衡不充分矛盾，扬长补短走好共同富裕新路子，推动温州发展更平衡、更充分、更全面。

（三）新时代温州加快实现共同富裕的对策

新时代，温州作为建设高质量的共同富裕示范区的市域样板，要坚决扛起使命任务。基于上述共同富裕的量化评价结果，温州要发挥优势，补齐短板，找准市域层面推动共同富裕的着力点和突破口，在现代化先行中展示温州共同富裕先行示范样板。

1.聚力打造"经济高地"，夯实共同富裕物质基础

高质量发展、提高经济综合实力是实现共同富裕的基础条件。要立足温州实际，着力打造"五城五高地"，进一步发挥温州民营经济"两个健康"先行区建设的特有优势，巩固壮大实体经济根基，夯实共同富裕的产业基础和物质基础，加快推动实体经济与平台、科技、人才等要素的良性互动、协同发展。温州具有温州人经济的优势，但是区域内人均 GDP 居后，创新能力不足，传统产业比重居高。要通过国家自主创新示范区建设，畅通创新要素向企业集聚；通过改造提升现有支柱产业，塑造产业竞争新优势；通过内外温州人资源，把温州人经济转化为温州经济；通过产业流动，引进培育优势产业，淘汰、转移落后产业；通过制度创新、资源要素集聚，打造成为浙南闽东地区的"经济高地"。

2.聚焦区域"协调平衡"，推进城乡深度融合发展

在省内，温州经济发展不平衡比较突出，从统计指标上看，县域经济发展的总量和质量差距、城乡居民收入的倍差明显，全省 26 个欠发达县，温州就占 5 个。促进区域协调发展、破解城乡发展不

平衡问题、缩小城乡居民收入是温州实现共同富裕的重点、难点所在。要抓准抓实共同富裕的重点举措,围绕找准路径求突破,聚焦优化大都市区空间布局,念好新时代"山海经",进一步缩小"三个差距"。要发挥经济强市(区)的引领带动作用,加快形成新的经济增长带,辐射带动周边县,加快区域间产业协同合作发展。欠发达县域继续做优做强特色优势生态产业,让农民、低收入群体更多地分享产业增值收益。要支持企业通过提质增效拓展从业人员增收空间,合理提高劳动报酬及其在初次分配中的比重。通过扩中提低,缩小收入差距。

3.聚集发挥"资源效用",推进经济社会共同发展

目前,温州还处于经济建设和社会建设的关键时期,现有的财力与巨大的建设资金要求相比,缺口较大。因此,要通过聚集有效的资金和其他各种资源,集中财力办实事、办好事,充分发挥资源效用,提高政府资源利用效益。在促进经济建设的同时,要实现社会事业同步发展。尤其是民生福祉的不断增进是达至共同富裕的主要路径,而高品质的公共服务供给水平是衡量共同富裕的重要标准。要加大公共服务的充分供给,推动城乡公共服务均等化,加快实现民生"七优享",使人民全生命周期需求普遍得到更高水平满足。逐步缩小城乡、区域、人群间基本公共服务水平差距。要加强精神文明建设,提高城乡居民的教育、文化、娱乐、体育等享有水平,尤其是优质资源的普及。强化就业优先政策,坚持经济发展就业导向,提升就业质量。要进一步加大环境治理力度,尤其是处理好城乡垃圾,巩固地表水和空气治理质量。促进社会和谐和睦,进一步提高群众的获得感、安全感和幸福感。

最后,如何才能真正准确把握共同富裕的内涵和量化评价、如何用数据科学解读共同富裕进程和实现程度,并没有可借鉴的经验,还有很多问题需要去更系统深入地探讨,特别是在指标构成、指标解读与测算方法、共同富裕因素分析等方面,需要不断加以研究和完善。

参考文献:

[1] 庇古.福利经济学[M].金镝,译.北京:华夏出版社,2007:525-526,567-570.

[2] 刘国光.是"国富优先"转向"民富优先"还是"一部分人先富起来"转向"共同富裕"?[J].探索,2011(4):54-57.

[3] 程恩富,刘伟.社会主义共同富裕的理论解读与实践剖析[J].马克思主义研究,2012(6):41-47.

[4] 卫兴华.论社会主义共同富裕[J].经济纵横,2013(1):1-7.

[5] 邱海平.马克思主义关于共同富裕的理论及其现实意义[J].思想理论教育导刊,2016(7):19-23.

[6] 韩文龙,祝顺莲.新时代共同富裕的理论发展与实现路径[J].马克思主义与现实,2018(5):31-37.

[7] 李金昌.共同富裕的统计解读[R].浙江统计学会论文报告,2021:23-40.

共同富裕背景下丽水构建现代化市域社会治理格局研究

尤永盛　朱金英

（中共丽水市缙云县委　中共梧州市委党校）

摘　要：随着我国政治经济体制的持续改革、城市的发展以及新型城镇化的持续推进,百年未有之大变局中市域社会治理面临社会结构变化、社会矛盾转型、社会阶层分化、社会快速流动、社会虚拟空间等新的挑战。党的十九届六中全会充分肯定在社会建设上,人民生活全方位改善,社会治理社会化、法治化、智能化、专业化水平大幅度提升。在此基础上,面对共同富裕背景下的新形势、新机遇和新挑战,丽水要想构建现代化的市域社会治理格局,必须立足于本地区侨乡、民族及经济待发达的区情域情,从党建引领,乡村振兴促稳定;思想带动,民族团结凝共识;服务提升,侨乡社区助归属三个方面构建丽水市域社会治理现代化的内生路径。与此同时,也通过利用完善重大公共卫生事件的应急机制、健全多元网格的立体式社会治安体系、建立多元调解的三治融合方式以及发挥科技在社会治理中的支撑作用四个抓手探索丽水市域社会治理现代化的外生路径。

关键词：丽水　市域社会治理　现代化　内生路径　外生路径

从中央顶层设计、历史发展沿革、当前社会阶段来看,推进市域社会治理现代化已经成为推动现代国家治理体系和治理能力现代化的应有之义。事实上,基层解决治理问题的能力相对有限。由于县域立法以及行政权限不足,基层社会治理出现资源不充分、反应不及时等问题。只有不断推动市域社会治理新路径才可以"打造共建共治共享的社会治理格局"。因此,在厘清市域社会治理现代化核心要义的基础上,立足于丽水实际发展需求,从内生与外生两个层面构建丽水市域社会治理现代化的实现路径必然可以起到事半功倍的效果。

一、丽水市域社会治理现代化的阐释

（一）市域治理现代化的内涵

西方学者通常将"治理"定义为官方的或民间的组织在一个既定的范围内运用公共权威维持社会秩序、满足公众的需要,是一种公共管理活动和公共管理过程。[1]迥然于往往各自代表阶层彼此矛盾对立的西方政党政治,"中国式的治理"有着极为特殊的意义——其治理的核心要素与首要前提是中国共产党的领导,无论是在宏观的国家治理、微观的社区治理、中观的社会治理,一以贯之毋庸置疑。社会治理现代化是国家治理转型在社会治理领域的现实写照,社会治理创新是时代赋予的新命题,"如果应对不好,或者发生系统性风险、犯颠覆性错误,就会延误甚至中断全面建成小康社会进程"[2]。市域社会治理是对国家治理体系中基层社会治理的时代契合性升级创新,市域社会治理是指"市域"+"社会治理",它包含治理层级和地理范围两个基本属性,设区的市是市域社会治理的基本治理单元和承载主体,[3]政府、企业、社会组织、居民等多元主体基于特定的制度安排,针对公共事务管理和公共服务提供等,通过共同参与的方式进行合作、协商,实现在城市区域内的公共利益与私人利益相调和的动态过程。[4]现代化是一种社会的转型状态,既是当前社会状态下对未来应然状态的结果预期,也是对未来社会状态的目标标准。市域社会治理现代化应该包含以下几个内涵:以美好生活为目标、以多元组织为主体、以公共服务为核心、以社会质量为关键。[5]

(二)丽水市域社会治理现代化的特殊导向

市域社会治理在整个国家治理体系中扮演着在省、县/区之间承上启下的枢纽角色。以丽水全域为主要代表的浙西南做为重要的革命老区,曾经为民族独立、共和国的诞生、社会主义建设做出了重大的贡献,付出了巨大的牺牲。但是其长期以来经济落后的现状一直严重掣肘我国整体经济全面提升,也给全面实现现代化进程带来严峻挑战,贫困所带来的治安问题往往成为市域社会治理现代化的发展瓶颈。与此同时,多民族聚居与"侨乡"地区的双重特色也为市域社会治理现代化带来一定的压力与挑战。丽水是一个典型的山区地级市。在共同富裕背景下,我们需要正视丽水当前乡村振兴任务重、多民族聚居区域社会治理问题复杂、"侨乡"地区社会治理需求特殊等现状,明确以乡村振兴为促进市域社会稳定的主要抓手,铸牢中华民族共同体意识以凝聚各民族团结共识,通过打造侨乡社区增加"侨乡"地区侨胞侨眷及外国人员的归属感,以这些方面为特殊导向,引领丽水市域社会治理现代化的内在价值确立。

二、丽水市域社会治理现代化实现的内生路径

(一)党建引领,乡村振兴促稳定

2022年是共同富裕奋进之年,也是丽水站在两个百年交汇点上,展望社会主义现代化强国建成的重要时间节点。要想在市域社会治理层面展开一番作为,就必须以党建引领为指导方向,以推进共同富裕促进社会稳定。"基层党组织是帮助贫困群众实现小康生活的直接引路人,其稳定坚固代表着党为人民服务的决心。"[6]对丽水作为典型经济待发达地区现行市域社会治理中较多存在社会性治安问题,要想提高治安管理水平、维护社会和谐稳定,首要举措应是在党建引领下以经济发展巩固脱贫攻坚成果来提升治安效果。

当前市域社会治理中,党建与乡村振兴两个领域经常被忽视,经常容易形成党建与乡村振兴自说自话、互不契合的冲突落差,一方面空心化的农村、原子化的城市经常因为治理过程中的基层党建低组织化而无法进行有序有效的扶贫提升,从而导致因贫犯罪、铤而走险的局面。另一方面,基层党建流于形式,为党建而党建,党建、乡村振兴两张皮,这就导致党建工作引领乡村振兴缺少有力抓手,不知从何做起,极易陷入内卷化困境,严重损耗致富效率。因此,明确基层党组织在乡村振兴中应该承担的角色和具有的重要作用,掌握基层党组织在乡村振兴工作中的方法模式,对提升市域

社会治理水平有着非常积极的作用。

首先在市域社会治理中要做好统筹调度，实现党建助力乡村振兴的一线指挥："任何国家治理都需要在基层治理中得到实现，包括政策的贯彻落实、公共服务的落地等等。"[7]要通过基层党组织进行的党建活动将严格贯彻党中央以及各部委围绕乡村振兴计划出台的具体政策文件，针对市域实际细化成乡村振兴人口看得清、摸得着、完得成的具象化目标，将复杂的乡村振兴计划体系拆解、细化到可实操的具体步骤，将大而化之的重大项目合理安排、细化分解到适合本区域特色的扶贫项目。

其次在具体形式的选择上，可以采用"党支部＋结对帮扶""党支部＋合作社""党支部＋困难户＋X 载体"等多种方式。

"党支部＋结对帮扶"是指城乡党支部、非公企业党支部、党员干部等进行"一对一"或"一对多"的对口帮扶，对工作技能不高的人民群众，帮传劳动技能，带领群众共同富裕。

"党支部＋合作社"是党支部和合作社之间形成帮助扶持，探索将丽水丰富自然资源优势转化为高质量发展动能，将"大花园"的"绿水青山"优势转化为"金山银山"发展优势，通过市域直属单位的扶贫党员直接担任合作社领导或在合作社上建立党小组的方式，合作社寻求各项资源，完善经营，扩大销路，以增加经济合作社的创收能力，带动广大人民群众共同服务。

"党支部＋困难户＋X 载体"是指在党组织为核心的引领下通过政府、企业、村集体、扶贫基地等多样化的载体形式紧密联结困难户，将困难户吸纳进各载体所提供的新兴经营实体中来，让贫困户有组织有步骤地致富。

最后在党建引领下将乡村振兴成果转化为市域社会治理效能，既以综治维稳工作促进脱贫攻坚工作、巩固脱贫攻坚的成果，又以脱贫攻坚战果推动综治维稳工作，促进社会和谐稳定，确保"两不误、两促进"。一方面深化治安项活动，加大对城乡社区社会治理的摸排整治工作，利用"网格化"管理手段，对城乡社区进行疏网清格、规范分类、严格管理，适时安排扫黑除恶专项整治活动，对于城市黑社会团伙、农村黑恶宗族势力、村匪恶霸，为脱贫攻坚提供安定和谐的社会环境。另一方面，严厉打击扶贫开发领域的各种犯罪行为，尤其是乡村振兴过程中的职务犯罪、金融案件、涉及产业发展的经济领域及民生案件，最大限度地保障乡村振兴实效，在符合法律程序的框架内实现侦查—诉讼—审判—执行的一体化快速处理。

（二）思想带动，民族团结凝共识

马克思强调："法典是人民自由的圣经。"[8]在市域社会治理的视域中现代化的公民是自由的公民，这种自由是有限定条件的，不是肆意妄为、随心所欲的自由，是在至上至高权威性及正当性下的法律规制范围内的自由。法治的双重意义即已成立的法律获得普遍服从，而大家所服从的法律应该是良好的法律。[9]公民对于法律的服从并不应当纯粹出于法律的强制力以及法律背后国家暴力机器的威慑，而更多是基于目的上的一致性或价值观上的相洽。具体而言就是向公民的精神层面灌输进"德"这种东西，即必须将社会主义核心价值观作为公民的价值取向与公民意识，从而通过培养公民个人的德孕育发展转化为国家的德、社会的德。[10]社会主义核心价值观是党将深度挖掘中华民族优秀传统文化、高度凝练马克思主义先进意识形态价值、紧密结合中国特色社会主义国情有机结合统一,是一个国家和民族最深远长久的力量源泉,是现代公民塑造、共同体民族凝聚、统一国家两岸认同的精神纽带与思想根基,也是全体公民、社会团体乃至整个国家都必须信服、恪守、遵循、践行的价值观念体系和行为规范体系。短短 24 个字其实也揭示了国家治理的本质,即我们要建设什么样的国家、建设什么样的社会、培育什么样的公民的重大问题。[11]因此,社会主义核心价值观是社会治理现代化的内在价值核心,只有在社会主义核心价值观的价值导向与道德引领之下,公民才能成长为合格的现代公民进而成为市域社会治理的现代化治理基础。

根据第七次人口普查,2020 年丽水现有少数民族 44 个,少数民族人口共 10.87 万人,占全市总人口比重达 4.34%。莲都、景宁、遂昌和云和是丽水市少数民族的主要聚集地,这 4 个地方的少数民族人口总数达 7.82 万人,占全市少数民族总人口的 71.96%,其中莲都区少数民族人口数达 3.50 万人,居全市第一。习近平总书记所指出的:"为什么中华民族能够在几千年的历史长河中顽强生存和不断发展呢? 很重要的一个原因,是我们民族有一脉相承的精神追求、精神特质、精神脉络。"[12]这种精神就是中华民族共同体意识,如果弱化、虚化这种意识,无疑会消解国家统一的民族基础,影响民族力量的有效凝聚,严重阻碍中华民族的伟大复兴。结合法治,在丽水树立中华民族共同体意识,打好用好景宁"全国唯一的畲族自治县和华东地区唯一的民族自治区域"的金字招牌,从而使这一意识更有持久的生命力。

1.坚持民族区域自治制度

民族区域自治既解决国家民族问题,又协调各种民族关系,还主动追求善良和谐的民族状态。民族区域自治以自治为前提,但不是独立而治,是在党的领导下、由国家统一主导、在法定少数民族聚居区域内的少数民族自我治理。在政治、经济、文化、社会领域提供特别的有针对性的制度建构,通过系统推进民族法治实践,来推动中华民族共同体意识的产生。

2.强化国家认同

各民族通过不断地调适整合形成相同或相似的精神价值追求与物质需求,进而凝聚成一个统一的拥有独立主权的国家,各民族是这个国家的民族而后才是自己本身的民族。既然是自己本身的民族就要肯定与认同各民族的差异化与特别化而不是追求均质化。一方面,我们需要尊重各民族的特有文化,肯定"差异性"。鼓励各民族保护和传承传统文化,努力实现创造性转化和创新性发展,推动各民族共享现代文化,增强各民族对中国特色社会主义文化的认同,以增进文化认同来强化和铸牢中华民族共同体意识的思想基础。另一方面,在"差异性"的基础上寻找"共同性"并在制度层面加以落实。国家在制定方针政策时要充分考量各民族的发展不平衡、不充分的现状,要主动创造各民族政治平等、机会平等的制度条件。

3.各民族在参与市域社会治理中铸牢共同体意识

各民族在认同自己作为共同体一分子的基础上,通过借助正式组织和非正式组织相结合的方式进行团队建设,在合作参与过程中形成积极的协同共建关系,进而在市域社会治理层面形成安全、愉悦的合作感受,在分享治理成果中体会。

(三)服务提升,侨乡社区助归属

随着共同富裕的深入推进,丽水自身就有侨乡传统,以青田县为例,当地人旅居海外已有 300

多年历史,现有华侨华人33万,遍及世界120多个国家和地区。随着共同富裕的发展,丽水经济形势持续向好发展,很多侨乡侨胞选择归乡发展,未来大量外来人口尤其是侨乡侨胞及外籍人口将不断涌入丽水,侨乡社区渐成规模,侨乡社区的发展趋势直接体现为:社区人口侨乡化、社区居民侨乡化、社区文化侨乡化。从宏观上来说,市域社会治理中的侨乡社区治理应该紧紧围绕统筹推进"五位一体"总体布局和协调推进"四个全面"战略布局,坚持和加强党对社区治理的集中统一领导,坚持把保障和改善民生、促进社会和谐稳定作为根本目的,坚持把夯实基层基础作为固本之策,坚持把促进治理体系和治理能力现代化作为主攻方向,全面推进侨乡社区治理的高质量发展。在社会建设方面,市域社会治理应该紧紧以管理城市、服务居民作为推进市域发展的重要责任和手段,尤其是在侨乡社区治理和服务方面做了不懈的努力与探索。

在党委和政府的领导下,市域社会治理视域下的侨乡社区治理应该以"社区＋"为治理平台,以"公共参与"为突破口,以居民需求为导向,以治理团队为载体,以项目实施为抓手,以多方资源为保障,以多元人才尤其是产业集聚而引致的人才国际化为支撑,引导本地居民与外来居民、本国居民与侨乡侨胞外籍居民共同参与、民主协商,建构侨乡社区治理新路径。这种社区治理模式的典型特点是:现代化、侨乡化和包容性。侨乡社区治理主体框架主要包括:第一,通过"社区＋"的资源动员平台,即以当前的社区及社区居民本体,在社区以外实现国家(政府及其职能机构)、市场(企业)、社会(社会组织、专业社工等)三方力量的共建共治,建构现代化的社区治理体系。第二,通过"社区＋"居民参与平台,在社区内部实现社区、社会组织和专业社工之间的三社联动,建构包容本地居民与新居民(即本地居民与外来居民、本国居民与侨胞侨属外籍居民)的社区共同体,培育人人管事人人自治、人人参与人人尽责的社区自治共同体,提升社区治理能力现代化的水平。第三,通过"社区＋"的主体互动平台,在治理策略上实现制度治理、技术治理和情感治理相互兼容的综合治理,从而柔化治理手段,提升社区"温度",促进社区稳定,推动社区发展。

侨乡社区治理的行动路径包括吸纳国际元素、社会组织对标国际同行、社工人才培养国际眼光、公益项目融入国际内涵,逐步打造有国内影响力和国际认同度的丽水社会事业。具体而言:

1.社区治理吸纳国际元素

国外社会治理的共同规律大致包括:创造区域共同的公共价值、政府发挥主导作用、多元主体协同共建、良善的法治环境。国际社区治理过程中,在国际社区内部以居民学校形式培养"新丽水人"对健康、宜居、生态等公共价值诉求及共识;以党建引领社建、政府必要主导等形式发挥公共部门核心作用;以社会组织孵化、社会企业参与等形式促进多元共治、协同共建;以打造法治丽水平安侨乡社区为抓手提升法治政府建设满意度与公众安全感。

2.社会组织对标国际同行

借鉴国际惯例,结合中国国情,国际社区在社会组织孵化培育管理中采取"引导＋自发"的形式积极拓展;在社会组织监事制度、内部治理等环节参考国际标准制定规则;在社会组织的服务项目内涵及类型、地区人口比例标准、信用档案上考量国际通行指标体系。丽水打造区街两级社会组织发展培育中心,规范社会组织登记管理,开展社会组织年度审查和年度评估工作。

3.社工人才培养国际眼光

社工人才是社区治理、公益项目、社会服务等领域的主力军,通过在国际社区内培养"国际社工"、打造"国际社区"的方式提升社工国际视野。通过打造专门的"外籍人士服务站",配备英语6级水平国际社工,开通双语服务热线,吸纳外籍人士参与网格员队伍。

4.公益项目融入国际内涵

公益项目是社会组织提供社会服务的主要渠道,在公益项目中融入国际内涵可以直接、鲜明地形成服务对象体验。国际社区在公益项目的形式如公益创投、众筹、创客空间等,在公益项目的主题如低碳环保、女性健康、消除歧视等,在公益项目的评估如过程管理、结果导向、公众参与等方面都积极融入了国际内涵,充分体现了公益项目在理念、主题、形式和标准上的现代化和国际化。以打造侨乡社区为主要依托载体,通过服务便利使国外边民、外商、留学生获得归属感,以此展现人类命运共同体的伟大,从而提升丽水市域社会治理效能。

三、丽水市域社会治理现代化实现的外生路径

(一)完善重大公共卫生事件的应急机制,践行共建共治共享理念

随着全球疫情的蔓延,各国公共卫生应急体系都受到了巨大的考验。我国重大公共卫生应急机制虽然在本次疫情大考中表现出众,但仍然有许多值得进一步完善的地方。在后疫情时代,如何有效有序保护公众是一个亟须思考的问题。党的十九大报告明确指出:提高保障和改善民生水平,加强和创新社会治理。从治理状态来说,重大公共卫生应急机制是指非正常社会状态下,尤其是非正常卫生健康状态下社会治理的有效应对,市域社会治理更多强调是正常状态下社会民生的有效治理,后疫情时代的市域社会治理则将非正常状态下的突发重大公共卫生事件考量在内,进行囊括常态与非常态下的综合治理;从契合性上来说,重大公共卫生应急机制是公共安全的重要组成部分,市域社会治理现代化的立足点与出发点都是为了保障民生、改善民生,维护公共安全是市域社会治理的基本范畴。因此,从习近平总书记的系统治理出发,运用市域社会治理的共建共治共享理念引导,完善后疫情时代丽水的重大公共卫生事件的应急机制。

共建、共治与共享三者相辅相成,不可分离,不能割裂。共享是目的,共建共治是途径和方式,共建共治是为了共享,共享必须依靠共建共治。

1.贯彻落实党中央指导原则,建立健全应急管理体系法制机制

根据2020年2月,习近平总书记在第十二次深改会议提出的15个体系9种机制4项制度,充分履行听证程序,广泛吸纳人民群众的利益诉求,实现共商共治,在此基础上再进一步推动重大公共卫生事件的应急法律、法规、条例等配套体系出台,明确权责主体、落实工作流程。

2.完善疫情报告与预警机制

从源头治理出发,通过医疗系统疫情直报系统与市域社会治理综治排查系统两条线双向出击,被动收治加主动发现,并不单纯依赖医院确诊排查,还要在车站、机场、渡口流动人口密集处严格排查;在社区内广泛发动人民群众共同及时、准确、客观、真实地监测区域内疑似传染病的有效信息;利用大数据技术回溯确诊病例及疑似病例的行动轨迹,进行分析研判。通过电视、广播、互联网官网、官微等政府官方渠道发布预警与社会组织宣传、志愿者告知、自媒体发布等社会渠道发出预警

"双管齐下"。

3.扩大公共卫生专家库

扩大突发重大公共卫生应急联防联控专家决策库，根据症候群、疾病、危险因素和事件等现实情况进行应急信息汇总、会商分析、风险评估与处置预判等。

4.促进多方合作

加强社会组织能力建设，完善社会力量参与机制，培育公共卫生领域社会组织和专业社工、志愿者队伍，构建多方参与、各司其职、功能互补、相互协调的治理架构。

5.实现群防群控

加强政治动员，发挥基层党组织、群团组织、自治组织、社会组织以及志愿者在公共卫生管理特别是突发公共卫生事件中的作用。通过完善重大公共卫生事件的应急机制，充分保障人民群众的生命健康，最终实现社会建设成果为全体人民所共享。

(二)健全多元网格的立体式社会治安体系，全面提升公众安全感知

生命权是人之一切权利的逻辑起点，是所有权利中最基本的权利。要想保障人民群众的生命权，首要条件是提供一个安全稳定的社会环境。因此，国家治理体系的现代化，必然要求社会治安防控体系的现代化。[13] 现代化作为一种特殊的社会转型形态，其主要表现形式就是充分满足人类全面发展的需要，落实到社会治安层面就是要充分满足人民群众对社会安定、公众安全的需求。具体而言：结合丽水特殊地域区情，实现点—线—面三维覆盖、线上线下互动协同、人防物防器防三线合一的立体式社会治安体系构建，让人民群众真正感受到身边的安全感显著提升。

鉴于丽水属于待发达地区，财政收入有限，丽水市域社会治理的社会治安体系主要需要依托公安原有的"雪亮工程"，利用现有的"网格化"管理为主要抓手，针对不同的治理需求在原有"网格"的基础上进行重新划分，打造更具有针对性的"边界清晰，无缝覆盖"多元网格体系，避免陷入一个街道、一个部门或一个片区的狭隘区域考虑而导致的治安信息碎片化与部门化问题。

1.对城乡社区网格进行疏网清格

聚焦城乡社区空间范围，进一步摸清辖区内人员构成情况，将不同的城乡社区居住人员情况分为城市社区、农村社区、多民族聚居社区、涉外侨乡社区等具体类型网格，将市域社会治理中治安力量的人、财、物下沉到上述网格，实现"一格一警""一员多能"，实现对流动人口管理、违建拆除、治安案件处理、安全生产排查等基础性治安要素的有效管理。

2.实现单位、行业专属网格划分

按照党政机关、各类园区、商务楼宇和商圈、学校和医院等企事业单位、建设工地等多个类别，划分了专属网格，明确专属网格内各单位的安全防范标准、检查单位内部的治安防控机制、帮助各单位加强自身治安防控体系建设；针对丽水境内存在传销、非法集资等问题，对专属网格内的商务楼宇、投资管理类公司逐一进行摸排，严厉打击上述违法范围行为，对情节严重的企业拉入负面清单施行惩戒措施；对于重点行业尤其是从事危险品生产的行业要加大安全巡查、监控、管理力度。

3.特殊情形的网格重点划分

丽水属于待发达的民族侨乡地区,具有其特殊的社会治安需求,针对恐怖活动、民族宗教问题、经济犯罪、流动人口管理、国家安全等违法犯罪活动比较活跃的区域进行特殊网格划分,实行重点监管、重点布控、重点打击。

4.互联网空间网格管理

网络并非法外之地,健全完善互联网维稳工作格局,统筹开展涉稳网络舆情应对和依法处置工作,坚持网下突发事件处置和网上舆情引导相结合、网上公开巡查执法和网下落地打击稳控相结合。

5.重点人群治安防控网格

对恶性上访闹访人员、吸毒人员、重精神障碍患者、疫情密切接触者等重点人群的住所与主要活动场所进行网格化划分,根据不同的治安防控需求提供精准监控,确保市域内特殊人群不发生问题,极大提升人民群众的安全感。

(三)建立多元调解的三治融合方式,推动基层矛盾纠纷解决

"三治"融合是指在社会治理中将自治、法治与德治相结合,有效化解基层社会矛盾、创新基层社会治理。2018年中央政法委提出"坚持自治、法治、德治相结合,是新时代'枫桥经验'的精髓,也是新时期基层社会治理创新的发展方向"。自治是市域社会治理现代化的直接基础,真正实现将权力交给人民群众;法治是市域社会治理的保障防线,只有在法治轨道上的市域社会治理才能实现现代化;德治是市域社会治理现代化的伦理根基,体现了中华民族优秀的传统道德价值取向,三者有机融合、不可任意割裂,只有积极利用设区的市地方立法权的优势,切实以法律权威为背书,强化以中华优秀传统道德经验与社会主义核心价值观相结合的价值导向,充分保障人民群众的自治权利,以法治的刚性、自治的活性与德治的柔性相结合,共同构成市域社会治理现代化的多元调解手段,才能推动基层矛盾纠纷解决。

以"枫桥经验""桐乡经验"为代表的多地市域社会治理探索中都强调了自治、德治和法治的有效融合、相互补充,通过搭建乡贤评理堂、百姓参政团、阳光议事厅、村民议事会、坊间论坛、村民论坛等不同形式的群众参政议政平台,建立市—镇—村三级道德评议组织、成立道德法庭及设立道德基金、健全完善道德模范先进典型的评选表彰及学习宣传机制,推进"警调、检调、诉调、访调"对接机制全覆盖、引导各级干部运用法治思维和法治方式服务群众等做法,有效增强公众参与程度、化解社会矛盾纠纷、降低刑事警情与安全责任事故,维护社会长治久安,实现社会治理创新。

(四)发挥科技在社会治理中的支撑作用,优化提升公共服务能力

科技支撑的一大主要特征就在大数据技术下实现数据应用的最大效能,从而深度挖掘出数据的潜力。数据应用是指利用互联网、物联网、云计算、大数据及信息平台等媒介,达到社会治理的智能化、科学化和现代化。党的十八届五中全会提出,"实施国家大数据战略"。习近平总书记强调,要深刻认识互联网在国家管理和社会治理中的作用,加快用网络信息技术推进社会治理。创新基层社会治理,必须重视大数据的价值。通过完善政府电子政务网络、三级联动电子工作平台、智网

工程、智能手机和网络应用、社会综合治理"云平台"、采集唤醒和激活沉睡数据、提升回应速度实现"秒级回应"等方式，可以解决服务群众"最后一公里"甚至"最后一米"问题，全面提升市域社会治理创新的效能、效率和效果。

大数据技术被认为是"战略性资源"，"得数据者得天下"，已经在各地网格化治理中广泛应用，成为社会治理现代化、科学化、智能化的重要工具。通常情况下，市域社会治理中的综合治理部门的关注点集中在街面巡查及问题上报、街面巡查效果的监督，案件派遣、协调、督办及处置结果核查等方面，关注数量堆积和数据完整，但历史数据统计、分析、预判等方面较易被忽视。数据挖掘技术可将新区范围内的工作对象、工作资源的具体情况，辖区内所有不稳定社会因素的风险点及隐患因素进行深度分析，为网格员提供信息储备、应急预警和预判评估，以协助矛盾纠纷化解、和谐社区建设、社会治安稳定等。数据技术还可以辅助建立居户"云备忘录"，通过对每个家庭里孩子学业、老人健康、党员信息、就业以及其他关键事项进行记录，随时或定期更新完善相应内容，形成一个自下而上的、具有时效性的"网格家庭单元数据库"，借此在一定程度上帮助维护网格细胞——家庭的和谐稳定；亦可建立个人网格治理档案并将其与征信系统挂钩，对反复破坏规则的法人和个人，抬高其银行贷款、保险额度、便利服务等门槛，从而促进网格信息发挥更大功效；利用大数据提供的实时动态监测、人流趋势分析、人群画像分析等信息，加强矛盾纠纷化解、群体事件应对等；整合扶贫、民政、卫计、人社、住建、残联、统计、国土等行业数据，建设统一的扶贫数据库，实现精准扶贫。在大数据运用过程中必须关注和规避的要素是公民个人隐私保护，须合法信息采集渠道、安全储存相关信息、强化数据清洗和脱敏意识等，否则将对网格治理带来合法性危机和公民信任危机。另外，后疫情时代的丽水市域社会治理也可以根据电信运营商免费推出的"疫情防控行程查询"服务，回溯疑似病例的运动轨迹实现精准定位，在推进复工复产进程时也可以根据这个行程来作为社区管理部门、用工单位进行疫情管理的参考。

四、结语

随着城市型主导社会的到来，城乡基层治理面临着更多挑战，城乡社区的流动性、异质性和多元性特征更加凸显，尤其是城市社会进入社会矛盾增多和社会风险频发的新阶段，社会治理潜藏着巨大的治理风险。因此，在创新现代化治理体系和治理能力的迫切需求中，市域社会治理是国家治理体系现代化的重要基石、城乡社会融合发展的基本和有效化解社会矛盾的基础。在共同富裕背景下，从内在途径与外在途径两个方面，探索丽水市域社会治理现代化的实现路径，以期为中国之治提供丽水经验、贡献丽水力量。

参考文献：

[1] 俞可平.论国家治理现代化[M].北京:社会科学文献出版社,2015:23.

[2] 习近平谈治国理政:第2卷[M].北京:外文出版社,2017:72.

[3] 陈一新.新时代市域社会治理理念体系能力现代化[J].社会治理,2018(8):5-14.

[4] 杨安.大数据与市域社会治理现代化:厦门实践与探索[J].经济,2018(8):102-107.

[5] 姜晓萍,董家鸣.市域社会治理现代化的理论认知与实现途径[J].社会政策研究,2019(4):24-31.

［6］晁钟丹，牛余凤.精准扶贫战略下的农村基层党建探析［J］.延边党校学报 2017(3)：30-32.

［7］徐勇，等.蕉岭创制："四权同步"的基层治理模式［M］.北京：中国社会科学出版社，2016：2.

［8］马克思恩格斯选集：第 1 卷［M］.北京：人民出版社，2012：89.

［9］亚里士多德.政治学［M］.吴寿彭，译.北京：商务印书馆，1997：199.

［10］习近平谈治国理政［M］.北京：外文出版社，2014：168.

［11］任仲平.凝聚当代中国的价值公约数——论培育和践行社会主义核心价值观［N］.人民日报，2015-04-20.

［12］习近平在北京市海淀区民族小学召开座谈会时的讲话［N］.人民日报，2015-05-31.

［13］"国家治理现代化与社会治安防控"专题研讨会纪要：上篇［J］.河南警察学院学报，2015(2)：18-27.

"进退有序"式乡村振兴　推动村民共同富裕

——遂昌县"大搬快聚富民安居"工程的实践与经验启示

傅代根

（中共遂昌县委党校）

摘　要：国家"十四五"规划赋予了我们浙江省一个重大光荣的历史使命：要高质量发展建设共同富裕示范区。站在"两个一百年"的历史交汇点上，在开启全面建设社会主义现代化国家新征程上，浙江必须以更大的责任与担当，向着促进全体人民共同富裕的目标进发。遂昌是一个欠发达山区县，要完成这一重大历史使命，特别任重而道远。但是遂昌勇于担当，全局谋划，精心布局，创新举措，大力实施"大搬快聚富民安居"工程政策，换道超车，在统筹城乡发展、实现乡村振兴和高质量绿色发展等方面先行走出了一条促进共同富裕的跨越式发展之路。

关键词：遂昌　大搬快聚　富民安居　高质量发展　共同富裕

遂昌县是丽水市下辖的一个县，位于钱塘江、瓯江的源头。面积 2539 平方公里，人口 23.1 万人。下辖 2 个街道 18 个乡镇，203 个行政村，8 个社区。地广人稀，分散而居，是典型的"九山半水半分田"山区县。因此，如何正确对待城镇化与乡村振兴的关系、科学处理乡村活化与乡村退化的关系、合理解决资金少与建设多的矛盾关系成为县委县政府一直研究的课题。

2019 年 9 月，遂昌县委县政府以超前的战略眼光、前所未有的力度擘画出了遂昌经济社会发展"一城五区"的生产力布局，出台了《遂昌县"大搬快聚富民安居"工程实施意见》，统筹城乡发展，开辟了遂昌高质量绿色发展新路，走出了一条促进遂昌人民共同富裕的跨越式发展之路。

一、遂昌县"大搬快聚富民安居"工程政策出台背景

实施"大搬快聚富民安居"工程，是贯彻落实习近平总书记"以人民为中心"的执政理念，突出解危、脱贫、生态、集聚，让群众彻底摆脱地质、气象等灾害的威胁，摆脱地理条件对增收致富制约的必然要求；是贯彻落实省委、省政府关于《全面实施乡村振兴战略高水平推进农业农村现代化行动计划（2018－2022）》中"深入实施异地搬迁工程"的根本路径；是贯彻落实"乡村振兴、丽水先行""以超常规力度推进乡村振兴"理念，加快推进浙江大花园建设，争创特色乡村振兴示范区的重要举措。

实施"大搬快聚富民安居"工程，主要目的是让更多"散居的农民"变成"集聚的市民"，有利于统筹城乡发展，优化人口和生产力布局；让更多农民"住上好房子，过上好日子"，有利于农民彻底摆脱贫困，实现就业增收，从根本上消除农村居住安全问题，改善农村人居环境；让更多农民从山上搬迁

出来,使绿水更绿,青山更青,生态环境进一步得到改善;也能让更多农村沉睡的资源活起来、流转起来,加快发展规模化、标准化、市场化高效产业,有利于探索建立山区生态产品价值实现机制;还有利于促进全体人民共同富裕。

二、遂昌县"大搬快聚富民安居"工程政策主要做法

(一)以"大搬快聚"政策利好吸引人口往县城集聚

这次的"大搬快聚"是在原有下山脱贫、异地搬迁、"大搬快治"基础上,以"最优的政策、最优的地段、最优的配套"为导向,吸引搬迁对象向县城集聚。①购房补助。选择购买普通商品住房或限价商品住房安置的,每人可享受 30 平方米的购房补助款,标准为 3800 元/平方米。②搬迁补助。按照户总人口数来享受搬迁补助,标准为:属于重点搬迁范围内的补助 40000 元/人;属于鼓励搬迁范围内的补助 30000 元/人。③整村搬迁奖励。为鼓励整村搬迁,整村搬迁的又奖励 20000 元/人。如此最高每人就可享受约 18 万元的利好政策。如此高含金量的政策,目的就是吸引更多农民搬迁下山过新生活,共享遂昌的发展红利。与同期丽水市莲都区的大搬快聚富民安居政策比较,莲都区的整村搬迁也才享受每人 20000 元的补助,零星搬迁的每人 10000 元,都只是遂昌这一政策的一半补助。选择在莲都区内购买商品用房的满打满算也只是每人 80000 元补助,选择其他地区的都还不及这个补助。这样一比较,遂昌就单独每个人可享受的补助比丽水莲都区要多出 10 万元。遂昌因有这样优异的利好政策,最大限度地调动了搬迁对象的积极性。据统计,2019 年三个多月,全县就完成了意向搬迁签约 2404 户 8199 人,整村搬迁 1680 人,提供就业岗位 692 个/6710 人次,清理整治"一户多宅"1970 宗,占地面积 147489 平方米,建筑面积 220921 平方米。因此,"大搬快聚富民安居"工程不仅能够实现广大农民的"进城梦、安居梦、脱贫梦",而且大大加快了人口集聚、加速了城市化进程,同时也盘活了农村闲置资源,进一步激发了乡村活力。

(二)以"房工一体化"推进"大搬快聚"

过去实施的下山脱贫、易地搬迁、"大搬快治",很多都不在县城,而是以乡镇为单位的相对集中搬迁,农民在失去土地依靠的前提下,在搬迁地又很难找到一份属于自己的工作,家中的青壮年还得靠外出打工谋生,家中有留下的也只是老人小孩,甚至是"空巢",并未实现真正意义上的"安居乐业"。比如早些年应村水库移民大量地迁移至石练镇,像周汉源一家四口人移至石练后,住房条件是改善了很多,但没有田地等基本的生产资料,原来有的生产资料如今又离得太远了,根本无法管理和经营,当地又找不到好的工作,孩子大学毕业后也不愿回乡,都选择留在外地,周汉源夫妇最终也还是选择外出,帮助孩子们一起创业。搬迁后的家也只一个摆设品,最多不过过年回家走亲戚时住上几天。像他这样的家庭实在是太普遍了。相反,留在库区的原住民因有山林、田地等基本的生产资料,加上移至外地的移民让其代管的山林、田地等,生活的幸福感、获得感反而更强一些。土地是农民的根,是他们祖祖辈辈赖以生存的本。过惯了自给自足的农耕生活的农民要让他们离开故土,过一种全新的生活,免不了会有一种不安甚至焦虑的情结。这就不仅需要解决好他们的住房问题,更要解决好他们的就业问题,而县城的安置恰恰可以满足这一需要。县城一、二、三产业相对高

度的融合发展，可以提供满足他们就业的平台及机会，青壮年劳动力可以进工厂，中年劳力可以在城郊参加农业作业，也可以参加城市服务业工作，老人可以在家帮忙带带孩子。如此人人都可以在家或者家门口实现就业，早上去工作，晚上下班回家，一家人尽享天伦之乐，这就实现了一种稳定的安居乐业。柘岱口乡毛阳村吕家自然村早在 2008 年的时候就被政府列为整村搬迁对象，现如今，全村三十四户 110 人都搬迁在云峰街道白云小区，家家户户都住上了三层楼的新洋房，整个小区环境极其优美，交通十分便利，配套设施也十分齐全。离小区几十米就是生态工业园区，家门口就可以实现就业，每天高高兴兴上班去，开开心心下班回。有些人还在家里开起了小卖部，经营起了农家乐，更有些人直接把自己家的闲房出租给在周边企业上班的外地人，真是躺着也能赚钱，日子过得跟神仙一般。一下子就改变了当初出行难、就业难、看病难、读书难、娶媳妇难的"五难"窘境。

（三）采取弹性政策，保证受众进退有序

一是政府引导、农户自愿。不搞"一刀切"，充分尊重个人意愿，在乡村有产业的有充分发展空间不愿搬迁的，就留在乡村。二是安置方式灵活多样。有迁建安置、商品住房安置和其他安置等多种方式，只要经过确认符合条件的搬迁户就可以自愿选择其中任何一种安置方式。搬迁户确实因为家庭条件有限制的，可以选择兜底安置，特困人员可以向当地乡镇（街道）申请负责采取集中供养，低保户可以申请免租房，低保边缘户可以申请廉租房三种方式进行兜底安置。三是按计划分批次搬迁。分成重点搬迁范围和鼓励搬迁范围。其中重点搬迁范围又分为：①经遂昌县自然资源和规划局牵头划定的地质灾害隐患区。②经遂昌县建设局牵头认定的危旧房和 2019 年以来新发生自然灾害导致房屋倒塌（含房屋严重受到损害无法修缮需要拆除的）。③划入饮用水源保护区、九龙山自然保护区等生态保护红线范围内的村庄。④在《县域乡村建设规划》中规划搬迁撤并村。⑤可实施整村搬迁的自然村（高山远山人口数量偏少、农房布局分散、公共资源共享率偏低、产业发展困难、未通等级公路等）。除重点搬迁范围外的其他有意愿搬迁的为鼓励搬迁范围。这样的弹性政策，保证了受众的进退有序。

三、遂昌县"大搬快聚富民安居"工程政策取得的主要成效

（一）抵消虹吸效应，提升城市能级

城市能级用于评估一个城市的发展水平以及对周边区域的辐射影响力，主要评估项目包括基础设施、科研能力、政府公共服务等多个方面。为提升城市能级，抵消一、二线城市的虹吸效应，遂昌正在按照擘画的"一城五区"的生产力布局，着力打造"天工之城""未来都市区""有机更新区""生态工业区""红绿融合区""乡村富民区"。"天工之城""未来都市区""有机更新区"都特别注重把遂昌特色优势山水元素融入城市打造、城市更新之中，力求成为山地之城的典范。在遂昌的南街、北街、公园路一圈，原来街道狭窄，房屋多而乱，居住空间狭小，原有的君子山也不见了影子。2020 年，这一带一千多户全都被列入遂昌城市更新项目当中，涉及住房 20 多万平方米，更新设计后的这一带，君子山也"原形毕露"了，揽山入景，山城一体。更新后不仅道路将变宽、生活空间变大。而且君子山也将变成人们休闲锻炼的好去处。遂昌正在以人民美好生活向往为中心，加快未来社区建

设,构建未来邻里、教育、健康等未来社区九大场景,大力推进"聚落式多中心"的综合布局,全力打造"遂昌版"的未来城。如今已吸引了阿里云、网易联合创新中心等公司的入驻。未来城必将会抵消或局部抵消大城市的虹吸效应,展望未来,遂昌明天的发展必将更加美好。

(二)巩固农民小康成果,实现安居乐业

传统的乡村产业过于单一,除了种养业,几乎没有其他,而且规模也过小。抗风险能力甚弱,一旦遇上个天灾人祸,家庭就不堪重负,返贫问题就随之而来,结果就是安不了居,乐不了业。为了更好地巩固脱贫攻坚和小康成果,遂昌实施"大搬快聚富民安居"工程,以"县城目的地式集聚"方式大力推动人口集聚。其用意是明显的,让搬迁户既能安居还能有选择的乐业,小孩能有更好的教育,老人有更好的养老,真正意义上实现"老有所养,壮有所用,幼有所长"。所以此举是一种可持续的、稳定的富民安居政策,其意义是深远的。

(三)助力"两山"转化,增加乡村溢出效应

绿水青山就是金山银山。2018 年丽水成为国家首个生态产品价值转换机制试点市,遂昌提出要迈入全市第一阵营的行动口号,极力打造"两山"转化的县域样板。党的十九大提出"两个一百年"的伟大奋斗目标,至 2035 年要基本实现社会主义现代化,2050 年进入社会主义现代化强国。没有农村现代化就没有国家的现代化,只有农业强、农民富、农村美,才能真正实现国家现代化。遂昌实施"大搬快聚富民安居"工程,才能真正实现乡村的退化与活化。只有用这样的政策,乡村才能腾出更大的发展空间;只有用这样的政策,才能保护好生态红线区;只有用这样的政策,土地流转才能更加顺畅;只有用这样的政策,资金、人才才能进得去;只有用这样的政策,产业才能更加集聚发展;只有用这样的政策,才能让乡村得到二次开发的春天。未来乡村与传统乡村相比,一定是因地制宜、不拘一格的美丽乡村。如以当地独有人文文化"上位"的,发展乡村旅游的,发展智慧农业的,发展健康疗养的,发展休闲农业的,等等。这样,绿水青山就真正变成金山银山了,乡村的价值才得到真正的体现。

四、遂昌县"大搬快聚富民安居"工程政策获得的经验启示

遂昌县坚持以"统筹城乡、经营山水,全力打造长三角休闲旅游名城"为战略,实施"大搬快聚富民安居"工程,大大地提升了群众的幸福感、获得感、归属感,走出了一条高质量绿色发展新路子,为山区县域发展促进全体人民共同富裕提供了一个可复制、可推广的"遂昌样板"。

(一)从全局出发谋划遂昌经济社会发展

"不谋万世者,不足谋一时;不谋全局者,不足谋一域。"遂昌县委十五届七次会议为遂昌确立了"迈向全市第一阵营,打造全国'两山'转化县域样板"的目标,以前所未有的战略眼光擘画了"一城五区"的生产力布局,致力于产业、城市、乡村、文化、社会"五个转型"的科学路径。"全县一盘棋",精心谋划布局"一棋一子",为遂昌高质量发展绘就了一幅生动美好的全景图。

（二）用创新思维解决难点痛点问题

城市化进程，乡村振兴之路怎么走？城市、乡村又如何统筹发展？如何促进人们共同富裕？这些问题一直是长久困扰着县委县政府的痛点、难点问题。创新，也唯有创新，才能得以解决。只有翻越创新的"高山"，走别人没有走过的路，才能收获别样的风景。遂昌创新手段大手笔推出《遂昌县"大搬快聚富民安居"工程实施意见》，以"快聚"来解决城市化进程问题，用国际化视野编制城市发展规划，大力谋划"未来社区"建设，打造山水城一体，跨越现代与未来的山地之城。以"大搬"来解决山区乡村振兴问题，撬动乡村"二次开发"，进退并举，差序布局，打造美丽乡村新情境。

（三）以"人民为中心"谋划未来

随着社会的进步，人们生活水平的不断提高，人们相应的需求结构、水平也在不断发生变化。如今人们不仅期盼吃好穿美，而且对教育、医疗、住房、工作保障等方面也有了更高的要求，越来越多的人的需求已经从物质文化领域扩大到精神文明、社会文明和生态文明等各个领域。要适应于这一发展变化，政府的行为也就应"以人民为中心"，与时俱进地把人民日益增长的美好生活需要作为主攻方向和重点任务。用接地气的方案与之相契合，拿出务实管用的举措与之相匹配。遂昌实施的"大搬快聚富民安居"工程正是山区现状需求的完美体现，不但能满足人们对美好生活的需要，也在促进人们共同富裕路上迈出了坚实的一步。

参考文献：

[1] 刘亭.新型城镇化助推共同富裕示范区建设[J].浙江经济,2021(3):20.

[2] 王宁.全方位推动高质量发展超越[N].学习时报,2020-12-25(1).

[3] 王星.以民生为本,助安居富民[N].文汇报,2015-10-12(5).

[4] 高春瑞,李彩霞,张明山.安居富民工程让百姓幸福感倍增[N].阿克苏日报(汉),2014-02-17(8).

[5] 向武胜,彭娇娇,陈仕玲.乡村振兴与精准脱贫的发展模式及对策建议:基于城市生产要素下乡视角[J].全国流通经济,2019(33):123-125.

[6] 海涛.让搬迁户既"移得出"更要"稳得住"[N].伊犁日报(汉),2021-04-19.

浙江推进共同富裕示范区建设的实践与启示

杨亮　　张虹

（浙江中医药大学）

摘　要：全国首个省级共同富裕示范区"花落浙江"，与浙江的省情特征、富裕程度较好、发展较均衡、民众活力较强等特殊性密切相关。浙江在推进共同富裕示范区建设中积累了不少好做法，包括念好新时代"山海经"缩小区域差距，全面推进乡村振兴缩小城乡差距，促进农民增收缩小收入差距，打造精神文明高地创建全域文明。在"推动共同富裕取得更为明显的实质性进展"的新征程上，应坚持党的全面领导，绘制共同富裕"同心圆"；坚持以人民为中心，织密共同富裕"连心网"；坚持辩证思维，打好共同富裕"组合拳"；坚持"物我双求"，谋划共同富裕"大格局"。

关键词：共同富裕　高质量发展　浙江实践

"共同富裕是社会主义的本质要求，是人民群众的共同期盼。"[1]2021 年 5 月 20 日，中共中央、国务院发布了《关于支持浙江高质量发展建设共同富裕示范区的意见》。这是以习近平同志为核心的党中央充分考虑全国基本情况和浙江基础条件，把促进全体人民共同富裕摆在更加重要位置所做出的重大战略部署，是赋予浙江推动共同富裕示范探路的一项光荣使命，充分体现了党中央对解决我国发展不平衡不充分问题的坚强决心和坚定意志，为浙江推进高质量发展、促进共同富裕指明了前进方向、提供了根本遵循。

一、浙江何以成为共同富裕示范区

马克思主义哲学认为，我们认识事物，不仅仅要考察共性，而且要着重考察特殊性，抓住特殊矛盾，事物的认识会更加深刻。浙江虽说经济总量不是全国最大的，教育、文化等社会各项事业发展也不是全国最好的，但"功夫在诗外"，全国首家省级共同富裕示范区之所以"花落浙江"，这与浙江的省情特征、富裕程度较好、发展较均衡、民众活力较强等特殊性密切相关。

（一）有代表性的省情特征

浙江面积、人口具有一定的规模，地形素有"七山一水二分田"之说，"从经济地理格局来看，浙江好比一个精致缩微的中国，也是西高东低、西陆东海、西重（要）东富（裕）"[2]。下辖 2 个副省级城市、9 个地级市和 53 个县（市），既有城市也有农村，其中农村户籍人口占一半。城乡发展较均衡，城乡居民收入倍差为 1.96，是全国城乡差距最低的省份之一，佐证了浙江省情具备开展示范区建设的代表性。

（二）有较好的经济优势

"富"一直是浙江的标签，也是建设共同富裕示范区的"底气"所在。2020 年，浙江地区生产总值为 6.46 万亿元，浙江人均 GDP 已经超过 10 万元，居民人均可支配收入首次踏上"5 万元"台阶，仅次于上海和北京，实现了由陆域资源小省到经济大省再到经济强省的发展变化。经济增长也促进了浙江人幸福感、获得感的提升。在"2020 中国最具幸福感城市"榜单中，杭州、宁波进入前 10，其中杭州连续 14 年入选最具幸福感城市。浙江经济发展的优势为百姓乐享生活绘就了美好蓝图。

（三）有科学的战略指引

习近平同志在主政浙江期间对浙江发展做出了全面规划，提出了作为浙江省域治理总纲领和总方略的"八八战略"，在理论和实践层面极具前瞻性地推动了浙江共同富裕的发展。他对共同富裕的科学内涵与本质要求的全面准确把握，对中国特色社会主义共同富裕道路的探索做出了重大原创性贡献，这些创新成果不仅为 21 世纪以来浙江共同富裕建设提供了科学的行动指南，而且为浙江高质量发展建设社会主义共同富裕示范区予以了珍贵启示。

（四）有浓郁的地域文化

浙江大地，自古以来人杰地灵，历史上孕育过务实、知行合一、经世致用等思想，今天又形成了"干在实处、走在前列、勇立潮头"的浙江精神。浙江精神是浙江地域文化个性和特色的表达，是改革开放以来浙江优秀传统文化同浙江实践和时代特征相结合产生的现代新文化精神，是推动浙江发展进步的"精神支柱"以及高质量发展建设共同富裕示范区的精神源泉。"浙江自古就有义利并重、农商并举的文化传统。这种地域文化哺育了浙江人特别能适应市场经济的思想观念和行为方式，成为发展市场经济的精神动力。"[3]

综上可见，浙江具备建设共同富裕示范区的基础和优势，具有广阔的优化空间和发展潜力。选取浙江省作为试验区，是"推动共同富裕取得更为明显的实质性进展"的破题之举，有利于为全国答好实现共同富裕这个时代课题先行探路，为推进共同富裕实现提供丰富的理论素材和鲜活的实践经验。

二、浙江推进共同富裕示范区建设的做法与成效

浙江走在了全国前列，在走共同富裕道路方面已经有了较好的基础，"这是我们推动共同富裕的独特优势，也是巨大潜力所在"[4]。我们要坚决扛起探路者责任，探索形成一批典型，推出一批社会认可的共富理念。在这方面，浙江积累了不少好的做法，取得了明显成效。

（一）念好新时代"山海经"缩小区域差距

2003 年，时任浙江省委书记的习近平同志做出"八八战略"的重要部署，其中一个重要举措就是进一步发挥山海资源优势，推动欠发达地区跨越式发展。山区 26 县一直是浙江省区域均衡发展的"短板"。2020 年的山区 26 县 GDP 总量为 6238 亿元，仅占浙江全省 GDP 的 9.65%，与浙江沿

海等发达地区存在明显的发展差距。因此，"山区26县能否实现跨越式高质量发展、能否取得标志性成果，事关现代化先行和共同富裕示范区建设全局"。2021年7月，浙江召开了山区26县跨越式高质量发展暨山海协作工程推进会，加快构建陆海统筹、山海互济的发展新格局，让"山"与"海"深度牵手的"飞地经济"抱团发展，开启了山区高质量发展共同富裕新征程。截止到2021年9月，30个"消薄飞地"实现26县全覆盖，累积返利超2亿元。另外，2021年前三季度，浙江山区26县全体、城镇、农村居民人均可支配收入分别为30792元、40357元和20125元，同比分别增长12.5%、11.3%和12.2%，增速分别比全省高1.1%、0.3%和0.6%，分别比全国高2.1%、1.8%和0.6%。通过促进"山"的内生发展动力和"海"的深度转型升级，浙江26个山区县的内生动力已经明显增强，生产要素循环也更为畅通，已经成为全省发展的新引擎。

（二）全面推进乡村振兴缩小城乡差距

"推动共同富裕，短板弱项在农业农村，优化空间和发展潜力也在农业农村。"在全面推进乡村振兴方面，浙江始终走在全国前列。2021年9月1日实施的《浙江省乡村振兴促进条例》更是将浙江在乡村振兴方面的创新实践，上升为可持续、能落地的法律制度，为促进乡村振兴提供了立法保障。同年，浙江省财政厅下达了省级财政衔接推进乡村振兴补助资金23954万元的通知。而浙江106个共同富裕先行村自愿组成共同富裕百村联盟，更是喊出了共同富裕的宣言。在法律、资金、村级等多方面的保障下，浙江乡村开始领跑高质量的共同富裕乡村振兴路。作为世界互联网大会永久举办地和"三治融合"发源地，桐乡以"产业美"为导向，通过"共富车间""共富大棚""共富直播"激活党建引领乡村共富新动能，在共同富裕新赛道上先人一步；东阳花园村在数字化进程中一马当先，与华为合作建设全感知、全连接、全场景、全智能的"智慧花园"项目，致力打造全国智慧乡村示范样板；建德市乾潭镇打造"乡村振兴联合体"，探索跨村级"党建共领、事务共议、项目共建、数智共治、区域共享"共同富裕示范区建设的新路径，"乡村让城市更向往"正在浙江逐渐变为现实。

（三）促进农民增收缩小收入差距

实现共同富裕很重要的一点就是要以促进农民共同富裕为主攻方向，让农民的"钱袋子"鼓起来。浙江是一个"藏富于民"的地区，早在20世纪八九十年代，浙江便支持农民在自家庭院和乡村从事小工业以获取非农收益。进入21世纪以来，浙江更是量身定制，编制"一县一策"发展举措，让好风景变成了好产业，让好产业带来好"钱"景。如今，浙江省先行探索高质量发展建设共同富裕示范区成效也开始进一步显现。丽水市松阳县在已有绿茶产业的基础上，走出了"电商赋能茶产业"的特色路子，培育了1400家茶叶网店，带动就业7000多人；湖州市南浔区创新"稻虾共生"生产模式，通过"公司＋基地＋合作社＋农户"的运作使每亩能增收2000多元，真正实现了"千斤粮、万元钱"的目标。另外，浙江各地也纷纷出台帮扶激励政策方式，"授之以渔"增强低收入农户的"造血"能力，如武义在抢占"直播带货"先机之后，开设了"2022年抖音直播高阶培训班"，在带动特色农产品销售的同时，进一步提高了村民的创业能力。2021年，浙江全省11市城乡居民人均可支配收入倍差均比2020年进一步缩小，其中，嘉兴、舟山、湖州、绍兴、宁波、杭州、衢州和台州的城乡差距均小于全省平均水平，充分展现了浙江创新发展、绿色发展、富民惠民的蓬勃之势。

（四）打造精神文明高地创建全域文明

"共同富裕是全体人民的富裕，是人民群众物质生活和精神生活都富裕。"[5]马克思在强调人类社会生产力的发展的同时，也强调人的精神世界及其精神生活的充裕和满足。"通过私有财产及其富有和贫困——或物质的和精神的富有和贫困——的运动，正在生成的社会发现这种形成所需的全部材料。"[6]在经济条件、生活水平巨大提高之时，浙江也注重人民精神的富足。"浙江文化的一个突出特点是：洋溢着浓郁的经济脉息。"[7]2003 年以来，浙江以"八八战略"为总纲，不断加大对公共文化事业的投入，加强公共文化服务惠民力度，推进公共文化服务保障体系建设。如今，建设共同富裕示范区，更加需要发挥精神文化铸魂塑形赋能的强大功能，为此，浙江扎实推进新时代文明实践中心试点建设，遴选了诸暨市试点坚持和发展"枫桥经验"打造新时代文明高地、衢州市试点打造新时代文明生活示范市、东阳市试点打造全国影视产业先行先试区、南湖区试点筑牢"红色根脉"打造精神文明高地，并已初见成效。据省政府民生实事项目数据通报，截至 2022 年 4 月，衢州市"浙文惠享"平均进度 66.25％，开化县以"质量过关、进度赶超、问题清零、群众满意"为目标，扎实推进 114 个"15 分钟品质文化生活圈"、3 家城市书房等民生实事项目建设。如今的浙江，正在以高质量的文化服务水平、线上线下相结合的公共文化服务新格局推动浙江人民精神富足，让文化发展的红利得以普惠，文化建设的成果得以共享。

三、浙江建设共同富裕示范区实践的启示

中共中央、国务院《关于支持浙江高质量发展建设共同富裕示范区的意见》发布，使得中国实现共同富裕现代化有了"样板"。浙江作为中国区域发展的"优等生"，在推进共同富裕示范区建设上的实践探索，无疑会带给我们一些启示性思考。

（一）坚持党的全面领导，绘制共同富裕"同心圆"

改革开放以来，浙江社会发展取得了很大的成就，这是浙江科学贯彻党中央决策部署和紧密结合省情的发展的结果。"中国共产党的领导是中国特色社会主义最本质的特征，是中国特色社会主义制度的最大优势。"[8]"共同富裕是社会主义的本质要求"，是中国特色社会主义制度优越性在新时代的集中体现。建设共同富裕示范区，必须坚持党的全面领导，必须充分发挥党总揽全局、协调各方的领导核心作用，"把党的领导贯穿推动浙江高质量发展建设共同富裕示范区的全过程、各领域、各环节"[9]，"把党的政治优势和制度优势转化为推动示范区建设、广泛凝聚共识的强大动力和坚强保障"[10]。习近平同志在党的十八届中央政治局常委同中外记者见面时指出："我们的责任，就是要团结带领全党全国各族人民……坚定不移走共同富裕的道路。"只有坚持党的全面领导，以党的科学理论为指导，才能保证在共同富裕道路上始终沿着中国特色社会主义的性质和方向前进；才能充分调动人民群众的积极性主动性创造性，汇聚起实现共同富裕的磅礴力量；才能于变局中开新局，有效防范和化解各种重大风险挑战，团结带领人民在奔向共同富裕之路上行稳致远。[11]

（二）坚持以人民为中心，织密共同富裕"连心网"

习近平同志指出，要坚持以人民为中心的发展思想，坚持发展为了人民、发展依靠人民、发展成

果由人民共享。这生动诠释了我们党全心全意为人民服务的根本宗旨。在建设共同富裕示范区的征程上,坚持以人民为中心是原则遵循。多年来,浙江省遵循"把以人民为中心的发展思想体现在经济社会发展各个环节,做到老百姓关心什么、期盼什么,改革就要抓住什么、推进什么,通过改革给人民群众带来更多获得感"[12]的要求,以"最多跑一次"改革撬动各方面各领域改革,在致力于实现人民群众物质富裕的同时,积极丰富与完善浙江人民群众在政治、文化、社会、生态等相关领域的合法权益,使浙江人民群众的获得感、幸福感、安全感和认同感进一步增强,增创了浙江改革发展新优势,为全国实现共同富裕先行探路打下了良好基础。以人民为中心的发展思想,一方面,要以解决民生为抓手,把人民对美好生活的向往作为奋斗目标,增加人民的获得感和幸福感;另一方面,要问政于民、问需于民、问计于民。向人民群众请教,把人民群众满意不满意作为推进共同富裕建设的重要标准,以群众评价、群众监督推动工作创新和落实,"在高质量发展中促进共同富裕"[13]。

(三)坚持辩证思维,打好共同富裕"组合拳"

"辩证思维的实质就是按照事物的矛盾本性去思考问题、发现真理。"[14]"统一物之分为两个部分以及对它的矛盾着的部分的认识,是辩证法的实质。"[15]在"推动共同富裕取得更为明显的实质性进展"的新征程上,我们必须自觉运用马克思主义辩证思维,坚持全面辩证地分析问题,才能不断深化认识,不断总结经验。坚持辩证思维,一是要坚持矛盾普遍性与特殊性相统一。作为全国共同富裕示范区的浙江,浙江的路径与方法具有特殊性,但其核心的制度和机制则是各地可复制与借鉴的关键。由于推动共同富裕的基础和条件不尽相同,各地区可在浙江经验牵引下,坚持从本地实际出发,既讲普通话,又讲方言,因地制宜积极探索适合本地区特色的有效路径,在共同富裕的新征程上闯出新路子、赢得新胜利。二是要坚持量变与质变相统一。促进全体人民共同富裕是一个从量变到质变的过程,就像毛泽东同志所说的,"饭要一口一口地吃,地要一块一块地犁",这就要求我们在破解发展不平衡不充分问题的基础上,正确处理好实现全体人民共同富裕这一目标与一步一个脚印迈进之间的辩证关系,"为了不断满足人民群众对美好生活的需要,我们就要不断制定新的阶段性目标,一步一个脚印沿着正确的道路往前走"[16]。在更高质量、更有效率、更加公平、更可持续发展中绘就共同富裕的美好图景。

(四)坚持"物我双求",谋划共同富裕"大格局"

共同富裕固然以物质的共同富裕为基础,这是共同富裕最基本的内容。然而,共同富裕并不囿于物质层面的生活富裕,也包含人本身的发展、精神的富足以及需求的满足等更广方面。《中共中央关于制定国民经济和社会发展第十四个五年规划和二〇三五年远景目标的建议》,把提高人民收入水平、建设高质量教育体系、健全多层次社会保障体系、全面推进健康中国建设等,作为"扎实推动共同富裕"的内容,这表明了共同富裕"是包括物质和精神两个层面、人与自然和谐共生等在内的人的充分享有、更好满足"[17],是"全体人民通过辛勤劳动和相互帮助,普遍达到生活富裕富足、精神自信自强、环境宜居宜业、社会和谐和睦、公共服务普及普惠,实现人的全面发展和社会全面进步,共享改革发展成果和幸福美好生活"[18]。只有全面准确地理解和把握共同富裕的深刻内涵,才能更好满足人民群众的共同期盼,推动全体人民共同富裕取得更为明显的实质性进展。

高质量发展建设共同富裕示范区是习近平总书记、党中央交给浙江的沉甸甸的政治责任，也是浙江前所未有的重大发展机遇。历史终将证明，在中国共产党的领导下，在习近平新时代中国特色社会主义思想特别是习近平总书记赋予浙江"重要窗口"目标的科学指引下，通过全省广大人民群众的共同努力，新时代的浙江必定能在"推动共同富裕取得更为明显的实质性进展"的新征程上，探索更多的"窗口"实践，积累更多的"窗口"经验，贡献更多的"窗口"智慧，提供更多的"窗口"方案，以"浙江之窗"展示"中国之治"，以"浙江之答"回应"时代之问"。

参考文献：

[1] 习近平.关于《中共中央关于制定国民经济和社会发展第十四个五年规划和二〇三五年远景目标的建议》的说明[N].人民日报，2020-11-04(2).

[2] 郭晓琳，刘炳辉."浙江探索"：中国共同富裕道路的经验与挑战[J].文化纵横，2021(6)：32-40.

[3] 习近平.干在实处 走在前列[M].北京：中共中央党校出版社，2006：319.

[4] 何玲玲，袁震宇，商意盈.高质量发展建设共同富裕示范区：访浙江省委书记袁家军[J].政策瞭望，2021(6)：21-22.

[5] 习近平主持召开中央财经委员会第十次会议强调 在高质量发展中促进共同富裕 统筹做好重大金融风险防范化解工作[N].人民日报，2021-08-18(1).

[6] 马克思.1844年经济学哲学手稿[M].中共中央马克思恩格斯列宁斯大林著作局，译.北京：人民出版社，2000：88.

[7] 周少华，等.凝魂聚气铸自信：习近平总书记在浙江的探索与实践·文化篇[N].浙江日报，2017-10-11(1).

[8] 习近平.中国共产党领导是中国特色社会主义最本质的特征[J].求是，2020(14).

[9] 中共中央 国务院关于支持浙江高质量发展建设共同富裕示范区的意见[EB/OL].中国政府网，2021-06-10.

[10] 陆健，等.坚决扛起政治责任为全国实现共同富裕先行探路[N].光明日报，2021-06-11(3).

[11] 杨绍华.坚持党的全面领导 促进共同富裕[N].光明日报，2021-11-09(6).

[12] 习近平主持召开中央全面深化改革领导小组第二十三次会议[EB/OL].新华网，2016-04-18.

[13] 在高质量发展中促进共同富裕 统筹做好重大金融风险防范化解工作[N].人民日版，2021-08-18(1).

[14] 杨春贵，等.马克思主义哲学教程[M].北京：中共中央党校出版社，2002：115.

[15] 中共中央马克思恩格斯列宁斯大林著作编译局.列宁选集：第2卷[M].北京：人民出版社，1995：556.

[16] 张晓松，等.坚守人民情怀，走好新时代的长征路：习近平在湖南考察并主持召开基层代表座谈会纪实[N].人民日报，2020-09-21(1).

[17] 张国云.共同富裕示范区为何是浙江？[J].中国发展观察，2021(12)：17-20.

[18] 中共中央 国务院关于支持浙江高质量发展建设共同富裕示范区的意见[EB/OL].新华社，2021-06-10.

滕头推进共同富裕的实践与启示

张广州

（中共奉化区委党校）

摘　要：实现共同富裕是中国共产党的重要使命，是全体中国人民的共同夙愿。全面建成小康社会之后，实现共同富裕就成为我们下一个战略目标。多年来，滕头村党委依靠"一任接着一任干""一犁耕到头"的奉献奋斗精神，秉持"生态立村"发展理念，始终牢记习近平总书记殷切嘱托，自觉把生态发展和共同富裕作为自己的奋斗目标，从原来一个"田不平，路不平，亩产只有二百零，有囡不嫁滕头人"的穷村发展成为环境优美、经济富裕、邻里和谐的共同富裕村，走出了一条"党建统领、绿色发展、共同富裕"的乡村振兴新路子，形成了奋斗致富、"联盟"带富、赋能促富"三位一体"共同富裕的滕头模式。

关键词：共同富裕　滕头　实践

2015 年 11 月 27 日至 28 日，习近平总书记在中央扶贫开发工作会议上强调："消除贫困、改善民生、逐步实现共同富裕，是社会主义的本质要求，是中国共产党的重要使命。"2020 年 11 月 23 日，随着贵州省宣布所有贫困县摘帽出列，至此，中国 832 个国家级贫困县全部脱贫摘帽，全国脱贫攻坚目标全部完成。2021 年 6 月 10 日，《中共中央　国务院关于支持浙江高质量发展建设共同富裕示范区的意见》正式发布。7 月 19 日，《浙江高质量发展建设共同富裕示范区实施方案（2021—2025 年）》发布，这意味着浙江将走在全国前列，探索和实现共同富裕。滕头村，是浙江省宁波市奉化区的一个小村庄，村域面积只有 2 平方公里，全村现有 358 户，891 人。滕头村曾是宁波地区最贫穷的村庄之一，当时有民谣"田不平，路不平，亩产只有二百零，有囡不嫁滕头人"。为了摆脱贫穷，滕头村历任党支部书记一任接着一任干，创造了一个又一个了不起的奇迹。自 1993 年荣获联合国"全球生态 500 佳"以来，滕头村又相继获得"全国文明村""全国先进基层党组织""世界十佳和谐乡村""国家 5A 级旅游景区""中国十大名村""全国爱国主义教育示范基地"等国家级以上荣誉 70 多项。2008 年 11 月，滕头村作为全球唯一乡村入选上海世博会"城市最佳实践区"。2022 年 2 月，滕头村入选浙江省第一批未来乡村建设试点村。作为乡村产业振兴典范，滕头村全方位、全景式展示了中国特色社会主义新农村的风貌，彰显了中国特色社会主义制度的优越性，在全国乃至全球具有示范性和代表性。在我国全面建成小康社会之后，迈向共同富裕新征程之际，梳理滕头村发展的经验模式，丰富共同富裕示范村样本，对全国其他地方推进共同富裕具有重要的借鉴和启发意义。

一、滕头推进共同富裕的基本做法

滕头在推进共同富裕的实践中一直积极探索、开拓创新，走出了一条"党建统领、绿色发展、共同富裕"的乡村振兴新路子，形成了奋斗致富、"联盟"带富、赋能促富"三位一体"共同富裕的滕头模式。

(一)奋斗致富:始终坚持"一犁耕到头，创新永不休"的滕头精神

习近平总书记曾说:"幸福都是奋斗出来的。"多年来，滕头村始终奉行"基本福利靠集体，发家致富靠奋斗"，通过顽强拼搏、不断奋斗，创造了属于自己的财富神话。

1.敢于创新富村民

一是改土造田挖穷根。滕头村原是生产条件和生活水平相当落后的穷村，究其原因是"田不平，路不平"。为了改变这一现状，傅嘉良老书记带领党员干部和群众，历时 15 年，把原本坑坑洼洼不平整的土地改造成 200 多块高产良田。当年就解决了温饱问题。改土造田挖掉了穷根，为滕头村发展奠定了坚实的物质基础。二是产业升级促发展。滕头村通过整合所属大大小小 50 余家企业，逐步形成以高科技、全域旅游、园林绿化等为核心的绿色产业体系，并开展多元化经营。2020年滕头村实现社会生产总值 122.9 亿元，利税 11.7 亿元，村民人均收入 6.9 万元。目前，绿色产业占滕头村经济总量的 80%，实现了滕头村经济持续、快速、健康发展。三是旧房改造换新颜。20 世纪 70 年代以前，滕头村原先的住房都是老旧的木头房，破败不堪，而且房屋面积又小。为了改善住房条件，在村支部的带领下，滕头村开始改造第一代"老、破、小"的木头房，后又打造滕头村生态住宅区，在三任村支部书记的带领下，从一代的木头房，到二代的徽派小楼，再到三代的"小康别墅"，提升了村庄整体格局和面貌，改善了村民的居住条件，提高了村民的幸福指数。

2.生态立村美环境

滕头村很早就已经意识到保护环境的重要性，坚持预防为主、防治结合的原则，践行"生态立村"发展理念，把村庄建设成为"生态大花园"。2010 年 4 月，滕头–溪口旅游景区被授予 5A 级旅游景区，成功创建全国首个村域 5A 级景区。一是成立村级环保委员会。为了保护村域环境，成立环境保护委员会专门对引进项目进行评估，对于环境不达标的项目实行一票否决制。二是推进清洁能源项目。为了防止污染，打造生态村庄，滕头村以基础设施建设为抓手，积极实施清洁能源项目。积极利用风能太阳能照明系统，建设生态停车场，安装光伏发电板等，推动清洁能源广泛利用。三是实施"蓝天、碧水"绿化工程。为了进一步改善人居环境，近年来，滕头村先后投入 1.05 亿元，实施"蓝天、碧水"绿化工程。拆除了柴灶，实现农居"无烟村"；对生活垃圾实现集运和无害化处理；住宅区实施雨污分流；兴建生态景点将军林、千米绿色长廊、柑橘观赏林、草莓基地等 20 多处。

3.三产融合提效益

滕头村秉持"绿水青山就是金山银山"的发展理念，以农业为基础，结合区域资源特色，促进一二三产业融合发展。通过调整和优化农业产业结构，初步形成集精品、高效、创汇、生态、观光农业于一体的发展格局。通过推进"三农一体""三生"互促，实现休闲农业发展方式由粗放向集约、产品

服务由低端向高端转变,探索形成"景区＋村庄""生态＋文化"的乡村旅游新格局,真正做到"处处是景区、家家是景点、人人是景色、时时有景致"。

(二)"联盟"带富:秉持"一村富不算富,一起富才是真的富"理念

滕头村牢记习近平总书记关于"共同富裕路上,一个也不能掉队"的要求。多年来,始终践行"一村富不算富,一起富才是真的富"理念,坚持"先富带后富",推动周边村庄一起发展。

1. 区域联合谋共富

滕头村联合周边的青云、傅家岙、肖桥头、塘湾等村,探索成立区域党建联合体,后升级为"桃李芬芳·康美常青"党建联盟。一方面,滕头村依托区域党建联盟,通过组织联建、规划联定、民生联动、区域联手、产业联兴等方式,在组织建设、整体规划、产业发展、村民自治等方面开展深入合作,进一步发挥滕头村"领头雁"作用,激发周边村庄发展潜力,带动周边区域共同发展;另一方面,区域党建联盟激发了各村基层党组织活力,提升了区域党建引领发展的能力水平,依托滕头村经济发展和村域品牌优势,整合周边各村特色资源,通过"桃李芬芳·康美常青"党建联盟与其他各村共同谋划,帮扶周边各村集体经济和村容村貌实现双飞跃。

2. 对接帮扶促共富

长期以来,滕头村深刻领会习近平总书记关于扶贫工作精神,积极响应国家号召助力脱贫攻坚,深入开展精准扶贫,对接帮扶促进共同富裕。与新疆库车乌恰一村、吉林安图红旗村、河北店房村等地开展结对帮扶,通过"输血"与"造血"双管齐下助推当地脱贫。例如,在吉林安图红旗村,滕头村不仅直接出资促进村集体经济发展,同时结合当地资源禀赋特色派出专业旅游骨干指导当地旅游发展,实现当地旅游产业迭代升级。

3. 示范引领助共富

"授人以鱼,不如授人以渔。"为了更好地推广滕头经验以及相关做法,滕头乡村振兴学院应运而生。滕头乡村振兴学院自成立以来,结合滕头自身优势,充分运用滕头品牌,通过新农村建设课堂培训、专家集中会诊、导师跟踪帮扶等方式,面向全国贫困地区的农村干部、产业带头人,开展基层党建、乡村治理、村庄发展等方面的培训,传授乡村振兴浙江经验、滕头做法,为全国实施乡村振兴战略培养造就和配套输送人才。截至目前,滕头乡村振兴学院累计培训15000余人次。

(三)赋能促富:党建引领强保障,多元融合促发展

滕头村始终站在时代发展的前沿,通过"党建赋能、创新赋能、科技赋能"助推村域经济不断实现新的突破。

1. 党建赋能强保障

滕头村党委班子以身作则、党员干部身先士卒,形成党委班子带着党员干、党员干部带着群众干的良好氛围。在各项事业推进过程中,党员干部始终站在第一线率先垂范,以党员干部的榜样力量感染村民,逐步形成"三先三不"原则。即要求村民做到的,党员干部首先做到;要求党员做到的,党委成员首先做到;要求党委成员做到的,党委书记首先做到;村干部不住最好的房子,不拿最高的

工资，不多占股份。后又升级为"新三先"原则，即要求党员干部在群众面前要先人后己，在利益面前要先公后私，在奉献面前要先人一步。极大地凝聚了村民的同心力、向心力，为滕头发展提供了坚实的组织保障。多年来，滕头村的党委成员、党员干部始终遵守这些原则，引领村民共同建设美好家园。

2.创新赋能促发展

创新是一个民族进步的灵魂，是国家兴旺发达的不竭动力。同样，创新对于村庄发展至关重要。滕头村通过创新赋能新载体，着力打造绿色产业、生态旅游、清洁能源、低碳经济，探索绿色产业新模式、新业态，致力于美丽乡村建设，走出了一条以生态旅游为主线、辐射相关产业联动的绿色发展之路。综观滕头发展，从改土造田到旧村改造，从基础农业到立体农业、生态农业，从观光游到生态游、休闲游，都是滕头村党委不断突破、大胆创新、敢为人先的成果。

3.科技赋能助共富

滕头村在发展过程中始终秉持着科学技术是第一生产力的理念。从探索改土和科学施肥相结合，到建立优质种子种苗基地，再到建立综合农业示范区，滕头村通过引进互联网、物联网技术，借助高科技生态大棚、植物组培中心等载体，调整农产品时空结构，向绿色生态农业发展，实现现代科技与农业产业的融合发展。加强同科技型大企业合作，搭建以花卉种植、园林艺术、生态旅游为主线、辐射相关产业联动的闭环运作产业链。另外，村中到处呈现出科技环保的力量，如风能太阳能发电系统、生活垃圾无害化处理、雨污分流、生态停车场等。

二、滕头推进共同富裕过程中取得的成效

滕头在推进共同富裕过程中，有效促进了区域内基层党建、经济发展、社会治理、资源配置等方面的发展，特别是促进滕头周边村庄发展方面效果显著。

（一）基本实现了滕头村民共同富裕之梦

滕头村通过生态农业、观光旅游、园林绿化、新能源、新材料等绿色产业发展，基本实现了共同富裕的梦想。建成了全生命周期民生保障制度，住房、教育、养老、卫生等保障一个不落。制定充分就业制度，全村实现了100％就业率；基本福利每人每月1500元，养老金最低每人每月3500元，村里还为全体村民办理了人身、财产保险，失地农民养老保险，医疗保险等；设立"育才教育基金"，全村儿童免费上幼儿园、小学，全额报销成人教育学习费用，另外专门对当年考上大学的本村学生进行奖励；家家户户都住上了别墅，物业管理全部免费等。

（二）有效推进了基层党建引领共同富裕之路

近年来，以构建"1＋6"区域党建联合体为基础，牵头成立"桃李芬芳·康美常青"党建引领乡村振兴经济联合体，开展"五联五促"行动，推动组团式发展。通过建立区域"资源互治"机制，在经济转型、农业发展、土地开发、资本运作等方面，强化区域产业链条的优化互补，帮助各村跳出"不发展没资源、没资源难发展"的怪圈。联盟成立以来，区域游客接待、旅游收入年均增长分别为32％和46％，各村集体经济收入年均增长30％以上，村民们的口袋也越来越"鼓"了。

（三）大力推广了推进共同富裕的滕头模式

创设滕头乡村振兴学院、滕头展览馆、世博滕头馆等一批具有题材优势和地方特色的教育平台，运用课堂教学、实战跟学、实训悟学等模式，开展书记"师徒结对"、干部"跨村挂职"等"导师帮带"工作，通过专家集中会诊和导师跟踪帮扶传授治村经验、帮助解决难题，持续输出"滕头经验"。被新华社、央视、《光明日报》《浙江日报》等广泛宣传，其中央视《新闻联播》以《小乡村办起大学院》为题，用 2 分 35 秒单条播发，让滕头乡村振兴学院成为"爆款"。2020 年，共接待参观学习人员 128 万人次。

三、滕头推进共同富裕的基本经验

滕头推进共同富裕的实践探索，可谓共同富裕路上乡村版的一场生动实践。当前，虽然还处于进一步的探索阶段，但在全国范围来看，其实践探索已经走在前列。滕头推进共同富裕的方案、经验，对其他乡村推进共同富裕，具有较大的启发和借鉴意义。

（一）实现共同富裕，要坚持党建引领，凝聚发展合力

实现共同富裕要靠中国共产党的领导，要靠基层党组织的引领。基层党组织既是贯彻落实党中央精神的神经末梢，又处于实现共同富裕的前沿阵地。能否发挥好基层党组织的党建引领作用，直接关系着共同富裕的成败。滕头村在打造共同富裕示范区"样板村"的过程中，特别重视党建引领作用，在实践中逐步形成了"三先三不"原则以及"五个一"党建工作总领，增强了滕头党组织的凝聚力、向心力，同时也极大地促进了滕头经济发展和共同富裕示范区"样板村"建设。

（二）实现共同富裕，要壮大集体经济，夯实物质基础

壮大村级集体经济是农村实现共同富裕的物质基础。如果没有村级集体经济的强大，要实现农村共同富裕就会成为一句空话。目前，我国有些地方农村集体经济基础薄弱，特别是中西部不发达地区。实现农村共同富裕，关键在于提高村级集体经济水平。滕头村始终把发展壮大村级集体经济作为工作重心来抓，以产业发展促进集体经济的壮大，不断提高集体经济的总量和水平。

（三）实现共同富裕，要坚持改革创新，提升发展动力

持续不断的改革创新是产业发展的动力，为经济健康发展提供源源不断的活力。在发展中不断进行创新，在创新中促进健康发展。要实现共同富裕，不是一朝一夕的事情，是一个持续不断创新、不断努力的过程。滕头村的发展是一个不断解放思想、与时俱进的过程。滕头村正是依靠改革创新使产业不断升级、三产融合发展、旅游迭代升级，才使滕头在发展中始终走在时代前列，为滕头发展提供了强劲动力。

（四）实现共同富裕，要坚持共建共享，提升村民获得感

党的十九大报告指出："保证全体人民在共建共享发展中有更多获得感，不断促进人的全面发

展、全体人民共同富裕。"滕头村坚持共建共享原则，以党建联建机制拓展公共服务资源，不断激发区域内干部群众干事创业的内在动力。坚持发展为了人民，发展依靠人民，发展成果由人民共享，实现共同建设、资源共享、优势互补、合作共赢，共享改革发展成果。不断使村民得到更多实惠，提升村民获得感、幸福感、满足感，使全体村民朝着共同富裕的方向阔步前进。

参考文献：

[1] 厉以宁，黄奇帆，刘世锦，等.共同富裕：科学内涵与实现路径[M].北京：中信出版社，2022.

[2] 王宏甲，萧雨林.中国有个滕头村[M].宁波：宁波出版社，2019.

[3] 余丽生，等.共同富裕：浙江实践的典型案例[M].北京：经济科学出版社，2021.

[4] 郁建兴.新浙江现象案例选[M].杭州：浙江人民出版社，2020.

[5] 张占斌，董小君，黄锟，等.中央党校知名专家解读共同富裕[M].北京：中共中央党校出版社，2022.

[6] 中共浙江省委宣传部."绿水青山就是金山银山"理念提出十五周年理论研讨会论文集[M].杭州：浙江人民出版社，2020.

共建共享共富的模式及路径研究

——基于横店的实践

毛秀娟

（中共金华市委党校）

摘　要：中国的共同富裕是在共产党领导下全社会共同参与建设、共同享有建设成果、共同走向富裕的结果，共建共享共富是具有中国特色的共同富裕创新模式，在共建共享的基础上实现共同富裕是新时代推进共同富裕建设的重要路径。实现共建共享共富必须积极营造全社会共同参与的发展环境，完善全社会各尽所能的制度安排，形成全社会共同享有的合理分配格局。横店经过多年发展开创了"政企合力共建、产城融合发展"的共建共享共富模式，探索出一条高质量发展建设共同富裕示范乡镇之路。

关键词：共建　共享　共富　横店模式

中国的共同富裕是社会主义的本质要求，是中国式现代化的重要特征。这就意味着中国推进的共同富裕是在共产党领导下全体人民的富裕，是个人、国家、民族共同走向的富裕，是基于勤劳创新而致富的富裕。共同富裕是一个系统工程，需要全社会的协同配合共同努力才能最后实现。全体人民共同建设、共同享受、共同富裕是我国现代化建设的重要内涵和特征，在共建共享的基础上实现共同富裕是新时代推进共同富裕建设的重要路径，探索共建共享共富的发展模式和实现路径具有重要的现实意义。

一、共建共享共富是具有中国特色共同富裕的创新之路

（一）共同富裕是中华民族的伟大梦想和社会主义的本质要求

实现共同富裕是中华民族五千年的理想追求与伟大梦想，是马克思主义的基本主张，是我们党始终不渝的重要奋斗目标和长期战略任务。中华民族几千年来孜孜以求的一个梦想就是"大同"，圣达贤人追求"众乐乐"超越于"独乐乐"，"仓廪实而知礼节"，希冀实现天下一家、天下太平、天下富足，中国人民为着这一梦想跋山涉水一路前行。170多年前发端于西方的马克思主义与东方的文明大国有着异曲同工之妙，提出未来社会发展的最终目的是实现"所有人的富裕"，奋斗的理想是实现物质极大丰富、人的自由而全面发展的共产主义，希冀从初级阶段的社会主义开始不断发展最终进入高级阶段的共产主义。接受了马克思主义思想的中国共产党以国家的富强、人民的富裕为己

任,带领中国人民披荆斩棘砥砺前行,希冀在 21 世纪中叶把我国建设成为富强民主文明和谐美丽的社会主义现代化强国,实现中华民族伟大复兴和共同富裕的理想目标。新中国成立以来,党领导全国人民消灭封建土地制度等剥削制度,在百废待兴一穷二白的基础上坚持自力更生艰苦奋斗,完成社会主义改造,建立社会主义制度,取得经济、政治、文化、社会等各个领域的重大成就,为在社会主义道路上逐步实现共同富裕奠定了根本社会条件。改革开放以来,党领导勾画了共同富裕的发展思路和基本框架,打破平均主义,鼓励一部分地区、一部分企业和一部分人依靠勤奋劳动先富起来,最终走向共同富裕,由此极大解放和发展了社会生产力,人民生活水平不断提高。党的十八大以来,党中央团结带领全党全国各族人民,始终朝着实现共同富裕的目标不懈努力,全面建成小康社会取得伟大历史性成就,特别是决战脱贫攻坚取得全面胜利,困扰中华民族几千年的绝对贫困问题得到历史性解决,为新发展阶段推动共同富裕奠定了坚实基础。① 正如习近平同志强调:"共同富裕是全体人民共同富裕,是实现 14 亿人共同富裕,是人民群众物质生活和精神生活都富裕。"100多年来中国共产党的奋斗史和 70 多年来社会主义的建设史,始终围绕一个突出的主题,即实现国家富强和人民富裕,体现出鲜明的特征即全体人民全社会共同建设共同享有,聚焦着中华民族的伟大梦想,即实现具有中国特色的共同富裕。

(二)共建共享共富是中国式共同富裕之路

区域发展不平衡是世界难题,在许多国家的发展历程中,全民共享发展往往是缺失的一环,很多国家不缺人才和资金,但始终没有实现,一些发达国家在共同富裕进程中出现社会撕裂、政治极化、民粹主义泛滥,究其深层原因在于资本主义私人所有制的特性,生产资料集中在少数人手中,发展成果也属于少数人享有,导致两极分化严重贫富悬殊。马克思认为生产资料私有制是造成资本主义社会两极分化的根源,实现共同富裕必须消灭私有制、消除两极分化。中国社会主义建设一直坚守并始终致力于消灭剥削,消除两极分化,使全体人民共享国家发展成果,使全体人民朝着共同富裕的方向稳步前进。2021 年《中共中央国务院关于支持浙江高质量发展建设共同富裕示范区的意见》中明确提出"共同富裕具有鲜明的时代特征和中国特色,是全体人民通过辛勤劳动和相互帮助,普遍达到生活富裕富足、精神自信自强、环境宜居宜业、社会和谐和睦、公共服务普及普惠,实现人的全面发展和社会全面进步,共享改革发展成果和幸福美好生活"②。这说明共同富裕首先是中国特色的共同富裕,其次共同富裕是全体人民通过辛勤劳动共同建设而实现的,最后共同富裕是人和社会共享全面发展和进步。与西方发达国家片面福利社会的模式相区别,中国的共同富裕具有共建共享共富的鲜明特征,全社会共建共享是建设并实现共同富裕的前提和基础。当前我国发展不平衡不充分以及城乡区域发展和收入分配差距较大的问题仍然突出甚至存在负面影响,解决这些核心问题的关键是实现高质量发展建设共同富裕,重要途径是动员全社会群策群力、团结协作、共同奋斗,激发全社会的积极性、主动性、创造性,让全体人员成为直接参与者、积极贡献者、共同受益者,走出一条共建共享共富的中国式共同富裕之路。

---

① ② 《中共中央 国务院关于支持浙江高质量发展建设共同富裕示范区的意见》,2021 年 5 月 20 日发布。

二、共建共享共富的模式解析:以横店为例

探索共建共享共富模式及实现路径是当前颇为急迫的重要任务,特别是农村基层,如何高质量发展以此缩小城乡区域发展和收入分配差距,是共同富裕建设的重点和难点所在。横店的探索和实践提供了可供参考的模式和路径选择。

(一)"横店模式"及其主要做法

横店镇位于浙江省金华市东阳中南部,行政区域面积 121 平方千米,下辖 28 个行政村(社区),常住人口 23 万。改革开放前的横店和国内许多乡镇一样,无山水之奇、无资源之胜、交通不便、区位不彰,人均耕地面积不足半亩,人均年收入不足百元,百姓几乎全靠种地为生,当地流传着"薄粥三餐度饥荒,有女不嫁横店郎"的歌谣。经过 40 多年改革开放的发展,如今横店镇域内人均年收入达到 6.5 万元,从贫穷落后的偏僻小区发展成为宜居宜业宜游的影视名城、休闲小镇,被誉为"世界磁都""江南药谷""东方好莱坞",成为全球最大的影视基地、国家 5A 级旅游景区、全国文明镇,社会和谐稳定,百姓安居乐业,生活充实富足,城镇实现了从农村到城镇到城市的转变,产业实现了从农业到工业到文化服务业的转变,百姓实现了从农民到工人到市民的转变。变化的发生在于横店镇坚持"共创、共有、共富、共享"的理念,开创"政企合力共建、产城融合发展"的发展模式,以兴办工业为突破口和抓手,做大做强影视和旅游等特色产业,企业和政府携手协力共同建设,产业和城镇一起融合发展,探索出一条高质量发展建设共同富裕示范乡镇的路径。

1. 以兴办工业为突破口实施工业强镇战略

1975 年在时任横店大队党支部书记徐文荣的带领下,横店创办了第一家社办企业横店缫丝厂。在"多办企业多赚钱,多为百姓办好事"的理念指导下,1978 年横店又创办了针织厂、印染厂、化纤纺织厂等,开始发展轻纺工业。1980 年横店创办了磁性材料厂,开始发展电子元器件产业。1984 年成立横店工业公司(后更名为横店工业总公司),1987 年公司总产值超亿元,横店成为浙中地区第一个亿元大镇。1987 年横店开发医药中间体产品,开始发展医药产业。1990 年成立浙江横店企业集团公司,成为浙江省首家民营企业集团之一,1993 年改组成立横店集团,成为全国首家大型综合性乡镇企业集团之一。1995 年组建航空俱乐部,开始涉足航空产业。1996 年开始进军影视文化产业。1998 年横店集团明确企业发展方向和定位,即短期以高科技工业为主,长远以第三产业为主,第三产业重点发展以影视文化为龙头的文化产业,并通过影视文化产业带动文化旅游、商贸和其他服务业。经过 40 多年的发展,以横店集团为龙头,横店形成了磁性电子、生物医药、影视文化、新材料、木雕红木等为主的多产业集聚发展格局,并深耕产品的研发、生产、销售与服务,业务遍及 150 多个国家和地区。目前,横店共有经济户口 2.04 万家,各类工业企业 1500 余家,规上工业企业 82 家,年产值超亿元企业 24 家,上市公司 8 家,总量居全国乡镇第 2 位,2020 年全镇实现规上工业产值 211 亿元,税收收入 41 亿元,创造就业岗位 5.8 万个,职工人均年收入达到 8 万元。多年的工业化进程,横店产业多元发展产业兴旺,第二、第三产业齐头并进,为横店共同富裕打下坚实的物质经济基础。

2. 以发展影视文化产业为重点实施影视兴镇战略

紧抓 1996 年谢晋导演拍摄电影《鸦片战争》的契机,横店集团投资建设"广州街""香港街"等影

视外景拍摄基地而开始涉足影视文化产业。20多年来，横店集团陆续投资100多亿元，建起了30多座跨越五千年历史、汇聚南北区域特色的影视实景拍摄基地和100座大型室内现代化高科技摄影棚，可拍摄题材涉及古装、现代、当代、科幻等类型，横店成为全球规模最大的影视拍摄基地，被誉为"中国好莱坞、影视梦工厂"。齐全的影视拍摄基地和优惠的政策、专业化的服务，吸引国内众多剧组蜂拥而至，服装、化妆、道具、机器设备等许多相关企业集聚，形成了影视产业集群。不断强化影视拍摄配套服务，从甄选群众演员、拍摄场地到协助完成备案立项、办理拍摄许可证、作品审查、影视产权交易等环节提供一条龙专业服务，完善创作、拍摄、后期制作、交易、衍生品制作的影视全产业链，实现影视剧拍摄"带着剧本来，拿着片子走"。从实景拍摄基地到摄影棚，再到数字化技术应用，横店影视文化产业链日趋完善，成为国内产业链最完整的影视文化产业集聚区。2004年国家广电总局批准设立浙江横店影视产业实验区，标志着横店从影视拍摄基地向影视产业基地的转化。2018年浙江省委、省政府批准成立横店影视文化产业集聚区，横店影视文化产业步入高质量发展的新阶段。截至2020年，全国有1/4的电影、1/3的电视剧、2/3的古装剧、累计7万多部(集)的影视剧在横店拍摄，1412家影视制作企业和780家工作室入驻集聚区，累计接待剧组3200多个，影视文化产业年营收157亿元。2004年至今，横店入区企业作品荣获金鸡奖131部，百花奖、华表奖等273项，拥有30多家影视出口企业，与法国、美国、韩国、中国香港等多个国家和地区合作，多部影视剧在20多个国家和地区播映，横店成为影视主旋律、正能量、高品质作品的创作生产热土，成为精神文明建设高地。

3. 以文旅融合为抓手实施旅游旺镇战略

横店影视文化产业的快速发展，带动了横店影视旅游市场的火爆形成。大量游客慕名而至，拍摄基地成为旅游热地。横店坚持"影视为表、旅游为里、文化为魂"的经营理念，以影视拍摄基地为依托，以影视文化为内涵，以旅游观光为业态，以休闲娱乐为目的，大力发展影视旅游产业。1999年横店举办中国首届农民旅游节，打响"影视旅游、农民文化"的品牌。2001年成立浙江横店影视城有限公司，专业从事影视旅游经营。开发影视主题公园，将大量影视元素注入旅游产品中，增强旅游的互动性和体验性，横店旅游业规模不断扩大。2010年横店影视城晋级为国家旅游局首批5A级旅游区。横店影视城是目前中国规模最大的影视体验主题公园，拥有20场大型演艺秀，成为娱乐休闲之都。近年开发的梦外滩影视主题公园，占地面积500亩，总投资约35亿元，集合影视拍摄、影视主题文化体验、商业休闲、度假酒店等多种业态功能，增加了游客深度体验影视拍摄、享受度假休闲的乐趣。从一条街到一座城，从影视拍摄基地到影视旅游主题公园，横店旅游实现了影视、文化、旅游的融合发展。横店乡村旅游、餐饮住宿、商贸服务等第三产业随之繁荣发展，为新老横店人提供大量的创业就业机会。据横店镇相关统计数据，2020年横店接待游客近2000万人次，历年总累计数近2亿人次，旅游收入200亿元，直接创造就业岗位近12.3万个；从事第三产业的劳动力约7.5万人，占劳动力就业总数的56%；各类主题酒店、民宿有1500多家，床位2.87万张，农户出租收入达4.38亿元。

4. 以共建共享为宗旨实施合力富镇战略

各级党委政府为支持横店发展影视文化产业出台许多鼓励政策、采取诸多举措，政企良好互动在服务影视企业方面体现出机制上的优势。浙江省"十四五"规划明确提出"以横店影视文化产业集聚区为龙头打造具有国际影响力的影视文化创新中心",《浙江省高质量发展建设共同富裕示范区实施方案》中提出"支持横店创建国家级影视产业先行示范区,打造具有国际影响力的影视创新中心和数字文化产业集群"。浙江省正在申报横店为国家级影视文化产业先行先试区,横店影视文化产业集聚区牵头开发"影视大脑"建设将为横店影视文化产业发展带来不可估量的促进作用。横店集团自创办之初就把扎根横店、拥抱世界、做最具社会责任心的企业作为自身的使命与愿景,主动承担起推动横店农村现代化、农民脱贫致富的重任,极大地带动区域产业发展,带领大批农民走上致富"快车道"。集团自创立以来,以"多办企业多赚钱,多为老百姓办好事"为要义,积极主动参与当地共建新农村建设、城市化发展、社会民生等事业,先后投入 100 多亿元建设公路、桥梁、隧道,建成横店客运中心、自来水厂、污水处理厂、学校、医院等,实施南江两岸及支流治理工程,全镇及周边 20 多万人共享了建设成果,并且帮助中西部贫困地区创造了数万个就业岗位,2021 年横店集团被党中央、国务院授予"全国脱贫攻坚先进集体"。横店成立了以"共创、共有、共富、共享"为宗旨的"四共委",坚持以"共创、共有、共富、共享"为宗旨,以"发展文化产业,造福一方百姓"为目标,以社会团体组织统领横店社会力量参与横店经济社会建设。"演员公会"作为服务于"横漂"的全国唯一一家非营利性群众演员同业公会,为"横漂"提供拍摄机会、代发工资、处理纠纷、帮助维权等全方位保障,使来自全国各地的影视人能够扎根横店筑梦共富。

经过各方努力以及横店人民的勤劳奋斗,横店城镇环境得到综合整治,城市风貌得到综合提升,镇区设施功能得到改善,实现了"农村工业化、农村城市化、农民市民化"的梦想。来自全国各地的 1.5 万多名剧组人员、6000 多名影视行业工匠、7600 多名"横漂"演员长期居住横店创业就业。2019 年中央党校课题组从收入状况、公共服务、人居环境等 15 个指标对横店进行幸福感调查,满意度高达 93％。横店影视文化产业又辐射带动了周边乡镇及邻近县市,周边县市建有 306 个影视外景拍摄基地,增加了当地群众的就业和收入。

(二)"横店模式"的实现路径

横店以"共创、共有、共富、共享"的理念开创"政企合力共建、产城融合发展"的发展模式及路径,对于农村基层进行共同富裕建设具有一定的借鉴意义和经验启示。

1. 坚持共建共享共富理念带领区域共同致富

横店始终以"共创、共有、共富、共享"为发展理念,坚持"多办企业多赚钱,多为群众办好事",让更多的农民"洗脚上田",使每个人都有机会赚钱致富。横店的共同富裕不仅是当地百姓的共同富裕,全国各地来到横店就业创业的新横店人,与当地百姓共享发展成果,让发展成果更多更公平惠及人民群众。横店始终坚持勤劳致富,鼓励劳动者通过诚实劳动、辛勤劳动实现增收致富。

2. 坚持改革创新促进区域发展

从轻纺业起步,到发展成为电气电子、医药健康、影视文旅、现代服务等产业集群,横店产业发展的每一步都是创新的结果,特别是影视文化产业的发展,更是人无我有、人有我优,成就横店创业传奇。以改革作为牵引,全面优化服务供给,以数字化改革撬动区域全面改革深化,为产业发展营造优质环境,为群众生活创造更好条件。通过政企合力促进共建,通过产城融合促进发展,在发展中保障和改善民生,推动区域经济、文化、社会协调发展。

3.坚持系统观念谋划区域发展

横店坚持遵循系统观念的内在规律与实践要求,将系统观念贯穿经济社会发展全过程各领域。用系统的思想方法发展产业,第二产业壮大以后,大力发展第三产业,再以第二、三产业反哺农业,实现三产的共同发展。坚持用系统的思想方法解决问题,注重防范化解重大风险,统筹发展质量和发展效益、发展成果与成果分配、经济发展与社会和谐之间的关系,使共富建设与经济发展阶段相适应、与现代化建设进程相协调,脚踏实地、久久为功。

4.坚持社会各界共同参与区域建设

横店的富裕离不开各级党委政府的正确有力领导,离不开以横店集团为首的众多民营企业的积极参与担当作为,离不开以徐文荣为代表的横店农民企业家锐意改革、不断进取的富民情怀,离不开新老横店人勤奋务实、踏实进取的勤劳致富精神。横店镇、横店影视文化产业集聚区与横店集团合作互动,新老横店人携手共进,共同推进区域经济社会良性发展,共同谋划区域发展蓝图,共同建设和谐美好家园。

三、优化共建共享共富的实现路径

共建共享共富是推进共同富裕建设的重要途径,实现共建共享共富必须在营造发展环境、完善制度安排、形成合理分配格局等方面下功夫。

(一)实现共建共享共富必须营造全社会共同参与的发展环境

实现共同富裕是一项系统工程,需要党委政府、社会、个人等各方携手共同奋斗,各尽所能、各尽其责。共同富裕路上一个都不能掉队,正如习近平同志所说:"举国同心,合力攻坚,党政军民学劲往一处使,东西南北中拧成一股绳。"充分发挥社会主义集中力量办大事的优势。要不断强化党的集中统一领导,发挥党总揽全局、协调各方的领导核心作用,引领全党全国人民齐心协力、凝聚多元化社会力量,把14亿中国人民凝聚成推动高质量发展建设共同富裕的磅礴力量。加强政府部署制定全国一揽子政策和进行全国一盘棋布局,优化顶层设计,出台利民惠民的政策,提供公平竞争的良好平台,鼓励大众创业、万众创新,形成人人参与的发展环境。保障和改善民生,为全民提供优质的教育、医疗、养老、就业等多方面的服务。着力焕发亿万人民群众建设共同富裕社会的积极性、主动性和创造性,强化人民群众是共同富裕的建设者更是受益者的身份意识,激发人民群众自力更生、艰苦奋斗、勤劳致富的内生动力,畅通向上流动通道,给更多人创造致富机会,避免"内卷"和"躺平",通过共情共理引导人民群众投身共同建设大潮享受奋斗成果,用每个人的勤劳智慧创造推进全社会的共同富裕。鼓励企业和高收入人群更多回报社会,引导企业家增强向上向善的社会责任意识,积极参与和兴办社会公益事业,从税收等方面鼓励辛勤劳动、合法经营、敢于创业的致富带头人,以制度保障先富带后富而后消除社会仇富现象。

(二)实现共建共享共富必须完善全社会各尽所能的制度安排

共同富裕是一个需要付出艰苦努力才可能实现的长远目标,具有长期性、艰巨性和复杂性,需要完善有利于全社会倾力投入各尽所能、共建共享共富的体制机制。坚持公有制为主体、多种所有制经济共同发展的社会主义基本经济制度,是建设共同富裕必须长期坚持的根本性制度。党和政府作为共同富裕的倡导者和推动者,重点聚焦在带动低收入增收、帮助医疗救助完善、促进乡村经济增效、资助普惠教育共享等切实带后富、帮后富的领域,领导主持制度的顶层设计和施行。完善先富带后富的帮扶机制,探索建立先富帮后富、推动共同富裕的目标体系、工作体系、政策体系、评估体系,持续推进对欠发达地区的智力、产业、文化教育支援和民生改善,大力推进产业合作、消费帮扶和劳务协作,探索共建园区、飞地经济等利益共享模式。① 不断完善"东西部协作帮扶"制度以解决区域发展不平衡问题,通过确立协作项目开展定点帮扶不发达地区共建共富。继续坚持和完善驻村第一书记、对口支援等经过实践检验可行有效的中国特色共建制度。完善社会力量参与帮扶的长效机制,让国有企业及民营企业、大企业和中小企业能够自愿地投入并且享受到发展红利,让全体人员都自觉投身各尽所能并且享受到发展成果。继续开展"万企帮万村"行动解决乡村发展缓慢问题,动员万家以上民营企业参与村企共建回馈社会,帮助万个以上乡村加快共同富裕进程,充分发挥企业人才、资金、技术、管理等方面的优势,通过重点发展一批特色产业,重点解决一批农村劳动力就业,重点落实一批公益捐赠项目,帮助和带动农民多渠道就业增收。

(三)实现共建共享共富要形成全社会共同享有的合理分配格局

共同富裕重点解决的是发展不平衡不充分以及城乡区域发展和收入分配差距较大问题,要建立科学的公共政策体系,重点加强基础性、普惠性、兜底性民生保障建设,统筹做好就业、收入分配、教育、社保、医疗、住房、养老、扶幼等各方面工作,②让发展成果更多更公平惠及人民群众,形成人人享有的合理分配格局。构建初次分配、再分配、三次分配协调配套的基础性制度安排,初次分配重在调动社会各阶层市场竞争的积极性,让一切能够创造财富的源泉都充分涌现出来;再分配重在基本公共服务均等化,校正市场的"马太效应",为社会稳定和经济可持续发展奠定坚实基础;三次分配重在慈善公益事业,让经济发展的成果更好地惠及全体国民。③ 坚持按劳分配为主体、多种分配方式并存的分配制度,弘扬勤劳致富精神,鼓励劳动者通过诚实劳动、辛勤劳动、创新创业实现增收致富。发挥市场在资源配置中的决定性作用和政府调节作用,在保护劳动所得的同时完善要素参与分配的政策制度,完善市场配置资源的机制。政府通过加大税收、社保、转移支付等调节力度,扩大中等收入群体比重,增加低收入群体收入,提高城乡居民收入水平缩小收入分配差距。建设义务教育优质均衡发展体系、公共卫生体系、居家养老体系,稳步提高保障标准和服务水平,在发展中补齐民生短板。实现城乡一体化发展,健全城乡融合发展的体制机制,推动城乡基础设施同规同网,推进城乡区域基本公共服务更加普惠均等。完善有利于慈善组织持续健康发展的体制机制,畅通社会各方面参与慈善和社会救助的渠道,加强对慈善组织和活动的监督管理,按照社会公益、社会公德、社会和谐等道德伦理体系来行动,形成取之于社会回馈于社会的良性循环。

① 贾若祥:《扎实推进共同富裕示范区建设》,《人民日报》2021 年 8 月 2 日。
② 金观平:《共建共享才能走向共富》,《经济日报》2021 年 8 月 22 日。
③ 宋晓梧:《如何构建初次分配、再分配、三次分配协调配套的基础性制度安排》,《光明日报》2021 年 10 月 9 日。

共同富裕背景下新型职业农民培育路径分析

平晓敏

（中共金华市委党校）

摘　要：共同富裕是全体人民物质生活和精神生活都富裕，面对当前仍然存在的城乡区域发展差距，农村农民的发展问题依然是焦点、难点。新型职业农民的培育对农村产业融合发展、推进乡村治理、促进乡风文明建设等都具有重要意义。但当前新型职业农民培育面临培育氛围尚未形成、培育内容针对性不强、培育方式较为单一以及培育保障不够健全的现实困境，应从广泛宣传引导新型职业农民培育、系统性设置培育内容、以多样化形式开展培育和持续性加强培育保障来优化其培育路径，助力农村农民共同富裕。

关键词：共同富裕　新型职业农民　培育困境　路径选择

农为国本，农业、农村、农民"三农"工作一直是全党工作的重中之重。"三农"问题的根本在于农民问题。[1]习近平总书记指出："促进共同富裕，最艰巨最繁重的任务仍然在农村。""要就地培养更多爱农业、懂技术、善经营的新型职业农民。"2012年中央一号文件首次明确提出大力培育新型职业农民，此后陆续出台一系列培育新型职业农民的政策文件，为做好"三农"工作提供了行动指南。关于新型职业农民培育的研究也在广泛开展，已有研究主要围绕乡村振兴、农村信息化等角度探讨新型职业农民培育的现状及对策等。就新型职业农民培育现状而言，主要围绕体系不健全、机制不合理[2]、保障不到位[3]等方面展开论述，表明当前新型职业农民培育情况不容乐观，亟待引起重视。在新型职业农民培育对策上，学者围绕加强顶层设计[4]、健全体制机制[5]等角度提出优化措施。可见，已有研究多从社会支持因素探讨，对新型职业农民培育本身的发展讨论较少。基于此，本研究认为新型职业农民培育应紧紧把握促进共同富裕的内涵要求，综合人自身的发展，分析培育路径的选择。

一、共同富裕背景下新型职业农民培育的重要意义

培育新型职业农民是农业农村人才队伍建设的关键环节，是实施乡村振兴战略、促进农村高质量发展、实现共同富裕的有力支撑。面对农业现代化发展提速、群众对美好生活的追求等趋势，培育能适应新形势发展的高素质新型职业农民队伍具有十分重要的现实意义。

（一）培育新型职业农民是产业融合发展的动力引擎

党的十九大报告指出，我国已由高速增长阶段转向高质量发展阶段。随着农业供给侧结构性

改革不断推进,产业融合已成为农村生产力发展的必然趋势,势必在促进农村农民共同富裕方面发挥重要作用。[6]在产业融合发展过程中,人才始终是第一生产力。研究发现,新型职业农民培育在1%的水平显著促进区域农业经济发展和农业结构转型与升级,培育新型职业农民可以有效增加农村人力资本存量,作为新兴市场主体,新型职业农民为追求利益最大化,更愿意种植经济效益高的农作物,伴随劳动能力和非劳动能力的提升,促进增收的同时带动区域农业经济增长和区域农业结构转型升级。[7]

此外,技术进步率同样是制约产业融合发展的重要因素,产业融合源于技术进步,又反作用于技术的创新和扩散。[8]依托产业链的集聚能力,知识、资源和信息的流动共享加快,提高了技术创新和应用的能效,农业生产、加工和流通等环节的融通和延伸发展又推动新技术在农业产业链、供应链的深化应用,进而实现农村产业效率和价值的提升。调查发现,68.79%的新型职业农民对周边农户起到辐射带动作用,平均每个新型职业农民带动 30 户小农户,因为新型职业农民在创新创业过程中,善于创新农业经营模式,延伸农业产业链,积极培育新产业、新业态,不仅为当地农民提供大量就业机会,也拓宽了农民增收的渠道。[9]爱农业、懂技术、善经营的新型职业农民无疑将更适应现代经济社会发展的要求,为农业农村现代化发展提供丰富人力资源,助推农村农民共同富裕的实现。

(二)培育新型职业农民是推进乡村治理的有效抓手

改革开放后,城乡交流日益频繁,城镇化进程加快。在城乡二元结构主导下,我国乡村长期作为城市发展的"输血者",以乡促城、以农支工,被动承受城市发展成本的情况突出,农村人力资本、土地资源等生产要素长期不断外流,走向"村庄终结"和"村庄异化"两个乡村蜕化发展的极端。[10]农村自我社会修复和调适能力下降,依靠农民自身化解矛盾的难度加大,长期依赖引入外部资源推动农村发展又在一定程度上加剧了农村发展的被动性,较大地冲击了传统层级化、封闭化的乡村治理体系。[11]村民参与度不高、村干部管理能力有限等难题亟待解决,和谐的农村社会秩序是乡村治理一直以来的追求目标,而依靠外部干预形成社会秩序不是长久之计,关键还是要激发村民自治的内生力,增强政治参与积极性,提高自治能力。

新型职业农民具有一定的文化知识和政治敏锐性,适应性、接受力、反馈能力和应变能力也较传统农民更强,是有民主法制意识的高素质农民;能有效发挥自身组织力与感召力,通过参选村干部、加入公益性社会组织等走上政治舞台,积极投入农村各项基层事务的管理,引导村民有序参与管理,增强村民自我管理意识和能力,进一步巩固乡村治理基础,促进自治、法治、德治"三治于一体"的乡村治理体系形成。《2020 年全国高素质农民发展报告》数据显示,新型职业农民示范带动作用得到有效发挥,已逐渐发展成为在乡村治理中具有骨干示范作用的队伍,将近 20%的新型职业农民担任村干部,超过 15%的新型职业农民获得县级及以上荣誉或奖励,60%以上的新型职业农民对周边农户起到了辐射带动作用。在这一意义上,新型职业农民的培育显得十分必要。

(三)培育新型职业农民是促进乡风文明建设的内生力

乡风文明蕴含丰富的农村文化内涵,包括传统农耕文化、地方特色文化、文化遗迹和传统手工技艺等,是良好社会风气、思维观念、行为方式和生活习俗等的总和,具有天然的教化功能。在共同富裕的语境下，要富"口袋"也要富"脑袋"，不仅要让人民群众物质生活质量提升，也要提高人民群众的精神生活水平，因此乡风文明建设是促进农村农民共同富裕的应有之义。乡风文明建设包括思想道德建设、公共文化建设、移风易俗、传统文化传承等内容，要改变现存的陋习旧俗等不良乡村风气，塑造良好的家风、民风、乡风都需要依赖农民主体性的发挥。同时，良好的乡风文明也是广大农民群众满足感、获得感、幸福感和安全感的直接体现。培育新型职业农民，能通过其示范作用带领周边农户移风易俗，共同致力"新农村建设"，以崭新的乡村风貌推动农村现代化发展。

新型职业农民的培育不局限于劳动能力和经营能力，也包括思想政治教育、道德素质教育等。他们在提升自身素质时，因其农民身份具有天然的亲和力和感染力，加上在基层农村的一定社会影响力，较容易运用自身知识、修养影响他人，在乡风文明建设中发挥号召作用。比如浙江省玉环市坎门街道，坚持培养新型农民，传承文明乡风，深入推进农村精神文明建设进程。以农村文化礼堂为载体，传承浓厚的传统渔海文化，打造留住乡愁、传承乡风的乡村"精神文明标识"，各礼堂还根据自身特点挖掘、保护非遗民俗，张贴孝心榜、和睦家庭榜、爱心公益榜等，凝聚散落的农村文化因子。以各类精神文明项目如"最美坎门人"等系列评比活动为渠道，塑造"好人乡镇"，营造全民参与农村精神文明建设氛围。树立优秀道德模范，将文明和谐的正能量新风潜移默化地融入千家万户，为乡风文明建设注入强大精神动力。

二、共同富裕背景下新型职业农民培育的现实困境

新型职业农民的培育是新时代中国特色社会主义的必然要求。自 2012 年试点启动以来，一直受到各部门和组织的高度重视。纵观近十年新型职业农民培育实践的发展，规模式发展异常凸显，且存在一定的失范现象。[12]

（一）新型职业农民培育氛围尚未形成

我国新型职业农民培育面向全体农村劳动力开展，农村整体的培育氛围关乎培育项目的有效实施。新型职业农民培育近十年的实践确实已取得一定成效，但全国新型职业农民资格认定率却较低，主要问题在于农村、农民还未正确认识新型职业农民及其培育。第三次全国农业普查主要数据公报显示，农业生产经营人员受教育程度以初中及以下为主，高中及以上文化程度受教育者占比非常小。已有研究表明，文化程度越高的农民对培育政策认知越深，对新型职业农民培育的接受度更高，通过培育能够显著促进增收。[13]知识水平有限则更容易导致农民故步自封，对培育的理解不足，对参训没有足够信心，难以适应新型职业农民的要求。

另一方面，城镇发展的"虹吸效应"进一步冲击农村人力资本存量，众多农村人口涌入城镇，农村"空心化"的现象愈演愈烈。第七次全国人口普查数据显示，与 2010 年第六次全国人口普查数据相比，城镇人口增加 23642 万人，乡村人口减少 16436 万人，城镇人口比重上升 14.21 个百分点。相比城镇，农村的发展速度和水平比较缓慢，社会的功利取向也逐渐影响农民传统思维模式，形成宁愿去城镇"打零工"也不愿在家务农、单纯靠农业生产不能获得高经济利益的思想。相关研究发现，仅有 41.5% 的农村劳动力有成为职业农民的意愿；[14]农村学生则认为农业农村的发展机会较少，职业前景不明朗，农村就业意愿普遍较低，家长也不支持子女农村就业。[15]可见，新型职业农民

培育在年青一代中也缺乏动力支持。

(二)新型职业农民培育内容针对性不强

培育内容的设置是新型职业农民培育的关键环节,关系到培育目标的实现。但当前新型职业农民的培育内容缺乏针对性,突出表现为零散化和同质化。培育内容零散化体现在学习内容的安排缺乏完整计划性,很少根据农民的现实需求制订培育计划,多数都是一次性培育,容易导致培育流于形式表面。同时,培育内容偏向传统农业知识,而随着农业现代化的发展,专业化和片段化的现代农业知识向农业生产领域强势挺进,系统性强的传统农业知识系统被打碎,造成农民农业知识系统的断裂,带来选择空间受限、自主性不足等负面影响,农村发展和农民增收受阻。[16]

培育内容同质化则体现在新型职业农民培育没有考虑地区实际情况的需要设置课程,本土文化、互联网新技术等内容较少,本土教材的开发比较不足。一项对湖南农村电商领域新型职业农民培育现状的调研显示,当前农产品电商规模化、产业化发展迅速,但经营者的整体素质还有待提高,在新型职业农民培育体系中却并未看到相关方面的培训。[17]事实上,新型职业农民培育模式在许多地区普遍存在雷同现象,针对各自地域特征、参训农民的个性需求以及不同产业等的分区分类培训较少,尤其缺乏紧密结合本地特色产业开展的全产业链培训,甚至直接照搬套用其他地区的成功经验,使得培训效果远不如预期。[18]

(三)新型职业农民培育方式较为单一

目前多数新型职业农民的培育方式依然是以乡镇或县为单位统一开办,以阶段性的短期培训班为主。刘剑虹等对全国新型职业农民培育现状的调查数据显示,目前我国新型职业农民培育主要通过课堂集中授课(占 65.20%)、现场实地指导(占 23.50%)和参观考察交流(占 7.00%),多数都为不脱产培训,培训时间较短。[19]这种短期集中培训因课程连续性不强,容易出现参培人员中途流失或不再参与后续培训的情况,刘剑虹等人的研究也反映出这一点,超过半数的参训农民认为时间短没效果,后续培训是否参与也不够确定。

此外,参训农民对当前培育方式的认可度也不高,朱奇彪等对浙江省新型职业农民参培的调查数据显示,参训农民普遍认为最有效的培育方式是专业技能培训(占 69.08%)、现场考察与同行交流(占 64.26%)和专家现场考察指导(55.02%)。[20]培育方式未能与参培需求相匹配,不能及时根据农民实际劳作需要做出调整,过于单一化的培训方式直接导致参训农民抗拒相对枯燥的理论知识学习,进而对培育效果期待不高,参培兴趣降低。此种培育方式不仅不能带给参训农民较多的实际利益,又在一定程度上浪费了国家资源。

(四)新型职业农民培育保障不够健全

新型职业农民的培育保障也是培育过程中的重要环节。资金的投入、师资队伍的建设、设施的提供以及考核管理等都关系到培育项目的有效实施。但总体来说,新型职业农民的培育保障依然不够健全,主要表现在扶持力度还不够、考核管理机制不完善等。相关调查中有部分农户表示:"国家的惠农政策很好,但是落实不到我们头上。"原因可能在于政府惠农政策在一定程度上的确具有激励作用,但地方财政比较困难或政府对培育项目重视程度不够等也会带来消极影响,政策的扶持作用、激励机制还未得到有效发挥。

在培育考核管理方面,当前尽管已出台《全国新型职业农民培育工作绩效考评指标体系(试行)》《新型职业农民培训规范(第一批)》等文件,但在具体操作层面尚未建立具体的培育质量标准,培育绩效评价缺乏实践性,区域间培育评价标准不一致,导致培育质量也缺乏可比性,容易出现评价的随意性等问题。同时,新型职业农民培育教师的准入制度还未完全建立,培育师资的选聘标准等各类指标均存在缺位现象。[21]

三、共同富裕背景下新型职业农民培育的路径选择

针对上述新型职业农民培育的现实困境,应从培育氛围的营造、培育内容的设置、开展培育的形式,以及相关的培育保障四方面来考虑培育路径的选择。

(一)广泛宣传引导新型职业农民培育

提高新型职业农民及其培育在农村、农民的影响力是实施培育项目的前提。一方面要加大新型职业农民的政策宣传,提升农民的政策感知度。通过新闻媒体、报纸杂志、短视频、微信公众号等媒介途径拓宽新型职业农民政策的影响面;组织相关讲座"送政策下乡",讲清楚新型职业农民的角色定位,消除农民群众对于培育项目的困惑担忧,增强培育信心。另一方面,要积极引导农民群众树立正确的新型职业农民观,改变功利取向的发展观。通过编写新型职业农民典型案例,报道先进事迹,正面引导农民群众树立正确的农村观、农民观;在大学生职业生涯发展规划教育中增加涉农产业的比重,引导年青一代积极投身社会主义新农村建设,助力农村农民增收致富。

(二)系统性设置新型职业农民培育内容

针对当前新型职业农民的培育内容针对性不强,零散化和同质化现象突出的问题,需从地方发展要求、农民个性需求、政策文件要求等方面系统性设置培育内容。一是要加强培训需求调研,从农民实际需求出发,综合市场需求分层分类选择合适的培育内容,灵活安排培训时间,尽量满足不同类型农民的培训需求,努力做到缺什么就学什么,什么能帮助农村农民共同富裕就培训什么。二是要做好传统农业知识与现代农业知识之间的迁移,以传统农业知识为基础开展现代农业知识的学习可以减少参训对象对新知识的陌生感,能更快地进入学习内容。三是要强化本土教材和课堂的开发,新型职业农民的培育不能离开所处农村环境空谈,综合研判当地产业发展现状,在培训中以现代化理念和技术为主,融入当地特色文化、法律法规、思想道德教育等内容,增强培育内容的针对性。

(三)多样化形式开展新型职业农民培育

创新培育模式,拓宽新型职业农民培育渠道。一要整合培育资源,设置短期与长期、线上与线下相结合的培育方式。短期培训班以解决实际问题为主,短时间脱产学习,学习掌握必要技能。长期培训班则以系统性学习新技术新理念为主,采用周末或淡季时间,培训周期覆盖全年,培养"四有"新型农民。二要发挥互联网作用,开设网上学习平台,使农民可以通过云课堂等学习各类知识,

将生产中碰到的实际问题即时上传,利用在线会议讨论解决方案,实现线上线下培训相辅相成的效果。三要深入田间地头、生产车间等实际生产环境开展培训,通过专家跟踪指导、答疑解惑,邀请生产能手、经营能人、能工巧匠等优秀农村人才进行现场示范,促进参训农民将所学知识技能转换应用到实际生产中,切实提高农民增收致富能力。

(四)持续性加强新型职业农民培育保障

促进新型职业农民培育常态化、长效化建设需要持续性在人力、物力等方面提供充足保障。通过当地政府、有关部门、社会组织等拓宽融资渠道,增加资金投入,吸引更多企业来农村投资;通过与企业合办培训班等方式,为企业直接培养技术人才,提高农村人力资本存量。加大政府帮扶力度,严格落实各项惠农政策,对参与培训的农户适当给予补贴,对困难户可予以减免学费,对优秀学员给予一定奖励等激活激励机制。此外,强化新型职业农民培育的考核管理,加快培育质量标准的研发与使用,尽快出台相应评价指南,为各地培育质量的监测提供参考;在师资队伍建设方面,建立系统的新型职业农民培育师资准入制度和认定管理办法,利用考取资格证等形式规范教师的选聘工作,让真正具有一技之长、能帮助农民群众解决问题的人才担任导师,助力新型职业农民的成长,共同走出农村农民共同富裕道路。

参考文献:

[1] 贺雪峰.三农问题的根本是农民问题[N].重庆日报(农村版),2020-08-17(3).

[2] 王玉峰,刘萌.我国新型职业农民培育的政策目标与实践探索[J].长白学刊,2022(1):132-141.

[3] 金子峻,王树武.乡村振兴背景下新型职业农民能力培养对策探究[J].山西农经,2021(21):37-38,42.

[4] 李莹,闫广芬.乡村振兴背景下新型职业农民的定义与培养[J].江西社会科学,2021,41(12):219-225.

[5] 杨薇.新型职业农民参与职业教育培训的影响因素研究:基于微观调研数据[J].农业与技术,2021,41(22):167-170.

[6] [8]涂圣伟.产业融合促进农民共同富裕:作用机理与政策选择[J].南京农业大学学报(社会科学版),2022,22(1):23-31.

[7] 王益慧,程川,沈琼.新型职业农民对区域农业高质量增长的影响分析[J].中国农业会计,2021(10):81-87.

[9] 李广.新型职业农民参与乡村振兴绩效与路径研究[J].菏泽学院学报,2020,42(4):16-20.

[10] 朱霞,周阳月,单卓然.中国乡村转型与复兴的策略及路径:基于乡村主体性视角[J].城市发展研究,2015,22(8):38-45,72.

[11] 范和生,郭阳.新发展格局下乡村振兴机制创新探析[J].中国特色社会主义研究,2021(2):37-45.

[12] 康红芹,孔新宇.从规模到需求:新型职业农民培育实践的失范与规制[J].当代职业教育,2022(1):26-33.

[13] 吴晓婷,杨锦秀.新型职业农民培育收入效应及其差异性研究:基于四川省的调查[J].农业现代化研究,2020,41(2):190-199.

[14] 钟涨宝,贺亮.农户生计与农村劳动力职业务农意愿:基于301份微观数据的实证分析[J].华中农业大学学报(社会科学版),2016(5):1-9,143.

[15] 田曦,包佳怡,孙翠翠.农业院校大学生就业涉农意愿研究:以培养"一懂两爱"人才为目标导向[J].中国农业教育,2018(5):77-82,96.

［16］周玉婷，赵锦辉.断裂与整合：反思农业现代化背景下的农民知识系统［J］.农村经济，2015(4)：88-92.

［17］谭星.湖南农村电商领域新型职业农民培育现状调研报告［J］.农村经济与科技，2020，31(23)：291-293.

［18］卢华.乡村振兴背景下新型职业农民培育研究［J］.教育与职业，2021(1)：96-100.

［19］刘剑虹，陈传锋，谢杭.农民教育培训现状的调查与思考：基于全国百村万民的实证分析［J］.教育研究，2015，36(2)：123-129.

［20］朱奇彪，米松华，黄莉莉，等.新型职业农民培训的绩效评估与分析：基于浙江省农村中高级"两创"人才培训的调查［J］.江苏农业科学，2014，42(2)：407-411.

［21］张祺午，荣国丞.乡村振兴战略下我国新型职业农民培育质量标准体系构建的若干思考［J］.职业技术教育，2021，42(18)：13-18.

以基本公共服务均等化
促进共享发展推进共同富裕的浙江实践

马井彪

（中共台州市委党校）

摘　要：浙江省以基本公共服务均等化促进共享发展，在推进共享发展的基本公共服务均等化方面取得非凡成就，城乡公共服务设施实现全面覆盖、城乡教育公平及重视程度进一步提升、城乡医疗卫生服务水平提升、城乡社会保障体系健全，让全省人民共享发展成果。浙江省在推进共享发展的基本公共服务均等化方面也积累了丰富的经验，做到了四个"坚持"：坚持政策的连贯性与稳定性；坚持分阶段推进原则；坚持以人民为中心，树立均等化的理念；坚持发展的观点，抓住主要矛盾。

关键词：共享发展　基本公共服务　共同富裕　浙江

中国共产党第十八届中央委员会第五次全体会议通过了《中共中央关于制定国民经济和社会发展第十三个五年规划的建议》（以下简称《建议》），提出了创新、协调、绿色、开放、共享的五大发展理念。《建议》指出："共享是中国特色社会主义的本质要求。必须坚持发展为了人民、发展依靠人民、发展成果由人民共享，做出更有效的制度安排，使全体人民在共建共享中有更多的获得感。"同时，《建议》还将增加公共服务供给、实施脱贫攻坚工程、提高教育质量等八个方面作为实现共享发展的举措。[1]十九大报告中也明确提出："完善公共服务体系，保障群众基本生活，不断满足人民日益增长的美好生活需要，不断促进社会公平正义。"[2]《中共中央　国务院关于支持浙江高质量发展建设共同富裕示范区的意见》提出："共同富裕具有鲜明的时代特征和中国特色，是全体人民通过辛勤劳动和相互帮助，普遍达到生活富裕富足、精神自信自强、环境宜居宜业、社会和谐和睦、公共服务普及普惠，实现人的全面发展和社会全面进步，共享改革发展成果和幸福美好生活。""缩小城乡区域发展差距，实现公共服务优质共享。"[3]《浙江高质量发展建设共同富裕示范区实施方案（2021—2025年）》也提出："率先基本实现人的全生命周期公共服务优质共享，努力成为共建共享品质生活的省域范例。"

改革开放和社会主义建设的根本目的是提高人民物质生活水平，让人民共享发展成果。实现公共服务均等化，有利于促进城乡协调发展、缩小区域发展差距、提高人民的幸福感及推动共享发展具有重要作用。浙江省的经济社会发展水平较高，具有一定的示范性。因此，以浙江省为例，分析总结改革开放以来特别是党的十八大以来浙江在公共服务均等化建设方面取得的成就及经验，不仅具有一定的理论意义，同时对其他地区通过实现公共服务均等化促进共享发展进而推进共同富裕具有一定的借鉴意义。

一、基本公共服务均等化与共享发展的契合性

党的十八届五中全会通过的《建议》中提出"坚持共享发展,着力增进人民福祉",需要"注重机会公平,保障基本民生,增加公共服务供给,坚持普惠性、保基本、均等化,努力实现基本公共服务全覆盖"。[4]由此可见,基本公共服务均等化是实现共享发展的重要举措。同时,基本公共服务均等化与共享发展在基本内涵与价值理念上具有契合性。

(一)基本内涵的契合性

当前学界从不同角度对基本公共服务均等化的内涵进行解读,尽管各有侧重,但是对公共服务均等化的基本内涵达成了以下共识:公共服务均等化基本的内涵是所有社会成员抛开身份、职业、社会地位及收入水平等方面的因素,都能享有政府提供的公共服务。而"均等"不是绝对的"平均",是在符合不同社会成员需求的基础上提供相应的公共服务,机会均等、结果均等、权利均等是基本公共服务均等化的应有之义。对于共享发展的基本内涵,《习近平总书记系列重要讲话读本》(2016)指出:"共享是中国特色社会主义的本质要求。共享发展理念,其内涵主要有四个方面。一是全民共享,即共享发展是人人享有、各得其所,不是少数人共享、一部分人共享。二是全面共享,即共享发展就要共享国家经济、政治、文化、社会、生态文明各方面建设成果,全面保障人民在各方面的合法权益。三是共建共享,即只有共建才能共享,共建的过程也是共享的过程。四是渐进共享,即共享发展必将有一个从低级到高级、从不均衡到均衡的过程,即使达到很高的水平也会有差别。"[5]即共享发展的基本内涵包括全民共享、全面共享、共建共享、渐进共享。基本公共服务均等化侧重所有公民都能享受政府的公共服务;共享发展强调全民共享改革发展成果,也包括政府的公共服务。而基本公共服务均等化的"均等"与共享发展的实现都需要一个渐进的过程。基本公共服务均等化与共享发展的基本内涵具有契合性。

(二)价值理念的契合性

实现公平正义是社会主义社会的价值目标。社会主义发展的最终目的是让每个人得到自由全面的发展。为此,党的十八大报告指出:"公平正义是中国特色社会主义的内在要求。逐步建立以权利公平、机会公平、规则公平为主要内容的社会公平保障体系,努力营造公平的社会环境,保证人民平等参与、平等发展权利。"[6]

党的十九大报告再次强调:"增进民生福祉是发展的根本目的。必须多谋民生之利、多解民生之忧,在发展中补齐民生短板、促进社会公平正义。在幼有所育、学有所教、劳有所得、病有所医、老有所养、住有所居、弱有所扶上不断取得新进展,深入开展脱贫攻坚,保证全体人民在共建共享发展中有更多获得感。"[7]强调社会公平正义就应让全体人民共享改革发展的成果。共享发展的价值理念就是让改革发展的成果惠及全体人民,实现社会公平正义。而实现共享发展需要加大公共服务的供给力度,满足人民群众的公共服务需求。基本公共服务均等化所包含的机会均等、结果均等、权利均等正是实现社会公平正义的表现。推进基本公共服务均等化,有利于调节因社会转型利益分化产生的利益矛盾,同时有利于缩小城乡之间的差距,促进共享发展,推进社会公平正义,改善民生。

二、浙江省推进共享发展的基本公共服务均等化取得的成就

长期以来,浙江省委、省政府对基本公共服务均等化特别是城乡基本公共服务均等化非常重视,从政策制定及资金安排上大力支持公共服务领域和农村地区的公共服务建设。通过一系列政策的支持及大量资金的投入,在很大程度上改变了基本公共服务供给落后、民众需求得不到满足的状况。浙江省在推进共享发展的基本公共服务均等化方面取得了非凡的成就,主要体现在以下方面:

(一)城乡公共服务设施实现全面覆盖

"要想富,先修路",改善农村交通是促进乡村发展的基础条件。从 2003 年开始,浙江省实施了以村村通公路为目标的"康庄工程",到 2015 年底农村公路里程增加到 10.7 万公里,农村公路等级化比例居全国第六位,实现了县乡道安全设施基本全覆盖及农村公路管理养护全覆盖。[8]统筹推进路、水、电、网、气、能等基础设施城乡互联互通、共建共享。2021 年,具备条件 200 人以上自然村公路通达率达到 100%,农村公路优良中等路比例超 85%;行政村 4G 和光纤全覆盖,重点乡镇 5G 全覆盖。[9]农村饮水质量事关农民身体健康。为此,浙江省于 2003 年在全国率先实施"千万农民饮用水工程",2009 年率先在全国完成以解困为重点的农村饮水工程建设任务。随后,在 2010 年又提出了"农村饮用水安全工程"建设。从 2003 年至 2015 年,累计投资达 135 亿元,有效解决了 2010 万农村居民饮水问题。农村饮用水安全检测也取得较大进展,加强对农村饮用水的安全检测,农村饮用水水质综合达标率达到 89%。[10]同时加强对农村饮用水安全的巡查,《浙江省卫生计生委办公室关于印发 2017 年浙江省"五水共治"保供水饮用水卫生监督行动方案的通知》要求"做好农村集中式供水卫生安全巡查服务推进工作,协管机构应当建立健全农村集中式供水基本情况和卫生安全巡查档案,农村集中式供水安全巡查乡镇覆盖率不低于 80%"[11]。农村饮用水工程的建设、安全检测工作及巡查制度保障了农民饮用水安全。2021 年饮用水达标人口覆盖率超 95%,供水工程水质达标率超 92%,基本实现城乡同质饮水。

(二)城乡教育公平及重视程度进一步提升

教育是改变人的命运和提高人口素质的重要途径。浙江省委、省政府对城乡教育公平非常重视。2006 年,浙江省率先在全国实行城乡免费九年义务教育。实行城乡免费九年义务教育之后,基础教育实现了从普及九年义务教育向普及学前 3 年到高中段 15 年教育的跨越,实现了 15 年基础教育的全面普及。[12]同时,浙江省的教育公平程度进一步提升。教育资源配置向经济欠发达地区、农村学校和薄弱学校倾斜,城乡、区域、学校间教育差距不断缩小,城乡学生共享优质教育资源。为提升农村劳动力素质及就业,浙江省从 2004 年开始实施"千万农村劳动力素质培训工程"和农村劳动力转移"阳光工程"。2017 年,"'千万农民素质提升工程'培训 46.6 万人次,其中,农村实用人才和新型职业农民培训 19.7 万人次,农村富余劳动力转移就业技能培训 6.5 万人次;实现转移就业 5.2 万人;普及性培训(农业实用技术、科普知识)20.4 万人次;农民大学各校区全年共培训 5522 人"。通过十多年培训,培训了大量农村劳动力,提升了农民素质及就业技能,增加了农民收入。

（三）城乡医疗卫生服务水平提升

针对城乡医疗资源分布不均，老百姓"看病难""看病贵"问题，浙江省实施"双下沉、两提升"战略。"双下沉、两提升"是浙江省委、省政府为深化医改、推进公立医院综合改革、优化城乡医疗资源配置做出的重大决策，即通过"城市医院下沉、医学人才下沉"，达到县域医疗卫生"服务能力提升、群众满意度提升"的目的。2021 年末全省卫生机构 3.51 万个（含村卫生室），其中，医院 1486 个，卫生院 1055 个，社区卫生服务中心（站）4659 个，诊所（卫生室、医务室）13412 个，村卫生室 11218 个，疾病预防控制中心 103 个，卫生监督所（中心）99 个。卫生技术人员 57.6 万人，其中，执业（助理）医师 23.2 万人，注册护士 25 万人。医疗卫生机构床位数 37.0 万张，其中，医院 32.7 万张，卫生院 1.93 万张，医院全年总诊疗 2.99 亿人次。[13]

（四）城乡社会保障体系健全

浙江省已实现覆盖全省的最低生活保障制度。2017 年年末，在册低保对象 81.5 万人（不含五保）。其中，城镇 22.3 万人，农村 59.2 万人。城乡低保平均标准分别为每人每月 739 元和 730 元，分别增长 9.0% 和 15.7%。城乡低保平均标准基本持平。同时，城乡居民基本养老保险人群进一步扩大，基本实现了全面覆盖。年末全省参加基本养老保险人数 4423 万人，参加基本医疗保险人数 5655 万人，参加失业保险、工伤保险、生育保险人数分别为 1793.5 万人、2741.6 万人和 1811 万人。城乡居民养老保险基础养老金最低标准提高到 180 元/月，因工死亡职工供养亲属抚恤金月人均提高 105 元。年末在册低保对象 59.3 万人（不含五保），其中，城镇 6.0 万人，农村 53.3 万人。全年低保资金（含各类补贴）支出 70.7 亿元，比上年减少 4.5%；城乡低保同标，平均每人每月 941 元。[14]

三、浙江省推进共享发展的基本公共服务均等化的举措

（一）推进户籍制度改革，健全共享发展的基本公共服务体系

基本公共服务失衡的根源在于城乡二元的户籍制度。城乡二元的户籍制度造成了许多"重城市、轻农村"的制度设计，在公共服务产品的供给上实行城乡有别的供给模式。为改变基本公共服务非均等局面，浙江省积极推进户籍制度改革。2015 年，浙江省政府发布《浙江省人民政府关于进一步推进户籍制度改革的实施意见》提出："取消农业户口与非农业户口性质区分和由此衍生的蓝印户口等户口类型，统一登记为居民户口，体现户籍制度的人口登记管理功能。""建立与统一城乡户口登记制度相适应的教育、卫生计生、就业、社保、住房、土地及人口统计等制度。"浙江省政府通过户籍制度改革，消除了户籍制度及依附于户籍制度上的带有歧视性的教育、卫生计生、社会保障制度等，建立了城乡统一的户口管理制度和城乡共享的公共服务供给制度，是城乡居民共享公共服务的根本保证。

（二）明确各级政府责任，引导社会力量参与公共服务供给

实现共享发展的基本公共服务均等化是各级政府的重要责任。积极推进行政体制改革，建设

服务型政府是实现共享发展的基本公共服务均等化的基本条件。浙江省积极推进行政体制改革，明确各级政府职责，建设服务型政府。2017年，浙江省政府发布《浙江省人民政府办公厅关于实施服务型政府建设"1113"行动计划的通知》，为"进一步转变政府职能，加快服务型政府建设"指明了方向。随着经济的发展和社会的进步，人民对公共服务的需求呈多元化、差异化、动态化趋势。各级政府的财力并不是无限的，不能及时满足人民对公共服务的需求。民营经济具有一定的财力，对公共服务的建设具有推动作用。浙江省民营经济发达，各级政府也充分发挥这一优势，积极采取措施鼓励社会力量采用多种形式参与公共服务供给，建立了政府主导与社会参与的多元化公共服务供给模式。

（三）完善公共财政制度，加大对基层地区财政支持力度

各级政府在推动共享发展的公共服务均等化时离不开财政的支持。近年来，浙江省完善公共财政制度，对公共服务领域的投资加大，尤其是不断加大对基层地区公共服务财政支持力度，促进公共财政的到位。然而，因各级政府特别是基层政府财力所限，政府通过公共财政推进公共服务领域的建设不得不量力而行，而基层的公共服务建设亟须财政支持。浙江省完善财政转移支付制度，增加对基层政府的财政支持。2015年，浙江省财政厅发布《关于深化财政体制改革的实施意见》提出："完善财政转移支付制度，优化转移支付结构，完善转移支付地区分档体系，进一步提升民生保障和基本公共服务均等化水平。"浙江省通过完善公共财政制度，加大对基层地区公共财政支持，增强了县、乡政府履行公共服务的财政能力，促进了基层公共服务建设。

（四）畅通农民公共服务需求表达渠道，构建有效的公共服务需求表达机制

推进共享发展的基本公共服务均等化目的是让人民共享发展的成果，人民是获得者与评判者。城市居民表达公共服务需求的途径较多，相比之下，农民因受文化水平所限及民主意识薄弱的影响，在公共服务均等化建设过程中，不能主动参与进来。因此，获悉农民对公共服务的需求是推进基层公共服务均等化建设必不可少的条件。浙江省实行"村民自治"治理模式。通过"村民自治"，让村民表达自己在公共服务方面的需求，最后进行汇总形成村庄集体的公共偏好。在"村民自治"的同时，采取"一事一议"的方式，将"村民自治"与"一事一议"有机结合起来，构建了农民表达公共服务需求机制，从而推动了基层公共服务建设，提高了公共服务资源的利用效率。

（五）健全并执行法律法规，创新干部政绩考核评估机制

推进共享发展的基本公共服务均等化需要依托健全法律法规作为坚强的后盾，同时创新干部政绩考核机制，增加公共服务政绩在干部政绩考核中的比例。健全法律法规有利于政府在提供公共服务过程中有法可依、依法进行，将公共服务的责任主体、内容、目标等进行明确约定，规范政府行为，提高透明度，便于群众监督。2016年，《浙江省人民政府办公厅关于印发2016年浙江政务服务网建设工作要点的通知》规定"全面推进行政权力等服务事项网上运行""推进行政权力和公共服务事项一站式网上运行""深化网上阳光政务平台建设"等，提升了政府在公共服务建设中的透明度，有利于公共服务均等化的顺利推进。地方政府由主要履行经济职能转变为履行公共服务职能，不仅依靠中央政府的行政指令，还要有配套的激励制度。绩效评估是一项有效的激励制度，能够引

导、评估、监督地方政府履行公共服务职能,增强地方政府的积极性,提高资源的利用效率。浙江省创新干部考核机制,增加公共服务考核比例。浙江省基本公共服务体系"十三五"规划对公共服务的服务对象、保障标准、支出责任、覆盖水平及负责单位列了清单,要求负责单位对公共服务建设尽职尽责。

四、浙江省推进共享发展的基本公共服务均等化的经验

(一)坚持政策的连贯性与稳定性

政策的连贯性与稳定性是促进浙江省发展的重要保障。每一届省委及省政府领导在中央政府领导方针指引下,结合"八八战略"指导浙江发展。"八八战略"延续至今,发挥着重要作用。政策的连贯性与稳定性促进了浙江省经济的发展和社会的进步,为实现共享发展的基本公共服务均等化提供了丰富的物质条件。

(二)坚持分阶段推进原则

实现共享发展的基本公共服务均等化需要多种客观条件。经济发展水平对公共服务均等化建设的推进具有重要作用。政府只有积累一定的财力才能积极推进公共服务均等化建设。虽然浙江省从整体上来看经济发展水平较高,但是不同地区经济发展水平相对较大,不能同时完全实现公共服务均等化。浙江省在不同发展时期制定适合各地区发展的公共服务建设的标准,实事求是,采取分阶段原则,以求最终实现全面的公共服务均等化。

(三)坚持以人民为中心,树立均等化的理念

实现共享发展的基本公共服务均等化需要建立公平合理的公共服务供给制度。然而,公平合理的公共服务供给制度需要将公平与正义作为原则。浙江省政府在推进公共服务均等化的过程中,始终坚持以人民为中心的原则,同时树立均等化的理念,在政策的制定、执行、评估等过程中坚持公平正义原则,推动了共享发展的基本公共服务均等化建设。

(四)坚持发展的观点,抓住主要矛盾

事物是随时间发展不断变化的。伴随着经济的发展与社会的进步,人民群众对公共服务的需求的品质与数量也是不断变化的。浙江省坚持发展的观点,根据时代的发展和人民的需求不断调整公共服务的种类和数量,满足人民群众对公共服务的需求。同时,抓住公共服务建设中的主要矛盾,增强对农村的公共服务建设重视程度。

参考文献：

[1] 中共中央关于制定国民经济和社会发展第十三个五年规划的建议[N].人民日报,2015-11-04.

[2][7]决胜全面建成小康社会　夺取新时代中国特色社会主义伟大胜利[N].人民日报,2017-10-28.

［3］中共中央国务院关于支持浙江高质量发展建设共同富裕示范区的意见［N］.人民日报,2021-05-20.

［4］中共中央关于制定国民经济和社会发展第十三个五年规划的建议［N］.人民日报,2015-11-04.

［5］中共中央宣传部.习近平总书记系列重要讲话读本［M］.北京:人民出版社,2016:136.

［6］胡锦涛在中国共产党第十八次全国代表大会上的报告［EB/OL］.人民网,http://cpc.people.com.cn/n/2012/1118/c64094-19612151.html.

［8］浙江"十三五"公路目标定了!［EB/OL］.中国公路网,http://www.chinahighway.com/news/2016/1062481.php.

［9］［13］［14］2021年浙江省国民经济和社会发展统计公报［EB/OL］.http://tjj.zj.gov.cn/art/2022/2/24/art_1229129205_4883213.html.

［10］浙江省发展和改革委员会.关于印发浙江省农村饮水安全巩固提升工程"十三五"规划的通知［EB/OL］.http://www.zjdpc.gov.cn/art/2016/11/30/art_90_1718706.html.

［11］浙江省卫生和计划生育委员会.浙江省卫生计生委办公室关于印发2017年浙江省"五水共治"保供水饮用水卫生监督行动方案的通知［EB/OL］.http://www.zjwjw.gov.cn/art/2017/4/6/art_1202101_6290227.html.

［12］浙江省教育厅.关于印发浙江省教育事业发展"十二五"规划的通知［EB/OL］.http://www.zjedu.gov.cn/news/19745.html.

浙江低收入农户可持续增收共富的地方实践和经验

梁思琪

（中共台州市委党校）

摘　要：解决低收入农户增收问题，既是促进乡村经济增效的重要方面，也是实现全体人民共同富裕的必然选择，是重中之重。本文以浙江省台州市低收入农户可持续增收共富的地方实践为例，抽样调查了 900 户低收入农户，分析群体特征和收入结构，从低收入农户"补血、造血、输血、活血"能力和现状指出当前 T 市低收入农户在可持续增收上存在的问题，建议通过脱贫"换血"激发"内动力"、防贫"输血"筑牢保障网、拓宽渠道精准"造血"、培育机制长效"活血"、提升标准调增"补血"、盯紧"活血"做大蛋糕，为帮助浙江低收入农户走向共同富裕提供地方经验。

关键词：低收入　共同富裕　可持续增收　浙江实践

一、引言

"促进共同富裕，最艰巨最繁重的任务仍然在农村。"[①]共同富裕，是不停缩小收入差距的动态富裕过程。解决低收入农户增收问题，既是促进乡村经济增效的重要方面，也是实现全体人民共同富裕的必然选择，是重中之重。2020 年脱贫攻坚战的胜利实现为增加低收入农户收入提供了宝贵经验，在共同富裕的过程中，脱贫攻坚战的框架也成为增加低收入农户收入路径的重要参考。在当前发展阶段，一方面，巩固脱贫攻坚成果，接续振兴乡村的时代任务要求我们必须做好农村低收入人口的监测和帮扶工作；另一方面，对标基本实现社会主义现代化的要求，也必须建立低收入农户可持续增收的长效机制。

尽管已经有诸多学者对农村低收入人口的现状、增收路径、划分标准、收入水平、收入差距等相关议题做了学理探讨和案例分析，但是从低收入农户的收入结构着手分析收入差距的原因，进而构建低收入农户可持续增收机制的研究相对较为缺乏。故本文以浙江省 T 市低收入农户可持续增收共富的地方实践为例，以低收入农户收入结构分析为重点，对当前低收入农户可持续增收共富存在的问题进行分析，提出相关建议，以期能够为低收入农户可持续增收共富提供参考。

二、当前农村低收入农户收入结构的变化

对低收入农户多年的持续性观察能够更好地反映该群体收入结构的变化，也能够更准确地预

---

① 习近平 2021 年 8 月 17 日在中央财经委员会第十次会议上的讲话。

测该群体未来收入结构的发展走向和趋势。此外,我们通过对不同地区的低收入农户按照不同类别进行分组观察,也可以查找出收入差距产生的原因。2020 年国家统计局出具了《中国农村贫困监测报告(2020)》,报告显示,我国低收入农户的收入结构与其他社会群体的收入结构存在显著差异,低收入农户的收入结构当中,占比较高的是转移性收入和工资性收入。而随着社会经济的发展,收入水平的上升,原本占比较低的经营性收入比重逐渐上升,但财产净收入在收入结构中始终占比较低。具体而言,当前我国低收入农户的收入结构变化及趋势表现为以下几个方面。

(一)低收入农户经营性收入比重低且增长预期差

经营性收入及增长主要依赖农民通过销售或者提供劳务以及让渡资产使用权等产生,但是一方面,在我国欠发达地区,自然禀赋差本身就是制约地区发展的最大因素。这些地区的生产生活方式往往比较单一,受制于自然条件无法通过扩大规模形成规模生产效应,单位效益较发达地区相差甚远,低收入农户经营能力差。而单一的农耕方式往往也意味着缺乏应对突发事件和风险的能力。另一方面,低收入农户家庭本身劳动力缺乏的概率更高,有劳动能力的农户或者通过政府帮扶的方式,实现就业。就业的行为挤占了务农的时间,有机会将土地以流转或入股等形式承包给其他经营主体的低收入农户,都选择退出农业经营,因此,经营性收入在低收入农户群体中的比重低,并且未来也不会有增长的趋势。

(二)低收入农户工资性收入比重高且增长预期不稳

低收入农户的工资性收入主要来源于两方面,第一个方面是外出务工带来的工资性收入,但是由于低收入农户普遍受教育水平低,因此职业技能不高,就业岗位往往是以劳动力为主的工种,可替代性强,此为工资性收入不稳定缘由之一;第二个方面与政策红利密切相关。在脱贫攻坚时期,政府关心低收入农户的收入增长情况,为低收入农户提供了许多公益性岗位的就业机会,但是公益性就业岗位与地区财力相关,财政投入大,公益性岗位设置多,就业机会多,工资性收入也多,反之,财政紧张,投入少,直接导致公益性岗位数量缩减,此为工资性收入不稳定缘由之二。

(三)低收入农户转移性收入比重高但增长预期有限

在低收入农户收入结构当中,转移性收入是该群体增收的主要来源。2018 年之后,转移性收入涨幅最高,对低收入农户增收贡献也最大。转移性收入的金额大小与地区欠发达程度成正比,这意味着越是欠发达的地区的低收入农户,收到的政策红利越多,转移性收入越高。这与中央的扶贫政策有关。后期随着脱贫攻坚任务的完成,一些超常规的扶贫政策和扶贫补贴逐渐减少,后续也将以常态化帮扶为主。因此,这块转移性收入的预期增长空间比较有限。

(四)低收入农户财产净收入比重低且增长预期被动

当前,我国低收入农户的收入结构中,财产性收入的比重较低,说明低收入农户财产性收入的增收渠道少,这也是当前我国低收入农户普遍存在的问题。相对来说,低收入农户所在地区受到资源禀赋所限,缺少丰富的资产和自然资源,是为"巧妇难为无米之炊"。加之,低收入农户能力有限,单凭个人几乎无法实现将既有资源和资本进行变现,缺少经营、盘活资产的渠道。市场化的运作方式能够帮助改善这种状况，增加低收入农户财产性收入，但是实现市场化运作必须依靠产权改革等方式，比较被动，因此，对财产性收入增长的预期也一般。

三、浙江低收入农户可持续增收共富的地方实践

（一）现状分析：农村低收入人口的数量与群体特征

实现低收入农户可持续增收、提升共同富裕底色，也是台州市高质量发展建设共同富裕先行市亟须解决的课题。当前，台州市通过实施"低收入农户收入倍增计划"，瞄准低收入农户增收问题，已建立以"造血为主、输血为辅、补血活血并行"的低收入农户增收共富机制。2015 年台州就已经全面消除家庭年人均收入 4600 元以下的绝对贫困现象，其中天台县、仙居县、三门县等原先省欠发达县都已经在 2018 年实现了整体"摘帽"。

但 2021 年二季度数据显示，台州市实现低收入农户与低保边缘户经济状况认定标准"两线合一"后，目前仍有低收入农户 48813 户、76645 人，占全市总人口 1.16%，较去年同期减少 2151 户、4246 人，降幅分别为 4.22%、5.25%。其收入与农村常住居民人均可支配收入比值仅为 36.05%。具体收入方面，截至 2021 年一季度末，全市农村常住居民人均可支配收入 10709 元，比去年同期增长 20.1%，居全省第 2。对台州市下辖的黄岩区、三门县、天台县、仙居县、临海市和温岭市共 900户低收入农户的抽样调查结果显示：2021 年一季度全市低收入农户人均可支配收入 3861 元，同比增长 13.9%，全省第 4，其中有统计监测的 26 个加快发展县之三门县、天台县、仙居县 2021 年一季度低收入人均可支配收入分别为 3559 元、3951 元、3531 元，分别增长 16.5%、14.9%、16.0%。全市低收入农户人均可支配收入与农村常住居民人均可支配收入比值达到 36.05%。从半年度来看，2021 年上半年全市低收入农户人均可支配收入为 7602 元，增速为 15.2%。从帮扶情况来看，1 季度全市各地严格执行"一户一策一干部"制度，低收入农户 49633 户，落实结对帮扶干部 13431 人，人均结对 3.7 户。全市农村低保标准统一提升为 880 元/人/月，低保补差率由 57.78% 提高到 75.06%。

根据对数据的系统分析，当前台州市农村低收入农户现状呈现"三个偏向"：一是偏向于偏远区域群体。据统计，山区 26 县与全省农民收入倍差达 1.32 倍。台州市低收入农户也主要分布在以从事农业生产为主的 26 个加快发展县之三门县、天台县、仙居县，以及黄岩区山区等受交通及区位影响制约，承接城市、园区辐射带动的能力偏弱，且原有经济基础在全市相对薄弱的地区；二是偏向于因病致贫群体。在 900 户低收入农户抽样调查数据中，台州低收入农户中，因患有大病、长期慢性病、残疾等健康问题而基本丧失劳动能力和无劳动能力的占绝大多数，生产能力基本为零；三是偏向于低学历弱势群体。根据抽样调查数据显示，低收入农户的人员结构基本以低学历弱势群体为主，文化程度普遍较低，劳动力素质不高。

（二）低收入农户可持续增收共富存在的问题

低收入农户群体特征鲜明，一般认为可分为三种人群：缺乏劳动能力的社保兜底农户、人力资本和自然资源较为缺乏的传统低收入小农户、不适宜外出务工的就地就近就业的普通本地农户。

1. 依靠社保兜底的低收入农户收入来源单一，"输血"回生效果差

因患有大病、长期慢性病、残疾等健康问题的社保兜底农户，生产能力基本为零，无法参与"四保"岗位及其他劳动生产，仅能依靠政府兜底政策以及企业、社会组织提供的社会救助，收入来源局限于转移性收入。且其中一部分轻微因残或因病致贫的低收入农户在取得低保资格后满足于当下，虽然实际还有劳动能力，但思想上自暴自弃，不愿意奋发进取，仅靠最低保障金度日。这种通过各方帮扶和社保兜底的"输血"式增收，回生效果差且不可持续。

2. 传统低收入小农户经营性收入贡献率低，"造血"能力后劲小

传统低收入小农户有劳动能力，但普遍存在文化程度低、生产要素不足、惰性情绪蔓延等现象，导致该群体中存在两种趋势：一是部分人群高度依赖于单一、直白的田间地头劳作，普遍缺少克服困难、改变落后面貌的信心，拒绝离开土地从事其他类型工作；二是部分人群劳动能力强，但仅满足于当前较低的收益，不愿意尝试与乡村旅游、农村社会化服务业相关的农村新业态生产经营模式，对经营性收入信心不足。经营性收入对低收入农户增收贡献非常有限，加上疫情影响，近年来其比重和增长速度均有减少和放缓，"造血"能力后劲小，直接制约了低收入农户可持续增收共富。

3. 就地就近就业农户的收入增长潜力受限，"造血"环境不适配

低收入农户中就地就近就业的群体比例较高，其中存在不少年龄较大的全劳动力、半劳动力以及部分因家庭情况无法外出的青壮年劳动力，劳动能力相对较好，但存在两个主要矛盾：一是经济发展较好地区就业岗位种类丰富与低收入农户劳动技能短缺存在的矛盾，二是经济欠发达地区就业岗位紧缺与低收入农户劳动力剩余之间的矛盾。整体来看，就业环境与低收入农户之间的适配性差，低收入农户工资性收入、经营性收入渠道受限，财产性收入几乎为零，该群体整体性收入增长潜力非常有限，"造血"增收情况不理想。

4. 低收入农户脱贫标准不高，脱贫成色不足，"补血"增收压力大

因病因残因学因灾的低收入农户是脱贫主体，也是提低增收主体。一方面，因病致贫和因病返贫的农户面临大额日常医疗费用支出，因学致贫的农户在短期内面临较大的教育投入，因灾致贫的农户面临巨大的重建投入，加上日益增长的生活成本，常常陷入入不敷出的恶性循环。而当前的脱贫标准无法从根本上改变"支出＞收入"的现状，脱贫成色不足，极易返贫。另一方面，短期内部分有劳动能力的低收入农户确实可以通过就业、补助等方式实现脱贫，但随着年龄增长，这类人群一旦丧失劳动能力，没有稳定经济收入的支撑，其个人或家庭将随时面临返贫的风险。

5. 依靠村集体经济提高财产性收入难度大，"活血"增收成效低

在农村资源"沉睡"的情况下，低收入农户财产性收入是收入结构中的短板之一。从地域分布来看，目前台州市低收入农户集中分布在以从事农业生产为主的三门县、天台县、仙居县以及黄岩山区等受交通及区位要素制约的地区，经济基础薄弱，与集体经济薄弱村有较高契合度，其承接城市、园区辐射带动的能力也远不及其他地区。受制于地理环境、区位条件、产业基础、发展前景等因素，上述地区土地和生态资源价值得不到体现，村集体经济较弱，无法带动低收入农户就业、创业，低收入农户想要依托村集体经济发展实现财产性收入提高的难度较大，"活血"成效低。

四、构建低收入农户可持续增收共富新格局

(一)脱贫"换血":激发可持续增收"内动力"

1. 实现干部帮扶逻辑换血

通过产业脱贫等市场化的开发式帮扶,去激发有劳动能力的低收入农户增收共富"内动力"。通过强化政策增收引导,弱化政策保障依赖,制定符合农村低收入农户特点并合理管用的可持续增收途径,引导从"政策性输血"转向"功能性造血",实现"输血"和"造血"加码共富。

2. 实现低收入农户思想换血

通过"扶志"行动,转变低收入农户"等靠要"的思想。通过勤劳致富的良好氛围,鼓励主动打破低收入局面和收入不可持续现状。通过"雨露计划"的中短期教育投入,开展文化扶贫,为低收入农户家庭进行"换血",实现长期收入稳定增长。

(二)防贫"输血":一揽子人财物保险筑牢保障网

1. 统筹兜底标准,加强医疗救助体系建设

通过社会保障兜底,对失能低收入农户统筹协调农村扶贫标准和农村低保标准,加强医疗保险和医疗救助。实施低收入农户"大病免费筛查"制度,完善农村大病、重病精准救助体系,提高低收入农户重病大病门诊与异地就诊报销比例,完善低保救助政策,建立财政资助低收入农户购买补充医疗保险制度,充分发挥社会力量对因病致贫农户精准救助作用。

2. 建设共富一网通机制,实现保障动态监测

通过构建民政、教育、医疗、住房、安全饮水等保障政策落实情况的动态监测机制,实现低收入失能农户的身份识别、政策享受、结对情况、帮扶成效等一网通,筑牢保障网。

(三)精准"造血":产业富民拓宽可持续增收渠道

1. 建立产业富民共富体系

通过市场化方式,加大农村新业态发展,大力发展多元化、多层次、多类型的农业社会化服务,推动各类涉农组织向农业服务业延伸。探索"农户＋村社＋企业""带田入股＋保底收益＋利润分红＋折股量化"等形式,通过共建共享的"抱团飞地""基金分红"等多种联农带农模式,建立以村企互赢为目的的产业富民体系,激励与小农户构建稳定紧密的利益联结体,拓宽收入渠道。

2. 建立民营企业带动农户共富激励机制

鼓励农业经营主体直接参与帮助农村低收入农户实现就业,加快建立民营企业参与低收入农户可持续增收的有效激励机制,让低收入农户能够端上"薪"饭碗。

(四)长效"活血":建立人力资本常态化培育机制

持续提升低收入农户的人力资本水平是稳定增收的充要条件。通过市场化和非市场化两条腿

走路,建立人力资本常态化培育机制。按照劳动能力、劳动技能、劳动意愿、创业意愿等对低收入农户进行划分,有针对性地开展职业技能培训。通过实施低收入农民素质提升工程、致富带头人计划等项目,免费为低收入农户在劳动预备制培训、岗前培训、订单、岗位技能等方面提供培训机会。为培训合格的低收入农户提供到农业企业、农家乐工作的渠道,优先安排低收入农户从事公益性岗位。

(五)调增"补血":循序渐进提升最低保障标准线

目前全市通过低保政策兜底即可实现脱贫。但是,在浙江高质量发展建设共同富裕示范区的历史使命下,台州要努力成为高质量发展建设共同富裕先行市,更应该以更高的标准、更好的效果完成脱贫增收的任务。建议上级按照"脱贫不脱政策、脱贫不脱责任、脱贫不脱帮扶、脱贫不脱监管"的要求,尽快制定相关文件,建立健全稳定脱贫、防止返贫、持续增收的长效机制,确保政策的稳健性和持续性。按经济发展水平和消费指数增长情况,定期对补助标准线进行调增"补血",循序渐进不断提升低收入群体生活水平和质量。

(六)盯紧"活血":做大集体经济财产性收入蛋糕

全面提升村集体收入特别是财产性收入水平,充分发挥村集体在扶危济困等方面的作用,以富民强村为目标打造乡村共同富裕基本单元。一是探索以土地为重点的乡村集成改革,打破阻碍土地和生态资源等要素流动的枷锁,为村集体增收注入源头活水。二是推进农村集体经营性建设用地入市,建立健全集体经营性建设用地入市增值收益分配机制。三是坚持党建引领,打造共富集群。探索创新"党建+"模式,打造农村领域党建特色品牌,实现村集体收入稳步提升,借此带动农村低收入农户被动可持续增收。

参考文献:

[1] 杨立雄.低收入群体共同富裕问题研究[J].社会保障评论,2021,5(4):70-86.

[2] 王思斌.困弱群体的参与性共同富裕与社会工作的促进作用[J].社会工作,2022(1):1-8,100.

[3] 徐家良,张煜婕.国家治理现代化视角下第三次分配价值意涵、现实逻辑与优化路径[J].新疆师范大学学报(哲学社会科学版),2022,43(4):7-15,2.

[4] 罗楚亮,梁晓慧.农村低收入群体的收入增长与共同富裕[J].金融经济学研究,2022,37(1):61-72.

[5] 共同富裕　浙江实践的典型案例[J].经济研究参考,2022(2):2.

[6] 唐文浩,张震.共同富裕导向下低收入人口帮扶的长效治理:理论逻辑与实践路径[J].江苏社会科学,2022(1):150-158.

[7] 沈轩.促进共同富裕"提低"十论[J].政策瞭望,2022(1):41-45.

[8] 李雪儿. Research on the Legal Path of Modernization of Municipal Social Governance[J].法学,2021,9(6).

[9] 李金昌,余卫.共同富裕统计监测评价探讨[J].统计研究,2022,39(2):3-17.

共同富裕背景下乡村产业高质量发展路径研究

——以绍兴市柯桥区为例

叶坚枫

（中共绍兴市柯桥区委党校）

摘　要：乡村产业高质量发展是实现共同富裕的关键路径，而突出产业的多功能性，加快三产融合，是提升乡村产业发展水平的重点。本文以绍兴市柯桥区为例，阐述了当前该地在发展乡村产业过程中的一些举措与成效，并从城乡融合村、城市近郊村、南部山区村这三大类别的乡村入手，剖析了各自的优势与缺陷，基于此，提出可复制、可借鉴的乡村产业提升路径。

关键词：共同富裕　乡村振兴　产业　协调发展

推动产业高质量发展是实现共同富裕的基础。长期以来，城市是我国经济建设、产业发展的主战场，广大农村地区则成为劳动力输出的主要地区，乡村产业高质量发展在一定程度上被忽视，由此带来的城乡差距在近年来得到越来越多人的关注。要加快实现共同富裕，农村地区是薄弱点，乡村产业已成为突出短板。党的第十九届五中全会指出，"十四五"时期要优先发展农业农村，全面推进乡村振兴。这是实现共同富裕的必然要求，也是时代发展的必由之路。

本文以绍兴市柯桥区为例，聚焦该地区广大农村产业发展基本现状与主要问题，探索可复制、可借鉴的乡村振兴实践路径。

一、背景与意义

（一）背景：传统乡村的衰退

中国传统乡村的衰退是中国社会现代化的副产品。从本质上讲，"中国乡村的既有格局实际上是人们适应和改造自然的结果，乡村的形成和聚落的分布与地形、水体等自然环境息息相关"[①]。而乡村产业则与人们的生存生活需要紧密相关，人们生存需要食物，则产生农业生产，人们生活需要衣物，则产生纺织生产，诸如此类。在较长时间内，乡村社会在中国社会中占据主体地位，传统乡村主导产业即农业则是中国经济的基础和主要组成部分。这一情形直到工业革命的浪潮传入国内才开始转变，并随着中国社会加速现代化发生了彻底的扭转。社会现代化之后，一方面，现代化带来的进步扩大了人们的选择空间，降低了人对自然环境的依赖程度，促使人们离开土地、离开乡村；另一方面，

---

① 时慧娜、许家伟：《国内外村落衰退研究的进展及启示》，《云南社会科学》2019年第4期，第67—74页。

由于工业或者服务业有着比传统农业、手工业等乡村主导产业更高的投资回报率,同时也能给从业人员带来更丰厚的收益,从而引起资金、人口向这些行业集聚,造成一部分资金、人口向行业集中的城市地区集聚,造就中心城市,这是导致农村空心化、农业非农化、农民老龄化等一系列现象产生的根源。另外,还有一部分就地发展工业、服务业,促使本地农业人口脱离农业生产,进入本地工厂或者各类服务企业,形成各类乡镇企业和工业集镇,这是乡镇工业的源头。这些情况加在一起,传统意义上的乡村不可避免地出现衰弱。1949 年,国内农村人口有 4.8 亿人,占全国总人口近 90%,到 1995 年前后,国内农村人口达到 8.5 亿人的顶峰,约占全国总人口的 71%,此后,伴随着乡镇工业的兴起和新兴城市的崛起,国内农村人口开始大幅下降,截至 2020 年,缩减到 5.1 亿人左右,约占全国总人口的 36%(见图 1)。根据民政部各年《民政事业发展统计报告》《社会服务发展统计公报》的统计数据,1993 年村委会有 101.3 万个,2001 年下降到 70 万个,2019 年只有 53.3 万个,不到 30 年减少近一半。

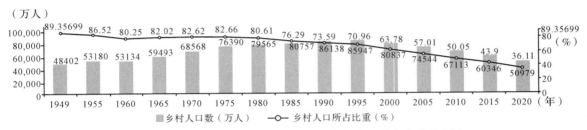

图 1 1949—2020 年全国乡村人口数及乡村人口所占比重示意图

随着全球现代化进程的加速,乡村衰弱也或早或晚地在其他国家出现。从农村劳动力流失的角度看,"以金砖五国为例,巴西的农村劳动力自 1960 年以来减少了 73%,中国则为 47%,俄罗斯为 44%,南非和印度则分别为 34% 和 18%。而在发达经济体中,美国的农业劳动力占总劳动力的比例下降到 2% 左右,欧洲的农业劳动力在 15% 至 30% 之间,日本和韩国也处于 10% 至 20% 的低水平区间"[①]。由此可见,与发达经济体相比,中国乡村劳动力占比仍保持在较高水平。参照他国的发展规律,中国乡村劳动力流失至少在很长的一段时间内是不可逆的。

在乡村人口与实体逐渐减少的同时,城乡贫富差距更值得关注。"改革开放以来,全国城乡收入差距经历了一个从下降到上升再下降的发展路径"[②](见图 2),"1978 年,城乡居民人均可支配收入比值为 2.57,到 1985 年,下降到 1.86,此后持续攀升,2008 年达到 3.11,之后随着国家乡村振兴战略的实施,再次回落,到 2020 年,全国城镇居民人均可支配收入 43834 元,农村居民人均可支配收入 17131 元,城乡居民人均可支配收入比值为 2.56"[③]。与发达经济体相比,我国城乡收入比处于较高位置。以美国为例,"20 世纪 30 年代,该国城乡可支配收入比达到历史最高点为 2.49,70 年代到 90 年代,长期保持在 1.28 至 1.33 之间,进入到 21 世纪后,农业人口可支配收入反超非农人

---

① 周立、李彦岩、王彩虹等:《乡村振兴战略中的产业融合和六次产业发展》,《新疆师范大学学报(哲学社会科学版)》2018 年第 39 卷第 3 期,第 16—24 页。

② 蔡昉:《城乡收入差距与制度变革的临界点》,《中国社会科学》2003 年第 5 期,第 16—25,205 页。

③ 国家统计局:《1978—2020 城镇居民人均可支配收入、农村居民人均可支配收入》,EPSDATA 官网 epsnet.com.cn。

口,为后者的 1.17 倍"①,农村人口收入水平反而高于非农人口。我们的近邻日、韩同样经历了由传统乡村的衰弱到现代乡村的振兴之路,目前基本实现了城乡收入无差距。"20 世纪 30 年代,日本的城乡收入之比达到了 3.13,到 20 世纪 60 年代开始改善,至 1972 年成功实现城乡收入无差距,韩国的收入差距最高值在 1970 年,为 1.64,此后比值一直维持在 1 左右,时高时低。"②与这些国家相比,我国在城乡收入平衡上存在较大差距,如果考虑到公共服务等方面的不平衡,城乡差距将更为显著。

城乡差距过大,容易导致一系列社会问题。因此,要实现共同富裕,当务之急就是要振兴乡村,减小城乡差距,有效提升乡村人民生活水平。对照发达经济体,尽管乡村人口占比长期保持在一个极低的水平,但乡村产业正逐渐释放出新的活力。以美国为例,截至 2016 年 12 月,美国人口接近 3.25 亿人。其中,"农业从业人口只有 1‰,但仅靠这 1‰ 的农民不仅养活了美国 3 亿多人,而且还使美国成为全球最大的农产品出口国"③。这也是美国农民收入反超城市居民的一个重要原因。这说明,乡村实体的减少和乡村劳动力的流失并不意味着乡村注定是贫穷落后的,也说明了恰当的乡村产业在现代产业结构中有着充足的竞争力。

图 2 1978 年以来全国城乡居民可支配收入情况

（二）意义：高质量推进乡村产业发展,最终实现共同富裕

我们走共同富裕道路,其目标就是要不断改善乡村人民生活水平,努力消除城乡差距。"产业兴旺是乡村繁荣发展的物质基础和经济保障。只有乡村实现产业兴旺,才能为农民提供更多就业岗位,提高农民收入水平,并在产业兴旺的带动下,加快实现生活富裕、生态宜居、乡风文明、治理有效。"④党的十九大报告对推进乡村振兴提出过 20 字的总要求,其中,对于乡村"生产发展"的表述,升级为"产业兴旺",同时也提出了要"建立健全城乡融合发展体制机制和政策体系"⑤。《浙江高质量发展建设共同富裕示范区实施方案（2021—2025)》在关于推进城乡协同发展方面,从机制、模式

①② 谷军、康琳:《缩小中国城乡收入差距的可行性措施研究——以美国、日本、韩国经验为借鉴》,《发展研究》2011 年第 2 期,第 82—86 页。

③ 李冰、王芊樾、王伊煊:《欧美乡村振兴路径与启示》,《中国绿色时报》2021 年 9 月 3 日第 3 版。

④ 徐腊梅:《基于乡村振兴的产业兴旺实现路径实证研究》,辽宁大学 2019 年博士学位论文。

⑤ 习近平:《决胜全面建成小康社会,夺取新时代中国特色社会主义伟大胜利——在中国共产党第十九次全国代表大会上的报告》,《理论学习》2017 年第 12 期,第 4—25 页。

等方面,进一步强调了发展乡村产业的重要性,并阐述了其方式方法:"要鼓励农村集体经济组织及其成员发展乡村产业。要构建新型农业经营主体＋'三位一体'合作经济组织的现代农业经营体系,建立小农户与现代农业有效衔接机制。要统筹推进高效生态农业、现代乡村产业、村级集体经济等协同发展。要推进'农业＋'行动,发展农产品精深加工,打造一二三产融合的农业全产业链,丰富乡村经济业态,推进乡村产业'一县一平台'建设。"①这意味着党中央对于乡村发展提出了更高的要求,同时也为传统乡村走出衰弱的困境提供了更具操作性的战略视角。

二、柯桥区乡村及乡村产业发展主要情况

柯桥区地处长三角东翼,背靠会稽山,北邻杭州湾,地域面积 1067.69 平方公里。地形地貌丰富,山脉、平原、海岸兼有。全区下辖 16 个镇街,338 个村(居、社区),其中行政村 214 个。常住人口约 100.02 万人,其中农村常住人口 19.91 万人,占比约为 19.9%。曾获得"全国十大全面小康示范区"、"浙江省美丽乡村创建先进县"、省社会主义新农村建设优胜单位等荣誉称号。2019 年,全区所有村集体经济年收入达到 100 万元以上,村集体年经营性收入达到 50 万元以上。2020 年,全区农村常住居民人均可支配收入 43459 元,全市第一,同比增长 6.9%,高于城镇常住居民人均可支配收入增速 2.4 个百分点。城乡居民收入比为 1.66,人均生活消费支出比为 1.52,城乡均衡发展程度较高。"十三五"期间,低收入农户人均可支配收入增速保持在 10% 以上,住房、教育、医疗、社会保障等指标达到全面小康标准。

经过走访调研,笔者认为,柯桥区乡村发展所取得的成就,主要依靠三方面因素:一是广大农民群众的艰苦奋斗,二是乡村产业的有力支撑,三是各级政府的支持帮扶。前期,为了解柯桥区乡村产业发展、社会建设、人民生活等方面情况,笔者以《柯桥区高水平全面推进乡村振兴,奋力打造共同富裕示范区先行地调查问卷》为主题,面向来自全区 16 个乡镇 22 个乡村的村主职干部展开调查,共计收回问卷 22 份。其中关于本村村民主要收入来源方面,有 100% 的受访者选择了外出务工和经商收入(见图 3),这反映了柯桥地区广大农村居民普遍性外出务工的工作状态。如笔者走访到的柯桥区稽东镇,据镇政府相关工作人员介绍,该镇拥有户籍人口 3.6 万人,但常住人口仅有 1.2 万人,相当于 2/3 的人口在外务工。其中,青壮年劳动力占据了绝大部分。可以说,在较长的历史时期内,城市内的工作条件、生活条件远远优于农村地区,对于更高收入、更好生活的期望,促使绝大多数农民离开农田,进城工作,并且依靠城市里较高的收入,反哺自己在农村的家庭和家人,这成为近几十年来广大农村居民提高生活水平,缩小与城里人生活差距的主要手段。

同时,调查问卷也显示,分别有 38.1% 和 23.81% 的受访者认为(见图 3),从事农业生产所取得的收入和村集体经济分红也是村民的主要收入来源。另外,在涉及本村集体收入来源的问题上,分别有 90.48%、42.86%、42.86%、23.81% 的受访者认为,厂房、楼房等集体资产出租、上级拨款补助、集体承包地发包、征地项目占地补偿款等收入是村集体的主要收入来源。这也集中体现了当前支撑柯桥区农村发展的另外两大因素,即乡村产业和政府支持。依据柯桥区经营管理总站提供的一份涉及全区 316 个村集体收入情况统计显示(见图 4),目前柯桥区各乡村集体收入来源主要有 5 个方

---

① 《浙江高质量发展建设共同富裕示范区实施方案》,《浙江日报》2021 年 7 月 20 日第 1 版。

面，一是经营收入，二是发包及上交收入，三是投资收入，此三类统称为经营性收入。另外还有两项主要收入，分别为补助收入，以及无法纳入上述四类的其他收入。2019 年，此 316 个村经营收入合计 67430.96 万元，发包及上交收入合计 19877.64 万元，投资收入 5239.59 万元，三者合计 92548.19 万元。补助收入 79345.91 万元，其他收入 12203.17 万元。从上述数据可知，在全部收入中，与乡村产业密切相关的经营性收入占比约为 50.27%，以政府补助为主体的补助收入占比约为 43.10%，两者相加占比达到 93.37%。从总体上看，这两项收入体量大体相同，经营性收入略高。

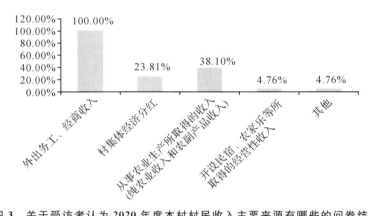

图 3　关于受访者认为 2020 年度本村村民收入主要来源有哪些的问卷结果

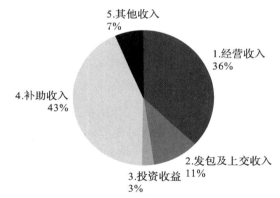

图 4　2019 年度柯桥区 316 个乡村集体收入情况统计

从目前来看，柯桥区要在广大乡村地区实现共同富裕，振兴乡村产业是可供选择的重要发力点。一方面，在过去的历史时期内，广大农民群众在艰苦奋斗方面，付出了比城里人更多的努力，对城市发展做出了巨大的贡献与牺牲，同时，农民群众对于自身生活的改善而进行的努力，实质上是一种自发的行为，只要努力工作就能有所回报，这一趋势将继续延续下去。另一方面，各级政府对广大乡村在经济上的补助与扶持，多数用于基础设施建设等方面，起到的更多是雪中送炭和锦上添花的作用，要真正实现乡村振兴，必须依靠乡村内生动力，即乡村产业的兴旺。通过乡村产业的兴旺为乡村建设持续输血，通过乡村产业满足农民就业，提升其工作收入，加快实现共同富裕。

在发展乡村产业方面，近年来，柯桥区扎实推进乡村产业振兴，努力实现产业兴旺和农民富裕。总体来看，主要做了以下几方面的努力。

1. 培育农业公共品牌

早在 2011 年,柯桥区就把"平水日铸"确定为名茶主导品牌,每年投入财政资金 300 万元,并设立了平水日铸管理中心统一管理,重点扶持,每年名优茶产值年均增长率保持在 10％以上。以此为代表,近年来柯桥区大力发展以兰花、桂花、梅花、荷花、菊花等为代表的"五朵金花"和以茶树、香榧树、红豆杉树、杨梅树、苗木树为代表的"五棵摇钱树"的经济作物,并围绕相关产业,定期举办茶树、香榧树、红豆杉树、杨梅树、苗木树等"五大农展节",做到"月月有节会,天天秀产品",借此培育农产品区域公共品牌,有效提升农产品附加值。目前已认定中国驰名商标 6 个、浙江名牌 26 个、浙江省著名商标 31 个、国家地理标志农产品 4 个。"平水日铸"茶、山娃子香榧、绍兴兰花等多次在国家级、省级展会上获奖,在省内外有了很大的知名度和影响力。

2. 实施规模化生产经营

柯桥区大力推进产业集聚和规模化生产经营,形成了一支以企业为龙头、合作社为骨干、家庭农场与专业大户为基础、社会力量共同参与的新型生产经营队伍。同时创建了南部省级现代农业园区等现代化产业园区,形成了农业生产的规模优势。目前,全区共建成各类园区 56 个,园区内产值占一产产值的 87.2％;共有区级以上重点农业龙头企业 53 家,其中国家级 1 家,省级 7 家;有国家级示范性农民专业合作社 1 家,省级 3 家;有省级示范性家庭农场 9 家,2018 年,全区销售超 5000 万元农业龙头企业 29 家,其中销售超亿元 15 家,实现销售收入 97.37 亿元、利润 4.73 亿元,分别占全区农业企业的 90.64％和 86.35％。规模化经营下,全区农业生产的耕、种、收综合机械化率达 77％,规模畜禽养殖场排泄物处理与利用率达到 100％,标准化生产率达 65.42％。

3. 推进产业融合发展

柯桥区以花卉、茶叶等特色产业为依托,积极发展"美丽乡村＋",有机整合基地建设、加工制作、智能仓储、市场营销、休闲观光等环节,实现产业链延伸、产业范围扩展、生产效率提高。如漓渚田园综合体项目,设置了展示展销、观光游玩、电商直播等综合项目。又如浙江海丰花卉有限公司,在平水镇建成了全省最大的单体菊花基地(1600 亩),投资建成了国内最大的菊花加工生产中心,日加工能力 50 万枝。在此基础上,充分利用基地花卉的观赏价值,打造观光菊园,通过举办"金秋菊展"等系列展会,打响了观光品牌。国庆期间菊园接待游客量达 2 万人次,在企业受益的同时,也激发了民宿、农家乐等产业的活力,带动周边旅游经济增长。

4. 探索体制机制改革

宅基地可以说是广大农民最宝贵的财富,但是因为宅基地所有权的限制,在过去,农民的宅基地难以有效发挥其经济价值属性,考虑到柯桥区广大农村地区外出务工人员较多,农村宅基地限制情况也较为普遍,因此,柯桥区在闲置农房方面积极探索,探索推行宅基地所有权、资格权、使用权"三权分置",通过发包、租赁、参股、联营等方式,激活闲置及低效使用的农房、厂房、办公用房、老校舍等各类集体资产,积极发展养心、养生、养老的"三养"经济。目前该项目已累计吸引社会资本 14.71 亿元,激活各类"闲置农房"建筑面积 42 万平方米,增加农户收入 1835 万元/年,增加村集体收入 2004 万元/年。成功打造平水岔路口村刻石山雅居、日铸山庄、活禅酒店和兰心民宿等项目。在此类项目的激励之下,目前全区已拥有乡村民宿 50 家,拥有客房 700 余间,床位 1000 余床,餐位

5000 余位，大大增强了乡村旅游的活力与底气。同时，柯桥区针对部分薄弱村，制定了"村级增收10 法"，成立强村消薄基金，加大对经济薄弱村的帮扶力度，给予 54 个经济薄弱村每年不低于 10 万元的分红收益，到 2019 年底所有村年经营性收入达到 50 万元以上。

三、柯桥区乡村产业发展中存在的主要问题

经过多年实践，全区乡村产业的发展取得了可喜成就，但也暴露出一些不足之处，主要体现在产业发展后劲不足、一、二、三产融合不够。以农业企业为例，依据柯桥区农业农村局乡村产业与市场信息科提供的信息显示，2019 年全区农业企业实现产值 87.26 亿元、销售收入 79.15 亿元、利润4.06 亿元，分别比上年减少 22.68%、24.13%、23.11%。农产品自营出口（按实到外汇统计）68022万元（人民币口径），同比减少 6.96%。农产品专业市场交易额 20.70 亿元，同比减少 13.64%。关于其原因，在走访调研过程中，笔者听取了相关部门、镇村干部、农业企业负责人、农民等的意见，主要反映的问题为土地、资金、人才、理念四方面因素制约了乡村产业的发展。

（一）土地使用难

走访中发现，现有农业企业生产设施在建造之初主要考虑满足农业生产，难以兼顾如今一、二、三产融合发展需要，更没有考虑旅游、文化等元素。现今如要增加相关配套建设，则面临相关配套设施用地、附属设施用地审批难。同时，受政策制约，部分流转合同的时间相对较短，制约企业投资信心和长远规划。2017 年，全区家庭承包耕地流转面积共 94186 亩，共流转入各类企业、大户、其他主体共 6124 个，平均每个主体流转入面积仅 15.4 亩。近几年，留给农业企业的建设规划用地基本为零。另外，耕地保护已成为限制经济型农业生产的重要因素。柯桥区耕地资源较为贫瘠，全区人均耕地仅 0.57 亩，仅为全国人均耕地的 40%，为保证粮食供应的安全与稳定，大批农田限制种植粮食作物，经济作物生产受限。在问卷调查过程中，有 71.43% 的受访者认为耕地保护政策红线制约成为本村在加快实现共同富裕发展目标上的突出的短板。

（二）企业贷款难

从银行的角度看，农业属于风险较高的行业，受制于自然风险、市场不可测等因素，投入与产出不成正比。同时，农业企业的固定性资产主要是农业设施和土地使用经营权，缺少硬性的抵押物。部分企业尝试使用产出的农产品作为抵押物，但又受制于市场价格不稳定，不同时期价值不一致，银行难以评估，也无法经营管理这些农产品，因此无法依据此给予贷款。如绍兴中大饲料、海大饲料等两家饲料企业，2020 年向银行申请贷款五六次都因上述原因未能成功。

（三）人才留住难

企业化生产要求规模化、集约化和标准化，技术含量高，但由于农业企业硬件支撑、项目带动等方面尚有不足，造成引进人才发展空间受限，专业技术人才"留不住"问题明显。

（四）经营发展难

农业经营受制于气候和市场价格，可控性低，市场风险高。部分业主对自身经营农业的能力，

农业基本属性,农业投资的复杂性、长期性等缺乏认识,存在盲目跟风投资,缺少规划和引导,导致经营陷入困境。

以上是全区层面乡村产业发展中存在的普遍问题,但在不同类别的乡村中,问题又有各自侧重点,在此做进一步分析。

1. 城乡融合村

"此类乡村是一个特殊的区域,位于城市与乡村的过渡地带,距离城市较近,处于城市扩张的正前沿,是受到城市郊区化与农村自身城市化的双重作用影响的地区"①,包括钱清、杨汛桥、华舍、安昌、福全等镇街以及柯岩的一部分。西与杭州萧山接壤,东与柯桥城区接壤。该类乡村集体经济发展水平较高,部分乡村村集体年收入可达 2000 万元以上,超过一般规上企业营收水平。村民收入高,生活状况好,交通便捷,在发展上可以享受城市设施、技术和消费市场红利,具备融入城市发展的潜力条件。

主要制约因素如下。

(1)发展空间不足

城乡融合村一方面承接了城市发展的红利,同时也成了城市发展的蓄水池。尽管村民普遍富裕,村集体经济条件较好,但受城市影响难以培育出独具特色的乡村产业。体现在人力资源上,乡村青壮年劳动力和高素质人口普遍向城市单向流出,域外欠发达地区的人口大量向村内流入,且流入人口的教育程度主要集中在初中及以下,属于典型的"非学历型流动",对提高劳动生产率、促进乡村经济转型升级的作用有限。体现在土地资源上,就是产业用地少。随着城市的扩张,城乡融合村大量土地被政府开发,村民大多成为失土农民,永远丧失农业发展的潜力。

(2)优质产业缺乏

部分村尚有工业用地,但多数用于厂房出租以收取物业费用,而非发展其他产业。当前来看,拆迁收入和物业收入成为多数富裕村的致富良方。如 2019 年华舍街道小赭村经济合作社年总收入达到 2515 万元,为全区最高。其中补助性收入高达 1610 万元,占比 64%。补助性收入,主要以拆迁补偿为主。钱清街道前梅村年总收入达到 2311 万元,主要为经营性收入,达到 1998 万元,占比 86%。经营性收入主要依赖物业收入,也就是厂房出租。此类现象在大多数富裕村中普遍存在。但是物业经济受宏观经济和政策环境影响较大,2021 年 8 月以来,柯桥全区开展工业厂区"低散乱污"整治提升工作,城乡融合村大批企业关停搬迁,同时受近年来经济下行压力增大影响,企业经营成本提高,多数乡村收取的物业费用增长空间有限,影响了村集体收入增长速度。如柯岩街道丁巷股份经济合作社,村级集体收入以物业收入为主,近 4 年,该村集体收入增速分别为 10.4%、7.1%、0.9%、−3.5%,逐年下降。而拆迁收入受政府影响较大,存在不确定性,不具有可持续性。因此,此类乡村要实现长远发展,必须考虑谋求新的发展突破点。

2. 城市近郊村

此类村往往与城区有一定距离,属于城市近郊,主要包括柯岩、湖塘、夏履、福全、漓渚、马鞍等镇街及钱清和兰亭的一部分。区位条件优越,发展具有独立性。自然环境优美,人文资源丰富,有山(柯

---

① 陈潇玮:《浙北地区城郊乡村产业与空间一体化模式研究》,浙江大学 2017 年博士学位论文。

山)有水(鉴湖、浙东古运河),春有兰花,秋有丹桂,瓜果飘香。拥有一定的产业优势,在全省或者全国范围内具有知名度。如漓渚镇的花卉专业村。目前,该镇共有6个花卉专业村,其余所有行政村也都有从事花木生产与经营者,全镇共有250多家花卉企业,4万多亩花木基地资源,产业特色明显。

主要制约因素:村集体经济发展办法不多,动力不足。城市近郊村村集体普遍缺乏创收的途径,多数村实施以家庭联产承包经营为主、统分结合的双层经营体制改革以后,重"分"而不重"统",致使耕地、林地等资源性资产分散到户,村办企业等经营性资产改制到人,村级集体经济组织只掌握了少量土地。产业兴旺带动村民增收,但没能拉动村集体经济,出现村民富裕,但集体经济薄弱的特点。如漓渚镇棠棣村目前一年仅兰花产业就创收8000万元以上,销售额在10亿元以上,但村集体收入仅为222万元,其中经营性收入仅为68万元,集体收入在全区列入统计的316个村(经济合作社)中位列第245名,与远近闻名的富裕村定位不相符合。

3.南部山区村

此类村主要集中在南部山区平水、王坛、稽东三镇。位置较为偏远,交通不便,经济发展相对落后。以农业和旅游业为主导产业。山林众多,风景秀美,有着丰富的自然资源,素有"绍兴后花园"之称。近年来,此类乡村因地制宜,大力发展种植业,努力推动乡村产业发展。如平水镇着力推动竹笋生产"企业＋基地＋农户"产业化模式。王坛镇通过培育万亩梅林,打造浙江最美森林,构建多元化农业经营体系。稽东镇着力发展香榧产业,流转林地种植经济作物,同时加大投入推进红豆杉、茶叶等特色基地项目建设。

主要制约因素如下。

(1)生态红线制约

根据生态环保要求,目前仅柯桥区南部就有小舜江水源地保护、平水江水源地保护、曹娥江饮水工程水源地保护等多条水源地保护红线,王坛、稽东、平水大部基本在水源地保护区范围内。受此影响,保护区内的农家乐、餐饮项目被关闭,畜禽养殖活动被取缔,部分农业企业被搬迁,几乎已不可能落户高质量农业产业项目,乡村发展受到较大制约。如王坛镇在2017年、2018年的环境整治行动中,共有39家企业关停搬迁,涉及土地近300亩,建筑面积18.5万平方米,王坛集镇及附近行政村将因此每年减少租金收入60万元。另外,随着企业的关停搬迁,当地不少农民面临"失业"。王坛镇39家关停搬迁企业职工总数超过2000人,本地农民占比90%,其中45—60岁女性占到了本地职工的60%。另外,如平水镇若耶山居,曾获评省金宿级民宿,也因水源地保护红线遭到拆除。

(2)产业化水平偏低

特色农业产品如茶叶、竹笋等收获至今仍依赖人工采摘挖掘,生产效率较低。一般以家庭为生产单位,经营比较散漫,没有形成系统的产业生产链。收获季节劳动力不足,而雇用外来劳动力成本过高,影响经济效益。加上加工技术落后,特色农业创新和技术水平不足,农业技术人才相对匮乏,生产经营方式较为粗放,容易遭受各类病虫害,抗风险能力较差。如稽东镇香榧林长期存在遭受病虫害损失率大、坏果率居高不下等问题。据相关农技人员介绍,多数榧农掌握的技术不足,表现为香榧种植过程中栽植密度不够合理、不同品种雌雄株配置比例不科学,在防治病虫害时也不够及时,防治办法不尽合理,从而导致香榧林自然授粉不足、结实迟、产量低,因此容易遭受病虫害而减产或死亡。在加工工艺上,市面上很少有科研机构或设备厂投入香榧产业设备研发,香榧的后熟管理中的静置天数和翻晒频率都全凭榧农经验判断,炒制设备仍为传统烧柴加热炒制,温度不稳定,受热不均,导致坏果率难降。另外,此类乡村地理位置偏远,交通不便,大部分农户缺乏好的展销渠道,茶叶等农产品多依靠采购商上门采购,或者直接在当地市场出售,在品牌推介、网络营销上尚需发力。

四、关于三类乡村加快产业发展,实现共同富裕的对策、路径建议

总体可以看出,近年来柯桥区在推动乡村产业发展方面得到了极大的提高,但依然存在提升空间。要继续强化乡村产业优势,要结合本地发展实际,进一步凸显其在经济、政治、文化、社会、生态等一个或者多个方面的功能,努力使各类乡村实现特色发展,有效减少城乡差距,加快实现共同富裕。

(一)城乡融合村

城乡融合村的发展与城区紧密相关,在享受城市发展红利的同时资源遭到虹吸,谋划此类农村的发展应跳出农村看农村,从经济、空间、管理方面共同推进城乡关系的重构。生态是此类乡村相较于城市的最大优势,区位是此类乡村相较于其他乡村的最大优势,如何依靠这两大优势打造发展之本,是实现城、乡发展机会平等的契机。因此,此类乡村的发展要努力实现生态、生产、生活资源优势的最大合力,充分发挥其在经济、社会等方面的属性。建议引导城市中与乡村 IP 相契合的文化、创意、休闲等功能落实到乡村重点发展空间上,以产业结构升级推动乡村人口结构优化及空间重组,进而对区域内的产业、人口和公共设施空间布局做出科学合理的安排,引导实现协调互动、相互融合的新型城乡关系。

1. 引入市场力量,变出产业新村

要坚持政府主导、专业运营、百姓受益的建设运营模式。对外,通过市场力量积极引入文化、创意、休闲等适宜功能到乡村。对内,通过市场力量全面提升域内居民生活工作舒适度,打造乡村新产业。如今这种运营模式在城市社区内已较为成熟,2021 年以来,柯桥区内"乡村振兴先行村"也正在探索实践这种模式,如杭州首个"未来社区"瓜山社区,引进公寓品牌"朗诗寓",通过政府整治、企业运营的模式,在不到一年的时间里,实现了从"脏乱差"到"高大上"的华丽转身,摇身一变成为现代感与品质感兼具的"未来社区"。柯桥区漓渚镇棠棣村引进"浙江立尚文化传播有限公司"协助设计并打造"花满棠"乡村文化旅游品牌,目前相关工作正稳步推进。

全省其他城乡融合村也可以借鉴这种模式,由政府负责乡村外部综合整治,并提出具体的建设规划,引进专业运营公司,进行内部改造和具体运营。如对集体所有的厂房进行针对性改造,按照民营人才园、文化创意园等园区的标准进行建设,提供优惠政策,同时由运营公司在外进行推销,邀请文化、创意、休闲等行业中小微企业入驻,积极发展新产业。对于闲置农房,原住民愿意将自己的房屋租给政府或企业进行改造的,按照城市公寓的标准,结合乡村特色,进行改造出租,解决在村内工作或者在周边市区工作的白领人士住房问题。同时,要完善周边出行、教育、养老、购物等基本设施建设。如建设公共食堂,供村民或者在村内就业创业的人员使用,完善出行条件,对接城市交通,提升城乡一体化程度。

2. 严控准入门槛,强化"低散乱污"整治

与其他各类农村相比,城乡融合村生态环境相对较差。在几十年的发展过程中,工业企业大量

外迁至城郊融合地带,周边途经工程车辆较多,外来务工人口众多,山水田园风光难得一见。因此,城乡融合村发展乡村产业要强化准入管理和底线约束,严禁"低散乱污"产业向农业农村转移,严守环保、安全的红线,强化监管,加强对各类经营主体的污染治理,杜绝"工业病""城市病"。要以"低散乱污"整治倒逼产业转型升级,积极对接相关部门、科研院所,通过人才引进、项目合作等方式,帮助"低散乱污"企业完成工艺提升、源头替换,扶持企业机器换人、企业研发中心等技术改革,促使企业以新项目形式落地,净化产能,实现可持续发展。

(二)城市近郊村

城市近郊村各方面禀赋介于城乡融合村和南部山区村之间,自然环境优良、特色产业突出、区位优势明显。谋划此类乡村的发展应当充分挖掘乡村特色,走出一条独具特色的乡村产业发展道路。如柯岩突出柯山(柯岩风景区)、鉴水优势,提升鉴湖渔歌带建设广度与深度。湖塘围绕黄酒小镇、大香林—兜率天景区,打造成柯桥城区的"生态后花园"。夏履镇围绕"十八景",打造精品旅游休闲线路。漓渚镇围绕花木产业,推进"花香漓渚"田园综合体的建设。

1.加快数字赋能,打造"互联网+"现代乡村产业

在农业产业方面,借助数字工具,打造"互联网+农业"模式,提升农产品生产、销售、配送水平。如漓渚镇花卉专业村可以依托当地兰花资源,由当地村集体牵头,加快推进5G在农业领域的应用,打造兰花产业"5G+农业"综合供应链平台项目。通过5G网络技术实时采集土壤质量数据,实时呈现温度、湿度、光照、气压等动态数据,以及日照时间等周边环境参数,实现兰花大棚的智能环境监测,为科学种植提供参考依据。通过智能机械代替人工完成浇水、施肥。强化村村联合,建设统一展销平台,引导各类经营主体在平台上统一销售,避免恶性竞争。相关经营主体要抱团发展,打造统一品牌,推进兰花产品品牌化建设,提高村集体经济活力。在休闲旅游业方面,打造"互联网+乡村旅游"模式,开展如"主播带你'云'旅游"系列宣传推介活动,打出柯桥乡村旅游线上品牌,吸引线上流量转化为线下流量。邀请网红主播们直播旅游,多线同屏,从不同线路、角度对田园风光、景区景点、农家美食以及相关旅游产品进行深度体验式推介宣传,生动全面地展现乡村风光。同时,完善基础配套设施建设,如建设乡村智能出行系统,让游客能够在线查看周边道路情况、景点详情,提供实时查看停车场位置、空余车位等功能。引导周边民宿、农家乐上线"大众点评""美团""饿了吗"等美食App,让游客能够查看周边美食、特色菜品,同时提供预订服务,让游客走到就能吃上,减少等候时间。

2.拓宽发展思路,推进一二三产融合发展

以重点特色产业为中心,拓宽思路,发展周边产业,因地制宜推动一二三产融合发展。如夏履周边乡村,可以围绕区域内旅游资源,开发集休闲旅游—餐饮住宿—特色农产品销售等于一体的多元化乡村产业。漓渚镇花卉专业村,可以开发集兰花种植销售—文创产品—休闲旅游—餐饮住宿等于一体的乡村产业。在产业发展过程中,可以借助市场专业运营力量,全周期参与乡村策划、设计、建设、运营、推广。可以引入工商资本,通过独资、合资、合作、联营、租赁等方式,稳妥有序投入乡村产业。鼓励村集体采用土地入股、土地流转、土地托管、联耕联种、股份合作等多种经营方式,吸纳国有企业、民间资本参与村庄经营。

（三）南部山区村

南部山区村在全区各类乡村中自然环境最好，但位置最偏远，交通条件最差。谋划此类乡村发展，应重点关注生态环境，在水源地保护、耕地保护政策现有框架内，主动适应生态环境保护新要求，积极调整产业结构，大力发展绿色产业、美丽经济，实现可持续发展。

1. 因地制宜，打造资源节约型、环境友好型的乡村新产业

利用南部山区生态环境优势，发展生态茶园、果园、药材等无公害农业，探索主要农产品无公害防治技术。引进社会资本，打造农业龙头企业，发展山区农业自动化、机械化技术，减少人力需求，提升生产效率。发展乡村旅游，开拓新的旅游线路，参照城市近郊村打造"互联网＋"现代乡村产业，实现山区产品、产业走出去，资金、游客引进来。挖掘本村文化IP，发展文化创意产业，打造山区特色的文旅产品。探索实施"飞地"经济，以村集体为主体，通过飞地抱团，推进异地购置物业、异地产业经济等项目，拓展发展空间，为集体和农户增收。

2. 健全生态环境监测治理体系，发展绿色高效农业技术

要建立起一套集环境监测、污染治理于一体的山区生态环境保护体系，通过各监测点实时监测、卫星遥感定期监测、责任人员随机上门抽查的方式，严查污染排放。要聚焦果菜茶等化肥使用量大的园艺作物，深入推进测土配方施肥和农作物病虫害统防统治与全程绿色防控，集成推广化肥机械深施、种肥同播、水肥一体等绿色高效技术，有效控制化肥、农药使用量在合理范围内，减少污染源头。制定环保标准，严格产业准入门槛，达不到标准的企业严禁入驻。强化环境执法，对多次违规排污的企业实施永久禁入政策。上级政府要强化城乡统筹力度，加大财政转移，落实相关补助，弥补农户损失。

参考文献：

[1] 时慧娜，许家伟. 国内外村落衰退研究的进展及启示[J]. 云南社会科学，2019(4)：67-74.

[2] 蔡昉. 城乡收入差距与制度变革的临界点[J]. 中国社会科学，2003(5)：16-25，205.

[3] 农业部课题组，张红宇. 中国特色乡村产业发展的重点任务及实现路径[J]. 求索，2018(2)：51-58.

[4] 付伟. 城乡融合发展进程中的乡村产业及其社会基础：以浙江省L市偏远乡村来料加工为例[J]. 中国社会科学，2018(6)：71-90，205-206.

[5] 朱启臻. 乡村振兴背景下的乡村产业：产业兴旺的一种社会学解释[J]. 中国农业大学学报（社会科学版），2018，35(3)：89-95.

[6] 谷军，康琳. 缩小中国城乡收入差距的可行性措施研究：以美国、日本、韩国经验为借鉴[J]. 发展研究，2011(2)：82-86.

[7] 何立胜，李世新. 产业融合与农业发展[J]. 晋阳学刊，2005(1)：37-40.

[8] 黄祖辉. 准确把握中国乡村振兴战略[J]. 中国农村经济，2018(4)：2-12.

[9] 周立，李彦岩，王彩虹，等. 乡村振兴战略中的产业融合和六次产业发展[J]. 新疆师范大学学报（哲学社会科学版），2018，39(3)：16-24.

[10] 周立，王彩虹，方平. 供给侧改革中农业多功能性、农业4.0与生态农业发展创新[J]. 新疆师范大学学报（哲学

社会科学版），2018，39（1）：92-99.

[11] 陈潇玮.浙北地区城郊乡村产业与空间一体化模式研究[D].杭州：浙江大学，2017.

[12] 徐腊梅.基于乡村振兴的产业兴旺实现路径实证研究[D].沈阳：辽宁大学，2019.

[13] 郝耕，孙维佳.农业生产方式变革是乡村振兴的根本出路[J].西安财经大学学报，2020，33（6）：66-74.

[14] 国家统计局.1978—2020 城镇居民人均可支配收入、农村居民人均可支配收入[DB/OL].EPSDATA 官网 epsnet.com.cn.

[15] 北京市 2019 年国民经济和社会发展统计公报[J].北京市人民政府公报，2020（19）：28-48.

[16] 姜德波，彭程.城市化进程中的乡村衰落现象：成因及治理——"乡村振兴战略"实施视角的分析[J].南京审计大学学报，2018，15（1）：16-24.

实践与超越：共同富裕视阈下家政行业的转型与重构

——基于临海市"浙里好家政"应用的实践与思考

弓　晋

（中共临海市委党校）

摘　要：共同富裕作为中国式现代化的重要特征，它蕴含着以人民为中心的价值取向。临海市紧抓浙江建设共同富裕示范区的重大发展机遇，从解决当前家政行业中普遍存在的，让群众满意度不高、反响强烈的关键问题入手，打造了"浙里好家政"数字化应用场景。该应用将多个具体场景综合集成，面向各个市场主体提供人才培育、供需信息匹配、资信管理和智慧治理等全周期闭环的公共服务，为家政行业转型升级和高质量共同富裕实现奠定了基础。为了更好顺应行业发展的新特点，全方位满足人民群众对美好生活的向往。笔者认为打通有偿和公益志愿之间的通道，引入"时间银行"概念，以家政赋能公益初心，数字助推家政服务是更深层次推进家政服务业发展的优化之道。

关键词：共同富裕　数字化改革　家政业　浙里好家政　临海市

共同富裕既是我国人民千百年来的共同夙愿，也是马克思主义的一个基本目标，更是中国共产党百年来的不懈追求。中国共产党从成立至今，不忘初心使命，走出了一条中国式现代化的新道路，而"共同富裕就是社会主义的本质要求，就是中国式现代化的重要特征"①。

一、"共同富裕"：中国式现代化的重要特征

共同富裕，作为中国式现代化的重要特征。它既有现代化蕴含的物质精神齐富裕的一般含义，也兼具中国特色的特殊内涵。

（一）价值层次：以人民为中心的价值意蕴

我国是人民民主专政的社会主义国家，这一国家性质决定了我国的共同富裕蕴含了以人民为中心的价值意蕴。该价值取向，使人民在共同富裕机制构建和路径选择上居于主体地位。习近平在扎实推动共同富裕的战略部署和举措中多次强调："我们说的共同富裕是全体人民的共同富裕，

---

① 习近平：《在高质量发展中促进共同富裕，统筹做好重大金融风险防范化解工作》，《人民日报》2021年8月18日。

是人民群众物质和精神生活都富裕。"[①]这是对共同富裕主体全民性和内涵全面性的最好诠释，也是始终围绕人的自由和全面发展创造的一个更高级的社会形态。

（二）实践层次：共有、共建、共享的实践路径

中国式共同富裕价值层次的理念，需要转化为具体的实践路径，方能真正实现中国式的现代化。共有、共建、共享就是从生产力与生产关系两个维度实现中国式共同富裕的有效路径。

从生产力维度，共建即团结一切可以团结的力量，实现经济社会的高质量发展。它强调发展动力，是中国式共同富裕的根基。从生产关系维度，共有强调所有制的权属关系，即中国人民在基本经济制度下，共同对国家资产享有所有权。这是社会主义的本质要求，也是中国式共同富裕的前提和保障。共享即参与共建的中国人民，共同享有改革发展的成果。它强调分配结果，是中国式共同富裕的价值旨向，彰显了社会主义核心价值观关于公平正义的价值追求。此三者紧密联系，统一于中国式共同富裕的伟大目标。

二、"浙里好家政"：临海市共同富裕实践成效及问题

家政服务业作为"小切口，大民生"的朝阳产业，它事关千家万户福祉，既是满足人民群众对美好生活需要的现实要求，也是实现共同富裕的重要举措。近年来，临海市紧抓浙江建设共同富裕示范区的重大发展机遇，把增进人民福祉作为一切工作的出发点和落脚点，以数字化改革为总抓手，通过整合家政行业领域各方数据，开发了包含适业群体识别、就业牵引、供需促成、资信管理、数据分析等在内的统一平台"浙里好家政"，一站式满足了"从业人员学好技能、家政企业招好员工、消费者找好服务、政府部门管好行业发展"的"四好需求"，力图在数字化社会"事有所变"的跑道中打造具有临海鲜明辨识度的"浙里系"重大应用，以临海的现行探索实践为浙江全面建成共同富裕示范区探路。该平台的具体运行流程如下。

（一）数字赋能，精准帮扶，打好先富帮后富的"组合拳"

1. 数字赋能，自动识别适业群体

平台通过收集整合全市范围内户籍人口的就业、健康状况、专业能力、收入水平、犯罪记录等多方面的信息，自动识别出家政从业的低收入帮扶群体。

2. 明确意向，精准帮扶意愿群体

以镇街为网格单元对家政从业的低收入帮扶群体进行划分，以片区网格员为联络人，发动退休党员、退伍军人、志愿者等开展入户走访、信息核对、意愿调查、精准排摸家政从业意愿人群。对于存在"数字鸿沟"的人群，由社区居委会（村委会）集中开展智能手机"扫盲"培训课，并组织专人点对点帮扶该类人群，有效解决家政行业供给不足的问题，建立从业需求"人力池"。

---

① 习近平：《扎实推动共同富裕》，《求是》2021年第20期。

(二)政策牵引,职业培训,做好实现共同富裕的"助推器"

1. 政策集成、智慧牵引,灵活就业

相关职能部门梳理公布并实时更新涉及家政服务业的一揽子政策,为从业人员提供各类补贴申领、体检预约、培训报名、保障性住房申请、纠纷调解等线上服务。

2. 专业引领、技能培训

面向就业重点人群和低收入家庭,开展家政服务业务技能培训,加强职业技能、通用职业素质和求职能力等综合性培训,持续推动"互联网＋职业技能培训",加大线上培训补贴力度,建立和完善培训档案,确保培训信息可查询、过程有管理、质量可追溯。通过专业化技能培训,切实提升从业人员素质,筑牢高质量发展根基。

(三)信息公开,对称供需,搭好物质精神齐富裕的"连心桥"

1. 社会信息公开化,连好供需对接"适配器"

(1)明晰责任保公正

明确 B2C(商对客)平台运营模式,清晰区分政府和市场边界,政府负责基础数据的采集、分析和监测,第三方机构负责平台的运营,运营过程中的各个环节由相关部门严格监管,确保平台运行公开透明,发布信息真实有效。

(2)按需匹配提效率

平台及时更新发布从业人员的求职需求、家政企业的招聘和服务需求、消费者的服务需求等三方家政供需信息,根据需求信息平台智能化分析,按照就便就近原则匹配推送,做好供需对接的"适配器"。

2. 双向选择明朗化,搭好全面富裕"连心桥"

从业人员、家政企业与消费家庭均可根据自己的标准、意愿来自主选择符合条件的对象,改变以往三方互不信任的局面,既提高了消费家庭的满意度,又让从业人员在家政服务业中实现了创收并找到了归属感。该举措不仅解决了家政行业供需两端匹配失衡及信息交流不畅的问题,也为从业者与消费家庭搭好了物质精神全面富裕的"连心桥"。

(四)风险预警,智慧监管,建好实现共同富裕的"护卫队"

1. 市场秩序规范化,织密三方资信"监督网"

(1)全面纳入三方资信

平台通过对家政服务三方的基本信息、资质信息、评价信息、信用信息进行收集、分类、存储和加工,建立起了三方共同关注的包含违法犯罪、个人信用、健康防疫、从业资历和服务评价在内的信用体系。

(2)实行资信量化评分

平台根据算法自动生成资信评分,及时更新公布家政企业和从业人员的资信分数,对于消费家庭的资信分数仅向建立起合同关系的家政企业和从业人员公开。资信量化分数的公开,为家政服务业主管部门的奖励惩戒,家政企业、从业者和消费家庭违规行为的及时纠正调整,起到监督、警示和规范的作用,切实做到防微杜渐。

2. 数据应用智能化,打造全局决策"驾驶舱"

(1)助力企业转型

平台通过智能分析重点区域市场需求,如消费家庭数量、服务项目类别等,形成家政服务需求热图,科学预测一定时期内区域市场需求规模、变化趋势。根据预测结果和现有家政企业的业务范围和服务半径,及时引导家政企业流动、转型。

(2)助力政策研究与落地

平台通过抓取涉及家政服务价格、态度、质量等在内的评价内容,以及"数量占比、服务时长、投诉纠纷率"等重点指标,智能生成服务评价关键词云图,方便政府及时掌握家政服务存在的问题,并有针对性地提出解决问题的举措,进而规范家政服务行业,保障各方利益。三方资信重构、动态风险预警,政府智慧监管为家政服务业发展营造安全有序的市场环境,也为改善民生福祉,实现共同富裕保驾护航。

临海市高站位共同富裕,在家政行业的数字化改革,不仅引领、撬动了该行业的现代化,夯实了该行业实现高质量发展的根基,还不同程度地提升了从业者、消费者的获得感,进一步画大了高层次富裕的"同心圆",助推了全体人民的全面发展和整个社会的全面进步。具体而言,体现为如下几个方面。

一是推动方法变革,完善了低收入群体数字化精准帮扶机制,拓宽了先富帮后富的有效路径。临海家政服务业数字化改革的具体实践,找到了一条最优、最集约的路径来带动低收入人群增收,实现共同富裕。它打通了横跨发改、商务、人社、市监等部门的 13 套数源系统,通过挖掘、筛选、利用现有户籍人口的基础数据,识别出有就业意愿的低收入或无就业群体近 22 万人,并对他们进行走访核实,建立数字档案,确保了帮扶对象的精准化和帮扶工作的个性化。通过这套模式与方法,帮助近 2000 人实现了就业与增收。这种实现共同富裕的数字化方式,也为其他行业与领域的精准帮扶工作提供了借鉴。

二是推动产业变革,再造了家政行业闭环式业务流程体系,筑牢了实现共同富裕发展的根基。该平台把需要监管的、老百姓关心的问题进行全链条闭环管理,再造了家政服务业务流程体系。①自动识别,精准画像适业群体。平台通过数字化手段,自动识别低收入帮扶群体。通过走访帮扶,明确意愿,帮助该群体进行平台注册,形成家政服务供给准人力库。②三方资信重构,风险预警。平台通过对从业者、消费者、家政机构三方的基本信息及信用进行评分筛选,有效降低服务过程中的风险。③政策集成,智慧牵引,专业培训为从业人员提升自己的专业技能提供政策保障。④信息公开,交互匹配供需资源。平台及时更新发布供需双方需求和涉及三方的资信信息,本着就近就便的原则高效匹配,在服务过程中从业人员要主动出示从业资质及"家政安心码"。⑤三方互评,行业监测。服务完成后,涉及三方相互评价,有效提高服务的专业化水平与群众对行业的满意度。对普遍存在的问题,政府通过平台生成的数据,有效提出有针对性的解决方案,促进整个家政行业健康有序发展,进一步夯实实现共同富裕发展的根基。

三是推动治理变革，重塑了家政服务业管理体系，助力了实现共同富裕的体制机制创新。临海家政服务业的数字化改革，在从业准入和退出、岗前培训、信用评价、多部门协同激励和惩戒等方面形成了"1＋N"制度体系。"1"即《促进家政服务业发展的扶持办法》，作为家政行业管理总纲领性文件，在优化家政服务业发展环境、激发市场主体活力等方面发挥牵头抓总作用；"N"即围绕家政服务行业、家政服务机构、家政服务人员出台的一系列细则和规范。这些规章制度的出台与实施，使家政适业人群在成为从业人员前，由原先"较差健康意识、较少岗前培训、较低'家政安心码'使用率"变为"健康体检－规范培训－亮码上岗"，实现了涉及家政的职业培训、健康体检、等级评定、权益保障等服务的速办智办，提高了家政市场的供给水平和质量。在家政从业人群进入家政市场后，由原先"信息不透明、匹配不平衡、信用没保障"变为"信息公开透明－匹配就近就便－从业双向选择－信用监督管理"，基本满足了全市域近 12 万人的个性化家政服务需求，有效减少不良事件发生。此外，这次改革也推动了政府治理方式的变革，切实解决了之前管不好、管不准的问题。政府通过对平台生成的各方数据归集分析，实现了"数据一屏可视、态势一键感知、风险一网预警"，有效助力政府科学决策，使政府管理更智慧。

四是推动社会变革，破解了优质家政公共服务共享难题，支撑了更高层次共同富裕的实现。临海家政行业的数字化改革，从社会生产与社会生活方式两个层面推动了社会变革，进一步支撑了更高层次共同富裕的实现。作为家政行业数字化改革成果的"浙里好家政"应用，不仅实现了就业困难人群与低收入群体的精准帮扶，保障了家政服务供给充足有效，助推了家政行业的高质量发展，同时还使消费者、家政企业、从业人员和政府等市场主体关系更加和谐，一定程度上避免了该行业恶性事件发生。

"浙里好家政"应用，不仅解决了群众找不到、用不好家政服务的问题，也为政府实现智慧治理提供了行业数据支撑。但在改革应用的具体实践和社会现实生活中，还是存在由于经济与社会的发展、行业认知偏差、权益保障不足、从业门槛提高等原因导致的家政人员有效供给不足、各市场主体沟通不畅等问题。根据 2021 年人社部公布的最缺工的一百个职业排行榜显示，家政服务业排在第六位。[①] 为了进一步引导家政服务行业实现持续健康发展，更好地顺应经济社会发展和行业多元化、专业化、规范化的发展趋势，不断将此次改革推向纵深化，真正满足人民群众对美好生活的向往。笔者着眼于未来家政服务行业发展的新特点，结合党和国家相关政策及临海"浙里好家政"改革具体实践，认为坚持共商共建共享理念，以家政赋能公益初心，数字助推家政服务是更深层次推进家政服务业发展的有效之道。

三、公益赋能与数字助推：家政行业的升级与超越

(一)以共建共享为向心力，画大公益家政"同心圆"

古人云："人不为己，天诛地灭。"但在当今社会如果一个人乃至一个行业没有利他概念，没有共

---

① 《2021 年第一季度全国招聘大于求职"最缺工"的 100 个职业排行》，http://www.mohrss.gov.cn/SYrlzyhshbzb/dongtaixinwen/buneiyaowen/rsxw/202104/t20210426_413714.htm，2021 年 4 月 26 日。

享观念，未来一定不会得到长久发展。家政服务事关千家万户，是一项一举多得的产业。既然事关社会公众利益即我们每个人的福祉，那么就离不开每一颗为人民服务不求回报的公益初心。共建共享的发展理念，既是对公益初心的践行，也是从思想观念上解决目前以及未来家政服务行业供给不足问题的重要举措。

共建促共享，公益为公众。只要我们每个人坚守一颗公益的初心，主动下沉到社区，了解并满足公众多样化的服务需求，并以实际行动传递这份温暖。那么，家政服务业劳动力供给不足，多样化需求难以满足的问题，就可以通过共建共享的公益初心凝聚成合力，画大公益"同心圆"，促进家政服务业多元化可持续发展。

（二）以"时间银行"为生命力，激发潜在公益家政活力

"时间银行"也称爱心银行。它最早是由美国学者于 20 世纪七八十年代提出的，主要是通过建立服务者存储服务时间的储蓄机构，来实现服务的延期支付，进而缓解由于经济滞胀引发的政府福利支付能力减弱等问题。它通过将服务者提供服务的时间以积分等多样化的形式记录存储下来，当服务的提供者需要帮助时，由其他服务者无偿地为其提供服务。因此，从本质上讲，"时间银行"是一种延期的以服务易服务的机制。其运行流程见图 1。

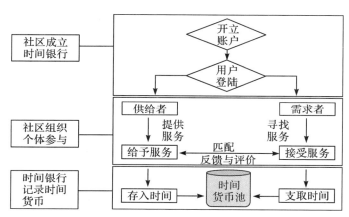

图 1　传统时间银行运行流程

如何通过"时间银行"吸引社会人员参与家政等公益活动？近年来，上海、南京等一些大城市通过探索建立了以社区为依托，将时间和公益挂钩，利用时间交易来实现公益互助的一种新模式。该模式具有双向性的特点，与我国互助互爱等传统美德有诸多共通之处。它不再强调单方面的无偿奉献，而是鼓励受助者在力所能及的范围内通过相应的劳动来回报社会，进而在整个社会范围内形成"人人为我，我为人人"的双向互助链条。由此可见，"时间银行"作为一个载体，在这个过程中起着沟通供需的桥梁作用。它不仅有助于保障家政等社会公益行业服务人员的持续供给能力，客观上也会使整个社会公益服务理念深入人心，形成一种向上向善的社会风气。

（三）以数字赋能为驱动力，促进公益家政服务的智能化

那么，"时间银行"在运营过程中存在的志愿服务注册登记、时长累积、流转提取、个性化需求快速匹配等问题该如何解决？近年来，世界上很多的发达国家和地区，以及我国的一些大城市都试图

在探索解决。例如，日本开发了"照护门票（tickets for caring relationship）"系统，中国开发了专门独立的互助公益平台——理时银行网站。虽然各地形式方法不同，但都指向了利用互联网技术，通过数字赋能的方式提升"时间银行"运营的效率。

随着第三次科技革命在我国的深入推进，"时间银行"这一模式和理念正在各地落地生根发芽，有明显的本土化趋势。近年来，深圳、上海等多家互联网公司就在着手开发以市场需求为导向，以手机端应用为主，可以适用不同公益场景，适配不同组织结构的时间银行信息化服务平台。这些平台通过设置服务者、服务组织、账户管理和回馈奖励等模块，利用区块链与互联网技术，实现了注册登记、任务领取、时长累积、兑换提取等全流程管理服务。此外，它还输出了以志愿服务的劳动价值设定科学公平的兑换折算比例，通过丰富可兑换提取的服务内容，灵活多样的提取兑换方式来吸引志愿服务人员注册等价值体系。例如，成都、重庆等地区开始探索利用电子社保卡，记录登记志愿服务及"时间银行"积分。这些成功案例为"时间银行"理念通过数字化方式在家政行业实践提供了有效的借鉴。

（四）以多方聚合为凝聚力，提高公益家政服务专业化

专业化既是家政服务业发展的生命线，也是未来家政行业发展的新特点。为了有效提高行业的专业化水平，政、企、民三方应积极参与形成合力，为行业发展保驾护航。具体而言，政府提供制度保障，行业协会、龙头企业发挥专业引领作用，民众广泛参与是促进家政服务专业化发展的优化路径。

政府加强完善相关制度建设。首先，政府应制定统一规范的家政服务从业标准，从服务对象、服务流程、服务内容、计量兑换、质量服务评价反馈、组织保障等多方面完善相关制度。其次，政府要支持院校和企业举办职业教育或设立公益家政培训基地，对志愿者进行专业化培训，并颁发相应的学历证书和家政服务职业技能类等级证书，以此为基础来提高从业者的专业化水平。对于培训的开支，可采取灵活的财税金融政策支持。比如西安市政府，为家政服务者（时间银行运营者）开发公益性岗位托底；上海成立家政员工公益基金；广州发布全国首个公益家政服务"商业＋公益"保险。最后，政府还应牵头引入一些龙头企业和专业化公司，由它们负责家政、生活服务公益项目的策划、创新与实施，承担组织行业交流与调研，承接政府、企业、基金会等主体购买或委托的公益服务项目，通过项目化运营手段，提升整个行业的专业化水平。例如，深圳某区的商务局就牵头引入一家专业型的家政服务项目策划公司。该公司通过基层调研、行业交流等方法，策划组织了"敬老爱老公益行，家政人在行动"等系列活动，受到了社区居民和当地民众的一致好评。

行业协会、龙头企业发挥专业引领作用。深圳的家政服务协会就创新开发了大量免费的家政微课程，以低成本、易获得、内容更加适宜的家政技能培训内容，规模化地为公益家政从业者提供培训，切实提高了从业者专业化水平。北京家政服务协会联合"好慷在家"等企业，通过多年实践摸索，形成了一套成熟的培训体系，并将这一套服务标准化体系输出给行业，提升整个行业专业化水平。

综上所述，打通有偿和公益志愿之间的通道，引入"时间银行"概念，以家政赋能公益初心，数字助推家政服务，是助力家政服务行业持续发展的优化之道。它不仅能解决未来我国家政人员需求持续增加，专业、多元、规范化不断提高的现实问题，同时对于实现人的全面发展，减轻政府公共服务财政支出负担，形成积极向上、安定和谐的社会氛围也大有裨益。

参考文献：

［1］郭占恒.全面把握共同富裕的五大基本特性［J］.观察与思考,2022(1):5-12.

［2］贺慧,张晓清,蒋锦芳."区块链＋时间银行"纾困养老［J］.浙江金融,2021(4):44-52,26.

［3］苏海南.我国家政服务业发展趋势展望［J］.小康,2020(4):38-40.

［4］习近平.扎实推动共同富裕［J］.求是,2021(20).

［5］杨文圣,李旭东.共有、共建、共享:共同富裕的本质内涵［J］.西安交通大学学报(社会科学版),2022,42(1):10-16.

［6］张占斌.中国式现代化的共同富裕:内涵、理论与路径［J］.当代世界与社会主义,2021(6):52-60.

习近平共同富裕观的白沙村实践

姜小武　　燕传林　　徐苑卉　　祝燕

（中共江山市委党校）

摘　要：浙江省高质量发展建设共同富裕示范区，是时代赋予浙江重要示范改革任务，作为"七山一水二分田"的省份，广大山区群众如何实现脱贫致富，是建设共同富裕示范区要解决的重要课题。2004 年 10 月 10 日，时任浙江省委书记习近平到江山市白沙村调研时，就曾对下山脱贫村如何走向共同富裕做出重要指示，为下山脱贫村走共同富裕之路擘画蓝图。本文对白沙村下山脱贫走共同富裕之路进行全面剖析与深入研究，探讨浙江如何高质量发展建设共同富裕示范区、高质量创建乡村振兴示范省、完善先富带后富。

关键词：白沙　共同富裕　异地搬迁

2021 年 6 月 10 日，《中共中央　国务院关于支持浙江高质量发展建设共同富裕示范区的意见》（以下简称《意见》）发布，赋予浙江重要示范改革任务，先行先试、做出示范，为全国推动共同富裕提供省域范例。《意见》指出："浙江省在探索解决发展不平衡不充分问题方面取得了明显成效，具备开展共同富裕示范区建设的基础和优势，也存在一些短板弱项，具有广阔的优化空间和发展潜力。"①浙江俗称"七山一水二分田"，广大山区群众如何实现脱贫致富，是建设共同富裕示范区要解决的重要课题。进入 21 世纪以来，实施"下山脱贫"工程，是浙江省探索解决发展不平衡不充分问题、带动山区群众增收致富、促进城乡协调发展、实现全体人民共同富裕的重要举措之一。早在 2004 年 10 月 10 日，时任浙江省委书记习近平到江山市白沙村调研时，就曾对下山脱贫村如何走向共同富裕做出重要指示，为下山脱贫村走共同富裕之路擘画蓝图。沿着习近平调研指引的方向，白沙村人发扬"白手起家，聚沙成塔"的"白沙精神"，在各级党委政府的正确领导下，在全体村民的共同努力下，先后获得"中国幸福乡村""衢州市十佳小康移民示范村""浙江省创建充分就业社区（村）先进集体""全国文明村""全国民主法治村"等荣誉，一步一步走向小康、走向共同富裕。对白沙村下山脱贫走共同富裕之路进行全面剖析与深入研究，对于浙江如何高质量发展建设共同富裕示范区、高质量创建乡村振兴示范省、完善先富带后富的帮扶机制等，具有重要的现实意义。

---

① 《中共中央　国务院关于支持浙江高质量发展建设共同富裕示范区的意见》，新华社，2021 年 6 月 10 日发布。

一、习近平调研白沙村对共同富裕做出新阐释新部署

江山市白沙村，原址在深山区，抬头见山，出门爬岭，在当地一直是"穷乡僻壤"的存在。2000年，经国家批准，在白沙村外西北20多公里处，要建一个库容2.48亿立方米的白水坑水库。江山市结合水库建设，决定把周边的白沙村等15个村庄整体搬迁下山。2002年1月，全村205户在凤林镇盛山抽签分宅基地，新村开始动工兴建。至2004年，村民建房、道路整修、村庄绿化等逐渐成形。在新白沙村即将授牌之际，2004年10月10日，时任浙江省委书记的习近平到白沙村调研。

在白沙村，习近平走访了丁增和、毛兆丰、吴钻水等农户家，兴致勃勃地翻看《白沙村志》，召集30多个村民座谈，听取了白沙村经济发展与村民生活状况介绍。习近平对白沙村整体搬迁下山前后的变化感到很高兴，他说："白沙村通过移民下山发生了很大变化，走在村中满眼绿色，村容村貌整洁有序，到处朝气勃勃，所接触到的群众很朴实，又很向上，这既有对党和政府的信任，也有对创造美好生活的自信。现在一部分村民的生活明显变好了，但还有相当一部分村民正在创业致富的起步阶段，我们要一门心思改善群众的生活条件，推动整个村富起来、美起来，这是我们义不容辞的职责。"

调研中，习近平对下山脱贫工程做了重要指示："实践证明，下山脱贫工程是群众拥护工程，对于改善山区群众生产生活条件，提高群众生活质量，很有效，应该继续抓下去。下山脱贫工程关键是要让农民下山后找到可靠的多元的致富门路，要注意因地制宜，加强分类指导，实现搬得出、安得下、富得起。"

对白沙村，习近平细致地提出了具体要求：要将千村示范、万村整治致富工程进行下去，要发挥村党组织的作用，进一步推动村民致富、村庄治理工作；要把村志、茶灯这样的传统文化继承和发扬下去，让村民的物质生活和精神生活双双提升。他还语重心长地鼓励白沙村应该"百尺竿头，更进一步"。

从调研过程中一系列的谈话、指示与要求中可以看出，习近平在担任浙江省委书记时就高度重视共同富裕问题，对共同富裕思想做出新阐释，对下山脱贫村如何走向共同富裕提出了新要求、做出了新部署，为下山脱贫村走共同富裕之路提供了重要理论指引。习近平在白沙村调研时关于共同富裕思想的论述，归结起来，包括以下几点：一是让人民过上更加美好的生活是实现共同富裕的根本落脚点；二是物质富裕、精神富有是实现共同富裕的二元目标；三是发挥好党组织的核心作用是实现共同富裕的政治保证；四是因地制宜分类指导是实现共同富裕的现实依据；五是共建共享、整体推进是实现共同富裕的根本途径。

二、白沙村下山脱贫走共同富裕之路的探索与实践

白沙村是个典型移民村，这些年来白沙村始终牢记习近平总书记嘱托，在习近平共同富裕思想指引下，因地制宜，盘活各类资源，逐步实现可持续发展，走向共同富裕。白沙村原坐落在江山市仙霞山脉深处，四面群山环绕，海拔高，山地多，距离市区远，因经常出现大雨过后山洪泛滥，留下一堆白沙而得名。2002年1月18日，白沙村整体搬迁至凤林镇盛山岗地，重建新白沙村。如何做好白

沙人从"山民"到"村民"的转换,如何让村民富起来,是摆在白沙村面前的问题。这不仅是白沙村的问题,更是所有搬迁下山异地脱贫村"搬得出、安得下、富起来"所不可忽略的。时任浙江省委书记的习近平调研白沙村后,白沙人民坚持"白手起家,聚沙成塔",2004 年 11 月,江山市委在白沙村举行新村授牌仪式,白沙村正式开启共同富裕之路的探索与实践。

(一)党建领村,统筹资源聚合力,发展壮大集体经济

下山脱贫村,离开原址,白手起家,必须始终立足于坚持党的领导,依托党建引领不断壮大集体经济,为实现广大乡村共同富裕打下坚实的物质基础。以党建促发展,强化"人、地、钱"等要素的供给,进而从根本上保障好广大农民群众的财产权益,助推实现共同富裕。

1. 撬动资源要素加速集聚

江山市坚持把下山脱贫工程作为全面建成小康社会的一项工作抓手和务实举措,把发展壮大村级集体经济作为夯实基层党建工作的重要任务,纳入全市经济社会发展全局进行统筹谋划推进,对白沙村新建给予极大的支持。在资金方面,2000 年 10 月,江山市人民政府下发关于白水坑水库移民搬迁补偿意见,白沙村获得补偿房屋、林地、果木、财产等移民款 471 万多元;在选址方面,江山市给予白沙村最优的选择,新白沙村地处凤林镇盛山岗地,处于凤林镇集镇附近,距离峡口工业区、贺村工业区比较近,且在 205 国道边上,交通便利;在政策优惠方面,市扶贫办、移民办、农业局、农村信用合作社等单位,向白沙村提供了人才培训、技术专家、移民项目、农村贷款等,为村民就业、脱贫提供技术、资金等保障。

2. 巧用政策建工业小区

与此同时,白沙村为了让村民尽快富起来,积极盘活各类资源,不断搭建平台,为村民创业提供场地。白沙村从政府划拨给移民户的旱地中,预留了每人一分田地,合计 62.2 亩,提取 53 亩作为村民创业用地,建立了白沙村"蛤蟆垄"园区,又租借邻村大悲山 80 亩山坡,建立山溪蓬工业园区,激发村民创业热情,2004 年开始全村就新办企业 11 家,引入各种机器 55 台。

3. 党员干部带头创业

面对白沙村没有工业、就业难的问题,当时的村主任郑日福带头开办郎峰木业,到 2009 年生产总值就达到 5000 万元,净利润就有 400 多万元,职工 300 余人,有效解决村民当地就业问题,也为村民创业做了榜样。在郎峰木业的带领下,白沙村先后创办了 32 家木材加工厂,每天都有 700 余农民在家门口就业,年产值达到 1.5 亿元,有力地促进了农业增效,农民增收。此后,白沙村党支部以"加快科学发展,促进村强民富"为目标,致力于带领村民脱贫致富。在白沙村的创业大军中,党员干部占据了很大比例。在党员干部的带领下,全村创业人数达到 50 人,创造就业岗位 882 个。今天的白沙村有村民小组 11 个,总户数 420 户,总人口 1503 人,劳动力 980 人,创业人数 50 人,本地就业 882 人,本地就业率达 90%,在外务工劳动力有 98 人。全村集体经济经营性收入 45 万元,总收入达 350 万元,村民人均可支配收入达到 32001 元。

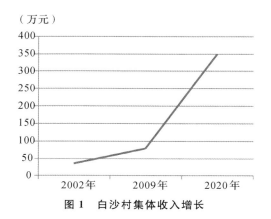

图 1 白沙村集体收入增长

(二)产业富村，因地制宜谋发展，确保农民持续增收

单丝不成线，孤木不成林，产业是打开致富大门的钥匙，白沙村坚持以产业谋发展，以产业带动就业，以产业兴旺产业，确保农民持续增收，村庄持续发展。

1.建设示范化白菇种植基地

以农户单个种植为主的白菇种植，不能适应瞬息万变的市场，抵御风险的能力也不强，白沙村投资 500 多万元打造移民创业园食用菌工厂化栽培示范基地，建设食用菌厂房 22 幢，通过招商引资引入恒昇生态农业公司，带来集体收益 25 万元，本村也有 20 名村民进驻基地，每年种植 130 万袋食用菌。

2.整合木材加工行业

木材加工业在白沙蓬勃发展，为村民带来极大收益，但从节约能源、环境保护和长久的市场竞争考虑，木材加工产品势必从粗加工向深加工发展。以郎峰木业为首，全村木材加工企业始终坚持执行诚信、高效、品质、创新的经营理念，采取小厂并大厂，产品粗向细转移，扩大内需，整合行业，大大提高白沙村木材加工企业的竞争力。

3.大力发展第三产业

白沙村有一个传统的项目——茶灯比赛，从老白沙村就有，新白沙村建立后，村民奔赴各地参加茶灯比赛，在提高传统文艺活动的知名度的同时，也增加了村民收入。而与省军区共建单位，建立以村为单位的国防教育基地，吸引游客与学生参与体验、军训，旅游业成为白沙村新的支柱产业之一，村民通过旅游业增加了收入。

4.顺势而为进行土地流转

2005 年白沙村对村民进行统计，显示只有五分之一的农户坚持自己种田，有五分之四的农户预备创业和务工。面对这种状况，白沙村大胆创新，将这五分之四的农户的土地进行成片集中流转，承包给本村两个种植大户，既提高流转价格，增加农民收入，又能提高生产效率。

5.发展物业经济促增收

2019 年，白沙村依托蛤蟆垄园区区位优势，谋划了物业经济用房项目，占地面积 1300 多平方米,每年有 19 万余元的租金收入,促进村集体经济增收,提高村民土地入股分红。白沙村的富裕之路,是产业发展壮大的最显著成效,从最开始单打单干村集体只有 3150 元的收入,到如今仅仅一个木材加工产业,就能带来年 2000 多万元的利润,提供就业岗位 882 个,而今的白沙村不仅木材加工业日益现代化,现代农业、旅游业也在不断发展,人均收入平稳增加。当前的白沙村,除了因缺乏劳动力而相对困难的家庭,家庭收入较高的有 34 户,占全村户数的 8%,平均收入为 120000 元,收入较低的家庭有 13 户,占全村 3%,平均收入也超过 40000 元,按照家庭人口合计,高收入家庭与低收入家庭之间收入差距不大。

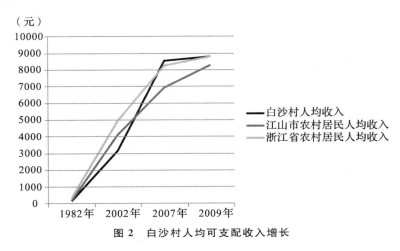

图 2 白沙村人均可支配收入增长

(三)文化兴村,培育文明树新风,激活内生发展动力

帮扶只能是暂时性的,而长久的发展需要村级激发内生活力。白沙村积极拓展,大力发展文化,促进村级和谐,促使村民从"要我富"转到"我要富"。白沙村祖辈在山里生活,历来吃苦耐劳,淳朴刚强,不畏艰险,到了新环境后,更是积极培养新风,发挥勇于创新、敢于拼闯的气魄,以先富带后富,热心公益事业,全村人民走上共同富裕之路。

1. 编村志聚人心

早在 1991 年,白沙村就率先出版全国首部村志《白沙村志》,在全国引起很大反响,《白沙村志》成为浙江省唯一一部成功入选"中国名村志丛书"的村志。2004 年习近平到白沙村考察时,就很有兴味地阅读首部《白沙村志》,称赞编得好,要求再编新村志。2007 年重修《白沙村志》启动,最终形成天人、产业、政俗、世系、文韵五环为内容的第二版村志。在编撰中通过"可爱的白沙"向社会广泛征文,获得诗歌、散文、民间故事、唱词等文艺作品 35 篇,出版成书。村志的编撰和《可爱的白沙》的出版是对白沙村自然、政治、经济、文化、社会各方面的历史与现状进行系统的记录,更是一次凝聚人心的行为,通过村志的编撰,村民们对白沙村有了更亲的情感,村民之间也有了更密切的联系。

2. 拍全村福暖人心

2006 年 3 月 9 日,白沙村 570 多口人齐聚一堂,拍摄了第一张全村福,老人坐中间,孩子抱前面,青壮年站后面,人人带着笑容,个个穿着新衣。2008 年,水碓淤行政村撤销,并入白沙村。2012 年 1 月 24 日,大年初二,白沙村 1300 多名村民,最大的 99 岁高龄,最小的还是刚刚出生的婴儿,齐聚文化健身广场,以拍全村福的方式,庆祝春节。白沙村全村福的拍摄作为固定动作,不仅为新春佳节带来喜庆氛围,也使得村民更加团结友爱,村级和谐稳定。友善互助添爱心。白沙村一直有着邻里友善的优良传统,在新的环境中,发扬新作风,大家秉承着互重、互让、互利的精神,相互帮助。新村建设中,有 11 户特困户经济拮据,外墙粉刷无能为力,党员、村民代表挺身而出,自掏腰包,出钱出力帮助他们克服困难,"5·12 汶川"大地震,在家村民三天时间捐款 1.6 万余元支援灾区。白沙村的邻里友善五字经就提到"互让天地宽,互助共长进……先富带后富,贫富无相轻……天灾或人祸,解囊相赈济"。

(四)民主治村,亲情服务促和谐,推进乡村共治共享

走向共同富裕要以全民共建共治共享为动力,大力构建乡村社会治理体系,规范整体事务管理程序,让村民参与社会治理、民主决策过程。近年来,白沙村先后获得全国民主法治村、全国文明村、浙江省全面小康建设示范村等 100 多项荣誉称号。

1. 持续深化组团联村、两委联格、党员联户三大制度

以优质高效的服务密切党群干群关系。除了村支委、村委进行日常管理,进行村务公开、财务公开,大力发展群众组织,20 世纪 50 年代就成立的共青团支部、民兵组织、妇女委员会在带领村民发展体育事业、创业等方面发挥了极大作用,而治保协调组织则通过预防和化解基层矛盾,把问题解决在萌芽阶段,让白沙村村民之间、干群之间、邻里之间相互谅解、和睦相处的民风,步步好转。

2. 加强监管,推行网格化管理

全面推行村书记、主任联系到片、其他村两委成员联系到组、村网格员联系到户制度,做到民情搜集快速,矛盾化解及时。创建了民情雷达站,着力对违规违法等 8 大类共 19 个分类重点民情予以搜集研判,从而切实把矛盾化解在基层和萌芽状态,全村无群体性事件,民事纠纷逐年下降。

3. 加强帮教,推行亲情式服务

扎实推行亲情式服务,力所能及地为刑释人员提供生活服务,全村现无重新犯罪的刑释解教人员。坚持以人为本,由治保会、妇联、计生等联合办公,对外来流动人员进行管理。

(五)文体强村,公共事业暖民心,共享乡村致富成果

共同富裕是物质价值和精神价值的统一。下山脱贫村走向共同富裕,就要让全体村民共享乡村富裕成果,最终实现物质层面上的获得感提升,精神层面上也同时得到满足。

1. 凝聚精神文化内核

丰富村民文体生活,兴建城市化幼儿园、大型宣传橱窗、科普图书阅览室,远程教育网络信息畅通,成立了教育基金会、老年基金会;办起了老年之家、青年之家;建起了标准灯光篮球场、乒乓球室、台球室、棋牌室、健体活动中心,篮球、乒乓球、羽毛球、儿童滑板车等活动器材普及农家,每年春节村里均要举行体育运动会;建有铜鼓乐队、威风锣鼓队、排舞秧歌队、村歌演出队。

2. 引进智慧移民村居建设项目

为所有家庭开通互动数字电视应用平台,既丰富移民群众精神文化生活,又能充分运用云计

算、人工智能等现代科技技术,提高移民村庄治理和科学管理水平。

3.兴办公共事业

白沙村于 2005 年筹建了 2500 平方米的标准化幼儿园——凤林镇白沙幼儿园,配备大型多功能活动室、午睡室、医疗保健室、幼儿盥洗室等专用活动房,可容纳 10 个班 450 名幼儿入园,让农村孩子享受到城市化教育,校舍建成当年就招收凤林镇、峡口镇公路沿线幼儿 97 人。白沙村建有奖学金制度,标准从 100 元增加到 500 元,即每名大专录取生可以享受到 500 元奖学金。白沙村在 2007 年成立老年协会,添置老年健身活动器具,拨付资金 5 万元,设立老年福利基金,为 60 周岁以上老人发放福利、春节慰问金或棉被、白糖等实物。

4.体育事业强体魄

白沙村建有 2 个塑胶篮球场、1 个塑胶网球场、1 个游泳池、1000 平方米全民健身广场以及 1250 平方米的室内综合体育馆,成为省内外为数不多拥有室内外场馆的行政村。从 2012 年开始,还先后承办省、市包括新春运动会、农民运动会、央视趣味运动会、生态运动会等体育活动各类赛事活动 10 多次,各类小型赛事 200 多场次,每年赛事接待 8000 余人次,提高村民素质,也让体育成为村级的文化标志,更是让村庄成为附近有名的旅游乡村,给村民带来不菲的收入。

三、白沙村下山脱贫走共同富裕之路的现实启示

白沙村从 2002 年整村搬迁异地建新村以来,一直按照习近平总书记"找到多元的致富门路,要分类指导,因地制宜,量力而行,科学规划"的嘱托,实现"百尺竿头,更进一步"的目标,实现了村民共同富裕的理想。综观白沙村走的共同富裕之路,是在一支强劲有力的班子带领下,通过完善相关制度,寻找增收路子,以和谐稳定局面为依托的。

团结务实高效的领导班子是下山脱贫村实现共同富裕的基础。建强一个支部,造福一方百姓。下山脱贫村离开原有的土地,到达陌生之地,离开了能够坚强领导群众的班子,就会成为一盘散沙。在白沙村走共同富裕之路上,离不开白沙村的两委干部,白菇种植、木材加工厂开办等都是由村干部带头的,由他们来承担风险,而在白菇试种获得成功后,村干部就退出种植行列,另找出路,原村主任现村支书郑日福更是以入股等形式建立精细加工企业郎峰木业,解决村民本地就业问题,更为全村的木材加工业指明了前进的方向;村干部们积极奔走,向上级部门争取优惠政策解决土地等场所问题,向移民办等相关部门争取移民资金,向银行申请低息或无偿贷款帮助村民解决资金问题,向农业局等部门争取技术人员解决技术问题,从各方面为村民解决后顾之忧。

健全的乡村治理体系是下山脱贫村共同富裕的保障。下山脱贫村是一无所有的,从零开始,缺乏有效的治理体系,村民的日常生活都无例可循,谈何发家致富? 白沙村从新村重建以来,就将制度作为治村富村的保障,以村民大会讨论通过对村土地的使用,用村规民约规范村民行为,以"自治、法治、德治"的方式治理村庄。在创建省级示范村时,白沙村就制订了工作计划,从指导思想、工作目标、工作原则、工作步骤等方面都做了详细规划;2008 年 3 月经村民代表会议审议通过的白沙行政村村规民约,共 20 条,成为村级管理的重要方式和载体,是村民进行自我管理、自我教育和自我约束的行为规范,有效推动村民自治;当前的白沙村有完善的竞赛活动实施规划、村民自治章程、村务公开制度等等,通过加强农村基层基础工作,健全自治、法治、德治相结合的乡村治理体系,成

为扩大基层民主、实现村民自治的重要手段，也极大激发了村民的学习、创业热情。

促农增收的好路子是下山脱贫村共同富裕的关键。没有路子，共同富裕就是纸上谈兵，对于下山脱贫村来说，尤为重要，寻找到一条适合的增收路子才是重新出发的起点。白沙村村民共同富裕，就是找到了一条合适的发展路子，注重结合地方地理特点和种植、养殖传统，选择村民熟悉的产业，不仅便于村民接受，更容易形成地方特色。白菇种植是江山的明星产业，技术也相对成熟，成本较低，收益快，是快速脱贫的好方式；原白沙村地处山区，林木资源丰富，村民也熟悉，以开办木材加工厂为创业企业，让村民从熟悉的行业出发，村民的接受程度就高；白沙村有丰富的军事文化基础，发展与军事相关的旅游产业，具有先天性的优势。白沙村就是通过白菇种植、木材加工等产业，一步一步解决就业问题，然后到进行产业园升级、产业化发展，再到如今大力发展旅游业、文化产业，让村民实现物质富裕、精神富有。

和谐稳定的村情风貌是下山脱贫村共同富裕的依托。农村社会和谐稳定、乡风文明是农村得以快速发展的重要基础和环境保障。下山脱贫村的村民是远离故土，来到陌生之地，与邻村需要长期的熟识过程，而如果村民内部矛盾重重，更是会成为阻碍村级发展的拦路虎，一个乱糟糟的村庄是不可能安心搞发展的。白沙村村民从定村山区而来，淳朴勤快，老支书毛兆丰作为赤脚医生，人缘好，原则性强，化解矛盾能力高，在村民中的威信高，在整村搬迁过程中，也没有出现任何矛盾和危机，顺利从山民转化为村民。村里大力发展文化产业，拍摄全村福，编撰村志，编写村歌，汇编《可爱的白沙》等，大大凝聚了村民的力量，形成了和谐稳定的白沙村。没有和谐稳定的社会秩序，就不可能凝聚起人心，就不可能构筑起走向共同富裕之路的强大合力。

四、小结与展望

消除贫困、改善民生、逐步实现共同富裕，是社会主义的本质要求，也是全体人民的共同愿望。当前，高质量发展建设共同富裕示范区是浙江省新发展阶段的新使命，要通过高质量发展农民创收有效路径、收入分配制度改革、实现城乡区域协调发展新机制等目标任务，打造"十个现代化先行"共同富裕示范区。作为山区面积占了71%的"七山一水二分田"省份，"下山脱贫"工程将成为浙江省带领山区人民走向共同富裕的重要途径。我们要自觉践行以人民为中心的发展思想，巩固和发展我省均衡发展的比较优势，继续探索建立山区县推动共同富裕的目标体系、体制机制、评价指标等，走出"先富帮后富，区域共同富"的乡村振兴新路子。

在江山市跨越式高质量发展推进共同富裕示范区建设行动计划（2021—2025年）指导下，白沙村将打好幸福乡村建设提升战，在做大做强食用菌的特色产业上，进一步发展木材产品精深加工，培育龙头企业，扩展增收途径，加强基础设施建设，提升文化服务，保障村民共享致富成果。

乡贤参事会助推农村社区治理现代化的德清经验

徐慧琳

（浙江工商大学）

摘　要：乡村振兴战略的实施促进了乡村经济社会的发展，进而为乡贤参事会的培育和发展创造了良好的条件。德清县乡贤参事会以东衡村新农村建设推进委员会为雏形，共经历了探索、推广、深化、提升四个发展阶段。县委、县政府和相关部门积极把这一社会创新纳入了法治轨道，并创造条件加强乡贤参事会自身的能力建设，通过宣传激励调动乡贤参与农村社区治理的积极性。乡贤参事会利用掌握的社会资源，在参与决策咨询、促进经济发展、投入慈善公益、弘扬传统文化、维护公序良俗等方面取得了卓越成效，助推了乡村社区治理体系和治理能力现代化。德清的经验可以归纳为：注重政治领导与管理规范、注重基层创新与因地制宜、注重逐步推广与联动发展。

关键词：德清县　农村社区治理　乡贤参事会

一、治理背景

（一）总体环境

德清县位于浙江北部，东望上海，南接杭州，北连太湖，西枕天目山麓，地处长三角腹地，总面积937.92平方公里。县域历史悠久，有着良渚文化的遗迹和古代防风文化的传说，宋代诗人葛应龙《左顾亭记》道："县因溪尚其清，溪亦因人而增其美，故号德清。"县辖8个镇、5个街道、30个社区、7个居民区、137个行政村，户籍人口44万，常住人口65万。

德清境内有四大避暑胜地之一的莫干山，有"中国最美湿地"之称的下渚湖，以及素有"千年古运河、百年小上海"之誉的新市古镇。德清践行习近平总书记"绿水青山就是金山银山"理念，创建全国生态县、国家生态文明建设示范县，使莫干山入选"世界十大乡村度假胜地"；贯彻实施乡村振兴战略，成功取得国家新型城镇化综合试点地区、全国农村集体经营性建设用地入市试点县、国家级农村综合改革试点县等试点资格；积极推进乡村治理创新，是全国社区治理和服务创新实验区、浙江省"三社联动"示范观察点、浙江省现代社会组织体制建设创新示范观察点。德清乡贤参事会，正是在这得天独厚的自然环境与改革创新的政治气候下孕育成长，成为当地加强基层治理和推进协商民主的一张金名片。德清县"乡贤参事会协商文化村治模式"获得了2016中国十大社会治理创新奖。

（二）治理基础

在国家全面深化改革、推进国家治理体系和治理能力现代化的大背景下，德清县基层民主和乡村治理的创新以及乡贤参事会的培育发展，有其微观的社区基础。

一是农村贤能人才队伍多元。工业化和城乡一体化、村民自治和社区治理促进了乡村经济社会的发展，已经培育出 3500 余名德高望重的本土精英、事业有成的外出精英、投资创业的外来精英齐聚乡里，利用他们的理念见识、科学技术、资金物资、人脉资源、个人威信为乡村的发展、治理和服务出力。

二是农村社区社会组织多样。德清县通过枢纽型组织和成立基金会积极培育城乡社区社会组织，至今已有注册和备案的社区服务、社区文体、社区平安、社区自治等类别的社会组织 1444 个，具备了良好的社会自治、互助和集体行动能力。

三是热心公益事业基础扎实。德清历史悠久，文化灿烂，"百姓设奖、奖励百姓"的良好风尚由来已久，历年成立了"草根道德奖"78 项，受表彰的人数超过 10000 人，涌现出以"2008 感动中国"候选人陆松芳、全国孝老爱亲模范候选人高燕萍等为代表的各类先进典型。浓厚的道德文化为乡贤参事会的孕育提供了充足的养分。

四是干部返乡走亲活动成效彰显。德清县在 137 个行政村全面建立了"返乡走亲"工作组，这些领导干部成为乡贤的重要来源之一，他们成为国家政策落实与乡村需求实现的衔接者，实施乡村振兴战略以来，已经为村里解决了 600 多个实际问题。

（三）形势目标

新时代的乡村治理面临新的形势。第一，工业化、城市化、网络化等社会发展趋势使现代乡村治理事务更趋复杂，乡村规划建设、经济发展规模更大、投入更多，对科学决策和智力支持的要求比传统农村更为迫切。第二，乡村振兴战略进一步解放了土地等生产要素，加大了财政支农力度，村民自治组织掌握了更多的资源、资金和项目，"微权力"腐败的风险增大，需要进一步加强监督力度。第三，乡村精准扶贫有序推进，乡村公益事业蓬勃发展，要求更好地把国家政策与乡村需求衔接起来，并以更多的公益资金和项目作为支持。第四，"五治一体"与"三社联动"的推进，丰富了乡村治理的内涵，对多种主体的培育和有序参与乡村治理提出了新要求。

新时期乡村社会变迁和乡村治理升级面临系列亟待解决的矛盾。一是乡村社会的开放性与乡村治理体系的封闭性之间的矛盾。德清县农村人口外流造成不同程度的"空心化"，同时流入 11 万非户籍外来常住人口，使得外出与外来的社会贤达人数达到总乡贤人数的 41%，但原有治理体系主要包括村两委和村民代表大会、党员大会等机构，其组成人员仍限于本村村民，不利于外出人口和外来人口有效参与乡村治理。二是村级组织"微权力"所持资源、资金、项目快速增长与村级权力监督依旧软弱的矛盾，需要在村级组织之外有威信的组织加强监督。三是乡村社会组织总数多与规模小、力量散、能力小的矛盾，需要通过适当的形式予以整合，并给予资金项目支持，丰富乡村各类互助互利型公共服务的供给。

通过乡贤参事会助推乡村治理体系和治理能力现代化。一是实现农村社区治理体系现代化：德清在村党支部、村民代表大会、村委会之外设立乡贤参事会，在乡村治理领导机构、权力机构、执行机构之外设立咨询和支持机构。二是实现农村社区治理能力现代化:通过乡贤参事会集聚多领域精英提升科学决策能力、多元权威提升对村级"微权力"的监督评议能力、多方资源增强村级社会组织的互助互利服务能力。

二、治理措施

乡贤,是对有作为的官员、有崇高威望或为社会做出重大贡献的社会贤达的尊称。包括因品德、才学为乡人推崇敬重的本土精英,因求学、就业、经商而走入城市的外出精英,以及市场经济环境下前来投资兴业的外来精英。

乡贤参事会,是由热心服务本地经济社会建设的乡贤自愿组成,以参与村(社区)经济社会发展,提供决策咨询、民情反馈、监督评议以及开展帮扶互助服务为宗旨的公益性、联合性、非营利性的社区社会组织。

德清乡贤参事会的发展主要经历了四个阶段:一是 2014 年之前,主要是以洛舍镇东衡村新农村推进委员会为主进行的探索和尝试;二是 2014—2016 年,通过出台文件部署、开展调研指导、召开乡贤论坛等方式,进行培育和推广;三是 2017—2018 年,将乡贤参事会作为城乡社区协商的重要平台和有效途径,进行深化和完善;四是 2019 年以来,以制定地方标准、完善组织建设为契机,进一步提升和规范,推进乡贤参事会的品牌建设。回顾乡贤参事会培育发展的历程,德清县主要实施了三大治理措施。

(一)建章立制,把社会创新纳入法治轨道

德清县乡贤参事会的雏形是东衡村 2011 年成立的新农村建设推进委员会。该村在实施省级农村土地综合整治项目中,要对 600 亩土地进行整治和验收,其中涉及村庄整体规划、中心村建设和"三改一拆"等事务,工作任务重、难度大,于是在广泛征求村民和小组长意见建议的基础上,经党员大会通过,成立了由村两委成员、老干部、党员、组长代表等 19 名乡贤组成的新农村建设推进委员会,群策群力完成了任务,实现了乡村治理主体的拓展。这一创新受到相关部门的重视。

2014 年 9 月 30 日,中共德清县委组织部和德清县民政局联合印发《德清县培育发展乡贤参事会创新基层社会治理实施方案(试行)》,对培育发展乡贤参事会的重要意义、基本原则、主要内容、培育措施和实施步骤做了规定,并制作了《德清县××乡(镇)××村乡贤参事会章程(草案)》范本作为方案的附件。在这一方案的指导下,2014 年 10 月 17 日,雷甸镇洋北村成立全国首个乡贤参事会。

在乡贤参事会的建设推广过程中,德清县制定了系列规范性文件。2017 年 12 月 15 日,中共德清县委办公室、德清县人民政府办公室联合印发《关于深入推进乡贤参事会完善城乡社区协商的实施意见》,确立乡贤参事会的社区协商地位、协商内容、协商形式、协商程序、工作机制。2019 年 4 月 28 日,德清县市场监督管理局发布了由中共德清县委统战部提出,县委组织部、县民政局、某标准技术有限公司和东衡村乡贤参事会起草的《乡贤参事会建设和运行规范》(DB330521/T 52—2019),对乡贤参事会的基本术语、基本要求、机构建设、运行管理做了规范。这是国内首个乡贤参事会建设和运行的地方标准,标志着德清县乡贤参事会建设运行步入广覆盖、高标准的阶段。

这些制度和规范，明确了乡贤由乡村本土精英、外出精英、外来精英组成；乡贤组织体系由村级乡贤参事会、镇街层面乡贤参事联合会、县域内乡贤参事联谊会构成；乡贤参事会可以行政村（社区）单建，可以跨村（社区）联建，也可以村企（片区）联建；明确了乡贤组织的筹建、登记注册、机构终止程序；组织架构由会员大会－理事会－会长－副会长－秘书长－会员等因素组成及各自的权利与义务；乡贤参事会的职责任务是推进乡风文明、组织公益活动、助推经济发展、提供决策咨询、维护公序良俗、反馈社情民意等方面；明确了乡贤参事会民主协商、会议举办、资产管理、评价改进等内部运行规则；参事议事需要具备"六环节"，即按照民意调查"提"事、征询意见"谋"事、公开透明"亮"事、回访调查"审"事、村民表决"定"事、全程监督"评"事，构成乡贤参事会参与商议村级事务的完整流程。这些制度和规范，提高了乡贤参事会运行的法治化水平。

（二）创造条件，加强乡贤参事会自身建设

在乡贤参事会的培育发展过程中，德清县一方面加强统筹谋划，把乡贤参事会建设纳入年度考核的重要内容，并通过协调会、现场会、座谈会等多种形式加以推进；另一方面，加强部门间分工协作，统战部重点从协助人选安排、激活乡贤资源、做好乡贤参事会参与基层协商民主、联合监督进行指导，组织部重点从党建引领、推动乡贤参事会组建、对乡贤参事会日常运行进行指导，民政局重点从组织备案登记、乡贤参与协商具体业务进行指导。

加强自身建设，一是对乡贤资源进行调查摸底，充分调动"德高望重的本土精英"关心公益事业、"功成名就的外出精英"关注家乡发展、"投资创业的外来精英"扎根第二故乡的积极性，并根据乡贤的经验学识、专长技艺按助推经济发展、促进社会和谐、推进乡风文明、助力中心工作等实行分类管理，建立乡贤资源数据库。目前，全县共有乡贤会员 3500 余人，本土精英、外出精英、外来精英占比分别为 59％、28％、13％。

加强自身建设，二是为乡贤参事会提供活动场地。德清县利用村两委办公场地、社区服务中心、幸福邻里中心等资源，建成乡贤馆、议事厅、工作室、乡贤长廊、宣传栏等系列乡贤统战阵地 134 个，为乡贤聚会议事、回乡接待、开展服务、展示作为提供场地。

加强自身建设，三是做好乡贤参事会的登记备案工作。德清县对符合登记条件的乡贤参事会，在征得乡镇政府（街道办事处）书面同意后，按社会团体登记程序向县民政局申请社会团体法人登记。不具备法人登记条件的，由筹备小组提出申请，经村（社区）党组织同意后，报乡镇政府（街道办事处）备案。截至 2021 年 6 月，全县已成立村（社区）乡贤参事会 167 个，镇（街道）乡贤参事联合会 3 个，县乡贤参事联谊会正在筹备中。

加强自身建设，四是为乡贤参事会提供资金保障。2016 年，德清县民政局联合县慈善总会发起成立了县社区发展基金会，定位为资助型公益基金会，主要资助在县内开展社区治理与服务创新的建设工作、培育发展社会组织以及运用社会工作方法开展慈善救助、幸福邻里和专业助人等"三社联动"工作的创新项目。基金会已累计资助公益项目 200 余个，资助资金近 800 万元，受惠群体达 5 万人次。基金会设立乡贤专项基金，为乡贤参事会项目化运作提供资金保障。此外，各乡镇政府也为乡贤参事会提供补助资金。如雷甸镇为社区乡贤参事会提供 5 万元政府补助资金，莫干山镇为乡贤参事会提供 1 万元政府补助资金，洛舍镇为乡贤参事联合会提供 2 万元政府补助资金。

加强自身建设，五是通过联合会加强对村级乡贤参事会和乡贤的交流与指导。乡贤参事联合

会是以培育发展乡贤参事会,促进学习交流、能力建设为目的,镇(街道)范围内乡贤参事会以及乡贤代表联合组建的社会组织。乡镇乡贤参事联合会是各村级乡贤参事会交流工作经验、开展业务合作的平台,也是各乡贤会员能力建设和培训的平台,还是尚未成立乡贤参事会的村(社区),成立注册(备案)乡贤参事会的指导者;经常组织开展各类专业性、联谊性交流和研讨活动。如洛舍镇乡贤参事联合会开展了乡贤参事能力和参事会负责人运营管理能力培训,并对各村乡贤参事会的规范化建设进行指导与监督,更好地发挥乡贤参事优势与特长,激发乡贤组织活力,助力高质量发展。

加强自身建设,六是定期开展工作例会。德清县自成立乡贤参事会以来,开展各项交流论坛和乡贤培训活动,为乡贤提供信息交流和互助服务的平台。2016 年 5 月 7 日,150 多位长期从事农村工作的民政部和省市相关领导、外省市有关部门代表、国内知名专家学者聚首德清,参加以"社区协商,共建共享"为主题的首届中国乡贤治理论坛,深入探访德清"乡贤参事会"的缘起与发展、提升与规范、价值与认同,共同学习讨论"乡贤参与农村治理"这一话题。2019 年,德清县举行"寻根寻源,共话桑梓——德清乡贤家乡行"座谈会,50 余位乡贤齐聚一堂,共话德清建设成就,为家乡经济社会发展献计献策。

(三)宣传激励,营造乡贤参事会良好氛围

1. 宣传激励

德清通过坚持全媒体联动,利用多媒体电视、社区微信平台,利用群众意见箱、社区文化馆、文化礼堂等载体开展评选表彰,宣传新乡贤事迹,讲好新乡贤故事,引导新乡贤回归,凝聚广大新乡贤的共识、人心和力量,不断增强乡贤工作的凝聚力、吸引力、影响力,营造良好氛围,让见贤思齐蔚然成风。例如,德清县将"人有德行、如水至清"的德清"德文化"建设,与乡贤文化、孝老文化等民政文化相结合,拍摄微电影《德清若水》,其采取媒体宣传、广场大屏播放、"送电影下乡"等多种形式,进一步扩大提升影响力和关注度。该电影在第四届亚洲微电影大赛中荣获二等奖,入围中国梦微电影大赛获网络票选第三名。新安镇通过绘制乡贤文化墙、建"善行功德榜"、制作宣传片、开展学乡贤演讲等活动,激发优秀人士创业热情。下渚湖街道通过将乡贤善德善行上墙展示在家风家训馆中,以促进形成主动讲家风、讲廉洁的良好氛围,深入推进清廉乡村建设。

2. 个人激励

德清县通过年度"十大乡贤""先进乡贤参事会"等公开评选活动的举办,激励先进人物、宣传先进事迹、带动先进行为,对密切关心乡里发展,热心参与社区治理和服务的乡贤进行表彰奖励,增强乡贤参与家乡建设的荣誉感和认同感。并且在评选优秀党员、劳动模范、道德模范,推荐政协委员、人大代表以及县级部门和聘请乡镇机关"经济(社会、技术)顾问"时,把乡贤身份和贡献度作为重要依据,让老百姓真正体会到乡贤的价值,真心拥戴乡贤,激发其参事履职的积极性。此外,部分口碑好、思路清、能力强、讲奉献的优秀乡贤能人可以选入村社干部队伍,打造一线"基层铁军"。钟管镇乡贤参事联合会副会长李波自 2018 年起个人出资设立"文明乡贤奖",表彰了 10 余位有德行、有威望、有能力、有作为的乡贤典型,由其他非公企业家自发出资设立的"时代新人奖""宏飞金点子奖"等民间奖项,也同样极大激发了广大乡贤助力家乡建设发展的热情;新安镇通过开展"荣誉镇民""以商引商特别突出奖""十佳乡贤名人"等评选活动,表彰乡贤品行,树立乡贤典范。

三、治理成效

德清县从一开始，就注重厘清村党支部领导权、村民（代表）大会决策权、乡贤参事会参议权、村委会执行权，把参事会作为基层组织体系的重要组成部分和推动美丽乡村发展的重要力量来培育和发展。自 2014 年在全国首创乡贤参事会以来，德清全县已建成村（社区）乡贤参事会 167 个，新乡贤累计参事 4316 次、服务 6158 次，受惠群众达 25 万余人次，他们在决策咨询、经济发展、慈善公益、弘扬文化、维护公序良俗等方面取得了卓越的成效。

（一）积极参与决策咨询

乡贤参事会作为德清县大力培育发展的社区协商公共平台，积极发挥和融合乡贤参事会在政务建设、村务审议、会务自治中的不同作用，结合当前农村工作重点，设置议题，开展活动，在村庄规划、"五水共治"、"三改一拆"、"两美"建设等中心工作中积极建言献策。参与决策咨询的方式主要有座谈会、茶话会、列席村两委和村民代表会议等。例如，德清县通过举办"寻根寻源　共话桑梓——德清乡贤家乡行"座谈会、德清县招商对接会等活动，乡贤们为家乡经济社会发展问诊把脉，牵线提供信息，为家乡建设出谋划策。钟管镇举办"不忘初心，情系桑梓"乡贤聚首同心助力家乡振兴活动，镇干部与 30 多位乡贤齐聚一堂，共叙故土友情，共商钟管发展，乡贤们纷纷为更好地促进钟管镇发展、推动乡村全面振兴出谋献策。洛舍镇东衡村乡贤参事会每位成员均获权列席村两委会和村民代表会议，自乡贤参事会成立以来，共参与完成中心村天然气站建设、废弃矿坑填埋、村庄规划等重大事项决策 48 项，全程介入项目监督，为加快建设"浙北第一村"目标提供了内生动力。

（二）大力推进经济发展

乡贤参事会作为平台，在引资、引才、引智，积极引导乡贤反哺家乡，实现资金回流、项目回归、人才回乡方面卓有成效。近年来，实现全县乡贤累计回乡投资项目 281 个，资金 190 亿元。由乡贤参事组织牵线签约项目 23 个，在谈项目 25 个，投资总额达 40.8 亿元，山民众创园、康养中心、两山乡村振兴等一批优质项目落户乡村，带动村集体增收、群众致富。新市镇充分发挥乡贤优势，助力乡村经济发展。经乡贤牵线达成 5 个签约项目，总投资 3 亿元。其中宋市村乡贤宋桂法牵线引进并全程指导苎溪漾旅游开发项目，吸纳村民就业 20 人，每年为村集体实现经济增收。莫干山镇何村村的外出乡贤和外来乡贤，带来新理念、新思路，助推洋家乐开发，引领成立"宿盟"，合力建设茶文化主题馆、"党建＋生态电商"风格文化礼堂，举办"杀猪饭"年俗活动，打造"休闲何村、电商富民"品牌。莫干山镇仙潭村的民宿产业在乡贤们的出谋划策之下，朝着差异化、个性化的方向发展，民宿数量从 2012 年最初的 12 家发展到 2020 年的 550 家，其中返乡创业创办民宿的达到 56 家。

（三）慷慨投入公益事业

慈善公益活动为在外打拼的乡贤投身家乡建设、反哺"桑梓"提供了平台，通过针对性扶持、结对帮扶等活动，为乡村脱贫攻坚工作提供新动力。德清县累计设立公益基金和个人民间奖项 177 个，筹集资金 5600 万元，提供就业岗位 1000 余个，逐步打造了"德益荟""寸草心""幸福＋"等群众满意、乡贤认可的乡贤品牌。自武康镇乡贤、全国道德模范马福建设立"孝敬父母奖"后，全县相继涌现出"爱国拥军奖""好家风奖""治水英雄奖""春生爱心助教奖""海平和谐家庭奖""永明敬老助残奖""宏飞最多跑一次助力奖""文明乡贤奖"等78个民间奖项，设奖人遍及全县13个镇（街道），培育和树立基层各类先进典型已逾10000人次。全国首家县域范围街道层面的公益基金会——幸福阜溪公益基金会自2017年11月成立以来，通过构建覆盖全域服务网络、培育专业社会服务力量，实施爱心服务项目，先后设立19个冠名单项子基金，募集资金总额已超1200万元。乾元镇在外工作经商的乡贤、企业家们积极参与"慈善村"的建设。2017年，乾元镇8个行政村全部完成"慈善村"创建工作，成为德清县第一个实现村级慈善分会全覆盖的镇街。当年共募集到善款642万元，各村的慈善基金广泛用于助困、助医、助孤、助学、助老、赈灾及公益支出等慈善救助，帮扶困难家庭127户，支出善款40.7万余元。其中仅幸福村就由乡贤带头募集善款84万余元；款项均用于捐资助学、家乡建设，仅一年就资助困难家庭17户、困难大学生5名，为村里15位白内障患者免费进行手术，并多次开展健康义诊、突发意外救助、老年人慰问等活动。

（四）有效弘扬传统文化

乡贤通过自身的学识见识、优良品质感染村民，发挥传统文化"德治"内涵，弘扬文明新风尚，利用传统文化软实力为乡村治理、乡村文明建设服务。德清文化底蕴深厚，拥有农耕文明源头之一的良渚文化，瓷器鼻祖青瓷文化，耕读传家的古代儒家士大夫传统，防风文化，游子文化，蚕桑文化，茶文化，经久不衰。自2004年以来，德清历届县委、县政府坚持举办德清县游子文化节，传承弘扬文化，惠民乐民利民，打造地方名片，助推区域经济。2019年第十届游子文化节邀请了日韩等国的艺术家、国内知名学者和省内相关专家等莅临参加。举行赵孟頫管道升艺术馆开馆仪式、学术交流等活动，进一步发挥文化名人资源优势效应，推动文化产业融合发展。雷甸镇通过成立"红乡贤"说唱团，利用杨柳青调、紫竹调、三句半、快板等形式，传承乡土文化，展示乡贤才艺，弘扬雷甸精神，传递红色能量。由成员自编、自导、自演的《五中全会开得好》已在全镇12个村（社区）进行了20多场巡演。现今，说唱团成员已扩大到17名，参加演出30多场，表演节目40多个，引入了优秀节目60多个，为"两美"雷甸建设贡献力量。钱塘村乡贤参事会通过策划一场传统中式婚礼，还原水乡婚俗，让村民体会到原汁原味的风俗文化。

（五）踊跃维护公序良俗

乡贤参事会充分发挥乡贤维护公序良俗职能，着力推动乡贤在移风易俗上的示范引领作用。德清县各村进一步拓展和创新乡村治理和社区协商机制，相继建立法制村官、新居民"自我管理三步法"、先锋党员金牌调解、社区社会工作室等工作方法，在了解村情民意、反馈群众意见建议方面发挥重要作用。如禹越镇推行了"法治村官"制度，共举办"法治讲座"47场，调处矛盾纠纷287件。阜溪街道实施新居民"自我管理三步法"以来，共组织开展各类文艺演出、献爱心等大小活动60余次，调解矛盾纠纷76次。新市镇舍渭村在2013年设立"金牌调解室"，逐步培育出一支调解邻里和家庭矛盾、维护社会稳定的队伍。雷甸镇洋北村为能更好地服务乡里，乡贤参事会根据成员自身特长，组建了4支别具特色的服务队："德清嫂"美丽家园行动队、"新财富"创业帮扶指导队、"老娘舅"平安工作队、"喜洋洋"洋北文化社，为村民生活的方方面面服务。舍北村乡贤参事会积极为该村修订完善村规民约出谋划策,梳理总结出了"孝敬长辈,爱护晚辈,夫妻和顺,家庭和美"等结合舍北村实际的"村规民约"。

四、经验推广

德清乡贤参事会的培育发展,在现代农村社会资本多元化和社会权威分散化背景下,增强了农村基层民主的多元参与、协商共治的能力,形成了以村党组织为核心、村民自治组织为基础、村级社会组织为补充、村民广泛参与的农村社区治理新格局,创新了现代农村的网络化治理模式,是村民自治本质的回归和能力的提升,有力助推了农村社区治理体系和治理能力现代化。现将德清县的经验归纳如下。

(一)注重政治领导和管理规范

加强政治领导,首先是乡贤参事会的建设在县委、县政府统一领导下,由县委统战部、组织部和县政府民政部门共同制定相关政策。其次表现在乡贤参事会的筹备需要在镇街党委、村级党组织指导下进行,乡贤入会申请应经村(社区)党组织审核确认,乡贤参事会经上级党组织批准设立党组织或者由上级党组织派驻党建工作指导员、联络员,秘书长通常由村两委负责人兼任,从而保障了乡贤参事会参与乡村治理的正确政治方向。

加强管理规范是指在初始阶段通过《德清县培育发展乡贤参事会创新基层社会治理实施方案》进行规范,在发展阶段通过《关于深入推进乡贤参事会完善城乡社区协商的实施意见》进行规范,在提升阶段通过《乡贤参事会建设和运行规范》地方标准进行规范。规范文件逐步完善。

(二)注重基层创新与因地制宜

注重基层创新,首先表现在善于发现农村社区治理当中行之有效的机制,进行总结提炼,并加以推广。德清县乡贤参事会的创设,就是总结提炼了在村党支部领导权、村民(代表)大会决策权、村委会执行权之外,通过赋予乡贤参事会参议权,来丰富农村治理主体和村民自治权的内涵。注重基层创新,其次表现在善于借力民间设奖的传统,引导乡贤投入社区发展基金,整合公益基金的力量。

注重因地制宜,就是根据不同村的乡贤资源和社会网络,成立结构模型各异的乡贤参事会,不求千篇一律。在会员结构方面,有的以在村贤达为主、外出干部为主、驻村企业家为主,也有的吸纳下乡知青、新居民领袖。在建会形式方面,有行政村单建、跨村联建、村企(片区)联建、城市社区联建、农村社区联建等形式。

(三)注重逐步推广与联动发展

注重逐步推广,是指德清县在培育发展乡贤参事会的过程中,始终秉持"成熟一个,发展一个,登记一个"的原则,按照实践、总结、推广"三步法",以点带面、逐步推广,因地制宜、百花齐放,不急于扩面、不追求整齐划一地推进乡贤参事会的建设,并将其与社区治理和协商民主紧密结合。

注重联动发展,首先表现在乡贤组织在村一级建立乡贤参事会,在乡镇层面建立乡贤参事联合会,在县域内建立乡贤参事联谊会,克服社会组织零散、不成体系的弊端,便于民政部门系统管理和统筹发展。注重联动发展,其次表现在乡贤参事会上与社区发展基金会乡贤专项基金联动发展,中与乡贤自己建立的各类基金会联动发展,下与村级其他社会组织联动发展,并通过各类公益项目的实施实现整合。

联动与重构：抱"团"发展推动乡村振兴的路径考察

——以团余姚市委"点线面"协同发力为例

张云霞[1]　贾晓宇[2]

（1.中国共产主义青年团浙江省团校　2.浙江水利水电学院）

摘　要：青年兴则国兴，青年强则国强。在共同富裕背景下，共青团在组织青年推进乡村振兴、助力共同富裕方面具有重要的作用。在面对乡村振兴过程中出现吸引力不足、动员力不大、影响力不够的问题，团余姚市委积极立足青年、依靠产业、扩大生态，实现"点线面"协同发力，为共青团助力乡村振兴提供有益借鉴和可靠思路。在未来的乡村振兴实践方面，通过打造"黏合剂"型的"党团联盟体"、培育"凝聚力"高的"团队合作体"、配置"辐射性"广的"产业示范区"、构建"稳定性"强的"利益联结体"、共建"流动性"好的"信息共享源"，更好地发挥共青团的集体力量，推动乡村振兴，实现共同富裕。

关键词：共同富裕　乡村振兴　共青团组织　青年

共同富裕的重中之重在农村，实现共同富裕，乡村振兴是必经之路。推动共同富裕，短板弱项在农业农村，优化空间和发展潜力也在农业农村。① 在共青团组织改革和共同富裕的要求下，如何更好地发挥各级团组织的力量，团结组织青年投入乡村振兴中，促进共同富裕，值得深思和研究。

一、问题背景：共同富裕背景下，共青团助力乡村振兴的重要性

（一）乡村振兴是巩固脱贫攻坚成果的重要一环

在社会主义现代化建设过程中，国家高度重视并致力于乡村发展。党的十九大明确提出实施乡村振兴战略，把乡村振兴作为新时代"三农"工作的总抓手。2018 年，中共中央、国务院印发了《乡村振兴战略规划（2018—2022 年）》，为乡村发展谋篇布局，为 2050 年实现乡村全面振兴铺路架桥；2019 年，共青团中央印发《关于深入开展乡村振兴青春建功行动的意见》，号召青年投入乡村振兴战略中，为农业农村现代化建设贡献青春力量。在 2020 年底召开的中央农村工作会议上，习近平总书记着重强调：要巩固和拓展脱贫攻坚成果，全面推进乡村振兴，加快农业农村现代化。习近

---

① 农业农村部　浙江省人民政府：《高质量创建乡村振兴示范省推进共同富裕示范区建设行动方案（2021—2025 年）》。

平总书记在全国脱贫攻坚总结表彰大会上的讲话更加强调：我们要切实做好巩固拓展脱贫攻坚成果同乡村振兴有效衔接各项工作，让脱贫基础更加稳固、成效更可持续。[①] 在脱贫攻坚取得全面胜利的成就下，不能骄傲自满、松劲歇脚，要做好"测试题"、稳住"定盘星"，坚决巩固脱贫攻坚成果，走好中国特色社会主义乡村振兴这条道路，实现中华民族伟大复兴。

(二)浙江作为共同富裕先行示范区的题中之义

2021 年 5 月 20 日，中共中央、国务院印发《关于支持浙江高质量发展建设共同富裕示范区的意见》，充分肯定浙江在探索解决发展不平衡不充分问题上做出的贡献、拥有的基础和优势，支持浙江继续创造性贯彻落实"八八战略"，继续发挥"三地一窗口"的特色，先行探路，为共同富裕提供浙江方案和浙江样板。浙江被赋予"共同富裕先行示范区"的称号，是以习近平同志为核心的党中央对浙江发展的充分肯定，也是实现共同富裕道路的决策路径，更是从战略高度上深刻阐释了共同富裕的内涵。2021 年 8 月 17 日，农业农村部、浙江省政府共同印发了《高质量创建乡村振兴示范省推进共同富裕示范区建设行动方案(2021—2025 年)》，希望浙江在乡村振兴上有所作为和突破，破解城乡二元结构，带头缩小城乡差距，打造农业农村现代化浙江样板，助力共同富裕示范区建设。在共同富裕背景下，乡村振兴成为浙江高质量建设共同富裕示范区的"助推剂"，共青团作为党的助手和后备军，坚定不移跟党走，理应担起助力乡村振兴的责任和义务，充分调动各方面的积极性，深入基层，发挥组织优势，为乡村振兴添砖加瓦。

(三)共青团具有组织动员青年的先天优势

青年是十分宝贵的人才资源。青年是民族的希望和国家的未来，是社会主义现代化建设的有生力量。团组织作为青年的重要联系方，坚持在党的领导下，广泛组织动员广大青年在深化改革开放、促进经济社会发展中充分发挥生力军作用。[②] 截至 2020 年 4 月，全省共有 14 至 35 周岁青年 1624.24 万名，共青团员 330.9 万名；团干部 19.04 万名，其中专职团干部 2099 名，挂职团干部 185 名，兼职团干部 18.81 万名。共有团组织 17.95 万个，其中基层团委 6562 个，基层团工委 978 个，团总支 3238 个，团支部 16.86 万个。[③] 共青团组织基数大、结构好、力量强，要充分发挥好共青团组织在联系和服务青年方面的优势，团结凝聚青年，引领带动广大青年投入乡村振兴中去，发挥青年群体学习能力强、接受程度高、年轻有活力等优势，进一步为乡村发展带去源源不断的青春动能，让乡村发展紧跟城市和时代发展的步伐，让乡村不再成为共同富裕道路上的薄弱区。

(四)乡村振兴面临的问题和挑战的应对之策

乡村振兴，人才是关键。乡村人才是保障农业农村可持续发展的内生动力。然而，新时代乡村

---

① 习近平：《在全国脱贫攻坚总结表彰大会上的讲话》，http://www.xinhuanet.com/politics/2021-02/25/c_1127140240.htm，2021 年 2 月 25 日。

② 《习近平同团中央新一届领导班子成员集体谈话》，http://www.xinhuanet.com/politics/leaders/2018-07/02/c_1123068491.htm? ivk_sa=1024320u，2018 年 7 月 2 日。

③ 浙江省中国共青团，http://www.yh596.com/index/summary/1925821。

人才短缺、老龄化、学历层次偏低，已成为制约乡村振兴发展的障碍。[①] 乡村振兴存在着人才资源短缺的关键问题，阻碍乡村振兴的发展。乡村振兴是全面的振兴，是系统工程，2018 年两会期间，习近平总书记 3 月 8 日在参加山东代表团审议时强调，"实施乡村振兴战略是一篇大文章，要统筹谋划，科学推进"，指出要推动乡村产业振兴、人才振兴、文化振兴、生态振兴和组织振兴。乡村人才振兴是乡村全面振兴的关键要素，有人才，发展才有资源，振兴才有动力，富裕才有基础。正是乡村振兴存在着现实人力资源的问题，人才振兴又是全面乡村振兴的必要条件和内在要求。因此，乡村振兴需要更多的青年加入，在共同富裕的重要决策面前，面对未来的新形势、新变化、新要求，如何带动青年更好地推动乡村振兴，共青团承担着义不容辞的责任。

二、主要困境：共青团助力乡村振兴过程中的难点、痛点

自 2019 年共青团中央印发《关于深入开展乡村振兴青春建功行动的意见》以来，浙江省共青团在乡村振兴方面也有不少的探索，基层团组织也积极围绕新目标和新要求，在助力区域内乡村振兴上都取得一定的成果。虽然基层团组织所在区域的区位特点、资源条件、政策优势和组织基础等方面有所不同，在乡村振兴过程中会面临着不同的问题，但是总体存在共通性。共青团在助力乡村振兴工作中要想做得更好，还必须有效解决创业土壤不沃、人力资源短缺、文化引领乏力、载体设计单一、基层组织薄弱等现实问题。[②] 为了充分发挥共青团助力乡村振兴的重要作用，需要更加全面地了解现实困境，争取在省域层面一起解决，统筹推进。通过查阅文献和实地走访调研，基层团组织在助力乡村振兴的过程中存在吸引力、动员力和影响力不足等薄弱现象。

（一）共青团自身吸引力有待进一步加强

乡村振兴的关键在人才，人力资源是促进乡村振兴的动力来源，但是在城乡发展不平衡条件下，城市对人才产生巨大的虹吸效应，乡村的建设就只能是滴灌式进行。共青团是联系青年最紧密的组织，在引导组织动员青年投入乡村振兴中具有先天的优势条件。但是，共青团在实际工作过程中会出现吸引力不足的现象，青年不能积极主动向团组织靠拢，遇到问题也不会寻求团组织帮助，对团组织不了解、不认可、不信任，没有归属感，团组织也没有扭转这种被动局面，不能充分凝聚、团结、组织周围青年积极投身乡村振兴事业。一是共青团组织薄弱，自身建设得不到认可。在调研过程中我们发现，很多团组织想做大做强，但是困于自身建设问题，没有足够的人力去推动工作，常处于心有余而力不足的状态。二是团干部投入团青工作精力不足，工作持续性较差。调查中发现，团组织中存在兼职、挂职干部，工作多数都是基层锻炼、实践体验的性质，相对专职团干部来说，在团的工作岗位时间短，往往刚熟悉领域内工作就回原单位上班，导致基层团干部调动比较快，工作连续性不足，带动引领青年存在感情中断等现象。三是没有固定的联系平台，联系服务青年不够。区域内户籍人口的团员青年人数比较多，但是青年为了学习、工作、生活等都分散在全国各地，基层团组织如何联系和服务分散在全国各地的本户籍青年，没有一个统一、便捷的联系平台，导致同一区

①　张新勤：《新时代乡村人才振兴的现实困境及破解对策》，《农业经济》2021 年第 10 期，第 98—99 页。
②　黄鹏甫：《共青团助力乡村振兴路径研究》，《中国共青团》2019 年第 5 期，第 14—16 页。

域内团组织与青年之间的联系存在双向断裂的现象。

（二）共青团组织动员力有待进一步提升

共青团在助力乡村振兴的过程中，要找准自己的定位，充分围绕需要帮扶和拓展的项目以及所要达到的预期效果，通过思想动员、行动动员、感情动员等方式积极争取和发动青年参与其中，实现团组织有号召，青年有行动。团组织要有强大的动员力才能更好地团结教育青年，让青年充分认识到乡村振兴的重要作用，认识到乡村中拥有的巨大发展潜力和空间，认识到自己是乡村振兴中不可或缺的支持力量。但是，在调查走访中发现，基层团组织在动员和组织青年方面存在一定的不足。一是没有宣传区域内的产业、资源、政策等优势，或者区域内本就没有可供宣传的有效载体。乡村要振兴，首先产业要兴旺，产业兴旺是乡村振兴的基础，是提高农民收入的直接来源。虽然在全国人民的共同努力下，区域性整体贫困已解决，但是区域间发展还存在较大差距，有些区域没有找准自己的发展方向，没有区位优势，很难实现产业的发展或者产业刚起步，比较薄弱，很难获得青年青睐。二是没有网格化的宣传平台，宣传手段单一。调查中发现，共青团组织实现了对区域内产业巨头的紧密联系，但是在产业宣传上手段比较单一，往往都是在本行政区域内利用乡村年货节等时间节点进行现场宣传，网络平台利用不够。在宣传对象上也仅仅局限在本土青年身上，不能够通过制度化的网络渠道对外出学习和务工人员进行宣传，疫情更是雪上加霜，很多外出人员常年在外，对家乡的发展动态未能及时跟进和更新，导致在外人员没能够及时响应乡村振兴的号召。三是没有有效疏通信息渠道，信息对接不畅。基层团组织作为联系的桥梁和纽带，连接着党组织和青年、企业和青年、高校和青年、社区和青年等，如何更好地发挥中坚力量，关系着青年作用的发挥程度。现实表明，团组织在对接不同领域的组织和青年时，一定层面上出现信息不流通、对接不畅、供需脱节的现象，比如，青年在返乡创业的过程中会出现创业资源缺乏、创业信息不对称、创业资金冷热不均等现象[①]，存在自身发展需要和政策信息、市场信息、企业信息不对称，各条战线各自为政。乡村发展需要什么产业、产业发展需要什么人才，这些问题如果没有准确地对接，就会出现企业下不去、人才不愿来、乡村发展慢的现象。因此，团组织要建立有效的制度性平台和载体，改善供需比，满足青年需求、企业需求、乡村需求，打通乡村振兴的"三需求"通道。

（三）共青团工作影响力有待进一步深化

有了吸引力和动员力，但是并不一定能转化成影响力，效果的强弱是检测影响力大小的重要指标。只有坚决贯彻落实促进乡村振兴的发展需要，并且取得强有力的效果，才能体现出强大的影响力。共青团在组织青年投入乡村振兴战略的过程中积极有为，之所以影响力不够，主要受以下几个方面因素影响。一是工作转化率不高。一方面，全社会尚未形成对乡村人才客观科学的价值认同。诸多人才更看重城市的发展前景，认可城市人才的社会价值，而对乡村发展和乡村人才的未来持有悲观态度。[②] 受传统价值观念的深刻影响，青年返乡工作不体面、没前途，导致在外人才返乡和社

---

① 蔡宜旦、卫甜甜：《浙江青年发展报告（2020）》，浙江工商大学出版社2021年版，第104页。
② 刘玉侠、张剑宇：《乡村人才振兴：内涵阐释、困境反思及实现路径》，《重庆理工大学学报（社会科学版）》2021年第11期，第104—114页。

会人才下乡难；而依赖于本土人才的乡村振兴却出现结构上的严重不足，具有年龄大、学历低、不愿意学习等问题，相互作用之下，导致乡村在人力资源上出现入不敷出的现象，进而阻碍乡村的发展。另一方面，自身能力不够导致的人力资源回流意愿薄弱。一部分青年具有返乡创业的热情和抱负，但是苦于没有经验和专业指导，没有发挥优秀典型的带动作用，信心不足，在没有足够资金和能力的支撑下，承担不起高风险带来的失败后果，最后选择放弃投入乡村振兴的行业中。二是产业辐射能力较弱。在乡村振兴过程中，由于历史、区位、资源条件的不同，区域间发展不平衡的现象必然存在。在浙江共同富裕先行示范区的建设背景下，要充分发挥先富带后富的作用。例如，安吉县在"绿水青山就是金山银山"科学论断的指导下，立足区位优势，坚持走绿色发展之路，实现经济发展和生态环境相互协调和促进，安吉余村和鲁家村就借助区位优势大力发展自己，在浙江乡村绿色发展之路上勇走前列。但是，并不是所有的乡村都能走在前列，也有很多地方存在发展潜力不足、产业不强的现象，周边也无优势产业、品牌产业，辐射带动能力弱、范围小，导致共青团组织在动员青年返乡过程中缺少有力的载体，致使人才回流慢。三是发展创新能力不强。在全面推进乡村振兴助力共同富裕的实践过程中，城市化及新农村建设中的"大拆大建"，导致城乡"同质化"现象严重，城不像城、村不像村。因此，乡村振兴过程中如果没有充分结合地方实际，有效挖掘和发挥乡村的优质资源，突破"同质化"障碍，就会导致"千村一面"，难以吸引投资者目光和青年人眼球。因此，为了更好地增强影响力，乡村振兴过程中需要创新思维。台州在推进美丽乡村建设中，第三阶段就是彰显特色，充分发挥农村基础设施建设、产业优势和乡村治理优势，以"四美三宜两园"为载体，大力开展特色化的美丽乡村建设。①

面对共青团助力乡村振兴过程中遇到的难点、痛点，团组织要"认真履行引领凝聚青年、组织动员青年、联系服务青年的职责，不断创新工作思路，增强对青年的凝聚力、组织力、号召力，团结带领新时代中国青年在实现中华民族伟大复兴中国梦的进程中不断开拓创新、奋发有为"②。

三、现实实践："点线面"协同发力推动乡村振兴

自团中央印发了《关于深入开展乡村振兴青春建功行动的意见》（以下简称《意见》）以来，团余姚市委深入贯彻《意见》精神，全面落实文件要求，围绕主责主业，积极探索共青团助力乡村振兴的模式和手段，为乡村发展注入青春动能。以"搭平台、重培养、助建功"为总体思路，通过"点线面"协同发力，为农村青年成长成才创造条件、搭建平台、提供支持，激发农村优秀青年发展活力，助推青年投身乡村振兴。③

（一）立足青年人、增强内生动力，为乡村振兴提供新动能

青年作为新时代的生力军，成为乡村振兴的重要推动者。只有牢牢抓住青年这一群体，才能为乡村振兴注入源源不断的新动能。在乡村振兴过程中，团余姚市委首先就是立足青年群体，针对青年特点、分析青年需求，紧紧依托市内现有资源，围绕返乡人才服务，在"返乡青年"上下功夫。一是

---

① 中共浙江省委党校：《共同富裕看浙江》，浙江人民出版社 2021 年版，第 166 页。
② 习近平：《在纪念五四运动 100 周年大会上的讲话》，《人民日报》2019 年 5 月 1 日第 2 版。
③ 共青团余姚市委：《"点线面"协同发力，为乡村振兴注入青春动能》，《中国共青团》2021 年第 21 期，第 56—57 页。

强化组织引领,联合市委组织部开展"家燕归巢"系列活动,提供"返家乡"社会实践岗位,积极吸引在外青年;二是加强团队沟通,发挥就业创业联合会、青企协等创业联盟的作用,开展培训、邀请专家、分享经验,主动凝聚返乡青年;三是培树先进典型,依托青牛论坛活动,寻找、宣传致富带头人先进典型,激发青年返乡热情。

(二)依靠产业园、提升发展能力,为乡村振兴提供新风貌

产业是乡村振兴的经济实体,只有产业兴旺,乡村振兴才有坚实的基础条件。在乡村振兴过程中,团余姚市委按照"以点带面、点面结合"的思维模式,积极培育产业链。一是挖掘资源优势,依托青创农场、孵化基地,培育涵盖"产、学、研"新的产业群;二是成立创业导师团,通过结对指导、定期授课、政策解读、跟踪访问,为创业青年解决实际问题;三是打造产业示范线,依托红色资源和青创农场的集群优势,发展绿色产业新优势,构筑乡村发展新风貌,展现青年担当新作为。

(三)扩大生态圈、拓展发展空间,为乡村振兴提供新局面

人才生态好,则人才聚、事业兴。团余姚市委依然牢牢抓住人才这个核心要素和资源,坚持以点扩面,在人才培养、服务、组织上下功夫,全方位打造人才发展"生态圈",让本土青年有更多幸福感、获得感、归属感。一是加强组织建设,严格按照团章及基层组织工作条例,指导农业园区等团组织建设,落实"走青连心日"团干部定期联系青年制度,扩大团组织覆盖面;二是创新活动方式,结合党史学习教育要求,通过举办读书会、参观红色教育基地、成立青年理论宣讲团等形式,丰富青年文化生活,满足青年精神需求;三是打造志愿服务品牌,围绕"河小二"、垃圾分类、光盘行动等主题,开展青年志愿服务系列活动,帮助青年积极履行社会责任,彰显青年时代担当。

四、价值启示:抱"团"取暖推动乡村振兴的实践转向

团余姚市委积极发挥自身作用,在凝聚和组织青年力量投入乡村振兴的生动实践中,为共青团助力共同富裕提供了相应的建设性思路。如何发挥团组织作用,凝聚青年力量,推动乡村振兴,助力共同富裕,以下方面可供参考。

(一)打造"黏合剂"型的"党团联盟体"

中国共产党作为中国特色社会主义事业的领导核心,共青团作为共产党的助手和后备军,要紧密联系党组织,善于借助党组织力量发挥更大作用,实现党团合力。一是成立跨村联建的党团组织,以组织制度优势构建发展合力、引领发展方向;二是制定科学化的运行机制,通过制定联席会议、协商共建、结对帮扶等方式,发挥党政资源的先导作用,深入挖掘区域内的内生资源,大力争取社会支持;三是完善项目化的实施机制,针对不同村的资源优势,明确年度计划、责任目标、清单条款,实现资源互享互补互用,年底邀请非共建项目单位及人员作为项目考核组,对应给予测评验收、赋予星级标准。通过长期有效的合作模式,加强区域与区域之间的党政、群团联系以及区内部的党团联盟等,推动区域内资源跨区域、跨层级、跨领域等的优化配置,打破扁平化的资源利用,实现立体化的资源共享。

(二)培育"凝聚力"高的"团队合作体"

道理很简单,三个臭皮匠,赛过诸葛亮。在乡村振兴的过程中,要想实现跨越式发展,仅仅依靠一个村的组织、人员力量,是没有办法实现的,要善于利用团队合作优势。一是凝聚青年力量,通过村域内团组织共建、活动共办、经验共享等,实现村与村之间的紧密联系,促进青年互动,打造凝聚力高的青年群体,发挥青年集体力量;二是发挥导师作用,结合实际需要,寻找目标专家,成立并完善导师团,通过导师负责制,实现一对一帮扶、点对点打造、面对面提升,形成凝聚力高的导师群体,发挥导师集体智慧;三是实现组织意图,通过高校与行政村共建模式,设立对接岗位,通过团组织直接打通人才联结渠道,扩大团组织工作有效覆盖面,打造凝聚力高的组织群体,实现项目上的长期合作和精准发力。

(三)配置"辐射性"广的"产业示范区"

一个乡村要想振兴,必须要有产业支撑,而产业要想得到兴旺发达,必须要对产业链进行拓展与延伸,否则产业就很难实现兴旺与发达,这也是党中央、国务院将乡村振兴战略放在首要位置上的应有之义。[①] 一是宣传创新创业典型,制订农村"领头雁"培养计划,挖掘和寻找所在区域先进典型,宣传优秀事迹,召开论坛分享会和基地考察活动,鼓励青年团体善于突破自己,大胆尝试、勇立潮头;二是打造特色品牌产业链,在乡村振兴过程中,不能闭门造车,要善于开阔眼界,借鉴周边优秀典型发展经验,结合所在的区位优势和资源条件,因地制宜,构建产、学、研一体化基地,充分发挥产业动能,打造具有地区特色的品牌产业,实现"五位一体"的综合效益;三是形成产业核心示范区,要顺应产业发展规律,立足当地区域规划,优化产业布局,推动产业发展壮大,辐射和带动周边一起迈向共同富裕的道路。

(四)构建"稳定性"强的"利益联结体"

乡村振兴离不开热爱乡土的带头人、领路人。打造乡村人才队伍,就是为乡村振兴播下能够形成星火燎原的乡村繁荣种子。我们要让青年知道自己不仅是乡村振兴的建设者,更是受益者,让青年离不开乡村。一是企业层面,要主动联系所在区域的基层团组织,利用团组织的力量了解和获取青年的需求,完善利益联结机制,通过青年员工参股、技能培训、发展路径设计、业绩等级奖等一系列方式,牢牢将青年利益与企业发展挂钩,让青年员工视企业为家、为企业贡献,不断提高青年员工获得归属感、成就感、幸福感;二是村集体层面,要积极收集各类政策文件,争取获得政府的更多支持,在制度允许的范围内建立多元化的利益分配机制,鼓励村民通过各种形式参与到企业建设中,让村民更多分享产业增值收益,扩大产业影响力,增加产业附加值;三是青年层面,在外青年要积极响应国家政策,特别是青年大学生,要积极参加学校的社会实践活动,要从内心深处转变想法,要认识到乡村资源的宝贵性、国家政策的针对性、创新创业的实惠性,坚信只有靠自身的力量投身家乡发展,才能更好地改变家乡和发展家乡,将自我价值和社会价值完美结合;四是团组织方面,基层团

---

① 单天振:《乡村振兴战略体制机制研究》,《农业经济》2021年第12期,第32—33页。

组织一方面要成为企业、乡村、青年的坚实桥梁，定期对接各方需求、解决各方需要，积极主动提供相关市场信息、政策文件，为各方答疑解惑；另一方面要积极对接高校，给高校下发年度指标任务，选派优秀干部到家乡驻村实习，让青年学生积极了解家乡的发展动态，将自己的专业学识和青春力量投入乡村振兴过程中。

（五）共建"流动性"好的"信息共享源"

信息是生产力发展的重要资源，乡村要想振兴，一定离不开畅通有效的信息资源。基层团组织要在信息利用上下功夫，一是构建信息平台，在各级共青团网站上设立创新创业专题网站，构建"服务青年""服务农民""服务企业"等分类信息栏目，定期更新相关政策制度、实践案例、人员需要等内容，尽可能满足组织者、实施者等各类群体的信息需求；二是畅通信息渠道，设立专门创新创业热线和邮箱，完善制度化的信息窗口，及时为青年答疑解惑；三是共享信息资源，构建网络信息枢纽站（信息中枢平台），通过控制前后端平台，筛选有效信息，汇总整理后通过中枢平台统一发送到客户端，实现各类信息的收集、过滤、整理、分散发放，实现跨区域、领域、层级的高校、企业、村民、青年等群体实现对信息共享，防止信息因时间、内容、区域、领域等方面导致的对接差错，进而影响到乡村发展。

青年是共青团的生命力之本。要广泛覆盖青年，持续加强基层基础工作，坚持青年在哪里，团组织就建在哪里，青年有什么需求，团组织就开展有针对性的工作。[①] 通过不断提高团的吸引力和凝聚力、扩大团的工作有效覆盖面来积极推动乡村振兴，一起迈向共同富裕之路。

---

① 贺军科：《在中国共产主义青年团第十八次全国代表大会上的报告》，http://news.youth.cn/wztt/201807/t20180704_11659708.htm，2018 年 6 月 26 日。

集体经济：让村民生活更幸福

——探秘共同富裕的龙港市河底高社区模式

陈忠巢

（中共苍南县委党校）

摘　要：发展集体经济是实现共同富裕的重要保证。农村集体经济组织为农村老有所养、病有所医、公平分配做出了极大贡献，也是"扩中提低"，增加农民财产性收入的重要基础。龙港市河底高社区发展壮大集体经济，成为"共同致富"的先行者，在理论提升、实践探索层面具有重要的研究价值。河底高社区发展壮大集体经济的主要做法和成效表现在：一是发展第三产业，夯实"共同富裕"基础；二是增强自身造血能力，健壮"共同富裕"体魄；三是借助数字赋能，筑牢"共同富裕"根基；四是倡导精神文明，提升"共同富裕"水准。河底高社区集体经济助推共同富裕发展的内在机理：一是强化党建统领，织密"共同富裕"组织体系；二是挖掘经济潜能，拓宽"共同富裕"发展体系；三是厘清分配原则，明晰"共同富裕"共享体系；四是强化纪律意识，筑牢"共同富裕"制度体系；五是创新服务方式，构建"共同富裕"动力体系。

关键词：共同富裕　河底高社区　村集体经济　龙港市

一、引言

龙港市河底高社区的前身为苍南县龙港镇河底高村，地处市区中心。2021年，河底高社区由原龙港建镇时5个小渔村之一的河底高村融合沿河、站前2个居民区而成，区域面积0.55平方公里，户籍人口9579人，常住人口16913人，其中党员284人，下辖8个支部，居民代表94人，社区两委人员10名。1978年，河底高村人均收入不足百元，全村灯不明、路不平、水不清，是个贫穷落后的一般农村。1984年，龙港建镇后，河底高村利用地处龙港镇中心的有利环境，发挥村两委领导班子的智慧，积极创办村级集体企业，引导村民兴办第三产业。河底高，从一个名不见经传的海边小村庄，经过40余年的发展，依靠发展壮大集体经济，实现了从弱到强。到目前，整个农村面貌发生了如下三大变化。

一是村级集体经济得到壮大。2021年，集体经济收入1425万元，是1978年9.9万元的144倍；集体固定资产8387万元，是1978年3.3万元的2526倍；人均拥有集体固定资产33548元，是1978年30.4元的1104倍；集体企业年利润1102万元，是1978年1.46万元的755倍；集体自有流动资金6328607万元，是1978年4万元的1582152倍；上交国家工商税收180.8万元，是1978年0.19万元的952倍。

二是村民生活得到极大提高。2021年,村民集体经济人均收入5700元,加上个人部分,人均收入达10万元,比1978年72元增长了近1400倍;2021年人均住房面积至少为110平方米,是1978年18.5平方米的6倍,且房屋质量及内部装潢设施更是日新月异。2021年,全村930户户户普及小轿车、三门大容量电冰箱、液晶彩电,成年人人人拥有高档手机,更是不在话下。

三是务农劳动力发生大转移。到2021年,全社区人人都是都市的市民,80%以上从事第三产业,其余大多从事交通运输业。

河底高村集体荣誉很多,其中省级以上的有曾先后获得的中华孝心示范村、省先进基层党组织、省文明单位等荣誉。自镇改市以来,河底高社区和党组织先后获得的荣誉很多,突出的有2021年获"龙港市先进基层党组织""温州市基层党建示范社区",被选为"浙江省共同富裕百村联盟"单位。这些成就是如何取得的?2022年春节期间,笔者来到仰慕已久的"先富起来"的典型——龙港市河底高社区,探访通过发展集体经济从而实现共同富裕的河底高社区的"共富之道"。

二、发展壮大集体经济的主要做法和成效

共同富裕是社会主义的本质要求,是中国式现代化的重要特征。共同富裕是我们百年大党接续奋斗的根本动力和重大历史使命,是中华民族几千年孜孜以求的美好梦想。而发展集体经济是实现共同富裕的重要保证。农村集体经济组织为农村老有所养、病有所医、公平分配做出了极大贡献。只有集体经济实力增强了,才能更好地增进农民福祉、发展农村事业,在农村双层经营体制中更好地发挥"统"的功能,才能有条件补齐共同富裕中的这块"短板"。另一方面,发展集体经济也是"扩中提低",增加农民财产性收入的重要基础。当前就农村改革而言,最重要的是赋予农民更多财产权利、推进城乡要素平等交换和公共资源市场化均衡配置。全面完成农村集体产权制度改革,赋予农民更加清晰的集体收益分配份额后,就应该聚焦持续发展壮大村级集体经济,带动农民收入"水涨船高",集体经济有收益才有分配,老百姓才能更有改革的获得感。河底高社区发展壮大集体经济,成为"共同致富"的先行者,在理论提升、实践探索层面具有重要的研究价值。

(一)发展第三产业,夯实"共同富裕"基础

党的十一届三中全会以后,在党的正确路线方针指引下,河底高村逐步开始脱贫致富。河底高村在发展集体经济,引导村民共同致富,走农村城镇化道路上的一条最基本的经验就是因地制宜,重点发展第三产业,创办龙头企业,带动其他各业的全面进步。

1.积极发展第三产业

龙港镇的发展,对河底高村来说,既是机遇,又是挑战。在如何确定产业发展的方向上,河底高村本着实事求是、因地制宜的态度,认为发展第三产业,能充分发挥自己村地利人和的优势,且投资少、见效快、效益高、风险小,最为合适,也最有前途。在具体措施上,采用集体个体一起上的办法,一方面利用集体经济力量创办龙头企业,1985年,利用村积累和征田费32.4万元,逐步创办村集体企业,首先创办龙华装卸公司、龙华饭店、龙港客运南站、龙港鞋革市场、腈纶纱市场、龙港水果市场、龙华大酒店和龙华菜市场。20世纪90年代开始,河底高村在村办企业投资增加到241万元,陆续发展、创办了腈纶毛毯市场、水泥交易市场、站前停车场、化妆品市场、码头搬运、龙华饭店等6家

企业,并安排了 296 个村民劳动力的就业。这些企业发展创办后,均取得良好的经济效益和社会效益,已成为河底高村的龙头企业,成为集体经济的支柱。1991 年,腈纶毛毯市场交易额达 7200 万元,上交国家税收 4.5 万元,纯利润 34.8 万元;龙华饭店营业额达 158.8 万元,上交国家税收 4.5 万元,提取折旧大修理福利基金 14.1 万元,纯利润 15.5 万元。一方面引导鼓励村民兴办第三产业。多年来,村民兴办第三产业积极性很高,1991 年,全村有个体客车 15 辆,三轮车 27 辆,载货拖拉机 6 辆,机动运输船 12 只,饮食服务业 5 家,商业 16 家,从业人员 137 人,纯收入 93.5 万元,占村民年纯收入的 43%。实践证明,河底高兴办第三产业,发展经济的路子是对的。河底高村经济能快速发展,在很大程度上依赖于第三产业的发展。主要村办企业有以下 5 家。一是龙华大酒店。由河底高村 1992 年投资 3400 万元,坐落于"中国农民第一城"龙港繁华中心地段,环境优雅,交通便捷,是一家集客房、餐饮、娱乐于一体,为龙港目前唯一的三星级饭店。1992 年动工兴建,1994 年 10 月 1 日国庆节隆重开业。二是龙华饭店。坐落在人民路龙港车站对面,创办于 1989 年,总用地面积 2 亩,兴建七间五层计 50 个客户的宾馆,总投资 110 万元,安排劳动力 20 多人,年利润 30 万元。既解决了劳动力就业问题,又增加了集体收入。三是龙华装卸有限公司和河底高码头。龙华装卸有限公司,创办于 1985 年,第二年在鳌江瓯南大桥下游 200 米处南岸龙港外滩投资 141 万元兴建 500 吨级泊位外海码头一座,装卸瓯南闽北各县物资中转,特别是龙港镇建设水泥、钢材全部在该码头装卸,安排劳动力 50 多人,年收入相当可观。四是龙港客运南站。2000 年由站前停车场改建,总用地面积 20 亩,总投资 602 万元,主要经营通往龙港以南的宜山、钱库、金乡、炎亭、望里、渔寮等乡镇客运,平均日客流量 1 万多人次,安排劳动力 20 多人。五是河底高货运中心。坐落在港湖路与站前路中间地段,创办于 2002 年,总用地面积 20 亩,兴建仓库和手动部办公用房 50 多间,总投资 602 万元,由几十家民营托运部经营托运发往全国各地货物,成为龙港货运一大集散中心。以上企业 2005 上交县财政税收 355 万元。村年积累 600 万元。1994 年由温州市人民政府批复成立温州龙华集团,集体资产猛增至账面实数 1 亿多元。如评估,可能达 2 亿多元。成为苍南县经济实力第一村。河底高村办企业解决劳动力再就业 400 多位,企业职工人均年收入 15000 元。到 2021 年,村办企业还解决了本村劳动力就业 70 人左右。

2. 积极增加对农业的投入,扶持农业发展

工商业的发展,势必给农业带来冲击,在村民务农积极性不高的情况下,为了使农业生产能够持续发展,河底高对农业采取倾斜政策。1989—1991 年,共投入 10 万多元建设农业基础设施,相继开通了 6 条 700 米长的排灌水渠,筑建了 3000 米长的塌毁河堤岸,装修 1000 多米的排灌专用电线柱。为了减轻农业生产成本,对农业税予以减免,对排灌费予以免收,对购买种子予以补贴。使得粮食生产能做到大灾之年少减产,轻灾之年不减产,平常之年能增产。1991 年,粮地面积产量 813 公斤,在耕地面积大幅度减少的情况下,村民口粮能保持基本自给。

3. 因地制宜做好扶贫工作

共同富裕是社会主义的一个基本原则,在致富的过程中,势必存在快与慢的现象。河底高村在鼓励引导一部分村民先富起来的同时,对部分困难户做好扶持工作。利用集体经济的调控能力,给他们适当的经济扶助。并在就业安排上,优先予以照顾,增强其造血功能。1990 年,村中有 4 户老弱病残家庭困难户,对这些老弱病残人,河底高村决定安排他们在村办 4 个企业的值班室工作,让

他们白天摆摊值班,晚上值班守夜,增加他们的收入。另外,镇政府分给河底高村 8 部三轮车,全部无代价分到丧失正常劳动力的困难户,通过几年的扶贫工作和他们自身的努力,这些贫困户也走上了致富的道路。1991 年全村收入最低户人均收入达到 878 元。至 2021 年底,全村收入最低户人均收入达到 10000 元。

4.积极办好村级公益事业

河底高村利用集体经济的优势,促进全村公益事业的发展。首先,河底高村 1994 年、2001 年共兴建老人公寓 2 幢,共计 150 套,让 60 岁以上老年人住进宽敞楼房,使他们老有所养、老有所乐。其次,动员所有村民将老房屋按城建规划建街市新楼房,大大改善了村民居住条件和生活水平。1991 年,河底高村投资 9.5 万元办教育,帮助老人创办村老人协会,建立了协会活动室,并给活动室添置了 1 台 18 英寸的彩电。对村中 60 岁以上的老人每月予以 10 元生活补助(1992 年开始增加到 20 元);对女儿户父母实行养老金保险;对本村环河路进行改建,并计划增设河边小公园,使其成为娱乐功能小区。

(二)增强自身造血能力,健壮"共同富裕"体魄

为深化农村经济体制改革,破除城乡二元结构,完善新形势下集体经济的有效实现形式和分配形式,切实保护集体经济组织及其成员的合法权益,促进城乡经济社会和谐发展。根据温州市委、市政府关于加快推进城乡一体化改革的总体部署,结合本村实际,推出《龙港镇河底高村集体资产股权量化分配实施方案》,实施村集体资产股权分配制度改革工作。对集体所有资源性资产、经营性资产、公益性资产进行清算,由合作社向全社区 2522 名股东发放股权证书分配股权,有效理顺集体经济组织关系。通过股份制改革等途径,实现了集体经济的健康可持续发展。率先探索出一条切合本村实际的农村集体资产股改路子。

1.集体资产股份制改革

2014 年 5 月 27 日召开全村户代表大会,共有 938 户代表参加,最终以 95.3% 赞成票通过了村集体股改实施方案。经济合作社资产股权量化分配制度改革后,建立了以资产为纽带、股东为成员的新经济组织——河底高村股份经济合作社。村级集体资产以股权形式确定固定股 2579.7 股、浮动股 133.9 股,通过股份确权,推进了集体资产的规范管理,保障了村集体经济组织成员合法权益,促进了村集体经济的发展。

2.客运南站收归村集体

承包经营权招投标,为村集体增加收入。

3.低效土地再开发利用

河底高老人公寓和龙港市五小周边区块旧城改造低效土地再开发成功。

4.高效推进安置房建设

完成安置房建设建筑面积约 12 万平方米。

5.龙华大厦重新开工建设

总占地面积 4550 平方米。至 2017 年,河底高村连续三年每个村民分红 5000 元,购物券 500

元。如果孩子是独生子女,还能领到双倍的年终福利。改制至 2020 年,社员股东累计从集体经济发展中分红受益 6695 万元。2020 年村集体经济收入达到 1440 万元,其中经营性收入 1038 万元,每股分红 2600 元。

(三)借助数字赋能,筑牢"共同富裕"根基

坚持共商共建共享治理新模式,加快推进"共享社 幸福里"建设。河底高社区结合自身实际,整合有效资源,不断强化"共商共建共治共享"的治理理念,科学推进"三城联创"、消防整治、疫情防控、平安建设、反诈、反邪宣传等工作。坚持"党建＋数字赋能",大力推广微信公众号、智慧村社通等平台,以信息化、数字化手段深入探索党建引领基层治理新模式。目前"幸福河底高"公众号上拥有 2592 位用户,智慧"村社通"平台,入驻 1780 位居民,已实现社区信息公开随时查看、民生小事实时反馈、你说我做等多种功能,打通了基层治理的"最后一纳米",提高了基层治理水平。以信息化为手段,在共商、共建、共治、共享的良好氛围下,给居民工作和生活带来实实在在的幸福感和获得感。作为龙港市和温州市民政局的典型公布案例,相关做法在"学习强国"和"人民网"等报道。

1."未来社区"助服务

依托未来社区建设,打造集教育、健康、交通、养老等八方面的公共服务场景,建立全方位的智能服务体系。线上依托未来社区智慧服务平台建设,向居民提供围绕未来社区八大场景的便捷数字化服务。线下以红色管家建设为统领,打造邻里大厅、银龄驿站、城市书屋、健康小屋等全方位的优质公共服务场所。

2."智慧村社通"强治理

社区基层治理中要吸引居民参与、提高服务质量,就需要多渠道信息与内容的整合统一,利用社区服务信息化平台打造"应用网络化、资源数字化、流程规范化"的智慧化社区管理和服务体系,是一条社区基层治理新路子。为提升社区服务水平和治理能力,河底高社区于 2019 年 11 月引入"智慧村社通"平台。在新一届领导班子的重视、推广下,短短 5 个多月,平台就入驻了 1525 户居民。其间,社区利用平台,第一时间解决了居民反映的社区某门店油烟污染的"烦心事",社区干部用平台及时化解群众身边的民生难题,得到了今日龙港、温州新闻、学习强国、人民网等多方媒体报道,广泛受到社会关注与认可,完美诠释了"智慧村社通"在社区治理工作中的运用成效。依托"智慧村社通"服务平台,通过社区微网格邻里互动,建立"受理、交办、反馈、考核、回访"全流程闭环工作机制和"运行、服务、宣传"3 项动态评估机制,确保事事有着落,件件有回音。河底高社区书记高福喜曾在平台收到 1 条某居民反映的油烟排放问题,马上组织人员到现场了解情况,经过 1 个多小时的耐心协调,店主答应整改并在 1 周内落实到位。目前,平台每天能收到五六条群众信息,2021 年累计办理各类事项 135 件。"智慧村社通"平台为居民找村社、找政府开创了一条便捷通道。之前居民对社区大小事不知情,也没有获知途径,抱怨社区信息不够透明公开,有问题有困难不知向哪反映。自从有了"智慧村社通"平台后,社区所有的工作都可通过平台动态实时反映,居民可以随时随地查看社区大小事,了解自己关心的事。同时,居民可以通过"你说我做"的功能反映问题、困难,社区接到诉求后,第一时间会给予回复、解决。平台的运用也让社区所做的工作"事过留痕,有迹可循",在平台的"三务"公开栏,社区及时公开党务、财务、事务,让社区工作"公开、公正、透明"得

到落实体现。

3."微信公众号"促宣传

社区信息化建设方面,河底高村一直走在前列,早在 2015 年,就申请开通了"幸福河底高"微信公众号。对村(社)信息与相关政策、重大决策等内容进行发布,经过宣传推广,目前已得到 2361 位居民关注,为社区信息工作奠定了良好的基础。有了"幸福河底高"公众号后,广大居民可以直接了解社区要事大事,也方便他们反映诉求和提出建议,从而提高社区决策的透明度与公正性。让社区工作多留痕,减少纸质台账工作量。

4."网格微信群"助协调

为了方便广大居民"共商共建共享"民生实事,目前河底高村 10 个微网格建立了网格服务微信群。根据需要协调社区干部、志愿者等多方社区服务力量进群,方便相互之间沟通交流,共同协商解决问题,通过"群聊"方式,让网格人员沉下去,让群众沟通零距离。例如,龙跃路后街改造协商群,社区第 3、5、9、10 格邻里群等都在基层治理工作中起到很好的协调作用。

5."三五成群"利下沉

依托龙港大部制、扁平化的体制优势,把公安、市监、执法等下沉到社区的人员同驻社干部、社区干部、专职社工、网格员一起整编入格,形成"三五成群"团队,建立"联勤巡查""快速响应"机制,实现 90% 以上的基层问题都能在社区解决。

河底高社区积极推进信息化数字化改革,在探索基层社会治理、社会救助等领域数字化转型上,通过"微信公众号""智慧村社通"等服务平台数字化项目全面运行,塑造有特色的数字化改革标杆,为龙港"一区五城"建设交出河底高的答卷。

(四)倡导精神文明,提升"共同富裕"水准

共同富裕是"富口袋"与"富脑袋"的统一,不是单单物质上的"土豪""富豪"。习近平总书记强调:"只有物质文明建设和精神文明建设都搞好,国家物质力量和精神力量都增强,全国各族人民物质生活和精神生活都改善,中国特色社会主义事业才能顺利向前推进。"物质贫穷不是社会主义,精神贫穷也不是社会主义。实现共同富裕是一个物质积累的过程,也是一个精神丰实的过程,两者相辅相成、缺一不可。站在全面小康新的奋斗起点上,衡量一个地方的发展水平,反映一个人的富裕程度,精神文化生活是重要硬指标。现实表明,推动共同富裕,是物质生产力发展的过程,也是文化生产力发展的过程,而且文化越来越成为关键变量、决定性因素。"脑袋不富"眼里更多的是"柴米油盐","脑袋富了"心中就能装着"诗和远方","脑袋""口袋"都富了才能有真正的获得感、幸福感、安全感。河底高社区在抓经济建设的同时,更加重视文化建设;在注重增加城乡居民收入的同时,更加关注人民群众精神力量的增强、文化生活的满足,推动形成与共同富裕相适应的价值理念、精神面貌、社会规范、文明素养,让人们在共同富裕中实现精神富有。

河底高村推行的孝心村建设举措,让村民更和谐。

2015 年 2 月,河底高村举行了"孝心村"创建动员大会,号召全体村民继承和弘扬传统孝文化,促进社会文明和谐,正式吹响了温州市区域内首个孝心村的创建号角。"百善孝为先",为了更好地继承和弘扬传统孝文化,让孝道入人心、入家庭,促进社会文明和谐,河底高村在"孝心村"创建中,

通过倡导"以孝治村，以和养心"的理念，营造全村孝文化环境氛围。河底高村通过树孝风、定孝制、开讲堂，让孝文化入人心、入家庭。开展孝老爱亲系列活动、各类敬老行孝等活动，使河底高村老人幸福指数明显提高，让村民更和谐。2016年10月10日成功获授"中华孝心示范村"。

1. 表彰典型道德引领

河底高村注重道德引领，连续两年开展最美河底高人（民间道德奖）的评选活动，不仅给社会注入了暖流，也凝聚了强大的正能量，引领了全村的社会新风尚。"好媳妇""好婆婆""最美志愿者""模范丈夫""见义勇为者"等道德模范，他们为河底高村精神文明建设奉献出自己的一份力量，筑起了河底高精神文明建设的基石。

2. 成立队伍凝聚力量

为进一步完善"孝心村"创建工作，河底高村在中华孝心示范村工程志愿者的指导帮助下，组建了河底高村志愿者服务队，组建了本地志愿者队伍——河底高村慈善义工队，成立了河底高村慈善基金会，为爱心人士提供反哺家乡的有利平台。

3. 立足阵地传承文化

充分利用文化礼堂场地设施优势，开展系列弘扬传统文化的活动。利用春节、端午、中秋、重阳等传统节日开展节庆活动，积极组织村民群众参加年糕炒米制作、送春联、划龙舟、包粽子、煮腊八粥等民俗活动，将中国传统节日丰富的内涵根植于村民的心间。2015年以来，河底高社区连续开展了孝老爱亲系列活动，组织了"九九重阳登高祈福""孝心杯羽毛球友谊赛""孝心杯登山友谊赛"等活动，开展了"体育文化进文化礼堂""居家养老知识讲座"，成功举办了"龙港老年大学校庆晚会""孝老爱亲文艺晚会"，使孝老爱老养老的责任意识深入村民心中。河底高社区建成了"孝心课堂""道德讲堂"，并通过举办送春联、捣年糕、温馨五月"母亲节"、"梦回汉唐 开笔启蒙"启蒙礼等一系列活动，以点带面，全力助推孝心村建设，在引领河底高变富的同时，形成孝老爱亲的良好社会风尚，让河底高村的精神文明建设也更上一个台阶。

笔者就2021年年终分红和其他情况采访了社区党委书记高福喜、村股份经济合作社董事长高有牙等人。"2021年村股份经济合作社年终分红每股分到2600元现金。"高有牙说，"2013年，新当选的村两委班子顺应民心，启动集体经济产权制度改革。村里成立改革组织机构，对本村现状和需求，开展因村制宜的股权设置、股权界定，拟订股权量化配置方案，全过程公开透明，接受村民监督。""2014年，龙港镇河底高村股改实施方案表决大会，通过了此次股改方案的表决，标志着龙港镇村股改工作试水成功。此次股改主要针对村内集体所有资产进行清算，并将集体资产股权量化方案进行一次性分配，设置固定股和浮动股，对村内各户要求进行股权分配。"据了解，河底高村股改后新组织总称为"龙港镇河底高村股份经济合作社"，下辖龙华大酒店、新龙华大酒店、龙华农贸市场、客运南站、市场开发部等五大类企业，资产10多亿元。高福喜说："改制后，河底高村建立以资产为纽带、股东为成员的村股份经济合作社，实行独立核算、自负盈亏、自主经营、民主管理、按股分红。"据了解，河底高村的改革是温州村集体股权改革的典范。河底高村村集体经济总量一直稳居全龙港市经济强村之首。河底高村股改工作起步早、效率高，成果显著，对全省农村改革发展具有先试先行、探索引路的作用。

高福喜说："我是土生土长的本村人，从1993年26岁那一年参加村办企业龙华大酒店管理以来,快要 30 年了。1996 年,当上村干部。为河底高村奉献了美好的青春,对村里有很深厚的感情。我带领村两委借鉴各地发展村集体经济和村社治理的经验,因地制宜,推行村集体经济股份制改革、信息化管理、共商共建共享,弘扬中华民族传统文化,走出一条河底高模式的共富之路。""龙港市实施村改社区改革,河底高一村容二居,经过民主协商磨合,已经形成合力。村文化礼堂对全社区居民开放,共建邻里中心,社区书吧、社区用房向二居倾斜使用,村老人公寓允许转租给原二居老人,实行公共设施共享,重新组合成 8 个党支部,新建 1 个老年人党支部。全社区活动统一组织,信息统一发布,年终统一慰问 43 位老党员,融合文章做得很好,居民能安居乐业,很满意。""2021 年村改社区改革完成后,已经完成河底高社区换届选举'开门一件事'创建龙港市第一个智慧停车场,信息被《温州组工》发布;承接了省建设厅龙港市唯一试点河底高老旧小区改造加装电梯 26 座项目。"据了解,2021 年,高福喜本人也因出色的表现,被评为龙港市唯一的"温州市优秀党务工作者""温州市担当作为好书记"。

三、集体经济助推共同富裕发展的内在机理

河底高社区始终坚持以党建为统领,切实把党的政治优势、组织优势、治理优势转化为推动共同富裕的强大动能,以发展社区集体经济为基础,以未来社区建设为抓手,探索出了一条共同富裕的河底高模式。

(一)强化党建统领,织密"共同富裕"组织体系

1.发挥支部堡垒作用

龙港建镇前夕的 1984 年,河底高村的集体积累仅 5 万元,几个集体企业(民船小组、小五金厂、碾米厂、纺纱店)也都处于破产倒闭之列。龙港建镇后,由于城镇建设的需要,村里的部分耕地被征用。在对待土地征用费的处置上,村民与村干部、党支部的看法不尽一致。前者认为应分得到户,集体不提积累。他们说,村办企业效益差,成功率低,群众担心集体积累多了,容易被村支部挪用私分。村支部不同意这种做法,认为分解到户,不符合党的农村政策,更不符合发展集体经济的要求,是一种貌似顺应民意而实际对村民不负责任的短浅认识。至少应留部分资金,用于兴办企业,安排村民就业。只要我们以科学的态度,健全管理制度,企业是能够办好的。至于群众的想法,需要我们村干部去做思想工作。为此,河底高召开了多次的村干部会议和全体党员会议,讲解发展集体经济的必要性和可能性,把党员干部中的一些不同认识统一到党支部的认识上来。而后又相继召开了生产队长会议和群众代表会议,使党支部的认识得到了大多数群众的理解和支持。村党支部的凝聚力更强,村民对发展集体经济的认识更加深刻一致,对村党支部的工作更加支持。1991 年,河底高村被评为"县先进村",村党支部 1990 年、1991 年连续被评为"县先进党支部",1999 年获"温州市先进基层党组织",2003 年获"温州市巾帼文明示范岗",2009 年获"温州市农村基层党风廉政建设示范村",2013 年获"温州市文明村",2015 年获"苍南县先进基层党组织"。

2.构建四级运行体系

2020 年,新组建的河底高社区党委打破原有以地域来划分党支部的局限,优化组织设置,按照行业、领域、年龄等划分支部,建立了 2 个小区党支部和 1 个老年党支部。在此基础上,建立社区党

委、小区党支部、楼道党小组、党员中心户四级组织体系,实行"分级负责制",使党组织链条延伸至基层末梢。

3.组建全域党建联盟

与本市东城社区、农业银行龙港支行等党组织组建党建联盟,推动优势互补、资源整合、共建共享。如与农业银行龙港支行签订"银社党建结对共建"协议,获得3亿元意向性信用额度,助推党建引领下的"河底高金融自治社区"创建工作,每年能为社区集体节省200多万元利息,为社区居民提供4厘的低息贷款帮助居民创业。

(二)挖掘经济潜能,拓宽"共同富裕"发展体系

为了使村集体资产始终保持最大化,2017年以来,河底高村努力挖掘村集体经济潜能,采取有效措施,改善经营,尽力拓宽发展路子。

1.集体资产股改:从"连续下滑"到"持续增收"

一是龙华大酒店承包经营权公开招标。龙华大酒店2010年承包租金400多万元,由于经营不善,2017年下降至历史最低谷。2016年10月。该酒店结束了历时3年多的诉讼,收归村集体。2017年1月开始经由县农村产权服务中心将10年承包经营权公开招标。2018年租金上升至200.8万元,以后逐年递增,2022年持续增至226万元,2027年可望增至261万元。二是龙华农贸市场投租。2021年以来租金收入150万元,以后将逐年递增。三是启动建设龙港市培训大楼。按照《河底高社2021—2025年发展规划》安排的17个项目计划,将来还准备依托河底高未来社区建设,在龙港市五小靠近宫后路的空置低效地14亩,启动建设龙港市培训大楼(暂名)。预计该大楼建成投用,将带来数额可观的租金。

2.资金土地整合:把"闲杂地"变为"聚宝盆"

河底高智能停车场项目作为新社区班子的"开门一件事"领办项目,面临着建设资金短缺的问题,社区干部积极拓宽渠道,对接龙港市交通发展有限公司,以公司出资,社区供地的形式共同建设管理河底高智能停车场,按约定比例进行收益分配,原来的闲杂地变成了聚宝盆,每年能为集体经济增收35万元,并有效解决了周边居民停车难的问题。

3.推动居民就业:以"社富"带动"民富"

为了解决就业问题,社区党组织依托党建联盟和财富商圈优势,联动就业单位向社区居民推荐就业岗位,至2020年,累计帮助100多名低收入居民实现就业,带动居民共同富裕。出台优惠政策,鼓励社区居民自主创业,集体店面仓储对河底高村股民工商登记自行创业的,给予5%的店租优惠,至2020年,已有30多人享受优惠政策。

(三)厘清分配原则,明晰"共同富裕"共享体系

2014年5月,河底高村推出的集体资产股权量化分配制度改革是根据温州市委、市政府统筹城乡综合配套改革的目标,以理顺村级集体经济组织关系为基础,以创新村级集体资产管理体制主体及其成员的利益为核心,深化村级集体资产产权制度改革,建立起与社会和运行机制为重点,以明

晰和保障村级集体资产的社会主义市场经济接轨的产权清晰、权责明确、政企分开、管理科学的现代农村集体经济产权制度,实现资产所有股份化、收益分配股红化、股权流动规范化、监督约束法制化。

1.改革后经济组织的名称和性质

经济合作社资产股权量化分配制度改革后,河底高村建立以资产为纽带、股东为成员的新经济组织——苍南县龙港镇河底高村股份经济合作社。资产分为资源性资产、经营性资产、公益性资产三大类,合作社下辖龙华大酒店、新龙华大酒店、龙华农贸市场、客运南站、市场开发服务部等五大类企业,实行独立核算、自负盈亏、自主经营、民主管理、按股分红,业务上接受上级主管部门的指导和监督。

2.清查核实现有的集体资产

清产核资工作按照农业部、财政部《乡镇村集体经济组织清产核资办法》和农业部《农村集体资产清产核资资产所有权界定暂行办法》有关规定,依法确定原村经济合作集体所有的各种资产。清产核资结果在村务公开栏等地方公布,公开接受群众监督。本次集体资产股权量化方案为一次性分配,设置为固定股与浮动股相结合。遵循"依据法律、尊重历史、实事求是、公开合理"的原则,保障农村集体经济组织成员的合法权益。

3.股权设置、界定及管理

股权界定:股权分配截止日为 2014 年 6 月 30 日 24:00;本村出嫁女离婚现未再婚,户口迁回统计截止时间为 2013 年 12 月 31 日;2014 年 6 月 30 日 24:00 以前,死亡、出嫁不享受股权分配;2014年 7 月 1 日后新增人员不享受股权分配。集体资产股权量化后,由股份经济合作社向股东按各企业发放股权证书,作为享受股份经济合作社收益和今后集体资产整体处理分配的依据。股权证分为固定股权证(绿本)、浮动股权证(红本),绿本发放到社员手中,由社员自行保管固定股权证(绿本),管理实行"增人不增股、减人不减股"的静态管理,红本由村股份经济合作社统一保管,浮动股未被收回前享受与固定股同等待遇。村级集体资产以股权形式确定后,明确了每个村民的股权份额,极大地推进了集体资产的规范管理,从根本上保障了村集体经济组织合法权益,同时有力地促进了村集体经济的发展。实施过程中,在村民自愿的基础上,该村将股权设置为固定股和浮动股相结合。全村实行股改时涉及股东数 2522 人,按照"生不增,死不减"和允许股权转让的原则,目前维持原定的股东数。现有固定股 2579.7 股,浮动股 189.5 股,共计 2769.2 股。

4.收益分配原则

股份经济合作社在年终分配时应兼顾国家、合作社和股东的三者关系,编制财务决算、搞好收益分配。社员福利、医疗保险及救助、经营性支出均在收益分配前列支。合作社年终收益分配按提取 30%公益金和福利费以及股东红利分配 70%等方式,保障村里集体经济组织合法权益。村里给每一个 60 周岁以上老人每月失地补助 200 元,中秋节 500 元,重阳节 500 元,给每一个满 60、70、80、90、100 周岁的老人压岁钱分别为 600、700、800、900、1000 元补贴,依此类推。至 2018 年止,每人全年发补助费 1800 元。村民考上大、中专分别奖励 4600、3800 元。

河底高村的集体经济发展以后,有一部分公益金就用于公共设施建设和环境改造,大大提升社区居民的获得感、幸福感和安全感，颇受社区居民的认同。目前，全村 2500 多户籍人口中，60 周岁以上老人增加到 580 人。为了解决集中养老问题，2022 年农历正月十八，已经启动在消防队边 10 亩空地上建设居家养老中心，以满足日益增长的 60 岁以上老人集中居住的需求。

（四）强化纪律意识，筑牢"共同富裕"制度体系

好的政策需要人去贯彻，上级的支持需要人去争取，有利的条件需要人来利用。办好一个企业，办成一项事业，需要的是实干，而不是空谈。河底高村两委干部在党支部的带领下，团结一致，同心协力，办实事，创实业，工作兢兢业业，尽职尽责。做到年初有计划，年终能兑现，件件有落实。一年办哪几件事，由谁去办理，什么时间完成，都有具体的要求。在讲究实干的同时，河底高还注意各项制度的建立和健全工作。相继建立了决策民主制度（村里大的决策，主要负责人提出后，经全体干部讨论、修改通过，再交全体党员决定），村党员干部联系责任区制度，财务支出实行审批和账目公开制度，企业承包实行投标制度等，这些制度的建立，对防止工作的偏差，自觉接受群众监督，促进干部廉洁奉公起到了积极的作用。例如，为了让村级财务真正公开，河底高村深入推进村级财务公开制度，店面仓库租金等收支明细一清二楚，及时公开，确保村级财务管理不断规范化、合理化。又如，明确社区运行社区准入清单、盖章证明事项清单、主职干部履职清单、干部廉洁履职负面清单、小微权力清单和小微权力运行流程图，规范社区运行。

（五）创新服务方式，构建"共同富裕"动力体系

1. 开先河，举行换届承诺大会

2013 年 12 月 5 日，在村文化礼堂举行了隆重的村两委换届承诺大会。而后，社区（村）两委换届承诺大会成为本社区的传统项目。在承诺会上，新当选的村支委成员做了履职承诺，公开郑重承诺，表示将尽心尽责，为村民群众服务，并希望村民给予鞭策，为全村今后的发展鼓劲献策。参选的村委做了竞职承诺，接受村民的筛选。在新村两委当选后，就将承诺内容公布张贴，接受各方监督，全面兑现了自己的履职承诺。村两委于每年年底组织召开总结大会，就当年党务、村务工作做总结汇报，并对来年工作进行了部署。

2. 增渠道，方便村民问政监督

开通"幸福河底高"微信公众号，建立党员、村民代表微信群，村民微信群，及时发布信息，村民可通过微信群增加对村务的了解。同时开设民主质询会，就村民对村务有疑问事项，村两委组织相关单位、人员召开民主质询会，就存疑事项面对面质询。

3. 勇创新，创"八议两公开工作法"

村党支部认真贯彻落实党的路线、方针、政策，在基层党组织建设中与时俱进，开拓创新，深入推行"五议两公开"工作法，独创"八议两公开"工作法——村民、老人协会、知名人士（乡贤）建议，村党组织提议，村两委商议，党员大会审议，村民代表会议、全村户代表会议、村民会议决议，表决结果、实施情况公开。

4. 寻助力，发挥乡贤优势

积极寻求乡贤的亲缘、人缘、地缘优势，贴近群众，服务群众，激发群众主体作用，实现以"共谋、

共建、共管、共享"为目的，凝聚社会资源，提高农村社会组织化水平，增强农村的"自组织"能力，弘扬优秀传统文化促进社会管理，建立起以村党组织为核心、村民自治组织为基础、村级社会组织为补充、村民广泛参与的协同共治工作格局。

四、结束语

河底高社区的共同富裕探索成绩特别显著，名震浙江。当前，龙港市河底高社区紧紧围绕龙港市"大部制、扁平化、低成本、高效率"的改革要求，积极打造信息化、数字化服务理念，构建共商共建共治共享基层治理新格局。直面困难、奋力而为、勇往直前、主动担当，发挥"市管社区"优势建设"共同富裕"未来社区，走好"共富"之路。

参考文献：

[1] 黄宏，姚颖康，郁建兴.在共同富裕大道上快速奔跑[N].浙江日报，2022-01-17.

[2] 六和钟."共同富裕"怎么看、实现"共同富裕"怎样干：读懂权威文献[EB/OL].[2021-10-18]https://hbncshzl.hbut.edu.cn/info/1035/1220.htm.

[3] 佚名.河底高坚持基层党建统领实现共同富裕[EB/OL].[2022-02-22]http://www.wzdj.gov.cn/system/2021/09/17/105403281.shtml.

共同富裕视域下浙江省农村高质量发展路径研究

——以衢州市常山县"三塘村"为例

单祥杰

（中共衢州市委党校）

摘　要：共同富裕是社会主义的本质要求，是全体人民的共同期盼。乡村地区实现共同富裕是共同富裕的重点和难点，在探索乡村共同富裕的实践中，党建统领、产业提升、文化加持、基层治理既是共同富裕的要求，也是实现共富的重要抓手。衢州市常山县新昌乡"三塘村"近年来在探索共同富裕的道路上积累了一定的经验，基本达到了"产业兴旺、生态宜居、乡风文明、治理有效、生活富裕"的总体要求，总结提炼"三塘村"探索共同富裕的模式和经验具有重要的理论意义和现实意义。

关键词：共同富裕　内生路径　农村集体经济　头雁领飞

一、引言

2021 年 6 月，《中共中央　国务院关于支持浙江高质量发展建设共同富裕示范区的意见》发布，赋予浙江探索共同富裕示范区的历史使命。2021 年 7 月 19 日，浙江省委、省政府出台《浙江高质量发展建设共同富裕示范区实施方案（2021—2025 年）》。在此基础上，2021 年 8 月 22 日，衢州市委、市政府出台《衢州高质量发展建设四省边际共同富裕示范区的行动方案（2021—2025 年）》。纵观三份文件，对乡村地区实现共同富裕都格外重视。在完成全面建成小康社会的历史性使命后，实现共同富裕被党和政府提上正式议程。"小康不小康，关键看老乡。"实现共同富裕，难点和重点也都是在农村地区。通过部分代表性乡村的实践案例，分析总结实现共同富裕的探索路径，为其他地区提供样本经验，正受到学界越来越多的关注。共同富裕是乡村振兴的重要任务，共同富裕的内涵和乡村振兴的总体要求存在高度契合性，因此共同富裕视域是学者关注乡村振兴的重要角度，并在理论研究方面形成了诸多重要成果。

学界关于农村共同富裕的具体实践模式有较多研究成果。从领导力量看，学者们大多从党建统领的角度分析实现农村共同富裕的领导力量，在此基础上，部分学者特别强调乡贤的作用，出身乡村的乡贤天然上有聚合村民干事创业的优势（吴家虎，2018）。从乡村主导产业角度看，不少学者认为旅游业是实现乡村振兴的支柱产业，认为乡村旅游是"中国农民的第三次创业"，其重要地位和意义丝毫不亚于家庭联产承包责任制、乡镇集体企业（刘奇，2016；胡鞍钢等，2017）。从组织形式上看，学者们认为农村共同富裕实践中要发挥集体经济的作用，集体经济是统筹乡村振兴各类资源的好形式，当然，集体经济的具体实现形式应该多样化，股份制经营是其中的重要方式（张扬等，2018；

王娜等,2018)。本文要探讨的"三塘村"实践案例,也主要从党建、产业、组织、乡贤等方面介绍其做法和经验。

二、"三塘村"探索共同富裕的主要做法

"三塘村"是指常山县新昌乡黄塘村、郭塘村、达塘村,距离常山县城 20—30 公里,均属于传统意义上的偏远山村,三个村庄呈斜三角分布,村与村最远距离 10 公里。由于彼此临近,加之传统婚嫁、语言、习俗、生活方式相近,三个村庄存在地理和文化上的天然契合,这也为这三个村庄抱团发展提供了得天独厚的条件。近年来,"三塘村"立足实际,在头雁带领下,党建统领,产业提升,村民物质生活和精神生活都有了明显提升,探索出了一条极具特色的共同富裕之路,"三塘村"也成了远近闻名的"明星村"。

(一)党建统领,把稳正确发展方向

"三塘村"建立党建联盟,师徒结对、支部接亲、产业结合,以党建为统领,统筹三个村资源。黄塘村、达塘村、郭塘村的党支部书记、村委会主任均为"一肩挑",都是由外出经商取得优秀成绩的乡贤回归出任。黄塘村最早探索出了"黄塘模式",黄塘村支部书记与达塘村支部书记,结成师徒,手把手传授治村、产业布局等经验,短短三年时间,达塘村实现大变样。达塘村支部书记与郭塘村支部书记结对,传授达塘成功经验,通过师徒结对,亲身示范治村理念,确保传授过程不走样、不变味。为破解资源短缺发展难的困局,"三塘村"支部结亲,在党建联盟内,建立重要事项会商机制,全面推行"一村一策、一事一议",集中汇报重要事项,集中组织开展活动,三个村庄两委共同学习、共同商讨、共同破难、共同提升,形成了"有事大家办、有难大家扛"的互帮互助氛围,实现资源互补,优势互享。在党建联盟指引下,"三塘村"优化产业链条,挖掘整合各村差异化资源,不断探索股份化、协作化、多元化利益共享机制,真正实现"1+1+1>3"。

(二)产业提升,筑牢共同富裕基础

要实现共同富裕,必须要提升产业竞争力。"三塘村"把发展全域旅游作为重点工作来抓,经过几年的努力,已建成黄塘国家 3A 级景区和达塘、郭塘两个 3A 村,全域旅游已成为"三塘村"的主要产业。在旅游业发展的同时,各村还积极培育优势产业,如黄塘村有上百年的油茶种植历史,山茶油是黄塘村民的重要收入来源,因此黄塘村两委就把培育高品质油茶树、提升油茶籽产量作为重点,发展油茶产业;达塘村经过认真考察评估,把种植优质冷水茭白作为重点产业,统筹全村土地、人力等资源,聘请专家指导茭白种植,大力发展茭白全产业链,同时打造"早上好"村支部书记研学基地,面向全国办班,增加村集体收入。郭塘村则主打"爱情牌",流转全村土地,种植优质品种的月季,打造"花海",建设"爱情公园"。"三塘村"通过产业提升,三村组合发展,形成"景区+花海+研学"发展模式,不但解决了村民就近就业,也让村集体收入连年增加。据不完全统计,2021 年全年,"三塘村"共接待游客、学员 5 万余人次,实现村集体增收 300 余万元。

(三)文化加持,提升共同富裕动力

实现共同富裕,不仅是物质富足,还要有精神富足。"三塘村"组织村民及时收看、收听各级党

委、政府的重要会议、重要文件，并邀请专家解读，及时做好政策解答，确保村两委和村民始终同频共振。"三塘村"修订村规乡约，重视以德化人，倡导村民爱党、爱国、爱村、爱家，举办油茶文化节、月季文化节、"早上好"精神读书班等，凝聚全体村民辛勤劳动的精气神。几年来，随着村民钱袋子鼓起来后，村民对文化、精神的渴求与日俱增。"三塘村"充分利用村民议事会、村民文化礼堂、村情晚茶馆等媒介，广泛宣传党的路线、方针、政策，各村村支部书记每日村内"打卡"，了解村民文化需求，并第一时间落地实施。

（四）治理变革，打造共建共享新格局

乡村振兴的总体要求之一是"治理有效"，共同富裕也要求基层形成公职共建共享的新格局。"三塘村"在探索基层治理这方面同样迈出了坚实的步伐。支部联系党员，党员联系群众，每位党员都认领若干户家庭，实行"大包干"，村民遇到疑难问题，首先找联系的党员反映。村规乡约订立后，"三塘村"两委重视以德治村，设立"红黑榜"，及时通报村里的好人好事，也对不文明现象及时提出批评，提醒注意改正。村民议事会发挥重要职能，民主选举、民主决策、民主管理、民主监督，对全村重要事项实行"一事一议"，充分保障村民的知情权、参与权、决策权。通过村委村民集体决策，齐抓共管，"三塘村"整体达到了乡风文明、治理有效的基本要求。

"三塘村"探索共同富裕的路径可以用下图来表示。

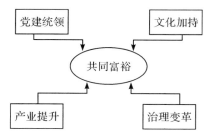

图1　党建、产业、文化、社会治理"四轮"驱动促进共同富裕

三、"三塘村"探索共同富裕的经验总结

（一）坚持一体化发展

在党建联盟引领下，"三塘村"按照一体化发展思路提升产业链，优势互补，互利共赢。"三塘村"在重要事项决定时，三村紧密合作，共同谋划，寻找做大做强集体经济的"最大公约数"。经过几年的发展，三村一体化发展趋势越来越明显，"三塘村"开发的"景区＋花海＋研学"组合发展模式就是个典型例子：游客在黄塘景区游玩后，在达塘村实现研学、食宿，而来达塘的游客多半会到距离达塘3公里远的郭塘村，赏月季花，游"爱情公园"。三个村庄共同开发土特产品，实行统一设计、统一包装，游客在"三塘村"可以实现景区游览、研学体验、吃饭住宿、休闲购物"一条龙"服务。

（二）坚持股份化经营

"三塘村"在探索共同富裕的进程中，始终坚持发挥集体经济的作用。三个村都建立了景区开

发有限公司,坚持股份制经营,把村集体经济的形式固定为股份制,一切按照市场经济的模式和规律发展壮大集体经济,村民以土地、劳动力、资金、技术等要素入股,折合为股金,村民变为股民,年终分红,有效避免了"搭便车"现象,而且村民对股份制经营方式比较认可,从根本上保证了集体经济长久发展的动力。

(三)坚持自主化发展

村民是共同富裕的主体,既是共同富裕实施的主体,也是共同富裕成果共享的主体。"三塘村"两委积极调动全体村民积极性,通过村民会议、乡村振兴大讲堂等形式,向村民传输共同富裕需要村民共同参与的重要性和必要性。在"三塘村",村民议事会发挥着重要作用,村级事务及时对村民公开,重要事项的决策必须征求村民意见,村民有了主人翁的意识,在行动上自然体现为"要我做"转变为"我要做",村民参与村庄建设和管理的主观能动性明显提升,村集体经济结余用于全村公共设施建设,用于全村民生事业,充分体现了共建共治共享的特点。

(四)坚持"头雁"领飞发展

"三塘村"党支部书记、村主任"一肩挑",都是在外取得较好发展业绩的村民返乡担任,这一类群体官方称为"新乡贤",村民亲切地称为"头雁"。"头雁"具备一定的经济实力、社会地位,内心有回馈家乡的朴素愿望,与乡土具有千丝万缕的联系。由"头雁"出任乡村负责人,带领村民探索共同富裕,能很好地发挥这类群体资金、项目、人脉等方面的优势,同时他们在乡村文化的继承、基层治理上也有天然优势,"三塘村"正是在三位"头雁"的带领下,实现了村庄产业提升、治理有效、生活富裕。

四、"三塘村"探索共同富裕的价值意蕴

(一)"三塘村"探索出了一条乡村振兴的内生发展路径,其主体是村民

随着全民小康社会的建成,乡村振兴成为社会各界关注的焦点,针对乡村振兴的具体实施路径,尽管学界多有争论,但总体上可以分为两种:外生发展路径和内生发展路径。第一种路径强调行政力量的政策扶持,强调政府政策、项目、资金等各类外部资源投入的重要性,在某种意义上是一种自上而下的发展路径。第二种路径强调乡村振兴主体的参与,强调乡村振兴是乡村的振兴,必须要有最广大村民的参与,是一种自下而上的发展路径。显然,"三塘村"的发展模式和成绩,证明只有坚持共建共治共享的自我发展,充分挖掘、统筹资源,发挥基层党组织和村民的积极性和创造性,才能有效促进乡村振兴。

(二)"三塘村"的探索充分证明了邓小平"第二次飞跃"理论的正确性和科学性

在 20 世纪 90 年代,邓小平同志提出了"第二次飞跃"论。他指出,"适应科学种田和生产社会

化的需要，发展适度规模经营，发展集体经济，这是又一个很大的前进"①，邓小平"第二次飞跃"尤其强调发展集体经济，只有坚持一定的规模经营，才可能实现农业现代化，他特别指出，"农村经济最终还是要实现集体化和集约化……，仅靠双手劳动，仅是一家一户的耕作，不向集体化集约化经济发展，农业现代化的实现是不可能的……"②，"三塘村"在探索共同富裕的道路上，不仅没有放弃集体经济，反而赋予集体经济更重要的任务和使命，赋予集体经济更符合时代特征的组织形式和发展方式，如实行股份制经营，村民按自身拥有和支配的要素入股。"三塘村"集体经济呈现出来的市场活力和发展成绩，充分证明了邓小平"第二次飞跃"理论的正确性和科学性。

（三）"三塘村"在探索共同富裕的同时，也是建构社会资本的过程

社会学中有"社会资本"的概念，它是指社会主体（包括个人、群体、社会甚至国家）间紧密联系的状态及其特征，其表现形式有社会网络、规范、信任、权威、行动的共识以及社会道德等方面。按照社会学家的理解，社会资本有宏观、中观、微观之分。举例说，筑牢中华民族共同体意识是全体中华儿女的社会资本，而从微观上讲，"三塘村"村民自觉维护村规乡约，以实际行动投入实践共同富裕的进程中去，以自己身为"三塘村"人而自豪，这也是构建社会资本。如同文化一样，"三塘村"探索共同富裕道路的过程，也是构建社会资本并不断发挥其作用的过程。

（四）"三塘村"的探索提供了一个可复制推广的经验

共同富裕是人民的共同期盼，党中央、国务院选择浙江作为建设共同富裕示范区，就是要求浙江为全国实现共同富裕先行先试，提供省域经验。同样，衢州致力于打造四省边际共同富裕示范区，就是要把好经验好做法提炼出来，供兄弟地区参考借鉴，"三塘村"的实践，从党建、产业、文化、社会治理等方面提供了一个可学习可借鉴的好做法，这个经验肯定不是放之四海而皆准，至少能为其他地区探索共同富裕提供道路和模式上的参考，这也是"三塘村"探索的最大意义所在。

五、结语

共同富裕是社会主义的本质要求。在探索共同富裕的进程中，各区域因为禀赋资源不同，必定会呈现出不同的特点并形成不同的模式，对这些模式认真分析总结，将地方经验升华为理论，不只是对共同富裕理论的发展，更重要的是提供了各种可能的道路供不同地区参考。衢州市常山县"三塘村"基于党建统领，在头雁引领下，走出了一条产业兴旺、治理有效的共同富裕之路。这条道路重在激发农民这一实现农村共同富裕主体的积极性，着重在发展农村集体经济上发力。尽管"三塘村"的发展路径尚未形成一定的模式，但在浙江省探索共同富裕示范区建设的实践中，"三塘村"的探索，尤其是农村集体经济组织创新、文旅融合创新及基层治理创新，具有重要的理论和现实意义。

---

① 《邓小平文选（第 3 卷）》，人民出版社 1993 年版，第 355 页。

② 《邓小平年谱：1975—1997》，中央文献出版社 2004 年版，第 1349—1350 页。

参考文献：

[1] 吴家虎.内生权威融入式治理:体制型乡贤治村的时代价值与完善路径[J].社会科学家,2018(4):57-63.

[2] 刘奇.乡村旅游:中国农民的第三次创业[J].中国发展观察,2016(4):43-46.

[3] 胡鞍钢,王蔚.乡村旅游:从农业到服务业的跨越之路[J].理论探索,2017(4):21-27.

[4] 张扬,程恩富.壮大集体经济、实施乡村振兴战略的原则与路径:从邓小平"第二次飞跃"论到习近平"统"的思想[J].现代哲学,2018(1):49-56.

[5] 王娜,胡联.新时代农村集体经济的内在价值思考[J].当代经济研究,2018(10):67-72.

[6] 陈全功.农村集体经济发展壮大的条件析论:基于全国榜样名村案例的总结[J].理论导刊,2018(11):59-64.

[7] 王耀德,马玲兵.新时代农村集体经济"第二次飞跃"的价值意蕴和实践路径[J].南昌大学学报(人文社会科学版),2021(8):39-50.

[8] 李瑞军,董晓辉.新时代共同富裕的深刻内涵和实现路径:回顾与展望[J].晋阳学刊,2021(1):13-20.

数字技术驱动社会共治的机制研究

——以杭州市拱墅区"城市眼·云共治"为例

周漫远　傅兴龙　管哲豪　朱美玲

（浙江工商大学）

摘　要:如何恰当使用数字技术驱动社会共治,是城市基层治理的核心问题。本文以杭州市拱墅区"城市眼·云共治"为例,研究数字技术驱动社会共治的机制。研究发现,恰当使用技术搭建数字平台,构建社会共治体系,运用社会机制执行行政任务,能够提升社会内生能力,让基层足够智慧。未来的治理需要避免过度使用技术,恰当运用数字技术让社会机制运行起来,推动基层再组织化,持续提升社会内生能力,让基层从治理的"末梢"转变为"前哨"。

关键词:数字技术　社会共治　要素禀赋结构

一、问题的提出

党的十九大提出"现代社会治理格局基本形成,社会充满活力又和谐有序"的目标,明确指出"共建共治共享"的社会治理创新方向。"十四五"规划纲要指出"要以数字化助推城乡发展和治理模式创新"。近年来,虽然各地纷纷探索将数字技术和数字平台运用到基层社会治理中。然而,过度强调数字技术和数字平台的短期效用,忽视社会机制,尤其是忽视社会共治的长期效应,不仅不能破解基层治理的老问题新情况,而且会进一步恶化治理难题。实际上,数字时代城市基层治理的关键是运用数字技术驱动社会共治。那么,在城市基层治理中,数字技术扮演何种角色? 数字技术如何驱动社会共治?

近年来,城市社会治理的既有研究呈现出三个趋向:一是行政化趋向,福山认为治理就是政府制定或执行规则、提供服务的能力,[1]尤其是政府通过强化监管和行政执法积极响应社会诉求,有效提升治理效能。二是技术化趋向,有学者认为,由信息通信技术(ICTs)、脚本、参数、编码、人工智能、数字平台等组建的新型数字基础设施,能够通过数字共享,[2]实现部门、权责与事项的精准匹配,促进部门之间的协同,在一定程度上克服治理碎片化问题,提高行政效率。[3]三是社会化趋向,有观点认为,社会内生能力是促进社会共治的关键,社会治理虽然离不开公共部门的作用,但核心是让社会机制运行起来,重建治理共同体,[4]形成良性的社会治理生态。

既有的三种观点均强调了多元治理主体在城市社会治理中的积极作用,尤其是强调社会共治的作用。那么,如何将多个分散的治理主体和资源整合起来,推动合作共治? 数字技术和数字平台在其中扮演着"桥梁"的角色,发挥着催化作用,既能够为政府赋权,又能为社会赋能。就政府侧看,数字时代的公共行政不仅需要跨越职能部门之间的边界,而且需要跨越政府与社会之间的边界。因而数字技术的运用并不只是为了提高效率,也需要破解信息要素流通难等问题,减少信息壁垒和信息孤岛,让不同主体、不同部门能够协同发挥作用。与技术赋能驱动跨部门协同的逻辑不同,数字技术驱动社会共治不仅为公众参与社会治理建立新的渠道,[5] 而且恰当运用技术激活社会机制;运用数字技术不是取代社会机制,而是为社会赋能,[6] 推动社会治理要素禀赋结构的升级,提升社会内生能力。作为生产要素之一,数字技术驱动社会治理必须符合新古典经济学的这一假设,即发展战略的升级需要要素禀赋结构升级的支撑。数字技术驱动社会共治的基础是推动社会治理要素禀赋结构的升级,提高社会内生能力。

本文以杭州市拱墅区小河街道的"城市眼·云共治"为例,研究数字技术驱动社会共治的机制。2018 年杭州市拱墅区"城市眼·云共治"1.0 版本正式上线,聚焦城市运行的堵点、痛点,致力提升治理效能。同时,"城市眼·云共治"持续迭代,建立一体化城市运行指挥中枢,运用数字技术助力"红茶议事会""小河网驿"等社会共治,不断推动城市治理模式的变革,这一探索为思考数字技术赋能城市基层治理、构建共建共治共享社会新局面提供了新思路。

二、数字技术、社会机制与内生能力

数字技术的进步是科技创新的突出表现,也是社会发展的重要驱动力。绩效逻辑和治理逻辑是数字技术驱动治理的两种基本逻辑。与基于经济效益、生产效益和优选优化的绩效逻辑不同,治理逻辑除了强调政府的主导作用,还侧重社会生活的复杂性、治理主体的多样性、社会机制的并存共生,以及由此构成的治理创新生态。在新古典经济学看来,单一要素禀赋的升级并不足以支撑起发展战略的升级,只有要素禀赋结构的整体升级,发展战略才能升级。[7] 因此,数字技术驱动社会共治机制并不是以牺牲社会价值为代价来提高经济绩效,而是尊重和向各类治理主体赋能,营造公共空间,激活社会机制和公共生活的活力,增进共同体的责任感,提高社会内生能力。

数据和数字技术是社会要素禀赋结构的重要组成部分。与土地、资金、人口相比,数据和数字技术具有不因重复使用而导致边际收益递减的特征,通过正向反馈机制能够实现收益递增,促进创新发展和内生发展。[8] 对城市社会治理而言,数据和数字技术在要素结构禀赋优化升级的过程中扮演着越来越重要的角色,数据和技术不仅提高城市运行的效率,而且正在重塑城市的生产生活方式、社会运行机制以及城市治理的体制机制。需要指出的是,数字技术和城市治理之间并非单向度的赋能关系,数据和数字技术需要来自治理体制机制和社会道德的支持,为数据和数字技术赋予价值观。[9]

从社会的视角看,数字技术既是外部驱动力,也是社会稳定的"安全阀"。5G、大数据、互联网等信息技术为社会共治的形成提供强大驱动力,技术的赋能能够让传统社会治理机制更好地运行起来,让更多民众和组织能够参与社会治理,推动社会内生发展。近年来,各地纷纷搭建数字平台,从横向和纵向整合各类治理主体和资源,从治理端和服务端为社会共治提供技术保障,保证良好的社会运行机制的稳定性。由此可见,在城市治理中,数字技术正在全方位、多维度地深入渗透到社会治理的各个环节各个领域。

在社会共治的过程中,数字技术在表达治理体制机制的基础上,不断激活与重塑社会公共空间和社会机制,提升社会内生能力。数字技术发挥作用的过程是社会的和政治的过程,这个过程表达和再生产社会机制,[10]为社会赋能。同时,数字技术发挥作用的过程,还是重塑社会机制的过程,推动形成创新生态和良性治理。创新生态和良性治理是治理创新和社会内生能力的源泉。技术为社会创新提供了条件,让社会机制发挥基础性作用,自下而上地更好消解转型发展中的社会问题,减少对政府及技术手段的过度依赖。但降低依赖并不意味着完全脱离政府的监管,数字技术驱动的社会共治依然需要发挥政府的作用,只是解决问题的顺序从此前的"政府靠前"变为了"社会靠前"。

三、技术驱动社会共治:杭州市拱墅区的探索

为应对社会治理中普遍存在居民参与少、社会内生能力不足,基层社会问题量大面广、人手不足,以及应用场景零散、信息孤岛、一体决策指挥难以实现等难题,打造政府与社会共治的高效协同的治理机制,2018 年以来,杭州市拱墅区以监测与共治为切入口,搭建"城市眼·云共治"平台,重塑基层治理体系,综合提升基层治理能力。

(一)搭建"城市眼·云共治"平台

杭州市拱墅区"城市眼·云共治"平台,以"城市眼"——监控探头为感知前端,通过平台"云"计算,进行行为、物体识别及大数据分析,实现多方共建共治的目的,构建了"前端动态感知+中端智能分析+末端多元共治"的城市治理新模式。

1. 搭建平台架构

"城市眼·云共治"平台综合集成全量感知设备、指挥处置平台,运用大数据、云边计算、人工智能等技术,全面融通城市治理业务流、数据流、技术流,构建"1+3+N"的总体架构。"1"即"城市眼·云共治"总门户,通过"小河网驿"可视化大屏,一屏展示区域运行态势核心业务数据。"3"即前端感知、事件处置、决策评估三大模块,实现城市治理全链条闭环管理。"N"即针对区域特有的城市治理痛点、难点,开发 N 个小切口子场景应用,包括渣土统管、云上坦途、道路积水等具有拱墅特色的场景。

2. 建立数字治理体系

小河街道"城市眼·云共治"平台以体制改革设定的机构为框架,设立党建统领、区域发展、社情民意、公共管理、公共服务、平安建设六大模块共 42 个应用场景,如公共管理模块主要包含对出店经营、沿街晾晒、非机动车违停等行为的治理,其主要依据"城市眼·云共治"平台的前端探头监测与 AI 云端计算识别,实现事件的处理与反馈。在小河街道试点的基础上,监控点位由 133 路拓展至 1500 路,新增 30 台人工智能服务器,新增河道漂浮物、树木倒伏、犬类管理三项管理场景,识别准确率达 93% 以上。

3. 开发应用场景

拱墅区在原有城市管理八个功能场景的基础上,在小河街道试点拓展"围墙内"的新八大应用场景,包括小区人员出入管理、小区电梯安全、场所安全用电、独居老人服务、保健品会销监管的安

全类场景,以及小区环境卫生管理、孝心车位管理服务类应用场景。这些场景的开发主要有三个维度:一是老数据新场景,在原有资源和数据的基础上,优化算法,探索治理新应用场景;二是新数据新场景,打通接入各条线业务系统数据,结合条线业务逻辑,搭建新应用场景,提升治理能力;三是新设备新场景,通过采用物联网智能盒等新产品,减少数据汇聚瓶颈,探索数据归集新路径,构建创新应用场景。这些场景的开发为居民提供了公共安全与民生服务。

需要指出,"城市眼·云共治"平台是城市治理的探索性治理模式,这是数字技术与治理体制机制协同增效的过程,即通过探头感知、大数据计算、群众的参与与自我纠正,以及线下线上协同,实现多方主体合作共治。

(二)构建社会共治体系

共建共治共享是治理现代化的基本特征。在城市治理中,数字技术向各类治理主体赋权,协调各类治理主体的行动。在拱墅区,在"城市眼·云共治"平台上,基层党组织发挥引领和全域统筹的作用,推动"红茶议事会"和行业联盟等自治组织积极开展工作。

1. 党建引领,全域统筹

党的领导是社会治理的根本保障,作为社会治理的直接领导者,发挥着全域统筹与整合作用。拱墅区小河街道发挥党建引领作用,构建以党建为中心的全域统筹体系。组建以街道为单位的共治团队 10 个,以社区为单位的基层共治微信群 102 个,组成社区、商家、业委会、物业和执法单位共治微网格,形成相互制约、监督的公开透明的共治环境。发挥引领作用,打造党组织领导下的"红茶议事会"共治协商模式,充分调动基层居民力量,整合全域力量。

2. 构建"红茶议事会"的协商共治模式

"红茶议事会"以"红色引领、以茶叙事、共商民生"为核心,引入科学议事规则,通过优化协商议事流程,推动共识的达成和议事结果的应用,让居民参与基层公共事务的决策过程,高效回应居民诉求。在"红茶议事会"中,"城市眼·云共治·小河网驿"平台汇聚了居民信箱、网络舆情、信访等多个渠道的数据,将议题从"拍脑袋想想"变成"大数据关键词"。此外,推动议题的结果通过"转化、落地、评估、反馈"四个环节,转化运用。依托数字技术,后台勾勒参会人员画像,自动汇聚成能力值、参与值等数据,建立起"红茶议员"库,让"合适的人开适合的会",实现社会力量的再组织,推进多元主体精准参与城市基层治理。

3. 发挥行业联盟的自我规范作用

行业联盟是行业自治的重要方式。它以建立行业共识、共同维护行业利益为目的,以联盟形式实现行业的自我规范与约束,从源头预防和解决问题。拱墅区东新街道通过信用指标、联盟监督等,为各行业市场主体提供共建共治的渠道。如"酒吧联盟"为辖区内酒吧推出两个"码"——顾客码与企业码,顾客可以扫码在线投诉,投诉事项先由酒吧行业联盟现场调解顾客与商家的纠纷,行业联盟无法调节的纠纷再转到街道矛盾调解中心,由联盟靠前的调解方式,分流了社会矛盾,极大地减轻了基层政府的压力。行业联盟已成为街区治理中的一支重要的自治力量,承担起越来越多的社会功能。

(三)建立行政任务的社会执行机制

在城市治理中,政府发挥着至关重要的作用。然而,完全的行政并不能从源头上避免和解决城市治理的难题,建立以社会组织、企业、居民等为主的社会机制,运用社会机制执行行政任务,发挥社会机制的基础性作用,激活社会内生动力,消解社会问题,减少对行政手段的过度使用。

1.社会化先于行政化

在传统意义上,基层是社会治理的"末梢",突出表现为政府以行政手段解决社会问题,行政手段难以解决的问题再转到社会渠道来解决。数字技术驱动的社会共治强调社会机制先于行政管理,即让基层治理从"末梢"变为"前哨",社会机制预先消解基层治理中的问题,社会机制消解不了的问题,再转到行政和法治体系。"城市眼·云共治"平台、"行业联盟"自治机制发挥社会机制的"前哨"作用,强调社会机制先行。"城市眼·云共治"与社区"微网络"相结合,将前端感知信息同步到"微网格"的共治微信群,告知商家、居民等社会主体,激励多元主体参与基层共治。

2.数字平台将社会机制与行政机制衔接起来

在浙江,基层治理四平台既是政府任务交办、流转和管理的平台,也是社会参与的共治平台。为有效衔接社会机制与行政管理,拱墅区东新街道从三个方面持续优化基层治理四平台:一是做强做优基层治理四平台,将基层治理四平台打造成一个集网格采集、群众反馈、平台共享等多来源数据归集的综合性治理平台;二是搭建共治架构,组织街道科室人员实体化入驻基层治理四平台,实现指挥体系实体运作;三是壮大共治队伍,将街道综合执法队与社会共治力量结合起来,开展线上线下执法、监管相结合,做到"综合查一次"。

(四)社会内生能力

社会内生能力是技术创新和制度创新的强劲动力。拱墅区小河街道"城市眼·云共治"平台依托技术前端感知,不断优化数字平台功能,将群众、社区组织等共治主体整合为治理共同体,推动共治主体全过程、多维度参与社会治理。同时,技术赋能,提升社会内生能力,让社会分担政府管理的压力,以更灵活、更有弹性的方式解决老问题、回应新需求,让数字技术驱动社会共治成为一种良性的治理生态。

1.社会力量的再组织

组织化是基于一致性目标将社会中的个体或者群体及其资源的组织、重构和再组织,推动社会治理要素禀赋结构的升级。数字技术是驱动重构的重要方式。在"城市眼·云共治"平台上,基层党组织发挥领导者和组织者的作用,以党建引领为核心,以居民、商家等为主体,以微网络、"红茶议事会"、行业联盟等为主要载体,从多元主体、多个维度、多种形式优化基层共治体系,调动更多居民、社会组织参与社会治理的积极性,推动社会治理要素禀赋结构的升级。

2.激活社会活力,提高社会韧性

社会治理绝不是封闭管理,而是开放包容的治理,在发展和开放中解决城市治理的问题、回应社会诉求。流动性是城市治理的基本特征,如何将流动的个人和组织纳入城市治理中,激活社会活

力提升社会韧性,是城市基层治理的核心问题。拱墅区的"城市眼·云共治"平台为流动的个人、居民和社会组织搭建了合作互动、共建共治的平台,依托社区各类活动,提升城市居民的认同感、归属感和责任感。同时,社会多元共治能够有效整合各类治理力量。以"红茶议事会"为代表的社会共治机制,通过大数据、云计算精准捕捉社会问题,搭建居民、商家、物业等主体与政府沟通的桥梁,畅通反馈和回应的渠道,整合多方资源协同增效,有效提升了社会治理的整体能力。

3.构建集体身份认同

身份认同问题是城市基层社会治理绕不开的问题。在《孤独的城市》一书中,奥利维亚·莱恩指出:在城市熙熙攘攘的人流中,心却是孤独的,孤独是个人的体验,也是群体的困境。科技能否在这些事情上为我们提供帮助,它让我们更靠近彼此,还是将我们禁锢在屏幕背后的牢笼之中?[11]数字技术驱动的社会共治不仅为群体构建集体身份提供了可能,也为城市中流动的个体提供了生活的意义。拱墅区的"城市眼·云共治"平台为城市流动的陌生人搭建了公共空间,使他们在保持距离和保留隐私的基础上进行有限接触并形成疏松的社会韧性,街道、社区开展的线上线下的各类活动,增强了居民之间的互动,在互动中构建社会身份,促进社会韧性生产,推动居民从私人领域转向公共领域,学习市民应有的社会角色、责任与义务。[12]

四、重新审视数字技术驱动社会共治机制

杭州市拱墅区小河街道"城市眼·云共治"的实践表明,数字技术驱动社会共治应当平衡好数字技术与社会机制之间的关系,避免过度使用数字技术,应当恰当运用数字技术推动要素禀赋结构的升级,重组基层治理力量,提高社会自身应对风险的免疫力,不断提升社会内生能力。

(一)让社会机制运行起来,成为治理的"前哨"

社会治理与政府管理之间是互补而非替代的关系。在城市社会治理中,社会治理不是脱离行政化,也不是完全依赖数字技术,而应当运用数字技术为社会机制赋能,让社会机制运行起来。单一的数字技术只能够在短时间内提供强有力的外部驱动力,行政的持续介入容易造成社会对政府的过度依赖,降低社会自身解决问题和抵御风险的能力。杭州市拱墅区"城市眼·云共治"在形成社会良性治理的过程中,一方面数字技术为社会赋能,让社会承担起应有的社会功能,激活社会活力;另一方面也由"技术本位"走向"机制本位",从数字平台指挥中枢搭建到平台运行维护,数字技术推动基层治理生态的生成。因此,运用互联网、大数据、人工智能等数字技术向社会赋能,将社会组织起来,让社会机制真正活跃起来,成为治理的"前哨",这是我国城市社会治理的一个重要方向。

(二)数字技术的恰当应用

尽管数字技术在城市社会治理中扮演着重要的角色,但是,这并不意味着数字技术是万能的。对城市治理而言,恰当的技术应用远比技术的过度使用,甚至滥用更为重要。拱墅区"城市眼·云共治"的个案表明,技术被恰当地用于激活社会共治机制,为社会治理主体提供参与的机会和渠道,构建社会共治的良性生态。数字技术并未取代社会治理,而是服务于城市基层社会治理主体,使之成为社会治理的主体,让基层社会更加智慧。

实际上，数字技术的恰当使用源于技术自身的限度。对社会治理而言，数字技术的效应往往是短期的，具有短期效用的数字技术过度使用，不仅不能带来城市的治理，反而会取代、破坏社会内生机制，带来社会治理的风险与灾难。[13]本质上，基层社会治理是在人与人的互动中构建陌生人的公共空间，更值得考虑的是恰当运用技术促成新的社会治理机制的生成和让既有的社会机制更好发挥作用。

（三）基层再组织化和基层治理创新的升级

数字时代，地区发展战略的升级，要求推动资源禀赋结构的升级。而资源禀赋结构的升级主要通过技术创新和制度创新来实现。[14]在推动社会共治的发展过程中，拱墅区持续迭代推出了"城市眼·云共治"及"城市眼·云共治·小河网驿"三个不同版本，历经三个不同阶段，"城市眼·云共治"的管理模式从纯物联设备的介入到尝试技术驱动治理变革，实现了从"围墙外"向"围墙内"的延伸，治理功能也从城市管理逐步转向了社会治理，尤其是"红茶议事会"等，让来自城市监控探头发现的问题，通过线下社会共治得到有效解决和预防。需要指出，数字平台与基层社会治理的同步迭代升级，推动了城市治理要素禀赋结构的升级，为新一轮基层治理创新奠定了基础，让城市基层治理更智慧。

（四）持续提升社会内生能力

社会内生能力的提升并非仅仅依靠基层社会，并非不借助任何外力。其中，以适度的行政化为切入，以数字技术的恰当应用为突破口，能够有效提升社会内生能力。"城市眼·云共治"的个案研究表明，在数字技术驱动社会共治中，政府和科技公司介入，运用数字技术驱动社会共治，不仅破解城市治理的难题，而且潜在地增进了社会治理主体的责任感和集体身份认同。

实际上，作为一个包含多要素和多主体的有机治理生态体系，城市是不同要素有机结合的整体。欲维持城市秩序、激发城市活力，最重要的依然是激活社会共治机制，提升社会的内生能力。社会共治要求实现从以强行政为特征的预防性政府向以社会共治为特征的免疫性社会转变。数字技术与社会机制的深度融合是实现这一转变的中介。激活社会共治机制，提升社会内生能力的手段和方式是多样的，数字技术是其中一种方式。数字技术驱动社会共治机制，提升社会内生能力，社会机制才能从社会治理的"末梢"转为社会治理的"前哨"，社会才能够形成强有力的免疫系统，形成社会风险的自我防御和应对机制。

参考文献：

[1] FUKUYAMA, F. What Is Governance[J]. Governance,2013,26(3):347-368.

[2] LOM M, PRIBYL O. Smart city model based on systems theory[J]. International Journal of Information Management,2021(56):102092.

[3] MATHEUS R, JANSSEN M, JANOWSKI T. Design principles for creating digital transparency in government [J]. Government Information Quarterly,2021,38(1):101550.

[4] 丁元竹.在乡村振兴中重建社区治理共同体[J].行政管理改革,2022(2):26-35.

[5] 沈永东,毕荟蓉.数字治理平台提升政社共治有效性的多元机制:以"社会治理云"与"微嘉园"为研究对象[J].经济社会体制比较,2021(6):113-121.

[6] 克劳斯·施瓦布,尼古拉斯·戴维斯.第四次工业革命(实践版)[M].世界经济论坛北京代表处,译.北京:中信出版社,2018:51-52.

[7] 林毅夫.新结构经济学:反思经济发展与政策的理论框架[M].苏剑,译.北京:北京大学出版社,2014.

[8] Arthur, W. B. Complexity and the Economy[M]. Oxford: Oxford University Press,2015:70.

[9] 克劳斯·施瓦布,尼古拉斯·戴维斯.第四次工业革命(实践版)[M].世界经济论坛北京代表处,译.北京:中信出版社,2018:41.

[10] 张丙宣,任哲.数字技术驱动的乡村治理[J].广西师范大学学报(哲学社会科学版),2020(2):62-72.

[11] 本·格林.足够智慧的城市:恰当技术与城市未来[M].李丽梅,译.上海:上海交通大学出版社,2020.

[12] 奥利维亚·莱恩.孤独的城市[M].杨懿晶,译.北京:北京联合出版公司,2017:2-3.

[13] 张丙宣.赋权、约束与身份构建:新时代城市微治理的逻辑[J].云南社会科学,2019(5):86-93.

[14] 张丙宣,华逸婕.激励结构、内生能力与乡村振兴[J].浙江社会科学,2018(5):56-63.

基金项目:浙江省大学生科技创新活动计划(新苗人才计划)项目"'智''制'协同驱动治理变革:共同富裕的实现机制研究"

超越现代性:中国式乡村现代化的论域建构与时代向度

何霄航

(中共兰溪市委党校)

摘　要:乡村现代化,实非现代化之乡村,而在于整个乡土社会之现代化。自西方现代化闯入中国以来,中国的乡村社会以其独特的历史张力述说着一个东方文明古国所具有的历史厚重感。中国的乡村现代化是有别于西方的现代化,是生长在东方文化土壤中的乡村现代化。但是不同不意味着就不受西方现代化的影响,所以在中国式乡村现代化的发展进程中也不可避免地显现了一些"现代性"困境,这种困境又无不与一种资本的"进步强制"所关联。由此,超越现代性成为当前应对中国乡村"现代性"问题的一种出路。要以调和"进步强制"为总目标,立足中国式现代化的未来指向,不断展现中国式乡村现代化的非凡气质与独特张力。

关键词:中国式乡村现代化　现代性　超越现代性　论域建构　时代向度

一、引言

"行之力则知愈进,知之深则行愈达。"步入新发展阶段,我国现代化建设取得了历史性成就,习近平总书记在庆祝中国共产党成立 100 周年大会上的重要讲话中指出:"我们坚持和发展中国特色社会主义,推动物质文明、政治文明、精神文明、社会文明、生态文明协调发展,创造了中国式现代化新道路,创造了人类文明新形态。"[①]生动诠释了中国式现代化新道路是人类文明新形态的重要路径,为全面建设社会主义现代化国家新征程指明了方向。乡村现代化是中国式现代化的题中应有之义,没有乡村现代化,就没有中国式现代化。乡村现代化作为中国式现代化的重要主题,它指向中国式乡村现代化的方向,符合国家之需、人民之需、时代之需。

诚然,我国正一体设计、一体推进农业农村现代化,对中国式乡村现代化也提出了更高的要求、程度和标准。但是,我们也不能忽视中国式乡村现代化呈现的一定困境,如乡村文化缺失、乡土社会破坏和乡村空心化等,这些都给中国式乡村现代化提出了重大挑战。在西方学者反复讨论现代性局限的当下,引入"现代性"哲学思考为理解中国式乡村现代化困境提供了一个新的解释框架抑或某种尝试,本文试图围绕超越现代性为目标,对破解当前中国式乡村现代化困境做相关探讨。

---

① 习近平:《在庆祝中国共产党成立 100 周年大会上的讲话》,人民出版社 2021 年版,第 13—14 页。

二、现代化与现代性:中国式乡村现代化的双重面相

历史的表达总是布满了弹性,这种弹性在于历史的必然中总是充斥着诸多的历史偶然。但是诸多的历史偶然无论它的势能有多大,变化有多剧烈,它总逃脱不了历史必然的框架并最终指向历史必然。站在历史必然的角度,由诸多的历史偶然所伸张的弹性无不深刻彰示着中国式乡村现代化是围绕"现代化—现代性"展开的,这成为我们理解中国式乡村现代化的逻辑起点。

(一)现代化:中国式乡村现代化的渐次展开逻辑

"现代化"常被认为是人类社会从传统的农业社会向现代工业社会转变的历史过程。这一过程涉及政治、经济、思想各方面的变化,同时现代化又是世界化的过程。在中国历史学界,1840 年的鸦片战争被定义为"中国近代史的开端",实际上也是中国融入西方式现代化的开端,因为中国被迫打开了对外开放大门的同时,便不由自主地卷入了"西方化"的现代化。"船坚炮利"成了中国人对这个开端的最为直接的感知。"鸦片战争后,中国陷入内忧外患的黑暗境地,中国人民经历了战乱频仍、山河破碎、民不聊生的深重苦难。"[1]一个以"农耕"文明为主要特质的东方文明古国在山河破碎的历史激荡背景下迫切需要现代化,现代化之于近现代中国,"就是要实现民族独立与国家解放以建立现代的民族国家,并在此基础上推进经济的现代化,继而在经济发展的基础上推进以人的现代化为中心的整体现代化"[2]。中国的现代化就是在以上的逻辑中渐次展开的,乡村现代化作为其中的一个重要方面同样符合这个大逻辑。它经历了从 1954 年第一届全国人大会议提出的农业现代化到 1964 年 12 月底周恩来在全国人大三届一次会议上的《政府工作报告》中指出的现代农业,再到 2017 年党的十九大提出的农业农村现代化。

(二)现代性:中国式乡村现代化的困境生成归因

"现代性"(modernity)是对现代化结果的一种理论概括。"西方社会率先扬弃了传统的生产实践与交往实践方式而进入'现代'这一历史场域,奠定了现代人类社会的普遍性基础,并将'现代性'的概念及问题域纳入人类的思维与认识体系中。"[3]它经历了启蒙现代性—经典现代性—反思现代性三个阶段。上升为一个哲学问题的考察,"现代性"是黑格尔首先提出的,他认为要从思辨的角度把握其时代,这个时代即是现代。"黑格尔发现,主体性乃是现代的原则。根据这个原则,黑格尔同时阐明了现代世界的优越性及危机之所在,即这是一个进步和异化精神共存的时代。因此,有关现代的最初探讨,即包含着对现代的批判。"[4]张晨耕认为"西方发达国家凭借现代性取得了比传统社会更为丰硕的成果,成为发展中国家构建现代性的榜样。然而,正当发展中国家热情拥抱现代性

① 习近平:《习近平谈治国理政(第三卷)》,外文出版社 2020 年版,第 11 页。
② 李海青:《马克思主义中国化的理论逻辑》,社会科学文献出版社 2019 年版,第 1 页。
③ 谢珍萍:《从现代性质疑角度看我国乡村现代性的构建》,《四川理工学院学报(社会科学版)》2008 年第 2 期。
④ 于尔根・哈贝马斯:《现代性的哲学话语》,曹卫东译,译林出版社 2004 年版。

时，西方现当代学者却看到了现代性自身的局限及由此导致的严重后果"①。如"没有处理好工农关系、城乡关系，农业发展跟不上，农村发展跟不上，农产品供应不足，不能有效吸纳农村劳动力，大量失业农民涌向城市贫民窟，乡村和乡村经济走向凋敝，工业化和城镇化走入困境，甚至造成社会动荡，最终陷入'中等收入陷阱'"②。在中国式乡村现代化的场域中，我们要反思和扬弃西方现代性困境，减少现代性问题对我国乡村现代化的影响。

（三）互动生成：现代化与现代性的关系和作用机制

现代化与现代性都涉及政治、经济、社会、文化等诸多领域，它们既有联系又有区别。

首先，涵盖内容不同。现代化涵盖技术的发展、农业的发展、农产品的商品化、科技创新、工业化、信息化、城镇化。现代性包括了全球化、消费主义、权威的瓦解以及知识的商品化。其次，学科概念不同。现代化描述人类社会从传统农业社会向现代工业社会迈进的过程，它是一个社会学概念。现代性从思想观念、行为方式上把握现代社会的属性，从而反思现代社会的时代意识与精神，它是一个哲学概念。最后，价值尺度不同。繁荣和自由是现代化的追求目标，而现代性彰显现代社会的精神气质和文化形态。就作用机制而言，现代性与现代化体现了时间上的互动生成。一方面，现代化为现代性反思提供了良好的思想反思材料；另一方面，现代性反思又更好地推进了现代化实践的价值特质。从实践理性来看，现代化过程需要对现代性进行改造从而实现扬长避短的目标，进而臻于"超越现代性"的理想状态。

三、觉醒的"中国意识"：中国式乡村现代化的论域建构

习近平总书记指出："治理一个国家，推动一个国家实现现代化，并不只有西方制度模式这一条道路，各国完全可以走出自己的道路来。可以说，我们用事实宣告了'历史终结论'的破产，宣告了各国最终都要以西方制度模式为归宿的单线式历史观的破产。"③"历史条件的多样性，决定了各国选择发展道路的多样性。"④世界上不存在定于一尊的现代化模式，中国式乡村现代化既不是西方乡村现代化的翻版，也不是资本主义化乡村的仿版，它是有着中国独特气质的乡村现代化。

（一）非西方化

从乡村社会的形态来看，"古代东方社会可以总结为浅显的'以群体为基因'的社会形态，西方社会则叫作'以个体为基因'的社会形态。这两种社会形态导致后来两种不同的社会经济发展类型。这种基因是决定东方无论如何都照搬不了西方经验的内在原因"⑤。从乡村现代化的进程来看，"西方人实现的现代化，其实是一个长期殖民化的结果"⑥。西方通过工业文明建立起来的强势

---

① 张晨耕：《多样化的现代性模式与中国新现代性的超越性建构》，《中国矿业大学学报（社会科学版）》2021年第 6 期。
② 习近平：《习近平谈治国理政（第三卷）》，外文出版社 2020 年版，第 255 页。
③ 习近平：《习近平关于中国特色社会主义政治建设论述摘编》，中央文献出版社 2017 年版，第 7 页。
④ 习近平：《习近平谈治国理政（第一卷）》，外文出版社 2018 年版，第 29 页。
⑤ 温铁军：《解构现代化：温铁军演讲录》，东方出版社 2020 年版，第 91—92 页。
⑥ 温铁军：《解构现代化：温铁军演讲录》，东方出版社 2020 年版，第 29 页。

文明殖民掠夺其他国家，从而建立了大规模的农场，这是近现代的中国无论如何也不可能实现的。一方面，中华民族不可能以"历史倒退"的姿态去获得国家资本的原始积累；另一方面，中国又是一个高度受资源约束的国家。中国仅占全世界可耕种土地的7%，水资源南方多北方少，土地资源又是南方少北方多，自然资源禀赋决定中国只能是一个"小农型"的农业国家。从文化的相对主义来看，进入全球化后，人们对文明的多元化纷纷采取了认同的态度。"欧洲传统的线性演化论历史观和'西方文化中心主义'观念终于被打破，以承认各民族文化的独立存在价值为核心的多元主义文化观逐渐被确立"①，东方文明实际上普遍赢得了西方的尊重，中国式的乡村现代化不是也不需要成为西方化的乡村现代化。

（二）全民化

城乡中国就是中国式乡村现代化的基本结构，但城和乡自古就不是一个对立的概念。"从农业中分离出来的主要从事工商业的人口相对集中聚居一定地方，形成了以人口、财产、需求相对集中和以非农活动为其存在基础的聚落。这便是城市的雏形"②，城市不过是乡因为劳动分工的异化而来的结果。遑论中国是一个以"农耕"文明立国的国度，它的文化的根在乡村，因此城和乡从某种意义上来说就是一个统一的概念。"如果在现代化进程中把农村4亿多人落下，到头来'一边是繁荣的城市、一边是凋敝的农村'，这不符合我们党的执政宗旨，也不符合社会主义的本质要求。这样的现代化是不可能取得成功的！"③"进得了的城，回得了的乡"是每一个国人对乡村现代化的朴素要求，中国的乡村现代化是14亿中国人的乡土社会现代化。

（三）非资本主义化

"中国发展道路，就是中国特色社会主义道路。我们走这条道路，是历史的选择、人民的选择。"④从中国共产党成立起，在马克思理论的科学指导下，中国共产党人就探索出一条独立自主的乡村改革发展道路。在新民主主义革命时期，我们以根据地建设为基础开展了乡村建设，站稳了革命的脚跟；在新中国成立后我们又立即着手开展土地革命，瓦解了封建土地制度的根基；在改革开放后又大力推进了家庭联产承包责任制，极大地解放了农村生产力；在新时代，我们又大力开展美丽乡村建设，推进乡村建设行动，朝着"产业兴旺、生态宜居、乡风文明、治理有效、生活富裕"的道路上坚实迈进。中国共产党领导下的农村改革，代表了广大人民群众的根本利益，深刻改变了中国农村积贫积弱的落后面貌。它的一切生动实践都是马克思主义中国化的成果，它是在中国共产党领导下社会主义化的乡村现代化，它不是资本主义化的乡村现代化。

四、"进步强制"的资本：中国式乡村现代化的强制逻辑

"近代以来，在市场化和现代国家政权建设过程中，村庄的人际关系形态和社会治理组织形态

---

① 袁鑫：《当代文化哲学中的文化相对主义》，《教学与研究》2019年第8期。
② 徐勇：《城乡差别的中国政治》，社会科学文献出版社2019年版，第8页。
③ 习近平：《习近平谈治国理政（第三卷）》，外文出版社2020年版，第257页。
④ 习近平：《习近平谈治国理政（第三卷）》，外文出版社2020年版，第133页。

不可避免地受到很大冲击，很多村庄传统功能性社会组织比如宗族、家族受到冲击，甚至是快速瓦解。"①纵观近代乡村社会的嬗变历程，它是一个迫于西方影响而深刻形塑的过程，它不由人的意志而转移，它是一个"进步强制"的产物。

（一）"进步强制"迫使近代乡村社会遭受巨大冲击

"进步强制"是海德格尔援引马克思有关"强制"的表述而提出的，海德格尔对当今时代困境进行了思考后认为："我们实际上究竟看到了什么呢？是什么通过规定了整个大地的现实而统治着当今呢？是进步强制（Progrssionsz-wang）。这一进步强制引起了一种生产强制。后者又与一种对不断更新的需求的强制联系在一起。对不断更新的需求的强制具有这样一种性质，一切强制性地方生出新的东西，同样也直接地已经变老变旧，并被'又一个更加新的东西'挤掉并如此继续下去。在由此而来的强迫之下发生了一些事情，特别是与那种传统之可能性的断裂。曾经存在着的，便不再可能在场了，……除非以古旧之物的形态，因此是不在考虑之列的。"②在传统社会，中国的乡村是基于宗族结构及熟人社会的特点而存在的，"大家由此可以自给自足，村落成为一个相对而言独立的闭合单元，村与村之间并没有什么根本性的利害冲突；相互的往来，也仅仅是通过正常的、以村落认同为基础的货物、婚姻乃至于信仰的交流而实现。借助日常的活动，村落各自都在努力地去强化自身的社会关系网络及其平常状态下的社会关系结构。此时的乡村存在着一种充满活力的内聚力，使其自身成为可以进行自我调节的有机体，并形成一种明显的自我保护机制，使外部力量不容易影响其本身"③。到了现代社会，村落的自给自足的特性虽然保持了其自身的闭合性，在抵御外来的冲突时起到了"盾"的作用，但是在西方强势文化的冲击的"矛"下，这种自我保护机制又不得不走向衰弱，直至解体。

（二）资本的逻辑实乃进步强制的根本原因

海德格尔认为马克思理解的人是"不断进行生产的人"，正是"不断进行生产的人"实施着对当代现实的全部统治，他批评"马克思达到了虚无主义的极致"④。海德格尔实在是误解了马克思历史唯物主义的性质，"从根本上看，虚无主义问题本质上是现代资本主义的物化逻辑及其制度支撑的社会政治问题，资本主义私有制是造成物化逻辑以及虚无主义的真正根源"⑤，"海德格尔没有看出'进步强制'乃是资本意识形态的杰作，故而悲观地将其归结为'存在的天命'，而马克思则在'进步强制'的背后揭示出资本内在扬弃的逻辑"⑥。这正如马克思自己澄明的那样，生产的不断变革和进步的"一般规律"，"一次又一次地把资产阶级的生产抛出原先的轨道，并且因为资本已经加强了劳动的生产力而迫使它继续加强劳动的生产力；这个规律不让资本有片刻的停息，老是在它耳边

---

① 付伟：《家庭本位与村庄治理的底层逻辑》，《中国社会科学评价》2021年第4期。
② F. 费迪耶，等：《晚期海德格尔的三天讨论班纪要》，《哲学译丛》2001年第3期。
③ 赵旭东：《平常日子与非常的控制——一次晚清乡村危机及其社会结构的再思考》，《民俗研究》2013年第3期。
④ F. 费迪耶，等：《晚期海德格尔的三天讨论班纪要》，《哲学译丛》2001年第3期。
⑤ 庞立生：《历史唯物主义与信仰精神的革命性变革》，《哲学研究》2020年第12期。
⑥ 沈斐：《资本内在否定性的历史本体论澄明》，《南京社会科学》2011年第10期。

催促说:前进! 前进!"①

（三）资本的逻辑深刻形塑了乡村社会的近代苦难

马克思在《德意志意识形态》中指出,"随着大工业和现代商业的世界性交往的兴起,资本征服世界的过程不可避免"②。显然,这种征服也深刻形塑了现代的中国乡村,在这里有撕裂与反抗共生,有塑造与被塑造并存,有徘徊与再出发同行。1840年前的乡村社会经历了一次次反抗王朝的农民起义,在王朝更替的治乱交替中始终因为"宗族式自治"的模式而使乡村社会保持相对稳态。但是近代以来,中国的乡村社会在西方工业文明的强大冲击下呈现出了巨大的痛苦,其中既有对器不如人的叹息,又有制度不如人的迷茫,无数仁人志士进行了艰苦卓绝的抗争,但都无济于事。只有马克思主义思想传入中国并由中国共产党人将马克思主义中国化后,在这强大的理论武装下,中国才从"国家蒙辱、人民蒙难、文明蒙尘"的境遇中摆脱出来,并成功建立社会主义新中国。在这个时期,乡村社会在自毁他毁中挣扎,他毁源于外来强势文明,而自毁更多来自对西方盲目的效仿。正如梁漱溟所说:"外力之破坏乡村尚属有限,我们感受外面刺激而引起反应,自动地破坏乡村,殆十倍不止。中国近百年乡村历史就是一部乡村破坏史。这破坏,固与帝国主义的外来侵略有关,但更为关键的是饥不择食、盲目效仿西方的结果。"③到了现代,乡村呈现了空前的发展,但是随着全球化的不断深入,在资本主义的生存条件之下,现代技术和机器成了资本的附庸,成了资本生产和追逐剩余价值的手段,乡土社会的破坏、精神文化的缺失和乡村空心化等问题也便因资本的逻辑一并袭来,"传统的、基于乡土社会的伦理与价值模式已不可能再现昔日辉煌"④。

五、实践的"中国智慧":中国式乡村现代化的时代向度

"上下交征利,而国危矣。""这个时代的人,把自己理解为一切现实的生产者并照之行动的人,今天感到身陷越来越紧迫人的'强制'之网的人,能否自己产生一种手段,来摆脱'强制'造成的困境呢?"⑤"反思现代性本质上也是资本现代性的一种特定表达,资本主义生产方式的发展以及资本关系的调整,是反思现代性产生与发展的根本原因。"⑥马克思在《资本论》中也已澄明资本自身的双重特性——资本在现代化的历史进程中既具有积极性,又不可避免地生产出反作用。中国式乡村现代化超越"现代性"要从调和资本的反作用处着手,指向新时代的发展方向,指向"中国智慧"的美学意境。

（一）人的主体性回归

首先,要耕耘人心灵的田园。"田园将芜胡不归? 既自以心为形役,奚惆怅而独悲?"人之为人

① 《马克思恩格斯选集(第1卷)》,人民出版社1995年版,第358页。
② 《马克思恩格斯选集(第1卷)》,人民出版社1972年版,第39—40页。
③ 梁漱溟:《乡村理论建设》,上海人民出版社2011年版。
④ 李海青:《马克思主义中国化的理论逻辑》,社会科学文献出版社2019年版,第141—142页。
⑤ F.费迪耶,等:《晚期海德格尔的三天讨论班纪要》,《哲学译丛》2001年第3期。
⑥ 张晨耕:《多样化的现代性模式与中国新现代性的超越性建构》,《中国矿业大学学报(社会科学版)》2021年第6期。

的根本在于他是"思之存在"而不是动物的"自在"。在这个基础上，我们于是开始思考人生的本质，并力求和现实世界做相关的和解。一切经济建设的成果在于改善人民生活，而不是成为资本的附庸。我们只有对经济社会的发展取"科学发展"的态度，才不至于因这个资本异化的世界而迷失方向。其次，要坚持自身的文明方式。中国是一个具有5000多年悠久历史的文明古国，中国人在历代繁衍生息的过程中建立了一套自己独特的"儒释道"文化，不管在过去还是未来，都将是中国人赖以安身立命之根本。我们一方面对文明的相对性持肯定态度，因为我们相信"各种民族都有同等的重要性，即不是某些文化'消化掉'另一些文化，而是彼此相互依存。这相互依存，最重要的是不让同一种生产方式（资本的生产方式）来结束人的历史，而是在各个民族的共同参与下，走出一条扬弃人在资本中的异化的道路来"①。另一方面，"把文化相对主义看成是文化哲学的普遍原则，那么它无论在理论上还是在实践上都必然面临自身无法克服的困境"②。

（二）人与自然和谐共生

在西方哲学的发展下，人逐渐从自然中脱离出来，自然成了"祛魅"的产物，自然变成了一个物质的世界。马克斯·韦伯认为："只要人们想知道他任何时候都能知道从原则上说再也没有什么神秘莫测、无法计算的力量在起作用，人们可以通过计算掌握一切而这就意味着世界祛魅。"③在这种可计算设定的笼罩下，人从自然的"家"中走了出来，自然沦为人类谋求幸福的工具，人与自然便对立了起来。在这种对立下，人类大肆利用科学技术超越自然，尤其是人类对能源的依赖，自然被迫成为巨大的能源供应库，同时由于能源的消耗又再次对自然造成巨大的破坏。忽视生态环境问题而盲目发展经济，无疑是饮鸩止渴，经济的发展也只会成为空中楼阁。人与自然和谐共生是中国式的乡村现代化的必然选择，我们绝不能以牺牲生态环境为代价换取经济的一时发展。生态环境是关系党的使命宗旨的重大政治问题，也是关系民生的重大社会问题。中国式的乡村现代化就是要走一条以绿色乡村为基础，城乡融合发展的绿色发展道路。

（三）农民农村共同富裕

马克思主义理论通过揭示人类社会的发展规律，论证了社会主义和共产主义的历史必然性并为未来社会主义社会描绘了一个初步轮廓，即未来社会的生产将以所有人的富裕和发展为目的，未来社会的共同富裕必须以生产力的高度发展为基础。"共同富裕是社会主义的本质要求，是中国式现代化的重要特征。我们说的共同富裕是全体人民共同富裕，是人民群众物质生活和精神生活都富裕，不是少数人的富裕，也不是整齐划一的平均主义。"④放眼未来，中国式乡村现代化将是农业、农村和农民一体式的现代化，这个现代化既包含物的现代化，更包含人的现代化。农民是乡村的主体，农民现代化要求农民生活要富裕，还要在文化、健康、就业、政治、社会等多个维度上实现现代化。同样，农村的现代化也要求实现"产业兴旺、生态宜居、乡风文明、治理有效、生活富裕"。

---

① 王德峰：《哲学导论》，复旦大学出版社2014年版，第48页。
② 袁鑫：《当代文化哲学中的文化相对主义》，《教学与研究》2019年第8期。
③ 马克斯·韦伯：《社会学的基本概念》，胡景北译，上海人民出版社2000年版，第29页。
④ 习近平：《扎实推动共同富裕》，《求是》2021年第20期。

（四）应对全球化大挑战

全球化是一把"双刃剑"，它一方面加速生产要素在全球范围内的自由流动、优化配置；另一方面以西方发达国家为主导的经济全球化不可避免地将资本主义固有矛盾扩展到全球，造成气候变化、贫富差距悬殊、移民问题、传染病以及恐怖主义等严重问题。新中国成立初期，在中国这么一个一穷二白的社会主义新国家，中国工业化的起步提取了大量的农业剩余，而当前中国已经进入工业化发展新的阶段，显然不需要再进行农业提取。乡村振兴战略成了练好内功、夯实基础、以国内大循环为主体的双循环战略的压舱石。有了这个压舱石，我们就有了应对百年未有之大变局和应对全球化挑战的底气。中国式乡村现代化将由"劳动力蓄水池"向"劳动力需求地"转变，更加彰显出乡村对宏观经济支撑的"大后方"作用，进而实现乡村振兴作为"大国之基"的政治担当。

六、结语

"我国现代化同西方发达国家有很大不同。西方发达国家是一个'串联式'的发展过程，工业化、城镇化、农业现代化、信息化顺序发展，发展到目前水平用了二百多年时间。我们要后来居上，把'失去的二百年'找回来，决定了我国发展必然是一个'并联式'的过程，工业化、信息化、城镇化、农业现代化是叠加发展的。"[①]然而，在短时间内把"失去的二百年"找回来谈何容易，其中显然会不可避免产生一系列发展中的问题，而作为中国的现代化的重要组成部分，中国式乡村现代化当然也会产生一系列"现代性"问题。但是，条条大路通罗马，世界上没有放之四海而皆准的发展模式，只要我们从调和以"资本逻辑"的"进步强制"处着手，从中国独特的文化传统、历史命运和基本国情中开辟出一条适合中国式乡村现代化的道路，我们就能更好地展现中国应对乡村现代化"现代性"难题的韧性，继而为世界提供乡村现代化的"中国智慧"和"中国方案"，为书写人类文明新形态贡献更大的"中国力量"。

---

① 中共中央文献研究室：《习近平关于社会主义经济建设论述摘编》，中央文献出版社 2017 年版。

构建新型农业服务体系:产业农合联促进共同富裕

李伟[1]   艾勇波[1]   项兆石[2]

（1.浙江经贸职业技术学院   2.浙江省供销合作社联合社）

摘　要: 党的十八大以来,以习近平同志为核心的党中央就扎实推动共同富裕发表了一系列重要论述,形成了新时代中国特色社会主义思想的重要篇章。2021年党中央、国务院印发了《关于支持浙江高质量发展建设共同富裕示范区的意见》,明确了中央的战略意图和建设示范区的顶层设计。而实现共同富裕,重点在欠发达地区、在农村、在农民,难点则在农业、在农民。近年来,随着"三位一体"改革持续深化,湖州、丽水等地率先在全省创新开展特色产业农合联建设,进一步创新发展为农服务和合作经济,在推动农业农村现代化和农民群众普遍增收、共同富裕中彰显作为。

关键词: 产业农合联　共同富裕　农业服务体系　农合联

一、引言

习近平总书记在浙江工作时就高度重视推动共同富裕,把坚持走共同富裕道路作为改革开放以来浙江发展的鲜明特色,把"加快推进城乡一体化""推动欠发达地区跨越式发展"等作为重要内容纳入"八八战略",并亲自部署实施山海协作、百亿帮扶致富、欠发达乡镇奔小康、农村"三改一化"等重大工程,为我省推动共同富裕先行示范提供了思想指引和实践基础。进入新时代,以习近平同志为核心的党中央,将党和国家始终把人民群众放在首位的执政理念升华为以人民为中心的发展思想,并在党的十九大报告中明确将"坚持以人民为中心"确立为新时代坚持和发展中国特色社会主义的基本方略之一,同时部署将我省作为高质量发展建设共同富裕的示范区,这也是我省前所未有的重大发展机遇。

实现共同富裕,重点在欠发达地区、在农村、在农民,而难点则在农业、在农民。作为合作经济组织发展到一定阶段的产物,农民合作经济组织联合会(下文简称"农合联")是解决"小农户与大市场"这一矛盾的尝试性探索与实践,是与供销社综合改革紧密结合的、具有创新生态系统属性的联盟性中介组织。近年来,随着"三位一体"改革持续深化,湖州、丽水等地率先在全省创新开展特色产业农合联建设,将一定区域范围内从事同一产业的经营主体和服务主体等农合联会员再次联合起来,成立新型的特色农业产业农民合作经济组织联合会(以下简称"产业农合联")。产业农合联的组建,更好地叠加聚合会员的专业服务资源、服务功能,为会员提供更高质量、更有效率、更加精准的专业性服务。至此,广泛联结带动新型农业经营主体和小农户共建共享机制普遍推行,服务带共富、合作促共富的新型农业服务体系基本形成。

二、产业农合联建设和发展情况

(一)产业农合联发展形势

截至 2020 年末,全省各级累计建成产业农合联(产业分会)361 家,包括 5 家市级产业农合联,共吸纳会员 2.26 万名,覆盖种植(养殖)面积 704.2 万亩,2020 年总产值达 416.8 亿元,逐步呈现产业农合联引领特色农业产业高质量发展的良好局面。

(二)产业农合联组建类型

1.“纵向链型”产业农合联

以区域主导产业纵向主体间的联合为重点,推进产前、产中、产后各环节要素整合集聚,构建闭环式专业服务体系,打造全产业链利益共同体,带动产业做强做优。国外学者在对农业产业链组织模式、运行绩效和产业链各环节利益分配等问题的研究基础上,指出农业产业链具有增加农产品附加值,带动相关产业建立、发展和增加就业等增值效应,并能够有效保障食品溯源体系。调查统计显示,各地组建的粮食、茶叶、生猪、蜜蜂以及各类蔬菜、水果、中药材等链型产业农合联 250 余家,约占全省产业农合联总数的 70%。

2.“横向群型”产业农合联

以区域主导产业横向主体间的合作为重点,促进产业、业态、生态等地方特色资源集成共享,构建扁平化专业服务体系,打造产业群利益共同体,成为创新乡村产业发展的重要力量。目前,已相继建成发展了一批酿酒加工、糕点小吃、乡旅民宿、文创手工、农村电商、农批市场等群型产业农合联。

3.“服务导向型”产业农合联

突破单一产业限制,由各类大型农业生产主体根据社会化分工或者将闲置的农业服务力量联合起来,专门为各类中小种植户提供农资、播种、农机、飞防、收割、大田托管等专项配套服务。像柯城区农业生产资料产业农合联,主要为会员提供农资农膜、种子种苗、农机作业、农机具租赁、统防统治、测土配方以及新技术培训指导、新产品示范推广展销等服务。2020 年为会员托管柑橘水稻服务 8000 亩,飞防植保 12000 亩,钻孔施肥 1500 亩,吸纳农村劳动力 200 人。

4.“政府公益型”产业农合联

依托政府行政力量组织组建,通过发挥农合联的组织平台优势,利用供销社服务网络资源,不断增强为农服务能力,有效承接好政府购买农业社会化服务需求。例如,洞头区渔业单拖产业农合联,在相关部门的支持下,由该产业农合联开展渔业配套保障服务,负责对船只进行集中管理,对船只证件办理、金融贷款协调、渔业互保、海上纠纷调解等,切实减轻渔农民负担。并根据作业需要,实时发布海上气象服务、渔场信息、海产品销售信息、海上救援信息等服务工作,对船上补给情况、人员安全等进行动态跟踪、及时处理。

三、多服务模式推进共富

作为天然为农民共同富裕服务的平台，产业农合联以市场化为导向，以为农服务为宗旨，以合作联合为纽带，帮助广大农民和涉农主体平等参与农业农村现代化进程、公平分享农业农村现代化成果。产业农合联新型农业服务体系推动共同富裕实现的路径，主要表现在下列几个方面。

（一）服务型产业农合联，以服务为抓手助力共富

现阶段，约有 50 家产业农合联仅为会员提供生产技术或技能培训服务，比如组织外出学习先进生产技术、开展新品种推荐交流、邀请专家进行授课培训、在线开设病虫害防治短视频以及提供综合解决方案的技术咨询等。绝大部分产业农合联通过聚合联结各类专业服务资源，普遍实现农资供应、农技培训、农机作业、产品加工、市场信息、生产标准、质量安全、品牌销售、信贷保险等多元服务的深度融合，围绕特色产业打造成为更加精准、更具高效、更有活力的为农服务"高级载体"。

（二）实体型产业农合联，以实体化运作助力共富

有序推动产业农合联实体化运作，引导发动骨干会员以投资入股的形式组建产业农合联运营公司，在产业农合联会员间建立农合联与企业双重合作机制（业务联结以农合联服务为主，利益联结以企业股份分红为主），形成服务供给者和服务接受者的利益共同体。例如，嘉善县雪菜产业农合联公司投资 1.2 亿元新建雪菜产业加工园，海宁市南方梨产业农合联公司建设 10 个保鲜冷库和 3 条蜜梨分级分拣生产线，解决丰收季节集中上市、梨价大起大落问题，长兴大闸蟹产业农合实体公司利用基地管理用房设立游客服务中心，探索开展一、二、三产农旅融合项目，提高产品销售，增加成员收入。

（三）党建型产业农合联，以党建为引领助力共富

全方位培育农合联两新党组织，以"党建联盟＋产业特色＋经营服务主体"模式，进一步把产业链上的党组织和党员联合起来，对会员的组织管理与会员隶属党组织实行双重管理，在党建、产业、服务等方面同步延伸、统筹发展，切实把党组织建设融入农合联治理和为农服务的全过程。以临海市产业农合联建设为例，依托柑橘、杨梅、茶叶、豆面、西蓝花等区域特色农业产业，组建成立七大产业农合联党建联盟，联结产业相关党员和党组织，积极发挥基层党组织战斗堡垒和党员先锋模范作用，从"党建联合体"迈向产业联合体和利益共同体，并编制发布《产业农合联党建联盟管理规范》，成为全国首个面向农合联领域的党建联盟建设标准。

（四）公益型农合联，以帮扶为带动助力共富

为响应国家东西部协作和全省结对帮扶、"消薄"攻坚行动等号召，依托产业农合联及会员的组织优势和产业优势，探索实践"造血式"帮扶模式，在生产资料、种养技术、销售渠道、产业资金等方面给予具体帮扶和指导，带动低收入农户实现长效、稳定、持续的收入增长。如长兴县供销社实施产业扶贫助农增收"十百千万"帮扶行动，依托十大特色农业产业，发动百家以上产业农合联会员单

位,结对帮扶千户以上低收入农户,实现户人均年收入增收万元以上。缙云县茭白产业农合联千里送茭苗到四川南江县,在南江县建立 14 个茭白试种基地和扶贫车间,2 个冷链仓库和 2 个交易市场,带动贫困户 3414 人增收致富,大大激发了当地农民脱贫奔小康的内生动力。

四、数字化赋能共同富裕实现

顺应我省数字化改革潮流,统筹运用数字化技术、数字化思维、数字化认知,将数字化改革深度嵌入产业农合联建设和发展的全过程。依托数字农合联平台,加快开发产业农合联管理系统,打造数字产业农合联应用场景。数字化赋能产业农合联为农服务体系,对共同富裕的实现产生了巨大的推动作用,这种作用主要表现在下列几个方面。

(一)为农服务过程数字化转型,推动共同富裕实现

作为互联网大省,浙江在数字技术的推广和应用方面一直走在全国前列,智能感知、智能分析、智能控制等数字技术加快向农业农村渗透,使得新型农业服务体系的应用场景日益丰富多元,数字化要素形成的资源禀赋高度汇聚,云网结合进程不断提速,新型农业服务过程数字化转型不断加快,为农服务业态及模式持续迭代,推动共同富裕的实现。目前,全省种植领域有 371 家主体开展数字技术应用,畜禽养殖领域有 240 家主体开展数字技术应用,水产养殖领域有 121 家主体开展数字技术应用。数字乡村省级基础平台——浙江乡村智慧网,初步建成 1 个大数据中心,包括了十大农业农村数据资源库,汇聚各类业务数据 2 亿多条。农产品质量安全追溯、农兽药基础数据、重点农产品市场信息、新型农业经营主体信息直报、渔业生产和安全救助系统等平台建成使用,供销合作社系统的"智慧农资""网上庄稼医院"等线上农技服务基本覆盖。

(二)为农服务组织数字化重构,推动共同富裕实现

数字化时代,万物互联,带来了生产生活方式的深入变革。2019 年 2 月,中央一号文件提出深入推进"互联网＋农业",推动农业物联网示范应用。为顺应大数据智能化引领新型农业创新驱动发展的趋势,全面推动农业农村数字产业化、产业数字化融合发展,平湖市建设了全国首个县域数字农合联——"金服在线"公共服务平台,构建生产、供销、信用"三位一体"云上合作圈,开启平湖涉农服务上云、组织合作上云、产品流通上云的数字农业新局面。该平台以大数据信息化应用体系为服务供给渠道,通过农合联大数据中心和农合联会员数字化服务平台,为会员提供农业生产、供销、信用"三位一体"在线合作服务。采用 1 个大数据中心、1 张农业物联网、2 个保障体系(服务供给技术支撑)、N 个智慧应用融合的"1＋1＋2＋N"构架,形成生产服务、供销服务、信用服务、产业农合联、产品溯源、区域品牌、农合信息、组织管理等八个基本服务功能框架。平台采用业务系统独立、数据分级闭环的模式,各垂直业务系统在省、市、县、镇街道四个层级纵向互通,各业务系统的数据按权限在各个层级内部横向共享互通形成闭环。下一步,平湖市将广泛吸纳更多的农合联会员加入平台进行应用,构建"农作服务圈""产品流通圈""信用支撑圈""组织合作圈",引入气象、物流、农业保险、市场信息等社会化共享服务,使共同富裕的场域变得更加丰富多彩。

（三）为农服务产业数字化发展，推动共同富裕实现

新时期，新型农业经营主体呈现持续健康较快发展态势，对农业社会化服务提出了新的要求，农业社会化服务面临重大转型升级：服务对象从普通农户为主向合作社、农业企业等新型农业经营主体转变；服务领域从生产领域为主向生产、供销、信用、环境等全链条全方位拓展；服务主体从合作社、龙头企业为主向合作社、企业的联合组织提升；服务方式从以单个主体分散性服务为主、服务体系系统性服务为辅的格局向以更高层次复合型组织体系为平台、各个领域专业性服务协同供给的格局跃升。构建生产、供销、信用"三位一体"农民合作体系，要求畅通合作渠道，以便于要素集聚、服务对接、产销接续，为此必须建立健全相应服务平台，比如杭州、温州、嘉兴、柯桥等地，依托土地流转服务中心或农村集体"三资"管理服务中心，建立健全集农村土地承包经营权流转、村股份经济合作社股权、农村集体资产产权等交易于一体的农村产权交易平台。同时，积极推进多元化、多形式、多层次的社会化服务发展，为农民"三位一体"合作提供市场化的专业服务（赵兴泉，2014）。同时，随着消费结构持续升级，现代农业流通业态创新迭代速度加快，内容边界、内涵外延、定位功能、对象范围等不断拓展和变化，流通体系、生产体系、消费体系融合发展，生产性流通、消费性流通、服务性流通相互融合创新一体化发展。近日，浙江省供销社以构建"供富大篷车"服务体系为合作载体，通过发挥供销社为农服务方面的组织和流通优势，以居住人口少、留守老人多、消费服务供给不足、农产品流通不畅的偏远山区为重点区域围绕日用消费品下乡、农资农技进村、农产品销售等方面发展"供富大篷车"服务。目前，杭州、温州、金华、衢州、台州、丽水均开展"供富大篷车"专题调研和工作部署，26县开通102辆大篷车，其中台州因地制宜，在椒江创新性开展"海上供富大篷车"工作。这样在做大做好初次分配"蛋糕"的基础上，增加了税收和公共财政收入，增强了政府切好分好再分配的"蛋糕"的能力，并为三次分配提供了条件，有利于共同富裕的实现。

五、共富案例（黄姜产业农合联"企业＋农户"模式）

小林黄姜又称小林老姜，是全国九大姜种之一，栽培历史悠久，是杭州市内具有区域代表性的特色农产品。2018年和2019年，小林黄姜连续两年获得浙江省农博会金奖。"小林黄姜产品制作技艺"被列为原余杭区非物质文化遗产。受困于种植面积小以及小林黄姜产业链的不完善，一直没有开拓出较大的市场。杭州市区划调整后，临平区农合联从打造与保护区域特色农产品品牌的角度，深度参与小林黄姜全产业链基地建设。2021年，完成示范园区的土地平整和种植，并依托数字赋能，实现小林黄姜种植由传统种植向现代农业种植，通过"企业＋农户"的模式，带动周边农户进行小林黄姜设施化种植，在解决当地剩余劳动力的同时，助力乡村振兴，推动共同富裕示范区建设。

（一）"供销社＋农业企业"，充实"人财物"聚合效应

2021年，《关于持续深化"三位一体"农合联改革服务乡村振兴高质量发展的实施意见》（市委办发〔2021〕7号）经市委、市政府同意印发。市委办发〔2021〕7号文件明确，市级财政每年安排支农专项资金，用于提升完善农合联为农服务体系建设。临平区供销联社依托杭州市供销社有力的政策与资金优势，深度挖掘杭州佳田农业开发有限公司现有的小林黄姜生产种植成果，制定以集种

植、储藏、销售、科研一体化的规范化现代农业园区为目标的《小林黄姜全产业链基地建设项目可行性报告》，上报小林黄姜全产业链基地建设为杭州市供销社支持的为农服务重点项目，将市、区、镇（街）三级供销社与专业合作社力量有效整合，为项目建设打下坚实基础。

（二）"注册商标＋种质保护"，巩固"本土化"品牌效应

好产品铸就好品牌，好产品更需要好的品牌来扩大与推广。杭州佳田农业开发有限公司于2019年成功注册"小林黄姜"商标，为小林黄姜未来品牌推广打下了基础。公司一开始就致力于小林黄姜规模化发展目标，一方面牵头制定杭州市、原余杭区两级地方标准《小林黄姜栽培技术规程》《小林黄姜无公害栽培技术规程》，为小林黄姜规模化种植提供技术支撑；另一方面，通过与省农科院、中国计量大学等高等院校合作，建立生姜科研基地，进行小林黄姜地方品种种质资源保护。这些举措的有效落地，使得小林黄姜的发展后劲得到集聚，前景更加广阔。

（三）"生产基地＋体验农业"，发挥"农文旅"叠加效应

农旅融合发展作为一种新型产业形态和发展方式，有利于拓展农业功能，促进农业提质增效和带动农民就业增收。小林黄姜全产业链基地所在地临平区东湖街道姚家埭村地处杭嘉湖平原的中部，气候温暖湿润，地势平坦，塘漾星罗棋布，灌溉方便，是典型的生态农业型镇（街）。2020年，国家级乡村振兴示范区、浙江省乡村全域土地综合整治与生态修复工程示范项目"东湖天域田园"正式启动，姚家埭村被包括其中。小林黄姜绿色生态种植，在挖掘历史文化、开展规模种植的基础上，逐步恢复传统制作技艺，开发姜茶、醋姜、姜膏等传统产品，延伸发展农产品初级加工业、研学体验等，将有力促进当地以农业发展带动民宿、农家乐、自主创业等多面开花，形成主导产业明确，一二三产业联合发展的良好格局。

（四）"企业＋农户"，放大"共富裕"辐射效应

随着我国国民经济发展和人民生活水平提高，人们对于高品质、健康的农产品的需求逐渐增加。特别是绿色无公害产品，具有药食同源的产品价值将会不断攀升，价格优势凸显，市场前景看好。公司通过免费提供姜种、举办技术培训班、全程技术帮扶的方式带动周边农户，使合作社农户掌握小林黄姜窖藏、人工催芽、设施栽培等技术，从而推动小林黄姜产业发展，带动周边农民增产增收。据统计，2021年基地一期建成后，实现小林黄姜年产量达600吨以上，实现销售额数百万元。预计基地将带动周边农户种植小林黄姜面积达到千亩以上，实现总产值逾千万元。后期，特别是通过小林黄姜新品种的选育、种植技术推广，可在山区、半山区种植，促进当地农民增收，为建设共同富裕示范区、先行区贡献力量。

六、结语

面对中国特色社会主义新时代、数字化新时代，要深入贯彻省委十四届九次全会精神，全面落实《浙江高质量发展建设共同富裕示范区实施方案（2021—2025年）》，持续深化生产、供销、信用"三位一体"改革，建立健全新型农业经营主体＋"三位一体"合作经济组织的现代农业经营体系和

带动全体农民共同富裕的体制机制，全力打造为农服务高质量发展推进共同富裕标志性成果。

（一）创新思想观念和思维方式

各级农合联要准确把握共同富裕的科学含义，强化共同富裕的思维方式，把共同富裕作为统领各项工作的"纲"贯穿到各项工作中去。既要继续鼓励一部分人、一部分地区先富起来、先强起来，使之成为带动和帮扶其他人群、其他地区共同富裕的强大力量；又要深入推进先富带后富、先富帮后富，不断创新先富带后富、先富帮后富的工作载体和体制机制，全面形成先富带后富、先富帮后富的良好格局。当前，要不断优化农合联为农服务，带动广大新型农业经营主体和小农户平等参与进程、公平分享成果；着力发展以农合联为平台的新型合作经济，带动小组织、小村社、小农户等各类小资本拥有者共建共享共创共富，在建设共同富裕示范区中打造供销社"共富样本"。

（二）持续深化"三位一体"改革

坚持把农合联打造成为带动全体农民共同富裕的有效平台，推动健全持续深化"三位一体"改革领导体制和工作机制，统筹推进涉农领域配套改革，促进更多服务功能、合作组织聚合到农合联，形成为农服务协同供给的格局。推进成熟经验定型化、制度化和集成推广，建立"三位一体"综合合作标准体系，深化"三位一体"改革示范省建设。

（三）全面提升农业生产服务

加快打造覆盖全程、综合协同、便捷高效的农业生产服务体系，发展农资供应、农技推广、农机作业、土地托管、统防统治等组合式服务和农作物生长全周期综合化服务。推进全省农资仓储物流配送服务一体化，开展农资专用化、定制化、统施化服务，研发和总结农作物专用肥药和作物解决方案。建设农机具数字化供应链服务体系，发展农机具销售、售后、融资租赁等服务。建设县域种业服务体系，推动乡镇农合联、产业农合联发展育苗供苗服务。推动构建"首席专家＋专家团队＋产业农合联（联合社、产业协会）＋合作社（家庭农场、企业）"的新型农技推广服务体系，建立健全农技专家服务产业农合联的长效机制。

参考文献：

[1] 蒋文龙，朱海洋.追踪浙江"农合联"[N].中华合作时报，2017-07-25(A4).

[2] 孔祥智."农合联"是干什么的[J].中国农民合作社，2017(7):38.

[3] 吕凤，胡旭然.乡村产业振兴背景下的质量兴农路径[J].南方农业，2021,15(15):123-124.

[4] PAUL ROMER M. Increasing Returns and Long Run Growth[J]. Journal of Political Economy Researh,1986,94(5):1002-1037.

[5] SENGE P, KLEINER A, ROBERT C, et al. The Fifth Discipline Field book: Strategies and Tools for Building a Learning Organization[M]. New York: Doubleday,1994.

[6] 邵峰.坚守合作初心　推进"三位一体"农合联建设[J].农村工作通讯，2017,15(3):19-21.

[7] SCHULTZ W. The Costs and Returns of Human Migration[J]. Journal of Political Economy,1962,70(S5):80-

93.

[8] 徐旭初.中国农民专业合作经济组织的制度分析[M].北京:经济科学出版社,2005.

[9] 徐旭初.谈发展"三位一体"综合合作[J].中国农民合作社,2017,124(3):29-30.

[10] 苑鹏.合作组织参与农业社会化服务大有可为[J].农村经营管理,2012,118(12):19-21.

共同富裕视域下中国农村家庭
慈善捐赠参与的影响因素分析

郭　蕾

（中共江山市委党校）

摘　要:慈善事业在推动共同富裕进程中发挥着不可或缺的作用。充分发挥慈善在第三次分配中的作用,引导居民积极地参与到共同富裕的实践中,形成全社会向上向善的价值追求,让"精神富有"成为"共同富裕"的最亮底色。在中国农村地区,以家庭为核心的文化浓厚,家庭是提高和促进农村地区慈善捐赠的重要力量。因此,为推动农村家庭积极参与慈善事业,分析中国农村家庭慈善捐赠参与的现状和影响因素显得尤为迫切。本文利用 2012—2016 年"中国劳动力动态调查"数据,构建面板 Logit 模型实证分析了主事者个体特征、家庭特征和社区环境对农村家庭是否参与慈善捐赠的影响。

关键词:共同富裕　农村家庭　捐赠参与　影响因素

一、引言

慈善事业与共同富裕、收入分配息息相关。实现共同富裕,离不开每个人的爱心善举。推动新时代慈善事业持续健康发展,离不开全社会的积极参与。因此,进一步发挥慈善在第三次分配中的作用,是促进共同富裕的重要手段。随着 2016 年《中华人民共和国慈善法》的出台和实施,中国慈善事业迎来发展的转折点,这也意味着我国慈善事业的发展进入新时代。尽管我国慈善公益事业的发展已迈上新台阶,但仍存在突出的问题和严峻的挑战,其中包括农村地区慈善事业发展落后,农村居民参与捐赠积极性不高、稳定性不强。因此,在高质量发展中促进共同富裕需要充分且持续发挥各个慈善主体的作用。

与城市家庭相比,农村家庭的捐赠具有农村社区特有的慈善模式。农村家庭往往是基于共同地域、共同祖先崇拜、宗祠和族谱等共识而参与慈善捐赠(聂洪辉、卓腮娇,2011)。同时,农村地区所开展的慈善捐赠活动通常是基于共同的信仰,这种共同的信仰往往会使人们拥有对周围村民的同情心和仁爱心。因此,在我国农村地区,受宗族文化影响,家庭通过村民互助、村庄公益事业等方式进行慈善捐赠已成为农村地区的特色(周云水,2013)。提高农村家庭慈善捐赠积极性和稳定性,而不是仅把慈善视为富人或者城市居民的事务,如此才能逐渐形成以扶贫济困、乐善好施为主流的社会风气,促进共同富裕。基于以上背景,本文将探究中国农村家庭慈善捐赠参与的影响因素。

二、理论分析与研究假说

（一）主事者个体特征与农村家庭慈善捐赠

首先是主事者的性别，有研究表明，女性的社会责任感更强，并且具有更为明显的利他主义倾向，因此家庭主事者为女性的家庭更可能参与慈善捐赠。根据生命历程理论，年龄通常与个人财富积累挂钩，随着年龄的增长，个人财富积累可能越多，可用于捐赠的金钱也可能更丰富，因此，由于个人财富积累丰富以及临终时的慷慨，老年人会更积极地参与慈善捐赠(Bekkers et al.，2011)。但是在农村地区，由于近几年国家减少包办社会福利，年轻人普遍接受了公益慈善事业的宣传和教育，可能会比年长者参与慈善捐赠的积极性更高。在我国，少数民族具有氏族血缘性，且受宗教的影响较大。因此，少数民族参与慈善捐赠行为具有民俗特色，这也决定了其参与慈善捐赠的积极性比汉族家庭更高。

H1：主事者个体特征对农村家庭慈善捐赠参与有显著影响。

（二）家庭特征与农村家庭慈善捐赠

1. 家庭禀赋

（1）经济资本

家庭收入是衡量家庭经济资本的重要指标，也是影响农村家庭慈善捐赠的基础性因素。从经济学的理论来解释，家庭的慈善捐赠可以看作家庭的一项消费，而消费是收入的函数，必定会受到收入的约束。与其他消费品一样，在特定条件下，当家庭的收入增加时，家庭更可能参与慈善捐赠；而当家庭收入减少时，人们可能会减少捐赠的概率。同样地，农村家庭成员共同拥有的收入或财富越多，他们进行慈善捐赠给家庭带来的捐赠成本就更低，这时候家庭才会考虑进行慈善捐赠。这时候可以用马斯洛需求理论来解释，即一个家庭只有在满足了最基本的生活需要的前提基础下，才会去考虑慈善捐赠等更高层次的需求。

基于此，本文提出以下假说：

H2：家庭经济资本显著影响农村家庭的慈善捐赠参与。

（2）人力资本

家庭人力资本也被认为与农村家庭慈善捐赠参与有密切关系(Yen，2002)。慈善捐赠行为是一种消费行为，农村家庭的消费行为除了会受到家庭经济资本的影响外，还会受到家庭人力资本的影响。家庭的人力资本作为一个家庭收入的重要补充，也会影响家庭的消费行为。具体而言，家庭的人力资本会影响家庭的消费观念(周弘，2011)，提高家庭的人力资本水平可以改变家庭的消费观念。受教育程度高的人可能会有更高水平的社会责任感和利他意识，提高家庭成员平均受教育程度可以促使家庭减少预防性储蓄而去参与慈善捐赠(周晓剑、武翰涛，2019)。劳动力作为农村家庭收入来源与家庭经济状况密切相关，家庭劳动力数量占比越大，意味着家庭人均可支配收入越高，家庭用于捐赠的金钱越丰富；除此之外，家庭劳动力的数量会影响家庭的社会关系网，劳动力可能通过工作环境建立起较为紧密的社会关系网，容易受到组织动员效应以及群体压力的影响，或者获取更多捐赠信息从而促进家庭参与慈善捐赠。

综上所述,我们提出如下假说:

H3:家庭人力资本显著影响农村家庭的慈善捐赠参与。

2.家庭结构

家庭结构是家庭本身的特征,也会影响农村家庭的慈善捐赠参与。首先,捐赠的教育功能和代际效应会促使家庭更加积极地参与慈善捐赠,家庭未成年人占比也会影响家庭的捐赠概率。随着我国人口老龄化的趋势不断加强,农村家庭的养老支出也会逐步提高。由于农村老年人收入低且患病支出高,农村家庭会因为老年人的抚养支出负担重而减少家庭捐赠的积极性。因此,家庭老年人的比例也可能对家庭慈善捐赠参与具有一定影响。单位和村委会的组织动员作为一种结构性因素也可能对农村家庭的慈善捐赠参与产生一定的影响。在我国,人们的慈善捐赠行为普遍呈现出运动式特征(毕向阳等,2010)。这是因为,在中国社会现实的背景下,单位对慈善捐赠有一种特殊的效应,单位党组织的动员是促进人们进行慈善捐赠的重要原因。从家庭的角度来看,如果一个家庭有党员,那么这个家庭参与慈善捐赠的积极性会更强(刘凤芹、卢玮静,2013)。宗教信仰也可能影响农村家庭的慈善捐赠行为。随着农村"宗教热"的兴起(郑风田等,2010),宗教对农村居民的行为产生了一定影响:一方面,宗教信仰可以通过转变人们的亲社会价值观来促进捐赠;另一方面,许多宗教的教义教导人们不仅要有关心他人和同情他人的观念,还教导人们要将这些观念落实到具体行动中。因此,有宗教信仰的家庭捐赠的概率可能会更高。

综上所述,我们提出如下假说:

H4:家庭结构显著影响农村家庭的慈善捐赠参与。

(三)社区环境与农村家庭慈善捐赠

家庭慈善捐赠的行为除了会受到家庭自身特征或资源禀赋的影响外,还可能受到家庭所处社区环境的影响。在我国农村地区,浓厚的血缘关系和地缘关系构成了传统的乡土社会(陈斌开、陈思宇,2018),农村居民的社会交往通常围绕村庄和宗族来开展。因此,农村家庭的行为决策容易受到同村其他家庭或宗族文化的影响。家庭的慈善捐赠行为受到同社区其他家庭的影响有以下两方面的机理。一方面,通过群体内部之间的交往和互动,若其他家庭积极参与慈善捐赠,家庭的慈善意识会受到其他家庭的感染,自身也产生利他动机的"光热效应"。换言之,慈善精神中的乐于助人和乐善好施品质可以通过居民的社会互动进行传播,这种慈善精神的溢出效应会促使其他家庭参与慈善捐赠(晏艳阳等,2017)。另一方面,由于群体压力和群体从众效应的影响,居民容易模仿同社区其他家庭的慈善捐赠行为。农村社区是一个小型的社会关系网络,在村民的沟通交流中会形成一种群体压力。当群体成员普遍进行慈善捐赠时,群体内部的舆论或者规范会让其他居民产生一种心理压力,促使人们慈善捐赠行为的发生。因此,形成个人对大多数成员行为的跟从和模仿。

H5:农村家庭的慈善捐赠行为会受到同村其他家庭捐赠行为的影响。

乡土社会聚族而居的方式是中国农村地区的典型特征,并且到现在依然存在。村民之间通过宗族而建立起较为紧密的社会关系网,家庭的经济行为常常需要依靠宗族网络而展开(郭云南、姚洋,2013)。因此,人们的捐赠行为也会受到宗族文化的影响。宗族文化对家庭慈善捐赠的影响主要通过以下两个方面产生。其一,在中国农村地区,各个宗族普遍倡导恤贫助学与邻族和睦相处等价值观念。宗族文化中所提倡的一些价值观念并非与社会价值观相冲突或相矛盾,相反,宗族文化中的一些价值观念甚至有着正面的社会功能,例如扶贫救灾、互助友爱、社会保障等(朱康对等,2000)。因此,在我国农村地区,村民们的宗族文化、宗祠文化等传统文化根深蒂固,农村家庭很可能会表现出诸如参与慈善捐赠、参加农村公益事业等亲社会行为。其二,宗族创造了一个社会环境,会激励人们进行慈善捐赠。在这个社会环境中,人们有更多机会了解慈善事业的信息,也具有很强的组织动员效应,促使人们捐赠行为的发生。

H6:农村家庭的慈善捐赠参与会受到宗族文化的影响。

三、数据、变量与描述性分析

(一)数据来源

本文使用中山大学社会科学调查中心的"中国劳动力动态调查数据"(China Labor-force Dynamics Survey,简称 CLDS)。CLDS 数据采用的调研方法是每两年进行一次,调研地区包含了中国 29 个省份(不包括港澳台、西藏、海南),调查对象为年龄在 15—64 岁的全部劳动力,以此建立了个人、家庭和社区 3 个层面的追踪数据库。因此,该数据具有良好的代表性。CLDS 的调查问卷分为个人问卷、家庭问卷和社区问卷,因此,本文使用的数据来源于 CLDS2012 年、2014 年和 2016 年三年的数据库。

家庭的慈善捐赠行为可能受到家庭主事者捐赠动机等不可观测因素的影响,使用面板数据可以控制个体的异质性有效解决遗漏变量问题,并更加深刻地反映人们捐赠的动态变化,因此,本文将使用三年均接受调查的农村家庭样本。具体方法为:首先,由于本文研究的问题来源于个人、家庭、社区三个层面,因此先将 2012 年、2014 年和 2016 年三年数据中家庭问卷、个人问卷和社区问卷分别进行合并;其次,在合并好家庭、个人、社区问卷的基础上,将样本限定为社区类型为村委会的家庭,然后根据家庭编号将三年数据合并生成平衡面板数据。CLDS 三轮共追踪了 4276 户家庭,其中有 2773 户的农村家庭。在剔除存在关键变量信息缺失的样本数据后,得到最终样本 6978 个,每期样本量各 2326 个。

(二)模型设定与变量说明

我们构建面板 Logit 模型分析家庭是否进行慈善捐赠的决策,具体的模型设定如下:

$$donation_{it}^* = \alpha_0 + \alpha_1 X'_{it} + \alpha_2 Y'_{it} + \alpha_3 Z'_{it} + u_i + \varepsilon_{it} , \ donation_{it}^* = I(donation_{it}^* > 0) \quad (1)$$

式(1)中,i 表示个体;t 表示调查时点,分别为 2011 年、2013 年和 2015 年三年;$donation_{it}^*$ 表示潜变量;$donation_{it}$ 表示家庭 i 在时点 t 是否进行慈善捐赠支出行为的哑变量;$I(\cdot)$ 是符号标示函数,括号内表达式成立取值为 1,否则为 0;X_{it}、Y_{it}、Z_{it} 分别表示影响家庭慈善捐赠的变量,分别为主事者个体特征、家庭特征和社区特征等变量;ε_{it} 为误差项;u_i 表示不随时间改变及不可观察且对家庭慈善捐赠参与有影响的个人特征。

被解释变量:是否参与慈善捐赠。

　　解释变量:主事者个体特征,包括主事者性别、主事者年龄、主事者受教育程度、主事者民族、主事者政治面貌和主事者健康状况;家庭特征,包括家庭人均年收入、家庭平均受教育年限、全职就业人口比例、家庭党员人口比例、家庭信教人口比例、14 岁及以下人口比例、65 岁以上人口比例;社区环境,包括社区平均捐赠水平和宗族网络。除上述因素以外,本文还控制了地区因素,具体变量的定义与赋值见表 1。

表 1　变量定义与赋值

变量名称		变量的定义与赋值
慈善捐赠	是否参与捐赠	是=1;否=0
个体特征	性别	男=1;女=0
	年龄	2012—出生年/2014—出生年/2016—出生年
	受教育程度	实际接受教育的年数
	民族	汉族=1;其他=0
	政治面貌	党员=1;其他=0
	健康状况	健康=1;其他=0
家庭特征	家庭人均年收入	Ln(家庭总收入/家庭总人口+1)
	家庭平均受教育年限	家庭总受教育年限/家庭总人口
	全职就业人口比例	全职就业人口/家庭总人口
	家庭党员人口比例	家庭党员总人数/家庭总人口
	家庭信教人口比例	家庭信仰宗教总人数/家庭总人口
	14 岁及以下人口比例	14 岁及以下人口数/家庭总人口
	65 岁以上人口比例	65 岁以上人口/家庭总人口
社区环境	社区平均捐赠水平	除家庭以外的其他家庭平均捐赠概率、金额
	宗族网络	本村前三大姓在村庄中所占人口比例; 有祠堂=1;无祠堂=0
地区变量	东部地区	是=1;否=0
	中部地区	是=1;否=0
	西部地区	是=1;否=0

(三)描述性分析

　　分析我国目前农村家庭慈善捐赠参与的现状是文章进行实证研究的基础。为了更好地分析我国农村慈善捐赠的发展情况,本节还将报告我国城市家庭慈善捐赠的基本情况,并将农村的慈善捐赠情况与之对比。

　　首先来看我国农村家庭慈善捐赠参与率的基本情况。表 2 的结果展示了 2011 年至 2015 年我国农村家庭和城市家庭参与慈善捐赠的总体情况。总体来看,农村家庭和城市家庭的慈善捐赠存在显著的差异。2011 年,我国农村家庭的捐赠参与率为 18.62%。对比城乡家庭可以看出,2011 年城乡家庭在慈善捐赠的参与率上存在较大的差距,城市家庭慈善捐赠参与率比农村家庭约高22%。2013年和2015年城乡家庭捐赠参与率的情况与2011年基本一致。这说明,农村家庭参与慈善捐赠的积极性比城市家庭低。

纵向对比2011年、2013年和2015年三年的农村家庭慈善捐赠情况可以发现,农村家庭在这三年的捐赠参与率呈现先降后升的"U"形趋势,2011年家庭慈善捐赠参与率高于2013年和2015年,这意味着我国农村家庭的捐赠积极性并没有呈现逐年提高的趋势,说明我国农村家庭慈善捐赠存在不稳定性,家庭的慈善捐赠行为可能是家庭的一种偶然性行为。

表2　农村家庭慈善捐赠参与率

年份	捐赠参与率(%)		
	农村	城市	T检验
2011	18.62	40.73	0.2211***
2013	10.81	27.27	0.1646***
2015	13.07	33.41	0.2034***

四、计量结果讨论

本部分讨论实证模型估计结果。由于回归系数本身经济学含义不大,为了更好地理解面板Logit模型所估计的各个影响因素对农村家庭慈善捐赠参与概率的影响。对于面板Logit模型,它表示自变量变化一单位家庭进行慈善捐赠支出的概率会变化多少。表3报告了农村家庭参与捐赠影响因素的面板Logit的估计结果,主事者个体特征、家庭特征和社区环境对农村慈善捐赠参与均表现出不同程度的显著影响。

面板Logit模型的回归结果显示了主事者个体特征对农村家庭参与慈善捐赠的影响。表3中显示,主事者的政治身份、民族特征与农村家庭慈善捐赠参与没有显著关系,主事者的性别、年龄、受教育年限和健康状况均对农村家庭参与慈善捐赠具有显著影响。具体来看,主事者的性别对农村家庭慈善捐赠参与具有显著影响,且主事者为男性的家庭参与捐赠的概率要比主事者为女性的家庭参与捐赠的概率低2.4%,这表明女性比男性具有更高的慈善捐赠概率。这一结论与本文的理论分析基本一致,和男性相比,女性的同情心和怜爱心会更强,所以女性的捐赠概率更高(Mesch et al.,2011)。主事者的年龄对捐赠参与率的影响显著为负,说明农村年轻群体正逐渐成为农村社区中慈善捐赠活动的主力军,慈善公益事业吸引了越来越多的农村青年人参与。主事者的受教育年限在10%的水平上显著影响农村家庭的捐赠参与率。主事者的健康状况与农村家庭慈善捐赠参与具有显著的关系且在10%的水平上统计显著,即与主事者的健康状况为不健康或患有疾病的家庭相比,主事者身体健康的农村家庭参与捐赠的概率高2.2%。

家庭特征对农村家庭参与慈善捐赠具有显著的影响。首先,收入水平变量的估计结果显示,家庭人均收入对农村家庭捐赠参与率产生积极的促进作用,其边际效应为0.009,在1%的水平上统计显著。从家庭人均年收入变量的估计结果看出,我国农村家庭慈善捐赠率具有较为明显的收入效应,高收入提高了农村家庭进行慈善捐赠支出的概率。可能是因为高收入水平农村家庭的可支配收入较高，因而这类家庭更愿意参与慈善捐赠。家庭平均受教育年限对农村家庭参与慈善捐赠具有显著影响，家庭平均受教育年限每增加一年，农村家庭参与慈善捐赠的概率提高0.4%，这是因为教育水平高的人具有更强的社会责任感（Schuyt et al.，2004），对捐赠需求的认识和对慈善事业支持的程度可能更高（Bekkers，2006）。家庭党员人口比例对农村家庭慈善捐赠参与具有显著的正向影响，均在1%的统计水平上显著，其边际效应为0.171，说明家庭政治资本对于慈善捐赠的参与具有正向影响，党员由于具有更强的响应政府号召的行动意识，以及起模范带头作用往往更容易进行慈善捐赠（晏艳阳等，2017）。14岁及以下人口比例也对家庭参与慈善捐赠产生积极的促进作用，家庭14岁及以下人口比例提高一个单位，家庭参与捐赠的概率提高7.8%。其次，家庭信仰宗教人口比例、家庭65岁以上人口比例以及家庭全职就业人口比例与捐赠参与率没有显著关系。

社区环境对农村家庭慈善捐赠的影响。表3的回归显示，农村家庭的慈善捐赠参与决策对社区其他家庭的慈善捐赠决策具有较强的敏感性，这也证实了社区平均慈善捐赠概率与家庭社会捐赠活动具有显著的正相关关系。社区其他家庭平均捐赠概率每增加1个百分点，家庭参与慈善捐赠的概率高55.3%。用本村前三大姓在村庄中所占人口比例和本村是否有祠堂衡量的宗族网络对农村家庭慈善捐赠参与没有显著的影响。地区特征也与农村家庭慈善捐赠参与不具有统计显著性。

表3 中国农村家庭参与捐赠影响因素的面板 Logit 估计结果

	变量	边际效应	标准差
主事者个体特征	主事者性别（女）	−0.024**	(0.012)
	主事者年龄	−0.002***	(0.000)
	主事者受教育年限	0.002*	(0.001)
	主事者政治身份（其他）		
	党员	0.027	(0.019)
	主事者民族（其他）	0.004	(0.016)
	主事者健康状况（不健康）		
	健康	0.024*	(0.013)
家庭特征	家庭人均收入的对数	0.009***	(0.003)
	家庭平均受教育年限	0.004**	(0.002)
	家庭全职就业人口比例	0.013	(0.016)
	家庭党员人口比例	0.171***	(0.050)
	家庭信教人口比例	0.022	(0.014)
	家庭14岁及以下人口比例	0.078***	(0.029)
	家庭65岁以上人口比例	0.012	(0.033)
社区环境	社区平均捐赠概率	0.553***	(0.031)
	宗族网络1	−0.000	(0.000)
	宗族网络2	0.004	(0.011)

续　表

变量		边际效应	标准差
所在区域	东部地区		
	中部地区	－0.014	(0.011)
	西部地区	－0.018	(0.012)
样本量		5754	
LR 卡方值		51.91***	

注:***、**、*分别表示在1%、5%和10%水平上显著。括号内为标准误差。

五、结论与对策建议

本文首先从经济学和社会学的学科视角对主事者个体特征、家庭特征和社区环境与农村家庭慈善捐赠行为影响进行理论分析,解释了主事者个体特征、家庭特征和社区环境对农村家庭慈善捐赠参与的影响机制,得出了本文的研究假说。其次,利用CLDS2012年、2014年和2016年的数据,通过面板Logit模型检验了主事者个体特征、家庭特征和社区环境对农村家庭慈善捐赠参与的影响,得出主事者个体特征、家庭特征、社区环境显著影响农村家庭参与慈善捐赠的结论。

目前,我们全面建成了小康社会,实现了第一个百年奋斗目标,我们将向着全面建成社会主义现代化强国的第二个百年奋斗目标迈进。在这两个百年奋斗目标的历史交汇点上,我国慈善事业也进入了一个崭新的时代,迎来了前所未有的历史性机遇,也为慈善助力共同富裕提供了前所未有的历史性机遇。因此,共同富裕使命下的慈善需要激励更多的群众参与到慈善事业中。以往,农村居民一般被视为慈善救助的对象而非参与捐赠的主体,但随着农村居民收入水平和生活质量逐渐提高,越来越多的农村家庭也逐渐参与慈善事业,并且在一些捐赠领域,农村家庭比城市家庭捐赠参与率更高,展现出农村地区特有的慈善捐赠模型。对此,国家和社会应该要加大对我国农村地区慈善捐赠现状的关注度,并将其纳入我国慈善捐赠的激励对象。目前,农村家庭捐赠水平总体较低、持续性不高,且与城市家庭之间仍然具有一定差距。因此,为了推动我国农村家庭积极参与慈善捐赠,本研究认为应做好如下关键性工作:提高农村居民收入水平,鼓励高收入群体多参与慈善事业;提高农村教育质量,培养居民慈善意识;发挥农村社区优势,引导居民自觉向正向行为学习。

参考文献:

[1] 聂洪辉,卓腮娇.农村社区慈善困境与出路:对赣中竹溪村的调查[J].湖北社会科学,2011(11):55-57.

[2] SCHUYT T, SMIT J, BEKKERS R. Constructing a philanthropy-scale: Social responsibility and philanthropy [J]. Order,2004(501):5704.

[3] 周云水.重入"祖荫":客家宗祠助推教育的文化资本探析[J].教育文化论坛,2013,5(1):118-124.

[4] 朱康对,黄卫堂,任晓.宗族文化与村民自治:浙江省苍南县钱库镇村级民主选举调查[J].中国农村观察,2000(04):64-69.

[5] BEKKERS R, WIEPKING P. A Literature Rreview of Empirical Studies of Philanthropy: Eight Mechanisms that Drive Charitable Giving[J]. Nonprofit and voluntary sector quarterly,2011,40(5):924-973.

［6］晏艳阳,邓嘉宜,文丹艳.邻里效应对家庭社会捐赠活动的影响:来自中国家庭追踪调查(CFPS)数据的证据[J].
经济学动态,2017(2):76-87.

［7］YEN S T. An Econometric Analysis of Household Donations in the USA[J]. Applied Economics Letters,2002,
9(13):837-841.

［8］周弘.家庭金融视角下人力资本与家庭消费关系的实证研究:来自CFPS的调查[J].经济经纬,2011(6):16-20.

［9］周晓剑,武翰涛.家庭禀赋、邻里效应与捐赠动机:来自中国家庭追踪调查(CFPS)的证据[J].社会保障评论,
2019,3(4):133-145.

［10］毕向阳,晋军,马明洁.单位动员的效力与限度:对我国城市居民"希望工程"捐款行为的社会学分析[J].社会
学研究,2010(6):149-177.

［11］刘凤芹,卢玮静.社会经济地位对慈善捐款行为的影响[J].北京师范大学学报(社会科学版),2013(3):
113-120.

［12］郑风田,阮荣平,刘力.风险、社会保障与农村宗教信仰[J].经济学(季刊),2010,9(3):829-850.

［13］陈斌开,陈思宇.流动的社会资本:传统宗族文化是否影响移民就业?[J].经济研究,2018,53(3):35-49.

［14］BERGER I E. The Influence of Religion on Philanthropy in Canada[J]. Voluntas：International Journal of
Voluntary and Nonprofit Organizations,2006,17(2):110-127.

"三地三模式"助力打造共同富裕乡村示范样板

——基于临平区的实践与探索

刘倍贝

（中共杭州市委党校临平区分校）

摘　要：共同富裕是社会主义的本质要求，是人民群众的共同期盼。作为习近平总书记调研"三农"工作，并留下殷切嘱托的运河街道，一直努力践行共同富裕，争当排头兵，深化实施新时代"三农"工作，奋力建设乡村共同富裕美好社会，切实增强打造共同富裕"镇街样板"的思想自觉和行动自觉，全力争创共同富裕示范区运河实践样本，探索共同富裕践行模式。

关键词：共同富裕　乡村振兴　高质量发展

共同富裕是社会主义的本质要求，是人民群众的共同期盼。2021年6月10日，《中共中央　国务院关于支持浙江高质量发展建设共同富裕示范区的意见》发布，这是习近平总书记亲自谋划、亲自定题、亲自部署、亲自推动的重大战略决策。浙江探索和实现共同富裕走在全国前列。作为习近平总书记调研"三农"工作，并留下殷切嘱托的运河街道，一直努力践行共同富裕，争当排头兵，深化实施新时代"三农"工作，奋力建设乡村共同富裕美好社会，切实增强打造共同富裕"镇街样板"的思想自觉和行动自觉，在更高水平上实现幼有所育、学有所教、劳有所得、病有所医、老有所养、住有所居、弱有所扶，全力争创共同富裕示范区运河实践样本，探索共同富裕践行模式。本文以临平区运河街道北部新宇村、双桥村、五杭村三村为例，探索共同富裕示范区乡村振兴样板。

一、背景情况

2003年，习近平在临平区运河街道调研时提出的"做好农业发展、农民增收、农村进步这篇大文章"的殷切嘱托，针对农产品销售难、农民增收难、扩大就业难等问题，探索以新宇村"产业升级促共富"、双桥村"自主研发促共赢"、五杭村"网红经济促共享"的"三地三模式"，谱写出城乡共同富裕新篇章。

（一）新宇村情况介绍

新宇村位于杭州市临平区运河街道办事处东北6公里处，紧邻京杭大运河，水陆交通便利，村东北部与嘉兴市桐乡大麻镇百富村接壤，西接戚家桥村，南连东新村，全域面积2.2平方公里，有16个自然村落，14个村民小组，总户数为682户，户籍人口2742人，外来人员300余人。新宇村党总支部下设 3 个网格支部，共有党员 86 人。新宇村曾先后获得浙江省生态村、浙江省卫生村、杭州市都市农业示范村、区级十佳平安村、区级文明村、区民主法治村、美丽乡村精品村、区级庭院整治示范村、区红十字服务示范站、区健康单位等多项荣誉。近年来，新宇村牢记习近平总书记的殷切嘱托，实施党建统领，围绕"三农"工作主线，坚持"干部做出样子来、党员冲到前面来、群众跟着干起来"的"带富领路"模式，着力发挥"愚公"精神，不断拓宽"绿水青山就是金山银山"理念在平原地区的转化路径，一张蓝图绘到底，一茬接着一茬干，推动效益农业向生态农业迭代升级，美丽风景正在成为美丽经济。

（二）双桥村情况介绍

双桥村位于杭州市临平区运河街道北部，处于杭嘉湖平原金三角，古今大运河交汇区，杭城北部美丽后花园，区位优势得天独厚。全村总面积 2.38 平方公里，总户数 762 户，常住人口 3152 人，党员 127 人。20 世纪七八十年代，双桥村"长征大队"通过"八字诀"实现亩产 1600 斤，通过科技种粮把饭碗端在自己手里，因此获国务院嘉奖令、"全国新长征突击手"等殊荣。双桥村坚持党建引领，在"长征精神"的二次驱动下，自 2018 年开始探索一条"农文旅"融合发展的乡村振兴共同致富之路，撬动村级集体经济发展。成功申报 1510 美丽乡村示范村，被评为"全国一村一品示范村镇"、杭州市卫生村、杭州市信息化示范村、杭州市先进团支部、2018 年度浙江省高标准农村生活垃圾分类示范村、区（原余杭区）"美丽乡村建设先进单位"、省级新时代美丽乡村精品村、省级美丽渔村、省级美丽宜居示范村、2021 年杭州市未来乡村创建试点、第二批全国乡村治理示范村等。

（三）五杭村情况介绍

五杭村位于杭州市临平区运河街道西北侧，世界文化遗产京杭大运河穿村而过，南邻唐公村，北邻德清县禹越镇，东邻东湖街道长虹社区，西邻塘栖镇泉漳村。全村区域面积 2.2 平方公里，耕地面积 981 亩。现有 7 个村民小组，8 个自然村，农户 427 户，常住人口 1823 人，出租房 85 户，新居民人口 900 余人。村内共有 73 名党员，设有一个党总支，两个网格支部，分别是东泗河网格支部、五杭网格支部，五杭村现有班子成员 6 人。2020 年村级集体可用资金 125.33 万元，人均年收入 39519 元。全村共有企业 20 余家，主要以丝绸、五金行业为主，集镇沿街商铺 80 余户。近年来，先后获得省级"3A级"景区村庄，省级"卫生村"，市级"健康村"，杭州市"庭院整治示范村"，区"先进基层党组织""五好党组织""十佳平安示范村""星级村""文明村""先进村""生态村""平安村社"等 20 多项荣誉。

二、基本做法

（一）着力产业升级新道路，"一枚果莲"书写共富经济新答卷

以"两鱼"（黑鱼和温室甲鱼）综合整治为起点，推动建设新宇村"千亩荷塘"2.0 版。围绕解决"销售渠道谁来建""优质品牌谁来创""养殖模式谁来试"三个方面促产业发展、农民增收。一是政府搭台，打通致富新渠道。以大运河鱼羊美食节为契机，推动新宇村与盒马鲜生签约，成为临平区

第一家盒马村精品点,目前杭州盒马鲜生超市上市包销新宇村农产品超 44 万盒,销售额达 567 万元。搭建"奶奶工坊"网络销售平台,推动平台冲上微博热搜,累计观看人数超过 6300 万人次。二是企业唱戏,打造产业新品牌。引导欣宇农业、佳田农业、莲谊农业、鸿越科技等 4 家农业科技型企业先行先试,培育具有鲜甜爽脆、莲心不苦的运河果莲新品种,开发莲子、荷叶茶等农副产品,形成荷塘全产业链,将千亩荷塘"资源"变"资本"。三是农民共享,创建共富新模式。探索"公司+基地+农户"的荷产业发展新模式,鼓励当地农户进入荷产业全流程,提供各类就业岗位 200 余个,推动农民共富共享。截至目前,仅新宇村村集体经济年收入就达 450 万元,村民年人均纯收入超过 4.2 万元。

(二)发力自主研发新供给,"一株水稻"激活农文旅经济新业态

成立他山生态农业旅游开发有限公司,深度开发农文旅融合项目,把产区变景区,产品变商品,村庄变商肆,激活农业文化旅游新业态。一是科技兴农,打造"千亩稻田"农业景区。累计实施"旱改水"土地整治项目 5500 余亩,并从中国水稻研究所引入高品质稻种"中嘉 11"籼稻、高亩产稻种"浙优 1578"等品种,收益价值进一步提高。形成了"千亩稻田"和"千亩油菜"的特色景观,成为杭州最大的农业景观网红打卡地,日均游客超 2000 人次。二是文创兴农,开发"研学课程"人文商品。紧盯游客多元需求,深度开发"寓教于乐"的体验式旅游产品。打造"爷爷的水稻田""生态甲鱼趣味运动会""农耕文化稻作节插秧季"等互动体验项目,让游客了解农耕文化。自党史学习教育以来,共吸引游客 4 万人次,村集体经济增收 36 万元。三是人才兴农,建设"商肆文化"特色街区。招聘具有乡村文旅策划优势的乡村"CEO"及其团队,为双桥村量身定做"爆款产品",策划"千亩油菜踏青季""甲鱼科普体验馆"等成功案例,筹备村内长征路乡村商业街,引入餐厅、奶茶店、"笨爸爸工房"公益平台等业态。改造红旗大队文化礼堂,推动文化招商引领乡村产业发展。

(三)借力网红品牌新潮流,"一颗草莓"点燃共享经济新引擎

改造老旧厂房,搭建大运河 1986 文创园,引入网红企业,打造集现代化草莓瓜果种植、农场研学、共享厨房等于一体的"草莓君"综合性主题农场,发挥网红经济流量优势。一是借网红力量,把游客"引进来"。引入连续 4 年获得全国草莓精品擂台赛金奖绿鹰公司旗下的"越心草莓",借助公司网红品牌效应,实现草莓采摘一季引流破 3 万人次,全年客流超 5 万人次,亩均产值超 15 万元。二是创趣味项目,促活动"靓起来"。推动"乡创平台"建设,以打造"共享田园"为主题,将农场租赁的 60 亩耕地无偿提供给村民使用,实施"游客免费认领+村民结对管理",集认领、劳作、反购三位一体的商业模式。以"农夫集市"提供销售渠道,为 40 位本地厨娘提供"共享厨房"兼职岗位,将传统生产场景转为休闲采摘的旅游场景,提升农产品附加值。三是建培训阵地,助村民"专起来"。建设乡村振兴干部和农村人才共育阵地,共同培养种养实用人才、乡村工匠、手工艺人和经营管理人才,推动民宿、电商、美食、景区运营等八大培训计划,助本地村民"一技之长"。共提供人才孵化、就业培训、产业指导等服务 18 项,受益村民达 1000 余人,指导开设农产品"直播间",销售农产品约 3 万件。

三、经验与启示

（一）建强党建红盟，激活共同富裕"一池春水"

1."支部结亲"，构建一体发展机制

坚持以组织振兴带动乡村振兴，把党建引领作为推动乡村振兴的"第一抓手"，充分考虑三村地缘相邻、资源相近、邻里相亲、需求相同的实际，推进红盟融合式党组织，建立三村组织、责任、制度、项目等联动机制，确立年度重点合作事项，以项目化推动三村协同发展，系紧组织纽带、产业纽带和利益纽带，实现从"组织融合"到"多要素融合"的全面升级。同时，以习近平调研新宇村20周年为契机，聚力打造新宇"绿水青山就是金山银山"理念实践转化地的党建标杆，做精做强品牌，擦亮"红色名片"，建立运河党建示范引领体系，带动红盟党建水平整体跃升并辐射整个街道的党建再上新台阶。

2."六共协同"，发挥系统推进效能

构建统一领导和统筹协调的联盟工作体系，定期开展"联盟圆桌会"联席例会，建立组织共建、资源共享、产业共抓、人才共训、基层共治、富裕共创的"六共协同"机制，在组织堡垒建强、集体经济发展、产业转型升级、乡村人才引培、基层治理创新、乡村文化兴盛等方面发挥积极作用，以党建工作一体化推动发展一体化、治理一体化，形成全域赋能、步调一致、共同富裕的"命运共同体"。

3."共富十条"，齐绘乡村共荣画卷

整合区镇两级乡村振兴政策，制定运河"红运共富十条"，加快推进乡村产业、人才、文化、生态和组织振兴，内容涉及基础设施升级、社会治理提升、规模种植推广、特色产业发展、数字赋能加持、农文旅游融合、乡村工匠培育、乡村创业融资、人才评比晋升及精神文明传承等在内的十项政策，进一步畅通资本、人才、服务入村通道，"内外兼修"激发乡村活力。

（二）提升重要标识，呈现未来乡村"美丽底色"

1.倾听民声，提升公共服务

以民生需求为导向，不断完善运河全域公共配套建设，推进美丽乡村建设和产业规划布局的无缝衔接，下足微改造的"绣花"功夫，在保持好乡村原有风貌和自然肌理的同时，注重细节优化和效益提升，适度超前、精准培育，依托生态环境优势，做好"招商、引流、兴业"三篇文章，促进产业高质量发展。依托城市大脑"数字驾驶舱"建设和乡村小脑集约化服务，统筹归集各村农业生产经营、基础设施建设、村务动态管理等数据，稳步推动未来乡村和基层治理的协调发展。

2.产能升级，提升经济效应

依托运河特色资源，发展高效生态农业，延伸产业链条，提升农产品加工流通，促进村集体和农民"双增收"。推进乡村产业综合体，做强"三村三千"项目，做精生态甲鱼、生态稻米、精品果莲等优势农产品，开发衍生产品，植入文创元素，做强特色品牌影响力。健全土地流转政策，强化农村闲散土地整治与现代农业发展有机融合，突破地域限制，加快农业适度规模经营。

3.留住乡愁,彰显水乡"运"味

按照习近平总书记"保护好、传承好、利用好大运河"的重要指示精神,以大运河文化带为主轴,努力打造运河文化重要的承载地、城市生态的休闲走廊、运河以北的重要标志。依村布景,做到村村有韵味、村村有不同。在规划设计和项目建设中,深入挖掘各村自有的历史传承和文化特色,如薪火双桥"长征精神",推动文化、艺术融入村庄建设的各个领域,塑造有"性格"的乡村文化品牌。

(三)坚持富民导向,探索多元参与"共享经济"

1.精准摸底,做好田野调查

为科学规划产业布局,稳步推进美丽乡村建设和未来乡村打造,结合三村实际,因地制宜,由村委牵头,科学制定一份村民调研问卷。做好每户家庭在宅基地使用、土地流转、庭院整治等村级重大民生决策问题方面的意向信息采集和录入,形成基础数据库。精确筛选比对,形成意见归总,并与下阶段村委的意向重点项目和重点工作任务进行数据匹配,"早摸底、早准备、早实施",抢抓机遇,提前攻克项目启动和工作推进中的难点,调动和提升村民对重点项目和重点工作任务的参与度和积极性。

2.众人拾柴,成立村级公司

探索组建以村经济合作社控股,商会、党员干部、村民多方参股的运营公司,并鼓励各方以资金、土地租金、技术、资源等方式入股。公开招聘农村职业经理人或由村经济合作社、商会中熟悉本村实际,且拥有相关成功经验者具体负责运营,为全村产业布局规划统筹协调。运营公司立足本村产业发展现状,选择与现有成熟产业相关度高、投资风险较低、建设周期较短、预期收益相对稳健的项目作为启动项目备选,科学研判、精心运营,让参与启动项目的村民早日尝到"甜头",让更多的村民有个"盼头",通过一系列项目的叠加推进,逐步实现"村强、民富"的美好愿景。

3.串珠成链,创新致富模式

优化乡村休闲旅游业,整合运河沿岸党建、旅游、生态、人文、产业等资源,主打周末经济推进学研一体化发展。以"春看花海、夏赏荷塘、秋感丰收、冬品民俗"为主题,推出四季旅游线路。结合"生态甲鱼馆""垃圾分类馆""笨爸爸工房"等现有资源,结合家庭农场、蔬果采摘、农耕体验、文创产品制作等,开辟特色研学线路。用好新宇村"绿水青山就是金山银山"理念平原转化地的角色定位,发掘双桥村"长征大队精神"等红色基因,开设红运精品课程。

(四)强化队伍建设,筑实共富事业"硬核支撑"

1.全面提升,锻造基层队伍

织密"选育管用"全链条,狠抓村"两委"班子建设,注重把靠得住、重实干、能致富的人才选配进来。实施村干部能力素质提升工程,提高村干部及后备干部履职带富能力。以发展壮大村级集体经济、村党组织领办合作社等为重点,有针对性地对党员干部尤其是村党组织书记开展培训,组织到"安吉余村""温州东岙"等省内"示范生"调研见学,为壮大村级集体经济赋能。倾力培育"领头雁",开展"书记擂台"大比武,以实绩比拼促领跑、竞跑。

2. 善引燕归，培育"绿领精英"

发挥党员骨干、致富能人示范带动作用，积极吸引新返乡大学生、新型职业农民等"乡村精英"回归。推进农业供给侧结构性改革，大力培育打造新型经营主体，建设党群共富产业基地、现代农业产业园，建强"支部＋合作社＋基地"的产业链、"党员＋致富能人＋群众"的致富链，密切村集体和农民之间利益联结关系，不断激发党员群众创业干事热情，拓宽共同富裕的实践路径。

3. 凝心聚力，发挥"乡村智汇"

把握全区推进乡村振兴促进共同富裕机遇，积极争取上级区级部门强农惠农政策支持和资源要素倾斜，解决运河产业发展中"缺土地、缺技术、缺资金"等难题。积极推进中国美院、浙江理工大学等高校与运河街道的校地合作，发挥高校学科专业与人才优势，在运河文化产业发展、"网红"农产品开发、直播电商经济等方面合作探索，助推产业发展、动能转换。引入农业科技服务中心、农村专业技术协会等生产技术服务型组织，在技术试验示范、科技成果转化、新型农企合作等方面输出经验，推动传统农民向现代农民、职业农民发展，创新区域经济发展模式。

数字化改革需求的"拼图"逻辑

陈礼明

（中共宁波市奉化区委党校）

摘　要：数字化改革的需求分析，是重大应用场景建设的逻辑起点。本文结合数字化改革实践，从技术支持和共同富裕社会建设两个角度入手，研究数字化改革需求的"拼图"逻辑。从技术的角度看，技术发展的动力来自需求，跨越"数字化鸿沟"也是一种改革需求，数字化改革必须为技术发展留下口子。从共同富裕社会建设的角度看，数字化改革需求需满足是否符合共同富裕美好社会建设的标准；数字化改革是一个契机，将经济社会的运转和治理建立在网络化、信息化、智能化的底座之上；对困难群体、弱势群体和特殊群体的兜底救助，仍需要用系统化、规范化的思路和举措支撑、推进、兴办家门口的慈善，建立规范可操作的引流体系，鼓励先富人群和企业面向农村、面向基层，兴办社会公益实体，或是三次分配发挥出作用的可行路径。

关键词：数字化改革　需求　拼图逻辑　共同富裕

数字化改革是浙江省委立足新发展阶段、贯彻新发展理念、构建新发展格局的重大战略举措，是以"制度重塑＋政策供给＋现代化手段运用"为主要特征的重大集成改革，也是现代化先行和共同富裕的"船"和"桥"，为现代化先行和共同富裕示范区提供根本动力。数字化改革的需求分析，是重大应用场景建设的逻辑起点。如果需求把握不准，那么无论在场景还是在功能上，都会影响用户的体验度，最终影响改革的成效和成功与否。

前期，我们通过媒体征集、部门征集，走访听取部分人大代表、政协委员，以及村社干部、企业经营者、中介组织负责人和普通市民等社会各界的意见建议，广泛征集数字化改革需求，旨在问需于民、问计于民，充分调动方方面面的积极性、主动性、创造性，大成集智、群策群力推进改革。

一、需求碎片化愈演愈烈

"需求"，在心理学上通常被称为"需要"。按照美国社会心理学家马斯洛的说法，人有多层次的需要。当低层次需要满足以后，一般就会产生新的较高层次的需要。这些需要有客观和主观之分。用以满足个体的生理需要为客观需要，用以满足人的发展和人生价值实现的需要为主观需要。同样，当客观需要满足之后，一般主观需要也会凸显出来。这两种需要既有生物本能引发的，也有社会文化环境引发的。

改革开放以来，随着经济发展，城乡居民收入水平提高，温饱等基本生存问题得到解决，我国全面建成小康社会。中国特色社会主义进入新时代,我国社会的主要矛盾已经转化为人民日益增长的美好生活需要和不平衡不充分的发展之间的矛盾。与此同时,工业化、城市化、市场化、国际化、信息化带来市场参与方式、社会组织形式、思维研究方式等的深刻变化,各种新的生活方式和生产方式被引进、创造出来,各种新的社会需求也不断被激发、创造出来。

从总的趋势看,当前,群众的需求有以下几个特点。

(一)需求结构趋向于多样化、差异化

群众是一个集合的概念,它包含着不同的阶层、不同的群体。中国区域辽阔、人口众多,民族、乡土文化丰富多彩,不同地区、不同年龄、不同职业、不同身份群体的需求本就有较大的不同,呈现一定的多样性。加之当前我国发展的不平衡不充分,较为明显地体现在城乡之间、地区之间、不同群体之间,不同方面群众之间需求的差异性很大。同时,人们的需求受社会环境和文化习俗影响。即使经济发展水平相当,时代背景不同、历史文化不同,需求也会有所不同。比如城区居民更关心的是就业、住房、交通出行问题,而农村居民更关心的是土地、农业生产、外出打工机会和待遇等问题;城区居民更关心的是孩子上好学、家人就好医的问题,而农村居民更关心的是孩子上学家人就医方便和减少家庭负担的问题。奉化本地人更关心的是社会保障和更好发展机会的问题,而外地来奉务工者更关心的是就业机会和工薪待遇问题。老年人更关心看病和养老问题,而年轻人更关心就业、住房、发展和公平正义问题。即使是同一个群体,代际之间需求的差异也很大。与全国其他地区类同,"80后"农村进城市民与其父辈相比,社会需求表现为"三高一低"四个方面的不同,即薪酬待遇要求高、职业发展期待高、权利保护要求高、返乡务农意愿低。

(二)需求内容趋于丰富化、高标化

在共同富裕的背景下,一方面,人们不再简单地满足于有饭吃、有衣穿、有学上,而是希望有更好的民生保障,实现更高水平的幼有所育、学有所教、劳有所得、病有所医、老有所养、住有所居、弱有所扶,对精神文化生活和对公平公正的追求更加强烈;另一方面,开放、竞争的社会发展环境,对人们提出了更高的要求,社会管理精细化需求更为迫切,一些新的问题冒出来,从而产生一些新需求。比如,近年来,抑郁症患者数量呈不断增加态势,且发病(和自杀事件)已开始出现低龄化(大学,乃至中小学生群体)趋势,给家庭和个人带来沉重负担,成为经济社会稳定和发展过程中不得不面对的一个难题。迄今,抑郁症的病因并不非常清楚,但可以肯定的是,生物、心理与社会环境诸多方面因素参与了抑郁症的发病过程。生活事件的应激,如亲人病故、心理受挫折、工作压力太大等,也均有可能导致抑郁症。而在部分困难群体中,一些自暴自弃的想法不同程度存在,对社会的深度依赖,使他们难以摆脱"低保线"的困窘。扶贫首先得扶志,去"心病"。因此说,无论是前者的焦虑,还是后者的自弃,都需要精神的治疗,精神方面的需求渐渐走上"前台"。但这对许多普通市民来说,是一个较为陌生的领域;对许多基层管理者来说,还缺少有效的管理举措。而相关专业和志愿者队伍以及社会化机构的缺失和不足,使心理治疗和社会支持系统难以有效建立,提前积极介入、社区专业指导、门诊随访难以达成。

（三）需求呈现越发个性化、碎片化

个体的需求既有共性的一面，也有差异性的一面。一般而言，个人之间共性的需求更多是建立在基本生存需要的基础之上，而个性的需求更多的是一种偏好，建立在其生存环境、生活习惯、文化传统、精神追求的基础之上。中国这几十年改革开放出现了一个非常高速的发展，社会变革异常迅速，出现了一系列的阶段性特征和比较深刻的社会矛盾，不同程度地存在"高速拉扯"和"惯性漂移"现象，多种分配制度的并存，居民收入的差距不断扩大，人们生活方式、态度意识的多样化趋向，导致社会阶层"碎片化"现象，人们的社会身份认同呈现出"碎片化"特征，与之相对应的，是"权威"的坍塌与自我意识的崛起，是群体需求的"碎片化"表现，以及消费的"碎片化"与传播的"碎片化"。同时，由于全社会成员生活水平以及受教育程度的提高，人们的需求越发高阶，精神文化的需求受到个体的爱好、兴趣、人生经历、生活背景、知识结构等因子的影响，必然是千差万别、极富个性的，细分市场，小规模、个性化、智能型、订单式的生产方式，量身定制的小众文化大行其道。社会对个性化的包容意识也进一步增强。即使是同一个（类）需求，在不同的事和层面，也展现出不同的"碎片"。信息化技术的发展，加剧了需求呈现的碎片化态势。数字技术、网络技术、传输技术的大量应用，大大强化了个体传播处理信息的能力。这既是技术革命给予了人选择更大阈值的结果，也是对社会阶层"碎片化"的必然应对。而且这两者之间相辅相成，互相推进，进一步加速了碎片化的过程。媒介、渠道"碎片化"，信息获取和传播的碎片化程度愈演愈烈，承载于信息碎片之中的各种需求也保持了同样的态势，并被做进一步碎片化解读和传播。新技术又为"沉默的少数派"提供了发声的平台，更多人的需求通过碎片化的形式在不同的媒体、渠道、场景得以瞬间表达、"浮游"。

二、需求碎片"拼图"的逻辑

如上所述，需求以碎片化呈现，那么，要判断各个需求碎片之间的相关性，做大基本盘，兼顾特殊性，勾勒出较为完整的改革需求图谱，就必须对历史发展和当下现实有深刻把握。这里包含对党的全面领导的深入认识，对历史与现实、先富与共富、发展与安全的准确把握，对管理与服务、公平与效率的进一步梳理，对政府与社会、企业、个人之间的边界的进一步厘清和重塑，对信息共享与隐私保护的伦理评估与建设，等等，从而切实破除基层治理中政民信息沟通碎片化、居民权责认同碎片化、公共服务供给碎片化和民生事务管理碎片化的痛点，破解基层组织与公众缺乏保持有效联通的纽带、基层民众权责意识不对称履行义务意识相对较弱、基层公共产品供给和基层治理能力不能完全满足人民日益增强的个性化民生服务需求、基层治理各项任务协同不足，缺乏标准化协作流程和治理机制等问题。

（一）需求碎片"拼图"的技术逻辑

1.技术发展的动力来自需求

物联感知、人工智能、大数据、云计算、区块链等尖端技术的运用，重塑了数据采集、流转、开发和利用的生态链条，推动了各类资源要素快捷流动、各类市场主体加速融合，帮助参与经济社会建设各方重构组织模式，实现跨界发展、多跨协同，形成与数字化时代相适应的生产方式、生活方式、

治理方式。

技术的发展本就包含了对人们需求的理解和跟踪，这种先天性为我们研究数字化改革需求、场景、改革"三张清单"提供了内在逻辑。技术应人之需求而进步，产品的丰富又在新的起点上引起人们期望值的进一步增长。社会在不断生产出人们需要的产品的同时，也在生产需要本身，产品因而在这样一个动力学基本模式中不断发展。因此，我们在分析技术和需求时，不仅要考虑什么需求需要通过数字赋能予以优化解决，又要考虑新的技术使用后，会激发出哪些新的需求，而这些需求又将如何解决。比如，针对老年人的远程看护问题，采用监控摄像头技术，可通过移动设备远程实时观测到另一端的实际情况，能达到较好的效果。但还是有不少老人不愿意，因为这不可避免地涉及被看护人的隐私保护问题，而且只有在图像内容要素较为齐全且算法足够聪明的情况下，自动报警才能实现，且费用不菲。这就需要新的技术加以解决。奉化溪棠科技开发了毫米波雷达技术产品，应用这种技术及产品，可以为独居老人等高危人群提供坠床、跌倒、生理指标高危异常、异常活动等紧急事件的自动报警，并与设定的移动设备如手机相接，但不传输画面。既能达到远程看护的目的，又能较好地保护被看护人的隐私。

但不能简单地认为这两种技术谁优谁劣。只是在这个场景中，毫米波雷达技术比之摄像头监控技术有一定的优势。但比之后者，前者难以达成身份识别，若在需要这个功能区块的场景，前者的优势立现。在这类问题的判断上，更需要辩证思维。有必要强调的是，针对某种或某一类需求，人们或许可以给出不止一种方案，但对方案的考量应不仅仅着眼于现有需求的解决，更应着眼于采用这个技术解决方案之后，由此会衍生哪些新的需求及这些需求可能导致的后果。

2.跨越数字化鸿沟也是一种需求

数字鸿沟（Digital Divide），是指在全球数字化进程中，不同国家、地区、行业、企业、社区之间，由于对信息、网络技术的拥有程度、应用程度以及创新能力的差别而造成的信息落差及贫富进一步两极分化的趋势。

最新数据显示，截至2021年6月，我国网民数量达到10.11亿，50岁及以上的中老年网民占比为28.0%。但央行的一项调查却显示，60岁以上人群当中使用电子支付的仅为51%。这说明，尽管许多中老年人已经上网，但这一群体的数字化水平并不高。

关爱老年人的数字生活，已成数字时代的必答题。一方面，万物互联，很多服务场景都已深度嵌入互联网，不能熟练使用互联网工具，会使老年人面临不少麻烦；另一方面，老年人普遍面临社会角色消失、社会关系网缩小、社会参与度降低、生活丰富度和幸福感下降等问题，这会导致他们心理上的落差感。数字化需要经常训练。即使是年轻人，如果很少操作自助机，也会有一时的慌张和忙乱，更何况老年人。因此，社会、子女和志愿者积极主动教授和帮助老年人使用互联网，使他们在互联网上尽快找到意义感与获得感，这是必要的。但我们要做的不仅于此。

2020年11月，国务院办公厅印发关于切实解决老年人运用智能技术困难实施方案的通知，要求各部门聚焦涉及老年人的高频事项和服务场景，坚持传统服务方式与智能化服务创新并行，切实解决老年人在运用智能技术方面遇到的突出困难。这是一方面。比如在某些场所，如医院，考虑到就医的老年人和外地人较多，可以设专门的行政服务窗口，接受部分需要的求医者涉医政务服务的咨询和办理，并配备精通业务的导服员或志愿者，引导与帮助老人和外地人办理相关业务。

另一方面,则要深入研究"数字鸿沟"问题,着力提升 5G、人工智能、大数据等新一代数字技术的普惠功能,推动各类数字化应用的门户界面和服务端口"看得清、找得到、用得来",让数字化改革红利更好惠及全体群众。比如政府与互联网企业加强智能设备与数字软件的适老化改造,通过研发应用更多的物联感知工具,在确保个人隐私的情况下,通过对老年人相关数据的抓取,运用 AI 算法,及时获知老年人的所需所要,从而及时将老年人从困境中解脱出来。上述溪棠科技的案例就可做较好说明。

当然,需要跨越数字化鸿沟的不只是老人等特殊群体,从区域上讲,还包括一些农村地区,特别是不发达边远地区。如何帮助他们跨越,就要从加快县乡一体、推动平台融合、加快数据共享、完善工作机制等方面发力,推动省县市及县以下"1612"体系全贯通。依托"浙里办"、浙江政务服务网和镇(街道)便民服务中心,将直接面向基层群众的相关服务事项系统规范地统一纳入便民服务中心,并开展与家政、养老、志愿者等社会服务组织的协作联动,完善"代办点＋自助服务终端＋网格员代办服务"的便民服务模式,实现公共服务"一窗受理、协同办理、限时办结"和"最多跑一次"。与此同时,通过物联感知、机器人等技术的应用,实现一触即发、一键通办,甚至无感办理。

3. 数字化改革必须为技术发展留下口子

每年岁末年初,相关权威机构就会发布未来一年的技术发展趋势,比如 2020 年末 CB Insights 就发布了《2021 年值得关注的 12 大技术趋势》,该报告认为,2021 年,我们将看到更多的可能和方向,比如建筑设计与健康的融合、虚拟空间下的零售体验、科技在社交隔离举措下的加速应用、为算法注入情感数据后对客户体验的改善等。包括量子"定时炸弹"(算力指数级提升带来的数据安全威胁及相应的解决方案)、模拟移情(能够解释和响应人类情感的人工智能技术)、社会即服务(科技新城市)、虚拟购物中心(共享虚拟空间将重新定义人们的购物体验以及人与人之间的互动方式)、重新规划物理空间(从交付中心到商场诊所再到垂直农场,空间互换的概念层出不穷,未来空间的利用方式将逐渐向灵活性与多功能性转变),以及办公室酒店化(远程办公,虚拟共享办公空间)、环境健康、居家医院等。

这些趋势,并不是发布者凭空预测的,仍是基于现实的需求和对未来的展望,基于对现有前沿技术和社会组织形态嬗变态势的把握。比如说,多项技术是在疫情的影响下催生的。预测趋势性其实是寻找一种规律性。当然,人们探究科技的发展趋势,并不总是非常准确,相反,出现误判的情形也不少见。但我们对需求的把握,对技术的把握,仍要为未来开一个口子,使之人、物、事的关系通过技术的纽带达到越来越和谐的境界。

因此,任何一项改革,都将是进行时,不仅仅是因为随着经济社会的发展,人的解放力得到不断的、连续的释放,新的需求和新的技术不断产生,交替推进。今天,可能某一项需求的解决难以有较为完满的技术解决方案,但未来这很有可能只是一件极为容易做的事。有一些需求如果一时解决不了,就暂时放一放,不是说在未来一定要满足这些需求。在接下来的日子里,不论是对这个需求科学性进行论证并进一步修正诠释,还是找到切实可行的技术解决方案,都有必要提醒我们:在这里,有一个口子,通向未来。

（二）需求碎片"拼图"的共富逻辑

1.共同富裕是历史性宏大场景

共同富裕是一场深刻社会变革，是全面建成小康社会后的一种更高级的社会形态，是中国特色社会主义迈向更高阶段的社会形态。这种社会形态，它显著的特点，就是实现高质量发展、现代化建设与共同富裕相互促进、螺旋上升，社会结构更优化、体制机制更完善，文明全面提升，人的全生命周期公共服务优质共享。

率先探索共同富裕之路，最重要的任务是改革探路，最鲜明的要求是改革示范，关键要推进改革突破。与此相对应，研究分析数字化改革需求，也必须基于共同富裕这一历史性宏大场景。

一般而言，个人需求是构成社会需求的基础，但后者又不是前者简单的相加。社会需求更多是共性的需求，即被大多数社会成员认可的，需要通过各方面共同努力才能满足的个人需求。习近平总书记指出，"我们的人民热爱生活，期盼有更好的教育、更稳定的工作、更满意的收入、更可靠的社会保障、更高水平的医疗卫生服务、更舒适的居住条件、更优美的环境，期盼着孩子们能成长得更好、工作得更好、生活得更好"。这是当前人民群众的共同需求，也是对党和政府的共同期盼。

有一点必须强调，个人需求和社会需求没有天然的隔断。有些个人需求在一定的历史时期看不是社会需求，但经过一段时间，等条件发生变化后就有可能成为社会需求。从这个意义上说，社会需求实际上是在众多个人的碎片化需求"拼盘"中寻求最大公约数。今天，我们迈过了全面小康，就有了条件建设共同富裕美好社会。但这不是一个一蹴而就的过程。共同富裕美好社会建设，是一个充满生机活力的阶梯式递进、渐进式发展的过程，是从低层次共同富裕向高层次共同富裕跃升的过程，是从局部共同富裕到整体共同富裕拓展的过程。这实际上，也是把越来越多个人的需求上升为社会需求的过程。

因此，我们在梳理需求清单时，就会有一个标准，即这个需求的满足是否符合共同富裕美好社会建设。当然，如果扩展的话，也可以换种说法，即是否有利于促进人类整体发展进步。这两种说法是相通的，并不矛盾。只不过，前者更为具体。如果一个人的需求的满足无助于增进社会进步和大众福利，这样的个人需求就难以成为社会需求，也不应该由社会通过公共政策和社会政策来加以满足。当然，只要法律和道德允许，个人通过其努力合法合规地得到解决，那也是可以的。

具体到浙江数字化改革需求的梳理，要着眼于"七个方面先行示范"，搭建"1＋6＋N"共同富裕重大改革体系架构，围绕经济高质量发展、公共服务优质共享、城乡区域协调发展、社会主义先进文化发展、生态文明建设、社会治理等方面先行示范；要着力于全面拓宽增收渠道、构建初次分配再分配第三次分配协调配套的制度安排、加大普惠性人力资本投入、加强困难群体帮扶、推动公共服务优质共享等"五大路径"，率先构建"共性＋专项"的公共政策工具箱、"全面覆盖＋精准画像"的群体结构数据库，加快打造收入分配制度改革试验区；要紧紧围绕群众、企业所急所盼和治理现代化所需所要，找准关键切口，谋划推出一批可比可学、群众有感的典型场景应用，研究提供精准化、个性化、定制化的优质公共服务，推动实现全生命周期公共服务优质共享。

2.共同富裕的重点是"扩中""提低"

共同富裕的重点是着力扩大中等收入群体规模，推动更多低收入人群迈入中等收入行列，同时对高收入群体做规范和调节,形成人人享有的合理分配格局。就像全面建成小康社会一样,我们所建设的共同富裕,是一种人人都享有的富裕,就像我们强调脱贫攻坚"一个都不能少"、全面小康"一个都不能落下"一样,实现共同富裕也是"一个不少""一个不落"。

不可否认,中国居民收入的差距较大,离"中间大、两头小"橄榄形分配结构相差较大。那么,探究造成这种差距的原因,或许是我们分析"扩中""提低"的需求的一个切口。造成居民收入的差距的原因,单就个体而言,固然有个人的因素,与自身初始资源禀赋有关。但放在一个个群体,却更得从经济社会中找原因。目前,一些人认为是市场化改革未能到底的结果,半市场半政府的体制留下了大量权力寻租的空间,导致了贫富分化的日益严重;另一些人则认为是市场化过度的结果,伴随着时间的积累,市场会导致有优势的人优势更加明显,特别是教育与医疗等基本公共服务的市场化更是大大增加了中低收入者的生活负担。

这两种看法,无论哪种看法,都有一定的道理。但归根结底,就是对于政府和市场边界的把握。让政府的归政府,让市场的归市场,说说容易,做起来很难。因为之间没有一条天然的清晰的界线,相反,掺杂着各方利益的博弈,从而导致一些市场可以有效发挥作用的领域市场化未能完成,另一些领域则存在市场失灵,与不平衡不充分的发展相对应的是,市场化不平衡不充分。在这个过程中,政府被赋予了巨大的权力和责任,而其在履行自身职能方面仍存在较大的改善空间,这也正是老百姓的期盼焦点之一。

人们对信息公开的需求,对政府能效提升流程透明的需求,对产业政策出台透明度、公众参与度、可预见性的需求,对公共服务均等化的需求,对户籍、利率市场化、农村土地入市、能源供应体制、数据采集和分享机制等要素领域变革的需求,对清廉政府的呼声……这些需求的满足,一方面,得益于个人的自我建设,比如教育、社交等,另一方面,需要政府创造条件,用好初次分配的"无形之手",发挥市场的决定性作用,让劳动和各种要素得到对应的报酬;用好再分配的"有形之手",通过税收、社会保障、转移支付等方式让所有人都能享受到基本公共服务;用好三次分配的"温柔之手",鼓励通过社会化的机制,形成"先富帮后富"的社会风气。

数字化改革是一个契机,将经济社会的运转和治理建立在网络化、信息化、智能化的底座之上,推动党的全面领导一贯到底,便于我们以新理念、新机制探索重塑政府、社会、企业、个人的关系,在教育、医疗、养老、住房、文化、农业农村等重点领域建立协同联动平台和机制;便于我们集成各方力量解决社会问题,凝聚起推动共同富裕的强大合力,聚焦人民群众关注的工作痛点、堵点、难点,聚焦百姓、企业、基层的高频事项,推动服务前延下沉,流程公开留痕,权责公正透明、政策精准有效;便于通过打破原有格局,多跨协同、精密智治,打破不完全竞争导致的利益分配畸形,信息不对称造成的交易成本和风险差异,以及不同领域政策简单机械、监管缺失或过度造成的种种市场乱象,从而畅通向上流动通道,给更多人创造致富机会,形成人人参与的发展环境,避免"内卷""躺平"。

重点是增加公共服务投入,推进公共服务均等化,保障和改善民生。一方面,我们需尽力而为,聚焦养老、教育、医疗、住房等"老大难"问题,并推动均等化,减少老百姓在这些方面的不合理支出,以更大的力度更实的举措让人民群众有更多获得感,使共同富裕真实可见、可触、可感。比如,推进医院间医学检查检验结果互认共享,减少患者的医疗支出;比如切实从源头上解决校外补课费高、学区房炒作、房价过高、租金太贵;比如兴办社区老年食堂,推进老年群体就餐经济便利;等等。另一方面,要充分重视低收入人群持续增收需求,做好提质扩面和兜底救助文章,加强全方位就业服务，高度重视困难群众帮扶救助，加快建成多层次社会保障体系，加强社区治理体系建设，推进民生保障精准化、精细化。

在一些特殊领域，比如海洋捕捞，渔民的共同富裕目标如何实现？他们有哪些需求需要解决？我们在推进"浙里惠渔"一站式数字服务应用时做了梳理。从安全角度来看，一是海上渔船"叫不应""看不见""管不住"，导致预警失灵、管理失效，船只碰撞、船舱进水、船体触礁等事故发生增加。二是安全数据包括船舶轨迹、船员持证等沉淀严重，存在数据更新不及时、不全面，开发利用少、运用效率低等现象。从服务角度来看，一是海上联系不便，船上船员发生受伤、生病等紧急情况，获得及时救助难。二是海上作业时间长，渔民在陆办理政务服务事项不便。三是渔民获得专业培训途径少，高级别、高水平船员缺口大，船上用工结构性矛盾突出。四是油品消耗大、质量要求高，且非正规加油冲击市场秩序，加油成本居高不下。五是渔船登记年检手续烦、维修保养价格贵、转售租用途径窄。从效益角度来看，一是渔业产业存在捕捞方式粗放，资源利用率低，科技支撑力弱等问题。二是市场信息不对称、渔获交易不便捷、海产品保鲜难、渔获贱卖现象普遍存在。三是渔获储存成本高、物流路线长、海鲜保质难。四是渔业上下游资金需求大，融资难、融资贵。为此，我们聚焦渔业安全、渔民富裕、企业发展、行业自治，以"政府主导，政企合作"模式，通过平台、标准、设施共建，推动"星上""掌上""海上""岸上"全流程建管服协同并进；以资源、数据、服务共享，推动政府、渔民、市场主体、社会组织治理发展能力全方位提升；以共建共治双驱动，撬动共享共生新引擎，为打造现代化渔业治理体系的"一地创新，全省共享"案例做出积极探索。

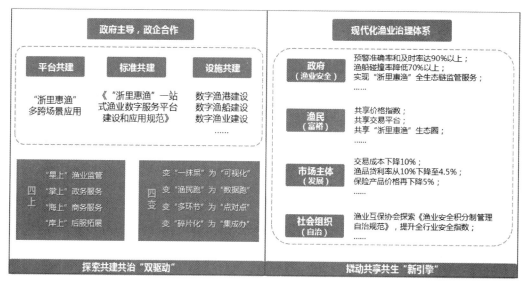

图1 "浙里惠渔"共建共治共享共生体系

这一逻辑的相关方法论其实可以推及其他领域。但有一点必须强调，共同富裕绝不养懒汉。一方面，鼓励勤劳创新致富，坚持在发展中保障和改善民生，为人民提高受教育程度、增强发展能力创造更加普惠公平的条件，提升全社会人力资本和专业技能，提高就业创业能力，增强致富本领；另一方面，从政策上做出调整和引导。比如低保政策的实施是否可以有以下考量。我们在低收入人群中推行家门口就业等辅助政策。通过这一政策，低收入人群获得一定的收入。这笔收入如果按相关规定在他的低保收入中扣除，势必对调动他们的就业积极性会有明显的消极影响。如果不工作,这些人的收入是否始终在低保线上徘徊。托底的压力只怕会越来越大,共同富裕也不能从根本上解决。那么,我们能否重新研究政策,通过在一定收入范围内,特殊项目收入不在低保收入中抵扣的政策调整,提升低收入群体的收入的同时,提升他们的劳动积极性、参与性,而不是简单机械地提升低保水平线。

3.建设和完善互助守望的慈善事业发展体系

共同富裕是全体人民的富裕,是人民群众物质生活和精神生活都富裕,不是少数人的富裕,也不是整齐划一的平均主义。在共同富裕美好社会建设过程中,比起其他群体,困难群体、弱势群体和特殊群体如残疾人、精神病人家庭通过自身的努力实现目标,无疑更难。但对这些群体的兜底救助,仍需要用系统化、规范化的思路和举措去支撑,去推进。在这个过程中,三次分配将发挥越来越重要的作用。

如果说初次分配关注市场经济效率,再分配以强制性行政手段促进社会公平正义,那么,第三次分配依靠的是"精神力量",通过人性的温暖和友爱促进社会资源在不同群体之间均衡流动,是对初次分配和再分配的有益补充,是"先富帮后富"的实践行动,对于帮扶困难群体、促进共同富裕、提升社会治理水平具有深远意义。

党的十九届四中和五中全会都提出要重视发挥第三次分配作用,发展慈善等社会公益事业。"第三次分配是在自愿基础上的,不是强制的。"中财委办公室副主任明确表态。但人人做公益,富人做慈善的社会风气的形成,仍是一个需要引导的过程。"先富帮后富",不仅要为先富者如何帮提供便利环境,比如税收政策向慈善事业倾斜、增加财政资金对慈善捐赠者和慈善组织参与突发事件应对的保障激励;比如推动政府与慈善捐赠者和慈善组织间的契约精神;比如出台与慈善密切相关的金融、土地、教育、信托等支持。而且,也要对受助者进行一定的约束,真正形成政府、慈善捐助人、受助人之间平等互信,确保捐助人放心捐助不落负担,受助人积极参与不失尊严的需求实现。

搭建平台,兴办家门口的慈善。慈善事业要做到人人参与,参与者不只是授予者,还有接受者,都有降低参与成本的需求。如何降低?数字化社交是一个途径,但更为现实的是推进家门口的慈善。这不仅是和谐村社建设的必要补充,也是实现慈善多样性的必要条件,实现老百姓"有钱出钱、有力出力"的朴素情怀。比如上文提到的"家门口就业",就是通过这么一个公益平台的运作,以发展来料加工、加大以工哺农力度为主攻方向,建好"家门口就业点",牵好"经纪人中间线",用好"数字化新场景",打好"政策组合拳",实现政府、企业、经纪人、基层组织、村民多方共建共管共享,构建"居家增收机制",为山区那些老龄留守、闲散居守、缺技少能的农民以及其他困难群体,不出家门实现"就业",增加收入的同时提升劳动技能。又比如我们推进的另一个项目"家门口"社区综合服务应用,帮助社区创建社区志愿者团队,通过"以一带二,以一群带全体",孵化本小区的志愿队伍,人人出力,共建家园。可以说,比起设立村级慈善基金、创立运作如"家门口就业"这样的帮助困难群体创收的公益平台,推进志愿者事业发展是另一种公益慈善。志愿服务是慈善事业的重要组成部分,是推动社会治理创新、促进社会文明和谐的重要领域。在当下人口老龄化的社会背景下,包括居家养老、老年食堂等,均需要志愿者的深度参与。全国人大社会建设委员会副主任委员、中华慈善总会会长宫蒲光认为,目前,在志愿服务领域仍存在精神激励不足、经费投入不够等问题。应该尽快建立以精神奖励和社会优待为主、适度物质回馈为辅的志愿服务激励制度,充分发挥志愿服务在社会治理和社会进步中的积极作用,提高志愿者的荣誉感和获得感。

　　建立规范可操作的引流体系,鼓励先富人群和企业面向农村、面向基层,兴办社会公益实体。近年来,不少民营企业家积极参加到各项社会公益事业中。如何发挥他们的这种积极性,就要不断健全和完善各项法律法规、政策体系、社会监测和评价体系,形成遵循自愿原则,不搞道德绑架,互相支持守望,各方守约诚信的发展氛围,做好引流文章。通过企业成本控制特别是管理成本的组织化能力,降低管理费用,面向农村和基层,融入式兴办公益性医疗、教育、养老、文体、残障康复、应急救援等社会服务机构、设施和平台,结合数字化,线上线下互动,面对面、近距离、多形式开展慈善公益活动,从而拓展慈善组织的服务功能,为慈善事业提供更多资金支持和服务载体,推动慈善组织从单一的物质救助向物质救助与精神支持、心理疏导以及能力提升并重转变,推进慈善事业不断朝着组织化、公众化、规范化、透明化、专业化的方向发展。

宁波市推进共同富裕乡村建设的经验总结与对策思考

陈国英

（宁波职业技术学院图书馆）

摘　要：共同富裕与乡村建设相辅相成，彼此共赢。浙江省宁波市立足自身实际，在推进共同富裕乡村建设工作发展方面积累了一系列行之有效的先进经验，具有积极的借鉴价值。以此为背景，剖析宁波市积极推进共同富裕乡村建设的时代意义，总结推进共同富裕乡村建设经验，从政府引领仍有提升空间，多方参与积极性不足，乡村建设反馈机制相对缺失入手，对宁波市推进共同富裕乡村建设工作仍存在的问题展开分析，提出宁波市推进共同富裕乡村建设进一步优化的对策：发挥政府引领作用，以政策优势营造良好环境氛围；鼓励多方广泛参与，以集思广益夯实共同富裕基础；完善反馈机制，以评价调整突出乡村建设内涵。

关键词：共同富裕　乡村建设　宁波市

推进乡村建设，实现共同富裕已经成为宁波市政府部门十分重视的关键工作，如何在新时代背景下更好塑造乡村风貌，增加农民收入，建设美丽乡村，至关重要。所以，宁波市不仅需要在探讨发展现状的过程中完善自身的共同富裕乡村建设经验总结，而且也需要积极了解当下推进共同富裕乡村建设工作时仍然存在的现实问题，形成解决问题的实施路径，突出进一步优化乡村建设对策的有益思考。以此为背景，本文立足于实地调研情况，针对宁波市推进共同富裕乡村建设的经验总结进行逐一探讨，并展开较为深入的对策思考。

一、宁波市积极推进共同富裕乡村建设的时代意义

宁波市积极推进共同富裕，优化乡村建设，既能够引领农村高质高效发展，也能够带动乡村地区实现全域蝶变，还能够充分发挥先行示范作用，为其他地区展现共同富裕乡村建设提供先进经验参考。从这一角度来看，宁波市不断推进共同富裕乡村建设具有不容忽视的时代意义。

（一）推进农村高质高效发展

共同富裕乡村建设的积极推进，对于农村高质高效发展具有不容忽视的时代意义。对于宁波市来说，区域经济较为发达，第一、第二、第三产业都有极大发展。其中，在第一产业，截至 2018 年 10 月，已经拥有国家级重点龙头企业 9 家，省级龙头企业 51 家，龙头企业云集让宁波市乡村民众可以在种植业获得更多利润；在第二产业，宁波拥有八大国家级开发区，产业实力雄厚，与国际先进产

业相接轨，精密工业已经成为宁波发展的重要优势；在第三产业，宁波商业发展历史悠久，在金融业、会展业、期货行业等都有极大优势。基于此，对于宁波市广大农村地区来说，依托宁波现有的各产业优势，不断从城市向乡村延伸，投入大量资金用于乡村建设，实现城乡共同富裕，带动乡村民众尤其是偏远乡村民众实现共同富裕，对于推进农村实现高质发展、高效发展至关重要，可以说，乡村建设共同富裕与农村高质高效发展息息相关，且能够展现出合作共赢局面。

（二）带动乡村地区全域蝶变

乡村地区与城市地区相比仍然有较大差距，即使在经济、教育较为发达的宁波市，仍然有部分乡村地区经济发展、生态发展需要投入更多精力，才能真正实现共同富裕，体现乡村建设质量。所以，宁波市不断推进共同富裕乡村建设，能够逐步带动乡村地区全域蝶变，让乡村地区经济、政治、社会发展、环境保护乃至乡村振兴落实都可以与共同富裕乡村建设相契合，打破三农发展不平衡问题，促进宁波市各地区全面实现共同富裕，全域实现蝶变发展。

（三）充分发挥先行示范作用

宁波市属于我国东部地区，经济较为发达，很多行业领域都已经形成了良好的运行经验，能够为中西部不同地区更好开展乡村建设实现共同富裕给予较多参考。所以，宁波市积极推进共同富裕乡村建设工作的发展，从对外与对内的不同角度来说能够充分发挥先行示范作用。对内，宁波市通过落实试点工作开展先锋试验的方式让一部分乡村地区成为样板地区，从而为宁波市其他地区更好地推进共同富裕乡村建设工作落实发挥先行示范作用；对外，宁波市同样可以通过自身总体性的共同富裕乡村建设效果呈现，为其他地区更好开展相关工作给予示范。

综上所述，宁波市积极推进共同富裕乡村建设的时代意义呈现极为明确，不仅对于农村高效发展可以形成时代化保障，而且能够为农村地区全域蝶变提供动力，还能够借助先行示范作用的充分发挥，突出共同富裕乡村建设工作的时代价值。

二、宁波市推进共同富裕乡村建设经验总结

宁波市在推进共同富裕乡村建设工作成效不断呈现的过程中，将数字乡村助推共富行动、农民收入倍增共富行动、乡村风貌塑造共富行动等纳入工作序列，在数字乡村建设、农民收入增长、乡村风貌良好塑造等不同层面成效显著。为此，本文着重从上述三个方面入手针对宁波市推进共同富裕乡村建设经验总结情况予以逐一解读。

（一）实施数字乡村助推共富行动

宁波市数字乡村助推共富行动的积极开展，主要是以数字化改革为重点，将大数据、物联网、5G网络、人工智能从城市向乡村进行延伸，不断完善基础建设，让广大乡村地区能够与城市在数字化层面实现共同发展，并且将城市资源向乡村地区进行不断倾斜，让乡村发展得到数字乡村建设的更好带动，而且，农村宅基地管理、渔船管控都在数字乡村助推共富行动的支持下不断呈现出科技化、规模化、系统化的发展趋势，普及了大量的公共管理、公共服务数字化场景，使得数字化内容与

乡村地区的种植业、畜牧业、渔业等很多行业进行结合。

到 2019 年时,宁波市已经建成电子商务村落 200 个,数字化示范养殖基地 300 个,数字化农业大型工厂 50 个,这些涵盖宁波市不同乡村地区的数字乡村建设试点为不同类型的第一产业实现数字化改革形成了先行示范作用。宁波市关于数字乡村助推行动的开展并没有停滞,而是形成了多年发展计划,不断以示范试点为引领向周边更为广阔的乡村地区延伸。

(二)实施农民收入倍增共富行动

农民收入倍增共富行动同样是宁波市推进共同富裕,实现乡村建设效果显著发展的重要举措之一。宁波市政府部门不断完善农民收入带动举措,比如,推动乡村屋顶光伏工程、农民乡村旅游致富工程有序运行,给予农民实惠,以农民收入保底的方式让农民可以除了靠第一产业吃饭外还可以利用自身优势获得副业收入,而且宁波市通过打造"四明山区域"农业品牌发展体系,突出试点区域的先行示范作用。农村能人带动作用、农民合作抱团作用、不同地区组合作用都可以得到更优化发展,针对低收入农民群体进行精准帮扶,突出多元化参与的帮扶机制,并将帮扶中的促进作用发挥得淋漓尽致,确保低收入家庭中至少有一人参与就业,并且为低收入家庭免费进行保险保障,实现低收入人群保险强覆盖。

总而言之,宁波市积极开展的农民收入倍增共富行动,不仅针对所有农民群体开展副业帮扶,落实农业合作社、农业带头人的引领作用,实现了农民收入稳步增加的探索与尝试,而且围绕低收入人群施行跟踪式共富机制,寻求创新方式的不断落实与覆盖,从而使得农民收入倍增共富行动效果得以更科学地呈现。

(三)实施乡村风貌塑造共富行动

乡村风貌塑造共富行动的积极开展同样为宁波市共同富裕乡村建设工作成效提供了较多保障,这一行动主要表现在:积极开展美丽乡村"13511"工程,在宁波乡村地区选择一批具有代表性的村庄打造精品工程,强化对宁波内部传统村落的保护和文化传承,到 2019 年时改造村庄 1500 个,积极推进乡村振兴战略,打造精品村庄 1000 个、景区村庄 1000 个,有 30 个以上的小集镇中心村,而且在乡村风貌塑造方面,农村宅基地管理更加深入完善,违法建筑得以拆除,旧村改造循序渐进落实。

可以说,宁波市通过乡村风貌塑造共富行动的有效落实,使得很多原本村貌较为破败的村庄焕然一新,并且突出浙江东部文化精髓,使得农村生活污水治理效果不断提升,生活垃圾得到统一处理,正因为如此,宁波不同地区村庄乡村风貌得到良好塑造。

总而言之,数字乡村助推共富行动、农民收入倍增共富行动、乡村风貌塑造共富行动等一系列行之有效的具体举措的有序实施,让宁波市共同富裕乡村建设工作的推进更加深入乡村发展的不同方面,使得宁波市不同乡村地区的民众群体能够感受到乡村建设工作带来的发展"红利",早日真正实现共同富裕。

三、宁波市推进共同富裕乡村建设工作仍存在的问题

宁波市在推进共同富裕乡村建设工作开展过程中仍然存在一系列较为现实的问题与不足,政

府引领仍有提升空间,多方参与积极性不足,乡村建设反馈机制相对缺失都在某种程度上弱化了宁波市共同富裕乡村建设工作的实施效果。

(一)政府引领仍有提升空间

宁波市面对广大乡村地区探索共同富裕乡村建设工作开展是一项需要持续化、系统化运行的工程,涉及内容纷繁复杂,需要参与的主体众多。在这样的情况下,政府引领作用必不可少。

然而,就现阶段来说,宁波市的政府引领工作仍有较多的提升空间,如何规范共同富裕乡村建设工作思路,如何组织多方主体踊跃参与都需要政府积极发挥应有作用。相关问题主要体现在:一方面,在明确工作思路、优化工作过程方面,政府引领提升空间较多,政府部门往往会陷入随意化、短期化的发展窘境,不利于共同富裕乡村建设工作效果的持续化展现;另一方面,在引导不同主体参与乡村建设工作、突出城乡共同富裕效果时,政府引领同样有较多的提升空间,正因为如此,宁波市推进共同富裕乡村建设工作虽有成效,但提升空间较大。

(二)多方参与积极性不足

共同富裕乡村建设工作涉及内容繁多,不能仅仅依靠政府引领作用,而是需要多方主体的共同参与,比如,社会企业、社会公共组织、乡村民众,乃至城市民众都可以各司其职,以自己的方式参与到工作之中。

然而,现阶段的宁波市共同富裕乡村建设工作落实多方参与积极性不足,参与力度不够,相关问题主要体现在:一方面,参与积极性不足,广大民众、社会企业、公共组织在参与乡村建设过程中时往往是公益的,或者是需要前期投入的,部分主体难以看到参与乡村建设工作所能够带来的经济效应和社会效应,再加上政府引领不理想,所以参与积极性不足,被动性偏多;另一方面,参与力度不足,即使有一些社会主体参与到了宁波市乡村建设工作之中,但是参与频率偏少,消极性强,参与力度不能满足乡村建设工作的实际需要,甚至与政府工作相脱离,弱化了宁波市乡村建设工作的具体实施成效。

(三)乡村建设反馈机制相对缺失

乡村建设反馈机制的相对缺失,在某种程度上使得宁波市在推进共同富裕乡村建设工作时展现出不同层级政府部门彼此联系不足、反馈偏少、调整不理想的现实问题。

相关问题主要体现在:一方面,上下级部门、同级部门之间的乡村建设工作心得反馈不足,各自为政的现象屡见不鲜,缺乏信息共享和调整完善;另一方面,由于反馈不足导致调整不力,也在某种程度上使得共同富裕乡村建设工作的有机调整处于不理想状态,尤其在同级政府部门之间的乡村建设反馈调整机制实施上同样展现出不理想的窘境,不利于乡村建设工作落实,也对共同富裕造成较多不良影响。

四、宁波市推进共同富裕乡村建设工作开展路径

从宁波市的角度来说,共同富裕乡村建设工作的开展,需要形成类型多元、行之有效的实施路

径,循序渐进实施、为民服务展现、区域契合凸显,都是宁波市推进共同富裕乡村建设工作开展路径探索下的集中体现。

(一)循序渐进实施

宁波市推进共同富裕乡村建设工作,不能一蹴而就,而是需要循序渐进予以实施,循序渐进实施的路径探索在于乡村建设工作时间延伸的持续性,突出乡村建设的可持续发展。为了更好地展现共同富裕乡村建设工作路径有效性,宁波市明确建设时间节点,优化建设过程,以政策引领发挥带动作用,凸显乡村建设路径持续性优势。

(二)为民服务展现

为人民服务是我党和政府开展工作的根本宗旨,这一点到任何时候都不能改变。所以,宁波市推进共同富裕乡村建设工作,需要凸显为民服务理念,将理念作用于路径探索,一切从民众的实际需求出发,任何损害民众利益的行为都不能纳入共同富裕乡村建设工作体系之中,为民服务展现路径的呈现是规范乡村建设工作开展的准绳。

(三)区域契合凸显

宁波市推进共同富裕乡村建设工作开展路径的落实,同样离不开区域契合路径的探索落实。共同富裕乡村建设工作不能局限于宁波一地,而是需要与浙江省其他区域,乃至周边省份不同地区互相契合,才能让城乡共同富裕、乡村民众共同富裕予以规模化实现。

综上所述,宁波市推进共同富裕乡村建设工作开展路径的充分实现,既需要通过时间层面循序渐进实施提供可持续发展下的保障,也需要为民服务展现这一根本性路径的发展,将人民群众的需求放在首位予以重视,更需要通过区域契合凸显下形成的地域化、联合化路径,让乡村建设与共同富裕实现更多共赢式探索。

五、宁波市推进共同富裕乡村建设进一步优化的对策

对于宁波市来说,共同富裕乡村建设工作虽然形成了一系列较为先进的经验,借鉴价值明显,不过就现阶段来说,相关工作开展过程中仍然存在较多的问题弊端。为此,宁波市政府部门需要立足自身实践情况,积极发挥政府引领作用,以政策优势营造良好的环境氛围;鼓励多方广泛参与,以集思广益夯实共同富裕基础;完善反馈机制,以评价调整突出乡村建设内涵等,对宁波市推进共同富裕乡村建设进一步优化的对策予以有益思考,并且将社会企业、社会公共组织、广大乡村民众、城市居民等多元化主体都引入共同富裕乡村建设工作过程,展现出应有的对策实施优势。

(一)发挥政府引领作用,以政策优势营造良好环境氛围

针对政府引领仍有提升空间的现实问题,宁波市需要积极发挥政府引领作用,以政策优势营造良好的环境氛围,推进共同富裕乡村建设工作成效进一步展现。

具体措施主要体现在以下几个方面:首先,突出工作过程、工作思路明确的政府引领,让政府部

门人员下沉到不同的乡村地区，把月度、季度、年度开展的乡村建设工作步骤与工作重点向有关人群进行传达，凝聚工作热情，提升工作积极性，让共同富裕乡村建设工作的政府引领作用发挥予以充分体现。其次，突出多方主体参与的政府引领，积极发挥政策优势，引导不同主体参与到共同富裕乡村建设工作过程之中，借此营造良好的环境氛围，从而让宁波市不同乡村地区的乡村建设工作实施、共同富裕目标达成都能够在环境氛围的保障下循序渐进落实。

（二）鼓励多方广泛参与，以集思广益夯实共同富裕基础

针对多方参与积极性不足的现实问题，宁波市需要鼓励不同主体广泛参与到乡村建设工作中来，集思广益夯实共同富裕基础，乡村建设既是政府的工作，更是乡村民众需要重视的重要事宜。所以，不同主体需要增强参与积极性，突出多方参与的重要价值，发挥民主集中在工作开展中的关键作用。

具体措施主要体现在以下几大方面：首先，不断调动参与主体的积极性，以政府引领为前提，积极鼓励社会企业、社会公众、公共组织参与积极性，在条件允许的情况下进行一定的物资、资金激励，让不同主体能够更加活跃、更为主动地参与到工作进程之中。其次，不断增强多方参与力度，针对已经参与到乡村建设中的多方主体，实现激励与惩戒相结合，突出参与绩效，强化引导效果，赋予参与主体更多的参与知情权、决策权和建议权，从主动层面调动多方主体参与积极性的同时强化多方主体的参与力度。

（三）完善反馈机制，以评价调整突出乡村建设内涵

针对乡村建设反馈机制相对缺失的现实问题，宁波市需要不断完善反馈调整机制的贯彻实施，以评价调整突出乡村建设内涵。

具体措施主要体现在两个方面：一方面，完善反馈机制内容，突出多方评价制度，让多方主体广泛参与工作进程的同时，对所有在不同地区开展的乡村建设工作予以相应的客观评价，细化评价标准，展现评价评分机制，鼓励广大民众、社会企业、公共组织对参与过程中发现的问题和建议进行及时反馈；另一方面，在评价反馈机制的基础上，突出调整机制展现边实施、边反馈、边评价、边调整的脉络体系，让乡村建设内涵更加突出。

六、结语

宁波市乡村建设工作的开展，为实现共同富裕给予多元化保障。基于此，本文剖析宁波市积极推进共同富裕乡村建设的时代意义，进而解读推进共同富裕乡村建设经验总结，从政府引领仍有提升空间，多方参与积极性不足，乡村建设反馈机制相对缺失入手对宁波市推进共同富裕乡村建设工作仍存在的问题展开分析，提出宁波市推进共同富裕乡村建设进一步优化的对策，诸如：发挥政府引领作用，以政策优势营造良好环境氛围；鼓励多方广泛参与，以集思广益夯实共同富裕基础；完善反馈机制，以评价调整突出乡村建设内涵等一系列对策。

参考文献：

［1］沈费伟，戴辰.农业农村共同富裕的目标体系内涵与指标体系构建：以浙江省为例［J］.改革与战略，2022（1）：1-11.

［2］吕德文，雒珊.促进农民农村共同富裕的政策体系及其实现路径［J］.中州学刊，2022（1）：83-91.

［3］郑瑞强，郭如良.促进农民农村共同富裕：理论逻辑、障碍因子与实现途径［J］.农林经济管理学报，2021，20（6）：780-788.

［4］李晶.整体性治理视域下建设共同富裕示范区研究：基于江山市"中国幸福乡村"建设的调研［J］.西部学刊，2021（24）：55-58.

［5］曹婕，欧阳日辉，左臣明.数字乡村建设促进共同富裕的实践探索与经验启示［J］.新经济导刊，2021（4）：13-21.

［6］朱志平，胡燕，曹祎媚.共同富裕：基于农业伦理的乡村振兴路径选择［J］.山西农经，2021（22）：1-5.

［7］武芳，董传斌.全面推进乡村振兴　推动城乡融合共同富裕先行区建设［N］.许昌日报，2021-11-24（1）.

［8］金浏河，赵显平.共同富裕　乡村振兴与乡村民宿的正向思考：基于《关于支持浙江高质量发展建设共同富裕示范区的意见》［J］.中国经贸导刊，2021（21）：63-67.

农家书屋3.0：乡村公共阅读服务高质量发展"嘉兴样本"

胡萍　许大文

（嘉兴市图书馆）

摘　要：农家书屋作为重点文化惠民工程，是乡村文化振兴的核心窗口。基于和城乡一体公共图书馆服务体系融合的发展进程，嘉兴市在农家书屋建设发展中积累了较为成熟的经验。以新时期高质量发展为目标，从资源、功能、服务、管理等方面开展创新实践，为乡村公共阅读服务体系的效能提升、持续发展提供了可复制、可推广的有效样本。

关键词：农家书屋　乡村振兴　高质量发展　公共图书馆服务体系　嘉兴

伴随着我国进入新发展阶段，公共文化服务高质量发展成为公共文化服务体系建设的主旋律。推进城乡公共文化服务一体建设，是乡村振兴全面推进时期的首要任务。农家书屋是"十一五"以来在我国农村地区实施的重大惠民工程，作为公共图书馆在乡村服务的重要补充，是乡村公共阅读的重要阵地。按照"政府组织建设，鼓励社会捐助，农民自主管理，创新机制发展"的思路组织实施，把各部门、各地区在农村文化建设中的类似项目结合起来，相互补充，同步推进，实现资源整合。在多年建设探索过程中，虽整体有所提升，但还是在管理、服务等方面存在着诸多问题，造成知晓率、利用率低，甚至形成"开业即关闭"的尴尬局面，也产生了一些负面评价。为了进一步推动乡村公共文化建设，2019年中宣部等十部门联合印发了《农家书屋深化改革创新提升服务效能实施方案》[1]，引导各级政府推动农家书屋提质增效，为乡村文化振兴提供实质性的措施与方法。

嘉兴市作为第二批国家公共文化服务体系示范区，城乡一体化公共图书馆服务体系建设已在全国成为典型，被业界称为"嘉兴模式"。这一创新模式弥补了城乡发展不均衡的短板，实现了较高水平的公共文化服务城乡均等化、普惠化。农家书屋这一与乡村百姓最近距离的公共阅读场所，一直以来是嘉兴市图书馆服务拓展的重要阵地。以政策为导向，以实际调研为数据支撑，全市农家书屋从资源整合的2.0阶段，已逐步发展到目前以礼堂书屋建设为抓手，与乡村阅读公共服务体系建设实质性融合的3.0阶段，嘉兴市图书馆对农村公共文化服务可持续发展，提供了可操作、可复制的做法和建议。

一、时代背景

乡村公共阅读作为全民阅读的重要组成部分，其有效实现依赖于现代公共文化服务体系的支撑，均等化是服务供给的基本要求。党和政府非常重视全民阅读工作的开展，逐步把这项工作提到了更加重要的高度。习近平总书记在多个重要场合都提到"要多读书，建设书香社会"。"全民阅读"六次写入政府工作报告，《全民阅读促进条例（草案）》《公共文化服务保障法》《公共图书馆法》等条例和法律相继出台，赋予了开展全民阅读工作坚实的法律层面的保障。

农家书屋是乡村公共文化建设的重要组成部分，是推进乡村文化振兴的一支重要力量。农家书屋的主要服务对象是作为乡村文化振兴主体的广大农村群众。根据第 7 次全国人口普查：全国共 14.11 亿人，居住在乡村的人口为 50979 万人，占 36.11％。[2]全国范围行政村总数为 691510 个，目前建成的农家书屋覆盖了近 85％，有条件的基本全覆盖，是全民阅读深入推进在乡村的重要体现。

"十三五"时期，乡村振兴实现良好开局，农民人均收入翻番，新时代脱贫攻坚目标任务如期完成。广大农民群众在物质生活得到满足的基础上，对精神文化的需求提出了更高的要求，不再停留于"有没有"，而是转向"好不好"。[3]公共文化发展要找准切入点，利用现有资源，不断开拓创新，以此满足人民群众日益增长的精神文化生活需求。农家书屋的服务效能，是指农家书屋通过政府主导建设，由农民自我管理，在政策优化、资金投入、场地选择、资源组织、人员管理等方面进行专业策划，为农民群众提供专业水准的服务。[4]通过提升农家书屋的服务效能，提供更多更符合农村群众实际需求的文化产品和文化活动，促进乡村文化振兴落到实处，在乡村振兴战略中发挥出重要的价值和作用。只有服务效能的提升，才能避免农家书屋在新时代发展中被边缘化，沦为图书馆陈列室，发挥不了真正的图书馆功能。

目前农家书屋存在的问题如下。

1. 整体社会效益不明显

经过多年推动与建设，农家书屋硬件设施越来越好，面积越来越大，书籍数量不断增加，整体上达到了供给充足。但是产生的社会效益与投入不成正比，农家书屋在当地农村群众中的知晓率和利用率仍然较低。一项来自全国 21 个省 282 个行政村的大型调研显示，去过本村农家书屋的人员比重仅为 31.6％，且以低频次参与者居多，全年去过 1—3 次的占比为 57.2％，去过 4—10 次的占比为 30.4％，没有借阅书籍的占 33.1％，借阅 1—5 册的占 41.1％，仅有 27.19％的受访者参与过书屋举办的读书活动。[5]

2. 管理工作有待加强

一是有些农家书屋征订的期刊报纸未准确送达，而是被个人或其他部门占有；二是有些书屋的图书、报刊未按类上架摆放，随意堆叠；三是借阅记录缺少或不完整，借还情况无法体现与统计；四是发现个别农家书屋虽已建成，但长期不开放，室内图书乱堆乱放无人管理；五是提供的阅读资源种类比较单一，阅读服务内容较少。

3. 图书管理员管理素质不高

目前书屋的管理人员基本上都是由村干部兼任的，或临时招募人员值守，均为义务管理者，大部分未接受过专业的图书管理培训，未掌握基本知识和技能。导致日常管理中存在一些问题：一是无法保证书屋的开放时间；二是管理人员不清楚所藏图书的具体情况，缺少推荐宣传，不利于图书资源的利用和阅读活动的推广，书屋作用不能有效发挥；三是只能完成最基础的图书借还、收藏工作，主动开展的阅读活动较少。

2015 年 1 月，中共中央办公厅、国务院办公厅印发《关于加快构建现代公共文化服务体系的意见》指出"促进城乡基本公共文化服务均等化"[6]，明确提出"全民阅读进农村"。2018 年 9 月，中共中央、国务院印发的《乡村振兴战略规划（2018—2022 年）》要求"推动全民阅读进家庭、进农村"[7]。2020 年中央一号文件提出"推动基本公共文化服务向乡村延伸，扩大乡村文化惠民工程覆盖面"。2021 年 3 月，文化和旅游部、国家发展改革委、财政部印发了《关于推动公共文化服务高质量发展的意见》[8]，明确指明了乡村振兴战略下农村公共文化服务的发展方向和行动指南，将乡村公共阅读服务提升到了有史以来的新高度，在完善基层公共文化服务网络、创新拓展城乡公共文化空间等高质量发展主要任务中指引了方向。可见，当前农家书屋高质量发展是乡村振兴背景下迫切需要解决的问题。

以往关于农家书屋的研究，大都集中在农家书屋的相关政策、发展现状及存在问题与对策上。比如，金武刚提出将农家书屋纳入农村公共图书馆服务体系，实现建设主体合一、经费统筹使用、设施统一管理、服务统一规范、人员统一培训的两者整合发展。[9]谢敏仪提出建立统一的"农村公共阅读服务中心"等形式，建立协调机制，整合资源和服务，以政府为主导推动农村基层公共文化服务制度化、标准化发展。[10]唐丹丹等人从农民主体视角对农家书屋政策执行面临的"内卷化"困境，分析了呈现"没有发展的增长"状况的原因，并提出了建议。[11]

乡村振兴战略提出后也有一些研究开始探索农家书屋的提质增效问题。比如颜彬，通过分析现代媒介对传统文化带来的媒介背景变化，从定位、供给、运营机制层面梳理了农家书屋目前的问题，主张以多元空间建构、内生动力发掘、多方参与等措施，构建可持续发展的模式。陈庚、张红梅基于使用与满足理论，对农家书屋的需求、使用、满足和后续决策进行了分析，从受众角度出发提出了可持续发展的途径。[12]

当前农家书屋在农村公共文化服务发展视角下的相关研究成果较少，已有的成果也仅是一些专题性或个案性研究，还有许多研究空白需要补足。在新发展阶段乡村振兴全面推进时期，农家书屋如何高质量发展是当前急需解决的问题。本文基于嘉兴市农家书屋与城乡一体公共图书馆服务体系建设有机整合的发展模式，就目前的状况、存在的问题及已实施的措施，进行分析与探索。为公共图书馆在乡村振兴中对农村公共文化服务可持续发展起到的推动作用，提供可操作、可复制的做法和建议。

二、嘉兴市农家书屋发展的三个阶段

融合促进发展，嘉兴市在农家书屋与公共图书馆服务体系融合的过程中，依靠稳固基础，找准突破口，"以点带面，逐步推进"，分阶段有效实施。

（一）农家书屋 1.0

农家书屋是"十一五"以来在我国农村地区实施的重大惠民工程。新闻出版部门独立发展乡村公共阅读服务体系，从 2003 年的倡导发动，2005 年的试点先行，到 2007 年的全面推进，经过 2009 年的加速推进，最后在 2012 年提前完成全国布点。到 2019 年底，全国共建成农家书屋 58.7 万家，共向农村配送图书超过 12 亿册，进行数字化建设的农家书屋达到 12.5 万家。嘉兴从 2007 年开始以市本级为试点，向全市各县市逐步推进，将服务人口较多、阅读服务需求较大的村农家书屋改造提升为村级图书分馆。到 2012 年，嘉兴城乡一体化公共图书馆服务体系基本建设完成，五县二区共建有 59 家乡镇图书分馆、88 家村级图书分馆、1200 多家含农家书屋在内的图书流通站，跨出了融合发展的第一步。

(二)农家书屋 2.0

2015 年嘉兴市开始探索农家书屋与公共图书馆服务体系资源整合，以此为契机，对市本级 137 农家书屋情况进行了解，通过调研发现，嘉兴市本级的农家书屋存在以下问题：第一，农家书屋管理体制缺失，缺少专职人员，开放时间以兼管人员上班时间为准；第二，基础设施不完善，缺少配套硬件，场地被占用、挪用现象严重；第三，农家书屋借阅人数少，读者结构单一；第四，书屋位置偏僻或宣传力度不够；第五，手工登记借还图书为主。这些存在的问题，使得农家书屋的整体服务效能基本未体现(见图 1)。

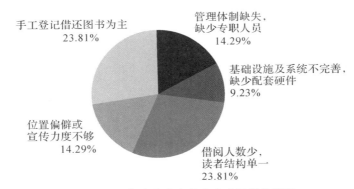

图 1　2015 年嘉兴市本级农家书屋服务情况

基于对本地农家书屋情况的调查研究结果，结合 2015 年嘉兴市乡镇图书分馆开始提档升级为 2.0 版的建设成果，同步市级主管部门发文《关于推进农家书屋与公共图书馆服务体系资源整合的实施意见》(嘉文〔2015〕26 号)，开启了市本级农家书屋资源整合的进程。通过搭建农家书屋业务管理平台，打通公共图书馆和农家书屋两个系统之间的隔阂，形成联合目录，实现图书的通借通还。开发了图书自动化管理系统移动客户端应用程序，实现借书、还书、办证等操作，从技术层面解决了公共图书馆与农家书屋的资源融合，成为打通嘉兴农村公共文化服务"最后一公里"的有力实践。

(三)农家书屋 3.0

从 2017 年乡村振兴战略的提出，到 2019 年农家书屋深化改革创新方案出台，嘉兴市在原有的基础上，将公共图书馆服务体系与农家书屋融合全面升级。嘉兴市委宣传部与嘉兴市文化广电旅游局联合发文《关于深入推进"礼堂书屋"建设的实施意见》(嘉文广旅〔2019〕12 号)，推进全市农村文化礼堂书屋(简称"礼堂书屋")建设。从基本配置、服务管理两个方面提出建设标准，制定了到 2021 年覆盖全市 30％的文化礼堂的工作目标。为基层群众提供环境更美好、资源更丰富、服务更优质的公共阅读空间，形成一批可示范、可复制、可推广的乡村文化振兴示范点。到 2021 年，全市共建成礼堂书屋 246 家，覆盖全市所有乡镇，基本硬件和资源配置大幅提升(见表 1)，信息化程度呈现了质的飞跃。嘉兴以乡村振兴为契机,以乡村公共阅读服务提档升级为责任,以礼堂书屋建设为抓手,推动三大乡村阅读服务体系农家书屋+图书馆+智慧书房(社会力量引入)的实质性融合。

表1　嘉兴市农家书屋发展三阶段主要建设标准

	农家书屋 1.0	农家书屋 2.0	农家书屋 3.0
面积	不少于 20 平方米	不少于 50 平方米	150 平方米以上
图书	不少于 1500 册、1200 种,报刊不少于 20 种	不少于 1500 册、1200 种,报刊不少于 20 种	不少于 4000 册、2000 种,报刊不少于 50 种
阅读座位	有配套桌椅	有配套桌椅	设有独立的阅读活动或培训空间,阅览座位不少于 30 席
信息化设备	有条件的可配备放像机、电视机、电脑等设备	有条件的可配备放像机、电视机、电脑等设备	配有 5 台以上电脑,高速无线上网,数字图书借阅机和相关电子阅读查询设备
高清监控	无	无	本地存储时间不少于 30 天
服务功能	书刊借阅	书刊借阅	书刊借阅、少儿服务、共享工程、读者活动、信息查询
图书借阅方式	手工登记借还	移动客户端(手机)借还	自助借还机借还
开放时间	每周开放时间不少于 20 小时	每周开放时间不少于 20 小时	每周开放时间不少于 40 小时
阅读推广活动	无	无	每年不少于 6 次

三、嘉兴市从农家书屋到礼堂书屋的创新实践

(一)优化布局

农家书屋要注意选址和功能布局的合理性,尽量选择在农村交通便利、人员较容易集聚的建筑底层,既符合农民普遍的社交习惯,也方便了使用,更从直观感受上强调了农家书屋作为当地文化活动核心场所的地位。嘉兴市目前已升级改造的农家书屋(礼堂书屋),都选址在村中心地带的文化礼堂,有近 65% 位于建筑的一层,且有明显的标识导引。

现今的公共文化服务场所,不仅仅考虑建筑的功能定位,越来越重视"人"与"建筑"的互动关系在空间打造中的体现。农家书屋的空间布局除了要充分体现图书馆服务,更要注重对动线进行合理规划。一方面要营造幽静、安全、舒适的环境,另一方面要考虑用于交流、活动的多元区域,形成"动静分离"的布局。根据目前农村阅读人群的特点,在规划空间时要重视分龄阅读的需求[13],设置儿童区、乐龄区、大众区等区域。同时要重视无障碍设施,为弱势群体提供便利,促进阅读空间的人性化。嘉兴地区农家书屋从 2019 年开始,依托文化礼堂建设进行升级改造,大部分升级后的农家书屋,空间设计上均考虑到了不同群体的需求,95% 以上设置了儿童专区(架),约 65% 开辟了独立的亲子阅读区、电子阅览区,阅读环境更友善、更人性化。

(二)内容提升

能够提供丰富的纸质和数字的阅读资源,切实解决资源问题,保证有"活水"是融合的基础。以往农家书屋的资源仅限于每年由财政资金购买的图书、期刊、光盘。农家书屋文献资源包括图书、报纸、期刊、电子音像制品,以及数字图书资源。除了每年的财政资金对增加资源的保障,与公共图书馆进行资源整合后,无论在文献资源的数量和质量上,都给予了更大力度的支持和补充。资源的配置充分考虑了全人群特点,根据不同年龄群体和职业需求,科学地组织和提供。农家书屋是当地文化服务场所,资源提供上要突出本地的特色文化资源,如村史、乡贤、传统风俗、特色产业等。在提供资源前,对当地农民群众的需求做好提前了解,鼓励农民进行需求表达,可通过线上线下相结合的反馈平台,收集其在信息知识获取、休闲娱乐以及社会交往等方面的各种需求,有效提供对他们生产、生活、学习等方面有所帮助的文献资源,提供高质量的精准服务。

比如嘉兴市洪合镇作为中国毛衫名镇,是全国著名的大型羊毛衫生产、加工、批发、出口基地。现有常住人口约 11 万人,全镇毛针织行业从业人员约有 8 万人[14],占比约 73%。根据这个特点,图书馆为农家书屋提供了毛衫制作、设计方面的专业性图书,还配置了服装设计和销售、企业管理、行业信息等延伸文献,设有"毛衫图书专架",定期请业内人士开展服装产业发展方面的专题讲座,为村民提供了与他们生活息息相关的信息服务,使农家书屋切实服务"三农"、方便农民,真正成为农民的"文化粮仓"。[15]

南湖区凤桥镇是一个水陆交通便捷,工商业繁荣的经济重镇,具有几千年历史的文化古镇。全镇除了工业规模不断壮大,企业职工总数达 1.3 万人,凤桥还有浙江省"水果之乡"的美誉。同时拥有丰富的旅游资源,拥有多个省市级文保单位。辖区内的农家书屋,原先只有农业类的书籍满足部分村民需求,图书馆资源融合后,针对各村特点配置了工业技术类、企业管理类、历史人文类、旅游发展类等相关书籍,尽量满足当地农民的信息需求。

通过多年的实践,嘉兴完成了全国首创的市、镇、村三级图书馆网络服务体系构建。目前市本级 137 个农家书屋平均藏书 2500 册,每个书屋平均每年更新图书 1000 册(见图 2)。农村读者持嘉兴市图书馆的借书证(市民卡),通过手机借阅的方式,在全市公共图书馆服务体系内"一卡通行,通还通借"。

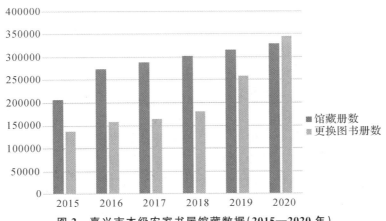

图 2 嘉兴市本级农家书屋馆藏数据(2015—2020 年)

除了纸质资源，嘉兴数字图书馆、移动图书馆的数字资源为所有农家书屋共享使用，有效地把现代信息技术应用到农村图书服务体系建设中，网络化服务和资源共享成为现实。

（三）管理智能

乡村文化振兴需要有开放的服务平台，加强农家书屋数字化建设力度，让新型的科学技术为资源配置和日常管理带来质的提升。

1.配置智能设备，实现智慧空间

安装布设人脸识别＋身份证（借书证），结合体温测量＋健康码识别的智能门禁系统，在后疫情时代为基层公共文化场所管理提供保障。智能 AI 监控系统、图书自助借还等硬件设备，通过智能物联中台，实现农家书屋物理空间的统一管理。

2.建设综合平台，实现智慧管理

运用云计算、云存储、物联网等技术，建设系统化的管理平台。开发设备管理、报修维护、整改推送、智能巡检、异常预警等功能，实现对农家书屋整体运行情况的智能化监管。平台分为市、区／县、镇／街道、村／社区四级管理维度，上下联动，明确责任，实现多元化保障。

3.强化互动交流，实现智慧阅读

针对农村读者个性化需求，依托智慧书房阅读小程序，利用已搭建的开放式的阅读互动交流模块，实现智慧馆员、读书打卡、阅读笔记、图书推荐、积分排行、活动组织、活动推广、消息传达、宣传等功能，为读者提供一个答疑解难、分享心得、交流展示的平台。积极开展阅读活动，实现线上线下无缝对接、互融互通。建立读书社群，激励读者阅读的积极性，拉近读者与读者、读者与专家、读者与馆员之间的深度沟通，增进融合度，实现人际交往的互融互通。

（四）业态多元

复合功能体现文化共享。农家书屋作为文化惠民工程，本身就是乡村文明的重要载体，更是一个用于展示的文化平台。要发挥载体和平台的功能，不仅在资源配置上要提供有关当地地域文化、中华优秀传统文化的图书，更要在空间布局、室内装饰上体现本土文化特点、地方文化传承的元素。如海宁市许村镇科同村农家书屋，位于修缮后的百年周氏民宅内。青瓦白墙、雕栏画栋的江南民宅，展示着家风家训、地方美食等当地传统文化内容，更有毛主席像章文化博物馆、乡村记忆馆等休闲景点。农家书屋古色古香的空间环境融入其中，配以部分与传统文化相关的书籍，定期开展文化讲座、故事会等阅读活动，使农家书屋成为村史留存与传承的重要载体。

农家书屋无论在空间打造上，还是资源配置上，要向共建共享、融合互惠的管理方向发展。可以与党群服务中心、新时代文明实践站、邻里中心、乡村景区服务中心等相结合。比如嘉兴市南湖区新丰镇竹林村农家书屋，位于村邻里中心一楼，少儿阅读空间融入"春泥计划"活动内容，乐龄阅读区兼具村居家养老阅读服务，基层党建、新时代文明实践、廉政建设、法制宣传、乡贤文化都有阅读专区或专架。在有限的空间里将各方资源能融则融、能融尽融，不仅体现了与农村社会结构、农民生活实践相符的建设、管理理念，更突出了农家书屋具有的专业化形象及多元化资源的复合功能。

(五)品牌打造

1. 全龄段活动促进服务提升

嘉兴市公共图书馆城乡一体化服务体系经过多年建设,已基本实现了为广大城乡居民提供优质、免费、普遍均等的公共图书馆服务。以"服务活动化、活动服务化"为目标,将活动标准化、规范化打造,开展覆盖全年龄段、多元化的阅读推广品牌活动,并由市图书馆做系列活动的顶层设计、方案模板,形成市、区、镇、村层层开展,"一竿子插到底"的局面。其中,乡镇图书分馆作为业务骨干,承担着指导并带动村级分馆和农家书屋开展活动的任务。以此推动全民阅读,营造社会良好阅读风气,减少城乡阅读差距。

全龄段阅读推广活动受众群体覆盖婴幼儿、中青年、老年、特殊群体等,活动内容涵盖文学、科学、社会等多方面,活动形式包含讲座、课堂、培训、展览、竞赛等(见图3)。

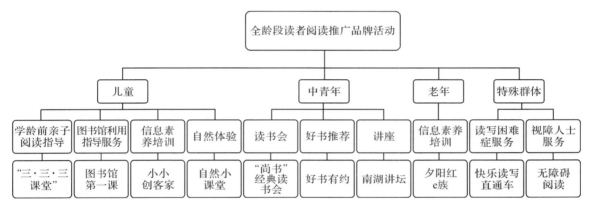

图3　全龄段读者阅读推广品牌活动展示图

2. 因地制宜,按需供给

用户是农家书屋的重要资源之一。在农村有条件利用农家书屋资源的一切社会成员,包括个人和团体,包括现实的和潜在的,都是其用户。以往农家书屋利用率、知晓度不高,图书配置"一刀切",没有相关的推广宣传,就是忽略了农民的需求,需求才是农家书屋供给的最终决定要素。要想把农家书屋的服务资源、服务技术、服务推广实现效益最大化,对用户的分析和对用户需求的分析就尤为重要了(见图4)。

通过和公共图书馆的融合,农家书屋对用户提供的服务内容已从单纯的借阅服务,扩大到读者活动、展览、培训、讲座等信息提供为主的服务。怎么让所提供的活动真正是农民需要的、认可的,并能持续发展?重要的是根据需求提供服务内容,通过调查研究、实地走访等手段,摸清当地农民群众的阅读水平、阅读需求,掌握全面的用户信息,打好设计活动的基础。根据2019年对嘉兴全市50家礼堂书屋的问卷调查结果显示,到农家书屋的人群中,少年儿童占36.8%,中青年占34.7%,老年人占28.5%。有87.6%的用户认为农家书屋需要开展阅读活动(见图5)。

其次根据服务群体进行设计,每个年龄段的读者有不同的阅读需求、阅读习惯、阅读特点,农村读者在这些方面的不同点会更突出,甚至是超出图书馆以往服务范畴,是经验达不到的情况。比如在老年信息素养培训时,城市老年人的电脑、智能手机使用率较高,在培训中更容易接受信息。而

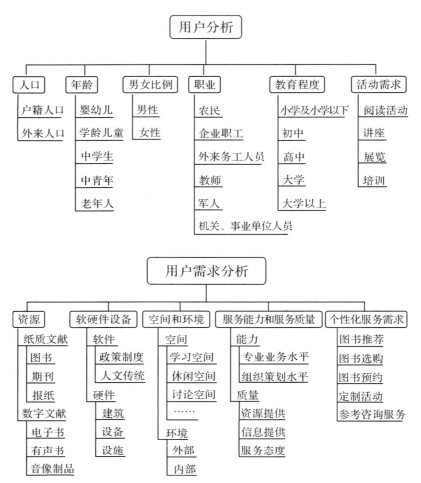

图 4　用户分析及用户需求分析列表

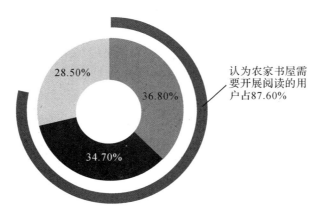

图 5　2019 年全市 50 家礼堂书屋问卷调查结果

农村老年人由于文化程度、经济条件等因素制约，使用智能手机的比例不高，甚至不会使用。那就不能硬搬原有的课程，对设计开展的活动要求有新内容，提出了新挑战。

最后还要根据农村生活特点、农民的社交习惯，以及农村传统文化、传统风俗等因素来设计，开展的活动内容既要符合图书馆知识服务、知识宣传的主旨,形式上,又要接地气、易开展,避免"一阵风",要从持续有效开展的角度策划组织,做到常态化、系列化、品牌化。对每一个活动要制订好详细、周密的活动方案,做好活动的反馈和提升。

针对这些农家书屋的主要阅读群体,在了解他们需求的同时,选择适合农村全年龄读者的阅读活动,并根据当地读者结构特点,因地制宜地选择合适的活动内容与形式。嘉兴市经过近年来对农家书屋服务中的探索与实践,设计了若干个针对某一年龄层的阅读推广品牌活动,"以点带面"持续推动服务效能的提升。

(1)0岁起步的"阅读全家·书香嘉兴"

该阅读推广项目是针对城乡儿童之间的阅读差距而产生的。2017年中国青少年发展基金会和21世纪教育研究院发布《城乡少年阅读现状白皮书》显示城乡少年之间明显存在阅读"高墙"。而这个阅读差距的产生原因众多,其中家庭阅读观念是很重要的因素。

"阅动全家·书香嘉兴"阅读推广项目借助城乡一体化公共图书馆服务体系,将亲子阅读的相关指导知识传递给农村的家庭,以各村(社区)、文化礼堂、农家书屋、智慧书房和图书流通站等为站点深入农村一线。以"三·三·三"课堂暨好宝贝课堂、好家长课堂、领读者课堂为抓手,围绕如何做一个让孩子爱上阅读的好父母,如何给学龄前儿童进行阅读指导,如何开展阅读推广三个主题进行课堂架构。以此推动农村的亲子阅读,缩小城乡儿童之间的阅读差距。

该活动从2018年开始至今,由嘉兴市图书馆联合阅读社工组织、嘉兴教育界专家编制了"三·三·三"系列化、标准化课程体系,由三堂"好家长课堂"、三堂"好宝贝课堂"和三堂"领读者课堂"组成,并建立了多层次的课堂评估机制。(见图6)为了通过活动将优秀的阅读理念、阅读资源带给更多的农村亲子家庭,加强了各站点的阅读环境创设,包括设置专题书架,统一的标志、活动logo等。该活动还专门设计了"阅读礼包",将课程的内容分享给家长和孩子。同时还通过嘉兴市图书馆及镇、村微信公众号,市级新媒体平台,进行线上课程、亲子阅读常见问题答疑微视频传播,及"故事时间"优秀绘本推送等。

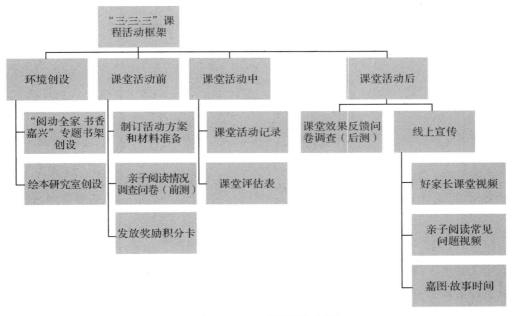

图6 "三·三·三"课程活动框架

从 2018 年 12 月到 2021 年的 6 月，嘉兴地区 18 个镇（街道）分馆的 45 个服务点，开展好家长、好宝贝课堂、领读者课堂 332 课。有 7284 人次参加，155 位老师授课，赠送阅读礼包 4200 份。近 300 位阅读推广志愿者参与培训。截至 2020 年底，微视频点击量超 10 万。相关微信推送 317 期，总浏览量达 2.3 万余次。据统计，开展了该项目活动的农家书屋，全年平均图书外借数量增长了 15％，活动推荐图书的借阅量增长了约 5％，全年到书屋人数增长了 8％。

（2）中青年参与的"农民读书会"

"平湖农民读书会"是 2016 年开始，由平湖市文化主管部门统筹，平湖市图书馆具体组织实施，各镇街道综合文化站、图书馆分馆协助举办的，以农村（社区）居民为参与主体，在以农家书屋为主的固定场所定期进行阅读、学习、交流的阅读推广活动，提升了农家书屋利用率，较好地改善了农村阅读环境。"农民读书会"实行县（市）、镇（街道）、村（社区）三级管理模式，试点先行、逐步推广，各村定期开展以读书为核心的交流活动。各镇街道利用各自优势、资源、特色，开展农民读书会"一镇一品"阅读品牌建设。读书会实行长效机制，制定了《平湖市农民读书会星级评定（试点）办法》，按三星级评定并制定评定条件、奖励制度。[16] 到 2019 年 7 月底，已组建了 400 余个农民读书会，参加骨干会员 10000 余人，共计开展各类读书活动 1500 余次。

（3）适合老年群体的"乐龄信息素养培训"

"乐龄信息素养培训"是嘉兴市图书馆总分馆从 2012 年开始面向城乡老年人开展的信息素养培训项目。对城乡老年人信息获取、媒介利用等方面开展科技扫盲，长期提供电脑、手机、互联网操作等课程培训，帮助老年人认识、了解和使用各种信息化产品和服务，旨在推动"积极老龄化"社会的构建。

该项目中馆员自编课程教材，采用集中授课、现场操作与辅导练习相结合的方式，开设电脑基础知识、智能手机使用、电子相册使用等系列课程，按老年学员信息素养的不同程度，设置基础班、提高班、兴趣班分班常态化授课（见图 7）。同时，利用互联网技术，开展"双馆员课堂"，通过微信直播，实现线上线下同步进行课程，多个分馆同上一堂课。总馆老师精讲，分馆老师进行辅助教学、完成指导和实践体验内容。据统计，嘉兴市图书馆总分馆每年共举办约 130 场线下课程，有 3200 人次老年人参与。线上直播课程 160 余场，5 万多人次观看。市本级有 18 个乡镇（街道）分馆、20 个村礼堂书屋参与项目活动的开展，活动辐射人口达 20 万人。

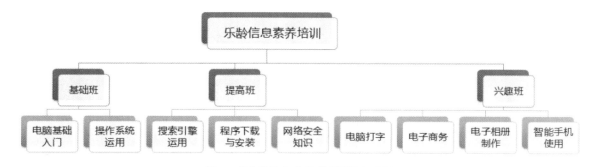

图 7 "乐龄信息素养培训"课程设置

这项培训的推广，看到作为农村人群主力军的老年群体在社会发展中的弱势，为一步步改变嘉兴农村老人网络技能缺乏的现状起到了现实的作用，为他们的晚年生活带来一些改变，更有能力适应社会的发展变化。同时，也激活了农家书屋在农村阅读服务中的作用，将公共图书馆与农家书屋资源、服务上的融合有效地体现，对提升效能起到了积极的作用，真正体现了公共文化服务的均等化、普遍化。

据统计，从2015年到2020年，嘉兴地区789家农家书屋年均开展读者活动1677场，参与活动3.6万人次（见图8）。服务融合极大地激发了农村阅读活动的开展，农民参与热情高涨。

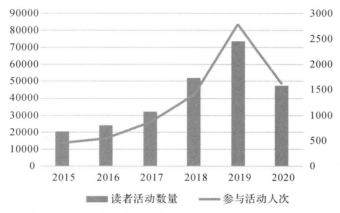

图8　嘉兴地区农家书屋年均读者活动统计（2015—2020年）

（六）体系支撑

基层文化人才队伍是乡村文化振兴的基础力量，只有制定了队伍建设的规划，完善了机构编制、学习培训、待遇保障等方面的政策措施，才能吸引优秀的人才服务基层。农家书屋管理员队伍是开展农村公共阅读服务的重要力量，更是乡村文化振兴实施的主力军。只有做好人才队伍的建设，发挥人才资源的特点与优势，提供切实的保障，才能从根本上提升农家书屋的服务效能。

1．"两员"制度支撑管理队伍

县级文化馆向各镇（街道）下派1名文化员和每个村（社区）配备1名专职文化管理员的"两员"制度，从2013年全面推行至今，已经实现全市范围内的"两员"队伍全覆盖。2017年，《嘉兴市人民政府办公室关于进一步加强基层公共文化"两员"队伍建设的意见》（嘉政办发〔2017〕8号）出台，其中村级文化专职管理员的主要职责包括了"管理村（社区）图书室（农家书屋），不断提高社会效益"的内容，为农家书屋的管理提供有力的人才支撑。

嘉兴市图书馆找准专管员队伍建立的时机，以培训、指导为着力点，基本解决了管理融合的人员问题。首先将文化专管员纳入业务培训对象，有针对性地开展有关农家书屋图书管理、读者服务、阅读推广、计算机与网络技术应用等业务的集中式培训。其次，乡镇分馆在承担对辖区内村文化专管员的日常业务指导外，特别加强了阅读推广指导，推动镇村间阅读活动的互动开展，及优质文化资源的共享。

2．阅读推广人助力服务提升

嘉兴市公共图书馆总分馆服务体系已在多年的发展中以行业标准对加入阅读推广服务的团队与个人不断进行孵化和培养，提供展示锻炼的平台。尤其是镇村一级的阅读推广人，有乡镇教师、基层文化工作者、镇村的志愿服务团队、基层读者等等，对乡村阅读活动的开展起到了有效的补充作用，同时也为基层文化活动培育了一批优秀人才，形成一支多元化、专业能力强的阅读推广队伍。

除了对阅读推广人开展专业、系统的培训和引领，嘉兴市图书馆还于 2019 年搭建了阅读推广志愿者服务的线上平台（见图 9），进行统筹管理，为活动的规范化开展提供了有力的支撑。基层服务点可以将活动需求发布到平台，阅读推广志愿者或者组织根据自身能力和时间对接活动；同时，阅读推广者可以结合自身优势发布相应的活动，有需要的读者可以通过预约参加。嘉兴市图书馆负责对平台上的阅读推广志愿者进行统一管理、统一安排，保证阅读服务供需双方对接通道的畅通。

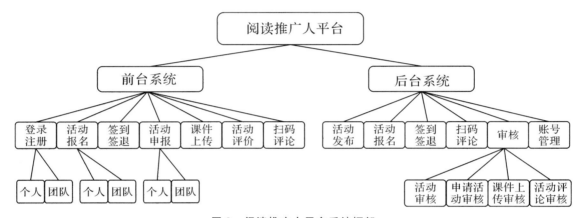

图 9 阅读推广人平台系统框架

四、结语

2021 年 1 月《中共中央　国务院关于全面推进乡村振兴　加快农业农村现代化的意见》发布，对新发展阶段优先发展农业农村、全面推进乡村振兴做出总体部署。"推进城乡公共文化服务体系一体建设，创新实施文化惠民工程。把县域作为城乡融合发展的重要切入点，强化统筹谋划和顶层设计，破除城乡分割的体制弊端，加快打通城乡要素平等交换、双向流动的制度性通道。"[17] 习近平总书记指出："高质量发展，就是能够很好满足人民日益增长的美好生活需要的发展，是体现新发展理念的发展。"公共文化服务的高质量发展包括品质发展、均衡发展、开放发展、融合发展。在"十四五"时期，农村公共文化服务高质量发展成为推动乡村全面振兴的主要内容。因此，农家书屋与公共图书馆服务体系沿着"四个发展"方向进一步融合开拓，是符合农村公共文化服务发展方向的，在为农民阅读提供科学化、制度化的保障，促进基本公共文化的标准化、均等化上显示出更加重要的现实意义。

嘉兴在探索、实施公共图书馆服务体系与农家书屋融合的过程中，通过资源、功能等多方面的渗透和影响，逐步深化了公共图书馆在乡村公共阅读中的社会教育和阅读指导功能，助力农村基层公共文化服务空间为农村群体提供终身教育、自主决策和文化发展的基本条件。通过打造"样本式"的公共图书馆与农家书屋融合发展模式，提供了一套可操作、可复制和有持续性的管理经验。

在农家书屋与公共图书馆融合实施多年的基础上，如何发挥效能和可持续发展是我们始终在探索和思考的问题。在目前农家书屋的建设、管理主体与公共图书馆主管部门不为一体的情况下，尝试符合当地情况的农家书屋管理模式，是可探索的方向。其一，可借鉴嘉兴市公共图书馆总分馆服务模式，对农家书屋实行"政府主导、多级投入、集中管理、资源共享"，由市、镇、村三级投入构建服务体系。其二，县级及以上政府委托县级及以上公共图书馆合作管理农家书屋。明确双方在经费投入、资源提供、服务职能、人员管理等内容，签订合作协议，形成协调管理模式。通过管理模式的创新，逐步摆脱农家书屋与图书馆体系功能重合的矛盾，充分发挥公共图书馆在乡村阅读服务上的专业化优势，同时可吸引社会化力量的参与。

参考文献：

[1] 中央宣传部，等.农家书屋：深化改革创新提升服务效能实施方案[N].人民日报，2019-02-27(6).

[2] 陆娅楠.第七次全国人口普查主要数据公布[N].人民日报，2021-05-12(2).

[3] 余会春.推进农家书屋高质量发展路径探析[J].图书馆，2021(6)：44-50.

[4] 傅玲，刘淑兰.乡村文化振兴背景下农家书屋服务交通提升的路径[J].现代农业，2021(2)：9-12.

[5] 潘炜，陈庚.农家书屋困局及其技术突破路径[J].图书馆论坛，2019(6)：98-106.

[6] 中共中央办公厅，国务院办公厅.关于加快构建现代公共文化服务体系的意见[EB/OL].[2015-01-14].http://www. gov. cn/xinwen/2015-01/14/content_2804250. htm.

[7] 国务院.乡村振兴战略规划（2018－2022 年）[EB/OL].[2018-09-26].http://www. gov. cn/zhengce/2018-09/26/content_5325534. htm.

[8] 文化和旅游部，国家发展改革委，财政部.关于推动公共文化服务高质量发展的意见[EB/OL].[2021-03-08].http://www. gov. cn/zhengce/zhengceku/2021-03/23/content_5595153. htm.

[9] 金武刚.农家书屋与农村公共图书馆服务体系融合发展探析[J].中国图书馆学报，2014(1)：84-92.

[10] 谢敏仪.公共文化服务建设中农家书屋发展对策探析[J].图书馆研究，2017(1)：22-28.

[11] 唐丹丹，郑永君.农家书屋政策执行的"内卷化"困境[J].图书馆建设，2020(1)：159-169.

[12] 陈庚，张红梅.乡村振兴战略下的农家书屋可持续发展研究[J].图书馆，2020(3)：43-48.

[13] 杨扬，胡琦.台湾地区农家书屋的创新实践及启示[J].图书馆学研究，2019(13)：89-94.

[14] 吕杨.优化升级协同融合[J].纺织服装周刊，2019(35)：48-49.

[15] 冯国权，徐建华.公共文化服务中农家书屋可持续发展对策研究[J].四川图书馆学报，2012(2)：56-59.

[16] 陆爱斌.农民读书会提升农家书屋利用率的实践与思考：以浙江省平湖市为例[J].图书馆杂志，2017(1)：11，45-49.

[17] 中共中央　国务院关于全面推进乡村振兴　加快农业农村现代化的意见[EB/OL].[2021-01-04].http://qh. people. com. cn/n2/2021/0222/c182753-34586814. html.

社区基金会参与社区治理社会化

——以 F 街道基金会为例

毋宾宾

（浙江工商大学公共管理学院）

摘　要：社区作为国家治理的最小单元，其治理水平的高低直接影响到居民的幸福感。近几年来，在社区需求日益多元化的情况下，如何通过高质量的社区治理以提升居民幸福感、彰显国家基层治理水平，已成为社会日益讨论的话题。通过以 F 社区基金会这一政府主导型社区基金会的案例研究，指出社区基金会在扩大社区内多元化主体参与、满足社区内多元化需求的作用，为政府主导型社区基金会实现社区治理社会化提供实践经验。

关键词：社区基金会　社区治理　多元化

2021 年 4 月，在国家发布的《中共中央　国务院关于加强基层治理体系和治理能力现代化建设的意见》中指出："完善社会力量参与基层治理激励政策，创新社区与社会组织、社会工作者、社区志愿者、社会慈善资源的联动机制，支持建立乡镇（街道）购买社会工作服务机制和设立社区基金会等协作载体……"[①]2018 年 7 月，浙江省民政厅发布了《浙江省民政厅关于进一步规范提升社会组织参与社会治理工作的实施意见》中也指出："发挥现有各类社会组织服务中心、孵化中心、基金会、联合会等枢纽型、支持型社会组织作用，为社会组织在组织运作、活动经费、培育孵化、管理咨询、人才队伍等方面提供支持。"[②]

在中央与省的政策指引下，我们可以看到成立社区基金会这一枢纽型社会组织，成为社区内多元主体联动参与社区治理的新方向。从社区基金会参与社区治理这一主题出发，通过呈现社区基金会实现高质量社区治理的动态过程，来探讨社区基金会进入社区治理这一场域中所提供的一些理论与实践经验。

一、文献回顾与研究框架

社会化是社会学中的一个概念，本意指的是个体的社会适应过程。（俞国良，2006）在社区治理的场域下，社会化主要与行政化相对应，由于社区行政化已不适应当前社区治理出现的新需求，政

---

① 摘自《中共中央　国务院关于加强基层治理体系和治理能力现代化建设的意见》。
② 摘自《浙江省民政厅关于进一步规范提升社会组织参与社会治理工作的实施意见》。

府和学者也在积极地提出新的社区治理实践与模式,并衍生出了网格化管理与政社合作模式(魏娜,2003)、"一核多元"社区治理模式(刘敏、王芳,2014)和三社联动治理模式(徐永祥、曹国慧,2016)等多种模式。这些模式都体现了"去行政化"的特点。

作为新兴的枢纽型社区社会组织,学者日益关注社区基金会在社区治理场域中所能够发挥的作用。针对中国当下城市社区社会组织发展资源不足这一瓶颈,有学者指出社区基金会应有的作用在于汲取本地资源,并将地方社会资源与社区社会组织进行链接。(胡小军、朱建刚,2017)从行动取向看,社区基金会能够在行动中通过政府、社区服务组织和社区生态系统的关系建构来提升社会治理成效。(王川兰,2017)

结合当前学者对于社区治理社会化"各类社会成员和社会主体遵循社会发展逻辑,共同管理社会事务,参与社区治理,共享发展成果的过程"这一观点。(陈伟东、许宝君,2017)在社区治理理所应当以社会责任为基础,以激励机制为纽带,促进"政府在场""市场在场"和"社会在场"的范式下,(陈伟东,2010)本文从社区基金会这一行动主体出发,构建社区场域内"政府—市场—社会"三方嵌入基金会的社区治理的研究框架,分析社区基金会在项目开展与反馈中实现政府、市场、社会三方合理互动,实现高质量社区治理的全过程。

社区基金会从诞生之初就天然地带有资源链接和服务供给(黄政,2020)这两大功能,在社区权力主体结构日益多样化的背景下,如何链接社区内的政府、市场、社会三方资源,并完成对三方需求的满足,是实现社区高质量治理的重点。社区基金会在其中通过基金设立与项目开展实现资源的相互交换,实现三方共同管理社会事务,参与社区治理,共享发展成果的过程,实现高质量的社区治理。

二、F街道情况简述

F街道位于浙江省D县,该街道属于城乡接合地区,在2016年撤销乡镇建制,改为街道并入县区。农村城市街道内多数人刚刚从乡村划归城市,其身份转换还未及时完成,出现不适应城市生活的现象。而且该地因企业招工和对口扶贫,有大量的安徽、贵州两省的"新居民",由于生活习惯、思想观念的差异,"新居民"在社区融合方面也存在一定瓶颈,政府管理难度较大。

该地地处市区周边的工业区,该街道企业密集。该地区特有的"乡贤文化"浓厚,企业的社会责任心较强。并且由于杭嘉湖民政事业的影响,该地区已出现晨曦社工、寸草心等专业水平较高的社区社会组织,开展社会化的社区治理潜力较大。

三、F街道基金会的基金设立

作为社区基金会成立的重要一步,社区基金会的设立能够在很大程度上体现该基金会的宗旨、原则与服务人群。作为一个非典型的政府主导型社区基金会,F街道基金会在资金来源与人员构成上都体现了其成为各方利益的集合体,保证了基金会代表了社区内各方的利益。

(一)资金来源:政府引导,企业参与出资

强政府主导的特点使得社区基金会天然应当发挥的吸引本土捐赠、整合本地社区资源的基本

特性。(田蓉、王丽丽，2018)在 F 街道社区基金会的成立过程中，首先 F 街道出资 200 万元成立该社区基金会，并接受企业及个人的募资。有了政府主导这一信任背书，企业和个人敢于将资金投入该基金中。之后的三年内，基金会接收相关企业及个人捐资超过 800 万元。在资金来源中，当地的各行业企业都纷纷捐资，保证了资金来源的多元化。在基金募集与使用上，基金会又规定捐资企业可按自身捐款金额(大于 50 万元)成立专项基金并拥有冠名权，保证其设立的基金达到"专款专用"。这一举动也激发了企业设立基金的积极性与自主性。

(二)人员构成：政府、企业与社会三方共同派驻

F 街道基金会在人员构成上与其他社区基金会人员架构基本相同，都是由理事长、副理事长、理事、秘书长和各职能部门组成。在比较上海 P 社区(施从美、帅凯，2020)这一典型的政府主导基金会模式人员构成后发现，F 街道基金会在人员来源上又有极大的不同：除了理事长由街道社管科相关人员兼任以外，理事则是邀请各出资企业派代表担任，秘书长则邀请街道成人学校校长来担任并负责操作具体事务。

通过对比基金会主要职务的责任分工(表 1)可以看出，理事长、理事与秘书长都有明确的职责与实际的权力，并且各职因其职责与权限的不同而相互制衡、相互补充。通过与上海 P 社区的对比，我们可以发现，与 P 社区基金会不同的是，在基金会的人员构成上，F 街道基金会的关键职务分别由政府、企业、社会组织这些不同利益方派代表担任(图 1)。基金会工作人员的任职来源也保证在基金会的内部，各个利益主体能够实现交叉与嵌入(图 2)。职位的设立与权力的制衡则保证了各利益方能够通过基金会在行动中保持一致。

表 1　该社区基金会各职务行使职权分工

职务	理事长	理事	秘书长
责任分工	(1)召集和主持理事会会议； (2)检查理事会决议的落实情况； (3)代表基金会签署重要文件。	(1)对理事会的决议、决定行使表决权； (2)执行理事会和会员大会通过的决议和决定。	(1)主持开展日常工作，组织实施理事会决议； (2)组织实施基金会年度公益活动计划； (3)拟订资金的筹集、管理和使用计划； (4)拟订基金会的内部管理规章制度，报理事会审批； (5)提议聘任或解聘副秘书长以及财务负责人，由理事会决定； (6)决定各机构专职工作人员聘用； (7)协调各机构开展工作； (8)章程和理事会赋予的其他职权。

通过 F 街道基金会的资金来源构成与人员架构设立，我们可以看到政府、市场和社会三方都实现了对 F 街道基金会的资源注入与参与，吸收了三方资源的 F 街道基金会俨然已经成为三方的利益集合体，掌握社区内三方资源，为政府、企业、社会三方共同参与社区治理提供前提条件。

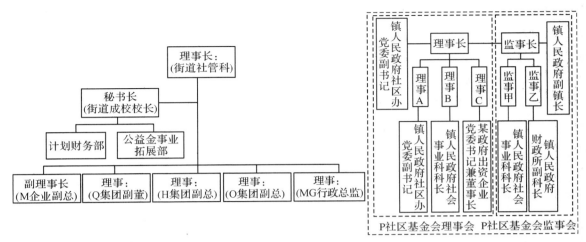

图1　F街道基金会与P社区基金会人员架构对比

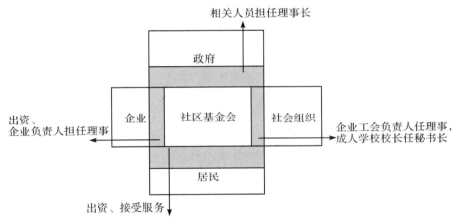

图2　F街道基金会内部人员架构上与其他治理主体的联结

四、F街道基金会的项目开展

在F街道基金会的基金使用与项目开展上,已形成了涵盖敬老助老类、文化融合类、创新创业类、帮扶助残类、奖优助学类、文艺惠民类、党员先锋类七大类目,覆盖多方的18项单项基金。在项目开展中,基金会组织、指导开展公益项目164个,总计支出近200万元,辖区内共有68%左右的群众因此受益。

作为社区三方利益的集合体,F街道基金会在项目实践上则是充分考虑到三方的利益,并在项目实践中实现政府、企业、社会三方共同参与社区治理。

(一)项目运行:多元项目并行开展

作为枢纽型社区社会组织,社区基金会在社区治理中兼具了两项功能。在组织孵化这一"造血"功能上,F基金会在设立之初即成立了包含社会组织孵化中心的F服务中心,迄今已引入6家社会工作机构以及9家社区社会组织,并孵化出20多个服务团队。在项目开展这一"输血"功能上，F基金会在2020年间，联合本地相关企业、社会组织（社会工作机构、社区青创空间）志愿服务队以及各个民间团体（社区服务队、文艺团队等），在参与脱贫攻坚、抗击疫情、垃圾分类、文化振兴、服务企业、支持创业、服务社会、扶危、济困、助学、敬老以及设奖树立标杆示范等各个方面开展活动40余项。

可以看出，针对多元主体需求的不同，F社区基金会结合在不同层面、不同方向为参与社区治理提供各项针对性项目，社区内居民、企业和相关民间团体多样化的实际需求都得到满足。社区基金会在设立基金、开展项目的过程中，既考虑到居民的各种不同群体的需求，同时也考虑到了社区内企业、社会组织、民间团体等组织的需求：在18个单项基金中，"敬老爱老""奖优助学""及时雨"等基金针对老人、儿童等弱势人群提供福利传递的支持性项目；还有"创新创业"基金开展支持在乡人员创业等发展性项目；"师生成长计划""鸿志教育""心晴花开"基金针对辖区师生开展教育类项目；"和美慈母"基金针对社区母亲角色开展一系列项目；"我爱我家基金会""垃圾分类基金"针对社区环境、家装设计开展了一系列生态性项目；另外，还有针对社区文化建设与传播的"文化惠民"单项基金和发挥党员带头模范作用的"党员先锋"单项基金。相比于其他社区而言，该地区通过社区基金会在项目开展与服务设计中的支持，基本实现了国家乡村振兴战略的总体要求。

（二）基金监管：三方共同监督

社区基金会的监管可分为基金会内部监管和基金会外部监管。政府与企业方主要是在基金会内部开展监管，即派出理事对基金会的日常运作进行监管，适时提出各专项基金使用情况的披露。社会方更多偏向于外部监管，社会组织、居民和其他社会人士可以通过基金会的官网及时查看项目开展与项目资金使用情况，及时通过质询实现对基金会的有效监管。

在监管方式上，F街道社区基金会负责人积极与高校合作，聘用高校教授对基金会的日常运行与项目开展进行监督。另外，F街道基金会通过每年开展基金会年会的方式，适时向辖区民众展示年度项目成效，披露基金会年度成效。通过多样化、多渠道的监管方式，各主体都能实现对F街道基金会的有效监管。该地区特有的"乡贤议事"制度也确保了政府、社会、市场三方代表能够对基金会的日差运作做出监管、提出质疑。

五、F街道基金会的项目成效共享

F街道基金会脱离于行政体制的亲民众身份优势确保了基金会在参与社区治理中能够获得民众的支持。作为一个兼具有形物质资源与无形社会资源的枢纽型社区社会组织，F街道基金会通过项目开展实现了高质量的社区治理，社区内各主体在新的多元主体参与治理格局中获益。

（一）政府方：治理成本减少

传统的社会治理格局中，基层政府作为开展社区治理的唯一主体，需要从各个方面介入社区治理之中。此时基层政府投入的时间成本、人力成本等都是相对较大的。在社区基金会参与的社区治理格局中，政府通过引导基金项目开展与捐资活动，掌握必要的话语权。在三方同时参与社区治理的格局下，无疑为政府分担了大部分职责。基层政府通过在基金会内部派驻人员担任关键职务，在基金会外部通过支持与引导基金会开展符合社区与政府共同需求的社区发展性项目。社区基金会作为社区社会组织,具备政府所不具备的一些优势。例如,在社区项目开展的过程中能够做到对居民及各参与主体的需求进行全方位的评估,并能够联合职能型社区社会组织开展有针对性的项目与服务。通过政府引导、社区基金会主导、职能型社区社会组织协同的方式开展社区项目,项目能够获得高质量的开展效果。政府在减轻大量的治理成本的同时保留了政府在基层民众的权威,可收获更高质量的社区治理效果。

(二)社会方:自由度增加

1. 职能型社会组织:专业性、自由度的增加

在传统的"政府购买服务"中,社区社会组织只有政府这单一的资源获取渠道,在社区场域内,社会组织由于资源短缺,无法及时地补充更多的专业人员或无力开展更深更广领域的专业技能培训。但是基于社区内居民需求与问题的复杂性,政府在开展"政府购买服务"时,每年会在不同领域考虑购买专项服务。社区社会组织服务的地域性特征决定了社区社会组织的机构小型化和职能专一性,无法做到各个领域的"通才"。在实际的活动开展中也会被政府牵着走,从而去做一些非本社区社会组织领域的活动,导致自己开展服务受限,专业化也未得到发展。

社区基金会因其特性在开展项目与服务设计时拥有更大的自由度,在评估当前社区的实际需求后,能够针对社区内居民、企业、民间团体等多元主体需求,联合职能型社区社会组织开展更加多样化的项目服务。此外,社区基金会能够根据社区实际需要孵化更多贴合本社区实际的专业社会组织。职能型社区社会组织能够通过社区基金会为自身组织发展获取更多资源。社区社会组织在获取更多的资源后能够通过更有针对性的项目开展来促进自身的专业化发展,如此一来,也能够为社区提供更加优质、有针对性的服务,从而形成良性循环。

2. 居民:多元需求的有效满足

在传统的政府治理模式中,居民依靠单一渠道来反映自身诉求,但往往得不到有效的反馈。政府出于体制与资源分配的合理性考虑,会将主要资源投入覆盖面较广的群体及领域内。在政府资源投入的服务人群中,往往考虑更多的是儿童与老年人等弱势人群;而在覆盖领域方面,更多的是保底性、救急难的福利传递领域。上述的群体与领域的满足能够充分体现政府的社会治理绩效,但是这并不能够满足社区内大多数居民的需求,考虑到政府介入领域受限,传统的居民诉求渠道也仅仅能够维持基本的社区治理,无法真正地实现居民诉求的有效反馈。

在社区基金会参与社区治理的新格局中,居民可以不再仅仅依赖于居委会或党群服务这一类需求导向的路径来表达自己的诉求,更可以通过民间团体、工会等向社区基金会这类非政府组织联合表达自身所在群体或角色的多元化诉求。社区基金会不仅汇聚社区内的有效资源,还能够发挥资源配置作用,联合相关职能型社区社会组织开展覆盖多类群体、多项领域的项目活动。多元化项目的开展不仅能够满足社区内居民群体的需求,还能够促进居民实现对社区以及民间团体的角色认同,促进社区内文化队伍、志愿队伍等专业队伍的发展。同时,在这场行动中,居民从依赖居委会、党群中心去表达诉求转为向民间团体、工会等和社区居委会双线表达诉求,社区社会组织在社区基金会的项目开展与承接中也能做到不依赖政府的情况下开展相应的服务活动与项目,在形成

新的诉求与反馈闭环下（图3），居民的需求也得到了有效的反馈与满足。

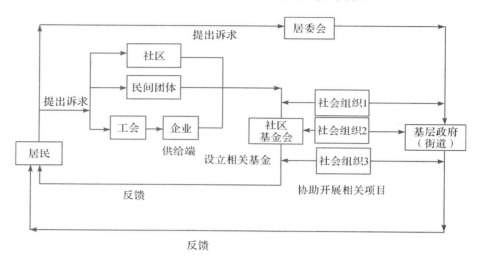

图3　居民需求与反馈路径

（三）企业方：经济效益与社会效益提升

企业作为市场端的代表，其天然具有逐利的特征，《中华人民共和国慈善法》规定了企业能够通过向基金会捐资获得税收减免的优惠政策。在经济效益上，企业能够通过捐资实现相应的税收减免与辖区土地使用。同时，企业通过成立更有针对性的教育基金项目，减少企业人员流失，降低企业的人力成本。

布劳的社会交换理论指出，相对于经济效益，社会效益往往具有更高的价值。在社会效益上，企业向社区基金会捐资能够成立冠名的单项基金，通过冠名单项基金的开展，承担辖区内更多社会责任，从而能够获得来自社会与政府远大于金钱价值的社会赞同。

六、总结与反思

通过以"政府—市场—社会"三方嵌入基金会的社区治理框架分析上述案例，我们可以看到，通过基金会经济资源与社会资源的注入、人员架构的有效设立，为三方嵌入基金会提供了有效前提；政府、市场、社会在基金会项目的开展与监管中发挥了有效作用；并且最终作为利益三方，同时通过基金会项目的开展获得了有效成果。实现了各类社会成员和社会主体遵循社会发展逻辑，共同管理社会事务，参与社区治理，共享发展成果这一社区治理社会化。

而在整个基金设立与项目开展的过程中，基金会通过项目为媒介传递，形成了以基金会为中心的资源传递格局（图4）。如此一来，社区基金会在项目的开展与监管的过程中与社区内其他治理主体形成了稳定的双向互动，实现高质量的社区治理。

最后，社区治理社会化不仅仅是对社区内主体与资源的嵌入，还应有相应的机制与技术。本文由于仅仅从社区基金会这一个典型的案例出发，无法从社区治理社会化的机制与技术要求角度出发做更多讨论。研究的局限性也导致本文只能够在社区治理社会化三方互动方面与社区基金会的有效运行提供理论和实践经验，无法做到对社区治理社会化的整个运行机制做出实际指导。

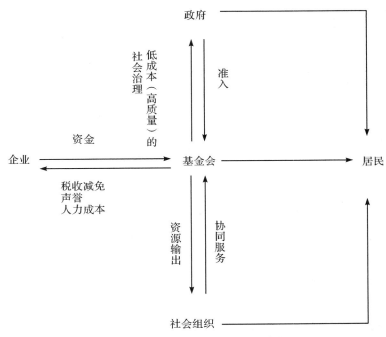

图4 以基金会为中心的资源传递格局

参考文献：

[1] 陈伟东,许宝君.社区治理社会化:一个分析框架[J].华中师范大学学报(人文社会科学版),2017,56(3):21-29.

[2] 陈伟东.中国特色社区建设:苏州工业园区经验[M].北京:中国社会出版社,2013.

[3] 胡小军,朱健刚.社区慈善资源的本土化:对中国社区基金会的多案例研究[J].学海,2017(6):85-92.

[4] 黄政.资源链接与服务供给:社区基金会的功能及其发挥[J].社会建设,2020,7(5):24-34.

[5] 林震.社会组织发展的复合嵌入式合作模式:评《改革开放后上海社会组织创新发展研究》[J].中国行政管理,2021(2):160.

[6] 刘敏,王芳.一核多元社区治理模式考察[J].开放导报,2014(5):34-37.

[7] 施从美,帅凯.回应性监管:政府主导型社区基金会有效监管的行动策略研究[J].中国行政管理,2020(7):114-121.

[8] 田蓉,王丽丽.我国政府主导型社区基金会供需理论视角分析:以南京为例[J].中国行政管理,2018(12):53-58.

[9] 王川兰.关系建构:社区基金会参与基层社会治理的结构分析——基于上海市浦东新区Y社区的实地观察[J].复旦学报(社会科学版),2020,62(4):140-147,190.

[10] 魏娜.我国城市社区治理模式:发展演变与制度创新[J].中国人民大学学报,2003(1):135-140.

[11] 徐家良,刘春帅.资源依赖理论视域下我国社区基金会运行模式研究:基于上海和深圳个案[J].浙江学刊,2016(1):216-224.

[12] 徐永祥,曹国慧."三社联动"的历史实践与概念辨析[J].云南师范大学学报(哲学社会科学版),2016,48(2):54-62.

[13] 俞国良.社会心理学[M].北京:北京师范大学出版社,2006.

[14] 朱健刚.社会实验视域下的社会组织介入社区营造:以一个老城厢社区的活化实践为例[J].河北学刊,2021,41(2):170-181.

浙江省"山海协作"推动共同富裕的逻辑脉络与经验启示

应少栩

（中共金华市委党校）

摘　要：浙江"山海协作工程"是缩小地区差距和实现共同富裕的重要手段。文章通过山海协作的内涵要义、实施成效、存在的问题和对策建议四个方面全面、系统梳理和分析"山海协作工程"的逻辑脉络和现实思考。同时，通过对武义县、磐安县等地相关部门、企业的实地走访调查，发现"山海协作"在考核机制、地区交流、管理机制、合作广度深度等方面存在局限性。在高质量建设共同富裕示范区的大背景下，浙江需要通过加强顶层设计、完善工作机制、探索协作机制、强化宣传机制、推动内容创新等方面不断完善和创新"山海协作工程"的具体内容，才能对山区 26 县实现共同富裕提供更加精准高效的制度保证和平台支撑。

关键词：山海协作　共同富裕　山区 26 县　逻辑脉络　经验启示

改革开放以来，在"一部分地区有条件先发展起来，一部分地区发展慢点，先发展起来的地区带动后发展的地区，最终达到共同富裕"①思想的指引下，京津冀、长三角、珠三角等东部地区依托区位优势、工业基础等率先发展起来。但是，东部地区的快速发展也带来了其内部城乡、区域、群体等差距的拉大。浙江作为沿海发达省份，成为全国先富起来的地区，但省域内沿海与山区的发展差距不断扩大。以人均国内生产总值为例，1978 年，省内最高的杭州市为 565 元，最低的丽水市为 226 元；2000 年，杭州市为 22342 元，丽水市为 6304 元，人均国内生产总值的差距从 2.5 倍扩大到 3.544 倍。如何通过先富帮后富，来缩小各区域、城乡之间的发展差距，实现后发地区的跨越式发展，从而推动全省域一体化协调发展，是浙江亟待破解的难题。2002 年 4 月，浙江省发布《关于实施山海协作工程帮助省内欠发达地区加快发展的意见》，决定组织省内沿海发达地区与浙西南欠发达地区、海岛等欠发达地区相互结对，共同实施社会经济协作活动，即"山海协作工程"。2003 年 7 月，时任浙江省委书记的习近平同志在省委十一届四次全会上提出"八八战略"，其中之一即"进一步发挥浙江的山海资源优势，大力发展海洋经济，推动欠发达地区跨越式发展，努力使海洋经济和欠发达地区的发展成为我省经济新的增长点"，并多次强调"山海协作工程"是实施"八八战略"的重要内容，是统筹区域发展的一个重要抓手。2003 年 8 月，浙江省发布《关于全面实施"山海协作工程"的若干意见》（浙政办〔2003〕54 号），确立了"政府推动，部门协调，企业为主，市场运作，突出重点，梯

---

①　邓小平：《在武昌、深圳、珠海、上海等地的谈话要点》，《十三大以来重要文献选编（下）》，人民出版社 1993 年版。

次推进,形式多样,注重实效"的原则,大力促进欠发达地区与发达地区的协调发展、共同繁荣。此后,浙江历届省委、省政府在"八八战略"引领下,不断深化山海协作,推动先富带后富,实现从沿海地区率先发展到全域共同发展。

一、山海协作的内涵要义

山海协作是一个系统工程,涉及政府、市场和社会三大主体,在经济、文化、生态、民生、社会等各个领域都有体现,因此,完善的顶层设计必不可少。浙江通过一系列制度的设计和安排,明确了协作的主体、协作的内容、协作的方式、协作的目的等。

(一)山海协作的主体

山海协作的实施主体的明确和加强对更好发挥"山海协作工程"的作用起着至关重要的影响。在不断的创新与实践中,浙江"山海协作"逐渐形成了三个层面的主体。一是省级层面。省政府成立了山海协作领导小组,下设山海协作办公室,负责日常工作,包括提出总体要求和发展目标、制订中期方案和年度工作计划、明确结对关系和重点任务、实施政策激励和考核督察。二是市县层面。浙江"山海协作工程"中的"山"主要指浙江西南部、浙江西部、浙江南部、浙江中部的 26 个加快发展县(山区县)①,它们相对省内其他地区,经济较为落后,工业基础较薄弱,地形闭塞,交通不便,是"山海协作"的受援主体。"山海协作工程"中的"海"主要指浙江沿海发达地区,是"山海协作"的支援主体。当前,浙江"山海协作工程"已实现 26 个山区县和发达县一对一结对合作全覆盖,同时衢州、丽水两个全域属于山区县的设区市也与杭州、宁波等发达地区开展结对合作。三是社会层面。浙江民营经济发达,市场活力强,注重用市场化的手段和方式推动山海协作,确立了以政府为主导、市场为主体的原则,定期组织发达地区的企业到欠发达地区考察、调研、投资,积极鼓励在外浙商和浙企到省内欠发达地区投资兴业。

(二)山海协作的内容

明确山海协作的重点内容是更好发挥"山""海"优势的关键所在。随着"山海协作工程"的深入推进和发展,"山海协作"的具体内容也随之变化,从以经济协作为主的单一模式转为经济、社会、生态、文化、群众增收等多领域、全方位的协作。一是经济协作。按照经济高质量发展和新发展理念的要求,经济协作的重点更加侧重在生态农业、生态工业、文旅融合等生态产业和绿色经济上,更加体现和发挥 26 个加快发展县的生态优势,加快推动生态优势转化为经济优势。二是社会协作。继续强化"双下沉、两提升"政策②,助推优质医疗资源共享和优秀医疗人才下基层服务,提升欠发达地区医疗水平;通过校际合作、优秀教师送教、联合办学、远程教育等形式,助推城市优质教育资源

---

① 浙江省山区 26 县:淳安县、永嘉县、平阳县、苍南县、文成县、泰顺县、武义县、磐安县、柯城区、衢江区、江山市、常山县、开化县、龙游县、三门县、天台县、仙居县、莲都区、龙泉市、青田县、云和县、庆元县、缙云县、遂昌县、松阳县、景宁畲族自治县。

② "双下沉、两提升"指城市优质医疗资源下沉和医务人员下基层、提升县域医疗卫生机构服务能力和群众就医满意度。

共享，提升欠发达地区教育水平。三是生态协作。按照"绿水青山就是金山银山"理念的要求，生态协作的重点更加侧重在生态产品价值的转化、利用，生态资源的补偿机制的构建、生态产品的宣传、推介等方面，引入沿海地区的资本、技术，与山区 26 县的生态资源禀赋有机结合，做大做强它们的生态产业和生态产品。四是文化协作。通过文化走亲、非遗展示、旅游推介等活动，增强"山"与"海"的文化认同感和归属感，拉近协作双方的距离。四是群众增收协作。实施山海协作百村振兴计划，推动浙西南山区乡村振兴，消除山区村集体经济薄弱村，促进低收入农户增收致富；加强大学生创业园、文化创意中心、农村电商孵化园等平台的建设，吸引优秀青年和乡贤回乡创业，带动山区群众增收致富。

（三）山海协作的方式

采用何种方式实施山海协作是实现产业集约化、规范化、规模化、特色化发展的重要保证。通过 20 年的不断探索与实践，构建起协作双方政府共建合作机制，形成了三种产业发展平台。一是山海协作产业园。对适合发展工业的山区县，以建设科技化、信息化、集约化、生态化产业园为目标，围绕主导产业，引进上下游关联产业，培育生态型现代产业集群。二是生态旅游文化产业园。对重点生态功能区、源头地区等不适合发展工业的山区县，按照"共抓大保护，不搞大开发"的要求，发挥生态人文优势，培育省级旅游风情小镇、休闲旅游示范区、最美生态旅游线路和生态旅游项目。三是"飞地园区"。为破解后富地区高端要素缺乏、创新能力不足、发展空间受限、市场渠道不畅等难题，在结对合作的发达地区建设"飞地园区"、特色街区，实现企业研发在都市、生产基地在山区，土地指标后富地区提供、产业空间在先富地区，特色农产品及民间手工艺品生产在山区、销售在沿海地区。通过山海协作产业园、生态旅游文化产业园和"飞地园区"，把山区县的生态优势与沿海发达县的经济优势更好地结合，实现"山"与"海"的协同发展。

（四）山海协作的目的

深刻理解和全面把握实施"山海协作工程"的初衷和目的，对更好地提升结对双方的协作度、推动山区共同富裕具有十分重要的意义和作用。一是助推山区发展。实施"山海协作"需要协作双方共同努力，但初衷仍是为了欠发达山区，希望通过"山海协作"，山区 26 县能加快补齐发展短板，实现跨越式发展和共同富裕。二是发挥沿海示范。沿海地区经济发展水平较高，人民生活较富足，率先实现共同富裕的基础和优势比较明显。通过加快发展县和沿海发达地区点对点结对合作，充分发挥沿海发达地区的经济优势，带动山区高质量发展。三是推动协调发展。山海协作的最终落脚点是实现"山"与"海"的协调发展。只有缩小区域、城乡的发展差距，实现全省的协调发展，才能最大限度激发起全省域的创新发展活力，为实现共同富裕提供浙江示范。

二、山海协作的实施成效

自 2002 实施"山海协作工程"以来，浙江就没有停止对山海协作模式的创新和探索，从补短板、创平台、优服务、强合作等方面，不断深化"山海协作工程"的内容和形式推动先富帮后富，解决发展不平衡不充分问题，为高质量建设共同富裕示范区提供重要保证。

（一）基础设施短板得到较快补齐

基础设施是经济社会发展的重要基础,具有战略性、全局性和整体性作用。后发地区发展之所以落后,很大原因在于基础设施落后,要实现跨越式发展,必须补齐基础设施短板。一是综合交通运输短板得到较好补齐。近年来,随着衢宁铁路、龙丽温文泰段等交通基础设施的规划和建成,打通了与外界的交流通道,结束了松阳、遂昌、龙泉、庆元不通铁路和文成、泰顺不通高速的历史,使得越来越多加快发展县融入"三个1小时左右交通圈"①,缩小与外界的时空距离,越来越多产业、项目可以更加便捷地落地山区。二是能源水利基础设施短板得到较好补齐。丽水、缙云、松阳、武义等地通过大力发展农光互补光伏电站、雨污分流管网改造、天然气管道建设等,解决了偏远山村喝不上纯净水的难题,通过农业和光伏资源的协同共享模式,高效利用土地资源,减少了碳排放,实现经济富民和生态富民。三是生态保护和生态经济短板得到较好补齐。近年来,山区26县深入贯彻落实新发展理念和"绿水青山就是金山银山"理念,依托各自良好的生态资源优势,不断补齐生态产业发展的短板,助力生态经济高质量发展。松阳通过老屋改造,并根据各地自然人文景观,打造高端精品民宿,发展文旅产业,使得闲置、破旧的古村落重新焕发生机;安吉、常山通过"两山银行",破解农民融资难问题,使得碎片化的生态资源得以集约化、高效化开发;缙云县大洋镇通过生态产品价值实现机制的试点,卖出GEP279.28万元。②

（二）后发地区内生发展动力持续发力

建设共同富裕示范区,重点是实现山区26县的跨越式发展和共同富裕,关键是帮助它们提升"造血"功能。"山海协作工程"实施之初,省里就提出"把省内沿海发达地区的产业转移辐射到浙西南山区、海岛等欠发达地区"。为实现产业合作由零散型向集群型转变,推动后富地区高质量发展,针对山区县具体情况,分类创建合作平台。在这之后,山海协作产业园、山海协作生态旅游文化产业园和山海协作飞地园区的建设和发展,不但实现了"山"和"海"的优势互补、合作共赢,而且对于加快发展县引进好项目、实现产业的落地、产品的孵化、群众的增收、发展差距的缩小都具有较好的作用。2013年至2017年,首批9个省级山海协作产业园共投入开发资金147.63亿元,引进企业335家,累计实际到位资金411.17亿元,累计总产值247.81亿元。③ 2018年至2020年,全省27个省级山海协作产业园(生态旅游文化产业园)实施产业合作项目885个。④ 其中,"十三五"期间,丽水市共实施"飞出去"飞地20个,开展"山海协作"项目890个,到位资金910.58亿元。⑤ 金磐扶贫

① "三个1小时左右交通圈":浙江11个中心城市地级市到省会城市杭州实现"1小时",各个中心城区到周边的卫星城实现"1小时",中心城区到下面的县政府、区政府所在地实现"1小时"。

② 聂伟霞、杨世丹、郑欣慰等:《丽水首例基于GEP核算的生态产品市场化交易落地 800亩山地的水土空气"卖"了279万元》,《浙江日报》2020年5月21日。

③ 数据来源:浙江省发展和改革委员会关于公开征求《深入实施山海协作工程促进区域协调发展的若干意见》(征求意见稿)的公告附件3整理计算所得,2017年11月20日。网址:http://fzggw.zj.gov.cn/art/2021/7/30/art_1229123367_2313457.html。

④ 王世琪、甘凌峰:《山海携手,闯出协调发展新空间》,《浙江日报》2020年11月11日第3版。

⑤ 阮春生:《资源共享"飞地互飞" 山海"飞地"助推丽水共同富裕》,《丽水日报》2021年4月9日第1版。

经济开发区成为产业飞地的样板,"十三五"以来累计上缴税收 30 亿元,占全县财政收入 1/3 以上。①

(三)基本公共服务均等化顺利推进

基本公共服务均等化是实现共同富裕的内在要求。习近平总书记在浙江工作期间,多次强调公共服务资源的重要性。他指出:"引进资金、引进企业、引进项目固然重要,但从长远来看,提高社会发展水平、促进人的全面发展影响更加深远。""在加强经济协作的同时,着力抓好新农村建设和教育、科技、文化、卫生、人才等社会领域的合作,积极推进欠发达地区的社会建设。"②因此,浙江始终将公共服务和社会事业建设作为"山海协作工程"的重点工作,不断推动优质医疗、教育资源下沉和共享。"关于实施新一轮山海协作工程的若干建议"、"双下沉、两提升"政策等意见和政策的出台,为推进和创新医疗和教育优质资源的共享提供重要的制度保障,越来越多的优质资源开始下沉基层,提升了山区基本公共服务均等化水平。浙江大学衢州研究院、浙江大学丽水医院、遂昌县试点全国首创、浙江唯一的医疗卫生人才"省属县用"、强化省市大医院与县级医院、基层医疗卫生机构的合作等一些具体举措和政策的出台和实施,山区 26 县的基本公共服务水平显著提高。据统计,2019 年,浙江 11 个设区市基本公共服务均等化实现度差距进一步缩小,实现度最高的绍兴为 99.2%,实现度最低的丽水也达到 95.8%,差距由 2018 年的 4.8 个百分点缩小到 2019 年的 3.4 个百分点,趋于均衡发展。③

(四)结对协作促进山区群众持续增收

实现山区群众的增收致富是山海协作的重要目标和落脚点。通过"山海协作百村经济发展促进计划""深化百村结对计划"的实施,"消薄飞地"乡村振兴示范点的建设等,省里和沿海发达地区为山区 26 县援建了众多村集体经济增收和村民致富的产业项目和基础设施,在农家乐、民宿产业、文旅产业等生态产业发展商,贡献了诸多资金、技术、人才和市场,也主动积极引导企业到山区投资兴业,发展生态农业、生态工业和文旅产业。

"山海协作工程"的持续推进,帮助山区群众实现了增收致富,共同富裕的基础更加坚实。截至 2020 年,浙西南山区市县通过山海协作累计获得援助资金近百亿元,乡村振兴示范点 26 县全覆盖,30 个"消薄飞地"建设带动 2500 多个集体经济薄弱村"消薄"。④ 杭州、丽水两市人均国内生产总值的差距从 3.3 倍缩小到 2.2 倍,农村居民人均可支配收入的差距从 2 倍降低到 1.6 倍。发展水平最低的丽水市人均国内生产总值(按常住人口计算,下同)从 2002 年的 8532 元增加到 2020 年的 69526 元,农村居民人均可支配收入从 2002 年的 2920 元增加到 2020 年的 23637 元,城镇居民人均可支配收入从 2002 年的 9900 元增加到 2020 年的 48532 元;发展水平最高的杭州市人均国内生产

---

① 《浙江金磐扶贫经济开发区——山海协作 互利共赢》,《人民日报》2021 年 1 月 8 日第 1 版。
② 习近平:《不断推动山海协作再上新台阶》,《浙江日报》2006 年 12 月 28 日第 1 版。
③ 数据来源:浙江省发展改革委、浙江省统计局联合对 2019 年度全省及 11 个设区市基本公共服务均等化实现度开展综合评价报告,http://www.sx.gov.cn/art/2020/12/1/art_1229265334_3798550.html。
④ 王世琪、甘凌峰:《山海携手,闯出协调发展新空间》,《浙江日报》2020 年 11 月 11 日第 3 版。

总值从 2002 年的 28150 元增加到 2020 年的 155463 元,农村居民人均可支配收入从 2002 年的 5242 元增加到 2020 年的 38700 元,城镇居民人均可支配收入从 11778 元增加到 2020 年的 68666 元。杭州、丽水两市人均国内生产总值之比从 3.3 倍缩小到 2.2 倍,农村居民人均可支配收入之比从 1.80 倍缩小到 1.64 倍。杭州、丽水两市的城乡居民收入比均出现下降。[①]

三、"山海协作工程"存在的问题

虽然山海协作的持续推进,对缩小浙江山区与沿海的发展差距,带动山区群众增收致富发挥了非常关键和重要的作用。同时,通过对武义、磐安等加快发展县的调研,发现"山海协作工程"在具体的实施过程中仍存在诸多问题和不足,碰到不少困难。只有牢固树立问题意识,加快补齐各项短板,才能推动"山海协作工程"持续健康地实施和发展。

(一)资源不足限制发展和加剧不平衡

土地等资源的不足制约着产业和项目的落地和发展,客观上也导致地区发展的不均衡。例如,磐普产业园目前规划的环白云山建筑用地需要 1100 亩,但现实可供使用的土地指标只能满足 700 亩左右,客观存在的土地指标与现实发展的不匹配,对山海协作相关产业的发展造成很大的影响。同时项目集中度较高,对于较偏远的山区辐射带动力不够,导致乡镇之间、村庄之间的发展出现不平衡现象。

(二)"山海协作"的考核机制不够科学合理

"山"与"海"双方的考核严重不对等。通过走访磐普产业园,我们发现,上级相关部门主要对受援地区(磐安县)的工作业绩、干部素质等进行考核,而对支援地区(普陀区、东阳市)的工作业绩、干部素质等考核的频率不高,力度也不大。这使得客观上容易导致支援地区(普陀区、东阳市)派往受援地(磐安县)帮扶的干部在促进"山海协作工程"实施、引进大企业好项目的能力和水平与受援地区(磐安县)的实际期望和需求有差距。

(三)"山海协作"的地区交流有待增强

通过走访磐普产业园等山海协作产业园和武义、磐安等山区县后,我们发现,全省各个"山海协作"的加快发展县与沿海发达县市的相互交流、学习的平台还缺乏,机会还不够多,省里目前一般一年召开一次全省山海协作的会议,这使得省内许多加快发展县相互交流、学习不同地区在"山海协作工程"上的先进经验的机会比较局限。缺乏诸如全省层面的较高频率的山海协作交流分享会的平台,使得一些地区对山海协作产业园规划是否合理科学、是否存在问题、招商引资是否到位、如何发挥山海协作优势促进地区发展等存在困惑。

---

① 数据来源:《2003 年杭州统计年鉴》《2003 年丽水统计年鉴》《2020 年杭州市国民经济和社会发展统计公报》《2020 年丽水市国民经济和社会发展统计公报》,并通过整理计算所得。

（四）"山海协作"的管理机制有待完善

通过走访磐普产业园等地，我们发现，受援地区（磐安县）根据支援地区（普陀区、东阳市）引进的项目、产业提供所需的土地指标，但项目的后续投入运营、产业的发展主要是由支援地区（普陀区、东阳市）负责管理，这样会导致受援地区（磐安县）的积极性受到影响，而项目、产业带来的资金、人才等回报对受援地区（磐安县）当地的产业发展、群众的增收致富会有一定程度的限制作用。

（五）"山海协作"双方多领域合作不够全面深入

通过走访磐普产业园等地，我们发现，"山海协作"双方合作的领域主要集中在生态旅游、文化康养、生态产品等方面，"山海协作"双方合作的领域还不够深入，例如磐安的山货虽然已逐步走进普陀的机关食堂，但对于社区、商场等地，知名度、认可度和销量还有待提高。

四、新时代打造"山海协作工程"升级版的对策建议

新时代的主要特征是以高质量发展为鲜明主题的，如何深入推进"山海协作工程"升级版，更好地发挥"山"与"海"的优势，推动加快发展县跨越式发展，实现山区的共同富裕，值得思考。中央赋予浙江高质量发展建设共同富裕示范区的重大使命和光荣任务，省委和袁家军书记多次强调，要发挥山海特色资源互补优势，让山区和海洋经济成为新一轮发展增长极，对山区 26 县的发展寄予厚望。结合调研实际，本文提出以下建议。

（一）进一步深化认识，加强顶层设计

一是充分认识打造"山海协作工程"升级版在缩小地区差距、解决发展不平衡不充分问题等方面的重大意义，充分认识打造"山海协作工程"升级版与高质量建设共同富裕示范区的内在关联，打破部分人固有的认为"山海协作工程"是单方收益（受援地区或支援地区）。无论是对于受援地区还是支援地区，都要充分认识到打造"山海协作工程"升级版都是民心工程、德政工程、双赢工程，是缩小发展差距、实现共同富裕的重要手段，对加快山区跨越式发展、建设共同富裕示范区具有重要的现实意义。二是精准完善山海协作的顶层设计。建议由市山海协作相关部门统一牵头，加强调研，对当前市内山海协作结对双方的产业需求、人才保障、资金配置等各方面全面精准把控，对现有的协作结对关系进行全面、系统、精准的梳理，从而形成更加科学、合理、准确的协作结对关系。如果是设计跨地市的山海协作，建议由省级山海协作相关部门牵头，对全省各协作结对双方的产业匹配度、互补度等进行深入细致的分析研究，从而助推形成更加科学精准的结对关系。

（二）进一步完善工作机制，提高协作准度

一是完善山海协作考核机制。针对目前主要考核受援地区的情况，建议省级山海协作部门增加对支援地区交流干部、引入产业、项目等的考核力度，对干部的综合素质、业绩表现，引进项目产生的收益等各方面进行全方位的考核，调动发达地区支援协作的积极性和主动性，打破考核机制上的地区不平等。二是完善山海协作交流机制。针对目前山海协作地区交流的平台不够多、密度不

够大的情况,建议省级山海协作部门适当增加省级交流平台和机会,为加快发展县打造山海协作工程升级版、学习兄弟县市先进经验提供更多的直接的机会。同时建议省级山海协作部门加大对协作双方派驻干部实行常态化的线上线下的培训、指导,进一步提高交流干部实施"山海协作工程"的执行力、精准力和持续力。三是完善山海协作管理机制。改变以往的受援地区提供土地、支援地区引进管理项目的模式,支持受援地区加入引进产业、项目的管理运营过程中,有利于引进项目的科学、合理、可持续发展。

(三)进一步探索协作机制,解决资源不足问题

探索生态补偿飞地。针对土地资源不足制约当地产业发展的实际,根据丽水遂昌等地的前期探索,建议在山区26县探索规划建设"生态补偿飞地",由省级山海协作部门统一牵头,联合发改、建设等部门,依据山区26县的资源禀赋、产业发展等特征,选择匹配度高、互补性强的结对县市,将有利于加快发展县产业发展的大项目、好项目引入该地的生态补偿飞地产业园里,同时加快发展县也可以在结对县市设立生态补偿飞地,将生态产品等引入沿海发达地区,同时在支援地区吸引自身产业发展所需的项目、人才、资金、技术,就地孵化,增强自身造血功能。

(四)进一步强化宣传机制,推动合作向纵深发展

鉴于当前山海协作双方合作的领域还不够广泛、合作力度还不够大、合作成效还不够突出的问题,建议协作结对双方加大宣传山海协作的宣传力度,通过召开县、乡、村各级山海协作推进会,在官方媒体(电视台、广播、报刊、官方公众号、官方微博)、社区宣传等渠道,向各级领导干部和人民群众宣传"山海协作工程",使他们了解并支持这项工程。同时,加快发展县应当更加积极主动走出去,走进结对县市的机关、企业、学校、社区等,线上线下相结合,大力宣传推介本地的优势产品、产业和项目,吸引对方企业、人才的进驻。为协作双方推动山海协作向更加纵深、宽领域发展打好基础。

(五)进一步推动内容创新,打造"村级山海协作"

鉴于偏远山村接受"山海协作工程"的辐射带动不明显的实际,建议创新"山海协作工程"的具体内容,探索建设"村级"的"山海协作"。一方面,加快发展县和沿海发达地区的山海协作部门对全县的行政村的产业特点、村民生活等进行梳理,按照产业、村民收入、资源禀赋的不同水平和层次进行分类,形成全县行政村的分层分类;另一方面,省、市级山海协作部门依据双方分类后的村,将产业特点相似、有互补性或者村民收入提高上能借鉴学习的双方行政村直接联系在一起,从而加快发展县的经济发展薄弱村可以最直接、最高效、最科学地得到来自沿海发达地区经济发达村的结对帮助,提高"山海协作工程"在促进微型地区发展的助推力和持续力。

基金项目:2022年度浙江省社科联研究课题(2022B58)和2021年金华市党校系统课题(JDXY21014)

从"嵌入"到"融合":干部驻村制度的创新发展研究

——基于绍兴市柯桥区驻村指导员制度的实践探索

毛睿佳

（中共绍兴市柯桥区委党校）

摘　要: 村级治理作为国家治理体系的"神经末梢",对于全面推进乡村振兴,扎实推进共同富裕至关重要。为解决村级治理"主体性缺失"等突出问题,推动国家治理有效"下沉",驻村指导员制度于 2003 年在时任浙江省委书记习近平同志的推动下开始实行。制度先行地柯桥从主体嵌入适配性、机制嵌入规范性、资源嵌入有效性与组织嵌入系统性几方面不断深入完善,但在具体嵌入实践中仍面临着多角色冲突、内生自治力不足、行政依赖等现实困境。共同富裕新目标下,需从融合视角出发优化驻村指导员与村级治理各体系间的互动机制,加快形塑"一核多元"的引领型融合治理模式。

关键词: 嵌入式治理　融合治理　驻村指导员制度

一、问题的提出

干部驻村最早是共产党员了解群众思想、满足群众需求的一种工作方式[①],其最初的组织形式是工作队,围绕党和国家在农村地区的工作重心和任务目标,向农村派驻工作队——深入农村,组织农民,调动农民的积极性和主动性[②]。不同时期干部驻村在贯彻落实党的路线、方针、政策和推动农村地区发展上发挥着重要作用,已然成为新中国乡村治理的一大传统[③]。后税费时期,为解决农村发展"流出性衰败"[④]、基层治理"悬浮化"[⑤]等问题,有效推进城乡统筹发展,2003 年,时任浙江省委书记习近平同志提出"从各级机关挑选一批党员干部下农村,基本实现全省每个行政村都派驻一位农村工作指导员,推动党委、政府工作重心下移"[⑥],推行驻村指导员制度,绍兴市柯桥区兰亭街道(原绍兴县兰亭镇)率先开展试点并获习近平同志肯定性批示,随即该项制度在全省推广。

---

①　杜赞奇:《文化、权力与民族—国家:杜赞奇教授访谈录》,《学海》2000 年第 6 期。

②　刘金海:《工作队:当代中国农村工作的特殊组织及形式》,《中共党史研究》2012 年第 12 期。

③　罗兴佐:《完善驻村干部制度助推乡村振兴》,《中国农业大学学报(社会科学版)》2019 年第 3 期。

④　郑永年:《如何拯救中国农村的"流出性衰败"》,《第一财经》2017 年 5 月 3 日。

⑤　陈亮、李元:《去"悬浮化"与有效治理:新时期党建引领基层社会治理的创新逻辑与类型学分析》,《探索》2018 年第 6 期。

⑥　陈建光:《实行驻村指导员制度的实践与思考》,《今日浙江》2004 年第 6 期。

驻村指导员制度本质上是国家治理资源的下沉，是通过治理主体、治理规则和治理资源的结构性嵌入，推动乡村治理体系优化重构，撬动农村内生性发展动能的一项基层治理创新机制。广义上来讲，它与"驻村第一书记"同属于干部下派帮扶范畴，但与国家主导的以运动式扶贫为目标的"第一书记"不同的是，"驻村指导员"具有基层化、常态化、属地化的特点，其帮扶目标也更趋多元化。驻村指导员作为党政干部下沉到基层，不仅符合"政治路线确定之后，干部就是决定因素"的历史经验及逻辑，更重要的是，在实现国家治理体系和治理能力现代化的改革目标下，通过干部引领重塑基层治理结构，引导调动农村自治、法治、德治有效结合，从而提升村级治理的现代化水平。

"后精准扶贫时代"，面对全面推进乡村振兴，扎实推进共同富裕等新的时代课题，迫切需要总结好干部驻村制度的有效经验，破除制度运行瓶颈，以适应治理目标及治理环境变化。驻村指导员制度作为一项源起于、探索于、实践于浙江的村级治理工作方法，既延续了干部驻村走好群众路线的执政传统，又积累了一套党建引领乡村振兴的具有浙江辨识度的治理经验，集中体现了中国特色社会主义制度在村级治理中的优越性。但不能忽视的是，驻村指导员制度以"嵌入式治理"激活农村发展中作为"人"的关键因素，即"驻村指导员"作为党政权力如何融入村庄自治权力从而调动各方资源提升村级治理效能？其中必然要经历从"嵌入"到"融合"的良性互动过程，那么在制度设计上如何提升嵌入有效性以实现融合治理？柯桥作为浙江省经济强区，美丽乡村建设、城乡一体化进程及社会治理相关改革均走在前列，其中驻村指导员制度发挥了重要作用。2021年5月24日，驻村指导员制度17周年论坛在柯桥举行，并首次发布《驻村指导员工作标准》，标志着该制度逐步走向常态化、标准化。笔者以柯桥的实践探索为例，在"嵌入式治理"的框架基础上对当前驻村指导员制度的运行机理及现实困境进行分析，试图说明干部驻村制度在新的治理目标下需要逐步实现从"嵌入"到"融合"的跃升。

二、研究基础与理论框架

社会治理角度的"嵌入性"（Embeddedness）最初由著名学者卡尔·波兰尼（Polanyi）在《大转型——我们时代的政治与经济起源》一书中提出。他认为，市场中的"交易行为通常是嵌入在包含着信任和依赖的长期关系之中的，这种关系往往能消除交易的对立性"[①]。美国社会学家格兰诺维特（Granovetter）将"嵌入性"概念做了延展阐释，他认为人并不像原子一样脱离社会结构、社会关系进行行动，"他们具有目的的行动企图实际上是嵌在真实的、正在运作的社会关系系统之中的"[②]。他将嵌入主要分为结构嵌入和关系嵌入，前者是指行动者嵌于整个社会的关系网络，受社会结构的影响；后者是指个体的经济行为嵌入与他人互动所形成的关系网络。

国内理论界对干部驻村制度的分析，在研究对象的选取上多聚焦脱贫攻坚背景下"驻村第一书记"的制度运作，框架选取上多从"嵌入式治理"视角出发分析干部驻村对于扶贫目标的实现机制，如张义祯（2015）通过建构"嵌入治理"来解释驻村干部工作机制的现实有效性和合理性，认为"嵌入治理"是对村民"自治失灵"的有益补充。孙兆霞（2017）指出，第一书记驻村扶贫的微观执行制度，

---

① 卡尔·波兰尼：《大转型：我们时代的政治与经济起源》，冯刚等译，浙江人民出版社2007年版，第53页。

② Granovetter Mark，Swedberg Richard. *The Sociology of Economic Life*. Westview Press，Inc.，1992，p.6.

不仅从执行层面保证了党的组织资源、人力资源以及物资资源与贫困村的对接，而且以扶贫的正义创建了党与农村社会有效互动的方式，从而为国家权力参与并塑造乡村治理提供了制度载体。[①] 张磊、伏绍宏（2020）认为驻村干部实现了扶贫力量在基层政府和村级组织中的"反科层制"嵌入，嵌入性机制与本土结构的耦合协同，缓解了压力型体制与治理有效性之间的张力，促进了基层政府治理能力提升。[②]

嵌入式治理中的国家与社会的互动并非持续有效且良性的，王晓毅（2016）肯定了驻村帮扶的动员作用，并指出了新时期驻村帮扶面临如何融入乡村社会的问题。周隆武（2021）认为，在第一书记嵌入治理过程中会囿于行动壁垒导致"嵌入失灵"的困境。袁铭健（2020）认为，随着扶贫工作的深入，驻村制度出现了资源依赖性、治理短期性和基层权力结构冲突等实施困境，同时"嵌入性机制"会诱致权力惰性替代、村庄自治性消解、村民自主性弱化等负效应。[③] 张登国（2020）认为，第一书记作为国家权力的代理人以整体制度嵌入乡村与乡村权威、利益结构、文化规则等代表基层社会韧性的结构要素产生博弈，并受到来自乡村的"反嵌"性制约而产生结构性紧张和悬浮性游离，从而弱化"嵌入式"治理的成效。[④] 由此可见，"嵌入式治理"的相关研究提供了一个分析干部驻村制度十分有益的理想模型，但需要注意的是，这方面研究倾向于将干部驻村工作作为一种国家在脱贫攻坚目标下具有强制性的制度安排，突出其国家权力的外部性、目标实现的任务性以及制度嵌入的技术理性，而对于如何解决嵌入性治理运行带来的负效应及相关困境，以适应更为复杂多元的治理目标以及常态化制度运行要求则缺乏理论回应，要实现"嵌入"之后各治理体系与主体间的良性互动，需要进一步强化"融合"。符平（2021）在研究脱贫攻坚的治理过程时提出了"引领型融合治理"这一新的理论范畴，并认为引领型融合治理突出国家组织权力的运用及其与多元行动主体间的互动，强调通过国家以创新方式动员多元主体共同解决问题、创造新秩序，这一方式突破了传统科层制的"理性僵化"，打破了条块结构和部门界限，促成了治理主体从结构性整合向功能性整合的转变。[⑤] 这一新的治理视角为解决从"嵌入"到"融合"的跃升，进一步优化干部驻村制度提供了方向。

三、嵌入性视角下驻村指导员制度的运行机理：基于柯桥的实践

自 2004 年推行驻村指导员制度以来，柯桥区围绕农村工作目标不断创新完善，先后 6 次出台综合性指导意见，累计选派 16 批次、4500 多名区镇两级机关干部担任驻村指导员，在助力 65% 的行政村实现"党建、富裕、美丽、和谐、文明"目标提升的同时，为地方党政机关培养锻炼了大批基层工作经验丰富的干部。以嵌入性视角来梳理柯桥驻村指导员制度的运行发展，其制度机理始终围绕着"人""制""力""效"四个方面不断演进，通过在选派、管理、指导、激励、统筹机制上的不断优化，

---

① 孙兆霞：《以党建促脱贫：一项政治社会学视角的中国减贫经验研究》，《中国农业大学学报（社会科学版）》2017 年第 5 期。

② 张磊、伏绍宏：《结构性嵌入：下派干部扶贫的制度演进与实践逻辑——以四川省凉山彝族自治州的扶贫实践为例》，《社会科学研究》2020 年第 4 期。

③ 袁铭健：《国家与社会互动下精准扶贫的运转逻辑：以"第一书记"的制度框架展开分析》，《江汉大学学报（社会科学版）》2020 年第 1 期。

④ 张登国：《第一书记"嵌入式"乡村治理的行动范式与优化策略》，《山东社会科学》2020 年第 11 期。

⑤ 符平：《缔造引领型融合治理：脱贫攻坚的治理创新》，《学术月刊》2021 年第 7 期。

提升嵌入的适配性、规范性、有效性和统领性。

（一）精准选派，提升主体嵌入的适配性

有别于国家权力主导的"第一书记"，驻村指导员具有鲜明的本地化特征，从 2004 年绍兴县印发的《绍兴县驻村指导员管理办法》来看，驻村指导员主要从镇（街）优秀干部中选派，并将此作为长期坚持的一项选派原则，因此大大提高了嵌入主体与环境的适配性。在具体选派方式上，从最初的组织"单向派"到人村"双向选"，进一步提高"人村相适度"。一方面，通过干部综合信息分析系统建立驻村指导员人选信息库，并借助干部自我评估、个别交流、民情比武等载体精准研判驻村指导员候选人的岗位专业、能力优势、性格特点；另一方面，全面梳理拟驻村的村域面貌、资源状况、治理现状等基本情况，重点摸排村班子短板、重点信访、民生需求等问题，双向综合考虑选派人员，目前已形成政法干部驻乱村、经济干部驻穷村、党建干部驻弱村的选派规律。随着村级治理能力的整体提升，村居发展需求更趋多元化，相应地对派驻干部的专业及能力提出更高要求。因此，柯桥区严把人选条件，通过"镇村提单、组织派单、部门接单、干部做单"的模式，提升选派的针对性和精准性。

（二）精细管理，提升机制嵌入的规范性

驻村指导员作为国家党政资源嵌入乡村原有治理结构，通过政治动员、跨部门互动和人格化交往等运作方式，在实践中表现出非制度化、非正式化、人格化的非科层化运作样态[1]，形成对传统科层制高度结构化的突破，但同时其制度内在运作又不得不依靠科层化的管理手段，以获取相应的合法性支持，同时避免管理松散带来的制度悬浮。一是在角色定位上明确要求"六大员"身份：党建指导员、政策宣传员、民情调研员、项目服务员、问题调解员、建设监督员。二是在日常管理上，形成"五个一"标准化管理制度："一室"，设立常驻办公室；"一簿"，每周一记《驻村日记》；"一会"，每月一次驻村指导员工作例会；"一考"，履职情况与村干部岗位目标捆绑考核；"一评"，常驻村全体党员和村民代表年中年末两次民主评议驻村指导员，评议结果作为年度考核、选拔任用、评先评优的重要依据。三是在常态化履职上，探索出"五必到"制度，镇街有中心工作任务时必到，村社发生重大突发事件时必到，村社要求解决重要问题时必到，村社落实布置重要工作时必到，村社召开两委会、党员大会和村民代表会议时必到。四是在考核激励上，实行分类赋分制与一票否决制相结合，其中群众工作基本功 60 分、群众测评 30 分、专项考察 10 分，体现鲜明群众导向。

（三）精心指导，提升资源嵌入的有效性

在乡村振兴背景下，国家不断加大对农村的投入，目前每年各级财政中的"三农"总支出已经超过 2 万亿元。[2] 国家资源下乡，往往伴随着国家治理规则和治理要求的输入[3]，驻村指导员作为治

---

[1] 袁立超、王三秀：《非科层化运作："干部驻村"制度的实践逻辑——基于闽东南 C 村的案例研究》，《华中科技大学学报（社会科学版）》2017 年第 3 期。

[2] 《提质增效"十三五"积极财政更有为》，新华网，2020 年 10 月 13 日。

[3] 毛一敬：《分类治之：村民自治与国家嵌入的平衡机制与逻辑》，《中共福建省委党校（福建行政学院）学报》2020 年第 6 期。

理主体与治理资源的结合嵌入乡村治理中，被寄予优化国家资源配置，提高资源嵌入有效性的期望。在人力资源上，不能忽视的是驻村指导员作为行政精英的个人素质，他们的专业能力、思想观念、行为模式很大程度上影响了嵌入治理的有效性。因此，柯桥区针对新时代农村发展的多元需求，定期对驻村指导员开展相关能力培训，探索建立起岗前培训、例会培训、年度培训、重点培训相结合的系统化培训体系，切实解决"本领恐慌"。推行"导师帮带制""上带下、老带青、多带一、组团式"，通过示范引领、口头传教、实践指导切实提升驻村指导员兴村治社能力水平。在行政资源上嵌入上，一方面压实属地镇街的主体责任，要求镇街党（工）委书记亲自抓、总负责，同时压实派出机关单位管理责任，在时间精力、财力物力等方面全力保障本部门派出干部；另一方面，以村、镇、区三级民情分析会，"三服务"小管家系统为载体，采用"线上＋线下"形式，形成"小事村企一线解决、大事镇街（部门）协商解决、难事领导认领解决"的"三服务"闭环机制。在物资资源的嵌入上，主要以"政策宣传员""建设监督员"职能为抓手，在落实好相关惠民政策，争取到相关部门"三农"支持政策的同时，做好项目建设的有效监督。

（四）精优机制，强化组织嵌入的统领性

驻村指导员制度的着力点在于党政干部，落脚点则在于提升基层组织的凝聚力、战斗力、创新力，激活基层社会发展动能，本质上遵循着党建引领基层治理现代化的中国特色社会主义治理逻辑。那么，城市化进程加快的今天，城乡互动愈加频繁，村级治理也由过去的"封闭单一"走向"多元开放"，在党组织统领性不断强化的现实要求下，柯桥区驻村指导员制度进一步延伸至城市楼宇、企业领域，通过城乡双向派驻，实行"驻社指导员""驻企服务员"制度，并明确助企服务员当好"科学发展服务员、企情民意信息员、企业和谐协调员、政策法规宣传员、人才工作联络员、党建工作指导员"，通过党政干部的派驻、指导和服务，强化党组织对社区管理、企业管理的统领性。并在此基础上，进一步将指导员工作同民情日记、"契约化"共建相结合，以党建为统领实现行政部门、社会组织、企业组织间的共享共建共赢，以实现协同治理的高效性。同时，在区级层面成立"三驻三服务"工作专班，对区派驻村（社）指导员、驻企服务员统一纳管、统一考评，以"任务清单化、管理制度化、考核刚性化、关爱人性化"切实增强指导员工作活力，进一步强化组织部门在制度运行过程中的统领性。

四、嵌入式视角下驻村指导员制度面临的挑战

通过梳理不难发现，柯桥区驻村指导员制度的实践发展逐渐从单一走向多元，从单向走向多维，从短期走向常态，从线下走向线上，从分散走向统合。但是，基层社会的复杂程度及内外环境变化对于正在形塑中的村级治理体系形成了一系列新的挑战。如何优化驻村指导员制度以应对内外挑战，使制度设计的理想模式转为现实的治理效能，还需关注制度执行者作为治理主体在具体实践中与其他治理主体间的互动过程，以及过程中所面临的现实困境。

（一）多角色期待与扮演失调的角色冲突困境

1. 多重角色期待

驻村指导员作为党政人才资源下沉基层，在角色扮演上具有复杂性、异质性的特点。一是作为

党政干部,驻村指导员一般被党委、政府视为国家治理"代理人",角色期待上需要在承担具体治理任务、完成阶段性治理目标的同时通过国家政权与基层社会的良性互动,有效贯彻国家意志,巩固基层政权。二是作为具体行政力量嵌入的执行者,乡镇地方政府则希望驻村指导员能够在其领导下,指导并协助村两委班子落实上级政策、完成各项量化考核指标任务,在维护好村居稳定的基础上带来外部资源推动乡村振兴。三是作为嵌入村庄的"外部力量",村干部及当地村民往往对这些政府派出的党员干部抱有较为现实的期望,希望指导员能够做点实事,帮他们解决实际难题,甚至带来看得见的资源和利益。

2.行事逻辑差异

多重维度上的角色要求驻村指导员在同一场域中承担多重职责,遵循不同的行事逻辑,由此带来不同程度的角色扮演失调。首先,作为国家治理力量在嵌入农村自治场域时必然会遭遇来自乡土社会的排斥,其作为国家治理"代理人"的公信力与影响力很大程度上取决于驻村指导员能否快速树立威信,消除来自自治主体的疑虑和排斥。由于当前大部分年轻驻村指导员缺乏农村工作经验,群众基础不强,导致很难从处理行政事务的科层制管理模式中跳脱,以更为灵活变通的方式适应村庄非科层化治理。尤其是在不熟悉村庄文化基础、人情关系的情况下,容易形成强行嵌入干预的治理模式,由此强化村庄乡土社会的排斥。其次,在树立权威过程中,村干部需要让渡一部分治理权力,这必定会改变乡村原有利益格局,进而产生治理壁垒。尤其在当前"一肩挑"村支书权力高度集中的情况下,"权威"的让渡需要在达成高度共识的基础上完成。因此,要求驻村指导员首先要处理好与村两委班子尤其是村支书的关系,达成合作治理的共识,在不越权的情况下将政策方向、发展理念、建设意见有效嵌入。

3.全能型能力要求

多重角色要求的能力差异较大,专业型干部难以满足全能型要求。尤其是当前"六大员"的角色要求,既需要干部对农村政策有相当的熟悉程度,更需要他们对政策具有灵活运用的能力,同时还需要他们具备较强的矛盾协调能力和组织动员能力,这些社会软治理能力[1]往往在短期内很难提升,驻村工作本是年轻干部提升群众工作能力很好的培养手段,但实际上全能型角色的制度设计及短期内各项相关考核带来的现实压力,一定程度上导致驻村工作点到为止、浮于表面,形成既难以"沉下去"也难以"提上来"的两难困境。

(二)下沉式指导与内生力不足的依赖困境

近年来国家资源大量下沉农村,短期内有效解决了村级自治主体缺失、公共事务治理稀薄、自治缺乏经济基础等问题,驻村指导员也正是在这一背景下作为"国家在场"的重要力量发挥执行主体的作用。但随着城乡一体化进程以及脱贫攻坚后乡村振兴的不断推进,村级公共事务和公共问题日趋复杂,单纯依靠国家资源的下沉或是政府单一主体为中心的行政管理方式已经力有不逮。

1.治理主体不足

城市化继续推进中,大量农村人口向城市聚集是必然趋势,尤其是村庄经济精英与社会精英的

---

① 何柯桦、葛宏翔:《协同共治语境下基层干部社会软治理能力发展研究》,《领导科学》2020年第10期。

流失，使得村级自治主体的不足将成为常态，从而使驻村指导员在实际工作中从"指导"异化为"代办"，而这种"代办"因其自身的行政资源、社会资源更为高效和便捷，久而久之，"代办"成为"包揽"，一方面加重了驻村指导员的工作负担，另一方面消解了基层民众参与协商治理的过程，使"指导"趋于悬浮。

2.自治空间不足

由于驻村指导员以解决问题为导向的制度设计，有时为了赶进度求效率而简化协商过程，一定程度上压缩了村民自治的空间，使基层意见难以表达，难以体现在关系各方利益的决策中，而参与度的降低也使个体与集体的关系更加疏离，政权与民权的互动愈加困难，导致群众当家作主的主动性和积极性、基层民众的参与性和创造性受到抑制。

3.治理成本增加

村级治理内生力不足，使得村庄发展对行政资源输入更加依赖，而一切治理实践都以一定的治理成本为基础，随着村级组织行政化，村级事务规范性、复杂性的提升都要求更多的行政资源的输入，作为行政主体的驻村指导员不可避免被琐碎的行政性事务消耗大量的人力成本。因此，如果不能将下沉式指导通过有效互动转化为多主体参与的"一核多元"的共治，无论对驻村指导员个人还是政府行政资源本身，都会带来巨大的治理成本负担。

五、融合视角下驻村指导员制度的进一步完善

当前，我国开启全面建设社会主义现代化国家的新征程，社会主要矛盾变化带来的新特征新要求，以及传统的治理模式面临着新形势新挑战，都对基层治理的系统性和有效性提出了更高要求。驻村指导员制度作为基层常态化具有生命力的嵌入式治理模式，既蕴含了行政科层化的规范性治理，同时也以跨层级、跨部门互动为特征实现对传统科层制的超越。但问题的关键在于如何通过驻村指导员的参与实现不同治理体系间的良性互动和功能整合，笔者认为，需要以引领型融合治理的新范式对驻村指导员在具体实践的互动中加以考量，进一步通过强化目标融合、资源融合、机制融合实现多元主体的良性互动。

（一）强化目标融合

有效发挥驻村指导员引领作用，首先要强化目标引领，而指导员因其角色的多重性导致在村治场域中出现不同身份治理目标的分化甚至背离，这大大影响了驻村指导员实际工作的实效性和长效性。这就要求驻村指导员在嵌入过程中强化来自不同体系间的目标融合，将部门系统、科层系统、自治系统、市场系统等不同体系的治理目标进行再梳理、再解释，将短期目标和中长期目标重新排序，实现问题导向模糊化向目标导向清晰化转变，从而推动各治理主体对目标的理解和执行，进一步实现政治目标与经济目标、社会目标的深度融合。

全面推进乡村振兴的要求下，伴随大量的政策出台，各级对政策目标的理解程度不一，因此形

成了纵向半理想化与横向半现实性交错的多层性目标体系。[①] 驻村指导员身处多层性目标体系中，需要对目标层级进行梳理，确定各目标轻重缓急程度以及实现路径和任务主体，通过有效的沟通协调弥合差异，使相关主体在目标理解和实现路径上达成共识。例如，在乡村振兴推进中，党委、政府的目标是通过示范村的建设引领，探索出乡村振兴切实可行的机制、路径；而镇（街）作为执行主体其目标则更强调阶段性、任务性；基层民众的目标多出于自身利益考虑，更具现实性和利己性；村两委班子作为村庄自治重要主体，一方面要完成乡镇党委、政府的各项考核，另一方面也期望在为村庄谋利的基础上积累更多政治、社会资本。参与项目建设的市场主体的目标则是在参与建设中获利，同时收获更多与党政部门长期合作的社会资本。那么驻村指导员在具体政策执行过程中就需要不断地引导和平衡各方利益关系，实现在目标长期性和短期性、政治性与社会性上的有效融合。

（二）强化资源融合

当前乡村振兴主要依靠大量的资源下乡，包括资金、项目、政策、人才等等，这一过程不同性质的资源之间产生碰撞，如果承接不好可能会带来资源浪费、资源内耗甚至内卷化等问题。因此，需要通过政治引领统筹好资源的分配，通过资源下乡唤醒本地资源，带动市场资源、社会资源参与到乡村治理和振兴过程中。驻村指导员制度本身作为政治资源首先要充分发挥其个人及派出单位的政治资源，在引入扶持资金、争取项目政策、解决村级发展实际问题时切实发挥作用，同时在制度设计上更加强化体制内资源的联动性。因此，需调整过度依赖行政干预的治理模式，更为积极地调动城乡社会资源、市场资源的广泛参与。尤其是在当前乡村作为三产融合、农业现代化的重要场域，市场资源的参与积极性被激发，那么驻村指导员作为资源互动的推动者和参与者，有必要在"政府—市场—社会"三方之间做好平衡与统筹，一方面以政治资源的介入调动市场资源、社会资源的参与，充分挖掘如土地、生产力、乡贤力量、本地社会精英以及龙头企业等，梳理好资源优势，通过引领强化不同资源的合作，以实现市场资源、社会性资源效益性与灵活性对体制内资源的有效补充；另一方面，也要以政治原则对市场资源、社会性资源加以规范和引导，避免市场因趋利性侵占村民利益。总之，驻村指导员在资源融合过程中，既需要对资源的数量、性质、目标和落实要求有前置性调研，也要善于"筑巢引凤""借鸡生蛋"，以资源引资源，提高资源使用效率和吸附能力。

（三）强化机制融合

乡村治理过程中，党政体制、科层制度、基层自治制度以及更广泛的市场制度、社会制度在同一场域交错互动，因此现代乡村治理具有高度复杂性。驻村指导员制度作为党政力量嵌入乡村治理体系的一种载体，以推动形成自治、法治、德治相结合的乡村治理体系为目标。因此，在具体实践中要充分调动自治、法治、德治资源，将不同机制融会贯通，推动技术治理与柔性治理的有效融合。首先作为党政干部，驻村指导员整体无论在文化水平、能力素养、法治意识上都具备较高水平，要在德治与法治上充分发挥个人的能力水平。法治层面上，通过规范村民自治程序、创新村民自治方法，

---

① 郭小聪、曾庆辉：《"第一书记"嵌入与乡村基层粘合治理：基于广东实践案例的研究》，《学术研究》2020 年第 2 期。

将"法治""民主"理念有效传达到群众中，改变群众观念、提升群众法治能力及素养。同时提升技术理性在法治过程中的参与，通过下基层、办实事，了解基层治理中的"肠梗阻"和"堵点"，借助现有的基层治理平台充分发挥网络化治理的整体智治优势。德治层面上，以身作则引领村内党员干部充分发挥先锋模范作用，积极践行中华优秀传统与社会主义核心价值观，结合有关部门要求及村民自身文化需求推行一系列新时代文明实践，将乡村失落的优秀传统文化再培育、再唤醒，以现代公民意识重塑乡土文化。在自治层面的推动上，要将"授人以鱼"转化为"授人以渔"，精英治理、社会治理的结合离开对农民群众的动员，仅仅强调为农民群众服务，不组织农民，仅仅帮助农民，结果可能造成村级治理的失败。[①] 驻村指导员应明确任务边界，在指导的基础上将沉寂的村民自治主体推到现代治理的场域中心，学会从"跑腿工"转向"指路人"，从"事务官"蜕变为"政务官"，最终实现从"进场"到"在场"再到"退场"的过程。

党的十八大以来，我国加快塑造了中国特有的党委、政府、社会力量多元合作治理结构的历史进程，而来自基层丰富的治理实践既需要理论上的总结提炼以丰富当前的治理理论，同时也需要在理论建设的指导下进一步优化指导基层实践。作为党建引领基层治理重要载体的驻村指导员制度，是有效衔接国家治理与基层自治的桥梁，为重塑现代化村级治理体系起到了黏合与引领作用。作为一项常态化的治理机制，如何进一步在优化的基础上使其制度化、规范化，从而从区域性、地方性制度上升为一项普遍性制度，还有待进一步的研究，以期为推动与乡村振兴、共同富裕的有效衔接，加快城乡融合发展提供更大的制度效能。

---

① 贺雪峰：《行政还是自治：村级治理向何处？》，《华中农业大学学报（社会科学版）》2019 年第 6 期。